매튜 헨리 주석 출애굽기.레위기

저자 매튜 헨리 Matthew Henry 1662-1714

성경 주석가. 영국국교회의 복음주의 목사의 아들인 그는 통일령으로 아버지가 성직에서 쫓겨난 직후에 태어났다. 학문을 좋아하는 소년이었으며 1672년에 회심하였다. 옥스퍼드와 케임브리지의 학문성이 차츰 떨어지므로 1680년 런던 이슬링턴 대학에서 신학 교육을 받았다. 그 대학은 신앙을 저버린 시대에 높은 학문을 유지해왔다. 그 대학의 학장은 케임브리지에서 온 토머스 두리틀이었고, 부학장은 옥스퍼드에서 온 토머스 빈센트였다. 그 후에는 그레이 법학원에서 법률을 공부하였다. 그는 국교회 목사가 되려고 생각하였지만, 비국교도가 되기로 결심하였고, 개인적으로 장로교 목사 안수를 받았다. 첫 목회지는 체스터(1687-1712)였으며 그 뒤에 런던의 해크니(1712-1714)로 옮겼다. 청교도들에게서 크게 영향을 받은 그는 성경 해설을 목회의 중심으로 삼았다. 날마다 4시 또는 5시에 일을 시작하였던 그는 시간을 최대한 사용하는 것을 목적으로 삼았다. 1704년에 「성경 주석」을 집필하기 시작하였는데, 그는 사도행전까지 탈고하였으며, 그의 사후 목회 동역자들이 그의 노트와 저서들을 참고하여 신약성경 주석을 완성하였다. 그 주석은 성경에 대한 자세하고 종종 대단히 영적인 해설 양식을 취하였는데, 그 양식은 그 이후의 복음주의적 목회의 형태를 결정하였다. 스펄전은 자신이 매튜 헨리에게 큰 도움을 받았다는 사실을 인정하였다.

역자 김병하

역자는 연세대학교 행정학과(B.A.)와 총신대학교 신학대학원(M. Div.)을 졸업하고 영국 셰필드대학 성서학과에서 석사과정(M.A.)을 졸업한 뒤 박사학위(Ph. D.)를 받았다. 학위를 마치고 웨스트민스터신학대학교에서 구약학 교수를 역임했으며, 현재 영국에서 구약 사회 경제 윤리의 원리가 되는 성서적 희년 사상과 성서학 연구의 토대가 되는 중간기 문헌들인 외경, 위경 및 쿰란(Qumran) 문헌들에 대해서 연구중이다. 역서로는 WBC 주석시리즈인 시몬 드브리스의 「열왕기상」, 홉스의 「열왕기하」가 있으며, 공역으로 데이빗 클라인스의 「포스트모더니즘과 이데올로기 성서비평」, 해돈 로빈슨의 「성경적인 설교와 설교자」 등이 있다.

매튜 헨리 주석 전집 02

매튜 헨리 주석

김병하 옮김

출애굽기 + 레위기

Matthew Henry

크리스챤다이제스트

독자 여러분들께 알립니다!

'CH북스'는 기존 **'크리스천다이제스트'**의 영문명 앞 2글자와
도서를 의미하는 **'북스'**를 결합한 출판사의 새로운 이름입니다.

매튜 헨리 주석 전집 2

출애굽기·레위기

1판 1쇄 발행 2009년 8월 25일
1판 중쇄 발행 2021년 9월 23일

발행인 박명곤 **CEO** 박지성
편집 채대광, 김준원, 박일귀, 이은빈, 김수연
디자인 구경표, 한승주
마케팅 유진선, 이호, 김수연
재무 김영은
펴낸곳 CH북스
출판등록 제406-1999-000038호
대표전화 070-4917-2074 **팩스** 031-944-9820
주소 경기도 파주시 회동길 37-20
홈페이지 www.hdjisung.com **이메일** main@hdjisung.com
제작처 영신사 월드페이퍼

※ CH북스는 (주)현대지성의 기독교 출판 브랜드입니다.

출애굽기

서론

모세(하나님의 손에 붙들린 하나님의 지팡이로서 그리고 하나님께서 사용한 기록자로서 그분을 위해서 행동했을 뿐만 아니라 그분을 위해서 기록한 주의 종)는 자신이 겪었던 역사에 대한 첫 번째 책에서 교회에 관한 기록들을 보존했고 전했다. 반면에 개별적인 가족들 속에 존재했던 교회는 이 두 번째 책에 나타나는데 우리들에게 그 교회가 하나의 커다란 민족으로 성장한 것에 대한 이야기를 들려주고 있다. 전자(창세기)가 우리들에게 경륜적인 측면에서 가장 좋은 이해를 할 수 있도록 해주고 있다면, 후자(출애굽기)는 우리들이 정치적인 측면에서 가장 나은 이해를 할 수 있도록 해주고 있다. 창세기의 도입부는 우리들에게 하나님께서 자신을 위해서 어떻게 세상을 만드셨는지를 보여준다. 출애굽기의 도입부는 하나님께서 자신을 위해서 어떻게 이스라엘을 만들어 가셨는지를 보여준다. 두 책은 또한 앞으로 나오게 될 사 43:21의 내용대로 그분을 찬양하는 것에 대해서 보여주고 있다. 우리는 창세기에서 역사 속에 이루어진 세상의 창조에 대해서 알게 되고, 출애굽기에서는 세상을 구속하심에 대한 모형을 알게 된다.

헬라어 번역자는 이 책을 엑소더스(Exodus, 이 단어는 떠남 혹은 나감 이라는 뜻을 가지고 있음)라고 명명했다. 이 책이 애굽으로부터 이스라엘 자손들이 나가는 이야기로 시작하기 때문이다. 어떤 사람들은 이 책과 바로 앞에 나오는 책의 이름을 언급하면서 다음과 같은 사실을 관찰한다. 시작 혹은 기원이라는 의미를 가진 창세기 바로 뒤에 떠남이라는 의미를 가진 출애굽기가 따라 나오는 것은 태어난 시간은 곧이어 죽는 시간이 따르는 것과 같은 이치를 반영한 순서이다. 우리는 이 세상에 들어오자마자 나갈 것, 즉 세상으로부터 나갈 것을 생각해야만 하는 것이다. 우리가 살기 시작할 때, 우리는 죽기 시작하는 것이다. 하나의 민족으로 이스라엘이 형성되는 것은 일종의 새로운 창조였다. 태초에 땅이 먼저 물 속에서부터 생겼고 이어서 아름답게 단장되었고 채워졌듯이, 이스라엘은 먼저 전능자의 권능으로 애굽의 종살이에서 구출되고 난 뒤 하나님의 율법과 성막으로 풍요로워졌다.

이 출애굽기는 우리들에게 I. 이전에 아브라함과 맺은 언약의 성취(1-19장)

와 II. 나중에 이스라엘에 의해서 지켜진 법령들의 제정(20-21장)에 관해서 말해준다. 이 책에서 모세는 카이사르(Caesar)와 같이(갈리아 전기를 집필함) 그 자신의 사건 기록을 집필하기 위해서 시작을 한다. 아니 오히려 카이사르(가이사)보다 더, 아주 더 많이 위대한 사람이 여기에 있다. 그 자신이 영웅인 이 기록자는 이제부터 우리들에게 자기 자신이 친히 눈으로 보고 귀로 들은 증언들, 그리고 그가 특별한 의미를 부여한 그러한 일들에 대한 역사를 말해준다. 아마도 이 책에는 구약의 다른 어떤 책보다도 더 다양한 그리스도의 모형들이 나타나고 있는 듯하다. 요 5:46의 말씀처럼 모세는 그리스도에 대해서 썼기 때문이다. 인간이 하나님과 화목해지는 방법과, 한 중보자에 의해서 하나님과 계약을 맺고 교제하는 것이 이 책에 다양하게 나타난다. 그리고 신약의 사건을 위한 구약의 설명으로 우리들의 이해를 돕는 자료를 우리가 가지게 된 것은 매우 커다란 유익인 것이다.

제 1 장

개요

우리는 1장에서 다음과 같은 사항들을 볼 수 있다. I. 이스라엘 백성들의 숫자를 심히 창대케 하신 하나님의 은혜를 볼 수 있다(1-7절). II. 이스라엘 백성들에 대한 애굽인들의 사악함을 볼 수 있는데, 1. 이스라엘 백성들을 압제하고 노예로 삼는 애굽인들을 나타내고 있고(8-14절), 2. 이스라엘 백성들의 아이들을 죽이는 애굽인들의 모습을 말하고 있다(15-22절). 결과적으로 애굽은 하늘이 축복하신 자들을 그 축복으로 인해서 저주하며 학대하였던 것이다.

[1]야곱과 함께 각각 자기 가족을 데리고 애굽에 이른 이스라엘 아들들의 이름은 이
러하니 [2]르우벤과 시므온과 레위와 유다와 [3]잇사갈과 스불론과 베냐민과 [4]단과 납
달리와 갓과 아셀이요 [5]야곱의 허리에서 나온 사람이 모두 칠십이요 요셉은 애굽에
있었더라 [6]요셉과 그의 모든 형제와 그 시대의 사람은 다 죽었고 [7]이스라엘 자손은
생육하고 불어나 번성하고 매우 강하여 온 땅에 가득하게 되었더라

이 단락의 구절들을 통하여서 우리는 다음과 같은 사항들을 알게 된다.

1. 행 7:8에서 말하고 있는 열두 족장들의 이름들을 다시 언급하고 있다. 그들의 이름들은 종종 성경에서 반복되기 때문에 다른 까다로운 이름들과는 달리 우리들에게 그리 낯설지 않는 이름들이다. 이 이름들은 매우 빈번히 나타나기 때문에 우리들에게 매우 친숙한 이름들이다. 그리고 하나님의 영적인 이스라엘이 하나님에게 얼마나 보배로운 것인지와 그 백성들로 인하여 하나님께서 얼마나 기뻐하시는지를 보여준다.

2. 야곱 가족의 숫자에 대한 설명은 우리들이 가지고 있는 창 46:27의 계산에 따르면 그들이 애굽에 내려갈 때 모두 70명이었던 것을 알 수 있다(5절). 이 숫자는 창세기 10장의 설명에 의하면 지구상에 살았던 사람들이 이루었던 민

족들의 숫자와 같은 것이었다. 이는 모세가 신 32:8에서 말한 바와 같이 지극히 높으신 자께서 아담의 자손들을 나누실 때 이스라엘의 자손들의 숫자에 따라서 사람들의 경계를 설정하셨기 때문이라고 하는 구절을 통해서 알 수 있다. 애굽에서의 이스라엘 백성들의 수적인 증가는 더욱 놀라운 일인 듯이 보인다는 것에 주목해야만 한다. 나중에 심히 창대하게 된 사람들은 욥 8:7에 있는 대로 그들이 처음에는 얼마나 미약했었는지를 기억하는 것이 유익하다.

3. 요셉의 죽음을 말하고 있다(6절). 점차적으로 그 세대의 모든 사람들이 사라져 갔다. 아마도 야곱의 모든 아들들은 대부분 같은 시기에 죽었을 것이다. 베냐민을 제외하고는 큰형에서 막내까지의 나이 차이가 7년을 넘지 않았기 때문이다. 한 가족에서 어느 누군가가 죽기 시작하면, 그리 길지 않은 시간에 모든 가족이 죽게 되는 것을 종종 볼 수 있다. 가족의 기둥과 같았던 요셉이 죽었을 때 나머지 형제들도 곧이어 죽었다. 우리들은 우리들 자신들과 우리의 형제들, 그리고 우리가 대화를 나누는 모든 이들을 존중해야만 한다. 세월이 신속히 가고 죽음이 곧 다가오기 때문이다. 이전 세대가 지나갔듯이 이 세대도 곧 지나가는 것이다.

4. 애굽에서의 이스라엘 백성들의 경이로운 수적인 증가를 말하고 있다(7절). 이 증가를 나타내기 위해서 사용된 단어들은 네 가지이다. 그들은 자녀를 많이 낳고 물고기와 곤충들처럼 번성하여 그 수가 불어났다. 그리고 그들은 대개가 강건하여 심히도 증대하여 세력이 커져서 본토인들의 숫자를 거의 앞지르기 시작했다. 결국에는 그들의 땅으로 부여받은 고센의 전 지역이 이스라엘 백성으로 가득 차게 되었다. (1) 이전에도 이스라엘 백성들은 수적으로 상당한 정도로 늘어났음이 분명하다. 하지만, 심히도 창대하게 늘어나기 시작한 것은 요셉이 죽은 다음이었음이 틀림없다. 이스라엘 백성들이 요셉이라고 하는 자신들의 보호막을 잃었을 때, 하나님께서는 이스라엘의 늘어나는 숫자를 그들의 방패막이로 만드셨던 것이다. 따라서 이스라엘 백성들은 스스로를 위해 무엇인가를 했던 것보다 더 나은 상태가 되었다. 우리가 친구들을 정말로 필요로 할 때 하나님께서 계속적으로 우리들에게 친구가 되어주시고 교제하신다면, 그리고 그 친구들이 더 소중한 존재로 남아 있을 수 있을 때에 그들을 데려가신다면, 하나님께서 옳으신 것이라는 것을 받아들이며 그분께서 우리들에게 어려운 일들을 주신다고 불평하지 않도록 하자! 우리들의 요셉이 되신 그리스

도의 죽으심 뒤에 그분의 복음과 이스라엘은 심히도 창대해지기 시작했다. 이것은 마치 한 알의 밀알이 심겨져 썩으면 많은 열매를 맺게 될 것이라고 하는 요 12:24의 말씀과 같은 것이다. (2) 이 놀라운 수적인 증가는 오래 전 족장들에게 맺어진 약속의 성취였던 것이다. 하나님께서 처음으로 아브라함에게 그로 하여금 큰 민족을 이루도록 하시겠다고 말씀하시면서 아브라함을 부르실 때로부터 그의 자손을 애굽으로부터 구원하시기까지는 430년이 걸렸다. 이 기간의 전반 215년 동안 이스라엘 백성들은 수적으로 증가했지만 그 수는 70명이었다. 그러나 후반 215년 동안 이 70명은 60만의 용사로 증가했다. [1] 때때로 하나님의 섭리는 그분이 약속을 지키시지 않으며 그 약속과 반대로 행하시는 것과 같이 느껴질 때에 더욱 크게 드러나는 것 같다. 이 때는 바로 그 백성의 믿음을 시험하시는 때이며, 하나님의 권능이 더욱더 크게 드러나는 때인 것이다. [2] 하나님의 약속 이행은 때때로 더디게 보일지라도 반드시 이루어진다. "이 묵시는 정한 때가 되어야 이루어진다. 끝이 곧 온다는 것을 말하고 있다. 이것은 공연한 말이 아니니, 비록 더디더라도 그 때를 기다려라. 반드시 오고야 만다. 늦어지지 않을 것이다"(합 2:3).

[8]요셉을 알지 못하는 새 왕이 일어나 애굽을 다스리더니 [9]그가 그 백성에게 이르되
이 백성 이스라엘 자손이 우리보다 많고 강하도다 [10]자, 우리가 그들에게 대하여 지
혜롭게 하자 두렵건대 그들이 더 많게 되면 전쟁이 일어날 때에 우리 대적과 합하
여 우리와 싸우고 이 땅에서 나갈까 하노라 하고 [11]감독들을 그들 위에 세우고 그들
에게 무거운 짐을 지워 괴롭게 하여 그들에게 바로를 위하여 국고성 비돔과 라암
셋을 건축하게 하니라 [12]그러나 학대를 받을수록 더욱 번성하여 퍼져나가니 애굽
사람이 이스라엘 자손으로 말미암아 근심하여 [13]이스라엘 자손에게 일을 엄하게 시
켜 [14]어려운 노동으로 그들의 생활을 괴롭게 하니 곧 흙 이기기와 벽돌 굽기와 농사
의 여러 가지 일이라 그 시키는 일이 모두 엄하였더라

비록 애굽 땅은 지금까지 이스라엘 사람들에게 하나의 정착지이며 보호처가 되었을지라도 마침내 이스라엘에게 속박의 장소가 되었다. 우리들이 만족해하는 장소는 곧 우리들에게 역경의 장소가 될 수 있으며, 우리가 이와 같은 일은 우리들에게 위로가 된다 라고 말한 것은 우리들에게 가장 커다란 십자가

로 드러날 수 있다. 이러한 사실들은 그 부모들은 우리들의 신실한 친구였지만 그 자손들은 우리들에게 절대 용서하지 못할 적으로 드러날 수 있음을 보여준다. 뿐만 아니라 우리를 사랑했던 사람들이 우리를 미워할 수 있다. 그러므로 사람을 의지하지 말고 하늘 아래 어느 곳에 대해서도 이곳이 내가 영원히 안식할 곳이다 라고 말하지 말라. 이 본문에서 다음과 같은 사실들을 볼 수 있다.

I. **애굽인들이 이스라엘 백성들에게 지운 무거운 의무들은 그들이 요셉의 말을 잊었음을 보여주는 것이다.** 요셉의 시대에 계승된 왕들에 이어 요셉을 알지 못하는 새로운 왕이 일어났다(8절). 요셉을 알았던 모든 왕들은 그를 사랑했고 요셉으로 인해서 요셉의 자손들에게 우호적이었다. 그러나 요셉이 죽었을 때 그는 곧 잊혀졌다. 그리고 요셉이 이루어 놓았던 훌륭한 치적에 대한 기억도 유지되지 않거나 고려되지 않았으며 국정회의에 아무런 영향도 끼치지 못하게 되었다. 사람들에게 행해진 최상, 최고의 유용하며 인정할 만한 일들은 전 9:5, 15 말씀처럼 그 사람들의 기억이나 그들이 죽은 다음 그 후손들의 기억에 남아 그 은혜를 베푼 사람에게 보상이 될 정도로 기억되는 일은 거의 없는 것이다. 그러므로 우리들은 우리들의 큰 관심을, 하나님을 섬기고 그분을 즐겁게 해드리는 일에 두어야만 하는 것이다. 히 6:10에 이른 대로 그분께서는 불의하지 아니하셔서 우리들의 행위와 사랑의 수고를 잊지 않으시기 때문이다. 만일 우리가 인생만을 위해서 수고한다면 우리들의 행위들은 아무리 길게 잡아도 우리가 죽을 때에 함께 잊히게 될 것이다. 그러나 우리가 하나님을 위해서 일을 한다면 계 14:13에 있는 대로 그 수고들의 열매는 우리를 따라올 것이다. 이 애굽의 왕은 요셉을 알지 못했다. 그리고 그를 이어 출 5:2에 보면 나는 여호와를 알지 못한다 라고 말할 정도로 뻔뻔스러운 왕이 일어났다. 자신들에게 은혜를 베푼 사람들에 대해서 무관심한 사람들은 은혜를 베푸시는 지극히 높으신 자를 잊어버리게 될 것이다(요일 4:20). 이것은 두려운 것이다.

II. **애굽인들이 이스라엘 백성들을 거칠고 힘들게 다룬 이유들이 나타나 있다**(9-10절).

1. 이스라엘 백성들이 애굽인들보다 더 많고 더 강한 것으로 묘사되고 있다. 사실은 그렇지 않았다는 것이 확실하다. 그러나 애굽 왕이 이스라엘 백성들을 압제하려고 결심했을 때, 그는 많고 강할 것이라고 생각했을 것이고 이스라엘을 무시무시한 두려운 대상으로 보게 되었을 것이다.

2. 그러므로 이스라엘 백성들을 그들의 통제 아래 두기 위해 주의를 기울이지 않으면 그들은 통치권에 대해서 위험스런 존재가 될 것이라고 보았고, 전쟁이 일어나게 되면 이스라엘 백성들이 애굽의 적들 편에 가담하여 애굽 왕정에 대한 충성에서 돌이켜 반역할 수도 있을 것이라고 생각했을 것이다. 압제자들의 정책은 하나님의 이스라엘을 왕들과 통치영역에 해로운 위험한 민족으로 간주하는 것이었다. 이스라엘 백성들을 신뢰할 수 없을 뿐만 아니라 관용의 혜택을 받을 수도 없는 족속으로 간주했다. 그 압제자들은 스 4:12과 에 3:8이 보여주듯이 이스라엘 백성들을 야만스럽게 다루기 위해 계획된 몇 가지 구실들을 가졌을 것이다. 압제자들이 두려워하며 염려했던 것은 **그 땅으로부터 이스라엘 사람들을 나오지** 못하도록 하는 것이었다. 아마도 그들은 이스라엘 백성들이 자신들의 조상들에게 맺어진 약속, 즉 그들이 가나안에 정착해야만 한다고 하는 약속의 말을 들었기 때문이었을 것이다. 교회를 내석하는 적들의 정책들은 교회를 지키시는 하나님께서 주시는 약속을 깨버리는데 그 목적을 두고 있다. 그러나 그러한 노력들은 허사로 끝난다. 하나님의 모략은 견고히 설 것이다.

3. 그러므로 이스라엘 백성들의 수적인 증가를 막기 위해 취해진 다음과 같은 하나의 방도가 제안되었다: **자, 그들이 더 많아지지 않도록 우리가 그들에게 내하여 지혜롭게 하자.** (1) 이스라엘의 수적인 증가는 애굽의 우려가 되었다. 이에 대해서 지옥의 권세와 계략은 더욱 커지고 정교해졌다. (2) 사람들이 사악하게 대처하게 될 때 그들 자신이 현명하게 처신하고 있다고 생각하는 것이 일반적인 현상이다. 그러나 결국 죄로 인한 어리석음은 만인 앞에 드러나게 될 것이다.

Ⅲ. 압제자들이 이스라엘 백성들을 억압하고 그들의 수적인 증가를 통제하기 위해 채택한 방법을 묘사하고 있다(11,13-14절). 이스라엘 백성들은 자신들 스스로가 너무나 평화적으로 그리고 공격적이지 않게 행동했기 때문에 그들을 대항해서 전쟁을 일으키려고 하는 경우나 그들을 약하게 하려는 일들이 없었다. 그러므로

1. 애굽인들은 이스라엘 백성들에게 무거운 세금을 부과함으로써 그들을 계속적으로 가난하게 했다. 몇몇 학자들은 이 무거운 세금이라는 것은 애굽인들이 이스라엘 백성들을 괴롭히기 위해 주어졌던 무거운 짐들에 포함된 것이라고 생각한다.

2. 이러한 수단들을 통해서 애굽인들은 이스라엘 백성들을 노예로 만드는 효과적인 경로를 가지게 되었다. 이스라엘 백성들은 애굽인들보다 훨씬 더 부지런한 노동자들이었던 것 같이 보인다. 따라서 바로는 이스라엘 백성들이 건축(이스라엘 사람들은 바로를 위해 귀중한 성읍들을 지었음)과 경작의 일, 즉 농경지에서 이루어지는 모든 종류의 일들을 시켰다. 이 모든 일들은 극도의 혹독함과 가혹함으로 이스라엘 백성들에게 강요되었다. 하나님의 백성들의 상태를 우리들에게 알려 주는 많은 표현들이 본문에 사용되었다. 애굽인들은 이스라엘 백성들 위에 감독들을 세웠다. 감독들은 이스라엘 백성들에게 무거운 짐을 지울 뿐만 아니라 가능한 많이 그 짐들을 가지고 그들을 괴롭히라고 지시를 받았고, 이스라엘 백성들을 고통스럽게 할 방도를 찾았다. 그들은 바로의 유익을 위해서 이스라엘 백성들을 가혹하게 취급했을 뿐만 아니라 엄격하게 일을 하도록 했기 때문에 이스라엘 백성들의 삶은 고통스럽게 되었다. 다음과 같은 의도들을 가지고 이스라엘 백성들을 심하게 다루었던 것이다. (1) 이스라엘 백성들이 가지고 있었던 순진하고 고결한 성품들을 빼앗아 그들의 영혼을 파괴하기 위함이었다. (2) 이스라엘 백성들의 건강을 황폐화시켜 생명을 단축시키고 결과적으로 숫자를 줄이기 위함이었다. (3) 결혼해서 낳게 되는 아이들은 노예의 신분으로 태어나는 것이라는 생각을 가지게 함으로써 이스라엘 백성들이 결혼을 기피하게 만들려고 했다. (4) 이스라엘 백성들이 히브리인 관습을 버리도록 강제하며, 애굽인들에게 협조하도록 하기 위해서였다. 따라서 바로는 이스라엘의 이름을 끊어버려 더 이상 기억되지 않게 하려고 했던 것이다. 이스라엘 백성들이 받았던 압제는 그들 중의 많은 사람들이 애굽인들의 우상 숭배에 가담하도록 했다. 이는 매우 좋지 못한 영향을 낳게 된 것으로 두려운 일이었다. 우리는 이스라엘 백성들이 애굽에서 다른 신들을 섬겼다고 하는 것을 알 수 있다(수 24:14). 비록 이 역사 기록에서는 발견이 되지 않는다고 할지라도, 하나님께서는 그 우상 숭배 참여로 인해서 이스라엘 백성들을 멸하시려고 하셨다는 것을 발견한다(겔 20:8). 그러나 이스라엘 백성들은 애굽인들과 분리된 다른 관습들로 인해서 다른 애굽인들과 섞이지 않고 구별된 공동체로 유지되었다. 이것은 여호와께서 행하신 놀라운 일이었다.

IV. 이스라엘 백성들은 그들이 당한 심한 압제의 고통에도 불구하고 수적으로 엄청나게 증가했다. 학대를 받을수록 더욱 번성하여 퍼져나갔다(12절). 이러한 현상을 보고 애굽인들은 몹시 당황했고 괴로워했다. 1. 역경의 시간은 종종 교회의 성장의 시기가 된다. 교회는 압제 받을수록 성장한다. 기독교는 핍박을 받을 때 가장 빨리 많이 확산되었다. 순교자의 피는 교회의 씨앗이 되었다. 2. 여호와와 그분의 이스라엘을 대항해서 모의를 꾀하는 자들은 허사를 경영하는 것이며(시 2:1), 자신들에게 엄청나게 당혹스러운 일들을 도모하는 것이다. 지옥과 이 땅의 통치자들은 하늘이 축복하시는 자들을 결코 쇠잔시킬 수 없는 것이다.

[15]애굽 왕이 히브리 산파 십브라라 하는 사람과 부아라 하는 사람에게 말하여 [16]이
르되 너희는 히브리 여인을 위하여 해산을 도울 때에 그 자리를 살펴서 아들이거
든 그를 죽이고 딸이거든 살려두라 [17]그러나 산파들이 하나님을 두려워하여 애굽
왕의 명령을 어기고 남자 아기들을 살린지라 [18]애굽 왕이 산파를 불러 그들에게 이
르되 너희가 어찌하여 이같이 남자 아기들을 살렸느냐 [19]산파가 바로에게 대답하되
히브리 여인은 애굽 여인과 같지 아니하고 건장하여 산파가 그들에게 이르기 전에
해산하였더이다 하매 [20]하나님이 그 산파들에게 은혜를 베푸시니 그 백성은 번성하
고 매우 강해지니라 [21]그 산파들은 하나님을 경외하였으므로 하나님이 그들의 집안
을 흥왕하게 하신지라 [22]그러므로 바로가 그의 모든 백성에게 명령하여 이르되 아
들이 태어나거든 너희는 그를 나일 강에 던지고 딸이거든 살려두라 하였더라

애굽인들은 이스라엘 백성들에게 많은 고통을 주었음에도 불구하고 이스라엘에 대한 적개심이 늘어만 갔다. 결국 이스라엘 백성들의 아이들을 죽이려고 하는 극도의 야만적이고도 비인간적인 방법을 택하게 되었다. 오히려 그들이 장성한 사람들을 상대로 싸움을 걸지 않은 것이 이상스러운 일이었다. 아마도 장성한 사람들을 대항해서 싸움을 걸 만한 몇 가지 이유들을 찾을 수도 있었을 것이다. 천진난만한 유아들을 상대로 피를 흘린다는 것은 변명의 여지가 없는 죄악이었던 것이다.

1. 롬 3:15-16이 말해주듯이 사람의 부패한 마음에는 상상하는 것보다 훨씬 더 악한 잔인함이 있는 것이다. 여자의 후손에 대한 뱀의 자손들이 가지는 적개심은 인간으로부터 인간성 자체를 빼앗아가고 모든 긍휼히 여기는 마음을 상실하도록 한다. 우리는 하나님의 백성들을 압제한 사람들이 보여주었던 것

과 같이 사람이 그렇게 야만적이고 피에 굶주릴 수 있다는 것을 상상할 수 없을 것이다(계 17:6).

2. 고백된 순진함조차도 과거의 적개심을 막지는 못한다. 어느 피가 새로 막 태어난 아이의 피만큼 그렇게 죄 없는 것인가? 그러나 그 아이들의 피는 물과 같이 허무하게 쏟아졌고 우유와 꿀과 같이 달콤하게 삼켜졌다. 바로와 헤롯은 계 12:3-4에 나타나는 남자 아이가 태어나자마자 삼키려고 서 있었던 거대한 붉은 용을 위한 대리자로서의 자신들의 모습을 매우 분명히 보여주었다. 빌라도는 예수님에게서 죄를 찾지 못했다고 고백한 뒤에 십자가형을 받도록 넘겨주었다. 비록 사람이 몸을 죽일 수 있을지라도 그것이 그가 할 수 있는 모든 것이라는 사실은 우리들에게 다행스러운 것이다. 히브리인들에게 태어난 모든 남자 아이들을 멸하기 위해서 두 가지의 피를 부르는 법령이 공포되었다.

I. 산파들은 아이들을 죽이라고 하는 명령을 받았다.

1. 15-16절에는 그들에게 주어진 명령이 나타난다. 아이들을 죽이는 일의 집행자들로 산파들이 임명된 것은 기존의 의도되었던 일보다 그 야만적인 잔혹성을 훨씬 더해주는 것이었다. 그것은 산파들이 피를 흘리게 하는 것일 뿐만 아니라 배반하게 만드는 것이기 때문이었다. 즉, 그들을 믿고 출산을 맡기는 그 신뢰를 저버리게 하는 것이었으며, 그 출산의 도움을 요청한 사람들을 절망의 파멸로 이끄는 일을 하도록 한 것이다. 과연 어느 누가 자신들의 출산에서 그러한 잔인함을 용인할 수 있겠으며, 출산을 도우라고 일을 맡긴 것이 그러한 완전한 배신을 가져오리라고 생각할 수 있었겠는가? 자신들 스스로가 야만적인 사람들은 다른 사람들도 야만적인 것으로 알거나 그들을 야만적으로 만들게 된다. 바로의 계획은 산파들에게 남자 아이들이 태어나자마자 숨을 막아 죽이도록 은밀하게 지시되었다. 그러면 욥 3:11에 있는 대로 출생의 어려움으로 인해서 혹은 그러한 경우에 흔히 있게 되는 잘못됨으로 인해서 죽은 것으로 알게 될 것이라고 생각했던 것이다. 여기에 바로가 뇌물을 주며 명령을 하고 있는 두 명의 산파들의 이름이 언급된다. 이 때는 아마도 이스라엘 백성들이 애굽을 떠나기 8년 전쯤일 것이다. 모든 히브리 여인들을 위해서 그 두 명의 산파들로 충분했다. 히브리 여인들 중의 많은 사람들이 궁전 가까이에서 아이를 낳았다. 이것은 출 2:5-6을 보면 분명한 사실이다. 많은 여인들이 그렇게 했기 때문에 바로는 그들을 상당히 시기하고 미워했다. 그들은 히브리 산파들이라고

불리는데 이는 아마도 그 산파들 자신들이 히브리인들이었기 때문이 아니라 (분명히 바로는 그들이 히브리인이라면 자신의 동족들에게 그렇게 잔인할 것이라고는 결코 기대할 수 없었을 것이었기 때문임), 그들이 일반적으로 히브리인들에 의해서 그들의 출산을 돕는 자들로 선택되었기 때문일 것이다. 바로는 그들이 애굽인들로서 이스라엘 사람들을 이겨내기를 기대했던 것이다.

2. 17절은 그들은 경건함으로 인해 이러한 사악한 명령을 따르지 않았다고 말하고 있다. 그들은 하나님을 두려워했고, 그분의 법을 존중했고, 바로의 진노보다 하나님의 진노를 두려워했다. 그러므로 그들은 남자 아이들을 살려주었다. 사람의 명령들이 하나님의 명령과 어느 면에서 반대가 된다면, 우리는 행 4:19-20, 29의 말씀과 같이 사람이 아니라 하나님의 명령에 순종해야만 한다. 이 땅의 어떠한 권세도 우리의 안전을 보장해줄 수 없는 것이며, 더욱이 우리의 주 되신 하나님을 대항해서 죄를 짓도록 강요할 수는 더더욱 없는 것이다. 마음 가운데 하나님을 두려워함이 다스리도록 하는 자는 하나님께서 인간을 과도히 두려워하는 것이 가져오는 올무로부터 그를 지켜주실 것이다.

3. 18절에서 산파들이 그들의 행위가 죄로서 추궁을 받을 때, 그들은 이러한 불순종 가운데 있는 자신들이 죄가 없고 정당함을 말했다. 19절에서 그들은 그에 대한 이유를 말하고 있는데 이것은 하나님의 은혜의 약속이 그들에게 준 말들로 여겨진다. 즉, 대개가 그들이 도우러 도착하기 전에 아이들이 태어났기 때문에 그 명령을 이행하기에 너무 늦게 도착했다고 하는 것이었다. 나는 이러한 사실을 믿지 못하는 이유를 정말 이해할 수 없다. 히브리 사람들이 특별히 예외적인 수적인 증가의 축복을 받고 있었다는 것은 분명하다. 그러므로 이러한 현상이 나타나는 것은 당연한 것이라 생각될 수 있는 것이다. 여인들은 매우 빨리 수월하게 출산을 했고 어머니들과 아이들은 모두 매우 건강했다. 그들은 산파들의 도움을 거의 필요로 하지 않았던 것이다. 이 산파들은 이러한 현상들을 알았고, 그것을 이루는 것이 바로 하나님의 손길이라고 생각했던 것이다. 따라서 그들은 하늘의 은총을 받는 사람들을 위해서 왕명을 담대히 거역했던 것이다. 왕이 그들에게 그들이 불순종한 이유를 말하라고 했을 때 바로 앞에서 이러한 말로 자신들을 변호했던 것이다. 따라서 고대 몇몇 유대인들은 이것을 다음과 같이 설명한다: 산파들이 자신들에게 오기 전에 히브리 여인들은 하늘에 계신 그들의 아버지께 기도했다. 하나님께서는 그들에게 응답하셨고 그들은 아이

를 낳은 것이다. 하나님께서는 곤경에 빠진 그의 백성들을 돕기 위해 다른 어느 도움을 주는 자보다도 더욱더 준비를 하고 계신 분이시다. 그리고 특별히 엄중한 의무들 가운데 있는 그들을 구원하신 것과 같이 그분의 선하심으로 그들을 축복하시기를 고대하고 계신다.

4. 하나님께서는 당신의 백성들을 향해서 호의를 보이는 산파들에게 은혜를 베푸셨다: **하나님이 그 산파들에게 은혜를 베푸셨다**(20절). 하나님께서는 자신의 백성들에게 베풀어진 친절을 보이지 않는 손이 되어서 갚아 주실 것이다. 자신의 백성들에게 베풀어진 그 친절을 바로 하나님 자신을 위해서 행해진 일로 여기시는 것이다. 특별히 **하나님께서 그들의 집안을 흥왕하게 하셨고**(21절), 가족을 이루게 하셨으며, 그 자손들을 축복하셨고, 그들이 행하는 모든 일에 그들을 흥왕케 하셨다. 하나님의 이스라엘을 위해서 행해진 일들은 종종 은혜로 되갚아진다. 그 산파들은 이스라엘 백성들의 가정들을 지켜주었다. 그에 대한 보상으로 **하나님께서 그들의 집안을 흥왕하게 하셨다**. 신앙과 경건은 번영을 이루어내는 좋은 동반자이다: 한 가정에서 하나님을 경외하는 것은 가정을 세우고 견고히 하는데 꼭 필요한 도움이 될 것이다. 라이트푸트(Lightfoot) 박사는 이와 관련해 다음과 같이 말했다. "그들의 경건심으로 인해서 이스라엘 사람들과 결혼을 하게 되었고 그들은 히브리 가정들을 세웠다."

Ⅱ. 이러한 계획이 성사되지 않게 되자 바로는 모든 그의 백성들에게 히브리인들의 모든 남자 아이들을 물에 던지라고 하는 명령을 공포했다(22절).

우리는 이 법령이 이스라엘 사람이 아이를 낳은 것을 알게 된 사람 누구에게나, 그리고 그 아이를 강에 던지도록 되어있는 사람에게 알려 주지 않은 사람 누구에게나 매우 심한 형벌이 되었음을 알 수 있다. 교회의 적들은 단 7:25 말씀과 같이 지극히 높으신 자의 성도들을 없애기 위한 그들의 노력을 지금까지 쉬지 않고 해오고 있다. 그러나 하늘에 좌정해 계신 분께서 그들을 비웃으실 것이다. 시 2:4를 보라.

제 — 2 — 장

개요

본 장은 모세의 이야기로 시작한다. 모세는 하늘의 일을 잘 알고 있었고 지상에서 탁월하게 쓰임 받았기 때문에 명성이 있으며 잘 알려진 사람이다. 그는 선지자, 구원자, 율법 수여자 그리고 중보자로서 구약 전체에서 가장 현저한, 그리스도의 예표가 되는 사람이다. 유대인들은 그들 가운데 모세의 생애에 관한 하나의 책을 가지고 있는데 모세에 관해서 아주 많은 이야기들을 전해주고 있다. 우리가 생각해 보아야 하는 것은 그 이야기가 단순히 가공된 이야기일 수도 있는 것이라고 하는 것이다. 그러나 모세가 그 자신에 대해서 기록한 것은 우리가 신뢰할 수 있는 것이다. 우리는 그의 기록이 진실하다는 것을 알고 있기 때문이다. 보존되고 우리들에게 전해진 것은 무한하신 지혜자의 생각과 같은 것이기 때문에 그 기록으로 우리는 만족할 수 있는 것이다. 본 장에서 우리는 다음과 같은 내용들을 볼 수 있다. I. 모세의 출생과 유아기에 당한 위험들을 묘사하고 있다(1-4절). II. 그러한 위험들 속에서 그의 생존한 경위와 소년기와 청년기의 자라남에 대해서 말해주고 있다(5-10절). III. 장년기에 하나님의 백성임을 받아들이기로 한 그의 경건한 선택에 대해서 이야기하고 있는 부분으로, 1. 이스라엘 백성들이 받아준다면 그들에게 지금 자신이 섬기려고 했던 것을 말해주며(11-14절), 2. 이후에 이루어질 더 많은 사역의 감당을 기약하며 자신을 지키기 위해 모세가 도주하는 것을 묘사하고 있다(15-22절). 그리고 IV. 이스라엘을 구원하는 날의 여명이 밝아옴을 말해준다(23절 이하).

[1]레위 가족 중 한 사람이 가서 레위 여자에게 장가 들어 [2]그 여자가 임신하여 아들
을 낳으니 그가 잘 생긴 것을 보고 석 달 동안 그를 숨겼으나 [3]더 숨길 수 없게 되매
그를 위하여 갈대 상자를 가져다가 역청과 나무 진을 칠하고 아기를 거기 담아 나
일 강 가 갈대 사이에 두고 [4]그의 누이가 어떻게 되는지를 알려고 멀리 섰더니

모세는 아버지와 어머니가 모두 레위 족속이었기 때문에 레위족 사람으로 태어났다. 야곱은 아들 레위에게 불명예의 말을 남기고 임종했다(창

49:5). 그러나 얼마 뒤에 모세는 레위의 후손으로 출생하게 된다. 그는 죄된 육신을 입고 오셔서 우리들을 위해서 저주를 받으신 그리스도를 나타내고 있다. 이 지파는 모세의 출생으로 인해서 나머지 지파들로부터 구별되어 두각을 나타내기 시작했다. 시간이 흐르면서 그 지파는 여러 면에서 주목할 만한 역할을 감당하게 되었기 때문이다. 이 새로 태어난 아기는 다음과 같은 의미들을 가지고 있다.

I. 모세가 숨겨진 방법. 모세가 태어났을 바로 그 때는 히브리인들의 모든 남자 아이들을 죽이기 위한 잔인한 법령이 만들어졌던 때였던 것 같다. 분명히 많은 아이들이 그 법령의 시행으로 죽었을 것이다. 모세의 부모는 모세보다 나이가 많은 미리암과 아론을 가지고 있었는데, 이들은 그 법령이 반포되기 전에 태어났기 때문에 그러한 위험이 없이 키울 수 있었다. 그러나 평온한 세상에서 태어난 사람들은 그들이 곤경을 겪어보기 전에는 그들이 만날 수도 있는 어려움들을 알지 못한다. 아마도 모세의 어머니는 모세의 출생이 다가옴에 따라 걱정이 태산 같았을 것이다. 법령은 엄격해서 눅 23:29의 말씀처럼 **수태하지 못하는 배가 복되다** 라고 말할 정도였을 것이다. 아이를 배지 못하게 되는 것이 호 9:13 말씀에 있는 대로 아이들을 살인자에게 끌어내는 것보다 차라리 나은 것이었다. 그러나 이 아이는 그 아버지의 가문에 영광이 되었다. 우리들이 가장 두려워하는 일들은 종종 우리들에게 가장 커다란 기쁨을 주기도 한다. 하나님의 선하신 섭리를 관찰하라. 바로의 잔혹함이 정점에 이르렀을 때 구원자가 태어났다. 그는 잔혹함이 사그라지고 난 수년 뒤에 태어난 것이 아니었다. 사람들이 교회의 소멸을 계획하고 있을 때, 하나님께서는 그 구원을 준비하시고 계신다. 나중에 이 속박의 나라로부터 이스라엘을 데리고 나갈 모세는 그 자신이 압제자의 분노에 희생되는 위험에 빠져 있었던 것이다. 하나님께서 일을 그렇게 만드신 것이다. 후일 그러한 상황에 대한 이야기를 듣게 된 모세는 그런 피로 얼룩진 살인자들의 손아귀로부터 자신의 형제들을 구원하기 위한 거룩한 열심이 더욱 솟아나게 되었을 것이다.

1. 모세의 부모는 모세가 보통 잘생기고 귀여운 아이 이상인 신성한 아이임을 알았다. 행 7:20 말씀대로 그는 **하나님 보시기에 아름다운 아이**였다. 부모는 모세의 얼굴에서 단순한 인간 이상의 무엇을 나타내는 빛이 나는 것을 보고 매료되었다. 이 빛은 훗날 출 34:29에서 말하는 모세의 얼굴에서 보이는 광채를

나타내는 것이었다. 하나님께서는 때때로 자신의 선물들에 대한 전조를 주시며, 그분께서 위대한 일들을 해주기를 원하는 사람들, 그리고 그 위대한 일을 함께 하기를 원하는 사람들에게 자신을 일찍이 드러내신다. 따라서 하나님께서는 삼손에게 초기에 능력을 주셨고(삿 13:24-25), 사무엘을 일찍이 부르셨으며(삼상 2:18), 다윗을 위해서 초기에 구원을 베푸셨고(삼상 17:37), 디모데를 일찍이 훈련시키셨다(딤전 3:15).

2. 그러므로 그들은 자신을 성결하게 보전하기를 더욱 열망하게 되었다. 그들은 이른 시기에 주신 그 은혜를 그들 자신에 대해 하나님께서 가지시는 어떠한 목적을 나타내는 표지로서 존중했고, 무엇인가 위대한 일을 위한 좋은 징조로 생각했기 때문이었다. 생동감 있는 살아있는 믿음은 하나님의 은혜를 나타내는 매우 미약한 표지로부터 위로와 격려를 얻을 수 있다. 섭리 가운데 보이는 미약하지만 자비로운 표지는 열심히 찾는 자들에게 격려가 될 것이다. 모세의 부모는 발각되게 되면 아마도 자신들의 생명이 위험하게 될 것이라는 것을 알면서도 자신들의 집 은밀한 곳에서 3개월 간 아이를 숨겼다. 이러한 사실에 비추어 보면 모세는 그리스도의 모형이었다. 그리스도께서는 유아기에 피해야만 하셨고 많은 무고한 생명이 죽임을 당할 때 모세와 동일하게 애굽에서 놀라운 섭리 가운데 보존되셨기(마 2:13) 때문이다. 모세의 부모는 믿음으로 숨겼다고 말한다(히 11:23). 몇몇 사람들은, 그 부모는 구원자가 그들의 허리에서 나올 것이라고 하는 특별한 계시를 받았을 것이라고 생각하기도 한다. 그러나 그들은 이스라엘의 보전에 대한 일반적인 약속만을 가졌을 뿐이고 이 약속에 대해서 믿음을 가지고 행했을 뿐이다. 이 믿음 속에서 그들은 왕의 명령에 따르는 징벌을 두려워하지 않고 자신들의 아이를 숨겼던 것이다. 하나님의 약속 안에 있는 믿음은 결코 없어지지 아니하며 은혜를 얻기 위한 합법적인 수단들을 사용하는 것을 격려하거나 고무시킨다. 의무는 우리들이 해야 하는 것이고, 일의 성취는 하나님이 하시는 것이다. 다시 말하지만, 하나님 안에 있는 믿음은 우리를 사람을 두려워하는 올무에서 벗어나게 해줄 것이다.

Ⅱ. 모세가 세상에 드러나게 되는 경위. 3개월이 지날 무렵에 감추어진 아이를 찾는 사람들이 오게 되었을 것이다. 그래서 부모들은 그를 더 이상 숨길 수가 없었을 것이다(아마도 그들은 이 시점에서 믿음을 상실해가기 시작했을 것임). 그들은 모세를 갈대 상자에 넣어 강가에 두었다(3절). 그리고 4절에 보

면 모세의 누이가(그 때는 매우 어렸을), 그에게 어떠한 일이 생기는지, 그리고 그가 누구에게 가게 되는지 보기 위해 멀찍이서 보고 있었다. 하나님께서는 자신의 목적을 이루시기 위해 그들의 마음에 그렇게 하도록 하셨다. 이렇게 해서 모세는 바로의 딸 손에 이르게 되었다. 이러한 절박한 위험에서 모세가 구원되는 것은 하나님의 교회의 구원을 보여주는 한 예가 될 수 있는 것이다. 이것을 이제 설명하고자 한다.

1. 하나님께서는 이스라엘의 흩어진 자들을 특별히 보호하신다(시 147:2). 사 16:4에 따르면 그들은 그분의 흩어진 자들이기 때문이다. 모세는 자신의 가까운 사람들에 의해서 버려진 것처럼 보인다. 그 자신의 어머니도 그를 감히 돌보지 못했다. 그러나 시 27:10 말씀과 같이 이제 주께서 그를 받으셨고 보호하시게 되었다.

2. 지극히 어려운 시기에는 하나님의 섭리에 의지하는 것이 나은 것이다. 그들이 아이를 보호할 수도 있을 때에 자신들의 아이를 드러나게 하는 것은 하나님의 섭리를 시험하는 일일 수도 있는 것이다. 그러나 그들이 아이를 더 이상 보호할 수 없었을 때 아이를 드러나게 하는 것은 하나님의 섭리를 신뢰하는 것이었던 것이다. "모험이 없으면 얻는 것도 없다." 내가 죽으면 죽으리이다.

5바로의 딸이 목욕하러 나일 강으로 내려오고 시녀들은 나일 강 가를 거닐 때에 그
가 갈대 사이의 상자를 보고 시녀를 보내어 가져다가 6열고 그 아기를 보니 아기가
우는지라 그가 그를 불쌍히 여겨 이르되 이는 히브리 사람의 아기로다 7그의 누이
가 바로의 딸에게 이르되 내가 가서 당신을 위하여 히브리 여인 중에서 유모를 불
러다가 이 아기에게 젖을 먹이게 하리이까 8바로의 딸이 그에게 이르되 가라 하매
그 소녀가 가서 그 아기의 어머니를 불러오니 9바로의 딸이 그에게 이르되 이 아기
를 데려다가 나를 위하여 젖을 먹이라 내가 그 삯을 주리라 여인이 아기를 데려다
가 젖을 먹이더니 10그 아기가 자라매 바로의 딸에게로 데려가니 그가 그의 아들이
되니라 그가 그의 이름을 모세라 하여 이르되 이는 내가 그를 물에서 건져내었음
이라 하였더라

이 본문에는 다음과 같은 내용들이 있다.

I. **죽음에서 구원받은 모세.** 위대한 사람이 어린 아이였을 때 누웠던 곳을

와서 보라. 그는 강가에 놓인 갈대 상자에 놓여 있었다. 그 곳에 내버려 두었다면 곧 강물에 빠져죽거나 악어가 삼켰거나 아니면 얼마 뒤에 굶주려 죽었을 것이 틀림없다. 모세를 건져 준 손길이 아닌 다른 사람에 의해서 발견되었다면 그들은 건질 수도 없었을 것이고, 감히 그렇게 하지도 못해 그를 바로 강물에 던져 넣었을 것이다. 그러나 하나님의 섭리는 바로의 딸을 바로 그 때에 그 곳으로 가게 하셨고, 이 불쌍하게 버려진 아이가 누워 있는 곳으로 인도하셨으며, 그녀의 마음에 그를 불쌍히 여기는 마음을 넣어주셨던 것이다. 이로 인해서 그녀는 어느 누구도 감히 할 수 없었던 일을 하게 되었던 것이다. 가엾은 아이는 결코 울지 않았고 그렇게 평온하게 행복하게 있었다. 물에서 건져졌을 때 그 아이는 울었다. 이 울음은 공주의 불쌍히 여기는 마음을 움직였다. 그 아이의 아름다움 또한 그렇게 했음이 분명하다(5-6절).

1. 무력한 유아를 보고 동정심을 가지지 못하는 사람들은 마음이 굳어진 자들이다. 겔 16:5-6 말씀과 같이 이렇게 가련한 상태에 있는 이스라엘 백성들에게 나타난 하나님의 긍휼히 여기심은 얼마나 감동적인가!

2. 능력 있는 사람에게 비천한 자들의 어려움들을 인지하여 받아들이도록 하며 그들에게 자선을 베풀고 도움이 되도록 하는 것은 바람직한 일이다.

3. 우리들은 하나님을 찬양하기 위해 우리들의 유아기 때에 우리를 살피신 하나님의 은혜를 종종 이야기해야만 한다. 비록 우리가 그러한 위험에 처해 있지 않았다 할지라도(우리가 그런 경우에 처해 있지 않았었다는 것은 하나님의 은총이었음), 우리의 유아기에 많은 사람들이 우리 주변의 어려움들을 감수했다. 주께서 우리를 그러한 어려움에서 구원해 주신 것이다(시 22:9-10).

4. 하나님께서는 종종 자신의 백성을 위해서 그들의 적들로부터 친구들을 일으키신다. 바로는 잔인하게 이스라엘을 멸절시키려 하고 있었다. 그러나 바로 자신의 딸이 한 히브리 아이에게 자애로운 동정심을 가졌을 뿐만 아니라 그녀의 의도를 넘어서서 이스라엘의 구원자를 지켜 보존하게 되었던 것이다. 오, 주여! 당신의 모략이 얼마나 놀라운지요!

Ⅱ. 자신의 사랑하는 어머니인 훌륭한 유모에 의해서 잘 자라난 모세(7-9절).

바로의 딸은 그가 한 히브리 유모를 가지게 되는 것이 나을 것이라고 생각한다(그렇게 아름다운 아이가 아프리카 북서부에서 살았던 검은 피부의 무어인의 젖을 빠는 것은 안쓰러운 일이라 생각한 듯함). 기지가 넘치고 판단력이 뛰어난 모세의 누이는 아이에게 커다란 유익이 되도록 하기 위해서 유모로서 모세의 어머니를 소개한다. 어머니들은 가장 뛰어난 유모들이며, 태중의 축복과 더불어 모유의 축복을 받은 사람들이, 만약에 자신들이 위하여 그 축복들을 받았던 사람들을 위해 그들이 받았던 그 축복들을 되돌려 주지 않는다면 바로 처신하는 것이 아니었기 때문이었다. 그것은 또한 그 어머니에게 말할 수 없는 만족감을 주었다. 그녀는 죽음으로부터 살려낸 그녀의 아이를 받은 것이기 때문이었다. 이제 두려움 없이 그 아이를 돌보며 키우는 기쁨을 누리게 된 것이다. 이 행복에 도취된 그녀의 기뻐하는 모습은 솔로몬의 눈(왕상 3:27)보다는 다소 덜 분별적인 사람의 눈에조차도(그녀가 진짜 어머니가 아닐까 하는 어떤 의심을 받았다면) 자신이 진짜 어머니가 됨을 드러내기에 충분할 정도였을 것이라는 것을 생각해 볼 수 있다.

Ⅲ. 바로의 딸의 아들이 되기로 한 모세(10절). 그 부모들은 아마도 공주를 위해서 그를 양육하면서 필요한 것들을 주었을 뿐만 아니라 그들의 아들에게 이루어진 영광스러운 일을 생각하며 매우 기뻐했을 것이다. 세상이 주는 호의는 세상의 곤경보다 더 강한 유혹이며 저항하기가 더 어려운 것이기 때문이다. 유대인들의 전통은 바로의 딸은 자기 아이가 없었고 그녀는 아버지의 유일한 자녀였기 때문에 모세는 그녀의 아들로서 받아들여져 왕권에 당당히 서게 되었다고 말하고 있다. 그는 때가 되어 궁정의 가장 높은 자리에 나아가게 되었고, 그러는 동안에 그 곳에서 석학들과 더불어 가장 좋은 교육과 궁정에 관한 사항들을 배우는 혜택을 누리게 되었다. 이로 인해서 그는 행 7:22에 있는 대로 애굽의 모든 법률적 지식에 대해서 전문가가 되었던 것이 분명하다.

1. 시 113:7-8에 있는 대로 하나님의 섭리는 때때로 진토에서 가난한 자들을 일으키셔서 그들을 방백들 가운데 세우기를 기뻐하신다. 태어나면서 가난하고 무명한 많은 자들은 하나님께서 주관하시는 섭리의 놀라운 일들로 인해서 세상의 높은 자들 곁에 앉게 된다. 사람들로 하여금 하늘이 정말로 다스린다는 것을 알게 하기 위함이다.

2. 하나님께서는 위대한 사역들을 위해서 계획된 사람들을 미리 준비하고 자격을 갖추게 하기 위한 방법들을 찾으신다. 모세는 궁정에서 교육을 받음으로 인해서 왕자가 되기에, 그리고 여수룬(이스라엘)의 왕이 되기에 적합한 사람이 되었다. 배움이 있는 궁정에서 교육을 받음으로 인해서(그 당시의 그런

지위에 있었던 애굽인들과 같이) 역사가가 되기에 적합했다. 그리고 애굽의 궁정에서 교육을 받음으로 인해서 하나님의 이름으로 하늘 궁전의 대사로서 쓰임받기에 적합했다.

IV. 이름 지어진 모세. 유대인들은 우리들에게 모세의 아버지가 그의 할례시에 그를 요아킴(Joachim)이라고 불렀으나 바로의 딸이 그를 애굽말로 물에서 건져냄이라고 하는 뜻을 가진 모세라고 불렀다고 전한다. 애굽의 이름으로 유대 율법수여자의 이름이 불린 것은 이방 세계에 좋은 징조이다. 그리고 사 19:23에 나의 백성 애굽이 복되도다 라고 말하는 것과 같이 이르게 될 날의 희망을 주는 것이다. 그리고 궁정에서의 그의 배움의 시간들은 왕들은 네 양부가 되며 왕비들은 네 유모가 될 것이라고 한 사 49:23 약속의 신실한 이행이었다.

[11]모세가 장성한 후에 한번은 자기 형제들에게 나가서 그들이 고되게 노동하는 것
을 보더니 어떤 애굽 사람이 한 히브리 사람 곧 자기 형제를 치는 것을 본지라 [12]좌
우를 살펴 사람이 없음을 보고 그 애굽 사람을 쳐죽여 모래 속에 감추니라 [13]이튿날
다시 나가니 두 히브리 사람이 서로 싸우는지라 그 잘못한 사람에게 이르되 네가
어찌하여 동포를 치느냐 하매 [14]그가 이르되 누가 너를 우리를 다스리는 자와 재판
관으로 삼았느냐 네가 애굽 사람을 죽인 것처럼 나도 죽이려느냐 모세가 두려워하
여 이르되 일이 탄로되었도다 [15]바로가 이 일을 듣고 모세를 죽이고자 하여 찾는지
라 모세가 바로의 낯을 피하여 미디안 땅에 머물며 하루는 우물 곁에 앉았더라

모세는 바로의 궁정에서 자신의 생애의 첫 40년을 사역을 위해 자신을 준비하면서 보냈다. 이제 그는 행동으로 옮길 시간을 맞았다.

I. 모세는 하나님 백성들의 어려움을 담대히 받아들이고 온 몸으로 담당하게 된다. 모세가 장성한 후에 한번은 자기 형제들에게 나가서 그들이 고되게 노동하는 것을 보더니(11절). 우리는 이 어구들에 대해 가장 훌륭한 설명을 히 11:24-26의 영감된 말씀에서 얻는다. 이 히브리서 말씀은 우리들에게 다음과 같은 사항들을 말해준다.

1. 모세는 애굽 궁정의 영예들과 즐거움들을 경멸하는 그의 거룩함을 보여주었다: 그는 궁정을 나가 바로의 공주의 아들이라 칭함받기를 거절했다. 그 유혹은 정말로 강한 것이었다. 모세는 (우리들이 말하는 것처럼) 그의 행운을 얻을

좋은 기회와 또한 궁정에 있는 자신의 이로운 점을 가지고 이스라엘을 도울 수 있는 기회를 가지고 있었다. 그는 그러한 이로운 점뿐만 아니라 은혜를 입었기 때문에라도 바로의 딸에게 남아 있어야만 했었다. 그러나 모세는 믿음으로 그러한 유혹을 이기고 영광스러운 승리를 얻었던 것이다. 그는 바로의 딸이 되는 것보다는 아브라함의 아들이 되는 것이 훨씬 영광스럽고 나은 일이라는 것을 생각했던 것이다.

2. 모세는 속박 가운데 있는 자신의 불쌍한 동족들에 대한 애정어린 관심을 가졌고(비록 그는 그 고난을 쉽게 피할 수 있었을지라도) 그들과 함께 고난 받기를 선택했다. 그는 그 동족들의 고난을 그들을 불쌍히 여길 뿐만 아니라 그들과 함께 감히 해결해야 할 것으로, 그리고 여건이 주어진다면 동족을 위해 위험을 무릅써야 하는 것으로 보았다.

Ⅱ. 모세는 훗날 하나님과 이스라엘을 위해서 행해야 될 위대한 일의 한 예를 두 가지 작은 일들을 통해서 보여준다. 이것은 특별히 스데반이 그 조상들이 얼마나 늘 성령을 거역했는지를(행 7:51) 보여주기 위해 하는 말 속에 잘 묘사되고 있다(행 7:23 이하). 그것은 모세에게도 마찬가지인데, 동족의 수적인 증가의 초기에 그들의 눈을 고의적으로 닫아버리고, 모세가 백성들의 구원자로 처음 나타났을 때 그를 거역하였다. 모세는 그가 행한 일에 있어서 자신이 하나님의 지도 아래 있는 것이라고 분명히 확신했을 것이다. 그리고 그 일을 하기 위한 하나님의 특별하신 부르심 가운데에 있었다고 확신했을 것이다. 이제 본문의 관찰 내용을 보도록 하자.

1. 훗날 모세는 하나님의 백성 이스라엘에게 애굽인들이 행했던 잘못들에 대해서 애굽인들에게 재앙을 내리는 일에 쓰임을 받는다. 그러한 일의 한 예로서 모세는 히브리인을 쳤던 애굽인을 죽였다(11-12절). 아마도 그 애굽인은 히브리 노예를 학대하고 있는 것을 모세가 발견하게 된 사람으로 애굽인 작업감독 중의 하나였을 것이다. 몇몇 사람들은 그 학대받는 히브리 노예는 같은 지파 사람으로 모세의 친척 중의 하나였을 것이라고 본다. 모세가 애굽인을 죽이고 자신의 압제받는 형제를 구한 것은 하늘의 특별한 허락(일반적인 일들의 경우에는 그 선례가 없는)에 의해서 이루어진 일이었다. 유대인의 전승은 모세가 어떠한 무기를 가지고 애굽인을 죽이지 않았다고 한다. 그러나 베드로는 자신의 입의 말을 가지고 아나니아와 삽비라를 죽였다. 모세가 애굽인을 모래 속에

숨긴 것은 이제 후로는 바로와 그의 모든 애굽인들이 모세의 지팡이 아래에서 홍해의 모래 속에 사장될 것을 의미한 것이었다. 아무도 보지 않았을 때 이러한 정의를 그가 비밀리에 수행한 것은 어느 정도 필요한 주의 깊은 행동이었다. 그러나 이것은 아직 그의 믿음이 연약했음을 보여주는 하나의 표지였다. 그는 주저함을 보였던 것이다. 위대한 믿음을 가지는 사람들은 처음에는 작은 믿음을 가지고 시작했고, 떨면서 말을 했음을 알아야 한다.

2. 모세는 훗날 이스라엘을 통치하는 일을 감당하게 되었다. 이 통치의 예로서 우리는 이 본문에서 모세가 두 히브리인들 사이에 일어난 논쟁을 중지시키려고 노력함을 보게 된다. 그는 이 와중에 그들의 태도를 통해서 고통을 받아야만 했다(이것은 훗날 40년 동안 그가 받았던 일들과 같은 것임). 이 본문에서 다음과 같은 사항들을 관찰하게 된다.

(1) 모세가 두 히브리인들 사이에서 목도하게 된 그리 좋지 못한 다툼(13절). 그 일이 무엇이었는지 나타나지는 않는다. 그러나 그것이 무엇이었든 간에 이스라엘 모두가 애굽인들의 혹독한 압제와 통제를 받고 있는 때에 히브리 사람들 서로 간에 싸운다는 것은 시의적절하지 못한 일이었음이 분명하다. 애굽인들에게 덜 맞아서 히브리인들 서로 간에 싸우고 있는 것이란 말인가? [1] 일상적인 고통들로 인해서 하나님을 믿는 사람들조차도 기대하는 만큼 서로 늘 연합하게 되는 것은 아니다. [2] 하나님께서 교회를 위해 구원의 방편들을 일으키실 때, 그 구원의 도구들은 애굽인들을 억누르기 위해서 그들을 압박할 뿐만 아니라, 이스라엘 사람들을 화해시키기 위해서 그들과 다투는 일을 모두 기꺼이 감당하게 될 것이다.

(2) 모세가 싸우는 동족을 다루는 방법. 그는 그 다툼에 끼어들었고 잘못을 저지른 쪽에 부드럽게 이유를 물었다: 네가 어찌하여 동포를 치느냐? 고통을 준 애굽인은 죽임을 당했으나 동족에게 고통을 준 히브리인은 단지 비난만을 받았다. 애굽인이 행한 일은 내면의 악으로부터 기인된 것이기 때문이었고, 히브리인이 한 것은 우리가 생각하기에는 단지 갑작스런 분개 때문이었다. 지혜로우신 하나님께서는 모세가 행했던 것과 같이 동기를 보고 판단하는 방식으로 판단하신다. 모든 지혜로운 통치자들은 같은 범죄가 가지는 여러 가지 특징들에 따라서 가해자와 피해자의 차이를 판결한다. 모세는 그들을 좋은 관계의 친구로 회복시키기 위해서 노력했다. 동일하게 그리스도께서도 종종 그 제자들

의 다툼을 꾸짖으신 것을 우리는 발견한다(눅 9:46 이하; 22:24 이하). 그분께서는, 모든 애굽의 대적을 죽일 계획을 가지고 자신의 형제들을 찾아갔던 화평케 하는 자요 치료하는 선지자였던 모세와 같은 선지자이셨기 때문이다. 이 사건에서 모세가 말했던 꾸중은 여전히 유용한 의미를 가지고 있다: **네가 어찌하여 동포를 치느냐?** 무엇으로건 우리들의 동료들을 치는 것은, 특별히 히브리인들 사이에, 좋지 못한 것이다. 말로 혹은 손으로, 핍박으로 혹은 싸움과 논쟁으로 어느 것이든 좋지 못한 것이다. 당신이 친 사람을 생각해보라. 그 사람은 당신의 동료요, 동료 피조물이요, 동료 그리스도인이요 또한 바로 고난받는 당신의 동료인 것이다. 왜 치는지 이유를 생각해보라. 그 이유는 아마도 전혀 아무것도 아니거나, 정당한 것이 아니거나, 그렇지 않으면 말할 가치도 없는 것일 수 있다.

(3) 모세의 노력은 성공하지 못함(14절): **그가 이르되 누가 너를 우리를 다스리는 자와 재판관으로 삼았느냐?** 잘못을 저지른 사람이 모세와 다투었다. 공격을 받아 상처를 입은 사람은 화해를 하려고 했던 것 같으나, 잘못을 저지른 사람은 다루기 힘들었던 것 같다. 비난을 참지 못하는 것은 죄를 지었음을 나타내는 표시이다. 분개하여 상처를 준 사람에게 잘못했음을 시인하라고 설득하는 것보다 공격을 받아 상처를 입은 사람에게 잘못했음을 인정하라고 설득하는 것이 더 쉬운 일이다(고전 6:7-8). 모세가 이 시비조의 말을 하는 히브리인에게 주었던 말은 매우 현명하고 부드러운 것이었다. 그러나 그는 그 말을 참을 수가 없었다. 그는 공연히 반항을 했으며(행 9:5) 자신을 꾸짖는 자에게 역으로 질문을 했다.

[1] 그는 모세의 권위에 도전을 한다: **누가 너를 우리를 다스리는 자와 재판관으로 삼았느냐?** 우호적인 꾸지람을 주기 위해서는 그리 큰 권위가 필요하지 않는 것이다. 그것은 단지 친절한 행동일 뿐이다. 그러나 이 사람은 그 친절한 행위를 일종의 지배하려는 것으로 해석했고 그 충고자에게 오만하고 외람된 것을 요구했다. 따라서 사람들이 좋은 대화나 적절한 훈계를 싫어할 때 그들은 그것을 설교라고 부를 것이다. 그것은 마치 어떤 사람이 하나님을 위해서 그리고 죄를 대항해서 한 마디도 할 수 없지만 상대에 대해서는 할 말을 너무나 많이 가지고 있는 것과 같은 그런 설교라 여기게 되는 것이다. 그러나 모세는 진정한 다스리는 자였으며 재판관이었다. 모세는 그것을 알고 있었으며 히브리인

들도 그것을 알고 있었을 것이라고 생각했다. 그러나 그들은 행 7:25, 27 말씀과 같이 그들 자신의 입장에 서 있었고 모세를 밀쳐버렸다.

[2] 그는 애굽인을 죽이면서 모세가 한 일을 가지고 신랄하게 비난했다: **네가 나도 죽이려느냐?** 가장 좋은 말들과 행동들 위에 악의가 놓고 있는 비열한 작업들이 무엇인지 보라. 그를 꾸짖은 것으로 인해서 모세는 바로 그를 죽이려고 하는 것으로 혐의를 받은 것이다. 그의 죄에 대한 꾸짖음은 그의 생명을 해하려는 것으로 여겨졌다. 모세가 애굽인을 죽였던 것은 의당 그러한 의구심을 가지게 하기에 충분했다. 마치 모세가 애굽인이나 히브리인이나 동일하게 대하고 있는 것처럼 여겨진 것이다. 만약에 모세가 상처 입은 히브리인을 구하기 위해서 그 애굽인을 죽였다면, 그 상처 입은 사람은 모세에게 히브리인들에 대한 친구로서 뿐만 아니라 특별한 힘과 열정을 가진 친구로서 모세에게 복종했어야만 했을 것이다. 그러나 그는 대담하게 이루어진 범죄로서 모세의 면전에서 그를 질타한다. 이것은 약속된 구원에 대한 하나의 예표로서 의도된 것이었다. 만약에 히브리인들이 이러한 예시를 알았더라면, 모세를 그들의 머리되는 지도자로 여겼을 것이다. 그렇다면 그들은 지금 구원받았을 가능성이 있는 것이다. 그러나 그들의 구원자를 멸시했기 때문에 그들의 구원은 당연히 연기되게 되었고 그들의 속박은 40년이나 늘어났던 것이다. 훗날 가나안에 대한 그들의 멸시는 그들로 하여금 가나안에 이르지 못하게 하고 또 다른 40년의 세월을 보내도록 했던 것이다. 나는 그렇게 해주기를 원하나 너희들이 따르기를 싫어한 것이다. 사람들이 신실한 책망자들과 훈계자들을 거부하고 멸시할 때, 그들은 그들이 하고 있는 것이 무엇인지, 그들 자신의 이득에 그 거부들이 어떠한 해가 되는지를 모른다. 히브리인들이 모세와 더불어 싸웠을 때, 하나님께서는 그를 미디안으로 보내셨다. 히브리인들은 모세에 대해서 40년 동안 아무런 소식을 듣지 못했다. 따라서 그들에게 평화를 이루어주려고 했던 것들은 그들의 눈에서 숨어버리게 되었다. 그들은 그 평화를 이루려는 것들이 당도했을 때 알아보지를 못했기 때문이었다. 우리는 이 일이 모세에게는 매우 의기소침하게 되는 일이었고 낙심되는 일이었을 것이라는 것을 알 수 있다. 그는 이제 하나님의 백성들과 함께 역경을 감수할 것을 택하고 있었고 그리스도의 치욕을 포용하고 있었다. 모세가 처음에 이 역경과 그들로부터의 비난을 받아들이려고 했던 것은 그에게 매우 아픈 결심이었을 것이다. 그는 아마도 "이것이 히브리인들의 생각

이라면 나는 다시 궁정으로 돌아가서 바로의 딸의 아들이 될 것이다"라고 말했을 수도 있다. 첫째로, 우리는 종교를 믿는다고 고백하는 어떤 특정한 사람들의 어리석음들과 투정들로 인해서 하나님의 사람들과 방법들에 대해서 편견을 가지게 되는 것에 주의를 해야만 한다. 둘째로, 교회의 가장 좋은 친구들이 그들의 치유 사역과 여러 가지 시도들을 하는데 있어서 그리고 심지어 그들 자신의 어머니의 아이들, 즉 형제들로부터 수많은 반대와 실망을 받게 되는 것은 새로운 일이 아니다. 그리스도께서는 건축자들에 의해서 아무것도 아닌 것처럼 버려지셨고 그분께서 구원하시려고 했던 사람들에 의해서조차 배척당하셨다.

(4) 결과적으로 모세가 미디안으로 도주함. 모세에게 던져진 히브리 형제의 분개한 말은 오히려 그에게 유익함이 되었다. 그 말은 모세에게 자신이 애굽인을 죽인 것이 탄로가 났음을 알 수 있도록 해주었기 때문이었다. 그래서 모세는 자신이 도주할 수 있는 시간을 가질 수 있게 되었던 것이다. 그렇지 않았으면 바로의 분(噴)이 그에게 미치게 되어 그의 생명을 잃었을 수도 있었을 것이다. 하나님께서는 말다툼과 같은 사소한 것으로부터도 이런저런 방법으로 자신의 백성들에게 좋을 것을 가져다 주시기 위해 그 말다툼을 통제하실 수 있으시다. 모세가 애굽인을 죽였다는 사실이 바로에게 알려졌다(이것은 모세가 꾸중을 했던 바로 그 히브리인에 의해서 알려지지는 않았을 것이다). 이제 모세를 잡기 위한 체포영장이 발부되었다. 이것은 모세로 하여금 자신의 안전을 위해서 미디안 땅으로 도망가도록 했다(15절).

[1] 모세는 자신의 생명을 보호하기 위해 이렇게 했던 것이다. 만약에 이러한 행동이 사도가 말한 대로 믿음으로 모세가 애굽을 떠나는 것이었다면(히 11:27), 이러한 사건은 우리가 의무를 이행하다가 곤경과 위험에 처하게 될 때에는 언제든지 믿음의 은혜는 우리들이 우리들 자신을 보전하기 위한 적절한 수단들을 취하도록 하는데 있어서 유익함이 될 것임을 가르쳐준다. 히브리서에서는 그가 왕의 진노를 두려워하지 않았다고 말하고 있다. 그러나 본문의 14절에서는 모세가 두려워했다고 말하고 있다. 모세는 약함과 고통을 낳는 자신감 부족으로 놀라움 가운데 가지게 되는 두려움으로 인해서 두려워한 것이 아니었다. 그가 두려워한 것은 하나님의 섭리 가운데 그에게 열린, 자신을 보전하기 위한 방도를 그가 취하도록 재촉하신 그 하나님의 열심에 대한 두려움이었

다.

[2] 하나님께서는 지혜롭고 영광이 되는 결말을 위해서 미디안으로의 도피를 명하셨다. 아직 모든 일들이 이스라엘의 구원을 위해서 무르익지 않았다. 애굽의 죄악이 아직 가득 차지 않았으며, 히브리인들은 아직 온전히 겸비치 않았을 뿐만 아니라, 하나님께서 계획하신 만큼 백성의 숫자가 증가하지도 않았던 것이다. 모세는 주어진 사역을 위한 의욕이 넘쳤다. 그래서 이스라엘이 준비되기 위한 시간, 즉 정한 시간이 도래할 때까지 당분간 물러가 있도록 하신 것이다. 하나님께서는 모세를 미디안으로 인도하셨다. 미디안 사람들은 아브라함의 자손이었고 그들 가운데 참된 하나님에 대한 예배를 보존하고 있었기 때문이었다. 따라서 모세는 안전할 뿐만 아니라 편안하게 그들 가운데 정착할 수 있었을 것이다. 그리고 훗날 모세는 이 지역을 통해서 이스라엘을 인도할 수 있었다. 이제 모세는 이 지역에 대해서 스스로 익숙해질 수 있는 기회를 가지게 되있다(따라서 모세는 이스라엘 백성들을 더 잘 인도할 수 있었을 것이다). 이 미디안에 도착해서 우물가에 앉았다. 그는 지쳤고 걱정 가운데 생각에 잠겼으며 하나님의 섭리가 자신을 어디로 인도하실지 알기 위해 기다리고 있었다. 이러한 상황은 모세에게는 커다란 변화였다. 선날 그는 바로의 궁정에서 편안하게 지냈었기 때문이었다. 하나님께서는 모세의 믿음을 시험하신 것이었고, 그 시험은 찬양과 영광으로 드러나게 된다.

16미디안 제사장에게 일곱 딸이 있었더니 그들이 와서 물을 길어 구유에 채우고 그
들의 아버지의 양 떼에게 먹이려 하는데 17목자들이 와서 그들을 쫓는지라 모세가
일어나 그들을 도와 그 양 떼에게 먹이니라 18그들이 그들의 아버지 르우엘에게 이
를 때에 아버지가 이르되 너희가 오늘은 어찌하여 이같이 속히 돌아오느냐 19그들
이 이르되 한 애굽 사람이 우리를 목자들의 손에서 건져내고 우리를 위하여 물을
길어 양 떼에게 먹였나이다 20아버지가 딸들에게 이르되 그 사람이 어디에 있느냐
너희가 어찌하여 그 사람을 버려두고 왔느냐 그를 청하여 음식을 대접하라 하였더
라 21모세가 그와 동거하기를 기뻐하매 그가 그의 딸 십보라를 모세에게 주었더니
22그가 아들을 낳으매 모세가 그의 이름을 게르솜이라 하여 이르되 내가 타국에서
나그네가 되었음이라 하였더라

모세는 이 곳 미디안에 정착한다. 이것은 그의 조상 야곱이 창 29:2 이하에서 보여주듯이 시리아에서 정착한 것과 같은 것이었다. 이 두 기사는 우리들이 하나님의 섭리를 신뢰하고 따르는 것을 격려해준다. 중요한 것 같지 않아 보이고 순전히 우연적인 사건들이 훗날 하나님께서 자신의 백성들을 위한 아주 선한 목적으로, 그리고 그 백성들에게 매우 중요한 일들이 되게 하기 위해, 하나님의 지혜 가운데 계획되었던 일로 드러나게 된다. 우연하게 발생한 전환적인 사건이 때때로 한 사람의 생애에 있어서 가장 위대하고 가장 행복한 결과들을 가져다 주기도 한다. 관찰.

I. 미디안의 제사장 혹은 족장인 르우엘의 일곱 딸들에 관하여.

1. 그들은 겸손했고 그 지역의 일거리들을 따라서 부지런히 일하는 근면한 자들이었다: 그들이 와서 물을 길어 구유에 채우고 그들의 아버지의 양 떼에게 먹이려 하는데(16절). 만일 그들의 아버지가 족장이었다면 이것은 우리들에게 다음과 같은 사실을 가르쳐 준다. 비록 존귀하게 태어났고 그들 지역에서 권세 있고 고귀한 자들이었지만 그들 자신들은 필요한 일들, 그리고 그들의 손으로 할 수 있는 일들을 최선을 다해 감당했던 것이다. 게으름은 그 어느 누구에게도 존귀를 가져다 줄 수가 없다. 만일 그들의 아버지가 제사장이었다면 이것은 우리들에게 다음과 같은 사실을 가르쳐준다. 목회자들의 자녀들은 특별히 겸손함과 근면함의 본이 되어야만 한다는 것이다.

2. 그들은 온유했고 예의가 있었다. 자신들의 아버지가 그를 데려오라고 보낼 때까지 이 낯선 애굽인(비록 그가 잘 생기고 궁궐에 살았던 위대한 사람이었을지라도)에게 그들과 함께 집에 가자고 요청하지 않았다. 예절은 여인에게 악세사리와 같은 것이다.

II. 모세에 관해서. 그는 애굽인으로 여겨졌다(19절). 이방인들은 자신들이 있는 지역이 낯설기 때문에 실수를 하게 되는 것을 당연히 여겨야만 한다. 그러나 본문에서 다음과 같은 사실들을 관찰할 수 있다.

1. 모세는 르우엘의 딸들이 자신들의 양 떼에게 물을 먹이는 것을 도와줄 정도로 사려 깊은 사람이었다. 비록 그는 궁정에서 학식이 있는 사람으로 자라났지만, 물을 먹이는 것과 같은 사소한 일을 도와주어야 했을 때 어떻게 자신의 손으로 그러한 일을 도와주어야 하는지 그 처신을 알고 있었던 것이다. 그리고 그는 궁중에서 자라서 애굽인들이 목동들을 경멸한다는 것을 알지도 못

했던 듯하다. 높은 신분에 걸맞는 교육을 받은 사람들은 비천하다고 생각되는 일을 하는 것을 주저하며 꺼려해서는 안 된다. 하나님의 인도하시는 섭리 가운데 그들 스스로 일을 하는데 있어서 그들에게 줄 수도 있는 필요한 것을 알 수 없을 뿐더러, 다른 사람들에게 필요한 것을 하도록 하는 어떠한 기회를 줄 수도 있기 때문이다. 이 여인들은 물을 먹이려고 하는 일을 하는데 있어서 자신들과 그 종들이 이겨낼 수 있는 것보다 더 큰 반대 세력을 만나게 되었던 것 같다. 몇몇 학자들이 생각하듯이 그 여인들은 자신들의 양 떼들을 쫓아버린 어떤 이웃 지방의 목동들 혹은 자신들을 목동들이라고 하는 어떤 부랑자들을 만났던 것이다. 모세는 비록 자신이 낙심 가운데 우울한 상태에 있었지만 일어서서 그 목동들을 쫓아버렸을 뿐만 아니라 여인들의 양 떼들에게 물을 줄 수 있도록 그 여인들을 도와주었다. 모세는 이 일을 르우엘의 딸들에 대해서 베푸는 친절함으로 인해서 뿐만이 아니라(비록 이러한 도움의 행위가 그에게 도움이 되었을지라도) 그가 어니에 있든지 그에게 이러한 일이 발생하면 감당하게 되는 그의 선행을 행하기를 좋아하는 마음과 그의 정의감으로 인해서 행하게 되었던 것이다. (1) 모세는 정의를 행하는 것을 좋아했고 괴롭힘을 당하여 피해를 입는 것을 보았을 때 그들을 보호해주기 위해 개입하는 것을 좋아했다. 이러한 일은 모든 사람들이 자신들이 그렇게 행할 능력이 자신들의 손에 있는 한 해야만 하는 일인 것이다. (2) 모세는 선행을 행하는 것을 좋아했다. 하나님의 섭리가 우리를 어느 상황에 처하게 하시든지 우리는 유용한 사람이 되도록 해야만 하고 그렇게 되도록 노력해야만 한다. 우리는 우리가 하기를 원했던 선행을 할 수 없을 때, 우리가 할 수 있는 선행을 하기 위해 준비되어야만 한다. 작은 일을 충성되게 감당하는 자에게 더 많은 일이 맡겨질 것이다.

2. 모세는 자신의 친절함에 대해서 충분한 보상을 받았다. 그 여인들이 이 낯선 사람으로부터 자신들이 받은 친절을 아버지에게 말했을 때, 그 아버지는 그를 자기 집으로 초청해 그를 위해 더 많은 것을 해주었다(20절). 따라서 하나님께서는 자신의 자녀들에게 어느 때든지 행해진 친절한 호의에 대해서 보상하실 것이다. 그들은 결코 그들의 상을 잃지 않을 것이다. 모세는 곧 자신을 집으로 초대해준 이 미디안 제사장에게 경의를 표했고 호감을 가지게 되었다. 시간이 흐르면서 그 딸들 중의 하나와 결혼을 했다(21절). 그는 아들을 얻었고 그를, 내가 타국에서 나그네가 되었음이라는 뜻을 가진 게르솜이라 불렀다(22

절). 하나님께서 모세에게 그 자신의 집을 주시게 된다면 그는 그가 이방인이었던 땅을 기억할 것이다. 모세가 미디안에 정착한 것은 하나님의 섭리 가운데 이루어진 일이었다. (1) 당분간 모세를 숨기신 것이다. 하나님께서는 자신의 백성들이 곤고한 때에 그들을 숨기시기 위한 장소를 찾으실 것이다. 아니 어쩌면 하나님 당신께서 친히 하늘과 하늘 아래에서 그 백성들을 위해 작은 성소가 되어주시고 그들을 보호하실 것이다. 그러나 (2) 그것은 또한 모세에게 주어진 더 큰 사역들을 위해 그를 준비시키려고 계획된 것이었다. 장인의 양 떼를 지키는(지켜야 할 자신의 양은 하나도 없는) 미디안에서의 모세의 삶은 다음과 같은 면에서 그에게 유용한 일이 되었을 것이다. [1] 자신을 곤경과 빈곤에 익숙하게 한 것을 통하여 모세는 빈곤에도 풍부에도 처하여 지내는 방법을 배웠을 것이다. 하나님께서 높이기를 원하시는 사람들을 그분께서는 먼저 낮추신다. [2] 모세는 명상과 헌신의 삶을 살았다. 애굽에서의 삶은 모세에게 학자로, 품위 있는 사람으로, 정치가로, 군인으로서 준비할 수 있도록 해주었다. 훗날 이 모든 면들은 그에게 유용한 것들이 되었다. 그러나 아직 그는 한 가지 부족한 것이 있었는데 그것은 애굽의 궁정이 그를 도와줄 수 없는 것이었다. 하나님의 계시에 의해서 이루어지는 모든 것을 행해야 했던 모세는 오랜 경험에 의해서 하나님과 교제하는 삶을 산다는 것이 무엇인지를 알아야만 했다. 이러한 면에 있어서 모세는 미디안에서 목자로서의 삶의 고독과 은거의 삶을 통해서 훨씬 크게 더 구비될 수 있었을 것이다. 애굽에서의 생활을 통해서 모세는 이스라엘(여수룬)을 다스릴 수 있도록 준비되었고, 미디안에서의 삶을 통해 그의 생애의 많은 부분을 보낸 호렙 산에서의 하나님과 대화를 나눌 수 있도록 준비되었던 것이다. 거룩한 수련 속에서 하나님과 함께 있는 것이 무엇인지를 아는 사람들은 모세가 바로의 궁정에서 맛보았던 것보다 더 나은 즐거움을 알 것이다.

[23]여러 해 후에 애굽 왕은 죽었고 이스라엘 자손은 고된 노동으로 말미암아 탄식하며 부르짖으니 그 고된 노동으로 말미암아 부르짖는 소리가 하나님께 상달된지라
[24]하나님이 그들의 고통 소리를 들으시고 하나님이 아브라함과 이삭과 야곱에게 세운 그의 언약을 기억하사 [25]하나님이 이스라엘 자손을 돌보셨고 하나님이 그들을 기억하셨더라

이 본문에는 다음과 같은 사항들이 있다.

1. 애굽에서 계속된 이스라엘 백성들의 속박(23절). 아마도 애굽인들의 유아 살해는 계속되지는 않았을 것이다. 이스라엘 백성들이 받았던 고통을 묘사하는 이 부분은 단지 모세의 태어남과 바로 연결되는 그 기간을 나타내며 그것을 표시하기 위한 역할을 하는 것이었다. 애굽인들은 이제 이스라엘 백성들의 노역으로 인해 부유해진 애굽을 보면서 그들의 수적인 증가를 감수했다. 이러한 이유로 애굽인들은 이스라엘 백성들을 노역을 감당하는 노예로 가지고 있었을 것이고, 그들의 숫자가 얼마가 되더라도 상관하지 않았던 것이다. 그러므로 애굽인들은 이스라엘 백성들 모두가 계속해서 일을 하도록 했고, 그들의 노동을 통하여 최선의 것을 얻으려고 했던 것이다. 바로가 죽으면 그를 대신해서 같은 정도의 최대 노역을 시키며 통치하는 또 다른 바로가 일어났고, 그는 이전 바로들과 같이 이스라엘에게 혹독했다. 때때로 약간의 누그러짐이 있었으나 곧 이전의 혹독함이 되살아났던 것이다. 아마도 이스라엘을 압제하면 할수록 그들의 숫자는 더욱 늘어났을 것이다. 따라서 이스라엘 백성들의 숫자가 늘어날수록 그들은 더욱 압제를 받았던 것이다. 때때로 하나님께서는 악한 사람들의 채찍을 의로운 사람들에게 매우 오랫동안 무겁게 놓아두시기도 하신다. 만약에 미디안에서 모세가 언젠가, 그가 궁정의 사람들과 함께 머물렀다면 그의 여건이 얼마나 더 나았을까 하고 생각하기 시작했다면, 그는 또한 그가 그의 형제들과 함께 있었다면 얼마나 더 좋지 못한 일이 일어날 수 있었을까를 생각해야만 하는 것이다. 그가 미디안에서 양을 돌보는 것은 커다란 퇴보였지만, 애굽에서 벽돌을 만드는 것보다는 나은 것이었다. 우리 형제들의 고통을 돌아보는 것은 우리로 하여금 우리 자신을 용납하고 화해하도록 도와줄 수 있다.

2. 마침내 이스라엘 백성들의 구원의 서막이 열렸다.

(1) 그들은 **탄식하여 부르짖었다**(23절). 이제야 이스라엘 백성들은 그들의 곤경 속에서 하나님을 생각하기 시작했고 그들이 섬겼던 우상들로부터(겔 20:8) 돌아서기 시작했다. 이제까지 그들은 자신들의 곤경의 문제들로 인해서 괴로워했으나 그들은 전혀 하나님을 생각하지 않았다. 따라서 욥 36:13이 **마음이 경건하지 아니한 자들은 분노를 쌓으며 하나님이 속박할지라도 도움을 구하지 아니하나니** 라고 말한 대로였다. 그러나 하나님께서 이스라엘 백성들을 풀어놓으

시기 전에 민 20:16의 말씀대로 그들의 마음속에 하나님께 부르짖도록 하셨다. 하나님께서 우리들을 구원하시기 위해서 오실 때, 우리들에게 그 구원을 위해서 그분께 부르짖도록 하시고, 그렇게 할 수 있도록 하신다는 것은 귀한 표지이다.

(2) **하나님께서 들으셨다**(24-25절). 이 곳의 하나님의 이름은, 이스라엘 백성들을 향한 하나의 친절한 의도에 대한 네 가지 다른 표현들 앞에 강조적으로 붙은 것이다. [1] **하나님께서 그들의 신음을 들으셨다.** 즉, 하나님께서 자신이 그들의 불평들을 인식하셨다는 것을 드러내신 것이다. 압제당하는 자들, 특별히 하나님의 영적인 이스라엘의 신음이 억울함을 되갚아 주시는 의로우신 하나님의 귀에 울부짖음으로 들리게 되었다. 그분께서는 그들의 신음 아래 놓인 무거운 짐들과 그들의 고통 뒤에 놓인 축복들을 아시며, 이러한 신음으로 인해서 복된 영이 그들을 간섭하실 것을 아신다. [2] **하나님께서는 자신의 언약을 기억하셨다.** 이것은 그분께서 잊으신 것 같이 보이는 것이지만 그분께서는 항상 마음에 두고 계신 것이었다. 이 하나님께서는 이스라엘 백성들의 어떠한 행함에 대해서가 아니라 그들을 위해서 친히 하셨던 증언에 주목하셨던 것이다. 레 26:42을 보라.

(3) **하나님께서는 이스라엘 자손들을 돌아보셨다.** 모세는 그들을 보았고 긍휼히 여겼다(11절). 그러나 이제는 하나님께서 그들을 돌아보시며 도우셨던 것이다.

(4) **하나님께서 이스라엘 자손들을 존귀하게 여기셨다.** 그분 자신의 소유로서 그들을 사랑스럽게 존중하신 것이다. 이 곳에 자주 반복되는 하나님의 이름은 이제 우리로 하여금 위대한 무엇, 즉 **하나님이** 행하시는 일에 대해서 기대하도록 암시한다. 사방을 두루 찾아다니시던 그분의 눈이 이제 자신의 능력을 보여주시고, 이스라엘 사람들에게 자신이 하나님 되심을 그들에게 보여주기 위해서 이스라엘 위에 머물게 된 것이다.

제 3 장

개요

그리스도께서 오시기 전 수세기 동안 예언이 끊어졌었기 때문에 그 위대한 선지자에게서 그 예언이 다시 살아나고 완전해진 것은 더더욱 놀라운 일이 되었던 것처럼, 이와 마찬가지로 모세가 오기 전 수세기 동안 족장들에게 이상(vision)이 단절되었기 때문에 이스라엘의 구원을 위해 모세에게 하나님께서 나타나신 것은 더욱 환영받는 일이 되었을 것이다. 본 장에서 우리는 하나님께서 떨기나무 가운데 처음으로 모세에게 나타나신 것과 그 광경 가운에서 하나님과 모세가 대화를 나누는 것을 보게 된다. 3장에서는 다음과 같은 내용들을 볼 수 있다. I. 하나님께서 자신의 영광을 떨기나무 가운데서 기꺼이 나타내시기를 기뻐하셨고 이 영광의 광경에 모세가 너무 가까이 접근하는 것이 금지된 것을 발견한다(1-5절). II. 하나님께서 자신의 백성들을 향한 은혜와 선한 뜻에 대한 일반적인 선포를 볼 수 있는데 이 백성들은 그들의 조상들로 인해서 사랑을 받았던 것이다(6절). III. 애굽으로부터 이스라엘을 구원하시는 것에 대한 하나님께서 가지신 목적에 대한 특별한 보고가 있는데, 여기에는 다음과 같은 내용들이 있다. 1. 하나님께서 모세에게 그 구원이 이제 이루어져야함을 확신시켜 주고 계신다(7-9절). 2. 하나님께서 모세에게 바로(10절)와 이스라엘(16절)에 대한 하나님의 대사로서 그 구원사역을 수행할 것을 명령하시고 계신다. 3. 하나님께서 모세가 자신이 그 일을 위해 부적절한 사람임을 말하는 반대의 견해에 대해서 말씀하신다(11-12절). 4. 하나님께서 모세에게 바로와 이스라엘에게 말할 모든 사항들을 알려 주신다(13-18절). 5. 하나님께서 모세에게 그 일이 어떻게 될 것인지 미리 말씀하신다(19절 이하).

1 모세가 그의 장인 미디안 제사장 이드로의 양 떼를 치더니 그 떼를 광야 서쪽으로
인도하여 하나님의 산 호렙에 이르매 2 여호와의 사자가 떨기나무 가운데로부터 나
오는 불꽃 안에서 그에게 나타나시니라 그가 보니 떨기나무에 불이 붙었으나 그
떨기나무가 사라지지 아니하는지라 3 이에 모세가 이르되 내가 돌이켜 가서 이 큰
광경을 보리라 떨기나무가 어찌하여 타지 아니하는고 하니 그 때에 4 여호와께서 그

가 보려고 돌이켜 오는 것을 보신지라 하나님이 떨기나무 가운데서 그를 불러 이
르시되 모세야 모세야 하시매 그가 이르되 내가 여기 있나이다 [5]하나님이 이르시되
이리로 가까이 오지 말라 네가 선 곳은 거룩한 땅이니 네 발에서 신을 벗으라 [6]또
이르시되 나는 네 조상의 하나님이니 아브라함의 하나님, 이삭의 하나님, 야곱의
하나님이니라 모세가 하나님 뵈옵기를 두려워하여 얼굴을 가리매

놀랍게도 모세의 생애는 세 부분으로 분명하게 나누어진다: 바로의 궁정에서 왕자로서 보낸 첫 40년, 미디안에서 목자로서 보낸 40년, 그리고 여수룬(이스라엘)의 왕으로서 보낸 40년. 사람들의 일생, 특별히 훌륭한 사람들의 생애는 변화가 많은 것이다. 모세가 이스라엘을 애굽으로부터 불러내라고 하는 명령을 받았을 때는 자신의 두 번째 40년을 마치는 시기였다. 때때로 하나님께서는 자신의 종들이 늦은 나이에 감당해야 될 일들을 위해서 일찍이 부르시며 은혜 가운데 그 일을 위해 종들을 준비시키신다. 모세는 이스라엘의 구원자로 태어났으나 그가 80세가 될 때까지 그 일에 관해서 그에게 말씀하시지 않으셨다. 이제 본문에 대한 관찰내용들을 살펴보도록 하자.

I. 하나님께서 모세에게 나타나실 때 그는 무엇을 하고 있었는가? 모세는 호렙 산 근처에서 양떼를 지키고(양들을 돌보고) 있었다(1절). 이러한 일은 모세와 같이 교육을 받은 신분의 사람에게는 어울리지 않는 천한 직업이었다. 그러나 모세는 만족해하며 그 일을 감당했기 때문에 온유함과 매우 커다란 만족함을 배울 수 있었다. 이것은 그 어떤 배움들보다도 하나님의 거룩한 말씀을 기록하는데 있어서 그 진가를 드러내었다.

1. 우리는 부름 받은 소명에 충실해야 하며 이랬다저랬다 해서는 안 된다.

2. 위대한 일들과 섬김을 위해서 자격이 갖추어진 사람들이라 할지라도 그들이 모호한 일을 감당하도록 한정이 되는 것을 이상스럽게 생각해서는 안 된다. 이것이 바로 그러한 사역들 앞에서 모세가 처한 운명이었던 것이다. 그는 오랫동안 보잘것없고 참담한 목자로서 살았을 때 죽고 싶은 것 외에 다른 것을 보지 못했을 것이다. 스스로 산 채로 묻힌 것 같이 생각되는 사람들은 그들의 무덤에 놓인 등처럼 빛날 수 있는 것에 만족해하도록 하자. 그리고 하나님의 때가 도래해서 그들을 촛대 위에 세우실 때까지 기다리도록 하자. 따라서 모세는 이러한 꿈을 가지고 주어진 사역을 감당하고 있었다. (1) 하나님께서는 근

면하도록 격려하신다. 눅 2:8은 목자들이 우리 구세주 탄생의 소식을 받았을 때에 그들의 양 떼들을 지키고 있었다고 말해주고 있다. 사탄은 우리들이 게을러지는 것을 좋아한다. 그러나 하나님께서는 우리가 일을 하는 것을 좋아하신다. (2) 일에서 은퇴하여 퇴직하는 것은 우리가 하나님과 교제를 나누게 하는 우리의 좋은 친구이다. 우리가 외로울 때 아버지께서 우리와 함께 계신다. 모세는 그가 바로의 궁정 어디에서 보았던 것보다도 사막 가운데에서 하나님에 관한 일들을 더 많이 보았다.

Ⅱ. 그 나타나심은 어떠했는가? 모세는 놀랍게도 불붙은 떨기나무를 보았다. 그는 떨기나무를 불사르고 있는, 하늘에서나 땅에서 나오는 어떠한 불도 보지 못했다. 더 신기한 것은 떨기나무를 태워 없애지는 않는 것이었다(2절). 모세에게 나타났던 것은 여호와의 천사였다. 어떤 사람들은 이 천사가 모세에게 보내져 모세가 알아들을 수 있는 말을 한 어떤 창조된 천사라고 보며, 또 다른 사람들은 여호와 자신이신 언약의 천사라고 생각한다. 그 광경은 하나님의 임재와 영광을 특별히 보여주는 그러한 것이었다. 눈에 보이는 것은 천사의 사역에 의한 것이었지만, 모세는 자신에게 말씀하시는 하나님의 음성을 들었다.

1. 모세는 불꽃을 보았다: 우리의 하나님께서는 소멸하시는 불이시기 때문이다. 이스라엘의 애굽으로부터의 구원이 아브라함에게 약속되있을 때, 아브라함은 불붙는 횃불을 보았다. 이 횃불은 구원으로 인한 기쁨의 빛을 상징하는 것이었다(창 15:17). 그러나 이제 그 불빛은 하나의 치솟는 불길로서 더 밝게 빛나고 있었다. 하나님께서는 그 구원에서 자신의 대적들에게는 무시무시한 공포와 파멸을, 그리고 자신의 백성들에게는 빛과 따스함을 가져다주셨고, 모든 사람 앞에서 자신의 영광을 나타내 보이셨기 때문이다. 사 10:17을 보라.

2. 이 불은 크고 장엄한 백향목에 붙었던 것이 아니라 떨기나무, 가시 떨기나무에 붙었다. 이 말은 중요한 의미를 가지고 있다. 하나님께서는 세상의 약하고 멸시받는 것들을 택하시고(이제 가난하고 비천한 목자에 불과한 모세와 같은 사람) 그들을 사용하셔서 지혜로운 자들을 놀라게 하시기 때문이다. 하나님께서는 겸손한 자들을 귀하게 하시고 영화롭게 하시기를 기뻐하신다.

3. 불붙은 떨기나무 그러나 타 없어지지 않는 떨기나무는 지금 애굽에서 속박을 받고 있는 교회를 상징하는 것이다. 그 교회는 벽돌 가마들 속에서 불타고 있지만 없어지지 않는, 답답한 일을 당하나 낙심하지 않고, 버려둠을 당하나

멸망하지 않았던 것이다.

Ⅲ. 이 기이한 광경을 보면서 모세는 호기심을 가지게 되었다. 내가 돌이켜 가서 보리라(3절). 그는 의문을 가지고 호기심 어린 담대함으로 말한다. 그것이 무엇이 되었든지 간에 모세는 가능하면 그 의미를 알고 싶었다. 드러난 일들은 우리들에게 속해 있는 것이다. 우리들은 그것들을 알기 위해 부지런히 탐구해야만 한다.

Ⅳ. 모세는 가까이 가야만 했지만, 너무 가까이 오지 말며 경솔하지도 말 것을 경고한, 주의(注意)를 동반한 초대.

1. 하나님께서는 모세를 자비롭게 부르셨고 모세는 그 부르심에 준비된 대답을 드렸다(4절). 하나님께서는 모세가 불타는 떨기나무를 보고 그것을 보기 위해 돌아섰고 그 불붙는 떨기나무에 관심을 가지고 양을 돌보는 일을 잠시 놓아두고 오는 것을 보셨다. 그 때 하나님께서 모세를 부르셨다. 만약에 모세가 부주의하게 그 불붙는 떨기나무를 하나의 현혹시키는 별똥별 빛, 즉 주의해서 볼 가치가 없는 것으로 간주해 무시해버렸다면 아마도 하나님께서는 그에게 아무 말씀도 하지 않으시고 떠나버리셨을 수도 있었을 것이다. 그러나 모세가 돌이켰을 때 하나님께서는 그를 부르셨다. 하나님과 교제를 나누기 원하는 사람들은 하나님께 주의를 기울이고 그분께 나아가야만 하는 것이다. 그러한 과정에서 비록 떨기나무와 같은 하찮은 곳일지라도 하나님께서는 자신과 그분의 능력, 그리고 영광을 나타내시는 것을 기뻐하실 것이다. 그러한 하나님과의 교제를 원하는 사람들은 비록 흙으로 만든 옹기 속에 있다 할지라도 보화가 있는 곳으로 와야만 하는 것이다. 하나님을 열심히 찾는 자들은 그분을 발견할 것이다. 그분에게서 자신들의 풍성한 상을 발견하게 될 것이다. 하나님을 가까이 하라. 그러면 그분께서 너를 가까이 하실 것이다. 하나님께서는 그를 모세야, 모세야 라고 하는 그의 이름으로 부르셨다. 모세는 그가 본 광경보다도 자신이 들은 소리로 인해서 훨씬 더 놀랐다. 주님의 말씀은 항상 주님의 영광과 함께 하신다. 모든 하나님의 꿈(vision)은 하나님의 계시를 위해서 계획되었기 때문이다(욥 4:16 이하; 32:14-15). 하나님의 부르심은 다음과 같은 경우에 더욱 효과적이다. (1) 하나님의 영이 우리들을 우리의 이름으로 부르실 때 그 소명들은 특별한 것들이 된다. 말씀이 모든 사람들을 부르신다! 동일하게 성령께서 그러한 이름들을 부르신다! 나는 이름으로 너를 안다(출 33:12). (2) 또한 모세가 여기서

반응했듯이 우리는 그 부르심에 순종하는 답변을 드릴 때 그 부르심은 더욱 효과적인 것이 된다. "**내가 여기 있나이다 주의 종에게 무엇을 말씀하시렵니까? 말씀하시는 것을 들을 뿐만 아니라 명하시는 것을 행하기 위해 내가 여기 있나이다.**"

2. 하나님께서는 모세에게, 그가 다가옴에 있어서 성급함이나 불경함을 저지르지 않도록 하기 위해 필요한 주의를 주셨다. (1) 모세는 일정한 거리를 유지해야만 한다. 가까이 오되 너무 가까이 오지 말고 들을 수 있는 거리에 있되 그러나 무엇인가를 들추어 낼 정도로 가까이 오지는 말도록 해야만 한다. 모세의 호기심이 만족을 얻는 것이 아니라 그의 마음이 만족을 얻어야만 하는 것이고, 친밀감이 모멸감을 낳지 않도록 주의해야만 하는 것이다. 하나님에게 나아가는 우리의 모든 다가감에 있어서 우리들은 우리들과 하나님 사이에 놓인 무한한 거리를 깊이 성찰해야만 한다(전 5:2). 이것은 구약의 경륜의 적절한 예로 간주될 수도 있을 것이다. 그것은 어둠, 속박, 그리고 공포의 경륜이다. 그러나 이러한 경륜으로부터 복음은 행복하게 우리들을 자유하게 하고, 우리로 하여금 가장 거룩한 곳에 들어갈 수 있는 담대함을 주었으며, 우리로 가까이 오도록 초청한다. (2) 모세는 그의 경외감과 순종할 준비를 표현해야만 한다: **종으로서 네 발에서 신을 벗으라.** 그 당시에 신을 벗는 것은 오늘날 모자를 벗는 것과 같은 것으로 존경과 복종의 표시인 것이다. "지금 그 **땅은 거룩한 땅이다.** 이 거룩은 하나님의 임재에 대한 특별한 나타내심으로 인해서 이루어진 것이다. 하나님의 임재가 계속되는 동안 그 땅은 이 거룩을 유지해야만 하는 것이다. 그러므로 그 땅을 흙이 묻은 신발로 밟지 말라!" **네 발을 삼갈지어다**(전 5:1). 우리는 엄위한 정숙과 준비를 통해 하나님께 나아가야만 한다. 비록 육체의 연습만으로는 유익이 적을지라도 우리는 우리들의 몸으로 하나님을 영화롭게 해야만 하며, 하나님을 경배함에 있어서 엄위하고 경외하는 태도로 우리의 내적인 경외를 나타내야만 한다. 경망스럽고 무례하게 보이는 모든 것, 그리고 예배를 망치는 것을 신중하게 피해야만 한다.

V. 하나님께서 자신의 이름을 장중하게 선포하시고 이로 인해서 하나님은 모세에게 알려지게 된다. 나는 네 조상의 하나님이니(6절).

1. 하나님께서는 모세에게 그에게 이야기하시는 분이 바로 하나님이심을 알려 주신다. 이것은 모세의 경외와 주의, 그리고 그의 믿음과 순종을 얻어내

시기 위함이었다. 이것은 이 모든 것을 명하시기에 충분하기 때문이었다: 나는 주이시다. 말씀을 항상 하나님의 말씀으로 듣도록 하자!(살전 2:13).

2. 하나님께서는 모세의 조상, 즉 그의 경건한 조상 아브라함의 하나님으로 알려지실 것이다. 그리고 그의 조상들이며 모든 이스라엘의 조상들인 아브라함, 이삭, 그리고 야곱의 하나님으로 알려지실 것이다. 이 모두를 위해서 하나님께서는 나타나신 것이다. 이것에 의해서 하나님께서는 다음과 같은 것을 계획하셨다. (1) 하나님께서는 다른 세계의 지식으로 가르치시며 미래의 상태에 대한 모세의 믿음을 강하게 하셨다. 따라서 성경의 가장 뛰어난 해석자가 되시는 우리 주님에 의해서 이 말씀은 사두개인들을 대항해서 죽은 자들이 부활함을 증명하시는 것으로 해석되었다. 주님께서는 **모세가 그것을 가시 떨기나무에 관한 글에서 보였다** 라고 말씀하셨다(눅 20:37). 즉, 하나님께서 그 곳에서 모세에게 보이신 것은 그를 통해 우리에게 말씀해 주시는 것이다(마 22:31 이하). 아브라함은 죽었으나 하나님께서는 아브라함의 하나님이시다. 그러므로 아브라함의 영은 살아 있는 것이고 하나님께서는 여전히 그 영과 교통하고 계신 것이다. 그의 영을 온전히 행복하게 만들기 위해 그의 몸은 때가 되면 다시 살아나야만 하는 것이다. 하나님께서 조상들에게 그들의 하나님이 되실 것이라고 한 약속은 미래의 행복을 포함해야만 하는 것이다. 그분께서는 그들을 위해 그 위대한 말씀의 엄청난 범위와 한계에 충분히 대답이 되는 어떠한 것을 이 세상에서는 이루실 수 없기 때문이다. 그러나 그들을 위해서 하나의 성읍을 예비하고 계시기 때문에 그분께서는 그들의 하나님이라 불리시기에 결코 부끄럽지 않은 것이다(히 11:16). 그리고 행 26:6-7; 24:15을 보라. (2) 하나님께서는 모세에게 조상들과 맺으신 모든 특별한 약속들의 성취를 확신시키시기 위함이었다. 모세는 이것을 자신 있게 기대할 수 있었을 것이다. 출 2:24에 하나님께서 동일한 말씀으로 자신의 언약을 기억하셨다고 말씀하시고 있기 때문이다. [1] 우리들의 하나님으로서 우리들에 대한 하나님의 언약관계는 가장 나쁜 때에 가장 좋은 지원이 되며, 특별한 약속들에 있어서는 우리들의 믿음에 커다란 격려가 된다. [2] 우리가 우리들 자신의 자격이 없음을 인식할 때, 대하 20:6의 말씀대로 우리는 우리 조상들에 대한 하나님의 관계로부터 오는 격려를 받을 수도 있을 것이다.

Ⅵ. 이것은 모세에게 장엄한 인상을 주었다. 모세는 부끄럽기도 하고 하나

님을 뵙기가 두렵기도 하여 자신의 얼굴을 숨겼다. 모세는 그것이 바로 하나님의 빛이었다고 하는 것을 알았기 때문에 그로 인해서 자신의 눈이 어찔할 정도로 현기증을 느꼈다. 모세는 그가 불붙는 떨기나무 속에 하나님께서 계셨다는 것을 알 때까지는 그 불붙는 떨기나무를 두려워하지 않았다. 그렇다! 비록 하나님께서 그 자신을 모세의 조상의 하나님이라고, 그리고 그 조상과 맺은 언약의 하나님이라고 말씀하셨을지라도 모세는 두려웠던 것이다.

1. 우리가 하나님을 더욱 보게 될수록, 우리는 경외감과 신성한 두려움으로 그분을 예배하게 되는 것을 알게 될 것이다.

2. 하나님의 은혜와 언약적 사랑의 현현(顯現)은 우리로 하여금 그분을 더욱더 겸손히 경외하도록 해준다.

[7]여호와께서 이르시되 내가 애굽에 있는 내 백성의 고통을 분명히 보고 그들이 그
들의 감독자로 말미암아 부르짖음을 듣고 그 근심을 알고 [8]내가 내려가서 그들을
애굽인의 손에서 건져내고 그들을 그 땅에서 인도하여 아름답고 광대한 땅, 젖과
꿀이 흐르는 땅 곧 가나안 족속, 헷 족속, 아모리 족속, 브리스 족속, 히위 족속, 여
부스 족속의 지방에 데려가려 하노라 [9]이제 가라 이스라엘 자손의 부르짖음이 내게
달하고 애굽 사람이 그들을 괴롭히는 학대도 내가 보았으니 [10]이제 내가 너를 바로
에게 보내어 너에게 내 백성 이스라엘 자손을 애굽에서 인도하여 내게 하리라

이제 모세는 자신의 신들을 벗었고(그는 그에게 주어진 명령들을 지킨 것이 분명하다, 5절) 얼굴을 가렸다. 하나님께서는 만드신 특별한 일, 즉 애굽에서 이스라엘을 나오게 하는 일을 수행하신다. 이스라엘의 속박과 모세의 유랑 40년 뒤에, 우리가 모세와 이스라엘 사람들 모두가 실망하기 시작했다고 생각할 바로 그 때에 그들은 구원되는 것이고, 모세는 그들을 구원하게 되는 것이었다. 결국 때, 즉 구속의 해가 도래한 것이다. 하나님께서는 종종 자신의 백성들이 그분을 찾을 때 그들의 구원을 위해서 오신다. 인자가 믿음을 보겠느냐?(눅 18:8).

이 본문에는 다음과 같은 내용들이 있다.

I. 하나님께서 이스라엘의 고통들을 인식하셨다고 말씀하신다(7, 9절). 내가 본 것을 안다. 내가 분명히 보았을 뿐만 아니라 똑똑히 관찰했고 그 일을 마

음에 두었다. 하나님께서는 세 가지 일들을 인지하셨다.

1. 그들의 고통을 인지하셨다(7절). 그들은 그들의 고통에 대한 항의를 바로에게 할 수도 없었고, 궁정에 있는 그들의 감독자들에게서 안식을 찾을 수도 없었고, 감히 서로 간에 불평을 할 수도 없었던 것 같다. 그러나 하나님께서는 그들의 눈물을 보셨다. 하나님께는 자신의 백성들의 감추어진 슬픔들조차도 알려진다.

2. 그들의 부르짖음을 들으셨다: **내가 그들의 부르짖음을 들었다**(7절), **그것이 나에게 달했다**(9절). 하나님께서는 자신의 고통 받는 백성들의 부르짖음을 듣지 못하는 귀머거리가 아니시다.

3. 그들의 압제자들의 학대를 보셨다: **내가 학대를 보았다**(9절). 압제받는 사람들의 가장 비참한 것은 하나님께서 그들의 고통을 알아주지 않으셔서 기승을 부리는 그 압제자들의 최고의 압제들이 하나님의 저지를 받지 않는 것이다. 그러나 그분께서는 분명히 이러한 일들에 간섭하실 것이다.

Ⅱ. 하나님께서 이스라엘 사람들을 속히 구원하실 것이고 번성케 하실 것이라고 약속하신다. 내가 내려가서 그들을 건져내고(8절).

1. 이 구절은 이스라엘 사람들을 구원하시기 위한 하나님의 결단과 하나님의 마음이 그 일에 있다는 것을 나타내는 것이다. 그러므로 그 구원은 적절하고 신속히 그리고 일반적인 하나님의 섭리를 넘어선 비상한 방법으로 이루어져야만 하는 것이다. 사 64:1이 말해 주듯이 하나님께서 매우 예외적인 일을 행하실 때는 그 일을 행하시기 위해서 그분께서 **내려가신다**고 말하고 있다.

2. 이 구원은 그리스도에 의해서 이루어진 우리들의 구속에 대한 모형이었다. 그리스도의 구원은 영원하신 말씀이 우리를 구원하시기 위해서 참으로 하늘로부터 내려오신 것이었다. 그것이 바로 이 땅에서 이루신 그분의 사역이었다. 또한 하나님께서는 그들의 가나안 땅에 안정적인 정착을 약속하신다. 그들은 속박을 자유로, 빈곤을 풍부함으로, 노동을 안식으로, 그리고 언제든지 변동이 있을 수 있는 불안정한 소작인의 여건에서 주인의 안락함과 영예로움으로 바뀌어야만 하는 것이다. 하나님께서 은혜로 영적인 애굽에서 구원해주신 사람은 하늘의 가나안을 얻게 될 것이다.

Ⅲ. 하나님께서는 이러한 일을 수행하게 하기 위해 모세에게 명령을 주신다(10절). 모세는 이스라엘 사람들에게 그들이 속히 구원되어야 함(비록

애굽에서의 생활이 하나의 커다란 유익이었을지라도)을 확신시키기 위한 선지자로서 보내졌다. 또한 그는 바로를 다루기 위해 그에게 대사로서, 혹은 이스라엘의 놓아줌을 요구하는 것에 대해 거절할 경우에 전쟁을 선포하기 위한 선포자로서 보내졌다. 그리고 그는 이스라엘을 인도하고 명령할 주권자로서 그들에게 보내졌다. 따라서 모세는 시 78:71에 언급된 다윗처럼 젊어서 큰 양 떼를 따라다니는 것으로부터 훨씬 고귀한 목자직으로 부름 받은 것과 같은 것이다. 하나님께서는 권력의 근거가 되시며, 현재 존재하는 권력들은 그분께서 기뻐하시는 자에게 주어지게 된다. 이제 동일한 손이 유대인 교회의 설립자가 되시기 위해 광야로부터 한 목자를 불러오셨다. 훗날에는 배에서 기독교 교회의 설립자들이 되도록 어부들을 불러오셨다. 탁월한 권력은 하나님의 것이다.

11 모세가 하나님께 아뢰되 내가 누구이기에 바로에게 가며 이스라엘 자손을 애굽에
서 인도하여 내리이까 12 하나님이 이르시되 내가 반드시 너와 함께 있으리라 네가
그 백성을 애굽에서 인도하여 낸 후에 너희가 이 산에서 하나님을 섬기리니 이것
이 내가 너를 보낸 증거니라 13 모세가 하나님께 아뢰되 내가 이스라엘 자손에게 가
서 이르기를 너희의 조상의 하나님이 나를 너희에게 보내셨다 하면 그들이 내게
묻기를 그의 이름이 무엇이냐 하리니 내가 무엇이라고 그들에게 말하리이까 14 하나
님이 모세에게 이르시되 나는 스스로 있는 자이니라 또 이르시되 너는 이스라엘
자손에게 이같이 이르기를 스스로 있는 자가 나를 너희에게 보내셨다 하라 15 하나
님이 또 모세에게 이르시되 너는 이스라엘 자손에게 이같이 이르기를 너희 조상의
하나님 여호와 곧 아브라함의 하나님, 이삭의 하나님, 야곱의 하나님께서 나를 너
희에게 보내셨다 하라 이는 나의 영원한 이름이요 대대로 기억할 나의 칭호니라

하나님께서는 모세에게 말씀하시면서 또한 그에게 말할 자유를 허락하신다. 여기서 그는 하나님과 대화를 나누는데 있어서 나아지는데 다음과 같은 사항들을 알 수 있다.

I. 모세는 자신이 부름 받은 사역을 감당하기에 자신이 부족함을 들어 이의를 제기한다(11절). 내가 누구이기에? 그는 자신이 그러한 영예를 받을 자격이 없으며 그 일에 적합하지 않다고 생각한다. 모세는 용기가 부족하다고 생각한다. 따라서 자신의 생명을 내놓아야 할지도 모르는 요청을 감당하기 위해 바로

에게 갈 수가 없다고 한다. 그는 재주가 부족하다고 생각한다. 그러므로 애굽으로부터 이스라엘 자손들을 데리고 나올 수 없다고 한다. 이스라엘 사람들은 무장되지 않았고, 훈련되지 않았으며, 매우 의기소침해 있었고, 스스로 무엇인가를 해보려고 하지 않는 상태가 되었기 때문이다. 그러므로 이러한 그들을 데리고 나온다는 것은 상식적으로 불가능한 것이었다.

1. 모세는 이 과업을 위해서 어느 누구보다도 적임자였다. 그는 뛰어난 학식, 지혜, 경험, 용기, 믿음, 거룩함 등을 가졌기 때문이다. 그러나 그는 **내가 누구이기에?** 라고 말하고 있는 것이다. 일반적으로 어떠한 일에 더욱 적합한 사람일수록 자기 자신에 대해서 겸손히 말한다: 삿 9:8 이하를 보라.

2. 주어진 사역의 어려움들은 정말로 컸기 때문에 모세 자신이 깜짝 놀라며 믿음이 흔들리기에 충분할 정도였다. 아무리 현명하고 심지가 굳은 사람일지라도 교회의 구원을 위한 과정에 있어서 놓여 있는 어려움들로 인해 크게 낙담할 수도 있는 것이다.

3. 이전 애굽인을 죽일 때 모세는 매우 용기가 있었으나 이제는 그렇지 못한 모습을 보이고 있다. 훌륭한 사람들이 항상 담대하고 열심인 것은 아니다.

4. 그렇지만 모세는 결국 그 일을 감당하게 되는 당사자였다. 하나님께서 겸손한 자에게 은혜를 주시기 때문이다. 겸손하게 시작하는 것은 매우 좋은 징조인 것이다.

Ⅱ. 하나님께서 그 이의에 대답하신다(12절).

1. 하나님께서 모세에게 자신이 함께 해주실 것을 약속하신다: **내가 반드시 너와 함께 있으리라.** 이것이면 족한 것이다. 스스로 생각하기에 약한 사람들은 주님 안에서 그분의 권능 속에서 강해져 놀라운 일들을 행할 수 있다. 그리고 가장 소심한 자들도 하나님께 붙들리면 어느 누구보다도 자신감 있는 사람이 될 수 있다. 하나님께서 함께 하심은 하잘것없는 사람들에게 영예를 입혀주시고, 약하고 어리석은 자들에게 강함과 지혜를 주시며, 제일 큰 어려움들을 아무것도 아닌 것으로 만들어주시고, 모든 이의들에 충분한 대답이 되시는 것이다.

2. 하나님께서 모세에게 주어진 사명을 잘 감당하게 될 것과 이스라엘 백성들이 이 산에서 하나님을 경배하게 될 것임을 확신적으로 말씀하신다. (1) 그러한 구원은 우리들에게 하나님을 섬기는 자유의 문을 열어주는 가장 고귀한 것이다. (2) 하나님께서 우리들에게 그분을 섬길 수 있는 기회와 마음을 주신

다면 그것은 복된 것이며, 우리들을 위해 계획된 더 많은 은혜들에 대한 격려의 전조가 되는 것이다.

III. 모세는 자신의 사역을 수행하기 위한 지침들을 구한다. 그는 그 지침들을 받게 되고 그 일을 수행하기 위해 철저히 구비한다. 모세는 이 때에 하나님께서 어떠한 이름으로 자신을 알리실 것인지 알기를 원한다(13절).

1. 모세는 이스라엘 자손들이 그에게 그분의 이름이 무엇이냐? 라고 물을 것이라고 생각한다. 그들이 하나님의 이름을 묻는 것은 (1) 모세를 당황케 할 수 있다. 모세는 어려움을 예견했다. 그것은 바로로 하여금 기꺼이 이스라엘 자손들을 내어놓게 하기 위해 그를 다루는데 있어서 뿐만 아니라 이스라엘 자손들로 하여금 기꺼이 떠나도록 하기 위해 그들을 다루는데서 겪게 될 어려움이었다. 그들은 신중하고 트집잡기 쉬울 수도 있으며 모세가 그 사명을 수행하지 못하도록 할 수도 있는 것이었다. 이것은 아마도 다음과 같은 시험이 될 수도 있다: "그가 하나님의 이름을 알고 있는가? 그가 증언의 말씀을 가지고 있는가?" 일전에 모세는, 누가 너를 재판관으로 삼았느냐? 라는 질문을 받은 적이 있다. 그 때는 모세가 대답할 말을 준비하지 못했다. 이제 그는 다시는 그러한 경험을 더 하고 싶지 않았고, 그가 누구의 이름으로 온 것인지 말할 수 있게 되기를 원했던 것이다. 또한 이스라엘 자손들이 하나님의 이름을 묻는 것은 (2) 그들 자신들이 알기를 원하는 것이다. 그들의 고된 속박과 교사가 부족하며 또한 안식일의 상실로 인해서 애굽에서 그들이 무지한 채 지낸 것은 두려운 것이었다. 그러므로 그들은 하나님의 신탁의 첫 원리들을 듣는 것이 필요했다. 또한 그분의 이름이 무엇이냐? 라고 하는 질문은 이제 그들이 기대하는 하나님의 섭리가 무엇인가에 대한 궁금증을 더욱 높여주었던 것이었다: "하나님께서는 어떻게 우리들에게 알려질 것이며 우리는 그분으로부터 어떠한 것을 기대할 수 있을 것인가?"

2. 모세는 이스라엘 자손들에게 어떠한 답변들을 줄 것인지에 대한 지침들을 원한다. "내가 무엇이라고 그들에게 말하리이까? 나는 그들에게 나의 권위에 대한 증거를 위해 어떠한 이름을 예증으로 제시할 수 있습니까? 나는 그들에게 말할 수 있는 비범하고 위대한 어떤 것을 가지고 있어야만 합니다. 그것은 무엇이 될 수 있습니까? 만약에 내가 가야 한다면 온전한 지침들을 가질 수 있도록 해주십시오. 그러면 나의 수고가 헛되지 않을 수 있을 것입니다." (1) 사람

들에게 하나님의 이름으로 말하는 사람들이 사전에 잘 준비되어 있어야만 하는 것은 중요한 일이다. (2) 무엇을 말해야 할지 알기를 원하는 사람들은 그 지침들을 위해 하나님께, 그분의 은혜의 말씀 앞으로, 그분의 은혜의 보좌 앞으로 나아가야만 한다(겔 2:7; 3:4, 10, 17). (3) 우리가 하나님과 함께 감당해야 할 어떠한 일들을 가지고 있을 때마다, 그분의 이름이 무엇인지 아는 것이 바람직하고 그 이름을 생각해야 하는 것은 우리의 의무인 것이다.

Ⅳ. 하나님께서는 기꺼이 모세에게 이 일과 관련된 모든 지침들을 주신다. 하나님께서는 이제 두 가지 이름으로 알려지신다.

1. 하나는 하나님 자신에게 있어서 자신이 어떠한 분이신지를 드러내는 이름이다(14절): 나는 스스로 있는 자이니라. 이것은 여호와라고 하는 자신의 이름을 설명한 것으로 다음과 같은 의미들이 있다. (1) 하나님께서는 스스로 존재하시는 분이시다. 그분께서는 그분 자신으로 존재하시며 다른 어떤 의지할 대상을 가지고 계시지 않으신다. 세상에서 가장 위대하고 훌륭한 사람이라도 "내가 나 된 것"은 하나님의 은혜 라고 말해야만 한다. 그러나 하나님께서는 사람과 천사 어떤 피조물보다도 더 나은 분이시기 때문에 나는 스스로 있는 자이니라 라고 단호히 말할 수 있는 것이다. 스스로 존재하시는 분이시기 때문에 그분께서는 자족하실 수밖에 없는 것이다. 그러므로 온전히 충족하시고 존재와 축복의 다함이 없는 근원이 되시는 것이다. (2) 하나님께서는 영원하시고 변함이 없으시며 어제나 오늘이나 영원토록 항상 동일하시다. 그분께서는 앞으로 계실 분으로, 그리고 지금 계시는 분으로 동일하게 계실 것이다. 계 1:8을 보라. (3) 우리가 찾음으로써 그분을 발견할 수 없는 것이다. 이것은 하나님에 대한 모든 대담하고 호기심 어린 질문들을 막는 그러한 이름인 것이다. 어찌하여 내 이름을 묻느냐 내 이름은 기묘자라(삿 13:18; 잠 30:4). 우리는 하나님이 어떤 분이신지 묻고 있는가? 우리는 하나님께서 오늘의 그분으로, 과거의 그분으로, 그리고 미래의 그분으로 동일하게 존재하신다는 것을 아는 것으로 만족하도록 하자! 그분에 대해서 듣는 것이 얼마나 적은 것인가!(욥 26:14). (4) 하나님께서는 자신의 모든 약속에 대해서 신실하시다. 자신의 본질뿐만 아니라 자신의 말씀에 있어서 변함이 없으시다. 하나님께서는 어느 누구에게도 거짓말을 하지 못하신다. 이스라엘에게, 나를 너희들에게 보내신 자가 바로 스스로 있는 자임을 알도록 하라.

2. 또 다른 하나는 자신의 백성들에게 자신이 어떤 분이심을 드러내는 이름이다. 스스로 있는 자라는 이름이 그들을 속이거나 당혹스럽게 하지 않도록 모세는 좀 더 친숙하고 지혜로운 하나님에 대한 다른 이름을 사용하도록 지시를 받는다: 너희 조상의 하나님 여호와께서 나를 너희에게 보내셨다 하라(15절). 하나님께서 자신을 모세에게 알려 주셨으므로(6절) 모세는 다음과 같은 일을 하실 하나님을 이스라엘 자손들에게 알려 주어야만 하는 것이다. (1) 하나님께서는, 매우 퇴락해 버렸고 거의 잃어버린 그들 조상들의 신앙을 그들 가운데 다시 살리실 것인데 이것은 두려운 일이 될 것이다. 이것은 구원을 위해 그들을 준비시키는 과정에서 필요한 일이었다(시 80:19). (2) 하나님께서는 그들의 조상들에게 맺은 약속들을 속히 수행하심에 대한 그들의 기대를 불러일으키실 것이다. 아브라함, 이삭, 그리고 야곱은 특별히 그 이름들이 언급되었다. 그 언약은 아브라함과 처음으로 맺어졌고, 이삭과 야곱은 종종 그 언약을 갱신한 것으로 나타내지기 때문이다. 이 세 사람은 그 자손들로부터 구별되어 그들의 형제들이 거부되었을 때 언약의 수탁자로 선택되었다. 하나님께서는 이것을 자신의 이름으로 영원히 가지실 것이다. 이것은 지금까지 그분의 이름이었고, 지금도 그렇고 앞으로도 그럴 것이다. 경배자들은 이 이름으로 하나님을 알며 그분을 다른 모든 거짓 신들로부터 구분한다. 왕상 18:36을 보라. 하나님께서 자신의 백성들과 맺은 언약 관계는 그분께서 영원히 마음에 두고 계실 것이며, 그 속에서 그분께서 영화롭게 되는 것이며, 그분께서 우리를 영원히 잊지 않으시는 것이며, 그분에게 영광을 드리는 것이다. 만약에 그분께서 이것을 모든 세대를 향한 자신의 기념비로 삼으신다면, 우리는 당연히 우리들에게도 그렇게 해야 하는 것이다. 그 이름은 매우 보배로운 기념비이기 때문이다.

[16]너는 가서 이스라엘의 장로들을 모으고 그들에게 이르기를 여호와 너희 조상의
하나님 곧 아브라함과 이삭과 야곱의 하나님이 내게 나타나 이르시되 내가 너희를
돌보아 너희가 애굽에서 당한 일을 확실히 보았노라 [17]내가 말하였거니와 내가 너
희를 애굽의 고난 중에서 인도하여 내어 젖과 꿀이 흐르는 땅 곧 가나안 족속, 헷
족속, 아모리 족속, 브리스 족속, 히위 족속, 여부스 족속의 땅으로 올라가게 하리
라 하셨다 하면 [18]그들이 네 말을 들으리니 너는 그들의 장로들과 함께 애굽 왕에게
이르기를 히브리 사람의 하나님 여호와께서 우리에게 임하셨은즉 우리가 우리 하

나님 여호와께 제사를 드리려 하오니 사흘길쯤 광야로 가도록 허락하소서 하라 19
내가 아노니 강한 손으로 치기 전에는 애굽 왕이 너희가 가도록 허락하지 아니하
다가 [20]내가 내 손을 들어 애굽 중에 여러 가지 이적으로 그 나라를 친 후에야 그가
너희를 보내리라 [21]내가 애굽 사람으로 이 백성에게 은혜를 입히게 할지라 너희가
나갈 때에 빈손으로 가지 아니하리니 [22]여인들은 모두 그 이웃 사람과 및 자기 집에
거류하는 여인에게 은 패물과 금 패물과 의복을 구하여 너희의 자녀를 꾸미라 너
희는 애굽 사람들의 물품을 취하리라

모세는 이 단락에서 그의 사역을 위한 좀 더 특별한 지침을 받게 되며 그의 일을 성공적으로 해낼 것에 대해서 미리 알게 된다.

1. 모세는 이스라엘의 장로들을 다루어야만 하고 가나안으로 속히 떠나는 것에 대한 그들의 기대를 일으켜야만 한다(16-17절). 모세는 하나님께서 그에게 말씀하신 것을 충성된 대사로서 그들에게 반복해야만 한다. 목사들은 그들이 하나님께로부터 받은 것을 자신들의 회중에게 전달해야만 한다. 그리고 어떠한 대가도 되돌려 받아서는 안 된다. 17절에 강조점을 두라: "내가 말하였거니와 내가 너희를 올라가게 하리라. 내가 그것을 말했다 라고 말하는 것으로 그들을 만족하게 하기에 족하다." 그분께서 말씀하셨다면, 그분께서 그 말씀하신 것을 선하게 하시지 않겠는가? 우리들에게는 말하는 것과 행하는 것은 두 가지 일일 수 있다. 그러나 하나님께는 그렇지 않다. 그분께서는 한 마음이시기 때문인데 누가 그분을 돌이킬 수 있겠는가? "내가 그것을 말했다. 세상의 어떠한 사람도 그것에 반박할 수 없다. 나의 모사는 굳건히 설 것이다." 이스라엘 장로들에 대한 모세의 설득은 좋은 결과를 얻을 것이다. 모세는 그렇게 들었기 때문이다(18절): 그들이 네 말을 들을 것이며 40년 전에 했던 것 같이 너를 배척하지 않을 것이다. 그분의 은혜로 마음을 기울이고 귀를 여는 자는 그들이 네 말을 들을 것이다 라는 말을 미리 말할 수 있을 것이다. 오늘날에도 그들을 권능에 기꺼이 순종하게 할 수 있기 때문이다.

2. 모세는 애굽 왕을 다루어야만 한다(18절). 그와 이스라엘의 장로들은 어떤 요구로서가 아니라 겸비한 간청으로 시작해야만 한다. 부드럽고 복종적인 방법이 먼저 시도되어야만 한다. 그러한 방법으로 움직이지 않을 사람일지라도 — 움직이지 않을 것이 확실하지만 — 먼저 그렇게 해야만 하는 것이다: 우

리가 당신께 탄원합니다. 우리를 가도록 해주십시오. 더욱이 그들은 하나님을 예배하기 위해서 시내 산까지만 가는 것을 바로가 허락해주도록 요청해야만 하는 것이다. 아주 멀리 가나안까지 가는 것에 대해서는 그에게 아무것도 말해서는 안 되는 것이다. 가나안까지 가는 것을 말하는 것은 바로 거절되었을 것이다. 그러나 시내 산에서의 예배 허락을 요청하는 것은 매우 적절하고 타당한 것이었다. 이러한 타당한 요구를 거절하는 것은 정말 용서할 수 없는 것이고, 바로의 왕국을 완전히 떠나려고 하는 그들을 정당화해주는 것이었다. 바로가 이스라엘 백성들에게 가서 시내 산에서 희생제를 드리도록 허락해주지 않는다면, 그들은 가나안에 정착하기 위해 허락 없이 정당하게 갈 수 있는 것이었다. 하나님께서 죄인들에게 보내시는 부르심과 명령들은 그것들 자체가 매우 합리적인 것으로 부드러운 가운데 승리를 얻는 방법으로 그들에게 전해진다. 그 방법은 불순종자들의 변명의 입을 영원히 막는 그러한 것이다. 바로에게 이길 것에 대해 이 본문에서 모세는 다음과 같은 것들을 듣게 된다.

(1) 간청과 설득 그리고 부드러운 항의들은 바로를 설득하지 못할 것이다. 강한 손으로 표지들과 이적들을 통해 치지 않으면 보내지 않을 것이다: **내가 아노니 그가 너희들이 가도록 허락하지 아니할 것이다**(19절). 하나님께서는 자신의 사자들을 하나님께서 분명히 알고 예견하는 굳은 마음과 완고함을 가진 사람들에게 보내신다. 그래서 그분께서 그들을 돌리시고 살리실 수도 있을 것이다. (2) 재앙들이 바로로 하여금 이스라엘 사람들을 가도록 할 것이다. **내가 애굽을 칠 것이다. 그 때 그가 너희를 보내리라**(20절). 하나님의 말씀의 권능에 굴복하지 않는 자들은 하나님의 권능의 손에 의해서 분명히 부수어질 것이다. 우리는 하나님께서 심판하실 때 승리하실 것이라는 것을 확신할 수 있다. (3) 바로의 백성들은 이스라엘 사람들에게 더욱 호의적으로 될 것이고 그들이 떠날 때 금은 그릇과 보석들을 주어서 그들을 매우 부유하게 해줄 것이다: **내가 애굽 사람으로 이 백성에게 은혜를 입히게 할지라**(21-22절). [1] 하나님께서는 때때로 자기 백성들의 적들을 그 백성들과 화평케 하실 뿐만 아니라 그들에게 친절하게 하도록 하신다. [2] 하나님께서는 상처를 준 자들과 상처를 받은 자들 사이에 균형을 이루어 주시며, 피압제자들을 보상해 주시고, 잘못을 행한 자들로 하여금 강압적으로 배상하도록 하시는 많은 방법들을 가지고 계신다. 그분께서는 공의로 판단하는 보좌에 좌정해 계시기 때문이다.

제 4 장

개요

본 장에는 다음과 같은 내용들이 있다. I. 애굽으로부터 이스라엘 백성들을 데리고 나오는 이 위대한 일에 대한 모세와 하나님의 대화가 떨기나무 숲에서 계속되며 결론을 맺는다. 1. 모세는 이스라엘 사람들이 믿지 않을 것에 대해서 이의를 제기하며(1절) 하나님께서는 모세에게 기적을 행하는 능력을 주심으로써 그 이의 제기에 대답을 하신다. 다음과 같은 기적들이 있었다. (1) 모세의 지팡이를 뱀으로 변하게 하는 것과 다시금 지팡이로 되게 하였다(2-5절). (2) 모세의 손에 문둥병이 발하게 하였다가 다시 온전하게 하였다(6-8절). (3) 물이 피가 되게 하였다(9절). 2. 모세가 자신의 말을 잘못함에 대해서 이의를 제기하면서(10절) 사역을 면해줄 것을 요청한다(13절). 그러나 하나님께서는 다음과 같이 모세의 이의에 대해서 대답을 하신다. (1) 하나님께서 모세와 함께 해주시겠다고 약속하신다(11-12절). (2) 그 사역을 위해 아론이 모세와 함께 할 것이다(14-16절). (3) 모세의 손에 있는 그 지팡이를 하나님의 능력을 행할 수 있는 도구로 만들어주신다(17절). II. 모세가 자신의 사역을 시작한다. 1. 모세가 애굽으로 돌아가기 위해 장인의 허락을 받는다(18절). 2. 모세가 하나님으로부터 좀 더 세부적인 지침들과 격려를 받는다(19, 21-23절). 3. 모세가 서둘러 떠나면서 자신의 아내와 아이들을 함께 데리고 간다(20절). 4. 모세가 자신의 아들의 할례 문제로 인해서 길에서 어려움을 겪는다(24-26절). 5. 모세가 그의 형을 기쁨 가운데 만난다(27-28절). 6. 모세가 이스라엘의 장로들 앞에서 자신의 사명을 말하고 그들은 크게 기뻐한다(29-31절). 그러므로 이제 그 위대한 구원 사역을 위한 준비가 갖추어졌으며 시작이 된 것이다.

1모세가 대답하여 이르되 그러나 그들이 나를 믿지 아니하며 내 말을 듣지 아니하
고 이르기를 여호와께서 네게 나타나지 아니하셨다 하리이다 2여호와께서 그에게
이르시되 네 손에 있는 것이 무엇이냐 그가 이르되 지팡이니이다 3여호와께서 이르
시되 그것을 땅에 던지라 하시매 곧 땅에 던지니 그것이 뱀이 된지라 모세가 뱀 앞
에서 피하매 4여호와께서 모세에게 이르시되 네 손을 내밀어 그 꼬리를 잡으라 그

가 손을 내밀어 그것을 잡으니 그의 손에서 지팡이가 된지라 [5]이는 그들에게 그들
의 조상의 하나님 곧 아브라함의 하나님, 이삭의 하나님, 야곱의 하나님 여호와가
네게 나타난 줄을 믿게 하려 함이라 하시고 [6]여호와께서 또 그에게 이르시되 네 손
을 품에 넣으라 하시매 그가 손을 품에 넣었다가 내어보니 그의 손에 나병이 생겨
눈 같이 된지라 [7]이르시되 네 손을 다시 품에 넣으라 하시매 그가 다시 손을 품에
넣었다가 내어보니 그의 손이 본래의 살로 되돌아왔더라 [8]여호와께서 이르시되 만
일 그들이 너를 믿지 아니하며 그 처음 표적의 표징을 받지 아니하여도 나중 표적
의 표징은 믿으리라 [9]그들이 이 두 이적을 믿지 아니하며 네 말을 듣지 아니하거든
너는 나일 강 물을 조금 떠다가 땅에 부으라 네가 떠온 나일 강 물이 땅에서 피가
되리라

모세에게 애굽에서 이스라엘을 데리고 나오라는 사역을 맡길 때 모세가 부름을 받은 것은 매우 커다란 영예였다. 그러나 그는 그 위임을 받아들이는데 어려움이 있었다. 결국 그 사역을 행하지만 정말 마지못해 하게 되었다. 우리는 이러한 모세의 태도를 모세가 하나님과 그 말씀과 권능을 신뢰하지 못해서라기보다는 자신과 자신의 능력에 대한 겸손한 사양을 나타내는 것이라고 보아야만 한다. 하나님께서는 존귀하게 쓰시려고 계획하신 사람들을 겸손으로 옷을 입히신다. 사역을 위해 가장 적절한 사람들은 결코 경솔하게 덤벼들지 않는다.

I. 모세는 이스라엘 사람들이 자신의 말을 듣지 않을 모든 가능성들을 말하며 이의를 제기한다(1절). 즉, 모세가 그들에게 어떠한 표적을 보여주지 않으면, 그들은 모세의 말을 순순히 받아들이지 않을 것이다. 하지만 이 표적들은 모세가 아직 지시를 받지 못한 것이었다. 이 이의는 정당화될 수 없다. 하나님께서 말씀하신 것과 배치되기 때문이다(출 3:18): 그들이 네 말을 들으리니. 하나님께서 그들이 들을 것이다 라고 말씀하셨는데 모세가 그들이 듣지 않을 것입니다 라고 말할 수 있는 것인가? 그러나 모세가 정말로 의미한 것은 "아마도 그들은 처음에는 듣지 않을 것입니다. 혹은 그들 중의 몇몇은 듣지 않을 것입니다"라고 하는 것이었을 것이다. 만약에 그들 중에 모세의 위임에 대해서 의문을 가지면서 반박하는 사람 몇이 있게 된다면 모세는 그들을 어떻게 다루어야만 하는가? 그리고 그들에게 확신을 주기 위해서 어떠한 과정을 가져야만 하는

가? 모세는 그들이 이전에 자신을 어떻게 배척했는지를 기억하고 있는 것이며 그러한 일이 다시 일어날까봐 두려워했던 것이다. 1. 오늘의 실망과 낙담들은 종종 이전의 그러한 경험들에서 비롯되는 것이다. 2. 지혜롭고 훌륭한 사람들은 그들이 사람들로부터 마땅히 받아야 할 평가보다 더 나쁜 평을 종종 받게 된다. 모세는 그들이 나를 믿지 아니하며라고 말했다(1절). 그러나 성경은 백성이 믿으며 라고 말하고 있기 때문에(31절) 모세가 실수를 한 것이었다. 하나님께서 이러한 이의에 대한 대답으로 주어진 예정된 표징들은 이스라엘 사람들 앞에서 처음으로 이루어진 표적들이었다.

Ⅱ. 하나님께서 모세에게 기적을 행하도록 힘을 입혀주시고 특별히 세 가지를 그에게 알려 주신다. 이 셋 중에서 두 가지는 모세의 만족을 위해서 즉각적으로 시행되었다. 참된 기적들은 그것들과 결부된 하나님의 사역에 대한 외적인 증거들로서 확신시켜 주는 가장 좋은 수단들이다. 그러므로 우리의 구세주께서는 종종 자신의 사역들을 위해서 기적을 사용하셨다(요 5:36처럼). 그리고 니고데모 자신도 기적들에 의해서 확신을 가지게 되었다(요 3:2). 그리고 여기 이스라엘에 대한 재판관으로서 율법의 수여자로서의 특별한 위임이 주어진 모세도 이러한 신임장들에 의해서 지원을 받게 된다.

1. 모세의 손에 있는 지팡이는 두 가지 기적의 요체였다. 그의 손에서 던져졌을 때 뱀이 되었다. 모세가 뱀을 잡았을 때 다시 지팡이가 되었다(2-4절). (1) 마른 지팡이가 살아 있는 뱀으로 매우 생동감 있는 뱀으로 바뀐 그 변화 자체에 하나님의 권능이 나타난 것이다. 비록 우리는 사막에서 뱀들은 모세에게 그리 생소한 것들이 아니었음을 생각할 수 있을지라도, 이 변화는 너무나 무서워서 아마도 모세가 뱀으로부터 달아나야만 하는 그러한 위협적인 것이었던 것 같다. 기적으로 만들어진 것은 포도주로 변한 물과 같이 항상 가장 좋은 것이고 가장 강한 것이다. 그러고 나서 이 살아 있는 뱀은 다시 마른 지팡이로 되돌아갔다. 이것은 여호와께서 행하신 일이다. (2) 모세에게 영예스러움이 주어졌다. 이 변화는 어떠한 주문이나 마술 혹은 마법이 없이 모세가 지팡이를 던지고 다시 잡았을 때 일어났다. 그러므로 자연과 섭리의 일반적인 법칙을 벗어나 하나님의 주관 아래 이루어진 모세의 권능을 덧입음은 하나님의 주권 아래 새로운 은혜 왕국의 통치를 세우려는 모세의 권위를 보여주는 것이었다. 진리의 하나님께서는 이와 같은 권능을 사기꾼과 같은 사람들에게는 결코 위임하지

않으신다. (3) 기적 자체에는 중요한 의미가 있다. 바로는 이스라엘의 지팡이를 뱀으로 만들었다. 이것은 이스라엘 백성들이 위험스러운 존재들이라는 것을 나타내는 것이고(출 1:10), 그들의 배를 땅의 먼지에 대고 살도록 한 것이고, 그들의 멸망을 꾀한 것이었다. 그러나 그들은 이제 다시금 지팡이로 변해야만 한다. 다른 한편으로 바로는 통치의 지팡이를 압제의 뱀으로 바꾼 것이다. 모세는 이를 피해 미디안으로 달아났다. 그러나 모세의 대리 행위에 의해서 그 형세는 다시금 바뀌었다. (4) 이 표적 안에는 모세가 행한 것을 행하기 위해서 하나님께서 정말로 그를 보내셨다고 하는 것을 이스라엘 자손들에게 확신시켜주기 위한 직접적인 의도가 있었다(5절). 기적들은 믿지 못하는 자들을 위한 표징들이었다(고전 14:22).

2. 다음으로 모세의 손 자체는 기적의 요체로 사용되었다. 그가 손을 자기 품에 넣었다가 빼었을 때 나병이 발했다. 그가 다시 같은 곳에 넣었다가 빼었을 때 온전해졌다(6-7절). 이것은 다음과 같은 의미를 나타낸다. (1) 하나님의 권능에 의해서 모세는 애굽에 고통스러운 질병을 가져올 것이고 그의 기도로 그 질병들이 물러가게 될 것이다. (2) 애굽의 이스라엘 백성들은 죄에 오염이 되어 나병환자가 되었고 압제에 의해서 거의 소진되게 되었다(나병환자는 죽은 사람과 같은 것임, 민 12:12). 그러나 이제 모세의 품에 안겨 그들은 깨끗해지고 치료될 것이고 그들의 모든 슬픔들은 보상을 받게 될 것이다. (3) 모세는 그 자신의 힘으로 기적을 행한 것이 아니었다. 그 자신이 찬양을 받기 위해서 한 것도 아니었다. 하나님의 권능에 의해서 행한 것이었고 그분의 영광을 위해서 행한 것이었다. 모세의 나병이 발한 손은 영원히 자랑하지 못하게 하는 것이다. 처음 표적이 설득시키지 못했다고 한다면, 이 두 번째 표적은 설득시킬 것임을 알 수 있다. 하나님께서는 자신의 말씀의 진리됨을 흔쾌히 더욱 풍성히 보여주신다. 그 근거들이 궁색하지 않으시다. 수많은 기적들이 증거를 동반하고 있다.

3. 모세는 그가 애굽에 도착했을 때 강물이 피로 변하도록 할 것이라는 지시를 받는다(9절). 이것은 하나의 표적으로서 바로 앞에서 이루어졌다. 훗날 모든 강이 피로 바뀌어 재앙이 되었다. 모세는 이스라엘 자손들이 다른 두 가지 이적에 의해서 믿지 못하는 경우에 이 이적을 행하도록 명을 받았다. 믿지 않음은 용서받지 못할 것이고, 고의적인 완고함으로 죄를 받게 될 것이다. 이

스라엘 백성들에 대해서 하나님께서는 그들이 들을 것이다 라고 말씀하셨다(출 3:18). 하나님께서는 그들의 확신을 위해서 이루어지도록 이러한 이적들을 정하신다. 목적을 정하신 하나님께서 수단들도 정하시는 것이다.

10모세가 여호와께 아뢰되 오 주여 나는 본래 말을 잘 하지 못하는 자니이다 주께서
주의 종에게 명령하신 후에도 역시 그러하니 나는 입이 뻣뻣하고 혀가 둔한 자니
이다 11여호와께서 그에게 이르시되 누가 사람의 입을 지었느냐 누가 말 못 하는 자
나 못 듣는 자나 눈 밝은 자나 맹인이 되게 하였느냐 나 여호와가 아니냐 12이제 가
라 내가 네 입과 함께 있어서 할 말을 가르치리라 13모세가 이르되 오 주여 보낼 만
한 자를 보내소서 14여호와께서 모세를 향하여 노하여 이르시되 레위 사람 네 형 아
론이 있지 아니하냐 그가 말 잘 하는 것을 내가 아노라 그가 너를 만나러 나오나니
그가 너를 볼 때에 그의 마음에 기쁨이 있을 것이라 15너는 그에게 말하고 그의 입
에 할 말을 주라 내가 네 입과 그의 입에 함께 있어서 너희들이 행할 일을 가르치
리라 16그가 너를 대신하여 백성에게 말할 것이니 그는 네 입을 대신할 것이요 너는
그에게 하나님 같이 되리라 17너는 이 지팡이를 손에 잡고 이것으로 이적을 행할지
니라

모세는 하나님께서 그를 위해 계획하신 사역으로부터 여전히 계속해서 뒷걸음질을 친다. 이것은 흠이 되는 정도의 잘못이다. 우리는 이것을 더 이상 그의 겸손이나 온유함으로 인한 것으로 여길 수 없기 때문이다. 이것은 너무나 겁이 많은 것이며, 게으른 것이며, 하나님의 사역을 믿지 못하는 것이다. 이 본문에서 다음과 같은 사항들을 관찰할 수 있다.

I. 모세는 얼마나 그 사역을 감당하지 않으려고 자신을 변명하려고 노력하고 있는 것인가!

1. 모세는 자신이 말을 잘 하지 못한다고 탄원한다: 오 주여 나는 본래 말을 잘 하지 못하는 자니이다(10절). 모세는 위대한 철학자요, 정치가요, 거룩한 사람이었지만 웅변가는 아니었다. 명석한 머리와 위대한 사고 그리고 판단력이 뛰어난 사람이었지만 능변의 사람은 아니었거나 혹은 말더듬이였을 것이다. 그러므로 그는 자신이 위대한 사역을 위해 위대한 사람들 앞에서 말하는 것이 적합하지 않으며 애굽으로 내려가는 것이 위험하다고 생각했던 것이다.

1. 우리는 임기응변과 말의 유창함을 가지고 사람을 판단해서는 안 된다. 모세는 말에 능했지만(행 7:22) 그 말이 웅변적이지는 않았다. 비록 모세보다 못한 어떤 사람들이 하듯이 모세가 임기응변에 능하게, 용이하게, 우아하게 자기 자신을 전달하지는 못했다 할지라도, 모세가 말한 것은 강했으며, 힘찼고, 목적이 뚜렷했고, 이슬과 같이 순전했다(신 32:2). 사도 바울의 말은 보잘것이 없었다(고후 10:10). 그러나 엄청난 지혜와 참된 가치들이 느린 혀에 의해서 숨겨져 있었다. (2) 하나님께서는 때때로 재주와 천성이 제일 없는 자들을 자신의 사자들로서 선택하시기를 기뻐하신다. 그들 속에 있는 하나님의 은혜가 더 영광스럽게 나타날 것이기 때문이다. 그리스도의 제자들은 성령께서 그들을 능변가로 만들 때까지는 말을 잘하는 사람들이 아니었다.

2. 이 탄원이 소용이 없게 되고 그의 모든 변명들에 답변이 되었을 때, 모세는 하나님께서 이 사역에 맞는 다른 누군가를 보내주실 것과 자신을 미디안에서 양을 지키는 사람으로 놓아 두시도록 요청했다(13절): "저 말고 다른 어떤 사람을 보내소서! 당신께서는 그 일에 더욱 맞는 적임자를 분명히 찾으실 수 있으실 것입니다." 기꺼이 일을 하지 않는 사람은 단지 변명의 구실만을 찾을 것이고 어려움과 위험을 내포한 사역들을 다른 사람들에게 떠넘기려고 한다.

Ⅱ. 하나님께서는 모세의 모든 변명들에 대해 답변을 주시기 위해 얼마나 양보하고 계시는가! 비록 여호와께서 모세를 향하여 노하셨을지라도(14절), 그분께서는 모세를 설득하실 때까지 그에게 계속해서 이유를 말씀하셨다. 비록 스스로 자신감이 없을지라도 그것이 극단적이 되어 의무를 이행하는 것으로부터 우리를 방해하거나 의무를 이행하는데 있어서 걸림돌이 된다면 혹은 우리로 하여금 하나님의 은혜에 의지하지 못하도록 한다면, 그것은 하나님을 매우 노하시게 해드리는 것이다. 하나님께서는 그분을 섬기는데 있어서 우리들이 퇴보하는 것에 대해서 정당하게 분개하시며 그렇게 하는 것이 왜 나쁜 것인지 말씀해 주실 이유를 가지고 계신다. 그분께서는 우리 앞서 은혜를 베푸시는 분이시고, 우리 뒤에 계시지 않으실 상급을 주시는 분이시기 때문이다. 하나님께서는 그분께서 아직 거절하시지 않은 사람들에게 정당하게 노를 발하신다: 그분께서는 이 본문의 모세의 경우처럼 자신의 완고한 자녀들에게조차도 동기를 말씀하시면서 은혜와 친절하심으로 설득하신다.

1. 모세의 연약함을 보충해 주시기 위해서 하나님께서는 모세에게 자신의

권능을 기억나게 하신다(11절).

(1) 모세가 이의를 제기한 것에 대한 하나님의 권능: 누가 사람의 입을 지었느냐? 나 여호와가 아니냐? 모세는 하나님께서 사람을 만드셨음을 알고 있었다. 그러나 그는 지금 하나님께서 인간의 입을 만드셨음을 들어야만 했다. 창조주로서 하나님의 눈은 우리의 사역 길에 놓여 있는 수많은 어려움들을 이겨내도록 우리를 도와주실 것이다(시 124:8). 자연의 창조자로서 하나님께서는 우리들에게 말하는 능력과 재능을 주신다. 은사들과 은총의 근원으로서 그분으로부터 말을 잘하는 능력, 즉 구변과 지혜(눅 21:15), 학자들의 혀(사 50:4)가 오는 것이다. 그분께서 입술에 은혜를 부어주신다(시 45:2).

(2) 일반적으로 하나님의 권능은 다른 능력들보다도 뛰어나다. 하나님 외에 누가 말 못 하는 자나 못 듣는 자나 눈 밝은 자나 맹인이 되게 하였느냐? [1] 우리 기능들의 온전함은 하나님의 작품이다. 하나님께서 눈 밝은 자를 만드셨다. 그분께서 그 눈을 만드셨다(시 94:9). 그분께서 마음의 문인 깨닫는 것을 여신다(눅 24:45). [2] 그 기능들의 불완전함도 역시 하나님으로부터 오는 것이다. 그분께서 말 못 하는 자와 듣지 못하는 자 그리고 맹인을 만드셨다. 주께서 만드시지 않은 이러한 종류의 다른 악이 있는가? 분명히 그분께서 지혜와 의로우심으로 그분 자신의 영광을 위해서 만드신 것이다(요 9:3). 사 6:9-10 말씀대로 바로와 애굽인들은 영적으로 듣지 못하며, 보지 못하도록 만들어졌다. 그러나 하나님께서는 그들을 어떻게 다루어야 하실지 알고 계셨다. 그리고 그들로부터 하나님 자신이 영광을 얻으신다.

2. 이 위대한 일을 수행하는데 있어서 모세를 격려하시기 위해 하나님께서는 자신의 임재에 대한 약속을 거듭 반복하신다: 일반적으로 뿐만 아니라, 내가 너와 함께 있으리라(출 3:12), 특별히, "내가 네 입과 함께 있으리라. 그러므로 너의 말에 있어서 불완전함은 네가 전하는 메시지에 아무런 영향을 주지 못할 것이다"라고 반복하신다. 하나님께서 그 결점이 무엇이었든지 간에 즉시로 그것을 제거해 주시지는 않은 것 같다. 그러나 하나님께서는 그에 상당한 것을 행하셨다. 즉, 그분께서는 모세에게 이야기해야 할 것을 가르쳐 주셨다. 그러고 나서 일 자체가 맡겨지도록 하셨다. 다른 누군가가 더욱 은혜롭게 이야기할 수는 있을지라도, 그 어느 누구도 하나님보다 더욱 강력하게 이야기하지는 못한다. 하나님께서 자신을 위해 말하도록 사용하는 사람들은 그 지침들을 위해서

그분께 의지해야만 한다. 그러면 그들이 무엇을 말할 것인지 그들에게 주어질 것이다(마 10:19).

3. 모세는 사역을 감당하기 위해 아론과 함께 한다. 하나님께서 아론이 모세를 적절한 시기에 만나게 될 것이며 아론이 모세를 만나게 되는 것을 기뻐할 것이라고 약속하시며 말씀하신다. 그들은 수년 동안 서로 간에 보지 못했을 것이다(14절). 하나님께서는 모세에게 아론을 자신의 대변인으로 삼을 것을 지시하신다(16절). 하나님께서는 모세가 머뭇거리며 뒤로 물러서기 때문에 그를 온전히 도와주셨을 것이다. 그러나 그의 기본적인 성품을 고려하셔서 그에게 도울 자를 준비하신 것이었다. (1) 전 4:9 말씀처럼 둘이 하나보다 나은 것이다. 하나님께서는 두 증인을 두시고 그들의 입을 통해서 모든 말씀을 세우실 것이다(계 11:3). (2) 아론은 모세의 형제였다. 하나님의 지혜가 그렇게 정하셨고 그들 사이의 자연적인 형제애는 그들의 사역을 함께 수행하는 것을 더욱 힘이 있게 하셨을 것이다. 그리스도께서는 그 제자들을 둘씩 보내셨고 그들 중에는 형제들도 있었다. (3) 아론은 모세의 형이었다. 그러나 그는 기꺼이 그 사역에 있어서 모세 아래서 사역을 감당했다. 하나님께서 그렇게 하셨기 때문이었다. (4) 아론은 말을 잘했다. 그러나 지혜에 있어서는 모세에게 훨씬 미치지 못했다. 하나님께서는 자신의 은사들을 자녀들에게 다양하게 분배하여 나누어주셨다. 그러므로 우리들은 서로 간에 우리들의 필요를 볼 수 있는 것이다. 고전 12:21 말씀처럼 각각의 지체는 몸의 유익을 위해서 무엇인가를 기여하게 되는 것이다. 모세의 지략과 마음에 아론의 혀는 이 중요한 임무에 온전하게 적절한 하나를 이룰 것이다. (5) 하나님께서는 **내가 네 입과 그의 입에 함께 있으리라**라고 약속하셨다. 비록 아론이 말을 잘하기는 하였을지라도 하나님께서 그의 입에 함께해 주시지 아니하면 그 사명의 목적을 말할 수 없었던 것이다. 하나님의 은혜의 지속적인 도우심이 없다고 한다면 아무리 좋은 은사들이라 할지라도 실패할 것이다.

4. 하나님께서는 모세가 말보다는 행함에 의해서 그의 사역을 수행해야만 한다고 하는 것을 암시해 주시기 위해서 그의 손에 지팡이를 가지고 가라고 명하신다(17절). 이 지팡이를 가지고 모세가 행하는 표지들은 그의 말재주 없는 부족함을 능히 보충해 주고도 남을 것이다. 하나의 기적이 세상의 모든 웅변들보다 모세에게 더 나은 사역을 감당하도록 해줄 것이다. **이 지팡이를 취하라.** 목

자로서 그가 사용했던 지팡이를 취한다는 것은 하나님께서 그를 부르신 그 누추한 여건을 모세가 부끄럽게 여기지 않는다는 것을 의미하는 것이다. 검과 홀(笏) 대신 이 지팡이는 모세에게 권위를 나타내주는 지팡이가 되었음에 틀림이 없다.

[18]모세가 그의 장인 이드로에게로 돌아가서 그에게 이르되 내가 애굽에 있는 내 형
제들에게로 돌아가서 그들이 아직 살아 있는지 알아보려 하오니 나로 가게 하소서
이드로가 모세에게 평안히 가라 하니라 [19]여호와께서 미디안에서 모세에게 이르시
되 애굽으로 돌아가라 네 목숨을 노리던 자가 다 죽었느니라 [20]모세가 그의 아내와
아들들을 나귀에 태우고 애굽으로 돌아가는데 모세가 하나님의 지팡이를 손에 잡
았더라 [21]여호와께서 모세에게 이르시되 네가 애굽으로 돌아가거든 내가 네 손에
준 이적을 바로 앞에서 다 행하라 그러나 내가 그의 마음을 완악하게 한즉 그가 백
성을 보내 주지 아니하리니 [22]너는 바로에게 이르기를 여호와의 말씀에 이스라엘은
내 아들 내 장자라 [23]내가 네게 이르기를 내 아들을 보내 주어 나를 섬기게 하라 하
여도 네가 보내 주기를 거절하니 내가 네 아들 네 장자를 죽이리라 하셨다 하라 하
시니라

이 본문에는 다음과 같은 내용들이 있다.

I. 모세는 장인으로부터 애굽으로 돌아가도 좋다는 허락을 받는다(18절). 모세의 장인은 모세가 나그네였을 때 그에게 친절을 베풀어 주었다. 그러므로 모세는 장인에게 말하지 않고 장인의 가족과 사역을 떠나는 무례함과 의롭지 못한 일을 할 수가 없었던 것이다. 하나님과 함께함이 허락되고 그분을 위해서 쓰임 받게 되는 영광스러움은 이 세상에서 우리들의 관계들과 부르심의 의무를 이행하지 않아도 되도록 면제해 주는 것은 아니다. 모세는 자신에게 하나님의 영광스러운 나타나심에 대해서 그것이 무엇이었는지 장인에게 아무것도 말하지 않았다. 우리는 그러한 은혜들에 대해서 하나님께 감사해야 하는 것이지 사람들 앞에서 자랑해서는 안 되는 것이다.

II. 모세는 하나님으로부터 그의 사역에 대해서 좀 더 구체적인 지침들과 격려를 받는다. 하나님께서 대화를 나누시기 위해서 떨기나무에서 모세에게 나타나신 이후로, 하나님께서는 다소 덜 엄위한 모습으로 때때로 모세에게 말씀

하셨던 것 같다.

1. 하나님께서는 모세에게 아무도 방해하는 자가 없음을 확신시켜 주셨다. 모세가 자신의 사역을 수행하면서 어떠한 새로운 적들을 만들지는 몰라도, 그의 이전의 적들, 그의 생명을 찾던 적들은 모두 죽었다(19절). 모세는 두려움을 가지지 않기를 원했을지라도, 아마도 그 적들에 대한 무엇인지 모를 두려움이 모세가 애굽으로 가기를 주저하는 그 밑바닥에 있었던 것이다. 그는 자격이 없고, 미흡하고, 말이 능하지 못한 것 등등을 들어 탄원했다. 하나님께서는 자신의 백성들이 놓여 있는 모든 유혹들을 알고 계시며, 그 백성들이 자신들의 알지 못하는 두려움들을 어떻게 대처해야 할지를 알고 계신다(시 142:3).

2. 하나님께서 모세에게 이스라엘의 장로들 앞에서 뿐만 아니라 바로 앞에서 이적들을 행하라고 말씀하신다(21절). 아마도 바로 궁정에는 모세가 바로 딸의 아들이었을 때 그 모세를 기억하는 몇 사람이 살아 있었을 것이다. 그들은 아마도 바로의 딸이라고 하는 그러한 영예의 신분을 저버리고 떠난 모세를 어리석은 사람이라고 무수히 말했을 것이다. 그러나 이제 모세는 바로 딸이 그에게 해주었을 것보다도 더 커다란 능력을 덧입고 그 궁정으로 보내졌던 것이다. 그러므로 모세는 그의 선택으로 패자가 된 것 같이 보이지 않았을 것이다. 이 이적을 행하는 지팡이는 애굽의 장식이 달린 홀이 해줄 수 있는 것보다 더 모세의 손을 빛나게 해주었다. 세상적인 영예들을 경멸하여 버리는 사람들은 진정한 영예인 하나님으로부터 오는 영예로 보상을 받을 것이다.

3. 바로의 완고함은 모세에게 놀라움이 되지도 않았을 것이고, 낙담을 주는 것이 되지도 못했을 것이다. 하나님께서 그의 마음을 완악하게 할 것이라고 모세에게 미리 말씀해 주셨기 때문이다. 바로는 압제받는 이스라엘 사람들의 고통과 부르짖음에 대해서 자신의 마음을 완악하게 했으며, 그들에 대한 자신의 동정의 마음을 닫아버렸다. 이제는 하나님께서 종교적인 심판의 방편으로 이적들과 역병들의 공포들로 인한 양심의 가책을 느끼는 마음을 완악하게 하셨다. 목회자들은 헛되이 수고하는 많은 일들이 있게 됨을 예견해야만 한다. 우리들은 가장 강력한 논증과 가장 공정한 논리에 설득당하지 않는 사람들을 만나게 되는 것을 이상스레 생각해서는 안 된다. 우리들에 대한 판단은 주께 있는 것이다.

4. 바로에게 전해질 말씀들이 모세의 입에 주어진다(22-23절). 하나님께서

모세에게 12절에서 **내가 네 입과 함께 있어서 할 말을 가르치리라** 라고 말씀하셨고, 이 곳에서 다음과 같이 구체적으로 모세에게 가르쳐 주신다. (1) 모세는 위대하신 여호와의 이름으로 자신의 메시지를 전달해야만 한다: **여호와의 말씀에.** 이러한 말은 사람에 의해서 처음 서언으로 사용된 어구였다. 이 어구는 이 후에 모든 선지자들에 의해서 빈번하게 사용되었다. 모세는 바로가 듣든지, 그가 금하든지 개의치 않고 그에게 **여호와의 말씀에** 라고 전해야만 한다. (2) 모세는 바로에게 하나님에 대한 이스라엘의 관계, 그리고 이스라엘에 대한 하나님의 관심을 알도록 해야만 한다: **이스라엘이 종이냐 씨종이냐**(렘 2:14). "아니다! 이스라엘은 나의 아들, 나의 첫 번째 태어난, 나의 눈에 소중하고 존귀한 나의 사랑하는 아들이다. 따라서 모욕을 당하거나 수치를 당하지 않도록 하라!" (3) 모세는 그들을 풀어주도록 요구해야만 한다: "**나의 아들로 가게 하라.** 나는 네가 잡아둘 권한이 없는 나의 종뿐만 아니라 내가 매우 원하는 나의 아들의 자유와 영예를 원한다. 그는 나의 아들, 나를 섬길 나의 아들이다. 그러므로 보존되어야만 하고 기쁘게 여김을 받아야만 한다"(말 3:17). (4) 모세는 거부할 경우 애굽의 첫 태생들의 죽음을 경고함으로 바로를 위협해야만 한다: **내가 네 아들 네 장자를 죽이리라.** 사람들이 하나님의 백성들을 다루는 것과 같이 그들은 스스로 그렇게 다루어질 것이다. 그는 완고함과 씨름할 것이다.

Ⅲ. 모세는 스스로 이 원정에 대해서 말한다. 하나님께서 모세에게 그의 생명을 찾는 자들이 죽었음을 확신시켰을 때(19절), 모세는 즉시 자신의 아내와 아들들을 데리고 애굽으로 떠났다(20절). 부패가 하나님께서 우리로 하여금 감당하도록 부르시는 사역들을 크게 방해할 수 있다. 그러나 은총은 위로부터 오는 도우심의 능력을 얻게 할 것이고 하늘의 꿈을 따르도록 할 것이다.

[24]모세가 길을 가다가 숙소에 있을 때에 여호와께서 그를 만나사 그를 죽이려 하신
지라 [25]십보라가 돌칼을 가져다가 그의 아들의 포피를 베어 그의 발에 갖다 대며 이
르되 당신은 참으로 내게 피 남편이로다 하니 [26]여호와께서 그를 놓아 주시니라 그
때에 십보라가 피 남편이라 함은 할례 때문이었더라 [27]여호와께서 아론에게 이르시
되 광야에 가서 모세를 맞으라 하시매 그가 가서 하나님의 산에서 모세를 만나 그
에게 입맞추니 [28]모세가 여호와께서 자기에게 분부하여 보내신 모든 말씀과 여호와
께서 자기에게 명령하신 모든 이적을 아론에게 알리니라 [29]모세와 아론이 가서 이

스라엘 자손의 모든 장로를 모으고 [30]아론이 여호와께서 모세에게 이르신 모든 말
씀을 전하고 그 백성 앞에서 이적을 행하니 [31]백성이 믿으며 여호와께서 이스라엘
자손을 찾으시고 그들의 고난을 살피셨다 함을 듣고 머리 숙여 경배하였더라

이 본문에서 모세는 애굽으로 향하고 있는데 우리는 다음과 같은 사항들을 알 수 있다.

I. 하나님께서 모세에게 진노하시게 된 경위(24-26절). 이 본문은 매우 어려운 이야기를 포함하고 있다. 이 본문을 명료하게 이해할 수 있도록 하기 위해 지금까지 많은 뛰어난 글들이 나왔다. 우리는 이제 그러한 생각들을 좀 더 나은 견해들로 만들기 위해 노력할 것이다.

1. 자기 아들에게 할례를 시행하는 것을 잊어버리고 있었던 모세의 죄. 아마도 이것은 한 미디안 여인과 동등하지 않은 멍에를 멘 결과일 것이다. 모세는 아내에게 필요 이상으로 관대히 대해 주었고, 아내는 자신의 아이에게 너무 관대했던 것이다. (1) 우리는 어떠한 관계성에 대해서 좋아하는 것이 우리가 하나님을 사랑하는 것보다 더하지 않도록, 그리고 하나님께 대한 우리의 의무를 소홀히 하지 않도록 주의 깊게 우리 마음을 살필 필요가 있다. 자신의 아들들을 하나님보다 더 귀하게 여긴 엘리 제사장도 이러한 책임이 있는 것이다(삼상 2:29). 마 10:37을 보라. (2) 훌륭한 사람들조차도 오랫동안 신실한 사람들과의 교제를 빼앗기게 되면 하나님을 위한 그들의 열심이 식어지기 쉬운 것이다. 홀로 있는 고독은 유익함이 있다. 그러나 그 고독으로 얻게 되는 유익함들은 그리스도인의 교제를 가지지 못함으로 낳게 되는 손실을 거의 채워주지는 못한다.

2. 모세에 대한 하나님의 노하심. 하나님께서는 모세를 만나셨다. 아마도 천사가 그의 손에 칼을 가지고 그를 죽이려 찾고 있었을 것이다. 이것은 극적인 변화였다. 바로 조금 전에 하나님께서는 모세와 이야기를 나누셨고 그에게 친구로서 신뢰를 두셨다. 그런데 지금 하나님께서는 모세를 적으로서 대하시며 그 앞으로 다가오고 계신 것이다. (1) 일을 수행하지 않고 빼먹는 것들은 죄이고 심판을 받아야만 하는 것이다. 특별히 언약의 약속을 경멸하고 무시하는 것은 더더욱 그러한 것이다. 언약에 대한 그러한 태도는 우리가 언약의 약속을 경시하는 것이며 언약의 조건들을 기뻐하지 않음을 나타내는 것이기 때문이

다. 그 언약을 바꾸고 기꺼이 지키거나 확증하지 않으려고 하는 사람은 그 언약을 좋아하지 않는 것이며 그것을 지키려고 하지도 않는 것이라고 우리는 당연히 의심해 볼 수 있는 것이다. (2) 하나님께서는 자신의 백성들의 죄악들을 인지하시며 정말 기뻐하시지 않으신다. 그 백성들이 자신들의 의무를 무시하면 그들로 하여금 그들의 양심의 소리를 통해서 듣기를 원하시며, 결정적인 섭리를 통해서 그 의무를 느끼도록 하신다. 이러한 경우에는 많은 사람들을 아프게 하거나 약하게 만들게 되는데 본문의 모세가 그러했던 것이다.

3. 의무의 신속한 이행. 하나님께서 지금 모세와 논쟁 중인 할례의 의무를 그가 소홀히 하였다. 모세의 아들은 할례를 받아야만 한다. 모세는 아들에게 할례를 시행할 수 없었다. 그러므로 이러한 긴급한 상황에서 십보라가 할례를 행했다. 이 십보라의 할례 행위에 대해서 몇 가지 견해가 있다. 좀 강한 어조로 말해서 십보라는 그 법령 자체를 싫어했거나, 아니면 너무나 어린 아이에게, 그것도 여행 중에 할례를 행하는 것을 싫어했다고 보는 것인데, 나는 이 견해가 설득력이 있다고 생각한다. 또 다른 그럴 듯한 견해는 할례의 언약에 의해서 아이를 하나님께 드리는 엄숙한 표현으로 보는데 이렇게 생각하는 사람들이 있다. 혹은 십보라가 아들에게 할례를 행했을 때 남편에게 새로운 생명을 주셔서 자신에게 주시고, 그에게 사실상 새로운 결혼을 주신 것, 즉 자신의 남편을 살려주심에 대한 십보라의 하나님께 대한 감사로 보는 사람들의 견해가 있다. 나는 어느 것이 정확한 견해인지 결정할 수 없다. 하지만 우리는 이 본문의 이야기를 보면서 다음과 같은 것들을 배울 수 있다. (1) 하나님께서 우리들의 삶 속에서 무엇인가 좋지 않은 것을 우리들에게 알려 주시면 우리들은 그것을 고치기 위해서 최선을 다해야 하는 것이다. 그리고 특별히 우리가 무시하고 도외시했던 우리들의 의무들로 돌아가야만 한다. (2) 우리들의 죄를 제거하는 것은 하나님의 심판을 모면하는데 있어서 정말 필요한 일이다. 바로 이것이 모든 징계의 뜻이다. 그 징계는 우리를 때리신 분에게로 돌아오도록 우리를 부른다.

4. 그 때 모세가 풀려남: **여호와께서 그를 놓아 주시니라.** 언짢은 기분은 사라졌고, 죽이려는 천사도 떠나갔고, 모든 것이 잘 해결되었다. 십보라는 그녀가 경험했던 공포를 잊을 수가 없었으며 모세를 **피 남편이로다** 라고 불렀다. 모세가 그녀로 하여금 아이에게 할례를 행하도록 했기 때문이었다. 이 사건으로 아

마도 모세는 아내와 자녀들을 장인에게로 돌려보냈을 것이다. 이로 인해서 그에게 더 이상의 걱정을 끼치지 않았을 것이다. (1) 우리가 의무를 이행하는데 있어서 하나님께 돌아갈 때, 하나님께서는 자비로 우리들에게 향하실 것이다. 원인을 제거하라. 그러면 그에 따른 결과도 멈출 것이다. (2) 다윗의 열심이 미갈에 의해서 오해를 받은 것처럼, 하나님과 그분의 법령들을 대한 우리들의 열심이 그들 자신들과 우리들, 그리고 그들의 의무들을 더 잘 이해해야만 하는 어떤 사람들에 의해서 오해를 받게 된다면, 우리들은 인내를 가지고 그것을 해결해야만 한다. 그 오해가 야비하고 지독한 것이라면 우리들은 더욱더 그렇게 해야만 한다. (3) 우리가 하나님을 위해 해야 하는 특별한 어떤 사역을 가지고 있을 때, 우리에게 방해가 될 것 같은 것들은 우리로부터 가능한 한 멀리 떼어 놓아야만 한다. 죽은 자들로 죽은 자를 장사지내게 하고 너는 나를 따르라.

Ⅱ. 사랑 가운데 아론이 모세를 만남(27-28절).

1. 하나님께서 아론을 보내셔서 모세를 만나게 하셨다. 그분께서 아론에게 모세를 찾을 곳, 즉 미디안 쪽에 놓인 광야를 말씀해 주셨다. 하나님의 섭리는 친족들과 친구들의 편안한 만남 속에서 인정되어야 한다.

2. 아론은 자신의 하나님께 순종하며 형제를 사랑하는데 있어서 전혀 지체하지 않았고, 모세를 하나님의 산, 하나님께서 모세를 만나주셨던 곳에서 만났다.

3. 그들은 서로 간의 사랑으로 포옹했다. 그들이 자신들을 함께 만나게 하신 하나님의 직접적인 인도하심을 알게 되면 될수록, 그들의 만남은 더욱 기뻤던 것이다. 그들은 이전의 친밀했던 순간들을 기억하며 형제애를 나누는 표시로서 뿐만 아니라 그들이 함께 부름을 받은 사역에 있어서 자신들의 마음이 하나됨에 대한 서약으로서 입을 맞추었다.

4. 모세는 그의 형에게 그가 받았던 사역에 대한 모든 지침들과 증거들을 알려 주었다(28절). 우리들이 하나님에 대해서 알고 있는 것은 다른 사람들의 유익을 위해서 말해 주어야만 한다. 그리고 같은 사역을 감당하는 하나님의 동료 · 종들인 사람들은 상호간의 자유를 존중해 주어야만 하고, 서로 간에 이해하기 위해서 바르게 그리고 충분하게 노력해야만 한다.

Ⅲ. 믿음과 순종 가운데 이스라엘의 장로들이 모세를 만남. 모세와 아론이 애굽에서 그들의 사역을 처음으로 열고, 그들이 말하도록 명령 받은 것을 말하

며 그것에 대해서 확증하며, 행하도록 명령받은 것을 행했을 때, 그들은 자신들에게 약속되었던 것보다 더 나은 환대를 받았다(29-31절).

1. 이스라엘 백성들은 그들을 신뢰했다: **백성들은** 하나님께서 모세와 아론과 함께 하시지 않는다면 어떤 사람도 그들이 행했던 그러한 일들을 할 수 없었을 것이라는 것을 알고 하나님께서 이미 말씀하신 대로(출 3:18) **믿었다.** 백성들은 하나님께 영광을 돌렸다: **그들이 머리 숙여 경배하였더라.** 이 말에는 그들을 돌아보셨고 그들에게 구원자를 보내주신 하나님께 대한 그들의 겸손한 감사뿐만 아니라, 그 명령들을 즐거이 지키고, 그들을 구원할 방법들을 기꺼이 따를 것을 나타내고 있는 것이다.

제 5 장

개요

본 장에서 모세와 아론은 광야로 가서 예배하는 것을 허락해 주도록 바로의 승인을 얻기 위해 바로를 대면하고 있다. I. 모세와 아론은 하나님의 이름으로 떠나는 것을 허락해 줄 것을 요구하고 있고(1절), 바로는 하나님을 모른다고 말하며 그들의 요구에 대답한다(2절). II. 모세와 아론이 이스라엘의 이름으로 떠나는 것을 허락해줄 것을 요청한다(3절). 바로는 그들의 요청에 이스라엘을 더 압제하라고 명령한다(4-9절). 이 잔인한 명령들은 다음과 같은 내용을 담고 있다. 1. 감독자들에 의해서 시행되었다(10-14절). 2. 바로에게 불평을 말했으나 소용이 없었다(15-19절). 3. 백성들은 모세에게 불평했고(20-21절), 모세는 하나님께 불평을 했다(22-23절).

[1]그 후에 모세와 아론이 바로에게 가서 이르되 이스라엘의 하나님 여호와께서 이렇
게 말씀하시기를 내 백성을 보내라 그러면 그들이 광야에서 내 앞에 절기를 지킬
것이니라 하셨나이다 [2]바로가 이르되 여호와가 누구이기에 내가 그의 목소리를 듣
고 이스라엘을 보내겠느냐 나는 여호와를 알지 못하니 이스라엘을 보내지 아니하
리라

이스라엘 장로들에게 자신들의 메시지를 전달하고 그들이 그 메시지를 잘 수용하는 것을 본 모세와 아론은 이제 자신들의 생명에 위험이 될 바로와 담판하기 시작한다. 특별히 모세는 40년 전에 애굽인을 죽임으로 인해서 법을 위반했기 때문에 만약에 궁정에 있는 나이든 사람들 중의 누군가가 모세를 기억하는 일이 벌어진다면 모세는 죽음을 면치 못하게 되는 상황이었던 것이다. 그들이 전하는 메시지 자체는 그리 좋은 것이 아니었고, 두 가지 면에서, 즉 바로의 명예나 그의 이득에도 관계되는 것이었다. 그러나 이 신실할 대사들은 바로가 듣든지 거절하든지 개의치 않고 그 메시지를 담대하게 전했다.

I. 모세와 아론의 요구는 신앙적으로 대담한 것이었다. 이스라엘의 하나님 여

호와께서 이렇게 말씀하시기를 내 백성을 보내라(1절). 이스라엘의 장로들을 대면하면서 모세는 하나님을 그들의 조상들의 하나님이라고 부르도록 지시를 받았다. 그러나 바로를 대면할 때 모세와 아론은 하나님을 이스라엘의 하나님이라고 부른다. 이것은 우리가 하나님을 이스라엘의 하나님이라고 부르는 것을 성경에서 처음으로 보게 되는 것이다. 창 33:20에서는 하나님이 이스라엘의 하나님, 즉 한 사람인 이스라엘의 하나님으로 불린다. 그러나 여기서는 한 백성으로서의 이스라엘을 가리킨다. 하나님께서 그들의 하나님으로 불릴 때, 그들은 비로소 한 백성으로서 형성되기 시작하는 것이다. 모세도 하나님을 그렇게 부르도록 지시를 받은 것 같다. 적어도 출 4:22로부터 그러한 사실을 추론해 볼 수 있다: 이스라엘은 내 아들이라. 이 위대한 이름으로 모세와 아론은 그들의 메시지를 전했다: 내 백성을 보내라.

1. 그들은 하나님의 백성들이었다. 그러므로 바로가 그들을 속박으로 억류해서는 안 되는 것이다. 하나님께서는 자신의 백성들이 아무리 보잘것없고 비천하다 할지라도 그들을 소유하실 것이고, 그들의 송사를 신원해 주실 때를 찾으실 것이다. 하나님께서는 "이스라엘 백성들은 애굽에서 종이었다. 그러나 그들은 내 백성들이다. 나는 그들이 늘 압제당하는 것을 참지 않을 것이다"라고 말씀하신다. 사 52:4-5을 보라.

2. 하나님께서는 이스라엘 백성들로부터 예배와 희생제사를 기대하셨다. 그러므로 그들은 애굽인들에게 불편함을 주지 않고 애굽인들로부터 간섭을 받지 않으며 자유롭게 그들의 종교적 예식을 수행할 수 있는 곳으로 가기 위해 떠나야만 하는 것이었다. 하나님께서는 자기 백성들을 그 대적들의 손에서 구원해내셔서 하나님을 경배할 수 있도록, 기쁨으로 경배할 수 있도록 하시며, 그들이 할 수 있는 축제를 하나님께 드릴 수 있도록 해주신다. 이러한 기쁨의 시간에 그들은 하나님의 은혜와 임재를 메마른 땅 사막 한가운데서일지라도 가지게 되는 것이다.

II. 바로의 대답은 불신앙적으로 대담한 것이었다. 여호와가 누구이기에 내가 그의 목소리를 듣겠는가(2절). 복종의 명을 받고 있는 바로는 모세와 모세를 보낸 하나님께 반항의 깃발을 내걸고 거만한 태도로 이스라엘을 보내는 것을 거절한다. 바로는 그렇게 하지 못할 것이고 그렇게 말한 만큼 감당하지도 못할 것이다.

1. 바로는 얼마나 경멸적으로 이스라엘의 하나님을 말하고 있는가?: "여호와가 누구인가? 나는 그를 알지 못할 뿐만 아니라 상관하지도 않는다. 그를 존중하지도 않고 두려워하지도 않는다": 여호와의 이름은 그가 이전에 전혀 들어보지도 못한 생소한 이름이었다. 그는 자신에게 아무런 해가 되지 않을 것으로 생각했다. 이스라엘은 지금 나라의 최하위 계급으로서 멸시당하고 압제받는 백성들이었다. 그리고 이스라엘 백성들의 태생에 근거해서 바로는 그들의 신에 대한 자신의 평가를 내리게 된다. 그 신의 백성들이 민족들 중에서 보잘것없는 일을 행했듯이 그 신은 다른 신들 중에서 더 나은 일들을 행할 수 없을 것이라고 결론을 내린 것이다. 완악해진 압제자들은 그들이 그 백성들에게 행했던 것보다도 하나님에게 더 사악하게 대했다. 사 37:23을 보라. 하나님에 대한 무시와 경멸은 이 세상에 존재하는 모든 사악함의 토대가 된다. 사람들은 주님을 모르거나 그분에 대해서 아주 낮고 비하시키는 생각들을 가지고 있다. 그러므로 그들은 그분의 소리를 듣지 않을 뿐더러 그분을 향해서 어떠한 것도 다가가지 못하게 한다.

2. 바로는 얼마나 거만하게 스스로 이야기하고 있는가?: "내가 그의 목소리를 들어야만 하는가? 위대한 백성 애굽의 왕인 내가 보잘것없는 노예의 백성 이스라엘의 신에게 복종해야만 한다는 말인가? 아니다! 그 신은 나의 밑에 있다. 나는 그의 명령에 대답하는 것을 경멸한다." 그들은 불순종의 자녀들인 오만함의 자녀들이다(욥 41:34; 엡 5:6). 오만한 사람들은 그들 자신들이 너무나 훌륭해서 하나님께 몸을 구부릴 수 없고 통제를 받을 수도 없다(렘 43:2). 여기에 논쟁의 핵심이 있다: 하나님께서 다스리셔야만 한다. 그러나 사람들은 말을 듣지 않을 것이다. 하나님께서는 "나는 나의 뜻이 이루어지게 할 것이다"라고 말씀하신다. 그러나 죄인들은 "나는 내 자신의 뜻을 행할 것이다"라고 말한다.

3. 바로는 얼마나 결정적으로 그 요청을 거절하고 있는가?: 나는 이스라엘을 보내지 아니하리라. 이 세상에 있는 모든 죄인들 중에서 어느 누구도 압제자들처럼 그렇게 강퍅하지 않고, 또한 그들의 죄를 떠나라고 설득하기가 그렇게나 어렵지도 않다.

3그들이 이르되 히브리인의 하나님이 우리에게 나타나셨은즉 우리가 광야로 사흘길쯤 가서 우리 하나님 여호와께 제사를 드리려 하오니 가도록 허락하소서 여호와

께서 전염병이나 칼로 우리를 치실까 두려워하나이다 4애굽 왕이 그들에게 이르되
모세와 아론아 너희가 어찌하여 백성의 노역을 쉬게 하려느냐 가서 너희의 노역이
나 하라 5바로가 또 이르되 이제 이 땅의 백성이 많아졌거늘 너희가 그들로 노역을
쉬게 하는도다 하고 6바로가 그 날에 백성의 감독들과 기록원들에게 명령하여 이르
되 7너희는 백성에게 다시는 벽돌에 쓸 짚을 전과 같이 주지 말고 그들이 가서 스스
로 짚을 줍게 하라 8또 그들이 전에 만든 벽돌 수효대로 그들에게 만들게 하고 감하
지 말라 그들이 게으르므로 소리 질러 이르기를 우리가 가서 우리 하나님께 제사
를 드리자 하나니 9그 사람들의 노동을 무겁게 함으로 수고롭게 하여 그들로 거짓
말을 듣지 않게 하라

바로가 결코 하나님을 경외하지 않음을 알고, 다음으로 모세와 아론은 바로가 이스라엘에 대해서 동정심을 가지고 있는지를 시험해보며 그에게 가서 희생제를 드리도록 허락해줄 것을 요구하는 겸비한 탄원자가 되어 본다. 그러나 아무런 소용이 없었다.

I. 모세와 아론은 매우 겸비하고 삼가는 태도로 요청을 했다(3절). 그들은 백성들이 당하고 있는 혹독함에 대해서 불평하지 않았다. 그들은 그들이 계획한 여행이 자신들 사이에서 만들어진 것이 아니고 하나님께서 그들과 만났을 때 주신 것이며, 그것을 위해서 그들을 부르셨다고 탄원한다. 그들은 최선으로 복종하는 자세를 가지고 요청한다: 가도록 허락하소서. 불쌍한 사람들은 간청을 한다. 비록 하나님께서 그 압제들을 주관하기를 명하셨을지라도, 우리들은 그 압제자들에게 탄원을 하게 된다. 그들이 요청한 것은 그들이 광야로 삼일 여행을 떠나는, 단지 잠깐의 여가를 허락해 줄 것을 요청한 합리적인 것이었다. 그것은 예배라고 하는 귀한 사역을 위함이었고, 일상적인 평범한 일이었다: "다른 백성들이 그들의 신들에게 하듯이 우리 하나님 여호와께 제사를 드리려 하오니." 마지막으로 그들은 매우 합리적인 이유를 말한다. "그렇지 않으면, 만약에 우리가 하나님을 경배하지 않으면, 하나님께서 우리들 위에 하나의 심판 혹은 다른 심판들을 내리실 것이고, 그렇게 되면 바로께서는 자신의 노예들을 잃게 될 것입니다."

II. 모세와 아론의 요청에 대한 바로의 거절은 매우 야만적이고 이해할 수 없는 것이었다(4-9절).

1. 바로의 생각과 제안들은 매우 비합리적인 것이었다. (1) 바로는 이스라엘 백성들이 게을렀고, 그렇기 때문에 그들이 희생제를 드리러 가겠다고 말하고 있는 것이라고 했다. 그러나 이스라엘 백성들이 바로를 위해서 지은 성읍들과 그들의 노동의 다른 성과들은 그들이 결코 게으르지 않았다는 것에 대한 증거였다. 그럼에도 불구하고 바로는 이스라엘 백성들에게 저속하게 거짓 진술을 하고 있는 것이다. 그는 아마도 그들의 짐을 더 무겁게 할 구실을 내심 가지고 있었을 것이다. (2) 또한 바로는 모세와 아론이 헛된 말로 그들을 게으르게 만들었다고 했다(9절). 이 구절은 하나님의 말씀이 헛된 말씀들이라고 여겨졌다고 말하고 있다. 가장 귀중하고 필요한 일을 해야 한다고 이스라엘 백성들을 부르셨던 하나님의 말씀들이 그들을 게으르게 만든 요인으로서 비난을 받고 있는 것이다. 사탄은 악의(惡意)를 가지고 종종 다음과 같은 거짓 진술을 한다. 하나님을 섬기며 경배하는 것은, 할 일 없는 사람들을 위해, 그리고 오로지 게으른 사람들을 위해서 꼭 맞는 일이라고 말하는 것이다. 그러나 그 섬김과 경배는 세상에서 가장 바쁜 사람들조차도 꼭 감당해야 할 의무인 것이다.

2. 이 본문에서 보이는 바로의 답변들은 매우 야만스런 것이었다. (1) 모세와 아론은 그들 스스로 그들의 노역을 감당해야만 한다고 했다(4절). 모세와 아론은 이스라엘 사람들이었다. 하나님께서 그들을 다른 사람들로부터 구별하셨지만 바로는 똑같이 취급하고 있다. 모세와 아론도 그들 민족의 동일한 노역을 함께 감당해야만 한다는 것이다. 박해자들은 항상 교회의 목사들에게 경멸과 고난을 줌으로써 특별한 즐거움을 얻어왔다. (2) 진흙에 넣을 혹은 벽돌을 구울 짚을 주지 않는 상태에서 동일한 벽돌의 숫자를 만들어야만 한다고 말했다. 그러므로 더 많은 일이 그들에게 주어진 것이다. 이러한 일을 그대로 행한다면 그들은 노역으로 인해 파멸할 것이고, 행하지 않는다면 징벌이 내려질 것이었다.

10백성의 감독들과 기록원들이 나가서 백성에게 말하여 이르되 바로가 이렇게 말하
기를 내가 너희에게 짚을 주지 아니하리니 11너희는 짚을 찾을 곳으로 가서 주우라
그러나 너희 일은 조금도 감하지 아니하리라 하셨느니라 12백성이 애굽 온 땅에 흩
어져 곡초 그루터기를 거두어다가 짚을 대신하니 13감독들이 그들을 독촉하여 이르
되 너희는 짚이 있을 때와 같이 그 날의 일을 그 날에 마치라 하며 14바로의 감독들

이 자기들이 세운 바 이스라엘 자손의 기록원들을 때리며 이르되 너희가 어찌하여 어제와 오늘에 만드는 벽돌의 수효를 전과 같이 채우지 아니하였느냐 하니라

이 본문에서 바로의 명령은 집행된다. 짚은 주지 않았으나 작업량은 감소되지 않았다.

1. 애굽인으로서 일을 감독하는 사람들은 매우 엄격했다. 바로는 불의한 법령을 포고했고, 감독자들은 그가 명한 가혹한 내용을 시행할 준비가 되어 있었다(사 10:1). 잔인한 주권자들일지라도 자신들이 가장 비합리적이라고 판단을 받을 그러한 잔인한 수단들을 사용하는 것을 결코 원하지는 않을 것이다. 그러나 이 감독자들은 짚이 있었을 때와 같은 매일의 작업량을 강요했다(13절). 우리를 부당하고 악한 사람들에게서 건지시옵소서(살후 3:2)라고 우리가 기도해야만 할 필요가 무엇인지 보라. 여자의 후손에 대한 뱀의 자손의 적의(敵意)는 합리성, 체면, 인간성, 그리고 일반적인 정의가 가지는 모든 규칙들을 깨뜨리는 것과 같은 것이다.

2. 이스라엘 백성들은 떨어진 지푸라기를 모으기 위해 애굽 전역에 퍼졌다(12절). 이러한 행위로 인해 이스라엘 백성들을 부당하고 야만적으로 다루는 바로의 폭압이 전 왕국에 알려지게 되었고, 이스라엘 백성들의 이웃들이 그들을 불쌍히 여기도록 했으며, 자기 백성들에게조차도 바로의 정권이 인정받지 못하게 하는 결과를 낳았던 것이다. 압제로는 결코 선한 뜻을 얻을 수 없다.

3. 이스라엘 관원들이 특별한 학대를 받았다(14절). 이스라엘 가문들의 족장들이었던 사람들은 자신들의 영예를 위해서 값비싼 대가를 치렀다. 바로 그들에게 그 사역, 즉 짚이 제공되지 않는 상태에서 같은 수효의 벽돌을 만드는 것이 요구되었기 때문이었다. 그 사역이 수행되지 않았을 때 그들은 맞았던 것이다. 이 내용에서 우리는 다음과 같은 사항들을 알 수 있다. (1) 우리는 노예생활이 얼마나 비참한 것인가와 우리의 신분이 압제를 받지 않는 자유로운 신분이라는 것이 얼마나 감사한 것인지를 알 수 있다. 자유와 소유는, 독재적인 권력의 자비 아래 사역과 소유들이 놓여 있는 사람들의 눈에는 소중한 보석과도 같은 것이다. (2) 우리는 종종 기대 뒤에 실망감을 가지게 된다. 이스라엘 백성들은 바로 얼마 전에 풀려날 것에 대한 희망적인 격려를 받았으나 이제 더 커다란 낙담을 안게 되었다. 이러한 사실은 우리들에게 항상 떨림 가운데 기뻐

할 것을 가르쳐 준다. (3) 하나님께서는 종종 자신의 백성들을 구원하시는데 있어서 얼른 납득이 가지 않는 방법들을 사용하신다. 그분께서는 그 백성들을 위해 나타나실 때 종종 그들을 가장 곤고한 곳으로 인도하신다. 가장 높은 파고 전에 가장 낮은 간조가 있는 것이다. 또한 구름이 가득한 아침은 일반적으로 가장 청명한 날을 예고하는 것이다(신 32:36). 하나님의 도우심의 때는 일이 가장 좋지 않을 때이다. 하나님의 섭리는, 나쁠수록 더 좋다 라고 하는 역설을 증명해준다.

15이스라엘 자손의 기록원들이 가서 바로에게 호소하여 이르되 왕은 어찌하여 당신
의 종들에게 이같이 하시나이까 16당신의 종들에게 짚을 주지 아니하고 그들이 우
리에게 벽돌을 만들라 하나이다 당신의 종들이 매를 맞사오니 이는 당신의 백성의
죄니이다 17바로가 이르되 너희가 게으르다 게으르다 그러므로 너희가 이르기를 우
리가 가서 여호와께 제사를 드리자 하는도다 18이제 가서 일하라 짚은 너희에게 주
지 않을지라도 벽돌은 너희가 수량대로 바칠지니라 19기록하는 일을 맡은 이스라엘
자손들이 너희가 매일 만드는 벽돌을 조금도 감하지 못하리라 함을 듣고 화가 몸
에 미친 줄 알고 20그들이 바로를 떠나 나올 때에 모세와 아론이 길에 서 있는 것을
보고 21그들에게 이르되 너희가 우리를 바로의 눈과 그의 신하의 눈에 미운 것이 되
게 하고 그들의 손에 칼을 주어 우리를 죽이게 하는도다 여호와는 너희를 살피시
고 판단하시기를 원하노라 22모세가 여호와께 돌아와서 아뢰되 주여 어찌하여 이
백성이 학대를 당하게 하셨나이까 어찌하여 나를 보내셨나이까 23내가 바로에게 들
어가서 주의 이름으로 말한 후로부터 그가 이 백성을 더 학대하며 주께서도 주의
백성을 구원하지 아니하시나이다.

노역을 감당하는 자들의 선임자들이 그들 아래에 있는 자들을 채근하여 생산량을 감당해야 하고, 그들 위에 있는 자들로부터 학대를 받는 위치에 있는 것은 커다란 고난이었다. 그러나 그들이 압제를 한 것이기보다는 압제를 받았던 것 같다. 그들은 그러한 위치에 있었다. 이러한 좋지 못한 경우를 통해서(19절) 우리는 다음과 같은 내용들을 관찰할 수 있다.

I. 그들이 바로에게 고한 불평은 당연한 것이었다. 이스라엘 자손의 기록원들이 가서 바로에게 호소하여 이르되(15절). 피해를 입은 자들을 보호하기 위해

임명받은 최고의 권력자 외에 그들이 어디로 자신들의 아픔에 대한 탄원서를 가지고 가야만 하는 것인가? 비록 바로가 나쁠지라도, 그의 압제받는 백성들은 그에게 탄원할 자유를 가지고 있었다. 탄원하는 것을 반대할 법은 없었다. 그 탄원은 매우 겸손한 것이었으나 그들의 여건을 말하는, 마음을 움직이는 것이었다(16절): **당신의 종들이 매를 맞사오니**(분명히 이러한 일은 그러한 소동 가운데 있을 때 충분히 일어날 수 있는 일임). 그러나 이는우리들의 일을 계속해서 진행하기에 필요한 것을 주지 않은 일 감독자들인 **당신의 백성의 죄니이다.** 다른 사람들을 매우 심하게 비난하는 사람들은 일반적으로 그들 자신들이 가장 많이 비난받아야 할 사람들인 것이다. 그러나 이스라엘 자손들의 기록원들은 이 탄원으로 무엇을 얻게 되었는가? 그 탄원은 더 좋지 않은 결과를 낳았다.

1. 바로는 그들을 힐책했다(17절). 그들이 일로 인해서 거의 죽게 되었을 때 바로는 그들이 게으르다고 말했다: 그들은 사역의 피곤을 참고 감당했다. 그러나 그들이 **우리로 가서 희생제를 드리도록 하소서** 라고 말한 것에 적절한 명령은 전혀 없이 단지 게으르다는 비난만을 받았다. 가장 좋은 행위들이 가장 좋지 못한 평가를 받으며 언급되는 일이 종종 있다. 가장 좋은 사역에서 감당하게 되는 거룩한 성실함은 많은 사람에 의해서 세상의 일 중에 허물 많은 부주의한 것으로 비난받기도 한다. 우리들에게 다행스러운 사실은, 사람들은 우리들의 심판관이 되지 못하고, 우리들이 행하는 원리들을 알고 계신 하나님께서 우리의 재판관이 되신다는 것이다. 여호와께 제사드리는 일에 힘쓰는 사람들은 하나님과 함께 게으른 종의 운명에서 벗어난다. 그러나 사람으로 인해서는 그러한 운명을 벗어나지 못하는 것이다.

2. 바로는 그들의 짐을 더 무겁게 했다: **이제 가서 일하라**(18절). 사악함은 사악함에서 나온다. 불의한 사람들로부터 더 불의한 것 외에 무엇을 기대할 수 있겠는가!

Ⅱ. 그들은 모세와 아론에게 얼마나 부당하게 불평했는가! **여호와는 너희를 살피시고 판단하시기를 원하노라**(21절). 이것은 공정하지 않은 처사였다. 모세와 아론은 이스라엘의 해방에 대한 자신들의 마음이 담긴 선한 의도를 충분히 보여주는 증거를 주었다. 그러나 그들이 바라는 대로 일이 즉시 이루어지지 않게 되자 모세와 아론은 그들의 노예 생활의 원인으로서 비난을 받고 있는 것이다. 그들은 스스로 하나님 앞에서 겸손했어야만 했고, 스스로 자신들로부터 좋

은 일들이 떠나게 한 자신들의 죄의 부끄러움을 알았어야만 했다. 그러나 이러한 일들을 하기는커녕 그들은 자신들의 가장 좋은 친구들에게 대들었고, 자신들의 구원자들과 말다툼을 했던 것이다. 그들은 어떤 조그마한 어려움들과 방해들로 인해서 주어지는 영향을 받게 되었던 것이다. 하나님과 자신들의 세대를 위해서 공적인 사역으로 부름을 받은 사람들은 시련을 당하게 될 것을 예견해야만 한다. 그 시련은 오만한 적들의 사악한 위협들에 의해서 뿐만 아니라 지각이 없는 친구들의 정당하지 못하고 무자비한 비난들에 의해서 겪게 되는 것이다. 특별히 그 친구들은 외관상으로 보이는 것과 그들 앞에 놓인 작은 이익이 되는 길에 의해서 판단하는 사람들이다. 이러한 곤경 속에서 모세는 무엇을 했는가? 그 일이 응답되지 않았고, 오히려 그의 기대에 반대되는 결과를 낳았다고 하는 생각은 모세의 마음에 큰 슬픔을 주게 되었다. 그리고 그들의 비난들은 그의 뼛속에 파고드는 칼과 같이 매우 아픈 것이었다. 그러나

1. 모세는 주께 그 일을 알려 드리고 그 사정을 설명해 드리기 위해서 되돌아갔다(22절). 모세는 그가 말한 것과 행한 것이 하나님의 인도하심에 의한 것이라는 것을 알고 있었다. 그러므로 모세는 그 일로 인해서 그에게 주어진 비난을 하나님을 비난하는 것으로 생각하고, 히스기야처럼 그 일에 관심을 가지시도록 하나님 앞에 그 문제를 펼쳐놓고 그분에게 호소했다. 이 본문을 렘 20:7-9과 비교하라. 우리가 우리의 의무를 수행하는데 있어서 당혹스럽고 곤경에 빠지게 될 때는 언제나 하나님께 대한 신뢰를 가져야만 하며, 우리의 사정을 신실하고 간절한 기도와 함께 그분에게 열어 놓아야만 한다. 만약에 피하려고 한다면 우리는 다른 곳이 아니라 그분에게 피하도록 하자!

2. 모세는 하나님께 간청했다(22-23절). 모세는 어떻게 하나님의 섭리를 그가 받았던 사명과 약속에 일치시켜야 하는지 알지 못했다. "이것이 이스라엘을 구원하시기 위해 하나님께서 내려오신 것입니까? 그들에게 복이 될 것이라고 생각했던 제가 이제 그들을 괴롭히는 사람이 되어야만 하는 것입니까? 곤경에서 구해 주려고 한 노력에 의해서 그들은 더욱더 곤경의 구렁텅이에 빠지게 되었습니다." 이제 모세는 다음과 같은 것들에 대해서 하나님께 묻는다.

(1) 주여 어찌하여 이 백성이 학대를 당하게 하셨나이까? 하나님께서 자비로운 방법으로 자신의 백성에게 오시는 때일지라도, 그 백성들이 자신들이 선대를 받지 못한다고 생각하는 방법을 하나님께서는 종종 택하신다. 도움을 주려는

목적을 가진 구원의 방편들이 거침돌로 여겨지거나, 그들의 유익을 위한 것이라고 여겨진 것이 올무가 되기도 한다. 이것은 하나님께서 그렇게 되도록 허용하신 것으로, 우리는 이런 것을 통하여 사람을 의지하지 않는 것을 배울 수 있을 것이고, 다른 의지처에 기대는 것으로부터 떠날 수 있는 것이다. 하나님의 백성들은 자신들이 선대 받지 못하고 있다고 생각할 때에라도, 그들은 기도로 하나님께 나아가야만 하고 그분을 기뻐해야만 한다. 이것이 하나님께서 선히 여기시는 때에 더 나은 상급을 받는 방법이 되는 것이다.

(2) **어찌하여 나를 보내셨나이까?** [1] 모세는 자신이 일을 성취하지 못한 것에 대해서 불평한다: "바로는 이 백성들에게 악을 행했으며 그들의 구원을 위해서 한 발자국도 움직이지 않은 것 같습니다." 하나님께서 자신을 위해 쓰시는 사람들이 그들의 수고가 선한 열매를 맺지 않는 것을 보는 것은 매우 낙심되는 일이며, 더욱이 의도되지는 않았을지라도 결국에는 상처가 되는 것을 본다는 것은 아주 낙담이 되는 일인 것이다. 성실하고 훌륭한 목사가 사람들의 회개와 변화를 위한 자신의 노력이 그들의 타락을 더욱 부추기고, 그들의 편견을 더욱 고착시키며, 그들의 마음이 더욱 단단히 굳어지게 하고, 그들이 믿음을 가지지 못하도록 한 것을 보는 것은 매우 커다란 마음의 고통이요 아픔인 것이다. 이러한 경험들은 겔 3:14처럼 목사들로 하여금 깊은 영혼의 아픔을 느끼게 한다. [2] 모세는 무엇을 하시기 위함인지 묻는다: **어찌하여 나를 보내셨나이까?** 즉, "나는 나의 사명을 수행하는데 있어서 어떤 다른 방법을 택해야만 하는 것입니까?" 우리들의 사역을 감당하는데 있어서 실망감들이 우리들의 하나님으로부터 우리를 떨어지게 해서는 안 된다. 우리는 여전히 왜 우리가 보내졌는지에 대해서 생각해야만 하는 것이다.

제 6 장

개요

모세로 하여금 그의 사역을 감당하도록 하는 데에 커다란 애로가 있었다. 그리고 일이 시작되었을 때 그 사역을 수행하는 데에도 어려움들이 있었다. 또한 모세가 그 사역을 계속해서 수행해나가도록 하는데 있어서도 그에 못지않은 어려움들이 있었다. 본 장은 다음과 같은 것들을 증언한다. I. 하나님께서는 이 앞 장에 바로 이어지는 부분에서 모세가 늘어놓는 불평에 대해 답변을 하시면서 모세를 안심시키며 그에게 다짐하신다(1절). II. 하나님께서는 모세에게 그동안 주지 않으셨던, 이스라엘 자손들이 만족해 할 만한 말씀들을 주신다(2-8절). 그러나 별 소용이 없었다(9절). III. 하나님께서는 모세를 다시금 바로에게 보내신다(10-11절). 그러나 모세는 이에 대해서 이의를 제기한다(12절). 그러나 힘있게 그 사역을 수행하도록 모세와 그의 형에게 매우 엄한 명령이 주어진다(13절). IV. 레위지파를 소개하기 위해서 르우벤과 시므온 지파들의 약식 계보가 나온다. 레위지파 계보에서 모세와 아론의 혈통이 분명히 소개되는 것 같다(14-25절). 그러고 나서 본 장은 이어지는 장의 전개를 위해서 필요한 것으로 이전에 언급된 이야기들을 다시 반복하며 결론을 맺는다.

[1]여호와께서 모세에게 이르시되 이제 내가 바로에게 하는 일을 네가 보리라 강한
손으로 말미암아 바로가 그들을 보내리라 강한 손으로 말미암아 바로가 그들을 그
의 땅에서 쫓아내리라 [2]하나님이 모세에게 말씀하여 이르시되 나는 여호와이니라 [3]
내가 아브라함과 이삭과 야곱에게 전능의 하나님으로 나타났으나 나의 이름을 여
호와로는 그들에게 알리지 아니하였고 [4]가나안 땅 곧 그들이 거류하는 땅을 그들에
게 주기로 그들과 언약하였더니 [5]이제 애굽 사람이 종으로 삼은 이스라엘 자손의
신음 소리를 내가 듣고 나의 언약을 기억하노라 [6]그러므로 이스라엘 자손에게 말하
기를 나는 여호와라 내가 애굽 사람의 무거운 짐 밑에서 너희를 빼내며 그들의 노
역에서 너희를 건지며 편 팔과 여러 큰 심판들로써 너희를 속량하여 [7]너희를 내 백
성으로 삼고 나는 너희의 하나님이 되리니 나는 애굽 사람의 무거운 짐 밑에서 너

희를 빼낸 너희의 하나님 여호와인 줄 너희가 알지라 [8]내가 아브라함과 이삭과 야곱에게 주기로 맹세한 땅으로 너희를 인도하고 그 땅을 너희에게 주어 기업을 삼게 하리라 나는 여호와라 하셨다 하라 [9]모세가 이와 같이 이스라엘 자손에게 전하나 그들이 마음의 상함과 가혹한 노역으로 말미암아 모세의 말을 듣지 아니하였더라

이 본문에는 다음과 같은 내용들이 있다.

I. 하나님께서 모세의 불평들을, 출 3:20에서 모세에게 하신 약속을 반복하시면서 이 협상에서 분명히 성공할 것을 말씀하며 진정시키신다. 여러 가지 이적으로 그 나라를 친 후에야 그가 너희를 보내리라. 모세가 더 좋지 못한 일을 행하기 위해서 애굽에 오는 것보다 차라리 미디안에 머물렀던 것이 나을 뻔했다고 생각하며 어찌할 바를 몰라 하고 있었을 때 ― 그가 무엇을 할지 몰라 잠잠하고 있었을 때 ― 그 때 주님께서 모세에게 그의 고요한 마음 가운데 말씀하셨다: "이제 내가 바로에게 하는 일을 네가 보리라(1절). 이제 일이 위기에 달했고, 사태는 최악의 상황에 이르렀으며, 바로는 교만이 극에 달했고, 이스라엘은 극도의 비참한 지경에 이르렀으니 이제 내가 나타나 일을 시행할 때가 된 것이다." 시 12:5을 보라: 내가 이제 일어날 것이다. 인간의 극한 궁지의 때는 하나님께서 도우시고 구원하시는 때이다. 모세는 하나님께서 무엇인가를 하시기를 기대하고 있었다. 그러나 이제 그는 하나님께서 하시는 일을 보게 될 것이고 결국 그의 날을 목도하게 될 것이다(욥 24:1). 모세는 그가 할 수 있었던 것을 시도했으나 아무런 효과를 거둘 수 없었다. 하나님께서 말씀하신다. "자! 이제 너는 내가 행하는 것을 보게 될 것이다. 나 혼자 이 교만한 자를 처리하도록 내버려 두라!" (욥 40:12-13). 하나님께서 친히 일을 감당하실 때 하나님의 교회를 구원하심은 성취될 것이다. 강한 손으로 말미암아, 즉 강한 손에 의해서 강제적으로 그가 그들을 보내리라. 어떤 사람들이 하나님의 은혜의 강한 손에 의해서 그들의 사역에 인도되어 그분의 권능의 날에 떳떳하게 되듯이, 다른 어떤 사람들은 그분의 심판의 강한 손에 의해서 구부러지지 않을 사람들로 망하게 되는 것이다.

II. 하나님께서는 모세에게 지침들을 좀 더 주신다. 그 지침들은 그와 이스라엘 백성들이 이 일의 영광스러운 결과를 기대하라고 하시는 격려를 받는 것

이었다. 다음과 같은 일들로 인해서 힘을 얻으라고 말씀하신다.

1. 여호와라고 하는 하나님의 이름으로 인해 위로를 얻으라(2-3절). 하나님께서는 존재와 축복, 그리고 무한한 완전함의 근원이라는 의미의 **나는 스스로 있는 자니라**와 같은 말씀인 **나는 여호와니라** 라는 말씀으로 시작하신다. 족장들은 이 이름을 알고는 있었지만, 이 이름이 이러한 의미를 가지고 있는 것이라는 의미로 그분을 알지는 못했다. 이제 하나님은 여호와라고 하는 자신의 이름으로 알려질 것이다. 즉 (1) 자신이 약속하신 것을 이행하시는 하나님, 따라서 자신의 약속에 무한한 신뢰감을 두시는 하나님이신 것이다. (2) 그분께서 시작하신 것을 완벽히 이루시는 하나님, 자신의 사역을 마치시는 하나님이신 것이다. 창조역사에 있어서 하나님께서는 하늘과 땅의 창조가 끝나기까지는 결코 여호와로 불리지 않으셨다(창 2:4). 성도들의 구원이 영원한 생명에서 완성될 때, 그 때 그분께서는 자신의 이름이 여호와로 알려질 것이다(계 22:13). 그렇게 되기까지 그들은 자신들의 힘과 후원이 되신 모든 것이 충족하신, 앞으로도 충족하실 하나님이신 **엘샤다이**를 찾을 것이다(미 7:20).

2. 그분의 언약으로부터 위로를 얻으라: **언약하였더니**(4절). 하나님께서 맺으신 언약들을 그분께서 이루신다. 그 언약들은 하나님의 권능과 진리가 만든, 견고하게 맺어진 것이다. 우리들은 이러한 기본적인 언약의 진리에 우리들의 모든 것을 걸고 모험을 해볼 수 있는 것이다.

3. 하나님의 불쌍히 여기심으로부터 위로를 얻으라(5절): **이스라엘 자손의 신음 소리를 내가 듣고**. 하나님께서는 그들에게 놓인, 더욱 가중된 나중의 고통의 경우에 대한 그들의 신음을 말하는 것이다. 하나님께서는 자신의 백성들의 늘어나는 재난과 같은 고통을 아시고, 그들의 적들이 그들 위에 어떻게 그 고통을 증가시키는지를 보신다.

4. 하나님의 현재 해결책들로부터 위로를 얻으라(6절, 8절). 여기에 거듭해서 이스라엘 백성들이 애굽으로부터 당당하게 구출되어야만 하고(6절) 가나안 땅을 소유하게 되어야만 한다는 것을(8절) 그들에게 확신시켜주고 있다: **내가 너희를 빼내리라. 내가 너희를 건지리라. 내가 너희를 속량하리라. 내가 가나안 땅으로 너희를 인도하리라. 그리고 내가 그 땅을 너희에게 주리라.** 이렇게 반복하는 것이 필요한 믿음이 없는 사람들은 부끄러운 줄을 알도록 하라! 그리고 우리들의 만족을 위해서 그렇게나 반복적인 확신을 주시기를 원하시는 하나님의 겸비하

신 은혜의 영광을 하나님께 돌려드리도록 하라!

5. 하나님의 위대하시고 가치 있는 이러한 모든 일들 속에 있는 그분의 은혜로부터 위로를 얻으라(7절). (1) 하나님께서는 그들을 행복하게 하려고 하셨다: **너희를 내 백성, 특별한 백성으로 삼고 나는 너희의 하나님이 되리니.** 우리는 우리를 행복하게 하는 이러한 말씀보다 더한 다른 어떠한 것을 요청할 필요가 없고, 이 이상의 말씀을 가질 수도 없는 것이다. (2) 하나님께서는 그분 자신의 영광을 드러내려고 하셨다: **너희의 하나님 여호와인 줄 너희가 알지라.** 하나님께서는 자신의 목적들을 성취하실 것이다. 우리가 역시 그 하나님의 목적들을 우리의 주된 목적으로 삼는다면 우리들은 그 온전한 성취를 이룰 것이다. 이제 이러한 선하신 말씀들, 그리고 위안의 말씀들은 맥이 빠진 이스라엘 백성들을 다시금 생기가 나도록 했을 것이라고 생각할 수 있다. 그러나 정반대로 그들의 참담한 상황은 그들로 하여금 하나님의 약속들을 개의치 않도록 했다(9절): **그들이 마음의 상함과 가혹한 노역으로 말미암아 모세의 말을 듣지 아니하였더라.** 즉, [1] 그들은 자신들의 문제를 너무 심각하게 안고 있어서 모세를 마음에 둘 수 없었다. [2] 그들은 최근의 실망으로 인해 너무나 낙담하여 모세를 믿지 못했다. [3] 그들은 바로의 권력과 노여움에 대해서 두려움을 가져서 감히 스스로 자신들의 구원을 향하여 조금도 움직이지 못했다. **첫째로**, 수심에 잠긴 영혼들은 종종 그들에게 허락된 안위를 얻지 못하고 그 상태에 남아있게 된다(사 28:12). **둘째로**, 강한 격노는 큰 위로에 반대가 된다. 불평과 불만에 빠져서는 우리가 하나님의 말씀과 그분의 섭리로부터 가질 수도 있는 위로를 받지 못하게 된다. 우리가 위안이 없이 살아갈 수 있다면 그러한 평안을 주신 것에 대해서 우리는 스스로 감사해야만 한다.

10 여호와께서 모세에게 말씀하여 이르시되 11 들어가서 애굽 왕 바로에게 말하여 이
스라엘 자손을 그 땅에서 내보내게 하라 12 모세가 여호와 앞에 아뢰어 이르되 이스
라엘 자손도 내 말을 듣지 아니하였거든 바로가 어찌 들으리이까 나는 입이 둔한
자니이다 13 여호와께서 모세와 아론에게 말씀하사 그들로 이스라엘 자손과 애굽 왕
바로에게 명령을 전하고 이스라엘 자손을 애굽 땅에서 인도하여 내게 하시니라

이 본문에는 다음과 같은 내용들이 있다.

I. 하나님께서는 이전에 말씀하셨던 동일한 사역, 즉 모세에게 위험을 무릅쓰고, 이스라엘 자손들을 내보내게 하라고 명령한 사역을 위해 두 번째로 바로에게 보내셨다(11절). 하나님께서는 징벌을 내리시기 전에 훈계를 반복하신다. 죄에서 떠나도록 부름 받지만 그 부름이 효용이 없는 사람들은 그들이 듣든지 아니 듣든지 거듭해서 부름을 받아야만 한다(겔 3:11). 하나님께서는 하나님의 치심을 반복해서 드러내는 자신의 선지자들에 의해서 죄인들을 치신다고 말씀한다(호 6:5). 내가 얼마나 자주 너희들을 내 품에 모았느냐?

II. 모세는 낙담하고 체념한 사람처럼 이의들을 제기한다(12절).

1. 모세는 바로가 자신의 청을 듣지 않을 것이라고 탄원한다: "이스라엘 자손도 내 말을 듣지 아니하였습니다. 이스라엘 자손들은 내가 말한 것에 귀를 기울이지도 않고 믿지도 않습니다. 그런데 어떻게 바로가 나의 말을 들을 것이라고 기대할 수 있겠습니까? 이스라엘 자손들은 고통으로 인하여, 그들에게 안위를 주고 사태를 수습할 말씀에 귀를 기울이지 않았습니다. 그렇다면 바로는 자신의 분노와 교만, 그리고 오만함으로 인해 그를 노하게 하고 화나게 할 말들에 대해서 더욱 귀를 막을 것입니다." 하나님을 믿는 백성들이 그분의 메시지를 듣지 않는다면, 어떻게 하나님을 대적하는 적이 그 말씀을 들을 것이라고 생각할 수 있겠는가? 그리스도인이라고 하는 사람들의 완고하며 유순하지 않은 성격은 목사들을 크게 낙담케 하며 무신론자들과 신성모독을 하는 사람들을 다루는데 있어서 좌절하도록 만든다. 우리들은 이스라엘 백성들을 연합하도록 하며, 그들을 깨끗하게 하고 순결하게 하며, 그들을 위로하고 달래는 데 도구가 될 수 있다. 그러나 그들이 우리의 말을 듣지 않는다면 우리가 그러한 관심을 가지고 있지 않은 사람들을 어떻게 설득할 수 있겠는가? 그러나 하나님에게는 모든 것이 가능하다.

2. 모세는 자신이 준비가 되어 있지 않고 말이 부족하다고 탄원한다: 나는 입이 둔한 자니이다. 이것은 30절에서 다시 반복된다. 모세는 자신은 능변의 은사가 없고 언어를 잘 다루지 못한다는 것을 알고 있다. 그의 재능은 말을 잘 하는 데 있는 것이 아니었다. 이 이의에 대해서 하나님께서는 이전에 이미 충분한 답변을 주셨다. 그러므로 그는 이것에 대해서 다시금 주장해서는 안 되는 것이었다. 은혜의 충만케 하심은 언제나 천성적인 결점을 보충해줄 수 있기 때문이다. 우리들의 부족한 부분들은 우리를 겸비하게 할지라도 그 결점들이 우리로

하여금 우리가 하나님을 위해서 감당해야만 하는 어떤 사역에 있어서 우리의 최선을 다하지 못하도록 해서는 안 되는 것이다. 하나님의 권능은 우리의 약점 가운데서 온전하게 드러나는 것이다.

Ⅲ. 하나님께서 다시금 모세에게 주어진 사역에 아론을 가담시키시고, 그 사역에 그분 자신의 권위를 두심으로 논쟁을 끝내신다. 그리고 그들에게 가능한 빨리 그리고 믿음을 가지고 그 임무를 수행하라고 하는 엄중한 명령을 그들의 위대하신 주님에 대한 충성을 토대로 주신다. 모세가 자신의 헛된 논쟁을 계속하고자 할 때, 그는 더 이상 논쟁할 수가 없었다. 하나님께서는 모세에게 이스라엘 자손들과 바로에 대한 명령을 주고, 모세와 아론이 동행하도록 하셨다(13절). 하나님의 권위는 모든 이의들에 대해서 답변하시기에 충분하며 머뭇거리거나 논쟁함이 없이 우리들을 순종케 하시기에 충분하다(빌 2:14). 모세 자신은 명령을 받을 필요가 있었다. 디모데도 마찬가지다(딤전 6:13; 딤후 4:1).

14그들의 조상을 따라 집의 어른은 이러하니라 이스라엘의 장자 르우벤의 아들은
하녹과 발루와 헤스론과 갈미니 이들은 르우벤의 족장이요 15시므온의 아들들은 여
무엘과 야민과 오핫과 야긴과 소할과 가나안 여인의 아들 사울이니 이들은 시므온
의 가족이요 16레위의 아들들의 이름은 그들의 족보대로 이러하니 게르손과 고핫과
므라리요 레위의 나이는 백삼십칠 세였으며 17게르손의 아들들은 그들의 가족대로
립니와 시므이요 18고핫의 아들들은 아므람과 이스할과 헤브론과 웃시엘이요 고핫
의 나이는 백삼십삼 세였으며 19므라리의 아들들은 마흘리와 무시니 이들은 그들의
족보대로 레위의 족장이요 20아므람은 그들의 아버지의 누이 요게벳을 아내로 맞이
하였고 그는 아론과 모세를 낳았으며 아므람의 나이는 백삼십칠 세였으며 21이스할
의 아들들은 고라와 네벡과 시그리요 22웃시엘의 아들들은 미사엘과 엘사반과 시드
리요 23아론은 암미나답의 딸 나손의 누이 엘리세바를 아내로 맞이하였고 그는 나
답과 아비후와 엘르아살과 이다말을 낳았으며 24고라의 아들들은 앗실과 엘가나와
아비아삽이니 이들은 고라 사람의 족장이요 25아론의 아들 엘르아살은 부디엘의 딸
중에서 아내를 맞이하였고 그는 비느하스를 낳았으니 이들은 레위 사람의 조상을
따라 가족의 어른들이라 26이스라엘 자손을 그들의 군대대로 애굽 땅에서 인도하라
하신 여호와의 명령을 받은 자는 이 아론과 모세요 27애굽 왕 바로에게 이스라엘 자

손을 애굽에서 내보내라 말한 사람도 이 모세와 아론이었더라 [28]여호와께서 애굽
땅에서 모세에게 말씀하시던 날에 [29]여호와께서 모세에게 말씀하여 이르시되 나는
여호와라 내가 네게 이르는 바를 너는 애굽 왕 바로에게 다 말하라 [30]모세가 여호와
앞에서 아뢰되 나는 입이 둔한 자이오니 바로가 어찌 나의 말을 들으리이까

I. 이 본문에서 우리는 족보를 보게 되는데 그것은 사도가 정죄하는 것과 같은, 논쟁이 끝이 없는 족보가 아니다(딤전 1:4). 이 족보는 두 명의 위대한 애국 지사들인 모세와 아론으로 끝나고 있기 때문이다. 이 족보는 모세와 아론은 이스라엘 사람임을 보여주고 있다. 모세와 아론은 구원하기 위해 보냄을 받은 사람들의 뼈 중의 뼈이고 살 중의 살인 그 형제들 중에서 세우심을 받은 자들이었다. 마찬가지로 선지자요, 제사장이요, 구원자요, 율법의 수여자이신 그리스도도 또한 이스라엘 사람이셨고, 그분의 족보도 또한 이 족보와 같이 신중하게 보전되었다. 세 지파 가문들의 족장들은 창세기 46장의 기록과 동일하게 여기에 언급되고 있다. 라이트푸트(Lightfoot) 박사는 르우벤, 시므온, 그리고 레위가 이 본문에서 명예스러운 위엄을 갖추도록 묘사되고 있다고 보고 있다. 그들은 임종을 맞이하는 아버지에 의해서 불명예스러운 오점을 남긴 것으로 평가를 받고 있기 때문이다. 르우벤은 근친상간의 죄를 저질렀고, 시므온과 레위는 세겜 족속들을 죽인 죄를 저질렀던 것이다. 그러므로 모세는 그들의 회개와 용서에 대한 하나님의 자비를 보여주기 위해 그들에게 특별한 영예를 두었을 것이다. 이것은 훗날 믿음을 가지는 사람들에 대한 하나의 모범으로서 기록이 된 것이다. 르우벤과 시므온은, 모세와 아론 그리고 모든 유대 교회의 제사장들이 후손으로 나온 레위를 위해서 언급된 듯하다. 그러므로 레위 족속은 때맞추어 구별된 것이었다. 이 본문에서는 다음과 같은 사항들을 관찰할 수 있다.

1. 모세와 아론 그리고 모든 제사장들이 자신들의 계보를 이어온 고핫은 레위의 둘째 아들이었다(16절). 하나님의 은혜의 수여는 연장자에게 혹은 출생 순서에 의해서 주어지지 않는다. 하나님의 주권은 종종 손을 어긋맞기며 축복하듯이 동생을 형 앞에 두기를 좋아하신다.

2. 모세의 아버지, 할아버지, 증조할아버지가 되시는 아므람, 고핫, 레위의 연수가 여기에 기록되어있다. 그들 모두 매우 오래 살았는데 레위는 137세, 고핫은 133세, 그리고 아므람은 137세까지 살았다. 모세는 그들에 비해 적은 나

이를 살았고 인간의 삶의 일반적인 연수를 70-80으로 말했다(시 90:10). 이제 하나님의 이스라엘은 중다해졌고 커다란 민족을 이루었기 때문이다. 모세의 손에 의해서 하나님의 계시가 기록되게 되었고, 더 이상 전통을 따르지 않도록 했다. 족장들의 장수(長壽)에 대한 커다란 두 가지 이유가 이제 이루어졌으므로 이제 후로 인간은 적은 연수를 살게 되는 것이었다.

3. 아론은 유다 지파의 유력한 조상들 중의 하나인 암미나답의 딸 엘리세바와 결혼을 했다(미리암이 마리아와 같은 이름이듯이, 엘리세바는 스가랴의 아내 엘리사벳과 같은 이름임). 레위와 유다 족속들은 종종 통혼을 했다(23절).

4. 모세가 자신의 아버지인 아므람이 모세 자신의 아주머니인 요게벳과 결혼했음을 기록하고 있는 것을 주목해야만 한다(20절). 민 26:59은 요게벳이 아므람 아버지의 누이였음을, 적어도 이복 누이였음을 분명히 보여주고 있다. 이러한 결혼은 후에 근친상간적인 것으로서 금지되었다(레 18:12). 이러한 근친상간은 이전에는 그렇게 허용되었을지라도 후로는 가문의 오점으로 여겨졌을 것이다. 모세는 이러한 것을 숨기려 하지 않았다. 그는 그 자신의 영광을 구한 것이 아니라 자신에 관해서 밝은 면이든 그렇지 못한 면이든 진실을 신실하게 기록하려고 했기 때문이다.

5. 모세는 자신이 기록하고 있는 사람들에 대해서, 비록 자신이 그들 중에 한 사람이지만, 특별한 영예를 돌리며 결론을 맺는다(26-27절). 이들은 하나님께서 이 협정에서 자신의 전권대사로 뽑은 **모세와 아론이었다.** 이들은 **하나님께서 말씀하셨던**(26절) 사람들이었고 이스라엘을 대신해서 **바로에게 말했던**(27절) 사람들이었다. 하나님과의 교제와 그분의 교회에 봉사하는 것들은 다른 무엇보다도 사람들에게 진정한 영예를 주는 일들이다. 그들은 하나님께서 대화를 나누시고 그분의 사역을 위해서 사용하시는 정말 위대한 사람들인 것이다. 모세와 아론이 바로 그러한 사람들이었다. 우리의 하나님에게 왕들이요 제사장들이었던 그분의 모든 성도들은 이러한 영예를 가진다.

Ⅱ. 본 장의 마지막에서 모세는 자신의 이야기로 돌아간다. 이 이야기에서 모세는 무엇인가 갑작스럽게 단절되는 듯한 인상을 주고 있는데(13절) 다음과 같은 내용을 반복하고 있다.

1. 하나님께서 바로에게 주시는 메시지를 전할 것을 모세에게 명하시는 것을 반복한다(29절): 신실한 대사로서 **내가 네게 이르는 바를 너는 애굽 왕 바로에**

게 다 말하라. 하나님의 사역을 위해서 가는 사람들은 하나님의 모든 목적을 숨김없이 전해야만 한다.

2. 그 위임에 대한 모세 자신의 이의를 반복한다(30절). 모세가 이 본문에서 행하고 있는 것과 같이, 언제나 충고를 받아들이지 않고 이야기하는 자들은 종종 그 일에 대해서 후회를 하게 된다.

제 — 7 — 장

개요

본 장에는 다음과 같은 내용들이 있다. I. 하나님과 모세 사이의 논쟁이 끝나고 모세는 하나님의 명령에 순종하여 그분의 사역을 수행하기로 한다(1-7절). II. 모세와 바로 사이의 논쟁이 시작된다. 그것은 널리 알려진 유명한 도전이었다. 하나님의 이름으로 모세는 이스라엘을 놓아줄 것을 요구한다. 바로는 그 요청을 거절한다. 그 싸움은 위대한 하나님의 권능과 오만한 주권자의 권력 사이에서 일어났다. 그 싸움은 하나님께서 심판하실 때 그분께서 이기시는 것으로 드러나는 그러한 싸움이었다. 1. 모세는 자신의 지팡이를 뱀으로 변하게 하는 기적을 행함으로 바로에게 말한 그 요청을 확증하며 입증한다. 그러나 바로는 이러한 설득에 대해서 자신의 마음을 완악하게 한다(8-13절). 2. 모세는 바로의 불순종을 열 가지 중의 첫 번째 재앙인 물이 피로 변하게 하는 재앙으로 징계한다. 그러나 바로는 이러한 설득에 역시 자신의 마음을 완악하게 한다(14절 이하).

1여호와께서 모세에게 이르시되 볼지어다 내가 너를 바로에게 신 같이 되게 하였은
즉 네 형 아론은 네 대언자가 되리니 2내가 네게 명령한 바를 너는 네 형 아론에게
말하고 그는 바로에게 말하여 그에게 이스라엘 자손을 그 땅에서 내보내게 할지니
라 3내가 바로의 마음을 완악하게 하고 내 표징과 내 이적을 애굽 땅에서 많이 행할
것이나 4바로가 너희의 말을 듣지 아니할 터인즉 내가 내 손을 애굽에 뻗쳐 여러 큰
심판을 내리고 내 군대, 내 백성 이스라엘 자손을 그 땅에서 인도하여 낼지라 5내
가 내 손을 애굽 위에 펴서 이스라엘 자손을 그 땅에서 인도하여 낼 때에야 애굽
사람이 나를 여호와인 줄 알리라 하시매 6모세와 아론이 여호와께서 자기들에게 명
령하신 대로 행하였더라 7그들이 바로에게 말할 때에 모세는 팔십 세였고 아론은
팔십삼 세였더라

이 본문에는 다음과 같은 내용들이 있다.

I. 하나님께서 모세에게 바로에게 가라고 격려하시며 결국에는 그의

모든 낙담들을 잠재우신다.

1. 하나님께서 모세에게 커다란 권능과 권위로 입히신다(1절): **내가 너를 바로에게 신 같이 되게 하였은즉.** 즉, 이 사명에 있어서 나의 대표자들은 대사들로서 신들이라 불릴 것이다. 그들은 하나님의 권한을 대리로 행사하는 사람들이기 때문이다. 그는 하나님의 이름으로 말하며 행동하도록 권한이 주어졌고, 하나님의 뜻 안에서 자연의 일반적인 힘을 넘어서 행할 수 있는 신적인 권능이 부여되었으며, 지상의 최고 주권자에게 복종을 요구하고 불순종에 대해서 징계를 가하는 신적인 권위가 수여된 것이다. 모세는 신이었다. 그러나 그는 본성적으로 본질적인 신이 아닌 단지 만들어진 신이었다. 그는 위임 받은 신이었다. 그는 신이었지만 단지 바로에게만 신이었다. 살아계신 참 하나님은 모든 세상에 대한 하나님이시다. 하나님께서 사람을 다루실 때, 우리를 궁극적으로 두렵게 하지 못하는 사람들을 통하여 다루신다는 것은 우리를 향하신 하나님의 생각들이 평화의 생각들이라는 증거이고, 하나님의 온유하심의 한 예가 되는 것이다.

2. 하나님께서는 다시금 모세에게 그의 형 아론을 조력자로서 지명하신다. 아론은 할례 받지 못한 입술의 사람이 아니었고 뛰어난 대변인이었다: "그는 **네 대언자가 될 것이다.**" 즉, "선지자들이 하나님으로부터 받아 사람들의 자손들에게 전하듯이 그는 너로부터 듣고 바로에게 말할 것이다. 신으로서 너는 재앙들을 주고 거두어들일 것이며, 대언자로서 아론은 재앙들을 공포할 것이고 그 재앙들을 가지고 바로를 위협할 것이다."

3. 하나님께서는 모세에게 그 일의 가장 좋지 않은 경우를 말씀하신다. 바로는 그의 말을 듣지 않을 것이지만 그 일은 결국 이루어질 것이고, 이스라엘은 구원되고 그로 인해서 하나님은 영광을 받으실 것이라는 것이다(4-5절). 여호와를 알지 못했던 애굽인들은 그분을 알게 될 것이다. 하나님의 사자들에게 어떠한 반박과 대립이 있을지라도 결국 그들은 일을 성취하게 되고, 그들이 감당하는 임무의 성공 속에서 하나님께서 영광을 얻으시고, 모든 선택받은 이스라엘이 구속될 것이라는 사실은 그 사자들에게 만족이 되며, 또한 만족한 일이 되어야만 하는 것이다. 그러면 그들은 헛되이 수고했다고 말할 까닭이 없게 되는 것이다. 우리는 여기서 다음과 같은 사실을 볼 수 있다. (1) 하나님께서 얼마나 자신을 영화롭게 하시는가! 그분께서는 사람들이 자신이 여호와이심을

알도록 하신다. 이스라엘은 그들에게 하나님의 약속들이 수행됨으로 인해서 그러한 사실을 알게 되었다(출 6:3). 그리고 애굽인들은 그들에 대한 그분의 진노가 쏟아짐으로 인해서 그러한 사실을 알게 되었다. 따라서 하나님의 이름은 구원받는 사람들과 멸망을 받는 사람들 모두를 통해서 높여졌다. (2) 이러한 일을 행하시기 위해서 택하신 방법은 무엇인가? 하나님께서는 교만한 자를 낮추시며 비천한 자들을 높이신다(눅 1:51-52). 하나님께서 손을 죄인들에게 뻗쳐 경고하시는 것이 별 효력이 없으면, 그분께서는 결국 그들 위에 자신의 심판의 손을 뻗쳐 놓으실 것이다. 그러면 누가 그 무게를 견딜 수 있겠는가!

Ⅱ. 모세와 아론은 더 이상의 이의 없이 자신들의 사역에 순응하여 감당한다. 모세와 아론이 여호와께서 자기들에게 명령하신 대로 행하였더라(6절). 모든 것을 고려해 볼 때 그들의 순종은 시편 기자가 말한 대로 칭찬받을 만한 것이었다: **그들은 그분의 말씀을 거역하지 않았다**(시 105:28). 즉, 그분께서 말씀하신 모세와 아론이 그러했다는 말이다(26절). 마찬가지로 요나가 처음에는 그의 사역을 매우 싫어했지만 결국 그는 니느웨로 갔다. 모세와 아론이 이 영광스러운 사역을 수행했을 때 그들의 나이를 생각해보아야 한다. 형 아론은(비록 사역에 있어서는 모세 아래였지만) 83세였고, 모세는 80세였다. 그 둘 모두 근엄하고 연륜이 많은 노련한 사람들로 덕망이 있고 지혜를 가르칠 수 있는 나이였다(7절). 바로의 유일한 종이었던 요셉은 30세였다. 그러나 바로에게 신이었던 모세는 그가 80세가 될 때까지 그렇게 위엄을 갖추게 되지 못했다. 그는 그러한 영예의 권위를 위해서 오랫동안 기다려야만 했고, 그렇게 영광스러운 사역을 위해서 오랫동안 준비를 해야만 했던 것이다.

8 여호와께서 모세와 아론에게 말씀하여 이르시되 9 바로가 너희에게 이르기를 너희
는 이적을 보이라 하거든 너는 아론에게 말하기를 너의 지팡이를 들어서 바로 앞
에 던지라 하라 그것이 뱀이 되리라 10 모세와 아론이 바로에게 가서 여호와께서 명
령하신 대로 행하여 아론이 바로와 그의 신하 앞에 지팡이를 던지니 뱀이 된지라 11
바로도 현인들과 마술사들을 부르매 그 애굽 요술사들도 그들의 요술로 그와 같이
행하되 12 각 사람이 지팡이를 던지매 뱀이 되었으나 아론의 지팡이가 그들의 지팡
이를 삼키니라 13 그러나 바로의 마음이 완악하여 그들의 말을 듣지 아니하니 여호
와의 말씀과 같더라

모세가 바로에게 그의 요청을 처음 말할 때에는 단지 설명만을 했다. 이제는 그의 신임장들인 이적을 행하도록 지시를 받고 있으며 차례대로 행한다.

1. 바로는 요청자들에게 이적을 행하도록 도전했을 것이라는 것은 당연한 것이다. 자연의 법칙을 분명히 뛰어넘는 이적을 수행함으로써 그 요청자들이 자연을 다스리는 하나님으로부터 자신들의 사역을 증명할 수 있는 그러한 이적을 행하도록 도전했을 것이다. 바로는 어떤 이적을 행해 보여라 라고 말했을 것이다. 설득되리라는 기대는 갖지 말고, 누구도 행할 수 없는 그러한 이적을 행하라. 그러면서 그는 자신의 불신앙을 보여주는 야릇한 표정을 지었을 것이다.

2. 그러므로 출 4:3의 지시에 따라 지팡이가 뱀이 되도록 하는 명령이 주어졌다. 다른 이적들에 대한 표지를 주었던 같은 지팡이가 이제 그 위에 명성을 얻기 위해 그 자체가 이적의 주체가 된 것이다. 아론이 그의 지팡이를 땅에 던지자마자 바로 뱀이 되었다(10절). 이것은 바로의 호기심을 자아낼 뿐만 아니라 공포를 느끼게 하기에 충분했다. 독이 있는 뱀들은 해롭고 무시무시한 동물들이다. 기적적으로 만들어진 뱀을 본 사람은 그의 마음이 그 뱀을 만든 권능을 가진 하나님을 두려워함으로 부드러워졌을 것이다. 이것이 재앙은 아니었을지라도 이 첫 번째 이적은 다른 어떠한 재앙이 주는 위협과 동일한 것이었다. 이 이적이 바로로 하여금 감동하도록 하지는 못했을지라도 바로를 두렵게는 했을 것이다. 이러한 것은 죄인들을 다루시는 하나님의 방법이다. 그분께서는 서서히 죄인들에게 다가가신다.

3. 이 이적은 너무나 평범해서 부정될 수는 없는 것이었을지라도 이내 약화되었다. 이 이적으로 인한 설득력은 애굽 요술사들의 모방에 의해서 사라졌다(11-12절). 모세는 원래 애굽인들의 교육제도에서 교육을 받았다. 그리고 그의 오랜 잠적의 기간 동안 요술적 기교를 발전시키고 나타난 것은 아닌지 의심을 받았을 것이다. 그러므로 요술사들이 그와 경쟁하기 위해 보내진 것이다. 그리고 어떤 사람들은 생각하기를, 그러한 능력을 가진 요술사들은 요셉 이후로 히브리인들에게 어떤 특별한 앙심을 가지고 있었다고 보고 있다. 요셉이 애굽의 술사들이 풀 수 없었던 꿈을 해몽함으로써 그들 모두에게 모욕을 주었기 때문이다. 자신들의 전임 요술사들에 대해 그러한 모욕을 준 것을 기억하면서 이

애굽의 요술사들은, 딤후 3:8이 말하는 바와 같이 모세를 대적해서 섰던 것이다. 그들의 지팡이들은 뱀들, 진짜 뱀들이 되었다. 어떤 사람들은 하나님의 권능에 의해서 애굽 술사들의 의도와 기대를 넘어 바로의 마음을 완악하게 하시려고 했던 것이라고 본다. 또 다른 사람들은 악한 천사들의 능력으로 지팡이들 속의 공간에 교활하게 뱀들을 넣은 것으로, 진리를 받아들이지 않는 거짓을 믿는 사람들에게 하나님께서 현명하고 거룩한 목적들을 위해 미혹을 허락하신 것이라고 생각한다. 이 점에서는 여호와께서 옳으셨다. 그러나 이 이적은 바로가 모세의 요구들에 순응하도록 위협하는데 도움을 주었을 것이다. 그는 아마도 자신이 사방으로 둘러싸인 이러한 설명할 수 없는 두려운 현상에서 자유롭고 싶었을 것이다. 그러나 뱀의 후손에게 이러한 뱀들은 결코 놀라운 것이 아니었다. 하나님께서는 거짓말하는 영이 이상한 일들을 하도록 놓아두신다. 그래서 어떤 사람의 믿음이 시험을 받고 드러나게 하시며(신 13:3; 고전 11:19), 다른 사람들의 불신앙이 증명되고, 부정한 사람들은 여전히 부정하게 되는 것이다(고후 4:4).

4. 그러나 이 경합에서 모세는 간단하게 승리를 얻는다. 아론의 지팡이로부터 변한 뱀이 다른 뱀들을 삼켜버렸다. 이것은 바로에게 어느 편이 옳은 것인가를 보여주기에 충분했다. 진리는 위대하고 승리할 것이다. 하나님의 일은 틀림없이 결국에는 모든 경쟁과 반대에 승리할 것이고 홀로 다스릴 것이다(단 2:44). 그러나 바로는 이 일로 인해서 움직이지 않았다. 그는 뱀을 만든 요술사들에게 그들과 모세 사이에 있었던 일은 우열이 확실치 않다고 말했음이 틀림없다. 진리의 반대에 서 있는 사람과 진리를 반대한 가장 어리석은 사람들은 자신들의 불신앙을 정당화하기 위해서 빛과 빛을 사랑하는 것에 대해서 편견을 가진 사람들을 위해 봉사한다.

14여호와께서 모세에게 이르시되 바로의 마음이 완강하여 백성 보내기를 거절하는
도다 15아침에 너는 바로에게로 가라 보라 그가 물 있는 곳으로 나오리니 너는 나일
강 가에 서서 그를 맞으며 그 뱀 되었던 지팡이를 손에 잡고 16그에게 이르기를 히
브리 사람의 하나님 여호와께서 나를 왕에게 보내어 이르시되 내 백성을 보내라
그러면 그들이 광야에서 나를 섬길 것이니라 하였으나 이제까지 네가 듣지 아니하
도다 17여호와가 이같이 이르노니 네가 이로 말미암아 나를 여호와인 줄 알리라 볼

지어다 내가 내 손의 지팡이로 나일 강을 치면 그것이 피로 변하고 [18]나일 강의 고
기가 죽고 그 물에서는 악취가 나리니 애굽 사람들이 그 강 물 마시기를 싫어하리
라 하라 [19]여호와께서 또 모세에게 이르시되 아론에게 명령하기를 네 지팡이를 잡
고 네 팔을 애굽의 물들과 강들과 운하와 못과 모든 호수 위에 내밀라 하라 그것들
이 피가 되리니 애굽 온 땅과 나무 그릇과 돌 그릇 안에 모두 피가 있으리라 [20]모세
와 아론이 여호와께서 명령하신 대로 행하여 바로와 그의 신하의 목전에서 지팡이
를 들어 나일 강을 치니 그 물이 다 피로 변하고 [21]나일 강의 고기가 죽고 그 물에서
는 악취가 나니 애굽 사람들이 나일 강 물을 마시지 못하며 애굽 온 땅에는 피가
있으나 [22]애굽 요술사들도 자기들의 요술로 그와 같이 행하므로 바로의 마음이 완
악하여 그들의 말을 듣지 아니하니 여호와의 말씀과 같더라 [23]바로가 돌이켜 궁으
로 들어가고 그 일에 관심을 가지지도 아니하였고 [24]애굽 사람들은 나일 강 물을 마
실 수 없으므로 나일 강 가를 두루 파서 마실 물을 구하였더라 [25]여호와께서 나일
강을 치신 후 이레가 지나니라

이 본문에는 열 가지 재앙들 중의 첫 번째인 물이 피로 변하는 재앙이 나타난다.

1. 이 재앙은 매우 두렵고 고통스러운 것이었다. 거대하게 굽이치는 붉은 선명한 색깔의 피의 강을 눈앞에서 보는 것은 분명히 사람들에게 공포를 주었을 것이다. 더욱이 그 결과는 상당히 괴로운 것이었다. 물보다 더 흔한 것은 없다. 하나님의 섭리가 그처럼 지혜롭고도 친절하게 물이 그렇게나 흔하도록 만든 것이다. 인간 생활의 편의를 위해서 그렇게나 필요하고 쓸모 있는 것은 값싼 것이어야만 하고, 거의 모든 곳에서 얻을 수 있어야만 하는 것이다. 그러나 이제 애굽인들은 피를 마시든지 아니면 갈증으로 죽어야만 했다. 물고기는 애굽인들 음식의 큰 부분을 차지했다(민 11:5). 그러나 물이 변해서 물고기가 죽었던 것이다. 물고기에게 피는 역병이었던 것이다(21절): 물고기가 죽었다. 물고기들은 노아의 대홍수에도 살아남을 수 있었다. 아마도 그 때 당시에 물고기는 그 이후처럼 그렇게 사람들의 죄악된 사치에 이용당하지는 않았기 때문이었을 것이다. 그러나 이 특별한 심판에서 그들은 멸종했다(시 105:29): 그가 물들의 물고기들을 죽이셨다. 사 19:10에는 오랜 뒤에 애굽에 대한 또 다른 파괴가 위협되었을 때, 물고기를 위한 방죽과 호수들을 만들 사람들이 겪게 되는 좌절

이 특별히 언급된다. 애굽은 살기 좋은 땅이었다. 그러나 죽은 고기와 피의 불쾌한 악취로, 아마도 점차로 더욱 진동해졌을 악취로 인하여 이제 그 땅은 살기에 매우 좋지 않은 땅이 되었다.

2. 피의 재앙은 의로운 재앙이었고 애굽인들을 괴롭혔다. 다음과 같은 이유들로 인해서 피의 재앙을 내리셨다. (1) 애굽의 강 나일은 애굽인들의 우상이었기 때문이었다. 애굽인들과 그들의 땅은 나일강으로부터 너무나 많은 이익을 얻었기 때문에 그들은 그 강을 창조주보다 더 섬겼고 경배했다. 나일의 참 근원이 애굽인들에게 알려지지 않았기 때문에 그들은 그 강의 지류들에게 자신들의 모든 경의를 표했다. 그러므로 하나님께서 그들을 벌하신 것이었고 그들이 신으로 바꾼 것을 피로 바꾸신 것이었다. 하나님께서는 우리가 우상으로 만든 것을 우리로부터 마땅히 제거하시거나 우리들에게 노를 발하신다. 그분께서는 우리가 그분에 대한 경쟁자로 만든 것에 대해서 우리들에게 하늘의 응징이 되는 채찍이 되게 하신다. (2) 애굽인들이 히브리 어린이들의 피로 강을 오염시켰기 때문이었다. 이제 하나님께서 그 강을 피바다가 되게 하셨다. 하나님께서 그들에게 마실 피를 주신 것이었다. 그들은 그런 징벌을 받을 만했다(계 16:6). 피로 변한 직후에는 결코 갈하지 않았지만 조만간 그들은 큰 갈증을 가지게 되었던 것이다.

3. 이것은 매우 엄청난 재앙이었다. 애굽인들은 그들의 강에 크게 의존하고 있었다(슥 14:18). 그러므로 강을 치는 것으로, 그 재앙이 결국 그들의 장자에 이를 때까지 애굽인들은 그들 나라의 모든 산물들이 파괴될 것에 대해서 경고를 받은 것이었다. 이 붉은 강은 홍해에서 바로와 그의 모든 군대의 파멸에 대한 무서운 징조를 보여주는 것이었다. 이 애굽의 재앙은 신약 교회 대적들의 멸망에 대한 예언에 있어서도 유비적으로 암시되어 있다(계 16:3-4). 그러나 계시록에서는 강들과 물의 근원들뿐만 아니라 바다도 피로 변한다. 영적인 심판들은 임시적인 심판들보다 더 크고 깊이 치는 것이다. 마지막으로 이 재앙에 관한 일반적인 관찰을 하도록 해보자. 모세가 행했던 첫 이적들 중의 하나는 물이 피로 변하는 것이었다. 그러나 우리 주님께서 행하신 첫 이적들 중의 하나는 물이 포도주가 되게 하신 것이었다. 율법이 모세에 의해서 주어진 것 같이 모세의 이적은 죽음과 공포를 나누어주는 것이었다. 그러나 예수 그리스도에 의한 은혜와 진리는 포도주와 같이 마음을 기쁘게 해주는 것이었다.

I. 모세는 바로에게 이 재앙의 경고를 주도록 지시를 받았다. "바로의 마음이 완악해졌다(14절). 그러므로 가서 그 마음을 부드럽게 해줄 것을 행하도록 하라(15절)." 아마도 모세는 바로가 있는 방이나 혹은 그가 대사들을 알현하는 어전으로 들어가도록 허락을 받지 못했을 것이다. 그러므로 모세는 나일 강가에서 바로를 볼 수 있다는 전갈을 받았을 것이다. 그 곳에서 하나님께서는 바로가 아침 산책을 즐기기 위해서 오든지, 아니면 그 강에 아침 경배를 드리기 위해서 오든지 할 것이라고 말씀하셨을 것이다. 모든 백성들이 자신의 신의 이름으로 행할 것이므로 그들은 매일 아침 자신들의 신에게 경배하는 것을 쉬지 않을 것이기 때문이었을 것이다. 그 곳에서 모세는 항복을 위한 새로운 명령들을 바로에게 주고, 그가 거절할 경우 그에게 그들이 서 있는 바로 그 강에 다가올 심판을 말해줄 준비를 해야만 한다. 그러므로 모세에게 미리 다음과 같은 사항에 관해서 알려 주신다. 그들이 그 재앙이 우연이었다고 말하거나 다른 어떤 원인으로 인해서 발생한 것이라고 말할 징조를 가지지 못할 것이며, 그 재앙은 히브리인들의 하나님의 권능으로 이루어진 일이고 바로의 완고로 인해 그에게 내려진 징벌로서 나타난 것이라는 것이다. 모세는 분명히 지팡이를 가지고 다니도록 지시를 받았다. 바로 얼마 전에 술사들의 지팡이들을 이긴 그 지팡이를 본 순간 바로는 깜짝 놀랐을 것이다. 여기서 다음과 같은 것을 배울 수 있다.

1. 하나님의 심판들은 바로 자신에게 이미 모두 잘 알려져 있다. 바로는 자비뿐만 아니라 진노 가운데에서 하나님께서 무엇을 행하실 것인지 알고 있다. 사 10:23에 이르듯이 모든 징벌은 작정된 징벌이다.

2. 사람들은 하나님의 진노의 경고들을 피할 수 없다. 그들은 그들 자신의 양심의 소리를 외면할 수 없기 때문이다: 그들의 마음들을 만드신 그분께서 그들에게 다가가는 자신의 칼을 만드실 수 있는 것이다.

3. 하나님께서는 징벌을 내리시기 전에 경고하신다. 그분께서는 오래 참으시고, 누구도 멸망하지 않기를 바라시고, 모두 회개하기를 원하시기 때문이다.

II. 아론은 그의 지팡이로 강을 침으로써 재앙을 명하라는 지시를 받는다 (19-20절). 그 재앙은 바로의 면전에서, 그가 보는 앞에서 이루어졌다. 하나님의 참된 이적들은 사탄이 행하는 거짓의 기사들처럼 슬며시 엿보고 수군거리는 사람들에 의해서 남몰래 행해지는 것들이 아니었다. 진리는 구석진 곳을 찾지 않는다. 놀라운 변화가 즉각적으로 일어났다. 강뿐만이 아니라 모든 웅덩이에 있는 모든 물이 피로 변했다.

1. 하나님의 전능하신 권능을 보라. 모든 피조물은 그분께서 물이든 피든 되라고 하시는 대로 우리들에게 이루어진다.

2. 해 아래 있는 모든 것의 변화무쌍한 것과 그것들 속에서 우리가 만날 수 있는 변화가 무엇인지 보라. 오늘의 물은 내일의 피가 될 수 있다. 별것 아니었던 것이 곧 귀찮고 성가신 것이 될 수 있다. 강물은 기껏해야 보잘것없는 것이지만, 하나님의 공의는 그것을 바로 유해한 것으로 만들 수 있는 것이다.

3. 죄가 낳는 해로운 결과가 무엇인지 보라. 우리들에게 위로가 되었던 일들이 우리의 고난을 이겨낼 수 있도록 해준다면 우리는 스스로에게 감사해야만 한다. 우리의 물을 피로 바꾸는 것은 죄이다.

Ⅲ. 바로는 이적에 맞서려고 노력한다. 그는 재앙에 자신을 굴복시키고 싶지 않았기 때문이다. 그는 요술사들을 보낸다. 하나님께서 허락하심으로 그들은 자신들의 주문과 함께 그 이적을 따라한다(22절). 이러한 요술사들의 행위는 바로로 하여금 자신의 마음을 이 이적에 숙이지 않도록 하게 만드는 구실을 준다(23절). 그것은 보잘것없는 핑계였다. 애굽의 요술사들이 피로 변한 강을 다시금 물로 바꿀 수 있었겠는가? 그랬다면 아마도 더 효과가 있었을 것이다. 그러면 그들은 그들의 권능을 입증했을 것이고, 바로는 그들을 자신에게 은혜를 베푼 자들로 호의를 베풀었을 것이다. 그러나 물이 그렇게나 부족할 때 그들이 물의 얼마를 피로 바꾸는 것은 단지 그들의 기교를 보여주는 것일 뿐이다. 또한 그러한 행위는, 마귀의 계획이 그 추종자들에게 진정한 호의를 베풀지 않는, 단지 그 추종자들을 미혹하고 그들을 속이는 것일 뿐이며, 회개하고 그들의 하나님에게 돌아감으로 스스로에게 진정한 호의를 베풀지 못하도록 하는 것이라는 것을 명백히 공표하는 것이다.

Ⅳ. 그러는 동안에 애굽인들은 마실 물을 위해 강 주변을 파면서 재앙으로부터 벗어나 잠시 위안을 찾고 있었다(24절). 아마도 그들은 많은 소동을 부리는 노고를 통해서, 그리고 진노 중에 자비를 기억하시는 하나님으로 인해 약간의 물을 얻게 되었을 것이다. 하나님께서는 긍휼이 가득하신 분이기 때문에 그들의 주권자의 완고함으로 인해서 그 백성들이 너무나 많은 고통을 당하지 않도록 하셨을 것이다.

V. 그 재앙은 7일간 계속되었다(25절). 그 기간 동안 바로는 그의 오만한 마음으로 인해 모세에게 그 재앙을 거두어들이도록 해달라고 요청하지 못했다. 그러므로 마음이 경건하지 아니한 자들은 분노를 쌓는다: **하나님이 속박할지라도 도움을 구하지 아니한다**(욥 36:13). 그러면 하나님의 진노가 거두어지지 않으며 그분의 팔은 여전히 뻗쳐져 있게 되는 것이다.

제 8 장

개요

본 장에는 애굽에 내려진 또 다른 세 가지 재앙들을 말하고 있다. I. 개구리의 재앙이 있었다. 이 재앙에 대한 내용은 다음과 같다. 1. 위협이 되었다(1-4절). 2. 징벌이 내려졌다(5-6절). 3. 요술사들이 따라했다(7절). 4. 바로의 겸비한 요청(8-14절)으로 개구리들이 제거되었다. 그러나 바로는 자신의 마음을 완악하게 했고, 재앙이 그에게 내릴 때 한 약속에도 불구하고(8절) 이스라엘을 내보내는 것을 거절했다(15절). II. 이의 재앙이 있었다(16-17절). 내용으로 다음과 같은 사항들이 있다. 1. 요술사들은 실패했다(18-19절). 2. 그러나 바로는 완악해졌다(19절). III. 파리의 재앙이 있었다. 다음과 같은 내용들이 있다. 1. 바로는 재앙 전에 경고를 받았고(20-21절), 고센 땅은 이 재앙으로부터 벗어날 것이라고 듣는다(22-23절). 2. 재앙이 일어났다(24절). 3. 바로가 이스라엘을 놓아줌에 대해서 모세와 교섭하며 스스로 겸비해진다(25-29절). 4. 그 이후로 재앙이 제거되며(31절) 바로의 마음은 다시 완악해진다(32절).

1여호와께서 모세에게 이르시되 너는 바로에게 가서 그에게 이르기를 여호와의 말
씀에 내 백성을 보내라 그들이 나를 섬길 것이니라 2네가 만일 보내기를 거절하면
내가 개구리로 너의 온 땅을 치리라 3개구리가 나일 강에서 무수히 생기고 올라와
서 네 궁과 네 침실과 네 침상 위와 네 신하의 집과 네 백성과 네 화덕과 네 떡 반죽
그릇에 들어갈 것이며 4개구리가 너와 네 백성과 네 모든 신하에게 기어오르리라
하셨다 하라 5여호와께서 모세에게 이르시되 아론에게 명령하기를 네 지팡이를 잡
고 네 팔을 강들과 운하들과 못 위에 펴서 개구리들이 애굽 땅에 올라오게 하라 할
지니라 6아론이 애굽 물들 위에 그의 손을 내밀매 개구리가 올라와서 애굽 땅에 덮
이니 7요술사들도 자기 요술대로 그와 같이 행하여 개구리가 애굽 땅에 올라오게
하였더라 8바로가 모세와 아론을 불러 이르되 여호와께 구하여 나와 내 백성에게서
개구리를 떠나게 하라 내가 이 백성을 보내리니 그들이 여호와께 제사를 드릴 것
이니라 9모세가 바로에게 이르되 내가 왕과 왕의 신하와 왕의 백성을 위하여 이 개

구리를 왕과 왕궁에서 끊어 나일 강에만 있도록 언제 간구하는 것이 좋을는지 내
게 분부하소서 10그가 이르되 내일이니라 모세가 이르되 왕의 말씀대로 하여 왕에
게 우리 하나님 여호와와 같은 이가 없는 줄을 알게 하리니 11개구리가 왕과 왕궁과
왕의 신하와 왕의 백성을 떠나서 나일 강에만 있으리이다 하고 12모세와 아론이 바
로를 떠나 나가서 바로에게 내리신 개구리에 대하여 모세가 여호와께 간구하매 13
여호와께서 모세의 말대로 하시니 개구리가 집과 마당과 밭에서부터 나와서 죽은
지라 14사람들이 모아 무더기로 쌓으니 땅에서 악취가 나더라 15그러나 바로가 숨을
쉴 수 있게 됨을 보았을 때에 그의 마음을 완강하게 하여 그들의 말을 듣지 아니하
였으니 여호와께서 말씀하신 것과 같더라

여기서 바로는 먼저 위협을 받는다. 그러고 나서 개구리의 재앙이 있었다. 본 장에서는 뒤에 이와 파리의 재앙도 묘사한다. 비록 비천하고 보잘것없는 작은 동물들이지만 그들의 엄청난 숫자로 인해서 애굽인들에게 고통스러운 재앙들이 되었다. 하나님께서는 애굽인들에게 사자들과 곰들, 혹은 늑대들과 독수리들, 그리고 다른 야생의 새들을 가지고 재앙을 내리셨을 수도 있다. 그러나 하나님께서는 재앙을 내리시기 위해서 이러한 하찮은 수단들을 선택하셨다.

1. 하나님께서는 자신의 권능을 더욱 크게 드러내시기 위함이었다. 그분은 온 우주의 만주의 주이시며, 그 모든 것을 그분의 주권대로 움직이시고, 그 모든 것을 그분께서 기뻐하시는 대로 사용하신다. 어떤 사람들은 하나님의 권능은 코끼리를 만드시는데 드는 만큼 개미를 만드시는데도 필요하다고 생각한다. 그러므로 제일 강한 것에 의한 것만큼 제일 약한 것에 의해서도 같은 효과로 자신의 목적을 이루시는데 사용하시는 것이 그분의 섭리인 것이다. 자비와 심판에 있어서 권능의 효험성은 하나님께 있는 것이지 피조물에게 있는 것이 아니다. 하나님께서 기뻐하시면 피조물의 가장 작은 것으로도 우리를 대적하여 무장하실 수 있으신 이 하나님의 두렵고 엄위하심 앞에 우리들이 어떻게 설 수 있을지 생각해보라. 하나님께서 우리의 적이 되신다면, 모든 피조물들이 우리를 상대로 싸울 수 있는 것이다.

2. 하나님께서는 바로의 교만을 낮추시고 그의 무례함을 징벌하시기 위함이었다. 이러한 오만한 군주를 무릎 꿇게 하고 복종하게 하기 위해 그렇게 하

찮은 수단들이 동원되었다는 것은 바로에게 얼마나 치욕스러운 일들이었겠는가! 어느 어린 꼬마라도 이러한 침입자들, 즉 개구리들과 이들을 다룰 수 있고 이겨낼 수 있다. 그러나 지금 그 수가 너무나 많고 그 공격이 너무나 거세서 바로는 자신의 병거들과 기병들로도 그것들을 대항해 나갈 수가 없었던 것이다. 따라서 하나님께서 자신과 자신의 권위를 경멸한 군주들에게 경멸을 쏟아 부으셨고, 그들 위에 하나님을 인정하지 않을 사람들에게 하나님께서 기뻐하시면 그분께서는 가장 미약하고 작은 피조물로도 그들을 모욕할 수 있고 짓밟을 수 있다고 하는 것을 알도록 하신 것이다. 우리는 개구리 재앙에 관해서 다음과 같은 사실들을 알 수 있다.

I. 개구리 재앙이 얼마나 위협적이었는지를 알 수 있다. 분명히 모세는 새로운 지침들을 받기 위해서 매일 하나님 앞에 나아갔을 것이다. (아마도 강이 여전히 피로 변한 상태로 있는 동안에도) 이 본문에서도 모세는 바로가 계속적으로 완고한 경우에 그에게 다가오게 될 또 다른 심판에 대해서 말해주도록 지시를 받고 있다: **네가 만일 보내기를 거절하면** 너의 목숨이 위태하게 될 것이다(1-2절). 사람들이 죄를 고집하지 않으면, 하나님께서는 그들을 징벌하시지 않으신다. **사람이 회개하지 아니하면 그가 그의 칼을 가심이여**(시 7:12). 이 구절은 그가 돌아선다면 은혜를 주신다는 것을 암시하고 있는 것이다. 그러므로 본문은 만약에 바로가 응한다면 논쟁은 즉시로 끝나게 될 것이라는 것을 암시하면서, **네가 만일 보내기를 거절하면 내가 너의 온 땅을 치리라**라고 말하고 있는 것이다. 거절할 경우 경고된 재앙은 무섭게 퍼져나갈 것이었다. 개구리들은 애굽인들에게 침입해 그들의 집에서, 침실에서, 그리고 식탁에서 그들을 괴롭게 할 것이었다. 따라서 그들은 먹을 수도, 마실 수도, 조용하게 잠을 잘 수도 없을 것이었다. 애굽인들이 있는 곳은 어디나 개구리들이 떼를 지어 있을 것이었다(3-4절). 1. 누군가를 향한 하나님의 저주는 그가 어디를 가든지 따라갈 것이고, 그가 무엇을 하든지 그 위에 임할 것이다. 신 28:16 이하를 보라. 2. 명령을 어길 때 하나님의 심판들을 피할 수 없다.

II. 그 재앙이 얼마나 피해를 주었는지 알 수 있다. 바로가 그 경고를 무시하고 전혀 그 명령에 항복할 기미를 보이지 않자, 아론은 싸움의 신호를 표시하는 자신의 팔을 들고 지팡이를 뻗어 재앙을 선포하도록 지시를 받는다. 말이 떨어지자마자 이루어졌다. 많은 수가 모아지고, 보이지 않는 권능의 지도와 명령 아래 수많은 개구리들이 그 땅을 침입한다. 애굽인들은 자신들의 모든 수단과 힘을 다해보지만 자신들이 어떤 지경에 있는지 알 수 없고, 다른 피할 방도도 찾지 못한다. 이것을 욜 2:2 이하에 나오는 메뚜기와 황충의 군대에 대한 예언과 비교해 보라. 그리고 사 34:16-17을 보라. 하나님의 부름으로 개구리들이 올라왔고 그 땅을 덮었다. 하나님께서는 안이하게 사는 사람들을 걱정하게 하시는 많은 방법들을 가지고 계신다.

Ⅲ. 어떻게 요술사들이 이 재앙을 따라하도록 허용하셨는지를 알 수 있다(7절). 그들 역시도 개구리들을 불러낸다. 그러나 하나님께서 보내신 개구리들을 제거할 수는 없었다. 용의 입에서 나오는 더러운 영들은 개구리들과 같다고 묘사되는데 이 개구리들은 온 땅의 왕들에게 나아가 그들을 속인다(계 16:13 이하). 이것은 아마도 본문의 개구리들을 암시하는 것일 것이다. 출애굽기에서와 같이 계시록에서도 물이 피로 변한 이야기 뒤에 개구리 이야기가 나오기 때문이다. 요술사들과 같이 용은 개구리들로 미혹하려고 했으나 하나님께서는 개구리들로 미혹 받는 자들을 멸하려고 하셨다.

Ⅳ. 이 재앙으로 바로가 얼마나 누그러졌는지를 알 수 있다. 바로가 이렇게 누그러진 것은 처음이다(8절). 바로는 모세에게 개구리들을 제거해주는 일을 하도록 간청한다. 그리고 그가 이스라엘 백성들을 나가도록 할 것임을 분명히 약속한다. 조금 전까지만 해도 하나님과 모세에게 극도로 오만하게 말했던 바로가 이제 기꺼이 하나님의 자비와 모세의 기도의 신세를 지고 있는 것이다. 곤경의 시기에 하나님과 기도를 무시하던 사람들은 조만간 하나님과 기도가 그들에게 필요하다는 것을 알게 될 것이고, 주여, 주여 라고 부르짖게 될 것이다(참고. 마 7:22). 나사로를 조롱했던 부자가 그에게 물 한 방울 떨어뜨려주기를 간청했듯이, 기도를 조롱했던 사람들은 그 기도를 간청하게 된다.

Ⅴ. 모세가 바로에게 어떻게 시간을 정했는지, 그리고 개구리들의 물러감을 위한 기도를 통하여 하나님께서 이기신 것을 알 수 있다. 모세는 자신이 행하고 있는 것들이 행성의 움직임 혹은 잠깐의 행운에 의지하고 있는 것이 아니라고 하는 것을 보여주기 위해서 바로에게 자신이 정하는 시간을 말하라고 명한다. 왕이 시간을 정하지 않으면 인정하지 않을 것이다(9절). 당신이 나를 신용한다면, 내가 언제 당신을 위해서 이 일에 관여할 것인지 나에게 말하시오. 이러한 제의는 바로의 설득을 위한 것이었다. 만약에 개구리 재앙에 의해서 바로의 눈이

열리지 않았다면, 그 재앙을 물러가게 함으로 인해서 그의 눈은 열릴 수도 있는 것이다. 그러므로 하나님께서 사람들을 회개하게 하시기 위해서 택하시는 방법들은 다양하다. 바로는 내일로 시간을 정한다(10절). 왜 즉시 재앙을 거두라고 하지 않았을까? 재앙의 방문객들인 개구리들을 그가 너무 좋아해서 그들과 하룻밤을 더 지내고 싶었기 때문인가? 아니다! 그는 아마도 개구리들이 그 전에 스스로 떠나가기를 바랐던 것이다. 그러면 그는 하나님이나 모세의 청을 들어주지 않고 재앙을 제거할 수 있게 될 것이기 때문이었다. 그러나 모세는 그 문제에 대해서 바로의 말을 받아들인다: "**왕의 말씀대로 되리이다.** 당신이 하고 싶은 대로 될 것입니다. 그래서 요술사들이 하려고 했던 일이 무엇이었든지 간에, **왕에게 우리 하나님 여호와와 같은 이가 없는 줄을 알게 할 것입니다.** 어느 누구도 그분께서 모든 피조물들 위에 가지시는 것과 같은 그러한 명령권을 가지지 못하며, 그분 앞에 자신을 겸비하게 하는 사람들을 용서하실 수 있는 분도 없습니다." 심판과 자비의 위대한 계획은 우리들에게 다음과 같은 사실들에 대해서 확신을 갖게 해준다. 즉, 우리들의 하나님이신 주님과 같으신 분이 없으며, 어느 누구도 그렇게 지혜롭고 능력 있지 못하며, 어떤 적(敵)도 그렇게 엄위하고 두렵지 않으며, 어떤 친구도 그렇게 친근하며 소중하지 않다는 것이다. 이제 모세는 하나님께 나아가 그분께 진솔하게 개구리들을 물러가게 해주실 것을 위해 기도한다(12절). 우리는 그리스도께서 행하셨던 것과 같은 최악의 경우들일지라도 우리들의 적들과 압제자들을 위해서 기도해야만 한다. 모세의 기도에 대한 응답으로 개구리들은 그 다음 날 모두 죽었다(13절). 그것들은 진짜 개구리들이었던 것 같다. 죽은 것들은 모아져 무더기들을 이루었고 죽은 몸체의 냄새가 악취가 되었다(14절). 세상의 위대한 주권자께서는 자신의 피조물들의 생명과 죽음을 자신이 원하시는 대로 쓰신다. 한 목적을 위해서 존귀하신 하나님께서는 자신의 공의에 어긋나지 않게 하시면서 그것을 다른 목적에 사용하시기 위해서 다시 즉시 부르실 수 있는 것이다.

Ⅵ. 이 재앙의 결과가 무엇인지 알 수 있다(15절). 바로가 숨을 쉴 수 있게 됨을 보았을 때에 그는 조금 전에 그가 무엇을 느꼈고 무엇을 두려워했었는지를 생각하지 않고 자신의 마음을 다시 완악하게 했다.

1. 하나님의 은혜에 의해서 마음이 새로워질 때까지 고난의 역경에 의해서 생긴 감동들은 지속되지 않는다. 뉘우침들은 점차로 사라지고, 마지못해 맺어

진 약속들은 잊혀진다. 바람이 봄바람으로 달라지기까지는 해 아래서 녹은 것들은 음지에서 다시 얼게 될 것이다.

2. 하나님의 인내하심은 회개하지 않는 죄인들로 인해서 무참히 남용된다. 하나님께서 그들로 하여금 회개하게 하기 위해서 휴식의 유예기간을 주셨으나 그들은 그로 인해 완악해졌다. 하나님께서 평화를 주기 위해 그들에게 자비 가운데 싸움을 잠시 멈추시고 휴식을 허락하시는 동안 그들은 완고한 불신앙의 헛된 힘들을 다시금 모으는 기회로 삼은 것이다. 전 8:11과 시 78:34 이하를 보라.

[16]여호와께서 모세에게 이르시되 아론에게 명령하기를 네 지팡이를 들어 땅의 티끌
을 치라 하라 그것이 애굽 온 땅에서 이가 되리라 [17]그들이 그대로 행할새 아론이
지팡이를 잡고 손을 들어 땅의 티끌을 치매 애굽 온 땅의 티끌이 다 이가 되어 사
람과 가축에게 오르니 [18]요술사들도 자기 요술로 그같이 행하여 이를 생기게 하려
하였으나 못 하였고 이가 사람과 가축에게 생긴지라 [19]요술사가 바로에게 말하되
이는 하나님의 권능이니이다 하였으나 바로의 마음이 완악하게 되어 그들의 말을
듣지 아니하였으니 여호와의 말씀과 같더라

이 본문에는 이의 재앙에 대한 간단한 설명이 있다. 이 재앙이 내리기 전에는 어떠한 경고도 주어지지 않은 것처럼 보인다. 자신에게 주어진 휴식의 기간에 대한 바로의 남용은 그에게 또 다른 재앙을 도래하게 하는 충분한 경고가 되었을 것이다. 고통의 제거가 우리를 완악하게 함으로 우리가 그 유익을 잃어버린다면, 우리는 되돌아가거나 더 나쁜 것을 위한 여지를 만드는 것으로 끝마칠 수 있는 것이다. 이 본문에서는 다음과 같은 사항들을 관찰할 수 있다.

I. 이 이의 재앙이 애굽인들에게 고통을 주게 된 방법을 볼 수 있다(16-17절). 개구리들은 물에서 나왔으나 이들은 땅의 티끌로부터 나왔다. 피조물의 어느 것으로부터도 하나님께서는 채찍을 가져오실 수 있다. 그 채찍으로 하나님에 대해서 대항하는 자들을 바로잡으신다. 하나님께서는 자신의 전통에 많은 화살을 가지고 계신다. 티끌조차도 하나님에게 복종한다. 사 41:14-15은 "그러므로 지렁이 같은 너 야곱아 두려워 말라. 하나님께서 기뻐하시면 너를, 이가 날카로운 타작기계로 사용하실 것이기 때문이다"라고 말씀하신다. 이 이들

은 분명히 애굽인들에게 극도로 성가시며 수치스러운 것이었음에 틀림이 없다. 그들은 휴식을 가졌지만 잠시 가진 것이었다(계 11:14). 둘째 화는 지나갔지만 보라 셋째 화가 속이 온 것이었다.

Ⅱ. 이 재앙에 의해서 요술사들이 많이 당황한 것을 볼 수 있다(18절). 그들은 그것을 따라하려고 시도했지만 할 수가 없었다. 그들이 시도를 실패했을 때 그들은 이를 제거하려고 했었던 것 같다. 그럼에도 불구하고 이가 사람과 가축에게 생긴지라라고 말하고 있다. 이것은 그들로 하여금 자신들이 제압당했음을 고백하도록 했다: 이는 하나님의 권능이니이다(19절). 즉, "우리들 위에 놓인 이러한 방해물과 속박은 하나님의 권능으로부터 온 것이 분명합니다."

1. 하나님께서는 마귀를 올무에 가두신다. 그리고 기만자로서 파괴자로서 간주하시며 그를 제한하신다: 그는 여기까지는 올 것이나 더는 오지 못할 것이다. 하나님께서 마귀의 수하들의 활동을 용인하셨을 때 그들은 커다란 일들을 할 수 있었다. 그러나 하나님께서 손가락으로 그들의 활동을 제한하셨을 때 그들은 아무것도 할 수 없었다. 이 작은 생명체인 이의 재앙에 있어서 요술사들이 무능력한 것은 이 이전의 재앙들, 즉 좀 더 큰 생명체인 개구리로 인한 재앙에서 그들이 능력을 행했던 원인을 보여주는 것이었다. 즉 요술사들은 모세를 대항할 힘이 없었던 것이고, 다만 위로부터 그들에게 허락된 것만 행한 것이라는 것을 보여주는 것이었다.

2. 하나님께서는 조만간 대적들로부터 그 자신의 권위와 통치하심에 대한 고백을 얻어내실 것이다. 그들 모두(우리가 말한 것처럼)는 결국 배교자 율리아누스(율리아누스는 로마 황제[361-363]로서 이교(異教)로 개종하여 기독교인들을 탄압했음 — 역주)가 죽어가면서 고백했던 것처럼 항복하고야 말 것이다: 율리아누스는 죽어가면서 자기 입으로, 오! 갈릴리 사람이여! 당신이 나를 이겼도다! 라고 고백했다. 하나님께서는 모든 반대자들에게 너무나 엄하실 뿐만 아니라, 그들을 강제하셔서 그 고백을 얻어내실 것이다.

Ⅲ. 이 재앙에도 불구하고 바로가 얼마나 더욱더 완악해졌는지를 볼 수 있다(19절). 바로를 속였던 자들도 이제는 그를 속이지 않고 충분히 말했지만, 바로는 더욱더 완고해졌다. 이적들과 심판들조차도 그에게는 회개의 기회가 아닌 죽음으로 다가가게 하는 것들이 되었다. 하나님의 말씀과 섭리들에 의해서 나아지지 않는 사람들은 일반적으로 바로 그 말씀들과 섭리들에 의해서 더

욱 악하게 된다.

[20]여호와께서 모세에게 이르시되 아침에 일찍이 일어나 바로 앞에 서라 그가 물 있
는 곳으로 나오리니 그에게 이르기를 여호와께서 이와 같이 말씀하시기를 내 백성
을 보내라 그러면 그들이 나를 섬길 것이니라 [21]네가 만일 내 백성을 보내지 아니하
면 내가 너와 네 신하와 네 백성과 네 집들에 파리 떼를 보내리니 애굽 사람의 집
집에 파리 떼가 가득할 것이며 그들이 사는 땅에도 그러하리라 [22]그 날에 나는 내
백성이 거주하는 고센 땅을 구별하여 그 곳에는 파리가 없게 하리니 이로 말미암
아 이 땅에서 내가 여호와인 줄을 네가 알게 될 것이라 [23]내가 내 백성과 네 백성 사
이를 구별하리니 내일 이 표징이 있으리라 하셨다 하라 하시고 [24]여호와께서 그와
같이 하시니 무수한 파리가 바로의 궁과 그의 신하의 집과 애굽 온 땅에 이르니 파
리로 말미암아 그 땅이 황폐하였더라 [25]바로가 모세와 아론을 불러 이르되 너희는
가서 이 땅에서 너희 하나님께 제사를 드리라 [26]모세가 이르되 그리함은 부당하니
이다 우리가 우리 하나님 여호와께 제사를 드리는 것은 애굽 사람이 싫어하는 바
인즉 우리가 만일 애굽 사람의 목전에서 제사를 드리면 그들이 그것을 미워하여
우리를 돌로 치지 아니하리이까 [27]우리가 사흘길쯤 광야로 들어가서 우리 하나님
여호와께 제사를 드리되 우리에게 명령하시는 대로 하려 하나이다 [28]바로가 이르되
내가 너희를 보내리니 너희가 너희의 하나님 여호와께 광야에서 제사를 드릴 것이
나 너무 멀리 가지는 말라 그런즉 너희는 나를 위하여 간구하라 [29]모세가 이르되 내
가 왕을 떠나가서 여호와께 간구하리니 내일이면 파리 떼가 바로와 바로의 신하와
바로의 백성을 떠나려니와 바로는 이 백성을 보내어 여호와께 제사를 드리는 일에
다시 거짓을 행하지 마소서 하고 [30]모세가 바로를 떠나 나와서 여호와께 간구하니
[31]여호와께서 모세의 말대로 하시니 그 파리 떼가 바로와 그의 신하와 그의 백성에
게서 떠나니 하나도 남지 아니하였더라 [32]그러나 바로가 이 때에도 그의 마음을 완
강하게 하여 그 백성을 보내지 아니하였더라

이 본문에는 파리 재앙에 대한 이야기가 있는데 우리는 다음과 같은 내용들을 볼 수 있다.

I. 이전에 괴롭혔던 개구리 재앙과 같이 큰 위협이 되었다. 모세는 아침에 일찍이 일어나 바로가 물로 나아갈 때 그를 만나서 다시 요구할 것을 지시받는

다(20절).

1. 하나님과 자신의 세대를 위해서 위대한 일들을 수행해야 할 사람들은 일찍이 일어나 아침 시간을 귀하게 사용해야 한다. 바로는 강에 대한 자신의 미신적인 경배를 위해서 일찍이 일어났다. 그렇다면 중요한 날에 우리들의 사역을 잘 감당하도록 해줄 예배가 이루어져야 할 때에 우리는 좀 더 자고 좀 더 졸 수가 있겠는가!

2. 자신들 스스로를 하나님의 신실한 종으로 생각하는 사람들은 사람을 대면하는 것을 두려워해서는 안 된다. 모세는 이전과 같이 바로 앞에 서야만 한다. 그리고 그에게 가장 겸비한 자세로 (만약 그가 자신의 노예들을 놓아주기를 거절하게 되면) 바로가 듣지 않고 순종하지 않은 하나님의 명령에 순종한 파리 떼의 침입이 있을 것임을 말하며 도전해야만 한다. 사 7:18에 있는 비슷한 위협을 보라: 주께서 파리와 벌떼를 자신의 목적을 위해 일을 수행하도록 하기 위해 부르실 것이다.

Ⅱ. 이 파리 재앙에서는 놀랍게도 애굽인들과 히브리인들이 구분되었다(22-23절). 이러한 구분은 이전 다른 재앙들에서는 그렇게 분명히 볼 수 있도록 이루어지지는 않았던 것 같다. 그러므로 이의 재앙이 요술사들이 따라하지 못했기 때문에 그 이전의 재앙보다 더욱 확실하게 되었던 것처럼, 이 파리의 재앙은 애굽인들과 히브리인들을 구분함으로써 더욱 확실한 증거가 되었다. 바로는 하나님께서 세상의 주가 되심을 알아야만 했다. 이 재앙으로 말미암아 하나님께서 세상의 주가 되심이 모든 논쟁을 뒤로 하고 알려질 것이다.

1. 제멋대로 날아다니는 것 같은 파리 떼는 보통 사람의 통제를 받지 않지만 이제는 분명히 어떤 지적인 존재의 통제 아래 있게 될 것이다. 모세는 "파리 떼는 그 쪽으로 가지 않고 이 쪽으로 갈 것입니다"라고 말한다. 그 파리 떼의 움직임은 모세의 이 지시에 따라 정확히 이루어졌다. 그것은 말씀한 분이나 행하신 분이 동일한 분, 곧 무한한 권능과 지혜의 존재임을 입증하였다.

2. 위대하신 여호와의 종들과 그분을 섬기는 사람들은 그들이 살고 있는 지역의 일반적인 재난들로부터 보존될 것이다. 그러므로 모든 그들의 이웃들을 괴롭혔던 재앙은 그들에게 접근하지 못할 것이다. 그리고 이러한 것은 하나님께서 세상의 주님이 되신다는 명백한 증거가 될 것이다. 이러한 두 가지를 함께 놓으면 그것은 다음과 같은 의미가 될 것이다: 주님의 눈은 무엇이 우리들에게

가장 적절한 것인지를 알려 주시기 위해, 그리고 계획된 어떤 위대한 목적을 섬기도록 하시기 위해 땅과 공기 가운데를 두루 찾아다니신다. 그래서 그분께서는 자신을 전심으로 찾는 사람들을 위해서 자신의 강하심을 보이신다(대하 16:9). **내가 내 백성과 네 백성 사이를 구별하리니**(23절)라는 구절이 어떻게 반복되고 있는지 관찰하라. 여호와께서는 자신에게 속한 사람들을 아시며 친히 자신을 위해서 그들을 구별하셨음을 이 세상과 다른 세상에서 분명히 나타내실 것이다. 지금은 비록 섞여 있을지라도, 너희가 돌아가서 의인과 악인(말 3:18), 그리고 양과 염소(마 25:32; 겔 34:17)를 구분할 그 날이 올 것이다.

Ⅲ. 파리 재앙이 이를 것이라고 경고된 다음 날 그 재앙이 이르렀다. 무수한 파리가 이르렀다(24절). 애굽인들을 삼킬 것 같이 떼로 몰아치는 그러한 파리 떼였다(시 78:45). 공중의 권세 잡은 자가 자기가 파리들의 신인 바알세붑(Beelzebub)이라고 득의양양했다. 그러나 이 본문에서, 그런 경우에조차도 그는 사칭자요 침탈자임이 드러난다. 왜냐하면 하나님께서는 파리 떼를 가지고 그의 왕국을 대항해서 싸우시고 이기시기 때문이다.

Ⅳ. 이러한 공격에 대해서 바로는 모세와 아론과의 회담을 요청했고 자신의 포로들을 놓아 주겠다고 하는 협약을 맺는다. 그러나 바로의 다음과 같은 주저하는 행동들을 관찰할 수 있다.

1. 바로는 이스라엘 백성들이 애굽 땅에서 하나님께 희생제를 드린다고 한다면 그렇게 할 수 있다고 허락한다(25절). 하나님께서는 예배에 정말 방해가 되는 적이 되는 사람들로부터도 자신의 경배의 자유를 얻어내실 수 있으시다. 매를 맞으므로 바로는 비록 자신의 땅에서이지만 이스라엘 백성들이 희생제를 드릴 수 있도록 하나님의 이스라엘에게 양심의 자유를 허락한다. 그러나 모세는 바로의 양보를 받아들이지 않는다. 그는 그 제의를 받아들일 수가 없는 것이다(26절). 그들이 애굽인의 희생제를 드린다면 하나님께 가증한 것이 될 것이고, 그들이 해야만 하는 대로 하나님께 자신들의 희생제를 드린다면 애굽인들에게 혐오스러운 행동이 될 것이다. 그러므로 이스라엘 백성들은 자신들의 하나님 혹은 애굽인 감독들에게 노여움을 사지 않고는 애굽 땅에서 희생제를 드릴 수가 없는 것이었다. 따라서 모세는 **우리가 사흘길쯤 광야로 들어가서**(27절)라고 주장한다. 하나님께 열납되는 제사를 드리기를 원하는 사람들은 다음과 같이 해야만 한다. (1) 자신들을 사악하고 신성모독적인 사람들로부터 분리

하여 구별해야만 한다. 우리는 빛의 아버지와 어둠의 일들을 함께 섬기지 못하며, 그리스도와 벨리알이 함께 사귀도록 할 수 없기 때문이다(고후 6:14 이하; 시 26:4, 6). (2) 그들은 또한 세상의 분요함으로부터 물러나며 그 소요로부터 가능한 멀리 떨어져야만 한다. 이스라엘은 애굽의 벽돌 가마들 사이에서나 고기 가마들 사이에서 주님의 축제를 지킬 수가 없는 것이다. 아니오! 우리는 광야로 갈 것입니다(호 2:14; 아 7:11). (3) 그들은 하나님의 지시하심을 지켜야만 한다: "우리는 하나님께서 우리에게 명하신 대로 희생제를 드릴 것이고 그렇지 않으면 드리지 않을 것입니다." 비록 이스라엘 백성들은 바로의 비천한 노예의 신분으로 있었지만 하나님을 예배하고 있었다. 그들은 바로의 명령이 아니라 하나님의 명령을 지켜야만 하는 것이다.

2. 이 제안이 거절되자 바로는 이스라엘 백성들이 광야로 가는 것을 허락한다. 그러나 그들은 너무 멀리 가지 않겠다고 해야만 한다. 그가 그들을 다시금 되돌려올 수 있도록 너무 멀리 가지는 말아야 한다는 것이다(28절). 아마도 바로가 가나안에 대한 이스라엘 백성들의 계획을 들었기 때문에, 일단 그들이 애굽을 떠난다면 다시는 돌아오지 않을 수도 있다는 것을 생각했을 수도 있다. 그러므로 바로가 그들이 가는 것을 허락하도록 강요를 받을 때(그의 귀에 여전히 윙윙거리는 파리 떼가 있었을 것임), 그는 그들이 그의 손이 미치지 못하는 곳으로 가는 것을 원치 않은 것이다. 회개의 고통 가운데 있으면서 죄와 떨어지려고 하지만 죄로부터 멀리 떨어지는 것을 싫어하는 죄인들은 두려움이 제거되면 다시 죄에 돌아갈 것이다. 우리는 여기서 바로의 뉘우침들과 부패한 모습들 사이의 갈등을 관찰하게 된다. 그의 뉘우치는 마음은 "그들로 가게 하라"라고 말하고, 그의 부패한 마음은 "그러나 멀리 가서는 안 된다"라고 말하고 있다. 그러나 결국 바로는 뉘우침보다는 부패함 쪽에 서게 된다. 이것이 그가 파멸에 이르는 원인이 되었던 것이다. 이 제안은 모세가 파리 재앙을 거둘 것을 약속했던 것으로 받아들인 바로 그 제안이었다(29절). 이 제안에서 다음과 같은 것들을 볼 수 있다.

(1) 하나님께서는 죄인들의 순종들을 기꺼이 받으신다. 바로는 나를 위해 간구하라 라고 말한다(이제 와서 그가 겸비해지는 것은 유감일지라도). 모세는 즉시로 내가 당신을 위해 여호와께 간구할 것입니다 라고 약속한다. 바로는 아마도 그 재앙의 목적이 자신을 파멸로 이끌려고 하는 것이 아니라 회개로 이끌려

고 하는 것이라는 것을 알았을 것이다. 하나님께서 얼마나 큰 기쁨으로 **아합이 스스로 겸비함을 네가 보느냐?**(왕상 21:29)라고 말씀하셨겠는가!

(2) 우리들이 훈계 받아야만 하는 것은 순종에 있어서 우리는 신실해야 한다는 것이다: **바로로 하여금 더 이상 속임수를 사용하지 못하도록 하라.** 속임수를 행하는 사람들은 의심받아 마땅하며, 일단 하나님께서 한 번 더 평강을 말씀하신 다음에는 다시금 어리석음으로 돌아가서는 안 된다고 주의를 받아야만 한다. **속지 말라. 하나님께서는 조롱당하지 않으신다.** 만약에 우리가 거짓 회개로 하나님을 속일 수 있다고 생각하고 거짓으로 그분께 복종한다면, 마지막 때에 우리 영혼에 치명적인 속임수를 놓은 것으로 드러나게 될 것이다.

마지막으로, 모든 일의 결과는 하나님께서는 은혜로 재앙을 거두셨지만(30-31절) 바로는 불성실하게 자신의 완악함으로 돌아갔고 **그 백성들을 보내지 아니한** 것이었다(32절). 바로의 오만은 그로 하여금 자신이 이스라엘을 다스렸을 때 가졌던 자신의 왕관의 영화로부터 떠나지 못하게 했고, 그의 탐욕은 그들의 노동이 가져다 주었던 자신의 세금 수입원으로부터 떠나지 못하게 했다. 권력욕은 그 무엇보다도 강하며, 사람들을 뻔뻔스럽게 건방지고 수치스럽게 불성실하게 만든다. 그러므로 죄가 다스리지 못하도록 하라. 죄가 다스리게 되면, 죄는 우리로 하여금 가장 어리석은 인간이 되게 할 것이다.

제 — 9 — 장

개요

본 장에서 우리는 애굽에 연이어 내린 세 가지 또 다른 재앙에 대한 이야기를 대하게 된다. I. 가축 가운데에 역병이 발생했는데 이것은 아주 치명적이었다(1-7절). II. 사람들과 짐승들에게 악성 종기들이 발생했다(8-12절). III. 천둥과 번개를 동반한 우박이 내렸다. 1. 이 우박 재앙에 대한 경고가 주어진다(13-21절). 2. 커다란 공포를 주면서 피해를 입힌다(22-26절). 3. 공포에 질려 바로는 모세와 협상을 재개했으나 곧 돌이켜 자신의 말을 지키지 않는다(27절 이하).

1여호와께서 모세에게 이르시되 바로에게 들어가서 그에게 이르라 히브리 사람의
하나님 여호와께서 말씀하시기를 내 백성을 보내라 그들이 나를 섬길 것이니라 2네
가 만일 보내기를 거절하고 억지로 잡아두면 3여호와의 손이 들에 있는 네 가축 곧
말과 나귀와 낙타와 소와 양에게 더하리니 심한 돌림병이 있을 것이며 4여호와가
이스라엘의 가축과 애굽의 가축을 구별하리니 이스라엘 자손에게 속한 것은 하나
도 죽지 아니하리라 하셨다 하라 하시고 5여호와께서 기한을 정하여 이르시되 여호
와가 내일 이 땅에서 이 일을 행하리라 하시더니 6이튿날에 여호와께서 이 일을 행
하시니 애굽의 모든 가축은 죽었으나 이스라엘 자손의 가축은 하나도 죽지 아니한
지라 7바로가 사람을 보내어 본즉 이스라엘의 가축은 하나도 죽지 아니하였더라 그
러나 바로의 마음이 완강하여 백성을 보내지 아니하니라

이 본문에는 다음과 같은 내용들이 있다.

I. 다른 재앙, 즉 가축들에게 내린 역병의 재앙에 대한 경고가 있다. 이전 재앙으로 인해서 바로가 다소 누그러진 것 같았으나 그의 마음은 다시금 완악해졌다. 이 때 하나님께서는 그에게 또 다른 재앙이 다가올 것을 말해주기 위해서 모세를 보내셨다. 이는 이전 재앙으로 인해서 받았던 두려운 감정들을 다시금 되살리려는 의도였다. 하나님의 진노가 하늘로부터 그분의 말씀과 역사

를 통해서 사람들의 모든 사악함과 불의함에 대해서 내렸던 것이다.

1. 모세는 바로에게 그 진노를 막기 위한 매우 온당한 방법을 알려준다: **내 백성을 보내라**(1절). 이것은 계속되는 요청이었다. 하나님께서는 이스라엘을 해방하실 것이다. 그러나 바로는 그것에 반대한다. 문제는 누구의 말이 이길 것인가 하는 것이었다. 하나님께서 자신의 백성들을 위해서 얼마나 마음을 쓰시고 계시는가를 보라. 하나님의 속죄의 해가 되었을 때, 그분께서는 애굽을 그들의 속량물로 주실 것이다. 이스라엘이 구원되지 않는다면 그 왕국은 파멸될 것이다. 하나님의 요청이 얼마나 합리적인가를 보라. 하나님께서 부르시는 것은 무엇이나 그분 것이 된다: 그들은 나의 백성들이다. 그러므로 그들을 가게 하라.

2. 하나님께서는 바로가 거절할 경우에 닥치게 될 재앙에 대해서 묘사하신다(2-3절). 아론이 팔을 내뻗치는 행위가 없이 곧바로 여호와의 손이 가축들 위에 미쳤다. 많은 가축이 혹은 모든 종류의 일부가 역병의 일종으로 죽었다. 이것은 그 주인들에게 막대한 손해를 끼쳤다. 애굽인들은 이스라엘을 가난하게 했다. 이제 하나님께서 그들을 가난하게 만드시는 것이다. 하나님의 손길은 가축의 병과 죽음, 혹은 그들이 받은 다른 손해 등과 같은 일에조차도 미치게 되는 것이다: 아버지의 허락하심이 없으면 참새 한 마리도 땅에 떨어지지 않는 것이다.

3. 그 재앙 속에서, 하나님의 특별한 손길이 개입하신 증거로서, 그리고 하나님의 백성들을 향하신 그분의 특별한 은혜에 대한 증거로서 모세는 다음과 같은 것을 예언한다. 비록 이스라엘 백성들의 가축들이 애굽인들의 가축들과 함께 같은 공기를 마시고 같은 물을 마신다 할지라도 이스라엘의 가축들은 하나도 죽지 않을 것이라는 것이다: **여호와가 구별하리니**(4절). 하나님의 심판이 있을 때 그 심판은 의인과 악인 모두에게 임할 수 있다. 그러나 하나님께서는 의인에게 임하는 것과 악인에게 임하는 것이 동일하지 않게 구분하신다. 사 27:7을 보라. 하나님의 섭리는 가축들의 생명이 보존됨으로 인해서 감사한 마음으로 인식될 것이다. 그분께서는 사람과 가축을 보전하셨기 때문이다(시 36:6).

4. 그 경고가 더욱 놀라운 것이 되도록 하기 위해서 시간이 정해졌다(5절): **내일 이 땅에서 이 일을 행하리라**. 우리는 어느 날 무엇이 임할지 알지 못한다. 그러므로 우리는 내일 무엇을 할 것이라고 말할 수가 없다. 그러나 하나님께는 그렇지 않은 것이다.

Ⅱ. 그 재앙 자체는 괴로운 것이었다. 가축들이 죽었다(6절). 피조물이 인간의 죄로 말미암아 허무한 것에 굴복하게 되었다. 그 인간은 노아의 대홍수 때와 같이 자신의 사악함을 부추기고, 자신의 징벌을 받을 수도 있는 능력을 가진 책임 있는 존재이다(롬 8:20, 22). 바로와 애굽인들은 죄를 지었다. 그러나 양들은 도대체 무슨 죄를 지었단 말인가? 그러나 그 가축들은 역병에 걸렸다. 렘 12:4을 보라. 그 땅의 사악함으로 인해서 짐승들이 멸절된다. 애굽인들은(어떤 사람들은 생각하기를) 지금 그리고 나중에 자신들의 가축을 경배했다. 이스라엘 백성들이 송아지 신을 만드는 것을 배웠던 곳은 바로 그 애굽인들 사이에서였다. 그러므로 이러한 우상 숭배로 인해 본문에서 말하고 있는 재앙이 가축들에게 임한 것이다. 하나님께서는 우리가 만든 어떠한 우상들이라도 우리로부터 제거하시고 그로 인해 우리에게 괴로움이 되게 하신다. 사 19:1을 보라.

Ⅲ. 하나님의 말씀에 따라서 애굽인들의 가축들과 이스라엘 백성들의 가축들 사이에 구분이 있었다. 이스라엘 자손의 가축은 하나도 죽지 아니한지라(6-7절). 하나님께서는 이스라엘의 소들은 돌보셨는가? 그렇다. 그분께서는 소들을 역병으로부터 보존하셨다. 그분의 섭리 자체는 자신의 피조물들의 가장 비천한 것들에까지 이르렀던 것이다. 또한 우리들을 위해서 하나님을 의지하고 그분을 우리들의 피난처로 삼으면 우리는 흑암 중에 행하는 역병을 두려워하지 않게 될 것이라고 기록하고 있다. 두렵지 않을 것이다. 우리들 곁에서 천인이 엎드러질지라도 두려워하지 않을 것이다(시 91:6-7). 바로는 이스라엘 백성들의 가축들이 전염이 되었는지를 알아보기 위해서 사람을 보냈다. 이것은 자신의 양심을 위해서 보낸 것이 아니고 자신의 호기심을 충족시키기 위해서 보낸 것이었다. 혹은 앙갚음을 위해 계획적으로 이스라엘 백성들의 가축으로부터 자신의 손실된 가축의 숫자를 채우려고 보냈을 수도 있다. 그러한 나쁜 의도를 가진 정탐이었기 때문에 바로에게 전해진 보고는 그에게 하나님께 순응하는 긍정적인 인상을 주지 못했고 오히려 반대로 그의 마음은 완악해졌다. 의도적으로 눈을 감는 사람들에게는 생명을 주는 설득의 방법들조차도 죽음에 이르는 죽음의 맛으로 여겨지게 되는 것이다.

8여호와께서 모세와 아론에게 이르시되 너희는 화덕의 재 두 움큼을 가지고 모세가
바로의 목전에서 하늘을 향하여 날리라 9그 재가 애굽 온 땅의 티끌이 되어 애굽 온

땅의 사람과 짐승에게 붙어서 악성 종기가 생기리라 [10]그들이 화덕의 재를 가지고
바로 앞에 서서 모세가 하늘을 향하여 날리니 사람과 짐승에게 붙어 악성 종기가
생기고 [11]요술사들도 악성 종기로 말미암아 모세 앞에 서지 못하니 악성 종기가 요
술사들로부터 애굽 모든 사람에게 생겼음이라 [12]그러나 여호와께서 바로의 마음을
완악하게 하셨으므로 그들의 말을 듣지 아니하였으니 여호와께서 모세에게 말씀
하심과 같더라

이 본문에서는 종기와 물집의 재앙에 관한 것을 관찰할 수 있다.

I. 그들이 가축의 죽음에 의해서도 마음을 돌리지 않게 되었을 때, 하나님께서는 그들 자신들의 몸에 고통을 주는 재앙을 보내셔서 그들의 속살에 재앙이 내리게 하셨다. 좀 약한 심판이 그 사역의 목적을 이루지 못하게 되면, 하나님께서는 더 커다란 심판을 보내실 것이다. 그러므로 하나님의 전능하신 손길 아래 우리 자신들이 겸비하도록 하고, 그분의 심판 중에 그분을 만나기 위해 나아가도록 하자. 그러면 그분의 진노가 우리로부터 거두어질 수도 있을 것이다.

II. 이 재앙을 부른 신호는 화덕의 뜨거운 재를 하늘을 향하여 뿌리는 것이었다(8-10절). 화덕은 아픈 종기들을 지닌 애굽인들의 몸에서 생기는 전염병으로 인해서 만들어지게 되는 공기의 열기를 의미하는 것이었다. 그 전염병은 아마도 악취가 나고 고통스러운 종기였을 것이다. 재가 뿌려지자마자 즉시 공기로부터 뜨거운 이슬이 내렸고 그 이슬이 떨어지는 곳마다 부풀어 올라 물집이 생기게 하였을 것이다. 하나님께서는 때때로 사람들에게 징벌 가운데 그들의 죄를 보여주신다. 애굽인들은 뜨거운 화덕 가운데서 이스라엘을 압제했다. 이제 그 화덕의 재들은 그 애굽인 감독자들이 이스라엘 백성들에게 행했던 고통만큼 많은 고통을 애굽인들에게 주게 되었던 것이다.

III. 재앙 자체는 매우 고통스러운 것이었다. 보통 발진은 특별히 민감하고 예민한 부분에서 고통스러운 것이다. 그러나 이 재앙으로 인한 발진들은 욥이 겪었던 것과 같은 심각한 염증이었다. 이것은 나중에 마치 이전에 결코 들어본 적이 없는, 그 이름으로 후에 알려지게 된, 어떤 새로운 종류의 질병처럼 애굽의 종기라고 불려졌다(신 28:27). 몸의 질병들은 죄의 징벌들로 향하고 있는 것으로서 회개로 인도하시는 소리로 들어야만 하는 것이다.

Ⅳ. 요술사들 자신들에게도 종기가 생겼다(11절).

1. 요술사들은 다음과 같은 이유들로 인해서 징계를 받은 것이었다. (1) 그들은 주님의 의로운 길에서 벗어나려고 했던 엘루마(Elymas)처럼 바로의 마음을 완악하게 하는데 도움을 주었기 때문이다. 하나님께서는 자신들의 악함으로 사악한 자들의 손을 강하게 하는 사람들을 엄격히 판단하실 것이다. (2) 그들은 이전 재앙들을 모방하려고 했고, 그들 자신들과 바로는 그 재앙들을 가지고 놀려고 했었기 때문이다. 이를 만들어 내려고 했던 사람들은 자기들의 의도와는 반대로 종기를 만들어 내게 되었다. 이러한 것은 하나님의 심판을 좋지 않은 의도로 희롱하는 것으로서 불을 가지고 노는 것보다 더 위험한 것이다. 너희들은 조롱하는 자들이 되지 말라. 너희들의 억압이 더욱 강해지지 않도록 하라.

2. 그러므로 그 요술사들은 자신들의 추종자들 앞에서 부끄러움을 당한 것이다. 자신들을 안전하게 보호하지 못하는 그들의 주문들은 얼마나 약한 것인가! 사탄은 그와 동맹을 맺고 있는 사람들을 보호해줄 수 없는 것이다.

3. 따라서 요술사들은 그 땅에서 쫓겨나서 모세 앞에 서지 못했다. 그들의 힘은 과거로 제한되었다(출 8:18). 그러나 그들은 계속해서 모세와 맞섰고 바로로 하여금 이제까지 믿지 못하도록 했다. 결국 그들은 강제로 물러가야만 했고 모세 앞에 설 수가 없었다. 이것은 사도가 그들의 어리석음이 모든 사람들 앞에 드러났다고 말한(딤후 3:9) 바로 그러한 상태를 의미한 것이었다.

Ⅴ. 바로는 계속해서 완고했다. 주께서 그의 마음을 완악하게 하셨기 때문이었다(12절). 이전에는 그가 그 자신의 마음을 완악하게 했고 하나님의 은혜를 거부했다. 이제는 하나님께서 정말 사탄이 그를 눈멀게 하고 완악하게 하는 것을 허용하시고, 또한 이제부터는 그를 더욱더 완고하게 하시기 위해서 모든 것을 명하시면서 그를 그 자신의 탐욕스러운 마음, 버려진 마음, 그리고 강한 미혹에 넘겨주신 것이다. 고의가 섞인 의도적인 완고함은 공의로운 엄중함의 징계를 받는 것을 자주 보게 된다. 만약에 사람들이 빛에 대해서 자신들의 눈을 감는다면, 하나님께서 그들의 눈을 닫으시는 것은 마땅하다. 우리는 이러한 징계를, 누군가가 지옥 아래 있을 수 있는 고통 중 가장 고통스러운 심판으로 여기며 두려워하도록 하자.

13 여호와께서 모세에게 이르시되 아침에 일찍이 일어나 바로 앞에 서서 그에게 이

르기를 히브리 사람의 하나님 여호와의 말씀에 내 백성을 보내라 그들이 나를 섬
길 것이니라 [14]내가 이번에는 모든 재앙을 너와 네 신하와 네 백성에게 내려 온 천
하에 나와 같은 자가 없음을 네가 알게 하리라 [15]내가 손을 펴서 돌림병으로 너와
네 백성을 쳤더라면 네가 세상에서 끊어졌을 것이나 [16]내가 너를 세웠음은 나의 능
력을 네게 보이고 내 이름이 온 천하에 전파되게 하려 하였음이니라 [17]네가 여전히
내 백성 앞에 교만하여 그들을 보내지 아니하느냐 [18]내일 이맘때면 내가 무거운 우
박을 내리리니 애굽 나라가 세워진 그 날로부터 지금까지 그와 같은 일이 없었더
라 [19]이제 사람을 보내어 네 가축과 네 들에 있는 것을 다 모으라 사람이나 짐승이
나 무릇 들에 있어서 집에 돌아오지 않는 것들에게는 우박이 그 위에 내리리니 그
것들이 죽으리라 하셨다 하라 하시니라 [20]바로의 신하 중에 여호와의 말씀을 두려
워하는 자들은 그 종들과 가축을 집으로 피하여 들였으나 [21]여호와의 말씀을 마음
에 두지 아니하는 사람은 그의 종들과 가축을 들에 그대로 두었더라

이 본문에는 다음과 같은 내용들이 있다.

I. 바로의 완악함에 대한 하나님의 진노의 전반적인 선포가 있다. 비록 하나님께서 바로의 마음을 완악하게 하셨을지라도(12절), 모세는 바로에게 자신의 청을 반복해서 드려야만 한다. 하나님께서는 자신의 은혜를 잠시 멈추시고 복종을 요구하신다. 바로가 이스라엘 백성들에게 짚을 주지 않고 벽돌을 요구하였기 때문에 그를 벌하시기 위함이다. 또한 하나님께서는 오래 참으심의 모범을 보이시기를 원하신다. 하나님께서는 반항적이고 반박하는 사람들에게 자비롭게 대하시기 위해 얼마나 오랫동안 기다리시고 계시는가! 요청이 여섯 번이나 허사가 되었지만 모세는 일곱 번째 요청을 해야만 하는 것이다: **내 백성을 보내라**(13절). 이 곳에서 모세는 바로가 듣든지 듣지 않든지 그에게 가장 두려운 메시지를 전하도록 명령을 받는다.

1. 모세는 바로에게 그는 이제 파멸되게 되었고 하나님께서 자신의 진노의 모든 화살들을 쏘실 바로 그 지점에 서 있는 것이라는 것을 말해야만 한다(14-15절). "**내가 이번에는 모든 재앙을 내릴 것이다.**" 바로에게는 일말의 회개의 여지를 발견할 수 없다. 이제 어느 것도 그의 철저한 파멸을 막을 수 없다. 회개만이 그 파멸을 막을 수 있는 것이기 때문이다. 하나님께서도 그의 마음을 완악하게 하시기 때문에 바로의 경우는 절망적이다. "나는 나의 재앙들을 너의

마음에 쏟아 부을 것이다. 너의 몸에 대한 세상적인 재앙들뿐만 아니라 너의 영혼에 대한 영적인 재앙들이 될 것이다." 하나님께서는 마음을 무감각하게 만드심으로써 재앙들을 보내시거나, 희망이 없게 만드심으로써 재앙들을 마음에 보내실 수 있으시다. 이러한 경우들은 최악의 재앙들인 것이다. 바로는 이제 휴전을 결코 기대할 수 없다. 그가 완전히 소멸당할 때까지 그에게 연이은 재앙이 따라갈 것이다. 하나님께서 심판하실 때는 그분께서 이기실 것이다. 어느 누구도 자신의 마음을 하나님을 대항해서 완악한 상태로 지속한 적이 없었고 형통하게 된 적도 없었다.

2. 모세는 바로가 정의와 하나님의 진노의 권능에 대한 서 있는 기념비로서 역사에 남게 될 것이라고 그에게 말해야만 한다(16절): **"이를 위해서 내가 이 때에 너를 왕위에 오르게 했고, 너로 인해 나의 권능을 보이기 위해 너를 지금까지 재앙들의 충격과 고통 속에 서 있게 했다."** 모세는 하나님의 섭리 가운데 그가 다루어야 할 사람으로 그렇게나 고약하고 완악한 사람을 만나야만 했다. 이 일을 다루는데 있어서 모든 것이 잘 다루어졌다. 하나님께서 자신의 적들 중에 가장 교만한 자를 겸손하게 하시며 끌어내리시는 그분의 권능에 대한 가장 눈에 띄는 표지요 기억할 만한 예로 남기기 위함이었던 것 같이 모든 일이 잘 성사되었다. 모든 일이 하나님의 이름(하나님의 절대 주권, 그분의 불가항력적인 권능, 그리고 그분의 타협 없는 정의)을 온 땅에 선포하려는 것을 나타내기 위해서 초점이 맞추어졌다. 그 하나님의 이름을 온 땅에, 즉 모든 곳과 땅이 존재하는 한 모든 세대를 통해서 선포하려고 하는 듯하였던 것이었다. 하나님께서는 때때로 매우 악한 사람들을 영예와 권력의 자리에 올리시고 그들을 오랫동안 보존하시며, 견딜 수 없이 교만하게 되기까지 기다리신다. 결국에는 그들의 파멸을 통해서 훨씬 더욱 크게 영광을 거두신다. 그 당시 이웃 민족들이 어떻게 바로의 멸망을 하나님의 영광으로 생각하며 찬사를 돌렸는지를 보라. 이드로는 이에 대해서 출 18:11에 **이제 내가 알았도다 여호와는 모든 신보다 크시도다**라고 말했다. 사도는 롬 9:17에서 이 예를 가지고 하나님의 주권 교리를 제시한다. 이러한 일의 결과를 낳게 하신 하나님을 정당화하기 위하여 모세는 바로에게 **네가 여전히 내 백성 앞에 교만하여** 라고 책망하며 물을 것을 지시받는다(17절). 바로는 위대한 왕이었고 하나님의 백성들은 기껏해야 가난한 목자들이었으며 이제는 가난한 노예들의 신분이었다. 그러나 바로가 하나님의 백성

들을 대항해서 스스로 높아진다면, 그는 파멸을 당할 것이다. 그 높아짐은 하나님에 대해서 스스로 높아지는 것으로 여겨지기 때문이다. 이것은 하나님께서 하나님의 백성들을 위해 왕들을 처음으로 꾸짖으셨던 일이 아니었다. 또한 하나님께서는 자신의 백성들이 왕들 중에 있는 가장 강력한 자에 의해서조차도 짓밟히고 모욕당하도록 버려두지 않으시겠다고 하는 것을 그 백성들에게 알도록 하신 것이었다.

Ⅱ. 우박 재앙에 대한 특별한 예언(18절)**과 바로와 그의 백성들에게 그들의 종들과 가축들을 들에서부터 모아들여 우박 재앙으로부터 피할 수 있도록 하라는 자비로운 충고**(19절). 하나님의 공의가 파멸을 경고하며 위협할 때, 동시에 그분의 자비는 그 파멸로부터 피할 길을 우리들에게 보여주신다. 그러므로 하나님께서는 어느 누구도 멸망하는 것을 원치 않으시는 것이다. 이 본문에서 애굽인들과 이스라엘 백성들 사이를 구분하시기 위해서 뿐만 아니라 어떤 애굽인들과 다른 애굽인들 사이를 구분하시기 위해서 하나님께서 가지셨던 관심을 보라. 만약에 바로가 항복하지 않고 심판 자체를 피하려고 한다면, 함께 심판을 당하는 것으로부터 자신들을 구하기 위해 하나님과 그분의 말씀에 대해서 두려움을 가지는 자들에게 한 가지 피할 길이 주어진다. 경고를 받아들이는 자들은 피난처를 얻을 수도 있다. 그리고 경고를 받아들이지 않는 사람들은 사 28:17 말씀과 같이, 넘치는 하늘의 징벌과 거짓의 피난처를 쓸어버리는 우박으로 그들이 쓰러지게 되는 것을 마땅히 여겨야 할 것이다. 이 경고에 대한 다른 결과들을 보라.

1. 어떤 사람들은 선포된 일들을 믿었고 두려워했다. 그리고 노아처럼(히 11:7) 그들의 종들과 가축들을 집으로 모아들였으니(20절) 이렇게 행하는 것은 그들의 지혜로움이었다. 바로의 종들 가운데서조차도 하나님의 말씀에 떠는 자들이 있었으니 이스라엘의 자손들이 그 말씀을 두려워하지 않았겠는가?

2. 그러나 다른 사람들은 믿지 않았다. 지금까지 모세가 어떠한 재앙들을 예언했을지라도 그 예언에 정확히 일치하는 일이 벌어졌다. 이러한 예언의 일치 현상에 대해서 그들이 어떠한 이의를 제기할 이유를 가지고 있다 하더라도, 단지 하룻동안 그들의 가축들을 집에 있도록 하는 것은 그들에게 그리 큰 해가 되지는 않았을 것이다. 그 재앙의 예언이 의심스럽게 생각된다 할지라도 그렇게 하는 것이 좀 더 안전한 편을 택하는 것이었다. 그러나 그들은 모세가 전한

진리의 말씀과 하나님의 권능(이 두 가지 사실에 대해서 그들은 이미 충분한 값을 지불하고 경험했음)을 무모할 정도로 무시하였고 그들의 가축들을 들에 남겨 놓았다. 바로 자신도 그렇게 했는데 이는 그가 다분히 애굽인들에게 의연한 체하는 예를 보이려는 것이었을 것이다(21절). 가장 공정한 경고와 제일 현명한 충언에 귀를 기울이지 않는 완고한 불신앙은 자신들의 머리 위에 멸망하는 사람들의 피를 남겨놓는 것이다.

[22]여호와께서 모세에게 이르시되 너는 하늘을 향하여 손을 들어 애굽 전국에 우박
이 애굽 땅의 사람과 짐승과 밭의 모든 채소에 내리게 하라 [23]모세가 하늘을 향하여
지팡이를 들매 여호와께서 우렛소리와 우박을 보내시고 불을 내려 땅에 달리게 하
시니라 여호와께서 우박을 애굽 땅에 내리시매 [24]우박이 내림과 불덩이가 우박에
섞여 내림이 심히 맹렬하니 나라가 생긴 그 때로부터 애굽 온 땅에는 그와 같은 일
이 없었더라 [25]우박이 애굽 온 땅에서 사람과 짐승을 막론하고 밭에 있는 모든 것을
쳤으며 우박이 또 밭의 모든 채소를 치고 들의 모든 나무를 꺾었으되 [26]이스라엘 자
손들이 있는 그 곳 고센 땅에는 우박이 없었더라 [27]바로가 사람을 보내어 모세와 아
론을 불러 그들에게 이르되 이번은 내가 범죄하였노라 여호와는 의로우시고 나와
나의 백성은 악하도다 [28]여호와께 구하여 이 우렛소리와 우박을 그만 그치게 하라
내가 너희를 보내리니 너희가 다시는 머물지 아니하리라 [29]모세가 그에게 이르되
내가 성에서 나가서 곧 내 손을 여호와를 향하여 펴리니 그리하면 우렛소리가 그
치고 우박이 다시 있지 아니할지라 세상이 여호와께 속한 줄을 왕이 알리이다 [30]그
러나 왕과 왕의 신하들이 여호와 하나님을 아직도 두려워하지 아니할 줄을 내가
아나이다 [31]그 때에 보리는 이삭이 나왔고 삼은 꽃이 피었으므로 삼과 보리가 상하
였으나 [32]그러나 밀과 쌀보리는 자라지 아니한 고로 상하지 아니하였더라 [33]모세가
바로를 떠나 성에서 나가 여호와를 향하여 손을 펴매 우렛소리와 우박이 그치고
비가 땅에 내리지 아니하니라 [34]바로가 비와 우박과 우렛소리가 그친 것을 보고 다
시 범죄하여 마음을 완악하게 하니 그와 그의 신하가 꼭 같더라 [35]바로의 마음이 완
악하여 이스라엘 자손을 내보내지 아니하였으니 여호와께서 모세에게 말씀하심과
같더라

이 본문에서 모세의 능력 있는 손과 지팡이에 의해서 우박의 위협적

인 재앙이 내리도록 명령된다(22-23절). 우박은 그 명령에 혹은 하나님의 명령에 순종한다: 불과 우박이 하나님의 말씀을 따르기 때문이다(시 148:8). 우리는 이 본문에서 다음과 같은 내용들을 볼 수 있다.

I. 우박은 땅에 엄청난 황폐화를 가져왔다. 하늘로부터 천둥과 불(혹은 번개)은 우박의 재앙을 더 위협적이고 더 파괴적으로 만들었다(23-24절). 하나님께서는 구름으로 자신의 백성들에게 풍요로움을 내려주실 저장 창고를 만드실 뿐만 아니라 자신의 적들을 파멸할 가장 무시무시한 대포를 꺼내 오실 수 있는 무기창고를 만드신다. 하나님께서는 친히 교전과 전쟁의 날을 위하여 우박 창고들을 저축해 놓고 계셨다고 말씀하신다(욥 38:22-23). 이 우박은 애굽 땅에 비참한 대황폐를 낳았다. 우박으로 인해서 사람들과 가축들이 죽었고, 식물들뿐만 아니라 곡식들도 완전히 망가졌다(25절). 땅 위로 나온 곡식은 멸절되었고 아직 움이 돋지 않은 곡식만 보전되었다(31-32절). 하나님께서는 그 시기의 곡식을 거두어 가실 많은 방법들, 즉 비밀리에 마르게 하시든지, 아니면 요란한 우박과 같은 방법들을 가지고 계신다(호 2:9). 이 재앙에서는 그들의 가축들을 죽이기 위해서 우박과 뜨거운 번갯불 등과 같은 재앙들이 언급되고 있다(시 78:47-48). 그리고 시 105:32-33을 보라. 다윗이 하나님께서 자신의 대적들을 당황하게 하시는 그분의 영광스러운 모습을 묘사하는데 있어서 그는 아마도 본문의 내용을 암시하고 있는 듯하다. 다윗은 하나님께서 적들 가운데 던지시는 우박과 숯불을 언급한다(시 18:12-13). 계 16:21에는 일곱 번째 재앙이 쏟아지는데 여기에 우박에 대해 말씀하고 있는 참조 구절이 있다. 이 본문에서는 이 재앙의 어떠한 해로부터 고센 지역은 보존되었다고 하는 것을 유의해서 보아야 한다(26절). 하나님께서는 많은 구름의 방향을 조정하셔서 한 성읍에는 비나 우박이 내리게 하시고, 다른 성읍에는 내리지 않게 하셨다. 자비 가운데나 혹은 심판 가운데 그렇게 하신 것이다.

II. 우박은 바로를 굉장히 당황케 만들었다. 그에게 어떠한 영향이 있었는지를 보도록 하자.

1. 그는 회개의 말을 하면서 모세에게 겸비해졌다(27-28절). 어떤 사람도 이보다 더 공손하게 말할 수는 없었을 것이다. 바로는 자신이 히브리 하나님과의 경쟁에 있어서 잘못된 편에 있었음을 고백한다: "내가 오랫동안 잘못된 편에서 있으므로 죄를 지었다." 바로는 자신을 대항하신 하나님의 조처가 옳은 것이

었음을 고백한다: 여호와는 의로우시도다. 비록 그분께서 천둥과 번개 가운데 말씀하셨을지라도 그분이 말씀하셨을 때 의롭다 여김을 받아야만 한다. 바로는 자기 자신과 그 땅을 저주한다: "나와 나의 백성은 악하도다. 우리 위에 임한 재앙을 받아 마땅하다." 바로는 모세의 기도를 간청한다: "여호와께 나를 위하여 구하여 이 무서운 재앙이 물러갈 수 있도록 하라." 그리고 마지막으로 바로는 자신의 노예들을 놓아줄 것을 약속한다: 내가 너희를 보내리니. 무엇을 더 원할 수 있었겠는가? 그러나 그의 마음은 이 모든 일을 진행하는 동안 완악해졌다. 지팡이의 공포, 즉 징계의 두려움은 종종 회개하는 감정을 가지지 않은 사람들로부터 회개의 인식을 강요하여 얻어낸다. 놀랍고 괴로운 감정으로 인해서 그들은 깨어나고 충분한 회개라고 여겨지는 것을 말하게 된다. 이것은 그들이 깊이 영향을 받았기 때문이 아니라 그들이 해야만 하거나, 그리고 그렇게 하는 것이 말하기에 족할 정도라는 것을 알기 때문인 것이다.

2. 이제부터 모세는 바로와 하나님 사이의 중재자가 된다. 모세는 바로가 자신의 회개에 대해서 즉시 후회할 것으로 분명히 알고 있었고 그에게 그렇게 말했다(30절). 그러나 모세는 하늘의 법정에서 친구가 되어주겠다고 약속한다. 우리가 희망을 거의 가지지 못하는 사람들일지라도 우리는 그들을 위해서 계속해 기도해야만 하고 훈계해야만 한다(삼상 12:23). 관찰.

(1) 모세가 자신의 중재를 위해서 선택했던 장소. 모세는 성에서 나갔다(33절). 하나님과 나누는 교제에서 은밀성을 위해서 뿐만 아니라 바로와 그의 신하들을 집 안에 머물게 한 우박과 번개가 여전히 있음에도 불구하고 모세 자신은 감히 들로 나갈 수 있음을 보여주기 위함이었다. 모세는 비록 우박이 쏟아지는 들로 나간다할지라도 모든 우박의 행보는 자신의 하나님께서 주관하신다는 것을 알았기에 그 하나님께서 자신을 다치게 하시지 않을 것이라는 것을 알았기 때문이다. 하나님과 함께 하는 평강은 사람들로 하여금 우레에도 꿈쩍하지 않게 만들어 준다. 우레는 그들의 아버지의 목소리이기 때문이다.

(2) 태도: 그는 여호와를 향하여 손을 폈다 – 진지한 바람과 겸비한 기대에 대한 외적인 표현. 자비를 위해 하나님께 나아오는 자들은 그 자비를 받기 위해 준비하고 서 있어야만 한다.

(3) 바로를 위해 중재하는데 있어서 모세가 목표로 한 결말: 세상이 여호와께 속한 줄을 왕이 알고 확신할 것이다(29절). 즉, 하나님께서 모든 피조물들 위에

주권적인 통치권을 가지시기 때문에 그 피조물들은 그분의 통치를 받는 것이다. 그러므로 당신도 그렇게 되어야만 하는 것이다. 하나님께서 사람들로 하여금 그들이 온전히 깨달아 알게 하시기 위해서 얼마나 다양한 방법들을 사용하시는지 보라. 심판들은 보내지기도 하고 거두어지기도 한다. 모든 것이 같은 목적인 바, 사람들로 하여금 여호와께서 다스리심을 알게 하기 위함이다.

(4) 목적을 이룸. [1] 모세는 하나님께서 우박을 그치도록 할 수 있었다(33절). 그러나 [2] 바로는 설득할 수 없었다: **다시 범죄하여 마음을 완악하게 하니**(34-35절). 모세의 기도는 엘리야의 기도와 같이 하늘을 닫았다 열었다(약 5:17-18). 그것은 또한 하나님의 두 증인들의 권능과 같은 것이다(계 11:6). 그러나 모세도, 엘리야도, 그 두 증인들도 인간들의 완악한 마음들을 굴복시킬 수는 없었다. 바로는 심판에 의해서 순종할 정도로 위협을 받았다. 그러나 그 재앙이 끝났을 때 그의 뉘우침들은 사라졌고 그의 온당한 약속들은 잊혀졌다. 고통으로 인해서 억지로 하게 되는 고백들은 거의 믿을 수가 없는 것이다. 심판과 자비로 인해서 나아지지 않는 사람들은 대개 더 악해진다.

제 10 장

개요

본 장에는 애굽에 내린 여덟 번째와 아홉 번째 재앙들인 메뚜기와 흑암의 재앙들이 기록되어 있다. I. 메뚜기 재앙에 관해서는 다음과 같은 내용들이 있다. 1. 하나님께서 모세에게 자신의 섭리 가운데 있는 이러한 놀라운 재앙들이 가지는 의미를 가르쳐 주신다(1-2절). 2. 모세는 메뚜기 재앙으로 위협한다(3-6절). 3. 바로는 신하들의 설득으로 다시금 모세와 교섭을 하려고 한다(7-9절). 그러나 그들은 서로 동의할 수 없었다(10-11절). 4. 메뚜기 떼가 도착한다(12-15절). 5. 바로가 참회하며 울부짖는다 — 내가 죄를 지었다(16-17절). 이에 대해서 모세가 재앙이 물러갈 것을 기도하며 그 기도는 이루어진다. 그러나 바로의 마음은 여전히 완악해진다(18-20절). II. 흑암의 재앙은 1. 고통스럽고(21-23절), 2. 바로가 다시금 항복에 관해서 모세와 교섭을 하나 그 교섭은 분개함 가운데 깨어진다(24절 이하).

1여호와께서 모세에게 이르시되 바로에게로 들어가라 내가 그의 마음과 그의 신하
들의 마음을 완강하게 함은 나의 표징을 그들 중에 보이기 위함이며 2네게 내가 애
굽에서 행한 일들 곧 내가 그들 가운데에서 행한 표징을 네 아들과 네 자손의 귀에
전하기 위함이라 너희는 내가 여호와인 줄을 알리라 3모세와 아론이 바로에게 들어
가서 그에게 이르되 히브리 사람의 하나님 여호와께서 말씀하시기를 네가 어느 때
까지 내 앞에 겸비하지 아니하겠느냐 내 백성을 보내라 그들이 나를 섬길 것이라 4
네가 만일 내 백성 보내기를 거절하면 내일 내가 메뚜기를 네 경내에 들어가게 하
리니 5메뚜기가 지면을 덮어서 사람이 땅을 볼 수 없을 것이라 메뚜기가 네게 남은
그것 곧 우박을 면하고 남은 것을 먹으며 너희를 위하여 들에서 자라나는 모든 나
무를 먹을 것이며 6또 네 집들과 네 모든 신하의 집들과 모든 애굽 사람의 집들에
가득하리니 이는 네 아버지와 네 조상이 이 땅에 있었던 그 날로부터 오늘까지 보
지 못하였던 것이리라 하셨다 하고 돌이켜 바로에게서 나오니 7바로의 신하들이 그
에게 말하되 어느 때까지 이 사람이 우리의 함정이 되리이까 그 사람들을 보내어

그들의 하나님 여호와를 섬기게 하소서 왕은 아직도 애굽이 망한 줄을 알지 못하
시나이까 하고 [8]모세와 아론을 바로에게로 다시 데려오니 바로가 그들에게 이르되
가서 너희의 하나님 여호와를 섬기라 갈 자는 누구 누구냐 [9]모세가 이르되 우리가
여호와 앞에 절기를 지킬 것인즉 우리가 남녀 노소와 양과 소를 데리고 가겠나이
다 [10]바로가 그들에게 이르되 내가 너희와 너희의 어린 아이들을 보내면 여호와가
너희와 함께 함과 같으니라 보라 그것이 너희에게는 나쁜 것이니라 [11]그렇게 하지
말고 너희 장정만 가서 여호와를 섬기라 이것이 너희가 구하는 바니라 이에 그들
이 바로 앞에서 쫓겨나니라

이 본문에는 다음과 같은 내용들이 있다.

I. 모세가 가르침을 받다. 우리는 모세가 그의 입장에서 보았을 때 바로의 완악함과 하나님의 엄중하심을 보면서 매우 놀랐을 것이고, 애굽의 황폐함에 대해서 동정을 가지지 않을 수 없는 마음, 그리고 결국 이 싸움의 결론은 어떻게 될 것인가와 같은 것을 생각하며 매우 곤혹스러워하고 있는 것을 익히 알 수 있을 것이다. 이 시점에서 하나님은 모세에게 그분께서 계획하신 것, 즉 이스라엘의 해방과 그분 자신의 이름을 크게 하실 것에 대해서 말씀하신다: 너는 세상 끝까지 계속해서 있을 너의 기록들에서 내가 애굽에 행한 일을 말하게 될 것이다(1-2절). 애굽에 내린 열 가지 재앙들은 고통을 주었음에 틀림이 없다. 그 재앙들은 오는 세대들을 위해서 다음과 같은 사항들에 대한 부인할 수 없는 증거들로서 기록될 것이다.

1. 자연 왕국에 대한 하나님의 통치권에 대한 증거요, 모든 피조물에 대한 그분의 주재권에 대한 증거요, 그리고 그 피조물들을 그분의 정의 수행을 위한 시종자들로서나 재앙을 내릴 때 고통을 주는 요체들로서 그분의 의지가 의도하는 목적에 따라 사용하실 수 있는 그분의 권위 등에 대한 증거인 것이다.

2. 사탄의 왕국에 대해서 하나님의 권능이 승리하는 것에 대한 증거이며, 악의를 제지하시며 그분과 그분의 교회의 대적들이 가진 오만을 징계하시는 것에 대한 증거이다. 이 재앙들은 하나님의 위대하심과 교회의 행복 그리고 죄의 죄악됨에 대해서 서 있는 기념비들이며, 모든 세대 인간의 자손들이 여호와의 질투를 격발하지 않도록 하며 그들을 만드신 자와 다투지 않게 하기 위해 서 있는 감독자들인 것이다. 세상에게 주는 이러한 교훈의 유익은 그 대가를 지불하고

도 남는 충분한 유익이 되는 것이다.

Ⅱ. 바로가 꾸짖음을 받다(3절). 가난하고 멸시당하고 압제당한 히브리 사람의 하나님 여호와께서 말씀하시기를 네가 어느 때까지 내 앞에 겸비하지 아니하겠느냐? 인간들 중에 가장 위대한 사람인 모세는 애굽인들에게 그들 스스로를 위대한 하나님 앞에 겸비하게 할 것을 정당히 요청하였다. 만약에 그들이 그렇게 하기를 거절한다면 그들은 위험에 처하게 되는 것이다. 하나님께서 군주들과 논쟁하신 것은 여러 번 있었다. 단 5:22에 보면 벨사살은 자신의 마음을 겸비하게 하지 않았다. 대하 36:12에 보면 시드기야는 예레미야 앞에 자신을 겸비하게 하지 않았다. 스스로 겸비하게 하지 않는 사람들은 하나님께서 겸비하게 하실 것이다. 바로는 때때로 자신이 겸비한 것처럼 행했다. 그러나 그것은 인정받지를 못했다. 그는 자신의 행위에서 신실하지도 않았고 한결같지도 않았기 때문이었다.

Ⅲ. 메뚜기 재앙으로 위협되었다(4-6절). 우박은 땅의 소산물들을 망가뜨렸다. 그러나 이 메뚜기들은 와서 그 소산물들을 먹어치워 버렸다. 그렇게 할 뿐만 아니라, 이러한 곤충들에 의해서 이전에 이루어진 침입들은 애굽인들의 땅에만 제한되었었다. 그런데 이제는 그들의 집들에도 가득하게 되었던 것이다. 이러한 재앙은 그 왕에게 알려진 그 어느 재앙들보다도 훨씬 더 피해가 크고 해로운 것이었음에 틀림이 없다. 모세는 자신의 메시지를 전한 뒤에 이전에 그가 받았던 답변보다 더 나은 답변을 기대하지 않으면서 돌이켜 바로에게서 나갔다(6절). 그러므로 그리스도께서 자신의 제자들에게 그들을 받아들이지 않는 사람들로부터 떠날 것을, 그리고 그들에 대한 증거로서 그들의 발에서 먼지를 떨어버릴 것을 가르치셨다. 그러므로 여호와의 사자들에 의해서 버려진 사람들은 파멸로부터 그리 멀리 떨어져 있지 않은 것이다(삼상 15:27 이하).

Ⅳ. 바로의 시종들과 그의 장관들 혹은 매우 가까운 자문들이 바로가 가서 모세와 이야기를 나누도록 설득하기 위해서 중재한다(7절). 그들은 감당해야 할 의무로서 바로에게 왕국의 비참한 상태를 말하며(애굽이 망했다), 모든 수단을 다 동원해 그의 포로들을 놓아주도록 하기 위해서 조언을 한다(그 사람들을 가게 하십시오). 그들은 모세가 해방이 이루어질 때까지 그들을 함정에 빠뜨릴 것이라는 것을 알았고, 마지막에 강요당하는 것보다는 처음에 동의하는 것이 더 낫다는 것을 알았기 때문이다. 이스라엘 백성들은 애굽인들에게 고통스러

운 돌이 되었다. 이제 결국 애굽의 통치자들은 기꺼이 그들을 자유롭게 해주어야만 했다(슥 12:3). 어떤 전체의 민족이 그 통치자들의 교만과 완고함으로 인해서 파멸되어야 하는 것은 유감스러운 일(가능하면 막아야 하는 일)이다. 백성들의 안녕을 염두에 두는 것이 법의 제일 중요한 목적이다.

V. 이에 따라 바로와 모세 사이에 새로운 협상이 시작되었다. 이 협상에서 바로는 이스라엘 백성들이 광야에 가서 희생제를 드리는 것을 허락한다. 그러나 쟁점이 되는 문제는 누가 가느냐 하는 것이었다(8절).

1. 모세는 이스라엘 백성들이 그들의 모든 가족과 그들의 모든 소유물들을 가지고 가야만 한다고 주장한다(9절). 하나님을 섬기는 사람들은 그들이 가지고 있는 모든 것으로 섬겨야만 한다. 모세는 "우리는 절기를 지켜야만 합니다. 그러므로 우리는 그 절기에 함께 할 우리 가족들과 그 절기에 하나님의 영광에 드릴 우리들의 가축 떼가 있어야 합니다"라고 간청한다.

2. 바로는 결코 이러한 청을 들어주지 않으려고 한다. 그는 장정들만 가도록 허락을 한다. 장정들만 가도록 하는 것은 이전 어느 협정에서도 결코 논의된 적이 없는데도 마치 그것이 모든 이스라엘 백성들이 원하는 것처럼 말하고 있는 것이다. 바로는 이스라엘 백성들을 되돌아오게 하는 인질로서 어린 아이들을 잡아두고자 한다(10-11절). 그는 격노하여 이스라엘 백성들을 저주하며 그들이 어린 아이들을 데리고 간다는 것은 위험 가운데 그러한 일을 하게 되는 것이라고 위협한다. 사탄은 하나님을 섬기는 자들이 그들의 자녀들을 하나님을 섬기는데 데려가는 것을 방해하기 위해 그가 할 수 있는 모든 것을 한다. 사탄은 어린 나이에 가지는 경건심을 절대 용납하지 않으려고 하는 용서하지 못할 원수인 것이다. 사탄은 그것이 얼마나 자신의 왕국의 이익에 해로운 것인지를 잘 알고 있기 때문이다. 우리가 최선을 다해, 우리들의 자녀들로 하여금 하나님을 섬기게 하려고 하는 것을 방해하는 것은 무엇이 되었든지, 그 안에 사탄의 손길이 있는 것은 아닌지 면밀히 살펴볼 이유가 있는 것이다.

3. 따라서 협상은 갑자기 깨진다. 전에는 바로 앞에서 나갔던(6절) 자들이 이제는 쫓겨난다. 자신들이 해야 할 의무를 참을성 있게 들을 수 없는 사람들은 곧 그들에게 닥칠 운명을 듣게 될 것이다. 대하 25:16을 보라. 하나님께서는, 멸하시려고 하는 자를 자신의 광기에 심취하도록 버려두신다. 그 어느 누구도 바로와 같이 자기 자신의 파멸에 심취하여 달려간 사람은 없었다.

12여호와께서 모세에게 이르시되 애굽 땅 위에 네 손을 내밀어 메뚜기를 애굽 땅에
올라오게 하여 우박에 상하지 아니한 밭의 모든 채소를 먹게 하라 13모세가 애굽 땅
위에 그 지팡이를 들매 여호와께서 동풍을 일으켜 온 낮과 온 밤에 불게 하시니 아
침이 되매 동풍이 메뚜기를 불어 들인지라 14메뚜기가 애굽 온 땅에 이르러 그 사방
에 내리매 그 피해가 심하니 이런 메뚜기는 전에도 없었고 후에도 없을 것이라 15메
뚜기가 온 땅을 덮어 땅이 어둡게 되었으며 메뚜기가 우박에 상하지 아니한 밭의
채소와 나무 열매를 다 먹었으므로 애굽 온 땅에서 나무나 밭의 채소나 푸른 것은
남지 아니하였더라 16바로가 모세와 아론을 급히 불러 이르되 내가 너희의 하나님
여호와와 너희에게 죄를 지었으니 17바라건대 이번만 나의 죄를 용서하고 너희의
하나님 여호와께 구하여 이 죽음만은 내게서 떠나게 하라 18그가 바로에게서 나가
서 여호와께 구하매 19여호와께서 돌이켜 강렬한 서풍을 불게 하사 메뚜기를 홍해
에 몰아넣으시니 애굽 온 땅에 메뚜기가 하나도 남지 아니하니라 20그러나 여호와
께서 바로의 마음을 완악하게 하셨으므로 이스라엘 자손을 보내지 아니하였더라

이 본문에는 다음과 같은 내용들이 있다.

I. 하나님의 커다란 군대(욜 2:11)인 메뚜기 떼의 애굽 땅 침범. 하나님께서는 모세에게 메뚜기들을 부르기 위해서 소리를 내는 것처럼(메뚜기들은 부를 때 왔기 때문임) 하며 그의 손을 뻗으라고 명하신다(12절). 그는 그의 지팡이를 앞으로 내어 밀었다(13절). 출 9:22-23과 비교하라. 모세는 자신의 손을 뻗치는 것이 아니라 그와 함께 하시는 하나님의 임재에 대한 위임된 표지인 하나님의 지팡이를 뻗은 것이다. 메뚜기 떼와 시 105:34-35에서 말하는 무수한 황충의 떼가 그 부름에 순종해 동풍에 편승해 날아온다. 차라리 무수히 많은 수의 기병과 보병을 막아내는 것이 이 곤충의 떼를 막아내는 것보다는 더욱 수월했을 것이다. 그렇다면 누가 위대하신 하나님 앞에 설 수 있다는 말인가?

II. 메뚜기 떼가 만든 황폐화(15절). 메뚜기 떼가 온 땅을 덮었고 그 땅의 열매들을 다 먹었다. 하나님께서 인간들의 자손들에게 땅을 주셨다. 그러나 하나님께서 원하시면 그들의 소유를 흩으실 수 있고 그들을 강제하시기 위해서 메뚜기들과 황충들을 보내실 수 있다. 식물들은 인간의 유익을 위해서 자란다. 그러나 하나님께서 원하시면 그렇게 하찮은 곤충들이 인간의 친구와 같은 무리가 될 뿐만 아니라 인간을 약탈하기도 하며 인간의 식량을 먹어치워 버릴 수

도 있을 것이다. 이러한 피해를 입을 수 있는 이 땅에 있는 거주하는 집들과 먹을 것들을 위해 수고하지 말고, 침노함을 받지 않으며 썩지 않는 영원한 삶을 보장해 주는 일들을 위해 수고하도록 하자.

Ⅲ. 이에 따른 바로의 승낙(16-17절). 바로는 더 이상 모세와 아론과 협상하지 않을 것(그런 의도를 가진 것 같음)이라고 말하면서 그들을 쫓아버렸다(11절). 그러나 이제 그는 급히 모세와 아론을 부른다. 그리고 이전에 경멸하며 모세와 아론을 쫓아버린 것 이상으로 그들의 환심을 사려고 노력한다. 도움을 주려고 하는 자들을 무시하고 온갖 비난으로 경멸하는 사람들은, 그 조언자들에게 관심을 가지고 자신들을 대신해서 중재해 줄 것을 부탁할 날이 올 것이다. 어리석은 처녀들이 슬기로운 자들에게 청해서 자신들에게 기름을 줄 것을 애원한다. 시 141:6을 보라.

1. 바로는 자신의 잘못을 고백한다: **내가 너희의 하나님 여호와와 너희에게 죄를 지었으니.** 그는 이제 자신이 하나님과 하나님의 대사들을 모욕하고 경멸했던 자신의 어리석음을 알며, 적어도 그 잘못에 대해서 회개를 하는 것 같다. 하나님께서 사람들에게 죄를 깨닫게 하시며 그것으로 인해 그들을 겸비하게 하실 때, 그들이 입으로 하나님의 사역자들과 주님의 말씀을 경멸한 책임을 분명히 물으실 것이고, 그들의 양심으로 하여금 죄책감을 느끼게 하실 것이다. 바로가 "내가 너희의 하나님 여호와"라고 말했을 때, 그는 사실 "그 여호와는 나의 하나님이 되지 못할 것이다"라는 것을 의미한 것이라고 보는 사람들이 있다. 많은 사람들은 그들이 하나님을 대적하여 싸울 수 없는 강한 적으로서 생각은 하지만, 자신들이 충성어린 애정으로 기꺼이 복종하려는 자신들의 공의로운 주권자로서 생각하지는 않는다. 진정으로 죄를 뉘우치는 사람들은 죄를 하나님, 즉 자신들이 의무를 가지고 대하는 자신의 하나님에게 죄를 지은 것으로 여기며 슬퍼하는 것이다.

2. 바로는 용서를 구한다. 그러나 죄를 뉘우치는 자들이 마땅히 회개를 해야 하는 하나님에게서가 아니라 좀 더 용이하게 변명이 가능한 모세에게서 용서를 구한다. 특별한 위임을 받을 때 모세는 바로에게 신으로 세워졌고, 그가 누구의 죄든지 사하면 그들은 용서받도록 되어있었기 때문이었다. 바로가 이번만 용서하라고 기도할 때, 그는 사실 더 이상 이렇게 죄를 짓지 않겠다는 것을 약속한 것이다. 그러나 바로는 그러한 약속을 말로 표현하는 것을 싫어한 듯하

고, 특별히 이스라엘 백성들을 나가게 하는 어떠한 말도 하지 않았다. 가짜 회개는 주로 약속들로 사람들을 속이며, 특별한 죄들에 대해서 언약 맺는 것을 싫어한다.

3. 바로는 모세와 아론에게 자신을 위해서 기도해 줄 것을 간청한다. 역경의 때에는 다른 사람들의 기도의 도움을 간청하지만, 하나님에 대한 진정한 사랑을 가지고 있지 않으며 그분과의 교제도 전혀 기뻐하지 않음을 보이면서, 스스로 기도할 마음도 가지고 있지 않는 사람들이 있다. 바로는 이 죄가 아닌 이 죽음만을 거두어가기를 위해 기도하는 모세와 아론의 기도를 원할 뿐이었다. 그는 훨씬 더 위험한 완악한 마음을 위해서가 아니라 단지 메뚜기 재앙이 없어지기만을 위해서 탄원한다.

Ⅳ. 모세의 기도로 인하여 심판이 제거됨(18-19절). 이 기도의 응답은 다음과 같은 의미들을 가지고 있다.

1. 기도의 응답은 심판과 마찬가지로 하나님의 권능을 나타내는 하나의 위대한 예시였다. 동풍이 메뚜기들을 몰아왔고 이제 서풍이 메뚜기들을 몰아갔다. 바람이 있는 곳이라는 표시로 나침반이 그 어디를 가리키고 있더라도 바람은 하나님의 말씀을 이루며 그분의 목적에 의해서 방향을 바꾸게 되는 것이다. 바람은 마치 하나님의 통제 아래 있지 않고 우리들의 어떠한 통제를 존중하는 것과 같이 임의로 분다. 그러나 그분께서 하늘 아래 바람의 방향을 정하시는 것이다.

2. 기도의 응답은 모세의 권위에 대한 위대한 증거와 같은 것이었고, 평안도 짓고 환난도 창조하시는(사 45:7) 하나님 안에서 가지는 모세의 위엄과 그 하나님에 대한 그의 마음을 인증해 주는 확증과 같은 것이었다. 또한 이것으로 인해서 모세는 애굽 사람들이 그를 존경할 것을 명한 것일 뿐만 아니라 그들이 바치는 존경만큼 모세 자신도 그들에게 좋은 감정을 가져야만 한다는 것을 말하는 것이기도 했다. 그의 부름에 순종하여 심판이 왔듯이 그의 기도에 대한 응답으로 심판이 물러갔다. 비록 모세는 비참한 날이 이를 것이라고 위협은 했을지라도 결코 그러한 날이 이르기를 바랐던 것은 아니었다. 모세의 임무는 애굽을 대항해서 수행되는 것이 분명했지만 그의 중재는 애굽을 위한 것이기도 했다. 이것이 바로 애굽인들이 비록 모세를 두려워했지만 그를 사랑해야만 하는 마땅한 이유가 되는 것이다.

3. 기도의 응답은 애굽인들이 회개해야 함을 엄중한 심판과 같이 강하게 요청하는 근거가 되는 것이었다. 이 심판으로 인해서 하나님께서는 용서하시며 곧 자비를 보이실 준비가 되신 것처럼 보이기 때문이다. 하나님께서 잘못을 고백하는 바로에게 여러 차례 행하셨던 것처럼 특별한 심판을 거두시고, 또한 징계의 말씀 앞에 겸비한 모습을 보이는 아합에게 심판을 연기해 주셨다. 그렇다면 우리가 신실하게 행동한다면 하나님께서는 우리를 위해 어떠한 일을 행하실 것인가? 그리고 하나님께서는 진정한 마음으로 회개하는 자들을 얼마나 환영하시겠는가? 오! 우리를 회개케 하시는 하나님의 선하심이여!

V. **바로가 이스라엘 백성들을 보내지 않는 그의 불의한 결심으로 다시금 돌아감**(20절). 이는 하나님의 공의로우신 손길이 그 위에 머물러 그의 마음을 완악하게 했고 그의 완고함에 머물도록 하셨기 때문이다. 자신들의 뉘우침을 거듭 실패하며 그 반대편에 서 있는 사람들은 그 회개의 유익을 상실하게 되며, 너무나 강한 자신들의 욕망들(그들의 뉘우침이 아무리 강하다 하더라도 더 강한 욕망들에)에 굴복하게 된다.

21여호와께서 모세에게 이르시되 하늘을 향하여 네 손을 내밀어 애굽 땅 위에 흑암
이 있게 하라 곧 더듬을 만한 흑암이리라 22모세가 하늘을 향하여 손을 내밀매 캄캄
한 흑암이 삼 일 동안 애굽 온 땅에 있어서 23그 동안은 사람들이 서로 볼 수 없으며
자기 처소에서 일어나는 자가 없으되 온 이스라엘 자손들이 거주하는 곳에는 빛이
있었더라 24바로가 모세를 불러서 이르되 너희는 가서 여호와를 섬기되 너희의 양
과 소는 머물러 두고 너희 어린 것들은 너희와 함께 갈지니라 25모세가 이르되 왕이
라도 우리 하나님 여호와께 드릴 제사와 번제물을 우리에게 주어야 하겠고 26우리
의 가축도 우리와 함께 가고 한 마리도 남길 수 없으니 이는 우리가 그 중에서 가
져다가 우리 하나님 여호와를 섬길 것임이며 또 우리가 거기에 이르기까지는 어떤
것으로 여호와를 섬길는지 알지 못함이니이다 하나 27여호와께서 바로의 마음을 완
악하게 하셨으므로 그들 보내기를 기뻐하지 아니하고 28바로가 모세에게 이르되 너
는 나를 떠나가고 스스로 삼가 다시 내 얼굴을 보지 말라 네가 내 얼굴을 보는 날
에는 죽으리라 29모세가 이르되 당신이 말씀하신 대로 내가 다시는 당신의 얼굴을
보지 아니하리이다

이 본문에는 다음과 같은 내용들이 있다.

I. 흑암의 재앙이 애굽에 임했다. 그것은 대단히 두려운 재앙이었다. 그러므로 비록 이 재앙이 마지막에 내린 것들 중의 하나였을지라도 시 105:28에는 열 가지 재앙들 중에서 첫 번째로 언급된다. 이방 종교적인 성향이 강한 애굽의 파멸에 있어서 흑암의 재앙은 다섯 번째 재앙으로 내려졌다. 계 16:10에서는 흑암의 재앙이 짐승의 보좌 위에 쏟아진다: 그 나라가 곧 어두워지며. 흑암의 재앙에 대해서 다음과 같은 사항들을 관찰할 수 있다.

1. 이 재앙은 완전한 흑암이었다. 하늘은 구름으로 뒤덮였을 뿐만 아니라 애굽인들의 모든 불들과 촛불들이 습기와 냉습한 수증기로 인해서 꺼졌을 것이라고 우리는 생각해 볼 수 있다. 이로 인해서 어두운 흑암이 임한 것이었다: 사람들이 서로 볼 수 없으며(23절)라고 전하고 있다. 악인의 불꽃은 빛나지 않을 것이고(사 50:11은 악인은 그 자신의 불꽃 가운데로 부름을 받기도 한다고 함) 그의 장막 안의 빛은 어두워질 것이라고 경고되고 있다(욥 18:5-6). 지옥은 완전한 흑암이다. 계 18:23은 "등불 빛이 결코 다시 네 안에서 비치지 아니하고"라고 기록하고 있다.

2. 그 재앙은 애굽인들이 그들의 손가락 끝으로 더듬어 느낄 수 있는(매우 짙은 안개로 인하여) 그러한 흑암이었다(21절). 어떤 사람들은 이 재앙이 애굽인들의 눈에 끼쳐진 고통스러운 것으로 손으로 눈을 비빔으로 더욱 고통스러워지는 것이었다고 생각한다. 계 16:10은 흑암의 결과로 매우 커다란 아픔이 있게 된다고 말하고 있는데 바로 여기 애굽인들이 겪은 고통과 같은 것임을 나타낸다.

3. 이 재앙은 애굽인들을 놀라게 했고 공포스럽게 했을 것임에 틀림없다. 애굽 땅을 새까맣게 뒤덮은 메뚜기 떼(15절)도 이 재앙에는 비교할 수 없을 정도로 아무것도 아닌 것이었다. 유대인들의 전승은, 이 흑암 속에서 애굽인들은 악령의 귀신들로 인해서, 혹은 그 악령들이 만드는 무시무시한 소리들과 중얼거림들로 인해서, 그렇지 않으면 그들 자신들의 양심이 느끼는 공포(굉장히 두려운)로 인해서 간담이 서늘해졌다고 전한다. 그리고 어떤 사람들은 이 재앙이 시 78:49에 의도된 재앙이라고 생각한다(그렇지 않았으면 그 재앙이 시편 78편에 결코 언급되지 않았을 것이기 때문이다): 그의 맹렬한 노여움과 진노와 분노와 고난 곧 재앙의 천사들을 그들에게 내려 보내셨으며. 악마가 속이는 자로 나타

난 사람들에게는 결국 그 악마가 공포가 될 것이기 때문이다.

4. 흑암은 삼일 동안 계속되었으니 한 번에 여섯 번의 밤의 길이 동안 흑암이 계속되었던 것이다(홀 주교가 말함). 매우 오랫동안 애굽인들은 흑암의 결박에 갇혀 있었다. 밝은 궁궐들도 완전한 지하 감옥들과 같았다. 자기 처소에서 일어나는 자가 없으되(23절). 애굽인들은 모두 자신들의 집에 갇혀 있었다. 굉장한 공포가 그들을 사로잡았기 때문에 의자에서 침대로 혹은 침대에서 의자가 있는 곳으로 움직일 용기를 가진 사람이 거의 없었다. 따라서 그들은 흑암 중에 잠잠했다(삼상 2:9). 이제 바로는 자신이 상황을 개선하고자 하는지를 생각해야만 할 시간이 되었다. 영적인 어둠은 영적인 속박인 것이다. 사탄은 사람들의 눈을 보지 못하도록 어둡게 하며, 그들이 하나님을 위해서 일하지 못하도록 그리고 하늘을 향해서 걸어가지도 못하도록 손과 발을 결박한다. 따라서 그들은 흑암에 앉아 있게 되는 것이다.

5. 그러므로 하나님께서 그들을 벌하시는 것은 정당한 것이다. 바로와 그의 백성들은 모세가 그들에게 말한 하나님의 말씀의 빛을 대항해서 반역했다. 그러므로 그들이 흑암으로 벌을 받는 것은 당연하다. 그들은 그 흑암을 사랑했고 선택했기 때문이다. 그들 마음의 어둠은 그들에게 이러한 대기의 어둠을 가져오게 했다. 바로의 마음과 같이 눈이 먼 분별이 없는 마음이 없는 것처럼 애굽과 같은 흑암에 싸인 곳도 없었다. 애굽인들은 자신들의 잔혹함으로 이스라엘의 등불과 숯불을 꺼버리려고 했다. 그러므로 하나님께서 그들의 빛을 꺼버리는 것은 당연한 것이다. 이 사건과 창 19:11에 나오는 소돔사람들에 대한 징계를 비교하라. 죄의 결과들을 두려워하도록 하자. 삼일 동안의 흑암이 그렇게나 두려운 것이었다면 영원히 흑암에 처하게 되는 것은 얼마나 더 두려운 일인가!

6. 같은 기간에 이스라엘 자손들이 거주하는 곳에는 빛이 있었다(23절). 대부분의 이스라엘 자손들이 거주했던 고센 지역뿐만 아니라 애굽 전역에 흩어져 살았던 이스라엘 자손들의 거주지역에도 빛이 있었다. 그들 중의 몇몇이 흩어졌다는 것은, 출 12:7에 나타나는 것과 같이 후에 그들의 문설주에 칠하도록 지시를 받아, 인근 애굽인들과 구별되는 사건에서 밝혀진다. 이것은 다음과 같은 사항들을 나타내는 예시이다.

(1) 이스라엘 자손 거주 지역에만 빛이 있었다고 하는 사실은 일상적인 자연의 힘을 능가하시는 하나님의 권능에 대한 예시이다. 우리가 자비를 누리고

있음을 당연한 일로 여겨 그 자비들에 대해서 하나님께 감사할 이유가 없다고 생각해서는 안 된다. 그분께서는 자비의 따스한 손길을 거두실 수도 있고 다른 사람에게 허용한 자비를 우리들에게는 보류하실 수도 있다. 하나님께서는 만드신 태양 빛을 의인과 더불어 불의한 자들에게도 비추신다. 그러나 그분께서는 차별화하실 수 있는 것이다. 우리는 그분의 자비에 빚진 자들이 됨을 스스로 고백해야만 한다.

(2) 이스라엘 자손 거주 지역에만 빛이 있었다고 하는 사실은 하나님께서 자신의 백성들에게 특별한 은혜를 베풀고 계심에 대한 예시인 것이다. 이스라엘 백성들은 다른 사람들이 칠흑 같은 어둠에서 끝도 없이 방황할 때 빛 가운데 행하고 있는 것이다. 비록 이 어두운 세상일지라도 이스라엘 사람이 있는 곳은 어느 곳이나 빛의 자녀가 있다. 그를 위한 빛이 비추어지며 하늘로부터 여명이 그를 찾아간다. 하나님께서 이스라엘 백성들과 애굽인들 사이를 구별하셨을 때, 어느 누가 애굽인의 화려한 왕궁보다 이스라엘 사람의 가장 초라한 오두막집을 더 좋아하지 않았겠는가! 저주 아래 있는 악인들의 집과 복을 받는 의인들의 집 사이에는 눈에 띄는 구분은 아니라 할지라도 실제적인 구별이 있는 것이다(잠 3:33). 우리는 그 구별을 믿어야만 하며 우리를 다스려야만 한다. 여호와께서 흑암을 보내사 그 곳을 어둡게 하셨으나 그들은 그의 말씀을 지키지 아니하였도다 라고 하는 시 105:28을 보면서 어떤 사람들은 다음과 같은 추측에 대한 근거를 말한다. 즉, 이 3일간 지속된 흑암 중에 다가오는 유월절 축제를 위해서 이스라엘 백성들이 할례를 받은 것이며, 이 할례를 인준한 명령은 이스라엘 백성들이 대항해서 거역하지 않은 말씀이었을 것이라는 것이다. 이스라엘 백성들이 가나안에 들어갔을 때 그들의 할례는 두 번째 할례였다고 말하고 있기 때문이다(수 5:2). 하나님께서 애굽인들에게 이 3일간의 흑암 속에 머물게 하시는 동안, 만일 하나님께서 원하셨다면 이스라엘 백성들은 그들 지역에 비추는 빛으로 인하여 바로의 허락 없이 자신들이 탈출할 수 있었을 것이다. 그러나 하나님께서는 이스라엘 백성들을 권능의 높이 들린 손으로 아무도 모르게 하지도 않으시고 황급히 하시지도 않으면서 인도해 내실 것이다(사 52:12).

Ⅱ. 이 흑암의 재앙은 이전의 재앙들과 같이 바로에게 미친 효과가 있었다.

1. 흑암의 재앙은 지금까지 그가 모세와 아론과 협상을 반복해 왔다는 것을 깨닫게 해주었고, 이제 결국 이스라엘 백성들이 자녀들을 함께 데리고 나가는

것에 동의하게 만들었다. 단지 바로는 그들의 가축을 볼모로 남겨 놓도록 했다(24절). 죄인들이 전능하신 하나님과 흥정을 하는 것은 일반적인 일이다. 죄인들은 일부분의 죄들을 떠나기는 하지만 모든 죄를 떠나는 것은 아니다. 죄인들은 일시적으로 죄를 떠나기는 할 것이지만 마지막으로 영원히 작별하지는 않는다. 죄인들은 자신들의 마음 가운데 하나님께서 무엇인가를 나누도록 허용하기는 하지만 세상과 정욕으로 물들게 된다. 따라서 그들은 하나님을 조롱하는 것이지만 결국 자신들을 속이는 것이다. 모세는 그가 말한 조건에서 결코 물러서지 않는다: 우리의 가축도 우리와 함께 가고 한 마리도 남길 수 없으니(26절). 화해의 요건들은 정해져 있기 때문에 사람들이 아무리 오랜 시간 동안 그 요건들을 가지고 논쟁한다 하더라도 그 요건들을 변경하거나 그 요건들의 수준을 낮출 수는 없는 것이다. 우리는 하나님이 뜻하시는 요구조건들에 다가가야만 한다. 우리들의 탐욕의 조건들에 하나님께서는 양보해 주실 것이라고 기대할 수 없기 때문이다. 하나님의 시지들은 항상 이러한 규칙에 서 있어야만 한다(렘 15:19): 그들은 네게로 돌아오려니와 너는 그들에게로 돌아가지 말지니라. 모세는 왜 이스라엘 백성들이 그들의 가축들을 함께 데리고 가야 하는지에 대한 지극히 타당한 이유를 말한다. 그들은 희생제를 드리러 가야만 하기 때문에 필요한 제물을 가지고 가야만 하는 것이다. 그들은 어떤 종류의 희생제물이 어느 정도 필요하게 될 것인지 아직은 알지 못하므로 그들이 소유한 모든 것을 데리고 가야만 하는 것이다. 우리는 우리 자신과 자녀들 그리고 우리들이 가지고 있는 이 땅의 모든 것을 가지고 하나님을 경배하는데 헌신해야만 한다. 우리는 하나님께서 우리들이 가진 것 중에서 어느 것을 사용하실지 모르며, 우리들이 가지고 있는 것을 가지고 하나님을 경배하는 방법도 모르기 때문이다.

2. 이 재앙은 바로의 감정을 악화시켜서 그가 자신의 조건을 관철시킬 수 없게 되자 그 회담을 갑자기 깨버리며 더 이상의 협상이 없을 것임을 단호히 말하게 만들었다. 이제 화가 끝까지 오른 바로는 절제할 수 없는 분노를 발했다(28절). 모세는 분노 가운데 쫓겨났고, 궁정에 나타나면 죽음을 면치 못할 것이라는 경고를 받았고, 강가에서 이제껏 만난 대로 더 이상 바로를 만나는 것이 금지되었다: 네가 내 얼굴을 보는 날에는 죽으리라. 엄청나게 이상스러운 광기(狂氣)! 바로는 모세가 그의 얼굴을 보지 않는다고 하더라도 재앙을 부를 수 있다고 하는 사실을 몰랐던 것인가? 그렇지 않으면 바로는 그가 얼마나 자주,

자신을 고치고 자신이 당하는 재앙들로부터 놓임을 받게 해주는 의사로서 모세를 불렀는지를 잊었단 말인가? 이제 그러한 모세가 더 이상 바로에게 가까이 가는 것이 금지되는 것인가? 아무런 소용이 없는 무력한 적대감이지 않는가! 그러한 권능으로 무장하고 있는 모세 그리고 그의 자비의 손길 아래 자신이 그렇게나 자주 피했던 모세를 죽음으로 위협하는 것은 다름 아닌 무력한 적대감이었던 것이다. 사람들로 하여금 마음의 완악함에 이르지 않게 하고 하나님의 말씀과 계명들에 대해 경멸하지 않도록 하는 것은 무엇인가? 모세는 바로에게 다음과 같은 말을 남긴다(29절): **내가 다시는 당신의 얼굴을 보지 아니하리이다.** 즉, "이 시간 이후로는." 이 회담은 출 11:8에 이르기까지 끝나지 않았기 때문이다. 모세는 **대단히 화가 나서** 가버리면서 바로가 얼마나 속히 자신의 마음을 바꾸게 될 것인지를 말했다. 그리고 바로의 교만한 마음이 수그러질 것을 말했는데, 이는 바로가 모세가 떠날 것을 겸비하게 요청하는 사람이 되었을 때 그대로 이루어졌다(출 12:31). 그러므로 이 만남 이후로 요청이 있을 때까지 모세는 더 이상 오지 않았다. 사람들이 하나님의 말씀을 거부할 때 하나님께서는 그들의 잘못된 생각들을 허용하시며 그들의 많은 오류에 대해서 답하신다. 거라사인들이 그리스도께서 떠나시도록 요청하셨을 때 그리스도께서는 즉시로 그들을 떠나셨다.

제 11 장

개요

바로는 모세에게 자기 앞에서 떠나라고 말했으며(출 10:28), 모세는 이것이 그가 바로를 번거롭게 하는 마지막이 될 것이라고 말했다. 그러나 모세는 바로를 떠나기 전에 그가 말해야 할 것을 말하기로 결심한다. 우리는 본 장에서 I. 모세가 이제 따라야 할 하나님께서 모세에게 주셨던 지시사항들(1-2절)과 애굽 사람들이 존귀하게 여기는 가운데 이스라엘과 모세가 받은 은혜의 헌물들(3절), II. 모세가 바로에게 전한 마지막 메시지인 장자의 죽음에 대한 예언(4-8절), 그리고 III. 바로가 자신의 마음을 완악하게 할 것에 대한 거듭된 예언(9절)과 그 예언에 응하는 사건(10절) 등에 대한 묘사를 볼 수 있다.

1여호와께서 모세에게 이르시기를 내가 이제 한 가지 재앙을 바로와 애굽에 내린
후에야 그가 너희를 여기서 내보내리라 그가 너희를 내보낼 때에는 여기서 반드시
다 쫓아내리니 2백성에게 말하여 사람들에게 각기 이웃들에게 은금 패물을 구하게
하라 하시더니 3여호와께서 그 백성으로 애굽 사람의 은혜를 받게 하셨고 또 그 사
람 모세는 애굽 땅에 있는 바로의 신하와 백성의 눈에 아주 위대하게 보였더라

이 본문에는 다음과 같은 내용들이 있다.

I. 모세와 이스라엘은 하나님과 각별한 사랑을 나누었다.

1. 모세는 하늘의 사랑을 받는 사람이었다. 하나님께서 하시고자 하는 것을 모세에게 숨기지 않으셨기 때문이다. 하나님께서는 모세를 자신의 사역을 수행하기 위한 사역자로 삼았을 뿐만 아니라 자신의 목적을 가지고 모세와 대화를 나누셨다(자신의 자문위원에 속한 사람으로서). 그 하나님의 목적은 이제 마지막 하나의 또 다른 재앙을 바로에게 내리시려고 하는 것이다. 이 재앙으로 인해서 하나님께서는 이스라엘에 대한 구원을 완성하실 것이다(1절). 모세는 이 두려운 사역이 끝나는 것과 애굽이 더 이상의 재앙을 받지 않게 되며 이스라엘이 더 이상의 압제를 받지 않게 되는 것을 보기를 고대했다: 하나님께서는

"자! 이제 거의 끝날 때가 되었다. 싸움은 곧 끝날 것이고 목표를 달성했다. 바로는 강압적으로 항복할 것이고 이 싸움의 원인이 되는 욕심을 포기하게 될 것이다"라고 말씀하신다. 모든 남은 재앙들을 다 내리시고 난 뒤에 하나님께서는 "내가 이제 한 가지 재앙을 더 보내리라"라고 말씀하신다. 따라서 이 세상의 죄인들에 대해서 시행된 모든 재앙들 뒤에 여전히 다른 세상에서 그 죄인들에게 쏟아지기 위해서 보존된 재앙 한 가지가 더 있는 것이다. 그 남겨진 재앙은 어느 것도 겸비하게 할 수 없었던 사람들을 완전히 겸손하게 할 그러한 재앙이 될 것이다.

2. 이스라엘 백성들은 하늘의 사랑을 받는 사람들이었다. 하나님께서 그들이 받은 상처의 아픔에 동참하셨고 애굽인들을 섬기면서 얻게 되는 모든 고통을 돌아보셨기 때문이다. 이 날은 이스라엘 백성들이 감당하는 노역의 마지막 날이었다. 그들은 이제 막 떠나가려고 하고 있었다. 감당하는 일을 통해서 이스라엘 백성들을 학대했던 감독들은 그들의 노임을 약탈해서는 안 되었고 그들을 빈 손으로 보내서도 안 되었던 것이다. 가난한 이스라엘 백성들은 자유를 그렇게나 좋아해서 비록 노임이 주어지지 않는다고 할지라도 그 자유로 만족해했을 것이고 어떠한 조건으로라도 그 자유를 얻는 것을 좋아했을 것이다. 그러나 압제받는 자들을 위해 공의와 심판을 실행하셨던 하나님께서 노동자들이 자신들의 노임을 잃지 않도록 하셨고, 그들이 떠날 때 그 노임인 은금 패물을 요구하도록 하셨다(2절). 이러한 여건을 만드시기 위해서 하나님께서는 재앙으로 애굽인들로 하여금 어떠한 노임이 되었든지 기꺼이 주도록 하셨다. 이는 마치 이전에 애굽인들이 이스라엘 백성들의 노역을 통하여 일정 기간 동안 노임을 빼앗은 것과 같은 금액이었다. 참을성 있는 이스라엘 백성들은 자신들의 노임을 잃는 것에 그리 연연해하지 않고 만족했을지라도, 하나님께서는 그들이 노임을 받지 못하고 나가도록 하지 않으셨다. 겸비한 침묵 가운데 자신들의 문제를 하나님께 의탁하는 상처 입은 자들에게 하나님께서는 이런저런 방법으로 보상해 주신다. 하나님께서는 자신들의 사역을 감당하면서 겪게 되는 고통을 인내로 극복해 나가는 자들 그 어느 누구도 패배자가 되지 않게 하실 것이다.

Ⅱ. 모세와 이스라엘은 애굽 사람들과 각별한 호의를 나누게 되었다(3절).

1. 비록 미움을 당했고 경멸당했던 백성들이었을지라도 이제는 존경을 받게 되었다. 이스라엘 백성들을 위해서 행해진 이적들은 이스라엘 백성들을 영

예롭게 했고 그들을 무시할 수 없는 사람들로 만들어 주었다. 하나님께서 위해서 싸워 주시는 사람들은 얼마나 위대하게 되는 것인가! 주께서 애굽사람들의 목전에서 이스라엘을 얼마나 많이 사랑하시는지를 보여주심으로 이스라엘 백성들에게 은혜를 베푸신 것이었다. 그분께서는 또한 이스라엘 백성들을 대하는 애굽인들의 마음을 바꾸셨고, 그 압제자들에게서 긍휼히 여김을 받도록 하셨다(시 106:46).

2. 모세는 매우 위대한 사람이었다. 애굽인들이 모세가 덧입은 권능과 그의 손으로 행한 이적들을 보았을 때 어찌 그리 되지 않을 수 있었겠는가? 마찬가지로 이적들이 아니었으면 비천한 사람들이 되었을 사도들은 그로 인해 칭송을 받게 되었다(행 5:13). 하나님께서는 그분을 영화롭게 하는 자들을 영화롭게 하실 것이다. 하나님께 신실함을 증명해 보이는 자들은 비록 이 땅에서 더할 나위 없이 초라하게 지낼지라도 모든 세상 사람들, 심지어 지금 그들을 극도로 경멸하는 사람들에게서조차도 위대하게, 아주 위대하게 보이는 날이 있게 될 것이다. 비록 바로는 모세를 미워했을지라도, 모세를 존경하는 바로의 신하들이 있었다. 또한 가이사의 황실뿐만 아니라 네로의 황실에서조차도 복된 바울에 대해 경의를 표하는 사람들이 있었던 것이다(빌 1:13).

4 모세가 바로에게 이르되 여호와께서 이와 같이 말씀하시기를 밤중에 내가 애굽 가
운데로 들어가리니 5 애굽 땅에 있는 모든 처음 난 것은 왕위에 앉아 있는 바로의 장
자로부터 맷돌 뒤에 있는 몸종의 장자와 모든 가축의 처음 난 것까지 죽으리니 6 애
굽 온 땅에 전무후무한 큰 부르짖음이 있으리라 7 그러나 이스라엘 자손에게는 사람
에게나 짐승에게나 개 한 마리도 그 혀를 움직이지 아니하리니 여호와께서 애굽
사람과 이스라엘 사이를 구별하는 줄을 너희가 알리라 하셨나니 8 왕의 이 모든 신
하가 내게 내려와 내게 절하며 이르기를 너와 너를 따르는 온 백성은 나가라 한 후
에야 내가 나가리라 하고 심히 노하여 바로에게서 나오니라 9 여호와께서 모세에게
이르시기를 바로가 너희의 말을 듣지 아니하리라 그러므로 내가 애굽 땅에서 나의
기적을 더하리라 하셨고 10 모세와 아론이 이 모든 기적을 바로 앞에서 행하였으나
여호와께서 바로의 마음을 완악하게 하셨으므로 그가 이스라엘 자손을 그 나라에
서 보내지 아니하였더라

이 본문에서 바로에게 마지막이 되며 심한 고통이 되지만 이스라엘 백성들에게는 승리를 가져다 줄 재앙에 대한 경고가 주어진다. 이 마지막 재앙은 일시에 애굽에 있는 모든 첫태생들의 죽음에 대한 것으로 이미 먼저 경고되고 위협되었던 것인데(출 4:23, **내가 네 아들 네 장자를 죽이리라**) 이제 제일 나중에 수행되는 것이다. 그동안은 좀 덜 가혹한 심판들이 시도되었다. 만약에 그 심판들이 목적을 이루었다면, 이 마지막 가혹한 심판을 막을 수도 있었을 것이다. 하나님께서 얼마나 노하기를 더디 하시는지, 심판의 방법들을 얼마나 적절하게 선택하시는지, 얼마나 기꺼이 분노(忿怒)를 거두시는지, 그리고 특별히 그분께서 사람들의 생명을 얼마나 귀하게 보시는지를 보라. 만약에 애굽인들이 자신들의 가축들의 죽음으로 인해 겸비해지고 새로워졌다면, 그들은 자기 아이들의 생명을 보전할 수 있었을 것이다. 사람들이 하나님의 심판이 점차로 더 커지는 것을 보면서도 나아짐의 여지를 보이지 않는다면, 그들은 최악의 심판이 마지막에 준비되어 있다는 것을 알게 되는 것이 스스로에게 다행한 일이며 감사해야 할 일인 것이다.

1. 이 본문에서는 재앙 자체에 대해서 특별히 미리 언급된다(4-6절). 시간이 한밤중으로 정해졌다. 그 날 한밤중은 죽음의 밤이 되는 것이다. 애굽인들이 모두 잠들었을 때, 그들의 모든 처음 난 아이들은 죽음의 잠을 자야만 하는 것이다. 침묵 가운데서나 알지 못하는 중에 일어나는 일이 아니었다. 아침에 이르기까지 발견하지 못하게 한 게 아니라 한밤중에 그들의 가족들이 일어나 죽은 아이 곁에서 그 아이를 보게 하려는 것이었다. 이 죽음의 재앙의 범위는 5절에 묘사되어 있다. 왕위를 계승할 왕자도 너무 신분이 높아 죽음의 사자가 미치지 못하는 것이 아니었고, 방앗간의 노예들도 신분이 너무 낮아 그 죽음의 사자가 알지 못하는 것이 아니었다. 모세와 아론은 이 재앙을 부르도록 지시를 받지 않았다: **여호와께서 이와 같이 말씀하시기를 밤중에 내가 애굽 가운데로 들어가리니**(4절). 살아계신 하나님의 진노의 장중에 떨어지는 것은 두려운 일이다. 이것이 지옥이 아니고 무엇이겠는가!

2. 이스라엘의 어린이들은 특별한 보호 아래 있었고, 애굽인들과 이스라엘 백성들 사이에는 분명한 구별이 있었다. 천사들이 애굽인들을 향해서 칼을 뽑아 들었을 때, 이스라엘의 어린이들에게는 개조차도 짖지 않았다(7절). 하나님의 백성들과 그 대적들 사이에 이 위대한 날에 놓이게 될 구별에 대한 조짐이

주어졌다. 사람들은 하나님께서 어떠한 구별을 두실 것인지 알았다. 그분을 섬기는 자들과 그렇지 않는 자들 사이에 영원을 두실 것이다. 사람들이 그것을 안다면, 애굽 사람들처럼 그렇게 신앙이 사소한 것으로 보이거나, 또한 무관심하게 행동하지는 않을 것이다.

3. 바로의 신하들이 모세에게 해야 할 겸비한 복종과 그들이 모세에게 요청하게 될 정말 유순한 요청(8절): **왕의 이 모든 신하가 내게 내려와 내게 절하며 이르기를.** 하나님과 그분의 소유된 이스라엘의 오만한 대적들은 결국 엎드러지게 될 것이며(계 3:9) 그들에게 거짓말쟁이로 드러날 것이다(신 33:29). 모세가 자신의 메시지를 전했을 때 비록 그가 지상의 모든 사람들보다 온유한 사람이었지만 **심히 노하여 바로에게서 나오니라** 라고 본문은 전하고 있다. 아마도 모세는 장자의 죽음에 대한 경고는 바로로 하여금 따르도록 할 것이라고 기대했을 것이다. 특별히 바로는 이미 지금까지 모세의 말이 결국은 응했고 지금까지 모세가 발한 것은 모두 얼마나 정확히 이루어졌는지를 보았기 때문이었다. 그러나 바로는 모세의 말에 따르지 않았다. 그의 오만한 마음은 항복하지 않았다. 그렇게 하지 않았다! 자신의 왕국의 모든 장자들을 구하지 않은 것이다. 사람들이 이 세상에서 자신들에게 사랑스러운 모든 사람을 잃는다고 하는 임박한 위험에 대한 경고를 두려워하지 않는다면, 오는 세상에서 영원한 비참함 가운데 그들이 처하게 될 것이라고 하는 예언의 말씀으로 인해 그들이 악한 일들에서 물러나지 않을 것이라는 것은 그리 놀라운 일이 아니다. 여기에서 모세는 그의 마음의 완악함을 슬퍼하면서(훗날 우리 주님처럼, 막 3:5) 거룩한 의분을 내게 되었다. 파멸을 방지하기 위해 취해진 모든 방법들에도 불구하고 자신들에게 주는 모든 정당한 경고들을 듣지 않고 파멸을 향해 곧바로 달려가는 사람들을 보는 것은 선한 목자들의 마음에 매우 커다란 아픔을 준다. 그러므로 에스겔은 **근심하고 분한 마음으로** 갔다(겔 3:14). 하나님께서 에스겔에게 이스라엘의 집이 그의 말을 듣지 않을 것이라고 하셨기 때문이다(7절). 다름 아닌 죄에 대해서 화를 내는 것은 분을 내어 죄를 짓는 것이 아니다. 모세는 바로의 완악함으로 인해 자신에게 놓였던 장애들을 언급하면서 다음과 같은 것들을 생각한다.

(1) 하나님께서 이러한 상태에 대해서 그에게 주셨던 이전의 언질을 생각한다(9절): **여호와께서 모세에게 이르시기를 바로가 너희의 말을 듣지 아니하리라.**

성경은 복음을 듣는 사람들이 쉽게 믿지 않을 것임을 예고했다. 이러한 현상은 우리들에게 놀라운 일도, 걸려 넘어져야 할 장애물도 아닌 것이다(요 12:37-38; 롬 10:16). 사람들이 그리스도의 복음에 대해 일반적으로 보이는 경멸들로 인해서 그 복음이 더 나빠질 것이라고는 결코 생각하지 말도록 하자. 우리가 전하는 복음이 만나게 될 냉대가 무엇인지 우리는 이미 들었기 때문이다.

(2) 모세는 이 사건의 요지에 이전에 그가 말했던 모든 것을 다시금 요약한다(10절). 즉, 모세는 바로(바로 자신은 이 모든 이적들에 대한 증인이었음) 앞에서 이러한 모든 이적들을 행했는데 그 사실이 이 곳에서 다시금 이야기된다. 그러나 그는 설득을 할 수 없었다. 이것은 의로운 심판의 노정에서 하나님께서 친히 바로의 마음을 완악하게 하셨다고 하는 분명한 표지였던 것이다. 따라서 그리스도의 복음에 대한 유대인들의 거부는 너무나 크고 불합리한데, 그러한 현상은 하나님이 오늘까지 그들에게 혼미한 심령과 보지 못할 눈과 듣지 못할 귀를 주셨다 라고 하는 롬 11:8 말씀에서 쉽게 추론될 수 있을 것이다.

제 12 장

개요

본 장은 구약 전체에서 기억해야만 할 가장 중요한 규례들 중의 하나와 가장 중요한 하나님의 섭리들 중의 하나에 대한 이야기를 하고 있다. I. 유대 교회의 모든 규례들 중 그 어느 것도 유월절(逾越節) 규례보다 더 두드러지게 중요한 것은 없으며 신약에서 유월절보다 더 자주 언급되는 절기도 없다. 우리는 본 장에서 유월절 제도에 대한 이야기를 대하게 된다. 그 유월절 규례는 세 부분으로 이루어져 있다. 1. 유월절 양을 잡음과 먹음(1-6, 8-11절). 2. 독특하고 진귀한 것으로 이야기되는(히 11:28) 문설주에 피를 뿌리는 것과 이 첫 유월절의 독특함(7절)과 그 이유(13절). 3. 7일 동안 계속되는 무교병 절기, 이 본문은 이 규례를 지키는데 있어서 나중에 행해야 할 것들을 말하고 있다(14-20절). 이 제도는 백성들에게 알려졌고 그들은 다음과 같은 사항들을 지키도록 가르침을 받았다. (1) 이 첫 유월절을 지키도록 했다(21-23절). (2) 후손들이 지킬 것을 말했다(24-27절). 그리고 이 명령들에 대한 이스라엘 백성들의 순종(28절)에 대해서 말하고 있다. II. 유대 교회에 대한 모든 하나님의 섭리들 중에 어떤 것도 애굽으로부터 이스라엘 자손들을 구원하심보다 더 빛나고 자주 언급되는 것은 없다. 1. 애굽인들의 장자가 죽임을 당한다(29-30절). 2. 이스라엘 백성들의 해방을 위한 명령이 즉시 내려진다(31-33절). 3. 이스라엘 백성들이 출애굽 행진을 시작한다. (1) 그들은 자신들의 물건들을 둘러메었고(34절), (2) 애굽인들로부터 물품을 취하여 부유하게 되었으며(35-36절), (3) 동행된 혼합된 다수가 있었고(37-38절). (4) 양식을 조달하는 이스라엘 백성들의 기민함(39절) 등이 묘사되었다. 출애굽 사건의 날짜가 기록되었다(40-42절). 마지막으로 결론에 [1] 약간의 부가적으로 기록된 것과 이 기억할 만한 규례(43-49절)와 [2] 이 기억할 만한 하나님의 섭리(50-51절)에 대해서 요약하고 있다.

1여호와께서 애굽 땅에서 모세와 아론에게 일러 말씀하시되 2이 달을 너희에게 달
의 시작 곧 해의 첫 달이 되게 하고 3너희는 이스라엘 온 회중에게 말하여 이르라
이 달 열흘에 너희 각자가 어린 양을 잡을지니 각 가족대로 그 식구를 위하여 어린

양을 취하되 4그 어린 양에 대하여 식구가 너무 적으면 그 집의 이웃과 함께 사람
수를 따라서 하나를 잡고 각 사람이 먹을 수 있는 분량에 따라서 너희 어린 양을
계산할 것이며 5너희 어린 양은 흠 없고 일 년 된 수컷으로 하되 양이나 염소 중에
서 취하고 6이 달 열나흗날까지 간직하였다가 해 질 때에 이스라엘 회중이 그 양을
잡고 7그 피를 양을 먹을 집 좌우 문설주와 인방에 바르고 8그 밤에 그 고기를 불에
구워 무교병과 쓴 나물과 아울러 먹되 9날것으로나 물에 삶아서 먹지 말고 머리와
다리와 내장을 다 불에 구워 먹고 10아침까지 남겨두지 말며 아침까지 남은 것은 곧
불사르라 11너희는 그것을 이렇게 먹을지니 허리에 띠를 띠고 발에 신을 신고 손에
지팡이를 잡고 급히 먹으라 이것이 여호와의 유월절이니라 12내가 그 밤에 애굽 땅
에 두루 다니며 사람이나 짐승을 막론하고 애굽 땅에 있는 모든 처음 난 것을 다
치고 애굽의 모든 신을 내가 심판하리라 나는 여호와라 13내가 애굽 땅을 칠 때에
그 피가 너희가 사는 집에 있어서 너희를 위하여 표적이 될지라 내가 피를 볼 때에
너희를 넘어가리니 재앙이 너희에게 내려 멸하지 아니하리라 14너희는 이 날을 기
념하여 여호와의 절기를 삼아 영원한 규례로 대대로 지킬지니라 15너희는 이레 동
안 무교병을 먹을지니 그 첫날에 누룩을 너희 집에서 제하라 무릇 첫날부터 일곱
째 날까지 유교병을 먹는 자는 이스라엘에서 끊어지리라 16너희에게 첫날에도 성회
요 일곱째 날에도 성회가 되리니 너희는 이 두 날에는 아무 일도 하지 말고 각자의
먹을 것만 갖출 것이니라 17너희는 무교절을 지키라 이 날에 내가 너희 군대를 애굽
땅에서 인도하여 내었음이니라 그러므로 너희가 영원한 규례로 삼아 대대로 이 날
을 지킬지니라 18첫째 달 그 달 열나흗날 저녁부터 이십일일 저녁까지 너희는 무교
병을 먹을 것이요 19이레 동안은 누룩이 너희 집에서 발견되지 아니하도록 하라 무
릇 유교물을 먹는 자는 타국인이든지 본국에서 난 자든지를 막론하고 이스라엘 회
중에서 끊어지리니 20너희는 아무 유교물이든지 먹지 말고 너희 모든 유하는 곳에
서 무교병을 먹을지니라

이 본문에서 모세와 아론은 후에 유월절 규례에 관해서 백성들에게 전해주어야 할 사항에 대해서 여호와께로부터 받고 있다. 이 유월절 규례 앞에 이스라엘 백성들이 지켜야 될 새로운 양식의 월력이 덧붙여진다(1-2절): 이 달을 너희에게 달의 시작 곧 해의 첫 달이 되게 하고. 이스라엘 백성들은 지금까지 새해를 9월 중순으로부터 시작했다. 그러나 이제부터는, 최소한 모든 종교력의

계산에 있어서는, 3월 중순부터 새 해를 시작해야만 했다. 하나님과 함께 하루를, 한 해를, 특별히 우리의 삶을 시작하는 것은 귀하고 좋은 것이다. 이 새로운 계산법은 봄에 한 해를 시작했다. 봄은 땅의 표면을 새롭게 하며, 그리스도께서 오심에 대한 상징으로 쓰였다(아 2:11-12). 우리는 다음과 같은 상황을 생각해 볼 수 있다. 즉, 모세는 애굽인들에게 10가지 재앙들이 내리도록 하고 있었지만, 마지막 한 시간의 경고 시간 동안 이스라엘 백성들이 떠날 준비를 하도록 했을 것이라는 것이다. 아마도 모세는 점차로 이스라엘 백성들을 흩어진 곳에서 함께 모았을 것이다. 이스라엘 백성들이 여기서 이제는 이스라엘 회중이라고 불리고 있고(3절), 여기서 회중으로서 그들에게 명령들이 전달되기 때문이다. 이스라엘 백성들이 많이 놀랐을 것이고 무척 서둘렀을 것이라고 하는 것을 쉽게 생각해 볼 수 있다. 그러나 이제 그들은 하나님을 영화롭게 하기 위해 신성한 의식의 준수에 스스로를 적용시켜야만 한다. 우리가 염려로 가득하고 우리의 손은 할 일로 가득하더라도 우리는 우리들의 신앙을 잊어서는 안 되며, 경건한 헌신의 행동에 대해서 우리 스스로 마지못해 하는 것이 되지 않도록 해야만 한다.

I. 하나님께서는 이스라엘 백성들이 애굽으로부터 나가게 될 바로 그 날 밤에 이스라엘 백성들 각 가족들은 한 마리 양을 잡아야만 한다고 지정해 주셨다. 만약에 가족이 적으면 두세 가족이 함께 하여 한 마리 양을 잡도록 하셨다. 양은 4일 전까지는 준비되어야만 했고(3절) 유월절 날 오후에 이스라엘 백성들은 그 양을 잡아야만 했다(6절). 그 잡은 양은 제단 위에 드려지지는 않았기 때문에 엄격한 희생제물로서의 성격을 가지지는 않았다. 그러나 애굽인들을 괴롭혔던 재앙들로부터 그들을 보존해 주셨을 뿐만 아니라 그 재앙들에 의해서 그들을 구원해주신, 이스라엘 백성들을 향하신 하나님의 선하심에 대한 감사를 표시하는 종교적인 의식으로서 양을 잡은 것이었다. 가족-종교의 고대성을 보라. 구성원이 적은 가족들이 종교적인 예배를 위해서 함께 하는 편리한 이점을 보라. 이 함께 하는 종교적 예배는 아마도 좀 더 엄숙하게 진행되었을 것이다.

II. 이스라엘 백성들은 무교병과 쓴 나물과 함께 잡은 양고기를 구워서(여러 조각으로 나누어 구웠을 것이라 생각해 볼 수 있음) 먹어야만 했다. 그들은 고기를 급히 먹어야만 했고(11절) 아침까지 남겨 놓아서는 안 되었다. 하나님께서는 그들에게 자신들의 매일 양식을 하나님께 의지하도록 하셨고 내일을 염려하지 말도록 하셨기 때문이다. 그들을 인도하셨던 그분께서 그들을 먹이실 것이다.

Ⅲ. 이스라엘 백성들은 양고기를 먹기 전에 문설주에 피를 뿌려야만 했다(7절). 이로 인해서 그들의 집들은 애굽 사람들의 집들로부터 구별될 수 있었고 자신들의 장자들이, 멸하는 천사의 칼로부터 안전하게 되었다(12-13절). 두려운 일이 애굽에서 이 밤에 이루어지게 되어 있었다. 사람과 짐승의 모든 첫 태생들이 죽임을 당할 것이었고 심판이 애굽의 신들 위에 이루어졌다. 모세는 본장에서 그 성취에 대해서 언급을 하지 않는다. 그러나 민 33:4에서는 그 성취를 말하고 있다. 애굽인들이 경배했던 우상들이 파괴되었을 것이다. 금속으로 만든 우상들은 녹아내렸고, 나무로 만든 우상들은 불탔고, 돌로 만든 우상들은 산산이 부서졌을 것이다. 이러한 사실로부터 이드로는 **여호와는 모든 신보다 크시도다**(출 18:11)라고 생각한다. 애굽인들의 장자들을 멸한 동일한 천사들이 그들에게 장자와 동일하게 소중한 그들의 우상들을 부수어버렸다. 이 죽음의 재앙으로부터 이스라엘을 보호하시기 위해서 이스라엘 백성들은 문설주 위에 양의 피를 뿌리도록 명령을 받았다. 문설주에 피를 뿌리는 것은 하나님의 경고에 대한 그들의 믿음과 하나님의 섭리에 대한 그들의 순종의 한 예로서 받아들여지고 있는 것이다. 적용. 1. 재앙의 시기가 닥친다면 하나님께서는 자신의 백성들을 보호하실 것이고 그들 위에 특별한 표시를 놓아 두실 것이다. 그 백성들은 하늘에나 혹은 하늘 아래 숨겨질 것이다. 그리고 심판의 징계로부터 혹은 최소한 심판의 고통으로부터 보존될 것이다. 2. 뿌려지는 피는 재앙의 시기에 성도의 안전을 위한 보호막이 된다. 하나님을 위해 그 백성들을 인치고, 양심에 평강을 회복시키고, 그들로 하여금 은혜의 보좌 앞에 담대히 나아가도록 해주는 것은 바로 뿌려지는 피인 것이다. 그러므로 그 피는 그 백성들을 둘러싼 보호벽이 되며, 그 백성들과 이 세상 자녀들 사이를 구분하는 벽이 되는 것이다.

Ⅳ. 유월절은 이스라엘 백성들의 이어지는 세대 속에서 주님의 절기로서 매년 지켜져야만 했다. 이 절기에 무교절이 더해졌다. 이 무교절 7일 동안 그들은 애굽에서 나온 뒤 여러 날 동안 그러한 빵을 먹을 수밖에 없었던 그들의 처지를 기억하면서 발효되지 않은 빵만을 먹어야 했다(14-20절). 지시사항이 다

음과 같은 목적을 가지고 반복적으로 가르쳐졌다. 즉, 백성들이 좀 더 바람직한 방향을 잡도록 하기 위해서, 그들이 이 규례에 관해서 실수를 하지 않도록 하기 위해서, 그리고 애굽에서 아마도 종교적인 문제에 있어서 일반적으로 매우 어리석고 부주의하게 자라난 사람들로 하여금 유월절 제도를 성실히 지키도록 일깨우기 위해서 반복적으로 가르쳐졌던 것이다. 이 규례에는 복음에 관한 많은 사항들이 들어있음에 틀림이 없다. 유월절은 신약성경에서 종종 언급된다. 신약성경에서는 복음이, 이러한 일들의 끝을 지속적으로 볼 수가 없었던 그들에게만이 아니라 우리들에게 선포되었다고 말씀하고 있다(히 4:2; 고후 3:13).

1. 유월절 양은 표상(表象)적인 상징이었다. 그리스도께서는 우리들의 유월절이시다(고전 5:7). (1) 유월절 양은 한 마리 양이어야만 했다. 그리스도께서는 하나님의 어린 양이시다(요 1:29). 계시록에서는 종종 온유하고 순전한 양으로서, 털을 깎는 자와 도살자 앞에 잠잠한 어린 양으로 불린다. (2) 유월절 양은 1년 된 수컷으로 흠이 없는 가장 좋은 것이었다(5절). 그리스도께서는 자신을 베들레헴의 아이들과 같은 유아 시기가 아닌 가장 건장하고 좋은 시기에 드리셨다. 이것은 우리들의 도움의 근원이 되시는 주 예수님의 힘과 능력을 나타내는 것이다. (3) 유월절 양은 흠이 없어야만 했다(5절). 이는 결점이 없으신 어린 양 되시는 주 예수님의 순결성을 나타내는 것이다(벧전 1:19). 예수님을 정죄하려고 했던 판결(마치 예수님의 소송은 단지 희생제사가 흠이 있는 것인지 없는 것인지를 조사하려고만 한 것처럼)은 그분께서 무죄하심을 선포했다. (4) 유월절 양은 4일 전에 따로 준비되어야만 했다(3, 6절). 이것은 그 목적에 있어서나 약속에 있어서나 주 예수님께서 구세주가 되심을 나타내는 것이다. 그리스도께서 유월절에 십자가에 달리신 것처럼, 유월절 양이 따로 준비되었던 날과 바로 같은 날인 4일 전에 그리스도께서 당당하게 예루살렘에 들어가셨다는 것은 주목해 볼 만한 일치점이다. (5) 유월절 양은 죽임을 당했고 불에 구워졌다(6-9절). 이것은 주 예수님께서 겪으신, 십자가상에서 죽으신 그 격렬한 고통을 나타낸다. 하나님의 진노는 불과 같다. 그리스도께서는 우리를 위해서 저주를 받으신 것이다. (6) 유월절 양은 두 저녁 시간 사이, 즉 3시에서 6시 사이에 전체 회중에 의해서 죽임을 당해야만 했다. 그리스도께서는 자신의 모든 영적인 이스라엘의 유익을 위해서 세상 끝에(히 9:26) 유대인들의 손에 의해서, 그들의 전체 무리에 의해서(눅 23:18), 고통을 당하셨다. (7) 유월절 양의 뼈는

하나라도 부러져서는 안 되었다(46절). 이것은 그리스도에게서 온전히 이루어졌다고 의미심장하게 전해지고 있는데(요 19:33, 36) 이것은 예수 그리스도의 완전한 능력을 나타내는 것이다.

2. 피를 뿌림은 표상적인 상징이었다. (1) 어린 양의 피를 흘림으로는 충분하지 않았다. 그리스도의 죽으심의 공로를 우리의 영혼에 적용하는 것을 나타내는 그 피는 뿌려져야만 했다. 우리는 속죄를 통한 화목을 받아야만 한다(롬 5:11). (2) 그 피는 그릇에 담겨진 우슬초 묶음으로 뿌려져야만 했다(22절). 그릇 같은 이 피의 저장소에 있는 영원한 언약과 피로 산 바 된 유익과 특권들은 우리들을 위해서 그 곳에 쌓여 있다. 믿음은 우슬초 묶음이다. 이것을 가지고 우리는 그 약속들, 그리고 그 약속들 속에 쌓인 그리스도의 피의 공로를 우리 자신들에게 적용한다. (3) 그 피는 문설주들 위에 뿌려져야만 했다. 이것은 우리들이 그리스도를 믿는 것을 공개적으로 고백하며 그에게 복종할 것을 나타내는 것이다. 이는 우리들이 그분에게 의존되어 있다고 고백하는 것을 부끄러워하지 않는 것과 같은 것이다. 짐승의 표는 이마나 오른손에 받을 수 있다. 그러나 어린 양의 인침은 항상 이마에 있다(계 7:3). 지옥으로 되돌아가는 길은 있다. 그러나 하늘로 되돌아가는 길은 없다. 절대 없으며 하늘에 이르는 유일한 길은 대로뿐이다(사 35:8). (4) 그 피는 인방과 좌우설주 위에 뿌려져야만 했다(7절). 그러나 문지방 위에 뿌려져서는 안 되었는데 이것은 우리들이 주의하여 언약의 피를 발로 밟지 않도록 하기 위함이었다(히 10:29). 그 피는 보배로운 피로서 우리들에게도 소중하고 보배로운 피임이 분명하다. (5) 뿌려진 피는 멸하는 천사로부터 이스라엘 백성들을 보존해 주는 방편이었다. 피가 있는 집에는 그 멸하는 천사가 아무런 일도 행하지 않았다. 그리스도의 피가 우리들의 마음과 의식에 뿌려지면, 그 피는 하나님의 진노로부터, 율법의 저주로부터, 그리고 지옥의 영원한 징벌로부터 우리들을 보호해 줄 것이다(롬 8:1).

3. 어린 양을 엄숙한 가운데 먹는 것은 그리스도에 대해서 우리가 복음적으로 져야 할 의무를 상징한다. (1) 유월절 어린 양은 단지 보이기 위한 것만이 아니라 이스라엘 백성들에게 먹히기 위해서 죽임을 당한 것이었다. 우리가 음식을 먹는 것과 같이 우리는 믿음으로 그리스도를 우리에게 속한 분이 되시도록 해야만 한다. 우리가 음식으로부터 영양과 힘을 얻듯이, 우리는 그분으로부터 영적인 힘과 자양분을 얻어야만 한다. 또한 우리가 배고프고 목이 마를 때

먹고 마시는 것으로부터 즐거움과 만족을 얻듯이, 우리는 그분 안에서 즐거움과 만족을 얻어야만 한다. 요 6:53-55을 보라. (2) 유월절 어린 양은 남김없이 먹어야만 했다. 믿음으로 그리스도를 먹는 사람들은 그리스도를 온전히 먹어야만 한다. 그들은 그리스도와 그분의 영광뿐만 아니라 그리스도와 그분의 멍에, 그리스도와 그분의 십자가도 져야만 하는 것이다. 그리스도가 나뉘었느냐? 그리스도의 많은 부분을 소유한 사람들은 결코 쇠하지 않을 것이다. (3) 유월절 어린 양은 아침까지 남겨지지 않고 즉시 그 자리에서 먹어야만 했다(10절). 오늘 그리스도는 전해진다. 그리스도는 오늘이라고 불리는 동안, 우리가 죽음의 잠을 자기 전에 받아들여져야만 하는 것이다. (4) 유월절 어린 양은 애굽에서 그들이 겪은 속박의 고통을 기억하면서 쓴 나물과 함께 먹어야만 했다(8절). 우리는 죄를 기억하면서 슬프고 상한 마음으로 그리스도를 먹어야만 한다. 이러한 태도는 유월절 어린 양에게 매우 귀한 의미를 주게 될 것이다. 죄가 우리들에게 쓰면 그리스도는 우리들에게 감미로울 것이다. (5) 유월절 어린 양은 떠나려는 자세로 먹어야만 했다(11절). 우리가 믿음으로 그리스도를 먹을 때 우리는 바로의 멍에를 떨어버리듯이 죄의 법과 지배를 완전히 떠나야만 한다. 그리고 세상과 그 속에 있는 모든 것을 떠나야만 하며, 그리스도를 위해 모든 것을 버려야만 한다. 그리고 그렇게 하는 것을 잘못하는 것으로 여겨서는 안 된다(히 13:13-14).

4. 무교절은 기독교적 삶의 표상적인 상징이었다(고전 5:7-8). (1) 주 예수 그리스도를 영접했기 때문에 우리들은 거룩한 즐거움 가운데 예수 그리스도 안에서 지속적으로 즐거워하며 절기를 지켜야만 한다. 이 날에는 아무 일도 하지 않았고(16절), 이 거룩한 즐거움에 맞지 않고 해가 되는 어떠한 행위도 용납되거나 그러한 일들에 빠져서도 안 되었다. 참 믿음을 가지고 있는 자들이 지속적인 축제를 가지지 않는다는 것은 그들 자신들이 잘못하는 것이다. (2) 무교절은 누룩을 넣지 않은 떡의 절기여야만 한다. 이 절기는 사악한 누룩이 없는 자비의 마음으로, 위선의 누룩이 없는 신실함으로 지켜야만 했다. 규례는 유월절 규례와 같이 매우 엄격했다. 유대인들 역시 그 규례의 구체적인 적용에 있어서 엄격했기 때문에 어떠한 누룩도 그들의 집에서 발견되어서는 안 되었다(19절). 우리가 그리스도의 영예를 위한 거룩한 삶의 축제를 유지하기를 원한다면, 정말 조심하며 두려워하는 마음으로 죄악의 모든 낡은 누룩을 우리들로

부터 떨어지도록 해야만 한다. (3) 무교절은 영원한 규례가 되었다(17절). 우리가 사는 동안 우리는 지속적으로 그리스도를 먹어야 하며, 그분 안에서 기뻐하고, 우리를 위해서 그분께서 행하신 위대한 일들에 대해서 항상 감사해야만 한다.

21모세가 이스라엘 모든 장로를 불러서 그들에게 이르되 너희는 나가서 너희의 가
족대로 어린 양을 택하여 유월절 양으로 잡고 22우슬초 묶음을 가져다가 그릇에 담
은 피에 적셔서 그 피를 문 인방과 좌우 설주에 뿌리고 아침까지 한 사람도 자기
집 문 밖에 나가지 말라 23여호와께서 애굽 사람들에게 재앙을 내리려고 지나가실
때에 문 인방과 좌우 문설주의 피를 보시면 여호와께서 그 문을 넘으시고 멸하는
자에게 너희 집에 들어가서 너희를 치지 못하게 하실 것임이니라 24너희는 이 일을
규례로 삼아 너희와 너희 자손이 영원히 지킬 것이니 25너희는 여호와께서 허락하
신 대로 너희에게 주시는 땅에 이를 때에 이 예식을 지킬 것이라 26이 후에 너희의
자녀가 묻기를 이 예식이 무슨 뜻이냐 하거든 27너희는 이르기를 이는 여호와의 유
월절 제사라 여호와께서 애굽 사람에게 재앙을 내리실 때에 애굽에 있는 이스라엘
자손의 집을 넘으사 우리의 집을 구원하셨느니라 하라 하매 백성이 머리 숙여 경
배하니라 28이스라엘 자손이 물러가서 그대로 행하되 여호와께서 모세와 아론에게
명령하신 대로 행하니라

I. 하나님 집의 신실한 청지기인 모세는 이 본문에서 이스라엘 자손들에게 하나님께서 그에게 명하신 모든 것을 지키도록 가르치고 있다. 모세는 비록 그가 받은 모든 것을 기록하지는 않았을지라도, 그 모든 사항들을 전해 주었음이 분명하다. 다음과 같은 사항들을 생각해 볼 수 있다.

1. 장자들이 죽게 된 이 밤에 이스라엘 사람 어느 누구도 아침까지 문 밖으로 나가지 않았음이 틀림이 없다. 그들이 애굽으로부터 행진해 나가도록 부름받은 아침까지는 잠잠하고 있었을 것이다(22절). 멸하는 천사가 거리에서 애굽인들로부터 이스라엘 사람을 구별하여 알아낼 수 없었기 때문이 아니었다. 하나님께서는 이스라엘 백성들에게 그들의 안전은 뿌려진 피로 인한 것이라고 하는 것을 알려 주시기 위함이었을 것이다. 그들 자신들이 그 피의 보호로부터 떠나게 되면 위험에 빠지게 되는 것이었다. 사 26:20-21을 보라. 이스라엘 백

성들이 떠나도록 명령을 받았을 때 우왕좌왕하지 않고 길을 잃지 않기 위해서 그들은 문 밖으로 나가지 말아야만 한다. 그들은 주님의 구원을 기다리기 위해 안에서 머물러야만 한다. 그렇게 하는 것이 유익한 것이다.

2. 이제 이후로 이스라엘 백성들은 이러한 일들의 의미를 자신들의 자녀들에게 잘 가르쳐야만 한다(26-27절).

(1) 이러한 엄숙한 예식에 관해서 아이들이 물을 수 있는 질문(아마도 그 자녀들이 가족 안에서 곧 알아차리게 될 그러한 의식): "이 예식은 무슨 뜻을 가지고 있는가요? 보통 음식을 먹을 때보다 이 어린 양을 먹을 때 더 조심스럽게 그리고 엄격하게 먹어야 하는가요? 무교병이 가지는 의미는 무엇인가요? 이 음식과 다른 음식은 왜 그렇게 다른가요?" [1] 하나님의 일들에 관하여 호기심을 가지는 아이들을 보는 것은 기쁘고 귀한 일이다. 길을 찾는데 사려 깊은 행동을 보이는 사람들은 그 길을 찾게 될 것이라는 희망을 가지게 된다. 그리스도 자신께서도 어리셨을 때 들으시고 의문점들을 물어보셨다(눅 2:46). [2] 우리들이 하나님을 경배하는데 있어서 가지게 되는 모든 거룩한 규례들의 의미를 바로 이해하는 것은 우리 모두에게 중요한 것이다. 그 규례들의 본질이 무엇인지, 그 규례들의 목적은 무엇인지, 어떤 의미가 있는 것인지, 무엇을 의도하는 것인지, 그 규례들에서 어떠한 의무를 우리들이 해야 하는 것인지, 우리들에게 어떠한 유익이 있는 것인지 등에 대해서 바로 이해해야만 한다. 모든 규례들은 의미를 가지고 있다. 성례들과 같은 어떤 규례들은 다른 규례들이 가지는 그렇게 분명한 의미를 가지고 있지 않다. 그러므로 우리들이 희생제를 위해 눈먼 것을 드리지 않고, 합당한 예배를 드리는 것을 추구하는 것은 중요한 것이다. 우리가 거룩한 규례들의 의미를 모르거나 그 의미를 잘못 취하게 되면, 우리는 하나님을 기쁘시게 하지도 못하고 우리 자신에게도 유익이 없게 된다.

(2) 부모들이 이러한 질문에 주어야 할 대답(27절): 너희는 이르기를 이는 여호와의 유월절 제사라. 즉, "우리는 이 어린 양을 죽여 희생제를 드림으로써 하나님께서 우리들의 열조를 위해 베푸셨던 기사와 은혜를 계속 기념하는 것이다." [1] "그 때 하나님께서는 속박으로부터 우리를 구원하시는 길을 만들기 위해서 애굽인들의 장자들을 죽이셨고, 그로 인해서 애굽인들이 우리의 해방을 인증하도록 하셨다." 그리고 [2] "멸하는 천사가 그의 임무를 수행할 때 우리의 장자도 역시 마땅히 죽였을, 그러한 주 하나님에 대한 죄들이 우리들에게 있었

을지라도, 하나님께서는 자비롭게 우리들의 장자 대신에 어린 양으로 드리는 가족 희생제를 명하셨고 받아주셨다. 이것은 마치 그 옛날, 이삭 대신에 양을 준비하셨던 것과 같은 것이었다. 어린 양이 죽임을 당한 모든 집의 장자는 구원함을 받았던 것이다." 이러한 엄숙한 예식이 매년 반복되는 것은 다음과 같은 목적을 위해서 계획된 것이었다. 첫째로, 기억을 되돌아보기 위한 것으로서 그 기억 속에서 이스라엘 백성들은 그들과 그들의 열조를 위해서 하나님께서 행하신 위대한 일들을 기억할 것이다. 유월(逾越)이라고 하는 단어는 뛰어넘음 혹은 지나감이라고 하는 의미이다. 건너 뛰어넘는 것이다. 멸하는 천사가 이스라엘 백성들의 집들을 넘어가 그들의 장자들을 죽이지 않았기 때문이다. 하나님께서 궁극적인 심판을 자신의 백성들에게 내리실 때에는, 멸하는 천사가 그들의 집들을 넘어간 지금과 같이 얼마나 자주 하나님께서 비껴가셨는지를 알려 주시면서, 나는 더 이상 지나치지 않을 것이다(암 7:8; 8:2)라고 말씀하실 것이다. 적용. a. 특별한 은혜 아래 놓인 자비들을 구별하기. 천인이 우리 곁에서 만인이 우리 오른편에서 엎드러지나 우리는 보존되며 우리의 생명을 대신하는 자들이 있을 것이다. 이러한 사실은 우리들에게 커다란 영향을 준다(시 91:7). 전쟁이나 역병시에 죽음의 화살이 우리를 지나가고, 넘어가서 우리 곁에 있는 사람을 맞추고 우리를 피해간다면, 우리는 그러한 현상이 우연에 의한 것이었다고 말해서는 안 된다. 우리는 우리 하나님의 특별한 섭리에 의해서 보존된 것이라고 말해야만 한다. b. 우리 자신이나 우리 열조들에게 베풀어진 이전의 자비들을 잊어서는 안 되며 영원한 기억 속에 간직해야만 한다. 그래서 하나님께서 찬양을 받으시고, 그분 안에 있는 우리의 믿음이 격려를 받고, 그분을 경배함에 있어서 우리의 마음이 넓어지고 풍성해져야 한다. 둘째로, 매년 반복되는 이 절기는 우리들과 우리 장자 대신에 때가 찼을 때 하나님의 어린 양의 위대한 희생에 대한 전조로서 고대하도록 계획되었다. 우리는 멸하는 천사의 칼을 받아 마땅한 아주 불쾌하고 보기 싫은 존재들이었다. '그러나 우리의 유월절 되시는 그리스도께서 우리를 위해서 희생되셨다. 그분의 죽음은 우리들의 생명이 되었다. 따라서 그분께서는 유대 교회와 세상으로부터 철저하게 외면당하시고 죽임을 당한 어린 양이셨다. 모세는 그리스도에 대한 믿음으로 유월절을 지켰다. 그리스도께서는 의를 위한 율법의 마침이셨기 때문이다.

Ⅱ. 백성들은 이러한 지시사항들을 경외감과 기꺼이 순종함으로 받아들였다.

1. 그들은 머리 숙여 경배했다(27절): 백성들은 이러한 행동을 취함으로써 율법으로서의 이 제도에 그들이 순종할 것과, 은혜와 특권으로서 이 절기에 대한 그들의 감사를 나타낸 것이었다. 하나님께서 우리들에게 법을 주실 때, 우리는 그분께 영예를 드려야만 한다. 그분께서 말씀하실 때 우리는 우리의 머리를 숙이고 경배해야만 한다.

2. 그 백성들은 가서 명령을 받은 대로 행했다(23절). 이 곳에서는 우리가 출 5:20-21에서 읽었던, 그들 중의 불만이나 불평이 전혀 없었다. 애굽에 내린 재앙들은 그들에게 선을 이루어 주었고, 이전에 자포자기했던 영광스러운 구원에 대한 기대감을 일으켜 주었다. 이제 백성들은 지시된 방법으로 그 구원을 얻기 위해서 앞으로 나아갔다. 우리를 향한 하나님의 자비의 완전한 성취를 얻기 위해서는 그분의 제도들을 겸손히 준수하면서 기다려야만 하는 것이다.

29밤중에 여호와께서 애굽 땅에서 모든 처음 난 것 곧 왕위에 앉은 바로의 장자로부
터 옥에 갇힌 사람의 장자까지와 가축의 처음 난 것을 다 치시매 30그 밤에 바로와
그 모든 신하와 모든 애굽 사람이 일어나고 애굽에 큰 부르짖음이 있었으니 이는
그 나라에 죽임을 당하지 아니한 집이 하나도 없었음이었더라 31밤에 바로가 모세
와 아론을 불러서 이르되 너희와 이스라엘 자손은 일어나 내 백성 가운데에서 떠
나 너희의 말대로 가서 여호와를 섬기며 32너희가 말한 대로 너희 양과 너희 소도
몰아가고 나를 위하여 축복하라 하며 33애굽 사람들은 말하기를 우리가 다 죽은 자
가 되도다 하고 그 백성을 재촉하여 그 땅에서 속히 내보내려 하므로 34그 백성이
발교되지 못한 반죽 담은 그릇을 옷에 싸서 어깨에 메니라 35이스라엘 자손이 모세
의 말대로 하여 애굽 사람에게 은금 패물과 의복을 구하매 36여호와께서 애굽 사람
들에게 이스라엘 백성에게 은혜를 입히게 하사 그들이 구하는 대로 주게 하시므로
그들이 애굽 사람의 물품을 취하였더라

이 본문에서 우리는 다음과 같은 내용들을 볼 수 있다.

I. **죽임당한 애굽인들의 장자들**(29-30절). 만약에 바로가 그에게 주어진 이 재앙에 대한 경고를 받아들였고 이스라엘을 놓아주었더라면, 얼마나 많은 사랑스럽고 귀한 생명들이 보존될 수 있었겠는가! 그러나 완고한 불신앙이 인간에게 무엇을 가져다 주는지 보라.

1. 이 재앙이 들이닥친 때. 그것은 재앙의 공포를 더해주는 한밤중이었다. 흑암의 재앙에 의해서 3일간 지속된 밤은 두려웠을 것이고 그러한 감정을 느꼈을 것이며, 분명히 애굽인들의 휴식에 커다란 방해가 되었을 것이다. 그런데 애굽인들이 조용한 밤의 안식을 기대하고 있었을 때 한밤중에 경고가 주어졌다. 다윗 때에 멸하는 천사가 예루살렘을 향해서 그의 칼을 뽑았을 때는 낮이었다(삼하 24:15). 이것은 아마도 덜 두려웠을 것이다. 그러나 애굽의 파멸은 흑암 속에서 행하는 염병에 의해서 이루어졌다(시 91:6). 이제 곧 한밤중에 겁에 질린 울음소리가 있게 될 것이다. 보라! 신랑이 오신다!

2. 애굽인들 각 가정의 장자에게 임한 재앙. 애굽인들은 히브리인들의 자녀들을 죽였다. 이제 하나님께서 그들의 자녀를 죽이시는 것이다. 그분께서는 아비들의 죄악을 자녀들에게 갚으신 것이다. 복수하시는 분이 불의한 것이 아니다.

3. 왕으로부터 비천한 자에 이르기까지 그 죽음의 재앙은 아주 멀리 넓게 임했다. 주권자와 농부 모두가 하나님의 심판 앞에서는 같은 신분인 것이다. 그분께는 어느 사람이나 일반이기 때문이다. 욥 34:20, 29을 보라. 주께서 죽이신 자의 숫자는 무수히 많았다. 하나님과 바로 사이의 논쟁이 끝났을 때 이 재앙의 계곡에 무수한 사람이 떨어졌다.

4. 이 죽음에 대한 심한 곡성이 있었다: 애굽에 큰 부르짖음이 있었으니. 그것은 애굽인들의 유일한 아들을 위한 우주를 덮고도 남을 만한 슬픔이었으며 모두가 그들의 장자를 위한 것이었다. 누군가 밤중에 갑자기 아프게 되면 우리는 이웃을 부르곤 한다. 그러나 애굽인들은 자신들의 이웃으로부터 어떠한 도움도, 위로도 얻을 수가 없었다. 모두가 같은 재앙을 받고 있었기 때문이었다. 그러므로 우리는 이 본문에서 다음과 같은 교훈을 배우도록 하자. (1) 하나님 앞에 떨며, 그분의 심판들을 두려워해야만 한다(시 119:120). 누가 능히 그분 앞에 서며, 누가 감히 그분을 거역하겠는가? (2) 우리 자신과 우리 가족을 매일 보존해 주심에 대해 하나님께 감사해야 한다. 감사의 조건이 너무나 밝히 드러나 있기 때문에 우리는 "우리가 소멸되지 않음은 주님의 은혜이다"라고 말할 수 있는 것이다.

Ⅱ. 해방된 하나님의 장자와 하나님의 자녀들. 이 심판은 바로를 이겼고 그로 하여금 조건부 항복이 아닌 무조건 항복하도록 했다. 인간은 하나님께서 요구하시는 조건을 처음에 따르는 것이 더 좋은 것이다. 하나님께서는 결코 인간

들의 조건에 내려 맞추시지 않을 것이기 때문이다. 하나님은 그들이 거부할 수 있을 때까지 거부하도록 놓아두신다. 이제 바로의 교만은 꺾여졌다. 그리고 그는 모세가 요구했던 모든 것들을 들어주게 되었다: **너희의 말대로 가서 여호와를 섬기며**(31절) 그리고 **너희가 말한 대로 너희 양과 너희 소도 몰아가고**(32절). 하나님의 말씀은 우뚝 설 것이다. 하나님의 말씀을 대항하여 논쟁하거나 그 말씀에 순종하는 것을 지체하여서는 우리는 아무것도 얻지 못할 것이다. 지금까지 이스라엘 백성들은 떠나는 것이 허락되지 않았다. 그러나 이제 모든 것이 종국에 이르렀다.

1. 그 결과 이스라엘 백성들은 떠나라는 명령을 받는다: **일어나 떠나라**(31절). 바로는 모세에게 **더 이상 자신의 얼굴을** 보지 말라고 말했다. 그러나 이제 바로는 모세를 부르러 보냈다. 하나님을 무시하고 도전했던 사람들은 곤경의 시기를 만나게 되면 매우 서둘러 일찍이 하나님을 찾게 될 것이다. 바로는 지금 너무나 두려웠기 때문에 밤중에 이스라엘 백성들을 놓아줄 것을 명령했다. 그가 더 이상 지체한다면 자신이 또 다른 어려움에 빠지게 될 것인데 그렇게 되지 않기를 염려했던 것이다. 바로는 이스라엘 백성들을 미움 받는 사람들로서가 아니라(이교도 역사가들은 그렇게 보고 있다) 두려워했던 사람들로서 나가게 했다. 이러한 사실은 모세와 아론에게 겸비한 요청을 한 것으로 인하여 쉽게 발견하게 된다(32절): "**또한 나를 위하여 축복하라.** 내가 너희들의 기도를 받을 수 있도록 하라. 너희들이 떠났을 때 지나간 일들로 인해서 내가 재앙을 받지 않도록 하라." 적용. 하나님의 교회에 대적들이 되는 사람들은 스스로를 망치는 자신들에 대한 적들이 되는 것인데 조만간 그들은 그러한 사실을 알게 될 것이다.

2. 이스라엘 백성들은 애굽인들로부터 떠나는 비용을 받았다. 애굽인들은 울부짖었다(33절). **우리가 다 죽은 자가 되도다.** 우리 가족 중에 누군가가 죽게 되면 우리는 우리 자신의 유한성에 대해서 생각해 보게 되는 바로 그러한 시기를 맞이하게 된다. 우리의 가족이나 친척들이 죽었는가? 그 죽음으로부터 우리가 죽어가고 있는 것이구나 하는 것을, 아니, 사실은 이미 죽은 사람들이라고 하는 것을 쉽게 미루어 생각해 볼 수 있게 된다. 이러한 생각으로 인해서 애굽 사람들은 급히 이스라엘 백성들을 나가도록 했던 것이다. 이러한 사정으로 인해서 이스라엘 백성들은 그들의 패물을 빌리는데 커다란 도움이 되었던 것이

었다(35-36절). 애굽인들이 이스라엘 백성들이 떠나도록 황급히 재촉했을 때, 이스라엘 백성들은 애굽인들이 그들을 가난하게 했고, 그들은 빈 지갑으로 그러한 여행을 할 수 없을 것이라고 하는 것, 그리고 만약에 애굽인들이 그들의 청구액에 해당하는 돈을 준다면 그들은 떠날 것이라고 하는 것을 말하기가 용이했던 것이었다. 이러한 것은 하나님의 섭리가 고통스러운 일들이 이러한 극단의 상태에 이르도록 계획하셨던 것이다. 애굽인들에게 두려운 존재가 된 이스라엘 백성들은 그들이 요청한 것을 얻을 수 있었던 것이다. 또한 주님께서도 사람들의 마음에 영향을 주는 권능으로 애굽인들의 마음이 영향을 받게 하여 이스라엘 백성들이 원하는 것을 주도록 하셨다. 아마도 애굽인들은 그렇게 함으로써 보상을 하는 것으로 생각했을 것이다. 그러는 동안에도 재앙들은 그대로 있었을 것이다. 이는 마치 블레셋인들이 언약궤를 돌려보낼 때 언약궤와 함께 속건제를 위한 예물을 보냈던 것과 같은 것이다(삼상 6:3, 6). 그러므로 이스라엘 백성들은 그들이 애굽인들에게 빌렸거나 혹은 요청했던 것을 받았고, 가지고 나갈 수 있었을 것이다.

(1) 그것은 종들이 이미 감당한 일들에 대해서 주인으로부터 받은 임금과 같은 것이었고, 보류되어 있었던 것을 청구한 것이었다.

(2) 그것은 정복자들이 굴복시켰던 적들로부터 전리품을 취하는 것과 똑 같은 것이다. 바로는 히브리 하나님에 대항해서 반역을 했으므로 그가 가지고 있었던 모든 것을 빼앗기게 된 것이었다.

(3) 백성들이 그들의 주권자에 의해서 그들에게 하사되는 토지를 받은 것과 똑같은 것이다. 하나님께서는 이 땅의 주권을 가지신 소유자이시며 충만이 되는 분이시다. 그분께서 이 사람으로부터 취해서 다른 사람에게 주신다면 어느 누가 그분에게, 당신은 왜 그렇게 하시는 것입니까? 라고 말할 수 있겠는가! 이스라엘 백성들이 행한 것은 하나님의 특별한 명령과 지시하심에 의한 것으로서 이스라엘 백성들을 정당화하기에 충분한 것이었고 그들을 지지해 주는 일들이었다. 그러나 이스라엘 백성들이 애굽인들에게 요청했던 일은 결코 다른 사람들(그러한 보상을 받을 것이라고 할 수 없는 사람)이 그와 같은 일을 하도록 하는 합법적인 권한을 주지는 않을 것이다. 다음과 같은 일들을 기억하도록 하자. [1] 만왕의 왕께서는 일을 잘못 처리하실 수가 없으시다. [2] 그분께서는 다른 사람들이 상처를 준 사람들에게 보상해 주실 것이다(시 146:7). 그러므로

죄인들의 재물은 종종 의인을 위해 쌓는 것이라는 사실을 증명한다(잠 13:22; 욥 27:16-17).

[37]이스라엘 자손이 라암셋을 떠나서 숙곳에 이르니 유아 외에 보행하는 장정이 육
십만 가량이요 [38]수많은 잡족과 양과 소와 심히 많은 가축이 그들과 함께 하였으며
[39]그들이 애굽으로부터 가지고 나온 발교되지 못한 반죽으로 무교병을 구웠으니 이
는 그들이 애굽에서 쫓겨나므로 지체할 수 없었음이며 아무 양식도 준비하지 못하
였음이었더라 [40]이스라엘 자손이 애굽에 거주한 지 사백삼십 년이라 [41]사백삼십 년
이 끝나는 그 날에 여호와의 군대가 다 애굽 땅에서 나왔은즉 [42]이 밤은 그들을 애
굽 땅에서 인도하여 내심으로 말미암아 여호와 앞에 지킬 것이니 이는 여호와의
밤이라 이스라엘 자손이 다 대대로 지킬 것이니라

이 본문은 이스라엘 자손들이 애굽으로부터 떠남에 대해서 기록하고 있다. 떠남을 허락받았을 때 이스라엘 백성들은 지체 없이 앞으로 나아갔고 좀 더 편리한 시기를 기다리며 연기하지 않았다. 바로는 지금은 선한 마음을 가지고 있지만 그 마음이 그렇게 계속되지는 않을 것이라는 것을 이스라엘 백성들은 알 수 있었다. 그러므로 꾸물거릴 시간이 없었던 것이었다. 우리는 이 본문에서 다음과 같은 진술들을 보게 된다.

1. 이스라엘 백성들의 숫자는 여자와 어린아이들 외에 남자만 60만 정도 되었다(37절). 나는 모든 백성들의 숫자를 합하면 120만 이상 될 것이라고 생각한다. 70명으로 시작해서 200년 조금 더 되는 시간에 이렇게 늘어난 것은 얼마나 광대하게 증가한 것인가! 하나님께서 **생육하고 번성하라** 라고 명하셨을 때 그 축복의 능력과 맺은 결실을 보라! 이것은 복음으로 인한 교회가 처음 설립되었을 때 이루어지게 될 수적인 증가에 대한 상징이었다. 하나님의 말씀이 힘있게 성장하고 전파되었다.

2. 이스라엘 백성들과 함께 동행한 사람들에 대한 이야기가 있다(38절): **수많은 잡족이 그들과 함께 하였으며**. 이들은 이스라엘의 대가족에 딸린 사람들이었다. 몇몇 사람들은 아마도 재앙들로 인해서 폐허가 된 자신들의 나라를 떠나고 싶어했거나 이스라엘 백성들과 함께 행운을 찾고 싶어했을 것이다. 또 다른 사람들은 호기심에서 따라 갔을 것이다. 이들은 아마도 수없이 이야기되었을,

이스라엘 백성들이 그들의 하나님께 드리는 희생제의 장엄함을 보기 위해서거나, 소안 들에서 이스라엘을 위해 하나님께서 보이신 그 영광스러운 모습을 보았기 때문에(시 78:12) 광야에서 이스라엘 백성들에게 그 하나님께서 보이시는 어떤 영광스러운 모습들을 보게 되기를 기대하면서 함께 애굽을 나갔을 것이다. 아마도 이 혼합된 무리 중에 가장 큰 무리는 지각이 없는 무리들이었을 것이다. 이들은 마땅한 이유를 모르면서 군중을 따랐던 것이다. 우리는 나중에 그들이 이스라엘 백성들에게 올무가 되었던 것을 발견하게 된다(민 11:4). 얼마 뒤에 곧 그들은 이스라엘 자손들이 광야에서 40년 간 계속해서 있어야만 한다는 것을 알게 되고, 이스라엘 백성들을 떠나 애굽으로 바로 돌아갔을 개연성이 있다. 이스라엘 백성들 중에 이스라엘 사람들이 아닌 사람들이 항상 있었다. 교회에는 수많은 해악을 끼치는 위선자들이 여전히 있지만 결국에는 버려질 것이다.

3. 출애굽한 사람들이 가지고 나간 소유들에 대한 이야기가 있다. 그들은 양과 소와 심히 많은 가축을 가지고 있었다. 이것은 주목해서 보아야 하는데 그것은 오래 전에 바로가 이스라엘 백성들이 주로 양들이었던 그들의 소유들을 옮겨오는 것을 허용했기 때문이다(창 46:32).

4. 이스라엘 진영을 위해 만들어진 매우 보잘것없고 빈약한 양식에 대한 이야기가 있다. 출애굽한 백성들은 애굽으로부터 그들의 짊어지는 배낭에 얼마의 가루반죽을 가지고 나왔다(34절). 그들은 떠날 시간이 가까이 온 것을 알고 다음 날 떠날 것을 준비하며 구울 것을 마련했다. 그러나 그들이 예상했던 것보다 좀 더 일찍, 몇 시간 더 이르게 급히 떠나게 되었기 때문에 그들은 밀가루 반죽을 있는 상태로 가져갔다. 그 백성들이 첫 정착지인 숙곳에 이르렀을 때 누룩이 들어가지 않은 떡을 구워 만들었다. 비록 그 떡이 무미건조한 맛이 없는 것이었을지라도 자신들이 얻은 자유로 인해서 이 음식은 그들의 생애에서 여태까지 먹어본 그 어떤 떡보다도 기쁨에 찬 즐거운 식사였다. 하나님의 종들은 자신들의 물질적인 욕망에 대한 종이 되어서는 안 되며, 감각적인 모든 즐거움들에 대한 극단으로 치닫는 갈망을 가져서도 안 된다. 우리가 하나님을 위해서 드려야만 하는 어떠한 예배를 무시하거나 나중으로 미루기보다는 마른 떡, 아니 오히려 누룩이 없는 떡을 기꺼이 지고 가야만 하는 것이다. 그것은 고기와 마실 것을 가지고 그분의 뜻을 행하는 사람들과 다름없이 기쁨으로 행해

져야만 하는 것이다.

5. 이 위대한 사건의 날짜에 대한 이야기가 있다: 그것은 아브라함이 처음 가나안에 들어온 뒤 그에게 주어진 약속으로부터 꼭 430년만이었다(사도가 갈 3:17에서 이 기간에 대해 설명한 것과 같은 기간임). 이 모든 기간 동안 **이스라엘의 자손들**, 즉 구별된 선택된 씨앗인 히브리인들은 그들의 땅이 아닌 땅인 가나안과 애굽에서 나그네들이었다. 그렇게 오랫동안 정착에 대해서 하나님께서 아브라함에게 맺은 약속은 성취되지 않고 잠복되어 있었다. 그러나 결국 이제 그 약속은 다시 살아났고 그 성취를 위해서 모든 것들이 일하기 시작한 것이었다. 아브라함의 자손이 가나안을 향해 행한 행진의 첫 날은 창 12:2에서 아브라함에게 주신 약속으로부터 꼭 430년만이었다(아마도 하루도 틀리지 않았을 것 같다): **내가 너로 큰 민족을 이루고**. 하나님께서 얼마나 정확하게 자신의 시간을 맞추시는지를 보라. 비록 하나님의 약속은 속히 수행되지 않을지라도 그 약속들은 그 적절한 시기에 성취될 것이다.

6. 이 사건이 가지는 기억해야 할 만한 일들에 대해서 이야기하고 있다: **이 밤은 이스라엘 자손이 다 대대로 지킬 것이니라**(42절). (1) 그 첫 밤에 대한 하나님의 섭리는 매우 눈에 띄게 현저했었다. 애굽인들의 파멸과 그로 인해서 이스라엘 백성들이 구원받은 것은 기억할 만한 일이었다. 이 사건에서 하나님은 스스로 주목받으시도록 하셨다. (2) 매년 지켜지게 되는 그 밤의 규례들은 신중하게 지켜져야만 했다: **이는 여호와의 밤이라**. 즉, 모든 세대들에서 경축되고 기려져야 할 놀라운 밤이었다. 하나님께서 자신의 백성들을 위해서 행하신 위대한 일들은 우리가 말하듯이 단지 9일간의 놀라움이 되어서는 안 된다. 그 이적들을 기억하는 것은 모든 세대를 통해서 기념되는 영속적인 것이어야만 한다. 특별히 그리스도에 의한 우리의 구원 역사는 더욱 그렇다. 이 첫 유월절 밤은 **이스라엘 자손이 다 대대로 지킬** 여호와의 밤이었다. 그러나 그리스도께서 팔리신 마지막 유월절 밤은(이 마지막 유월절 밤에 유월절은 다른 기념 제도들로 대치되었고 폐지되었음) **훨씬 더 많은 이스라엘 자손이 다 대대로 지킬** 여호와의 밤이었다. 이 밤에 애굽의 멍에보다 더 무거운 멍에가 우리 목에서 부서졌고 가나안보다 더 좋은 땅이 우리 앞에 놓여졌다. 그 유월절은 **그들 세대에** 축제로 기념되어야 할 일시적인 구원이었다. 그러나 이 마지막 유월절은 끝이 없는 세계에서 영광스러운 성도들의 찬양의 축제로 기념되어야 할 영원한 구속인 것

이다.

[43]여호와께서 모세와 아론에게 이르시되 유월절 규례는 이러하니라 이방 사람은 먹
지 못할 것이나 [44]각 사람이 돈으로 산 종은 할례를 받은 후에 먹을 것이며 [45]거류인
과 타국 품꾼은 먹지 못하리라 [46]한 집에서 먹되 그 고기를 조금도 집 밖으로 내지
말고 뼈도 꺾지 말지며 [47]이스라엘 회중이 다 이것을 지킬지니라 [48]너희와 함께 거
류하는 타국인이 여호와의 유월절을 지키고자 하거든 그 모든 남자는 할례를 받은
후에야 가까이 하여 지킬지니 곧 그는 본토인과 같이 될 것이나 할례 받지 못한 자
는 먹지 못할 것이니라 [49]본토인에게나 너희 중에 거류하는 이방인에게 이 법이 동
일하니라 하셨으므로 [50]온 이스라엘 자손이 이와 같이 행하되 여호와께서 모세와
아론에게 명령하신 대로 행하였으며 [51]바로 그 날에 여호와께서 이스라엘 자손을
그 무리대로 애굽 땅에서 인도하여 내셨더라

이 본문에는 앞으로 다가오는 시간 속에서 지켜져야만 하는 유월절에 관해서 주는 몇 가지 또 다른 교훈들이 있다.

I. **이스라엘 회중이 다 이것을 지킬지니라**(47절). 하나님의 자비를 나누어 받은 사람들은 그 은혜들에 대해서 감사함으로 찬양을 드려야만 한다. 비록 유월절이 각 가족 단위로 지켜졌을지라도 전체 회중의 행동으로 보인다. 작은 공동체들은 더 큰 공동체를 형성하기 때문이다. 주의 만찬인 신약의 유월절은 그것을 찬양하며 기릴 수 있는 사람들에 의해서 무시되어서는 안 된다. 그렇게 위대한 구원 사역에 대한 기념을 의도적으로 무시하는 사람은 이스라엘 사람의 이름을 받을 자격이 없다.

1. 할례를 받지 않은 어떤 사람도 유월절의 음식을 먹지 못했다(43, 45, 48절). 문으로 들어온 사람 외에는 어느 누구도 식탁에 앉을 수 없었을 것이다. 지금은 어느 누구도 먼저 세례의 처음 규례를 받지 않은 사람은 주의 만찬의 규례에 다가갈 수 없을 것이다. 우리는 말씀으로 양육받기 전에 말씀으로 거듭나야만 한다. 어느 누구도 먼저 마음에 할례를 받지 않으면 그리스도의 희생하심의 유익에 동참할 수 없을 것이다(골 2:11).

2. 할례를 받은 이방인은 누구나, 심지어 종들이라 할지라도 유월절 음식을 먹는 것에 환영을 받았을 것이다(44절). 할례에 의해서 율법의 짐들에 대해서

스스로를 빗진 자가 되도록 한 사람들은 유월절 엄숙한 축제의 기쁨에 동참할 수 있었으나 할례를 받지 않으면 그럴 수 없었다. 각 가족들의 가장들은 그들만 할례를 받는 것이 아니라 가족의 모든 남자들도 역시 함께 할례를 받도록 하였다(48절). 만약에 신실함과, 그 일이 요구하는 그 만한 가치가 있는 열심이 있는 마음으로 우리가 우리 자신을 하나님께 드린다면, 우리는 우리 자신과 함께 우리가 그분께 우리가 가진 모든 것을 포기하는 것이며, 우리의 모든 것이 또한 그분 것이 되도록 우리의 최선을 다하게 되는 것이다. 이 본문에는 비천한 이방인들에 대한 초기의 은혜의 표지가 있다. 즉, 할례를 받으면 이방인은 집에서 태어난 이스라엘 사람과 동일한 지위를 가졌다. 둘 모두를 위한 하나의 법(49절). 이것은 유대인들에게 일종의 억울한 일이었는데, 이방인들에게 그러한 특권을 준 것은 그들이 아브라함의 후손이어서가 아니라 하나님에 대한 그들의 헌신으로 인한 것이라고 하는 사실을 가르쳐 주었다. 진실한 유대교로의 개종자는 유월절에 본래의 이스라엘 사람으로서 환영받았다(사 56:6-7).

Ⅱ. **사랑의 좋은 교제를 위해서 한 집에서 먹으라**(46절). 그들은 유월절 음식을 먹으며 함께 기뻐했을 것이며 서로 간에 덕을 끼쳤을 것이다. 유월절 음식의 어떤 것도 다른 곳으로 가지고 갈 수 없었고, 정해진 이외의 다른 시간에 남겨져서는 안 되었다. 하나님께서는 그들이 자신들의 출발을 조심스러운 가운데 주저하며 애굽의 안락함을 생각하며 마지못해 떠나지 않게 하시고 기쁨 가운데 애굽을 떠나 광야로 향하게 하시려고 하셨을 것이다. 그 표시로 매우 훌륭하고 영양가 있는 음식을 먹을 수 있도록 하셨을 것이다. 가톨릭교도들이 거룩한 성체(聖體)를 집에서 집으로 나르는 것은 그 자체가 미신적일 뿐만 아니라, 이 유월절의 전형적인 규례에도 어긋나는 것이다. 이 유월절 규례는 어린 양의 어느 부분도 밖으로 가지고 나가지 못하도록 하고 있기 때문이다.

본 장은 전체적인 일에 대해서 반복함으로써, 즉 이스라엘 자손들은 그들이 명령을 받은 대로 행했고, 하나님께서는 그분께서 약속하신 대로 그들을 위해서 행하셨다고 말하면서 결론을 맺고 있다(50-51절). 분명히 하나님께서는 그분에게 순종하는 자들에게 구원의 주체가 되실 것이다.

제 13 장

개요

본 장에서 우리는 다음과 같은 내용들을 대하게 된다. I. 하나님께서 이스라엘에게 주신 명령들로서 1. 이스라엘 백성들의 모든 장자들을 하나님께 거룩히 구별할 것(1-2절), 2. 애굽으로부터 그들을 구원하심을 분명히 기억할 것(3-4절)과 그 사실을 기념하여 무교절을 지킬 것(5-7절), 3. 온 정성과 모든 방법을 다하여 무교절에 관한 내용을 자녀들에게 전할 것(8-10절), 4. 이스라엘 백성들이 가지고 있는 가축들의 모든 첫 태생들을 하나님께 구별하고(11-13절) 그 이유를 자녀들에게 설명할 것(14-16절) 등에 대해서 말하고 있다. II. 하나님께서 이스라엘 백성들을 애굽에서 인도해 내실 때 이스라엘을 사랑으로 돌보신 것으로 1. 이스라엘 배성들을 위해서 가야 할 길을 선택해 주심(17-18절)과 2. 그들을 그 길로 인도하심(20-22절)을 묘사하고 있다. 그리고 III. 요셉의 유골을 기억하여 가져가는 이스라엘 백성들에 대한 기록이 있다(19절).

1여호와께서 모세에게 일러 이르시되 2이스라엘 자손 중에서 사람이나 짐승을 막론
하고 태에서 처음 난 모든 것은 다 거룩히 구별하여 내게 돌리라 이는 내 것이니라
하시니라 3모세가 백성에게 이르되 너희는 애굽 곧 종 되었던 집에서 나온 그 날을
기념하여 유교병을 먹지 말라 여호와께서 그 손의 권능으로 너희를 그 곳에서 인
도해 내셨음이니라 4아빕월 이 날에 너희가 나왔으니 5여호와께서 너를 인도하여
가나안 사람과 헷 사람과 아모리 사람과 히위 사람과 여부스 사람의 땅 곧 네게 주
시려고 네 조상들에게 맹세하신 바 젖과 꿀이 흐르는 땅에 이르게 하시거든 너는
이 달에 이 예식을 지켜 6이레 동안 무교병을 먹고 일곱째 날에는 여호와께 절기를
지키라 7이레 동안에는 무교병을 먹고 유교병을 네게 보이지 아니하게 하며 네 땅
에서 누룩을 네게 보이지 아니하게 하라 8너는 그 날에 네 아들에게 보여 이르기를
이 예식은 내가 애굽에서 나올 때에 여호와께서 나를 위하여 행하신 일로 말미암
음이라 하고 9이것으로 네 손의 기호와 네 미간의 표를 삼고 여호와의 율법이 네 입
에 있게 하라 이는 여호와께서 강하신 손으로 너를 애굽에서 인도하여 내셨음이니

10 해마다 절기가 되면 이 규례를 지킬지니라

이 본문에서는 다음과 같은 사실들을 영구히 기념되게 하기 위해서 주의하는 것과 조심스럽게 행함이 필요함을 말하고 있다.

I. 애굽인들의 장자들이 죽임을 당할 때 이스라엘 백성들의 장자들은 보존함을 받은 것을 영구히 기억해야만 한다. 그 구별하신 은혜를 기억하며 그에 대한 감사로 이스라엘 백성들의 모든 장자들은 하나님의 것으로서 그분께 거룩해야만 하고(2절) 대속해야만 한다(13절). 창조 주권에 의해서 모든 피조물에 대한 소유주이시고 주권자 되시는 하나님께서 본문에서 특별히 이스라엘 백성들의 장자들에 대한 권리를 주장하고 계신다. 유월절에 그들의 생명을 보호해 주셨기 때문이었다: 태에서 처음 난 모든 것은 다 거룩히 구별하여 내게 돌리라. 부모들은 자신들의 장자들에 대해서 하나님의 소유권을 인정하는 표로서 하나님께 먼저 엄숙히 그들을 드리고, 속전을 지불하고 하나님으로부터 다시 돌려받을 때까지는 자신들이 그들의 장자들에게 권리를 가지고 있는 것으로 여길 수가 없었다.

1. 특별하게 구별하시는 자비에 의해서 우리들에게 남겨지게 된 것은 하나님의 영예를 위해서 특별한 양태로 드려져야만 한다. 우리들의 생명 혹은 어린 아이들의 생명이 다시 살았을 때는 경건과 자비의 사역으로 적어도 감사한 답례를 드려야만 하는 것이다.

2. 가장 존귀하신 하나님께서는 가장 귀한 것을 가지셔야만 한다. 그러한 하나님께 우리는 우리들에게 가장 사랑스럽고 가장 가치 있는 것을 드려야만 한다. 장자들은 이스라엘 백성들 각 가정의 기쁨이었고 희망이었다. 그러므로 하나님께서는 그들은 내 것이니라 라고 말씀하신다. 만약에 우리가 이 세상에서 가장 사랑하는 것을 하나님께 기꺼이 내어놓는다면, 우리가 하나님을 가장 사랑한다는 것이(우리가 마땅히 그렇게 해야 하는 것처럼) 드러나게 되는 것이다.

3. 하나님께 거룩히 구별된 것은 장자들의 교회인 것이다(히 12:23). 그리스도께서는 많은 형제들 중에서 맏아들이 되셨다(롬 8:29). 그리스도와 연합함으로 거듭나고 위로부터 태어난 모든 사람들은 장자로 간주되는 것이다. 그들에게는 존귀와 권능의 탁월함이 있는 것이다. 자녀이면 상속자가 되는 것이다.

Ⅱ. 이스라엘 백성들이 애굽으로부터 나온 것에 대한 기억 또한 영구화되어야만 한다. "그 날을 기념하여(3절). 출애굽 사건을 너희들의 삶의 가장 주목할 만한 날, 즉 개국일이나, 더 이상 회초리로 훈계를 받지 않아도 되는 성년의 날과 같이 가장 기쁘고 좋은 의미로 기억하라." 이와 같이 그리스도의 부활의 날은 기억되어야만 한다. 그 부활의 날에 우리는 속박의 죽음의 집에서 그리스도와 함께 일으켜 세우심을 받았기 때문이다. 성경은 우리들에게 그리스도께서 어느 날 부활하셨는지를 명시적으로 말하고 있는 것이 아니라(모세가 이스라엘 백성들에게 그들이 애굽으로부터 나온 해의 어느 날을 말하며 그 날을 매년 기억하라고 한 것과 달리), 특별히 그 부활이 일어났던 요일을 말해주고 있다. 이것은 주일(부활한 날)이 더욱 귀한 구원이며 더욱 중요한 의미를 가진 절기로서 매주 기억되어야만 한다고 하는 것을 분명히 상술해 주는 것이다. 기억하라. 주님께서 그 손의 권능으로 너희를 구원해 내셨기 때문이다. 어떤 구원 사역에 있어서 하나님과 그분의 권능이 더 많이 나타나면 날수록, 그 구원은 더욱 기념될 만한 것이다. 그러므로 이제 기억해야 한다.

1. 이스라엘 백성들은 무교절을 분명히 지켜야만 한다(5-7절). 이스라엘 백성들이 무교절을 기억하는 것만으로는 충분하지 않다. 그들은 무교절을 기억하는 것을 하나님께서 지시하신 방법대로 경축해야만 하며, 무교절 기념을 보존하기 위해 제정된 수단들을 사용해야만 한다. 그러므로 복음 아래서 우리는 그리스도를 기억해야만 할 뿐만 아니라 그분을 기념하면서 성례를 행해야 한다. 누룩을 얼마나 엄격하게 금지하고 있는가!(7절). 어떠한 누룩도 먹을 수 없을 뿐만 아니라 보여서도 안 되는 것이다. 그들의 모든 거처에서 결코 보여서는 안 된다. 따라서 유대인들은 유월절 전에 모든 누룩이 든 떡을 그들의 집에서 버렸다. 유대인들은 누룩을 태우거나, 묻거나, 작게 부수어서 바람에 날려버렸다. 그들은 촛불을 켜서 들고 집안 구석구석을 다니며 어떠한 누룩도 남아 있지 않도록 샅샅이 찾아다녔다. 이 일에 요구된 조심과 엄격함은 다음과 같은 일들을 위해서 계획된 것이었다. (1) 무교절을 더욱 엄숙하게 만들고 그 결과로 "왜 이렇게 수고하며 노심초사 애를 쓰시는 거예요?"라고 물을 수 있는 아이들의 눈에 더욱 많은 관심을 가지게 하기 위함이다. (2) 우리가 우리 모든 죄들로부터 우리 자신들을 떼어 놓기 위해서 얼마나 간절한 마음으로 노력해야 하는지를 알려 주기 위함이다(고전 5:7).

2. 이스라엘 백성들은 유월절의 의미를 자녀들에게 가르쳐야만 하고, 그 자녀들에게 애굽으로부터 구원받은 이야기를 말해 주어야만 한다(8절). (1) 하나님에 대한 지식을 자녀들에게 때맞추어 가르치기 위한 사려 깊은 관심이 있어야만 한다. 이 본문에 교리문답을 위한 오래된 고대의 법이 있는 것이다. (2) 어린아이들에게 때맞추어 성경 이야기들을 알려 주는 것과 그 이야기들에 친숙하게 해주는 것은 특별히 매우 큰 유익이 있는 것이다. (3) 하나님께서 그분 자신의 교회를 위해서 행하신 위대한 사역들, 즉 우리들의 일상에서 우리의 눈으로 보는 일들과 우리의 귀로 듣고 우리의 선조들이 전해준 일들 모두를 우리의 자녀들에게 말해 주는 것은 우리들이 하나님의 영광을 위해서, 그리고 우리 자녀들의 영적인 유익을 위해서 마땅히 해야 될 일인 것이다: 너는 그 날에(그 절기의 날) 네 아들에게 이러한 것들을 보여 이르라. 이스라엘 백성들이 그 법령을 기릴 때 그들은 그것에 대해서 설명을 해야만 한다. 모든 것은 시의적절할 때 아름다운 것이다. 유월절은 주의 법이 너의 입에 있음에 대한 표지와 기념으로서 정해졌다. 우리는 하나님께서 행하신 일들에 대한 기억을 보존해야만 한다. 그렇게 함으로써 하나님의 법의 영향권 안에 머무를 수 있는 것이다. 마음에 하나님의 법을 가지고 있는 사람들은 자신들의 행동에 영향을 주며, 다른 사람들을 가르치기 위해서 더욱 자주 그들의 입으로 그 법을 말해야만 한다.

[11]여호와께서 너와 네 조상에게 맹세하신 대로 너를 가나안 사람의 땅에 인도하시
고 그 땅을 네게 주시거든 [12]너는 태에서 처음 난 모든 것과 네게 있는 가축의 태에
서 처음 난 것을 다 구별하여 여호와께 돌리라 수컷은 여호와의 것이니라 [13]나귀의
첫 새끼는 다 어린 양으로 대속할 것이요 그렇게 하지 아니하려면 그 목을 꺾을 것
이며 네 아들 중 처음 난 모든 자는 대속할지니라 [14]후일에 네 아들이 네게 묻기를
이것이 어찌 됨이냐 하거든 너는 그에게 이르기를 여호와께서 그 손의 권능으로
우리를 애굽에서 곧 종이 되었던 집에서 인도하여 내실새 [15]그 때에 바로가 완악하
여 우리를 보내지 아니하매 여호와께서 애굽 나라 가운데 처음 난 모든 것은 사람
의 장자로부터 가축의 처음 난 것까지 다 죽이셨으므로 태에서 처음 난 모든 수컷
들은 내가 여호와께 제사를 드려서 내 아들 중에 모든 처음 난 자를 다 대속하리니
[16]이것이 네 손의 기호와 네 미간의 표가 되리라 이는 여호와께서 그 손의 권능으로
우리를 애굽에서 인도하여 내셨음이니라 할지니라

이 본문에서 우리는 다음과 같은 내용들을 보게 된다.

I. 하나님께 이스라엘 백성들의 첫 태생들을 드리는 것에 대한 지침들.

1. 이스라엘 백성들이 가지고 있는 가축의 첫 새끼들은 그들 소유로서 하나님께 드려져야만 했다. 송아지들, 어린 양들, 그리고 새끼 염소들과 같은 정결한 짐승들의 수컷인 첫 새끼들은 희생제로 드려져야만 했다(출 22:30; 민 18:17-18). 나귀와 같은 부정한 짐승들의 첫 새끼들은 어린 양으로 대속해야만 했고, 그렇지 않으면 그 목을 꺾어야만 했다. 무엇이건 부정한 것은(우리 모두가 본성적으로 그런 것처럼) 대속되지 않으면 파멸될 것이다(11, 13절).

2. 이스라엘 백성들의 자녀들 중 장자들은 속량되어야만 했으며, 결코 이방인들이 몰렉에게 자신의 자녀들을 드림과 같이 희생제로 드려져서는 안 되었다. 장자들을 속량하는 비용은 율법에 5세겔로 정해졌다(민 18:16). 우리는 하나님의 진노와 저주를 받아 마땅한 사람들이었다. 그리스도의 피로 우리는 속량되었고 장자들의 교회에 참여할 수 있게 되었다. 이스라엘 백성들은 부정한 짐승들의 첫 새끼뿐만 아니라 자신들의 자녀들을 속량해야만 했다. 우리들의 자녀들은 본질적으로 죄로 오염되었기 때문이다. 누가 부정한 것에서 정한 것이 나오도록 할 수 있겠는가?

II. 이스라엘 백성들의 자녀들과 이어지는 세대의 모든 자녀들을 위한 교리교육에 관한 지침들. 자녀들이, 바쳐진 모든 첫 태생들을 보고 그 의미를 물을 때 그 부모들과 선생들은 다음과 같이 대답해야만 하는 것이다. 즉, 하나님께서 이스라엘 백성들의 장자들과 그들의 모든 첫 태생들에 대해서 가지는 하나님의 특별하신 소유권은, 멸하는 천사의 칼로부터 그들을 보존하신 사실에 있다라고 하는 것이다(14-16절). 구원받았기 때문에 그들은 그분을 섬겨야만 하는 것이다.

1. 자녀들은 자신들의 부모님들에게 하나님의 일들에 관한 질문들을 묻도록 지도를 받아야 하고, 그렇게 하도록 격려를 받아야만 한다. 이러한 훈련은 교리교육을 하는데 있어서 그 어느 방법들보다도 더 커다란 유익을 주는 방법이 되는 것이다. 그리고 부모들은 항상 자녀들의 질문들에 답을 주기 위해 준비되어 있을 수 있도록 스스로 유용한 지식을 갖추고 있어야만 한다. 물이 바다를 덮음과 같이 하나님에 대한 지식이 땅을 덮는다면, 그 때에 가정교육은 사라

지게 될 것이다.

2. 우리 모두는 우리가 믿는 신앙 안에서 우리가 행하고 있는 것에 대한 이유를 보여줄 수 있어야만 한다. 성례식이 말씀에 의해서 거룩해지듯이, 그 성례식은 말씀에 의해서 설명되어야만 하고 이해되어야만 하는 것이다. 하나님의 사역은 합리적이다. 우리가 하는 것과 우리가 그 일을 하는 이유를 알고서 우리가 지혜롭게 그 일을 수행할 때 하나님의 사역은 합리적으로 받아들일 수 있게 되는 것이다.

3. 본 장에서 얼마나 자주, 여호와께서 그 손의 권능으로(3, 14, 16절) 강하신 손으로(9절) 애굽으로부터 이스라엘 백성들을 인도해 내셨다 라고 하는 말이 언급되고 있는지 관찰해야만 한다. 하나님의 목적을 성취해 나가는데 있어서 더 많은 반대가 있는 곳일수록 그 곳에 더 많은 하나님의 권능이 나타나게 된다. 완악한 마음들을 정복하는 것은 강하신 손인 것이다. 때때로 하나님께서는 구원사역을 힘으로나 권능으로(슥 4:6) 이루지 않으시며, 본무에 기록된 것과 같은 그분의 권능을 눈에 보이도록 보여주시는 것에 의해서도 이루지 않으신다고 한다.

4. 가나안에서 태어나게 될 이스라엘 백성들의 후손들은 여호와께서 그 손의 권능으로 우리를 애굽에서 인도하여 내셨음이니라(14, 16절)라고 말하도록 가르치라고 지시를 받는다. 우리의 조상들에게 임한 자비는 우리에게 주어진 자비인 것이다. 우리는 그 자비의 유익함을 수확하여 거두어들이게 되는 것이므로 그 자비에 대한 감사한 기억을 계속해서 유지해야만 하는 것이다. 우리는 이전 구원 사역들의 토대 위에 서 있는 것이다. 우리 조상들이 구원받았을 때 우리는 그들의 허리에 있었던 것이다. 우리는 예수 그리스도의 죽음과 부활로 인해서 구속함을 받았다고 하는 것을 말할 더 많은 이유를 가지고 있다.

17바로가 백성을 보낸 후에 블레셋 사람의 땅의 길은 가까울지라도 하나님이 그들
을 그 길로 인도하지 아니하셨으니 이는 하나님이 말씀하시기를 이 백성이 전쟁을
하게 되면 마음을 돌이켜 애굽으로 돌아갈까 하셨음이라 18그러므로 하나님이 홍해
의 광야 길로 돌려 백성을 인도하시매 이스라엘 자손이 애굽 땅에서 대열을 지어
나올 때에 19모세가 요셉의 유골을 가졌으니 이는 요셉이 이스라엘 자손으로 단단
히 맹세하게 하여 이르기를 하나님이 반드시 너희를 찾아오시리니 너희는 내 유골

을 여기서 가지고 나가라 하였음이더라 [20]그들이 숙곳을 떠나서 광야 끝 에담에 장
막을 치니 [21]여호와께서 그들 앞에서 가시며 낮에는 구름 기둥으로 그들의 길을 인
도하시고 밤에는 불 기둥을 그들에게 비추사 낮이나 밤이나 진행하게 하시니 [22]낮
에는 구름 기둥, 밤에는 불 기둥이 백성 앞에서 떠나지 아니하니라

이 본문에는 다음과 같은 내용들이 있다.

I. **하나님께서 친히 이스라엘 백성들의 길을 선택해 주셨다**(17-18절). 그분께서 이스라엘 백성들의 안내자가 되어주셨다. 모세는 그들에게 주께로부터 받은 대로 방향을 정해 주었다. 인생의 길이 자기 안에 있지 않는 것이다(렘 10:23). 인생은 자신의 길을 생각하고 계획할 수 있다. 그러나 결국 인생의 걸음을 인도하시는 분은 하나님이신 것이다(잠 16:9). 사람이 계획하지만 하나님께서 결정하신다. 우리는 그분의 결정을 잠잠하게 받아들여야만 하고 우리 자신이 하나님의 섭리를 따르도록 해야만 한다. 애굽으로부터 가나안에 이르는 길은 두 가지가 있었다. 하나는 애굽 북방으로부터 가나안 남방으로 이르는 지름길로 3-4일 정도의 여행길이었다. 다른 하나는 광야를 통과하는 훨씬 먼 길인데 하나님께서 자신의 백성 이스라엘을 인도하시기 위해서 택하신 길이었다(18절).

1. 하나님께서 홍해의 광야 길을 통하여 인도하신 많은 이유들이 있었다. 애굽인들은 홍해에 빠져 죽어야만 했었다. 그리고 이스라엘 백성들은 광야에서 겸손해져야만 했었고 검증을 받아야만 했었다(신 8:2). 하나님께서는 모세에게 하나의 표지를 주셨다(출 3:12): **너희가 이 산에서 하나님을 섬기리니.** 이스라엘 백성들은 거듭해서 바로에게 희생제를 드리기 위해서 광야로 사흘 길을 가야만 한다는 것을 말했다. 그러므로 이스라엘 백성들은 반드시 자신들의 행진의 방향을 틀어 그 길로 가야만 하는 것이었다. 그렇지 않으면 그들은 악명 높은 위선자들로서 마땅히 비난을 받아야만 했던 것이었다. 이스라엘 백성들은 적들과 전투에 돌입하기 전에 그들과 하나님 사이에 놓인 일들이 정리되어야만 했다. 율법이 주어져야만 했고, 규례들이 제도화되어야만 했고, 언약이 체결되어야만 했고, 원래의 계약이 인준을 받아야만 했다. 그러한 일들을 행하기 위해서 이스라엘 백성들이 비밀스러운 장소인 광야의 한적한 곳으로 물러가야만 할 필요가 있었던 것이다. 큰 도로는 이러한 일들을 위해서 적절한 장소가 되

지 못했을 것이다. 그분께서 그들을 수백 마일 인도하셨으며(신 32:10), 그분께서 그들을 바른 길로 앞으로 인도하셨다고(시 107:7) 전하고 있다. 비록 돌아가는 길이라 할지라도 하나님의 길은 바른 길이다. 우리가 하나님께서 자신의 백성들을 가장 가까운 길로 인도하시지 않는다고 생각할지라도, 우리는 그분께서 그들을 가장 좋은 길로 인도하신다는 것을 확신할 수 있을 것이다. 때가 이르기 전에 아무것도 판단하지 말라.

2. 하나님께서 그들을 가장 가까운 길로 인도하시지 않은 하나의 이유가 있었다. 즉, 그들은 아직 전쟁에 적절히 준비되어 있지 않았기 때문이었다. 가장 가까운 길은 이스라엘 백성들이 몇 날을 행진하여 가면 블레셋인들의 땅에 도착할 수 있는 길이었을 것이다(블레셋 땅은 애굽 옆에 놓인 가나안의 한 부분이었기 때문임). 블레셋 사람들과의 전쟁은 더욱이 준비가 되어있지 않았기 때문이었다(17절). 이스라엘 백성들의 영혼은 노예생활로 부서져버렸다. 그들이 흙을 바르던 손에서 칼을 잡는 손으로 바꾸는 것은 쉽지가 않았다. 블레셋인들은 너무나 사나워서 신출내기 신병들이 상대할 수 없는 무시무시한 적들이었다. 이스라엘 백성들이 아말렉인들과 싸움을 시작해야만 하고, 광야의 어려움을 경험하면서 가나안 전쟁들을 준비하는 것이 더 나았던 것이다. 하나님께서는 자신의 백성들의 시험들을 그들의 능력에 적절하도록 분배시켜 주시며 그들이 감당할 분량 이상으로 시험받도록 허락하시지 않으실 것이다(고전 10:13). 앞의 구절들을 비교해 보면 이 약속은 한 예로서 이 사건을 말하는 것 같이 여겨질 것이다. 하나님께서는 우리들의 체질을 아시며 우리들의 연약함과 겁이 많음을 염두에 두고 계신다. 그러므로 조금 덜한 시험들을 가지고 우리들이 좀 더 커다란 시험들을 감당할 수 있도록 준비시켜 주신다. 하나님께서는 마치 독수리가 그 새끼들에게 나는 방법을 점차로 가르쳐 주며 그들을 키우는 것과 같이 애굽으로부터 이스라엘을 데리고 나오셨다고 묘사하고 있다(신 32:11). 이스라엘 백성들이 어느 길로 가야만 하는지에 대한 명령이 주어지는 장면들을 통해서 우리는 다음과 같은 것들을 보게 된다.

(1) 이스라엘 백성들은 혼란스러운 오합지중이 아닌 스스로 오와 열을 맞추며 질서 있게 나아갔다: 이스라엘 자손이 애굽 땅에서 대열을 지어 나올 때에(18절). 그들은(어떤 사람들은) 다섯 열로 줄을 지어 나가고, 다른 사람들은 다섯 그룹으로 열을 지어 나아갔다. 그들은 마치 사기가 충천하여 깃발들을 들고 나가

는 군대처럼 행진해 나아갔다.

(2) 이스라엘 백성들은 자신들과 함께 요셉의 유골을 가지고 갔다(19절). 그리고 아마도 야곱의 아들들 각자가 죽었을 때 개인적으로 가나안으로 옮겨지지 않았다면(행 7:16) 그들의 유골들도 가져갔을 것이다(몇몇 사람들은 그들이 개인적으로 옮겨졌을 것으로 생각함). 요셉은 특별히 하나님께서 이스라엘 백성들을 권고하실 때 자신의 유골을 가지고 갈 것을 명했다(창 50:25-26). 그러므로 이스라엘 백성들이 요셉의 유골을 가져가는 것은 그들의 조상들이 요셉에게 맹세했던 서약을 이행하는 것을 나타내고 있는 것이었다. 그것은 또한 요셉에 의해서 그들에게, 하나님께서 그들에게 오셔서 애굽 땅으로부터 그들을 이끌어 내실 것이라고 전해진 하나님의 약속의 이행에 대한 사실을 시인하는 행동이었던 것이다. 요셉의 유골을 가지고 가는 것은 또한 하나님께서 그 약속의 다른 부분, 즉 그들을 가나안으로 인도하실 것이라는 그들의 믿음과 희망에 대한 긍정적인 격려가 되었던 것이다. 이러한 기대를 가지고 이스라엘 백성들은 자신들과 함께 그 유골을 그들이 광야를 방황했던 때에도 가져갔던 것이다. 이스라엘 백성들은 아마도 '요셉의 유골은 결국 안식을 누리게 될 것이고 그 때 우리도 안식하게 될 것이다' 라고 생각했을 것이다. 모세는 이 유골을 자신과 함께 가져가도록 지시를 받는다. 모세는 이제 매우 위대한 사람이 되었다. 마찬가지로 요셉도 그 당시에는 그렇게 위대한 사람이었다. 그러나 요셉은 이제 마른 유골 한 상자에 불과했던 것이다. 이 한 상자의 유골이 바로 요셉이 이 세상에서 남긴 모든 것이었다. 이러한 사실은 바로 모세가 자신의 유한성을 기억하도록 하게 하는 경고자로서의 역할을 했을 것이다. 내가 너를 신 같이 되게 하였은즉 이라고 모세에게 분명히 말씀하셨다(출 7:1). 그러나 너는 사람들과 같이 죽을 것이다.

Ⅱ. 이 본문에는, 여정에서 이스라엘 백성들이 축복받은 인도하심이 있다. 여호와께서 그들 앞에서 기둥으로 행하셨다(21-22절). 처음 두 단계에서는 하나님께서 모세에게 어느 곳으로 행진해 가라고 방향을 정해 주는 것으로 충분했었다. 모세는 그 지역과 길을 매우 잘 알고 있었다. 그러나 이스라엘 백성들이 광야 끝에 이르렀을 때(20절) 그들은 한 안내자가 필요했을 것이다. 그들은 매우 훌륭한 안내자가 되시며, 지혜와 친절 그리고 신실함이 한이 없으신 분을 만나게 되었다: 여호와께서 그들 앞에서 가셨다. 세키나(혹은 신적인 위엄의 모

습으로 이것은 그리스도의 모형이었음) 혹은 영원한 말씀이 미리 나타나셨는데, 이는 때가 차매 육신이 되실 것이었고 우리 가운데 거하시게 되실 것이었다. 그리스도께서는 광야의 교회와 함께 하셨다(고전 10:9). 이제 그들의 왕이 앞서 가며 여호와께서는 선두로 가시리라(미 2:13). 하나님께서는 광야로 인도하시는 자들을 그 곳에 남겨 놓지도 않으실 것이고, 그 곳에서 잃지도 않으실 것이며, 그들이 그 광야를 통과하도록 인도하시며 돌보실 것이다. 우리는 모세와 경건한 이스라엘 백성들 자신들이 하나님의 인도하심 아래 있다고 하는 것을 확신하게 된 것은 매우 커다란 위로와 만족이 되었을 것이라고 하는 사실을 능히 짐작해 볼 수 있다. 인도함을 받은 자들은 자신들의 길을 잃어버리게 될 것을 두려워할 필요가 없었으며, 방향을 지시받는 자들은 방향을 잃어버리게 됨을 두려워할 필요도 없었던 것이다. 밝은 불로 인도된 자들은 어둠에 처하게 되는 두려움을 가질 필요가 없었으며, 보호를 받는 자들은 강도를 만나게 될 것이라는 두려움을 가질 필요도 없었던 것이다. 하나님의 영광을 자신들의 목적으로 삼고, 하나님의 말씀을 자신들의 법칙으로 삼으며, 하나님의 영을 자신들의 감정의 안내자로 삼고, 하나님의 섭리를 자신들의 일들에 대한 안내자로 삼는 자들은, 하나님께서 광야에서 이스라엘 앞에서 행하셨던 것처럼 비록 그렇게 분명하지는 않을지라도 여호와께서 그들 앞에서 가셨다 라고 하는 사실에 확신을 가질 수 있게 될 것이다. 우리는 믿음으로 살아야만 한다.

1. 이스라엘 백성들은 하나님께서 그들 앞에 행하심을 느낄 수 있는 증거들을 가졌다. 그들은 모두 하늘로부터 내려온 어떤 기둥과 같은 모양을 보았다. 그것은 밝은 낮에는 구름과 같았고, 어두운 밤에는 불과 같은 것이었다. 우리는 흔히 밤에 보이는 불꽃은 낮에는 연기가 나는 것으로 보이는 것을 알 수 있다. 이스라엘 백성들 앞에 행했던 기둥도 그러했던 것이다. 하나님께서는 이스라엘 백성들에게 자신의 임재에 대한, 이러한 눈에 보이는 모습을 보여주셨는데, 이것은 그들의 연약한 믿음을 불쌍히 여기심이며, 그들 자신의 언어로 더듬더듬 이야기해 주실 필요가 있는 유아기 상태에 있는 교회에 맞추어 주신 것이었다. 그러나 보지 않고도 하나님의 약속에 따라 그들과 함께 하시는 하나님의 은혜의 임재를 믿는 자들이 복된 것이다.

2. 이스라엘 백성들은 이 기둥 속에서 그들 앞서서 하나님께서 행하심에 대한 생생한 체험들을 가졌다. (1) 그 기둥은 그 광막하고 황량한 광야에서 길을

인도했기 때문이었다. 그 광야에는 길도, 행로도, 길을 표시한 흔적도 없었으며, 그들은 지도도 없었고 그 광야를 통과할 인도자도 없었기 때문이었다. 이스라엘 백성들이 행진해 나갈 때 이 기둥은 그들이 따라갈 수 있는 거리만큼 거리를 두고 그들 앞서서 행했으며 그들이 진을 칠 곳을 지정해 주었다. 이는 무한하신 지혜자께서 이스라엘 백성들이 이동하고 쉬는 모든 것에서 그들을 돌보시고 보호하시기에 꼭 알맞도록 하신 것이었다. (2) 그 기둥은 낮에는 일년 중 어떤 때는 매우 뜨겁기도 한 열기로부터 이스라엘 백성들의 피난처가 되어주었다. (3) 그 기둥은 밤에는 이스라엘 백성들이 필요한 빛을 주었다. 그들의 진영이 늘 쾌적하게 해주고, 그들이 있었던 광야를 덜 두려운 곳이 되게 해주었다.

Ⅲ. 이러한 기둥들은 지속적으로 서 있는 기적 그 자체였다(22절). 하나님께서는 구름 기둥을 거두시지 않으셨다. 이스라엘 백성들이 그 기둥을 좀 덜 필요로 하는 것 같은 때에도 거두시지 않으셨고, 그들이 불평하고 화를 낼 때에도 거두시지 않으셨다. 그 기둥은 이스라엘 백성들을 가나안 경계로 인도할 때까지 그들을 결코 떠나지 않았다. 그 기둥은 바람이 결코 흩어버릴 수 없었던 그러한 구름이었다. 이 은혜는 아주 오랜 뒷날 감사함으로 고백된다(느 9:19; 시 78:14). 이 구름과 불 기둥에는 영적인 무엇인가가 있었다.

1. 이스라엘 자손들은 이 구름 속에서 모세와 더불어 세례를 받았다. 어떤 사람들은 증류된 이슬이 그들 위에 내린 것이라고 생각한다(고전 10:2). 이스라엘 자손들은 이 구름 밑으로 들어옴으로 해서 자신들을 하나님의 인도하심에 의탁한 것과 모세의 인도함의 명령 아래 있음을 나타낸 것이었다. 보호해주는 것은 충성을 요구한다. 이 구름은 하나님의 보호하심에 대한 상징이었으므로 그들의 충성에 대한 보증이 되었다. 그러므로 이스라엘 백성들은 광야에 들어갈 때 그러한 통치 관계 아래서 시작되었고, 거하도록 허락된 것이었다.

2. 어떤 사람들은 이 구름을 그리스도에 대한 한 모형으로 여겼다. 그리스도의 인성을 나타내는 구름은 그분의 신성을 나타내는 빛과 불에 대한 장막(휘장)과 같은 것이었다. 우리는 계 10:1에서 그리스도께서 구름을 입으시고 불기둥과 같은 그분의 발을 가지신 것을 발견하게 된다. 그리스도께서는 우리들의 길이 되시며, 우리들의 길에 빛이 되시며, 그 길에 대한 인도자가 되신다.

3. 이것은 이 세상에 있는 그리스도의 교회가 특별한 인도하심과 보호하심

가운데 있음을 나타내는 것이다. 하나님 자신은 이스라엘의 보호자가 되시는 것이다. 그분께서는 졸지도 않으시고 주무시지도 않으신다(시 121:4; 사 27:3). 시온의 집회들뿐만 아니라 시온에 있는 모든 거할 곳들 위에 만드신 보호처가 있는 것이다. 사 4:5-6을 보라. 모든 이스라엘은 정말 하나님의 날개 그늘 아래 감추어지게 되는 것이다(시 17:8). 이 구름 속에서 사역을 감당하는 천사들은 이스라엘 백성들의 유익을 위해서, 그리고 그들을 위해 그 장막들을 세우는 것을 위해 일했다. 오! 이스라엘이여! 너희들은 행복하도다! 누가 너와 같은 백성인고?

제 14 장

개요

애굽으로부터 이스라엘 자손들의 떠남(이것은 유대 교회의 진정한 탄생이었음)은 그들의 출발에 이어 행해진 이적들에 의해서 더욱 기억될 만하게 되었다. 본 장의 기록들의 핵심과 그에 대한 내용들에 대한 증언으로서 우리는 "믿음으로 그들은 홍해를 육지같이 건넜으나 애굽 사람들은 이것을 시험하다가 빠져 죽었으며"라고 기록하고 있는 히 11:29을 가지고 있다. 이스라엘 백성들이 믿음으로 행한 이 일은 그 일 안에 예표적이고 영적인 무엇인가가 있었음을 넌지시 암시하고 있는데 다음과 같은 내용들이 있다. I. 홍해에서 이스라엘이 처했던 매우 어려운 곤경과 위험. 1. 이 일에 대해서 미리 모세에게 경고를 주셨다(1-4절). 2. 본 장에 기록된 일이 일어나게 된 원인은 이스라엘 백성들을 바로가 맹렬히 추격한 데에 있다(5-9절). 3. 이스라엘 백성들은 바로의 추격을 보고 크게 당황하였다(10-12절). 4. 모세가 이스라엘 백성들을 격려하기 위해서 애를 쓴다(13-14절). II. 하나님께서 이 곤경으로부터 이스라엘 백성들을 구해내기 위해서 행하신 놀라운 구원. 1. 모세는 그 구원에 대해서 지시하심을 받는다(15-18절). 2. 이스라엘 진영과 바로의 진영 사이에 범할 수 없는 경계선이 놓였다(19-20절). 3. 하나님의 권능으로 홍해가 갈라졌고(21절) 다음과 같은 일들이 있었다. (1) 이스라엘 백성들이 안전하게 홍해를 건너게 하는 길이 만들어졌다(22, 29절). 그러나 (2) 애굽인들에게는 [1] 그들이 물에 빠지게 되는 복병이 되었고(23-25절), [2] 그들이 모두 수장 되는 무덤이 되었다(26-28절). III. 이 사건은 이스라엘 백성들에게 커다란 감명을 주었다(30-31절).

1여호와께서 모세에게 말씀하여 이르시되 2이스라엘 자손에게 명령하여 돌이켜 바
다와 믹돌 사이의 비하히롯 앞 곧 바알스본 맞은편 바닷가에 장막을 치게 하라 3바
로가 이스라엘 자손에 대하여 말하기를 그들이 그 땅에서 멀리 떠나 광야에 갇힌
바 되었다 하리라 4내가 바로의 마음을 완악하게 한즉 바로가 그들의 뒤를 따르리
니 내가 그와 그의 온 군대로 말미암아 영광을 얻어 애굽 사람들이 나를 여호와인
줄 알게 하리라 하시매 무리가 그대로 행하니라 5그 백성이 도망한 사실이 애굽 왕

에게 알려지매 바로와 그의 신하들이 그 백성에 대하여 마음이 변하여 이르되 우
리가 어찌 이같이 하여 이스라엘을 우리를 섬김에서 놓아 보내었는가 하고 6바로가
곧 그의 병거를 갖추고 그의 백성을 데리고 갈새 7선발된 병거 육백 대와 애굽의 모
든 병거를 동원하니 지휘관들이 다 거느렸더라 8여호와께서 애굽 왕 바로의 마음을
완악하게 하셨으므로 그가 이스라엘 자손의 뒤를 따르니 이스라엘 자손이 담대히
나갔음이라 9애굽 사람들과 바로의 말들, 병거들과 그 마병과 그 군대가 그들의 뒤
를 따라 바알스본 맞은편 비하히롯 곁 해변 그들이 장막 친 데에 미치니라

우리는 이 단락에서 다음과 같은 내용들을 볼 수 있다.

I. 이스라엘의 이동과 머무름에 대해서 모세에게 지침들이 주어졌다. 이 지침들은 매우 놀라운 것이어서 모세가 이전에 그 이동과 머무름에 대해서 명령을 하지 않았다면 이스라엘 백성들이 구름 기둥과 불 기둥을 따라가도록 거의 설득할 수 없었을 것이다. 그러므로 그 기둥에 대해서 망설임이나 석연치 않음이 없었을 것이다. 모세는 모든 일이 발생하기 전에 다음과 같은 지침들을 들었다.

1. 이스라엘 백성들이 어디로 가야만 하는지에 대해서 들었다(1-2절). 이스라엘 백성들이 광야 끝에 이르렀고(출 13:20) 이제 한두 구간 정도 더 가게 되면 그들은 하나님을 섬기기 위해 지정되었던 장소인 호렙에 이르게 되었을 것이다. 그러나 이스라엘 백성들은 그 목적지를 향해 앞으로 가는 대신에 가나안 오른편으로 조금 비켜 돌아 홍해를 향해 나아가도록 지시를 받았다. 이스라엘 백성들이 있었던 에담(Etham)에서는 노중에서 그들의 통과를 방해하는 바다가 없었다. 그러나 하나님께서는 그들에게 해협으로 가도록 명하신다. 그 명령들은, 이스라엘 백성들에게 하나님께서 뜻하시는 바들이 이루어졌을 때 그 해협으로부터 그들을 틀림없이 인도해 내실 것이라고 하는 확신을 주었을 것이다. 하나님께서는 때때로 자신의 백성들을 구원하시는 노정에 있어서 그 백성들이 어려움들을 겪도록 하시는데 그분께서는 그 어려움들을 해결하시고 그 백성들이 그 어려움들을 넘어설 수 있도록 도우심으로 인해서 얻게 되는 영광을 가지실 수 있다.

2. 이러한 납득이 가지 않는 명령을 통해서 하나님께서 계획하신 것을 듣게 된다. 하나님께서 모세에게 납득이 가는 어떠한 이유를 주시지 않았을지라도

그는 전적으로 복종했을 것이다. 그러나 하나님께서 하시려고 하시는 일들을 모세에게 숨기시겠는가? 아니다. 모세는 (1) 바로가 이스라엘을 멸하려고 하는 계획을 가지고 있으며(3절), (2) 그렇기 때문에 하나님께서 바로를 멸하시려는 계획을 가지고 계신 것이고 그 목적을 이루시기 위해 이러한 방법을 취하시는 것이라고 하는 것을(4절) 알게 될 것이다. 바로는 자신의 지혜로 미루어 짐작해 이스라엘은 광야에서 곤경에 처하게 될 것이기 때문에 자신에게 용이한 사냥감이 될 것이라고 결론지었을 것이다. 하나님께서 이스라엘 백성들에게 더욱 커다란 장애물이 있는 곳으로 나아가도록 명하시는 것을 보면서 바로는 더욱이 그렇게 생각하기 쉬웠을 것이다. 하나님께서는 이스라엘 백성들을 그 향하는 길에서 그렇게나 많이 방향을 틀게 하시어 바로를 더욱 놀라게 했으며, 더욱이 그로 하여금 이제 이스라엘 백성들은 당혹스럽고 위험스러운 지경에 빠지게 되었다고 생각하도록 한 것이다. 그리고 결국 하나님께서는 **내가 바로로 말미암아 영광을 얻을 것이다** 라고 말씀하신다. 적용. [1] 모든 사람들은 창조자의 영광을 위해서 만들어졌기 때문에 하나님께서는 자신을 영화롭게 하지 않는 사람들을 통해서도 영광을 거두실 것이다. [2] 교회의 파멸을 획책하는 일은 종종 교회를 대적하는 적들의 파멸을 가져오게 만든다. 하나님의 섭리는 교회의 적들의 오만과 사악함을 능히 이기신다. 교회의 대적들은 멸망을 위해서 무르익게 되는 것이다.

Ⅱ. 바로는 이스라엘을 추격하면서 자신의 복수심과 악의를 충족시키고 있지만, 사실 바로는 그 자신에 대한 하나님의 모략을 성취하는 곳으로 나아가고 있는 것이다. 그 백성이 도망한 사실이 애굽 왕에게 알려지매(5절). 바로가 이스라엘 백성들이 애굽에서 나아가도록 허락했을 때 그는 매우 두려운 상태에 있었다. 그 두려움이 조금 거두어졌을 때 바로는 이스라엘 백성들이 그의 허락을 받고 떠났다는 사실을 잊었거나 그러한 생각을 가지지 못했을 것이다. 그러므로 바로는 이스라엘 백성들이 애굽에서 나간 것은 그들이 동맹을 벗어나 자신에게 반역을 한 것으로 본 것이 분명하며 그렇게 생각했을 것이다. 그러므로 쉽게 정당화된 것은 그 위에 거짓으로 채색되어 쉽게 정죄되게 되는 것이다. 이제 이후로 다음과 같은 일들이 전개된다.

1. 바로는 자신이 이스라엘 백성들의 떠남을 묵인해준 것을 후회했다. 바로와 그의 신복들은 당시에 그렇게 이스라엘 백성들의 떠남을 묵인해줄 수밖에

는 다른 방도가 없었음을 알고 있었을지라도 이제 그들은 자신들이 그렇게 일을 처리한 것을 분개하고 있었던 것이다: 우리가 어찌 이같이 하였는가. (1) 이스라엘이 자유를 얻었고, 애굽인 자신들은 이스라엘 백성들의 노동력으로 말미암은 이익들과 이스라엘 백성들을 질책하는 즐거움을 잃어버렸다고 하는 사실들은 바로와 그 신복들을 화가 나게 만들었다. 지극히 높은 분의 거룩한 자들을 짓밟는 것과 그들의 영혼에게 우리가 갈 수 있도록 무릎을 꿇어라 라고 말하는 것은 오만한 압제자들에게 고기와 마실 것과 같이 쾌락을 주는 일이 되는 것이다. 그러므로 자신들의 손이 묶인 것은 그들을 화나게 만든 것이다. 적용. 하나님 백성들의 자유는 그들의 적들에게 통탄할 만한 일이 되는 것이다(에 5:12-13; 행 5:17, 33). (2) 바로와 그 신복들은 이제 자신들이 이스라엘 백성들이 떠나는 것을 막을 수 있을 것이라고 생각하면서, 자신들 스스로가 그들의 떠남을 허락했다고 하는 사실, 그리고 비록 자신들이 마지막 극도로 어려운 지경에 처해서 허락한 일일지라도 굴복할 필요는 없었다고 하는 생각들은 그들의 화를 더욱 치밀게 만들었다. 그러므로 하나님께서는 자신의 백성들에 대한 사람들의 시기와 격노를 그 사람들 자신들에 대한 고통으로 만드신다(시 112:10). 바로와 그 신복들이 정직한 행동원리를 가지고 이스라엘 백성들을 놓아주었다면, 이스라엘을 놓아준 것은 잘한 일로서 그들은 평안한 마음으로 그 일을 돌아볼 수 있었을 것이다. 그러나 억지로 놓아주었기 때문에 그들은 스스로를 그러한 일을 행한 바보들과 같이 여기게 되었고 다시금 원래의 상태로 돌리기를 간절하게 원했던 것이다. 사람들이 자신들의 선한 행동들을 후회하는 것은 매우 빈번히 있는 일로서 아주 어리석고 죄스러운 일인 것이다. 자신들의 정의와 자선, 그리고 심지어 자신들의 회개조차도 후회스럽게 여기게 된다. 렘 34:10-11에 있는 이러한 경우와 유사한 예를 보라.

2. 가능하다면 바로는 이스라엘 백성들을 진압하거나 그들에 대해서 보복을 결심한다. 바로는 이 일을 위해서 군대를 징발하고 자신의 모든 병거와 마병들을 모은다(17-18절; 바로는 자신의 일이 급히 처리되는 것이 필요했기 때문에 신발을 신지도 못했던 것 같이 보임). 그러므로 그는 자신이 그들을 다시금 노예로 만들 수 있게 될 것이라는 것을 의심하지 않았다(6-7절). 화가 난 바로의 모습이 어떠했었는지 쉽게 상상해 볼 수 있다. 그는 마치 먹이를 놓쳐 버린 사자와 같이 울부짖었을 것이다. 분노가 치밀어 오르고, 실패로 인한 멸시

감을 받으며, 복수에 불타는 마음으로 인해서 자신의 오만한 마음이 모욕감으로 굴욕적이었을 것이다. 이제 지난 시간 받았던 열 가지 재앙들은 마치 그들이 전혀 받은 적이 없는 일들과 같이 되어 버렸다. 바로는 자신의 장자의 슬픈 장례식을 까마득히 잊어버리고 오직 이스라엘이 자신의 분노를 느끼도록 하는 것 외에 다른 어떤 것도 생각할 수 없었던 듯하다. 이제 그는 하나님을 대항해서도 역시 담대해질 수 있다고 생각한다. 그렇지 않았으면 하나님이 그렇게 사랑하시는 이스라엘 백성들을 그가 정복할 수 있다는 희망을 가질 수 있었겠는가? 하나님께서는 바로의 마음에 이러한 열정으로 가득히 차게 해서 그 마음을 완악하게 하셨다. 8절은 이스라엘 자손들이 담대히, 즉 자신들의 해방에 있어서 승리를 하면서 커다란 용기와 담대함으로 나갔다고 전하고 있다. 그리고 이스라엘 자손들은 자신들이 나가는 길에 놓인 난관들을 깨뜨리면서 극복해 나갈 것을 결심했다. 그러나 애굽인들은 이스라엘 자손들을 추격했다(9절). 하늘을 향하여 성실하게 자신들의 얼굴을 고정시키고 그리스도 예수 안에서 경건하게 사는 자들은 사탄의 유혹들과 두려운 공격을 받게 될 것을 예견해야만 한다. 사탄은 순순히 자신의 사역을 포기하지 않을 것이고, 극도의 격노를 동반한 발작이 없이는 나가지도 않을 것이다(막 9:26).

[10]바로가 가까이 올 때에 이스라엘 자손이 눈을 들어 본즉 애굽 사람들이 자기들 뒤
에 이른지라 이스라엘 자손이 심히 두려워하여 여호와께 부르짖고 [11]그들이 또 모
세에게 이르되 애굽에 매장지가 없어서 당신이 우리를 이끌어 내어 이 광야에서
죽게 하느냐 어찌하여 당신이 우리를 애굽에서 이끌어 내어 우리에게 이같이 하느
냐 [12]우리가 애굽에서 당신에게 이른 말이 이것이 아니냐 이르기를 우리를 내버려
두라 우리가 애굽 사람을 섬길 것이라 하지 아니하더냐 애굽 사람을 섬기는 것이
광야에서 죽는 것보다 낫겠노라 [13]모세가 백성에게 이르되 너희는 두려워하지 말고
가만히 서서 여호와께서 오늘 너희를 위하여 행하시는 구원을 보라 너희가 오늘
본 애굽 사람을 영원히 다시 보지 아니하리라 [14]여호와께서 너희를 위하여 싸우시
리니 너희는 가만히 있을지니라

우리는 이 본문에서 다음과 같은 내용들을 보게 된다.

I. 이스라엘 자손들이 바로가 자신들을 추격해왔음을 알게 되었을 때 가졌

던 두려움(10절). 이스라엘 자손들은 적들의 힘과 그들이 가지고 있는 분노, 그리고 자신들의 보잘것없이 약함을 잘 알고 있었다. 이스라엘 자손들의 숫자는 정말 많았다. 그러나 그들 모두는 도보로 걷고 있었고, 무장을 하지 않았고, 훈련되지 않았고, 오랜 노역으로 안정이 되지 않았으며, (다른 무엇보다도 더욱 나빴던 것은) 이제 이스라엘 자손들의 진영의 상황이 갇혀 있는 형세가 되었던 것이다. 한쪽 편은 통과할 수 없는 바위가 많은 산맥인 비하히롯이었고, 다른 한편은 어떤 사람들이 애굽 국경에 접하고 있는 요새요 진지라고 생각하는 믹돌과 바알스본이었다. 그리고 이스라엘 자손들 앞에는 바다가 놓여 있었고 그들 뒤에는 애굽 군대가 있었던 것이다. 그러므로 위쪽 하늘을 제외하고는 그들에게 열려 있는 길이 없었는데 바로 그 하늘에서 그들의 구원이 왔던 것이다. 우리는 하나님을 따르며 하늘을 바라보면서 우리들에게 주어진 일들을 감당하지만 사면에 곤경을 맞는 커다란 해협이 있을 수 있다(고후 4:8). 이러한 곤경에 처하면서 이스라엘 자손들이 몹시 두려워하게 된 것은 놀랄 일이 아니다. 그들의 조상 야곱도 그와 같은 처지에 있었다(창 32:7). 싸울 때는 내면에도 두려움이 있을 수밖에 없는 것이다. 그러므로 이 두려움의 결과는 무엇인가? 그 결과를 놓고 보면 두려움은 좋은 면도 있었고 악한 면도 있었다.

1. 이스라엘 자손들 중의 일부는 주님께 울부짖었다. 그들은 두려움으로 인하여 기도하게 되었고 그 기도는 효력이 있었다. 하나님께서는 무릎을 꿇게 할 수 있는 해협(곤경)으로 우리를 인도하신다.

2. 이스라엘 자손들 중의 일부는 모세를 대적해서 울부짖었다. 그들은 두려움으로 인해서 불평을 하게 되었다(11-12절). 그들은 상실감으로 자포자기했다. 그리고 하나님의 손이 갑자기 짧아진 것처럼, 그분께서 어제와 같이 오늘 기적들을 행하실 수 없었던 것처럼 그들은 구원을 단념하며 단지 광야에서 죽는 것 외에는 다른 아무것도 의존할 수 없었다. 그들의 믿음이 없는 태도는 얼마나 용서받지 못할 일인가! 그들은 하늘로부터 내려온 기둥의 인도와 보호 아래 있었던 자신들 스스로를 보지 못했단 말인가? 그러나 이러한 행동이 최악의 것은 아니었다. 그들은 애굽으로부터 자신들을 인도해 낸 모세와 다툰다. 그들은 모세와 다투면서 하나님에게 정면으로 대들며 항의한다. 그리고 모세의 도움이 지금 그들이 피해야만 할 유일한 구원의 길인데도 그들은 모세로 하여금 노를 발하도록 하고 있는 것이다. 애굽인들이 자신들이 행한 일들 중에 가장

잘한 일에 대해서 스스로 화를 냈듯이, 이스라엘 백성들은 자신들에게 베풀어진 가장 커다란 친절에 대해서 하나님께 분을 냈던 것이다. 믿음이 없는 태도의 불합리성이 그렇게나 엄청난 것이다. 불평을 하는 사람들은 다음과 같이 말한다.

(1) 불평하는 그들은 약간 부딪히게 되는 어려움들로 인해서 자유롭기 이전의 노역을 회상하면서 지금 주어진 자유에 대한 천박스러운 경멸을 한다. 고귀한 성품을 가진 사람은, 우리가 "만약에 최악의 상황에 최악의 경우가 닥친다면, 노예의 사슬에 얽매여 사는 것보다는 영예롭게 죽는 것이 더 낫다"라고 말하듯이, 말했을 것이다. 그러나 하나님의 행하심 아래 이스라엘 백성들은 실패할 수 없었다. 그러므로 그들은 "벽돌 공장의 연기 속에서 애굽의 노예로 사는 것보다는 광야의 트인 공간에서 하나님의 자유를 누리는 사람으로 사는 것이 더 낫다"라고 말할 수 있었을 것이다. 그러나 그들은 지금 다소간 당황하고 있었기 때문에 노예의 집에서 산 채로 묻히지 못했던 것을 가지고 화를 내고 있는 것이다.

(2) 불평하는 그들은 자신들의 구원을 위해서 신실하게 사용된 도구였던 모세에게 감사하지 못하는 마음을 보이고 있다. 그들은 마치 모세가 자신들을 거칠고 불친절하게 다루었던 것처럼 모세를 비난한다. 그러나 모세가 행한 것은 무엇이든지 논쟁할 나위 없이, 이스라엘 백성들의 유익을 위해서 계획된 하나님의 지시를 받은 일들이었던 것이다. 이스라엘 백성들은 이전의 소동에서(그들이 노하여 모세를 듣지 않았을 때) 말했던 것을 반복하며 이번의 경우에서도 정당화시켜 사용하고 있는 것이다: **우리가 애굽에서 당신에게 이르기를 우리를 내버려 두라 하지 아니하더냐.** 이것은 나쁜 말이었고 더욱이 비난받을 말이기도 했다. 그 때 이스라엘 백성들은 지금과 같이 그들을 위한 하나님의 놀라운 현현을 보았던 것과 같은 그러한 경험들을 하지 못했었기 때문이다. 그러나 이스라엘 백성들은 마치 애굽인들이 노하심의 이적들을 곧 잊어버림과 같이 자비의 이적들을 얼마 지나지 않아 이내 잊어버렸던 것이다. 그리고 애굽인들뿐만 아니라 이스라엘 백성들도 결국에는 자신들을 파멸에 이르도록 자신들의 마음을 완악하게 했다. 열 재앙 뒤의 애굽과 같이 그들은 이 첫 번의 분개(민 14:22)를 포함해서 열 번의 분노에 이어 광야에서 죽게 될 것이라는 판결을 받았다.

Ⅱ. 이 곤경에서 모세가 이스라엘 백성들에게 주었던 적절한 격려(13-14절).

모세는 이스라엘 백성들의 어리석음에 따라 이러한 어리석은 항변에 대답하지 않았다. 하나님께서는 그들이 모세에게 던졌던 원망을 참으셨으며 그들의 잘못을 책망하지 않으셨다(그분께서는 마땅히 그렇게 하실 수 있었다). 그리고 그들에게 두려움을 주지 않으셨다. 그러므로 모세는 이스라엘 백성들이 그에게 주었던 모욕을 지나칠 수 있었을 것이다. 모세는 그들을 꾸짖는 대신에 위로한다. 놀라운 침착함과 평정으로, 애굽인들의 위협이나 여전히 불평 중인 이스라엘의 동요에 의해서 낙담하지 않고, 신속하고 완전한 구원에 대한 확신을 가지고 그들을 위로한다: **너희는 두려워하지 말라.** 우리가 당하고 있는 역경으로부터 헤어나올 수 없을 때, 우리가 가지게 되는 두려움을 극복해 그 역경들이 오히려 우리들의 기도와 노력을 재촉하도록 하고 우리의 믿음과 희망을 잠재우지 못하도록 하는 것은 우리의 의무이고 권리인 것이다.

1. 모세는 이스라엘 백성들에게 하나님께서 그들을 구원하실 것이고, 그들의 구원을 수행하실 것이고, 그들의 추격자들의 완전한 파멸 속에서 그 구원을 수행하실 것이라는 것을 확신시킨다: **여호와께서 너희를 위하여 싸우시리라.** 비록 모세는 어떻게 그리고 어떠한 길로 지나가게 하실 것인지에 대해서는 아직 알지 못했을지라도, 확신이 있었고 이스라엘 백성들도 그러한 확신을 가지도록 하고 싶었을 것이다. 하나님께서는 모세에게 바로와 그의 군대는 파멸되고야 말 것이라는 확신을 주셨다. 그리고 모세는 자신이 위로를 받은 그와 같은 위로로 이스라엘 백성들을 위로한다.

2. 모세는 이스라엘 백성들에게 그 일에 대해서 잠잠한 가운데 기대하면서 그 문제를 하나님께 맡기라고 지시한다: "**가만히 있을지니라.** 그리고 싸움에 의해서나 도망함으로써 너희 자신들을 구원하려고 생각하지 말라. 하나님의 명령들을 기다리고 그 명령들을 지켜라. 어느 방도를 취할 것인지 궁리하지 말 것이며, 단지 너희 지도자를 따르라. 하나님의 나타나심을 기다리고 그 표지들을 유의해서 보라. 그 표지들을 믿지 못하는 너희들이 얼마나 어리석은지를 너희들은 보게 될 것이다. 하나님을 전적으로 신뢰함으로 이제 하나님께서 너희를 위해서 행하시게 될 위대한 구원에 대해서 평강 가운데 기대를 가지며, 마음에 안정을 찾도록 하라. 평강을 유지하라. 너희는 수 6:16과 같이 적들을 향해서 외칠 필요조차도 없다. 너희들의 어떠한 협조도 없이 일은 이루어지게 될 것이다." 적용. (1) 하나님께서 자신의 백성들을 곤경으로 인도하신다면, 그분

께서 친히 다시 그들을 데리고 나올 길을 발견하실 것이다. (2) 큰 어려움과 큰 기대를 가지는 시기에는 우리의 마음이 침착하고, 잠잠하며, 진지하도록 하는 것이 지혜로운 일이다. 바로 그 때가 우리 자신들의 일을 하며 하나님의 일을 생각하는 가장 적절한 여건에 우리가 처해 있는 시기이기 때문이다. 너희는 힘을 쓰지 말고 잠잠히 앉아 있어야만 한다. 애굽인들은 헛되이 도울 것이고 헛되이 고통을 주기 위해 위협할 것이기 때문이다(사 30:7).

15여호와께서 모세에게 이르시되 너는 어찌하여 내게 부르짖느냐 이스라엘 자손에
게 명령하여 앞으로 나아가게 하고 16지팡이를 들고 손을 바다 위로 내밀어 그것이
갈라지게 하라 이스라엘 자손이 바다 가운데서 마른 땅으로 행하리라 17내가 애굽
사람들의 마음을 완악하게 할 것인즉 그들이 그 뒤를 따라 들어갈 것이라 내가 바
로와 그의 모든 군대와 그의 병거와 마병으로 말미암아 영광을 얻으리니 18내가 바
로와 그의 병거와 마병으로 말미암아 영광을 얻을 때에야 애굽 사람들이 나를 여
호와인 줄 알리라 하시더니 19이스라엘 진 앞에 가던 하나님의 사자가 그들의 뒤로
옮겨 가매 구름 기둥도 앞에서 그 뒤로 옮겨 20애굽 진과 이스라엘 진 사이에 이르
러 서니 저쪽에는 구름과 흑암이 있고 이쪽에는 밤이 밝으므로 밤새도록 저쪽이
이쪽에 가까이 못하였더라

우리는 이 본문에서 다음과 같은 내용들을 대하게 된다.

I. 이스라엘의 지도자에게 주어진 지침.

1. 모세 자신이 해야만 하는 일. 그는 지금 기도하는 것을 미루어두고 자신의 일을 해야만 한다(15절): 너는 어찌하여 내게 부르짖느냐. 비록 모세는 현재의 곤경에 대한 좋은 결과를 얻게 될 것에 대해서 확신을 얻게 되었을지라도 그는 기도하는 것을 무시하지 않았다. 그는 하나님을 향해서 올려다보며 기운을 내어 하나님께서 잘 알아들으시고 주의를 기울이실 말로 기도를 했다. 믿음을 가지고 드리는 모세의 침묵의 기도는 두려움에 떠는 이스라엘의 커다란 울부짖음보다도 더욱 하나님에게 상달되었다(10절). 적용. (1) 올바른 기도는 하나님께 부르짖는 것으로서 이러한 기도는 순수하고 절박한 소원을 가지고 있음을 보여주는 것이다. (2) 한나처럼 목소리는 들리지 않으나 하나님께 진실한 부르짖음도 있다(삼상 1:13). 그러나 하나님이 모세의 기도는 불쾌하게 여기셨

던가? 아니다. "어찌하여 내게 부르짖느냐"라는 말씀은 이런 뜻이다. [1] 모세의 믿음에 확신을 주기 위함이다. "이미 허락되었는데 왜 너는 탄원을 자제하고 있느냐? 더 이상 말이 필요없다. 네 기도를 이미 들었노라." 갈대아 역본의 해석이다. [2] 모세의 부지런함을 촉구하기 위함이다. 모세는 기도 외에 해야 할 다른 일이 있었다. 그는 이스라엘 무리를 명령해야만 했었다. 그리고 이제 모세는 자신의 위치에 있어야만 했다. 모든 것은 제 시기(철)에 아름다운 것이다.

2. 모세가 이스라엘이 행하도록 명령해야 하는 일. 이스라엘 자손에게 명령하여 앞으로 나아가게 하고. 어떤 사람들은 모세가 이스라엘 백성들의 구원을 위해서(그는 그 구원에 대해서 확신을 얻고 있었음)라기보다는 그들의 불평에 대한 용서를 위해 기도했으며, 이스라엘 백성들이 앞으로 나아가도록 하시는 하나님의 명령은 그 용서에 대한 표시였다고 생각한다. 하나님과 화목하지 않고서는 결코 평안하게 앞으로 나아갈 수 없는 것이다. 모세는 이스라엘 백성들에게 잠잠히 있으라고 명령을 했고 하나님으로부터 주어지는 명령을 기다리고 있다. 이제 명령이 주어진다. 모세와 이스라엘 백성들은 틀림없이 오른쪽으로나 왼쪽으로 방향이 돌려질 것이라고 생각했다. 그러나 하나님께서는 "아니다. 그들에게 바다 쪽을 향하여 곧바로 앞으로 나아가라고 말하라"라고 말씀하신다. 그것은 마치 그들이 승선하도록 준비된 운항하는 여러 척의 배들이 놓여 있었던 것처럼 말씀하시는 것이었다. 우리가 우리의 의무를 감당할 때 어려움들을 만나게 될지라도 앞으로 나아가야만 한다. 몰라서 어안이 벙벙하여 가만히 서 있어서는 안 된다. 우리는 현재 주어진 일에 최선을 다하며 하나님께 맡겨야만 한다. 그리고 여러 가지 방편들을 사용하며 그 문제에 관해서 하나님을 신뢰해야만 한다.

3. 모세가 하나님께서 행하시리라고 기대했던 일. 이스라엘 자손들이 마른 땅 위에서 갈 수 있는 만큼 멀리 가도록 하시고, 바로 그 때 바다를 가르실 것이며 통과할 수 있도록 길을 여실 것이다(16-18절). 하나님께서는 이스라엘 백성들을 구원하실 뿐만 아니라 애굽인들을 멸하시기 위해 계획하셨다. 따라서 하나님의 전략은 다음과 같은 것들이다. (1) 하나님께서는 이스라엘에게 은혜를 베푸실 것이다. 물이 이스라엘 백성들이 통과할 수 있도록 그들을 위해 갈라질 것이다(16절). 동일한 권능으로 이스라엘 백성들이 지나갈 수 있도록 물을 얼게 만들 수도 있었을 것이다. 그러나 한량이 없으신 지혜자께서는 그들이

지나갈 수 있도록 하기 위해서 물을 나누는 방법을 택하셨다. 그러한 구원의 방법은 늘 가장 어리석어 보이는 것으로 결정되는 것이다. 따라서 이에 대한 참고 구절(사 63:13-14)에 근거해 다음과 같이 전해진다. 여호와의 영이 그들을 깊음으로 인도하시되 골짜기로 내려가는 가축 같이 편히 쉬게 하셨도다. 주께서 이와 같이 주의 백성을 인도하사 이름을 영화롭게 하셨나이다. (2) 하나님께서는 바로로부터 영광을 거두실 것이다. 만약에 이 위대하신 주인에게, 우리가 가지고 있고 소유하고 있는 것들과 이생의 즐거움으로부터 그 영광에 대해서 정해진 세를 바치지 않는다면, 그분께서는 그것을 압류하실 것이고 다시 도로 찾으실 것이다. 하나님께서는 어느 누구에 의해서도 패배자가 되시지 않으실 것이다. 이러한 목적을 위해서 다음과 같은 위협이 주어진다: 내가 바로의 마음을 완악하게 할 것이다(17절). 표현의 방법을 주의해보아야 한다: 내가 그러한 일을 할 것이다. "그러한 일을 할 수 있는 자가 바로 나이다." 이러한 표현은 그분의 주권을 나타내는 말이다. 우리는 누군가의 마음을 완악하게 하는데 아무런 도움을 줄 수 없을 뿐만 아니라, 그 마음을 부드럽게 할 수 있는 어떠한 것도 가지고 있지 못하다. 그러나 하나님의 은혜는 그분 자신의 것이다. 하나님께서 하고자 하시는 자를 긍휼히 여기시고 하고자 하시는 자를 완악하게 하시느니라. "나는 그러한 일을 할 수 있다." 이러한 표현은 그분의 권능을 나타내는 말이다. 전능자 외에 그 어느 누구도 마음을 부드럽게 할 수 없으며(욥 23:16), 어느 누구도 마음을 완악하게 할 수 없다. "나는 그러한 일을 이룰 것이다." 이러한 표현은 그분의 정의를 나타내는 말이다. 하나님께서 자신의 은혜를 오랫동안 거부한 자들을 진노의 징벌 아래 놓아 두시는 것은 정당한 일이다. 이렇게 목이 곧고 뻔뻔스러운 거역함에 대한 승리의 방법이 언급된다: "내가 친히 그를 겸비하게 할 적절한 절차를 취할 것이다. 그가 굽혀지지 않으면 부러질 것이다. 이것은 슬프다 내가 장차 내 대적에게 보응하여 내 마음을 편하게 하겠고 내 원수에게 보복하리라" (사 1:24)라고 하는 것과 같은 표현이다.

Ⅱ. 이스라엘 진영 위에 있었던 분명하게 보이는 보호막이 진영 뒤로 옮겨감 (19-20절). 구름 기둥과 불 기둥을 사용하는 사역을 담당한 하나님의 천사가 이스라엘 진영 앞에서 행했는데, 이제는 이스라엘 백성들은 안내자가 필요 없게 되었다(바다를 통해서 펼쳐진 길은 잃어버릴 위험이 없었고 앞으로 나아가는 것 외에는 다른 어떠한 명령도 필요하지 않았음). 이제 그 구름 기둥과 불 기둥

이 보호가 필요한 이스라엘 백성들 뒤로 옮겨가서(이스라엘 진영 맨 뒤쪽을 곧 잡으려고 하는 애굽인들 때문에) 이스라엘 백성들과 애굽인들 사이를 나누는 벽이 되었다. 그 구름 기둥과 불 기둥은 그 곳에 머물면서 이스라엘 백성들을 보호했을 뿐만 아니라 바다를 통과해 가는 그들에게 빛을 비추어 주었다. 동시에 그 구름 기둥과 불 기둥은 애굽인들을 당황케 해서 자신들의 먹이에 막 손을 뻗어 잡으려고 하는 찰나에 그 먹이를 잃어버리게 만들었다. 하나님의 말씀과 섭리는 죄와 죄인들을 향해서는 흑암이요 어둠을 가져다 주지만, 참 이스라엘 백성들에게는 밝음이요 기쁨이 되는 것이다. 어떤 사람들에게 생명의 구원이 되는 것이 다른 사람들에게는 죽음을 가져다 주는 것이 되는 것이다. 이것은 처음이 아니었다. 하나님께서는 태초에 빛과 어둠 사이를 나누시고(창 1:4) 지금도 여전히 빛과 어둠을 지으신다(사 45:7). 동시에 애굽인들에게는 어둠을 두시고 이스라엘 백성들에게는 빛을 두셨다. 이것은 빛 가운데 있는 성도들의 유업과, 위선자들의 영원한 몫이 될 완전한 어둠 사이를 영원히 나누는 것에 대한 예표인 것이다. 하나님께서는 귀한 보석과 쓸모없는 것 사이를 구분하실 것이다.

21모세가 바다 위로 손을 내밀매 여호와께서 큰 동풍이 밤새도록 바닷물을 물러가
게 하시니 물이 갈라져 바다가 마른 땅이 된지라 22이스라엘 자손이 바다 가운데를
육지로 걸어가고 물은 그들의 좌우에 벽이 되니 23애굽 사람들과 바로의 말들, 병거
들과 그 마병들이 다 그들의 뒤를 추격하여 바다 가운데로 들어오는지라 24새벽에
여호와께서 불과 구름 기둥 가운데서 애굽 군대를 보시고 애굽 군대를 어지럽게
하시며 25그들의 병거 바퀴를 벗겨서 달리기가 어렵게 하시니 애굽 사람들이 이르
되 이스라엘 앞에서 우리가 도망하자 여호와가 그들을 위하여 싸워 애굽 사람들을
치는도다 26여호와께서 모세에게 이르시되 네 손을 바다 위로 내밀어 물이 애굽 사
람들과 그들의 병거들과 마병들 위에 다시 흐르게 하라 하시니 27모세가 곧 손을 바
다 위로 내밀매 새벽이 되어 바다의 힘이 회복된지라 애굽 사람들이 물을 거슬러
도망하나 여호와께서 애굽 사람들을 바다 가운데 엎으시니 28물이 다시 흘러 병거
들과 기병들을 덮되 그들의 뒤를 따라 바다에 들어간 바로의 군대를 다 덮으니 하
나도 남지 아니하였더라 29그러나 이스라엘 자손은 바다 가운데를 육지로 행하였고
물이 좌우에 벽이 되었더라 30그 날에 여호와께서 이같이 이스라엘을 애굽 사람의

손에서 구원하시매 이스라엘이 바닷가에서 애굽 사람들이 죽어 있는 것을 보았더
라 [31]이스라엘이 여호와께서 애굽 사람들에게 행하신 그 큰 능력을 보았으므로 백
성이 여호와를 경외하며 여호와와 그의 종 모세를 믿었더라

우리는 이 본문에서 신구약에서 너무나 자주 언급되는 놀라운 이적인 이스라엘 자손들 앞에서 홍해가 갈라진 역사를 대하게 된다. 이 사건은 가나안 족속들에게는 두려움이 되었고(수 2:9-10), 이스라엘 백성들에게는 승리와 찬양이 되었다(시 114:3; 106:9; 136:13-14). 또한 이 사건은 세례의 모형이 되었다(고전 10:1-2). 이스라엘이 홍해를 통과해 지나감은 영혼이 회개하는 것을 나타내는 전형적인 모형이 되었다(사 11:15). 그리고 애굽인들의 홍해에서의 완전한 파멸은 뉘우칠 줄 모르는 모든 죄인들의 최후의 멸망에 대한 전형적인 모형이 되었다(계 20:14). 우리는 본문에서 다음과 같은 내용들을 볼 수 있다.

I. 바다를 가르시고 물을 통과해서 길을 여시는 것을 보면서 피조계인 자연의 질서를 운행하시는 하나님의 전능하신 권능의 한 예를 볼 수 있다. 그 곳은 바다에 연하여 있는 만이거나, 육지로 둘러싸인 만이거나, 혹은 나뉘고 10-15km 정도 이어진 바다가 깊숙이 들어간 곳이었을 것이다(21절). 이 때 사용된 정해진 표시는 바다 위로 모세가 자신의 팔을 뻗는 것이었다. 바다가 갈라진 것은, 모세의 기도에 대한 응답으로서, 그리고 모세의 사역에 대한 인증이며 그가 인도한 백성들에 대한 은혜를 나타내기 위함이다. 자연적인 표지는 강한 동풍으로서 이것은 바람과 바다도 순종하는 하나님의 권능에 의해서 이루어진 것이었다. 욥기에 애굽으로부터 이스라엘의 구원을 위해서 이루어진 기적에 대한 구절이 있다면 그것은 욥 26:12에 있는 구절이다: **그는 능력으로 바다를 잔잔하게 하시며 지혜로 라합(즉 애굽)을 깨뜨리시며.** 하나님께서는 자신의 백성들을 가장 커다란 어려움들을 통해서도 인도하실 수 있으시고, 길이 없는 곳에 길을 내실 수 있으시다. 자연의 주가 되시는 하나님은 스스로 그 자연의 법칙에 매이지 않으신다. 그분께서 원하시면 그 법칙들은 무용지물이 되게 하실 수 있다. 그렇게 되면 불은 태우지 않게 되고 물은 흐르지 않게 되는 것이다.

II. 이스라엘에 대한 하나님의 놀라운 은혜의 한 예를 볼 수 있다. 이스라엘 백성들은 반대편 해안가를 향해 바다를 건너갔다. 어떤 사람들은 이스라엘 백성들이 나침반을 가지고 가서 다시 같은 쪽으로 나오게 되었다고 생각한다.

그러나 나는 그렇게 생각할 수 없다(22절). 이스라엘 백성들은 바다 가운데에 있는 마른 땅 위를 걸었다(29절). 여호와의 영광인 구름 기둥은 이스라엘 백성들의 뒤편에 있었고(사 58:8), 애굽인들은 물이 이스라엘 백성들의 좌우편에서 벽이 되었기 때문에(두 번 언급됨) 측면에서 공격할 수도 없었을 것이다. 아마도 모세와 아론이 먼저 이 밟아보지 않은 길에 들어섰을 것이고, 그 다음에 모든 이스라엘 백성들이 그들을 따라 들어갔을 것이다. 거대한 물기둥 사이로 난 길을 따라가는 이러한 행진의 경험은 이후에 광야를 통과해 나아가는 그들의 행진이 좀 덜 두려운 것이 되도록 해주었을 것이다. 바다를 통해 하나님을 따라갔던 자들은 그분께서 자신들을 어느 곳으로 인도하신다 할지라도 그분을 따르는데 두려워할 필요가 없었다. 바다를 통과해 나아가는 이 행진은 달빛도 없는 밤중에 이루어졌다. 보름에서 7일이 지난 뒤였기 때문이다. 따라서 이스라엘 백성들은 불 기둥과 구름 기둥으로부터 나오는 빛을 가진 것 외에는 다른 빛이 없었다. 이러한 상황은 바다를 건너는 것을 더욱 두렵게 만들었다. 하나님께서 우리를 인도하시는 바로 그 곳에 그분께서는 우리에게 빛을 비추어 주실 것이다. 우리가 그분의 인도하심을 따라가는 동안은 그분의 또 다른 위로가 필요치 않을 것이다. 모든 세대의 하나님의 백성들이 가장 어려운 곤경에 처해 있을 때 하나님을 신뢰하도록 격려하기 위해서 이 일은 이루어졌고 기록되었다. 이러한 위대한 일을 이루신 하나님이 무엇인들 할 수 없으시겠는가? 이렇게 불평하는, 믿음이 없는 이스라엘을 위해서 이러한 일을 행하신 하나님께서 그분을 경외하고 사랑하는 자들을 위해서 무엇인가를 행하시지 않겠는가? 그 불평하는 자들은 그들의 조상들을 위해 사랑받는 자들이었고, 그들 중에 남겨진 자들을 위해서 사랑받은 자들이었다. 우리는 먼 훗날에 이 승리의 행렬 속에 성도들이 참여하고 있음을 보게 된다(시 66:6): 하나님이 바다를 변하여 육지가 되게 하셨으므로 무리가 걸어서 강을 건너고 우리가 거기서 주로 말미암아 기뻐하였도다. 이 이적의 역사의 내용이 어떻게 발전해 가는지를 보라(시 77:11, 16, 19).

Ⅲ. 하나님과 하나님의 백성들의 적들인 애굽인들에 대한 하나님의 공의롭고 정의로운 진노에 대한 한 예를 볼 수 있다. 이 본문에서 다음과 같은 사항들을 관찰하게 된다.

1. 애굽인들이 얼마나 얼이 빠지도록 미혹되었는지를 볼 수 있다. 그들은 추격에 너무나 열중한 나머지 이스라엘 백성들을 뒤쫓아 바다 가운데로 들어갔

다(23절). 그들은 '이스라엘이 가는 곳에 왜 우리는 담대히 들어갈 수 없겠는가?' 라고 생각했다. 한두 번 애굽의 술사들은 모세가 행했던 것을 자신들의 주문으로 행했었다. 바로는 이것을 기억했다. 그러나 그들이 결국에는 어떻게 어리둥절하게 되었는지는 잊었던 것이었다. 이스라엘 백성들은 발로 걷는 반면에, 바로와 신복들은 병거와 말들로 유리하게 무장하고 있었다. 바로는 나는 여호와를 모른다 라고 말했다. 이 말로 인해서 그는 여호와가 어떤 분이신지 정말 모르게 되었다. 그렇지 않았으면 그는 그렇게 모험을 하지 않았을 것이다. 어느 누구도 시야가 가려 사안을 분별하지 못하는 사람처럼 무모할 수는 없는 것이다. 이스라엘에 대한 격노는 그들로 하여금 무모하고 사려 깊지 못하게 만들었다. 그들은 자신들의 마음을 오랫동안 완악하게 해왔다. 이제 하나님께서 그들을 파멸로 이르게 하신 것이었고 그들의 눈이 자신들의 평안과 안전에 속한 것들을 보지 못하도록 숨기셨다. 새가 보는 데서 그물을 치면 헛일이겠거늘(잠 1:17). 그러나 빨리 그물로 들어가는 애굽인들은 눈이 멀은 것이다(잠 7:23). 죄인들의 파멸은 그들 자신의 추측에 기인되게 되는데 그 생각들은 그들로 하여금 함정으로 곤두박질치게 만든다. 그들은 스스로 파멸을 부르는 자들이다.

2. 애굽인들이 얼마나 곤경에 처하고 당황해했는지를 볼 수 있다(24-25절). 애굽인들은 몇 시간 동안 이스라엘 백성들이 건넜던 것처럼 안전하게 승리감에 도취되어 갈라진 물 사이를 행진해 들어갔다. 의심할 여지 없이 얼마 지나지 않아서 그들은 자신들의 목적을 달성할 수 있을 것이라고 생각했다. 그러나 새벽에 여호와께서 애굽 군대를 보시고 그들을 어지럽게 하셨다. 애굽인들을 경악스러운 상황 가운데 몰아넣은 구름 기둥과 불 기둥으로부터, 그들은 어떠한 것을 보고 들음으로써 자신들의 파멸이 덮치기 전에 자신들이 멸망할 것임을 알게 되었다. 그러므로 사악한 자들의 승리는 잠깐이라는 사실과 하나님께서 죄인들을 파멸에 던져 넣으시기 전에 절망 가운데 빠지도록 두렵게 하는 방법을 사용하시는 것을 볼 수 있다. 그가 고관들의 기를 꺾으시리니 그는 세상의 왕들에게 두려움이시로다. (1) 애굽인들은 마치 그 날이 자신들의 날인 것처럼 허세를 부리고 자만했었다. 그러나 이제 그들은 곤경에 처했고 당황케 되었으며 공포의 두려움에 휩싸이게 되었다. (2) 애굽인들은 맹렬하게 달려왔다. 그러나 이제 그들은 무겁게 움직였으며 자신들이 매 걸음마다 막히고 당황스런 지경에 빠졌음을 알게 되었다. 길은 점점 깊어졌다. 그들의 마음은 슬픔이 더해만 갔다.

그들의 바퀴는 빠졌고 축은 망가졌다. 그러므로 하나님께서는 자신의 백성들을 뒤쫓는 사람들의 폭력을 저지하실 수 있는 것이다. (3) 애굽인들은 떨고 있는 비둘기 위에 있는 매처럼 이스라엘 등 위에 날고 있었다. 그러나 이제 그들은 이스라엘의 면전에서 도망하도록 하자 라고 부르짖는다. 이스라엘의 얼굴은 그들에게 곡식단 사이에 횃불 같이 되었다(슥 12:6). 애굽인들이 이스라엘 백성들에게 두려운 존재가 되었던 것과 같이 이제 갑자기 이스라엘은 애굽인들에게 두려운 대상이 되었다. 애굽인들은 이스라엘을 놓아줄 수도 있었으나 그렇게 하지 않았다. 이제 그들은 이스라엘 앞에서 달아나려고 했지만 그렇게 할 수가 없게 되었다. 하나님의 백성들을 훼방한 자들은 자신들의 곤경에 스스로 걸림돌이 된다고 하는 사실을 사람들은 너무 늦게 깨닫게 될 것이다. 주께서 수만 명의 성도들과 함께 심판을 시행하시기 위해서 오실 때, 세상의 유력자들은 이스라엘과 이스라엘 왕의 목전에서 피해 산들과 바위들 아래로 헛되이 피난처를 찾게 될 것이다(계 6:15). 이 이야기를 욥 27:20 이하와 비교해보라.

3. 놀랍게도 애굽인들은 모두 물에 빠져 죽었다. 이스라엘 자손들이 안전하게 해변가에 도착하자마자 모세는 바다 위로 그의 손을 뻗칠 것을 명령 받는다. 이에 의해서 모세의 명령에 따라 이전과 같이 다시 닫히도록 하는 표지가 물에게 주어진다. 물은 좌우로 나뉘어 열려 있었다(29절). 모세는 명령에 따라 행했고 즉시로 물은 원래의 자리로 돌아갔다. 그리고 애굽의 모든 군대들을 삼켜버렸다(27-28절). 죄 가운데 서로 완악하게 했던 바로의 신복들은 이제 함께 죽었고 한 사람도 살아남지 못했다. 고대 전승은 발람이 미혹했던 미디안 사람들과 함께 죽은 것처럼(민 31:8), 바로의 술사들이었던 얀네와 얌브레도 애굽인들과 함께 죽었다고 전한다. (1) 이제 하나님께서, 애굽인들이 물에 빠뜨려 죽였던 이스라엘 장자들의 피에 대해서 보복을 하신 것이었다. 원금이 이자와 함께 갚아진 것이다. 새로 태어난 이스라엘 백성들의 죽음 대신에 장성한 애굽인들이 죽었으니 배로 보상된 것이다. 그러므로 주께서는 공의로우신 것이다. 하나님의 눈에는 자신의 백성들의 피가 보배로운 것이다(시 72:14). (2) 하나님께서는 자신의 대사인 모세에게 바로가 행한 그의 모든 오만과 무례한 행동에 대해서 계산하시고 처리하셨다. 여호와의 대사를 조롱하고 그들을 바보로 취급하는 것은 치료받지 못하고 파멸을 가져온다. 이제 하나님께서 그 오만한 사람을 바라보시면서 그를 비천하게 하시고(욥 40:12) 모세를 바로 위에 영화롭게

하셨다. 하나님께서 이루신 황폐케 하심을 와서 보라. 그리고 그 일을 기록하되 물 속이 아니라 영원하도록 바위에 철필로 기록하라. 여기에 자신의 창조자에게 불순종한 자, 그분의 요구, 위협, 심판들을 불순종한 피의 독재자가 누워 있다. 그는 하나님께 반역을 했고 자신의 야만적인 열정에 노예가 되었던 자이다. 인간성과 덕, 그리고 모든 진정한 영예를 완전히 잃어버렸다. 그가 여기 깊은 곳, 하나님의 공의의 영원한 기념이 되는 곳에 묻혔다. 비록 그가 이 세상에서 권세를 가진 두려운 자였을지라도 이 곳에서 함정에 빠지게 되었다. 이 사람과 그 무리들은 바로와 그의 모든 신복들이었다(겔 31:18).

Ⅳ. 이스라엘 백성들이 자신들을 위해서 하나님께서 행하신 이 놀라운 일을 인식하고, 잠시 동안 큰 감명을 받았다.

1. 이스라엘 백성들은 해변가 모래 위에 죽어져 있는 애굽인들을 보았다(30절). 하나님의 섭리가 이어 밀려오는 조류로 하여금 애굽인들의 시체들을 해변으로 밀어내어 쌓도록 하신 것이다. (1) 애굽인들의 모욕적인 커다란 불명예를 드러내시기 위함이었다. 장군들과 장사들의 살을 먹게 하기 위해 짐승들과 새들이 불러 모아졌다(계 19:17-18). 애굽인들은 위대한 사람들의 죽은 몸을 미라로 만들어 보존하는데 매우 훌륭했고 주도면밀했다. 그러나 이 곳에서는 애굽의 모든 귀인들 위에 극도의 모욕감이 쏟아진다. 애굽인들의 시체가 마치 땅 위에 거름 더미가 쌓임과 같이 무더기를 이루어 놓여 있는 것을 보라. (2) 이스라엘 백성들의 더 커다란 승리와 이로 인해서 이스라엘 백성들의 구원이 자신들에게 더욱 생생하게 하시기 위함이었다. 눈으로 보는 것은 마음에 더욱 깊게 각인되기 때문이다. 그들이 나가서 내게 패역한 자들의 시체들을 볼 것이라 라고 하는 사 66:24을 보라. 아마도 이전에 자신들의 이웃의 보석을 빌렸던 이스라엘 백성들은 죽은 자들을 약탈했을 것이다(애굽인들이 이러한 적의를 가지고 이스라엘 백성들을 추격했기 때문에 이스라엘 백성들과의 신의가 깨져버렸을 것임). 이제부터는 이스라엘 백성들은 그 빌린 보물들을 되돌려줄 의무가 없었을 것이다. 어떤 사람들은 또한 이스라엘 백성들이 이전에는 없었던 무기들을 이제 애굽인들로부터 얻게 되었다고 생각한다. 따라서 하나님께서 리워야단의 머리를 부수시고 그것을 사막에 사는 자에게 음식물로 주셨다(시 74:14).

2. 이 위대한 일의 광경은 이스라엘 백성들에게 크게 감명을 주었고, 이제 그들은 여호와를 경외하며 여호와와 그의 종 모세를 믿었다(31절). 이제 이스라엘

백성들은 자신들의 불신과 불평으로 인해서 부끄러워졌고, 이제 하나님 앞에 선한 마음을 가지게 되었다. 그들은 이제 다시는 하늘로부터 오는 도움을 단념하지 않을 것이며, 아무리 커다란 곤경이라 할지라도 절망하지 않을 것이라고 생각했을 것이다. 또한 그들은 다시는 모세를 대항해서 다투지도 않을 것이고 애굽으로 돌아가자고 말하지도 않을 것이라고 했을 것이다. 이스라엘 백성들은 바다에서 모세와 함께 세례를 받았다(고전 10:2). 모세의 사역에 의해서 이루어진, 하나님께서 이스라엘 백성들을 위해서 행하신 이 위대한 역사는 그들로 하여금 하나님 아래서 모세의 지도를 충실하게 따르도록 만들어주었다. 이 역사는 이루어져야 할 약속에 대한 그들의 믿음에 확신을 주었다. 이스라엘 백성들은 애굽에서 이와 같이 승리를 누리면서 구출되었기 때문에 틀림없이 곧 가나안에 당도할 것이라고 생각했다. 그들에게는 그렇게 믿을 만한 하나님과, 자신들과 하나님 사이에 그러한 중재자가 있다고 생각했기 때문이었다. 지금과 같은 마음이 그들에게 이전에도 있었더라면! 이스라엘 백성들이 이제 막 출애굽 할 때 처음 느낀 하나님의 자비의 은혜들은 생생히 느껴지는 감동을 주었다. 그러나 수많은 이러한 감흥들은 곧 사라진다. 이스라엘 백성들이 하나님의 역사를 보고 그 역사의 유익을 느끼는 동안에는 하나님을 경외하고 그분을 믿었다. 그러나 그들은 곧 그분께서 이루어주신 역사들을 잊었고 그분을 등한히 여겼다. 우리가 가끔 선한 상태에 있는 것처럼 항상 그렇게 있을 수 있다면 얼마나 좋겠는가!

제 15 장

개요

본 장에는 다음과 같은 내용들이 있다. I. 이스라엘 백성들은 자신들의 구원을 찬양하는 노래를 하며 애굽인들을 되돌아본다. 1. 찬양(1-19절)과 2. 구원에 대한 장엄한 노래(20-21절)가 있다. II. 이스라엘은 광야를 향하여 앞으로 행진해 나아간다(22절). 1. 마라에서 물이 없어 불평함(23-24절)과 그들에게 허용된 평안함(25-26절), 그리고 2. 엘림의 물가에서 이스라엘 백성들이 만족함(27절) 등에 대한 내용이 있다.

[1]이 때에 모세와 이스라엘 자손이 이 노래로 여호와께 노래하니 일렀으되 내가 여
호와를 찬송하리니 그는 높고 영화로우심이요 말과 그 탄 자를 바다에 던지셨음이
로다 [2]여호와는 나의 힘이요 노래시며 나의 구원이시로다 그는 나의 하나님이시니
내가 그를 찬송할 것이요 내 아버지의 하나님이시니 내가 그를 높이리로다 [3]여호와
는 용사시니 여호와는 그의 이름이시로다 [4]그가 바로의 병거와 그의 군대를 바다에
던지시니 최고의 지휘관들이 홍해에 잠겼고 [5]깊은 물이 그들을 덮으니 그들이 돌처
럼 깊음 속에 가라앉았도다 [6]여호와여 주의 오른손이 권능으로 영광을 나타내시니
이다 여호와여 주의 오른손이 원수를 부수시니이다 [7]주께서 주의 큰 위엄으로 주를
거스르는 자를 엎으시니이다 주께서 진노를 발하시니 그 진노가 그들을 지푸라기
같이 사르니이다 [8]주의 콧김에 물이 쌓이되 파도가 언덕 같이 일어서고 큰 물이 바
다 가운데 엉기니이다 [9]원수가 말하기를 내가 뒤쫓아 따라잡아 탈취물을 나누리
라, 내가 그들로 말미암아 내 욕망을 채우리라, 내가 내 칼을 빼리니 내 손이 그들
을 멸하리라 하였으나 [10]주께서 바람을 일으키시매 바다가 그들을 덮으니 그들이
거센 물에 납 같이 잠겼나이다 [11]여호와여 신 중에 주와 같은 자가 누구니이까 주와
같이 거룩함으로 영광스러우며 찬송할 만한 위엄이 있으며 기이한 일을 행하는 자
가 누구니이까 [12]주께서 오른손을 드신즉 땅이 그들을 삼켰나이다 [13]주의 인자하심
으로 주께서 구속하신 백성을 인도하시되 주의 힘으로 그들을 주의 거룩한 처소에
들어가게 하시나이다 [14]여러 나라가 듣고 떨며 블레셋 주민이 두려움에 잡히며 [15]에

돔 두령들이 놀라고 모압 영웅이 떨림에 잡히며 가나안 주민이 다 낙담하나이다 [16]
놀람과 두려움이 그들에게 임하매 주의 팔이 크므로 그들이 돌 같이 침묵하였사오
니 여호와여 주의 백성이 통과하기까지 곧 주께서 사신 백성이 통과하기까지였나
이다 [17]주께서 백성을 인도하사 그들을 주의 기업의 산에 심으시리이다 여호와여
이는 주의 처소를 삼으시려고 예비하신 것이라 주여 이것이 주의 손으로 세우신
성소로소이다 [18]여호와께서 영원무궁 하도록 다스리시도다 하였더라 [19]바로의 말과
병거와 마병이 함께 바다에 들어가매 여호와께서 바닷물을 그들 위에 되돌려 흐르
게 하셨으나 이스라엘 자손은 바다 가운데서 마른 땅으로 지나간지라 [20]아론의 누
이 선지자 미리암이 손에 소고를 잡으매 모든 여인도 그를 따라 나오며 소고를 잡
고 춤추니 [21]미리암이 그들에게 화답하여 이르되 너희는 여호와를 찬송하라 그는
높고 영화로우심이요 말과 그 탄 자를 바다에 던지셨음이로다 하였더라

이스라엘 백성들이 애굽인들을 상대로 어떻게 완전한 승리를 얻게 되었는지를 읽으면서 이 본문에서 우리는 그 역사가 어떻게 찬양되고 있는지를 듣게 된다. 구원이 진행되고 있는 동안(출 14:14) 평강을 억눌러야만 했던 사람들은 이제 구원이 이루어진 이상 자신들의 평강을 억눌러서는 안 된다. 그들이 그 때는 더 적은 일을 했지만, 이제는 더 많은 일을 해야만 했던 것이다. 만약에 하나님께서 그분 자신의 즉각적인 권능으로 구원을 이루셨다면, 그것은 그 만큼 더 자신의 영광을 높이시는 것이다. 모세는 분명히 하나님의 영으로 이 노래를 썼을 것임에 틀림없다. 그리고 이스라엘 자손들이 해변가에서 죽은 애굽인들을 보고 흥분하기 전에 불려지도록 그 노래를 그들에게 전해주었을 것이다. 관찰.

1. 이스라엘 백성들은 노래함으로 하나님 안에서의 기쁨과 그분에게 감사함을 표현했다. 그러므로 우리들의 기쁨과 우리 영의 환희를 표현하는 것은 당연한 일이다. 이러한 예를 통해서 보면 종교적인 예배의 행위로서 시편의 노래는 예식에 관련된 법이 주어지기 전에 그리스도의 교회에서 사용된 것 같다. 그러므로 그 노래의 어떤 부분을 없애거나 폐기해서는 안 되는 것이다. 노래는 기도가 거룩한 소원인 것과 같은 정도로 거룩한 기쁨을 나타내는 언어인 것이다.

2. 바다를 통해서 이스라엘 백성들 앞서갔던 모세는 그들보다 먼저 노래를

불렀고 그들을 위해서 노래를 지었다. 공공 예배의 인도자들은 공적인 찬양에 있어서도 적극적이어야만 한다.

3. 이스라엘 백성들은 은혜가 새롭고 그 은혜에 많은 감명을 받았을 때 이 노래를 불렀다. 우리가 하나님으로부터 특별한 은혜를 받을 때 은혜로 말미암아 형성된 귀한 감흥들이, 시간과, 우리들 자신의 마음에 일어나는 기만적인 요소들로 인해서 지워버려지기 전에 신속하게 하나님께 우리들의 찬양을 드려야만 한다. 다윗은 여호와께서 그를 구원하신 바로 그 날에 자신의 승리의 노래를 불렀다(삼하 22:1). **빨리 주는 자는 두 번 주는 것이다.**

4. 이스라엘 백성들이 **여호와를 믿었을 때**(출 14:31) 이 노래를 불렀다. 그 노래는 믿음의 노래였는데 이는 다음과 같은 구절에서 알 수 있다(시 106:12): **이에 그들이 그의 말씀을 믿고 그를 찬양하는 노래를 불렀도다.** 사람이 마음으로 믿으면 고백이 이루어져야만 한다. 이 본문에는 다음과 같은 내용들이 있다.

I. 찬양이 있다.

1. 우리는 이 찬양에 대해서 다음과 같은 것들을 관찰을 할 수 있다. (1) 이 찬양은 고대의 노래인데 우리가 알고 있는 가장 오래된 노래이다. (2) 이 찬양은 가장 훌륭한 찬양시이며, 숭고하고 우아한 문체를 가지고 있고, 생동감 있고 훌륭한 이미지가 있으며, 찬양 전체가 매우 감동적이다. (3) 이 찬양은 거룩한 노래이다. 하나님의 영광에 거룩히 바쳐졌고, 그분의 이름을 높이며 그분의 성호를 찬양하려고 의도된, 어떠한 인간을 높이기 위함이 아닌 오로지 그분만을 위한 거룩한 노래이다. 여호와께 대한 거룩함이 이 노래에 녹아 있다. 이스라엘 백성들은 그 거룩하심을 노래함에 있어서 그분에게 드리는 곡조를 만들었다. (4) 이 찬양은 예표적인 노래이다. 교회의 대적들의 몰락 속에서 복음적인 교회들의 승리는 모세의 노래와 어린양의 노래가 하나가 되어 표현된다. 이 노래가 홍해에서 불린 것 같이 성도들의 승리의 노래는 유리바닷가에서 불린다고 이야기된다(계 15:2-3).

2. 모세가 이 찬양에서 무엇을 주로 목적으로 하고 있는지 관찰해 보도록 하자.

(1) 모세는 하나님께 영광을 돌리며 그분 안에서 승리의 개가를 부른다. 이것이 모세가 의도하는 첫 번째 사항이다(1절): **내가 여호와를 찬송하리니.** 우리들의 모든 기쁨은 하나님 안에서 머물러야만 하며, 우리들의 모든 찬양은 빛들

의 아버지요 자비의 아버지가 되시는 그분께 드려져야만 한다. 그분은 높고 영화로우시기 때문이다. 하나님을 사랑하는 모든 사람들은 그분의 승리 안에서 승리한다. 그분의 영광이 되는 것은 우리들의 기쁨이 되어야만 한다. 이스라엘은 하나님 안에서 기뻐했다.

[1] 자신들의 하나님으로서 그들의 힘이요, 노래요, 그리고 구원으로서의 하나님 안에서 기뻐했다(2절). 그러므로 그들의 하나님이 여호와인 백성들은 행복한 것이다. 그들은 자신들을 행복하게 만들어줄 더 이상의 무엇인가가 필요치 않은 것이다. 그들은 해야 할 일이 있고, 맞붙어 싸워야 할 유혹들이 있으며, 감당해야 할 역경들이 있다. 자신들 스스로는 약하나 그분께서 그들을 강하게 하신다. 그분의 은혜가 그들의 힘이 된다. 그들은 종종 많은 일들에 대해서 슬픔 속에 있다. 그러나 그분 안에서 그들은 위로를 얻는다. 그분은 그들의 노래가 되신다. 죄와 죽음, 그리고 지옥이 그들을 위협하지만 그분께서 그들의 구원이 되시며 앞으로도 구원이 되실 것이다: 사 12:2를 보라.

[2] 이스라엘은 그들의 열조의 하나님이신 그분 안에서 기뻐했다. 이스라엘 백성들은 이러한 사실을 알고 있다. 자신들 스스로가 그러한 기쁨을 누릴 자격이 없음과, 격정을 발했던 것을 알고 있기 때문에 하나님께서 자신들을 위해서 행하신 일은 그들의 열조를 위함이었음을 알고 있었다(신 4:37). 언약의 자손들은 그들 열조가 교제를 나눈 하나님을 자신들에게 위로를 주시고 성고하시며 소생시키시는 자신들의 하나님으로 발전시켜 나가야만 한다.

[3] 이스라엘은 무한한 권능의 하나님으로서 그분 안에서 기뻐했다(3절): 여호와는 용사이시다. 즉, 자신들의 창조자와 겨루는 자들을 능히 다스리시고 분명히 그들에게 매우 엄하게 하실 것이다.

[4] 이스라엘은 겨룰 수 없고 비교할 수 없는 완벽한 하나님으로서 그분 안에서 기뻐했다(11절). 이러한 사실은 첫째로, 좀 더 일반적으로 표현되었다: 여호와여 신 중에 주와 같은 자가 누구니이까! 이것은 순수한 찬양이고 겸비한 예배에 대한 차원 높은 표현이다. 여호와와 비교하는 것은 다른 모든 신들에 대한 도전이다: "그들로 앞으로 나서게 하고 그들의 최선의 모습으로 꾸미게 하라. 그러나 그들 중에 어느 누구도 감히 비교하지 못할 것이다." 애굽은 다수의 신들로 악명이 높다. 그러나 히브리인들의 하나님께서는 그 신들이 상대하기에는 너무나 강했고 그 모든 신들을 좌절시키셨다(민 38:4; 신 32:23-39). 세상의 주

권자들과 유력자들은 신들이라고 불린다. 그러나 그들은 약하고 죽을 수밖에 없는 존재들이다. 그들 중의 어느 누구도 전능하며 영원한 하나님이신 여호와와 비교될 수 없다. 이것은 초월적이고 비교될 수 없는 그분의 무한하신 완벽함에 대한 고백이다. 하나님은 그분과 같은 신이 없는, 그리고 어느 누구도 그분과 비교될 수 없는 그러한 무한하고 완벽한 존재로서, 그리고 모든 것들 중에서 탁월하심을 가지고 또 그 탁월하심을 가져야만 하는 분으로서 예배되고 숭배되어야만 한다(시 89:6). 둘째로, 좀 더 특별하게 표현되었다. 1. **하나님께서는 거룩 가운데에서 영화로우시다.** 하나님의 거룩은 그분 자신의 영광이다. 천사들이 경배한 것은 바로 이 거룩의 속성이다(사 6:3). 하나님의 거룩은 바로를 멸하시는데 있어서, 그분께서 죄를 미워하심에 있어서, 그리고 완고한 죄인들에 대한 그분의 진노에서 나타났다. 그 거룩하심은 또한 이스라엘을 구원하심에 있어서, 거룩한 자손에 대한 그분의 기쁨에 있어서, 그리고 그분 자신의 약속에 대한 그분의 신실하심에서 드러난다. 하나님께서는 **자비가 풍성하신 분**이시다. 이것은 그분의 부요하심이다. 하나님께서는 **거룩 가운데 영화로우시다.** 이것은 그분의 영광스러우심이다. 그분의 거룩함을 기억하여 항상 감사를 드리도록 하자. 2. **하나님께서는 성도의 찬양 가운데 대적들에게 두려운 존재로 나타나신다.** 찬양이 하나님의 종들에게는 기쁨이 될지라도, 우리가 드리는 찬양의 본질은 하나님의 대적들에게 두렵고 매우 공포스러운 것이다(시 66:1-3). 이것은 또한 우리가 하나님을 찬양하는 우리의 태도와 자세를 말해준다. 우리는 겸비하고 거룩한 경외감으로 그분을 찬양해야 하며 **두렵고 떨림으로 여호와를 섬겨야만 하는 것이다.** 우리들의 영적인 기쁨과 승리조차도 경건한 경외감으로 균형이 잡혀야만 하는 것이다. 3. 하나님께서는 모든 사람들에게 놀랍게 여겨지는, 자연의 일반적인 법칙과 능력을 넘어서는 **이적들을 행하시고 계신다.** 특별히 우리들에게 놀랍게 여겨지는데 그 이적들은 우리들이 은혜를 입는 가운데 이루어진다. 우리는 너무나 자격이 없어서 그 이적들을 기대할 아무런 이유를 가지고 있지 못한 자들이다. 그 이적들은 권능의 이적들이고 은혜의 이적들이다. 이 모두를 통해서 하나님께서는 잠잠히 경배를 받으신다.

(2) 모세는 이스라엘 백성들이 지금 승리를 거두고 있는 구원을 묘사한다. 그 노래는 지금 자신들의 감사를 표현하고 불러일으킬 뿐만 아니라 세대를 이어서 이 놀라운 기사에 대한 기억을 보존하고 영구화하기 위해서 지어졌기 때

문이다. 두 가지 사실에 주목할 필요가 있다.

[1] 대적의 파멸. 물이 나뉘어졌다(8절): 물이 쌓이되 언덕 같이 일어서고. 바로와 그의 모든 군대들은 물 속에 묻혔다. 말과 그 탄 자가 도망하지 못했고(1절) 병거와 최고의 지휘관들이 홍해에 잠겼다(4절). 그들은 스스로 바다 가운데로 들어갔고 물 속에 수장되었다(19절). 깊음의 바다가 그들을 덮어버렸다. 도도한 격랑의 물이 오만한 죄인들을 덮치고 넘어간 것이었다. 그들은 자신들의 죄와 하나님의 진노 아래 돌처럼 그리고 납덩이 같이 가라앉았다(5, 10절). 그들의 죄는 그들을 돌처럼 단단하게 만들었고 이제 그 돌과 같이 가라앉은 것이다. 뿐만 아니라 땅이 그들을 삼켜버린 것이다(12절). 그들의 죽은 시체들은 던져져 쌓이고 삼켜버린 모래 속으로 잠겼다. 창조주께서 대항하여 싸우시는 자들은 모든 피조물들도 그들을 대항해서 전쟁을 한다. 이러한 모든 것들은 여호와, 오로지 그분의 행하심이었다. 이 일은 그분의 권능의 행하심이었다: 우리들의 행함이 아닌 것이다. 여호와여 주의 오른손이 원수를 부수시니이다(6절). 이 일은 주의 콧김(8절)과, 주의 바람(10절), 그리고 주께서 오른손을 드셔서(12절) 이루어진 일이었다. 이 일은 여호와의 뛰어난 위대하심 속에 있는 그분의 초월적인 권능의 한 예였다. 이 일은 그분께서 정의를 수행하신 것이었다: 주께서 진노를 발하시니(7절). 애굽인들을 이렇게 멸하신 일은 그들의 자만심과 무례함, 그리고 원수가 말하기를 내가 뒤쫓아 따라잡으리라(9절)라고 하는 그들의 일의 성취에 대한 과도할 정도로 가진 확신으로 인해서 더욱 놀라운 일이 되었다. 여기에는 첫째로, 커다란 확신이 있다. 애굽인들은 추격할 때 그들이 따라잡을 것이라고 확신했다. 그리고 그들이 따라잡았을 때에 그들은 이기는 것과 전리품을 나누게 되는 결정적인 승리를 얻을 것을 확신했다. 사람들이 파멸의 문턱에 있을 때, 그들은 일반적으로 일에 대한 성취의 희망을 가지고 최상으로 부풀게 된다. 이 부푼 기대감은 그들의 파멸을 더욱 아픈 것으로 만든다. 사 37:24-25를 보라. 둘째로, 엄청난 잔인함이 있다. 죽이고 살육하고 파괴하는 일 외에는 아무것도 없다. 이 잔인함은 바로의 탐욕을 만족시킬 것이다. 야만적인 탐욕은 그렇게나 많은 피를 먹어야만 만족되는 것이다. 그 탐욕은 교회가 미움을 받는 바로 그 잔인한 증오이다. 교회의 대적들은 피에 굶주린 사람들이다. 이것은 다음과 같은 것들을 보여주는 것으로 주목해야 한다. 1. 하나님께서는 교만한 자들을 물리치시고 스스로 기뻐하는 겸비한 자들을 기뻐하신다. "나는 하나님

의 뜻이든 아니든 하고야 말 것이다"라고 말하는 사람은 그가 자신 있게 일을 처리하는 바로 그 부분에서 자기 위에 하나님께서 계심을 알게 될 것이다. 2. 피에 굶주린 사람들은 피를 흡족히 마시게 될 것이다. 파멸되기를 갈망하는 사람들은 파멸될 것이다. 우리는 원수 갚는 것이 내게 있으니 내가 갚으리라라고 말씀하시는 분을 알고 있기 때문이다.

[2] 이스라엘의 보호와 인도하심(13절): 주의 인자하심으로 주께서 구속하신 백성을 인도하시되. 애굽의 속박으로부터 인도하셨고 홍해의 위험으로부터 인도하셨다(19절). 이스라엘 자손들은 마른 땅 위를 걸었다. 사악한 자들의 파멸은 이스라엘의 구원을 돋보이게 하는 장식물로서의 역할을 했으며 그 구원을 더욱 빛나게 만들었다(사 45:13-15).

(3) 모세는 이 놀라운 광경을 이스라엘 백성들을 위한 다음과 같은 목적들을 위해서 사용한다.

[1] 이스라엘 백성들이 하나님을 섬기는 것을 소생시키고 고무하기 위해서이다. 이에 대한 한 예로 모세는 내가 그를 찬송할 것이요(2절)라고 말한다. 이스라엘을 보존하신 하나님께서 그들을 위해 은신처를 예비하셨다. 그들은 그 아래서 안전하고 편안하게 지냈다. 그러므로 그들은 하나님의 영광을 위해 성막을 세우는데 어떠한 비용과 수고라도 드리기로 결심한다. 그리고 그 곳에서 이스라엘 백성들은 그분을 높일 것이며, 그분께서 바로로 인하여 얻으신 그분의 영예를 찬양할 것이다. 이제 하나님께서 이스라엘 백성들을 위대하고 크게 하심으로써 높여주신다. 그러므로 그들은 하나님의 한없이 높으심과 장엄하심을 말하면서 그분을 높일 것이다. 우리가 영원토록 해야 할 일은 하나님의 이름을 찬양하며 그분께서 원하시는 바들을 이루어드리며 그분을 높이는 것이다. 그렇게 하는 것이 우리들이 나아지며 성장하는 것이다.

[2] 이스라엘 백성들이 하나님을 신뢰하도록 하기 위함이다. 이 시인은 너무나 영광스럽게 시작된 구원의 복된 문제에 대해서 확신이 있었기 때문에 그는 그 구원이 사실 이미 끝난 것으로 본다: "주께서 그들을 주의 거룩한 처소에 들어가게 하시나이다(13절). 그러므로 주께서 그들을 그 곳에 이르는 길에 놓으시고 때가 되어 그들을 그 길 끝에 이르게 하셨나이다." 하나님의 역사는 완벽하기 때문이다. 혹은 "주께서 그들을 그들의 찬양과 더불어 하늘에 있는 거룩한 처소에 거하도록 들어가게 하시나이다." 하나님께서 자신의 인도 아래 두시는 자들

을 그분께서는 이제 믿음 가운데 그분의 거룩한 처소로 인도하실 것이고, 곧 결실을 맺게 하실 것이다. 이 위대한 구원이 두 가지 방법으로 격려되고 있다. **첫째는**, 이 위대한 구원은 이스라엘 백성들의 대적들을 두렵게 했고 그들의 간담이 서늘하게 했던 하나님의 권능을 보여주는 한 예가 되었다(14-16절). 애굽인들을 파멸시킨 소식은 그 소문만으로 이스라엘 백성들의 다른 적들 절반 이상을 정복하도록 해주었을 것이다. 그 소식은 그 적들의 기를 꺾었을 것이고, 더 나아가 그들의 힘과 세력을 무력하게 만들었을 것이다. 블레셋 족속, 모압 족속, 에돔 족속, 그리고 가나안 족속들은 그 소식을 듣고 놀랐을 것이고 매우 기가 죽었을 것이다. 그리고 그러한 권능의 하나님께서 이스라엘을 위해서 싸울 때 이스라엘을 대항해서 싸운다는 것은 쓸데없는 것이라는 결론을 내렸을 것이다. 그 소식은 다음과 같은 효과가 있었다. 에돔인들은 이스라엘 백성들을 두려워했다(신 2:4). 마찬가지로 모압인들(민 22:3)과 가나안인들(수 2:9-10)도 이스라엘 백성들을 두려워했다. 따라서 하나님께서는 자신의 두려움을 이스라엘 백성들 앞서 보내셨고(출 23:27) 주권자들의 사기를 꺾었다. **둘째로**, 이 위대한 구원은 이스라엘 백성들에게 하나님의 온전하고 성실한 애정을 주셨던 것과 같이 그들에게 베푸시는 은혜의 시작이었다. 그러나 이 구원은 좀 더 나은 무엇이었다: **주께서 백성을 인도하사**(17절). 따라서 하나님께서 그들을 애굽으로부터 인도해 내신 것이라면 그들의 무가치함과 그들의 탈출 과정에 놓여 있었던 어려움들에도 불구하고 틀림없이 그 하나님께서 그들을 가나안으로 인도하실 것이다. 하나님께서 시작하셨다면(그렇게 시작했다) 그분께서 마치지 않으시겠는가? 하나님의 권능과 은혜에 대한 우리들의 경험들은 우리들의 바람들을 지원하기 위해서 더욱 풍부해지고 나아져야만 한다. "당신께서 행하셨습니다. 그러므로 우리는 당신께서 하실 수 있고 또한 당신께서 하실 것이라는 것을 믿습니다"라고 말하는 것은 귀한 고백을 하고 있는 것이다. **당신께서 당신이 거하시기 위해서 만드신 곳에 그들을 심으실 것입니다**. 하나님께서 거하시는 곳은 이 땅 위의 교회이든(시 27:4) 하늘에 있는 그분의 교회이든(요 17:24) 모두 좋은 곳이다. 하나님께서 "이 곳은 내가 영원히 쉴 곳이다"라고 말씀하시는 곳에서, 우리는 "그 곳이 우리의 것이 되게 하소서"라고 말해야만 한다. **마지막으로**, 이스라엘 백성들이 이 기적의 역사로부터 얻어낸, 격려가 되며 용기를 돋우는 커다란 토대는 **여호와께서 영원무궁 하도록 다스리시도다** 라고 하는 것이었다(18절). 그들은 이제 바로의 통치의 끝을 보았다. 그러나 유한한 시간 자체는 여호와의 통치에 어떠한 기간을 설정하지 못할 것이다. 그분의 통치는 그분과 같이 영원한 것이며 변하는 것이 아니다. 하나님께서 견줄 수 없는 주권을 가지고 온 우주적으로 다스리시며 영원히 다스리신다고 하는 사실은 하나님의 모든 신실한 백성들에게 말할 수 없는 위로가 된다. 하나님의 다스리심에는 끝이 없을 것이다.

Ⅱ. 이 찬양은 엄숙하게 불려졌다(20-21절). 미리암(혹은 메리[Mary]는 같은 이름임)은 이 노래를 부른 여인들의 모임을 주도했다(여인들의 부드러움과 탬버린과 춤으로 즐거움을 표현하기 위해 그 당시에 일반적으로 사용한 용례에 따른 것임). 모세는 성시를 지어 남자들에게 주었고, 그러고 나서 미리암은 여인들에게 건네주었다. 명성이 있는 승리들은 이스라엘의 딸들에 의해서 찬양되곤 했었다(삼상 18:6-7). 이번의 경우도 그러했다. 하나님께서 이스라엘을 애굽으로부터 인도해 내셨을 때, 비록 우리가 미리암이 행했던 일들 중 이 일 외에 어떤 기념할 만한 일을 읽지 못한다 할지라도, 그분께서 모세와 아론과 미리암을 그들 앞에 보냈다(미 6:4)고 말씀하신다. 백성들을 돕고 하나님을 찬양하며 백성들 앞서 간 모세와 아론과 미리암은 백성들에게 커다란 축복으로 여겨져야만 한다.

[22]모세가 홍해에서 이스라엘을 인도하매 그들이 나와서 수르 광야로 들어가서 거기
서 사흘길을 걸었으나 물을 얻지 못하고 [23]마라에 이르렀더니 그 곳 물이 써서 마시
지 못하겠으므로 그 이름을 마라라 하였더라 [24]백성이 모세에게 원망하여 이르되
우리가 무엇을 마실까 하매 [25]모세가 여호와께 부르짖었더니 여호와께서 그에게 한
나무를 가리키시니 그가 물에 던지니 물이 달게 되었더라 거기서 여호와께서 그들
을 위하여 법도와 율례를 정하시고 그들을 시험하실새 [26]이르시되 너희가 너희 하
나님 나 여호와의 말을 들어 순종하고 내가 보기에 의를 행하며 내 계명에 귀를 기
울이며 내 모든 규례를 지키면 내가 애굽 사람에게 내린 모든 질병 중 하나도 너희
에게 내리지 아니하리니 나는 너희를 치료하는 여호와임이라 [27]그들이 엘림에 이르
니 거기에 물 샘 열둘과 종려나무 일흔 그루가 있는지라 거기서 그들이 그 물 곁에
장막을 치니라

아마도 모세가 이스라엘 백성들이 조금 전에 노래를 불렀던 곳인 승리의 해변가를 떠나가도록 설득하는 것은 어느 정도 어려움이 있었음에 틀림없었던 것 같다. 이스라엘 백성들은 그 광경과 노래에 도취되어 혹은 죽은 시체들로부터 전리품을 챙기느라 마음을 너무나 많이 빼앗겨서 앞으로 나아갈 생각을 하지 않았을 것이다. 그러나 모세는 무진 애를 써서 그들을 홍해로부터 광야로 이끌었다. 가나안으로 향하는 우리의 노정에서 가지게 되는 즐거움으로 인해서 우리는 우리의 진행을 늦추어서는 안 된다. 비록 우리 앞에 광야가 놓여 있다 하더라도 우리는 서둘러야만 한다. 우리는 이 본문에서 다음과 같은 내용들을 듣는다.

Ⅰ. 이스라엘 백성들은 수르 광야에서 물을 얻지 못했다(22절). 이것은 나이 어린 여행자들에게는 고통스러운 시험이었고 그들의 기쁨을 절감시켰다. 하나님께서는 그들에게 어려움들을 가르쳐 주시려고 하셨다. 다윗은 물이 없어 메마르고 곤핍한 땅에서 하나님을 향하여 나아갔다(시 63:1).

Ⅱ. 이스라엘 백성들은 마라에서 물을 얻었지만 그것은 쓴 물이었다. 그러므로 비록 그들이 물이 없이 삼일이나 지냈지만 그 물을 마실 수가 없었다. 그 물은 맛이 정말 좋지 않았거나, 그들의 건강에 해가 되거나, 아니면 너무나 소금기가 많아서 그들의 갈증을 해소시켜주기보다는 오히려 더 갈증을 느끼게 할 것 같았을 것이다(23절). 하나님께서는 우리들에게 그러한 쓴 물로 실망시킬 수 있으시다. 그 쓴 물로부터 우리는 스스로에게 가장 만족스러운 것을 기다리게 된다. 그리고 하나님께서는 이 세상의 광야에서 종종 그렇게 하시기 때문에 피조계에서 느끼는 우리들의 바람들과 실망들은 우리를 창조주에게로 인도할 수 있다. 오로지 그분의 은혜 안에서만 참된 위안을 얻을 수 있는 것이다. 이러한 역경 속에서,

1. 백성들은 괴로워하며 마치 모세가 물로 좋지 못한 일을 행한 것처럼 그와 다투었다. 우리가 무엇을 마실까? 라고 하는 말은 그들이 외친 불평의 소리였다(24절). 가장 커다란 기쁨들과 희망들은 믿음으로 살지 않고 오로지 감각으로 사는 것에 의해서 곧바로 가장 커다란 슬픔들과 두려움들로 바뀐다.

2. 모세가 기도했다: 모세가 여호와께 부르짖었더니(25절). 이스라엘 백성들이 모세에게 행한 불평들을 모세는 하나님께 가져갔다. 자신의 지위가 높아짐에도 불구하고 모세는 하나님을 계속적으로 의지한다. 행정장관들과 목사들의

관할 아래 있는 사람들이 그들의 지도자들을 어렵게 할 때, 지도자들이 기도로 하나님께 호소하는 것은 그들의 염려들을 더는 가장 큰 위안의 방편이 되는 것이다. 하나님께서는 교회 인도자들의 인도자가 되신다. 어린 목자들은 목자장 되신 그분에게 모든 사안들을 아뢰어야만 한다.

3. 하나님께서는 은혜롭게 해결책을 이스라엘 백성들을 위해서 제공해주셨다. 하나님께서는 모세에게 한 나무를 가리키셨다. 모세는 물에 그 나무를 던졌고 그 결과로 갑자기 물이 단물이 되었다. 어떤 사람들은 이 나무가 이러한 목적을 위해서 그 안에 특이한 성분을 가졌었다고 생각한다. **여호와께서 그에게 한 나무를 가리키시니** 라고 말하고 있기 때문이다. 하나님께서는 인간에게 유용한 것들을 창조하심으로써 뿐만 아니라 그 물건들의 유용성을 발견하게 함으로써 감사를 받으실 것이다. 아마도 이것은 결코 치료의 수단이 아니었고 구리뱀 혹은 엘리사가 여리고의 우물에 한 병 가득한 소금을 뿌린 것 이상의 한 표지였을 것이다. 어떤 사람들은 이 나무를 그리스도의 십자가의 예표라고 생각한다. 십자가는 모든 신실한 자들에 대한 역경의 쓴 물을 달게 하며 그들로 하여금 시련 가운데서 기뻐하도록 해주었다. 유대인의 전승은 이 나무의 조각은 쓴 것 자체였으나 마라의 물을 달게 바꾸었다고 한다. 그리스도의 고난과 죽음의 쓴 고통은 우리의 속성을 변화시켜 주는 것이다.

4. 이 때에 하나님께서 이스라엘 백성들에게 율례를 정하시고 그들에게 분명히 말씀하셨다. 이제 이스라엘 백성들은 애굽인들을 제해 버렸고 광야에 들어갔기 때문에 그들은 좋은 행실을 보여야만 한다. 이스라엘 백성들 스스로가 행하는 바에 따라 그들에게 좋을 수도 있고 나쁠 수도 있을 것이다: **여호와께서 그들을 위하여 법도와 율례를 정하시고** 이스라엘 백성들에게 그것들을 알려 주셨다. 그리고 그들을 **시험하셨다**. 즉, 하나님께서 이스라엘 백성들에게 시험을 겪게 하셨고, 그들을 하나님의 은혜에 대한 예비 시험자들로 받아들이셨다. 요컨대 하나님께서는 이스라엘 백성들에게 다음과 같은 것들을 말씀하셨다(26절).

(1) 하나님께서 이스라엘 백성들에게 기대하셨던 것은, 한 마디로 말하면 순종이었다. 그들은 **열심히 그분의 말씀을 들어야만 하고 그분의 계명에 귀를 기울여야만 한다**. 그러면 그들은 자신들이 감당해야 할 의무를 알게 될 것이고 방심하여 범죄하지 않을 것이다. 그들은 모든 면에서 하나님께서 보시기에 옳은 것을 행하며 **그분의 율례를** 지키기 위해 주의를 기울여야만 한다. 이스라엘 백성

들은 이제 자신들이 애굽에서 속박되었던 것으로부터 구원받았기 때문에 자신들을 다스리는 주인이 없으며 자신들이 주인이라고 생각해서는 안 되는 것이다. 그렇지 않은 것이다. 그들은 자신들을 하나님의 종들로 보아야만 한다. 하나님께서 그들의 결박을 풀어주셨기 때문이다(시 116:16; 눅 1:74-75).

(2) 그러고 나서 이스라엘 백성들이 하나님께로부터 기대할 수 있었던 것이 있다: **내가 애굽 사람에게 내린 모든 질병 중 하나도 너희에게 내리지 아니하리니**. 즉, "나는 너희들에게 애굽에 내렸던 재앙들 중의 어느 것도 내리지 않을 것이다." 이 말은 이스라엘 백성들이 불순종하고 반역적으로 행한다면 그들의 적들을 괴롭혔던, 그들이 보았던 바로 그 재앙들이 그들 위에 반드시 임하게 될 것이라는 것을 암시하는 것이다. 그러므로 이 말씀은 위협적인 것이었다(신 28:60). 이스라엘의 구원의 길을 열었던 재앙들이 그들에게 은혜를 베풀었던 것과 같이, 그 재앙들은 이제 이스라엘 백성들에게 경고를 하고 있는 것이며 그들에게 두려운 마음이 들게 하여 순종하게 하려는 것이었다. 하나님께서 이스라엘 백성들을 위해서 행하신 위대한 일들 속에서 그들을 매우 영화롭게 하셨고, 세상에 이스라엘 백성들이 하나님께서 가장 사랑하시는 자들이라고 하는 것을 선포하셨다. 그렇기 때문에 이스라엘 백성들은 하나님께서 자신들의 죄를 묵인해 주시고 그들이 하고 싶은 대로 하도록 용인하실 것이라고 생각해서는 안 된다. 아니다. 하나님께서는 인간들 편을 들어주시는 분이 아니시다. 거역하는 이스라엘 사람은 거역하는 애굽인보다 결코 나은 처분을 받지 못할 것이다. 그래서 이스라엘 백성들은 가나안에 이르기 전에 그들의 대가를 받은 것이다. "그러나 만약에 너희들이 순종한다면 너희들은 안전을 누릴 것이고 행복할 것이다"라고 하는 경고가 내포되어 있는 것이다. 그러나 "나는 너희를 치료하는 여호와임이라. 너희가 어디를 가든지 내가 너희들을 위로하고 돌볼 것이다"라고 하는 약속이 주어진다. 하나님께서는 위대하신 의사이시다. 우리들이 건강한 것은 바로 그분께서 우리를 지켜주시기 때문인 것이다. 우리가 건강하게 된 것은 바로 그분께서 우리를 회복시키셨기 때문인 것이다. 그분은 우리의 생명이 되시고 우리 삶이 되신다.

Ⅲ. 이스라엘 백성들은 엘림에서 좋은 물을 충분히 얻게 되었다(27절). 비록 하나님께서 자신의 백성들에게 잠시 동안 마라의 물 곁에 진을 치게 하셨을지라도, 계속적으로 그 곳에 있게 하시지는 않으셨다. 우리의 여건이 이 세상

에서 더 좋은 상태에서 더 나쁜 상태로, 더 나쁜 상태에서 더 좋은 상태로 얼마나 변화가 심한지를 보라. 그러므로 우리는 우리가 풍성하다고 기뻐하지 않고 우리가 없다고 슬퍼하지 않도록 하기 위해, 빈곤에 처할 줄도 아는 방법을 배우고 풍부에 처할 줄도 아는 방법을 배우도록 하자. 이 본문에는 이스라엘 백성들의 필요를 채우기 위해서 한 지파에 한 우물씩 모두 열두 우물이 있었음을 말해주고 있다. 그러므로 그들은 자신들의 열조들이 우물로 인해서 싸웠던 것과 같이 다투지 않았을 것이다. 또한 그들에게 쾌적함을 주는 70여 그루의 종려나무가 있었다. 그 나무들의 그늘에 그들은 쉬었을 것이다. 하나님께서는 자신의 백성들이 영구히 지속되는 피곤으로 마음에 용기를 잃지 않도록 하시기 위해 이 세상의 광야에서조차도 바카(Baca) 계곡의 우물과 같은 쉴 곳을 발견하실 수 있으신 것이다. 그러나 우리의 순례의 땅에서 우리의 기쁨이 무엇이 되든지 간에, 우리는 잠시만 머무르는 것이지 이 곳에서 우리가 계속 머무르게 되는 것은 아니라는 것을 기억해야만 한다. 왜냐하면 이 곳은 우리의 영원한 도성이 아니기 때문이다.

제 16 장

개요

본 장은 우리들에게 이스라엘 진에 쌓인 식량에 대한 이야기를 전해준다. I. 떡을 원하는 이스라엘 백성들의 불평(1-3절). II. 하나님께서 이스라엘 백성들을 위해서 만드시려고 하셨던 양식에 대해서 미리 그들에게 주신 말씀(4-12절). III. 만나를 보내심(13-15절). IV. 만나에 관한 법들과 규례들. 1. 이스라엘 백성들은 자신들의 일용할 양식을 위해서 매일 만나를 거두어야만 한다(16-21절). 2. 그들은 여섯째 날에는 두 배를 거두어야만 한다(22-26절). 3. 그들은 일곱째 날에는 아무것도 기대해서는 안 된다(27-31절). 4. 그들은 기념을 위해서 만나 항아리를 보존해야만 한다(32절 이하).

1이스라엘 자손의 온 회중이 엘림에서 떠나 엘림과 시내 산 사이에 있는 신 광야에
이르니 애굽에서 나온 후 둘째 달 십오일이라 2이스라엘 자손 온 회중이 그 광야에
서 모세와 아론을 원망하여 3이스라엘 자손이 그들에게 이르되 우리가 애굽 땅에서
고기 가마 곁에 앉아 있던 때와 떡을 배불리 먹던 때에 여호와의 손에 죽었더라면
좋았을 것을 너희가 이 광야로 우리를 인도해 내어 이 온 회중이 주려 죽게 하는도
다 4그 때에 여호와께서 모세에게 이르시되 보라 내가 너희를 위하여 하늘에서 양
식을 비 같이 내리리니 백성이 나가서 일용할 것을 날마다 거둘 것이라 이같이 하
여 그들이 내 율법을 준행하나 아니하나 내가 시험하리라 5여섯째 날에는 그들이
그 거둔 것을 준비할지니 날마다 거두던 것의 갑절이 되리라 6모세와 아론이 온 이
스라엘 자손에게 이르되 저녁이 되면 너희가 여호와께서 너희를 애굽 땅에서 인도
하여 내셨음을 알 것이요 7아침에는 너희가 여호와의 영광을 보리니 이는 여호와께
서 너희가 자기를 향하여 원망함을 들으셨음이라 우리가 누구이기에 너희가 우리
에게 대하여 원망하느냐 8모세가 또 이르되 여호와께서 저녁에는 너희에게 고기를
주어 먹이시고 아침에는 떡으로 배불리시리니 이는 여호와께서 자기를 향하여 너
희가 원망하는 그 말을 들으셨음이라 우리가 누구냐 너희의 원망은 우리를 향하여
함이 아니요 여호와를 향하여 함이로다 9모세가 또 아론에게 이르되 이스라엘 자손

의 온 회중에게 말하기를 여호와께 가까이 나아오라 여호와께서 너희의 원망함을
들으셨느니라 하라 [10]아론이 이스라엘 자손의 온 회중에게 말하매 그들이 광야를
바라보니 여호와의 영광이 구름 속에 나타나더라 [11]여호와께서 모세에게 말씀하여
이르시되 [12]내가 이스라엘 자손의 원망함을 들었노라 그들에게 말하여 이르기를 너
희가 해 질 때에는 고기를 먹고 아침에는 떡으로 배부르리니 내가 여호와 너희의
하나님인 줄 알리라 하라 하시니라

이스라엘 백성들의 무리는 애굽으로부터 나올 때인 첫째 달 15일에 한 달 분의 식량을 가지고 나왔고, 두 번째 달 15일이 되었을 때에는 모든 식량이 떨어진 듯하다. 이 본문에는 다음과 같은 내용들이 있다.

I. 주어진 상황에 대한 이스라엘 백성들의 불만족과 불평(2-3절). 이스라엘 백성들의 대부분인 전체 회중이 이러한 폭동에 가담했다. 그들이 불평했던 것은 즉각적으로 하나님을 대항해서 이루어진 것은 아니었으나 그들 중에 하나님의 대리자들이었던 모세와 아론에게 불평을 했다(이것은 하나님께 불평하는 것과 동일한 것이다).

1. 이스라엘 백성들은 첫 번째 역경을 만났을 때 광야에서 죽기를 원했다. 여호와께서 그들을 죽이는 것을 기뻐하셨더라면, 그분께서는 홍해에서 아주 손쉽게 그렇게 하셨을 것이다. 그러나 그 때는 여호와께서 그들을 보존하셨다. 지금 그들에게 용이하게 필요한 것을 제공할 수 있으셨다. 모든 역경과 위험이 나타났을 때 삶에 절망감을 느끼고 빨리 죽기를 바라는 것만을 말하는 것은 하나님과 그분의 능력과 선하심을 전혀 믿지 못하고 있다는 것을 말하는 것이다.

2. 이스라엘 백성들은 모세가 그들을 애굽에서 이끌어내어 그들을 굶어죽게 하려고 했다고 짜증을 부리며 비난한다. 그러나 모세가 행한 것은 하나님의 명령에 따라 행한 것이었고, 이스라엘 백성들에게 더 나은 행복을 주기 위해서 이루어진 일이었다. 가장 커다란 친절과 호의가 곡해되고 제일 커다란 상처로 나타나는 것은 새삼스러운 일이 아니다. 때때로 가장 훌륭한 행위들에 대해서 최악의 편견이나 오해들이 있게 된다.

3. 오히려 이스라엘 백성들은 자신들이 받은 구원을 너무나 대수롭지 않게 여겨서 애굽에서 죽기를 원했다. 아니 그들은 여호와의 손에 의해서, 즉 애굽인들을 멸했던 재앙들 중의 어떠한 것들에 의해서 죽기를 바라고 있었다. 이러

한 행동은 마치 그들을 이 배고픈 광야로 인도한 자가 여호와의 손길이 아니었고 모세에 의한 것이었다고 생각하는 것과 같은 것이다. 사람들은 종종 직접적으로 눈에 보이지 않는 그 배후의 두 번째 원인으로 인한 고통과 질병 혹은 아픔을 이야기한다. 그렇게 보이지 않는 원인은 인간의 손길에 의해서나 눈에 보이는 사고에 의해서 이루어지는 것과 같지 않은 하나님께서 행하시는 그러한 것이다. 이렇게 하나님께서 행하시는 원인을 알지 못하는 것은 얼마나 엄청나게 어리석은 일인가! 이스라엘 백성들은 하나님의 손이 공급해 주시는 광야에서의 하늘 기둥의 인도함 아래 사는 것보다 오히려 고기를 조금 얻어먹을 수 있었던 애굽의 고기 가마 곁에서 죽고 싶어했다! 이스라엘 백성들은 하나님의 자녀들을 위한 아버지의 훈련을 받아나아가는 것보다 하나님의 대적들의 파멸 속에 떨어지는 것이 더 낫다고 선언하고 있는 것이다! 그들이 아무리 고기 가마들에 대해서 엄청나게 많이 말하고 있다 할지라도 우리는 그들이 애굽에서 정말로 풍성히 가지며 누리며 지냈다고는 생각할 수 없다. 또한 광야에 있는 지금은 자신들의 가축 떼가 있기 때문에 그들이 광야에서 굶주려 죽게 되어 두려워하고 있다고 볼 수도 없는 것이다. 그러나 불만족은 지나간 것을 과장하게 만들며, 진실도 아니며, 아무런 특별한 이유도 없이 현재의 일에 대해서 비난하게 만드는 것이다. 어느 누구도 불평하는 사람들보다 더욱 불합리하게 말하지는 않는 것이다. 이스라엘 백성들의 인내하지 못함과 감사하지 못함, 그리고 하나님에 대한 불신의 정도는 그들이 최근에 받았던 기적적인 은혜들을 생각해 본다면 훨씬 더 악한 것이었다는 것을 알 수 있다. 그 기적적인 은혜들은, 하나님께서 가장 위험스러운 급박한 상황 속에서 그들을 도우실 수 있었다고 하는 것과 그분께서 정말로 그들을 위해 자비를 쌓아놓고 계셨음에 대한 확실한 증거들이었던 것이다. 이스라엘 백성들이 얼마나 빠르게 그분의 역사들을 잊었는지, 그리고 바닷가에서, 심지어 홍해에서조차도 그분께 분을 내었는지를 보라(시 106:7-13). 하나님의 자비하심에 대한 경험들은 우리들의 불신과 불평들을 더욱 커다랗게 악화시킬 수 있다.

II. 하나님께서 이스라엘 백성들의 필요를 위해서 은혜롭게 가지셨던 사랑과 돌보심. 하나님께서는 "내가 유황불을 이 불평하는 자들 위에 내릴 것이며 그들을 사를 것이다"라고 말씀하시는 것이 마땅했을 것이다. 그러나 정반대로 그들에게 떡을 비 같이 내리실 것이라고 약속하신다. 다음과 같은 내용들을 관찰할 수 있다.

1. 하나님께서 모세에게 자신의 친절한 의도, 즉 그분께서는 그들의 불평들에 불편해하지 않으실 것이고, 그들을 애굽에 홀로 놓아두려고 하는 마음에 미혹되지도 않으실 것이라는 것에 대해서 어떻게 알려 주셨는지를 볼 수 있다.

(1) 하나님께서는 백성들의 불평들에 주의를 기울이신다: **내가 이스라엘 자손의 원망함을 들었노라**(12절). 긍휼의 하나님으로서 그분께서는 그들의 불평의 원인이 되었던 그들의 필요에 대해서 아셨다. 공의롭고 거룩한 하나님으로서 그분께서는 자신의 종 모세에 대한 그들의 비열하고 무례한 반응들을 아셨고 그들을 기뻐하지 않으셨다. 우리가 불쾌해지고 마음이 편해지지 않을 때 비록 조용하게 마음에서만 일어나는 불평들이라 할지라도 우리는 하나님께서 우리들의 그러한 모든 불평들을 듣고 계신다는 것을 생각해야만 한다. 세상의 주권자들과 부모들, 그리고 주인들은 그들에 대해서 아랫사람들이 하게 되는 모든 불평들을 듣지 못한다. 그들이 듣지 못하는 것은 좋은 것이다. 아마도 그들은 그 불평들을 참을 수 없을 것이기 때문이다. 그러나 하나님께서는 들으시고 참으신다. 하나님께서는 즉시로 사람들이 짓는 죄들에 대해서 징벌을 내리지 않으시기 때문에, 우리들은 그분께서 그 죄들을 알지 못하신다고 생각해서는 안 된다. 아니다. 하나님께서는 이스라엘의 불평들을 듣고 계셨고 그렇게 불평하는 그 세대로 인해서 슬퍼하셨다. 그러나 그들에 대한 하나님의 사랑은 탕자를 부드럽게 맞으시는 아버지와 같이 계속된다.

(2) 하나님께서는 이스라엘 백성들에게 신속하고, 충분하며, 계속 이어지는 먹을 것에 대한 공급을 약속하신다(4절). 사람은 흙으로 만들어졌기 때문에 그 사람의 창조주께서는 지혜롭게 사람에게 흙으로부터 양식을 얻으라고 명하신다(시 104:14). 그러나 이스라엘 백성들은 하늘로부터 자신들의 양식을 받았다. 이스라엘 백성들은 하늘에 기록된 제일 먼저 태어난 교회의 예표이며, 곧 이어 자신들 스스로가 하늘의 지도와 통치 아래 있었고, 하늘로부터 권리와 율법과 임무를 받은 자들이었다. 그들의 율법이 천사들에 의해서 주어진 것처럼 그들은 또한 천사의 음식을 먹었던 것이다. 하나님께서 이스라엘 백성들을 위해서 이 양식을 만듦에 있어서 무엇을 계획하셨는지를 보라: **그들이 내 율법을 준행하나 아니하나 내가 시험하리라.** [1] 하나님께서는 이스라엘 백성들이 그분을 신뢰하고 믿음의 법 안에서 행하는지 그렇지 않는지, 그들이 단지 먹을 것

만을 위해서 사는지, 그 날의 양식에 만족하며 안식을 취하는지(비록 지금은 그들의 양식이 다 떨어져 버렸기 때문에 불안하다 할지라도), 그리고 내일의 신선한 양식을 위해서 하나님을 의지하는지를 알기 위해 시험하셨다. [2] 하나님께서 이스라엘 백성들이 그분을 섬기며, 그 종들에게 그렇게 풍성히 공급해 주셨던 좋으신 주인에게 늘 신실한지를 알기 위해 시험하셨다. 그리고 그들이 그 문제에 관해서 얼마나 감사할 줄 모르는 백성들이었는지를 이 곳에서 만천하에 드러내신 것이다. 이스라엘 백성들은 주어지는 어떠한 의무조항들조차도 아랑곳하지 않는 그러한 백성들이었다. **그들에게 은혜를 보이도록 하라. 그러나 그들은 의를 배우지 않을 것이다**(사 26:10).

2. 하나님께서 모세에게 명하셨을 때 그가 어떻게 이러한 하나님의 뜻들을 이스라엘에게 알려 주었는지를 볼 수 있다. 모세가 바로에게 갔을 때 아론은 그의 대언자였다. 모세는 아론에게 **이스라엘 자손의 온 회중에게** 말할 것을 지시했다(9절). 어떤 사람들은 아론이 **여호와 앞에 가까이** 온 회중에게 대중 연설을 하고 있는 동안 모세는 기도하기 위해 물러났으며 모세의 기도에 대한 응답으로 여호와의 영광이 나타난 것이라고(10절) 생각한다. 사 1:18 말씀과 같이 이스라엘 백성들은 가까이 오도록 부르심을 받았다: **오라 우리가 서로 변론하자.** 하나님께서는 친히 불평하는 자들에게조차도 귀를 기울여 주신다. 그렇다면 우리가 우리를 만족하게 해주는 아랫사람들의 정당한 명분을 무시할 수 있겠는가?(욥 31:13).

(1) 모세는 이스라엘 백성들에게 그들의 불평이 가지고 있는 악을 깨닫게 한다. 이스라엘 백성들은 그들이 단지 모세와 아론에게만 불평한 것이라고 생각했다. 그러나 여기서 이스라엘 백성들은 하나님께서 모세와 아론 편에서 함께 비난을 받으셨다는 것을 듣게 된다. 이러한 사실은 다음과 같은 말로 더욱 잘 표현된다(7-8절). "**너희의 원망은 우리를 향하여 함이 아니다.** 그 때 우리는 침묵했다. **여호와를 향하여 함이로다.** 너희들을 이러한 곤경으로 인도하신 분은 우리가 아니라 바로 하나님이셨다." 우리들에게 어떠한 불편함을 주는 도구들인 사람들에 대해서 정당하게 혹은 정당하지 못하게 불평할 때, 우리는 그러한 불평들로 인해서 우리가 얼마나 많이 하나님을 불신하고 있는 것인지를 충분히 고려해야만 한다. 사람들은 곧 하나님의 손들인 것이다. 말씀에 의한 책망과 회개를 거부하며, 약한 부분에 상처를 받았을 때 비난과 정죄의 말로 목사들과

싸우고 화를 내는 사람들은 그들이 무슨 일을 하고 있는지 모르는 것이다. 그렇게 함으로써 그들은 자신들의 창조주와 싸우는 것이 되기 때문이다. 이렇게 불평하는 것을 영원히 그만두도록 하자. 하나님께 불평하는 것은 정말 불경건한 것이다. 그분은 하나님이시기 때문이다. 사람들에게 불평하는 것은 어리석음을 키우는 것이다. 그들은 단지 사람들이기 때문이다.

(2) 모세는 이스라엘 백성들에게 그들이 원하는 식량의 공급을 보장해 준다. 그들이 고기 가마들에 대해서 수없이 말했기 때문에 그 날 저녁에, 그리고 다음 날 아침에 떡을 일시에 충분히 얻게 되었다. 그 이후로 매일 같은 일이 계속되었다(8, 12절). 우리는 가르침을 받기보다는 육신의 양식을 채우기에 급급한 사람들이 많다고들 이야기한다. 그러나 이스라엘 백성들은 일용할 양식들을 공급받았고 가르침도 받았던 것이다. **여호와께서 그를 호위하시며 보호하시며**(신 32:10). 그리고 이러한 예에 관해서는 신 8:3을 보라: **너도 알지 못하며 네 조상들도 알지 못하던 만나를 네게 먹이신 것은 사람이 떡으로만 사는 것이 아니요 여호와의 입에서 나오는 모든 말씀으로 사는 줄을 네가 알게 하려 하심이니라.** 이 외에도 이 본문에는 하나님께서 만나를 보내심으로 이스라엘 백성들을 가르치시기를 원하셨던 두 가지 일들이 언급되어 있다. [1] **이로써 너희가 여호와께서 너희를 애굽 땅에서 인도하여 내셨음을 알 것이요**(6절). 이스라엘 백성들이 애굽에서 구출되었다는 것은 다른 설명이 필요 없는 매우 분명한 사실이었다. 그러나 그들은 이상스럽게도 너무나 바보스럽고 근시안적이어서 그들을 인도해낸 사람이 바로 모세라고 말했다(3절). 이제 하나님께서는 그들에게 만나를 보내심으로써, 그들을 애굽에서 나오게 하시고, 또 시작한 구원을 완성시킬 수 있는 분은 다름 아닌 바로 하나님의 무한하신 권능과 인자하심이었다는 것을 보여주기 위함이었다. 만약에 모세 홀로 이스라엘 백성들을 애굽에서 이끌어 내었다면 그는 그들을 먹일 수는 없었을 것이다. 그러므로 이스라엘 백성들은 그 일은 바로 하나님께서 하신 일이라는 것을 받아들여야만 하는 것이다. 그렇기 때문에 그들이 보기에 출애굽과 만나는 모두 놀라운 것이었다. 그러나 그들은 오랜 뒤에 **모세가 너희에게 하늘로부터 떡을 준 것이 아니라 내 아버지께서 너희에게 하늘로부터 참 떡을 주시나니** 라고 한 것을 알 필요가 있었다(요 6:32). [2] **이로써 내가 여호와 너희의 하나님인 줄 알리라**(12절). 이러한 일은 여호와로서 그분의 권능과, 이스라엘 백성들의 하나님으로서 그들에게 그분의 특별한 은혜를 주

신 것에 대한 증거를 보여준 것이다. 하나님께서 애굽인들에게 재앙을 내리셨을 때, 이스라엘 백성들에게 그분께서 여호와시라는 것이 알려졌다. 그분께서 이스라엘 백성들을 먹이셨을 때, 이스라엘 백성들에게 그분께서 그들의 하나님이시라는 것이 알려졌다.

3. 하나님께서 백성들의 불평을 잠재우시고 모세와 아론의 명망을 높이시기 위해 어떻게 그분의 영광을 스스로 나타내셨는지를 볼 수 있다(10절). 아론이 말하고 있는 동안 여호와의 영광이 구름 속에 나타났다. 구름 자체만으로도 이스라엘 백성들에게 두려움을 일으키고 모세와 아론을 격려하시기 위해 족했다고들 말한다. 그러나 한동안 그들과 함께 있었던 구름은 너무나 익숙해져 있어서 그 가운데 비상한 밝음이 없었더라면 아무런 감흥도 불러일으키지 못했을 것이다. 하나님의 사자들이 우리에게 말한 것은 그 안에 하나님의 영광이 우리 영혼 위에 비칠 때 우리들에게 유익이 되는 것 같다.

13저녁에는 메추라기가 와서 진에 덮이고 아침에는 이슬이 진 주위에 있더니 14그
이슬이 마른 후에 광야 지면에 작고 둥글며 서리 같이 가는 것이 있는지라 15이스라
엘 자손이 보고 그것이 무엇인지 알지 못하여 서로 이르되 이것이 무엇이냐 하니
모세가 그들에게 이르되 이는 여호와께서 너희에게 주어 먹게 하신 양식이라 16여
호와께서 이같이 명령하시기를 너희 각 사람은 먹을 만큼만 이것을 거둘지니 곧
너희 사람 수효대로 한 사람에 한 오멜씩 거두되 각 사람이 그의 장막에 있는 자들
을 위하여 거둘지니라 하셨느니라 17이스라엘 자손이 그같이 하였더니 그 거둔 것
이 많기도 하고 적기도 하나 18오멜로 되어 본즉 많이 거둔 자도 남음이 없고 적게
거둔 자도 부족함이 없이 각 사람은 먹을 만큼만 거두었더라 19모세가 그들에게 이
르기를 아무든지 아침까지 그것을 남겨두지 말라 하였으나 20그들이 모세에게 순종
하지 아니하고 더러는 아침까지 두었더니 벌레가 생기고 냄새가 난지라 모세가 그
들에게 노하니라 21무리가 아침마다 각 사람은 먹을 만큼만 거두었고 햇볕이 뜨겁
게 쬐면 그것이 스러졌더라

이제 이스라엘 백성들은 하나님의 즉각적인 손길에 의해서 양식이 공급되기 시작한다.

I. 하나님께서 저녁에 이스라엘 백성들에게 나는 새(시 78:27), **즉 맛있는 새**

고기 축제를 베풀어 주셨다. 그러므로 어떤 사람이 생각하듯이 메뚜기 떼는 아니었다. 메추라기 혹은 꿩 혹은 어떤 야생 조류가 진으로 날아와서 덮인 것이었다. 이스라엘 백성들은 바람결에 무기력해진 새들을 그들이 원하는 만큼 많이 잡았을 것이다. 하나님께서는 우리들에게 이 땅의 삶에 유익이 되는 것들을 필요해서 뿐만이 아니라 즐거움을 위해서도 주신다. 그러므로 우리들은 하나님을 섬길 뿐만 아니라 기쁘게 그분을 섬겨야 하는 것이다.

Ⅱ. 하나님께서는 다음 날 아침에 이스라엘 백성들에게 만나를 비 같이 내리셨다. 이 만나는 일용할 양식으로 그들에게 계속 공급되었다.

1. 이스라엘 백성들에게 공급된 것은 만나였는데 이것은 구름으로부터 내렸다. 그러므로 어떤 의미에서 그들은 하늘에서 양식을 얻어먹고 살았다는 말을 들을 수 있을 것이다. 만나는 녹아진 이슬로 내렸고 다른 어떤 것 없이도 영양가 있고 몸을 강건하게 하는 계속 사용된 음식이었다. 이스라엘 백성들은 그것을 "이것이 무엇인가?"라는 뜻을 가진 만나라고 불렀다. 혹은 그것을 경멸하면서 "이것은 얼마나 보잘것없는 것인가?"라는 뜻을 가진 것이거나, 그것에 감탄하면서 "이것은 얼마나 놀라운 것인가?"라는 뜻을 가진 것이었다. "그것이 무엇이든지 간에 그것은 하나의 분깃이다. 우리의 하나님께서 우리들에게 나누어 주셨고, 우리는 그것을 받았으며 감사한다"(14-15절). 만나는 맛있는 음식이었다. 유대인들은 입맛이 모두 달랐지만 이스라엘 백성들 모두에게 맛있는 것이었다고 말한다. 만나는 자양분이 있는 양식이었고, 소화가 잘 되었으며, 이스라엘 백성들의 모든 질병을 깨끗하게 하는데 매우 필요한 것이었다(그루[Grew] 박사가 말함). 그루 박사는 이스라엘 백성들이 노예로서 속박의 시기에 어느 정도 감염이 되었고 대부분의 음식물들이 전염되어 병들게 했을 것이라고 생각한다. 우리 모두는 남겨진 음식을 통해서 절제의 교훈을 배우며 산해진미를 찾는 욕망을 금지해야 한다.

2. 이스라엘 백성들은 매일 만나를 모아야만 했다(21절): 일용할 것(4절). 따라서 그들은 공중의 새처럼 매일 이어지는 하나님의 섭리에 따라 살아야만 하는 것이었다. 이러한 섭리에 대해서 주께서 주신즉 그들이 받으며 라고 말하고 있다(시 104:28). 내일을 위해서 오늘 준비하는 것이 아니다: 내일 일을 위하여 염려하지 말라 내일 일은 내일이 염려할 것이요 한 날의 괴로움은 그 날로 족하니라. 우리 구주께서 우리에게 오늘날 우리에게 일용할 양식을 주옵시고 라고 가르치셨

을 때 아마도 여기에 기록된 만나의 매일 내림과 거둠을 염두에 두신 것 같다. 우리는 본문에서 다음과 같은 것들을 배우게 된다.

(1) 우리 자신과 가족의 필요한 양식을 공급하는데 있어서 사려 깊고 성실해야만 한다. 우리는 하나님께서 은혜 가운데 주시는 것을 열심히 모아야만 한다. 게으르고 속임수가 있는 양식이 아닌 평온한 가운데 일하면서 얻게 되는 우리들의 양식을 먹어야 한다. 하나님의 선물은 사람들이 감당해야 할 의무를 남겨놓는다. 만나가 내릴 때조차도 그러했다. 이스라엘 백성들은 그들이 모을 때까지는 먹지 못하는 것이다.

(2) 충분한 공급에 만족해야만 한다. 이스라엘 백성들 각 사람은 먹을 만큼만 모아야만 한다. 족한 것은 축제일과 같이 좋은 것이다. 그러나 족한 양보다 많은 것은 남겨진 것만큼 나쁜 것이다. 많이 가진 사람들은 자신들을 위해서 양식과 의복과 기쁨을 가지고 있다. 적게 가진 사람들도 대개 양식과 의복과 기쁨을 가진다. 그러므로 많이 거둔 자도 남음이 없고 적게 거둔 자도 부족함이 없었다. 인생에 필요한 것들 자체를 소유하고 그렇지 못한 것에 대한 불균형은 크다. 그러나 인생에 필요한 것들에 대해서 느끼게 되는 만족과 즐거움들에 대한 서로 간의 불균형은 그렇게 큰 것은 아니다.

(3) 섭리에 의존해야만 한다: "아무든지 아침까지 그것을 남겨두지 말라(19절). 비록 그들이 그들의 상막에, 아니! 선 신앙에 한 조각 떡도 가지고 있지 않다 할지라도 다음 날 하나님께서 그들의 일용할 양식을 가져다 주실 것이라는 것을 믿으면서 평안하게 잠자리로 가서 자도록 하라." 이스라엘 백성들 자신들의 창고보다 하나님의 창고를 의지하는 것이 더 확실하고 안전하며, 그 곳으로부터 더 맛있고 더 신선한 것이 그들에게 오는 것이다. 이 본문과 함께 마 6:25를 읽으라: 너희 목숨을 위하여 염려하지 말라. 본문에 나타난, 쌓아놓은 어리석은 자를 보라. 어떤 사람들에 의해서 쌓여 보관된 만나는 썩었고, 벌레가 생겼고, 아무데도 쓸데없는 것이 되어버렸다(아마도 만나를 쌓아둔 사람들은 자신들이 그들의 이웃 사람들보다 더 지혜롭고 생활을 잘 한다고 생각했을 것이다. 만약의 경우에 그 만나를 먹으려고 했던 그들은 다음 날 그들이 잘못했음을 알게 되었다). 탐욕스럽고 믿음이 없이 저장된 것은 가장 낭비적인 것으로 드러나게 된다. 재물 있는 자들은 타락하게 된다(약 5:2-3).

[1] 광야에서 이스라엘을 먹이셨고 이스라엘 백성들에게 일용할 양식을 만

드셨던 하나님의 위대하신 권능을 생각해보도록 하자. 광야에서 식탁을 베푸셨고, 그 식탁에 그분께서 먹을 것을 채우실 것인지 그렇지 못할 것인지 의문을 가졌던 자들을 위해서조차도 풍성하게 공급해 주셨던 이 하나님께서 하실 수 없는 일이 무엇이란 말인가?(시 78:19-20). 이 광야의 식탁과 같은 그러한 양식 시장은 결코 없었다. 그 광야의 식탁에서는 돈 없이 값을 지불함도 없이 수십만의 사람들이 매일 양식을 얻었다. 하나님께서 40년 동안 광야에서 베푸셨던 것과 같이 유지된 그렇게 열린 집은 결코 없었다. 그렇게 자유롭고 풍성한 즐거움이 주어진 것도 없었다. 아하수에로가 그의 영화로운 나라의 부함과 위엄의 혁혁함을 나타내기 위해 베푼 잔치도 이에 비하면 아무것도 아니었다(에 1:4). **햇볕이 뜨겁게 쬐면 그것이 스러졌더라**(21절). 마치 남겨진 것은 햇볕의 열기에 의해서 다음 날의 추수를 위해서 씨앗으로 말라버린 것같았다. 그렇게 매일매일 계속되었다.

[2] 그 인자하심이 영원하기 때문에 모든 육체에게 먹을 것을 주신(시 136:25) 하나님의 지속적인 섭리를 생각해보도록 하자. 하나님께서는 자신의 모든 피조물들을 위해서 먹을 것을 공급해 주시는 위대하신 집주인이시다. 구름으로부터 일용할 양식을 가져오셨던 그 동일한 지혜와 권능, 그리고 선하심은 땅에서 매년 양식을 자라게 하시고, 우리들이 즐기도록 모든 것들을 풍성히 공급해 주시면서 오늘날도 자연계에 지속적으로 임재하고 있다.

[22]여섯째 날에는 각 사람이 갑절의 식물 곧 하나에 두 오멜씩 거둔지라 회중의 모든
지도자가 와서 모세에게 알리매 [23]모세가 그들에게 이르되 여호와께서 이같이 말씀
하셨느니라 내일은 휴일이니 여호와께 거룩한 안식일이라 너희가 구울 것은 굽고
삶을 것은 삶고 그 나머지는 다 너희를 위하여 아침까지 간수하라 [24]그들이 모세의
명령대로 아침까지 간수하였으나 냄새도 나지 아니하고 벌레도 생기지 아니한지
라 [25]모세가 이르되 오늘은 그것을 먹으라 오늘은 여호와의 안식일인즉 오늘은 너
희가 들에서 그것을 얻지 못하리라 [26]엿새 동안은 너희가 그것을 거두되 일곱째 날
은 안식일인즉 그 날에는 없으리라 하였으나 [27]일곱째 날에 백성 중 어떤 사람들이
거두러 나갔다가 얻지 못하니라 [28]여호와께서 모세에게 이르시되 어느 때까지 너희
가 내 계명과 내 율법을 지키지 아니하려느냐 [29]볼지어다 여호와가 너희에게 안식
일을 줌으로 여섯째 날에는 이틀 양식을 너희에게 주는 것이니 너희는 각기 처소

에 있고 일곱째 날에는 아무도 그의 처소에서 나오지 말지니라 [30]그러므로 백성이
일곱째 날에 안식하니라 [31]이스라엘 족속이 그 이름을 만나라 하였으며 깟씨 같이
희고 맛은 꿀 섞은 과자 같았더라

우리는 이 본문에서 다음과 같은 내용들을 볼 수 있다.

1. 시내산에서 율법을 주시기 전 뿐만 아니라 애굽에서 이스라엘을 구해 내기 전, 즉 태초로부터(창 2:3) 시작된 일곱째 날 안식일을 지킴에 대한 암시를 볼 수 있다. 만약에 안식이 지금 처음 제도화 된 것이라면, 그리고 안식에 대해서 아무런 언급이 없었다고 한다면, 모세가 어떻게 하나님께서 여섯째 날에 갑절을 모아야 한다고 그에게 말씀하신 것을 이해할 수 있었겠는가?(5절). 만약에 이스라엘 백성들이 이전에 안식에 대한 어떠한 지식을 가지고 있지 않았다면, 모세가 그렇게 여섯째 날에 갑절을 거두는 것이 안식과 관련해서 이루어지는 일이라고 선언하기 전에, 백성들이 지도자가 놀랄 정도로 그렇게 쉽게 그 암시를 이해할 수 있었겠는가?(22절). 거룩한 사역을 위한 일곱 날 중 거룩한 안식을 위해 한 날을 떼어 놓는 것은 하나님께서 이 땅에 인간을 만드신 이래로 하나님께서 지정하신 현존하는 법률 중 가장 오래된 것이었다. 안식일을 거룩하게 한 것은 매우 오래된 일이었다.

2. 여섯째 날에 하나님께서 이스라엘 백성들을 위해서 두 배의 양식을 준비하시고, 이스라엘 백성들은 자신들을 위해서 갑절의 양식을 거두어 들였다: 하나님께서 여섯째 날에는 그들에게 이틀 양식을 주셨다(29절). 이스라엘 백성들로 하여금 일곱째 날에 안식하도록 하시고 하나님께서는 그로 인해서 부족함이 없도록 돌보신다. 어느 누구도 하나님을 섬김으로 해서 손해 보는 사람이 되지 않을 것이다. 그 날에 이스라엘 백성들은 이틀 양식을 위해 충분히 가져올 수 있었고 그것으로 준비할 수 있었다(23절). 그 법은 매우 엄격해서 그들은 안식일 아닌 그 전 날에 굽고 튀겨야만 했다. 이러한 법은 오늘날 우리들이 주일에 고기를 준비하는 것이 합법적이지 않은 것이라고는 하지 않는다. 그 법은 우리들에게 미리 우리 가정의 일들을 잘 대처하여 나가도록 해주므로 우리로 하여금 안식일의 일을 감당함에 있어서 거의 걸림돌이 되지 않도록 해준다. 분명히 필수적인 일들은 안식일에 이루어질 수 있다. 그러나 오늘날 삶에 필요한 일들을 가능한 적게 하는 것이 바람직하다. 우리는 우리 자신들을 필요한

한 가지 일에 더욱더 헌신하게 할 수 있을 것이다. 이스라엘 백성들이 안식일에 자신들의 양식을 위해서 보관했던 만나는 썩지 않았다(24절). 그들이 명령에 거역하여 만나를 가지고 있었을 때는 썩은 냄새가 났다(20절). 그들이 명령에 순종하여 그것을 보관했을 때는 맛이 감미로웠다. 하나님의 말씀과 기도에 의해서 모든 것은 거룩해지기 때문이다.

3. 일곱째 날에는 만나가 내리지 않았음을 볼 수 있다. 하나님께서 일곱째 날에는 만나를 보내주지 않으셨다. 그러므로 이스라엘 백성들은 만나를 기대해서는 안 되었고, 만나를 얻기 위해서 밖으로 나가서도 안 되었다(25-26절). 이것은 만나가 자연적으로 만들어진 것이 아니라는 것과, 모세에 의해서 주어지게 될 율법의 신적인 권위를 확증하기 위해서 계획된 것이라는 것을 보여주는 것이었다. 따라서 하나님께서는 이스라엘 백성들이 안식일을 기억하게 할 효과적인 과정을 택하셨다. 그들은 안식일을 잊을 수가 없었고 안식일을 위해 준비하는 날도 잊을 수가 없었던 것이다. 몇몇 사람들은 만나를 얻기를 기대하며 일곱째 날 밖으로 나갔던 것 같다(27절). 그러나 그들은 아무것도 얻지 못했다. 얻기를 원하는 자들은 지정된 시간에 찾아야만 하기 때문이다. 여호와를 만날 만한 때에 찾으라. 이 일에 대해서 하나님께서는 모세에게 어느 때까지 너희가 내 계명과 내 율법을 지키지 아니하려느냐(28절)라고 말씀하셨다. 왜 하나님께서는 모세에게 이러한 말씀을 하셨는가? 모세는 불순종하지 않았다. 불순종해서 그런 것이 아니다. 그는 불순종하는 백성들의 지도자였다. 하나님께서는 모세가 그 일에 대해서 백성들에게 좀 더 부드럽게 나무랐을 일에 대해서 모세를 꾸짖는 것이었다. 그러나 하나님께서는 백성들의 불순종이 모세의 안이함이나 태만을 통해서 이루어진 일이 아니었음을 참작하셨을 것이다. 그들이 꾸중을 받는 것은 일곱째 날에 만나를 얻기 위해 나아갔던 일이었다. 적용. (1) 조그마한 일에 있어서조차도 불순종은 매우 심한 진노를 초래한다. (2) 하나님께서는 자신의 안식일의 영광을 위해서 몹시 마음을 쓰신다. 안식일에 양식을 얻기 위해 밖으로 나간 것이 비난받는다면, 안식일에 단순히 우리 자신의 쾌락을 얻기 위해서 밖으로 나가는 것은 더더욱 정당화될 수 없는 것이다.

32 모세가 이르되 여호와께서 이같이 명령하시기를 이것을 오멜에 채워서 너희의 대대 후손을 위하여 간수하라 이는 내가 너희를 애굽 땅에서 인도하여 낼 때에 광야

에서 너희에게 먹인 양식을 그들에게 보이기 위함이니라 하셨다 하고 [33]또 모세가
아론에게 이르되 항아리를 가져다가 그 속에 만나 한 오멜을 담아 여호와 앞에 두
어 너희 대대로 간수하라 [34]아론이 여호와께서 모세에게 명령하신 대로 그것을 증
거판 앞에 두어 간수하게 하였고 [35]사람이 사는 땅에 이르기까지 이스라엘 자손이
사십 년 동안 만나를 먹었으니 곧 가나안 땅 접경에 이르기까지 그들이 만나를 먹
었더라 [36]오멜은 십분의 일 에바이더라

하나님께서는 광야에서 자신의 백성들의 양식이 되는 만나를 공급하셨다. 그것은 그들에게 끊임없이 잔치를 베푸신 것이다. 우리는 본문에서 다음과 같은 이야기들을 듣게 된다.

1. 만나에 대한 기억이 어떻게 보존되었는지를 듣게 된다. 이 만나의 한 오멜이 우리가 듣는 대로(히 9:4) 한 금항아리에 담겨 있었고, 증거판 앞에 혹은 후에 성막이 지어졌을 때 성막에 보존되었다(32-34절). 없어지고 부패되는 것으로부터 이 만나가 보존된 것은 눈에 보이는 기적이었다. 그러므로 이 기적적인 양식에 대한 더욱 변하지 않는 영원한 기억이 되었다. 하나님께서는 "후손들이 내가 광야에서 너희에게 먹인 양식을 보리라"라고 말씀하신다. 만나가 어떤 종류의 양식이었는지, 그리고 한 사람이 하루에 얼마 만큼을 먹었는지를 보라. 그리하여 그들이 식량으로 고생하거나 정량이 미달되어 본 적이 없음을 알게 하려는 것이다. 그러고 나서 하나님과 이스라엘 사이를 판단케 하려는 것이었다. 즉, 이스라엘 백성들이 불평하며 그들의 양식에 부족함을 발견하도록 한 어떤 원인을 가지고 있었는지, 그리고 이스라엘 백성들과 그들의 후손들이 자신들에 대한 하나님의 선하심에 감사할 커다란 이유들을 가지고 있지 않는지를 판단케 하려는 것이었다. 우리는 먹은 양식을 잊지 않아야만 한다. 하나님의 기적들과 자비들은 영원히 지속되는 기억에 간직되어야만 한다. 우리들이 그분을 항상 신뢰하도록 격려하기 위해서이다.

2. 이스라엘 백성들이 만나를 먹는 동안 만나에 대한 은혜가 어떻게 지속되었는지를 듣게 된다. 만나는 이스라엘 백성들이 가나안 경계에 도착할 때까지 결코 중단되지 않았다(35절). 가나안에는 충분하며 저축할 양식이 있었다. 하나님의 섭리의 돌보심이 어떻게 지속되는지 보라: 땅이 남아 있는 한, 씨를 뿌리고 수확하는 시간은 계속된다. 이스라엘은 광야에서 하나님을 매우 격노하

게 했지만 만나는 그들에게 계속적으로 내렸다. 하나님께서는 여전히 그 비를 의로운 사람들과 불의한 자들에게 내리시는 것이다. 만나는 신령한 음식이라고 불린다(고전 10:3). 만나는 하늘의 것들 중에서 신령한 축복들의 상징이었기 때문이었다. 그리스도께서는 진정한 만나요, 생명의 떡인데, 만나는 그 상징이다(요 6:49-51). 하나님의 말씀은 우리 영혼의 양식이 되는 만나인 것이다(마 4:4). 영혼의 위로는 감추어진 만나에 있는 것이다(계 2:17). 이러한 위로는 만나가 하늘에서 온 것처럼 하늘에서 오며, 영혼에 대한 신적인 생명의 격려이고 위로가 되는 것이다. 만나는 오로지 구름 기둥과 불 기둥을 따르는 사람들, 즉 이스라엘 백성들의 양식이었다. 만나는 거두어 들여야만 한다. 말씀에 있는 그리스도는 영혼에 적용되어야만 하며, 은혜의 수단들은 사용되어야만 한다. 우리는 스스로를 위해서 우리 각자가 함께 모여야만 하는데 기회가 주어졌을 때 일찍이 모여야만 한다. 기회를 놓치게 된다면 너무 늦어서 모이지 못할 수도 있을 것이다. 이스라엘 백성들이 모았던 만나는 결코 쌓아 두어서는 안 되었고 먹어야만 했다. 그리스도를 영접한 사람들은 믿음으로 그분을 위한 삶을 살아야만 한다. 그분의 은혜를 헛되이 받아서는 안 된다. 만나는 모두에게 그리고 각자에게 충분했다. 어느 누구도 너무 많이 가질 수 없었다. 그러므로 그리스도 안에서는 남아돌아가는 쓸데없는 것이 없는 완전한 풍성함이 있는 것이다. 그러나 만나를 먹은 자들은 다시금 배고픔을 느꼈고 결국에는 죽었으며, 하나님께서 그들 중의 많은 사람들을 기뻐하시지 않으셨다. 그러나 믿음으로 그리스도를 먹은 자들은 결코 다시는 배고프지 않을 것이며, 죽지 않을 것이며, 그들과 함께 하나님께서는 영원히 기뻐하실 것이다. 주께서 우리들에게 이러한 양식을 영원히 주시는 것이다!

제 17 장

개요

본 장에는 두 가지 이야기가 기록되어 있다. I. 이스라엘 무리들에게 물을 주심. 1. 이스라엘 백성들은 광야에서 물을 얻지 못했다(1절). 2. 그들은 물이 없음으로 인해서 모세를 비난했다(2-3절). 3. 모세가 하나님께 부르짖었다(4절). 4. 하나님께서 모세에게 반석을 치라고 명하셨고 그 반석으로부터 물을 내라고 하셨으며 모세는 그렇게 행했다(5-6절). 5. 이러한 경위로 인해서 그 곳의 이름이 지어졌다(7절). II. 아말렉 족속들을 물리침. 1. 모세의 기도로 말미암아 얻은 승리(8-12절). 2. 여호수아의 칼로 인해 얻은 승리(13절). 3. 승리를 보존한 기록(14, 16절). 그리고 이스라엘 백성들에게 일어났던 이러한 일들은 우리들의 영적인 여정과 전투를 위한 지침으로서 기록되었다.

1 이스라엘 자손의 온 회중이 여호와의 명령대로 신 광야에서 떠나 그 노정대로 행
하여 르비딤에 장막을 쳤으나 백성이 마실 물이 없는지라 2 백성이 모세와 다투어
이르되 우리에게 물을 주어 마시게 하라 모세가 그들에게 이르되 너희가 어찌하여
나와 다투느냐 너희가 어찌하여 여호와를 시험하느냐 3 거기서 백성이 목이 말라 물
을 찾으매 그들이 모세에게 대하여 원망하여 이르되 당신이 어찌하여 우리를 애굽
에서 인도해 내어서 우리와 우리 자녀와 우리 가축이 목말라 죽게 하느냐 4 모세가
여호와께 부르짖어 이르되 내가 이 백성에게 어떻게 하리이까 그들이 조금 있으면
내게 돌을 던지겠나이다 5 여호와께서 모세에게 이르시되 백성 앞을 지나서 이스라
엘 장로들을 데리고 나일 강을 치던 네 지팡이를 손에 잡고 가라 6 내가 호렙 산에
있는 그 반석 위 거기서 네 앞에 서리니 너는 그 반석을 치라 그것에서 물이 나오
리니 백성이 마시리라 모세가 이스라엘 장로들의 목전에서 그대로 행하니라 7 그가
그 곳 이름을 맛사 또는 므리바라 불렀으니 이는 이스라엘 자손이 다투었음이요
또는 그들이 여호와를 시험하여 이르기를 여호와께서 우리 중에 계신가 안 계신가
하였음이더라

이 본문에는 다음과 같은 내용들이 있다.

I. 이스라엘 백성들이 겪고 있었던 역경은 물이 없는 것이었다. 이전에 동일한 곤경에 처한 적이 있었고 이제 두 번째 같은 곤경에 처해 있었던 것이다(1절). 이스라엘 백성들은 여호와의 명령에 따라 구름 기둥과 불 기둥의 인도를 받으며 그들의 여정을 진행하고 있었다. 그러나 그들은 마실 물이 없는 곳에 이르게 되었던 것이다. 우리가 주어진 사역을 감당하면서 문제를 만날 수도 있는 것이다. 이것은 우리들의 믿음을 시험하시기 위해, 그리고 우리들의 문제 해결 속에서 하나님께서 영광을 거두시기 위해서 하나님의 섭리 가운데 우리를 인도하시는 것이다.

II. 이 역경을 만나면서 이스라엘 백성들은 불평하고 하나님을 신뢰하지 못한다. 3절은 거기서 백성이 목이 말라 물을 찾으매 라고 전하고 있다. 그들이 마실 물이 없었다면 갈증이 나는 것은 당연한 것이다. 그러나 이 구절은 이스라엘 백성들이 물이 없었고 그 부족함으로 인해서 불편함을 느꼈을 뿐만 아니라 그 갈증으로 인해서 감정이 예민해졌고 참지 못했으며 폭력적으로 되었다고 하는 것을 말해주고 있다. 그들이 느끼는 갈증은 그들로 하여금 분을 내도록 만들었다. 자연적인 욕구들과 가장 강렬한 욕망들은 종교와 이성의 점검과 지도를 받을 필요가 있는 것이다. 이 과도하고 무절제한 욕망에 대한 용어들이 무엇이었는지를 보라.

1. 이스라엘 백성들은 자신들에게 물을 주도록 모세를 대항했다(2절): 이스라엘 백성들은 물을 내는 것을 마치 빚을 받아야 되는 것과 같이 요구하며 모세가 물을 내지 못할 것임을 강하게 의심하면서 우리에게 물을 주어 마시게 하라고 말했다. 이스라엘 백성들은 떡을 공급받았기 때문에 물 역시도 공급받아야만 한다고 주장하고 있는 것이다. 믿음과 기도로 하나님께 의존하는 삶을 사는 사람들에게는 한 가지 은혜는 또 다른 은혜의 전조가 된다. 그러나 감사하지 못하고 믿지 못하는 사람들에게는 이전에 주어진 은혜들에 대한 남용은 또 다른 은혜들을 상실케 하는 것이라고 생각할 충분한 이유가 있는 것이다: 이런 사람은 무엇이든지 주께 얻기를 생각하지 말라(약 1:7). 그러나 이스라엘 백성들은 모든 것을 요구할 준비가 되어 있었다.

2. 이스라엘 백성들은 모세와 다투었다. 그들은 마치 모세가 그들을 애굽으로부터 구원해 낸 것이 아니라 죽이려고 계획한 것처럼 생각했던 것이다(3절).

이러한 처사는 매우 비열하고 불공평한 것이다. 이스라엘 백성들의 세대를 위해서 잘 계획되었을 뿐만 아니라 잘 준비된 많은 사람들이 가장 훌륭한 사역들을 이루어왔다. 그러나 생각이 없고 감사할 줄 모르는 사람들에 의해서 그러한 사람들의 사역들이 곡해되게 되었고 이스라엘 백성들의 인내심이 시험을 받았던 것이다. 모세를 대항한 그들의 악의가 너무나 커서 그들이 조금 있으면 그에게 돌을 던질 정도가 되었다(4절). 여러 가지 선한 일들이 그들에게 보였다. 그런데 이 선한 일들 중의 어느 일로 인하여 그들이 모세에게 돌을 던지려고 하는가?(요 10:32). 건잡을 수 없는 탐욕으로 치달음으로 인하여 일어나는 통제되지 않은 열정들은 때때로 사람들을 가장 커다랗고 불합리한 죄를 짓게 만들고, 자신들의 가장 친한 친구들에게도 불붙은 장작개비와 화살을 내던지는 미친 사람과 같이 행동하게 한다.

3. 이스라엘 백성들은 하나님께서 그들과 함께 계시는지 그렇지 않은지 묻기 시작했다: 그들이 여호와를 시험하여 이르기를 "여호와께서 우리 중에 계신가 안 계신가" 하였음이더라(7절). "여호와께서는 애굽에서 우리들에게 자신을 알리신 그 이름으로 우리 가운데 계시는가?" 그들은 하나님께서 계시는가? 그렇지 않은가? 하는 그분의 본질적인 임재에 대해서, 하나님께서 세상을 통치하는가? 하는 그분의 일반적인 섭리에 대해서, 그리고 그들에 대한 그분의 말씀만큼 그분은 선하신가? 라고 하는 그분의 특별한 약속에 대해서 묻고 있는 것이나. 이러한 것이 바로 그들이 하나님을 시험한 것이라고 불리는 것이다. 이 말은 일반적으로 하나님을 불신한 것일 뿐만 아니라 그들이 그분의 권능과 선하심 그리고 그분께서 약속을 이루어주심에 대한 확증에 관한 그러한 증거들을 받은 뒤에도 그분을 불신한 것을 나타내는 것이다. 사실 그들은 모세를 사기꾼으로, 아론을 기만자로, 구름 기둥과 불 기둥은 자신들의 감각에 비친 허상이고 환영(幻影)으로, 그들을 구해 내고 섬기고 먹였던 일련의 기적들은 연속된 속임수들로, 그리고 가나안에 대한 약속은 그들에 대한 기만으로서 생각했다. 또한 모두가 여호와께서 그들 중에 안 계신 것으로 여겼다. 우리가 하나님의 임재와 섭리 혹은 약속에 대해서 의문을 가지는 것은 하나님께 대한 커다란 도전이다. 특별히 하나님을 신뢰하도록 섭리 가운데 결속된 그분의 이스라엘이 그렇게 한 것은 하나님에 대한 더없이 커다란 도전인 것이다.

Ⅲ. 모세가 공격을 받고 모욕을 받았을 때 그는 다음과 같은 일들을 했다.

1. 모세는 불평하는 자들을 타일렀다(2절): **너희가 어찌하여 나와 다투느냐?** 모세가 얼마나 온화하게 그들에게 대답했는지를 보라. 모세가 엄청나게 온유한 사람이었다고 하는 것은 정말 다행한 일이었다. 그렇지 않았다면 그들의 격앙된 행동으로 인해서 모세는 생명을 잃었을 수도 있었다. 감정으로 감정에 대해 대답하는 것은 어리석은 것이다. 그러한 대답은 더 나쁜 결과를 가져오기 때문이다. 그러나 유순한 대답은 노를 그치게 한다. 모세는 그들에게 그들의 불평이 누구에게 하는 것인지, 그들이 모세에게 던지는 질책과 비난은 결국 하나님 자신에게 떨어지는 것이라는 것을 보여주었다: **너희가 어찌하여 여호와를 시험하느냐.** 즉, "그분의 권능을 불신함으로 해서 너희는 그분의 인내를 시험하며 그분의 진노를 일으키게 하고 있는 것이다."

2. 모세는 하나님께 항소한다(4절): **모세가 여호와께 부르짖었다.** 이 종은 자신의 주께 나아와 이 모든 일들을 아뢰었다(눅 14:21). 사람들이 부당하게 우리를 비난하고 우리와 다툴 때 우리들이 하나님께 나아갈 수 있고, 기도로 그 문제를 하나님 앞에 내려놓고, 그분께 맡길 수 있다는 것은 커다란 위안이 된다. 사람들은 우리의 말을 들어주지 않는다 하더라도 하나님께서는 들어주신다. 우리에 대한 사람들의 나쁜 행위가 우리의 영혼을 뒤흔든다 할지라도 하나님의 위로가 그 문제들을 진정시켜 주실 것이다. 모세는 자신이 어쩔 줄 모르는 상황에 있기 때문에 하나님께 그가 무엇을 해야 할지 지도해 주실 것을 요청한다. 모세는 자신이 그들의 원하는 바를 채워주거나 그들의 소요를 진정시킬 수 없었다. 오직 하나님만이 그러한 일을 하실 수 있는 것이다. 모세는 자기 자신의 위험스러운 상황에 대해서 간청을 드린다: "**그들이 조금 있으면 내게 돌을 던지겠나이다.** 주여! 당신께서 당신의 불쌍한 종의 생명을 위한 긍휼이 있으시다면 지금 간섭하여 주시고 해결해 주시기를 원합니다."

Ⅳ. 하나님께서 이스라엘 백성들의 평안과 구원을 위해서 자비 가운데 나타나셨다(5-6절). 하나님께서 모세에게 비록 백성들이 그를 돌로 치려고 할지라도 그들의 앞으로 가서 자신의 위치에 담대히 서라고 명하신다. 모세는 백성들의 불신앙과 불평을 꾸짖기 위해서나 혹은 어떤 재앙을 부르기 위해서가 아니라(하나님께서는 아마도 정당하게 명령했을 수도 있다) 그들에게 물을 가져다 주기 위해서 그의 지팡이를 가지고 간다. 오! 분을 일으키는 죄인들을 향하신 하나님의 놀라운 인내하심과 관용하심이여! 하나님께서는 죄인들에게 유익

들로 채우시고, 그분과 싸우는 자들을 부양하시며, 그분을 대항해서 발꿈치를 치켜 드는 자들에게 그분의 은혜의 손길을 뻗치신다. 따라서 그분께서는 우리들에게, 우리의 원수가 배를 주리거든 먹이고 그가 목마르면 이스라엘이 지금 마셨던 것처럼 그에게 마실 것을 주라고 가르치신다(롬 12:20; 마 5:44-45). 하나님을 시험했던 자들에게조차도 그렇게 관대하셨던 하나님께서 그분을 신뢰하는 자들을 실망시키시겠는가? 하나님께서 그 광야에서 멀지 않은 곳에서 하갈에게 하셨던 것처럼(창 21:19) 그분께서 모세에게 단지 샘물만을 보이셨더라도 그것은 커다란 은혜였을 것이다. 그러나 하나님께서는 자신의 긍휼뿐만 아니라 권능을 보이셨고 자비의 이적을 보이셨다. 그분께서는 반석에서 나온 물을 이스라엘 백성들에게 주셨던 것이다. 하나님께서는 모세에게 그 곳으로 가게 하시되 이스라엘의 장로들 몇 명을 함께 데리고 가도록 하셨다. 이루어진 일에 대해서 증인을 삼기 위해서였으며, 이스라엘 백성들과 함께하시는 하나님의 임재하심에 대한 확신으로 스스로 만족해하며 다른 사람들도 만족해하도록 하시기 위함이셨다. 하나님께서는 영광의 구름 가운데서 모세를 만나실 것을 약속하셨다(그를 격려하시기 위해서). 그리고 모세에게 반석을 치라고 명하셨다. 모세는 순종했고 즉시 반석에서 많은 양의 물이 나왔다. 그 물은 진영을 통과해서 물줄기와 강을 이루며 흘렀고(시 78:15-16) 이스라엘 백성들이 광야에서 갔던 곳은 어디나 그들을 따라 흘렀다. 그것은 샘물이라 불렸다(시 114:8). 하나님께서는 이스라엘 백성들이 물을 원했을 때 그들에게 물을 주심으로 자신의 백성들에 대해서 그분께서 가지시는 돌보시는 관심을 보여주셨고, 반석에서 물을 내시는 그분의 권능을 보여주셨으며, 모세가 바위를 침으로 물을 내도록 지시하심으로써 모세에게 영예를 안겨 주셨다. 반석으로부터 나온 이 맑은 물은 꿀과 기름이라 불린다(신 32:13). 백성들의 목마름은 그 물을 갑절이나 즐거운 것으로 만들어 주었고, 그들이 정말로 극도로 필요로 할 때에 나왔기 때문에 그 물은 그들에게 꿀과 기름 같았던 것이다. 백성들은 물을 나르기 위해 운하를 팠고, 물을 받아 두기 위해 웅덩이를 만들었으며, 세월이 흐른 오랜 뒤에는 바카(Baca) 계곡을 통해 흐르는 것처럼 우물을 만들었을 것이다(시 84:6; 민 21:18). 이러한 사실은 우리로 하여금 다음과 같은 것들에 의지하여 살 것을 가르쳐 준다.

1. 아무리 커다란 곤경과 어려움 속에서도 하나님의 섭리를 의지해 살아야

한다는 것이다. 하나님께서는 우리가 샘들을, 즉 **광야에 물을**(사 43:20) 전혀 기대할 수 없는 곳에서 우리에게 물을 주시기 위해 샘들을 열 수 있으시다. 그분께서는 **광야에 길을 내시기** 때문이다(사 43:19). 이러한 광야에서 하나님의 길을 지킨 사람들은 그들을 채우시는 그분을 신뢰할 수 있다. 우리가 구름 기둥과 불 기둥을 따르는 동안 반석에서 나온 물과 같이 정말 선하심과 자비하심이 우리를 따를 것이다.

2. 그리스도의 은혜에 의지해 살 것을 가르쳐 준다: **그 반석은 곧 그리스도시라**(고전 10:4). 성령의 은혜와 위안은 **생수의 강**에 비유된다(요 7:38-39; 4:14). 이 물은 그리스도로부터 흐른다. 그리스도는 모세의 율법에 의해서 내려침을 당한 반석이시다. 그분께서는 율법 아래 계셨기 때문이다. 어느 것도 영혼의 필요를 채워줄 수 없고 그 소원을 만족시켜 줄 수 없다. 오직 이 열려진 샘물인 반석으로부터 나온 물만이 채움과 만족을 줄 수 있는 것이다. 감각의 쾌락은 진흙 웅덩이의 물이고, 영혼의 기쁨은 그렇게나 순수하고 깨끗하고 신선한 기쁨의 강물인 반석의 물인 것이다.

V. 이 사건으로 인하여 그 장소에 대한 새로운 이름이 주어졌다. 이스라엘 백성들의 필요에 대한 자비를 기억하기 위한 것이 아니라(그들에게 흘렀던 물은 그들의 갈증을 채우기에 충분했음) 그들이 불평한 죄를 기억하며 보존하기 위해서 지어졌다. 그들이 하나님을 시험했기 때문에 **시험함**이라고 하는 의미의 맛사, 그리고 그들이 모세와 다투었기 때문에 **다툼**이라는 의미의 므리바라는 이름이 주어졌다(7절). 따라서 죄에 대해서 보존된 기억이 있었다. 즉, 죄인들 자신들에 대한 불명예를 기억함(죄는 이름에 오점을 남김)과, 그들의 자손들에게 그들의 죄를 본받아 죄를 짓는 것에 대해서 경고하기 위해 기억하는 것이다.

8그 때에 아말렉이 와서 이스라엘과 르비딤에서 싸우니라 9모세가 여호수아에게 이
르되 우리를 위하여 사람들을 택하여 나가서 아말렉과 싸우라 내일 내가 하나님의
지팡이를 손에 잡고 산 꼭대기에 서리라 10여호수아가 모세의 말대로 행하여 아말
렉과 싸우고 모세와 아론과 훌은 산 꼭대기에 올라가서 11모세가 손을 들면 이스라
엘이 이기고 손을 내리면 아말렉이 이기더니 12모세의 팔이 피곤하매 그들이 돌을
가져다가 모세의 아래에 놓아 그가 그 위에 앉게 하고 아론과 훌이 한 사람은 이쪽

에서, 한 사람은 저쪽에서 모세의 손을 붙들어 올렸더니 그 손이 해가 지도록 내려
오지 아니한지라 [13]여호수아가 칼날로 아말렉과 그 백성을 쳐서 무찌르니라 [14]여호
와께서 모세에게 이르시되 이것을 책에 기록하여 기념하게 하고 여호수아의 귀에
외워 들리라 내가 아말렉을 없이하여 천하에서 기억도 못 하게 하리라 [15]모세가 제
단을 쌓고 그 이름을 여호와 닛시라 하고 [16]이르되 여호와께서 맹세하시기를 여호
와가 아말렉과 더불어 대대로 싸우리라 하셨다 하였더라

우리는 이 본문에서 아말렉과의 전쟁에 관한 이야기를 보게 된다. 우리는 이 전쟁이 아마도 여호와의 전쟁기(민 21:14)에 기록된 첫 번째 전쟁이었던 것으로 생각한다. 아말렉은 이스라엘이 싸웠던 열국들 중에 으뜸이었다(민 24:20).

I. 아말렉의 공격. 아말렉이 와서 이스라엘과 싸우니라(8절). 아말렉인들은 장자권과 축복 때문에 야곱을 미워했던 에서의 후손이었다. 그들의 공격은 조상 대대로 물려받은 적대감과 그들의 피 속에 흐르고 있는 적의로 인한 것이었다. 아마도 이러한 감정은 이스라엘 백성들에게 주신 약속 성취로 인해서 이제 더욱 악화되었을 것이다. 이러한 현상을 1. 이스라엘이 당하는 역경으로서 생각해보라. 이스라엘 백성들은 모세와 다투었으며(2절) 이제 하나님께서는 그들과 다투시기 위해서 아말렉인들을 보내신 것이었다. 외부로부터의 전쟁들은 안에서 일어나는 다툼과 불평들에 대한 정당한 심판이다. 2. 아말렉의 죄로서 생각해보라. 신 25:17-18에서는 아말렉의 죄로 여겨지고 있다. 아말렉인들은 일반적인 적들처럼 이스라엘 백성들 앞에서 담대하지 못했다. 그들은 이스라엘 백성들에게 어떠한 도전이나 결전을 통보함이 없이 비열하게 이스라엘 백성들 진의 뒤편을 공격해 기진맥진하고 약하여 저항도 못하고 달아나지도 못하는 자들을 쳤다. 아말렉인들은 최근에 애굽인들을 파멸시킨 그 권능에 불충하기로 한 것이었다. 기적들로 보호되고, 먹을 것들이 채워진 진을 그들은 헛되이 공격했다. 아말렉인들은 정말로 그들이 무엇을 하고 있는지 알지 못한 것이다.

II. 공격자들을 대항해서 필요한 방어를 위한 이스라엘과 아말렉의 전투.

1. 여호수아에게 주어진 지위에 대해서 이것은 처음으로 언급되는 것이다. 여호수아는 이 원정에서 총사령관으로 지명되었다. 아마도 여호수아는 모세의

사후에 주어지는 사역을 감당하도록 훈련되었을 것이다. 그는 **젊어서부터 전쟁 속에서 자라는 사람**이 되었을 것이다. 여호수아는 수천의 이스라엘 백성들로부터 분견대를 선발해서 아말렉인들의 배후로 이끌고 가도록 명령을 받았다(9절). 애굽인들이 이스라엘 백성들을 추격했을 때 이스라엘 백성들은 잠잠히 있으면서 하나님께서 하시는 일을 보아야만 했다. 그러나 이제 그들은 스스로 노력해야만 했다. 하나님께서는 수단을 사용하신다는 것을 믿어야 한다.

2. 그 지위는 모세에 의해서 지명되었다: **우리를 위하여 사람들을 택하여 나가서 아말렉과 싸우라 내일 내가 하나님의 지팡이를 손에 잡고 산 꼭대기에 서리라**(9절). 하나님께서 자신의 교회의 유익을 위한 여러 가지 사역들을 위해서 어떻게 자신의 백성들을 준비시키시고 부르시는지를 보라: 여호수아는 싸우고 모세는 기도하는데 둘 모두가 이스라엘의 목자들이다. 모세는 산꼭대기에 올라가서 있었다. 이는 아마도 모든 이스라엘 백성들이 보게 하기 위한 것이었을 것이다. 그 곳에서 모세는 **그의 손에 하나님의 지팡이**를 잡았다. 그 지팡이는 애굽에 재앙을 내렸고 그로 인해서 이스라엘 백성들은 속박의 집에서 나올 수 있었던 그러한 이적을 행했던 지팡이였다. 모세는 이스라엘 백성들의 사기(士氣)를 진작시키기 위해서 그들을 향해서 지팡이를 들었다. 그 지팡이는 이스라엘 군사들을 격려하기 위한 깃발로서 높이 들렸다. 군사들은 지팡이를 바라보며 "저기에 지팡이가 있다. 우리를 위해서 영광스러운 일들이 이루어졌을 때 그 지팡이를 사용했던 손이 저기에 있다"라고 말했을 것이다. 하나님께서 우리를 위해서 행하셨던 위대한 일들을 되돌아보고 그분의 은혜의 순간들을 살펴보는 것은 믿음을 매우 크게 격려하곤 한다. 또한 모세는 하나님께 다음과 같이 호소하기 위해 이 지팡이를 그분께 들었다: "이 전쟁은 여호와의 전쟁이 아닙니까? 여호와께서 도우실 수 없으시며, 도우시기 위해 전쟁을 주관하실 수 없으십니까? 높이 들린 지팡이가 증언하며 소리합니다. **여호와의 팔이여 능력을 베푸소서. 옛날 옛시대에 라합을 저미시고 깨신 것 같이 하소서**(사 51:9-10)." 모세는 기(旗)를 들고 있는 사람일 뿐만 아니라 전쟁의 승리를 위해 하나님께 호소하는 중보자였다. 적들을 대항해서 군대가 앞으로 나아갈 때 만군의 하나님께서 그들과 함께 하시도록 진지한 기도가 이루어져야만 한다. 이 본문은, 엄청난 군대는 다름이 아니라 바로 기도하는 군대임을 보여준다. 기도가 이루어지는 시온의 살렘에서 승리가 얻어졌다: **거기에서 화살을 없이하셨도다**(시 76:2-3).

(1) 모세가 피곤하게 된 경위(12절): **모세의 팔이 피곤하매**. 아무리 강한 팔이라도 오랫동안 계속해서 있게 되면 피곤해지는 것이다. 오직 하나님께서만이 그분의 팔을 여전히 동일하게 뻗쳐 드실 수 있는 것이다. 우리는 여호수아의 팔이 전투 중에 무거워졌다는 것을 찾아볼 수는 없고 모세의 팔이 기도하는 가운데 무거워졌다는 것을 볼 수 있다. 사역이 더욱 영적일수록 우리들은 그 안에서 더욱 실패하고 피곤해지기 쉽다. 온 마음과 정성을 다해서 진지하게 이루어지는 기도라고 한다면 그 기도의 사역이 정말 힘든 일이라는 것을 알게 될 것이다. **마음은 원이로되 육체가 약하도다**. 하늘에 계신 우리의 위대한 중보자께서는 지속적으로 기도하실지라도 피곤치 않으시고 약해지지도 않으신다.

(2) 모세의 지팡이가 전투에 끼친 영향(11절): **모세가** 기도 가운데(갈대아 역본도 그것을 그렇게 설명함) **손을 들면 이스라엘이 이기고**, 그러나 기도하다가 **손을 내리면 아말렉이 이겼다**. 이스라엘 백성들에게 그들의 안전은 그들 자신의 손보다는 모세의 손에, 그리고 그들의 칼보다는 모세의 지팡이에 달려 있다고 하는 것을 확신시켜 주기 위해서 모세가 자신의 손을 올리고 내리는 것에 따라서 그들이 이기고 지게 되었던 것이다. 저울추가 이스라엘 편으로 오기 전에 한동안 이쪽저쪽으로 흔들렸던 것 같다. 아무리 가장 좋은 목적이라 할지라도 그 일의 성취에 섞여 있는 불순물과 같은 낭패들을 예상해야만 한다. 비록 전쟁이 여호와께 속했다 할지라도 아말렉이 잠시 이길 수 있는 것이다. 이유는 모세가 그 손을 내렸기 때문이었다. 성도의 목적은 일반적으로 성도 동료들의 강한 믿음과 기도에 열심을 내는 것에 따라 어느 정도 성공적일 수 있다.

(3) 모세를 돕기 위해서 취해진 보살핌. 모세가 더 이상 서 있을 수 없었을 때, 그는 좋은 의자가 아니라 돌 위에 앉았다(12절). 모세가 자신의 손을 더 이상 들 수 없었을 때 그는 계속해서 손을 들고 싶었을 것이다. 하나님의 사람 모세는 그의 형 아론의 도움과, 어떤 사람들이 미리암의 남편이었을 것이라고 생각하는 훌의 도움을 받기를 기뻐했다. 우리는 다른 사람들의 도움을 요청하는 것과 다른 사람들에게 도움을 주는 것을 부끄러워해서는 안 된다. 우리는 서로 지체들이기 때문이다. 따라서 모세의 손은 **해가 지도록 내려오지 않았다**. 비록 모세가 손을 들고 있었던 것이 갖은 노력과 수고를 겪으면서 한 것이었을지라도 그의 간절한 마음은 받아들여졌다. 이스라엘 백성들이 전장에서 그들 앞서 행하는 여호수아를 보고, 산꼭대기에 있는 모세를 보는 것은 그들에게 분명히

커다란 격려가 되었을 것이다. 그리스도께서는 우리들에게 여호수아도 되시고 모세도 되신다. 그분께서는 우리의 전쟁에서 싸워 우리를 구원하시는 여호수아가 되시며, 우리의 믿음이 실족하지 않도록 하늘에서 영원한 중보자로서 살아계시는 모세가 되시는 것이다.

Ⅲ. 아말렉의 패배. 승리는 한동안 양 진영 사이에 맴돌고 있었다. 때로는 이스라엘이 우세했고, 때로는 아말렉이 우세했다. 그러나 그 날의 승리는 결국 이스라엘이 차지했다(13절). 여호수아는 훈련되지 않은 군사들, 열악한 무기, 오랫동안 익숙해진 노예생활, 그리고 쉽게 불평하는 백성들 등 여러 가지 매우 커다란 불리한 점들을 가지고 싸웠다. 그러나 하나님께서는 이 모든 여건을 가지시고 위대한 구원을 이루셨고 아말렉은 자신의 오만함에 대한 값을 톡톡히 치르도록 하셨다. 하나님의 이스라엘을 대항해서 형성된 세력은 오랫동안 지속될 수 없으며 결국 파멸될 것이다. 하나님과 그분의 이스라엘의 대의는 승리하게 될 것이다. 비록 하나님께서 승리를 주셨을지라도 여호수아가 아말렉을 쳐서 무찌르니라 라고 전하고 있다. 그리스도와 이름이 같은 여호수아는 그분의 모형이었기 때문이다. 그분 안에서 우리는 승리자보다 더한 지위를 가지고 있는 것이다. 통치자들과 권력들을 쳐부수고 그들의 모든 힘을 무력화시킨 것은 오직 그분의 권능이었다.

Ⅳ. 세워진 전승 기념비.

1. 모세는 하나님께서 이 승리의 영광을 가지셔야만 한다는 것을 유념했다(15절). 여호수아의 영예를 위해서 개선문을 세우는 대신에(비록 여호수아에게 영예의 표시를 주는 것은 마땅한 일이었을지라도) 모세는 하나님의 영광을 위한 제단을 쌓는다. 우리는 이 제단이 희생제가 없는 제단이 아니었음을 생각할 수 있다. 그러나 기록 중에 가장 사려 깊은 내용은 제단에 새겨진 여호와 닛시 라고 하는 글귀였다. 여호와는 나의 깃발이시다 라고 하는 뜻을 가진 여호와 닛시는 아마도 이 전투에서 깃발로서 하나님의 지팡이를 높이 든 것을 가리키는 듯하다. 여호와의 임재와 권능은 깃발이었다. 이 깃발 아래 이스라엘 백성들은 군대를 모았고 이 깃발로 인해서 그들은 용기를 얻었으며 함께 보호를 받았던 것이었다. 그러므로 이스라엘 백성들은 그들의 승리의 날에 이 깃발을 세운 것이었다. 우리는 항상 우리 하나님의 이름으로 우리의 깃발을 올려야만 한다(시 20:5). 모든 일을 행하신 분께서 모든 영광과 찬양을 받으셔야만 하는 것

은 지당한 것이다.

2. 하나님께서는 후손들이 이 승리의 평안과 유익을 누려야만 한다는 것을 마음에 두셨다: "이것을 묶이지 않는 낱장의 종이가 아닌 책에 기록하여 기념하게 하고 여호수아의 귀에 외워 들리라. 그로 하여금 이 기억에 의존하게 하고 오는 세대에 이것을 전하도록 하라." 이제 모세는 일어난 일들에 대한 일지 혹은 기록을 남기는 것을 시작해야만 한다. 이것은 우리가 성경에서 보는 기록에 대한 첫 언급이다. 아마도 이 명령은 돌판에 율법을 기록하고 난 뒤에 주어졌을 것이다: "그 사건이 영원히 기억될 수 있도록 기록하라. 기록된 것은 남는다."

(1) "어떠한 일이 이루어졌는지, 아말렉이 이스라엘을 대항해서 어떠한 일을 했는지 기록하라. 증오 속에서 그들이 심히 미워했던 것을 기록하라. 피를 흘리는 그들의 잔혹한 공격에 대해서 기록하라. 이스라엘 백성들로 하여금 결코 잊지 않도록 기록하라. 하나님께서 아말렉으로부터 그들을 구원하시기 위해서 행하신 일을 잊지 않도록 기록하라. 오는 세대가 하나님께서 자신의 백성들을 위해서 싸우셨음을, 그리고 그들을 돌보셨던 분은 자신의 눈동자를 돌보시듯 돌보셨다는 것을 알도록 하라."

(2) "어떠한 일이 이루어질 것인지를 기록하라. [1] 세월이 흐르면서 아말렉은 완전히 파멸되어 사라질 것이며(14절) 단지 역사의 한순간에 존재했던 것으로만 기억될 것이다." 아말렉은 이스라엘의 이름을 끊어 더 이상 기억되지 못하게 하려고 했다(시 83:4, 7). 그러므로 하나님께서 이러한 아말렉의 계획을 이루지 못하게 하셔서 낭패감을 안겨 주셨을 뿐만 아니라 그 이름을 끊어버리셨다. "아말렉인들이 그들을 괴롭힐 때마다 이스라엘을 격려하기 위해서 이것을 기록하라. 결국 이스라엘은 아말렉을 이기고 틀림없이 승리할 것이다." 이 구절에 대한 성취는 부분적으로 사울에 의해서 이루어졌고(삼상 15장) 다윗에 의해서 완전히 이루어졌다(삼상 30장; 삼하 1:1; 8:12). 다윗 시대 이후에 우리는 아말렉의 이름을 그렇게 많이 읽을 수 없다. [2] 지금은 하나님께서 아말렉과 계속해서 싸우시려고 하시는 매우 중요한 때이다(16절): 아말렉의 손이 여호와의 보좌, 즉 여호와께서 통치하시는 이스라엘의 진영을 대항해서 있었기 때문이다. 이스라엘의 진영은 여호와의 성소가 놓인 곳이었다. 그러므로 시작부터 높이 계신 영화로우신 보좌라고 불렸다(렘 17:12). 따라서 여호와께서 대대로 아말렉과 더불어 싸우실 것이다. 이것은 이스라엘이 아말렉인들과 결코 어떠한 동

맹도 맺지 못하도록 하며 그들을 화해할 수 없는 멸망될 적으로 보게 하려는 지침을 주기 위해 기록되었다. 아말렉의 파멸은 그리스도와 그의 왕국의 모든 적들의 파멸에 대한 예표이다. 어린 양과 전쟁을 하는 자는 누구나, 어린 양께서 그들을 이기실 것이다.

제 18 장

개요

본 장은 모세 자신과 그의 가족에 관한 일들에 대해서 기록하고 있다. I. 모세의 장인 이드로가 모세의 부인과 아이들을 데려온다(1-6절). II. 모세가 자신의 장인을 예를 표하며 맞이하고(7절), 기쁜 대화를 나누며(8-11절), 희생제를 드리며 음식을 나눈다(12절). III. 이드로가, 이스라엘의 재판관으로서 일을 감당하는 모세가 자신의 일을 관리하는 방법에 대해서 조언하되 그를 돕는 하위 재판관들을 세우도록 조언하며(13-23절), 모세는 얼마 뒤에 자신의 일을 나누어 담당할 조력자들을 택한다(24-26절). 그리고 모세와 이드로는 헤어진다(27절).

1 모세의 장인이며 미디안 제사장인 이드로가 하나님이 모세에게와 자기 백성 이스
라엘에게 하신 일 곧 여호와께서 이스라엘을 애굽에서 인도하여 내신 모든 일을
들으니라 2 모세의 장인 이드로가 모세가 돌려 보냈던 그의 아내 십보라와 3 그의 두
아들을 데리고 왔으니 그 하나의 이름은 게르솜이라 이는 모세가 이르기를 내가
이방에서 나그네가 되었다 함이요 4 하나의 이름은 엘리에셀이라 이는 내 아버지의
하나님이 나를 도우사 바로의 칼에서 구원하셨다 함이더라 5 모세의 장인 이드로가
모세의 아들들과 그의 아내와 더불어 광야에 들어와 모세에게 이르니 곧 모세가
하나님의 산에 진 친 곳이라 6 그가 모세에게 말을 전하되 네 장인 나 이드로가 네
아내와 그와 함께 한 그의 두 아들과 더불어 네게 왔노라

이 사건은 이 곳에 기록된 대로 율법을 주시기 전에 매우 적절하게 일어난 일인 것이다. 어떤 사람들이 이 사건을 민 10:11, 29 등등에 기록된 것과 관련해서 위치시키는 것보다는 이 곳이 더 적절한 것이다. 희생제들이 이전에 드려졌었다. 이 곳에 언급된 것에서 아론이 아니라 이드로가 희생제들을 가져왔다고 하는 것(12절)은 주목할 만한 일이다. 그리고 이드로가 모세에게 자신 아래에 재판관들을 조직하여 두라고 해준 조언에 대해서 살펴보자. 이드로가

그 조언을 준 것은 이튿날이라고 나타내고 있는 것 같을지라도(13절) 그렇게 바로 이루어진 것은 아니다. 모세가 그 일을 장인의 조언에 따라 해결한 것은 얼마 뒤였을 것이다. 신 1:9에 있는 것과 같이 율법이 주어졌을 때였을 것이다. 모세가 하나님으로부터 지침들을 받을 때까지 이드로는 자신이 모세의 통치에 있어서 이러한 변경을 하도록 하지 않았음이 분명하다(23절). 모세는 얼마 뒤까지는 재판의 방법을 바꾸지 않았다. 이드로는 다음과 같은 일들을 위해서 왔다.

I. 이드로는 이스라엘이 받은 축복과 특별히 자신의 사위인 모세의 영예를 축하하기 위해서 왔다. 이제 이드로는 모세가 역경에 처했을 때 그에게 베푼 모든 호의들에 대해서 충분한 보상을 받았으며 그가 기대한 것보다 자신의 딸이 더욱 잘 되었다고 하는 것을 생각하게 된 것이다. 이드로는 모든 나라에 퍼진 하나님께서 자신의 백성들을 위해 영광스럽게 함께 하셨다고 하는 소문을 분명히 들었다(1절). 그는 그에 대해서 묻고 좀 더 온전히 알기 위해서, 그리고 이스라엘 백성들과 그들의 하나님에 대해서 진정한 경의를 가진 자로서 그들과 함께 기뻐하기 위해서 왔다(시 111:2를 보라). 비록 그는 미디안 사람으로서 약속의 땅에서 이스라엘 백성들과 함께 유업을 나누지 못할지라도, 그는 그들과 함께 그들의 구원의 기쁨을 나누었다. 따라서 우리는 하나님께서 하신 것처럼 의인의 번영에서 즐거움을 얻음으로써 다른 사람의 위안을 우리 자신의 것으로 만들 수 있다.

II. 이드로는 모세의 아내와 아이들을 그에게 데려오기 위해서 왔다. 아마도 모세는 아내와 아이들을 아내가 아들에 대해서 할례 행하기를 꺼려했던, 그래서 모세 자신의 생명을 내놓게 할 뻔 했던 그 숙소에서 돌려보냈을 것이다(출 4:25). 아내와 아이들이 또 다른 장애물이 되는 것을 두려워했기 때문에 모세는 그들을 장인의 집으로 돌려보냈을 것이다. 모세는 그가 바로의 궁정에서 만나게 될 어려움들이 어떤 것들인지를 예견했던 것이다. 그러므로 그는 가족의 어느 누구도 데리고 가지 않았을 것이다. 모세는, 하나님을 위한 예식이 이루어져야만 할 때 부모에게 나는 그를 알지 못한다 라고 말한 레위 지파에 속했다(신 33:9). 그러므로 그리스도의 제자들은 모세와 같이 위대한 일은 아니라 하더라도 그들이 주를 위한 어떤 사역을 위해서 나아가야 할 때에 아내와 아이들을 떠나야만 한다(마 19:29). 비록 모세와 그의 아내가 당분간 떨어져 있어야만 했던 이유가 있었을지라도, 적절한 때가 된다면 곧 다시 함께 해야만 하는 것이다. 이것이 바로 관계의 법이다. 남편들아 너희 아내와 동거하고(벧전 3:7). 우리는 이드로가 자신의 딸과 함께 지내는 것을 기뻐했고 그 손자들을 좋아했다는 것을 생각해볼 수 있다. 그러나 그는 딸을 그녀의 남편과 떨어지게 하지 않았고, 아이들이 아버지와 떨어지게 하지도 않았다(5-6절). 모세는 자신의 가족과 함께 있어야만 한다. 그가 하나님의 교회를 다스리는 동안 가족을 다스리는데 있어서 빈틈없는 훌륭한 모범을 보여주어야만 한다(딤전 3:5). 모세는 이제 자기 스스로가 커다란 영예와 사랑을 받고 있다. 이 모든 것을 나누며 누리기 위해서 그의 아내가 그와 함께 있는 것은 당연한 것이다. 모세의 두 아들의 함축성 있는 이름에 주의를 기울여보아야 한다.

1. 첫 번째 아들 장자의 이름은 나그네란 뜻의 게르솜이었다(3절). 모세는 이 이름에서 자기 자신의 여건에 대한 기억뿐만 아니라 자신의 여건에 따른 아들에 대한 기억도 나타내고 있는 것이다. 우리는 우리들의 아버지들이 그랬듯이 우리 역시도 이 땅에서 모두 이방인들이기 때문이다. 모세에게는 이름이 거의 같은 이방인이라는 뜻의 게르손이라는 이름을 가진 백부 되시는 레위의 아들이 있다. 비록 그 백부가 가나안에서 태어났을지라도(창 46:11) 족장들은 자신들을 이방인들이라고 고백한다.

2. 모세는 다른 아들의 이름을 나의 하나님은 도우시는 자라는 뜻의 엘리에셀이라 불렀다(4절). 이 이름은 모세가 애굽인을 죽이고 달아날 때 바로로부터 그를 구해 주신 것을 회상하게 한다. 그러나 만약에 이 아들이(어떤 사람들이 생각하는 것처럼) 그가 애굽으로 갈 때 숙소에서 할례를 받은 아들이라고 한다면, 나는 그 이름을 오히려 앞날을 내다보기 위한 것으로 번역하고 싶다. 그 원 뜻은 여호와께서는 나의 도움이시며 나를 바로의 칼에서 구원하실 것이다 라는 의미를 가지는 것이다. 모세가 이와 같은 의미를 기대하는 것은 그가 속박으로부터 이스라엘을 구원해 내기 위해서 가고 있기 때문이다. 우리가 하나님과 우리 세대를 위해서 어려운 과업을 수행하고 있을 때, 우리가 우리의 도움이 되시는 하나님 안에서 스스로 용기를 얻는 것은 좋은 것이다. 구원하신 분이 행하시고 구원하실 것이다.

7모세가 나가서 그의 장인을 맞아 절하고 그에게 입 맞추고 그들이 서로 문안하고

함께 장막에 들어가서 [8]모세가 여호와께서 이스라엘을 위하여 바로와 애굽 사람에
게 행하신 모든 일과 길에서 그들이 당한 모든 고난과 여호와께서 그들을 구원하
신 일을 다 그 장인에게 말하매 [9]이드로가 여호와께서 이스라엘에게 큰 은혜를 베
푸사 애굽 사람의 손에서 구원하심을 기뻐하여 [10]이드로가 이르되 여호와를 찬송하
리로다 너희를 애굽 사람의 손에서와 바로의 손에서 건져내시고 백성을 애굽 사람
의 손 아래에서 건지셨도다 [11]이제 내가 알았도다 여호와는 모든 신보다 크시므로
이스라엘에게 교만하게 행하는 그들을 이기셨도다 하고 [12]모세의 장인 이드로가 번
제물과 희생제물들을 하나님께 가져오매 아론과 이스라엘 모든 장로가 와서 모세
의 장인과 함께 하나님 앞에서 떡을 먹으니라

이 본문에서 다음과 같은 것들을 관찰하게 된다.

I. 모세와 그 장인 사이에 나누어진 친절한 인사(7절). 비록 모세는 여호와의 선지자, 위대한 선지자요 여수룬(이스라엘)의 왕이었지만 그는 자신의 장인에게 매우 겸비했으며 존경을 표했다. 자신의 섭리 가운데 계시는 하나님께서는 우리를 발전하게 하고 나아지게 하는 것을 즐거워하신다. 우리는 존경해야 할 사람을 존경해야 함을 알고 있어야만 하며, 우리들 주변의 가난한 자들을 결코 멸시해서는 안 된다. 하나님의 은혜 가운데 높은 자리에 있는 자들은 사람들에 대해서 그들이 감당해야 할 의미를 이행하지 않으면 안 되고, 오만하고 거만한 자세로 사람들을 판단해서도 안 된다. 모세는 이드로를 맞이하기 위해서 밖으로 나가 그의 장인을 맞아 절하고 그에게 입 맞추었다. 종교는 좋은 예절과 태도들을 망치지 않는다. 그들은 서로 문안했다. 그들 사이에 오간, "어떻게 지내셨습니까?" 라고 하는 종류의 인사들조차도 서로 간의 사랑과 우정에 대한 진보의 표현으로서 주의를 기울여 보아야 한다.

II. 모세가 장인에게 설명한, 하나님께서 이스라엘을 위해서 행하신 위대한 일들에 대한 이야기(8절). 이것은 이드로가 자신이 개략적으로 들은 이야기에 대해서 온전히 그리고 상세히 알기 위해서 온 목적이기도 하다. 하나님의 놀라우신 사역에 관한 대화는 매우 유익한 것이다. 서로를 세우기 위해서 사용하는 것은 좋은 것이다(시 105:2). 시 145:11-12와 비교하라. 소식에 대해서 묻고 말하며 대화를 나누는 것은 대화에서 즐길 수 있는 기쁨일 뿐만 아니라 매우 소중한 이야기를 들을 수 있게 되는 것이다. 이러한 유익들은 모든 사건들에 있

어서 하나님의 섭리와 그 섭리가 어떻게 작용하고 움직이고 있는지에 대해서 주의를 기울임으로써 얻게 되는 것이다.

Ⅲ. 이 이야기가 이드로에게 준 감명들.

1. 이드로는 하나님의 백성 이스라엘을 축하했다: **이드로는 기뻐했다**(9절). 그는 자신의 사위에게 이루어진 영예를 기뻐했을 뿐만 아니라 이스라엘에게 이루어진 **모든 선한 일들을 기뻐했다**(9절). 공적인 축복은 백성 전체의 기쁨이다. 이스라엘 백성들은 그들을 향한 하나님의 모든 선하신 일들에도 불구하고 불평했지만, 이 본문에는 한 미디안 사람의 기쁨을 보여주고 있다. 이방인들의 믿음이 유대인들의 믿음 없음을 부끄럽게 한 것은 이번만이 아니었다. 마 8:10을 보라. 하나님의 은혜를 받았던 자들보다 곁에 서서 본 사람들이 하나님께서 이스라엘에게 보여주셨던 은혜에 더 큰 감동을 받았다.

2. 이드로는 이스라엘의 하나님에게 영광을 돌렸다(10절): **"여호와를 찬송하리로다."**(이제 하나님께서는 이 이름으로 알려지셨기 때문임) **"너희를**(즉, 모세와 아론) **바로의 손에서 건져내시고.** 비록 바로가 너희들의 죽음을 계획했을지라도 그렇게 할 수 없었고 너희들의 사역을 통해서 **백성을 건지셨도다."** 우리가 어떠한 하나님의 기쁨을 가지고 있다 하더라도 우리는 그것을 찬양해야만 한다.

3. 여기서 이드로의 믿음은 확신을 얻게 되고 이것으로 다음과 같은 장엄한 고백을 한다: **이제 내가 알았도다 여호와는 모든 신보다 크시도다**(11절).

(1) 이드로의 믿음의 중요성: 이스라엘의 하나님께서는 하나님의 영광을 찬탈하는 모든 거짓 신들보다 크시다고 하는 것이다. 여호와께서는 그 거짓 신들을 침묵케 했고 굴복시키셨으며 그들 모두에게 너무나 강하셨다. 그러므로 홀로 그분만이 유일하게 살아계신 진정한 신이신 것이다. 그분께서는 또한 모든 제왕들과 주권자들(이들은 신들이라 불린다)보다도 더 높으신 분이시며, 그들 위에 비할 수 없는 권위를 가지시며 그들을 통제하고 다스리는 불가항력적인 권능을 가지고 계신다. 그분께서는 그들이 아무리 위대할지라도 그들 모두를 그분이 원하시는 대로 관할하시며 그들 위에 영광을 얻으신다.

(2) 이드로의 믿음의 확신과 발전: **이제 내가 알았도다.** 그는 이전에 알았다. 그러나 이제 그는 더 잘 알게 되었다. 그의 믿음은 이 생생한 증거로 인해서 완전한 확신에 이르기까지 커진 것이다. 여호와께서 모든 신보다 크시다고 하는 것

을 알지 못하는 자들은 오만하게 그 눈을, 그 분명한 빛을 보지 않으려고 닫는다.

(3) 이드로가 그러한 믿음을 가지게 된 근거와 이유. 애굽에서 모세와 아론이 술사들과 애굽인들이 경배했던 우상들, 그리고 바로와 그의 대신들(이들은 모두 하나님을 대항해서 그와 경쟁을 했음)을 당당하게 다루었기 때문에 여호와께서는 그들 위에 계신 것이었다. 술사들은 실패했고, 우상들은 깨졌고, 바로는 겸비해졌고, 그의 모든 모의에도 불구하고 그의 권력은 무너져버렸고, 하나님의 이스라엘은 그들의 손에서 구원을 받았다. 하나님께서는 조만간 오만함으로 그와 대적하는 자들 위에 자신을 나타내실 것이다. 하나님을 대항해서 스스로 높아지는 자는 비천해질 것이다.

Ⅳ. 모세와 이드로, 그리고 함께 한 자들의 기쁨과 감사의 표현들. 그들은 만찬과 희생제에서 서로 함께 교제를 나누었다(12절). 이스라엘의 일들에 애정어린 마음을 가진 이드로는 비록 미디안인일지라도 흔쾌히 모세와 이스라엘 장로들과 나누는 교제에 받아들여졌다. 이드로 또한 아브라함의 자손이었기 때문이다.

1. 그들은 감사 희생제에 함께 참여했다. 이드로가 번제물과 희생제물들을 하나님께 가져왔다. 아마도 이드로 자신이 그 제물들을 가져왔을 것이다. 그는 미디안 제사장이었고 하나님을 진정으로 경배하는 자였기 때문이다. 이스라엘에 아직 제사장 제도는 정착되지 않았다. 상호간의 교제는 함께 드리는 예배를 통해서 거룩해진다. 함께 했을 때 영적인 기도와 찬양의 제사에서 만나는 것은 관계와 교제를 위해서 매우 좋은 것이다. 이는 마치 하나됨의 한가운데에 그리스도께서 계신 곳에서 만난 사람들과 같은 것이다.

2. 그들은 희생제로 인한 만찬에 함께 참여했다. 이 때에 모세는 동료들과 늘 함께 하던 장소인 자신의 장막에서 베풀어진 연회에 자신의 친척들과 동료들을 초대했다. 그리스도께서는 그러한 초대를 받아들이심으로 그러한 연회를 인정하실 뿐만 아니라 장려하신다. 이것은 조촐한 만찬이었다: 그들은 떡을 먹었다. 우리는 이 떡이 만나였을 것이라고 생각해 볼 수 있다. 이드로는 비록 이방인이었을지라도 하늘에서 내린 양식을 보고 맛보아야만 했고, 여느 이스라엘 사람과 같이 만나를 먹는데 기꺼이 초대되었다. 이방인들은 생명의 양식 되시는 그리스도에게는 여전히 그와 같은 것이다. 이 만찬은 거룩한 일이 진행된

다음에 이루어진 것이었다: 그들은 하나님 앞에서 떡을 먹었다. 하나님을 두려워하며 맑은 정신으로 감사한 마음을 가지고 먹었다. 그들이 나눈 식탁에서의 대화는 성도들이 나눈 것과 같은 것들이었다. 그러므로 우리는 하나님의 눈이 우리 위에 계신 것을 믿는 사람들과 같이 우리의 식탁에서 행동하면서, 하나님의 영광을 위해 먹고 마셔야만 하는 것이다.

13 이튿날 모세가 백성을 재판하느라고 앉아 있고 백성은 아침부터 저녁까지 모세
곁에 서 있는지라 14 모세의 장인이 모세가 백성에게 행하는 모든 일을 보고 이르되
네가 이 백성에게 행하는 이 일이 어찌 됨이냐 어찌하여 네가 홀로 앉아 있고 백성
은 아침부터 저녁까지 네 곁에 서 있느냐 15 모세가 그의 장인에게 대답하되 백성이
하나님께 물으려고 내게로 옴이라 16 그들이 일이 있으면 내게로 오나니 내가 그 양
쪽을 재판하여 하나님의 율례와 법도를 알게 하나이다 17 모세의 장인이 그에게 이
르되 네가 하는 것이 옳지 못하도다 18 너와 또 너와 함께 한 이 백성이 필경 기력이
쇠하리니 이 일이 네게 너무 중함이라 네가 혼자 할 수 없으리라 19 이제 내 말을 들
으라 내가 네게 방침을 가르치리니 하나님이 너와 함께 계실지로다 너는 하나님
앞에서 그 백성을 위하여 그 사건들을 하나님께 가져오며 20 그들에게 율례와 법도
를 가르쳐서 마땅히 갈 길과 할 일을 그들에게 보이고 21 너는 또 온 백성 가운데서
능력 있는 사람들 곧 하나님을 두려워하며 진실하며 불의한 이익을 미워하는 자를
살펴서 백성 위에 세워 천부장과 백부장과 오십부장과 십부장을 삼아 22 그들이 때
를 따라 백성을 재판하게 하라 큰 일은 모두 네게 가져갈 것이요 작은 일은 모두
그들이 스스로 재판할 것이니 그리하면 그들이 너와 함께 담당할 것인즉 일이 네
게 쉬우리라 23 네가 만일 이 일을 하고 하나님께서도 네게 허락하시면 네가 이 일을
감당하고 이 모든 백성도 자기 곳으로 평안히 가리라 24 이에 모세가 자기 장인의 말
을 듣고 그 모든 말대로 하여 25 모세가 이스라엘 무리 중에서 능력 있는 사람들을
택하여 그들을 백성의 우두머리 곧 천부장과 백부장과 오십부장과 십부장을 삼으
매 26 그들이 때를 따라 백성을 재판하되 어려운 일은 모세에게 가져오고 모든 작은
일은 스스로 재판하더라 27 모세가 그의 장인을 보내니 그가 자기 땅으로 가니라

이 본문에는 다음과 같은 내용들이 있다.

I. 재판관으로서 모세의 대단한 열심과 근면함.

1. 속박의 집에서 이스라엘을 구원하기 위해 쓰임 받은 모세는 이제 이스라엘 백성들 가운데에서 율법 수여자와 재판관으로서 쓰임을 받는데 이는 모세가 그리스도의 모형이었음을 더욱더 잘 보여주는 것이다.

(1) 모세는 질문들에 대답해야만 했고, 의심스러운 일들에 대해서 이스라엘 백성들에게 하나님의 뜻을 알려 주어야 했고, 경건과 정의에 대한 자연적인 법들 외에 그들에게 이미 주어진 안식일과 사람에 대한 하나님의 법들을 설명해 주어야만 했다(15절). **백성들이 하나님께 물으려고 왔다**. 이스라엘 백성들이 조언을 구할 수 있는 그러한 신탁을 가졌다고 하는 것은 그들에게 복된 일이었다. 우리는 여러 번 우리가 무엇을 해야 할지를 몰라 몹시 당황할 때 하나님의 마음을 알 수 있는 어떤 방법을 가지기를 간절히 바라곤 하는 것을 알고 있다. 모세는 자신을 지명하여 세우신 분에게, 그리고 자신에게 조언을 구하는 자들 모두에게 신실했다. 자신에게 조언을 구하는 자들에게 **하나님의 율례와 법도를 알도록 해주었다**(16절). 모세의 일은 율법을 만드는 것이 아니라 하나님의 율법을 알리는 것이었다. 그의 자리는 단지 종의 위치였던 것이다.

(2) 모세는 한 사람과 그 동료 사이를 판단해 다툼으로 알력이 발생한 일들을 해결해 주어야만 했다(16절). 백성들이 하나님과 다투었던 것처럼 서로 간에 다투었다면, 분명히 모세는 자신 앞으로 가져오는 수많은 소송들을 담당했을 것이다. 백성들은 그들의 소송으로 인해서 아무런 비용도 치르지 않게 했고 율법도 그들에게 어떠한 비용을 내도록 하지 않았기 때문이다. 다툼이 애굽에서 일어났고 모세가 그 다투는 자들을 화해시키려고 했을 때 그들은 **누가 너를 우리를 다스리는 자와 재판관으로 삼았느냐?** 라고 물었다. 그러나 이제 하나님께서 모세를 재판관으로 삼으신 것은 논쟁이 필요 없는 일이 되었다. 이스라엘 백성들은 자신들이 오만하게 거절했던 모세에게 겸비하게 듣고 있는 것이다.

2. 모세는 그러한 일을 위해서 부름을 받았다. 모세는 다음과 같은 자세로 그 일을 감당했던 것 같다.

(1) 매우 심사숙고해서 감당했는데 이것은 몇몇 사람들이 생각하듯이 그의 자세에서 암시되어 있는 것이다. 침착하고 차분하게 판단하기 위해서 **앉았다**(13절).

(2) **자신의 곁에 서 있는** 백성들에게 매우 정중하게 대하며 감당했다(14절). 모세는 매우 쉽게 만날 수 있었다. 가장 비천한 이스라엘 사람도 스스로 자신

의 문제를 모세에게 가져오도록 기꺼이 용납되었다.

(3) 제기된 문제를 매우 성실하고 엄밀하게 판단했다. [1] 비록 자신의 장인인 이드로가 자신과 함께 있었을지라도 그는 장인이 온 다음 날조차도 앉아 있었다: **아침부터 저녁까지**. 이렇게 장인이 온 것은 모세에게 잠시 휴무를 가지게 하는 좋은 구실을 줄 수도 있었으나(모세는 하루 정도 법정을 휴무하거나 최소한 단축하여 일을 할 수도 있었을 것이다) 그렇게 하지 않고 주어진 일을 성실히 감당했던 것이다. 긴요한 일에는 항상 정성을 기울여 주의를 집중해야만 한다. 다른 일들을 행하기 전에 먼저 마땅히 이루어져야 할 하나님께 대한 우리의 의무를 이행해야만 하는 것이다. 그렇지 아니하고 친구와의 즐거움을 택하는 것은 친구에 대한 아첨이다. [2] 비록 모세는 이미 커다란 영예를 얻고 있었을지라도 자신의 일을 하며, 다른 사람들에게 그 돌보는 일로 말미암는 짐을 지우지 않았다. 그렇게 하지 않았다. 모세는 자신이 높아진 것은 자신으로 하여금 더욱 의무감을 가지고 사역을 감당하라고 하는 것으로 생각했다. 선을 행하는 것을 자신들의 일보다 못한 것으로 생각하는 자들은 자신들을 마땅히 받아야 하는 것보다 높이 생각하는 것이다. [3] 모세는 비록 백성들이 자기를 비난했고 심지어 돌을 들어 치려고 했을지라도(출 17:4) 여전히 자신을 그들의 종으로 여겼다. 비록 다른 사람들이 우리들에게 자신들의 의무를 다하지 않을지라도, 우리는 그들에 대한 우리의 의무를 게을리 해서는 안 된다. [4] 비록 모세는 나이가 든 사람이었을지라도 아침부터 저녁까지 자신에게 주어진 일을 계속해서 감당했다. 그 일을 감당하는 것을 자신의 양식을 먹는 것과 같이 했다. 하나님께서는 모세에게 몸과 마음에 커다란 힘을 부어주셨고 이로 말미암아 그는 엄청나게 많은 양의 일을 기쁨 가운데 감당할 수 있었다. 하나님의 사역에 쓰임 받았고 다른 사람들을 격려하는데 헌신하였기 때문에 그의 모든 사역 뒤에도 모세는 쇠퇴하지 않았다. 여호와와 그의 사역을 앙모하는 자들은 새 힘을 얻을 것이다.

II. 친구로서 이드로의 탁월한 신중함과 생각.

1. 이드로는 모세가 좋은 방법을 택한 것이라 생각하지 않았고, 그에게 그러한 방법은 좋지 않은 것이라고 말할 만큼 꺼리는 것이 없었다(14, 17-18절). 이드로는 그 방법은 모세 혼자 감당하기에는 너무나 버거운 일이며, 그 일은 모세의 건강을 해치게 될 것이고 그에게 너무나 커다란 부담이 되는 일이며, 나

아가서 공의를 위한 행정이 백성들에게 피곤한 일이 될 수도 있을 것이라고 생각했다. 그러므로 이드로는 솔직하게 모세에게 **네가 하는 것이 옳지 못하도다** 라고 말한다. 잘 하는 일에서도 과도히 하는 일이 있을 수 있다. 그러므로 우리의 선행이 나쁜 결과를 낳지 않도록 우리의 열심은 항상 사려 깊은 분별력의 통제를 받아야만 한다. 지혜는, 우리가 우리에게 주어진 감당할 만한 것보다 적은 것을 가지고 스스로 만족하지 않도록, 그리고 우리의 능력에 지나는 것으로 인하여 스스로에게 과중한 부담을 주지 않도록 지도해주는 유익함이 있다.

2. 이드로는 모세에게 그 일의 목적에 좀 더 잘 맞는 다음과 같은 관할 모델에 대해서 조언을 해주었다.

(1) 모세는 하나님에게 이루어지는 모든 소송 사건들을 친히 가져와야만 한다(19절): **너는 그 백성을 위하여 그 사건들을 하나님께 가져오며.** 이 일은 어느 누구도 모세와 함께 나누어 질 수 없는 영예스러운 일이었다(민 12:6-8). 또한 일반적으로 전체 회중에 관한 일은 무엇이든지 간에 그의 손을 거쳐 가야만 했다(20절).

(2) 그러나 모세는 다양한 지파들과 가족들 중에서 재판관들을 지명하여 세워야만 했다. 이들은 사람들 사이의 소송들을 다루고 결정해야만 했다. 이러한 방법은 모세가 주관하는 전체 회합에서 일을 처리하는 것보다 덜 시끄러웠으며 더 신속하게 일을 처리할 수 있었다. 그러므로 이스라엘 백성들은 최고 통수권자인 왕과 왕에 의해서 위임되고 파송된 지방 장관들에 의해서 다스려지는 한 나라로서 통치를 받은 것이다(벧전 2:13-14). 따라서 많은 사람의 손길이 일을 가볍게 만들 수 있었고, 소송의 결과들을 더 빨리 듣게 되었을 것이며, 백성들에게는 그들의 장막 문 가까이로 옮겨진 법정으로 인하여 소송이 용이해졌을 것이다.

(3) 그러나 여전히 모세에게 가야 할 소송이 있으면 그러한 경우에는 이러한 하위 법정들에게서 모세 자신에게로 올라갔을 것이다. 그 하부의 재판관들이 어찌할 도리가 없는 경우들은 모세에게 가져갔다: **큰 일은 모두 네게 가져갈 것이요**(22절). 따라서 지도자는 큰 일들을 담당하게 됨으로 인해서 더 크게 수고할 수도 있는 것이다. 탁월하게 뛰어난 은사들을 가지고 있고 지위가 높은 사람들은 여러 면에서 그들보다 못한 사람들의 도움으로 그들의 일을 훨씬 더 잘 이루어낼 수 있다. 그러므로 그들은 자신보다 못한 자들이라고 생각되는 사

람들을 경시해서는 안 된다. 머리는 손과 발이 필요한 것이다(고전 12:21). 위대한 사람들은 스스로 유용한 자가 되기 위해서 뿐만 아니라 다른 사람들이 그들의 능력에 따라서 유능한 사람들이 되도록 하는 방법을 생각하며 노력한다. 이드로의 조언이 바로 그런 것이었다. 이러한 일을 보면서 비록 모세는 예언에 있어서 이드로를 능가했지만, 이드로는 정책적인 면에 있어서 모세를 능가했던 것 같다.

3. 이드로는 자신의 모략에 두 가지 필요한 자격을 더해 말한다.

(1) 이 통치 체제에 들어가는 사람을 선택하는데 있어서 매우 신중한 심사숙고가 있어야만 한다(21절). 그들은 능력 있는 **사람들 곧 하나님을 두려워하며 진실하며 불의한 이익을 미워하는 자들**이어야만 한다. 그들은 다음과 같은 일들을 위해서 매우 훌륭한 성품의 사람들이어야만 했는데 이것은 꼭 필요한 요구사항들이었다. [1] 판단과 단호한 결단을 위해서 능력 있는 **사람들**이어야만 한다. 사안을 헤아려 아는 좋은 감각을 가지고 있으며 눈살을 찌푸리거나 고함소리에 의해서 위축되지 않는 사람들이다. 맑은 머리와 담대한 마음이 훌륭한 판단을 낳는 것이다. [2] 경건과 신앙을 위해서 **하나님을 두려워하는 사람들**이어야만 한다. 그들 위에 하나님께서 계시고 그분의 눈이 그들 위에 머물고 계심을 믿으며, 그분에게 책임감을 느끼며, 두려운 가운데 그분의 심판 앞에 설 것을 믿는 자들이다. 이들은 비밀리에 은밀하게 비열한 일들을 할 수 있을지라도 감히 공개적으로 그러한 일을 하지 못하는 양심적인 사람들이다. 하나님을 두려워하는 것은 불의를 저지르도록 하는 모든 유혹들로부터 사람을 가장 담대하고 강하게 해줄 원리가 되는 것이다(느 5:15; 창 42:18). [3] 성실과 정직을 위해서 **진실한 사람들**이어야만 한다. 사람들이 이 사람들의 말은 받을 만하고, 그들의 성실성은 신뢰할 만한 것이다. 그들은 거짓말을 하지 않으며, 진실을 배반하지 않고, 교활한 행동을 하지 않는 사람들이다. [4] 세상의 부에 대해서 품위를 지키며 마음을 잃지 않기 위해서 **불의한 이익을 미워하는 사람들**이어야만 한다. 이들은 뇌물을 구하지 않으며, 스스로 부해지려고 하지도 않고, 그러한 생각들 자체를 혐오하는 자들이다. **토색한 재물을 가증히 여기는 자, 손을 흔들어 뇌물을 받지 아니하는 자**만이 재판관에 꼭 맞는 사람인 것이다(사 33:15).

(2) 모세는 이 일을 해나가는데 있어서 하나님의 지시하심에 주의를 기울여야만 한다(23절): **네가 만일 이 일을 하고 하나님께서도 네게 허락하시면 네가 이 일**

을 감당하고. 이드로는 모세가 자기보다 더 나은 조언자를 가지고 있다는 것을 알았기 때문에 그분에게 모세를 맡기는 것이다. 충고는 항상 다스리셔야만 하는 하나님의 말씀과 섭리에 대한 겸손한 복종과 함께 주어져야만 하는 것이다.

모세는 이 충고가 자기와 같이 하나님의 말씀과 전능자의 비전에 익숙한 사람으로부터 온 것이 아니라고 해서 무시하지 않았다. 그는 자기 장인의 말을 들었다(24절). 모세가 그 일을 생각해 보았을 때, 그는 장인이 제안해 준 말이 타당함을 알았다. 그가 하나님으로부터 그 일에 대한 지시를 받고 난 뒤 곧바로 실행하기로 결심했다. 너무 현명해서 조언을 들을 수 없다고 스스로 생각하는 사람들은 그들이 그렇게 현명할 것이라고 생각한 것만큼 그렇게 현명한 것이 아니다. 현명한 사람(정말로 그런 사람)은 들을 것이고 배울 것이며, 자신보다 못한 사람이 주는 것일지라도 좋은 조언을 무시하지 않기 때문이다. 모세는 재판관들의 선택을 백성들에게 맡기지 않았다. 그들은 이미 스스로 그러한 일들을 감당하기에 부적절함을 충분히 보여주었기 때문이다. 모세는 재판관들을 선택했고, 어떤 사람들은 큰 사역에, 다른 사람들은 작은 사역에 지명하여 세웠다. 아마도 작은 사역을 맡은 사람들은 큰 사역을 맡은 자들에게 복종했을 것이다. 우리는 마땅히 가치 있는 정부를 하나님의 크신 자비하심으로 생각해야 하며, 법과 관리들을 주신 것에 대해서 감사해야만 한다. 그들로 인해서 우리는 큰 물고기가 작은 물고기를 잡아먹는 바다의 고기들과 같지 않게 된 것이다.

Ⅲ. 자신의 고향으로 돌아간 이드로(27절). 이드로는 분명히 하나님에 대해서 더 많이 알고 고향으로 돌아갔으며, 그 이야기들을 자신의 이웃들을 교도하기 위해서 그들과 대화를 나누었을 것이다. 겐 사람들(삼상 15:6에 언급된)은 이드로의 후손들이었을 것이라고 생각된다(비교. 삿 1:16). 그들은 그 곳에서 특별한 보호를 받았다. 본문에 나오는 그들의 조상이 이스라엘에게 보여준 호의 때문이었다. 하나님의 백성들에게 베풀어진 선한 행위는 아무리 작은 것이라 할지라도 그 상급을 결코 잃게 되지 않을 것이며 보상을 받게 될 것이다. 아무리 늦어도 부활시에는 보상을 받게 되는 것이다.

제 — 19 — 장

개요

본 장은 시내 산 위에서 율법을 주신 그 장엄한 광경에 대해서 소개하고 있다. 이 광경은 이 낮은 땅에서 이루어진 하나님의 영광이 나타났던 가장 현저한 것들 중의 하나이다. 우리는 이 장에서 다음과 같은 내용들을 본다. I. 시간과 공간의 상황(1-2절)을 본다. II. 개괄적으로 설정된 하나님과 이스라엘 사이의 언약을 볼 수 있는데 하나님께서 이스라엘 백성들에게 내놓은 은혜로운 제안(3-6절)과 이스라엘 백성들이 그 제안을 수락함(7-8절)이 있다. III. 빽빽한 구름 가운데에서 율법을 주시기 위한 하나님의 예정하심 3일 전에 주어진 유의사항이 있다(9절). 율법을 받는 백성들을 준비시키기 위해서 주어진 명령들(10-13절)과 그 명령들을 준행하기 위해서 조심할 것(14-15절) 등이 기술되어 있다. IV. 시내 산 위에 나타난 하나님의 영광의 두렵고 떨리는 엄위한 모습이 있다(16-20절). V. 선포된 침묵과 하나님께서 그들에게 말씀하시는 동안 예의를 지키는 백성들에게 주어진 엄격한 명령들이 있다(21절 이하).

1이스라엘 자손이 애굽 땅을 떠난 지 삼 개월이 되던 날 그들이 시내 광야에 이르니
라 2그들이 르비딤을 떠나 시내 광야에 이르러 그 광야에 장막을 치되 이스라엘이
거기 산 앞에 장막을 치니라 3모세가 하나님 앞에 올라가니 여호와께서 산에서 그
를 불러 말씀하시되 너는 이같이 야곱의 집에 말하고 이스라엘 자손들에게 말하라
4내가 애굽 사람에게 어떻게 행하였음과 내가 어떻게 독수리 날개로 너희를 업어
내게로 인도하였음을 너희가 보았느니라 5세계가 다 내게 속하였나니 너희가 내 말
을 잘 듣고 내 언약을 지키면 너희는 모든 민족 중에서 내 소유가 되겠고 6너희가
내게 대하여 제사장 나라가 되며 거룩한 백성이 되리라 너는 이 말을 이스라엘 자
손에게 전할지니라 7모세가 내려와서 백성의 장로들을 불러 여호와께서 자기에게
명령하신 그 모든 말씀을 그들 앞에 진술하니 8백성이 일제히 응답하여 이르되 여
호와께서 명령하신 대로 우리가 다 행하리이다 모세가 백성의 말을 여호와께 전하
매

이 본문에는 다음과 같은 내용들이 있다.

I. 이스라엘이 형성된 위대한 대헌장의 날짜가 있다.

1. 그 대헌장이 제정된 시간은 이스라엘 백성들이 애굽에서 나온 뒤 **삼 개월이 되던 날**이었다(1절). 율법은 이스라엘 백성들이 애굽에서 나온 뒤 꼭 50일만에 주어진 것으로 계산되었다. 이것을 기념해서 오순절 절기는 유월절 뒤 50일째 되는 날에 지켜졌다. 이것과 맞추어서 그리스도께서 돌아가신 뒤 50일째 되는 오순절에 성령께서 사도들 위에 내리셨다. 애굽에서 이스라엘 백성들은 자신들의 희생제를 드릴 장소인 광야로 삼 일 간의 여행을 말했다(출 5:3). 그러나 그것은 거의 두 달 가까운 여행이 되었다. 우리는 시간을 계산하는데 있어서 종종 우리가 처음에 예상했던 것보다는 오래 걸리는 것을 볼 수 있다.

2. 그 대헌장이 날짜를 가지게 된 장소는 인공이 아닌 자연이 탁월하고 기기묘묘하게 만들어 놓은 **시내 산**이었다. 시내 산은 그 산맥 중에서 가장 높은 산이었다. 따라서 하나님께서는 자신의 누각을 가장 높은 산꼭대기 위에 펴시면서 성읍들과 궁궐들, 그리고 화려한 건축물들을 무시하시는 것이다. 이 황량한 광야에서 이 조약을 체결하시려는 것이다. 그 곳은 그 위에 펼쳐져 있는 수많은 가시덤불들로 인해서 **시내**(Sinai)라고 불리는 곳이다.

II. 그 대헌장 자체가 있다. 모세는 산 위로 불려갔고 중재자 혹은 언약의 전달자로서 역할을 감당했다(하나님께서는 그 산꼭대기에 자신의 거처를 정하시고 이스라엘은 산발치에 그들의 거처를 정했다): **너는 이같이 야곱의 집에 말하고 이스라엘 자손들에게 말하라**(3절). 여기서 박식한 주교 패트릭(Patrick)은 이스라엘 백성들이 **야곱**과 **이스라엘** 두 가지 이름으로 불렸다는 것을 발견했다. 패트릭은 이것은 그 백성들에게, 야곱이 밧단 아람에 갔을 때 낮아졌던 것처럼 얼마 전까지 낮아졌던 자들을 야곱이 그 곳에서 왔을 때 하나님께서 그를 커다랗게 성장하게 하시고 이스라엘이라고 부르신 것처럼, 이제 그들을 크게 하셨다고 하는 것을 기억나게 하시기 위함인 것이라고 생각했다.

1. 언약을 제안하시고 만드신 분은 바로 하나님 자신이시다. 이 어리석고 생각이 부족한 백성들에 의해서는 결코 이러한 정착을 이루었다고 말할 수도 없고 그들이 그 일을 이룰 수도 없었던 것이다. 하나님의 은혜에 어떠한 도움도 정성도 보태진 것이 없었다. 이 복된 일은 **온전히 하나님 자신의 선하신 의지**에 의해서 주어진 것이었다. 우리가 하나님에 대해서 생각하는 모든 것은 거저

주시는 은혜가 우리들에게 선하신 축복들로 채우시는 것이며, 우리의 모든 위로는 우리가 하나님을 아는 것에 있지 않고 오히려 그분께서 우리를 아신 바에 달린 것이라고 하는 것이다(갈 4:9). 우리는 그분을 사랑하고 그분을 찾아가고 그분과 함께 언약을 맺는다. 그분께서 먼저 우리를 사랑하셨고 우리를 찾아오셨고, 우리들과 언약을 맺어주셨기 때문이다. 하나님께서는 알파이시다. 그러므로 그분께서는 오메가가 되셔야만 하는 것이다.

2. 언약은 이스라엘 백성들에게 어려움을 주지 않는 정의롭고 완전한 것일 뿐만 아니라 그들에게 생각할 수 있는 가장 커다란 특권들과 이점들을 주는 호의적이고 은혜로운 것이다.

(1) 하나님께서는 이스라엘 백성들을 위해서 친히 무엇을 하셨는지 그들에게 생각나도록 해주신다(4절). 하나님께서는 그들에게 보상해 주셨고 그들의 압제자들과 핍박자들에게 보복해 주셨다: "내가 애굽 사람에게 어떻게 행하였음을 너희가 보았느니라. 얼마나 많은 사람들이 이스라엘의 영예와 유익을 위해서 희생되었는가!" 하나님께서는 이스라엘 백성들에게 비교할 수 없는 자신의 은혜와 돌보심의 생생한 일들을 베풀어 주셨다: 내가 독수리 날개로 너희를 업어 내게로 인도하였다. 하나님께서 그들을 위해서 보여주셨던 놀라운 돌보심에 대한 지고한 표현이다. 이러한 하나님의 사랑은 신 32:11-12에 나타나 있다. 이 표현은 엄청나게 빠른 속도를 나타낸다. 하나님께시는 이스리엘 백성들의 구원을 위해서 날아오셨을 뿐만 아니라(정한 시간이 되었을 때 하나님께서는 그룹을 타고 정말 나셨다) 날아가는 것 같이 그들을 급히 구원해 내신 것이다. 하나님께서는 그 구원을 독수리의 강인함과 기민함으로 쉽게 이루셨다. 사 40:31은 달음박질하여도 곤비하지 아니하겠고 걸어가도 피곤하지 아니하며 독수리가 날개치며 올라감 같을 것이라고 말씀하고 있다. 특별히 이 표현은 이스라엘 백성에 대한 하나님의 특별하신 돌보심과 애정을 나타낸다. 용광로와 같았던 애굽조차도 어린 이스라엘 백성들이 부화되는 둥지였으며, 이 애굽에서 그들은 처음으로 한 민족으로서 태동하게 되었던 것이다. 그들이 숫자가 늘어남으로 어느 정도 성장했을 때 그 둥지로부터 이끌려 나오게 되었던 것이다. 다른 새들은 새끼들을 발톱으로 나르지만 독수리는 날개로 나른다고 한다. 그러므로 활을 쏘는 궁수가 먼저 어미를 꿰뚫고 쏘지 않으면 나는 화살조차도 독수리 새끼들을 다치게 할 수 없는 것이다. 그러므로 홍해에서 하나님의 임재의 상징이었던 구름

기둥과 불 기둥은 이스라엘 백성들과 그들의 추격자 사이에 막아섰던 것이다(침범할 수 없었던 방어벽이며 뚫을 수 없었던 벽이었음). 이것은 하나님께서 행하신 모든 일이 아니었다. 깔끔히 포장되고 보호된 그들이 지나는 길은 영광스러운 것이었다. 그들의 출애굽 끝은 더욱 영광스러운 것이었다: **내가 너희를 내게로 인도하였다.** 이스라엘 백성들은 자유와 영예의 신분으로 인도되었을 뿐만 아니라 하나님과의 언약과 교제로 인도되었던 것이다. 이것은 그들의 구원의 영광이었다. 그것은 그리스도에 의해서 우리들이 누리는 것과 같은 것이었다. 그리스도께서는 우리를 하나님께로 인도하시기 위해서 **불의를 위한 공의의 죽음으로** 죽으셨던 것이다. 이 하나님께서 자신의 섭리와 은혜의 모든 은혜로운 방법을 통하여 우리가 거역했던 자신의 품으로 우리를 돌아오게 하시며, 우리가 행복할 수 있는 그분의 집으로 인도하시기를 원하신다. 하나님께서는 이스라엘 백성들에게, 그들이 목도한 것에 그리고 그들의 경험에 이 곳에서 말씀하시는 것이 거짓이 아닌 진실이라고 하는 것을 호소하신다: **내가 행한 것을 너희가 보았느니라.** 그러므로 그들이 먼저 그들 자신들의 눈을 믿지 못하지 않는 한 그들은 하나님을 믿지 못할 수가 없는 것이다. 그들은 이루어진 모든 일이 어떻게 온전히 하나님께서 하신 일인지를 목격했다. 하나님을 향하여 나아간 것은 그들이 아니었으며, 그들을 하나님께로 이끄신 분은 바로 하나님 자신이셨다. 다음과 같은 진리를 잘 관찰한 사람들이 있다. 즉, **구약의 교회는** 독수리의 날개에서 태어났다고 말하는데, 이것은 하나님의 섭리의 권능을 나타내는 것으로 **내뻗은 팔의 높이 들린 손으로** 이루어졌음을 말하는 것이다. 그러나 **신약의 교회는 암탉이 그 새끼를 날개 아래에 모음 같이**(마 23:37) 주 예수에 의해서 모아진 것이라고 하는데, 이것은 하나님의 섭리의 은혜와 불쌍히 여기심, 그리고 구세주의 놀라우신 겸손하심과 낮아지심을 나타내는 것이다.

(2) 하나님께서는 이스라엘 백성들에게 무엇을 기대하시고 요구하시는지 한 마디로 분명히 말씀하신다. 그것은 순종이다(5절). 그들은 **그분의 말씀을 잘 듣고** 그분의 **언약을 지켜야만 한다.** 하나님에 의해서 구원받았기 때문에 하나님께서는 그들이 그분의 통치를 받아야만 한다고 주장하신다. 이 요구의 정당함은 이후 오래도록 이스라엘 백성들에게 요청된다. **하나님께서 애굽 땅으로부터 그들을 인도하여 내신 날에** 이것은 언약의 조건이 되었다: **너희는 내 목소리를 들으라**(렘 7:23). 하나님께서는 이것으로 이스라엘 백성들에게 진정으로 항변하

실 것이다(렘 11:4, 7). 고백과 약속만이 아닌 진정한 순종만을 요구하신다. 거짓이 아닌 신실한 순종이다.

(3) 하나님께서는 이스라엘 백성들이 정말로 자신의 언약을 지킨다면 그들에게 주실 영예와 그들에게 보이실 자비를 그들에게 확실히 말씀하신다(5-6절): **내 소유가 되겠고.** 하나님께서는 이스라엘 백성들에게 가나안 땅을 주는 것과 같은 어떤 특별한 은혜를 구체적으로 말씀하시지 않는다. 그러나 모든 복을 포함하는 말씀으로 표현하신다. 즉, 그분께서 그들에게 언약의 하나님이 되실 것이라는 것과 그들은 그분의 백성이 될 것이라는 것이다.

[1] 여기서 하나님께서는 모든 눈에 보이는 피조계에 대한 주권과 그 주권의 정당성을 주장하시고 계신다: **세계가 다 내게 속하였나니.** 그러므로 하나님께서는 그들이 필요치는 않으셨다. 그렇게 광대한 주권을 가지고 계신 분은 자신에게 이스라엘과 같은 아주 작은 소유를 갖지 않으시더라도 매우 위대하시고 행복하신 것이다. 온 세계의 민족들이 모두 다 그분의 것이기 때문에 주권대로 행하셔서 그분의 소유를 위해서 그분께서 원하시는 백성을 선택할 수 있으셨을 것이다.

[2] 하나님께서는 이스라엘을 소유하셨다. **첫째로,** 그분에게 속한 값진 백성으로 소유하셨다. **너희는 나의 특별한 보물이 되겠고.** 인간이 자신의 보화로 인해서 부유해지는 것과 같이 하나님께서 그들로 인해서 부유하게 되시는 것은 아니다. 인간이 자신의 보물을 귀하게 여기듯이 하나님께서 이스라엘 백성들을 가치 있고 존귀하게 여기기를 기뻐하셨다는 것이다. 그들은 **그분의 눈에 보배롭고 존귀했다**(사 43:4). 여호와께서 그들을 **기뻐하셨고**(신 7:7) 보물이 자물쇠 아래 보관되어 있는 것과 같이 그들을 자신의 특별한 돌보심과 보호 아래 두셨다. 하나님께서 세상의 다른 백성들은 이스라엘 백성들과 비교했을 때 쓰레기와 잡동사니로 보셨다. 하나님께서는 이스라엘 백성들에게 자신의 계시를 주심으로 법도를 세우시고 영원한 생명에 대한 약속을 하셨으며, 그들에게 성령을 부어주심으로 다른 모든 민족들과 구분하셨고 그들을 존귀하게 하셨다. 모든 성도들은 이러한 영광을 가졌으며 그들은 하나님의 **백성들이다**(딛 2:14). 그분께서 **자신의 보배로** 만드신 그분의 것인 것이다. **둘째로,** 그분에게, 그분의 영예와 사역에 헌신된 백성들(6절), 즉 **제사장 나라, 거룩한 나라로서** 소유하셨다. 다른 백성들과 비교하면 모든 이스라엘 백성들은 하나님에 대한 제사장들이었

다. 그러므로 그들은 그분을 가까이 했고(시 148:14), 그분의 직접적인 사역에 쓰임을 받았고, 그분과 그렇게나 친밀한 교제를 나누었다. 이스라엘 백성들이 처음으로 자유로운 백성이 되었을 때, 그들은 제사장들로서 그들의 하나님 여호와께 희생제를 드렸을 것이다. 그들은 하나님의 직접적인 통치 아래 있었고, 그들에게 주어진 율법의 의도는 그들을 다른 민족으로부터 구별하는 것이었고 하나님을 위한 거룩한 민족으로 삼으신 것이다. 그러므로 그리스도를 통해서 모든 믿는 자들은 우리 하나님에게 왕들이요 제사장들이 되는 것이다(계 1:6). 택하신 족속이요 왕 같은 제사장들이요(벧전 2:9).

Ⅲ. 이스라엘은 이 대헌장을 받아들였고 그 조건들에 동의했다.

1. 모세는 충실하게 하나님의 메시지를 이스라엘 백성들에게 전달했다(7절): 그 모든 말씀을 그들 앞에 진술하니. 모세는 이스라엘 백성들에게 하나님께서 자신에게 주신 것을 설명했을 뿐만 아니라, 그들이 이러한 말씀으로 되어 있는 약속들을 받아들일 것인지 그렇지 않을 것인지 선택하도록 했다. 모세가 그들 앞에 이러한 선택을 두었다고 하는 것은 그들의 양심에 그 선택을 맡겼다고 하는 것을 의미한다.

2. 이스라엘 백성들은 제안된 언약을 순순히 받아들였다. 그들은 스스로 하나님의 말씀에 순종해야만 하고, 그분에 대한 제사장 나라가 된 것을 커다란 은혜로 받아들여야만 하는 것이다. 그들은 모두 한 사람과 같이 대답했다: 백성이 일제히 응답하여 이르되(8절): 여호와께서 명령하신 대로 우리가 다 행하리이다. 따라서 이스라엘 백성들은 여호와를 그들의 하나님으로 받아들이고 자신들은 그분의 백성이 되는 것으로 그 선택을 결정했다. 오! 그들 속에 그러한 마음이 있었던 것은 놀라운 일이 아닌가!

3. 중재자로서 모세는 백성들의 말을 하나님께 전해 드렸다(8절). 마찬가지로 우리와 하나님 사이의 중보자이신 그리스도께서는 선지자로서 하나님의 교훈과 약속 등등 그분의 뜻을 우리들에게 나타내신다. 또한 제사장으로서 기도와 찬양뿐만 아니라 우리 안에 계시는 그분 자신의 영의 역사인 헌신된 마음과 경건한 결심 등 우리들의 영적인 희생 제물들을 하나님께 올려 드리신다. 그러므로 그리스도께서는 자신의 손을 우리들에게 얹으신 복된 중보자이신 것이다.

9 여호와께서 모세에게 이르시되 내가 빽빽한 구름 가운데서 네게 임함은 내가 너와

말하는 것을 백성들이 듣게 하며 또한 너를 영영히 믿게 하려 함이니라 모세가 백
성의 말을 여호와께 아뢰었으므로 10여호와께서 모세에게 이르시되 너는 백성에게
로 가서 오늘과 내일 그들을 성결하게 하며 그들에게 옷을 빨게 하고 11준비하게 하
여 셋째 날을 기다리게 하라 이는 셋째 날에 나 여호와가 온 백성의 목전에서 시내
산에 강림할 것임이니 12너는 백성을 위하여 주위에 경계를 정하고 이르기를 너희
는 삼가 산에 오르거나 그 경계를 침범하지 말지니 산을 침범하는 자는 반드시 죽
임을 당할 것이라 13그런 자에게는 손을 대지 말고 돌로 쳐죽이거나 화살로 쏘아 죽
여야 하리니 짐승이나 사람을 막론하고 살아남지 못하리라 하고 나팔을 길게 불거
든 산 앞에 이를 것이니라 하라 14모세가 산에서 내려와 백성에게 이르러 백성을 성
결하게 하니 그들이 자기 옷을 빨더라 15모세가 백성에게 이르되 준비하여 셋째 날
을 기다리고 여인을 가까이 하지 말라 하니라

이 본문에는 다음과 같은 내용들이 있다.

I. 하나님께서는 빽빽한 구름 가운데 눈에 보이는 모습으로 나타날 자신의 영광에 대해서 모세에게 알려 주신다(9절). 하나님께서는 자신이 캄캄한 데 계시겠다고 하셨으며(대하 6:1), 흑암을 자신의 숨는 곳으로 삼으시고 시내 산에 그 장막을 놓으셨을 때 자신의 보좌를 두르게 하시며(시 18:11), 보름달 위에 구름을 펴신다(욥 26:9)고 말씀하신다. 이 빽빽한 구름은 비밀스러운 일에 대해서 호기심 어린 질문들을 금하는 것이며, 계시된 것에 대한 두려운 경배를 명령하는 것을 의미한다. 하나님께서는 온 백성의 목전에서 시내 산에 강림할 것이다(11절). 비록 백성들은 어떠한 외관상의 모습을 보지는 못할지라도 하나님께서 진실로 그들 가운데에 계시다고 하는 것을 확신할 정도로는 보았음에 틀림없다. 그리고 시내 산 꼭대기는 매우 높아서 이스라엘 진영뿐만 아니라 주변의 나라들에서조차도 그 위에 나타나는 영광의 기이한 모습을 분별할 수 있었을 것이라고 생각된다. 이러한 광경은 그들에게 두려움을 주었을 것이다. 그것은 또한 모세에게 영예를 주시기 위해 특별히 의도되었던 것일 수 있다: 내가 너와 말하는 것을 백성들이 듣게 하며 또한 너를 영영히 믿게 하려 함이니라(9절). 이윽고 그 징조의 응함은 하나님의 영광을 인식할 만한 나타나심에 의해서 처음으로 이루어졌고, 후에는 모세의 사역에 의해서 조용한 가운데 이루어지게 되었다. 이와 동일한 방식으로 성령께서 그리스도 위에 세례를 받으실 때 강림하셨고 그

곳에 있었던 모든 사람들이 하나님께서 그리스도께 말씀하신 것을 들었다(마 3:17). 후에 그러한 눈에 보이는 표적들 없이도 그들은 그리스도를 믿을 수 있었을 것이다. 또한 같은 방법으로 성령께서 사도들 위에 불의 혀가 갈라짐 같이 강림하셨고(행 2:3) 그들은 믿게 되었을 것이다. 백성들이 스스로 기꺼이 하나님의 말씀을 청종할 것을 선포했을 때, 하나님께서는 그들이 자신의 목소리를 듣게 될 것이라고 약속하셨다. 누구든지 그분의 뜻을 행하기로 결심하게 되면 그분의 뜻을 알게 될 것이기 때문이다(요 7:17).

Ⅱ. 하나님께서는 이틀 간의 준비기간을 주시면서 모세에게 이 장엄한 신현을 위해 준비하도록 명하신다.

1. 모세는 욥과 같이 백성들을 성결하게 해야만 한다(10절). 욥은 잔치가 끝나면 자녀들을 데려다가 성결하게 했다(욥 1:5). 모세는 백성들에게 하나님께서 행하실 일이 무엇인지를 알려줌으로써 그들의 기대감을 불러일으켜야만 했고 그들이 해야만 하는 것을 지시해줌으로써 그들이 준비하는 것을 도와주어야만 했다. "그들을 성결하게 하라!" 즉, "그들을 일상의 일에서 불러내어 경건한 훈련, 묵상, 그리고 기도를 하도록 하라! 그러면 그들은 경외감과 헌신으로 하나님의 입에서 나오는 율법을 받을 것이다. 그들로 준비하게 하라!"(11절). 우리가 엄위한 규례 가운데 하나님을 섬기려고 할 때 우리 자신을 성결하게 하고 미리 준비해야만 한다. 산만한 생각들은 정리되어야만 하고, 순수하지 못한 감정들을 내려놓아야만 하며, 소란한 열정들을 가라앉혀야만 한다. 지금 이 시간 일상의 세속적인 일들에 대한 모든 염려들을 버리고 한 쪽으로 놓아 두어야만 한다. 그러면 우리의 마음은 하나님에게 나아가게 될 것이다. 두 가지 일들이 그들의 준비에 대한 특별한 예로서 지시되었다.

(1) 모든 죄악된 오염으로부터 스스로를 깨끗하게 하는 표시로서, 그리고 이로 말미암아 하나님께 거룩하게 될 수 있는 표시로서 백성들은 자신들의 옷을 빨아야만 했다(10절). 백성들은 그렇게 했다(14절). 하나님께서는 우리들의 옷에 대해서 말씀하시는 것이 아니다. 백성들이 자신들의 옷을 빠는 동안 하나님께서는 그들에게 그들이 애굽에서 지었던, 그리고 구속된 이후에 지었던 죄들을 회개함으로써 자신들의 영혼을 씻도록 하게 하시려는 것이었을 것이다. 우리는 지체가 높은 사람을 기다릴 때 깨끗한 옷을 입게 된다. 마찬가지로 우리가 위대하신 하나님을 알현할 때 마음을 청결하게 할 것이 요구된다. 하나님

께서는 사람들이 우리의 옷을 보는 것과 같이 우리의 마음을 보신다. 이 깨끗한 마음은 우리의 열납되는 예배를 위해서 정말로 필요한 것이다. 시 26:6, 사 1:16-18, 그리고 히 10:22를 보라.

(2) 이 때에 백성들은 자신들이 경건한 훈련에 전적으로 헌신하는 표시로서 이 3일 동안 합법적으로 주어진 쾌락으로부터 스스로를 삼가야만 했고 자신들의 아내를 가까이 해서는 안 되었다(15절). 고전 7:5를 보라.

2. 모세는 산 주위에 경계를 정해야만 했다(12-13절). 모세는 아마도 산 주위에 선을 긋거나 도랑을 팠을 것이다. (1) 이것은 하나님을 경배하는 모든 사람들의 마음을 사로잡아야만 하는 겸비하고 두려운 경외를 나타내는 것이었다. 우리는 위대하신 창조주 앞에 하나의 비천한 피조물들이며, 거룩하시고 의로우신 재판관 앞에 무가치한 죄인들일 뿐이다. 그러므로 우리들이 경건한 두려움과 부끄러움을 가지는 것은 당연한 것이다(히 12:28; 시 2:11). (2) 율법 시대에 경배자들이 지켜야만 했던 떨어져 있는 거리를 통해서 우리는 우리가 복음 아래 더 가치 있는 특권을 가지고 있다는 것을 보아야만 한다: 우리가 예수의 피를 힘입어 성소에 들어갈 담력을 얻었나니(히 10:19).

3. 모세는 백성들에게 주어지는 말씀에 주의를 기울이도록 명령해야만 했다(13절): "나팔을 길게 불거든 백성들이 산발치에 이르도록 해서 하나님의 발 앞에 앉도록 하라." 이러한 지시는 신 33:3에 설명되어 있다. 이렇게 큰 무리가 함께 부름 받은 적도, 이 곳에 나타나는 것처럼 그 큰 무리가 한 번에 말씀을 들은 적도 결코 없었다. 어떠한 사람의 목소리도 그렇게나 많은 사람들에게 들릴 수는 없었을 것이나 하나님의 목소리는 그렇게 할 수 있었다.

16셋째 날 아침에 우레와 번개와 빽빽한 구름이 산 위에 있고 나팔 소리가 매우 크
게 들리니 진중에 있는 모든 백성이 다 떨더라 17모세가 하나님을 맞으려고 백성을
거느리고 진에서 나오매 그들이 산 기슭에 서 있는데 18시내 산에 연기가 자욱하니
여호와께서 불 가운데서 거기 강림하심이라 그 연기가 옹기 가마 연기 같이 떠오
르고 온 산이 크게 진동하며 19나팔 소리가 점점 커질 때에 모세가 말한즉 하나님이
음성으로 대답하시더라 20여호와께서 시내 산 곧 그 산 꼭대기에 강림하시고 모세
를 그리로 부르시니 모세가 올라가매 21여호와께서 모세에게 이르시되 내려가서 백
성을 경고하라 백성이 밀고 들어와 나 여호와에게로 와서 보려고 하다가 많이 죽

을까 하노라 [22]또 여호와에게 가까이 하는 제사장들에게 그 몸을 성결히 하게 하라
나 여호와가 그들을 칠까 하노라 [23]모세가 여호와께 아뢰되 주께서 우리에게 명령
하여 이르시기를 산 주위에 경계를 세워 산을 거룩하게 하라 하셨사온즉 백성이
시내 산에 오르지 못하리이다 [24]여호와께서 그에게 이르시되 가라 너는 내려가서
아론과 함께 올라오고 제사장들과 백성에게는 경계를 넘어 나 여호와에게로 올라
오지 못하게 하라 내가 그들을 칠까 하노라 [25]모세가 백성에게 내려가서 그들에게
알리니라

마침내 여호와의 두려운 날이며 심판의 날인 기념할 만한 날이 다가 왔다. 그 날에 이스라엘은 불 가운데에서 그들에게 말씀하시는 여호와 하나님의 목소리를 들었고 생존했다(신 4:33). 여기 광야의 교회에 선포된 이와 같은 설교는 전에도 그 이후에도 없었다.

I. 그 전하는 자가 바로 하나님이셨기 때문이다. 여호와께서 불 가운데서 강림하셨고(18절) 여호와께서 시내 산 곧 그 산 꼭대기에 강림하셨다(20절). 셰키나(shechinah) 즉 하나님의 영광이 모든 백성들이 보는데서 나타나셨다. 여호와께서 바란 산에서 비추시고 일만 성도 가운데에 강림하셨다(신 33:2). 즉, 하나님의 위엄이 항상 그러한 것처럼 그 장엄함을 영화롭게 하며 그 곁에서 돕는 수많은 거룩한 천사들이 나타났던 것이다. 그러므로 율법은 천사가 전하여 주어진 것이라고 전하고 있는 것이다(행 7:53).

II. 강단(오히려 보좌라고 하는 것이 좋음)은, 빽빽한 구름에 둘려 있고(16절) **연기에 둘러싸인**(18절) **심하게 흔들린 시내 산이었다.** 땅은 여호와의 임재로 떨렸고, 산들은 숫양들 같이 뛰놀았던 것이다(시 114:4, 7). 비록 시내 산 자체는 거친 바위산일지라도 이스라엘의 하나님 여호와 앞에서 진동했던 것이다(삿 5:5). 그것은 산들이 주를 보고 흔들렸던 것이며(합 3:10) 어느 것도 영향을 줄 수 없는 완악하여 움직이지 않는 백성들에 대해서 증거가 되었던 것이다.

III. 온 회중은 매우 크게 들리며 점점 커지는(19절) **나팔 소리에 의해서 함께 부름을 받았다**(16절). 이것은 천사의 역사로 이루어졌다. 우리는 천사들에 의해서 울리는 나팔에 대한 기록을 본다(계 8:6). 온 백성들을 두려움에 떨게 한 것은 바로 이 나팔 소리였다. 그들은 자신의 죄를 알고 있었던 자들로서 이 나팔 소리가 그들에게는 전쟁의 경고로 생각되었기 때문이었다.

Ⅳ. 모세는 만남의 장소로 하나님의 소리를 들을 백성들을 데리고 갔다(17절). 애굽의 속박으로부터 백성들을 인도해 냈던 모세는 이제 하나님의 입으로부터 나오는 율법을 받게 하기 위해 백성들을 인도했다. 공중(公衆)은 하나님을 공개적으로 경배하는 것을 장려하는 곳에 스스로를 있게 할 때 모두가 함께 누리는 축복을 받는 것이다. 하나님을 경배하는 무리의 우두머리로서 모세는 전장의 군대의 대장으로서의 모세와 마찬가지로 위대하였다.

Ⅴ. 일은 우레와 번개로 시작되었다(16절). 이것은 백성들에게 두려움을 가져다 주었고 그들의 주의를 집중시키기 위한 것이었다. 그들이 잠을 잤는가? 우레는 그들을 깨웠을 것이다. 그들이 또 다른 길을 바라보고 있었는가? 번개는 그들로 하여금 백성들의 얼굴을 그들에게 말씀하시고 계신 하나님께 돌리도록 했을 것이다. 우레와 번개는 자연적인 요인이다. 그러나 성경은 특이한 방법으로 우리들이 그 우레와 번개 속에 내재한 하나님의 권능과 그분의 두려움을 인식하도록 해준다. 우레는 하나님의 목소리이며, 번개는 하나님의 불이다. 이들은 보고 듣는 감각의 주의를 매우 적절하게 끌어낸다. 우리는 그러한 감각들에 의해서 우리들의 정보들 중에 매우 많은 부분을 얻게 되는 것이다.

Ⅵ. 모세는 온 회중을 잠잠히 있도록 하며 질서를 지키도록 하라고 명을 받은 하나님의 사자이다. 모세가 말한즉(19절). 어떤 사람들은 모세가 내가 심히 두렵고 떨린다(히 12:21)라고 말한 것이 바로 이 때라고 생각한다. 그러나 하나님께서는 모세를 산꼭대기로 부르시어(20절) 그에게 자신의 특별한 은혜를 부어주셔서 그의 두려움을 편안하게 해주셨다. 이를 통해서 하나님께서는 모세의 믿음과 용기를 시험하셨다. 모세가 산꼭대기를 향해 얼마 올라가지도 못해 그는, 백성들이 보려고 뚫고 들어오지 못하게 하기 위해 다시 내려갔다(21절). 각각 자신들의 가족을 위해서 예식을 집전했던 지파들의 우두머리들이었던 제사장들과 지도자들이 다른 때에는 여호와께 가까이 오도록 부름을 받았지만, 지금은 거리를 유지해야만 하고 스스로 심히 조심하며 행동해야만 했다. 모세는 백성들이 이미 어떠한 범함을 하지 못하도록 유의사항을 받았기 때문에 그들에게 또 다른 명령들이 주어질 필요가 없을 것이라고 아뢰었다(23절). 그러나 그들의 제멋대로의 성향과 주제넘음을 아시며 그들 중의 몇몇이 이미 마음에 품고 있는 생각을 아시는 하나님께서는 다음과 같은 명령을 가지고 급히 내려가게 하셨다. 즉, 하나님께서 영예롭게 하시기를 기뻐하신 자들인 모세와 아론

외에 제사장들과 백성들 중 그 어느 누구도 여호와께로 올라가기 위해서 설정된 선을 범해서는 안 된다는 것이었다.

1. 하나님께서 백성들에게 금하신 것은 보기 위해서 뚫고 올라가는 행동이었다. 백성들이 알 수 있도록 경고의 말씀이 충분히 주어졌다. 그들은 자신들의 헛된 호기심을 만족시켜서는 안 되었다. 그들은 보이는 대로 볼 수는 있었지만 유심히 살펴보아서는 안 되었다. 아마도 백성들 중에 어떤 자들은 어떤 외형상의 모습을 보고 하나님의 형상을 만드는 방법을 알기 원했을 것이다. 하나님께서는 이것을 방지하시기 위한 것이었다. 그들이 아무 형상도 보지 못했어야 했기 때문이다(신 4:15). 하나님의 일들은 하나님께서 우리들이 알도록 하신 것 이상으로 우리가 알려고 욕심을 내서는 안 된다. 그분께서는 우리들에게 유익이 될 만큼만 우리들이 알도록 허락하신다. 금지된 지식을 알려고 하는 욕망은 우리들의 첫 조상의 파멸을 낳았다. 기록된 것 이상으로 지혜자가 되려고 하는 사람들, 그리고 백성들이 보지 못한 것들을 범하려고 하는 자들은 그들이 보기 위해서 경계를 넘지 못하도록 하라 라고 하는 훈계를 들을 필요가 있다.

2. 어떠한 벌칙을 전제로 금지되었는가? 여호와가 그들을 쳐서 그들 중에 많은 자들이 멸망하지 않도록(22-24절). 적용. (1) 하나님의 법의 모든 제한들과 경고들은 우리들의 유익을 위해서 의도된 것이다. 그렇지 않으면 우리들의 어리석음으로 우리들 자신에게 닥칠 위험에 빠질 수밖에 없는 그러한 위험으로부터 우리를 지키시기 위한 것이다. (2) 우리가 하나님께서 우리에게 정하신 경계를 부수고 그분께서 우리들에게 허락하시지 않은 곳을 범하는 것은 우리들에게 위험한 것이다. 벧세메스 사람들과 웃사는 자신들의 주제넘음으로 혹독한 대가를 치렀다. 그리고 우리가 하나님께 가까이 가도록 부름을 받을 때조차도, 우리는 그분께서는 하늘에 계시고, 우리는 땅에 있음을 기억해야만 한다. 그러므로 우리들이 경외감과 거룩한 두려움으로 행하는 것은 마땅한 것이다.

제 20 장

개요

우리는 본 장에서 하나님이 주신 율법의 장엄한 공포(公布)를 위해 준비된 모든 것을 볼 수 있다. I. 구약에서 주목해 보아야 하는 다른 본문만큼 주목할 만한 것으로 시내 산 위에서 하나님께서 친히 이스라엘 백성들에게 말씀하셨던 십계명(1-17절). II. 그로 인해서 백성들이 받았던 감명(18-21절). III. 하나님 예배에 관련된 것으로 모세에 의해서 백성들에게 전달되어야 할 하나님께서 개인적으로 모세에게 주셨던 몇 가지 특별한 지침들(22절 이하) 등이 기술되어 있다.

1하나님이 이 모든 말씀으로 말씀하여 이르시되 2나는 너를 애굽 땅, 종 되었던 집
에서 인도하여 낸 네 하나님 여호와니라 3너는 나 외에는 다른 신들을 네게 두지 말
라 4너를 위하여 새긴 우상을 만들지 말고 또 위로 하늘에 있는 것이나 아래로 땅에
있는 것이나 땅 아래 물 속에 있는 것의 어떤 형상도 만들지 말며 5그것들에게 절하
지 말며 그것들을 섬기지 말라 나 네 하나님 여호와는 질투하는 하나님인즉 나를
미워하는 자의 죄를 갚되 아버지로부터 아들에게로 삼사 대까지 이르게 하거니와 6
나를 사랑하고 내 계명을 지키는 자에게는 천 대까지 은혜를 베푸느니라 7너는 네
하나님 여호와의 이름을 망령되게 부르지 말라 여호와는 그의 이름을 망령되게 부
르는 자를 죄 없다 하지 아니하리라 8안식일을 기억하여 거룩하게 지키라 9엿새 동
안은 힘써 네 모든 일을 행할 것이나 10일곱째 날은 네 하나님 여호와의 안식일인즉
너나 네 아들이나 네 딸이나 네 남종이나 네 여종이나 네 가축이나 네 문안에 머무
는 객이라도 아무 일도 하지 말라 11이는 엿새 동안에 나 여호와가 하늘과 땅과 바
다와 그 가운데 모든 것을 만들고 일곱째 날에 쉬었음이라 그러므로 나 여호와가
안식일을 복되게 하여 그 날을 거룩하게 하였느니라

이 본문에는 다음과 같은 내용들이 있다.

I. 율법의 기록자 모세의 서문이 있다. 하나님이 이 모든 말씀으로 말씀하여 이

르시되(1절). 십계명의 율법은 1. 하나님께서 만드신 법이다. 그 계명들은 하늘과 땅의 무한하게 영원한 위엄이 결합되어 있다. 왕들의 왕의 말씀이 있는 곳에 진정한 권능이 있다. 2. 십계명은 하나님 자신이 말씀하신 법이다. 하나님께서는 사람의 자녀들에게 말씀하시는 많은 방법을 가지고 계신다(욥 33:14). 그분의 영으로, 의식으로, 섭리로, 목소리로 한 번 말씀하시고 다시 말씀하신다. 이 모든 방법에 우리는 주의 깊게 유의해야만 한다. 그러나 하나님께서는 그 어느 때도, 그 어느 경우도 십계명을 말씀하시는 것과 같이 말씀하신 적이 결코 없다. 그러므로 우리는 더욱더 신실한 주의를 기울여 들어야만 하는 것이다. 백성들은 귀로 들을 수 있었을 뿐만 아니라(하나님께서는 하늘로부터 나는 소리로 구세주를 인정하셨음 [마 3:17]) 두렵기까지 한 장관을 보면서 들었다. 이것은 하나님께서 이전에 인간에게 주신 법이었다(그 법은 인간의 마음에 본성적으로 기록되었음). 그러나 죄가 그 기록을 지워버렸기 때문에 이렇게 그 법에 대한 지식을 생생히 살아나게 할 필요가 있었다.

Ⅱ. 율법을 만드신 분의 서문이 있다. 나는 네 하나님 여호와니라(2절).

1. 이 구문에는 하나님께서 이 율법을 시행하시는 자신의 권위를 개괄적으로 주장하신다: "나는 너희에게 아래에 나오는 모든 것을 명령하는 여호와이다."

2. 하나님께서는 자신을 십계명의 첫 네 가지 계명에 있는 종교적인 경배의 유일한 대상이 됨을 주장하신다. 그 첫 네 계명들은, 쉽게 끊어지지 않을 것이라고 생각할 수 있는 세 가지 끈으로 이 본문에서 순종에 대해서 결합되어 있다. 그 끈이 쉽게 끊어지지 않는 것은 (1) 하나님께서는 스스로 존재하시고, 독립적이시며, 영원하시고, 모든 존재와 권능의 근거가 되시는 여호와이시기 때문이다. 그러므로 하나님께서는 우리들에게 명령하실 수 있는 비교할 수 없는 권리를 가지고 계신 것이다. 존재를 주신 분은 율법을 주실 수 있는 것이다. 따라서 하나님께서는 우리들에게 우리의 순종을 말씀하시며, 그에 대한 상급을 주시며, 우리의 불순종에 대해서 징벌을 하실 수 있는 것이다. (2) 하나님께서 이스라엘 백성들의 하나님이 되셨기 때문이다. 이스라엘 백성들과 언약을 맺으신 하나님이시며, 이스라엘 백성들 자신들의 동의에 의해서 그들의 하나님이 되신 분이시다. 만약에 이스라엘 백성들이 그분의 계명들을 지키지 않는다면 누가 지키겠는가? 하나님께서는 약속으로 이스라엘 백성들에게 해주실 의무를

담당하셨다. 그러므로 하나님께서는 교훈을 통해서 마땅히 이스라엘 백성들에게 자신의 의무를 담당시키실 수 있는 것이다. 비록 이제는 특권의 언약이 더 이상 특권이 아닐지라도 다른 측면이 있다. 세례를 받는 모든 사람들은 하나님과 그들의 하나님으로서 맺어지는 관계가 되기 때문에 그들이 그분에게 복종하지 않는다면 그들은 불의한 것이고, 신실하지 못한 것이고, 전혀 감사할 줄 모르는 자들이 되는 것이다. (3) 하나님께서는 **이스라엘 백성들을 애굽 땅으로부터 인도해 내셨기 때문이다**. 그러므로 그들은 감사함으로 그분에게 복종하지 않을 수 없는 것이다. 하나님께서는 이스라엘 백성들을 가혹한 노예상태에서 영광스러운 자유로 인도하심으로 그들에게 엄청난 은혜를 베풀어주셨기 때문이다. 이스라엘 백성들은 자신들 스스로가 그들의 구원을 위해서 하나님께서 행하신 위대한 사역들에 대한 증인들이었다. 그러므로 그들은 그 증언의 모든 경우들이 그들의 의무감을 높여주고 있다고 하는 것을 보지 않을 수 없었던 것이다. 이제 그들은 그들의 구원의 복된 열매들을 누리고 있었으며 가나안에 곧 정착하게 됨에 대한 기대감을 가지고 있었다. 이스라엘 백성들은 자신들을 위해서 그렇게나 많은 일들을 행하신 그분을 위해서, 너무나 많아서 행할 수 없다고 하는 그 어떠한 일들을 생각할 수 있었겠는가? 한편 하나님께서는 그들을 구속하심으로 그들을 다스릴 더 큰 권한을 얻으신 것이다. 이스라엘 백성들은 자신들을 자유하게 하신 빚을 지고 있는 분에게 그들의 섬김의 빚을 지고 있다. 그 자유를 위해 그들은 값으로 산 바 된 것이다. 따라서 죄의 속박으로부터 우리들을 구원해 주신 그리스도는 우리가 그분에게 드릴 수 있는 가장 좋은 섬김을 받기에 합당하신 것이다(눅 1:74-75). 우리의 묶인 결박을 풀어주심으로써 그분께서는 우리가 그분에게 순종하도록 하신다(시 116:16).

Ⅲ. 율법의 내용. 우리는 구절들에서 하나님께 대한 우리들의 의무에 대해서 말하는 십계명 중에 첫 네 계명을 본다(일반적으로 **첫 번째 돌판**이라고 부름). 인간이 사랑할 이웃을 가지기 전에 사랑할 창조주를 가졌기 때문에 이 네 계명이 첫 번째 주어진 것은 당연한 것이다. 정의와 자비는 경건의 원리들로부터 나올 때만이 하나님께서 받으실 만한 행위들이 된다. 자신의 하나님에게 거짓말하는 자가 자신의 형제에게 진실할 것이라는 것은 기대할 수 없는 것이다. 하나님에 대한 우리들의 의무는 한 마디로 그분을 예배하는 것이다. 즉, 그분의 이름에 합당한 영광을, 우리들의 마음의 내적인 예배와, 장엄한 설교와 참

석의 외적인 예배를 통하여 그분에게 돌리는 것이다. 이것은 바로 영원한 복음의 모든 것이며 본질로서 이야기되는 것이다. **하나님을 경배하라**(계 14:7).

1. **첫 번째 계명**은 우리 예배의 대상에 관한 것이다. 여호와 그분만이 우리 예배의 대상이시다(3절): **너는 나 외에는 다른 신들을 네게 두지 말라.** 애굽인들과 다른 이웃 민족들은 그들 자신의 상상력으로 만든 것들과 이방의 신들, 그리고 새로운 신들 등 수많은 신들을 가지고 있었다. 범죄하기 쉬우므로 이 계명이 제일 먼저 강조되었다. 여호와께서 이스라엘 백성들의 하나님이 되셨기 때문에 그들은 전적으로 그분께 붙어 있어야만 하며, 그들 자신이 만든 신들이나 이웃으로부터 빌려온 신들에게 붙어 있어서는 안 되는 것이다. 세상에는 다신숭배가 너무나 확산되어 있었기 때문에 이것은 이스라엘 백성들에게 가장 위험한 죄가 되었다. 아직 이러한 다신숭배는 그리스도의 복음에 의해서가 아니고서는 완전히 뿌리뽑힐 수 없었던 것이다. 우리가 이 계명에 대해서 짓게 되는 매우 위험스러운 죄는 하나님께만 드려야 마땅한 영광과 영예를 다른 피조물에게 주는 것이다. 자만심은 자신을 신으로 만들며, 탐욕은 돈을 신으로 만들고, 호색은 배를 신으로 만든다. 무엇이든지 하나님보다 존경을 받거나 사랑을 받는 것, 두려워하거나 섬김을 받는 것, 기뻐하거나 의존하는 것은 (그것이 무엇이든지 간에) 우리가 실제로 신으로 만들고 있는 것이다. 이러한 금지 조항은 우리들이 여호와를 우리의 하나님으로 삼는 모든 율법의 토대가 되는 원리를 포함하고 있는 것이며 다음과 같은 것들을 고백하는 것이다. 즉, 그분께서는 하나님이시며, 그분을 우리들의 하나님으로 받아들이며, 그분을 찬양과 겸비한 경외로 높이며, 우리들의 모든 사랑을 그분께 전적으로 둔다고 고백하는 것이다. **나 외에는** 이라고 하는 마지막 어구에는 다음과 같은 내용들이 암시되어 있는 것이다. (1) 우리는 어떤 다른 신을 가질 수 없으며 그분께서는 그것을 분명히 아실 것이라고 하는 것이다. 그분 외에 그분 앞에 있는 것은 아무것도 없다. 우상 숭배자들은 은밀히 감추어진 것을 과도히 추구한다. 그러나 하나님께서 이것을 드러내시지 않겠는가? (2) 다른 신을 앞에 두는 것은 하나님을 매우 화나게 하는 것이다. 그렇게 하는 것은 그분에게 정면으로 죄를 짓는 것으로 그분께서는 간과하거나 묵인하실 수도 없으며 그러실 수도 없는 것이다. 시 44:20-21을 보라.

2. **두 번째 계명**은 경배에 대한 규례들 혹은 하나님을 경배하는 방법에 관한

것이다. 하나님께서 친히 그 방법들을 지정하시는 것은 당연한 것이다. 다음과 같은 규례들이 있다.

(1) 금지: 우리는 참 하나님을 형상을 가지고서 경배해서는 안 된다(4-5절). [1] 유대인들은 (최소한 포로기 이후에) 자신들이 이 계명에 의해서 형상이나 그림, 무엇이 되었든지 만드는 것이 금지되었다고 생각했다. 그러므로 로마 군인들이 자신들의 깃발에 가지고 있었던 바로 그 형상들은, 특별히 그것들이 거룩한 곳에 세워졌을 때 유대인들에게 가증한 것이라고 불렸다(마 24:15). 하나님의 어떠한 형상(사 40:15, 18에 이름과 같이, 우리가 그분을 누구와 같다 할 수 있겠는가?)을 만들거나, 종교적인 용도로 어떠한 피조물의 형상을 만드는 것은 금지되었음이 분명하다. 하나님의 진리를 거짓 것으로 바꾸었다고 말하고 있다(롬 1:25). 형상(우상)은 거짓 교사이기 때문이다(합 2:18). 하나님께서는 영원하신 영임에도 불구하고, 형상은 우리들에게 하나님께서 육체를 가지고 계시다고 은연중에 심어주기 때문이다. 또한 마치 하나님께서 우리와 같은 인간인 것처럼 우리의 상상 속에서 우리가 하나님의 형상을 만드는 것도 금지되었다. 우리의 종교적인 경배는 상상력의 힘에 의해서가 아니라 믿음의 힘으로 통제받아야만 한다. 이스라엘 백성들은 이교도들이 경배했던 것과 같은 그러한 형상들이나 그림들을 만들어서는 안 되었다. 그들 또한 그 형상과 그림들을 숭배하도록 미혹되지 않게 하기 위해서였다. 죄를 짓지 않으려고 하는 자들은 이러한 우상을 숭배하는 죄로부터 자신을 보호해야만 한다. [2] 이스라엘 백성들은 가끔이라도 그 형상들에 대해서 절을 해서는 안 된다. 즉, 그것들에 대해서 어떠한 경의나 영예를 돌리는 표시를 보여서는 안 된다. 하물며 희생제나 분향함으로 혹은 어떤 다른 종교적인 예배의 행위 등을 통해서 지속적으로 그것들을 섬기는 것은 더더욱 안 되는 것이다. 이스라엘 백성들이 진정한 하나님에게 자신들의 헌신을 드릴 때, 그들은 그들의 헌신에 대한 지침을 얻고 그 헌신을 더욱 극적인 것으로 만들고 돕기 위한 목적으로 그들 앞에 어떤 형상을 놓아서는 안 되는 것이다. 비록 경배가 하나님을 향하도록 되어 있다 할지라도, 그 경배가 어떤 형상을 통해서 하나님에게 갔다면 그분을 기쁘시게 해드리지 못하는 것이다. 이교도들 중에서 가장 훌륭하고 가장 오래된 법의 수여자들도 자신들의 신전 안에 형상을 놓지 못하도록 했다. 이러한 관습은 이교도 군주였던 누마(Numa)에 의해서 로마에서 금지되었으나, 기독교 주교인 교황에 의해서 로

마에서 명령되었다. 이것은 반(反)기독교적인 것이다. 오늘날 로마 교회에서의 형상들의 사용은 이 계명에 명백하게 반대되는 것으로 그것에 대해서 타협하는 것은 불가능한 것이다. 그들이 사람들의 손에 주고 있는 모든 그들의 교리책들과 경건 서적들에서 그들은 이 계명을 첫 계명에 결합시키는 변명을 하면서 빼버린다. 그러므로 그들은 세 번째 계명을 두 번째 계명으로, 네 번째는 세 번째 계명으로 부른다. 단지 열 계명을 만들기 위해서 그들은 열 번째 계명을 둘로 나눈다. 그러므로 그들은 두 가지 커다란 죄악을 저지르고 있는데, 그 죄악에 계속 머물고 있으며, 그들이 그 관습으로부터 개혁하기를 싫어하고 있다. 그 두 가지 죄악은 하나님의 말씀을 뺀 것이고, 그분을 경배하는데 있어서 형상을 더한 것이다.

(2) 이 금지를 강화할 이유들(5-6절).

[1] 하나님을 경배하는 일들에 있을 수 있는 하나님의 질투가 있기 때문이다: "특별히 이러한 형상에 관한 일들에 있어서 나 여호와 네 하나님은 질투하는 하나님인즉." 이것은 하나님께서 자기 자신의 제도들에 대해서 가지시는 관심과 그분께서 우상화와 모든 거짓 경배를 싫어하시는 것, 그리고 그분께서 우상 숭배자들을 기뻐하지 않으시는 것과, 그분에 대한 경배에 있어서 우상화와 같은 것이나 우상화로 이끌리는 모든 것에 대해서 분개하신다는 것을 나타내는 것이다. 질투는 민감하다. 우상 숭배는 성경에 매우 자주 나타나는 영적인 간음이기 때문에, 이것에 대해서 하나님께서 기뻐하시지 않는 것을 질투라고 부르는 것은 마땅한 것이다. 하나님께서 질투하신다고 한다면, 우리는 그분께서 그분의 말씀으로 지정해주신 것과는 다른 방법으로 하나님을 경배하는 것을 두려워해야만 한다.

[2] 우상 숭배자들에 대한 하나님의 징벌이 있기 때문이다. 비록 그들이 하나님을 사랑하는 체한다고 할지라도, 하나님께서는 그들을 자신을 싫어하는 자들로 간주하신다. 하나님께서는 그들의 죄를 벌하실 것이다. 즉, 그분께서는 자신의 율법을 깨뜨린 것으로서 뿐만 아니라 자신의 권위에 맞서며 언약을 범하고, 하나님을 섬기는 모든 종교의 근원을 친 것으로 여겨 매우 엄하게 벌하실 것이다. 하나님께서는 그것으로 인하여 자녀들을 벌하실 것이다. 즉, 이 죄는 성도들이 출교를 당할 죄이고 이혼증서가 그들에게 주어져야 할 죄이기 때문에, 처음에 부모들과 함께 자녀들이 가입되었던 것처럼 자녀들은 부모들과 함

께 언약과 함께 하는 교제로부터 쫓겨날 것이다. 그렇지 않으면 하나님께서는 가족의 완전한 파멸에 이르게 되는 그러한 심판을 내리실 것이다. 만약에 우상 숭배자들이 늙도록 살게 된다면, 그 자녀들이 칼에 쓰러지고 포로로 잡혀가 노예가 되는 것을 보게 됨으로 인하여, 그들의 눈이 괴롭고 마음이 무너지는 아픔을 느끼게 될 것이다. 그 죄악이 가득할 때(부모가 자신들의 죄 가운데 죽고 자녀들은 그 부모들로부터 전해 받은 전통으로 인해서 거짓 예배를 계속해서 드리며 자신들의 삶을 살아간다면) 하나님께서 그 자녀들에게 그들 조상이 지은 우상 숭배의 이야기를 말씀하시면서 자신의 심판을 내리시는 것은 하나님이 불의하신 일을 하시는 것이 아니다. 비록 하나님께서 우상 숭배를 하는 사람들을 오래 참으신다고 할지라도 항상 참으시는 것은 아니다. 길어야 4대 정도 참으시고 벌하기 시작하신다. 자녀들은 부모들에게 매우 귀한 존재들이다. 그러므로 사람들이 우상 숭배에 빠지지 않도록 해야만 하며, 하나님께서 우상 숭배를 얼마나 싫어하시는지 보여주어야만 한다. 부모들이 죽고 없어지면 우상 숭배로 인해서 가족에 오명(汚名)을 남기게 될 뿐만 아니라 그로 인해서 가엾은 자녀들에게 하나님의 심판이 임하게 만드는 것이다.

[3] 하나님의 은혜가 그분의 신실한 경배를 드리는 자들에게 나타날 것이기 때문이다: **나를 사랑하고 내 계명을 지키는 자에게는 천 대까지 은혜를 베푸느니라.** 이것은 두 번째 계명이 비록 문자적으로는 거짓 예배를 금하는 것만을 이야기하는 것 같지만, 그 계명은 그분께서 제정하신 모든 율례로 하나님을 경배하라는 교훈이 포함되어 있는 것이다. 첫 번째 계명이 사랑과 희망 그리고 기쁨과 소망 가운데 드리는 내적인 예배를 요구한다면, 두 번째 계명은 기도와 찬양 그리고 하나님의 말씀에 대한 엄숙한 경청 가운데 드리는 외적인 예배를 요구하고 있는 것이다. **첫째로**, 하나님을 진정으로 사랑하는 자들은 그분의 계명들, 특별히 그분을 경배하는 것에 관련된 계명들을 지키기 위해서 그들의 지속적인 마음과 노력을 기울일 것이다. 하나님을 사랑하고 그 계명들을 지키는 사람들은 그분의 다른 계명들을 지킬 수 있는 은혜를 받을 것이다. 복음적인 예배는 복음적인 순종에 대한 모든 태도들에 좋은 영향을 끼치게 될 것이다. 둘째로, 하나님께서는 그러한 사람들을 위해서 은혜를 보관하고 계신다. 그들이 자비가 필요하지만 어떤 공로를 내세울 수 없을 때조차도 그들은 하나님에게서 자비를 발견하게 될 것이고, 그들의 순종에 대한 자비로운 보호와 그에 대한

보상을 받게 될 것이다. 셋째로, 이 하나님의 자비는 수천 대에까지 이르게 될 것이다. 이것은 그분을 싫어한 자들에게 임하는 진노는 삼사 대에 이르기 때문에 그보다 훨씬 더 긴 시간인 것이다. 은혜의 물줄기는 이제 그 어느 때보다도 온전하게 거침없이 새롭게 흐르고 있는 것이다.

3. **세 번째 계명**은 우리의 경배의 태도에 관한 것이다. 그 경배는 모든 가능한 경외와 진지함으로 이루어져야만 한다(7절). 우리는 이 본문에서 다음과 같은 내용들을 보게 된다.

(1) 엄격한 금지: **너는 네 하나님 여호와의 이름을 망령되게 부르지 말라.** 여호와를 그들의 하나님으로 삼았기 때문에 그들은 그분의 이름을 불렀을 것이라 생각된다(**모든 사람들은 각자가 자신의 신의 이름으로 행하기 때문임**). 이 계명은 여호와의 이름을 헛되이 부르지 말 것이라고 하는 필요한 주의를 주고 있으며 그것은 여전히 필요한 것이다. 우리는 다음과 같은 때에 하나님의 이름을 망령되이 부르게 된다. [1] 하나님의 이름을 부르기에 합당하게 살아가는 것이 아니라 단지 하나님의 이름을 부르기 위한 위선적인 행동으로 그분의 이름을 부르는 것은 하나님의 이름을 망령되이 부르는 것이다. 그리스도의 이름을 부르지만 죄로부터 떠나지 않는 자들은 망령되이 그리스도의 이름을 부르는 것이다. 그 이름은 그들로 하여금 죄에서 떠나도록 하기 때문이다. 하나님과 그리스도의 이름을 망령되이 부르는 자들은 헛되이 경배를 드리는 것이고(마 15:7-9), 그들의 제물도 헛되며(사 1:11, 13), 그들의 경건도 헛된 것이다(약 1:26). [2] 언약을 깨뜨리는 것은 하나님의 이름을 망령되이 부르는 것이다. 만약에 우리가 우리의 마음에 좋은 것을 드리기로 다짐하면서 하나님께 약속하고 주님께 그 서원들을 이행하지 않는다면 우리는 그 이름을 망령되이 부르는 것이다(마 5:33). 이것은 어리석은 것이다. **하나님께서는 우매자를 기뻐하지 않으시며**(전 5:4) **만홀(漫忽)히 여김을 받지 않으신다**(갈 6:7). [3] 성급한 맹세는 하나님의 이름을 망령되이 부르는 것이다. 하나님의 이름을 부를 어떠한 정당한 경우가 아니거나, 그 이름에 대한 마음의 바른 자세가 없이 그저 특별한 목적도 없이 좋은 의도도 없이 부르는 말로서 맹세의 형식으로 하나님의 이름이나 그분의 어떤 특성들을 언급하는 경우에 하나님의 이름을 망령되이 부르는 것이다. [4] 거짓 맹세는 하나님의 이름을 망령되이 부르는 것이다. 어떤 사람들은 이 거짓 맹세가 주로 계명에 쓰여 있는 것이 의미하는 것들이라고 본다. 따라서 이 거

짓 맹세는 고대 사람들에 의해서 설명되었다. 너는 헛 맹세를 하지 말라(마 5:33). 유대인들이 그들의 하나님에게 드리도록 가르쳐진, 종교적으로 해야 할 일들 중의 한 부분은 그분의 이름으로 맹세하는 것이었다(신 10:20). 그러나 만약에 그들이 하나님을 거짓에 대한 증인으로서 부른다면 그분을 영화롭게 하는 것이 아니라 모욕하는 것이었던 것이다. [5] 하나님의 이름에 대한 경외감 없이 경거망동하게 그분의 이름을 사용하는 것은 하나님의 이름을 망령되이 부르는 것이다. 맹세의 형식에 있어서 신성모독적인 것뿐만 아니라 경건의 형식에 있어서 신성모독적인 것도 금지되었다. 이것은 하나님께서 자신을 알리시는 그분의 말씀이나, 그분이 세우신 어떠한 제도들에 있어서 신성모독을 금하신 것과 같은 것이다. 그들이 부적이나 주문에서, 혹은 농담이나 오락을 할 때에 부르는 하나님의 이름은 망령되이 부르게 되는 것이다.

(2) 중한 징벌: **여호와는 그의 이름을 망령되게 부르는 자를 죄 없다 하지 아니하리라.** 범법자들을 벌하는 관리들은 이러한 일에 대해서 자신들이 그러한 중벌을 내리는 것에 관심을 가지지 않을 수 있다. 여호와의 이름을 망령되이 부르는 것은 개인 재산이나 공공의 평화에 즉각적인 피해를 주지 않기 때문이다. 그러나 자신의 명예에 대해서 질투를 발하시기까지 관심을 가지고 계신 하나님께서는 그러한 행위를 묵과하지 않으신다. 아마도 죄인은 자신들이 무죄하며, 하나님의 이름에 아무런 해가 되지 않으며, 하나님께서는 결코 그에게 그 일에 대해서 책임을 묻지 않으실 것이라고 생각할 수도 있다. 이러한 생각을 미연에 방지하기 위해서 경고가 주어졌다. 하나님께서는 그 죄인이 바라는 대로 **그를 죄 없다 하지 아니할 것이다.** 죄를 없다 하지 않을 뿐더러 하나님께서는 자신의 이름을 망령되이 부르는 자들에게 보복하실 것이라고 말씀하신다. 그들은 살아계신 하나님의 손에 떨어지는 것이 얼마나 두려운 일인지를 알게 될 것이다.

4. **네 번째 계명**은 경배의 시간에 관한 것이다. 하나님께서는 날마다 섬김과 높임을 받으셔야만 한다. 그러나 일주일 중에 한 날은 특별히 그분을 섬기며 그분의 사역을 위해서 드려야만 한다. 이 계명에는 다음과 같은 내용들이 있다.

(1) 계명 그 자체(8절): **안식일을 기억하여 거룩하게 지키라. 그리고 그 날에 너는 아무 일도 하지 말라**(10절). 안식일은 이미 이전에 세워졌다. 우리는 태초부

터 일곱 번째 날은 하나님께서 축복하시고 거룩하게 하셨다는 것을 보게 된다(창 2:3). 그러므로 이것은 새로운 법을 제정하는 것이 아니며 이전 법을 갱신하는 것이다. [1] 이스라엘 백성들은 어떤 날을 경건하게 지켜야 하는지에 대해서 듣는다: **엿새 동안 일을 한 다음에 맞이하는 일곱째 날**. 이 날이 태초의 첫 일곱 번째 날로부터 계산된 일곱 번째 날인지 아니면 그들이 애굽에서 나오던 날로부터 일곱 번째 날인지는 분명하지 않다. 한편 정확한 날은 이전에 그들에게 알려졌기 때문에(출 16:23), 이 날로부터 이스라엘 백성들은 일곱째 날을 지켰음에 틀림없다. [2] 안식일을 지키는 방법. **첫째로**, 이스라엘 백성들은 이 날은 안식의 날로서 자신들의 생업에 관련된 어떠한 일도 해서는 안 되었다. **둘째로**, 거룩한 날로서 거룩한 하나님을 높이기 위해 구별해야 하며 거룩한 일들을 하며 보내야만 한다. 하나님께서는 그 날을 복되게 하심으로 거룩하게 하셨다. 이스라엘 백성들은 엄숙하게 그분을 높임으로 그 날을 거룩하게 지켜야만 하며 그 날과 다른 날들 사이에 구별을 두는 것 외에 다른 목적으로 분리해서는 안 되는 것이다. [3] 안식일을 준수해야 하는 사람: **너나 네 아들이나 네 딸 네 남종이나 네 여종이나 네 가축이나 네 문안에 머무는 객**. 아내는 남편과 하나로 여겨졌고 그와 함께 있기 때문에 언급되지 않았다. 남편이 안식일을 거룩하게 하면 아내는 남편과 함께 참여하는 것은 당연한 것이다. 그러나 나머지 다른 가족들은 구체적으로 명시되었다. 자녀들과 종들은 그들의 나이와 능력에 따라 안식일을 지켜야만 했다. 신앙의 다른 경우들과 마찬가지로 각 가정의 가장들은 그들 스스로 여호와를 섬기는 일뿐만 아니라 가족들이 또한 그분을 섬기도록 돌보아야만 했다. 최소한 그들의 무관심으로 인해서 여호와를 섬기지 못하는 일이 있어서는 안 되었다(수 24:15). 개종한 이방인들조차도 이 날과 다른 날들의 차이를 지켜야만 했다. 그 때는 그들에 대한 어떠한 제약들로 보였지만, 그 제약들은 시간이 흐름에 따라 이방인들을 교회로 인도하기 위한 하나님의 은혜의 목적을 이루기 위한 축복으로 드러났다. 이방인들은 안식일의 유익에 참여할 수 있었던 것이다. 사 56:6-7과 비교하라. 비록 우리가 이방인들 중에 거할지라도 우리가 행하는 것, 특별히 우리가 안식일에 행하는 것들을 아시고 계신다. [4] 이 의무에 놓인 특별한 기념: 안식일을 기억하라. 안식일이 이전에 세워졌고 지켜졌다는 것은 잘 알려졌다. 그러나 이스라엘 백성들은 애굽에서의 자신들의 노예생활로 인해서 그 계산법을 잊어버렸거나 그들의 작업 감독들로 인해서 방해를 받았을 것이다. 혹은 신앙에 대한 퇴보와 냉담으로 인해서 이스라엘 백성들은 안식일을 지키지 못했을 것이다. 그러므로 그들에게 안식일을 다시금 생각나게 하는 것은 필요한 일이었다. 방치된 의무들은 우리들이 무시함에도 불구하고 여전히 의무로 남아 있는 것이다. 우리는 안식일을 잊어버리기 쉽고, 안식일을 기억하는 일에 유념해야만 한다는 것을 나타낸다. 이 모든 것은 우리가 안식일을 위해서 해야만 하는 준비를 나타내는 것이라고 생각하는 사람도 있다. 우리는 안식일이 오기 전에 안식일을 생각해야만 한다. 안식일이 되었을 때, 우리는 안식일을 거룩하게 해야 하며 그 의무를 이행해야만 한다.

(2) 이 계명을 주신 이유들. [1] 우리는 엿새 동안에 우리 자신을 위해서 일할 충분한 시간을 가지고 있다. 일곱째 날에는 하나님을 섬기도록 하자. 엿새 동안의 일을 통하여 우리는 피곤에 지치기 때문에 일곱째 날에는 우리 자신들을 위해서 안식을 취하도록 하는 것이 좋을 것이다. [2] 이 날은 하나님의 날이다. 안식일은 여호와에 의해서 세워지고 그분에게 거룩하게 구별된 네 하나님 여호와의 안식일이다. 안식일을 멀리하는 것은 신성모독적인 것이다. 안식일을 거룩하게 하는 것은 의무이다. [3] 안식일은 세상의 창조를 기념하기 위해서 계획되었다. 그러므로 하나님을 섬기기 위해 우리 자신들에게 주어진 약속으로서, 그리고 하늘과 땅을 만드신 그분을 우리들이 더욱 신뢰하도록 하는 격려로서 영광의 창조주 하나님께 안식일을 지켜야 한다. 안식일을 거룩하게 함으로써 유대인들은 그들이 세상을 만드신 하나님을 경배함을 선포했으며, 자신들을 스스로 만든 신들을 섬기는 이방 민족들과 구별했다. [4] 하나님께서는 우리들에게 엿새 동안의 노동 뒤에 안식의 한 예를 주셨다: 하나님께서는 자신의 손으로 행하신 일을 기뻐하시며 스스로 만족하시면서 일곱째 날에 안식하셨다. 그 날에 우리를 가르치시고, 자신 안에 만족을 가지시고, 자신에게 스스로 이루신 일의 영광을 주시기 위해서 안식하셨다(시 92:2). 안식일은 창조의 사역이 마치면서 시작되었다. 마찬가지로 영원한 안식은 하나님의 섭리와 구원을 마치면서 시작될 것이다. 우리는 매주 안식일을 처음 안식일을 기념하면서 또한 영원한 안식을 기대하면서 지키고 있다. 이 둘 모두는 우리가 경배하는 하나님을 닮는 것이다. [5] 하나님께서 친히 그 안식일을 축복하셨고 거룩하게 하셨다. 하나님께서는 자신을 위해서 그 날을 떼어놓으심으로 그 날을 영화롭게 하셨다. 안

식일은 여호와의 거룩이며 영광인 것이다. 하나님께서는 안식일을 축복하셨다. 하나님께서는 이 안식일의 축복을 우리가 그 날을 거룩히 지킴으로 그분에게서 받아 누리도록 격려하신다. 안식일은 여호와께서 만드신 날이다. 안식을 변질시키는 일을 하지 말도록 하자. 하나님께서 그 날을 축복하셨고, 영화롭게 하셨고, 거룩하게 하셨다. 그 날을 남용하지 말며, 불경스럽게 하지 말며, 하나님께서 거룩하게 하시고 구별하신 그 날을 다른 일반적인 날과 같이 여기지 말도록 하자.

12네 부모를 공경하라 그리하면 네 하나님 여호와가 네게 준 땅에서 네 생명이 길리
라 13살인하지 말라 14간음하지 말라 15도둑질하지 말라 16네 이웃에 대하여 거짓 증
거하지 말라 17네 이웃의 집을 탐내지 말라 네 이웃의 아내나 그의 남종이나 그의
여종이나 그의 소나 그의 나귀나 무릇 네 이웃의 소유를 탐내지 말라

우리는 이 본문에서 두 번째 항목의 율법들을 보게 되는데 일반적으로 십계명의 나머지 여섯 계명들로 불리는 율법들이다. 이 율법들은 우리 자신들과 다른 사람들에 대한 우리의 의무를 포함하고 있으며, 네 이웃을 네 몸과 같이 사랑하라고 하신 두 번째 큰 계명에 대한 해석을 담고 있다. 하나님을 향한 신앙은 보편적인 의로움을 이루는 본질적인 하나의 분야가 되는 것처럼, 사람에 대한 의로움은 진정한 신앙을 이루는 본질적인 하나의 분야인 것이다. 거룩함과 정직함은 함께 가야만 한다.

I. 다섯 번째 계명은 우리가 우리들의 가족들에 대해서 이행해야만 하는 의무를 규정하고 있다. 부모에 대한 자녀의 의무들만이 구체적으로 언급되어 있다: 네 부모를 공경하라. 이 계명은 다음과 같은 내용들을 담고 있다.

1. 자신의 부모에게 예의바른 공경을 할 것을 말하고 있다. 이것은 부모에 대한 우리의 모든 행동에 있어서 외관상 표현된 자녀들의 내면적인 존경심을 말하는 것이다. 부모를 경외하고(레 19:3), 공경하였거든(히 12:9). 이러한 태도와 반대가 되는 행위들은 부모를 조롱하고 멸시하는 행위들이다(잠 30:17).

2. 부모의 마땅한 명령들에 순종해야만 한다. 이 마땅한 명령들은 다음과 같은 경우들이라고 상술(詳述)되어 있다(엡 6:1-3). "자녀들아 부모에게 순종하라. 부모가 너를 부르실 때 오라. 부모가 너를 보내시는 곳으로 가라. 부모가

너에게 명하시는 것을 행하라. 부모가 너에게 금하시는 것을 하지 말라. 자녀로서 이러한 것들을 기쁘게 그리고 사랑으로 행하라." 비록 당신이 "우리는 하지 않을 것입니다"라고 말했을지라도, 나중에 뉘우치고 순종해야 하는 것이다(마 21:30).

3. 부모의 꾸중하심과 훈계하심, 그리고 바르게 하심 등에 대해서 복종할 것을 말하고 있다. 좋고 부드러운 말씀들뿐만 아니라 자녀들이 원하는 바대로 해주시지 않는 말씀 등 하나님을 향한 부모의 양심으로부터 나오는 모든 말씀들에 순종할 것을 말하는 것이다.

4. 부모의 충고와 지시하심, 그리고 의견에 귀를 기울여야한다. 이것은 부모의 성품을 무시하지 않고 그분들의 인정 아래 행하는 것을 말하는 것이다.

5. 자신들의 부모님을 안락하게 해드리기 위해서, 그리고 연세가 드신 것을 느끼지 못하시도록 해드리기 위해 모든 면에서 최선을 다하는 것이며, 부모님이 도움을 필요로 하는 경우에 부양해 드리는 것이다. 이러한 것은 우리 주님께서도 이 계명에 대해서 마 15:4-6에서 특별히 언급하신 내용인 것이다. 이 계명에 부가(附加)되어 있는 이러한 일들을 해야 하는 이유는 바로 약속이다: **그리하면 네 하나님 여호와가 네게 준 땅에서 네 생명이 길리라.** 계명들에 대한 서문에서 이스라엘 백성들이 순종해야 하는 이유는 애굽에서 그들을 인도해 내신 사실에 있는 것이라고 언급했다. 반면에 하나님께서 두 번째 항목의 서두인 이곳에서 이스라엘 백성들이 순종해야 할 또 다른 이유로 그들을 가나안으로 인도해 들이심을 말씀하고 계신다. 지금은 비록 그들이 광야에 있을지라도, 그들은 자신들의 생각과 눈은 기름진 땅을 그리며 보고 있어야만 하는 것이다. 이스라엘 백성들은 그 땅에 이르게 되었을 때 자신들의 선한 행위를 유지해야 하고, 그리고 만약에 그들 자신들이 잘 행하지 못한다면, 그 땅에서 자신들의 날들이 줄어들 것이라는 것을 기억해야만 하는 것이다. 특정한 사람들이 죽임을 당하거나 전 민족이 쫓겨남으로써 그들 민족의 날들 모두가 줄어들게 되는 것이다. 그러나 이 본문에서 말하는 그 땅에서의 장수의 축복은 특별히 순종하는 자녀들에게 약속되어 있다. 자신의 부모에 대한 자신의 의무를 이행하는 자들이 바로 그들의 부모가 그들을 위해서 모으고 그들에게 남겨놓는 그 평안함을 받아 누리기에 가장 합당한 것이다. 자신의 부모를 부양하는 자들은 모두의 아버지가 되시는 하나님께서 그들을 도우시는 것을 발견하게 될 것이다. 이 약속

은 엡 6:3에 상술되어 있다: **이로써 네가 잘되고 땅에서 장수하리라.** 하나님을 염두에 두고 하나님의 이 계명과 나머지 계명들을 지키는 자들은 다음과 같은 확신들을 얻게 될 것이다. 그들이 형통할 것이고, 무한하신 지혜가 그들을 위해서 선한 것을 예비한 만큼 오랫동안 이 땅에서 장수하게 될 것이며, 그들이 이 땅에서 부족하게 보이는 듯 여겨지는 것은 하나님께서 그들에게 주실 하늘의 가나안인 영원한 삶에서 충족하게 채워질 것이라는 것이다.

II. 여섯 번째 계명은 우리 자신과 우리 이웃의 생명에 관한 것이다(13절). "살인하지 말라. 너희들은 너희 자신의 몸이나 어떤 다른 사람의 몸의 건강과 안락함, 그리고 생명에 해롭고 상처를 주는 어떠한 일을 부당하게 행해서는 안 된다." 이것은 자연에 대한 율법들 중의 하나로 노아와 그의 아들들에게 주어진 훈계에 의해서 매우 강하게 강화된 것이었다(창 9:5-6). 이 율법은 합법적인 전쟁과 우리 자신을 위한 정당방위에서 죽이는 것을 금하거나 범법자를 법정에서 사형에 처하는 것을 금지하는 것은 아니다. 그러한 경우들은 정당한 생명을 보호하는 경향이 있기 때문이다. 그러나 이 계명은 어떤 사람에 대한 모든 악의와 미움(**그 형제를 미워하는 자마다 살인하는 자이기** 때문이다), 그리고 그로부터 일어나는 모든 개인적인 보복을 금한다. 그리고 갑작스런 도발에 대한 모든 성급한 분노와, 말과 행위로 입히는 상처, 혹은 감정적으로 대항하려는 의도를 가진 모든 행위들을 금한다. 이 계명에 대해서 우리의 구세주께서는 마 5:22에서 상술하신다. 그리고 이 계명은, 가장 좋지 못한 행동인, 이 땅의 무죄하고 훌륭한 사람들의 피를 흘리는 박해를 금한다.

III. 일곱 번째 계명은 우리 자신들과 우리 이웃들의 순결에 관한 것이다. 간음하지 말라(14절). 우리 주께서는 이 계명을 여섯 번째 계명 앞에 두셨다(막 10:19): **간음하지 말라 살인하지 말라**(개역과 다름). 우리들의 순결은 우리들의 생명과 같이 우리들에게 소중한 것이어야 하기 때문이다. 그리고 우리는 우리의 몸을 파괴하는 것만큼 우리의 몸을 망치는 것을 두려워해야만 한다. 이 계명은 부정한 모든 행위들을 금한다. 즉, 영혼을 거슬러 싸우는 모든 육체적인 정욕들, 그리고 그리스도께서 우리들에게 말씀하신 정욕적으로 바라보는 것(마 5:28)으로 인해서 육체적인 정욕들을 품거나 행하는 모든 습관들을 이 계명은 금하고 있는 것이다.

IV. 여덟 번째 계명은 우리 자신과 우리 이웃들의 부와 부동산, 그리고 소유

물들에 관한 것이다. 도둑질하지 말라(15절). 비록 하나님께서 얼마 전에 이스라엘 백성들에게 정당한 보복의 방법으로 애굽인들을 약탈하도록 허용하시고 지시하셨을지라도, 그분께서는 그러한 행위가 하나의 관례가 되어야만 한다거나 이스라엘 백성들 서로 간에 약탈을 자행하는 것을 허용한다고 하는 것을 의도하신 것은 아니었다. 이 계명은 우리들이 죄스러운 남용으로 인해서 우리들이 가지고 있는 것을 허비한다거나, 죄악스럽게 아낌으로써 그 유용성과 유익을 잃어버리는 것을 금한다. 그리고 옛날의 지계석을 옮김으로써 타인의 소유를 약탈하거나 우리 이웃의 권리를 침해하는 것, 그리고 강제적으로나 은밀하게 거래를 속임으로써 타인이나 그 집 혹은 전답으로부터 타인의 물건을 취하는 것을 금한다. 또한 우리들이 빌린 것과 찾은 것을 되돌려주지 않는 것과, 부채와 세 혹은 노동임금을 주지 않는 것 등을 금한다. 그리고 (무엇보다도 가장 나쁜 것으로) 공공 세금이나 종교적인 예전으로 드려진 것을 탈취하는 것을 금하는 것이다.

V. **아홉 번째 계명은 우리 자신과 우리 이웃의 명예에 관한 것이다.** 네 이웃에 대하여 거짓 증거하지 말라(16절). 이 계명은 다음과 같은 것들을 금하는 것이다. 1. 어떤 일에 있어서 거짓으로 말하는 것과 모호하게 말하는 것, 그리고 우리 이웃을 속이기 위해 궁리하거나 계획하는 것을 금한다. 2. 우리 이웃의 평판에 대해서 편견을 가지도록 하기 위해서 부당하게 말하는 것을 금한다. 3. 이웃이 알지 못하는 사항에 대해서 책임을 지게 하는 거짓 증언을 하는 것을 금한다. 이 거짓 증언은 합법적으로 맹세에 의해서 이루어지거나(이것은 제3, 6, 8계명도 범하는 것임), 혹은 합법적인 것 이외에 일반 대화에서, 중상함으로, 험담함으로, 헐뜯음으로, 나쁜 소문을 퍼뜨림으로, 잘못 행해진 것을 악화시킴으로, 있는 그대로의 상태보다 더 악화시킴으로, 그리고 우리 이웃이 잘못되는 것을 토대로 우리의 평판을 올리려는 어떠한 노력을 통해 이루어지는 것이다.

Ⅵ. **열 번째 계명은 근본적인 것을 침해하는 것이다.** 탐내지 말라(17절). 앞의 계명들은 우리 이웃에게 해를 주게 되는 일을 행하려고 하는 모든 욕망을 암시적으로 금지하고 있다. 이 계명은 우리 자신에게 만족감을 줄 만한 것을 소유하려고 하는 모든 과도한 욕망을 금하고 있다. "오! 그러한 사람의 집이 내 것이었으면! 그 사람의 아내가 내 아내였으면! 그 사람의 재산이 내 것이었으면!" 이러한 말은 분명히 우리 자신이 가지고 있는 몫에 대한 불만을 나타내는

말이고, 우리 이웃이 가지고 있는 소유를 시기하는 말인 것이다. 이러한 모든 것들은 이 계명이 원리적으로 금하고 있는 죄목들이다. 하나님의 은혜로 자신의 눈에서 비늘이 떨어져나갔을 때 성 바울은 **탐내지 말라** 라고 하는 계명이 모든 비정상적인 욕구들과 욕망들을 금하고 있다고 하는 것을 인식했다. 그 욕구들과 욕망들은 부패한 본성이 처음 낳은 것이며, 우리 안에 거하는 죄성이 처음으로 일으킨 것이며, 우리가 짓는 모든 죄의 시작이 되는 것들이다. 이것은 이 계명이 바울에게 알려 주지 않았다면 그의 양심에 강한 힘으로 다가왔을 때 그 악을 인식하지 못했을 뻔했던 바울이 말한 바로 그 탐욕인 것이다(롬 7:7). 하나님께서는 이 율법의 거울에 비친 우리의 얼굴을 보도록 하며, 그 율법의 통제 아래 우리의 마음을 두도록 하신다.

[18]뭇 백성이 우레와 번개와 나팔 소리와 산의 연기를 본지라 그들이 볼 때에 떨며
멀리 서서 [19]모세에게 이르되 당신이 우리에게 말씀하소서 우리가 들으리이다 하나
님이 우리에게 말씀하시지 말게 하소서 우리가 죽을까 하나이다 [20]모세가 백성에게
이르되 두려워하지 말라 하나님이 임하심은 너희를 시험하고 너희로 경외하여 범
죄하지 않게 하려 하심이니라 [21]백성은 멀리 서 있고 모세는 하나님이 계신 흑암으
로 가까이 가니라

I. 엄청난 공포와 두려움 가운데 주어진 율법. 그렇게 두렵기까지 한 엄청난 장관(壯觀) 가운데서는 어느 것도 전해질 수 없었다. 틀림없이 보통 때보다 훨씬 크고 밝은 천둥과 번개로 인해서 모든 말씀은 강조되고, 모든 문장은 끊어서 전달되었을 것이다. 그러면 왜 율법은 이 모든 엄청난 의식과 더불어 이렇게 두려운 방법 속에서 주어진 것일까?

1. 그것은 하나님의 영광스러운 위엄을 (단번에) 감각적으로 발견하게 하시기 위해 계획된 것이었다. 하나님의 영광스러운 위엄에 대한 우리의 믿음을 도와주기 위해서였다. 여호와의 두려움을 알게 되면 우리는 그분을 경외함 속에서 살아가도록 설득될 수 있는 것이다.

2. 그것은 총체적인 심판의 공포에 대한 한 예였다. 이 심판에서 죄인들은 이 율법을 깨뜨린 것에 대한 책임을 지기 위해서 불려갈 것이다. 그 때 천사장의 나팔은 심판주가 오심을 알려 주기 위해서 경고할 것이고, 그 앞에는 삼키는

불이 있을 것이다.

3. 그것은 율법이 양심에 가져다 주는 양심의 가책들을 나타내는 표시였다. 이러한 양심의 가책들은 영혼으로 하여금 복음의 안위를 기대하도록 해주는 것이다. 따라서 모세에 의해서 그렇게 놀랍고 두려운 방법으로 주어진 율법이기 때문에 겸비한 자들은 예수 그리스도로 말미암아 온 은혜와 진리를 더욱더 환영하고 고대할 것이다. 사도는 그 율법 시대의 두려움의 예를 주로 신약 시대의 빛과 자유, 그리고 기쁨 가운데서 기독교인들로서 우리가 가지는 특권들을 드러나게 해주는 배경으로 묘사한다(히 12:18 이하).

Ⅱ. 이 광경이 당시에 백성들에게 주었던 인상. 이 광경이 그들에게 아무런 영향을 끼치지 않았다면, 정말로 그들은 매우 무딘 마음을 가진 자들이었음에 틀림없다.

1. 그들이 볼 때에 떨며 멀리 서서(18절). 하나님께서 말씀하시기 전에 그들은 앞을 다투어 밀고 들어가고 있었다(출 19:21). 그러나 이제 그들은 자신들의 주제넘음을 완전히 치료받고 일정한 거리를 유지하도록 지시를 받게 된 것이다.

2. 그 소리를 듣는 자들은 더 말씀하지 아니하시기를 구하였고(히 12:19), 하나님께서 그들에게 모세를 동해서 말씀하시기를 구했다(19절). 이제 이스라엘 백성들은 모세의 중재를 삼삼히 받아들여야만 했다. 그들은 모세를 그들과 하나님 사이를 중재하기에 꼭 맞는 사람으로 인정하면서 하나님의 사자로서 모세의 말을 들을 것을 약속한다. 또한 이 본문에서 이스라엘 백성들은 우리들에게 무한하신 지혜자가 우리와 같은 사람들을 통해서 우리들에게 말씀하시는 그러한 방법을 받아들일 것을 가르쳐 주고 있다. 그 사람들의 두려움은 우리를 두렵게 하지 않을 것이고 그들의 손은 우리에게 무겁지 않을 것이다. 하나님께서는 단 한 번 사람들의 자녀들에게 직접적으로 말씀하시는 방법을 시도하셨다. 그러나 그것은 사람들이 견딜 수 없는 것으로 드러났다. 그 방법은 이스라엘 백성들을 하나님께로 나아가도록 하는 것이 아니라 그분으로부터 떨어져 나가도록 했다. 비록 그 광경이 그들을 두렵게 했을지라도, 결국 후에 보듯이 그것은 그들로 하여금 우상 숭배를 금하도록 하지는 못했다. 이 일이 있은 뒤에 곧바로 그들은 금송아지를 섬겼기 때문이다. 그러므로 성경과 사역에 의해서 우리들에게 주어지는 지침들에 만족하며 쉼을 얻도록 하자. 만약에 우리가 그 지침

들을 믿지 못한다면, 아무리 하나님께서 시내 산에서 하셨던 것처럼 천둥과 번개 속에서 우리들에게 말씀하신다 하더라도 우리는 믿지 못할 것이다. 본문에서 그 일은 분명히 그렇다는 것을 보여준다.

Ⅲ. 모세가 하나님께서 두려움 가운데서 계획하시는 바를 설명해줌으로써 이스라엘 백성들에게 주었던 격려(20절). 두려워하지 말라. 즉, "천둥과 번개는 너희들을 소멸하기 위해 계획된 것이 아니라는 것을 생각하라." 백성들은 천둥과 번개로 인해서 죽게 될 것을 두려워했던 것이다(19절. 우리가 죽을까 하나이다). 천둥과 번개는 애굽에 내린 재앙들 중의 하나였다. 그러나 모세는 천둥과 번개가 애굽인들에게 보내졌던 것과 동일한 일을 이스라엘 백성들에게 행하기 위해 보내진 것이라고 생각하지 않도록 했던 것이다. 결코 그런 멸망의 목적이 아니었던 것이다.

1. 천둥과 번개는 이스라엘 백성들에게 중재자가 없이 어떻게 그들이 하나님과 직접적으로 관계하려고 했는지를 보여주려는 것이었다. 그러므로 하나님께서 그 백성들을 위해서 모세를 그러한 중재자로서의 직책에 얼마나 훌륭하게 잘 선택하신 것인가를 확신시켜 주기 위한 것이었다. 아담이 에덴 동산에서 하나님의 음성을 들었을 때 달아난 이래로 죄를 지은 사람은 직접적으로 하나님에게 말씀을 드리거나 하나님으로부터 들을 수가 없었던 것이다.

2. 천둥과 번개는 이스라엘 백성들에게 그들의 의무를 지키도록 하며 하나님을 대항해서 죄를 짓지 못하게 하기 위함이었다. 모세는 두려워하지 말라 라고 말하면서 백성들을 격려한다. 그러면서 모세는 백성들에게, 하나님께서 백성들에게 너희를 시험하고 너희로 경외하게 하기 위하여 라고 말씀하셨다고 말한다. 우리는 놀라운 일로 두려워해서는 안 된다. 그 놀라운 일들은 일시적으로 일어나는 고통을 동반한 것이며, 우리를 두려움에 떨게 만드는 것이며, 속박을 낳는 것이고, 우리를 사탄에게 넘겨주는 것이며, 하나님으로부터 우리를 멀어지게 하는 것들이다. 그러나 우리는 항상 우리 마음에 하나님의 위엄에 대한 경외감을 가져야만 하며, 그분께서 싫어하시는 것을 두려워해야만 하고, 우리를 주관하시는 그분의 전능한 권위에 대해서 순종해야만 한다. 이러한 두려움은 우리로 하여금 우리의 의무를 속히 이행하도록 할 것이고, 우리의 행함에 있어서 우리를 신중하게 만들어줄 것이다. 그러므로 떨며 범죄하지 말지어다(시 4:4).

Ⅳ. 모세의 중재로 인한 이스라엘 백성들과 하나님의 교제의 진행(21절). 백성들이 죄의식과 하나님의 진노에 대한 두려움으로 멀리 떨어져 있는 동안 모세는 흑암으로 가까이 갔다. 문자적으로 보면, 모세를 가까이 다가오도록 하셨다. 만약에 하나님께서 모세를 부르지 않으시고 그를 격려하지 않으셨다면, 모세 자신은 감히 그 흑암 속으로 들어가는 모험을 할 수 없었을 것이다. 몇몇 랍비들이 생각하듯이, 하나님께서는 모세의 손을 붙잡고 인도할 천사를 보내셨고 그를 인도해 올리셨던 것이다. 따라서 위대한 중보자에 대해서 내가 그를 가까이 오게 하리니 라고 말한다(렘 30:21). 우리 또한 그분에 의해서 인도함을 받는 것이다(엡 3:12).

[22]여호와께서 모세에게 이르시되 너는 이스라엘 자손에게 이같이 이르라 내가 하늘
로부터 너희에게 말하는 것을 너희 스스로 보았으니 [23]너희는 나를 비겨서 은으로
나 금으로나 너희를 위하여 신상을 만들지 말고 [24]내게 토단을 쌓고 그 위에 네 양
과 소로 네 번제와 화목제를 드리라 내가 내 이름을 기념하게 하는 모든 곳에서 네
게 임하여 복을 주리라 [25]네가 내게 돌로 제단을 쌓거든 다듬은 돌로 쌓지 말라 네
가 정으로 그것을 쪼면 부정하게 함이니라 [26]너는 층계로 내 제단에 오르지 말라 네
하체가 그 위에서 드러날까 함이니라

모세가 하나님께서 계셨던 흑암 속으로 들어갔을 때, 하나님께서는 그 곳에서 모세만이 들을 수 있도록 사적(私的)으로, 그리고 두려운 분위기 없이 말씀하셨다. 이 단락으로부터 23장 끝에 이르기까지 모든 내용은 주로 십계명에 대한 설명이다. 그리고 모세는 백성들에게 처음에는 말로 그 내용을 전했고, 후에는 기록으로 전했다. 이 구절들에 있는 율법들은 하나님을 예배하는 것에 관련된 것이다.

Ⅰ. 이 본문에서 이스라엘 백성들은 예배를 위한 우상을 만들지 못하도록 지시를 받는다(22-23절). 내가 하늘로부터 너희에게 말하는 것을 너희 스스로 보았으니(이것은 그분의 놀라운 겸양의 모습으로서 불쌍한 거지들의 무리들과 친근하게 이야기를 하는 위대한 왕자보다 더한 낮아지심이었음). 너희는 나를 비겨서 은으로나 금으로나 너희를 위하여 신상을 만들지 말라.

1. 이 본문에서 두 번째 계명의 반복적인 언급은 다음과 같은 의미로 쓰인

것이다. (1) 하나님께서 이스라엘 백성들에게 이러한 방법으로 이 율법을 주시는데 있어서 보여주고자 하시는 중요한 사항, 즉 이스라엘 백성들의 우상 숭배에 대한 독특한 탐닉성과 그 범죄의 독특한 죄성을 지적하고 있는 것이다. 하나님께서 이스라엘 백성들에게 십계명을 주셨다. 모세는 이스라엘 백성들에게 가르치도록, 특별히 처음 두 계명에 대해서 가르치도록 지시를 받는다. 그들은 십계명 중의 어느 것도 잊어서는 안 되었다. 그들은 그 계명들을 확실히 기억해야만 하는 것이다. 또한 (2) 하나님께서 행하신 것으로서 이스라엘 백성들에게 하나님께서 말씀하신 것으로부터 추론될 수 있는 것을 가리키는 것이다. 하나님께서는 이스라엘 백성들에게 그들 가운데 자신의 임재에 관한 충분한 증거를 보여주셨다. 그러므로 마치 하나님께서 계시지 않는 것처럼 이스라엘 백성들은 하나님에 대한 어떠한 형상도 만들 필요가 없었던 것이다. 게다가 그들은 하나님께서 자신들과 말씀하심을 보았던 것이다. 그들은 하나님과 비견될 다른 어떤 유사한 종류를 본적이 없기 때문에 하나님의 어떠한 형상도 만들 수가 없었던 것이다. 그리고 목소리에 의해서만 이스라엘 백성들에게 자신을 나타내셨다고 하는 사실은 그들에게 그들은 결코 그러한 형상을 만들어서는 안 되는 것이며, 다른 어떤 방법으로가 아니라 단지 그분의 말씀으로 하나님과 그들의 교제를 유지해야만 하는 것이라는 것을 분명히 보여주는 것이었다.

2. 이 본문에는 신상숭배에 대한 두 가지 주장이 엿보인다. (1) 신상숭배를 통해서 하나님을 모욕할 수 있다고 하는 것이 **너희는 나를 비겨서 신상을 만들지 말라** 라고 하는 구절에 암시되어 있다. 비록 이스라엘 백성들이 하나님을 나타내는 것으로서 신상들을 예배하는 것처럼 행했다고 할지라도, 실상은 그들이 하나님께서 참으실 수 없는 바로 하나님과 대적하는 자들을 만들었던 것이다. (2) 신상숭배를 통해서 이스라엘 백성들이 자신들 스스로를 기만할 수도 있는 것이라는 것이 "**너희는 너희를 위하여 신상을 만들지 말라**"라고 하는 구절에 암시되어 있다. "너희는 그 신상들을 통해서 너희의 경건성에 도움이 될 것이라고 생각하겠지만 그 생각과는 달리 너희는 그것으로 말미암아 그 신앙적인 경건성을 정말 부패시키게 될 것이며 스스로를 속이는 일을 하게 될 것이다." 처음에는 이스라엘 백성들이 다음과 같은 이유를 들어 금과 은으로 만든 경배의 형상들을 만들었을 것이다. 즉, 그러한 금속들이 가지고 있는 값진 가치는 하나님을 영화롭게 하는 것이며, 그 금속들의 밝게 빛나는 특성은 그들 자신들에

게 하나님의 영광을 느끼도록 해주는 것 같았을 것이다. 그러나 비록 이러한 효과들이 있다 할지라도 이스라엘 백성들은 하나님의 진리를 거짓으로 바꾼 것이고, 점차로 나무와 돌로 만든 형상들을 숭배하는 강한 미혹들에 빠지게 된 것이었다.

Ⅱ. 이 본문에서 이스라엘 백성들은 예배를 위한 단을 쌓으라고 하는 지시를 받는다. 본문의 지시를 받을 그 당시에 이것은 성막이 세워지기 전에 이스라엘 백성들이 광야에서 세웠던 것들과 같은 임시적인 단들을 말하는 것이었다. 후에는 이와 같은 용도로 기드온(삿 6:24), 마노아(삿 13:19), 사무엘(삼상 7:17), 그리고 많은 사람들이 세웠던 것과 같은 것으로 특별히 위급한 사태들을 위해서 세워졌다. 이스라엘 백성들은 하나님께서 자신을 드러내시는 이러한 영광스러운 발견 가운데 있었다. 그러므로 우리는 그들 중에 많은 사람들이 헌신의 강렬한 욕구 속에서 하나님께 희생제를 드리고 싶어했을 것이라는 것을 생각할 수 있을 것이다. 그러한 희생제를 위해서 필요한 것은 그 곳에 단이 있어야만 했던 것이다. 이스라엘 백성들은 다음과 같은 지시하심을 받는다.

1. 이스라엘 백성들은 흙이나 다듬지 않는 돌로 매우 단순한 단들을 만들어야 했다(24-25절). 그들이 새겨진 형상에 대한 생각에 미혹되지 않을 수 있는 방법은 그들이 단을 쌓는 돌들을 다듬는 것보다는 그 돌들을 있는 그대로 거칠게 쌓는 것이었다. 이러한 규칙은 훨씬 너 호화로운 단들을 말하고 있는 예전적 율법 이전에 지시된 것이었다. 그 규칙은 그 율법 시대 이후에는 단순함은 신앙에 대한 외부적인 예배에 필요한 가장 훌륭한 도구로서 받아들여져야만 한다는 것과, 복음적 예배는 외적인 허식과 화려함으로 드려져서는 안 된다고 하는 것을 나타내주는 것이다. 거룩함의 아름다움은 치장을 필요로 하지 않으며, 로마 교회가 행하는 것처럼 매춘부의 복장으로 자신을 치장하는 자들은 그리스도의 신부에 어울리는 어떠한 일도 행하지 못하는 것이다: 토단이 제일 좋은 것이다.

2. 이스라엘 백성들은 그들의 단을 매우 낮게 만들어서 그들이 그 단들을 계단으로 올라가지 않아야 했다(26절). 단이 더 높고 하늘에 더 가까울수록 희생제가 더욱 받아들여진다고 본 것은 이방인들의 어리석은 생각이었다. 그렇기 때문에 이방인들은 높은 장소들을 선택했다. 그러나 이러한 생각과는 반대로 하나님께서 보시는 것은 희생제가 아니라 마음이 드려지는 것이라는 것을

보여주기 위해서 이 본문에서 이스라엘 백성들은 단을 낮게 만들라는 지시를 받았던 것이다. 우리는 이스라엘 백성들이 광야에서 세웠던 단들과 다른 경우에 만든 단들은 한 번에 하나의 희생제물을 드리도록 만들어졌음을 생각할 수 있다. 그러나 훨씬 더 길고 더 넓게 만들어졌고 한 번에 많은 희생제물을 드릴 수 있었을 솔로몬 성전에 있었던 단은 10규빗의 높이로 만들어졌다. 그 높이는 길이와 폭에 적절한 비율을 가지고 있었을 것이다. 그러므로 그 단은 계단으로 올라가야만 했었다. 그러나 이러한 계단은 네 하체가 그 위에서 드러나는 폐단을 해결하기 위해서 고심하여 만들어졌음이 분명하다.

Ⅲ. 이 본문에서 이스라엘 백성들은 하나님의 뜻에 따라서 그들의 헌신을 드리는 어느 곳에서나 하나님께서 은혜 가운데 받으신다고 하는 것을 확신하게 된다(24절). 내가 내 이름을 기념하게 하는 모든 곳에서, 혹은 내 이름이 기록된 곳에서(즉, 신실하게 내가 예배되는 곳에서) 네게 임하여 복을 주리라. 나중에 하나님께서는 자신의 이름이 기록될 하나의 특별한 장소를 선택하셨다. 그러나 그 곳은 이제 모든 곳에서 기도하라고 말씀하시며 격려하시는 복음 아래서 없어지게 되었다. 이 복음의 약속은 이제 온전히 성취되어 이루어진다. 하나님의 백성들이 하나님을 예배하기 위해서 그분의 이름으로 만나는 곳 어디서나 그분께서 그들 가운데 계실 것이고, 그분의 임재로 그들을 영화롭게 하실 것이며, 그분의 은혜의 은사들로 그들에게 상을 주실 것이기 때문이다. 하나님께서는 그러한 곳에서 그들에게 임하실 것이며 그들을 축복하실 것이다. 우리는 우리의 장엄한 집회들을 아름답게 하기 위해서 이러한 것 이상의 어떤 것을 바랄 필요가 없는 것이다.

제 — 21 — 장

개요

본 장에 기록된 율법들은 다섯 번째와 여섯 번째 계명들과 관련된 것들이다. 특별히 노예 제도의 관점에서 보면 이 율법들은 우리의 헌법과 조화되지 못하며 그 부가된 징벌들도 우리를 속박하고 있는 것은 아니다. 그러나 이 율법들은 도덕법과 자연적인 정의의 법칙들에 대한 설명을 위해서는 매우 유용하다. 다음과 같은 몇 가지 확대 적용된 면들이 있다. I. 다섯 번째 계명에 대해서 확대 적용된 면들이 있는데 특별한 관계들에 관한 것들이다. 1. 주인들의 종들에 대한 의무들이 있는데 그 남종들에 관한 것(2-6절)과 그 여종들에 관한 것(7-11절)이 있다. 2. 부모를 치는 불순종하는 자녀들에 대한 징벌(15절) 혹은 그들을 저주하는 것(17절)에 대한 내용이 있다. II. 여섯 번째 계명에 대해서 확대 적용된 면들이 있는데 한 사람의 인격에 대해서 주어지는 모든 폭력을 금하는 것이다. 1. 살인에 관한 것(12-14절), 2. 사람을 납치하는 것(16절), 3. 공격과 폭행에 관한 것(18-19절), 4. 종을 치리하는 것(20-21절), 5. 임신한 여인을 다치게 한 것(22-23절), 6. 보복법에 관한 것(24-25절), 7. 종에게 상처를 준 것에 대한 것(26-27절), 8. 들이받는 소에 관한 것(28-32절), 9. 열어 둔 구덩이에 의해서 발생하는 손해에 관한 것(33-34절), 10. 싸우는 가축에 관한 것(35-36절) 등의 내용을 담고 있다.

1 네가 백성 앞에 세울 법규는 이러하니라 2 네가 히브리 종을 사면 그는 여섯 해 동
안 섬길 것이요 일곱째 해에는 몸값을 물지 않고 나가 자유인이 될 것이며 3 만일 그
가 단신으로 왔으면 단신으로 나갈 것이요 장가 들었으면 그의 아내도 그와 함께
나가려니와 4 만일 상전이 그에게 아내를 주어 그의 아내가 아들이나 딸을 낳았으면
그의 아내와 그의 자식들은 상전에게 속할 것이요 그는 단신으로 나갈 것이로되 5
만일 종이 분명히 말하기를 내가 상전과 내 처자를 사랑하니 나가서 자유인이 되
지 않겠노라 하면 6 상전이 그를 데리고 재판장에게로 갈 것이요 또 그를 문이나 문
설주 앞으로 데리고 가서 그것에다가 송곳으로 그의 귀를 뚫을 것이라 그는 종신
토록 그 상전을 섬기리라 7 사람이 자기의 딸을 여종으로 팔았으면 그는 남종 같이

나오지 못할지며 8만일 상전이 그를 기뻐하지 아니하여 상관하지 아니하면 그를 속
량하게 할 것이나 상전이 그 여자를 속인 것이 되었으니 외국인에게는 팔지 못할
것이요 9만일 그를 자기 아들에게 주기로 하였으면 그를 딸 같이 대우할 것이요 10
만일 상전이 다른 여자에게 장가 들지라도 그 여자의 음식과 의복과 동침하는 것
은 끊지 말 것이요 11그가 이 세 가지를 시행하지 아니하면, 여자는 속전을 내지 않
고 거저 나가게 할 것이니라

첫 번째 구절은 본 단락과 두 개의 이어지는 단락들에 포함된 율법들의 개괄적인 명칭이다. 그 율법들의 몇 가지는 하나님을 경건하게 예배하는 것에 관련된 것들이고, 다른 몇 가지는 사람과 사람 사이에 발생하는 일들에 관한 것들이다. 이스라엘 백성들의 통치형태는 순전한 신정정치 제도였다. 이 신정정치는 다른 나라들에서는 인간의 분별에 의해서 해결되는 일이 하나님의 법령에 의해서 이스라엘 백성들 가운데 결정되게 하는 제도였다. 그러므로 이스라엘 백성들의 통치 헌법은 그들이 만족함을 얻도록 특별하게 채택되었다. 이 율법들은 법규들로 불린다. 그 율법들은 무한한 지혜와 공평성을 토대로 만들어졌기 때문이며 백성들의 판결자들은 백성들의 형편을 살펴 판결해 주어야만 했기 때문이다. 출 18:15에 나타나듯이 지금까지 발생했던 의심스러운 경우들에 있어서 모세는 하나님께 특별히 물어보곤 했었다. 그러나 이제 하나님께서는 모세에게 특별한 사안들을 결정할 수 있는 일반적인 법령을 주셨다. 모세는 그 일반적인 법령들을 동일한 이유와 동일한 규율 아래서 발생할 수 있는 다른 유사한 사안들에도 적용해야만 했다. 모세는 종들에 대한 자비와 온건함을 명하면서 종들에 대한 율법들로 시작한다. 이스라엘 백성들은 최근에 이르기까지 그들 스스로가 종들이었다. 이제 그들은 그들 자신의 주인이 되었을 뿐만 아니라 또한 종들의 주인이 되었다. 그렇기 때문에 그들이 애굽 감독자들에 의해서 혹독하게 학대를 받고 지배를 받은 것처럼 그들은 자신의 종들을 학대해서는 안 되는 것이다. 이 율법들로 인해서 종들을 거칠지 않고 잘 대해 주도록 하는 규정이 만들어진 것이었다. 우리를 다스릴 권력을 가지고 있는 사람들이 우리에게 불법을 자행한다고 해서 우리가 우리의 권력 아래에 있는 사람들에게 동일한 태도로 불법을 행하는 것은 결코 용납될 수 없다. 우리가 그렇게 불법을 자행하는 것은 오히려 우리의 죄를 더욱 무겁게 악화시키는 것이다. 그

러한 경우에 우리는 우리가 당한 상처와 아픔을 그들에게 더욱 쉽게 줄 수 있을 것이기 때문이다. 이 본문에는 다음과 같은 내용들이 있다.

I. 가난으로 인해서 자신들 스스로 혹은 그들의 부모에 의해서 팔리거나 자신들이 지은 범죄로 인하여 재판관에 의해서 팔린 남자 종들에 관한 법. 자신들의 죄로 인해 팔린 사람들의 경우조차도 (히브리인들이라면) 제일 길어야 6년 동안 종살이를 계속할 수 있었다. 이 6년의 기간은 그들의 어리석음과 범법 행위들에 대해서 충분히 벌을 받는 기간으로 여겨졌다. 여섯 번째 해의 끝에 종은 자유롭게 나가거나(2-3절), 자신의 종살이를 그 이후에도 계속하든지 하는 것은 그의 선택이었다(5-6절). 만약에 그 종이 자신의 주인이 자신에게 준 아내를 가지고 있고 그로 인해서 자녀들을 가지고 있었다면 두 가지 선택을 할 수 있었다. 하나는 그들을 남겨두고 자신만 자유롭게 떠나는 것이고, 다른 하나는 만약에 그가 자신의 아내와 자녀들을 너무 사랑해서 아내와 자녀들 없이 자유롭게 나가는 것보다 그들과 함께 머무르려고 한다면, 그는 자신의 귀를 문설주에 놓고 뚫어야만 했으며 자신의 주인이 죽을 때까지 혹은 희년이 이를 때까지 노역을 감당해야만 했다.

1. 하나님께서는 이 율법을 통해서 (1) 히브리 종들에게 관대함과 자유에 대한 고귀한 사랑을 가르치셨다. 그들은 여호와의 자유로운 백성들이었기 때문이다. 불명예의 표시는 자유를 가질 수 있었을 때 거절하는 사람에게 놓여야만 한다. 그러나 비록 그 자유를 신중한 고려 끝에 거절하게 되었을지라도 충분히 칭찬할 만한 것이다. 따라서 값으로 산 바 되고 자유로 부름을 받은 그리스도인들은 사람의 종이 되어서는 안 되며 사람이 가지는 탐욕의 종이 되어서도 안 된다(고전 7:23). 그리스도인의 품위를 높여주는데 도움을 주는 자유롭고 기품 있는 영(spirit)이 있다(시 51:12). 하나님께서는 동일하게 (2) 히브리 주인들에게 그들이 태어날 때 자신들의 종들과 동일한 신분이었음과, 앞으로 몇 년 뒤에는 다시금 같은 지위에 이르게 될 것을 생각하면서 자신의 가엾은 종들을 학대하지 말라고 가르치신다. 따라서 그리스도인 주인들은 믿음을 가진 종들을 존중해 주어야만 하는 것이다(빌 1:16).

2. 이 율법은 다음과 같은 이유들로 인해서 우리들에게 더욱더 유용할 것이다. (1) 하나님께서 믿음의 부모들이 낳은 자녀들에 대해서 가지고 계신 권리, 즉 그 자녀들이 하나님의 교회에서 가지고 있는 위치 등과 같은 것을 보여주기

때문이다. 그 자녀들은 세례로 인해서 하나님의 종들 가운데 등록이 된다. 그 자녀들은 하나님의 집에서 태어났기 때문이다. 그러므로 그들은 하나님을 위하여 태어난 것이다(겔 16:20). 다윗 자신이 하나님의 종임을 고백한다. 그는 그분의 여종의 아들이었기 때문이다(시 116:16). 그러므로 보호받을 권리가 있는 것이다(시 86:16). (2) 위대한 구세주께서 친히 우리를 구원하시기 위한 사역을 짊어지신 의무를 설명해 주기 때문이다. 주께서 내 귀를 통하여 내게 들려 주시기를(시 40:6)이라고 그 구세주께서 말씀하시고 있기 때문인데, 이 말은 이 율법을 가리키고 있는 듯하다. 그 구세주는 자신의 아버지와 포로가 된 자신의 배우자와 같은 백성들, 그리고 자신에게 주어진 자녀들을 사랑하셨으며, 자신의 보호로부터 떠나가도록 하시지 않을 것이고, 그 안에서 영원히 섬기도록 하실 것이다(사 42:1, 4). 그러므로 우리는 우리 자신이 영원히 하나님을 섬겨야 할 더욱 많은 이유들을 가지고 있는 것이다. 우리는 세상에서 우리의 주인 되신 하나님과 그분의 사역을 사랑할 모든 이유를 가지고 있다. 그리고 자신의 노역으로부터 자유롭게 되기를 원치 않으며, 그 사역 안에서 더욱더 자유를 발견하는 사람들과 같이 그분의 문설주에 대고 우리들의 귀를 뚫어야 할 모든 이유를 가지고 있는 것이다(시 84:10).

Ⅱ. 그들의 부모들이 극도의 가난으로 인해서 팔아버린 여종들에 관한 법. 그 부모들은 그 딸들이 매우 어렸을 때 그들이 이후에 자라면 그 남자들과 결혼하기를 바라면서 그 자녀들을 판 것이다. 그러므로 그 주인들이 그들과 결혼하지 않는다면 그 여종들을 이방인들에게 팔아서는 안 된다. 오히려 그 여종들에게 그 실망감을 보상할 다른 방도를 고려해야만 하는 것이다. 그 주인들이 결혼을 한 경우에는 그 팔려온 여종들에게 정중하게 대해 주어야만 한다(7-11절). 그러므로 하나님께서는 이스라엘의 딸들에게 평안과 품위를 주셨으며, 남편들에게 더 연약한 그릇인 자신들의 아내들을 귀히 여기라고 가르치신다(벧전 3:7).

[12]사람을 쳐죽인 자는 반드시 죽일 것이나 [13]만일 사람이 고의적으로 한 것이 아니
라 나 하나님이 사람을 그의 손에 넘긴 것이면 내가 그를 위하여 한 곳을 정하리니
그 사람이 그리로 도망할 것이며 [14]사람이 그의 이웃을 고의로 죽였으면 너는 그를
내 제단에서라도 잡아내려 죽일지니라 [15]자기 아버지나 어머니를 치는 자는 반드시

죽일지니라 16사람을 납치한 자가 그 사람을 팔았든지 자기 수하에 두었든지 그를
반드시 죽일지니라 17자기의 아버지나 어머니를 저주하는 자는 반드시 죽일지니라
18사람이 서로 싸우다가 하나가 돌이나 주먹으로 그의 상대방을 쳤으나 그가 죽지
않고 자리에 누웠다가 19지팡이를 짚고 일어나 걸으면 그를 친 자가 형벌은 면하되
그간의 손해를 배상하고 그가 완치되게 할 것이니라 20사람이 매로 그 남종이나 여
종을 쳐서 당장에 죽으면 반드시 형벌을 받으려니와 21그가 하루나 이틀을 연명하
면 형벌을 면하리니 그는 상전의 재산임이라

이 본문에는 다음과 같은 율법들이 있다.

I. 살인자에 관한 율법이 있다. 하나님께서는 바로 얼마 전에 살인하지 말라고 말씀하셨다. 하나님께서는 이 본문에서 다음과 같은 경우들을 말씀하고 계신다.

1. 의도적인 살인자에 대한 징벌을 말씀하고 계신다(12절): 돌연한 감정으로나 살의(殺意)를 품고서 사람을 쳐죽인 자를 말한다. 정부는 다른 사람의 피를 흘리면 그 사람의 피도 흘릴 것이니 라고 하는 고대의 법(창 9:6)에 따라 그 살인자를 죽이도록 해야만 한다. 하나님께서는 자신의 섭리에 따라 생명을 주시고 보존하신다. 그러므로 그분의 법에 의해서 그 생명을 지키신다. 따라서 고의적으로 살인한 자에게 베풀어지는 자비는 모든 인류에게 정말로 끔찍한 일인 것이다. 본문에서 하나님께서는 그렇게 고의로 살인한 자는 그가 보호를 위해 도망할 수도 있는 자신의 제단에서라도 끌어내려질 것이라고 말씀하신다(14절). 하나님께서 그를 보호하지 않으신다면 그를 곤경에 빠지게 하는 것이며 어느 누구도 그를 도와 막아주지 못하게 하시는 것이다.

2. 우연히 살인한 자들에 대한 구제를 말씀하고 계신다. 이것은 본문에서 율법이 말하고 있는 불운이나 우연의 연속으로 이루어지는 경우이다. 한 사람이 다른 사람을 해칠 의도가 없이 정당한 행위를 하는 중에 다른 누군가를 죽인 경우 혹은 본문에 기록된 대로 하나님이 사람을 그의 손에 넘긴 경우이다. 어느 것도 우연히 이루어지지 않기 때문에 우리들에게 순전히 우연하게 보이는 것조차도 하나님의 섭리에 의해 이루어지는 것이다. 지혜롭고 거룩한 목적들은 우리들에게 비밀스러운 것이기 때문이다. 이와 같은 경우에 하나님께서는 도피성을 마련해 주셨다(13절). 그들의 잘못이 아닌 불운으로 인해 다른 사람

을 죽인 사람들을 보호하시기 위함이었다. 비록 오늘날 우리들은 재판관들만 알고 피의 복수자들은 알지 못한다 할지라도, 이 율법 자체는 자신들의 손은 죄를 지었을지라도 무죄한 사람들을 위해서는 다른 어떤 것도 필요하지 않은 충분한 성소가 되었던 것임을 알 수 있다.

Ⅱ. 패역한 자녀들에 관한 율법이 있다. 다음과 같은 죄를 지은 자녀들은 죽음에 이르게 하는 가장 무거운 범죄자로 여겨졌다.

1. 자신들의 부모를 쳐서 그 결과로 피를 흘리게 하거나 친 곳이 멍들게 했을 경우이다(15절).

2. 자신들의 부모를 저주하는 경우(17절)로 랍비가 말한 것처럼 그렇게 함으로써 그 자녀들은 하나님의 이름을 모욕하게 되는 것이다. 자녀들이 자신들의 부모를 향해서 하는 바람직하지 못한 행동은 우리 모두의 아버지가 되시는 하나님을 매우 분개하시게 만드는 것이다. 그러므로 사람들이 그러한 죄를 벌하지 않는다면 하나님께서 벌하실 것이다. 그러한 패역한 자녀들은 모든 미덕을 완전히 상실하며 모든 사악함에 굴복하는 자들인 것이다. 그들이 굴복하는 사악함은 효성스러운 존경과 의무를 깨뜨리고 결국에는 언행으로 자신들의 부모를 학대하는 지경에까지 이르게 하는 것이다. 이러한 효도 거부하는 사람은 어떠한 멍에를 메게 될 것인가? 자녀들은 자신들의 마음에 자신들의 부모에 대해서 바람직하지 못하고 경멸적인 경향이 있는 생각들과 격정들을 가지지 않도록 주의하도록 하자. 의로우신 하나님께서는 마음을 보시고 찾으시기 때문이다.

Ⅲ. 사람을 납치한 행위에 관한 율법이 있다(16절). 이방인에게 팔아넘기려는 계획으로(어느 이스라엘 사람도 사람을 사지 않을 것이기 때문) 사람(즉, 어떤 사람, 남자, 여자 혹은 어린 아이)을 납치한 자는 이 법령에 의해서 죽음에 이르는 판결을 받았다. 이 법령은 사도가 인준한 것(딤전 1:10)으로 인신 매매자는 기독교 군주들이 법을 만들어야만 하는 그러한 사악한 사람들로 취급받는 것이다.

Ⅳ. 비록 죽지는 않았을지라도 어떤 사람에게 가해진 폭행에 대해서는 만족할 만한 보상이 이루어져야 한다고 말하고 있다(18-19절). 상해를 입힌 자는 손해를 보상해 주어야 할 뿐만 아니라 치료를 해주어야 하고 손해를 본 시간에 대한 보상도 해주어야만 한다. 유대인들은 여기에 더해서 만약에 고통과 명예

손상이 있다면 그 모두를 마찬가지로 보상해 주어야만 한다고 말한다.

V. 주인의 징계로 죽은 종이 있을 경우에 해야 할 일들에 대한 지침이 주어져 있다. 이 종은 이스라엘 사람이 아니었고 우리 경작자들이 소유한 흑인들과 같은 이방인 노예였음에 틀림없다. 주인은 그 종을 목숨을 위험하게 하는 상처를 줄 어떤 것으로 때리는 것이 아니라 채찍으로 때릴 수는 있다. 그렇지만 만약에 그가 당장에 죽게 되면, 그 때의 정황을 고려한 재판관의 판단에 따라 그 주인은 자신의 잔인함으로 인해서 벌을 받아야만 한다(20절). 그러나 종이 징계를 받은 뒤에 하루나 이틀을 생존한다면, 주인은 그 종을 잃음으로 인해서 충분한 고통을 받은 것으로 생각되었다(21절). 이 율법은 주인이 종을 적절하게 때리는 것을 통해서 발생하는, 종이 죽는 경우를 허용하고 있다. 그러나 다양한 경우들이 이어 기록되어 있다. 모든 주인들은 자신들의 종들에 대해서 폭력적으로 대하는 것에 대해서 주의하도록 하자. 복음은 주인들에게, 하나님이 일어나실 때에 내가 어떻게 하겠느냐(욥 31:13-15)라고 말한 경건한 욥을 생각하면서 위협을 그치고 적절하게 하라고 가르치고 있다(엡 6:9).

22사람이 서로 싸우다가 임신한 여인을 쳐서 낙태하게 하였으나 다른 해가 없으면
그 남편의 청구대로 반드시 벌금을 내되 재판장의 판결을 따라 낼 것이니라 23그러
나 다른 해가 있으면 갚되 생명은 생명으로, 24눈은 눈으로, 이는 이로, 손은 손으
로, 발은 발로, 25덴 것은 덴 것으로, 상하게 한 것은 상함으로, 때린 것은 때림으로
갚을지니라 26사람이 그 남종의 한 눈이나 여종의 한 눈을 쳐서 상하게 하면 그 눈
에 대한 보상으로 그를 놓아 줄 것이며 27그 남종의 이나 여종의 이를 쳐서 빠뜨리
면 그 이에 대한 보상으로 그를 놓아 줄지니라 28소가 남자나 여자를 받아서 죽이면
그 소는 반드시 돌로 쳐서 죽일 것이요 그 고기는 먹지 말 것이며 임자는 형벌을
면하려니와 29소가 본래 받는 버릇이 있고 그 임자는 그로 말미암아 경고를 받았으
되 단속하지 아니하여 남녀를 막론하고 받아 죽이면 그 소는 돌로 쳐죽일 것이고
임자도 죽일 것이며 30만일 그에게 속죄금을 부과하면 무릇 그 명령한 것을 생명의
대가로 낼 것이요 31아들을 받든지 딸을 받든지 이 법규대로 그 임자에게 행할 것이
며 32소가 만일 남종이나 여종을 받으면 소 임자가 은 삼십 세겔을 그의 상전에게
줄 것이요 소는 돌로 쳐서 죽일지니라 33사람이 구덩이를 열어두거나 구덩이를 파
고 덮지 아니하므로 소나 나귀가 거기에 빠지면 34그 구덩이 주인이 잘 보상하여 짐

승의 임자에게 돈을 줄 것이요 죽은 것은 그가 차지할 것이니라 [35]이 사람의 소가 저 사람의 소를 받아 죽이면 살아 있는 소를 팔아 그 값을 반으로 나누고 또한 죽은 것도 반으로 나누려니와 [36]그 소가 본래 받는 버릇이 있는 줄을 알고도 그 임자가 단속하지 아니하였으면 그는 소로 소를 갚을 것이요 죽은 것은 그가 차지할지니라

이 본문에서 다음과 같은 내용들을 관찰할 수 있다.

I. 율법에는 아이를 가진 여인들에게 특별한 배려를 기록하고 있다. 그 여인들이 유산을 일으킬 수 있는 어떠한 상해도 가해져서는 안 되기 때문이었다. 자연법은 우리들이 그러한 경우에 매우 조심할 것을 명한다. 나무와 과실이 함께 파괴되지 않도록 하기 위함이다(22-23절). 그러므로 아이를 가진 여인들은 하나님의 율법의 특별한 보호 아래 있었다. 만약에 그 아이를 가진 여인들이 그분을 경외하며 산다면, 그들은 하나님께서 섭리하시는 특별한 보호 아래 자신들이 있음을 여전히 믿을 수 있을 것이며, 아이를 낳을 때 구원함을 받을 것이라는 희망을 가질 수 있을 것이다. 이러한 경우에 관해서는 우리 구주께서도 언급하셨던 일반적인 보복법에 나타난다: 눈에는 눈으로(마 5:38).

1. 이 율법의 실행은 마치 모든 사람이 스스로 복수할 수 있는 것처럼 보이나 개인의 손에는 맡겨지지 않았다. 개인의 손에 맡기는 것은 전체적인 혼돈을 낳게 될 것이며, 사람을 마치 바다의 물고기처럼 만들고 마는 것이다. 장로들의 유전은 이 율법에 원리를 훼손하는 그러한 해석을 적용했던 것 같다. 이 장로들의 유전과는 달리 우리 구주께서는 우리들에게 상해를 가하는 자들에 대해서 보복할 생각을 하지 말고 용서해 주라고 명령하신다(마 5:39).

2. 하나님께서는 종종 자신의 섭리의 과정에 있어서 이 법률을 집행하신다. 삿 1:7; 사 33:1; 합 2:13; 마 26:52와 같이 죄에 대해서 응징하시는 많은 경우에 벌을 내리셨다.

3. 재판관들은 범죄자들을 처벌하고 상처를 입은 자들에게 올바로 평결을 내리는 일을 하는데 있어서 이 법에 주의를 기울여야만 했다. 상처를 입은 자에게 보상을 해주고, 다른 사람들이 그와 같은 죄를 범하지 않도록 방지하기 위해서 저지른 잘못의 특성과 질, 그리고 정도에 대해서 심사숙고해야만 했다. 눈은 눈으로 보상을 하든지, 혹은 다친 눈은 얼마간의 돈으로 속량되도록 했다.

불의를 행하는 자는 그가 행한 불의에 따라 이런저런 보응을 받을 것을 예견해야만 한다(골 3:25). 하나님께서는 때때로 사람들의 폭력적인 행동들을 그 폭력을 행하는 사람 자신의 머리 위에 임하게 하신다(시 7:16). 재판관들은 이러한 일에 있어서 정의를 수행하는 자들이다. 그들은 보응자들이며(롬 13:4), 칼을 헛되이 가지고 있는 것이 아닌 것이다.

Ⅱ. 종들에게 베푸신 하나님의 관심과 배려. 만약에 종들의 주인이 종들을 불구가 되게 했다면, 비록 한 개의 치아를 부러뜨렸다 할지라도, 그 종들을 자유케 해야만 한다(26-27절). 이 율법은 다음과 같은 목적을 가지고 있다.

1. 그들이 학대받는 것을 방지하기 위함이다. 주인들은 종들이 감당하는 노역을 잃지 않도록 하기 위해서라도 어떠한 폭력을 가하는 것에 대해서 신중히 살펴 조심해야 할 것이다.

2. 종들이 학대를 받고 있다고 한다면 그들을 위로하기 위함이다. 수족의 한 부분을 잃은 자는 자유를 얻어 풀려나야만 한다. 이 자유케 됨은 종들이 받았을 고통과 불명예 모두를 상쇄해주는 것이 될 것이다.

Ⅲ. 하나님께서는 소들에 대해서도 관심을 가지고 계시는 것인가? 그렇다. 본 장에 있는 아래의 율법들을 볼 때 하나님께서는 우리를 위해서 소들에게 관심을 가지고 계신다(고전 9:9-10). 이 본문에서 이스라엘 백성들은 무엇을 해야 하는지 시시하심을 받는다.

1. 소나 혹은 다른 난폭한 동물에 의해서 사람이 입게 된 상해의 경우. 율법은 모든 유사한 경우들에게 적용이 되도록 만들어졌음이 분명하다.

(1) 이 율법은 사람의 생명에 대한 하나님의 관심을 나타내는 한 예로서(비록 하나님의 공의의 손길로 인하여 많은 경우 상실되는 경우가 있다 할지라도) 그리고 하나님께서 살인죄에 대해서 싫어하심을 나타내는 표시로서 주어졌다. 만약에 소가 남자나 여자 혹은 어린 아이를 죽였다면, 그 소는 **돌에 맞아 죽임을 당해야만 했다**(28절). 좀 열등한 피조물들이 가지게 되는 가장 큰 영예는 사람에게 실용적이고 도움이 되는 것이다. 그러므로 사람에게 그러한 죄를 저지른 피조물은 그러한 영예를 받지 못하게 된다: **그 고기는 먹지 말 것이며.** 따라서 하나님께서는 자신의 백성들의 마음에 살인죄와 야만적인 모든 것에 대한 뿌리 깊은 혐오감을 가지도록 하신다.

(2) 이 율법은 사람들로 하여금 자신들의 가축 중 어느 것도 상해를 입히지

않도록 주의 깊게 하기 위함이었다. 그러나 해악을 완전히 방지하는 일은 결코 가능한 일이 아니다. 만약에 가축 소유자가 자신의 가축이 해악을 끼친 것을 안다면, 그는 이루어진 해악에 대해서 보상을 해주어야만 한다. 사건의 정황에 따라서 그 주인은 그 해악을 끼치게 한 방조자 이상의 잘못을 했거나, 그 이하의 잘못을 한 것이 되는 것이다. 그러므로 그 가축은 죽게 되든지, 아니면 보상금을 주고 그 생명을 속량해야만 했다(29-32절). 우리들이 가지고 있는 영국의 관습법(the common law)을 기록한 몇몇 고대 법률서에 의하면 이러한 죄를 중죄(重罪)로 다루었으며, 다음과 같이 그 이유를 기록하고 있다: "주인이 그 가축이 나가서 해악을 끼치게 될 것을 알면서도 자유롭게 나가도록 한 것은 그런 상해가 일어나도록 의도한 것이라는 것을 보여주는 것이다." 우리가 스스로 해악을 하지 않았다고 하는 것은 충분하지 않다. 우리는 사람이 되었든 가축이 되었든 우리의 힘으로 억제할 수 있는 것에 의해서 해악이 일어나지 않도록 주의를 기울여야만 하는 것이다.

2. 소나 다른 가축에게 입혀진 상해의 경우.

(1) 만약에 소나 다른 가축들이 구덩이에 빠져 그 곳에서 죽는다면, 그 구덩이를 열어 둔 사람은 그 손실을 보상해 주어야만 한다(33-34절). 우리는 해를 끼치는 일을 하지 않을 뿐만 아니라 그렇게 해를 끼칠 수도 있는 일을 하지 않도록 주의해야만 한다. 해악을 끼칠 계획이나 구상을 하지 않는 것 가지고는 충분하지 않다. 우리는 해악을 방지하기 위한 방안을 생각해야만 한다. 그렇지 않으면 우리는 우리 이웃의 손해가 일어나도록 방조한 그러한 죄인이 되는 것이다. 악의를 가지고 행한 해악은 커다란 범죄이다. 그리고 마땅한 관심과 고려를 필요로 하는 일을 태만으로 인해서 해악을 끼치게 된다면 그것은 잘못이 없는 것이라고 할 수 없는 것이다. 그 해악의 정도에 따라서 실책으로 인한 커다란 유감의 표시를 해야만 하는 것이다. 우리는 특별히 우리 형제의 길에 거칠 것을 놓아둠으로 해서 그들이 죄를 짓도록 우리 자신이 방조하는 일을 하지 않도록 조심해야만 한다(롬 14:13).

(2) 가축이 싸워 하나가 다른 하나를 죽게 한다면 그 소유주들은 그 손실을 똑같이 나누어야 한다(35절). 그러나 그 가축이 해를 끼치곤 했던 것을 그 주인이 알고 있었을 경우에 끼친 상해에 대해서는 그 주인이 손해를 배상해 주어야 할 것이다. 그 주인은 그 가축을 죽이거나 단속했어야 하기 때문이다(36

절). 이러한 사건들에 대한 결정들은 그들에게 형평법의 한 증거를 인식시켜 주었을 것이다. 그리고 그 당시에 정의의 법칙을 보여주었던 것처럼 오늘날에도 사람들 사이에 발생하는 유사한 분쟁들의 결정을 위해서 여전히 유효한 것이다. 나는 실제적으로 그 당시 이 사건들은 모세 앞에서 이루어진 소송들이었기 때문에, 다른 경우에 비해서 구체적이었을 것(그 사건들 중에 어떤 것들은 사소하게 보일지라도)이라고 생각한다. 이스라엘 백성들이 자신들의 가축 떼와 함께 밀집하여 야영을 하고 있었던 광야에서는 마지막에 언급한 경우와 같은 해악들이 자주 일어났을 것이다. 이 율법들이 우리에게 가르쳐 주는 것은, 우리는 직접적으로나 간접적으로 잘못을 저지르지 않도록 매우 주의해야만 한다고 하는 것이다. 그리고 우리가 잘못했다면, 우리로 인해 어느 누구도 손해를 보지 않도록 우리는 기꺼이 배상을 해야만 한다고 하는 것이다.

제 22 장

개요

본 장의 율법은 다음과 같은 사안들에 관련된 것들이다. I. 여덟 번째 계명에 관련된 것으로 도둑질(1-4절), 가축의 침입으로 인한 피해(5절), 불에 의한 피해(6절), 신용 위탁(7-13절), 가축을 빌려옴(14-15절), 그리고 돈을 빌림(25-27절)에 관한 내용들이 있다. II. 일곱 번째 계명에 관한 것으로 간통(16-17절)과 수간(獸姦, 19절) 등에 관해서 규정하고 있다. III. 십계명의 첫 번째 항목에 관한 것으로 무당을 금하는 것(18절), 우상 숭배 금지(20절), 그리고 첫 수확물을 드림에 대한 명령(29-30절) 등에 관해 말하고 있다. IV. 가난한 자들에 관해서 규정한다(21-24절). V. 시민 통치권에 대해서 말한다(28절). VI. 유대 민족의 독특성에 관해서 말한다(31절).

1 사람이 소나 양을 도둑질하여 잡거나 팔면 그는 소 한 마리에 소 다섯 마리로 갚고
양 한 마리에 양 네 마리로 갚을지니라 2 도둑이 뚫고 들어오는 것을 보고 그를 쳐죽
이면 피 흘린 죄가 없으나 3 해 돋은 후에는 피 흘린 죄가 있으리라 도둑은 반드시
배상할 것이나 배상할 것이 없으면 그 몸을 팔아 그 도둑질한 것을 배상할 것이요 4
도둑질한 것이 살아 그의 손에 있으면 소나 나귀나 양을 막론하고 갑절을 배상할
지니라 5 사람이 밭에서나 포도원에서 짐승을 먹이다가 자기의 짐승을 놓아 남의 밭
에서 먹게 하면 자기 밭의 가장 좋은 것과 자기 포도원의 가장 좋은 것으로 배상할
지니라 6 불이 나서 가시나무에 댕겨 낟가리나 거두지 못한 곡식이나 밭을 태우면
불 놓은 자가 반드시 배상할지니라

이 본문에는 다음과 같은 일들에 관한 율법이 있다.

I. 도둑질에 관한 규정.

1. 어떤 사람이 가축(그 당시의 부의 척도를 재는 주된 수단이었음)을 도둑질하고 그 가축들이 그 도둑질한 사람의 수중에서 발견이 된다면, 그 사람은 그 가축의 값을 배로 갚아주어야만 한다(4절). 그러므로 그 도둑질한 사람은

자신의 잘못을 배상하고, 그 범죄로 인하여 괴로움도 받아야만 한다. 그러나 도둑질이 발각되거나 다른 사람이 조사하기 전에 도둑이 양심의 가책을 받아 자발적으로 잘못을 고백하면, 그는 단지 그가 도둑질한 것을 되돌려주거나 그것에 20%를 더해 주면 되었다(레 6:4-5).

2. 만약에 그 도둑질한 사람이 그가 훔친 양과 소를 죽이거나 팔아서 자신의 범죄를 더욱 크게 하면, 그는 **소 한 마리에 소 다섯 마리로 갚고 양 한 마리에 양 네 마리로 갚아야만 한다**(1절). 양 한 마리보다 소 한 마리에 대해서 더 많이 배상을 해야 하는데, 이것은 그 주인이 다른 모든 이익 외에도 그 소로 인해서 얻는 매일의 노동력을 상실했기 때문이다. 이 율법은 우리들에게 사기와 정의롭지 못한 것은 결코 사람을 부유하게 만들지 못하며, 가난하게 만들 것이라고 하는 것을 가르쳐준다. 우리가 다른 사람의 것을 부당하게 얻어 갖는다면, 그것은 그 부당하게 얻은 것 자체를 낭비하게 할 뿐만 아니라 우리 자신의 것조차도 삼켜버릴 것이다.

3. 만약에 도둑질한 사람이 배상하지 못한다면, 그는 노예로 팔려가야만 한다(3절). 법정이 그러한 일을 처리했을 것이고, 강도를 당한 사람은 돈을 받았을 것이다. 그러므로 이 율법을 우리들에게 적용해 보면, 영국 사람들이 노역이 행해지는 곳으로 알고 있는 농장으로 악한 자들이 어떤 경우를 통해서 유입되는 것과 같은 것이다.

4. 만약에 도둑이 밤에 어떤 사람의 집에 침입하여 도둑질을 하다가 죽임을 당한다면, 그의 피는 그 자신의 머리 위로 돌아갈 것이고, 그 피를 흘린 자의 손에서는 아무 죄도 찾지 말아야 한다(2절). 불법적인 행동을 하는 사람이 다른 사람에게 미치는 해악에 대한 비난을 받는 것처럼, 자신에게 미치는 해악을 똑같이 받는 것이다. 한 사람의 집은 그의 성이다. 사람의 법뿐만 아니라 하나님의 법이 그 성을 지키신다. 그 성을 공격한 자는 스스로를 위험에 빠지게 하는 것이다. 그러나 도둑이 죽임을 당한 것이 낮이었고 주인 자신의 생명을 보호하기 위해 필요한 경우가 아니었다고 한다면, 그 도둑을 죽인 사람은 그 일에 대해서 책임을 져야만 한다(3절). 우리는 심지어 나쁜 사람의 생명에 대해서도 측은히 여기는 마음이 있어야만 한다. 재판관이 우리에게 보상을 해주어야만 한다. 우리는 스스로 보복해서는 안 되는 것이다.

II. 가축의 침범에 관한 율법(5절). 고의적으로 자신의 가축을 이웃의 경작지로 들어가게 한 사람은 자신의 가장 좋은 것으로 배상해야만 한다. 영국의 법은 모세의 율법이 행했던 것보다, 침범과 도둑질 사이에 훨씬 더 커다란 차이를 두고 있다. 유대인들은 배상은 항상 가장 좋은 것으로 이루어져야만 하고, 어떤 사람도 자신의 이웃을 침범할 듯한 가축이나 그 이웃들에게 어떤 손해를 끼칠 것 같은 가축들을 사육해서는 안 된다는 것을 일반적인 규칙으로서 지켰다. 우리는 잘못으로 인해 고통을 당하지 않으려고 하는 것보다는 잘못을 하지 않도록 더욱더 사려 깊은 마음이 있어야만 한다. 잘못으로 인해 고통당하는 것은 단지 괴로운 일이지만 잘못을 하는 것은 죄를 짓는 것이기 때문이다. 죄는 항상 고통보다 더 나쁜 것이다.

Ⅲ. 화재로 인해서 발생하는 손실에 대한 율법(6절). 단지 가시덤불을 불사르려고 했던 사람이 곡식을 태우는 일을 저지를 수도 있을 것인데 이런 경우에는 죄의식을 가져야만 한다. 뜨겁고 열심인 마음을 가진 사람들은 조심해야만 한다. 그들이 가라지를 뽑으려고 하다가 밀을 뽑지 않도록 하기 위함이다. 불이 상해를 입혔다면 불을 놓은 자는 그에 대해서 보상을 해야만 한다. 사람은 자신의 악의뿐만 아니라 자신의 부주의함에 대해서도 벌을 받아야만 한다. 비록 아주 보잘것없는 것 같이 보이는 다툼이라 할지라도 우리는 다툼의 작은 시작에 주의를 해야만 한다. 우리는 그 다툼이 얼마나 큰 일을 만들지 모른다. 그것이 가져다 주는 비난을 우리는 감수해야만 한다. 만약에 제정신이 아닌 사람과 하게 되는 다툼이라고 한다면 우리는 불덩어리와 화살 그리고 죽음을 던지고 있는 것인데, 우리는 아무런 해를 받지 않는 체할 뿐인 것이다. 우리가 행하는 상처뿐만이 아니라 우리가 실수로 저지르는 상처들에 대해서 우리가 책임을 져야 하는 것을 생각한다면, 우리는 스스로 매우 신중하게 될 것이다.

7사람이 돈이나 물품을 이웃에게 맡겨 지키게 하였다가 그 이웃 집에서 도둑을 맞았는데 그 도둑이 잡히면 갑절을 배상할 것이요 8도둑이 잡히지 아니하면 그 집 주인이 재판장 앞에 가서 자기가 그 이웃의 물품에 손 댄 여부의 조사를 받을 것이며 9어떤 잃은 물건 즉 소나 나귀나 양이나 의복이나 또는 다른 잃은 물건에 대하여 어떤 사람이 이르기를 이것이 그것이라 하면 양편이 재판장 앞에 나아갈 것이요 재판장이 죄 있다고 하는 자가 그 상대편에게 갑절을 배상할지니라 10사람이 나귀나 소나 양이나 다른 짐승을 이웃에게 맡겨 지키게 하였다가 죽거나 상하거나 끌려가

도 본 사람이 없으면 [11]두 사람 사이에 맡은 자가 이웃의 것에 손을 대지 아니하였
다고 여호와께 맹세할 것이요 그 임자는 그대로 믿을 것이며 그 사람은 배상하지
아니하려니와 [12]만일 자기에게서 도둑 맞았으면 그 임자에게 배상할 것이며 [13]만일
찢겼으면 그것을 가져다가 증언할 것이요 그 찢긴 것에 대하여 배상하지 아니할지
니라 [14]만일 이웃에게 빌려온 것이 그 임자가 함께 있지 아니할 때에 상하거나 죽으
면 반드시 배상하려니와 [15]그 임자가 그것과 함께 있었으면 배상하지 아니할지니라
만일 세 낸 것이면 세로 족하니라

이 율법은 다음과 같은 사항들에 관한 것이다.

I. **신용 위탁에 관한 율법**(7-13절). 어떤 사람이 신중한 고려 끝에 물건을 나르기로 되어 있는 짐꾼에게나 보관해 주는 창고지기에게 맡겼을 경우, 혹은 가축을 먹이를 주는 농부에게 맡겼을 때, 그리고 그러한 것을 맡긴 사람에게 특별한 신뢰를 두었을 때, 그 맡긴 것들이 도둑질을 당하거나 잃어버리거나 죽거나 손상을 입었을 경우를 말하는 것이다. 그러한 일들이 물건을 맡은 수탁자의 실수로 인한 것이 아니었을 경우에는 그 물건의 주인이 그 손실을 감수해야만 한다. 그렇지 않은 경우에 이 신용 위탁에 잘못을 한 수탁자는 배상을 해야만 한다. 그 사건에 대한 다른 어떤 증거를 제공할 수 없을 경우에는 수탁자는 재판관들 앞에서 맹세함으로 그의 무죄함을 증언해야만 한다. 그리고 그들은 그 맹세가 드러나는 것에 따라서 그 일을 결정해야만 한다. 이것은 우리들에게 다음과 같은 것들을 가르쳐 준다.

1. 우리는 우리들에게 맡겨지는 모든 것들에 대해서 매우 신중해야만 한다. 비록 그것이 다른 사람의 것이라 할지라도 우리 자신의 것인 것처럼 조심해서 관리해야만 한다. 신용을 배반하는 것은 불의하며, 비열하며, 모든 세상 사람들이 부끄럽게 생각하는 일인 것이다.

2. 많은 경우 부정직한 것이 자신들에게 이익이 되기 때문에 세상에는 너무나 많은 일들에 있어서 사람들의 정직성에 대해서 의심을 하게 된다. 따라서 세상에는 진실과 정의에 대해서 신뢰를 하지 못하는 경우가 허다하다.

3. 맹세는 다투는 모든 일의 최후 확정이라는 것이다(히 6:16). 그것은 여호와께 맹세하는 것이라고 말한다(11절). 맹세는 그분에게 진실에 대한 증거에 대해서 뿐만 아니라 잘못됨과 거짓에 대한 복수를 호소하는 것이기 때문이다. 어떠한

정의롭지 못한 일을 행함으로써 자신들의 이웃에게 상해를 끼친 자들이지만, 여호와의 맹세를 모독할 정도로 그렇게나 많이 타락한 양심을 가지지는 않았을 것이며 진리의 하나님께서 거짓말하는 것에 대해 증인이 되어 달라고 부르는 것이라고 기대할 수도 있을 것이다. 위증(僞證)은 본질적인 양심이 다른 어떤 것보다도 경악하는 죄이다. 맹세에 대한 종교적인 믿음은 매우 오랜 역사를 가지고 있다. 그것은 하나님과 섭리, 그리고 다가올 심판에 대한 보편적인 믿음을 나타내는 명백한 표시인 것이다.

4. 재판을 하는 직책은 논쟁 중인 사안에 대해서 정의를 밝혀내고, 부인(否認)된 권리를 회복시키는 일에 있어서 사람들을 도와주기 위해 계획된 다른 여러 목적들 가운데 있는 하나님의 제도적인 법령이다. 그러므로 재판관들의 결정에 절대적인 경의를 표해야만 한다.

5. 사람이 어쩔 수 없는 일로 인해서 왜 고통을 감수해야만 하는지에 대한 특별한 이유는 없는 것이다. 주인들은 자신들의 종들을 다루는데 있어서 이 점을 고려해야만 한다. 종들이 의도하지 않은 불운한 잘못과, 만약에 주인들이 종들의 위치에 있었다고 한다면 그들 자신들도 막아낼 수 없었던 그러한 잘못들에 대해서 꾸짖어서는 안 되는 것이다.

II. 대부(貸付)에 관한 율법(14-15절). 만약에 어떤 사람이 자신의 한 떼의 소를 이웃에게 빌려 주었을 경우에, 그 소유주가 자신의 소들과 함께 있거나 소를 빌려 주고 이윤을 받기로 했다면, 그 가축에게 어떠한 해가 닥친다 하더라도 그 소유주는 그 손실을 감수해야만 한다. 그러나 그 소유주가 빌려가는 사람에게 너무나 친절해서 그에게 공짜로 빌려주고, 소유주 자신의 목전에서 그 빌려주는 것을 보는 것과 같이 그 빌려가는 사람에게 신뢰를 두었을 경우, 어떠한 해로운 일이 발생한다면, 빌려가는 사람은 그에 대해서 배상을 해야만 한다. 그러므로 우리는 우리에게 빌려 주는 것은 어떤 것이든 남용하지 않도록 매우 주의하도록 하자. 선을 악으로 바꾸는 것은 정의롭지 못하며 비열하며 부정직한 것이다. 우리는 우리들에게 친절을 베풀어줌으로 인해서 손실을 감수해야만 하는 경우보다는 우리들 자신이 손해를 보는 쪽을 오히려 기꺼이 선택해야만 한다. 아아, 내 주여 이는 빌려온 것이니이다(왕하 6:5).

16사람이 약혼하지 아니한 처녀를 꾀어 동침하였으면 납폐금을 주고 아내로 삼을

것이요 17만일 처녀의 아버지가 딸을 그에게 주기를 거절하면 그는 처녀에게 납폐
금으로 돈을 낼지니라 18너는 무당을 살려두지 말라 19짐승과 행음하는 자는 반드시
죽일지니라 20여호와 외에 다른 신에게 제사를 드리는 자는 멸할지니라 21너는 이방
나그네를 압제하지 말며 그들을 학대하지 말라 너희도 애굽 땅에서 나그네였음이
라 22너는 과부나 고아를 해롭게 하지 말라 23네가 만일 그들을 해롭게 하므로 그들
이 내게 부르짖으면 내가 반드시 그 부르짖음을 들으리라 24나의 노가 맹렬하므로
내가 칼로 너희를 죽이리니 너희의 아내는 과부가 되고 너희 자녀는 고아가 되리
라

이 본문에는 다음과 같은 율법들이 있다.

I. 처녀를 꾀어 동침한 자는 그녀와 결혼해야만 한다(16-17절). 만약에 그녀가 다른 사람과 약혼했다면, 그녀와 동침하는 행위는 죽어야 마땅했다(신 22:23-24). 그러나 이 곳에 언급된 율법은 약혼하지 아니한 혼자인 경우를 말하는 것이다. 그런 경우라 하더라도 아버지가 그 딸을 그에게 주기를 거절한다면, 그는 자신이 그녀에게 행한 상처와 입힌 불명예를 위해 보상을 해주어야만 했다. 이 율법은 결혼을 영예롭게 해주며 마찬가지로 자녀가 부모의 동의 없이 결혼하는 것이 얼마나 부당한 일인 것인가를 보여준다. 하나님의 법으로 결혼 제도를 정한 성경 본문들에서, 그리고 심지어 이 곳에서조차도 잘못을 행한 사람에게는 징벌을 주고 그 잘못으로 인해서 고통을 받는 여자에게는 보상을 해준다. 그러나 아버지의 권위를 인정해주는 표현이 있다. 만약에 아버지가 동의해 주지 않는다면 결혼할 수 없었던 것이다.

II. 주술을 중죄로 규정하고 있는 율법(18절). 무당이 행하는 주술은 하나님께만 드려야 할 영광을 사탄에게 줄 뿐만 아니라 하나님의 섭리에 도전하는 행위인 것이다. 하나님의 나라와 전쟁을 하는 것이다. 또한 사탄이 선악간에 무엇인가를 해주기를 기대하면서 무당 자신의 사역을 사탄의 손에 맡기는 것이다. 그러므로 사탄을 정말로 이 세상의 신으로 만드는 것이다. 따라서 그러한 행위는 죽어 마땅한 것이다. 특별히 하나님의 계시와 더불어 축복을 받았으며 해 아래 다른 어느 민족들 위에 하나님의 섭리 아래 보호하심을 받는 백성들 가운데에 있는 그러한 무당들은 더더욱 죽어 마땅한 것이다. 우리가 가지고 있는 율법에 의하면, 어떠한 목적으로든 무당과 의논하는 것, 언약을 맺는 것, 혼

을 불러들이는 것이나 사용하는 것, 그리고 누구에게든지 해를 끼칠 목적으로 주문을 외우는 것, 부적을 사용하는 것, 마술을 행하는 것 등등은 교회의 승인을 받을 수 없는 중죄를 짓는 행위들인 것이다. 또한 잃어버렸거나 도둑맞은 물건들이 어느 곳에서 발견될 것이라고 그럴듯하게 말하는 것이나 그와 비슷한 일들은 재판관의 징벌을 받을 만한 죄악인 것이며, 두 번째로 동일한 죄를 저지르면 죽임을 당해야만 한다. 이러한 법들의 정당성은 이 곳 본문에 기록된 하나님의 율법에 의해서 지지를 받고 있다.

Ⅲ. 자연의 이치를 벗어난 혐오스러운 행동들은 죽임을 당해야 하는 중죄로 여겨졌다. 사람의 모습을 가졌을 뿐이지 짐승들과 죄를 짓는 짐승들과 같은 자들은 죽어야만 한다(19절): 짐승과 행음하는 자는 반드시 죽일지니라.

Ⅳ. 우상 숭배 역시도 죽음을 당해야 하는 중죄였다(20절). 하나님께서는 이러한 일에 있어서 스스로 질투하시는 분이심을 선언하셨다. 세속적인 권세자들도 이러한 일에 있어서는 역시 질투할 것이 틀림없다. 그 질투의 하나님께서는 여호와 이외의 다른 신을 경배한 이스라엘 사람들과 그 가족들, 그리고 그 장소들까지도 철저하게 파괴하신다. 이 율법을 실행했던 사람들이 그 율법을 깨뜨리는 주동자가 아니었더라면, 이 율법은 그 이후에 있었던 유대 민족의 철저한 배교를 방지할 수도 있었을 것이다.

Ⅴ. 압제에 대한 경고. 다른 범죄를 징벌할 수 있도록 권한을 부여받은 사람들 자신들이 이렇게 압제하려는 위험에 가장 빠지기 쉽기 때문에, 하나님께서 친히 자신의 손으로 그에 대해서 징벌하신다.

1. 나그네들을 학대해서는 안 된다(21절). 재판관들의 잘못된 판결을 받아서도 안 되며, 계약을 강요당해서도 안 되며, 그들의 무지나 궁핍을 악용해서도 안 된다. 나그네들이 조롱을 당하거나, 짓밟히거나, 경멸을 받거나, 나그네가 되어 심한 질책을 받거나 해서는 안 된다. 이러한 모든 것들은 괴로운 것들로 나그네들로 하여금 이스라엘 백성들 가운데 살기 위해 오지 못하게 하는 것이 되거나, 이스라엘 백성들의 종교에 대해서 자신들이 가지는 편견들을 강화시킬 수 있다. 친절하고 부드러운 모든 방법들로 이스라엘 백성들은 그 나그네들을 개종시키기 위해서 노력해야만 한다. 이스라엘 백성들이 나그네들에게 친절해야만 하는 까닭으로 주어진 이유는 바로 "너희도 애굽 땅에서 나그네였음이라는 것이며 그 곳에서 받은 고통과 압제들을 알고 있기 때문"이었다.

(1) 인간애는 종교적 규율들 중의 하나이다. 특별히 이 인간애는 우리로 하여금 불우한 처지와 낙심 가운데 있는 사람들의 위로자가 되어야만 한다는 것을 가르쳐준다. 그리고 나그네들뿐만 아니라 우리가 친척관계에 있거나 아는 사람들이 아닌 자들에게까지 우리의 불쌍히 여기는 마음을 넓혀 주어야만 한다고 말해 주는 것이다. 하나님께서는 우리들에게 낯선 자들을 알고 계시며 그들을 보호하신다고 말씀하신다(시 146:9).

(2) 신앙을 고백하는 자들은 나그네들에게 은혜를 베풀기 위해 노력해야만 한다. 이를 통해서 그들이 좋은 이미지를 가지고 신앙을 받아들이도록 권면할 수 있을 것이다. 그리고 그들로 하여금 신앙 혹은 신앙고백자들을 나쁘게 생각하지 않도록 어떠한 일을 하는데 주의하도록 해줄 것이다(벧전 2:12).

(3) 가난과 곤경에 처했던 사람들, 그러나 이제 하나님의 섭리 가운데 자신들이 부유하게 되고 융성하게 된 사람들은 이전에 자신들이 처했던 것과 같은 그러한 여건 가운데 있는 자들에 대해서 특별한 사랑과 배려를 베풀어 주어야만 한다. 자신들의 곤경의 때에 이루어지기를 소원했던 것들을 지금 곤경에 처한 자들에게 시행함으로써 그러한 사랑을 베풀어야만 한다.

2. 과부들과 고아들을 학대해서는 안 된다(22절): **너는 과부나 고아를 해롭게 하지 말라.** 즉, "너는 그들을 위로하고 도와주어야 하며 그들에게 친절을 베풀기 위해 모든 경우에 준비되어 있어야만 한다." 과부들과 고아들에게 무엇인가 마땅한 요구를 하는 경우에도 그들의 사정, 즉 그들은 그들을 돌보아주고 보호해 주어야만 하는 사람들을 잃은 자들이라고 하는 사정을 고려해야만 한다. 그들은 사업에 익숙하지 못하고, 충고를 해줄 사람이 없으며, 소심하고, 연약한 마음을 가진 자들이다. 그러므로 친절함과 동정심을 가지고 대해 주어야만 한다. 그들로부터 어떠한 이득을 취해서도 안 되고 어떠한 어려움을 끼쳐서도 안 된다. 그러한 부당한 이득과 어려움들은 그들의 아버지나 남편이 있었다면 막아주었을 그러한 것들이다.

(1) 하나님께서는 그들의 모든 어려움들을 알고 계시기 때문이다(23절). 비록 그들이 어느 누구에게도 호소하거나 하소연하지 못할지라도 그들은 하나님에게 부르짖을 것이고 그분께서는 반드시 그 부르짖음을 들으실 것이다. 하나님의 율법과 그분의 섭리는 그 과부들과 고아들의 보호자가 되시기 때문이다. 비록 사람들이 그들을 긍휼히 여기지 않고 그들을 듣지 않을지라도 그분께서는

긍휼히 여기시고 그들의 소리를 들으실 것이다. 사람들에게 상처입고 압제를 받는 사람들에게 그들의 사연을 들으실 뿐만 아니라 그보다 더한 것을 해주실 수 있는 다가갈 수 있는 하나님이 계시다고 하는 것은 매우 커다란 위안이 되는 것이다. 압제하는 사람들에게는 그들의 악한 행위에 대해서 불쌍한 사람들의 울부짖음이 있다고 하는 것은 매우 두려운 사실이다.

(2) 하나님께서는 과부들과 고아들을 압제하는 자들을 낱낱이 셈하고 계신다. 비록 그들이 사람으로부터 징계를 피한다고 할지라도, 하나님의 의로우신 심판들은 그들을 따라갈 것이고 응징하게 될 것이다(24절). 정의감을 가지며 영예를 존중하는 사람들은 약하고 무력하여 피해를 입은 자들을 도울 것이다. 하물며 의로우신 하나님께서 그렇게 하시지 않겠는가? 본문에서 과부들과 고아들을 압제하는 자들에게 주어지는 동일한 형벌을 관찰하라. 그들의 부인들은 과부가 될 것이고 그들의 자녀들은 고아가 될 것이다. 이러한 심판들로 인해서 하나님께서는 알려지게 되실 것이다. 때때로 하나님께서는 여전히 이러한 심판들을 행하신다.

25네가 만일 너와 함께 한 내 백성 중에서 가난한 자에게 돈을 꾸어 주면 너는 그에
게 채권자 같이 하지 말며 이자를 받지 말 것이며 26네가 만일 이웃의 옷을 전당 잡
거든 해가 지기 전에 그에게 돌려보내라 27그것이 유일한 옷이라 그것이 그의 알몸
을 가릴 옷인즉 그가 무엇을 입고 자겠느냐 그가 내게 부르짖으면 내가 들으리니
나는 자비로운 자임이니라 28너는 재판장을 모독하지 말며 백성의 지도자를 저주하
지 말지니라 29너는 네가 추수한 것과 네가 짜낸 즙을 바치기를 더디하지 말지며 네
처음 난 아들들을 내게 줄지며 30네 소와 양도 그와 같이 하되 이레 동안 어미와 함
께 있게 하다가 여드레 만에 내게 줄지니라 31너희는 내게 거룩한 사람이 될지니 들
에서 짐승에게 찢긴 동물의 고기를 먹지 말고 그것을 개에게 던질지니라

이 본문에는 다음과 같은 율법들이 있다.

I. 돈을 빌려주고 착취하는 것을 금지하는 율법.

1. 느 5:5, 7에 있는 것과 같이 생계를 위해 빌려준 돈으로부터 어떠한 이득을 취해서는 안 된다(25절). 율법은 희년이 되면 각 지파별로 땅을 다시 회복할 수 있도록 규정한 조항이 있을 정도이다. 그러므로 이득을 위한 거래에 관

심이 거의 없는 백성들은 꼭 필요한 용도 외에는 돈을 빌리지 않았을 것이다. 그러므로 이러한 이득을 금하는 것은 그 자신들 사이에서 일반적인 것이다. 그러나 이스라엘 백성들이 압제하지 않는 이방인들에게는 고리로 이자를 받고 돈을 빌려주는 것이 허락되었다. 그러므로 이 율법은 그 엄격한 의미로 볼 때 유대 나라의 특이한 조항이었던 것으로 여겨진다. 그러나 이 율법은 그 형평성 정신으로 인해서 우리로 하여금 우리가 이득을 취할 수 있는 사람들에게 자비를 베풀 것을 강하게 말하고 있다. 그리고 또한 이 율법은 하나님께서 섭리 가운데 반대를 하신다면 우리가 빌려주는 자들과 함께 이득뿐만 아니라 손실도 기꺼이 나누어야 하는 것을 강하게 말하고 있는 것이다. 이와 같은 여건에서 위험부담이 있음에도 불구하고 나의 돈으로 장사를 해서 이득을 얻게 된 자에게 이자를 받는 것은, 경작에 위험부담이 있음에도 불구하고 나의 땅에서 농사를 지어 이득을 얻게 된 자에게 그 지대를 받는 것과 마찬가지로 합법적인 일로 여겨지는 것 같다.

2. 가난한 사람에게서 덮는 이불로 사용하는 외투를 전당 잡아서는 안 된다. 그러나 전당을 잡았다면 그 외투를 잠자리에 드는 시간 전에는 돌려주어야만 한다(26-27절). 부드럽고 따뜻한 자리에 눕는 사람들은 많은 가난한 사람들이 눕는 딱딱하고 차가운 셋방들을 염두에 두어야만 한다. 그리고 나쁜 것을 더 나쁘게 만들거나, 혹은 상처 입은 자들에게 고통을 주는 어떠한 일들도 해서는 안 된다.

Ⅱ. 권세자를 멸시하는 것을 금하는 율법(28절). 너는 재판장을 모독하지 말며 백성의 지도자를 저주하지 말지니라. 그들이 이 율법들을 집행하기 때문이다. 그들은 그 집행으로 인해 누가 손해를 보더라도 자신들의 의무를 이행해야만 한다. 재판장은 사람들의 비난과 욕설을 두려워해서는 안 된다. 자신들이 선한 양심을 지키고 있는 한 그러한 비난과 욕설들을 무시해야만 한다. 재판장은 악한 일을 하는 사람들에게 두려운 존재가 되어야만 한다. 이러한 재판장을 비난하는 자들은 하나님을 비난하는 것이며 언젠가 대답해야 할 많은 것을 가지게 될 것이다. 우리는 권위를 업신여기며 영광을 비방하는(유 1:8) 좋지 못한 성품과 가혹한 운명 아래 있는 사람들을 보게 된다. 지도자들과 재판장들은 제5계명이 우리들에게 공경할 것을 말하며 비난하는 것을 금하고 있는 대상들인 우리의 아버지들인 것이다. 사도 바울은 이 율법을 자기 자신에게 적용하여,

그는 그의 백성의 관리를 비방하지 않았다고 고백한다. 비록 그 관리가 가장 불의한 압제자인 경우라 할지라도 비방해서는 안 된다(행 23:5; 전 10:20을 보라).

Ⅲ. **하나님께 첫 수확물을 바치는 것에 관한 율법**(29-30절). 이 율법은 이전에 제정된 것인데(13장) 이 곳에서 다시 반복되고 있다: **네 처음 난 아들들을 내게 줄지며**. 우리는 우리 자신과 우리들이 가진 모든 것을 하나님께 드릴 훨씬 더 많은 이유들을 가지고 있다. 그 하나님께서는 **자기 아들을 아끼지 아니하시고 우리 모든 사람을 위하여 내주셨기** 때문이다. 이스라엘 백성들은 자신들 곡물의 첫 소산물을 드리는 것을 지체해서는 안 되었다. 우리가 그 의무를 전적으로 빠뜨리지 않기 위해 신중을 기한다고 하면서 우리의 의무 이행을 지체하게 된다면 위험에 빠지게 된다. 다음을 기대하면서 첫 번째 기회를 놓치게 되면 우리는 사탄이 우리의 모든 시간 동안 우리를 속이도록 하는 고통을 당하게 되는 것이다. 젊은 사람들로 하여금 자신들의 시간과 힘의 첫 소산물들을 하나님께 드리는데 지체하지 않도록 하라. 지체하여 결국에는 죄의 유혹을 통하여, 드리는 것을 거부하지 않도록 하라. 젊은이들이 스스로에게 약속하며 다짐하는 좀 더 편리한 시간은 결코 도래하지 않는 법이다. 그러나 이스라엘 백성들의 가축들의 첫 태생들은 7일이 지나기까지는 하나님께 드려져서는 안 되었다. 7일이 돼서야 그 첫 태생들은 무엇인가를 위해서 유용한 산물이 되기 때문이었다. 하나님께서는 첫째 되시고 가장 훌륭한 분이시다. 그러므로 첫째 되는 것과 가장 좋은 것을 취하셔야만 하는 것이다.

Ⅳ. **유대인과 다른 민족 사이의 구별**. **너희는 내게 거룩한 사람이 될지니**. 이러한 영예로운 구별의 한 가지 표시는 그들의 식사법에서 정해졌다. 이스라엘 백성은 찢긴 동물의 고기를 먹어서는 안 되었다(31절). 찢긴 동물은 해로웠기 때문만이 아니라 희생된 동물의 남은 것을 먹는 것은 하찮고, 천한 것이며, 탐욕스러운 것이고, 하나님에게 거룩한 사람들이었던 자들이 하지 말아야 되는 일들이었기 때문이다. 하나님께 거룩히 구별된 우리는 우리의 식생활에 있어서 유별나서는 안 되는 것이다. 그러나 우리는 두려움 없이 아무것이나 먹지 않고 규칙, 즉 하나님의 영광에 합당한 절제의 규칙에 따라 먹고 마시도록 주의해야만 한다.

제 23 장

개요

본 장은 시내 산에서의 첫 번째 회기(내가 그렇게 부를 수 있다면) 동안 통과했던 법령들에 대해서 계속적으로 말하고 있으며 그에 대한 결론을 내린다. 다음과 같은 내용들이 있다. I. 특별히 제9계명에 관련된 보편적인 의무에 대한 몇 가지 율법들이 있다. 이 율법들은 거짓 증언 하는 것(1절)과 부당한 재판(2-3, 6-8절)에 대해서, 그리고 우리의 원수들에게 선행을 베풀 것을 말하는 율법(4-5절)과 이방 나그네를 압제하지 말 것(9절)을 말하고 있다. II. 유대인들에게는 특별한 율법들이 있는데 안식년 법(10-11절)과 매년 세 번 지켜야 하는 절기(14-17절), 그리고 이 규례들에 관련된 몇 가지 조항들이 있다. III. 이스라엘 백성들의 순종에 따라 하나님께서 이스라엘 백성들을 위해 시작하신 자비하심을 다음과 같이 온전히 이루시겠다고 약속하신다. 하나님께서 광야를 통과하도록 그들을 인도하실 것이다(20-24절). 하나님께서 그들이 소유한 모든 것을 번성케 하실 것이다(25-26절). 하나님께서 그들로 하여금 가나안 땅을 소유하도록 하실 것이다(27-31절). 그러나 이스라엘 백성들은 자신들의 특성을 잃어버리고 열방 민족들과 혼합되어서는 안 되는 것이다(32-33절).

1너는 거짓된 풍설을 퍼뜨리지 말며 악인과 연합하여 위증하는 증인이 되지 말며 2
다수를 따라 악을 행하지 말며 송사에 다수를 따라 부당한 증언을 하지 말며 3가난
한 자의 송사라고 해서 편벽되이 두둔하지 말지니라 4네가 만일 네 원수의 길 잃은
소나 나귀를 보거든 반드시 그 사람에게로 돌릴지며 5네가 만일 너를 미워하는 자
의 나귀가 짐을 싣고 엎드러짐을 보거든 그것을 버려두지 말고 그것을 도와 그 짐
을 부릴지니라 6너는 가난한 자의 송사라고 정의를 굽게 하지 말며 7거짓 일을 멀리
하며 무죄한 자와 의로운 자를 죽이지 말라 나는 악인을 의롭다 하지 아니하겠노
라 8너는 뇌물을 받지 말라 뇌물은 밝은 자의 눈을 어둡게 하고 의로운 자의 말을
굽게 하느니라 9너는 이방 나그네를 압제하지 말라 너희가 애굽 땅에서 나그네 되
었었은즉 나그네의 사정을 아느니라

이 본문에는 두 가지 사안이 언급되어 있다.

I. 사법 재판 절차에 관련된 경고들이 있다. 이스라엘 백성들은 다른 어느 민족이 가졌던 것보다도 더 나은 율법을 가졌다고 하는 것만으로는 충분하지 않은 것이다. 그러한 율법에 따라 정당한 공의를 집행하는 것에 더 관심을 기울여야만 했던 것이다.

1. 증인들에게 다음과 같이 경고하고 있다. 그들은 무죄한 사람에 대해서 거짓 보고를 함으로써나 그에 대한 그릇된 소문을 냄으로써 고발을 당하도록 만들어서는 안 된다. 또한 무죄한 자를 기소하는 것을 돕거나 혹은 자신들이 알지 못하는 사람에 대한 증인으로서 맹세하며 자신들의 손을 얹음으로써 죄가 있는 것으로 만들어서도 안 된다(1절). 누군가의 생명이 달린 문제에 있어서 그 사람에 대한 거짓 증언을 하는 것은 그 거짓 증언 안에 있는 거짓말, 위증, 악의, 도둑질, 그리고 살인과 같은 죄를 모두 짓는 것이다. 또한 거짓 증언은 모든 것을 정의로운 체하며 모든 사람을 같은 죄에 빠지게 만든다. 사람이 범할 수 있는 죄 중에 이 거짓 증언이 가지고 있는 것보다 더 많은 악한 죄목들을 가지고 있는 어떠한 사악한 행위도 없다. 그러나 이 경고의 전반부는 재판 절차뿐만 아니라 일상적인 대화에까지도 확대되어야만 한다. 그러므로 남을 중상하고 헐뜯는 것도 거짓 증언의 한 부분이 되는 것이다. 한 사람의 재산이나 생명이 재판관이나 배심원에 의해서 좌우되듯이, 한 사람의 평판은 모든 동료에 의해서 좌우되는 것이다. 그러므로 자신의 이웃에 대해서 거짓된 말을 하거나 고의로 소문을 퍼뜨리는 자는, 특별히 그 말이 누구나 존경하는 지혜롭고 선한 사람들의 평판에 대해서 이루어지는 것이라면, 거짓 증언으로 인해서 죄를 짓는 것만큼이나 진리와 정의, 그리고 자비의 법에 대해서 죄를 짓게 되는 것이다. 이러한 죄와 더불어 더 악한 해악이 있다. 그 해악은, 거짓 증언 하는 자가 그 거짓 증언에 대한 구제를 피해자의 수중에 두지 않는다는 것이다. 우리가 "너는 … 을 퍼뜨리지 말며"라고 번역한 문장의 내용이 가지고 있는 여백을 읽으면 "너는 거짓된 풍설을 듣지 말라"라는 의미를 가지고 있는 것이다. 이러한 경우에 그러한 거짓된 풍설을 듣는 것은 때때로 도둑과 같이 나쁜 짓을 하는 것이다. 뒤에서 험담하는 혀는 만약에 사람들의 동조를 받지 않는다면 그렇게 많은 해악을 끼치게 되는 것은 아니다. 때때로 우리는 거짓된 풍설을 듣지 않을 수 없다. 그러나 우리는 그러한 풍설을 받아들이지 않아야만 한다. 즉,

우리는 공정하지 못하게 우리가 좋아하는 사람들과 함께 그 풍설을 듣는 것을 즐기는 마음으로 들어서는 안 된다. 또한 그 진위에 대해서 의문이 남아 있는 한 결코 그 풍설에 신뢰를 두어서는 안 되는 것이다. 이렇게 하는 것은 우리 이웃의 귀한 이름을 사랑하는 것이며, 또한 우리가 그렇게 대접받기를 바라는 것처럼 행하는 것이다.

2. 본문에서 재판관들은 재판을 굽게 하지 않도록 경고를 받는다.

(1) 재판관들은 판결을 내리는데 있어서 권력이나 다수의 지배를 받아 자신들의 양심을 결코 거슬러서는 안 된다(2절). 유대인들에게 있어서 소송들은 재판관 일동에 의해서 심리되었다. 그리고 판결은 투표의 다수결에 따라 내려졌다. 모든 특별한 공의를 낳게 하는 투표는 진실에 따라 이루어져야만 한다. 그러한 투표는 재판관에게 가장 엄격하고 가장 공정한 물음인 것처럼 여겨졌기 때문이다. 그러나 비록 다수의 사람들과 그들의 주장들 혹은 많은 다수의 판결문(우리는 라빔을 '다수'라고 번역함)이 있다 할지라도, 더 나이가 들고 존경할 만한 재판관들은 다른 결론을 내렸다. 그러므로 (우리들과 마찬가지로) 유대 사회에서는 재판관 일동 중에서 연륜이 적은 재판관이 선배 재판관의 권위에 의해서 흔들리거나 지배당하는 일이 없도록 먼저 투표를 했다. 재판관들은 같은 당의 사람들이거나, 동료 재판관의 지인(知人)들이라고 차별대우를 해서는 안 된다. 또한 이 구절의 전반부는 재판관들뿐만 아니라 모두에게 일반적인 규칙을 말해주고 있다: **다수를 따라 악을 행하지 말며.** 일반적인 관례는 결코 우리가 나쁜 행실을 이행하는 것을 용납해주지 않을 것이다. 넓은 길은 많은 사람들이 추종하며 따라간다고 해서 더 나은 것도 더 안전한 것도 아닌 것이다. 우리는 다수의 사람들이 무엇을 하는지를 물을 것이 아니라 우리가 무엇을 해야 할지에 대해서 물어야만 한다. 우리는 우리의 동료 종들에 의해서가 아니라 우리의 주님에 의해서 심판을 받아야 하기 때문이다. 친구를 위해서 기꺼이 지옥에 간다고 하는 것은 너무나 큰 희생을 치르는 것이다.

(2) 재판관들은 그릇된 판결을 내려서는 안 되는데, 비록 가난한 사람들을 위해서일지라도 재판을 결코 굽게 해서는 안 되는 것이다(3절). 모든 소송은 바르게 판단되어야만 하며 잘못된 것은 벌을 받아야만 한다. 공의는 결코 편견적인 것이 아니며, 자선이나 동정심이라고 하는 위선 아래 묵인해주는 위법행위도 아닌 것이다. 만약에 가난한 사람이 나쁜 사람이고 나쁜 일을 행한다면,

가난하다고 하는 것 때문에 그로 하여금 더 나은 것을 얻도록 해서는 안 된다(신 1:16-17).

(3) 재판관들은 가난한 사람을 봐줌으로써 판결을 굽게 해서는 안 된다. 또한 그 가난한 사람은 자신 스스로를 변호할 만한 돈을 가지고 있지 못하기 때문에 그 가난한 자가 잘못된 판결을 받음으로 해서 고통을 받게 해서도 안 된다. 그 가난한 자들의 소송이 선하고 정직한 것이라고 한다면, 재판관들은 스스로 가난한 자들을 옹호해주는 변호자들이 되어야만 한다(6절): "**너는 가난한 자의 송사라고 정의를 굽게 하지 말라.** 그들은 너의 가난한 자들이며, 너희의 뼈 중의 뼈이며, 너희의 가난한 이웃들이고, 너희의 가난한 형제들임을 기억하라. 그러므로 가난한 것 때문에 그들에게 더 나쁜 상황이 닥치지 않도록 하라."

(4) 재판관들은 악한 송사를 돕거나 부추기는 생각들을 두려워해야만 한다(7절): "**거짓 일을 멀리 하며.** 너희 자신을 그러한 것으로부터 지킬 뿐만 아니라, 너희가 그러한 일에 관련이 없다고 말하는 것으로 충분한 것이라고 생각하지 않도록 하라. 마치 그러한 것을 위험한 뱀처럼 두려워하여 멀리 피하도록 하라. 너희는 너희 자신의 손으로 결코 무죄한 자들과 의로운 자들을 죽여서는 안 된다. 그러므로 거짓 일로부터 멀리 떨어져 있으라. 너는 알지 못할 수도 있다. 그러나 의로우신 하나님께서는 그러한 악한 일을 벌 받지 않도록 놓아 두시지 않을 것이다: **나는 악인을 의롭다 하지 아니하겠노라.**" 즉, "나는 다른 사람들을 부당하게 매도한 사람을 정죄할 것이다." 재판관들은 자신들 스스로가 위대한 재판관이신 하나님께 담당해야 할 책임을 지고 있는 자들이다.

(5) 재판관들은 뇌물을 받아서는 안 된다(8절). 재판관들은 부당한 판결을 내리도록 하는 뇌물에 의해서 영향을 받아서는 안 된다. 그 뇌물은 무죄한 자를 정죄하게 하며, 죄인을 죄가 없다고 해주게 만들고, 어떤 사람의 권리를 앗아가도록 하는 부당한 판결을 내리게 만든다. 또한 재판관들은 뇌물이 자신들에게 나쁜 영향을 끼쳐 자신들의 의도와는 반대로 자신들을 주도하지 못하도록 하기 위해서 어떠한 뇌물도 받아서는 안 된다. 뇌물은 받지 않으면 일을 잘 처리할 사람들의 눈을 멀게 하는 이상한 경향을 가지고 있기 때문이다.

(6) 재판관들은 이방인들을 압제해서는 안 된다(9절). 비록 이방인들이 이스라엘 백성들 중에서 땅을 상속받지 못한다 할지라도, 그들은 자신들에게 이루어진 공의를 가져야만 하며 그들 자신의 소유를 평화스럽게 누려야만 한다.

그리고 비록 그들이 이스라엘 국가에 이방인이라 할지라도, 부당한 취급을 받을 경우에 이를 시정(是正)해 주어야만 하는 것이다. 어떤 외국인이 반역죄가 아닌 어떠한 죄목으로 인해서 소송을 당할 때, 그가 원한다면 그 자신의 배심원의 절반은 외국인들이 될 수 있도록 한 것은 우리(영국) 법이 가진 공정성과 장점을 보여주는 한 예가 될 것이다. 우리는 이것을 이방인들이 압제받지 않을 수 있는 소송이라고 부른다. 여기 본문에 주어진 이유는 출 22:21에 있는 이유와 동일한 것이다. **너희가 나그네 되었은즉** 이라고 하는 어구는 **너희는 나그네의 사정을 아느니라** 라는 어구로 세련되고 기품 있게 강조된다. 너희는 아주 서글픈 경험을 겪음으로 인해서 나그네의 슬픔과 두려움이 무엇인지 알고 있다. 그러므로 좀 더 용이하게 너희들의 마음은 그들의 마음을 이해할 수 있을 것이다.

Ⅱ. 우호적인 친절에 대한 명령들이 있다. 우리들은 기회가 닿는 대로 어느 누구를 위해서도, 심지어 우리들에게 악한 일을 행한 사람들에게조차도 모든 선한 일을 할 준비가 되어 있어야만 한다(4-5절). 우리의 대적들을 사랑하고 우리를 미워하는 자들에게 선을 행하라고 하는 명령은 새로운 계명일 뿐만 아니라 옛 계명이기도 하다(잠 25:21-22). 이것은 다음과 같은 내용들을 암시하고 있는 것이다.

1. 우리가 이러한 친절과 호의를 대적을 위해서 해야 한다면, 비록 본문에 대적만이 언급되어 있다 할지라도, 우리는 훨씬 더 친구들에게 그러한 친절을 베풀어야만 한다. 어느 누구도 누군가에 대해서 어떤 특별한 악의나 원한을 가지고 있지 않다면 그 어느 누구에게도 비우호적으로 대하지 않을 것이기 때문이다.

2. 만약에 우리 대적이 당하는 손실과 피해를 막지 않는 것이 잘못하는 것이라면, 그 대적에게나 그가 가지고 있는 소유물들에게 손실과 피해를 주게 되는 것은 얼마나 더 나쁜 일이 되겠는가!

3. 우리는 우리 이웃의 가축들이 길을 잃었을 때 그 주인에게로 데려다 주어야만 한다. 그렇다면 우리는 우리 이웃들이 어떤 죄악의 길에서 방황하고 있을 때 현명한 조언과 지도로 그들을 돌아오게 하기 위해서 훨씬 더 노력해야만 하는 것이다. 약 5:19-20을 보라. 우리는 구덩이에 빠진 나귀를 일으켜 세워 나오도록 도와주어야만 한다. 그렇다면 우리는 위로와 격려로 나락으로 떨어져

내려가는 영혼을 도와 일으켜 세우기 위해 훨씬 더 노력해야만 하는 것이다. 마음에 두려워하는 자들에게 강하라 라고 말하면서 그들을 세워야만 하는 것이다. 우리는 우리 자신의 안녕과 평안을 찾듯이 다른 사람들의 안녕과 평안을 찾아야만 하는 것이다(빌 2:4). 네가 말하기를 나는 그것을 알지 못하였노라 할지라도 마음을 저울질 하시는 이가 어찌 통찰하지 못하시겠느냐 (잠 24:11-12).

[10]너는 여섯 해 동안은 너의 땅에 파종하여 그 소산을 거두고 [11]일곱째 해에는 갈지
말고 묵혀두어서 네 백성의 가난한 자들이 먹게 하라 그 남은 것은 들짐승이 먹으
리라 네 포도원과 감람원도 그리할지니라 [12]너는 엿새 동안에 네 일을 하고 일곱째
날에는 쉬라 네 소와 나귀가 쉴 것이며 네 여종의 자식과 나그네가 숨을 돌리리라
[13]내가 네게 이른 모든 일을 삼가 지키고 다른 신들의 이름은 부르지도 말며 네 입
에서 들리게도 하지 말지니라 [14]너는 매년 세 번 내게 절기를 지킬지니라 [15]너는 무
교병의 절기를 지키라 내가 네게 명령한 대로 아빕월의 정한 때에 이레 동안 무교
병을 먹을지니 이는 그 달에 네가 애굽에서 나왔음이라 빈 손으로 내 앞에 나오지
말지니라 [16]맥추절을 지키라 이는 네가 수고하여 밭에 뿌린 것의 첫 열매를 거둠이
니라 수장절을 지키라 이는 네가 수고하여 이룬 것을 연말에 밭에서부터 거두어
저장함이니라 [17]네 모든 남자는 매년 세 번씩 주 여호와께 보일지니라 [18]너는 네 제
물의 피를 유교병과 함께 드리지 말며 내 절기 제물의 기름을 아침까지 남겨두지
말지니라 [19]네 토지에서 처음 거둔 열매의 가장 좋은 것을 가져다가 너의 하나님 여
호와의 전에 드릴지니라 너는 염소 새끼를 그 어미의 젖으로 삶지 말지니라

이 본문에는 다음과 같은 내용들이 있다.

I. 안식년 제도에 관한 내용이 있다(10-11절). 매 7년마다 땅은 안식하도록 해야만 했다. 이스라엘 백성들은 안식년이 시작될 때 땅을 갈거나 파종을 해서는 안 되었다. 그러므로 안식년의 끝에는 큰 수확을 기대할 수 없었다. 그러나 저장해 놓은 것이 아니라 땅이 스스로 산물을 내는 것을 하루 벌어 하루 살듯이 먹어야만 했다. 이 제도는 다음과 같은 목적들을 위해서 계획된 것이었다.

1. 하나님께서 이스라엘 백성들을 인도해 들이시는 땅이 얼마나 풍요로운 땅인가를 보여주시기 위함이었다. 즉, 그렇게나 많은 사람들이 외국 무역이 없이도 그렇게 적은 지역에서 나는 산물로 풍요로움을 누릴 수 있었다고 하는 것

이다. 더군다나 매 여섯 번째 해에 늘어나는 소출을 저축할 수 있었다고 하는 것이다.

2. 이스라엘 백성들은 대지주가 되시는 하나님을 의지해야 되며 그들의 땅의 소산물을 그분께서 원하시는 대로 사용해야 함을 그들에게 알려 주시기 위함이다. 우리는 훗날 그들이 이 계명에 불순종함으로 인해서 그 약속을 상실하게 됨을 발견하게 된다(대하 36:21).

3. 이스라엘 백성들에게 그들의 의무를 이행하는 동안에 하나님의 섭리를 신뢰하도록 가르치기 위함이다. 즉, 여섯 번째 날의 만나가 이틀 동안의 양식이 되었던 것처럼, 여섯 번째 해의 늘어난 소출은 2년 동안의 생계를 유지하도록 해주는 것이다. 그러므로 이스라엘 백성들은 자신들의 목숨을 위하여 염려하지 않는 법을 배워야만 했다(마 6:25). 만약에 우리가 우리들의 일들에 신중하고 근면하다면, 우리는 일용할 양식을 우리들에게 공급해 주시는 하나님의 섭리를 믿어야만 하는 것이다.

Ⅱ. 매주 지키는 안식에 대해서 말하는 네 번째 계명이 반복되어 언급된다(12절). 이스라엘 백성들은 안식년에서조차도 안식일은 다른 날들과 같은 것이라고 생각해서는 안 되었다. 안식년이라 할지라도 안식일은 종교적으로 준수되어야만 했던 것이다. 그러나 몇몇 사람들은 모든 날이 안식일이 되어야만 한다고 말하면서 안식일의 준수를 폐지하려고 노력한다.

Ⅲ. 이 본문에서는 이방신들을 경외하던 모든 행위들을 엄격히 금지하고 있다(13절). 이러한 모든 훈계들에 대한 내용을 가지고 있는 이 구절의 서두에 일반적인 경고가 붙어있다: **내가 네게 이른 모든 일을 삼가 지키고.** 우리는 오른편이나 왼편으로 우리의 길을 잃어버릴 위험이 있다. 그렇게 된다면 우리는 위험에 처하게 되는 것이다. 그러므로 우리는 우리를 살펴볼 필요가 있는 것이다. 사람은 단순한 부주의함으로 인해서 자신을 망칠 수 있는 것이다. 매우 신중하고 사려 깊지 않고서는 자신을 지킬 수 없는 것이다. 우상 숭배는 이스라엘 백성들이 매우 심각하게 빠져들었던 죄악이었고 그 유혹이 심히도 큰 죄였다. 그렇기 때문에 그들은 이방 신들에 대한 기억을 지워버리기 위해서 노력해야만 했고, 말에 있어서도 모든 미신적인 형태를 사용하지 않고 잊어버려야만 했으며, 그러한 것들을 결코 언급하지 말고 혐오스럽게 여겨야만 하는 것이었다. 기독교 학교들에서도(놀이 극장들을 개혁한다는 것은 별로 소용이 없는

일이기 때문에) 이방 신들 심지어 귀신의 이름들이나 이야기들이 존경심을 불러일으키도록, 그리고 때로는 기원하는 형태로 사용되고 있다. 그러나 이와 같은 것들이 그렇게 널리 친숙하게 사용되지 않기를 정말로 바라는 것이고, 그렇게 되도록 해야만 한다. 우리들은 정말로 그렇게 그리스도를 배우지 아니하였다.

Ⅳ. 하나님께서 선택하신 곳에서 하나님에 대한 이스라엘 백성들의 엄숙한 종교적인 예식을 준수할 것을 엄격하게 요청하고 계신다(14-17절).

1. 이스라엘 백성들의 모든 남자들은 일 년에 세 차례씩 거룩한 회집에 함께 모여야만 했다. 이렇게 함으로써 그들은 서로 간에 더욱 잘 알 수 있었을 것이고 사랑했을 것이며, 존귀하고 특별한 백성으로서 자신들의 공동체를 유지할 수 있었을 것이다.

2. 이스라엘 백성들은 여호와 앞에 함께 모여야만 했다(17절). 그분의 영광이 머물고 있는 장소를 바라보면서 그분 앞에 자신들의 모습을 보이기 위한 것이며, 자신들의 모든 즐거움들을 가지도록 해주신 그들의 위대한 여호와가 되시는 하나님께 자신들의 경의를 드리기 위해서인 것이다.

3. 이스라엘 백성들은 함께 먹고 마시면서 여호와 앞에서 함께 축제를 벌여야만 했다. 이 축제는 하나님 안에 있는 자신들의 기쁨과 그들에 대한 그분의 선하심에 감사하는 마음의 표시로서 가지는 것이다. 잔치는 희락을 위하여 베푸는 것이기 때문이다(전 10:19). 오! 우리는 얼마나 선하신 주인을 섬기는 것인가! 그분께서는 자신의 종들이 기다리고 있을 때 그들에게 축제를 베풀어주시고, 자신 앞에서 즐거워하는 것을 우리의 의무가 되게 하신 분이시다! 종교의 엄숙한 예배가 품위 있는 축제들이 될 때, 그러한 종교를 결코 우울하고 침울한 것이라고 부르지 않도록 하자.

4. 이스라엘 백성들은 하나님 앞에 빈 손으로 나와서는 안 되었다(15절). 그들은 자신들에게 은혜를 베푸신 위대하신 분에게 자신들의 존경을 나타내는 표시로서 자발적인 예물을 가져와야만 했다. 이스라엘 백성들이 빈 손으로 오는 것이 허락되지 않은 것처럼, 우리들도 하나님을 예배하기 위해서 정성이 없는 빈 마음으로 와서는 안 되는 것이다. 우리들의 영혼은 은혜와 경건, 그분을 향한 헌신된 사랑과 거룩한 소망, 그리고 그분에게 우리 자신들을 드리려는 헌신의 마음으로 가득 차 있어야만 하는 것이다. 하나님께서는 그러한 희생 제물들을 매우 기뻐하시기 때문이다.

5. 봄, 여름, 가을에 있는 유월절, 맥추절, 수장절은 이스라엘 백성들이 하나님 앞에 나오도록 정해진 세 가지 절기였다. 겨울에는 절기가 없었는데 그것은 겨울에는 여행하는 것이 불편했기 때문이었다. 또한 추수 중간에도 절기가 없었는데 추수기에는 이스라엘 백성들이 일에 종사해야 했기 때문이었다. 그러므로 이스라엘 백성들은 하나님께서 그들로 하여금 제물을 드리는 노역을 하도록 했다고 하거나 분향하는 일로 그들을 피곤하게 했다고 말할 이유가 없었던 것이다.

V. 비록 뒤에 나오는 것만큼 온전하지는 않을지라도 세 가지 절기에 대한 어떤 특별한 지시사항들이 이 본문에 주어져 있다.

1. 유월절에는 유교병으로 제사를 드려서는 안 되었다. 모든 누룩이 유월절에는 버려져야만 했고, 유월절에 사용된 기름은 상하지 않도록 하기 위해서 아침까지 남겨두어서는 안 되었다(18절).

2. 이스라엘 백성들이 추수를 시작하는 맥추절에 그들은 자신들의 첫 소산의 첫 것을 하나님께 가져와야만 했다. 경건하게 드림으로 해서 모든 수확물이 성별되었다(19절).

3. 16절에서 일컬어지는 대로 거두어들이는 절기(수장절)에 이스라엘 백성들은 자신들이 받은 추수의 자비하심에 대해서 하나님께 감사를 드려야만 하며, 다음 추수를 위해서 그분에게 맡겨야만 하는 것이다. 그들은 또한 몇몇 이방인들이 사용한 미신적인 방법으로 은혜를 받으려고 생각해서도 안 되었다. 이방인들은 자신들의 추수 뒤에 다음 해에 좀 더 풍성한 수확을 거두어들이기 위해서 염소 새끼를 그 어미의 젖으로 삶아 그 우유 국물을 마술적인 방법으로 자신들의 과수원과 밭에 뿌렸다고 한다. 그러나 이스라엘은 그러한 어리석은 풍습들을 혐오스럽게 여겨야만 했던 것이다.

[20]내가 사자를 네 앞서 보내어 길에서 너를 보호하여 너를 내가 예비한 곳에 이르게
하리니 [21]너희는 삼가 그의 목소리를 청종하고 그를 노엽게 하지 말라 그가 너희의
허물을 용서하지 아니할 것은 내 이름이 그에게 있음이니라 [22]네가 그의 목소리를
잘 청종하고 내 모든 말대로 행하면 내가 네 원수에게 원수가 되고 네 대적에게 대
적이 될지라 [23]내 사자가 네 앞서 가서 너를 아모리 사람과 헷 사람과 브리스 사람
과 가나안 사람과 히위 사람과 여부스 사람에게로 인도하고 나는 그들을 끊으리니

[24]너는 그들의 신을 경배하지 말며 섬기지 말며 그들의 행위를 본받지 말고 그것들
을 다 깨뜨리며 그들의 주상을 부수고 [25]네 하나님 여호와를 섬기라 그리하면 여호
와가 너희의 양식과 물에 복을 내리고 너희 중에서 병을 제하리니 [26]네 나라에 낙태
하는 자가 없고 임신하지 못하는 자가 없을 것이라 내가 너의 날 수를 채우리라 [27]
내가 내 위엄을 네 앞서 보내어 네가 이를 곳의 모든 백성을 물리치고 네 모든 원
수들이 네게 등을 돌려 도망하게 할 것이며 [28]내가 왕벌을 네 앞에 보내리니 그 벌
이 히위 족속과 가나안 족속과 헷 족속을 네 앞에서 쫓아내리라 [29]그러나 그 땅이
황폐하게 됨으로 들짐승이 번성하여 너희를 해할까 하여 일 년 안에는 그들을 네
앞에서 쫓아내지 아니하고 [30]네가 번성하여 그 땅을 기업으로 얻을 때까지 내가 그
들을 네 앞에서 조금씩 쫓아내리라 [31]내가 네 경계를 홍해에서부터 블레셋 바다까
지, 광야에서부터 강까지 정하고 그 땅의 주민을 네 손에 넘기리니 네가 그들을 네
앞에서 쫓아낼지라 [32]너는 그들과 그들의 신들과 언약하지 말라 [33]그들이 네 땅에
머무르지 못할 것은 그들이 너를 내게 범죄하게 할까 두려움이라 네가 그 신들을
섬기면 그것이 너의 올무가 되리라

이 본문에는 이스라엘 백성들로 하여금 자신들의 의무를 수행케 하고 그 의무 안에 있는 그들을 격려하기 위해서 세 가지 은혜로운 약속들이 이스라엘에게 주어지고 있다. 이 각각의 약속들은 몇 가지 필요한 훈계들과 그것과 결합된 주의 사항들을 가지고 있다.

I. 이스라엘 백성들은 광야를 지나서 약속의 땅에 이르기까지 그들의 여정에 있어서 인도를 받을 것이고 보호될 것임을 약속 받는다. 내가 사자를 네 앞서 보내어(20절), 내 사자가(23절). 어떤 사람은 이 사자를 지음 받은 천사로서 이스라엘 진영을 인도하고 보호하는 일을 담당하는 하나님의 섭리의 사역자라고 말한다. 하나님께서 이스라엘 백성들을 특별히 보호하심과 그들을 시중드는 것을 그 사자의 일로 만드시기 위해서 하나님 자신의 중요한 종들 중의 하나를 지명하신 것을 보여주는 것일 수 있다. 또한 그들은 아무런 대가를 바라지 않음을 알 수 있다. 또한 다른 사람들은 그 사자가 언약의 사자인 하나님의 아들이라고 생각한다. 광야에서 이스라엘 백성들은 그리스도를 시험했다고 전해지기 때문이다. 또한 우리는 그를 하나님의 사자 그리고 창세 이후 죽임을 당한 어린 양으로서 성육신하시기 전의 교회의 구속자로 생각할 수 있을 것이다.

우리는 당연히 그분께서 이스라엘을 구원하시고 인도하시는 것을 기뻐하셨을 것이라는 것을 생각할 수 있다. 그러한 일들은 그분이 수행하시는 바로 그 위대하신 일들이었기 때문이다. 이 축복의 사자가 이스라엘 백성들이 가는 길에서 그들을 보호할 것을 약속하신다. 비록 그 길이 처음에는 광야를 통과하고 나중에는 대적의 나라들을 지나게 된다 할지라도 그들을 보호하신다는 것이다. 그러므로 하나님의 영적인 이스라엘은 이 땅의 광야를 통과할 때, 그리고 지옥문의 저주로부터 보호를 받을 것이다. 또한 하나님께서 이스라엘 백성들을 위해 계획하시고 준비하신 곳으로 그 사자가 그들을 인도할 것임을 약속하신다. 따라서 그리스도께서는 자신을 따르는 사람들을 위해 한 장소를 예비하시고 그 곳에서 그들을 보존해 주실 것이다. 그리스도께서는 자신에게 속한 자에게 신실하시기 때문이다. 이 약속에 결부된 훈계는, 이스라엘 백성들은 하나님께서 그들 앞에 보내실 이 사자를 따르고 순종하라고 하는 것이다(21절): "모든 일에 있어서 **삼가 그의 목소리를 청종하라.** 어떠한 일에 있어서도 **그를 노엽게 하지 말라.** 만약에 너희들이 그를 노엽게 한다면 너희들의 허물이 될 것이고 하나님께서 **너희의 허물을 벌하실 것이기** 때문이다."

1. 그리스도께서는 자신에게 순종하는 자들에게만 구원의 창조주가 되시는 것이다. 명령의 말씀은 **너희는 그의 말을 들으라는 것이다**(마 17:5). 그분께서 **분부하신 것을 지키라**(마 28:20).

2. 우리가 필요로 하는 것은 하나님의 권능과 선하심에 달려 있는 것이라고 하는 것은 우리로 하여금 두려운 마음으로 순종하도록 하게 만든다. 우리는 우리들의 보호자가 되시며 은혜를 베푸시는 분을 노엽게 하지 않도록 조심해야만 한다. 만약에 우리들을 보호하심이 우리로부터 떠나고 그분의 선하심의 은총의 물줄기가 끊어진다면, 우리는 내버려진 존재가 되는 것이기 때문이다. 그러므로 "삼가라. 모든 경외와 유의함을 가지고 그분에게 지속적으로 삼가도록 하라. **여호와와 그분의 선하심을 경외하라.**"

3. 그리스도께서는 자신에게 신실한 자들에게 신실하실 것이며, 자신에게 속해 있는 자들의 일을 돌아보실 것이다: **내가 네 원수에게 원수가 되고 네 대적에게 대적이 될지라**(22절). 그 연합은 아브라함의 연합과 같이 공격적이며 방어적인 것이 될 것이다. **너를 축복하는 자에게는 내가 복을 내리고 너를 저주하는 자에게는 내가 저주하리니.** 그러므로 하나님께서는 자신의 백성들의 이해와 교제

에 자신의 이해와 교제를 함께 하시기를 기뻐하시는 것이다.

Ⅱ. 이스라엘 백성들은 가나안 땅에 안주하게 됨을 약속받는다. 그들은 이제 (비록 다른 결과를 가져왔지만) 몇 개월 안에 가나안을 소유하게 될 것을 희망하게 되었다(24-26절). 이 본문에서 다음과 같은 내용들을 관찰해보자.

1. 이 약속의 조건들은 얼마나 합리적인 것이었는가! 이스라엘 백성들은 단지 그들 자신들의 하나님만을 섬기기만 하면 되는 것이었다. 그분은 유일하신 참 하나님이시고 열방의 신들이 아니신 분이셨다. 열방의 신들은 결코 신이 아니기 때문에 이스라엘 백성들이 어떤 경배를 드릴 이유가 전혀 없는 것이다. 이스라엘 백성들은 그 열방의 신들을 경배해서는 안 될 뿐만 아니라 그들을 철저히 던져버려야만 했다. 이러한 이스라엘 백성들의 행위는 우상 숭배를 철저히 혐오스럽게 여긴다고 하는 것과 그들이 절대로 우상들을 경배하지 않겠다고 하는 다짐, 그리고 그 신들을 경배하는 것의 어떠한 것도 방지하겠다고 하는 그들의 마음을 보여주는 표시가 되는 것이다. 회심한 마술사들이 자신들의 책을 불살랐던 것과 같은 것이다(행 19:19).

2. 이 약속의 구체적인 내용들이 얼마나 풍요로운가! (1) 이스라엘 백성들은 양식이 풍요로움을 인해서 위안을 얻게 된다. 그분께서 너의 양식과 물을 축복하실 것이다. 하나님의 축복은, 그 축복이 없는 보잘것없는 것들을 가지고 행하는 기름과 술의 잔치보다 그 양식과 물을 더욱 신선하고 영양가 있는 것으로 만들어줄 것이다. (2) 이스라엘 백성들의 건강이 지속될 것이다: "내가 질병을 제할 것이다. 질병을 예방하거나 제거하는 것이다. 때로는 나라들을 초토화시키는 매우 무시무시한 전염병들이 너희의 땅을 침범하지 못할 것이다." (3) 이스라엘 백성들의 부가 증가할 것이다. 그들의 가축은 새끼를 밸 것이고 새끼들을 낙태하지 않을 것이다. 이러한 것은 번창의 예로서 언급된다(욥 21:10). (4) 이스라엘 백성들은 장수의 축복을 받게 될 것이다: "내가 너의 날 수를 채울 것이다. 그러므로 예기치 못한 죽음으로 삶의 중도에서 끊어지지 않을 것이다." 그러므로 하나님을 섬기는 것은 금생에 대한 약속을 가지는 것이다.

Ⅲ. 이스라엘 백성들은 그들의 적인 가나안 땅의 현재 거주민들을 정복하고 복속시킬 것이라는 약속을 받는다. 이 가나안 족속들은 이스라엘 백성들이 거주할 지역을 만들기 위해서 쫓겨나야만 하는 자들이었다. 하나님께서는 이러한 일을 다음과 같은 방법으로 행하실 것이다.

1. 그분의 권능을 사용해 효과적으로 이루실 것이다(17-18절): 이스라엘의 칼과 활로 이 일을 이루시기보다는 하나님께서 친히 가나안 족속들을 치실 두려움으로 하실 것이다. 그 족속들은 이스라엘에게 굴복하지 않고, 그들의 나라를 포기하지 않으며, 다른 곳으로 물러가지 않을 정도로 목이 곧았다. 그러나 그 족속들은 너무나 낙담이 되어서 이스라엘 백성들을 대적할 수 없었다. 이렇게 해서 그들은 완전히 파멸되었다. 그 족속들 안에 있는 사탄의 힘이 너무나 강해서 그들은 저항하고자 했다. 그러나 하나님께서는 그들을 능가하는 권능을 가지고 계셔서 그들은 저항할 수가 없었다. **내가 내 위엄을 네 앞서 보낼 것이다.** 그러면 두려워하는 자들은 곧 도망할 것이다. 왕벌 떼가 이스라엘 백성들을 위한 길을 만들었다. 하나님께서는 애굽에 재앙을 내리실 때와 같이 자신의 백성들의 대적들을 징계하시기 위해서 그렇게나 미천한 피조물들도 사용하실 수 있다. 하나님께서 기뻐하시면 왕벌 떼가 가나안 족속들을 쫓아내게 하실 수 있는 것이다(수 24:12). 뿐만 아니라 사자들도 가나안 족속들을 쫓아내게 하실 수 있을 것이다.

2. 하나님께서는 지혜롭게 한꺼번에 이루시는 것이 아니라 조금씩 점차적으로 이루실 것이다(29-30절). 이스라엘이 한 민족으로 성장할 때까지 가나안 족속들이 그 땅을 점유하고 있을 것이다. 그러므로 이스라엘이 전체를 가득히 채우기에 충분하게 자랄 때까지 그 족속들 중의 얼마는 여전히 남아 있게 될 것이다. 하나님의 지혜는 교회의 유익을 위해 점차적으로 조금씩 진행한다고 하는 점에서 관찰되어야만 한다. 교회의 대적들이 조금씩 점차로 굴복되게 하시는 것은 교회에 정말로 좋은 것이다. 그렇게 함으로써 우리는 우리의 경계를 늦추지 않게 되며 하나님을 지속적으로 의지하기 때문이다. 하나님의 백성들의 마음에서 부패함을 한꺼번에 몰아내시는 것이 아니라 조금씩 몰아내시는 것이다. 옛 사람은 십자가에 못 박혔기 때문에 서서히 죽어가는 것이다. 하나님의 섭리 가운데 그분께서는 종종 자비 베푸심을 지연시키신다. 우리가 그 자비를 받을 준비가 되어 있지 않기 때문이다. 가나안은 이스라엘을 수용하기에 충분하였지만, 이스라엘은 가나안을 점유하기에 충분한 숫자가 되지 않았다. 우리는 하나님 안에서 제한되지 않는다. 만약에 우리가 제한된 것이라면 그것은 우리 자신들 안에서 일 뿐이다. 가나안 땅은 그 최대한 넓은 지역에 이르기까지 이스라엘 백성들에게 허락되었다(31절). 그러나 그들은 그 땅을 다윗의

시대에 이를 때까지 소유하지 못했다. 그리고 이스라엘 백성들은 자신들의 죄로 인해서 그 땅을 곧 상실하게 되었다. 이 약속에 덧붙여진 훈계는 이스라엘 백성들은 우상 숭배자들과 어떠한 교제나 친분도 나누어서는 안 된다고 하는 것이다(32-33절). 우상 숭배자들은 자신들의 우상 숭배를 포기하지 않는 이상 그 땅에 거주하는 것조차도 허용되어서는 안 되었다. 그러므로 이스라엘 백성들은 거짓 신들을 경배하는 자들과 교제한다고 하는 비난과, 그들과 함께 우상 숭배에 빠지는 위험을 피해야만 하는 것이다. 우상 숭배자들과 친밀한 교제의 대화를 통해서 이스라엘 백성들이 죄를 혐오하고 두려워하는 것이 점차로 없어지게 되는 것이다. 이스라엘 백성들은 자신들의 친구들에게 경의를 표현하는 의미로 그들의 신들에게 약간의 경배를 하는 것은 해가 되지 않는다고 생각할 수 있다. 그러나 그렇게 되면 그들은 점차로 심각한 덫에 빠져 들어가게 될 것이다. 나쁜 길에 빠지지 않기 원하는 사람은 나쁜 친구를 멀리해야만 하는 것이다. 나쁜 이웃과 사는 것은 위험한 것이다. 우리가 자신들을 잘 살피지 않는다면 다른 사람의 죄들은 우리의 덫이 되는 것이다. 우리는, 우리가 하나님을 대항해서 죄를 짓도록 하는 사람들과 있는 것이 가장 커다란 위험이라고 하는 사실을 항상 주목해야만 한다. 어떠한 우정으로 가장되어 있다 할지라도 그것은 우리로 하여금 우리의 의무를 저버리게 하는 우리의 가장 사악한 대적인 것이다.

제 24 장

개요

하나님과 이스라엘 사이의 중재자로서 모세는 이전 세 장에 걸쳐서 하나님으로부터 개인적으로 여러 가지의 율법과 규례들을 받았다. 본 장에서 모세는 I. 백성들에게 내려와서 그들에게 그가 받았던 율법들을 알려 주고 그 율법들에 대한 그들의 동의를 얻는다(3절). 율법들을 기록하고 그 율법들을 백성들에게 읽어주고 백성들은 반복해서 자신들이 그 율법에 동의함을 말한다(4-7절). 그 때에 모세는 희생제사를 드리고 피를 뿌리며 백성들과 하나님 사이에 맺은 언약을 비준한다(5, 6, 8절). II. 모세는 하나님으로부터 다른 지시사항들을 더 받기 위해서 하나님에게 다시 돌아간다. 모세는 이전에 하나님과 함께 있었던 곳에서 물러났다가 다시 하나님께로 부름을 받는다(1-2절). 모세는 장로 70인과 함께 올라갔고 하나님께서는 그들에게 자신의 영광을 드러내셨다(9-11절). 모세는 산으로 올라오라고 하는 명령을 받는다(12-13절). 나머지 사람들은 아래에 머물러 있으라는 명령을 받는다(14절). 모든 백성들은 시내 산 꼭대기에 있는 영광의 구름을 본다(15-17절). 모세는 그 곳에서 40주야를 하나님과 함께 머문다(18절).

1또 모세에게 이르시되 너는 아론과 나답과 아비후와 이스라엘 장로 칠십 명과 함
께 여호와께로 올라와 멀리서 경배하고 2너 모세만 여호와께 가까이 나아오고 그들
은 가까이 나아오지 말며 백성은 너와 함께 올라오지 말지니라 3모세가 와서 여호
와의 모든 말씀과 그의 모든 율례를 백성에게 전하매 그들이 한 소리로 응답하여
이르되 여호와께서 말씀하신 모든 것을 우리가 준행하리이다 4모세가 여호와의 모
든 말씀을 기록하고 이른 아침에 일어나 산 아래에 제단을 쌓고 이스라엘 열두 지
파대로 열두 기둥을 세우고 5이스라엘 자손의 청년들을 보내어 여호와께 소로 번제
와 화목제를 드리게 하고 6모세가 피를 가지고 반은 여러 양푼에 담고 반은 제단에
뿌리고 7언약서를 가져다가 백성에게 낭독하여 듣게 하니 그들이 이르되 여호와의
모든 말씀을 우리가 준행하리이다 8모세가 그 피를 가지고 백성에게 뿌리며 이르되
이는 여호와께서 이 모든 말씀에 대하여 너희와 세우신 언약의 피니라

처음 두 절은 시내 산 위에서 이루어진 두 번째 회기 선정에 대해서 기록하고 있다. 율법을 세우기 위해서였다. 첫 번째 회기의 내용을 마무리하는 두 번째 회기이다. 하나님과 우리들 사이에 교제가 시작되었을 때, 그 교제는 우리가 먼저 끊지 않는다고 하면 하나님 편에서는 결코 중단되지 않을 것이다. 모세는 아론과 아론의 아들들, 그리고 장로 70인을 데리고 오라는 지시를 받는다. 그들은 모두 하나님의 영광에 대한 증인이 되었을 것이다. 모세는 하나님과 직접적으로 함께 하는 교제에 참여하도록 허락을 받는다. 이들의 증언으로 인해서 백성들의 믿음을 확실하게 세워주는 역할을 했을 것이다. 하나님께로 나아가는 이러한 때에 그들은 다음과 같은 일들을 해야만 했다.

1. 그들은 모두 경건한 마음을 가져야만 했다: **멀리서 경배하고**(1절). 그들은 가까이 오기 전에 경배해야만 했다. 그러므로 우리는 하나님 전의 문들을 겸손함과 엄숙한 경배의 마음을 가지고 들어가야만 하며, 우리가 얼마나 멀리 떨어져 있는 자들인가를 아는 사람들로서 가까이 가야만 하며, 우리가 가까이 다가갈 수 있도록 허락하신 하나님의 은혜를 찬미해야만 하는 것이다. 우리는 이 땅의 통치자들을 지고한 존경의 태도를 가지고 대하지 않는가! 그렇다면 하나님에게 가까이 가는 심령이 그분 앞에 경배를 하지 않을 수 있겠는가!

2. 그들 중의 어느 누구도 모세와 같이 그렇게 가까이 가서는 안 되었다(2절). 그들은 여호와께 올라와야만 한다(하나님께 다가가고자 하는 자들은 올라가야만 하는 것이다). 그러나 모세만이 가까이 다가가야만 한다. 여기에는 지성소에 홀로 들어가는 대제사장으로서의 그리스도의 모형이 있는 것이다.

이어 나오는 구절들에서 우리는 하나님과 이스라엘 사이에 맺어진 엄숙한 언약과 그 언약에 대한 상호비준을 보게 된다. 그 언약은, 그리스도를 통해서 하나님과 믿는 자들 사이에 맺어지는 은혜의 언약을 예표로 보여주는 매우 엄숙한 계약이었다.

I. 모세는 이스라엘 백성들에게 하나님의 말씀을 전했다(3절). 그는 백성들을 눈속임을 통해 언약으로 인도하지 않았으며, 맹목적인 헌신을 하도록 가르치지도 않았다. 그 백성들 앞에 이전의 장(章)들을 통해서 일반적이고 특별한 모든 규칙들을 제시했다. 그리고 그들이 이 율법들에 기꺼이 순종할 것인지 순종하지 않을 것인지를 선택하도록 그들에게 맡겼다.

II. 백성들은 아무런 조건이나 이의를 제기하지 않고 제안된 규례들에 만장

일치로 동의했다. 여호와께서 말씀하신 모든 것을 우리가 준행하리이다. 백성들은 이전에 하나님의 통치 아래 있을 것이라고 전반적으로 동의했다(출 19:8). 이 본문에서 백성들은 이제 주어지는 율법들에 특별히 동의하고 있는 것이다. 오! 백성들에게 그러한 마음이 있었다니! 백성들이 때때로 가지고 있는 것 같이 보이는 그러한 좋은 마음 가운데 항상 머무른다면 얼마나 좋은 일이겠는가! 많은 사람들이 율법에 동의하지만, 그에 따라 살지는 못한다. 사람들은 율법을 대항해서 행하는 것 외에는 아무것도 하지 않는다. 그들은 스스로를 율법의 지배를 받도록 하지 않는다.

언약의 취지는 다음과 같은 것이다. 즉, 만약에 백성들이 앞에서 이야기된 규율들을 지킨다면, 하나님께서도 앞에서 말씀하신 약속들을 시행하시겠다고 하는 것이다. "순종하여 축복을 받으라." 다음과 같은 계약 조건이 있다.

1. 언약의 책 속에 기록된 방법: 모세가 여호와의 모든 말씀을 기록하고(4절). 실수가 없었을 것이다. 아마도 모세는 하나님께서 그 말씀들을 산에서 받아쓰게 한 대로 썼을 것이다. 하나님께서는 세상에서 하나의 특별한 백성을 자신에게 속하도록 구별하시자마자 그 백성들을 기록된 말씀으로 통치하셨다. 하나님께서는 그 때 이후로 그렇게 통치하시고 계시며, 세상이 존속하는 동안 그 세상 속에 있는 교회를 말씀으로 통치하실 것이다. 하나님과 이스라엘에 관해서 결정된 동의서를 기록해 놓은 후에 모세는 언약서를 가져다가 백성에게 낭독하여 듣게 했다(7절). 백성들은 그 언약서에 대해서 완전하게 알게 되었을 것이다. 모세는 백성들이 가지고 있는 두 번째의 생각들이 첫 번째의 생각들과 전반적으로 같은 것인지 살펴보았을 것이다. 우리는 그 생각들이 같았을 것이라고 생각할 수 있다. 그 말씀들(7절)은 이전의 것들(3절)과 같았기 때문이다. 그러나 좀 더 강한 면이 있다: 여호와께서 말씀하신 모든 것을(우리의 살과 피에 좋든지 좋지 않든지[렘 42:6]) 우리가 준행하리이다. 백성들은 이전에도 그렇게 말했다. 그러나 이제는 "우리가 순종하리이다"라고 하는 말을 덧붙인다. "우리는 명령된 것을 준행할 뿐만 아니라, 우리는 더 규정된 모든 것에 순종할 것입니다." 그들이 자신들의 결정을 지키기만 한다면 이것은 얼마나 용감한 결단인가! 이 본문에서 하나님의 언약과 명령들이 얼마나 분명하게 공정한 것들이며, 얼마나 우리들에게 유익이 되는 것인지를 보라. 우리가 그 언약과 명령들을 더 생각할수록, 그것들은 우리 앞에 더 쉽고 온전하게 드러나며, 우리가 그 언약

과 명령들을 따를 이유를 더욱더 발견하게 될 것이다.

2. 언약의 피로 인봉된 방법. 이스라엘은 자신들에게 주신 하나님의 약속들을 인준함으로써 커다란 위안을 받았을 것이다. 그들은 또한 하나님에게 드린 자신들의 약속들을 비준함으로써 강한 의무감 아래 있게 되었을 것이다. 한이 없으신 지혜자께서는 우리들이 믿음과 순종에 있어서 확증이 될 장치들을 만드신 것이다. 이 장치들은 우리들의 의무를 잘 이행하도록 격려해주고 그 의무 이행에 종사하도록 해줄 것이다. 언약은 희생제사에 의해서 만들어져야만 한다(시 50:5). 인간은 죄를 지었고 자신의 창조주의 은혜를 저버렸기 때문이다. 희생제사에 의해서 먼저 교제와 속죄가 있을 때까지는 언약의 교제가 있을 수 없는 것이다.

(1) 그러므로 이 언약에 조인하도록 양편을 위해서 다음과 같은 것들을 준비했다. [1] 모세는 하나님께 영광을 드리는 제단을 쌓았다. 하나님께 영광을 돌리는 것은 쌓아지는 모든 제단들의 주요한 목적이었다. 그 영광은 또한 이제 그들이 조인하려고 하는 언약에 있어서도 가장 먼저 고려되어야 할 사항이었다. 하나님께서 사람의 자손들과 나누시는 교제에 의해서도 하나님께서 가지고 계시는 본성의 완전하심에는 아무것도 더할 수가 없는 것이다. 그러나 그 교제들 속에서 그분의 완전하심은 드러나고 더욱 확대되는 것이며 그분의 영광이 드러나게 되는 것이다. 그러므로 하나님은 제단에 의해서 나타내어질 것이다. 그 제단은, 하나님께서 이스라엘 백성들에게 기대하시는 모든 것은 그들이 하나님을 영화롭게 해야만 하는 것이라고 하는 것과, 그분의 백성이 되기 위해서 그들은 그분에게 이름과 찬양을 위해서 존재해야만 한다고 하는 것을 나타내는 것이다. [2] 모세는 지파의 수에 따라서 열두 기둥을 세웠다. 이 기둥들은 언약의 한쪽 편인 백성들을 나타내는 것이었다. 따라서 우리는 이 기둥들이 제단 맞은편에 세워졌고 모세는 중재자로서 이 둘 사이를 왔다 갔다 했을 것이라고 생각해 볼 수 있다. 아마도 각 지파는 그 자신의 기둥을 세웠을 것이고 그것을 알고 있었을 것이다. 또한 각 지파의 장로들은 그 기둥 곁에 서 있었을 것이다. [3] 모세는 그 제단에 희생제사를 드리도록 명령했다(5절). 그 제단에 번제와 화목제를 드렸는데 이 제사들의 목적은 속죄를 위해 계획된 것이다. 우리는 이 희생제사를 드리는데 일을 수행한 이 젊은 사람들이 누구였는지 알아볼 필요가 없다. 모세 자신이 제사장이었고, 그들이 행한 것은 모세의 시종

자로서 그의 명령과 지시에 따라서 행한 것이었기 때문이다. 틀림없이 그들은 그 사역을 감당하기에 적절한 신체적으로 강건하였던 사람들이었고, 백성들 사이에서 그들은 그러한 영광스러운 직책을 감당하기에 매우 적절한 사람들이었을 것이다.

(2) 이렇게 준비가 된 뒤에 하나님과 이스라엘 백성들 사이에 비준이 엄격하게 교환되었다. [1] 백성들이 드린 희생제물의 피는 (일부분이) 제단 위에 뿌려졌다(6절). 이것은 백성들 자신들과 그들의 삶, 그리고 존재를 하나님과 그분의 영광을 위해서 바친다고 하는 것을 의미하는 것이다. 죽은 희생제물의 피(피는 생명이다) 속에서 모든 이스라엘 백성들은 살아 있는 희생제물로서 하나님께 바쳐진다(롬 12:1). [2] 하나님께서 인정하시고 받으신 희생제물의 피는 백성들 자신(8절) 혹은 그 백성들을 대표하는 기둥들 위에 뿌려졌다. 이것은 백성들에게 하나님께서 자비롭게 자신의 은혜를 백성들에게 베푸신다고 하는 것과 그 은혜의 모든 열매들을 의미하는 것이다. 또한 이것은 백성들과 화목을 회복하신 하나님으로부터, 그리고 희생제로 그들과 맺은 언약에서 백성들이 기대하거나 바랄 수 있는 모든 선물들을 그분께서 백성들에게 주시는 것을 의미하는 것이다. 그러므로 예식의 이 부분은 다음과 같이 설명되었다: "이는 언약의 피니라. 이 곳에서 하나님께서는 어떻게 너희를 백성이 되도록 인증하셨는지를 보라. 너희들에게 주신 그분의 약속과 그분에게 드리는 너희의 약속들은 모두 예이고 아멘인 것이다." 그러므로 새 언약의 중보자이신 우리 주 예수(모세는 예수의 모형이었다)께서는 자신을 십자가 위에서 희생제물로 드리셨다. 이것은 그의 피가 진정으로 언약의 피가 되게 하시기 위함이었다. 자신의 중보의 사역에서 제단에 피를 뿌리셨던 것이다(히 9:12). 그리고 지금도 그분의 말씀과 규례, 그리고 약속된 성령의 감화와 역사를 통해서 그분 자신의 교회에 피를 뿌리고 계시는 것이다. 이 성령에 의해서 우리는 인침을 받았다. 예수께서 주의 성만찬에서 이 잔은 내 피로 세운 새 언약이니 라고 말씀하셨을 때, 친히 이 엄숙함을 나타내려고 하셨던 것 같다. 이것과 히 9:19-20을 비교하라.

9모세와 아론과 나답과 아비후와 이스라엘 장로 칠십 인이 올라가서 10이스라엘의 하나님을 보니 그의 발 아래에는 청옥을 편 듯하고 하늘 같이 청명하더라 11하나님이 이스라엘 자손들의 존귀한 자들에게 손을 대지 아니하셨고 그들은 하나님을 뵙

고 먹고 마셨더라

백성들은 피를 뿌리는 의식에 순종하는 것 외에 자신들의 하나님과 그분의 율법에 크게 만족했다. 하나님께서는 이 본문에서 그 백성들의 대표자들에게 자신의 은혜의 특별한 표지들을 주신다(하나님께서는 의를 기뻐하고 이루는 자를 만나주시기 때문이다). 그리고 그 대표자들을 그들이 기대했던 것보다도 더 가까이 다가오도록 허용하신다. 따라서 우리들은 신약의 교회에서 네 생물과 이십사 장로들을 발견하게 된다. 이들은 보좌의 주변에 자리하는 영광을 얻은 자들이고, 보좌 가운데에 있는 어린 양의 피로 하나님께 구속된 자들이다(계 4:4, 6; 5:8-9). 다음과 같은 것들을 관찰해 보자.

1. 그들은 이스라엘의 하나님을 보았다(10절). 즉, 그들은 비록 어떠한 형상도 보지 못하였을지라도 빛과 불 속에서 그분의 영광을 조금 엿보았던 것이다. 그분의 존재는 어떤 사람도 보지 못하였고 또 볼 수 없는 것이다(딤전 6:16). 그들은 이스라엘의 하나님께서 서 계신 곳을 보았다(70인 역은 이렇게 기록하고 있다). 즉, 하나님께서 서 계신 것과 같은 것, 그러나 그렇지 않은 무엇인가를 보았던 것이다. 그들이 무엇을 보았든지 간에 그것은 어떤 형상이나 그림으로 만들어질 수 없는 모습이었음이 분명하다. 그러나 하나님께서 정말로 그들과 함께 하신다고 하는 것을 그들에게 확신시키기에는 충분한 것이었다. 하나님의 발 아래에 있는 부분을 제외하고는 아무것도 묘사되고 있지 않다. 하나님에 대해서 우리가 가지고 있는 개념들은 모두 그분 밑에 있는 것이고, 만족하게 그분을 묘사하기에는 터무니없이 무한하게 부족한 것이기 때문이다. 또한 그들은 하나님의 발을 본 것은 아니지만 밝게 빛나는 것의 밑부분으로 발이 놓이는 발판 혹은 받침대를 보았던 것이다. 그들은 그들이 이전에 결코 보지 못했던, 그리고 이후로도 보지 못할 것 같은 그렇게 휘황찬란하게 포장된 곳을 보았다. 그것은 청옥과 담청 혹은 하늘색을 띠고 있었다. 하늘 자체는 하나님이 계신 궁전의 포장된 바닥이다. 그분의 보좌는 창공 위에 있는 것이다. 지혜가 마노(瑪瑙)나 청옥보다 얼마나 더 나은 것인지 보라. 지혜는 영원하신 하나님의 기쁨 속에서 나오는 것(잠 8:30)이며, 그분의 가슴에 놓여 있는 것이기 때문이다. 그러나 청옥은 그분의 발 밑에 있는 포장된 바닥일 뿐인 것이다. 이 땅의 모든 부귀를 우리들의 마음이 아니라 그 포장된 바닥에 내려놓도록 하자.

2. 하나님이 이스라엘 자손들의 존귀한 자들(장로들)에게 손을 대지 아니하셨다(11절). 비록 그들은 사람이었을지라도, 그분의 영광의 휘황찬란한 광채가 그들을 압도하여 덮치지 않았다. 그 광채는 완화되었고(욥 26:9), 그들은 담대하게 되었기 때문에(단 10:19) 그 빛을 견디어낼 수 있었던 것이다. 아니 그렇기 때문이 아닐 것이다. 오히려 그들은 죄인들이며 하나님의 공의의 심판을 받아야 했을 것이다. 그러나 그들이 하나님께서 심판을 내리실 것이라고 생각하며 두려워하고 있었을 때에 그들에게 그분의 징벌의 손을 펴지 않으셨던 것이다. 우리가 하나님께서 소멸하시는 불이신 것과 우리가 그분 앞에서 보잘것없는 존재임을 생각할 때에 우리는 그분에게 다가가는 모든 경우에 있어서 우리가 소멸되지 않는 것은 여호와의 자비 때문이니이다 라고 말할 수밖에 없는 것이다.

3. 그들은 하나님을 뵙고 먹고 마셨더라. 그들은 자신들의 생명을 보존했을 뿐만 아니라, 그들 자신들의 생기와 용기와 위로를 얻었다. 이것은 그들의 기쁨을 꺾지 못했다. 오히려 그 기쁨을 더해 주었고 상승시켜 주었다. 그들은 하나님 앞에서 희생제사를 드리며 축제를 가졌다. 지금 이루어진 언약에 그들이 기쁨으로 동의한다는 표시였고, 그 언약이 주는 혜택들을 감사함으로 받는다는 표시였으며, 그 언약을 이행하는데 있어서 하나님과 나누는 그들의 교제의 표시였던 것이다. 그러므로 믿는 자들은 그리스도와 함께 그분의 상에서 먹고 마시는 것이다(눅 22:30). 우리 아버지의 나라에서 떡을 먹으며, 그 곳에서 새 포도주를 마시는 자들은 복된 것이다.

12여호와께서 모세에게 이르시되 너는 산에 올라 내게로 와서 거기 있으라 네가 그
들을 가르치도록 내가 율법과 계명을 친히 기록한 돌판을 네게 주리라 13모세가 그
의 부하 여호수아와 함께 일어나 모세가 하나님의 산으로 올라가며 14장로들에게
이르되 너희는 여기서 우리가 너희에게로 돌아오기까지 기다리라 아론과 훌이 너
희와 함께 하리니 무릇 일이 있는 자는 그들에게로 나아갈지니라 하고 15모세가 산
에 오르매 구름이 산을 가리며 16여호와의 영광이 시내 산 위에 머무르고 구름이 엿
새 동안 산을 가리더니 일곱째 날에 여호와께서 구름 가운데서 모세를 부르시니라
17산 위의 여호와의 영광이 이스라엘 자손의 눈에 맹렬한 불 같이 보였고 18모세는
구름 속으로 들어가서 산 위에 올랐으며 모세가 사십 일 사십 야를 산에 있으니라

언약을 인준하는 공적인 의식은 끝났다. 이제 모세는 또 다른 지침들을 받기 위해 산으로 부름을 받는다. 이 지침들은 이어 나오는 장(章)들에서 보게 될 것이다.

I. 모세는 산으로 부르심을 받았고 일정한 거리를 두고 그 곳에서 6일 동안 있었다. 모세에게 명령이 주어진다(12절): 산에 올라 거기 있으라. 즉, "어떤 중요한 때를 그 곳에서 계속해서 기대하며 기다리라." 하나님과 교제를 나누기를 원하는 자들은 하나님의 규례들에 다가가야 할 뿐만 아니라, 그 규례들을 지켜야만 한다. 그분의 집으로 단순히 부름 받은 것이 아니라 그 곳에서 사는 자들은 복된 것이다. "올라오라! 네가 그들을 가르치도록 내가 율법과 계명을 친히 기록한 돌판을 네게 주리라." 모세는 그가 여호와께로부터 받은 것만을 백성들에게 가르쳤다. 모세는 여호와께서 그에게 가르쳐 주신 것 외에는 여호와께로부터 아무것도 받지 않았다. 모세는 하나님과 이스라엘 모두에게 신실했기 때문에 더하지도 빼지도 않았으며 그분의 지시사항들에 충실했다. 이러한 명령을 받고 나서 모세는 다음과 같은 일들을 했다.

1. 모세는 회중의 평화와 질서를 유지하기 위해서 자신의 부재시의 재판관으로서 아론과 훌을 임명했다(14절). 모세는 산으로 올라갈 때에 자신의 통치체제를 돌보는 일을 맡겨 두었던 것이다. 그렇게 함으로써 그는 자신의 마음을 혼돈스럽게 하고 분열시키는 것을 방지하기 위함이었다. 그러나 모세는 단 며칠 간이라도 백성들을 목자 없는 양 떼와 같이 놓아 두지는 않았다. 훌륭한 통치자들은 자신들의 통치체제를 지속적으로 돌보기 위해 관심을 가진다. 그러므로 그 백성들은 지속적으로 축복을 받게 되는 것이다.

2. 모세는 여호수아를 산으로 데리고 갔다(13절). 여호수아는 모세의 사역자였다. 모세는 하나님께서 그를 부르시기 전 산에서 6일 동안 동반자로서 여호수아와 함께 있었던 것은 그에게 위로와 만족을 주었을 것이다. 여호수아는 모세의 후계자가 될 것이었다. 그러므로 여호수아는 백성들 앞에서 다른 장로들 위에 존귀하게 되었던 것이다. 이렇게 함으로써 훗날 백성들이 여호수아를 자신들의 지도자로 더욱 쉽게 받아들이게 함이었다. 그러므로 여호수아는 하나님과 교제하는 훈련을 통해서 사역을 위해 준비되어야만 했던 것이다. 여호수아는 그리스도의 모형이었다. 그리고 (박식한 피어슨[Pearson] 주교가 잘 관찰했듯이) 모세는 여호수아를 산으로 데리고 갔다. 모든 지혜와 지식의 보화를

가지고 계신 예수가 없다면, 하늘의 비밀들을 볼 수 없을 뿐더러 하나님의 영광스러운 임재에 접근할 수도 없었기 때문이었다.

3. 구름은 산을 6일 동안 덮고 있었다. 이것은 그 곳에 하나님께서 임재하고 계신다고 하는 특별한 징표였다. 하나님께서는 우리들에게 자신을 숨기시는 동시에 우리들에게 그렇게 자신을 보여주시는 것이다. 하나님께서는 우리로 하여금 그분의 임재, 권능, 그리고 영광을 확신할 수 있을 만큼 알게 하신다. 그러나 그분께서는 우리들에게 우리들은 그분의 완전하심을 알아낼 수 없음을 암시하시는 것이다. 모세는 산 위에서 6일 동안 하나님의 임재의 장소로 부르심을 침착하게 기다리고 있었다(15-16절). 하나님께서는 모세의 인내심과 그 명령에 순종하는지를 시험하신 것이다(12절): **거기 있으라**. 만약에 모세가 제 7일 이전에 피곤에 지쳐(사울과 같이, 삼상 13:8-9) **내가 왜 여호와를 더 기다려야만 하는가!** 라고 말했다면, 모세는 구름 속으로 들어가는 영광을 잃어버렸을 것이다. 그러나 하나님과의 교제는 기다릴 만한 가치가 있는 것이다. 그러므로 우리는 우리 자신을 정숙하게 할 시간을 가지면서 진지하게 엄숙한 규례들에 우리 자신들을 드리는 것이 마땅한 것이다(시 108:1).

Ⅱ. 모세는 7일째 되는 날에 구름 속으로 부름을 받는다. 아마도 이 날은 안식일이었을 것이다(16절).

1. 모든 이스라엘이 보는 가운데에서 짙은 구름이 열렸다. 그리고 **여호와의 영광이 맹렬한 불같이 보였다**(17절). 우리의 하나님 되시는 하나님께서는 소멸하시는 불이시다. 그분께서는 율법을 주시면서 자신을 그렇게 나타내시기를 원하셨다. 여호와의 두려우심을 알기 때문에 우리는 순종하게 될 수 있을 것이다. 그 두려움들로 인하여 복음의 위로들이 준비될 수 있었을 것이다. 예수 그리스도로 말미암아 주어진 은혜와 진리는 더욱 받을 만한 것이 된 것이다.

2. 모세가 구름 속으로 들어간 것은 매우 놀라운 일이었다: **모세는 구름 속으로 들어가서**(18절). 이것은 6일 동안의 준비를 통해서 하나님의 은혜가 모세에게 준 마음의 놀라운 침착함이었다. 그렇지 않으면 모세는 감히 구름 속으로 들어가는 모험을 하지 못했을 것이다. 특별히 맹렬한 불이 나오는 구름 속으로 들어가지 못했을 것이다. 모세는 그를 부르신 분께서 자신을 보호하실 것이라는 것을 확신했던 것이다. 악인들에게 가장 두려운 하나님의 영광스러운 속성들을 성도들은 겸비한 경외함을 가지고 기뻐하는 것이다. 사 33:14-15가 우리

들에게 말씀해 주시는 것과 같이, 옳게 행하며 바르게 말하는 자들은 이러한 삼키는 불과 함께 거할 수 있는 것이다. 불에 타버리지 않고 견딜 사람과 공적들이 있는 것이다(고전 3:12-15). 이들은 하나님 앞에 떳떳이 설 것이다.

3. 모세가 구름 속에서 계속해서 머물러 있었던 것은 놀라운 일이었다: 모세는 사십 일 사십 야를 산에 있었다. 산에서 기다린 6일(16절)은 이 40일에 포함되지 않았던 것 같다. 모세는 그 6일 동안에는 여호수아와 함께 있었기 때문이다. 신 9:21에 언급된 것 같이 그들은 만나를 먹고 산에서 흘러내리는 물을 마셨다. 그들이 함께 있을 동안에 모세는 여호수아와 함께 먹고 마셨을 것이다. 그러나 모세가 구름 속으로 부름을 받았을 때, 모세는 여호수아를 구름 밖에 남겨 놓았다. 여호수아는 모세가 돌아오기를 기다리는 동안 계속해서 날마다 먹고 마셨다. 그러나 모세는 구름 속으로 부름을 받은 뒤로 금식을 했다. 하나님께서는 이제 자신이 모세에게 하실 말씀을 하루에 다 말씀하실 수 있었을 것이다. 그러나 더더욱 일이 엄숙했던 것은 하나님께서 모세를 자신과 함께 산에 사십 일 사십 야를 머물도록 하셨다고 하는 것이다. 여기서 우리는 하나님과 교제하는 것은 많은 시간을 들여야 한다는 것을 배우게 된다. 또한 그렇게 시간을 사용하는 것이 가장 잘 사용하는 것이라고 여겨야만 한다는 것을 배우게 되는 것이다. 하나님의 뜻을 알기를 원하는 자들은 그것에 관하여 밤낮으로 묵상을 해야만 하는 것이다.

제 25 장

개요

본 장에서 하나님께 영광을 돌리기 위한 성막을 세우고 성막에 필요한 기구를 준비하는데 필요한 규례와 지침들을 하나님께서 모세에게 산 위에서 주시는 것에 대한 내용의 서술이 시작된다. 우리는 본 장에서 다음과 같은 내용들을 볼 수 있다. I. 이 목적을 위해서 백성들 가운데서 필요한 물품을 모으는데 주어진 명령들이 있다(1-9절). 그리고 II. 다음과 같은 특별한 지침들이 있다. 1. 언약궤에 관한 특별한 지침들(10-22절)과 2. 진설병을 놓는 상에 관한 특별한 지침들(23-30절), 그리고 순금 등잔대에 관한 특별한 지침들(31절 이하) 등이 있다.

1 여호와께서 모세에게 말씀하여 이르시되 2 이스라엘 자손에게 명령하여 내게 예물
을 가져오라 하고 기쁜 마음으로 내는 자가 내게 바치는 모든 것을 너희는 받을지
니라 3 너희가 그들에게서 받을 예물은 이러하니 금과 은과 놋과 4 청색 자색 홍색 실
과 가는 베 실과 염소 털과 5 붉은 물 들인 숫양의 가죽과 해달의 가죽과 조각목과 6
등유와 관유에 드는 향료와 분향할 향을 만들 향품과 7 호마노며 에봇과 흉패에 물
릴 보석이니라 8 내가 그들 중에 거할 성소를 그들이 나를 위하여 짓되 9 무릇 내가
네게 보이는 모양대로 장막을 짓고 기구들도 그 모양을 따라 지을지니라

우리는 이 본문에 대해서 다음과 같은 정황을 생각해볼 수 있을 것이다. 천사들은 그 구름 가운데서 세키나(shechinah) 혹은 위엄 가운데 계시는 하나님을 섬기고 있었을 것이다. 모세가 그 구름 가운데로 들어가서 그 곳에서 오랫동안 머물고 있었을 때, 그는 하늘나라에 관한 매우 영광스러운 것들을 보고 들었을 것이다. 그러나 그것들은 말하기에 적절하거나 말을 할 수도 없는 것들이었을 것이다. 그러므로 모세는 그 구름 가운데서 그가 보고 들은 것에 대한 보고서를 작성하는 기록에서 자신들이 보지 못한 것에 대해서 집요하게 관여하는 사람들의 호기심을 만족시켜주지 못할 것들에 대해서는 아무것도 말

하지 않았을 것이다. 모세는 단지 이스라엘 백성들에게 말해야 하는 것을 기록한 것이다. 성경은 의심으로 가득 찬 우리의 머리를 채워 주기 위한 것이 아니고 우리들의 공상적인 상상력을 만족시켜 주려는 것도 아니며, 우리들이 마땅히 감당해야 할 의미를 알려 주기 위해서 기록된 것이기 때문이다.

하나님께서는 이 구절들에서 모세에게 자신의 목적을 개괄적으로 말씀하신다. 즉, 이스라엘 자손들은 하나님을 위해 성소를 만들어야만 한다. 하나님께서 그들과 함께 거하시려고 계획하셨기 때문이다(8절). 몇몇 사람들은 다음과 같이 생각한다. 즉, 이 성막 이전에 종교적인 예배를 위해서 사용된 제단들과 숲들이 있었을 수는 있을 것이다. 그러나 모세에 의해서 세워진 이 성막 이전에 다른 어떤 민족 가운데서 거룩한 목적을 위해서 지어진 어떤 집이나 성전은 결코 없었을 것이다. 그리고 후대에 이교도들 가운데서 널리 알려진 모든 신전들은 이 성막으로부터 유래된 것이며 이 성막의 양식을 따라 지은 것일 것이다. 하나님께서는 이스라엘 백성들을 하나님께 특별한 백성으로 (모든 민족 가운데) 선택하셨다. 하나님의 계시와 그 계시에 관련된 종교를 그들 가운데 두시고 세우시기 위한 것이었다. 하나님께서 스스로 그들의 왕이 되시려고 하신 것이었다. 그 백성들의 왕으로서 하나님께서는 이미 그들에게 몇 가지 종교적인 예전을 위한 일반적인 규칙들과 더불어 통치체제와 그 백성들 상호간의 일들을 다룰 율법을 주셨다. 이 모든 것들을 이성과 자연의 법칙에 따라서 십계명과 그에 대한 해석들 속에서 주신 것이다. 그러나 이러한 것들은, 그 백성들을 다른 민족들로부터 구분하는데, 그리고 하나님께서 그들의 하나님이 되시기 위해서 그들에게 맺으실 언약에 딸리는 문제들에 대한 대답을 주기에는 충분하지 않은 것이라고 생각되었던 것이다. 그러므로 하나님께서는 다음과 같은 명령들을 모세에게 주신 것이다.

I. 하나님께서는 자신을 위하여 백성들 가운데 왕궁이 세워지도록 명령하신다. 이 왕궁은 성경에서 성소, 거룩한 곳, 거룩한 처소 등으로 불린다. 렘 17:12에서는 이 곳에 대해 영화로우신 보좌여 시작부터 높이 계시며 우리의 성소이시며 라고 기록하고 있다. 이 성소는 다음과 같이 생각되었다.

1. 이 성소는 육체의 예법들(히 9:10)을 가지고 있는 율법 시대의 다른 제도들과 조화를 이루는 예식적인 것으로 생각되었다. 그러므로 이 성소는 세상에 속한 성소라고 불린다(히 9:1). 하나님께서는 그 성소 안에 이스라엘의 왕으로

서 자신의 왕궁을 가지셨던 것이다.

(1) 하나님께서는 그 성소에서 자신의 임재를 백성들 가운데 나타내셨다. 그 성소는 그분의 임재를 나타내는 표지로서 계획된 것이었다. 백성들이 그들 가운데 그 성소를 가지고 있는 한, 아마도 그들은 다시는, 여호와께서 우리 중에 계신가 안 계신가? 라고 묻지 않을 것이다. 그리고 백성들이 광야에서 장막 가운데 거했기 때문에, 이 왕궁조차도 장막으로 지으라고 명령하셨던 것이다. 그래서 그 백성들과 함께 이동할 수 있었을 것이다. 이러한 장막은 하나님께서 은혜 가운데 양보하심을 나타내는 한 예가 될 수 있을 것이다.

(2) 하나님께서는 그 백성들이 그 성소에서 그를 경외하며 예물을 드리라고 명하셨다. 이스라엘 백성들은 하나님의 신탁을 듣기 위해서 그 성소로 와야만 했다. 백성들은 그들의 희생제물을 그 성소로 가져와야만 했다. 그리고 백성들은 함께 이스라엘의 하나님에게 그들의 경의를 표하기 위해서 그 성소에서 만나야만 했다.

2. 이 성소는 예표적인 것으로 생각되었다. 손으로 만들어진 거룩한 장소들은 참된 것의 그림자들이었기 때문이다(히 9:24). 복음으로 세워진 교회는 참된 성막으로 주께서 세우신 것이요 사람이 세운 것이 아니다(히 8:2). 몸을 입으시고 그 몸으로 구속을 이루신 그리스도의 몸은 더 크고 온전한 장막이었던 것이다(히 9:11). 하나님께서 성막 안에 거하듯이 말씀이 육신이 되어 우리 가운데 거하셨다.

Ⅱ. 모세가 이 왕궁을 세울 때, 그는 먼저 그가 어디에서 재료들을 구해야 하는지, 어디에서 그 모형을 얻어야 하는지 등에 대해서 지시를 받아야만 할 필요가 있었다. 모세는 그 자신의 재주로 그 성막을 고안해 낼 수도 없었고, 그 자신의 비용으로 성막을 지을 수도 없었기 때문이었다. 그러므로 그는 이 두 가지 일들에 대해서 다음과 같은 지시를 받는다.

1. 이스라엘 백성들은 모세에게 필요한 재료들을 공급해 주어야만 했다. 그들에게 부과되는 세금에 의해서가 아니라 자발적인 참여와 기부에 의해서 필요한 재료가 공급되어야만 했다. 이것은 이 본문에서 주어지는 명령들에 관한 첫 번째 사항이다.

(1) 이스라엘 자손에게 명령하여 내게 예물을 가져오라 하고. 그들은 마땅히 그렇게 해야만 할 이유가 있었다(1절). [1] 그들을 창대하게 하셨을 뿐만 아니라

애굽인들의 전리품으로 그들을 부유케 하신 분이 바로 하나님이셨기 때문이다. 하나님께서 그들에게 애굽인들로부터 필요한 물품을 빌릴 것을 가르쳐 주셨고, 그분께서 애굽인들이 이스라엘 백성들에게 필요한 것들을 주도록 하셨다. 그러므로 이스라엘 백성들은 자신들의 부를 하나님께로부터 얻은 것이었다. 따라서 이스라엘 백성들은 그들이 가진 것을 하나님께 드리고, 그분을 위해서 사용하는 것은 마땅한 것이다. 그리고 그들이 받은 은총들을 감사함으로 보답하는 것은 당연한 일인 것이다. 첫째, 우리들이 가지고 있는 이 땅의 재물을 우리가 가장 잘 사용하는 것은 경건과 자선의 일들을 통해 하나님께 영광을 돌리는 것이다. 둘째, 우리들은 우리들이 하는 일들에서 엄청난 성공으로 축복을 받으며, 소위 행운을 만났을 때에는, 우리는 하나님의 영광을 위하여 좀 특별한 일을 해야 하는 것은 당연한 일이라 할 수 있을 것이다. 우리가 얻은 것을 거룩하게 하면서 그 소득의 일정 부분을 온 땅의 주 되신 분께 드려야 하는 것이다(미 4:13). [2] 지어질 성소는 이스라엘 백성들의 유익과 안위를 위한 것이었다. 그러므로 그들은 그 성소를 건축하는데 드는 비용을 감당해야만 했던 것이다. 만약에 이스라엘 백성들이 인색해한다면, 그들은 그 특권을 누릴 수 없는 것이다. 이스라엘 백성들은 그들 자신과 가족을 위해서 하늘로부터 매일 내린 양식을 먹으며 그들의 진영에서 대가 없이 살고 있었다. 그렇기 때문에 그들은 하나님의 영광을 위하여 아주 풍성하게 드릴 수 있었을 것이다. 우리들 또한 우리가 가진 모든 것은 하나님께로부터 온 것이라고 하는 사실을 고백해야만 한다. 그러므로 그 모든 것을 하나님의 영광을 위해서 사용해야만 하는 것이다. 우리 모두는 하나님을 의지해서 살고 있으므로 그분을 위해서 살아야만 하는 것이다.

(2) 이 예물은 정말 자발적인 마음으로 드려져야만 하는 것이었다. 즉, [1] 이스라엘 백성들이 무엇을 얼마나 드려야만 하는 것인지 규정되지는 않았다. 그것은 그들의 재량과 아량에 맡겨졌다. 그들은 자신들의 선한 뜻을 하나님의 집과 그 곳에서 필요한 일들을 위해 보여줄 수 있었을 것이다. 또한 그 일을 거룩한 경쟁심, 즉 퍽 많은 사람들을 분발하게 하는 열심을 가지고 할 수도 있었을 것이다(고후 9:2). 우리는 "우리가 무엇을 해야만 하는가?"라고 물을 뿐만 아니라 "우리가 하나님을 위해서 무엇을 할 수 있는가?"라고 물어야만 하는 것이다. [2] 이스라엘 백성들이 무엇을 드리든지 그들은 인색하거나 주저함이 없이

기쁨으로 드려야만 했다. 하나님은 즐겨 내는 자를 사랑하시기 때문이다(고후 9:7). 우리는 하나님의 사역에 드려진 것은 잘 쓰인 것이라고 생각해야만 한다.

(3) 이스라엘 백성들이 드려야만 할 특별한 예물들이 이 곳에 언급되어 있다(3-7절). 그 모든 것들은 성막을 짓는데, 그리고 그 사역을 위해서 필요한 것들이다. 어떤 사람들은 이 본문에 금과 은과 구리 등은 드려졌으나 철은 드려지지 않았다는 사실에 주목한다. 철은 군사적인 용도로 쓰이는 재료인데, 이 집은 평화의 집이 될 것이라고 하는 것이다. 드려진 예물들은 매우 풍성했고, 훌륭한 것들이었고, 가장 좋은 종류의 것들이었다. 최고이신 하나님께서는 가장 좋은 것을 가지셔야만 하기 때문이다.

2. 하나님께서 친히 모세에게 모형을 제공해 주시려고 하셨다: **무릇 내가 네게 보이는 모양대로**(9절). 하나님께서는 모세에게 세부적인 사항에 이르기까지 그 왕궁의 정확한 계획을 보여주셨다. 모세는 그 모든 사항들을 따라야만 했다. 에스겔도 그 성전의 양식과 구조를 환상 가운데 보았다(겔 43:11). 하나님을 섬기는 어떠한 일이든 그것은 그분의 지시하심에 따라 이루어져야만 하는 것이다. 하나님께서는 모세에게 모형뿐만 아니라 그 모형에 따라서 어떻게 성막을 만들어야 하는지에 대한 특별한 지침들을 주셨다. 모세는 그러한 모든 지침들에 대해서 본 장과 이어지는 장들에서 분명하게 다시 반복하여 말하고 있다. 모세가 창세기 도입부에서 세상의 창조에 대해서 묘사를 할 때, 그는 그 창조에 대해서 매우 짧고 일반적인 설명을 했다. 온 우주는 장중하고 신비로운 구조물이며 너무나 다양하고 엄청난 수의 특별한 구성물들을 가지고 있는 것임에도 불구하고 그렇게 짧고 일반적인 설명을 했던 것이다. 이 세상의 지혜가 바라는 그 어느 것도 하나님의 계시로 기록된 것에서 기대할 수 있는 것과는 비교할 수 없는 것이다. 그러나 모세가 성막에 대해서 기록할 때, 그는 상상할 수 있는 가장 정밀하고 정확한 방법으로 성막에 대해서 묘사를 하고 있다. 모세는 우리들에게 천체가 이동하는 선들과 원들, 지구의 직경, 별들의 높이와 크기 등에 대해서 이야기하지 않았다. 그렇지만 우리들에게 성막을 짓는데 사용된 판들과 커튼의 모든 치수들에 대해서는 구체적으로 이야기해주고 있다. 하나님의 교회와 제도화된 종교가 하나님에게는 세상의 나머지 모든 것들보다도 더욱 중요한 것이기 때문이다. 성경은 우리들에게 자연의 법칙들을 알려 주기 위해서 기록된 것이 아니다. 이 자연의 법칙들에 대한 일반적인 견해는 우

리들을 창조주에 대한 지식과 그분을 섬기는 일로 인도하기에 충분한 것이기는 한 것이다. 성경은 우리들에게 이러한 자연법칙보다는 은혜의 방편들과 온전한 하나님의 계시에 관한 일들에 대해서 알려 주기 위해서 기록된 것이다. 앞으로 주어질 축복은 새하늘과 새땅의 개념보다는 새 예루살렘의 개념 아래서 더욱더 완전하게 드러나게 된다.

10그들은 조각목으로 궤를 짜되 길이는 두 규빗 반, 너비는 한 규빗 반, 높이는 한
규빗 반이 되게 하고 11너는 순금으로 그것을 싸되 그 안팎을 싸고 위쪽 가장자리로
돌아가며 금 테를 두르고 12금 고리 넷을 부어 만들어 그 네 발에 달되 이쪽에 두 고
리 저쪽에 두 고리를 달며 13조각목으로 채를 만들어 금으로 싸고 14그 채를 궤 양쪽
고리에 꿰어서 궤를 메게 하며 15채를 궤의 고리에 꿴 대로 두고 빼내지 말지며 16내
가 네게 줄 증거판을 궤 속에 둘지며 17순금으로 속죄소를 만들되 길이는 두 규빗
반, 너비는 한 규빗 반이 되게 하고 18금으로 그룹 둘을 속죄소 두 끝에 쳐서 만들되
19한 그룹은 이 끝에, 또 한 그룹은 저 끝에 곧 속죄소 두 끝에 속죄소와 한 덩이로
연결할지며 20그룹들은 그 날개를 높이 펴서 그 날개로 속죄소를 덮으며 그 얼굴을
서로 대하여 속죄소를 향하게 하고 21속죄소를 궤 위에 얹고 내가 네게 줄 증거판을
궤 속에 넣으라 22거기서 내가 너와 만나고 속죄소 위 곧 증거궤 위에 있는 두 그룹
사이에서 내가 이스라엘 자손을 위하여 네게 명령할 모든 일을 네게 이르리라

이 본문에서 첫 번째로 만들어지도록 명령된 것은 법궤와 그 부속물들이다. 이 법궤는 지성소에 둘 것으로 하나님께서 임재하심을 나타내는 특별한 상징이 되는 것이다. 성막은 바로 법궤를 놓아두기 위해서 세워지는 것이었다.

I. 법궤 자체는 하나의 큰 상자 혹은 함과 같은 것이었다. 그 안에는 하나님의 손으로 기록된 율법의 두 개의 돌판이 고귀하게 놓여야만 했고 주의 깊게 보관되어야만 했다. 법궤의 치수는 정확하게 지시되었다. 만일 유대의 1규빗이 어떤 학자들이 계산한 것처럼 우리가 사용하는 1/2야드보다 3인치 더 긴 것이라고 한다면(모두 21인치), 이 상자는 그 길이가 약 52인치(132cm), 넓이는 31인치(79cm), 깊이는 31인치였을 것이다. 이 법궤는 얇은 금판으로 안팎이 덮여 있었다. 법궤는 그 주위에 왕관과 같은 가장자리 테가 있고 법궤를 들어

나를 수 있도록 고리와 채를 가지고 있었다. 모세는 이 법궤 안에 증거판을 놓아두어야만 했다(10-16절). 율법을 기록한 돌판이 증거판으로 불리는 것은 하나님께서 그 돌판들 안에 자신의 뜻을 증언하셨기 때문이다. 하나님께서 이스라엘 백성들에게 그 율법을 주신 것은 그들에 대한 하나님의 은혜의 표지였던 것이다. 그리고 그 율법을 이스라엘 백성들이 수납한 것은 하나님에 대한 그들의 복종과 순종의 표지였다. 이 율법은 이스라엘 백성들로 하여금 그들의 의무를 이행하도록 해주는 그들에 대한 증언이었다. 또한 이 율법은 만약에 이스라엘 백성들이 죄를 짓게 되면 그들을 대항하는 증언이 되는 것이었다. 법궤는 증거궤로 불리며(출 30:6), 성막은 증거의 성막(민 10:11), 혹은 증거의 장막(행 7:44)으로 불린다. 또한 그리스도의 복음도 증거 혹은 증언으로 불린다(마 24:14). 다음과 같은 것들을 관찰할 수 있다.

1. 율법을 기록한 판들은 여러 가지 목적을 위해서 주의 깊게 보관되었다. 즉, 우리들에게 하나님의 말씀을 존중하는 것을 가르쳐 주기 위함이었다. 그리고 법궤가 지성소에 놓인 것처럼 우리들의 마음 가장 깊은 생각들 속에 그 율법을 넣어 두시기 위함이었다. 이것은 동일하게 하나님의 섭리가 행하셨고 앞으로 행하실 돌보심을 보여주는 것이며, 교회에 하나님의 계시에 대한 기록을 보존하시려고 하는 의도를 보여주는 것이다. 그렇게 함으로써 훗날에 성전에 시 하나님의 언약궤가 보이게 된 것이다(게 11:19 참조).

2. 이 법궤는 하나님의 임재를 나타내는 주된 표지였다. 이것은 우리들에게 하나님의 은혜에 대한 첫째 되고 커다란 증거와 확신은 마음에 그분의 율법을 두어야 한다는 것을 가르쳐 주는 것이다. 하나님께서는 그분의 법이 다스리는 곳에 거하시는 것이다(히 8:10).

3. 이스라엘 백성들이 옮겨가는 곳에 이 법궤를 함께 가져갈 수 있는 설비들이 준비되었다. 이것은 우리들에게, 우리가 어느 곳에 가더라도 우리는 우리의 신앙을 지켜야 하며, 항상 주 예수님의 사랑과 그분의 율법을 가지고 다녀야만 한다는 것을 말해주는 것이다.

Ⅱ. 속죄소는 정금으로 법궤의 크기에 꼭 맞게 만들어진 것으로 법궤 혹은 상자의 덮개였다(17, 21절). 잘 번역된 용어인 이 속죄소 덮개라고 하는 것은 그리스도에 대한 예표가 되는 것이었다. 그리스도께서는 위대하신 속죄자로서 그분의 희생은 율법의 요구를 완전하게 만족시키신 것이며 우리들의 죄를 덮

는 것이다. 그리고 그분의 희생은 우리와 우리가 마땅히 받아야 할 저주 사이에 서신 것이다. 따라서 그리스도께서는 의를 위한 율법의 마침이 되신 것이다.

Ⅲ. 금으로 만든 그룹들은 속죄소에 부착되어 있었으며, 속죄소의 한 부분을 이루고 있었다. 그리고 속죄소 위에 그 날개를 펴고 있었다(18절). 이 그룹들은 거룩한 천사들을 나타내기 위해서 만들어진 것이라고 여겨진다. 이 거룩한 천사들은 셰키나(Shechinah) 혹은 하나님의 위엄을 항상 시중들고 있었다. 특별히 율법을 수여할 때 그러했다. 이 거룩한 천사들은 천사들의 어떠한 형상들에 의해서가 아니라 천사의 속성에 대한 어떠한 상징들을 통해서 나타내려고 하는 것이었다. 아마도 겔 1:10에서 언급된 네 가지 얼굴 가운데 하나일 것이다. 그 얼굴들이 무엇이든지 간에 그것들은 서로 마주보고 있었으며 둘 다 법궤를 향해 아래를 보고 있었다. 그 날개는 활짝 펼쳐져서 서로가 맞닿았다. 사도는 이 그룹들을 속죄소를 덮는 영광의 그룹들로 부르고 있다(히 9:5). 이것은 그 그룹들이 구세주를 시중드는 것을 나타내는 것이다. 그 그룹들은 구세주의 사역을 감당하는 영들이다. 구세주의 뜻을 이행하기 위해 준비되어 있는 그들의 모습을 나타내고 있는 것이다. 또한 성도들의 모임에 그들의 특별한 임재를 보여주고 있는 것이다(시 68:17; 고전 11:10). 그리고 성도들이 진지하게 묵상하는 복음의 비밀을 그들이 살펴보기를 원하는 것을 나타내는 것이다(벧전 1:12). 하나님께서는 속죄소 위에 있는 그룹들 사이에 거하시거나 앉아 계신다고 말하고 있다(시 80:1). 그렇기 때문에 하나님께서는 이제 장차 그 곳에서 모세와 만나고 그와 교제하시겠다고 말씀하신다(22절). 땅의 통치자가 그의 보좌에서 행하듯이 하나님께서는 그 곳에서 율법을 주실 것이고 들으실 것이다. 따라서 그분께서는 그리스도의 중재를 통해서 우리와 화해하시며, 우리와 지속적으로 교제하시려는 자신의 모습을 보여주시는 것이다. 이 속죄소를 암시하는 말로서 우리는 은혜의 보좌 앞에 담대히 나아간다고 하는 말을 듣게 된다(히 4:16). 우리는 덮인 율법 아래에 있지 않고 열린 은혜 아래 있기 때문이다. 그 은혜의 날개는 활짝 펼쳐져 있으며 우리는 그 날개의 그늘 아래로 들어오도록 초청을 받고 있는 것이다(룻 2:12).

[23]너는 조각목으로 상을 만들되 길이는 두 규빗, 너비는 한 규빗, 높이는 한 규빗
반이 되게 하고 [24]순금으로 싸고 주위에 금 테를 두르고 [25]그 주위에 손바닥 넓이만

한 턱을 만들고 그 턱 주위에 금으로 테를 만들고 [26]그것을 위하여 금 고리 넷을 만
들어 그 네 발 위 네 모퉁이에 달되 [27]턱 곁에 붙이라 이는 상을 멜 채를 꿸 곳이며
[28]또 조각목으로 그 채를 만들고 금으로 싸라 상을 이것으로 멜 것이니라 [29]너는 대
접과 숟가락과 병과 붓는 잔을 만들되 순금으로 만들며 [30]상 위에 진설병을 두어 항
상 내 앞에 있게 할지니라

이 본문에는 다음과 같은 내용들이 있다.

1. 금을 입힌 나무로 만들도록 명령된 상이 있었는데, 이 상은 지성소(법궤와 그 부속물 외에는 어느 것도 지성소에 두지 않았다)가 아니라 성소 혹은 거룩한 장소라고 불리는 성막의 바깥쪽에 두어야만 했다(히 9:2, 24 이하). 또한 식기장의 일반적인 비품들인 대접들과 숟가락 등등이 있어야만 했다. 이 모두는 금으로 만들어졌다(29절).

2. 이 상에는 항상 진설병이 차려져 있어야만 했다(30절). 이 진설병은 얼굴의 떡(bread of faces)이라고도 하는 12개의 빵이다. 각각은 12지파를 나타내는 것으로 한 줄에 6개씩 2줄로 진열되었다. 진설병에 관한 율법에 대해서는 레 24:5 이하를 보라. 하나님의 집이 된 성막에서 하나님께서는 자신이 이스라엘 백성들 가운데서 거하실 것이라고 말씀하시기를 기뻐하셨다. 그분께서는 자신이 좋은 거처를 가지셨음을 보이고 싶어하셨다. 왕궁에 왕의 식탁이 있는 것은 당연한 일이었다. 어떤 사람들은 12개의 떡은 12지파를 나타내는 것이라고 본다. 진설병은 하나님 앞에 진열된 그분의 백성들이며 사 21:10에서 이야기되듯이 그분의 마당에 곡식인 것이다. 법궤가 이스라엘 백성들과 함께 하시는 하나님의 임재하심을 나타내듯이, 12개의 떡은 이스라엘 백성들이 하나님께 드려짐을 나타내는 것이다. 이 진설병을 차려 놓는 것은 다음과 같은 목적들이 있었던 것이다.

(1) 이스라엘 백성들에게 일용할 양식을 주신 것, 즉 그분께서 이스라엘 백성들을 위해서 식탁을 베푸신 광야에서 만나를 주시고 가나안에서 땅의 곡식을 주신 하나님의 선하심에 대해 감사하는 마음으로 드리는 징표로 삼기 위함이었다. 이렇게 함으로써 이스라엘 백성들은 하나님의 섭리에 자신들이 의존하고 있음을 고백했던 것이다. 그들은 첫 수확물의 곡식단을 드림으로써 감사했던 토지의 곡물뿐만 아니라 하나님께서 불어버리지 않으신(학 1:9) 그 곡물

을 집에 가져와 만든 떡에 대한 하나님의 섭리에 대한 그들의 의존을 고백했던 것이다. 그리스도께서는 우리들에게 일용할 양식을 위해서 매일 기도하라고 가르치셨다.

(2) 이스라엘 백성들이 하나님과 교제함에 대한 징표로 삼기 위함이었다. 하나님의 상에 놓인 떡은 이스라엘 백성들 자신들의 상에 있는 떡과 동일한 곡물로 만들어졌다. 말하자면 하나님과 이스라엘은 우정과 교제에 대한 증거로서 함께 먹었던 것이다. 하나님께서는 그들과 함께 식사를 하시고, 그들은 하나님과 함께 식사를 했던 것이다.

(3) 우리 하나님의 제사장들이 되는 모든 사람들을 위해 그리스도의 복음에 의해 교회에서 만들어지는 영적 양식에 대한 징표로 삼기 위함이었다. 우리 아버지의 집에는 모든 족속이 먹고도 남을 충분한 양식이 있는 것이다. 하나님의 집에 있는 사람들은 모두가 그 집의 좋은 것으로 풍족하게 만족을 얻게 될 것이다(시 36:8). 하나님의 위로하심은 거룩한 영혼들이 누리는 계속적인 축제인 것이다. 그럼에도 불구하고 주의 식탁과 그 곳에 있는 음식을(평범한 떡이기 때문에) 경멸스러운 것으로 여기는 사람들이 있다(말 1:12). 그리스도께서는 자신의 왕국에 식탁을 가지고 계신다. 그 식탁에서 그분의 모든 성도들이 그분과 더불어 먹고 마실 것이다(눅 22:30).

31너는 순금으로 등잔대를 쳐 만들되 그 밑판과 줄기와 잔과 꽃받침과 꽃을 한 덩이
로 연결하고 32가지 여섯을 등잔대 곁에서 나오게 하되 다른 세 가지는 이쪽으로 나
오고 다른 세 가지는 저쪽으로 나오게 하며 33이쪽 가지에 살구꽃 형상의 잔 셋과
꽃받침과 꽃이 있게 하고 저쪽 가지에도 살구꽃 형상의 잔 셋과 꽃받침과 꽃이 있
게 하여 등잔대에서 나온 가지 여섯을 같게 할지며 34등잔대 줄기에는 살구꽃 형상
의 잔 넷과 꽃받침과 꽃이 있게 하고 35등잔대에서 나온 가지 여섯을 위하여 꽃받침
이 있게 하되 두 가지 아래에 한 꽃받침이 있어 줄기와 연결하며 또 두 가지 아래
에 한 꽃받침이 있어 줄기와 연결하며 또 두 가지 아래에 한 꽃받침이 있어 줄기와
연결하게 하고 36그 꽃받침과 가지를 줄기와 연결하여 전부를 순금으로 쳐 만들고
37등잔 일곱을 만들어 그 위에 두어 앞을 비추게 하며 38그 불 집게와 불 똥 그릇도
순금으로 만들지니 39등잔대와 이 모든 기구를 순금 한 달란트로 만들되 40너는 삼
가 이 산에서 네게 보인 양식대로 할지니라

I. 하나님의 궁전을 장식하기 위해서 만들어지도록 명령된 다음 물품은 속이 비지 않게 견고하게 만들어진 화려하고 장엄한 등잔대였다. 이 본문에 주어진 등잔대에 대한 특별한 지침들은 다음과 같은 사실들을 보여준다.

1. 이 등잔대는 매우 훌륭한 장식품이었다. 그 등잔대는 주 기둥에서 뻗어 나온 많은 줄기들을 가지고 있었다. 그 줄기들에는 실용적인 목적을 위한 잔들(기름과 심지가 있었음)뿐만 아니라 장식용으로 쓰이는 꽃받침과 꽃들도 달려 있었다.

2. 이 등잔대는 편리한 것으로서 빛을 분산시킬 뿐만 아니라 연기와 냄새로부터 성막을 깨끗하게 해주도록 놀랍게 고안되었다.

3. 이 등잔대는 매우 중요한 것이었다. 성막은 낮의 햇빛이 들어오도록 하는 창문을 전혀 가지고 있지 않았다. 성막에 비추이는 빛은 오로지 촛불이었다. 이것은 율법 시대의 상대적으로 어두운 어둠을 나타내 주는 것이다. 태양이나 의로움은 아직 떠오르지 않은 것이다. 높은 곳으로부터 낮의 별이 아직 자신의 교회를 찾아가지 않은 것이다. 그러나 하나님께서는 스스로 증거를 남기셨고 이스라엘 백성들에게 가르침을 주셨다. 계명은 등잔대였고 율법은 빛이었다. 선지자들은 그 등잔대에서 나온 가지들로서 각기 자신들의 세대에서 구약 교회에 빛을 주었던 것이다. 교회는 앞으로 천국에서 이루어질 모습과 비교해 보면 아직도 여전히 성막과 같이 어둡다. 그러나 하나님의 말씀은 어두운 데를 비추는 등불과 같은 등잔대이다(벧후 1:19). 세상에 하나님의 말씀이 없었다면 정말로 어두운 곳이 되었을 것이다. 하나님의 여러 가지 은사들과 은혜들을 주시는 하나님의 영은 보좌 앞에 켠 일곱 등불에 비유된다(계 4:5). 교회들은 황금 등잔대들이다. 마치 등잔이 빛을 발하듯이 생명의 말씀을 밝히는 세상의 빛인 것이다(빌 2:15-16). 사역자들은 성경을 밝히 드러냄으로써 등잔을 켜서 밝혀야만 한다(37절). 이 빛의 보물은 이제 질그릇에 담겨졌다(고후 4:6-7). 등잔대의 가지들은 사방으로 뻗어 있다. 그리스도인들의 사역에 의해서 모든 영역에 복음의 빛이 널리 퍼지게 하는 것을 나타내는 것이다(마 5:14-15). 다양한 은사들이 있다. 그러나 동일한 성령께서 같은 목적으로 각자에게 주시는 것이다.

II. 이 지침들 중에는 모세에게 주어진 특별한 경고가 있다. 즉 하나님께서 보여주신 양식을 변형시키지 말라는 주의를 받는 것이다: 너는 삼가 이 산에서

네게 보인 양식대로 할지니라(40절). 어떠한 것도 모세 자신의 창작이나, 작업자들의 상상력이나, 사람들의 기분에 따라서 만들도록 맡겨지지 않았다. 오로지 하나님의 뜻만이 모든 세부 사항에서 경건하고 세심하게 지켜져야만 했다. 그러므로 1. 하나님의 모든 섭리는 정확히 그분 자신의 목적에 따라야만 하는 것이다. 모방할 때는 원래의 것에서 절대로 변화를 주어서는 안 되는 것이다. 무한한 지혜자께서는 그 치수(척도)를 결코 바꾸지 않으신다. 의도된 것은 무엇이나 틀림없이 시행될 것이다. 2. 하나님의 모든 규례들은 그분께서 세우신 제도들에 따라서 시행되어야만 한다. 제자들에 대한 그리스도의 가르침도 이것과 비슷하다(마 28:20): **내가 너희에게 분부한 모든 것을 가르쳐 지키게 하라.**

제 26 장

개요

모세는 본 장에서 다음과 같은 지침들을 받는다. I. 장막 혹은 성막의 안쪽 휘장과 그 휘장들의 연결에 대한 지침을 받는다(1-6절). II. 안쪽 휘장을 강하게 해주는 염소털로 만든 바깥쪽 휘장에 관한 지침을 받는다(7-13절). III. 날씨로부터 성막을 안전하게 지켜줄 덮개에 관한 지침을 받는다(14절). IV. 휘장을 지지해주기 위해 곧추 세워질 널판들과 그 널판들을 연결하는 띠들과 고리들에 관한 지침들을 받는다(15-30절). V. 성소와 지성소 사이를 나누는 것에 대한 지침들을 받는다(31-35절). VI. 성막 문을 위한 휘장에 대한 지침들을 받는다(36-37절). 상세하게 기록된 이러한 특별한 사항들은 이제 우리들에게는 별 소용이 없는 것처럼 보인다. 그러나 우리들은 그 사항들을 간과해서는 안 된다. 그것들은 모세와 이스라엘에게 매우 유용했던 사항들이었으며, 우리들이 그 사항들을 기억하도록 하나님께서 보존하셨기 때문이다. 옛날 사람들조차도 이 이야기는 매우 유서 깊은 것이라고 경의를 표하고 있다.

**1너는 성막을 만들되 가늘게 꼰 베 실과 청색 자색 홍색 실로 그룹을 정교하게 수
놓은 열 폭의 휘장을 만들지니 2매 폭의 길이는 스물여덟 규빗, 너비는 네 규빗으
로 각 폭의 장단을 같게 하고 3그 휘장 다섯 폭을 서로 연결하며 다른 다섯 폭도 서
로 연결하고 4그 휘장을 이을 끝폭 가에 청색 고를 만들며 이어질 다른 끝폭 가에도
그와 같이 하고 5휘장 끝폭 가에 고 쉰 개를 달며 다른 휘장 끝폭 가에도 고 쉰 개를
달고 그 고들을 서로 마주 보게 하고 6금 갈고리 쉰 개를 만들고 그 갈고리로 휘장
을 연결하게 한 성막을 이룰지며**

I. 하나님께서 거하시는 집은 오늘날 군인들이 진에서 사용하는 천막 혹은 장막이었음이 틀림없다. 이 천막은 보잘것없는 초라한 거처였고 이동할 수 있는 거처였다. 그러나 하나님의 법궤는 이 때로부터 480년 뒤에 솔로몬이 성전을 지을 때까지는 이보다 더 좋은 거처를 가지지 못했다(왕상 6:1). 하나님

께서 성막에서 이스라엘 백성들 가운데 자신의 임재를 나타내신 것은 다음과 같은 목적들이 있는 것이다.

1. 광야에 있는 이스라엘 백성들의 현재의 상태에 맞추어 그들이 어디에 가든지 그들과 함께 하나님이 계시도록 하기 위함이었다. 하나님께서는 자신의 은혜의 표지들과 그 은혜의 선물들을 그 백성들이 원하는 것들과 필요들에, 그리고 그들의 현재의 상태에 따라 맞추어 주신다. 하나님께서는 그 백성들이 융성하든지 불운하든지, 정착했든지 정착하지 못했든지 자신의 자비를 그 백성들의 상태에 융통성 있게 맞추시는 것이다. **네가 물 가운데로 지날 때에 내가 너와 함께 할 것이라**(사 43:2).

2. 이 세상에 있는 하나님의 교회의 상태를 나타내시기 위함이었다. 이 세상의 교회의 상태는 성막과 같은 상태인 것이다(시 15:1). **우리는 이 곳에 영구한 도성을 가지지 않고 있는 것이다.** 우리는 이 세상에서 나그네들이고 더 나은 곳을 향해서 떠나는 여행자들이기 때문에 천국에 이를 때까지 결코 안정적인 거처를 정하지 못하게 될 것이다. 교회가 가지고 있는 은혜의 특권들은 한 곳에서 다른 곳으로 이동할 수 있는 것이라고 하는 것이다. 복음은 어느 장소에도 얽매이지 않는다. 촛대는 장막 안에 있는 것이고 쉽게 옮겨질 수 있는 것이다(계 2:5). 우리가 성막을 중요하게 여기고 그 은혜의 특권을 증진시켜 나간다면, 우리가 어디로 가든지 그 성막은 우리와 함께 할 것이다. 그러나 우리가 그 성막을 무시하고 모욕한다면, 우리가 어디에 정착한다고 하더라도 우리를 버릴 것이다. **나의 사랑하는 자가 나의 집에서 무엇을 하려느냐?**(렘 11:15).

Ⅱ. 성막의 휘장은 하나님께서 정하신 양식에 맞아야만 한다.

1. 그 휘장들은 매우 값비싼 최고의 품질인 **가늘게 꼰 베실로** 만들어져야만 했다. 그 색채는 매우 보기 좋은 **청색과 자색** 그리고 **홍색**이었다.

2. 그 휘장들은 그룹으로 수를 놓아야만 했다(1절). 이것은 하나님의 천사들이 교회 주변에 그들의 진을 치는 것을 나타내는 것이다(시 34:7). 속죄소 위에 그룹들이 있는 것처럼 성막 주변에도 천사들이 있는 것이다. 우리는 보좌뿐만 아니라 장로들을 둘러싸고 있는 천사들을 발견하게 되기 때문이다(계 5:11).

3. 두 개의 휘장이 있었는데 각각 다섯 폭씩 함께 꿰어 만들었다. 두 개의 휘장은 금 갈고리나 걸쇠로 연결했는데 모든 폭을 연결하여 하나의 휘장을 만

들기 위함이었다(6절). 이처럼 그리스도와 성도들의 교회들도 비록 그 숫자는 많지만 성령의 하나 되게 하심으로 거룩한 사랑 안에서 함께 정연하게 연결되는 것이다. 그렇게 함으로써 주 안에서 하나의 성전이 되어가는 것이다(엡 2:21-22; 4:16). 이 성막은 매우 좁고 협소했다. 그러나 복음을 선포하는데 있어서 교회는 네 장막터를 넓히며 네 처소의 휘장을 널리 펴도록 하는 명을 받고 있다(사 54:2).

7그 성막을 덮는 막 곧 휘장을 염소털로 만들되 열한 폭을 만들지며 8각 폭의 길이
는 서른 규빗, 너비는 네 규빗으로 열한 폭의 길이를 같게 하고 9그 휘장 다섯 폭을
서로 연결하며 또 여섯 폭을 서로 연결하고 그 여섯째 폭 절반은 성막 전면에 접어
드리우고 10휘장을 이을 끝폭 가에 고 쉰 개를 달며 다른 이을 끝폭 가에도 고 쉰 개
를 달고 11놋 갈고리 쉰 개를 만들고 그 갈고리로 그 고를 꿰어 연결하여 한 막이 되
게 하고 12그 막 곧 휘장의 그 나머지 반 폭은 성막 뒤에 늘어뜨리고 13막 곧 휘장의
길이의 남은 것은 이쪽에 한 규빗, 저쪽에 한 규빗씩 성막 좌우 양쪽에 덮어 늘어
뜨리고 14붉은 물 들인 숫양의 가죽으로 막의 덮개를 만들고 해달의 가죽으로 그 윗
덮개를 만들지니라

이 본문에서 모세는 성막을 위해 이중 덮개를 만들라고 하는 명령을 받는다. 비가 새들지 않도록 하기 위함이었을 것이며, 섬세한 휘장의 아름다움이 손상을 입지 않도록 하기 위해서였을 것이다.

1. 염소털로 만든 휘장 덮개가 있어야만 했다. 이 휘장은 안쪽 휘장보다는 사방으로 좀 더 큰 것이었다. 그 바깥 휘장이 안쪽 휘장을 포함해야만 했으며 아마도 안쪽 휘장들보다는 어느 정도 약간 간격을 두고 쳐졌을 것이기 때문이다(7절 이하). 이 덮개는 놋갈고리로 함께 연결되었다. 갈고리의 재질은 좀 덜 비싼 것이었고 갈고리를 거는 고도 마찬가지였다. 그러나 그 놋으로 만든 고는 금으로 만든 고들과 같이 그 기능을 효과적으로 감당해주었다. 하나로 연결하는 띠들은 자색과 홍색 휘장 사이를 연결하는 것과 같이 염소털로 만든 휘장을 연결해 주는 것도 튼튼한 것이었을 것이다.

2. 이 염소털로 만든 휘장 위에 또 다른 덮개인 이중 덮개가 있었다(14절). 하나는 아마도 털이 있는 붉은 숫양의 가죽이었고 또 다른 하나는 해달의 가죽

(우리는 이렇게 번역할 수 있음)이었다. 그러나 이 해달의 가죽은 어떤 튼튼한 (그러나 매우 좋은) 종류의 가죽이었던 것 같다. 우리는 가장 좋은 신발이 이 가죽으로 만들어진다는 것을 성경에서 읽을 수 있기 때문이다(겔 16:10). 이 본문에서 다음과 같은 사실들을 관찰해보자.

(1) 성막의 외부는 거칠고 투박했다고 하는 것이다. 성막의 아름다움은 안쪽에 있는 휘장들이었다. 하나님께서 내면에 거하고 계시는 자들은 보이는 외양보다 내면이 더 좋아지도록 노력해야만 하는 것이다. 위선자들은 회칠한 무덤들과 같이 외면을 가장 좋은 것으로 치장한다. 그러나 왕의 딸은 궁중에서 모든 영화를 누린다(시 45:13). 세상의 눈에는 게달의 장막과 같이 검을지라도 하나님의 눈에는 솔로몬의 휘장과 같이 아름다운 것이다(아 1:5). 우리들은 하나님께서 귀히 여기시는 마음에 숨은 사람을 장식하며 치장하도록 하자(벧전 3:4).

(2) 하나님께서 자신의 영광을 두시는 곳은 그분께서 그 곳을 보호하실 것이라는 것이다. 의인의 처소도 보호해 주실 것이다(사 6:5-6). 하나님의 섭리의 보호하심은 거룩함을 가지고 있는 선한 자들에게 항상 머물 것이다. 하나님의 장막은 환난 날에 피할 큰 초막이 될 것이다(시 27:5).

15너는 조각목으로 성막을 위하여 널판을 만들어 세우되 16각 판의 길이는 열 규빗,
너비는 한 규빗 반으로 하고 17각 판에 두 촉씩 내어 서로 연결하게 하되 너는 성막
널판을 다 그와 같이 하라 18너는 성막을 위하여 널판을 만들되 남쪽을 위하여 널판
스무 개를 만들고 19스무 널판 아래에 은 받침 마흔 개를 만들지니 이쪽 널판 아래
에도 그 두 촉을 위하여 두 받침을 만들고 저쪽 널판 아래에도 그 두 촉을 위하여
두 받침을 만들지며 20성막 다른 쪽 곧 그 북쪽을 위하여도 널판 스무 개로 하고 21
은 받침 마흔 개를 이쪽 널판 아래에도 두 받침, 저쪽 널판 아래에도 두 받침으로
하며 22성막 뒤 곧 그 서쪽을 위하여는 널판 여섯 개를 만들고 23성막 뒤 두 모퉁이
쪽을 위하여는 널판 두 개를 만들되 24아래에서부터 위까지 각기 두 겹 두께로 하여
윗고리에 이르게 하고 두 모퉁이 쪽을 다 그리하며 25그 여덟 널판에는 은 받침이
열여섯이니 이쪽 판 아래에도 두 받침이요 저쪽 판 아래에도 두 받침이니라 26너는
조각목으로 띠를 만들지니 성막 이쪽 널판을 위하여 다섯 개요 27성막 저쪽 널판을
위하여 다섯 개요 성막 뒤 곧 서쪽 널판을 위하여 다섯 개이며 28널판 가운데에 있

는 중간 띠는 이 끝에서 저 끝에 미치게 하고 [29]그 널판들을 금으로 싸고 그 널판들
의 띠를 꿸 금 고리를 만들고 그 띠를 금으로 싸라 [30]너는 산에서 보인 양식대로 성
막을 세울지니라

이 본문에서는 성막의 널판에 대한 매우 특별한 지침들이 주어진다. 성막의 널판들은 장막을 튼튼하게 해주는 말뚝들과 같이 휘장을 지탱해주는 것들이었다(사 54:2). 이 널판들은 촉들을 가지고 있었다. 이 널판의 촉들은 은 받침들에 만들어진 받침인 구멍에 들어가도록 하는 것이었다. 하나님께서는 자신의 성막 안에 있는 모든 것들이 튼튼하고 정교하게 이루어지도록 주의를 기울이셨다. 널판들이 없는 휘장들은 여러 가지 다양한 종류의 바람에 흔들렸을 것이다. 은혜로 굳게 세워진 마음을 가지는 것은 귀한 것이다. 은혜로 굳게 세워진 마음은 신앙고백의 휘장을 지지해주는 널판들과 같은 것이다. 금 고리들이 널판들을 위 아래에서 연결해 주었다(24절). 그리고 널판들은 모든 널판들에 있는 꺽쇠를 통과하는 조각목으로 견고하게 되었다(26절). 널판들과 조각목들은 모두 금으로 화려하게 도금되었다(29절). 따라서 성막 안에 있는 모든 것들은 매우 훌륭했고 교회의 유아기 상태에 맞는 모습이었다. 그러한 성막은 자녀들에게 기쁨을 주기에 충분히 훌륭했고 하나님의 영광을 경외하는 마음을 예배자들의 마음에 주기에 충분했다.

그리고 **내가 이곳에 거할 것이다** 라고 말씀하신 그 주권자의 위대하심을 그 자녀들에게 보여주기에도 충분했다. 이러한 것이 암시하는 것은 새 예루살렘은 순금으로 지어질 것이라고 하는 것을 말하고 있는 것이다(계 21:18). 그러나 복음으로 교회를 세우는 사람들은 **우리에게는 은과 금이 없다고** 말했다. 그러나 그들이 지은 건축물의 영광은 성막의 영광을 훨씬 능가하는 것이었다(고후 3:10-11). **지혜는 금보다 얼마나 더 좋은 것인가!** 이 본문에는 성막의 바닥에 대해서는 아무런 명령도 주어지고 있지 않다. 아마도 그 바닥은 널판으로 깔렸을 것이다. 이러한 훌륭한 휘장들 안에서 차갑고 젖은 바닥을 밟고 다니지는 않았을 것이라고 생각되기 때문이다. 만약에 바닥을 널판으로 덮지 않고 놓아 두었다면, 그것은 우리들에게 **내게 토단을 쌓으라** 라고 말하고 있는 출 20:24를 생각나게 해주는 것일 것이다.

31너는 청색 자색 홍색 실과 가늘게 꼰 베 실로 짜서 휘장을 만들고 그 위에 그룹들
을 정교하게 수 놓아서 32금 갈고리를 네 기둥 위에 늘어뜨리되 그 네 기둥을 조각
목으로 만들고 금으로 싸서 네 은 받침 위에 둘지며 33그 휘장을 갈고리 아래에 늘
어뜨린 후에 증거궤를 그 휘장 안에 들여놓으라 그 휘장이 너희를 위하여 성소와
지성소를 구분하리라 34너는 지성소에 있는 증거궤 위에 속죄소를 두고 35그 휘장
바깥 북쪽에 상을 놓고 남쪽에 등잔대를 놓아 상과 마주하게 할지며 36청색 자색 홍
색 실과 가늘게 꼰 베 실로 수 놓아 짜서 성막 문을 위하여 휘장을 만들고 37그 휘장
문을 위하여 기둥 다섯을 조각목으로 만들어 금으로 싸고 그 갈고리도 금으로 만
들지며 또 그 기둥을 위하여 받침 다섯 개를 놋으로 부어 만들지니라

이 본문에서는 두 개의 휘장을 만들도록 명령하고 있다.

1. 하나는 성소와 지성소 사이를 나누기 위한 것이었다. 지성소는 어느 누구도 들어가지 못했을 뿐만 아니라 가장 거룩한 곳을 들여다보는 것조차도 금지되었다(31, 33절). 이 율법 시대 아래서는 하나님의 은혜가 가려졌지만, 이제 우리는 그 하나님의 은혜를 수건을 벗은 얼굴로 바라본다(고후 3:18). 사도는 우리들에게 이 휘장이 무엇을 의미하고 있는 것인지를 말해주고 있다(히 9:8-9). 의식적인 율법은 나아오는 자들을 언제나 온전하게 할 수 없다는 것과 그 율법을 지키는 것도 사람을 천국으로 인도하지 못한다고 하는 것을 이 휘장은 암시해주고 있는 것이었다. 첫 성막이 서 있을 동안에는 지성소에 이르는 길이 아직 나타나지 않은 것이다. 생명과 썩지 아니할 것은 그것들이 복음에 의해서 빛으로 인도될 때까지는 감추어져 있었던 것이다. 그러므로 그리스도께서 죽으실 때 이 휘장이 찢겨진 것(마 27:51)은 이 생명과 썩지 아니할 것이 드러난 것을 의미하는 것이다. 우리는 경건의 모든 행위들에 의해서 성소에 들어갈 담력을 얻는 것이 아니라 바로 예수의 피를 힘입어 성소에 들어갈 담력을 얻는 것이다. 그러나 이러한 사실은 우리들에게 거룩한 경외심과 하나님과 우리 사이에 존재하는 차이에 대한 겸비한 의식을 가지도록 해준다.

2. 또 하나의 휘장은 성막의 바깥문으로 사용되었다(36-37절). 제사장들은 매일 이 첫 번째 휘장을 통과하여 들어가 성소에서 직무를 수행했다. 그러나 백성들은 들어갈 수 없었다(히 9:6). 이 휘장은 도둑들과 강도들을 막기 위해서 성막이 가지고 있었던 유일한 방어수단이었다. 그러나 이 휘장은 쉽게 침입

을 받을 수 있었을 것이다. 그 휘장은 잠길 수도 빗장으로 채워질 수도 없었기 때문이었다. 성막 안에 있는 보물들은 유혹거리가 되었을 것이라고 생각해 볼 수 있다. 그렇지만 성막은 그렇게 놓아 두었고 노출되었다. 그러므로 (1) 제사장들과 레위인들은 그 성막을 엄중히 지켜야 하는 의무를 더욱더 철저히 이행했을 것이다. 그리고 (2) 하나님께서는 이를 통해서 지상에 있는 그분의 교회가 비록 약하고 무방비 상태로 끊임없이 노출되어있다 할지라도 그 교회를 친히 돌보심을 보여주시고자 하셨을 것이다. 휘장은 (하나님께서 하시고자 하신다면) 놋 대문과 쇠 빗장들만큼 그분의 집을 지키기에 튼튼한 방어물이 될 수 있을 것이다.

제 — 27 — 장

개요

본 장에서는 다음과 같은 사항들에 대한 지침들이 주어지고 있다. I. 번제를 드리는 놋제단에 관한 지침들이 있다(1-8절). II. 성막의 뜰과 그 뜰의 포장들에 관한 지침들이 있다(9-19절). III. 등불의 기름에 대한 지침들이 있다(20-21절).

1너는 조각목으로 길이가 다섯 규빗, 너비가 다섯 규빗의 제단을 만들되 네모 반듯
하게 하며 높이는 삼 규빗으로 하고 2그 네 모퉁이 위에 뿔을 만들되 그 뿔이 그것
에 이어지게 하고 그 제단을 놋으로 싸고 3재를 담는 통과 부삽과 대야와 고기 갈고
리와 불 옮기는 그릇을 만들되 제단의 그릇을 다 놋으로 만들지며 4제단을 위하여
놋으로 그물을 만들고 그 위 네 모퉁이에 놋 고리 넷을 만들고 5그물은 제단 주위
가장자리 아래 곧 제단 절반에 오르게 할지며 6또 그 제단을 위하여 채를 만들되 조
각목으로 만들고 놋으로 쌀지며 7제단 양쪽 고리에 그 채를 꿰어 제단을 메게 할지
며 8제단은 널판으로 속이 비게 만들되 산에서 네게 보인 대로 그들이 만들게 하라

하나님께서 성막에서 자신의 백성들 가운데 자신의 임재를 나타내려고 하셨듯이, 이스라엘 백성들도 하나님께 자신들의 헌신을 드려야만 했다. 그러나 성막 그 자체에서 그들의 헌신을 드린 것이 아니라(성막 안에는 제사장들만이 하나님의 집안일을 돌보는 종들로서 들어갈 수 있었다) 성막 앞에 있는 뜰에서 드려야만 했다. 그들은 일반 백성으로서 그 뜰에 참석했던 것이다. 바로 이 곳에 제단을 세우라는 명령이 주어졌다. 이스라엘 백성들은 바로 이 제단으로 희생제물을 가져와야만 했고, 그 백성들의 제사장들은 그 제단 위에서 그 희생제물을 하나님께 드렸다. 이 제단은 그 백성들이 드리는 제물을 거룩하게 할 수 있었다. 이 제단에서 이스라엘 백성들은 그들의 섬김을 하나님께 드릴 수 있었다. 하나님께서는 속죄소에서 그 백성들에게 신탁을 주셨다. 그러므로 하나님과 이스라엘 사이에 대화가 이루어졌던 것이다. 이 본문에서 모세는 다음과 같은 내용들에 대해서 지시를 받는다. 1. 제단의 치수들에 대해서 지시를 받는데 그것은 정방형이었다(1절). 2. 제단의 뿔들에 대한 지시를 받는데 이 뿔은 장식용으로 뿐만 아니라 실제적인 목적을 가지고 있었다(2절). 희생제물은 끈으로 이 제단 뿔에 묶여졌고 범죄자들은 그 뿔들로 피신했다. 3. 제단을 만드는 재료에 대한 지시를 받는데 그 재료는 놋을 입힌 나무로 만들도록 했다(1-2절). 4. 제단의 부속물들은 모두 놋으로 만들도록 했다(3절). 5. 불을 옮기는 그릇은 제단의 가운데에 있는 우묵한 곳에 놓여졌다. 이 곳에 불이 있었고 이 곳에서 희생제물이 불에 태워졌다. 이 그릇은 체(여과기)와 같이 그물구조로 만들어져서 우묵한 곳에 걸려 있었다. 그러므로 불이 더 잘 탈 수 있도록 했으며, 재는 그 제단의 우묵한 곳으로 떨어져 들어갈 수 있도록 한 것이었다(4-5절). 6. 제단의 채(막대기)를 만들어야 했는데 제단은 이 채를 가지고 옮겨야만 했다(6-7절). 마지막으로, 모세는 자신이 본 양식을 준수하라고 하는 주의를 받는다(8절).

이 놋제단은 우리의 죄를 구속하시기 위해서 돌아가신 그리스도의 모형이었다. 아마도 나무가 놋으로 보호되지 않았더라면 하늘에서 내려오는 불로 인해서 태워졌을 것이다. 그리스도의 인성은 하나님의 권능의 도움을 받지 않았더라면 하나님의 진노를 결코 견디어 낼 수 없었을 것이다. 그리스도는 그분의 제단인 그분의 교회를 위해서 자신을 거룩하게 하셨으며(요 17:19), 그분의 중보로 자신의 백성들의 매일의 섬김을 거룩하게 하셨다. 그분의 백성들은 또한 그 제단에서 먹을 권한을 가지고 있는 자들이다(히 13:10). 그들은 영적인 제사장들로서 그 제단에서 섬기기 때문이다. 가련한 죄인들은 정의가 그들을 쫓아올 때 피난을 위해 이 제단의 뿔로 도피한다. 그러면 그들은 그 곳에 드려진 희생제물 덕분으로 안전을 누렸던 것이다.

9너는 성막의 뜰을 만들지니 남쪽을 향하여 뜰 남쪽에 너비가 백 규빗의 세마포 휘
장을 쳐서 그 한 쪽을 당하게 할지니 10그 기둥이 스물이며 그 받침 스물은 놋으로
하고 그 기둥의 갈고리와 가름대는 은으로 할지며 11그 북쪽에도 너비가 백 규빗의
포장을 치되 그 기둥이 스물이며 그 기둥의 받침 스물은 놋으로 하고 그 기둥의 갈
고리와 가름대는 은으로 할지며 12뜰의 옆 곧 서쪽에 너비 쉰 규빗의 포장을 치되
그 기둥이 열이요 받침이 열이며 13동쪽을 향하여 뜰 동쪽의 너비도 쉰 규빗이 될지

며 [14]문 이쪽을 위하여 포장이 열다섯 규빗이며 그 기둥이 셋이요 받침이 셋이요 [15]
문 저쪽을 위하여도 포장이 열다섯 규빗이며 그 기둥이 셋이요 받침이 셋이며 [16]뜰
문을 위하여는 청색 자색 홍색 실과 가늘게 꼰 베 실로 수 놓아 짠 스무 규빗의 휘
장이 있게 할지니 그 기둥이 넷이요 받침이 넷이며 [17]뜰 주위 모든 기둥의 가름대와
갈고리는 은이요 그 받침은 놋이며 [18]뜰의 길이는 백 규빗이요 너비는 쉰 규빗이요
세마포 휘장의 높이는 다섯 규빗이요 그 받침은 놋이며 [19]성막에서 쓰는 모든 기구
와 그 말뚝과 뜰의 포장 말뚝을 다 놋으로 할지니라

성막 앞에는 뜰이 있었다. 그 뜰은 장막을 짓는데 사용되는 가장 좋은 세마포 휘장으로 둘러싸여 있었다. 규빗에 대한 일반적인 계산에 따르면 이 뜰은 길이가 50야드(46m)였고 폭이 25야드(23m)였다. 기둥들은 적절한 간격으로 놋받침에 세워졌다. 기둥들의 가름대와 갈고리는 모두 은으로 만들어졌고 이 곳에 세마포 휘장을 쳤다. 문으로 사용된 휘장은 다른 것보다도 더 좋은 것이었다(16절). 이 뜰은 교회의 모형이었다. 그 교회는 세상의 다른 곳과 나뉘어져 구별된 곳이다. 그 구별은 기둥들에 의해서 지탱이 되었는데 이 기둥들은 교회의 안정성을 나타내주는 것으로 그 위에 깨끗한 세마포가 쳐져 있었다. 이 세마포는 성도의 옳은 행실이라고 말한다(계 19:8). 이 곳은 바로 다윗이 그렇게나 갈망했고 그 곳에 살기를 바랐던 여호와의 궁정이었다(시 84:2, 10). 이 궁정으로 하나님의 백성들은 찬송함으로, 그리고 감사함으로 들어갔던 것이다(시 100:4). 그러나 이 궁정은 단지 얼마 되지 않는 경배자들만을 수용할 수 있었을 것이다. 그렇지만 이제는 복음 아래 그 울타리가 무너져 내린 것에 대해서 하나님께 감사하자! 하나님의 뜻은 사람들이 어디서나 기도하는 것이다. 이제는 어디에서나 예수 그리스도의 이름을 부르는 사람들을 위한 방이 있는 것이다.

[20]너는 또 이스라엘 자손에게 명령하여 감람으로 짠 순수한 기름을 등불을 위하여
네게로 가져오게 하고 끊이지 않게 등불을 켜되 [21]아론과 그의 아들들로 회막 안 증
거궤 앞 휘장 밖에서 저녁부터 아침까지 항상 여호와 앞에 그 등불을 보살피게 하
라 이는 이스라엘 자손이 대대로 지킬 규례이니라

우리는 25장에서 등잔대에 대해서 보았다. 이 본문에서는 그 등잔대에 계속적으로 타오르는 등불이 있게 하라는 명령을 받는다. 그렇지 않으면 등잔대는 아무런 소용이 없는 것이다. 모든 등잔대에는 타오르고 빛나는 불이 있어야만 하는 것이다. 등불이 없는 등잔대는 물이 없는 우물이나 비를 내리지 않는 구름과도 같은 것이다. 그러므로

1. 백성들은 기름을 공급해야만 했다. 백성들로부터 여호와의 사역자들은 자신들의 생계를 유지해야만 하는 것이다. 또한 순수한 기름은 성령의 은사들과 은혜를 의미했다. 그리스도는 믿는 모든 사람들에게 좋은 감람나무에 관한 이야기를 들려주신다. 우리는 이 좋은 감람나무의 충만함을 받는 것이다(슥 4:11-12). 이 감람나무의 기름이 없이는 우리의 빛은 사람들 앞에 비쳐질 수 없는 것이다.

2. 제사장들은 그 등불을 밝히고 돌보아야만 했다. 밤낮으로 등불이 항상 타도록 하는 것은 제사장들이 감당해야 하는 매일의 업무 중의 한 부분이었다. 그러므로 사역자들이 감당해야 하는 사역은, 성경(이 성경은 등불이다)을 전하고 드러내어서, 이 땅 위에 있는 하나님의 성막인 교회를 일깨우고, 그분의 사역을 감당하는 영적인 제사장들을 지도하는 것이다. 말씀의 등불은, 기도와 찬양의 향이 드려지는 것처럼 당연히 밝혀져야 하는 것으로, 영원히 지켜져야 할 법령이 되어야만 하는 것이다.

제 28 장

개요

경배의 장소를 구비하는데 필요한 명령들이 주어지면서 본 장과 이어지는 장에서는 제사장들에 대해서 말하고 있다. 이 제사장들은 이스라엘의 하나님을 섬기는 하인들과 같은 일꾼들로서 이 거룩한 장소에서 사역을 감당할 자들이었다. 하나님께서는 이스라엘 백성들 가운데 거하시려는 그분의 목적을 나타내는 표시로서 하인들을 고용하셨다. 본 장에서 I. 하나님께서는 자신의 하인들이 되어야만 할 사람들을 선정하신다(1절). II. 하나님께서는 그 제사장들의 특별한 옷들을 지정하신다. 그들의 사역은 거룩하다. 그러므로 그들의 옷들도 거룩해야 하며, 이제 막 세워질 집의 영광에 맞는 것이어야만 했다(2-5절). 1. 하나님께서는 자신의 제일가는 하인인 대제사장의 매우 화려한 옷에 대해서 말씀해주신다. (1) 에봇과 어깨받이(6-14절), (2) 우림과 둠밈(30절)이 있는 판결 흉패(15-29절), (3) 에봇 받침 겉옷(31-35절), (4) 금패(36-39절) 등에 대해서 말씀해주신다. 2. 하급 제사장들의 복장에 대해서 말씀해주신다(40-43절). 이러한 모든 것들 역시도 다가올 좋은 것들에 대한 그림자들이었다.

**1너는 이스라엘 자손 중 네 형 아론과 그의 아들들 곧 아론과 아론의 아들들 나답과
아비후와 엘르아살과 이다말을 그와 함께 네게로 나아오게 하여 나를 섬기는 제사
장 직분을 행하게 하되 2네 형 아론을 위하여 거룩한 옷을 지어 영화롭고 아름답게
할지니 3너는 무릇 마음에 지혜 있는 모든 자 곧 내가 지혜로운 영으로 채운 자들에
게 말하여 아론의 옷을 지어 그를 거룩하게 하여 내게 제사장 직분을 행하게 하라 4
그들이 지을 옷은 이러하니 곧 흉패와 에봇과 겉옷과 반포 속옷과 관과 띠라 그들
이 네 형 아론과 그 아들들을 위하여 거룩한 옷을 지어 아론이 내게 제사장 직분을
행하게 하라 5그들이 쓸 것은 금 실과 청색 자색 홍색 실과 가늘게 꼰 베 실이니라**

이 본문에서 우리는 다음과 같은 내용들을 볼 수 있다.

I. 지명된 제사장들: 아론과 그의 아들들(1절). 지금까지 한 가족의 가장은

그 자신의 가족에 대한 제사장이었다. 그러므로 그가 문제를 보았을 때는 토단(땅의 제단)에 제물을 드렸다. 그러나 이제 이스라엘의 가족들은 하나의 민족으로 통합되어가기 시작했다. 그리고 회중의 성막이 그들의 하나됨을 나타내는 눈에 보이는 중심으로서 세워지게 되었다. 그렇기 때문에 그 곳에 공적인 제사장 제도가 있어야만 하는 것이다. 모세는 지금까지 공무를 담당하며 예식을 집전해왔다. 그러므로 그는 여호와의 제사장들 가운데 있는 것으로 간주되어 왔다(시 99:6). 모세는 이스라엘 백성들을 위한 하나님의 뜻을 구하는 그들의 선지자로서, 그리고 그들의 송사를 심판해주는 그들의 통치자로서의 역할을 잘 감당해왔다. 모세는 모든 영광을 자신이 독점하기 위한 갈망을 하지도 않았고 자신의 가족에게 대대로 제사장직의 영광을 상속하기 위해서 욕심을 부리지도 않았다. 모세는 자신의 형 아론이 이 직책에 임명되는 것을 보고 매우 기뻐했다. 아론의 뒤를 이어 아론의 아들들이 제사장 직에 임명되는 것을 보고도 기뻐했다. 그러나 모세의 뒤를 이은 자신의 아들들은(비록 모세가 아무리 위대했다 할지라도) 평범한 레위족이 되었다. 모세는 자기 자신의 가족에 우선권을 두어 그들이 고위직에 오르도록 하는 일에 거의 관심을 두지 않았다. 이것은 이 위대한 사람의 겸비함을 보여주는 한 예이며, 하나님의 영광을 위한 일에 그가 신실했음을 보여주는 증거가 되는 것이다. 또한 자신의 동생 모세의 대언자로서 겸비하게 일해 왔으며 그 직을 거절하지 않았던 아론은(출 7:1) 이제 제사장, 즉 하나님에 대한 대제사장으로 승진이 되었다. 하나님께서는 스스로 겸비한 자들을 높여 주시기 때문이다. 이 존귀는 아무도 스스로 취하지 못하고 오직 하나님의 부르심을 받은 자라야 할 것이니라(히 5:4). 하나님께서는 이스라엘 백성들에게 그들이 하나님에게 제사장 나라가 될 것이라고 말씀하셨다(출 19:6). 그러나 하나님께서는 여기서 제사장 가족으로 삼기 위해 아버지와 그 네 아들들을 백성들 가운데서 택하셨다. 제단에서 사역을 감당하는 자들은 그 사역에 온전히 자신들을 드려 전념해야 할 필요가 있었다. 모든 사람들이 감당하는 공동의 일은 곧 아무도 상관하지 않는 일이 될 수 있기 때문이었다. 유대교회의 모든 제사장들은 아론의 허리에서 나온 후손들에 의해서 계승되었다. 우리는 이 아론의 후손 제사장들을 구약과 신약에서 매우 자주 대하게 된다. 한 가족의 승계에 의해서, 예식적인 거룩(성결)이 진행된 것처럼 참 거룩이 이어지는 것은 복된 일이다.

Ⅱ. 영화롭고 아름답게 지정된 제사장들의 복장(2절). 가장 귀중하고 화려한 재료들 중의 몇 가지가 이 복장을 위해서 드려져야만 했다(5절). 그리고 가장 뛰어난 장인들이 이 복장들을 만드는 일에 쓰임을 받았다. 이 장인들의 기술은 이 목적을 위해서 하나님께서 성령의 은사를 통해 최고의 경지에 이르게 하셨다(3절). 일반 예술 분야에서 보이는 탁월함조차도 하나님께서 주시는 은사이다. 그 탁월한 재능은 하나님께로부터 오는 것이다. 그리고 그 탁월함은 때로는 하나님을 위해서 사용되어야만 하는 것이다. 농부를 분별력 있게 하시고 명철하도록 가르치신 하나님께서는 장인(匠人)들 또한 가르치시는 것이다. 그러므로 모든 사람들은 자신들이 얻은 소득을 가지고 우리 하나님을 영화롭게 해야만 하는 것이다. 인간의 배움은 특별히 제사장직의 사역을 위해서 성별되어야만 하며, 거룩한 일들을 감당하는 사람들의 도구로 사용되어야만 한다. 지정된 복장들은 다음과 같은 것들이다.

1. 대제사장과 하급 제사장들이 입었던 복장은 네 가지였다. 즉, 세마포 바지, 세마포 상의, 제사장들에게 옷을 고정시키는 세마포 허리띠, 그리고 챙이 없는 모자의 일종인 터번이었다. 대제사장이 쓴 모자인 터번은 마이터(mitre)라고 불렀다.

2. 대제사장에게 특별히 지정된 복장 네 가지가 더 있었다. 즉, 정교하게 짜인 띠가 달린 에봇, 판결 흉패, 아랫 부분에 방울과 석류무늬가 있는 긴 겉옷, 그리고 이마에 두르는 금판 등이었다. 이러한 영광스러운 복장들은 다음과 같은 목적을 위해서 그렇게 지정된 것이다.

(1) 제사장들 스스로에게 그들이 감당하는 직분의 존엄성을 일깨워주어서 매우 단정하게 행하도록 하기 위해서였던 것이다.

(2) 이렇게 장려한 복장을 입은 사역자들의 하나님에 대해서 백성들이 거룩한 경외감을 가지도록 하기 위함이었다.

(3) 이 제사장들은 자신을 한 점 흠 없이 하나님께 드려야만 했던 그리스도의 모형이었다. 또한 성결의 아름다움으로 옷 입고 그 성결로 하나님께 구별되는 모든 그리스도인들의 모형이었다. 이제 복음 아래에 있는 사역자들과 그리스도인들의 단장은 금과 진주와 값비싼 의장이 아니라 구원의 옷과 공의의 겉옷으로 해야만 하는 것이다(사 61:10; 시 132:9, 16). 스가랴에 나오는 대제사장 여호수아가 입었던 더러운 옷은 그의 제사장직에 달라붙어 있었던 부정함을

의미했으며, 이 부정함을 깨끗하게 하도록 했다(슥 3:3-4). 그 거룩한 옷들은 그리스도의 제사장직이 가지고 있는 완전한 순수함을 의미했던 것이다. 그리스도께서는 거룩하시고, 흠이 없으시고, 순수하시다.

6그들이 금 실과 청색 자색 홍색 실과 가늘게 꼰 베 실로 정교하게 짜서 에봇을 짓
되 7그것에 어깨받이 둘을 달아 그 두 끝을 이어지게 하고 8에봇 위에 매는 띠는 에
봇 짜는 법으로 금 실과 청색 자색 홍색 실과 가늘게 꼰 베 실로 에봇에 정교하게
붙여 짤지며 9호마노 두 개를 가져다가 그 위에 이스라엘 아들들의 이름을 새기되
10그들의 나이대로 여섯 이름을 한 보석에, 나머지 여섯 이름은 다른 보석에 새기라
11보석을 새기는 자가 도장에 새김 같이 너는 이스라엘 아들들의 이름을 그 두 보석
에 새겨 금 테에 물리고 12그 두 보석을 에봇의 두 어깨받이에 붙여 이스라엘 아들
들의 기념 보석을 삼되 아론이 여호와 앞에서 그들의 이름을 그 두 어깨에 메워서
기념이 되게 할지며 13너는 금으로 테를 만들고 14순금으로 노끈처럼 두 사슬을 땋
고 그 땋은 사슬을 그 테에 달지니라

이 본문에는 대제사장이 가장 밖에 입었던 에봇에 관한 지침들이 주어지고 있다. 하급 제사장들은 세마포로 만들어진 에봇을 입었다(삼상 22:18). 사무엘도 그가 어렸을 때에 세마포 에봇을 입었다(삼상 2:18). 다윗은 법궤 앞에서 춤을 추었을 때에 입었다(삼하 6:14). 그러나 대제사장만이 입었던 이 에봇은 황금 에봇이라고 일컬어졌다. 그 에봇에 상당히 많은 양의 금이 들어간 금실로 짜였기 때문이다. 이 에봇은 소매가 없는 짧은 외투로서 단추로 꼭 맞게 채우게 되어 있었다. 또한 동일한 재료로 정교하게 만들어진 띠를 가지고 있었다(6-8절). 금 테 속에 놓인 두 개의 보석을 가진 어깨받이 두 개가 함께 부착되어 있었다. 어깨받이는 한 어깨에 하나씩 메었다. 그리고 두 개의 보석에는 이스라엘 아들들의 이름이 새겨져 있었다(9-12절). 이러한 것은 다음과 같은 사실을 가리켜준다.

1. 우리들의 대제사장 되시는 그리스도께서 에봇의 정교하게 만든 띠와 같은 가슴에 금띠를 띠고 요한에게 나타나셨다(계 1:13). 공의가 그분의 허리띠인 것이다(사 11:5). 그 공의는 또한 우리들의 것이 되어야만 한다(엡 6:14). 그리스도께서는 우리의 구원 사역을 위해서 단단히 허리띠를 매신 것이며 그 사역

을 위해 준비가 되신 것이다.

2. 아론이 모든 이스라엘의 이름을 새긴 보석을 그의 어깨에 메었던 것처럼, 그리스도께서는 자신의 어깨 위에 정사를 메었다고 말하고 있다(사 9:6). 그리스도께서는 자신과 아버지 앞에 영광스러운 교회를 세우신다(엡 5:27). 그리스도께서는 자신의 백성들을 지지해줄 권능을 가지고 계시고, 그들을 천거할 권리를 가지고 계신다. 그 백성들이 영예와 은혜 가운데 기억이 되는 것은 바로 그분 안에서인 것이다. 그리스도께서는 기념되게 하시려고 그 백성들을 여호와 앞에서 간직하신다(12절). 이것은 모든 이스라엘의 대표로서 그리고 그들을 위한 중보자로서 하나님 앞에 자신을 나타내는 표시인 것이다.

15 너는 판결 흉패를 에봇 짜는 방법으로 금 실과 청색 자색 홍색 실과 가늘게 꼰 베
실로 정교하게 짜서 만들되 16 길이와 너비가 한 뼘씩 두 겹으로 네모 반듯하게 하고
17 그것에 네 줄로 보석을 물리되 첫 줄은 홍보석 황옥 녹주옥이요 18 둘째 줄은 석류
석 남보석 홍마노요 19 셋째 줄은 호박 백마노 자수정이요 20 넷째 줄은 녹보석 호마
노 벽옥으로 다 금 테에 물릴지니 21 이 보석들은 이스라엘 아들들의 이름대로 열둘
이라 보석마다 열두 지파의 한 이름씩 도장을 새기는 법으로 새기고 22 순금으로 노
끈처럼 땋은 사슬을 흉패 위에 붙이고 23 또 금 고리 둘을 만들어 흉패 위 곧 흉패 두
끝에 그 두 고리를 달고 24 땋은 두 금 사슬로 흉패 두 끝 두 고리에 꿰어 매고 25 두
땋은 사슬의 다른 두 끝을 에봇 앞 두 어깨받이의 금 테에 매고 26 또 금 고리 둘을
만들어 흉패 아래 양쪽 가 안쪽 곧 에봇에 닿은 곳에 달고 27 또 금 고리 둘을 만들어
에봇 앞 두 어깨받이 아래 매는 자리 가까운 쪽 곧 정교하게 짠 띠 위쪽에 달고 28 청
색 끈으로 흉패 고리와 에봇 고리에 꿰어 흉패로 정교하게 짠 에봇 띠 위에 붙여
떨어지지 않게 하라 29 아론이 성소에 들어갈 때에는 이스라엘 아들들의 이름을 기
록한 이 판결 흉패를 가슴에 붙여 여호와 앞에 영원한 기념을 삼을 것이니라 30 너는
우림과 둠밈을 판결 흉패 안에 넣어 아론이 여호와 앞에 들어갈 때에 그의 가슴에
붙이게 하라 아론은 여호와 앞에서 이스라엘 자손의 흉패를 항상 그의 가슴에 붙
일지니라

대제사장의 장식품들 중에서 가장 중요한 것은 이 흉패였다. 이 흉패는 금실과 청색 자색 홍색 실과 가늘게 꼰 베 실로 정교하게 짜서 만든 화려한

천 조각이었다. 이것은 길이가 두 뼘이고 폭이 한 뼘인데 두 겹으로 접혀 있어서 한 뼘 길이의 정방형 모양이었다(16절). 이 흉패는 순금으로 노끈처럼 땋은 사슬로(13-14, 22절 이하) 위와 아래를 에봇에 고정시켰다. 그래서 그 흉패를 에봇에서 떨어지지 않도록 했다(28절). 에봇은 예복이었고 판결 흉패는 영광의 상징이었다. 그러므로 이 둘은 결코 분리되어서는 안 되었다. 만약에 누군가가 여호와께 대한 사역을 감당하고자 하며 그분의 뜻을 행하기를 원한다면, 그는 그분의 가르침을 알아야만 하는 것이다. 이 흉패에는 다음과 같은 것들이 있었다.

I. 열두 개의 보석이 있었는데 이것은 이스라엘의 지파들이 하나님의 은혜에 맡겨짐을 나타내는 것이다(17-21, 29절). 어떤 사람들은 레위가 자신의 이름이 새겨진 보석을 가지고 있었는지 그렇지 않은지에 대해서 의문을 가진다. 만약에 그 이름이 새겨진 보석을 가지고 있지 않았다면, 에브라임과 므낫세는 각각 따로 구별된 독립된 하나의 지파로 여겨졌을 것이다. 야곱이 그들은 그렇게 각각 독립된 지파로 여겨져야만 한다고 말했기 때문이다. 대제사장 자신은 레위 족속의 족장이었기 때문에 그 지파를 대표할 충분한 자격이 있었다. 이 본문이 암시하고 있는 것처럼 만약에 레위를 위한 보석이 있었다면, 야곱의 아들들의 이름들은 그 출생에 따라 새겨졌을 것이다(10절). 그러면 에브라임과 므낫세는 요셉이라고 하는 이름 아래 하나로 여겨졌을 것이다. 아론은 하나님과 관련된 일들에 있어서 이스라엘 지파들을 대표하는 직책을 그들을 위해서 받았기 때문에 그 지파들의 이름들을 여호와 앞에 영원한 기념물로 지니고 있어야만 했다. 이러한 점에서 아론은 우리를 위해서 항상 하나님 존전으로 나아가시는 우리의 위대한 대제사장을 상징한다.

1. 백성들은 지성소에 가까이 다가가는 것이 금지되었고 어느 정도 일정한 거리를 유지해야만 했다. 그러나 자신의 흉패에 그 백성들의 이름을 가지고 있는 대제사장을 통하여 그들은 지성소에 들어갔던 것이다. 마찬가지로 믿는 자들은 그들이 이 땅 위에 있는 동안에도 믿음을 통해 지성소에 들어갈 뿐만 아니라 그리스도와 함께 하늘에 앉을 수 있게 된 것이다(엡 2:6).

2. 각 지파의 이름이 보석에 새겨졌다. 이것은 하나님께서 보시기에 믿는 자들이 얼마나 보배롭고 존귀한 것인지를 나타내는 것이다(사 43:4). 믿는 자들은 그분께서 정한 날에 그분의 특별한 소유가 될 것이다(말 3:17). 비록 그 지파

는 적고 보잘것없었을지라도, 대제사장의 흉패에 달린 보석에 그 이름이 새겨졌다. 그러므로 그리스도께 사랑스러운 모든 성도들은 비록 사람들이 그들을 질항아리와 같이 여긴다 할지라도(애 4:2), 이 땅의 모든 뛰어난 사람들처럼 여기시며 그들 안에서 그분께서 기뻐하시는 것이다.

3. 대제사장은 자신의 어깨와 가슴 위에 지파들의 이름을 간직하고 있었다. 이것은 우리 주 예수님께서 자신에게 속한 자들을 위해 중보하실 때 가지시는 능력과 사랑을 나타내는 것이다. 예수님께서는 자기 백성들을 들어 마음에 간직하실 뿐만 아니라, 이 곳에 표현되어 있는 것처럼(29절) 가장 애틋한 사랑으로 자신의 품에 그들을 안으시는 것이다(사 40:11). 그리스도의 이름은 우리들의 마음에 얼마나 가까이 계셔야만 하는가! 그분께서는 우리들의 이름을 그분에게로 그렇게나 가까이 두셨기 때문이다. 또한 하나님께 드리는 우리의 모든 요청에 있어서 우리의 고백을 위한 위대한 대제사장께서 여호와 앞에 기념이 되도록 그분의 모든 이스라엘의 이름들을 그분의 가슴에 가지고 계신다고 하는 것은 우리들에게 얼마나 위로가 되는 말인가! 이 대제사장은 그분의 모든 이스라엘을 사랑받는 자들로 받아들여지도록 그분께서 선택하신 백성으로서 하나님에게 드리고 있는 것이다. 신실한 그리스도인 누구도 하나님께서 자신들을 잊으셨다고 생각하지 말도록 하자! 또한 어떠한 경우에도 그들에 대해서 관심을 가지신다고 하는 사실에 대해서 의문을 가지지도 말도록 하자! 하나님께서는 그들을 자신의 손바닥에 새기셨을 뿐만 아니라(사 49:16) 위대한 중보자의 마음에도 새기셨기 때문이다. 아 8:6을 보라.

Ⅱ. 의심스러운 사안들에 대해서 하나님의 뜻을 알려 주었던 우림과 둠밈이 이 흉패에 놓여졌다. 그러므로 이 흉패는 판결 흉패로 불린 것이다(30절). 우림과 둠밈은 빛과 완전함을 나타낸다. 이 우림과 둠밈이 무엇인지에 대한 많은 학자들의 다양한 추측들이 있다. 우리는 이 우림과 둠밈이 모세가 이전에 만들도록 명령을 받은 것 이상의 다른 무엇을 만든 것이라고 생각할 이유가 없다. 그러므로 이 우림과 둠밈은 하나님께서 친히 만드신 뒤에 다른 것들이 준비되었을 때에 모세가 흉패에 넣도록(레 8:8) 그에게 주신 것일 수 있다. 혹은 이미 만들도록 명하셨던 것의 다른 용도로의 사용을 나타내는 것일 수도 있을 것이다. 나는 이 구절을 다음과 같이 읽을 수 있다고 생각한다. 그리고 너는 그 판결 흉패에 빛과 완전함을 부여하거나 더하거나 전달하도록 하라. 그러면 그 빛과 완전함

이 아론의 가슴 위에 있게 될 것이다. 즉, "아론은 나라의 일반 세상일이나 교회의 일들에 관련된 결정하기 어려운 사안들에 대해서 하나님의 뜻을 아는 능력, 그리고 그 뜻을 알려 주는 능력을 부여받게 될 것이다." 이스라엘 백성들의 통치 체제는 신정정치였다. 하나님께서는 그들의 왕이셨고, 대제사장은 하나님의 지도 아래 그들에 대한 통치자였으며, 우림과 둠밈은 하나님의 내각회의와 같은 것이었다. 아마도 모세는 흉패 위에 글을 썼거나 흉패를 좌우로 흔들었을 것이다. 우림과 둠밈이라고 하는 어휘들은 다음과 같은 것을 나타내는 것이다. 즉, 이 흉패를 가지고 있으며, 백성들과 관련된 긴급한 일에 있어서 하나님의 지혜를 묻는 대제사장은 그러한 척도(기준)들을 받기 위해서 지시를 받아야만 하는 것이며, 하나님께서 가지고 계시는 조언들을 주어야만 한다고 하는 것을 나타내는 것이다. 만약에 대제사장이 법궤 앞에 서 있었다고 한다면(휘장으로 가리지 않고), 아마도 그는 모세가 했던 것처럼(출 25:22) 속죄소로부터 지침들을 받았을 것이다. 그러므로 비느하스도 그렇게 했던 것이다(삿 20:27-28). 아비아달이 여호와께 다윗을 위하여 물을 때(삼상 23:6 이하)와 같이 만약에 대제사장이 법궤에서 떨어져 있다고 한다면, 응답은 하늘로부터 들려오는 음성이나 대제사장의 마음에 일어나는 감동 등을 통해서 주어졌을 것이다. 대제사장의 마음에 일어나는 감동은 아마도, **아론이 … 이스라엘 자손의 판결을 항상 그 가슴 위에 둘지니라** 라고 하는 표현에 암시되어 있는 것일 것이나. 이러한 신탁은 이스라엘 백성들에게 커다란 유익이 되었다. 여호수아도 이러한 신탁을 통해 하나님의 뜻을 구했고(민 27:21) 아마도 그를 이은 사사들도 마찬가지였을 것이다. 이러한 신탁은 포로기에 상실되었고, 그 이후로는 그러한 신탁을 기대했던 것 같은데(스 2:63) 결코 다시는 그러한 신탁을 얻을 수가 없었다. 그러나 이 신탁은 앞으로 다가올 좋은 일들에 대한 그림자였다. 그 본질은 그리스도이신 것이다. 그리스도께서는 우리들의 신탁이 되시는 것이다. 이 마지막 날에 하나님께서는 그리스도를 통하여 우리들에게 자신과 자신의 뜻을 알려 주신다(히 1:2; 요 1:18). 하나님의 계시는 그리스도 안에서 중심을 이루고 있으며 그리스도를 통해서 우리들에게 다가오는 것이다. 그리스도께서는 빛이시며, 참 빛이 되시며, 신실하신 증인이시며, 진리 자체가 되신다. 우리는 그리스도로부터 우리를 모든 진리 가운데로 인도하실 진리의 영을 받는 것이다. 에봇에 흉패를 붙이는 것은, 그리스도의 예언을 감당하는 직분은 그분의 제사장직에서 세워진 것이라고 하는 것을 나타내는 것이다. 그리스도께서 자신을 위한 영광과 우리를 위한 이러한 은혜를 얻으신 것은 바로 그분의 죽으심의 대가를 통해서 이루신 것이다. 두루마리를 가지시고 그 인봉을 떼기에 합당하신 분은 바로 죽임을 당하신 어린 양이셨던 것이다(계 5:9).

[31]너는 에봇 받침 겉옷을 전부 청색으로 하되 [32]두 어깨 사이에 머리 들어갈 구멍을 내고 그 주위에 갑옷 깃 같이 깃을 짜서 찢어지지 않게 하고 [33]그 옷 가장자리로 돌아가며 청색 자색 홍색 실로 석류를 수 놓고 금 방울을 간격을 두어 달되 [34]그 옷 가장자리로 돌아가며 한 금 방울, 한 석류, 한 금 방울, 한 석류가 있게 하라 [35]아론이 입고 여호와를 섬기러 성소에 들어갈 때와 성소에서 나올 때에 그 소리가 들릴 것이라 그리하면 그가 죽지 아니하리라 [36]너는 또 순금으로 패를 만들어 도장을 새기는 법으로 그 위에 새기되 '여호와께 성결'이라 하고 [37]그 패를 청색 끈으로 관 위에 매되 곧 관 전면에 있게 하라 [38]이 패를 아론의 이마에 두어 그가 이스라엘 자손이 거룩하게 드리는 성물과 관련된 죄책을 담당하게 하라 그 패가 아론의 이마에 늘 있으므로 그 성물을 여호와께서 받으시게 되리라 [39]너는 가는 베 실로 반포 속옷을 짜고 가는 베 실로 관을 만들고 띠를 수 놓아 만들지니라

이 본문에는 다음과 같은 지침들이 있다.

1. 에봇 받침 겉옷에 관해 주어진 지침(31-35절). 이것은 에봇 밑에 받쳐 입는 옷으로 무릎까지 내려왔으며 소매는 없었다. 그리고 양 옆으로 팔을 넣을 수 있도록 구멍이 있었으며 머리 위로 걸쳐서 입었다. 혹은 마이모니데스(Maimonides)가 묘사한 것처럼, 에봇 받침 겉옷의 옆은 바늘로 꿰지 않은 것이었을 수도 있다. 머리가 들어갈 꼭대기의 구멍은 입을 때 찢어지지 않도록 그 주위 둘레에 튼튼한 깃을 달았다. 경건한 예배를 드릴 때 예배를 드리는 자들의 마음을 혼란스럽게 하거나 예배를 망치는 어떠한 일들이 일어나지 않도록 주의를 기울여야만 한다. 이 겉옷의 아랫자락 주위에는 금으로 만든 종들과 다양한 색깔의 실로 만든 석류 모형들이 달려 있었다. 이 석류 모형들은 겉옷을 더욱 아름답게 해주었다. 금종의 소리는 대제사장이 분향하기 위해서 지성소에 들어가는 때를 바깥뜰에 있는 백성들에게 알려 주었다. 그렇게 함으로써 백성들도 동시에 자신들을 헌신할 수 있도록 해주었다(눅 1:10). 이것은 대제

사장이 드리는 제사에 그들이 동참함을 나타내는 표시이며, 대제사장이 드리는 분향의 덕에 힘입어 하나님께 그들이 드리는 기도가 상달되기를 바라는 표시로서 동참했던 헌신이었던 것이다. 아론은 그에게 지정된 옷을 입고 사역을 감당하기 위해서 가까이 나아가야만 했다. 그러면 그는 죽지 않았다. 만약에 그가 정해진 제도에 따르지 않고 지성소에 들어간다면 목숨을 거는 위험한 일을 행하게 되는 것이다. 이것은 우리가 여호와를 마치 우리는 마땅히 죽어야 할 존재들이고 중대한 실수를 저지를 수밖에 없는 위험에 처한 자들이라고 하는 것을 아는 사람처럼 두려움과 거룩한 떨림으로 섬겨야만 한다는 것을 말해 주는 것이다. 어떤 사람은 이 거룩한 겉옷에 달린 종들의 소리는 그리스도께서 우리를 위하여 휘장 안으로 들어가신 것을 말하는 것이라고 하면서 세상에 울려 퍼지는 그리스도의 복음의 소리를 상징하는 것으로 보기도 한다. 이 즐거운 소리를 듣는 자들은 복된 것이다(시 89:15). 향기 있는 과일인 석류를 첨가한 것은 복음의 달콤한 맛뿐만 아니라 복유의 기쁜 소리를 나타낸다. 그것은 생명에 대한 생명의 향기이기 때문이다. 교회는 석류 밭이라고 불린다.

2. 아론의 이마에 붙여진 금패에 관한 지침. 이 금패에는 여호와께 성결(36-37절) 혹은 여호와의 성결이라고 하는 말이 새겨졌다. 이것으로 인해서 아론은 하나님께서는 거룩하시다 라는 것과 하나님의 제사장은 거룩해야 한다고 하는 것을 기억해야만 했을 것이다. 거룩함(성결)은 하나님의 집과 그분의 가족을 이루는 중요한 요소가 된 것이다. 대제사장은 모든 오염의 요소로부터 격리되어야만 했다. 그리고 하나님과 그분의 사역과 영광을 위해 구별되어야만 했다. 그러므로 그분의 모든 사역들은 거룩하게 구별되어야만 하는 것이다. 하나님의 집에 들어가는 자들은 모두 그들의 이마에 여호와께 성결이라고 새겨진 글을 가지고 있어야만 한다. 즉, 그들은 거룩해야 하며, 여호와께 헌신되어야 하며, 그들이 하는 모든 일에 있어서 그분의 영광을 위해 해야만 하는 것이다. 여호와께 성결이라고 하는 글은 그들의 이마에 있어야만 했다. 즉, 그들의 하나님에 대한 관계에 대한 공개적인 신앙 고백이 있어야만 하는 것이다. 그 글에 대해서 책임져야 할 세상에서 이루어지는 대화에서 그 글을 고백하는 것을 부끄러워하지 않는 사람들과 같이 행동하는 것이다. 그것은 마치 매우 깊게, 영속성 있게, 그리고 물로 씻어도 없어지지 않게 조각된 도장과 같이 새겨진 것이다. 그와 같이 우리도 여호와께 성결이 되어야만 하는 것이다. 아론은 또한 성물

과 관련된 죄책을 담당하기 위해, 그리고 그 성물들이 여호와 앞에 열납될 수 있도록 하기 위해 자신의 이마에 이 패를 차야만 했다(38절). 이런 점에서 그는 하나님과 인간 사이의 위대한 중보자이신 그리스도의 모형이었던 것이다. 우리가 하나님과 연관을 가지게 되는 것은 바로 그리스도를 통해서인 것이다.

(1) 우리의 예배에서 잘못된 것은 그리스도를 통해서 용서된다. 하나님의 율법은 엄격하다. 우리는 많은 면에서 우리의 의무를 다하지 못한다. 그러므로 우리는 우리가 드리는 성물에조차도 많은 죄악이 붙어 있음을 인정하지 않을 수 없다. 우리가 선을 행하려고 할 때도 악이 함께 존재한다. 이렇게 선을 행하는 경우라 할지라도 그 가운데 존재하는 악으로 인해서 하나님께서 우리를 심판하시면 우리는 파멸될 것이다. 그러나 우리의 대제사장이신 그리스도께서 이러한 죄악을 짊어지신다. 우리에게서 그 죄악을 짊어지신다. 또 우리를 위해서 그 죄악을 짊어지시는 것이다. 그리하여 그리스도를 통해서 우리가 용서받게 되며 그 죄악에 대한 우리의 책임을 묻지 않도록 하셨다.

(2) 선한 것이 그리스도를 통해서 열납된다. 그리스도의 중보로 인해서 우리의 인격과 우리의 행함이 하나님께 기쁨이 되는 것이다. 그렇지 않으면 하나님을 기쁘시게 할 수 없다(벧전 2:5). 그리스도께서 여호와께 성결하심으로 인해, 그리스도의 의로움에 관심을 가지며 그분의 영으로 옷을 입은 모든 사람들은 하나님의 은혜에 나아가게 되는 것이다. 그러므로 그리스도께서 자신을 거룩하게 하신 것은 바로 우리를 위한 것이라고 말씀하셨다(요 17:19). 큰 대제사장이 계시니 우리가 은혜의 보좌 앞에 담대히 나아갈 것이니라(히 4:14-16).

3. 나머지 복장들은 특별한 면이 없기 때문에 이름만 언급된다(39절). 고운 세마포로 만든 수를 놓은 옷은 제사장의 옷들 중에 가장 안쪽에 입는 옷이다. 그 속옷은 발에 닿았고 소매는 손목에까지 내려왔다. 이 속옷은 수를 놓은 허리띠로 몸에 매어졌다. 동방의 고대 왕들이 썼던 것과 같은 머리띠 혹은 관은 세마포로 만들어진 것으로 그리스도의 왕직을 상징하는 것이었다. 그리스도는 보좌 위에 앉으신 제사장, 즉 왕관을 쓰신 제사장이신 것이다(슥 6:13). 하나님께서는 이 둘을 묶으셨다. 우리는 이 두 직분을 나눌 생각을 해서는 안 된다.

40 너는 아론의 아들들을 위하여 속옷을 만들며 그들을 위하여 띠를 만들며 그들을 위하여 관을 만들어 영화롭고 아름답게 하되 41 너는 그것들로 네 형 아론과 그와 함

께 한 그의 아들들에게 입히고 그들에게 기름을 부어 위임하고 거룩하게 하여 그
들이 제사장 직분을 내게 행하게 할지며 [42]또 그들을 위하여 베로 속바지를 만들어
허리에서부터 두 넓적다리까지 이르게 하여 하체를 가리게 하라 [43]아론과 그의 아
들들이 회막에 들어갈 때에나 제단에 가까이 하여 거룩한 곳에서 섬길 때에 그것
들을 입어야 죄를 짊어진 채 죽지 아니하리니 그와 그의 후손이 영원히 지킬 규례
니라

우리는 이 본문에서 다음과 같은 내용들을 보게 된다.

1. 하급 제사장들의 복장에 관한 세부 지시 사항들. 하급 제사장들은 대제사장의 복장과 같은 재료로 만든 속옷과 띠와 관을 입어야만 했다. 그러나 그들의 관과 대제사장의 관의 모양은 달랐다. 그들의 관도 그들의 직무를 감당하는데 있어서 고귀하게 보이게 하기 위해서 대제사장의 것과 같이 영화롭고 아름답게 만들어져야만 했다(40절). 그러나 이 모든 영광은 은혜의 영광과는 전혀 비교될 수 없는 것이며, 이 관의 외적인 아름다움은 거룩함의 아름다움에 비하면 아무것도 아닌 것이다. 이러한 거룩한 옷들은 모두 예표적인 것들이었다. 하급 제사장들은 그들의 직무를 수행하는데 있어서 베로 만든 속바지를 입도록 특별히 지시를 받았다(42절). 이것은 우리들에게 항상 복장과 행동에 있어서 정숙하고 예절이 바를 것을 가르쳐 주고 있다. 특별히 공공예배에서는 여자들에게 머리를 가리라고 말하고 있다(고전 11:5-6, 10). 이것은 또한 우리가 하나님 앞에 갈 때 우리의 영혼이 덮을 것이 필요함을 의미하는 것이다. 그들의 벌거벗음의 부끄러움을 드러나지 않게 하기 위한 것과 같은 것이다.

2. 대제사장과 하급 제사장들의 옷에 관한 일반적인 규칙. 먼저 그들이 그 직분에 위임됨을 나타내는 표시로 그들이 성결하게 될 때 그 옷을 입어야만 했다(41절). 그들은 다른 때가 아닌 그들의 모든 직무를 수행할 때에 그 옷을 입어야만 했다(43절). 이것은 지키지 않으면 목숨을 내놓는 위험한 결과를 가져오는 준수 사항이다. 그들이 죄를 짊어지고 죽지 않도록 하기 위함이다. 직무 태만과 직무를 이행하는데 있어서 태만한 죄의식을 가지는 자들은 자신들의 죄를 짊어지는 것이다. 제사장들이 제도화된 사역을 수행하는데 정해진 옷을 입지 않고 그 사역을 감당하는 것은 이방인이 그 사역을 감당하는 것과 같은 것이다(유대인 학자들이 말하는 것이다). 가까이 다가오는 이방인은 죽임을 당할 것이

다. 하나님께서는 자신에게 친히 가장 가까이 오도록 하신 사람들이라 할지라도 그들의 주제넘은 행동과 불경함을 묵인해주지 않으실 것이다. 만약에 아론 자신이 하나님의 제도를 경홀히 여긴다고 한다면, 그도 역시 죄를 짊어지고 죽을 것이다. 이 옷은 우리들에게 다음과 같은 것들을 상징해 준다.

(1) 그리스도의 의를 상징한다. 우리가 이것을 입지 않고 하나님 앞에 나타난다면, 우리는 죄를 짊어지고 죽을 것이다. 결혼 예복을 입지 않았다면 우리가 결혼 잔치에서 무엇을 해야만 하는 것이며, 그분의 제사장의 옷을 입지 않았다면 우리는 하나님의 제단에서 무엇을 해야만 하는 것인가?(마 22:12-13).

(2) 엡 6:13에 묘사된 하나님의 전신갑주를 상징한다. 만약에 우리가 그러한 전신갑주 없이 위험을 무릅쓴다고 한다면, 우리의 영적 대적들은 우리의 영혼을 죽일 것이며, 우리는 우리의 죄를 짊어지게 되어 우리의 피가 우리의 머리 위에 있게 될 것이다. 그러므로 깨어 자신의 옷을 지키는 자는 복된 것이다(계 16:15).

3. 이것은 영원히 지킬 규례가 될 것이라고 말씀하신다. 즉, 이 규례는 제사장직이 지속되는 한 계속될 것이라는 것이다. 그러나 이 규례는 이러한 것들이 그림자가 되는 그 본질적인 것 안에서 그 영속성을 가지게 될 것이다.

제 29 장

개요

본 장에서는 다음과 같은 것들에 대한 특별한 지침들이 주어진다. I. 제사장들을 거룩하게 성별함과 제단을 거룩하게 함에 대한 규례가 있다(1-37절). II. 매일 드리는 희생제에 관한 규례가 있다(38-41절). 이 규례에 하나님께서 그들이 감당하는 모든 사역에 있어서 그들을 받으시고 축복하실 것이라고 하는 은혜로운 약속이 더해진다(42절 이하).

1네가 그들에게 나를 섬길 제사장 직분을 위임하여 그들을 거룩하게 할 일은 이러
하니 곧 어린 수소 하나와 흠 없는 숫양 둘을 택하고 2무교병과 기름 섞인 무교 과
자와 기름 바른 무교 전병을 모두 고운 밀가루로 만들고 3그것들을 한 광주리에 담
고 그것을 광주리에 담은 채 그 송아지와 두 양과 함께 가져오라 4너는 아론과 그의
아들들을 회막 문으로 데려다가 물로 씻기고 5의복을 가져다가 아론에게 속옷과 에
봇 받침 겉옷과 에봇을 입히고 흉패를 달고 에봇에 정교하게 짠 띠를 띠게 하고 6그
의 머리에 관을 씌우고 그 위에 거룩한 패를 더하고 7관유를 가져다가 그의 머리에
부어 바르고 8그의 아들들을 데려다가 그들에게 속옷을 입히고 9아론과 그의 아들
들에게 띠를 띠우며 관을 씌워 그들에게 제사장의 직분을 맡겨 영원한 규례가 되
게 하라 너는 이같이 아론과 그의 아들들에게 위임하여 거룩하게 할지니라 10너는
수송아지를 회막 앞으로 끌어오고 아론과 그의 아들들은 그 송아지 머리에 안수할
지며 11너는 회막 문 여호와 앞에서 그 송아지를 잡고 12그 피를 네 손가락으로 제단
뿔들에 바르고 그 피 전부를 제단 밑에 쏟을지며 13내장에 덮인 모든 기름과 간 위
에 있는 꺼풀과 두 콩팥과 그 위의 기름을 가져다가 제단 위에 불사르고 14그 수소
의 고기와 가죽과 똥을 진 밖에서 불사르라 이는 속죄제니라 15너는 또 숫양 한 마
리를 끌어오고 아론과 그의 아들들은 그 숫양의 머리 위에 안수할지며 16너는 그 숫
양을 잡고 그 피를 가져다가 제단 위의 주위에 뿌리고 17그 숫양의 각을 뜨고 그 장
부와 다리는 씻어 각을 뜬 고기와 그 머리와 함께 두고 18그 숫양 전부를 제단 위에
불사르라 이는 여호와께 드리는 번제요 이는 향기로운 냄새니 여호와께 드리는 화

제니라 19**너는** 다른 숫양을 택하고 아론과 그 아들들은 그 숫양의 머리 위에 안수할지며 20**너는** 그 숫양을 잡고 그것의 피를 가져다가 아론의 오른쪽 귓부리와 그의 아들들의 오른쪽 귓부리에 바르고 그 오른손 엄지와 오른발 엄지에 바르고 그 피를 제단 주위에 뿌리고 21제단 위의 피와 관유를 가져다가 아론과 그의 옷과 그의 아들들과 그의 아들들의 옷에 뿌리라 그와 그의 옷과 그의 아들들과 그의 아들들의 옷이 거룩하리라 22또 **너는** 그 숫양의 기름과 기름진 꼬리와 그것의 내장에 덮인 기름과 간 위의 꺼풀과 두 콩팥과 그것들 위의 기름과 오른쪽 넓적다리를 가지라 이는 위임식의 숫양이라 23또 여호와 앞에 있는 무교병 광주리에서 떡 한 개와 기름 바른 과자 한 개와 전병 한 개를 가져다가 24그 전부를 아론의 손과 그의 아들들의 손에 주고 그것을 흔들어 여호와 앞에 요제를 삼을지며 25**너는** 그것을 그들의 손에서 가져다가 제단 위에서 번제물을 더하여 불사르라 이는 여호와 앞에 향기로운 냄새니 곧 여호와께 드리는 화제니라 26**너는** 아론의 위임식 숫양의 가슴을 가져다가 여호와 앞에 흔들어 요제를 삼으라 이것이 네 분깃이니라 27**너는** 그 흔든 요제물 곧 아론과 그의 아들들의 위임식 숫양의 가슴과 넓적다리를 거룩하게 하라 28이는 이스라엘 자손이 아론과 그의 자손에게 돌릴 영원한 분깃이요 거제물이니 곧 이스라엘 자손이 화목제의 제물 중에서 취한 거제물로서 여호와께 드리는 거제물이니라 29아론의 성의는 후에 아론의 아들들에게 돌릴지니 그들이 그것을 입고 기름 부음으로 위임을 받을 것이며 30그를 이어 제사장이 되는 아들이 회막에 들어가서 성소에서 섬길 때에는 이레 동안 그것을 입을지니라 31**너는** 위임식 숫양을 가져다가 거룩한 곳에서 그 고기를 삶고 32아론과 그의 아들들은 회막 문에서 그 숫양의 고기와 광주리에 있는 떡을 먹을지라 33그들은 속죄물 곧 그들을 위임하며 그들을 거룩하게 하는 데 쓰는 것을 먹되 타인은 먹지 못할지니 그것이 거룩하기 때문이라 34위임식 고기나 떡이 아침까지 남아 있으면 그것을 불에 사를지니 이는 거룩한즉 먹지 못할지니라 35**너는** 내가 네게 한 모든 명령대로 아론과 그의 아들들에게 그같이 하여 이레 동안 위임식을 행하되 36매일 수송아지 하나로 속죄하기 위하여 속죄제를 드리며 또 제단을 위하여 속죄하여 깨끗하게 하고 그것에 기름을 부어 거룩하게 하라 37**너는** 이레 동안 제단을 위하여 속죄하여 거룩하게 하라 그리하면 지극히 거룩한 제단이 되리니 제단에 접촉하는 모든 것이 거룩하리라

이 본문에는 다음과 같은 율법들이 있다.

I. 아론과 그의 아들들의 제사장직에 대한 성별된 임명에 관한 율법. 이 성별된 임직은 매우 성대한 예식과 엄숙함 가운데 진행되어야만 했다. 아론과 그의 아들들로 하여금 자신들이 부름 받은 사역의 중요성에 대해서 매우 충분히 인지하도록 하기 위한 그러한 예식이었을 것이다. 백성들 또한 그 직분을 찬미하도록 하며 누구도 그 직분을 감히 범하지 못하도록 하기 위함이었다.

1. 그렇게 장엄하게 이루어져야 할 예식은 매우 자세히 구체적으로 지시되었다. 이와 같은 예식은 이전에 결코 이루어진 적이 없었기 때문이었다. 또한 대제사장이 이렇게 취임되어야 한다는 것을 보여주는 영원한 규례였기 때문이었다.

(1) 행해져야 할 일은 하나님께서 제사장들이 되도록 선택하신 사람들을 성별하는 일이었다. 이 성별 예식에 의해서 그들은 하나님의 사역에 헌신하며 자신들 스스로를 포기하는 것이었다. 또한 하나님께서는 이 성별 예식에 의해서 그들을 받으심을 신인하셨던 것이다. 그리고 백성들은 이 성별 예식에 의해서 제사장이 되는 것은 그들이 스스로를 영화롭게 했던 것이 아니라 하나님의 부르심이었다고 하는 것(히 5:4-5)을 알게 되었던 것이다. 그러므로 그 선택된 자들은 일반 백성들로부터 구분되었으며, 일반 사역을 감당하지 못하도록 했다. 그들은 하나님을 위해 구분되었고 곧 그분을 섬겼던 것이다. 하나님을 위해 쓰임받는 모든 사람들은 하나님께 성별되어야 한다는 것이다. 쓰임받는 사람은 먼저 하나님께 인정받은 다음에 일을 수행해야만 하는 것이다. 성별하는 것을 나타내는 히브리어 어구는 손을 채우는 것이다(9절). 너는 아론과 그의 아들들의 손을 채우라. 성별을 위한 숫양은 채우는 숫양인 것이다(22, 26절). 그들을 성별하는 것은 그들을 온전하게 하는 것이다. 그리스도께서는 영원히 온전하게 되셨고 혹은 성별되셨다고 말한다(히 7:28). 아마도 이 본문에서 이 어구는 여호와 앞에서 흔들어지기 위해 그들의 손에 놓이는 희생제물에서 빌려온 말일 것이다(24절). 그러나 이 어구는 다음과 같은 뜻을 암시하고 있다.

[1] 사역자들은 가득한 그들의 손을 가졌다는 것이다. 사역자들은 그들이 감당하는 일이 너무나 중요하고, 많으며, 지속적인 것이라서 소홀히 여길 시간이 없는 것이다.

[2] 사역자들은 그들의 손을 가득히 채워야만 하는 것이다. 당연히 사역자들은 줄 수 있는 무엇인가를 가지고 있어야만 하는 것이다. 그들은 그것을 자신들 속

에서는 찾을 수 없는 것이고, 위로부터 그들에게 주어져야만 하는 것이다. 사역자들은 하나님께서 그들의 손을 채우지 않으신다면, 사람들의 마음을 채울 수 없는 것이다. 그러므로 사역자들은 하나님께 가야만 하는 것이며 그분의 충만하심으로부터 받아야만 하는 것이다.

(2) 이 일을 행할 사람은 하나님에 의해서 임명받은 모세였다. 비록 아론은 사람들을 위해서 임명을 받은 것이지만, 백성들은 그를 성별할 수 없었다. 그러므로 여호와의 종인 그분의 대사인 모세가 그 일을 수행해야만 하는 것이다. 하나님의 특별하신 임명으로 모세는 이제 제사장의 사역을 감당했던 것이다. 그러므로 희생제의 제사장의 몫이 이 곳에서는 모세의 것이라고 명령되었다(26절).

(3) 이 일을 행할 장소는 회막 문이었다(4절). 하나님께서는 성막에 거하시기를 기뻐하셨다. 백성들은 성막 뜰에 서 있었다. 그러므로 성막과 뜰 사이에 있는 문은 성별되어야 할 사람들을 위한 가장 적절한 장소였다. 그들은 하나님과 사람 사이를 중재하기 위해 그 둘 사이에 서 있어야만 하는 (말하자면) 양편에 그들의 손을 두어야만 하는 사람들이었다. 그들은 문지기들이 되어야만 했기 때문에 문에서 성별되었던 것이다.

(4) 이 일은 많은 예식들과 더불어 수행되었다.

[1] 그들은 물로 씻김을 받아야만 했다(4절). 이것은 여호와의 기구를 메는 자들은 정결해야만 한다고 하는 것을 의미하는 것이다(사 52:11). 거룩함을 온전히 이루고자 하는 자들은 육과 영의 온갖 더러운 것에서 자신을 깨끗하게 해야만 한다(고후 7:1; 사 1:16-18). 그들은 이제 완전히 씻겼다. 후에 그들이 사역을 수행하러 들어갈 때 그들은 단지 그들의 손과 발만을 씻으면 되는 것이다(출 30:19). 이미 목욕한 자는 더 이상 씻을 필요가 없기 때문이다(요 13:10).

[2] 그들은 거룩한 옷을 입어야만 했다(5-6, 8-9절). 이것은 그들이 죄로 더러워진 것을 없애버리는 것만으로는 충분하지 않으며 성령의 은혜를 입어야만 하는 것, 즉 의를 옷 입어야만 하는 것(시 132:9)을 나타내는 것이다. 자신들의 일을 위해 준비되고 힘을 예비한 사람들처럼, 그들은 준비되어야만 했던 것이다. 자신들의 일과 직책을 자신들의 진정한 영예로 여기는 사람들처럼, 그들은 예복을 입고 관이 씌워져야만 했던 것이다.

[3] 대제사장은 거룩한 관유로 기름부음을 받아야만 했다(7절). 교회가 그의

사역의 향기로운 향내로 가득 차고 기뻐하게 하기 위함이었다(기름과 향수는 마음을 기쁘게 하기 때문이다). 또한 그가 자신의 사역을 감당할 수 있는 자격을 주기 위해 성령을 부어 주신다고 하는 표시였다. 형제 사랑은 아론이 기름 부음을 받은 이 기름에 비유된다(시 133:2). 하급 제사장들도 기름 부음을 받았다고 말하고 있다(출 30:30). 그러나 대제사장과 같이 그들의 머리 위에 기름 부음을 받은 것(레 21:10)이 아니라 하급 제사장들의 옷에 뿌려지는 피에 섞여 있었다.

[4] 그들을 위해서 희생제물이 드려져야만 했다. 다른 모든 언약과 마찬가지로 제사장직에 대한 언약도 희생제사를 드림으로 맺어져야만 했다.

첫째로, 그들의 속죄를 위해 속죄제가 드려져야만 했다(10-14절). 이 율법은 약점을 가지고 있는 자들을 제사장들로 세웠다. 그러므로 그들이 백성들을 위해 속죄를 하기 전에 먼저 자신들의 죄를 위해 제사를 드려야만 했다(히 7:27-28). 그들은 자신들의 죄로 인해서 죽어 마땅함을 고백하면서 그들의 희생제물 위에 자신들의 손을 얹어야만 했다(10절). 희생제물을 죽이는 것이 자신들의 죄를 없애줄 것과 공의를 만족시키는 속죄제물로서 열납되기를 바라는 마음으로 손을 얹었다. 이 속죄제는 다른 속죄제와 같은 방법으로 드려졌다. 다만 다른 속죄제물의 고기는 제사장들이 백성들의 죄를 제거한다고 하는 표시로 제사장들이 먹었다(레 10:18). 그러나 이 속죄제는 진 밖에서 모두 태워시도록 했다(14절). 이것은 율법 시대의 불완전성을 나타내는 것이다(박식한 주교 패트릭[Patrick]이 본 것과 같은 것이다). 제사장 자신들의 죄는 그러한 희생제사에 의해서 없어질 수 없기 때문이다. 그들은 더 나은 제사장과 더 나은 희생제사를 기다려야만 하는 것이다.

둘째로, 하나님의 영광을 위해 숫양 전체를 태우는 번제가 드려져야만 했다. 이것은 그들 스스로가 하나님께, 그리고 그분의 사역에 온전히 드려지는 헌신의 표시였다. 그들 자신을 불로 태워 거룩한 사랑의 불길로 올라가는 산 제물로서 온전히 드리는 표시였다(15-18절). 속죄제가 먼저 드려지고, 그 뒤에 번제가 드려져야만 했다. 죄가 제거될 때까지는 어떠한 사역도 시행될 수 없었기 때문이다(사 6:7).

셋째로, 화목제가 드려져야만 했다. 이것은 위임식의 숫양이라고 불린다. 다른 두 제사들보다 이 제사에 특이한 면이 더 많기 때문이다. 하나님께서는 번제에서 그들의 제사장직으로 인해 영광을 받으셨다. 이 화목제에서는 제사장들이 그 제사장직으로 인해 위로를 얻었던 것이다. 그리고 하나님과 그들 사이에 상호 맺어진 언약의 표시로서 다음과 같은 일들이 행해졌다.

a. 희생제물의 피가 하나님과 그들 사이를 나누었다(20-21절). 피의 일부분은 제단 주위에 뿌려졌다. 그리고 또 일부분은 제사장들과 그들의 몸(20절), 그리고 옷(21절)에 뿌려졌다. 그러므로 희생제사에 의해 만들어진 속죄의 은혜가 제사장들에게 적용되었고 보증된 것이다. 머리부터 발끝까지 그들의 몸 전체가 하나님의 사역을 위해 성별되었던 것이다. 피는 몸의 끝부분에 발라졌다. 이것은 말하자면 귀와 엄지발가락 끝도 제외되지 않고 모든 부분이 포함되는 것이며, 하나님께 드려졌음을 나타내는 것이다. 우리는 옷 위에 뿌려진 피와 기름은 옷에 점과 얼룩이 되었을 것이라는 것을 안다. 그러나 그들의 옷에 묻은 거룩한 기름과 희생제물의 피는 그들에게 상상할 수 있는 가장 위대한 장식물로서 보였을 것이 틀림없다. 그 점과 얼룩들은 그리스도의 피와 성령의 은혜를 나타내는 것이었기 때문이다. 그리스도의 피와 성령의 은혜는 거룩함의 아름다움을 형성시키며 완성시키는 것이며, 우리를 하나님께 천거하는 것이다. 그러므로 우리는 어린 양의 피로 희게 된 옷을 성경에서 읽게 된다.

b. 희생제의 고기는 희생제와 같이 드려진 소제물과 함께 마찬가지로 하나님과 그들 사이에 나누어졌다. (정중히 말하자면) 우정과 교제의 표시로서 하나님과 그들이 함께 만찬을 나누기 위함이었던 것이다. (a) 그 희생 고기의 일부분은 먼저 여호와 앞에서 흔들어져야만 했다. 그런 뒤에 제단 위에서 태워져야만 했다. 고기의 일부분(22절)과 떡의 일부분이 태워져야만 했다. 떡과 고기는 함께 가야만 했기 때문이다(23절). 이러한 부분들은 그것들이 하나님(비록 보이지 않으실지라도 우리를 사방에서 둘러싸고 계신다)께 드려지는 표시로서 먼저 아론의 손에 들려 앞뒤로 흔들어져야만 했다. 그 후에 그것들은 제단에서 불태워져야만 했다(24-25절). 제단은 희생제물에서 하나님께 드려진 부분을 태울 것이기 때문이었다. 따라서 하나님께서는 아론과 그의 아들들이 그의 종들이 되도록 허락하셨고, 그들의 손에서 자신의 제단의 자리를 받으시고 자신의 식탁에서 기다리도록 하셨다. 말하자면 이 곳에 덧붙여진 내용으로서 속죄제 후에 제사장에게 돌아가는 분깃에 대한 율법이 있다. 즉, 가슴과 넓적다리는 이제 나누어진다. 모세는 가슴을 가졌고, 넓적다리는 하나님의 것으로서 제

단에서 불태워졌다(26-28절). (b) 아론과 그의 아들들은 숫양의 고기와 떡의 다른 부분을 성막의 문에서 먹어야만 했다(31-33절). 이것은 하나님께서 그들을 종으로서 뿐만 아니라 친구로서 부르셨다고 하는 것(요 15:15)을 나타내 주는 것이다. 하나님께서는 그들과 함께 먹었고 그들은 하나님과 함께 먹은 것이다. 속죄가 이루어진 음식물들을 그들이 먹은 것은 그들이 속죄함을 받은 것을 말하는 것이며, 또한 성경에 이른 대로(롬 5:11) 그들이 그 속죄함의 유익을 감사함으로 받은 것, 그리고 그 결과로 그들이 하나님과 기쁨의 교제를 나누는 것을 의미했던 것이다. 이러한 것들이 바로 희생제사의 음식을 나누는 진정한 목적이며 의미였다. 고기와 떡이 남았다면 불태워야만 했다. 남은 것이 썩을 위험이 있었기 때문은 아니었을 것이다. 다만 특별한 화목제였음을 보여주기 위한 것이었던 것이다.

2. 이 위임식에 소요되는 시간: 이레 동안 위임식을 행하되(35절). 모든 예식들은 첫째 날에 수행되었다. 그러나

(1) 그들은 그들의 위임식이 7일이 되기 전까지는 끝난 것으로 여겨서는 안 되었던 것이다. 이러한 기간은 그들이 성직에 들어가게 됨에 대해서 엄위함을 더해 주는 것이었고, 지금과 이전의 상태 사이의 차이를 말해 주는 것이었다. 또한 이 기간은 그들에게 그 직무의 중요성과 중대함을 생각할 수 있는 시간을 가지고 맡은 사역을 감당하도록 해주었던 것이다. 이것은 이어지는 세대에서도 지켜져야만 했던 것이다(30절). 아론의 뒤를 이어 대제사장직을 감당하는 사람은 7일 동안 거룩한 옷을 입고 있어야만 했다. 자신의 직무에 진지하게 점차적으로 나아감을 나타내는 표시였다. 그의 위임식에 한 번의 안식일이 지나갔을 것이다.

(2) 이 첫 번째 위임식에서는 7일 동안 매일 수송아지 한 마리를 속죄제물로 드려야만 했다(36절). 이것은 그들에게 다음과 같은 것을 알려 주기 위함이었다. [1] 그들이 자신들의 죄가 용서되었다는 것을 아는 것은 매우 중요한 일이라는 것이었다. 그리고 비록 속죄가 이루어지고 그들이 그 속죄로 인해서 위안을 받았을지라도, 그들은 여전히 죄를 회개하는 마음을 가지며 종종 그 죄의 고백을 되풀이해야만 한다고 하는 것이었다. [2] 속죄를 위해 매일 드려지는 그러한 제물들은 그 제물을 가져오는 사람들을 온전케 할 수 없다는 것이다. 만일 온전케 할 수 있었다면, 그들은 사도가 주장한 것처럼 제물을 드리는 것을 멈

췄을 것이다(히 10:1-2). 그러므로 그들은 더 좋은 소망이 도래하기를 기대해야만 했다.

3. 이 제사장들의 위임식은 장차 올 좋은 일의 그림자였다.

(1) 우리 주 예수님은 우리의 신앙고백의 위대한 대제사장이시다. 하나님께서 대제사장으로 부르셨고, 영원히 성별되셨으며, 다른 모든 사람 위에 기름 부음을 받으셨고(그렇기 때문에 그분은 메시야 혹은 그리스도라고 불린다), 거룩한 옷 곧 영광과 아름다움으로 옷 입히셨고, 수송아지와 숫양의 피가 아니라 자신의 피로 성별되셨으며(히 9:12), 고난으로 말미암아 온전케 혹은 성별되셨다(히 2:10). 그러므로 그분 안에서 이 위임식은 영원한 규례가 되었던 것이다(9절).

(2) 모든 믿는 자들은 영적 희생제를 드리는 영적인 제사장들이다(벧전 2:5). 믿는 자들은 그리스도의 피로 씻김을 받았으며 우리의 하나님께 제사장들이 된 것이다(계 1:5-6). 그들은 또한 거룩함의 아름다움으로 옷이 입혀졌고 기름 부음을 받았다(요일 2:27). 그들의 손은 그들이 지속적으로 감당해야 할 사역으로 가득 채워진다. 그들이 이 사역에 헌신되는 것은 위대한 희생제물이신 그리스도를 통해서 이루어지는 것이다. 양심에 뿌려진 그분의 피는 죽은 행실에서 양심을 깨끗게 해줌으로써 그들이 제사장들로서 살아계신 하나님을 섬기도록 해준다. 하나님의 성령은(에인즈워스[Ainsworth]가 지적했듯이) 하나님의 손(눅 11:20; 마 12:28과 비교하라)이라고 불린다. 이 성령으로 인해 그리스도의 은혜가 우리들의 영혼에 실제적으로 적용되는 것이다. 마치 본문에서 모세가 자신의 손가락으로 아론에게 피를 묻힌 것과 같은 것이다. 마찬가지로 이것은 복음 사역자들은 목회 사역을 위해서 진지하고 엄숙하게 구분되어야만 한다는 것을 말해주는 것이다. 임명을 하는 자들과 임명을 받는 자들 모두 매우 신중하고 진지해야만 하는 것이다. 마치 커다란 책임이 주어지고 위대한 사역에 쓰임받는 사람들과 같은 진지함이 있어야만 하는 것이다.

Ⅱ. 제사장들의 위임식과 동시에 이루어진 것으로 보이는 제단의 성별식과 7일 동안 매일 드려졌던 속죄제는 제사장들뿐만 아니라 제단과도 관계가 있었다(36-37절). 제단을 위한 속죄가 이루어졌다. 제단은 그동안 전혀 사용된 적이 없기 때문에 죄를 지을 가능성이 있는 주체가 아니며 사람들의 죄로 오염되었다고 말할 수도 없다고 볼 수 있을 것이다. 그러나 타락 이후로 하나님께 거

룩한 것은 없는 것이다. 먼저 죄의 속함이 있어야만 하는 것이다. 이 죄는 우리들을 하나님의 사역을 위해 쓰임받을 자격이 없으며 적절하지도 않도록 만들기 때문이다. 그러므로 제단 또한 성별되어야 하는 것이다. 거룩한 용도를 위해서 뿐만 아니라 제단 위에 드려지는 예물을 거룩하게 하기 위한 것이다(마 23:19). 그리스도께서는 우리의 제단이 되신다. 그리스도께서는 우리와 우리의 행함이 하나님께 거룩하게 되고 상달되도록 우리를 위해서 자신을 거룩하게 하셨다(요 17:19).

38네가 제단 위에 드릴 것은 이러하니라 매일 일 년 된 어린 양 두 마리니 39한 어린
양은 아침에 드리고 한 어린 양은 저녁 때에 드릴지며 40한 어린 양에 고운 밀가루
십분의 일 에바와 찧은 기름 사분의 일 힌을 더하고 또 전제로 포도주 사분의 일
힌을 더할지며 41한 어린 양은 저녁 때에 드리되 아침에 한 것처럼 소제와 전제를
그것과 함께 드려 향기로운 냄새가 되게 하여 여호와께 화제로 삼을지니 42이는 너
희가 대대로 여호와 앞 회막 문에서 늘 드릴 번제라 내가 거기서 너희와 만나고 네
게 말하리라 43내가 거기서 이스라엘 자손을 만나리니 내 영광으로 말미암아 회막
이 거룩하게 될지라 44내가 그 회막과 제단을 거룩하게 하며 아론과 그의 아들들도
거룩하게 하여 내게 제사장 직분을 행하게 하며 45내가 이스라엘 자손 중에 거하여
그들의 하나님이 되리니 46그들은 내가 그들의 하나님 여호와로서 그들 중에 거하
려고 그들을 애굽 땅에서 인도하여 낸 줄을 알리라 나는 그들의 하나님 여호와니
라

우리는 이 단락에서 다음과 같은 내용들을 볼 수 있다.

I. 지시된 매일 드리는 예배. 매일 아침저녁으로 어린 양을 한 마리씩 제단에 드려야만 했다. 각각 소제와 함께 드리되, 대대로 늘 드릴 번제로서, 화제를 삼아야 했다(38-42절). 다른 어떤 희생제가 드려지든 그렇지 않든지 간에 이 제사들은 모두의 책임 아래 분명히 드려져야만 했다. 모든 이스라엘 백성들의 유익과 안위를 위해서 그들이 짓는 매일의 죄를 속하기 위해, 그리고 하나님에게 자신들의 매일의 자비를 구하기 위해서 꼭 드려야만 했던 제사들이었다. 이것은 매일 요구된 바로 그러한 의무였던 것이다. 안티오쿠스(Antiochus)가 이 매일 드리는 제사를 많은 날 동안 아침 저녁 금지한 것은 교회에 커다란 재난이

었던 것이다. 이 사건은 단 8:11에 예언되었다.

1. 이것은 그리스도께서 자신의 속죄를 통해 그의 교회의 끊임없는 성화를 위해서 행하시는 지속적인 중보를 상징한 것이었다. 비록 그리스도께서 자신을 단번에 드리셨지만, 그 한 번의 제사는 영원한 제사가 된 것이다.

2. 이것은 우리들이 하나님께 매일 영적인 기도와 찬양의 제사를 드릴 것을 가르쳐 주고 있다. 그러한 영적인 제사는 하나님에 대한 우리의 의존성과 그분에 대한 우리의 의무를 겸손히 인정하면서 이루어져야 한다. 우리의 매일 드리는 예배는 우리가 매일 감당하는 사역의 가장 필요한 것과 같이, 그리고 우리의 매일 누리는 위안의 가장 즐거운 순간과 같이 지켜져야만 하는 것이다. 우리가 어떠한 일을 감당하든지 간에 아침이나 저녁이나 이 예배를 빼먹어서는 안 된다. 기도시간은 식사시간과 같이 정확하게 지켜져야만 한다. 매일 드리는 제사는 하나님의 집에서 가지는 매일의 식사와 같은 것이었다. 그러므로 그들은 항상 떡과 술을 가지고 참석해야만 했다. 은혜의 보좌 앞에 계속적으로 나아가지 않는 사람들은 자신들의 영혼을 굶기는 것이다.

Ⅱ. 이스라엘 백성들이 그들 가운데 하나님께서 정하신 제도들을 지키는 동안, 이스라엘에 대한 하나님의 은혜와 그들과 함께 하시는 하나님의 특별하신 임재하심에 대한 크고 귀한 약속들이 주어졌다. 하나님께서는 매일 제사를 정하심을 매우 기뻐하는 분으로서 말씀하신다. 하나님께서 이어지는 다른 제도들을 계속해서 정해 나가시기 전에 이러한 약속들을 끼워 넣으시기 때문이다. 신앙에서 위로를 얻게 되는 것은 바로 계속해서 신앙을 지킬 때인 것이다. 하나님께서는 다음과 같은 약속들을 하신다.

1. 하나님께서는 이스라엘 백성들과 계속해서 교제를 가지실 것이다. 하나님께서는 모세를 만나시고 그와 말씀하셨을 뿐만 아니라 이스라엘 자손들을 만나실 것이다(43절). 백성들을 대신해서 드려지는 매일의 제사를 받으시는 것이다. 하나님께서는, 자신이 정한 규례를 지키시며 근면하게 성실히 하나님을 섬기는 자들을 분명히 만나주실 것이다.

2. 하나님께서는 자기 자신의 제도들과 성막과 제단과 제사장직을 가지실 것이다(43-44절). 하나님께서는 그분에게 거룩하게 구별된 것을 가지실 것이다. 하나님의 영광을 위해 구별된 것은 그분의 영광으로 거룩하게 될 것이다. 우리가 우리 본분을 감당하면 하나님께서는 그분의 몫을 감당하실 것이다. 그

리고 그분에게 신실하게 드려진 것은 그분 자신을 위해서 인치시고 기뻐하실 것이다.

3. 하나님께서는 백성들 가운데 그들과 맺은 언약의 하나님으로 함께 계실 것이다. 그리고 백성들에 대한 그분의 특별한 은혜의 표시인 안정과 위로를 주실 것이다. 또한 백성들과 특별히 함께 하실 것이다(45-46절): **내가 이스라엘 자손 중에 거하여.** 하나님께서 자신의 규례의 성막을 세우시는 곳에 친히 거하실 것이다. **볼지어다 내가 너희와 항상 함께 있으리라**(마 28:20). 하나님의 집에 머무는 자들은 그들과 함께 머무시는 하나님을 소유하게 될 것이다. **내가 그들의 하나님이 될 것이며 그들은** 내가 그렇게 하는 것을 **알게 될 것이다.** 하나님 안에서 언약의 유익과 그 유익의 위로의 증거를 자신들의 것으로 삼는 자들은 정말로 복된 것이다. 우리가 이러한 언약의 유익과 그 위로의 증거를 가지게 되면, 우리는 족한 것이고 우리를 행복하게 해줄 더 이상의 것이 필요 없게 되는 것이다.

제 30 장

개요

모세는 본 장에서 다음과 같은 다른 사항들에 대해서도 지침을 받는다. I. 분향단에 관한 지침을 받는다(1-10절). II. 이스라엘 백성들이 계수될 때에 그들이 내야 할 속전에 관한 지침을 받는다(11-16절). III. 제사장들의 손과 발을 씻기 위해 마련된 놋으로 만든 물두멍에 관한 지침들 받는다(17-21절). IV. 관유를 만드는 방법과 그 사용법에 관한 지침을 받는다(22-33절). V. 황금으로 만든 제단에서 태워질 분향에 관한 지침들을 받는다(34절 이하).

1너는 분향할 제단을 만들지니 곧 조각목으로 만들되 2길이가 한 규빗, 너비가 한
규빗으로 네모가 반듯하게 하고 높이는 두 규빗으로 하며 그 뿔을 그것과 이어지
게 하고 3제단 상면과 전후 좌우 면과 뿔을 순금으로 싸고 주위에 금 테를 두를지며
4금 테 아래 양쪽에 금 고리 둘을 만들되 곧 그 양쪽에 만들지니 이는 제단을 메는
채를 꿸 곳이며 5그 채를 조각목으로 만들고 금으로 싸고 6그 제단을 증거궤 위 속
죄소 맞은편 곧 증거궤 앞에 있는 휘장 밖에 두라 그 속죄소는 내가 너와 만날 곳
이며 7아론이 아침마다 그 위에 향기로운 향을 사르되 등불을 손질할 때에 사를지
며 8또 저녁 때 등불을 켤 때에 사를지니 이 향은 너희가 대대로 여호와 앞에 끊지
못할지며 9너희는 그 위에 다른 향을 사르지 말며 번제나 소제를 드리지 말며 전제
의 술을 붓지 말며 10아론이 일 년에 한 번씩 이 향단 뿔을 위하여 속죄하되 속죄제
의 피로 일 년에 한 번씩 대대로 속죄할지니라 이 제단은 여호와께 지극히 거룩하
니라

I. 분향단에 관해서 주어진 명령들이 다음과 같다.

1. 분향단은 나무로 만들어졌고 금 곧 정금으로 싸였다. 분향단은 2규빗의 높이와 1규빗의 길이와 너비로 네모가 반듯했으며 네 귀퉁이에는 뿔들이 달렸고 주위에 금띠를 둘렀다. 또한 분향단을 나르기에 편리하도록 하기 위해 금을

입힌 채와 금고리가 달려 있었다(1-5절). 이 분향단에는 재를 떨어지게 하여 치우도록 하는 쇠로 만든 창살과 같은 것이 없었던 듯하다. 그러나 제사장들이 향을 사를 때 안에 숯불이 담긴 향로를 가져와 제단에 놓았다. 그리고 그 향로에서 향을 살랐던 것이다. 향과 함께 모든 숯을 가져나갔기 때문에 어떤 숯이나 재도 제단에 떨어지지 않았던 것이다. 에스겔 성전에 있는 분향단의 크기는 이 본문에 있는 것의 두 배였다(겔 41:22). 그 분향단은 나무로 만든 상이라고 불렸는데 금으로 입혔다고 하는 언급이 없다. 이것은 복음 시대의 분향은 영적인 것이며, 예배는 간소화되며, 하나님을 예배하는 것이 확대된다는 것을 의미하는 것이다: 각처에서 내 이름을 위하여 분향하며(말 1:11).

2. 이 분향단은 성소와 지성소를 나누는 휘장 밖에 두되, 휘장 안에 있는 속죄소 앞에 두어야만 했다(6절). 비록 제단에서 사역을 감당하는 자가 가로놓인 휘장으로 인해서 속죄소를 볼 수는 없었다 할지라도, 그는 그 속죄소가 있는 쪽을 바라보아야만 했고, 그가 속죄소를 향해 분향을 해야만 했기 때문이다. 이것은 우리들에게 다음의 사실을 가르쳐 주는 것이다. 즉, 비록 우리의 육신의 눈을 가지고서는 복된 속죄소인 은혜의 보좌를 볼 수는 없지만(이것은 하나님께서 우리를 불쌍히 여기셔서 속죄소의 얼굴을 숨기시고 그 위에 구름으로 덮으신 그러한 은혜의 보좌이기 때문이다), 우리는 믿음의 기도로 은혜의 보좌 앞에 우리 자신을 놓아야만 하며, 우리의 기도를 드리고 바라보아야만 한다.

3. 아론은 이 분향단 위에 매일 아침 저녁으로 한 번에 반 파운드(226.8g) 정도의 향기로운 향을 살라야만 했다. 이것은 놋 제단에서 매일 불로 태워 드려지는 고기로 인해 발생하는 좋지 않는 냄새를 제거하려는 목적뿐만 아니라 하나님의 영광을 위해서도 행해지는 것이다. 또한, 하나님께 드리는 그분의 백성들의 제사가 열납되고 있다는 것과, 하나님을 섬김으로써 백성들이 얻는 기쁨을 보여주기 위한 것이었다(7-8절). 놋 제단에서 드려지는 제물들을 통해서 하나님을 진노케 한 그들의 행위들에 대한 속죄가 이루어졌던 것처럼, 이 제단에서 드려지는 향에 의해서 그들이 행한 선행이 하나님께 열납되도록 해주었던 것이다. 하나님에 대한 우리의 두 가지 커다란 관심들은, 죄를 사함 받는 것과, 그분이 보시기에 의로운 자들로 인정받는 것이기 때문이다.

4. 향 외에는 그 어느 것도 이 제단 위에서 드려지지 않았다. 또한 지정된

향 외에는 어느 것도 드려지지 않았다(9절). 하나님께서는 그분 자신의 지시에 따라 이루어진 그분 자신의 예배를 받으실 것이다. 그렇지 않으면 받지 않으실 것이다.

5. 이 분향단은 매년 속제일에 향단 뿔에 뿌려진 속죄제의 피로 정화되어야만 했다(10절). 레 16:18-19를 보라. 대제사장은 그가 지성소에서 나올 때 이 일을 수행해야만 했다. 이것은 그들에게 다음과 같은 것을 알려 주는 것이었다. 즉, 제단에서 사역을 감당하는 제사장들의 죄와 제사장들이 위해서 사역을 감당하는 백성들의 죄가 그 제단을 예식적으로 부정하게 만들었기 때문에 그 제단은 속죄의 피로 정화되어야만 한다고 하는 것이다.

Ⅱ. 이 분향단은 다음과 같은 것들을 상징했던 것이다.

1. 그리스도의 중보를 상징했던 것이다. 성막 뜰에 있는 놋 제단은 세상에서 죽임을 당하시는 그리스도에 대한 상징이었다. 성소에 있는 황금 제단은 그리스도께서 감당하신 속죄 사역으로 하늘에서 중보하시는 그리스도에 대한 상징이었다. 이 분향단은 속죄소 앞에 놓였다. 그리스도께서는 우리를 위해서 항상 하나님 앞에 계시기 때문이다. 그분께서는 아버지 앞에 계시는 우리의 대언자이신 것이다(요일 2:1). 그분의 중보는 하나님께 향기로운 향내가 된다. 이 분향단에는 왕관이 부착되어 있었다. 그리스도께서는 왕으로서 중보하시기 때문이다. 아버지여! 제가 원하옵나이다(요 17:24).

2. 성도의 헌신을 상징했다. 성도의 기도는 하나님 앞에 드려지는 향과 같은 것이라고 말한다(시 141:2). 향의 연기가 올라가는 것처럼 하나님에 대한 우리들의 많은 바람들도 기도 가운데 거룩한 사랑과 다른 경건한 사랑의 불로 태워져 올라가는 것이다. 제사장들이 향을 사를 때 백성들은 기도를 하고 있었다(눅 1:10). 이것은 기도가 바로 진정한 향이라고 하는 것을 나타내는 것이다. 이 향은 매일 드려졌고 영원한 향이 되었다(8절). 우리는 항상 기도해야만 하기 때문이다. 즉, 우리는 매일 최소한 아침 저녁으로 정해진 기도하는 시간을 지켜야만 한다. 결코 빼먹지 말고 중단함이 없이 기도해야만 하는 것이다. 등불은 향이 살라지는 시간과 동일하게 준비되어 켜졌다. 이것은 우리들에게 다음과 같은 사실을 가르쳐준다. 즉, 성경을 읽는 것은 우리들의 매일 일과의 한 부분이 되어야 한다는 것과, 우리들의 기도와 찬양이 동반되어야만 한다는 것을 가르쳐 주는 것이다. 우리가 하나님께 말씀을 드릴 때, 우리는 하나님께서

우리들에게 말씀하시는 것을 들어야만 한다. 그렇게 함으로써 교제가 완전해진다. 거룩하게 된 영혼들의 헌신은 하나님께 기쁨이 되며 향기로운 향내가 되는 것이다. 성도의 기도는 향기로운 냄새에 비유된다(계 5:8). 그러나 그리스도께서 그 기도들을 받으시기에 합당한 것으로 만드시기 위해 더하시는 것은 바로 분향이다(계 8:3). 그리고 우리의 최고의 예배에 붙어 있는 죄를 속해주는 것은 바로 그분의 피인 것이다. 만약에 우리의 마음과 삶이 거룩하지 않다면, 분향조차도 가증히 여기는 것이 될 것이다(사 1:13). 그러한 것을 드리는 자는 우상을 찬송함과 같은 것이다(사 66:3).

11여호와께서 모세에게 말씀하여 이르시되 12네가 이스라엘 자손의 수효를 조사할
때에 조사 받은 각 사람은 그들을 계수할 때에 자기의 생명의 속전을 여호와께 드
릴지니 이는 그것을 계수할 때에 그들 중에 질병이 없게 하려 함이라 13무릇 계수
중에 드는 자마다 성소의 세겔로 반 세겔을 낼지니 한 세겔은 이십 게라라 그 반
세겔을 여호와께 드릴지며 14계수 중에 드는 모든 자 곧 스무 살 이상 된 자가 여호
와께 드리되 15너희의 생명을 대속하기 위하여 여호와께 드릴 때에 부자라고 반 세
겔에서 더 내지 말고 가난한 자라고 덜 내지 말지며 16너는 이스라엘 자손에게서 속
전을 취하여 회막 봉사에 쓰라 이것이 여호와 앞에서 이스라엘 자손의 기념이 되
어서 너희의 생명을 대속하리라

몇몇 사람들은 이 본문과 이후에(17, 22, 34절) 나오는 여호와께서 모세에게 말씀하여 라고 하는 어구의 반복은 다음과 같은 사실들을 나타내고 있는 것이라고 말한다. 즉, 이 어구의 반복은 하나님께서 이러한 규칙들을 산에서 연속적 담화 속에서 모세에게 전해준 것이 아니라는 것을 나타낸다고 보는 것이다. 이러한 어구의 반복은 지속적인 대화가 아닌 많은 간격 속에서 모세 자신에게 전해진 것을 기록하거나, 혹은 최소한 기억할 수 있는 시간을 주면서 하나님이 전해 주셨다는 것을 나타내는 것이라고 보는 것이다. 그리스도께서도 자신의 제자들이 명령들을 들을 수 있을 때 그들에게 그 지침들을 주셨다. 이 본문에서 모세는 인구조사를 할 때 성막의 사역을 위해서 그렇게나 많은 백성들에 대한 인두세를 징수하라고 하는 명령을 받는다. 모세는 백성들을 계수할 때 이 세금을 징수해야만 한다는 명령을 받는다. 어떤 학자들은 이 세금은

성막이 세워질 때인 지금 백성들의 수를 첫 번째 계수할 때에만 징수되었다고 생각한다. 이 세금은 성막 작업을 마치기 위해서 자발적으로 드리는 헌물들이 부족한 부분을 보충하기 위한 것 혹은 성막에서 드려지는 예배의 시작을 위한 것이었다고 보는 것이다. 다른 학자들은 그 후에도 비상사태가 발생할 때마다, 그리고 백성들을 계수할 때마다 이 세금이 징수되었다고 생각한다. 그러므로 다윗은 백성을 계수했을 때 이 세금을 징수하지 않아 죄를 지은 것이라고 생각한다. 그러나 이들과 다른 많은 유대 저술가들은 이 세금을 모세가 처음 인구를 계산할 때 시작된 뒤에 연례적으로 드리게 된 공세였으리라고 생각한다. 이 세금이 바로 그리스도께서 대적자들의 감정을 해치지 않으려고 내셨던 성전세였던 것이다(마 17:27). 그러나 이 때에 예수께서는 왜 자신이 성전세를 내지 않으셔도 되는지에 대한 타당한 이유를 말씀하셨다. 이 세금을 매년 받기 위해서 모든 도시에서 이 세금을 거두어들일 사람이 정해졌다.

1. 내야 할 세금은 반세겔이었다. 우리 돈으로 약 15펜스였다. 부자들이라고 더 내서도 안 되었고, 가난한 자들이라고 해서 덜 내서도 안 되었다(15절). 이것은 부자나 가난한 자의 영혼은 모두 존귀하다고 하는 것과 하나님께서는 사람의 외모를 보지 않으신다고 하는 것(행 10:34; 욥 34:19)을 나타내는 것이다. 다른 헌물을 드릴 때에는 자신들의 능력에 따라서 드릴 수 있었다. 그러나 생명의 속전(贖錢)인 이 세금은 모든 사람이 똑같은 액수를 내야만 했다. 부자들도 가난한 자들과 동일하게 그리스도가 필요하기 때문이며, 가난한 자들도 부자들과 동일하게 그리스도께로부터 환대를 받기 때문이다. 그들은 모두 성전의 유지를 위해서 동일하게 기여를 했다. 그들은 모두 성전에서 동일한 유익을 받으며 누렸기 때문이다. 그리스도와 그분의 계명 안에서는 가난한 자와 부한 자가 함께 사는 것이다. 그 모두를 지으신 이는 여호와시다(잠 22:2). 주 되신 그리스도께서는 그들 모두의 구속자가 되신다. 유대인들은 "만약에 누군가가 이 세금을 내는 것을 거부한다면, 그는 속죄를 받지 못한다"라고 말한다.

2. 이 세금은 생명의 속전으로 바쳐져야 했는데, 그것은 그들 중에 온역이 없게 하려는 것이었다. 이렇게 함으로써 이스라엘 백성들은 다음과 같은 사실들을 알게 되었던 것이다. 즉, 그들의 생명을 하나님께로부터 받았다고 하는 것과 그들의 생명이 하나님께 온전히 드려졌다고 하는 것, 그리고 그들의 존재는 하나님의 권능과 참아주심에 전적으로 의존되어 있다고 하는 것을 알게 되었

던 것이다. 그러므로 그들은 그들의 생명의 하나님께 경의를 표했던 것이고 자신들의 죗값으로 받아 마땅한 여러 가지 온역들이 임하지 않도록 간청했던 것이다.

3. 거두어진 돈은 성막의 사역을 위해서 쓰여야만 했다(16절). 그들은 이 돈으로 제물, 밀가루, 향, 포도주, 기름, 연료, 소금, 제사장의 옷, 그리고 전체 회중을 위한 다른 모든 것들을 샀다. 하나님의 성막이 자신들 중에 있음으로 해서 이익을 얻고 있는 자들은 그것에 소용되는 비용을 기꺼이 부담해야만 하는 것이다. 하나님의 공적인 예배를 위해 필요한 비용을 인색하게 여겨서는 안 되는 것이다. 그러므로 우리는 우리들의 물질을 가지고 하나님을 영화롭게 해야만 하며, 하나님을 예배하는데 드려지는 것을 가장 좋은 것으로 할 수 있도록 해야만 하는 것이다. 돈은 결코 영혼을 구속할 수는 없다. 그러나 돈은 구속을 이루시는 분을 영화롭게 하기 위해서, 그리고 구속을 말하고 있는 복음을 위해서 쓰일 수 있는 것이다.

17여호와께서 모세에게 말씀하여 이르시되 18너는 물두멍을 놋으로 만들고 그 받침
도 놋으로 만들어 씻게 하되 그것을 회막과 제단 사이에 두고 그 속에 물을 담으라
19아론과 그의 아들들이 그 두멍에서 수족을 씻되 20그들이 회막에 들어갈 때에 물
로 씻어 죽기를 면할 것이요 제단에 가까이 가서 그 직분을 행하여 여호와 앞에 화
제를 사를 때에도 그리 할지니라 21이와 같이 그들이 그 수족을 씻어 죽기를 면할지
니 이는 그와 그의 자손이 대대로 영원히 지킬 규례니라

이 본문에서는 다음과 같은 명령들이 주어진다.

1. 놋으로 만든 커다란 대야인 물두멍 혹은 성수반(聖水盤)을 만들라는 명령이 주어진다. 이 물두멍은 상당히 많은 양의 물을 담을 수 있는 것으로서 성막 문 곁에 놓여야만 했다(18절). 놋으로 만든 받침은 꼭지나 마개를 열어서 물두멍에서 나가는 물을 받도록 고안이 된 것으로 여겨진다. 그 당시에 이스라엘 백성들은 제사장들만이 씻을 수 있는 물두멍을 가지고 있었다. 그러나 오늘날 우리들에게는 유다와 예루살렘을 위해 씻을 수 있는 열린 샘인 생명수가 마르지 않는 샘이 있다(슥 13:1). 그러므로 우리가 오염 가운데 남아 있는 것은 우리의 잘못인 것이다.

2. 이 물두멍의 사용에 대한 명령이 주어진다. 아론과 그의 아들들은 맡겨진 사역을 감당하기 위해 들어갈 때마다, 최소한 매일 아침에 자신들의 손과 발을 이 물두멍에서 씻어야만 했다(19-21절). 이를 위해서 깨끗한 물이 매일 깨끗한 물두멍에 담겨졌다. 비록 그들이 자신들의 집에서 아무리 깨끗하게 씻었다 할지라도, 그들은 물두멍에서 씻어야만 했다. 물두멍은 씻기 위해 지정되었기 때문이다(왕하 5:12-14). 이 물두멍은 다음과 같은 목적으로 계획되었다.

(1) 아론과 그의 아들들에게 자신들이 감당하는 모든 사역에 있어서 정결할 것을 가르치기 위해서, 그리고 하나님의 거룩하심에 대한 경외감과 죄의 오염에 대한 두려움을 가지도록 하기 위함이었다. 그들은 처음 성별되었을 때 씻고 깨끗해져야 했을 뿐만 아니라 그들이 사역을 위해 들어갈 때마다 씻어 청결함을 유지해야만 했다. **손이 깨끗하며 마음이 청결한 자만이 하나님의 거룩한 곳에 서게 될 것이다**(시 24:3-4).

(2) 이것은 또한 날마다 우리의 죄 회개함을 새롭게 하고, 속량을 위해 우리의 영혼에 그리스도의 피가 적용되고 있다는 사실을 우리가 믿는 것을 새롭게 해야 한다는 것을 하나님을 날마다 섬기는 우리들에게 가르쳐 주고 있는 것이다. 우리는 매일 여러 가지 면에 있어서 죄를 짓고 오염에 접촉하고 있기 때문이다(요 13:8, 10; 약 3:2). 이것은 엄숙한 규례를 위해서 우리가 갖추어야 할 그러한 준비인 것이다. **손을 깨끗이 하라 … 마음을 성결하게 하라 … 그러고 나서 하나님을 가까이 하라**(약 4:8). 다윗은 시 26:6에서 이 율법을 언급하고 있다. **여호와여 내가 무죄하므로 손을 씻고 주의 제단에 두루 다니며.**

22여호와께서 모세에게 또 말씀하여 이르시되 23너는 상등 향품을 가지되 액체 몰약
오백 세겔과 그 반수의 향기로운 육계 이백오십 세겔과 향기로운 창포 이백오십
세겔과 24계피 오백 세겔을 성소의 세겔로 하고 감람 기름 한 힌을 가지고 25그것으
로 거룩한 관유를 만들되 향을 제조하는 법대로 향기름을 만들지니 그것이 거룩한
관유가 될지라 26너는 그것을 회막과 증거궤에 바르고 27상과 그 모든 기구이며 등
잔대와 그 기구이며 분향단과 28및 번제단과 그 모든 기구와 물두멍과 그 받침에 발
라 29그것들을 지극히 거룩한 것으로 구별하라 이것에 접촉하는 것은 모두 거룩하
리라 30너는 아론과 그의 아들들에게 기름을 발라 그들을 거룩하게 하고 그들이 내
게 제사장 직분을 행하게 하고 31이스라엘 자손에게 말하여 이르기를 이것은 너희

대대로 내게 거룩한 관유니 32사람의 몸에 붓지 말며 이 방법대로 이와 같은 것을
만들지 말라 이는 거룩하니 너희는 거룩히 여기라 33이와 같은 것을 만드는 모든 자
와 이것을 타인에게 붓는 모든 자는 그 백성 중에서 끊어지리라 하라 34여호와께서
모세에게 이르시되 너는 소합향과 나감향과 풍자향의 향품을 가져다가 그 향품을
유향에 섞되 각기 같은 분량으로 하고 35그것으로 향을 만들되 향 만드는 법대로 만
들고 그것에 소금을 쳐서 성결하게 하고 36그 향 얼마를 곱게 찧어 내가 너와 만날
회막 안 증거궤 앞에 두라 이 향은 너희에게 지극히 거룩하니라 37네가 여호와를 위
하여 만들 향은 거룩한 것이니 너희를 위하여는 그 방법대로 만들지 말라 38냄새를
맡으려고 이같은 것을 만드는 모든 자는 그 백성 중에서 끊어지리라

이 본문에서는 성막의 사역에서 사용될 거룩한 관유와 향을 만드는 법에 대한 지침들이 주어진다. 이러한 것들로 하나님께서는 영화롭게 되셨을 것이다. 그러므로 하나님께서는 그것들을 만드는 방법을 정해 주셨던 것이다. 하나님께로부터 나온 것 외에는 어느 것도 하나님께 갈 수 없는 것이다.

1. 이 본문에서 거룩한 관유를 만들라는 명령이 주어지고 있는데 그 필요한 성분과 양이 지시되고 있다(23-25절). 성경 해석자들은 이 성분과 양에 대해서 그 견해가 일치되지 않는다. 그러나 우리는 일반적으로 그 성분과 양은 그 목적에 가장 부합되는 최선의 것들이라고 확신한다. 하나님의 지혜가 하나님의 영광을 위해서 그 성분과 양을 정하셨기 때문에 반드시 그러한 재료와 양이 필요한 것이다. 관유는 향을 제조하는 법대로 만들어져야만 한다(25절). 모두 약 17킬로그램 정도 되는 4 가지의 향품들이 약 3.66리터 되는 감람 기름에 섞여져야만 했다. 그리고 걸러내면 기름에 향기로운 냄새가 남아 있게 되었다. 이 기름으로 하나님의 회막과 그 안에 있는 모든 기구들에 발라야만 했다. 또한 이 기름은 제사장들의 위임식에도 쓰여야만 했다(26-30절). 이 관유는 대대로 계속되어야만 했다(31절). 유대인들의 전승은, 모세 자신이 만든 바로 이 관유가 포로기에 이르기까지 남아 있었다고 말하고 있다. 그러나 패트릭(Patrick) 주교는 이 전승의 내용이 정말 그럴 것 같지 않다고 하는 면을 보여주고 있다. 그는 이 본문에 있는 제조 방법에 따라 다시 만들어졌을 것이라고 생각한다. 솔로몬이 이 관유로 기름 부음을 받았고(왕하 1:39), 다른 몇몇의 왕들도 관유로 기름 부음을 받았으며, 모든 대제사장들도 그들의 옷자락에 흘러내릴 정도

로 관유로 부음을 받았기 때문이다. 우리는 또한 성경에서 이 기름을 만든 것을 읽을 수 있다(대상 9:30). 그러나 두 번째 성전에는 이 거룩한 기름이 전혀 없었다는 데에 모두 동의한다. 그 관유를 만드는 것이 합법적이지 않다고 하는 생각을 가지고 있었기 때문이었다. 하나님께서 복음 시대의 더 나은 성령의 기름에 대한 한 전조였던 그 기름을 폐기하셨기 때문이었다. 성령의 다양한 은사들은 이 관유에 들어간 몇 가지 향기로운 재료들로 상징되었다. 지고한 거룩함을 보여주기 위해서 성막 안에는 시각적으로 후각적으로 가장 좋은 것들이 있었던 것이다. 그리스도의 이름은 쏟은 향기름 같다고 말한다(아 1:3). 그리고 그리스도인들의 좋은 이름은 보배로운 기름보다 낫다고 말하고 있다(전 7:1).

2. 금으로 만든 제단 위에서 태워지는 향은 비록 관유에 섞여진 것들과 같이 귀하고 값비싼 것은 아니었을지라도 관유와 마찬가지로 향기로운 향품들로 만들어졌다(34-35절). 이 향은 매일 1파운드, 그리고 속죄일에 3파운드를 썼다. 이 많은 양은 (유대인들이 말하기를) 매년 한 번 만들어졌다. 향이 사용될 때 매우 잘게 빻아야만 했다. 그러므로 구세주께서 향기로운 향내를 내는 희생제를 위해서 자신을 드렸을 때 그를 상처 입게 하신 것은 여호와께서 기꺼이 감당하시는 기쁨이 되셨던 것이다.

3. 이들 관유와 향을 만드는 것에 대한 동일한 법이 이 본문에 주어졌다(32-33, 37-38절). 일상적인 용도를 위하여 이들과 유사한 것을 만들어서는 안 되었다. 그러므로 하나님께서는 사람들의 마음에 자신이 만드신 제도들에 대한 경외감을 가지도록 하셨던 것이다. 또한 하나님께서는 우리들에게 하나님께서 자신을 알려 주시는 어떤 것도 불경스럽게 사용하거나 남용하지 못하도록 가르쳐 주고 계신 것이다. 다윗처럼 악기를 만들되 자기 자신들을 위해서(자신들의 쾌락을 위해서) 만든 사람들처럼(암 6:5) 하지 못하도록 하시는 것이다. 거룩한 것들을 가지고 조롱의 대상으로 삼는 것과, 특별히 하나님의 말씀과 계명들을 가지고 놀며 농락하는 것, 그리고 그 말씀과 계명들을 가볍게 여기는 것은 하나님께 매우 모욕적인 것이다(마 22:5). 하나님의 특별한 것은 일상적인 것으로 사용되어서는 안 되는 것이다.

제 31 장

개요

본 장에서 하나님께서는 산 위에서 모세에게 말씀하신 것에 대한 결론을 맺고 계신다. 모세는 이제 이 산에서 하나님과 함께 40일 밤낮을 있었던 것이다. 그러나 전술한 여섯 장에서 우리가 읽은 것 외에 산에서 머물렀던 이 긴 시간 동안에 모세에게 전해진 것에 대해서는 더 이상의 내용이 기록되지 않았다. 본 장에는 I. 하나님께서는 성막을 세우고 그 성막에 필요한 물건을 만드는데 쓰임받을 사람들을 지정하신다(1-11절). II. 하나님께서는 안식일과 그에 대한 종교적인 준수사항들을 반복하여 말씀하신다(12-17절). III. 하나님께서는 모세에게 두 개의 증거판을 주신다(18절).

1여호와께서 모세에게 말씀하여 이르시되 2내가 유다 지파 훌의 손자요 우리의 아
들인 브살렐을 지명하여 부르고 3하나님의 영을 그에게 충만하게 하여 지혜와 총명
과 지식과 여러 가지 재주로 4정교한 일을 연구하여 금과 은과 놋으로 만들게 하며
5보석을 깎아 물리며 여러 가지 기술로 나무를 새겨 만들게 하리라 6내가 또 단 지
파 아히사막의 아들 오홀리압을 세워 그와 함께 하게 하며 지혜로운 마음이 있는
모든 자에게 내가 지혜를 주어 그들이 내가 네게 명령한 것을 다 만들게 할지니 7곧
회막과 증거궤와 그 위의 속죄소와 회막의 모든 기구와 8상과 그 기구와 순금 등잔
대와 그 모든 기구와 분향단과 9번제단과 그 모든 기구와 물두멍과 그 받침과 10제
사직을 행할 때에 입는 정교하게 짠 의복 곧 제사장 아론의 성의와 그의 아들들의
옷과 11관유와 성소의 향기로운 향이라 무릇 내가 네게 명령한 대로 그들이 만들지
니라

하나님께서는 성막을 짓는 일과 관련하여 상당히 정교한 작업을 하도록 지시하셨다. 백성들은 성막을 짓는데 필요한 재료들을 공급해야만 했다. 그러나 누가 그 재료들을 가지고 지시된 형태의 물건을 만들 것인가? 모세 자신은 애굽의 모든 학문들을 배워 익혔다. 뿐만 아니라 모세는 하나님의 말씀과

전능자의 환상에 익숙했었다. 그러나 그는 조각을 하거나 수를 놓는 방법은 알지 못했다. 우리는 이스라엘 백성들 가운데 재능이 뛰어난 사람들이 어느 정도 있었을 것이라고 생각할 수 있다. 그러나 그들은 평생 애굽에서 속박을 받으며 살아왔기 때문에 그들 중에 어느 누구도 이렇게 정교한 기술을 배웠으리라고 생각할 수는 없는 것이다. 그들은 어떻게 벽돌을 만들고 진흙을 가지고 작업을 하는 것인지는 알고 있었다. 그러나 금을 가지고 작업을 하며 다이아몬드를 세공하는 것은 결코 배워본 적이 없었던 것이다. 그들에게 금이나 보석을 세공할 기술자가 없었고 다만 석수와 벽돌공만이 있었을 때, 하나님께서 요구하신 정교하고 정확한 작업을 어떻게 이루어낼 수 있었겠는가? 우리는 기꺼이 이 일들을 감당할 많은 사람들이 있었고 그들은 최선을 다했을 것이라고 생각할 수 있다. 그러나 이러한 일을 관장할 적절한 사람을 찾는 것은 어려웠을 것이다. 어느 누가 이러한 일들에 자격이 있었겠는가? 그러나 하나님께서는 이 문제 또한 해결해주셨다.

I. 하나님께서는 쓰임받을 사람들을 지명하신다. 하나님께서 친히 선택하셨기 때문에, 발탁을 위한 경쟁이 없었을 것이고 선호하는 일들에 대한 시기심도 없었을 것이다.

1. 브살렐(Bezaleel)이 건축가 혹은 장인의 우두머리로 지명되었다(2절). 그는 하나님께서 영예를 주시기를 기뻐하셨던 유다 지파에 속한 사람으로 훌(Hur)의 손자였다. 아마도 이 훌은 모세의 손을 부추기며 도와주었던 사람이었을 것이다(출 17장). 이번에는 아론과 함께 모세가 없는 동안 백성들을 다스리는 일을 위임받고 있었을 것이다(출 24:14). 이스라엘 중에 이렇게 훌륭한 가문에서 일을 담당할 사람이 선택되었던 것이다. 비록 기술자 혹은 수세공장인(手細工匠人)일지라도 성막 사역을 위해서 한 부분 쓰임을 받은 가문에게는 적지 않은 영예가 주어졌다. 유대 전승은 훌은 미리암(Miriam)의 남편이라고 말한다. 만약에 그렇다면 하나님께서는 그를 이 사역에 지명하시는 것은 필요한 일이었다. 그렇지 않고 만약에 모세가 손수 그를 지명했다고 한다면, 아론 또한 제사장직에 나아갔기 때문에, 백성들은 모세가 자신의 친척들을 매우 편파적으로 선호한다고 하는 소리를 들었을 것이다. 하나님께서는 모세의 친척들에게 영예를 입혀 주실 것이다. 그러나 모세는 자신에게나 그의 가족에게 영예를 주는 것으로 나타나지 않을 것이다. 그것은 온전히 여호와께서 하시는 일

이기 때문이었다.

2. 오홀리압(Aholiab)은 단 지파에 속한 사람으로서 브살렐의 조력자가 되었다(6절). 둘은 하나보다 나은 것이다. 그리스도께서는 복음 성막을 지을 자신의 제자들을 둘씩 보내셨다. 우리는 성경에서 그분에 대한 두 증인들에 대해서 읽게 된다. 오홀리압은 단 지파의 사람이었다. 이 단 지파는 영예를 덜 받은 지파들 중의 하나였다. 그러므로 유다와 레위 지파들은 마치 그들이 모든 성직을 독점하는 것처럼 높여지지 않기 위해서였던 것이다. 하나님께서는 한 몸이 나누어짐을 방지하기 위해서 부족한 지체에게 귀중함을 더하신다(고전 12:24). **머리가 발더러 내가 너를 쓸 데가 없다 하지 못하리라.** 솔로몬의 성전을 짓는데 있어서 우두머리 장인이었던 히람 역시도 단 지파 사람이었다(대하 2:14).

3. 성막을 짓는 여러 가지 일들에서 브살렐과 오홀리압을 도와 그 아래서 일을 감당한 다른 사람들이 있었다(6절). 하나님께서 해야 할 일을 가지고 계실 때, 그분께서는 결코 그 일을 하기 위한 도구들이 부족하지 않으실 것이다. 모든 사람들의 마음과 지혜는 그분의 눈과 손의 통제 아래에 있기 때문이다. 어떻든지 하나님께서 자신들을 그 일로 부르셨다고 생각할 수 있는 이유를 가지고 있는 자들은 하나님을 위한 어떤 사역을 기쁘게 감당할 수 있을 것이다. 하나님께서는 친히 부르신 자들을 인정해 주실 것이고 입증해 주실 것이기 때문이다.

Ⅱ. 하나님께서는 이 사역을 위한 사람들에게 자격을 부여하신다. 하나님의 영을 그에게 충만하게 하여(3절). 지혜로운 마음이 있는 모든 자에게 내가 지혜를 주어(6절).

1. 일반적으로 예술과 직업에서 가지는 기술은 하나님의 은사이다. 능력과, 능력의 향상은 하나님으로부터 주어지는 것이다. **가슴속에 지혜를** 주신 분은 바로 하나님이시다(욥 38:26). 하나님께서는 농부들에게 분별력을 가르쳐 주실 뿐만 아니라 상인들에게도 가르쳐 주신다(사 28:26). 하나님은 마땅히 그에 대한 찬양을 받으셔야만 한다.

2. 하나님께서는 자신의 은사들을 다양하게 베풀어 주신다. 이 사람에게는 이러한 은사를, 그리고 다른 사람에게는 다른 은사를 주시는데, 모든 것을 인류와 교회라고 하는 모든 집단의 선을 위해서 주시는 것이다. 모세는 이스라엘 백성들 중에서 이스라엘을 통치하기 위해 가장 적절한 사람이었다. 그러나 브

살렐은 성막을 짓는데 있어서는 모세보다 더 적합한 사람이었다. 공통의 이익은 사람들의 다양한 능력과 성향에 의해서 훨씬 더 고양된다. 어떤 사람들의 재능은 사람들을 어떤 유용한 길로 인도하고, 다른 사람들의 재능은 또 다른 길로 인도한다. 이 모든 일은 같은 한 성령이 행하시는 것이다(고전 12:11). 성령께서는 교만, 시기, 모욕, 세속적인 경쟁을 금하시고, 서로 사랑의 띠를 견고하게 해주신다.

3. 하나님께서는 어떤 사역에 사람을 부르실 때 그 일에 맞는 사람을 찾아내시거나, 아니면 그 부르신 자를 그 일에 적합한 사람으로 만들어 주실 것이다. 하나님께서 위임하시면, 그분께서 사역에 따라 어느 정도 자격을 주실 것이다. 이 본문에서 이루어져야만 했던 일은 성막을 만드는 일과 그 곳에서 쓰이는 도구들을 만드는 일이었다. 이 일들은 이 본문에 특별하게 상술되어 있다(7절 이하). 이 일을 위해 쓰임받는 사람들은 금과 은과 놋을 가지고 일을 할 수 있는 사람들이었다. 그리스도께서 복음의 성막을 짓기 위해 자신의 사도들을 보냈을 때, 그분께서는 방언으로 하나님의 놀라운 역사를 말할 수 있도록 그들에게 자신의 영을 부어주셨다. 그 놀라운 역사는 금속에 대한 역사가 아니라 사람들에 대한 역사였다. 사도가 말했던 것처럼 장차 세워질 장막은 더 크고 온전한 장막(히 9:11)이므로 사도들이 받은 은사들도 더 좋은 은사들이었다.

12여호와께서 모세에게 말씀하여 이르시되 13너는 이스라엘 자손에게 말하여 이르
기를 너희는 나의 안식일을 지키라 이는 나와 너희 사이에 너희 대대의 표징이니
나는 너희를 거룩하게 하는 여호와인 줄 너희가 알게 함이라 14너희는 안식일을 지
킬지니 이는 너희에게 거룩한 날이 됨이니라 그 날을 더럽히는 자는 모두 죽일지
며 그 날에 일하는 자는 모두 그 백성 중에서 그 생명이 끊어지리라 15엿새 동안은
일할 것이나 일곱째 날은 큰 안식일이니 여호와께 거룩한 것이라 안식일에 일하는
자는 누구든지 반드시 죽일지니라 16이같이 이스라엘 자손이 안식일을 지켜서 그것
으로 대대로 영원한 언약을 삼을 것이니 17이는 나와 이스라엘 자손 사이에 영원한
표징이며 나 여호와가 엿새 동안에 천지를 창조하고 일곱째 날에 일을 마치고 쉬
었음이니라 하라 18여호와께서 시내 산 위에서 모세에게 이르시기를 마치신 때에
증거판 둘을 모세에게 주시니 이는 돌판이요 하나님이 친히 쓰신 것이더라

이 본문에는 다음과 같은 내용들이 있다.

I. 안식일을 거룩히 하라고 하는 엄격한 명령(13-17절). 안식일에 관한 율법은 준비로서 다른 어떤 율법 이전에 이스라엘 백성들에게 주어졌다(출 16:23). 이것은 제4계명으로서 도덕법 전체에 삽입되었다. 이 율법은 또한 재판법에도 부가되었다(출 23:12). 이 본문에서는 이 율법이 의식법의 첫 부분에 포함되었다. 안식일을 지키는 것이 모든 율법의 진정한 경계이며 울타리가 되기 때문이다. 안식일을 지키려고 생각하지 않으면 경건과 정직을 지키려는 마음도 사라질 것이다. 도덕법에 있어서 이 계명은 두 돌판 사이 가운데에 서 있기 때문이다. 어떤 학자들은 이 계명이 다른 이유로 인해서 이 곳에 온 것이라고 생각한다. 이제 가능한 신속하게 하나님에 대한 경배를 위해서 성막이 세워져야만 하고, 기구들이 준비되어야만 한다고 하는 명령이 주어졌다. 그러나 그들이 그 사역의 성격과 요구되는 긴급성으로 인해서, 좀 더 일을 일찍 마무리하기 위해 안식일에도 일을 하는 자신들을 정당화하지 않도록 하기 위해서 이러한 경고가 적절하게 삽입된 것이다. 진실로 혹은 그럼에도 불구하고 너희들은 나의 안식일을 지키라. 그들은 성막을 짓는 일을 서둘러야 했지만 필요 이상으로 서둘러서는 안 되었다. 서두르는 가운데 안식일을 범해서는 결코 안 되었던 것이다. 성막을 짓는 일이라 할지라도 안식일의 휴식을 가졌어야만 했던 것이다. 하나님의 안식일의 명예를 위해 하나님은 그렇게 질투하신다. 안식일에 관해 이 본문에서 이야기된 것을 관찰하라!

1. 안식일의 본질과 의미와 의도. 하나님께서는 선포를 통해서 안식일을 영화롭게 하셨으며 우리들에게 안식일을 귀하게 여기도록 가르쳐 주신다. 이 본문에 안식일에 대한 여러 가지 내용들이 언급된다.

(1) 이는 나와 너희 사이에 표징이니(13절). 17절에 다시금 언급된다. 안식일 제도는 이스라엘 백성들에 대한 하나님의 은혜를 나타내는 커다란 예였고, 다른 모든 민족들로부터 그들을 구별하셨다고 하는 표징이었다. 이 안식일을 이스라엘 백성들이 경건하게 지키는 것은 하나님께 대한 그들의 의무와 복종을 이행하는 커다란 예가 되었던 것이다. 하나님께서는 이스라엘 백성들 가운데서 이 날을 거룩하게 하심으로써 그들로 하여금 하나님께서 그들을 거룩하게 하셨음과 하나님 자신과 그분의 사역을 위해서 구별하셨다는 것을 알도록 하셨다. 그렇지 않으면 하나님께서는 그들 가운데 경건을 유지해주는 그분의 거

룩한 안식일을 그들에게 드러내시지 않으셨을 것이다. 안식일은 안식에 관한 다음과 같은 율법을 언급하는 것이다: 나의 안식일을 지키라. 나는 너희를 거룩하게 하는 여호와인 줄 너희가 알게 함이라. 하나님께서 그분의 은혜로 우리 마음에 네 번째 계명의 율법을 지키려고 하는 마음이 일도록 해주신다면, 그것은 바로 우리 안에서 그분의 영으로 역사하신 선한 일에 대한 증거가 되는 것이다. 우리가 하나님의 날을 거룩하게 한다면, 그것은 바로 하나님께서 우리의 마음을 거룩하게 하신 그분과 우리 사이의 한 표징이 되는 것이다. 그러므로 안식일을 지켜 더럽히지 않는 것(사 56:2)은 축복받은 사람의 특성인 것이다. 유대인들은 6일 동안의 노동 뒤에 7일째 되는 하루를 지킴으로써 6일 동안 세상을 창조하시고 7일째 안식을 취하신 하나님을 그들이 경배하고 있음을 증거했으며 선언했던 것이다. 이렇게 함으로써 자신들을 다른 민족들과 구분했다. 다른 민족들은 창조에 대한 기념이 되게 하기 위해서 제정되었던 안식일을 먼저 잃어버렸던 것이다. 더 나아가 점차적으로 창조주에 대한 지식을 잃어버렸고, 결국에는 하나님에게만 드려야 하는 영광을 피조물에게 돌리게 되었던 것이다.

(2) 이는 너희에게 거룩한 날이 됨이니라(14절). 즉, "안식일은 하나님의 영광을 위해서 뿐만 아니라 너희들의 유익을 위해서 계획된 것이다." 안식일은 사람을 위해서 있는 것이요. 혹은 "너희들로 인해서 안식일은 거룩하게 여겨질 것이고 그렇게 지켜질 것이다. 그리고 너희들은 안식일을 더럽히는 것을 신성모독으로 여겨야 할 것이다."

(3) 큰 안식일이니 여호와께 거룩한 것이라(15절). 안식일은 일반적인 보통의 날과 구별된 것으로 하나님의 영광과 그분을 예배하기 위해서 있는 날이다. 안식일을 지킴으로 우리는 일상의 일들과 육신의 사역으로부터 휴식을 취하며, 우리 자신과 우리가 가진 그리고 할 수 있는 모든 것으로 하나님의 영광에 헌신하는 것을 배우게 되는 것이다.

(4) 안식일은 영원한 언약이 되기 위해서 모든 세대에 대대로 지켜져야만 했다(16절). 이것은 하나님과 이스라엘 사이에 있었던 언약 중에 가장 오래 지속된 것 중의 하나였다.

2. 안식일에 관한 율법. 이스라엘 백성들은 안식일을 지키되(13-14, 16절) 보물과 같이 그리고 위탁받은 물건과 같이 지켜야만 했고, 안식일이 오염되는 것을 지키며 보존해야만 했던 것이다. 이방인들은 자신들의 신들을 영화롭게

하기 위해서 연례적인 기념축제들을 가졌다. 그러나 유대인들이 매주 축제를 가진 것은 특이한 것이었다. 그러므로 이스라엘 백성들은 안식일을 주의해서 지켜야만 했던 것이다.

3. 안식일을 지켜야 하는 근거. 하나님의 율법들은 가장 높은 권위로 지지를 받고 있을 뿐만 아니라, 가장 타당한 근거로 뒷받침되고 있기 때문이다. 하나님께서 친히 모범을 보여주신 것은 우리가 안식일을 지켜야 하는 가장 큰 이유가 되는 것이다(17절). 창조의 사역이 기념되어야 할 가치가 있는 것처럼, 위대하신 창조주는 우리가 6일 동안의 노동 뒤에 7일째 되는 날에 거룩한 안식을 취함으로써 본받아야 할 분이시다. 특별히 우리는 하나님이 행하셨던 동일한 모범을 따라함으로써 우리들의 모든 육신의 노동으로부터 그분과 함께 안식을 할 수 있는 것이다.

4. 이 율법을 범하는 자가 받게 될 형벌. "그 날에 경건과 자비의 일 외에 어떠한 일을 행함으로 안식일을 더럽히는 자는 누구든지 그 백성 중에서 끊어질 것이다(14절). 그는 반드시 죽게 될 것이다(15절). 죄가 드러나면 재판관은 정의의 칼로 그를 죽여야만 한다. 죄가 드러나지 않는다면 혹은 재판관이 부주의하고 태만하여 자신의 의무를 다하지 못한다면, 하나님께서 그 일을 친히 다루실 것이며 하늘에서 치심으로 그를 끊으실 것이다. 그리고 그 범죄자의 가족은 이스라엘에서 끊어지게 될 것이다." 안식일을 경멸하고 더럽히는 것은 재판관에 의해서 징벌을 받아야 될 죄인 것이다. 만약에 사람이 벌하지 못한다면, 그 죄에 대해서 회개를 하지 않는 한 하나님께서 지금 이 곳에서, 아니면 이후에 반드시 벌하실 것이다.

Ⅱ. 모세에게 두 개의 증거판이 전달됨. 하나님께서 모세를 산으로 올라오라고 부르셨을 때, 하나님께서는 모세에게 이 증거판들을 약속하셨다(출 24:12). 이제 하나님께서 모세를 내려보내실 때, 하나님께서는 법궤 안에 신중하면서도 영예롭게 안치되도록 하기 위해서 증거판을 모세에게 넘겨주셨다(18절).

1. 하나님께서 시내 산 위에서 모든 백성들이 듣는 가운데 말씀하셨던 십계명을 이제 영원히 기념하기 위해 기록했다. 기록된 것은 남기 때문이다.

2. 이 십계명은 돌판에 기록되었다. 그 돌판은 모세가 준비한 것같이 보이지만 그가 준비한 것이 아니었다(출 24:12는 모세가 산에 올라갔을 때 이미 기록

된 돌판들을 발견했다고 말하고 있기 때문이다). 몇몇 학자들은 아마도 천사들이 준비한 것이라고 생각한다. 율법이 영원히 지속된다고 하는 것을 나타내기 위해서 율법은 돌판에 기록된 것이다(어떤 것이 돌에 기록되어 보관되는 것보다 더 오래 유지될 수 있다고 생각하는가?). 이것은 또한 우리 마음의 완악함을 나타내기 위한 것이다. 우리의 타락하고 죄악된 마음에 귀한 어떤 것을 기록하는 것보다 차라리 돌에 새기는 것이 더 쉬울 수 있다.

3. 십계명은 하나님의 손가락으로 기록되었다. 즉, 다른 도구를 사용하시지 않고 직접 하나님의 의지와 권능으로 기록하신 것이다. 마음에 하나님의 율법을 쓰실 수 있는 분은 오직 하나님뿐인 것이다. 하나님께서는 육의 마음을 주신다. 그러고 나서 하나님의 손가락인 그분의 영으로 하나님께서는 그분의 의지를 육의 마음판에 새기신다(고후 3:3).

4. 십계명은 우리들에게 하나님을 향한 우리의 의무와 인간을 향한 우리의 의무를 가르쳐 주기 위해서 두 돌판에 기록된 것이다.

5. 십계명은 증거판으로 불린다. 이 기록된 율법은 이스라엘 백성들에 대한 하나님의 뜻과 그들을 향한 하나님의 선한 뜻을 증거하며, 그들이 불순종하면 그들을 심판하는 증거가 될 것이기 때문이다.

6. 십계명은 모세가 그 계명을 공개적으로 보여주기 위해 법궤에 놓아두라고 하는 명령과 함께 모세에게 전달되었다. 모든 사람들이 그 계명을 보고 읽을 수 있게 해서 그들이 귀로 들을 때 이제 그 계명들을 기억하게 하기 위함이었다. 그러므로 모세에 의해서는 율법이 주어졌고, 예수 그리스도에 의해서는 은혜와 진리가 임했던 것이다.

제 32 장

개요

본 장의 이야기는 유대인들 가운데 교회와 신앙을 세우는 과정에서 발생했던 일에 대한 기록 중에서 매우 통탄할 만한 단절을 말해주고 있다. 안정적인 정착을 위한 모든 일들이 매우 경이롭게 잘 진행되고 있었다. 하나님께서는 친히 매우 호의적인 모습을 보여주셨고, 이스라엘 백성들 또한 매우 유순한 듯 보였다. 이제 모세는 산 위에서 머무르는 40일의 시간을 거의 마쳐가고 있었다. 모세는 자신이 이스라엘 진에 돌아가게 되면 매우 성대한 환영이 있을 것이라고 생각했고 그들 가운데에 성막을 빨리 세우려는 생각으로 기쁨이 넘쳤을 것이라고 우리는 생각해 볼 수 있다. 그러나 그러한 생각들은 산산조각이 났다. 이스라엘 백성들의 죄로 인해서 그들에게 주어질 그러한 좋은 일들은 떠나가게 되었고 하나님의 은총의 흐름이 단절되었던 것이다. 잘못을 행한 죄(당신은 그러한 죄를 생각할 수 있겠는가?)는 금송아지를 숭배한 것이었다. 하나님과 이스라엘 사이에 이루어진 결혼은 이미 엄숙하게 거행되었다. 그러나 이스라엘은 매춘부와 같이 행한 것이다. 그러므로 그 결합은 깨졌다. 깨어진 것을 다시 결합하는 것은 쉬운 일이 아닐 것이다. 이 본문에는 다음과 같은 내용들이 있다. I. 신을 만들기 위해 금송아지를 만들고(1-4절) 경배한(5-6절) 이스라엘의 죄를 말하고 있다. 특별히 아론의 죄를 말하고 있다. II. 지금 산에서 하나님과 함께 있는 모세에게 하나님께서 이스라엘의 죄를 알려 주시는 것(7-8절)과 이스라엘 백성들에 대한 하나님의 진노의 선언(9-10절)이 있다. III. 모세가 산에서 즉시 이스라엘 백성들을 위해서 중재한 것(11-13절)과 그 중재가 하나님을 설득하게 됨을 기술하고 있다(14절). IV. 모세가 산에서 내려왔을 때 백성들이 행하고 있는 우상 숭배를 목도하게 되고(15-19절) 그것을 매우 혐오스럽게 여긴다. 모세는 분개의 표시로서 증거판을 깨뜨리며(19절) 금송아지를 불태워버린다(20절). V. 이 일에 대해서 아론을 심문한다(21-24절). VI. 우상 숭배의 주모자들을 처단한다(25-29절). VII. 백성들에 대한 하나님의 진노를 돌리기 위해 모세가 백성들을 위해서 다시 한 번 더 중재한다(30-32절). 이에 대해서 집행유예가 선언되고 좀 더 그들의 행함을 살펴보기 위해 이스라엘 백성들을 보존하신다(33절 이하).

1백성이 모세가 산에서 내려옴이 더딤을 보고 모여 백성이 아론에게 이르러 말하되
일어나라 우리를 위하여 우리를 인도할 신을 만들라 이 모세 곧 우리를 애굽 땅에
서 인도하여 낸 사람은 어찌 되었는지 알지 못함이니라 2아론이 그들에게 이르되
너희의 아내와 자녀의 귀에서 금 고리를 빼어 내게로 가져오라 3모든 백성이 그 귀
에서 금 고리를 빼어 아론에게로 가져가매 4아론이 그들의 손에서 금 고리를 받아
부어서 조각칼로 새겨 송아지 형상을 만드니 그들이 말하되 이스라엘아 이는 너희
를 애굽 땅에서 인도하여 낸 너희의 신이로다 하는지라 5아론이 보고 그 앞에 제단
을 쌓고 이에 아론이 공포하여 이르되 내일은 여호와의 절일이니라 하니 6이튿날에
그들이 일찍이 일어나 번제를 드리며 화목제를 드리고 백성이 앉아서 먹고 마시며
일어나서 뛰놀더라

모세가 산에서 하나님으로부터 율법을 받는 동안, 백성들은 전달된 것에 대해서 묵상하며 좀 더 계시될 것을 위해서 스스로 준비하는 시간을 가졌어야만 했고, 그러한 일을 위해서 40일은 충분한 시간이 아니라고 하는 생각을 가졌어야만 했다. 그러나 그렇게 하기보다는 그들 가운데에 그들이 이미 받은 율법들을 깨는 방법과 그들이 기대하는 것을 선수를 쳐서 재촉하는 방법을 획책하는 사람들이 있었다. 40일 중에 39일째 되는 날에 여호와를 대항하는 반역의 음모가 돌발했다. 다음과 같은 일들이 있었다.

I. 백성들은 모세가 없는 동안 통치권을 위임받은 아론에게 격앙된 요구를 했다. 일어나라 우리를 위하여 우리를 인도할 신을 만들라(1절).

1. 백성들 가운데 모세가 없을 때 발생하는 부정적인 영향을 보라. 만약에 모세가 가서 머물라고 하는 하나님의 소명을 받지 않았더라면, 모세는 비난을 받아 마땅했을 것이다. 재판관, 목회자, 그리고 가족의 가장들과 같이 다른 사람들에 대한 책임이 있는 사람들은 정당한 사유 없이 자신들의 책임을 놓아서는 안 되는 것이다. 이로 인해서 사탄이 틈타지 못하도록 하기 위함이다.

2. 기만하기 위해 숨겨져 있는 거짓말에 의해서 백성들이 영향을 받고 타락하게 되었을 때에 군중들이 보이는 격정과 폭력을 보라. 이러한 분위기에 사로잡힌 자들은 처음에는 얼마 되지 않았던 것 같다. 이 소수의 무리들이 사람들의 마음에 그러한 분위기를 넣지 않았더라면 그러한 생각을 결코 갖지 않았을 많은 사람들은 그 소수의 파괴적이고 해악적인 방법을 따르도록 부추김을 받

았다. 그 군중들은 그 소수가 따랐던 그러한 조류에 곧 빠져들게 되고 말았다. 그 소수들도 처음에는 그러한 제안을 거부했을 것이다. 하지만 곧이어 그 제안에 대해서 감히 항의조차도 하지 못하고 동의했던 그러한 커다란 불순종의 흐름이 있었던 것이다. 한 작은 불꽃이 얼마나 많은 것들을 태우게 되는지를 보라! 그러면 이 경솔한 군중들에게 어떠한 일이 있었던 것인가?

(1) 그들은 약속된 땅을 기다리기에 지쳐 있었다. 그들은 자신들을 시내 산에서 너무나 오랫동안 머무르도록 하고 있는 것이라고 생각했었던 것이다. 그들은 그 곳에서 매우 안전하고 편안하게, 그리고 음식을 잘 공급받고 가르침을 잘 받고 있었다. 그러나 그들은 좀 더 앞으로 나아가기 위한 인내가 부족했다. 이스라엘 백성들에게는 그들과 함께 하시는 신실하신 하나님이 계셨다. 그리고 구름 가운데 그들과 함께 하시는 그분의 임재를 나타내 주셨다. 그러나 이러한 것은 도움이 되지 못했던 것 같다. 그들은 그들 앞에서 행하는 신을 소유했어야만 했던 것이다. 그들은 젖과 꿀이 흐르는 땅에 가려고 서둘렀기 때문에 그들의 신앙을 지키기 위해 머물 수가 없었던 것이다. 하나님의 의도를 앞서가려고 하는 사람들은 일반적으로 자기 자신의 꾀에 빠지게 된다. 우리는 하나님의 약속을 취하기 전에 먼저 하나님의 법을 기다려야만 하는 것이다. 믿는 자는 서두르지 않는다. 적절한 속도 이상 서두르지 않는 것이다.

(2) 그들은 모세가 다시 돌아오기를 기다리기에 지쳐 있었다. 모세가 산에 올라갔을 때, 그는 백성들에게 그가 얼마나 머물러야 하는지 말하지 않았다(하나님께서 그에게 말씀하시지 않았기 때문이다). 그러므로 비록 백성들은 모세가 없는 동안에도 모든 면에서 부족함이 없이 공급을 받았음에도 불구하고, 그들이 생각하는 시간 이상으로 모세가 머물자, 몇몇 나쁜 사람들은 모세가 왜 늦어지는 것인지 알지 못한다고 말하면서 미리 앞질러 생각하며 염려했던 것이다: 이 모세 곧 우리를 애굽 땅에서 인도하여 낸 사람은 어찌 되었는지 알지 못함이니라.

[1] 그들은 이 모세의 인격을 얼마나 경시했는가! 그들은 자신들을 위해서 그렇게 애정이 깃든 관심을 보여준 모세에게 배은망덕했던 것이며, 결국에는 하나님을 대적하며 행했던 것이다. 하나님께서는 모세에게 영예를 입혀 주시기를 기뻐하셨다. 그러나 그들은 모세를 경멸했던 것이고, 이러한 모세에 대한 경멸을 지금 대리자인 모세의 형 아론의 면전에서 행했던 것이다. 이와 같은

배은망덕한 세상에서는 아무리 커다란 은혜라 할지라도 사람들을 큰 모욕과 경멸에서 지켜주지 못하는 것이다.

[2] 그들은 모세의 지체함에 대해서 얼마나 의심스러운 태도로 말을 했는가! **어찌 되었는지 알지 못함이니라.** 그들은 모세가 삼키는 불에 의해서 소멸되었든지, 아니면 음식을 먹지 못해 굶어죽은 것이라고 생각했던 것이다. 이것은 마치 그들 자신들을 지키시고 먹이셨던 하나님께서 자신이 가장 사랑하시는 모세를 지키지도 먹을 것을 주지도 못하셨다고 말하는 것과 같은 것이다. 그들 중에 몇몇 모세를 좋게 생각하기를 원했던 사람들은 아마도 모세가 에녹처럼 하늘로 옮겨진 것이라고 말했을 것이다. 반면에 사람들이 모세에 대해서 얼마나 나쁘게 생각하는지에 대해서 관심을 가지지 않는 다른 사람들은 모세가 자신의 임무를 감당할 수 없었기 때문에 그 임무를 버리고 장인의 양 떼를 돌보기 위해 장인에게로 돌아간 것이라고 넌지시 말했을 수도 있다. 이러한 모든 생각들은 완전히 근거가 없는 것이고 말도 안 되는 것이다. 어떤 추측들보다도 이러한 생각들은 더 근거가 없는 생각들이었던 것이다. **모세가 어떻게 되었는지** 이야기하는 것은 쉬운 일이었다. 모세가 구름 속으로 들어가는 것이 보였고, 모든 이스라엘 백성들은 여전히 산꼭대기에 있는 모세가 들어간 구름을 보았기 때문이다. 그러므로 그들은 모세가 그 곳에서 안전하게 머물고 있는 것이라고 하는 결론을 내릴 충분한 이유를 가지고 있었던 것이다. 만약에 여호와께서 모세를 죽이기를 기뻐하셨더라면, 이러한 여러 가지 은혜들을 모세에게 보여주지 않으셨을 것이다. 만약에 모세가 오랫동안 지체했다면, 그것은 하나님께서 그에게 말씀하실 것이 많으셨기 때문이었던 것이다. 모세는 대사로서 산 위에 머물렀다. 그가 올라온 일을 끝내는 대로 그는 분명히 돌아가고자 했을 것이다. 그러나 그들은 이것을 자신들의 사악한 계획을 나타낼 기회로 삼은 것이다: **어찌 되었는지 알지 못함이니라.** 첫째, 좋게 생각할 충분한 이유를 가지고 있음에도 불구하고 나쁘게 생각하기로 결심을 한 사람들은 대개 마땅히 생각해야 할 것을 알지 못하는 체한다. 둘째, 우리 구세주의 지체하심에 대한 잘못된 해석들은 커다란 악을 저지르는 것이다. 우리 구주 예수께서는 영광의 산으로 올라가셨고, 우리를 위해서 항상 계시는 모습으로 나타나시지만 우리는 보지 못한다. 그분은 하늘에 계시고 하늘은 그분을 숨기고 있는 것이다. 우리가 믿음으로 살게 하기 위함이다. 그분께서는 그 곳에 오랫동안 계셨고 아직도 그

곳에 계신다. 그러므로 믿지 않는 자들은 그가 어찌되었는지 알지 못한다고 말한다. 그리고 그들은, 주께서 강림하신다는 약속이 어디 있느냐? 라고 묻는다(벧후 3:4). 이것은 마치 그분께서 아직 오시지 않았기 때문에 결코 오시지 않을 것이라고 말하는 것과 같은 것이다. 자신의 게으름 속에 있는 악한 종은 내 주께서 더디 오실 것이다 라는 생각으로 스스로 대담해지는 마음을 가진다. 셋째, 기다림으로 인해서 지치게 되면 우리는 많은 유혹을 받게 된다. 이것은 바로 사울이 몰락하게 되는 시발점이 되었던 것이다. 사울은 예정된 시간의 마지막 시간까지 사무엘을 기다려야만 했다. 그러나 그 시간까지 기다려야 하는 인내심을 가지지 못했다(삼상 13:8절 이하). 이 본문에 나오는 이스라엘도 마찬가지였다. 만약에 그들이 하루만 더 기다렸다면, 모세가 어찌되었는지 알게 되었을 것이다. 여호와께서는 심판의 하나님이시다. 지체하실지라도 그분께서 오실 때까지 기다려야만 하는 것이다. 그러면 우리는 우리의 수고를 잃어버리지 않을 것이다. 오실 분께서는 오실 것이고 지체하지 않으실 것이기 때문이다.

(3) 그들은 그들 가운데 경건한 예배에 대한 하나님의 제도를 기다리는데 지쳤다. 그들은 바로 이 거룩한 예배에 대한 하나님의 제도를 기대하고 있었던 것이다. 그들은 그들이 이 산에서 하나님을 섬겨야 하리라고 하는 말씀을 들었다. 그들은 그 예배의 화려한 행렬과 예식을 동경했을 것이다. 그러나 그들이 바라는 만큼 빨리 그 제도가 정해지지 않았기 때문에, 그들은 자신들의 시혜로 그들과 함께 하시는 하나님의 임재의 표시를 만드는 일을 하려고 했고, 그것들을 가지고 영광을 돌리려고 했으며, 자신들 스스로 고안한 것에 대해서 경배를 하려고 했던 것이다. 아마도 그들이 애굽인들 가운데 보았던 것과 같은 것들이었을 것이다. 스데반은, 그들이 아론에게 우리를 위하여 신을 만들라 라고 말했을 때 그들은 마음에 애굽으로 향했다고 말하고 있기 때문이다(행 7:39-40). 일어나라. 우리를 위하여 신을 만들라 라고 하는 것은 매우 생소한 제안이었다. 만약에 그들이 모세가 어찌되었는지 알지 못했고 그가 죽은 것이라고 생각했다면, 그들은 며칠 동안 모세를 위해서 엄숙한 슬픔의 시간을 정하여 가지는 예의가 있었어야만 했다. 그러나 그렇게나 많은 은혜를 베풀었던 사람이 얼마나 빨리 잊힌 것인가를 보라! 만약에 그들이 "모세는 죽었다! 우리를 위해서 지도자를 세우자!"라고 말했다면, 이것은 비록 모세에 대해서 크게 배은망덕한 일이며 모세의 부재시에 주재권을 가지고 있었던 아론과 훌을 경멸하는 일이 되었을지

라도, 어느 정도 일리가 있는 이야기가 되었을 것이다. 그러나 **모세가 죽었다! 우리를 위해서 신을 만들라!** 라고 하는 것은 있을 수 없는, 가장 불합리하고 어리석은 행동이었던 것이다. 모세가 그들의 신이었던 것인가? 모세가 그렇게 행동한 적이 있었는가? 모세가 어찌되었든 하나님께서 여전히 그들과 함께 계신다고 하는 것은 분명한 사실이지 않았는가? 이스라엘 백성들은 매일 그들의 진에 양식을 그렇게 잘 공급해주신 그분의 인도하심에 대해서 의문을 가졌던 것인가? 그들은 하나님께서 행하셨던 것과 같이, 아니 지금도 행하시고 계신 것 같이 그들을 그렇게 잘 먹이실 다른 신을 가질 수 있었겠는가? 그러나 그들은, **우리를 위하여 우리를 인도할 신(들)을 만들라** 라고 말했다. 신들을! 그들은 얼마나 많은 신들을 가지려는 것인가? 한 분으로 충분하지 않다는 것인가? **우리를 위하여 신들을 만들라.** 그들 자신이 만든 신들이 그들에게 무슨 유익을 줄 수 있다는 말인가? 그들은 그들 앞서 갈 그러한 신들을 가져야만 했던 것이다. 그들 스스로는 지금까지 인도된 것 이상 더 나아갈 수가 없다고 생각했기 때문이었다. 우상 숭배자들은 이렇게 비참하고 허망한 생각에 빠져 있는 것이다: **그들은 우상들에 미쳤다**(렘 50:38, KJV).

Ⅱ. 그러자 아론은 그들의 보석들을 가져오라고 요구했다. **너희의 아내와 자녀의 귀에서 금 고리를 빼어 내게로 가져오라**(2절). 우리는 아론이 그들의 제안에 한 마디의 반대도 하지 못한 것을 보게 된다. 아론은 그들의 무례함을 꾸짖지 않았고, 그들이 죄를 짓고 있는 것이며 어리석은 일을 하고 있는 것이라고 그들이 알아듣도록 이유를 말해주지도 않았다. 아론은 그러한 움직임에 동조했던 것 같으며, 그러한 일을 하는 그들의 비위를 맞추려고 했던 것 같다. 어떤 사람은 아론이 처음에는 단지 그들의 요구를 조롱하려는 생각으로 행한 것이라고 보려고 한다. 그들 가운데 우습고 어리석은 우상을 세움으로써 그 요구가 어리석은 것이라고 하는 것을 그들에게 보여주기 위한 것이었다고 보는 것이다. 그러나 만약에 그렇다고 했다면, 그것은 죄를 가지고 잘못된 농담거리를 삼은 것이다. 그것은 마치 촛불 가까이에서 노는 조심성 없는 파리가 초래하는 위험한 결과를 낳게 하는 것이었다. 어떤 사람들은 다음과 같이 관대하게 생각하기도 한다. 즉, 아론이 그들에게 자신들의 금귀고리를 떼어 가져오라고 했을 때에 그 제안을 깨뜨릴 계획을 가지고 그렇게 했다는 것이다. 아론은 비록 그들의 탐욕은 그들로 하여금 우상을 만들기 위해서 그들의 주머니에서 금을 쏟아

내게 할지라도(사 46:6), 그들의 자존심은 그들로 하여금 금귀고리들을 떼어내도록 하지 못할 것이라고 믿었다는 것이다. 그러나 사람들의 죄악된 탐욕들로 인해서 그들이 죄악된 길에서 얼마나 멀어지게 하는지 시험하는 것과, 그들이 얼마나 많은 비용을 치를 것인지에 대해서 시험하는 것은 안전한 방법이 아닌 것이다. 이 본문에서 그것은 바로 위험한 실험이라고 하는 것이 드러났다.

Ⅲ. 금송아지를 만들었다(3-4절).

1. 백성들은 자신들의 금귀고리들을 요구한 아론에게로 가져왔다. 아론은 그들의 제안을 물리치는 대신에 오히려 그들의 미신을 인정해 주었을 것이다. 그리고 아론은 그들 내면에 그들의 귀로부터 얻은 금은 가장 합당한 것으로서 가장 귀한 신을 만들게 되리라는 환상을 심어주게 되었다. 그들이 금귀고리를 떼어내어 우상을 만들려고 했던 그들의 준비성을 보면서 참된 하나님을 섬기는데 있어서 인색해하는 우리들을 부끄럽게 여기도록 하자! 그들은 자신들의 우상을 만드는데 드는 비용을 감당하는데 있어서 뒤로 물러서지 않았지 않는가? 우리는 우리의 신앙을 위해 드는 비용을 인색해하거나, 그렇게 좋은 명분을 외면할 것인가?

2. 아론은 그들의 금귀고리들을 녹였고, 목적에 맞게 주형을 준비했고, 녹은 금을 그 주형에 부었다. 그리고 소 혹은 송아지 형상을 만들어 내었고 조각 도구를 사용해서 다듬었다. 어떤 사람들은 아론이 하나님의 임재를 나타내는 표시로 이 형상을 선택했다고 생각한다. 아론은 소의 머리와 뿔들은 하나님의 권능을 적절히 상징하는 것이긴 하지만 너무나 평범하고 일반적인 것이라서 백성들이 그것을 경배할 만큼 그렇게 어리석지는 않을 것이라고 생각했다는 것이다. 그러나 그들은 신을 나타내는 것을 애굽인들로부터 배웠을 것이다. 성경은 다음과 같이 말하고 있기 때문이다. 그들이 애굽의 우상들을 떠나지 아니하므로(겔 20:8). 그가 젊었을 때에 애굽 사람과 동침하매(겔 23:8). 자기 영광을 풀 먹는 소의 형상으로 바꾸었도다(시 106:20). 하늘의 주인을 섬겼던 그들은 다른 모든 우상 숭배자들보다도 더 그들 자신의 어리석음을 드러냈던 것이다.

Ⅳ. 호렙에서 금송아지를 만들고 그들은 부어 만든 우상을 경배했다(시 106:19). 백성들이 금송아지를 좋아하는 것을 본 아론은 그들의 비위를 더욱 맞추려고 했다. 그는 금송아지 앞에 제단을 쌓고 그것에 영광을 돌리는 축제일, 즉 봉헌 축제일을 선포했다(5절). 아론은 그 날을 여호와의 절일이라고 불

렸다. 비록 그들이 야만적이었을지라도, 그들은 이 형상 자체가 하나님이라고는 생각하지 않았으며 우상을 숭배하는 것으로 그치려고 했던 것이 아니었기 때문이었다. 그들은 이 형상으로, 그리고 이 형상을 통해서 경배하기를 원했던 참된 하나님을 나타내는 것으로 여겼던 것이다. 그러나 이러한 생각은 그들이 엄청난 우상 숭배자들이었다고 하는 사실에 대한 변명을 해주지는 못하는 것이다. 이것은 가톨릭교도들이 성상을 숭배하는 것이 아니라 그 성상을 통해서 하나님을 경배하는 것이라고 하는 말을 용납하도록 하지 못하도록 하는 말이 되는 것이다. 가톨릭교도들은 자신들을 마치 금송아지를 경배했던 자들과 같은 우상 숭배자들로 만들고 있는 것이다. 금송아지 경배자들은 그 절일을 여호와에 대한 절일로 말했고, 그렇게 되는 것이라고 선포함으로써 아무리 무지하고 경솔한 자들이라도 그것을 모르고 지나가지 않도록 했던 것이다. 백성들은 이 절일을 지키는데 매우 적극적이었다(6절): **이튿날에 그들이 일찍이 일어나.** 이것은 그들이 이 제전(祭典)을 얼마나 기뻐했는지를 보여주는 것이다. 그들은 고대의 예배의식에 따라 이 새롭게 만들어진 신상에 희생제를 드렸고 그 희생제물을 먹었다. 자신들의 금귀고리들을 바쳐서 자신들의 신을 만든 백성들은 자신들의 짐승들을 바쳐서 이 신으로 하여금 호의를 베풀도록 하고자 했던 것이다. 우상을 만들지 않고 이러한 희생제사를 직접 여호와께 드렸다면(내가 알고 있는 한에서는) 그들은 열납되었을 것이다(출 20:24). 그러나 그들 앞에 하나님의 임재의 상징으로서 우상을 세웠고 그렇게 함으로써 참된 하나님을 거짓으로 바꾸었기 때문에 이 희생제사들은 단지 혐오스러운 것 그 이상도 이하도 아닌 것이 되어버린 것이다. 이들의 우상 숭배가 신약에 이야기될 때 희생제사에 대한 그들의 축제에 대해서 다음과 같이 거론되고 인용되었다: **희생제로 드리고 남은 것을 백성이 앉아서 먹고 마시고 나서 바보짓을 하고 음란하게 일어나서 뛰논다**(고전 10:7). 하나님과 같이 여기고 경배하는 것 같이 생각했던 것이다. 만약에 그들이 먼저 자신들의 탐욕을 자신들의 신으로 만들지 않았다면, 그들은 송아지를 자신들의 신으로 만들지는 않았을 것이다. 그러나 그 신이 웃음거리였기 때문에, 그 예배가 조롱거리가 된 것은 놀라운 일이 아니다. **그들의 생각이 헛되었기 때문에,** 그들은 예배에서 헛된 경배를 드리게 되었는데 그 헛됨은 너무나 큰 것이었다.

1. 백성들 가운데 특별히 그렇게 많은 무리가 그러한 일을 했다는 것은 믿

기지 않을 만큼 이상스러운 일이었다. 그들은 불과 며칠 전에 바로 이 곳에서 불 가운데서 그들에게 너를 위하여 새긴 우상을 만들지 말라 라고 말씀하셨던 여호와 하나님의 음성을 듣지 않았던가? 또한 그들은 이 율법이 주어진, 두려울 정도로 장엄함 속에서 천둥소리를 듣지 못했으며, 번개를 보지도 못했으며, 땅이 갈라지는 것을 경험하지도 못했단 말인가? 그들은 특별히 금으로 신상을 만들지 말라고 주의를 받지 않았던가?(출 20:23). 그 뿐만 아니라 그들은 스스로 하나님과 엄숙히 언약을 맺고 하나님께서 그들에게 말씀하셨던 모든 것을 준행하겠다고 약속하지 않았던가?(출 24:7). 그러나 이 언약이 엄숙하게 비준된 장소를 그들이 떠나기도 전에, 구름이 시내 산 꼭대기에서 걷히기도 전에, 이 죄악이 너희와 너희 자손에게까지 미치리라 고 하신 분명한 경고를 무시하면서 명백한 계명을 어겼던 것이다. 이러한 것을 어떻게 생각해야만 하는 것인가? 이것은 율법은 의롭다 하지 못할 뿐만 아니라 성화시켜 줄 수도 없다는 것을 분명히 보여주는 것이다. 율법으로는 죄를 알게 해주지만 죄를 치료해 주는 것은 아니다. 이러한 사실은 이 죄를 지은 바로 그 장소를 강조하여 나타낸 것에 암시되어 있는 것이다(시 106:19). 즉, 그들은 율법이 주어진 바로 그 장소인 호렙에서 송아지를 만들었던 것이다. 그러나 복음을 받은 자들은 그렇지 않았다. 그들은 즉시 우상에서 돌이켰다(살전 1:9).

2. 아론이 이 죄에 깊이 연관되어 송아지를 만들고 절일을 선포했다고 하는 것은 정말 이해가 되지 않는 이상스러운 일이었다. 여호와의 성도이며, 모세의 형으로서 그의 대변자였던 그렇게나 말을 잘했던(출 4:14) 바로 그 아론이었지만 이 우상 숭배에 대해서는 왜 한 마디도 하지 못했던 것인가? 이 사람은 애굽에 재앙들을 내리고 애굽의 신들에게 심판을 내렸던 일을 보았을 뿐만 아니라 그 사역을 감당했던 바로 그 사람이 아닌가? 그런데 어찌된 일인가! 바로 그가 애굽의 버려진 우상들을 다시 새기고 있지 않은가? 그들은 무슨 낯으로 이것이 바로 너희를 애굽에서 인도해 낸 너희의 신이다 라고 말할 수 있었던 것인가? 그러므로 그들은 그들과 함께 애굽의 우상 숭배(애굽에서 가장 나쁜 것)를 가지고 온 것인가? 이 사람이 바로 산에서 모세와 함께 있었고(출 19:24; 24:9), 그들이 하나님의 형상을 만들 수 있는 어떠한 유사한 것도 그 곳에는 없다고 하는 것을 알았던 바로 그 아론인가? 이 사람이 모세의 부재시에 백성들을 돌보도록 권한을 위임받은 바로 그 아론인가? 그가 여호와를 대항한 이 반역을 돕

고 선동하고 있는 것인가? 그가 그렇게 죄악된 일을 하는 것이 도대체 어떻게 가능한 일이란 말인가? 그는 이상스럽게 놀라 그 일에 개입되어 비몽사몽간에 그 일을 저질렀든지, 아니면 폭도들의 난폭함에 겁을 먹어 그 일을 저질렀을 것이다. 유대인들은 아론의 동료인 훌이 이 일에 반대를 하자 백성들이 달려들어 돌로 쳐 죽였고(그러므로 우리는 이후로 훌에 대한 기록을 읽을 수 없다) 이로 인해서 아론은 겁을 먹고 묵인해 주었다고 하는 전승을 가지고 있다. 그래서 하나님께서는 아론이 제멋대로 하도록 내버려 두셨던 것이다.

(1) 이것은 우리들에게 아무리 선한 사람이라도 하나님께서 내버려 두시면 어떻게 되는지와, 우리는 사람의 말을 따르지 말아야 한다는 것과 선 줄로 생각하는 자는 넘어질까 조심하라고 하는 것을 가르쳐 주시기 위함이었다.

(2) 다른 한편으로는, 이 당시에 아론은 하나님의 지명에 의해서 제사장직의 위대한 직책에 예정되어 있었다. 비록 아론은 그것을 모르고 있었을지라도, 산에 있는 모세는 알고 있었던 것이다. 아론에게 주어질 영예로 인해서 분수 이상으로 높아지지 않도록 하시기 위해서 사탄의 사자가 그를 시험하도록 놓아 두셨던 것이다. 아론이 이 일을 기억함으로써 그의 평생에 겸손해지도록 하기 위함이었던 것이다. 금송아지를 위한 제단을 쌓기까지 자신에게 수치를 끼쳤던 아론은 하나님의 제단을 섬기는 영광을 누릴 자격이 전혀 없다고 하는 것과, 그 일을 위해 하나님께서 순전히 값없이 주시는 은혜에 빚진 자 됨을 고백해야만 하는 것이다. 그러므로 교만과 자랑은 영원히 침묵하게 되었고, 좋지 못한 원인에서 좋은 결과가 나왔던 것이다. 이와 마찬가지로 율법은, 죄를 가지고 있고 그 자신들의 죄를 위해 먼저 제사를 드릴 필요가 있는 자들을 제사장들로 삼았다는 것을 보여주고 있다.

7 여호와께서 모세에게 이르시되 너는 내려가라 네가 애굽 땅에서 인도하여 낸 네
백성이 부패하였도다 8 그들이 내가 그들에게 명령한 길을 속히 떠나 자기를 위하여
송아지를 부어 만들고 그것을 예배하며 그것에게 제물을 드리며 말하기를 이스라
엘아 이는 너희를 애굽 땅에서 인도하여 낸 너희 신이라 하였도다 9 여호와께서 또
모세에게 이르시되 내가 이 백성을 보니 목이 뻣뻣한 백성이로다 10 그런즉 내가 하
는 대로 두라 내가 그들에게 진노하여 그들을 진멸하고 너를 큰 나라가 되게 하리
라 11 모세가 그의 하나님 여호와께 구하여 이르되 여호와여 어찌하여 그 큰 권능과

강한 손으로 애굽 땅에서 인도하여 내신 주의 백성에게 진노하시나이까 12어찌하여
애굽 사람들이 이르기를 여호와가 자기의 백성을 산에서 죽이고 지면에서 진멸하
려는 악한 의도로 인도해 내었다고 말하게 하시려 하나이까 주의 맹렬한 노를 그
치시고 뜻을 돌이키사 주의 백성에게 이 화를 내리지 마옵소서 13주의 종 아브라함
과 이삭과 이스라엘을 기억하소서 주께서 그들을 위하여 주를 가리켜 맹세하여 이
르시기를 내가 너희의 자손을 하늘의 별처럼 많게 하고 내가 허락한 이 온 땅을 너
희의 자손에게 주어 영원한 기업이 되게 하리라 하셨나이다 14여호와께서 뜻을 돌
이키사 말씀하신 화를 그 백성에게 내리지 아니하시니라

이 본문에는 다음과 같은 내용들이 있다.

I. 하나님께서는 모세가 없는 동안에 진중에서 어떠한 일이 일어나고 있는지를 모세에게 알려 주신다(7-8절). 하나님께서는 그 일이 시작되자마자 좀 더 일찍이 모세에게 알려 주셔서 그 일을 막기 위해 모세를 내려 보내실 수 있으셨다. 그러나 하나님께서는 지혜롭고 거룩한 목적들을 위해 일이 이 지경에 이르도록 놓아두셨다. 그러고 나서 그 일을 징벌하시기 위해서 모세를 내려 보내셨다. 하나님께서 죄가 저질러지도록 놓아두신다고 해서 그분의 거룩함을 비난할 수는 없는 것이다. 하나님께서는 그분께서 원하시면 죄를 제재할 방법뿐만 아니라 그 죄를 그분의 영광을 위한 계획에 도움이 될 수 있도록 만드는 방법을 알고 계시기 때문이다. 이 본문에서 하나님께서 이 죄에 관해서 모세에게 무엇을 말씀하셨는지 관찰하자.

1. 그들은 스스로를 부패케 했다고 하셨다. 죄는 죄인의 부패나 타락이다. 곧, 자아 부패이다: 모든 사람이 자기 자신의 정욕에 끌려 유혹을 받는 것이다.

2. 그들이 그 길을 떠났다고 말씀하셨다. 죄는 우리가 감당해야 하는 의무의 길에서 곁길로 들어가게 하는 탈선이다. 그들이 하나님께서 명령하신 모든 것을 이행하겠다고 약속했을 때, 그들은 매우 잘 출발했던 것이다. 그러나 이제 그들은 자신들의 길을 잃어버렸고 곁길로 들어선 것이었다.

3. 그들은 그 길을 속히 떠났다고 말씀하셨다. 율법이 그들에게 주어지고 그들은 그 율법을 준행하겠다고 약속한 뒤 즉시 떠났다. 하나님께서 그들을 위해서 그러한 위대한 일들을 행하시고 더 큰 일을 행하시려는 그분의 인자하신 뜻이 선포된 직후에 떠났던 것이다. 그들은 하나님의 역사를 즉시 잊었다. 우리

가 하나님과 계약을 갱신하고 난 뒤에, 그리고 하나님으로부터 특별한 자비를 받은 뒤에 곧 죄악에 빠지는 것은 하나님을 노엽게 하는 일이다.

4. 하나님께서는 모세에게 그들이 어떠한 일을 했는지 상세히 말씀하셨다: **그들이 송아지를 부어 만들고 그것을 예배했다.** 우리의 통치자들에게 감추어진 죄들도 하나님 앞에서는 벌거벗은 듯이 드러나게 되는 것이다. 하나님께서는 통치자들이 발견하지 못하는 것을 보시기 때문에 세상의 어떤 죄악도 하나님께 숨겨진 것은 없는 것이다. 우리는 하나님께서 매일 보시고 침묵하시는 그 죄악의 천분의 일 정도를 보는 것도 참지 못할 것이다.

5. 하나님께서는 모세에게 그들은 **네가 애굽 땅에서 인도하여 낸 네 백성**이라고 말씀하시면서 그들과의 관계를 부인하신 것같이 보인다. 이것은 마치 "나는 그들과 아무런 관계도 갖지 않을 것이고 그들을 배려하지도 않을 것이다. 그들이 내 백성이라거나 내가 그들을 애굽에서 인도해 내었다고 결코 말하게 하지 말라." 스스로 타락한 자들은 스스로를 부끄럽게 할 뿐만 아니라 하나님으로 하여금 친히 그들과 그들에게 베푸셨던 그분의 자비를 부끄럽게 여기도록 하는 것이다.

6. 하나님께서는 모세를 백성들에게 속히 내려보내신다: **가라. 너는 내려가라!** 모세는 가서 백성들 가운데서 행정장관으로서 자신의 의무를 수행하기 위해서 자신이 가지는 하나님과의 교제도 중단해야만 했다. 여호수아도 그렇게 해야만 했었다(출 7:10). 만사는 다 때가 있는 법이다.

Ⅱ. 하나님께서는 이 죄로 인하여 이스라엘을 대항해서 자신의 분노를 나타내시고 그들을 죽이시는 그분의 정의의 판결을 내리신다고 하셨다(9-10절).

1. 하나님께서는 이 백성들에게 그들이 가진 본성을 말씀해 주신다: "**목이 뻣뻣한 백성이로다.** 하나님의 율법의 멍에 아래 오려고 하지 않는다. 말하자면 그들은 모순된 영의 통제를 받아서 모든 선한 것을 거부하며 악을 저지르기 쉽고 그들의 치료를 위해서 사용되는 방법들을 완강히 저항하는 자들이라는 것이다." 의로우신 하나님께서는 우리가 행하는 것뿐만 아니라 우리의 됨됨이도 아시며, 우리의 생활 속의 행동들뿐만 아니라 우리 영의 기질까지도 아신다. 그리고 그분의 모든 심판 과정에 있어서 그러한 것들을 눈여겨보신다.

2. 하나님께서는 그들이 마땅히 받아야 할 응분의 벌이 어떤 것인지 선언하신다. 즉, 그들에 대한 하나님의 진노는 엄청나게 큰 것이었다. 그들을 당장에

진멸하고 그들의 이름을 천하에서 없앨 정도로 크게 진노하셨던 것이다(신 9:14). 언약으로부터 그들을 쫓아낼 뿐만 아니라 이 세상에서도 쫓아버리겠다고 하신 것이다. 죄는 우리를 하나님의 진노 앞에 서게 만드는 것이다. 만약에 하나님의 은혜로 그 진노가 경감되지 않는다면, 그 진노는 우리를 그루터기와 같이 완전히 태워버릴 것이다. 죄인들을 법대로 처리하셔서 죄악 중에 있는 그들을 즉시 멸하시는 것은 하나님께는 정당한 것이다. 그렇게 처리하신다 하더라도 그것은 하나님께 손해가 된다거나 그분에게 불명예가 끼쳐지는 것은 아니다.

3. 하나님께서는 모세에게 이스라엘 백성들을 위해서 중재하지 말라고 계속적으로 말씀하셨다: 그런즉 내가 하는 대로 두라. 하나님께서 그 백성들을 진멸하시지 못하도록 하기 위해서 모세는 어떠한 일을 했는가? 혹은 어떠한 일을 할 수 있었는가? 하나님께서 어느 한 민족을 버리시기로 작정했을 때는 이미 멸망의 판결이 선언된 것이다. 어떠한 중재도 그것을 막을 수 없는 것이다(겔 14:14; 렘 15:1). 하나님께서는 인간들의 방식에 따라서 그늘에 대한 그분의 마땅한 진노가 얼마나 큰 것인지를 나타내시고자 하신 것이었다. 일단 누군가에 대해서 냉혹히 대하기로 결심한 경우에 그 어떠한 중재도 하지 못하는 경우가 바로 인간들의 방식인 것이다. 또한 하나님께서는 모세의 중재 외에는 그들을 멸망으로부터 구해낼 수 없다고 하는 것을 암시하심으로써 기도를 귀중히 여기고자 하셨던 것이다. 모세는 그리스도의 모형이다. 하나님께서는 그리스도의 중재에 의해서만 세상을 자신에게로 화해하시려고 하셨던 것이다. 모세의 중재가 더욱 빛나도록 하기 위해서 하나님께서는 다음과 같은 적절한 제안을 하셨다. 즉, 만약에 모세가 이 문제에 끼어들지 않는다면, 하나님께서 그를 큰 나라가 되게 해주겠다고 하셨다. 시간이 지남에 따라 모세의 허리에서 한 민족을 일으켜 세우시거나 이러저러한 방법으로 다른 커다란 민족을 그의 통치와 지도 아래 들어오게 하시어서 이스라엘의 멸망으로 모세가 손해를 보지 않게 하시겠다는 것이었다. 만약에 모세가 편협하고 이기적인 마음을 가진 사람이었더라면, 그는 이 제안을 받아들였을 것이다. 그러나 모세는 자기 가문의 출세나 성공보다는 이스라엘의 구원을 더 원했던 것이다. 바로 여기에 지도자가 되기에 합당한 한 인간이 있었던 것이다.

Ⅲ. 모세는 백성들을 위해서 하나님께 간절히 중재했다(11-13절). 모세는

여호와 그의 하나님께 간청했다. 하나님께서 이스라엘의 하나님이라고 불리기를 원치 않으셨을지라도, 모세는 자신이 그분을 자기 자신의 하나님이라고 부를 수 있기를 원했던 것이다. 우리는 은혜의 보좌에서 우리가 얻는 모든 유익을 하나님의 교회와 우리 친구들을 위해서 활용해야만 하는 것이다. 이제 모세는 하나님의 진노를 돌이키기 위해서 몸으로 막아서고 있는 것이다(시 106:23). 모세는 하나님께서 "내가 하는 대로 두라"고 말씀하시면서 그에게 주셨던 그 암시적인 의미를 지혜롭게 잡았던 것이다. 이 말씀은 모세의 중재를 금하시는 것처럼 보이나, 믿음의 기도가 하나님께 얼마나 큰 힘이 있는 것인지를 보여주심으로써 그 중재하는 것을 정말로 격려하셨던 것이다. 그와 같은 경우에 하나님께서는 중재자가 없음을 이상히 여기시는 것이다(사 59:16). 다음과 같은 것들을 관찰하라.

1. 모세의 기도(12절): 주의 맹렬한 노를 돌이키사. 모세는 하나님께서 부당하게 진노하신다고 생각한 것이 아니라, 하나님께서 백성들을 소멸하실 정도로 커다란 진노를 하시지 않기를 구한 것이다. "심판을 거두시고 자비를 베푸소서! 이 화(禍)를 돌이키소서! 파멸의 판결을 교정의 판결로 바꾸소서!"

2. 모세의 탄원. 모세는 열심히 변론을 펼치는데 이것은 하나님을 감동시키려고 하는 것이 아니라, 자신의 신앙을 표현하며 기도에 열정을 더하기 위한 것이었다. 모세는 다음과 같은 사실들을 열심을 다해 역설했다.

(1) 그들에 대한 하나님의 관심과 이미 그들을 위해서 베푸셨던 위대한 일들, 그리고 그들 위에 베푸셨던 커다란 은총과 기적들을 역설했다(11절). 하나님께서는 모세에게 "네가 애굽 땅에서 인도하여 낸 네 백성"이라고 말씀하셨다(7절). 그러나 모세는 겸손하게 그들을 다시 하나님께로 되돌린다. "그들은 주의 백성들입니다. 주께서 그들의 여호와이시며 주인이십니다. 그러나 저는 단지 그들의 종입니다. 주께서 그들을 애굽에서 인도해 내셨습니다. 저는 오직 주의 손에 붙들린 도구일 뿐이며 주께서만 하실 수 있는 그들의 구원을 위해서 사용되었을 뿐입니다." 그들이 하나님의 백성이 되었다고 하는 사실이 바로 하나님께서 그들이 다른 신을 세운 것에 대해서 진노하시는 이유가 되는 것이다. 그러나 그것은 또한 하나님께서 그들을 소멸하실 정도로까지 그들에 대해서 진노하시지 못하는 이유가 되었던 것이다. 어떤 일도 아버지가 아들을 바르게 지도하는 것만큼 당연한 것은 없다. 그러나 어떤 일도 아버지가 아들을 죽이는

것만큼 부당한 일도 없는 것이다. 그러한 부자관계가 좋은 탄원의 이유가 되었듯이(그들은 주의 백성들입니다), 그들이 그들에 대해서 하나님께서 주신 자비를 가졌던 경험 또한 그러했다: "비록 그들이 무가치한 자들이며 애굽에서 애굽인들의 신들을 섬겼을지라도(수 24:15), 주께서 그들을 애굽에서 인도해 내셨습니다. 주께서 애굽에서의 그들의 죄에도 불구하고 그들을 구원하신 것이라면, 그들이 광야에서 지은 같은 죄를 인하여서도 그들에게 구원을 베풀어 주시지 않겠습니까?"

(2) 모세는 하나님의 영광에 대해서 호소한다(12절): 어찌하여 애굽 사람들이 이르기를 여호와가 자기의 백성을 산에서 죽이고 지면에서 진멸하려는 악한 의도로 인도해 내었다고 말하게 하시려 하나이까? 이스라엘은 모세에게 친자식과 같이 그리고 책임을 맡은 위탁물처럼 귀한 존재였다. 그러나 모세가 가장 귀하게 여기는 것은 바로 하나님의 영광이었다. 이 하나님의 영광은 그의 마음에 다른 어느 것보다도 가까이 있었던 것이다. 만약에 이스라엘이 하나님의 이름에 어떠한 비난을 주지 않고 멸망될 수 있다고 했다면, 모세는 스스로를 설득해 앉아서 보고만 있을 수도 있었을 것이다. 그러나 모세는 하나님께서 비난받으시는 것을 참을 수가 없었던 것이다. 그러므로 모세는 "여호와여! 애굽인들이 무엇이라고 말하겠습니까?"라고 주장하는 것이다. 애굽인들의 눈과, 인접한 모든 이웃 민족들의 눈이 이스라엘 위에 머물고 있었던 것이다. 이스라엘 민족의 경이로운 출발을 보았기 때문에 그들은 이스라엘 백성들의 나중은 위대한 무엇인가로 끝날 것이라고 하는 것을 기대하고 있었던 것이다. 그러나 만약에 그렇게 기이하게 구원받은 민족이 갑작스럽게 파멸된다면, 세상 사람들은 그것에 대해서 무엇이라고 말할 것인가? 특별히 이스라엘과 이스라엘의 하나님에게 풀지 못할 미움을 가지고 있는 애굽인들은 무엇이라고 말할 것인가? 그들은 아마도 이렇게 말할 것이다. "하나님은 자신이 시작한 구원을 완성할 수 없을 정도로 약하거나 변덕스러운 신이다. 그가 그들을 산으로 이끌고 간 것은 희생을 드리기 위한 것(가장된 것처럼)이 아니라 희생제물이 되도록 하기 위함이었던 것이다." 그들은 그 심판을 정당하게 해주는 진노를 발하도록 한 이스라엘이 저지른 악행은 고려하지 않을 것이다. 그리고 그들은 하나님과 그의 백성이 화합하지 못하고 그들이(애굽인들) 보기를 원했던 것을 하나님이 행하였으니 이는 자기들의 승리를 보여주는 충분한 근거라고 생각할 것이다. 하나님의 이름

을 영화롭게 하는 것은 (주기도문에서와 같이) 우리의 첫 번째 기원이 되어야 하듯이 우리의 커다란 탄원이 되어야만 하는 것이다(시 79:9). **주의 영광의 보좌를 욕되게 마옵소서**(렘 14:21); 렘 33:8-9를 보라. 그리고 만약에 우리가 안심하며 이것을 가지고 하나님께서 우리를 멸하지 못하시는 이유로 하나님께 탄원하고 싶다면, 우리는 바로 그 이유로 인해서 우리가 하나님을 거역해서는 안 된다는 것도 명심해야 한다: **애굽인들이 무엇이라 말하겠습니까?** 우리는 하나님의 이름과 그분의 가르침이 우리로 인해서 모독되는 일이 없도록 항상 주의해야만 하는 것이다.

(3) 모세는 하나님께서 족장들에게 주신 약속을 기억해 달라고 탄원했다. 그 약속은 하나님께서 그들의 자손을 번성케 해주시고, 그들에게 유업으로서 가나안 땅을 주시는 것이었다. 이 약속은 맹세로 확증되었는데 하나님께서 친히 하신 맹세였다. 하나님께서는 자신보다 더 큰 것으로 맹세할 수 없으셨기 때문이다(13절). 하나님의 약속은 기도에서 우리의 탄원의 토대가 되어야 하는 것이다. 하나님께서는 그분께서 약속하신 것을 이루어줄 수 있으시며, 이 약속의 진실됨에 대한 신실함은 그 성취에 대한 보증이 되기 때문이다. "여호와여! 만약에 이스라엘이 멸절된다면, 이 약속은 어찌되는 것입니까? 그들의 불신앙이 이 약속을 무효화시키는 것입니까? 하나님께서 막아주십시오." 그러므로 우리는 기도 가운데 하나님께로서만 우리의 격려를 얻어야만 하는 것이다.

Ⅳ. 하나님께서 엄중한 판결을 은혜 가운데 감해 주셨고 뜻을 돌이키셨다 (14절). 비록 하나님께서 그들을 벌하시려고 하셨으나, 그들을 멸하시지는 않으셨던 것이다. 여기서 우리는 다음과 같은 것을 볼 수 있다.

1. 기도의 능력. 하나님께서는 중재자들의 겸손한 가운데 믿음을 가지고 지속적으로 끈질기게 드리는 기도를 들어주신다.

2. 가련한 죄인들을 향하신 하나님의 사랑과 기꺼이 베푸시는 용서. 그러므로 하나님께서는 그분 자신의 맹세 외에, 마땅히 죽어야할 자들도 죽지 않기를 바라시는 다른 증거들을 보여주신 것이다. 하나님께서는 죄인들의 회개함을 용서해 주실 뿐만 아니라, 그 죄인들을 위해서 다른 사람들이 중재하심을 통해서도 용서해 주시고, 그 심판을 연기해 주시기도 하시기 때문이다.

[15]모세가 돌이켜 산에서 내려오는데 두 증거판이 그의 손에 있고 그 판의 양면 이쪽
저쪽에 글자가 있으니 [16]그 판은 하나님이 만드신 것이요 글자는 하나님이 쓰셔서
판에 새기신 것이더라 [17]여호수아가 백성들의 요란한 소리를 듣고 모세에게 말하되
진중에서 싸우는 소리가 나나이다 [18]모세가 이르되 이는 승전가도 아니요 패하여
부르짖는 소리도 아니라 내가 듣기에는 노래하는 소리로다 하고 [19]진에 가까이 이
르러 그 송아지와 그 춤 추는 것들을 보고 크게 노하여 손에서 그 판들을 산 아래
로 던져 깨뜨리니라 [20]모세가 그들이 만든 송아지를 가져다가 불살라 부수어 가루
를 만들어 물에 뿌려 이스라엘 자손에게 마시게 하니라

이 본문에는 다음과 같은 내용들이 있다.

I. 두 개의 증거판들을 모세에게 맡기심으로써 그에게 베푸신 하나님의 은혜를 보여주셨다. 이 두 개의 증거판은 비록 일반적인 돌이라 할지라도, 아론의 흉패를 장식한 모든 보석들보다도 더 귀중한 것들이었다. 에티오피아의 황옥도 이 돌들에 비할 바가 못 되었다(15-16절). 사람이나 천사를 시키지 않으시고(아마도 그런 것처럼 보인다) 하나님께서 친히 이 두 돌판 위에 십계명을 쓰셨다. 양쪽 편에 쓰셨다. 몇 가지는 한 쪽 편에, 또 다른 몇 가지는 또 다른 편에 쓰셨기 때문에 책과 같이 함께 접히도록 해서 두 돌판이 법궤에 안치될 수 있도록 했다.

II. 모세와 여호수아 사이의 친밀한 관계가 나타난다. 모세가 알현실(謁見室)인 구름 가운데 있는 동안에, 여호수아는 되도록 가까이에서, 말하자면 대기실에서 모세가 나올 때까지 기다리고 있었다. 모세를 수종들 준비를 하기 위함이었다. 비록 여호수아가 40일 동안 홀로 있었을지라도(아마도 만나를 먹었던 것 같다), 그는 백성들과 같이 기다림에 지치지 않았다. 모세가 내려왔을 때 여호수아는 모세와 함께 내려왔다. 그 때까지는 내려오지 않았다. 본문에는 모세와 여호수아가 진중에서 나는 소리를 듣고 어떻게 생각했는지를 말해주고 있다(17-18절). 비록 모세는 그렇게나 오랜 시간 동안 하나님과 직접 대화를 나누었지만, 자신의 시종인 여호수아와 격의 없이 이야기하는 것을 수치스럽게 여기지 않았다. 하나님께서는 친히 높이시는 자들이 교만해지지 않도록 돌보시고 보호해 주시는 것이다. 모세는 또한 진중에서 일어나는 일들에 대해서 이야기하는 것도 경멸하지 않았다. 축복을 받은 바울도 자신이 삼층천에 가서

말할 수 없는 말들을 들은 것으로 인해서 지상의 교회를 소홀히 하지 않았던 것이다. 군인이었던 여호수아는 백성들로 이루어진 군(軍)을 지휘했다. 그러므로 그는 진중에서 싸우는 소리가 있는 것이라고 염려했는데 그것은 잘못 생각한 것이었다. 그러나 모세는 하나님으로부터 그 소리에 대해서 들은 바가 있었기 때문에 더 잘 분별할 수 있었다. 모세는 그 소리가 노래하는 소리였다고 하는 것을 알고 있었다. 그러나 모세는 자신이 알고 있는 백성들이 왜 노래를 하고 있는지에 대해서는 여호수아에게 말하지 않은 것 같다. 우리는 사람들의 실수들을 드러내는데 조급해서는 안 되는 것이다. 그 실수들은 너무나 빨리 알려질 것이기 때문이다.

Ⅲ. 백성들의 우상 숭배에 대한 모세의 크고 정당한 분노가 있었다. 모세는 되어지는 일을 알고 있었기 때문에 곧바로 금송아지와 그것을 가지고 백성들이 하는 유희를 알아차렸다. 모세는 자신이 없는 중에 백성들이 얼마나 즐거워할 수 있는지, 그들 가운데서 자신이 얼마나 빨리 잊힐 수 있는 것인지, 그들이 자신과 자신의 귀환에 대해서 얼마나 대수롭지 않게 생각하고 있는 것인지를 알게 되었던 것이다. 모세는 이것을 자신에 대한 모독으로서 나쁘게 받아들일 수도 있었다. 그러나 이것은 모세가 생각하는 불쾌함의 지극히 적은 부분도 못되는 것이었다. 모세는 그러한 행위를 하나님에 대한 범죄이며, 그분의 백성의 치욕으로 여기며 분개했던 것이다. 하나님과 교제하는 산에서 사악함 가운데 놓여 있는 세상과 대화를 나누기 위해서 내려왔다고 하는 것은 얼마나 큰 변화인가를 보라! 우리는 하나님 안에서 순전하고 기쁜 일만을 보지만 세상에서는 오염되고 화가 치미는 일만을 보게 되는 것이다. 모세는 지상에서 가장 온유한 사람이었다. 그러나 그가 그 송아지와 그 춤추는 것들을 보았을 때 크게 노했던 것이다. 악한 자들의 사악함을 보고서 우리가 분노하는 것은 온유하라고 하는 율법을 범하는 것이 아닌 것이다. 자신들에 대해서 죄를 짓는 것이 아니라 하나님을 대항해서 죄를 짓는 그러한 죄에 대해서만 분을 내는 사람들은 분을 내되 죄를 짓지 않는 것이다. 에베소 교회는 오래 참는 것으로 유명했지만 악한 자들을 용납하지 아니했다(계 2:2). 우리는 우리 자신의 사안에 대해서는 침착해야 하지만 하나님의 일을 위해서는 열정을 내야만 하는 것이다. 모세는 증거판들을 깨뜨리고 송아지를 불태움으로써 매우 분개했음을 보여주었다. 모세는 이러한 맹렬한 분개를 통해서 백성들로 하여금 그들이 짓고 있었던 죄가 얼

마나 큰 것인가를 일깨워 주려고 했던 것이다. 만약에 모세가 그들의 참회를 진정으로 바라는 것으로서 자신의 분개함을 이렇게 보여주지 않았더라면, 그들은 아마도 그 죄를 가볍게 여기고 말았을 것이다.

1. 모세는 증거판들을 깨뜨렸다(19절). 백성들에게 그들은 이제 하나님의 은혜를 빼앗기고 상실했음을 깨닫게 해주기 위함이었다. 하나님께서는 모세가 내려가기 전에 백성들의 죄를 알고 계셨다. 그러나 그분께서는 모세에게 증거판들을 남겨놓고 가라고 명하지 않으셨다. 하나님께서는 그 증거판들을 모세에게 주어 그의 손으로 가지고 내려가게 하셨다. 이것은 하나님께서 백성들과 자신이 계약을 맺으시기를 얼마나 바라고 계시며, 그것을 방해하는 것은 바로 그들 자신들의 죄뿐이라고 하는 것을 백성들이 알도록 하시기 위함이었다. 그러나 에브라임의 죄악이 드러났을 때(호 7:1의 표현대로) 그들의 목전에서 증거판들을 깨뜨리고자 하셨다(신 9:17처럼). 깨뜨리는 것을 보는 것은 그들에게 더욱 커다란 영향을 주었을 것이고, 그들이 잃어버린 축복들이 무엇인지 알게 되었을 때 그들은 매우 당황했을 것이다. 그들은 이제 발족될 언약을 그렇게 악하게 위반하는 죄를 지음으로써, 이미 조인될 준비가 되어있었던 서류가 찢겨지고 만 것이다. 어떠한 사람이나 민족에 대해서 하나님께서 분개하시는 것을 나타내는 가장 커다란 표지는 그들로부터 하나님의 율법을 빼앗는 것이다. 증거판들을 깨뜨린 것은 은총과 연합의 막대기를 부러뜨린 것이다(슥 11:10, 14). 즉, 어떤 민족을 교회 밖에 파멸된 상태로 놓아두는 것이다. 어떤 사람들은 모세가 증거판들을 깨뜨림으로 죄를 지은 것이라고 생각하며, 사람이 분을 낼 때 하나님의 계명을 어길 위험에 처하게 된다고 보기도 한다. 그러나 모세의 행동은 감정보다는 정의의 행동인 것 같다. 우리는 모세 자신이 나중에(신 9:17) 어떠한 후회를 하면서 이 행동에 대해서 이야기하는 것을 발견하지 못한다.

2. 모세는 백성들이 자신들을 도울 수 없는 신을 의지하려고 했었다고 하는 것을 깨닫게 하기 위해서 송아지를 불사르고(20절) 녹여 버렸으며 가루로 만들어 버렸다. 가루가 된 송아지는 진 전역에서 볼 수 있었을 것이다. 모세는 그 가루를 물에 섞어서 모두가 마시도록 했다. 이것은 우상은 세상에 아무것도 아니다(고전 8:4)라는 것을 보여주려는 것이었던 것 같다. 모세는 송아지를 가루로 만들었다. 마치 아무것도 아니라는 것을 보여주려는 것이었다. 또한 거짓 신들

은 그 숭배자들을 도울 수 없다고 하는 것을 보여주기 위해서 모세는 여기서 이 송아지는 스스로를 구원할 수 없다고 하는 것(사 46:1-2)을 보여주었던 것이다. 또한 모든 우상 숭배의 유물들은 파괴되어야만 하며, 바알이라는 이름조차도 없어져야 한다는 것을 우리들에게 가르쳐 주기 위해서 송아지를 갈은 먼지를 흩어버렸던 것이다. 금을 갈아서 나온 먼지와 같은 부스러기는 귀중한 것이다(우리는 그렇게 말한다). 그러므로 우리는 주의 깊게 긁어모은다. 그러나 금송아지를 갈아서 나온 먼지와 같은 부스러기는 가증한 것이므로 혐오감을 가지고 흩어버려야만 하는 것이다. 그러므로 은금으로 만든 우상들은 두더쥐와 박쥐에게 던져져야만 하는 것이다(사 2:20; 30:22). 에브라임은 내가 더 이상 우상과 무슨 상관이 있으리오 라고 말할 것이다. 모세가 이 가루를 그들의 마실 것에 섞은 것은 그들이 스스로에게 가져온 저주가 그들의 모든 향락에 섞여 그들을 괴롭게 할 것이라고 하는 것을 그들에게 말해준 것이다. 그것은 물처럼 그들의 내장에 들어갔을 것이고, 기름처럼 그들의 뼛속에 들어갔을 것이다. 마음에 배교를 한 자들은 자신의 고집으로 가득 찰 것이다. 그들은 자신이 만든 술을 마시게 되는 자업자득인 것이다. 이것은 정말로 마라(Marah)의 물이었던 것이다.

21모세가 아론에게 이르되 이 백성이 당신에게 어떻게 하였기에 당신이 그들을 큰
죄에 빠지게 하였느냐 22아론이 이르되 내 주여 노하지 마소서 이 백성의 악함을 당
신이 아나이다 23그들이 내게 말하기를 우리를 위하여 우리를 인도할 신을 만들라
이 모세 곧 우리를 애굽 땅에서 인도하여 낸 사람은 어찌 되었는지 알 수 없노라
하기에 24내가 그들에게 이르기를 금이 있는 자는 빼내라 한즉 그들이 그것을 내게
로 가져왔기로 내가 불에 던졌더니 이 송아지가 나왔나이다 25모세가 본즉 백성이
방자하니 이는 아론이 그들을 방자하게 하여 원수에게 조롱거리가 되게 하였음이
라 26이에 모세가 진 문에 서서 이르되 누구든지 여호와의 편에 있는 자는 내게로
나아오라 하매 레위 자손이 다 모여 그에게로 가는지라 27모세가 그들에게 이르되
이스라엘의 하나님 여호와께서 이렇게 말씀하시기를 너희는 각각 허리에 칼을 차
고 진 이 문에서 저 문까지 왕래하며 각 사람이 그 형제를, 각 사람이 자기의 친구
를, 각 사람이 자기의 이웃을 죽이라 하셨느니라 28레위 자손이 모세의 말대로 행하
매 이 날에 백성 중에 삼천 명 가량이 죽임을 당하니라 29모세가 이르되 각 사람이

자기의 아들과 자기의 형제를 쳤으니 오늘 여호와께 헌신하게 되었느니라 그가 오늘 너희에게 복을 내리시리라

모세는 증거판들을 깨뜨리고 송아지를 불사름으로써 이스라엘의 죄에 대한 정당한 의분(義憤)을 표시했다. 그는 이제 죄인들을 헤아려 그들에게 죄를 묻기 시작한다. 이것은 하나님의 대리자로서 행동하는 것이었다. 그 하나님께서는 거룩하신 하나님이시며 죄를 미워하시는 하나님이실 뿐만 아니라 공의로우신 하나님이시다. 그분께서는 죄악을 징계하심으로 영광을 얻으신다(사 59:18).

I. 하나님께서 아담을 먼저 심문하신 것처럼 모세는 아론과 시작한다. 비록 아론이 먼저 죄를 도모한 자는 아니고 그 죄에 빠져 들어간 사람이라 할지라도, 그는 이 죄악을 저지르도록 한 주된 사람이었기 때문이었다. 다음과 같은 사실들을 주목해보자.

1. 모세는 아론에게 정당한 책망을 한다(21절). 모세는 죄를 지을 때 주도적으로 일을 도모했던 자들처럼(27절) 죽임을 당하도록 명령하지는 않았다. 뻔뻔스럽게 죄 속으로 뛰어든 자들과 의지가 약해서 얼떨결에 죄를 지은 자들 사이에는 커다란 차이가 있게 되는 것이다. 또한 자신들로부터 달아나는 죄를 움켜잡는 자들과 자신들이 달아나는 죄에 빠지게 된 자들 사이에는 커다란 차이가 있는 것이다. 갈 6:1을 보라. 아론이 이 죄로 인해 마땅히 죽임을 당할 필요가 없다는 것은 아니다. 신 9:20에 나타나는 대로, 만약에 모세가 특별히 아론을 위해서 중재하지 않았더라면 그는 죽임을 당했을 것이다. 아론을 파멸에서 구하기 위해 하나님을 설득한 모세는 이제 이 곳에서 그가 회개하도록 그를 훈계하고 있는 것이다. 모세는 아론에게 다음과 같은 일들을 생각해 보도록 한다.

(1) 아론이 이 백성들에게 행한 일이 무엇인가? 당신이 그들을 큰 죄에 빠지게 하였다. 우상 숭배의 죄는 커다란 죄인 것이다. 너무나 커다란 죄악이라서 우상 숭배의 해악은 표현될 수 없을 정도이다. 주동자로서 백성들이 선동하여 아론이 죄를 짓도록 했다고 말할 수도 있을 것이다. 그러나 행정관이었던 아론은 그러한 죄악을 진압했어야만 했다. 그러한 그가 오히려 죄를 방조하고 선동하였기 때문에 실상은 아론이 백성들로 하여금 죄를 짓도록 했다고 말할 수 있는

것이다. 아론이 그들의 마음을 완악하게 했고 죄 가운데 있는 그들의 손이 죄를 저지르도록 힘을 더해 주었기 때문이다. 통치자들이 백성들로 하여금 자신들의 죄 가운데 있도록 비위를 맞추고, 그들이 마땅히 두려워해야 할 일을 하도록 은근히 장려하는 것은 충격적인 일인 것이다. 일반적으로 다음과 같은 것들을 관찰할 수 있다. 다른 사람들을 죄 가운데로 빠지게 하든지 죄를 짓도록 조장하든지 해서 죄를 짓게 만드는 사람들은 그들이 알고 있는 것보다 훨씬 더 큰 해악을 저지르는 것이다. 우리는 다른 사람들이 죄를 짓게 하거나 그들이 죄로 인해 고통받지 않도록 해야만 한다(레 19:17). 죄 가운데 서로 동참하는 사람들은 상대방을 파괴하도록 돕는 것이며 정말로 서로를 망하게 하는 것이다.

(2) 아론이 죄를 짓도록 한 것은 무엇인가? 이 백성이 당신에게 어떻게 한 것인가? 모세가 아론이 그와 같은 일을 하도록 한 것은 일반적인 일이 아닌 무엇인가 특별한 일이 있었을 것이라고 생각하는 것은 당연한 일이었다. 그래서 그는 용서해 줄 암시를 주면서 그렇게 물었던 것이다. 모세는 아론의 마음이 정직하다고 하는 것을 알고 있었기 때문이다. "이 백성이 어떻게 한 것인가? 그들이 당신을 교묘하게 꾀었는가? 당신이 죄를 짓도록 감언이설로 속인 것인가? 그래서 당신은 그 백성들을 기쁘게 하기 위해서 당신의 하나님을 분노케 한 것인가? 그들이 끈질기게 당신을 설득한 것인가? 당신은 백성들의 아우성 소리에 저항할 단호함이 그렇게도 적었단 말인가? 그들이 당신을 돌로 쳐 죽인다고 위협했던 것인가? 당신은 그들이 당신을 위협하는 것보다 더 그들을 위협할, 그들의 죄에 대한 하나님의 위협을 말할 수 없었단 말인가?" 우리는 사람이 우리들에게 말할 수 있고 행할 수 있는 어떤 것에 의해서도 결코 죄에 빠져들어서는 안 되는 것이다. 우리가 그 때문에 죄에 빠져든 것이라고 말하는 것은 우리를 정당화 해주지 못하기 때문이다. 사람들은 우리들이 죄를 짓도록 유혹할 수는 있어도 우리가 죄를 짓도록 강요하지는 못하는 것이다. 우리가 동조하지 않는다면, 사람들은 우리를 해칠 수 없는 것이다.

2. 아론은 자신을 위해서 하찮은 변명을 했다. 우리는 아론이 나중에라도 지금 말한 것보다는 자신이 지은 죄에 대해 회개했기를 바라게 된다. 아론이 이 본문에서 말한 것은 그 안에 회개의 말이 거의 없기 때문이다. 만약에 의로운 자가 실족했다면, 그는 다시 일어나게 될 것이다. 그러나 아마 신속히 일어

나지는 못할 것이다.

(1) 아론은 모세의 노여움만을 풀려고 애를 썼다. 그러나 그는 먼저 하나님의 진노를 풀어드리려고 애를 썼어야 했던 것이다: **내 주여 노하지 마소서**(22절).

(2) 아론은 모든 허물을 백성들에게 돌렸다: **이 백성이 악하나이다 그들이 내게 말하기를 우리를 위하여 우리를 인도할 신을 만들라.** 우리가 우리의 죄책을 남에게 전가시키려는 것은 일반적인 현상이다. 아담과 하와가 그렇게 했던 것처럼, 우리는 우리의 본성에 그러한 기질을 가지고 있는 것이다. 죄는 아무도 가지고 싶어하지 않는 그러한 놈인 것이다. 아론은 당시에 수석 행정관이었고 백성들을 다스릴 권력을 가지고 있었다. 그러나 백성들이 그를 무력케 했다고 호소하고 있는 것이다. 백성들을 제어할 권세를 가지고 있던 자가 그들에게 항복할 정도로 연약한 결의를 가지고 있었던 것이다.

(3) 아론은, **이 모세 곧 우리를 애굽 땅에서 인도하여 낸 사람은 어찌 되었는지 알 수 없노라**(23절)라고 하는 백성들의 불쾌한 추측의 말을 조심성 없이 반복하고 있다. 그러나 아론이 그렇게 반복해 말하면서, 모세가 산에 그렇게 오래 머무름으로 인해서 죄악의 방조자가 된 것이라고 모세에 대해서 말하고 있는 것이 아니라면 다행인 것이다.

(4) 아론은 자신이 그 죄에 가담한 것을 변명하며 숨기고 있다. 마치 그는 임시변통으로 급히 무엇인가를 둘러대고, 다음으로 그가 금을 가지고 무엇을 만들 수 있는지 알아보려는 의도로 백성들에게 그들이 가지고 있는 금을 **빼어 내라**고만 명령을 내린 것이라고 말하고 있는 것이다. 또한 아론은 금을 불 속에 던져 넣었을 때 우연히 혹은 어떤 혼합된 합성물이 내는 마술적인 기교(유대 작가들이 상상하듯이)에 의해서 그러한 모양이 나왔다고 유치하게 둘러댔다. 아론은 자신이 그러한 형상을 조각하여 만들었다고 하는 것(24절)에 대해서는 한 마디도 말하지 않았다. 그러나 모세는 비록 아론 자신이 여기서 자신의 죄를 고백하지 않으려고 했을지라도 아론이 무엇을 했는지를 모든 세대에 말하고 있는 것이다(4절). **자신의 죄를 은폐시키려고 하는 자는 번성하지 못할 것이다.** 조만간 그 죄는 드러나게 되기 때문이다. 그렇지만 이것이 바로 아론이 자신을 위해 변명한 모든 말이었다. 그는 차라리 아무 말도 하지 않았다면 더 좋았을 것이다. 아론의 변명은 자신의 범죄를 더욱 심화시켰을 뿐이기 때문이

다. 그러나 아론은 목숨이 보존되었을 뿐만 아니라 우대를 받았다. 죄가 관영한 곳에 은혜가 더욱 충만하기 때문이다.

Ⅱ. 다음으로 백성들이 그 죄에 대한 심판을 받게 되었다. 모세가 다가오자 곧 그들의 유흥은 깨어지고 그들의 춤은 두려움으로 바뀌었다. 아론을 괴롭히고 윽박질러 자신들의 죄에 동참하도록 한 자들은 감히 모세의 얼굴을 바라보지 못했다. 또한 우상과 우상 숭배자들에 대한 가혹한 모세의 처벌에 대해서 한 마디도 이의를 제기하지 못했다. 대담한 생각으로 감행된 죄악들을 드러내어 경멸적인 일들로 만드는 것은 불가능한 일이 아니다. 이렇게 그 죄악이 드러나게 되면 그 죄를 저질렀던 무례한 자들은 스스로 당혹감에 사로잡혀 슬금슬금 도망을 칠 것이다. 심판의 보좌 위에 앉으신 왕께서 그분의 눈에 보이는 모든 악을 흩어버릴 것이다. 다음 두 가지 일들을 관찰해보자!

1. 백성들이 자신들의 죄로 인해서 수치를 당하게 된 방법: 백성이 벌거벗었다(25절, KJV로는 방자하니를 벌거벗었다 라고 표현함). 이것은 그들이 자신들의 귀고리(이것은 중요치 않은 것이다)를 잃어버렸기 때문이 아니었다. 그것은 바로 그들이 자신들의 순결을 잃었고, 자신들의 가장 커다란 은인에 대한 배은망덕한 비난을 했고, 그들의 의로우신 여호와께 파렴치한 반역을 했다고 하는 비난을 받을 처지에 놓이게 되었기 때문이었다. 그들이 자신들의 영광을 소의 형상으로 바꾸었다고 하는 것은 그들에게 수치이며, 영원토록 남는 오점이 되었던 것이다. 다른 족속들은 그들이 그들의 거짓 신들에게 진실하다고 하는 것을 자랑했다. 그러므로 이스라엘이 참 하나님에게 거짓되게 행했다고 하는 것은 당연히 부끄러운 일인 것이다. 그러므로 그들은 벌거벗게 되었고, 그들의 장신구를 빼앗기고 말았으며, 경멸을 받게 되었던 것이다. 결국 자신들의 갑옷도 빼앗기고 모욕을 당하게 되었다. 그와 같이 우리의 첫 시조도 죄를 지었을 때, 벌거벗게 되고 수치를 당한 것이다. 하나님을 모독하는 자들은 자신들 스스로에게 가장 커다란 모욕을 주는 것이다. 본문의 이스라엘이 그러했다. 비록 이스라엘 백성들 자신들은 그렇지 않았다고 말할지라도 모세는 그러한 모습을 볼까봐 염려했던 것이다. 모세는 그들이 벌거벗은 것을 보았다 라고 말하고 있다.

2. 모세는 죄를 은폐하거나 위장함으로써가 아니라 죄를 징벌해서 만인 앞에 고발함으로써 이 치욕을 씻어버리는 방법을 취했다. 그들이 호렙에서 송아지를 만들었다 라고 하는 비난을 들을 때마다, 그들을 비난하는 사람들에 대해

서, 비록 호렙에서 그렇게 한 것이 사실일지라도, 그에 대해서 정의의 판결이 내려졌다고 하는 말로 대답할 수 있게 하기 위함이었던 것이다. 통치권은 죄를 용인하지 않았으며 죄인들이 처벌되지 않은 채로 놓아주는 것을 묵인하지도 않았다. 그들은 죄를 지었다. 그러나 그들은 그에 대한 충분한 대가를 치렀다. 그러므로 (하나님께서 말씀하시기를) 너는 악을 제할 것이다(신 13:5). 이 곳에서 다음과 같은 것들을 관찰할 수 있다.

(1) 징벌은 레위 자손들에 의해서 이루어졌다(26, 28절). 나답과 아비후의 경우처럼 하나님께서 친히 자신의 손으로 징벌을 내리신 것이 아니라 사람의 칼에 의해서 이루어졌다. 이것은 그들에게 우상 숭배는 위에 계신 하나님을 배반하는 것이기 때문에 재판에 회부할 죄악이라는 것을 가르쳐 주시려는 것이었다(욥 31:28; 신 13:9). 이 징벌은 자신들의 형제들의 칼로 이루어졌다. 그리하여 그 정의의 실행이 민족의 명예에 더 큰 기여를 하게 하기 위함이었던 것이다. 그리고 만약에 그들이 사람의 손에 의해서 징벌을 받아야만 하는 것이었다면, 형제들의 칼로 징벌을 받는 것이 대적에게서 도망하는 것보다 더 나았을 것이다. 죄가 없는 자들이 죄를 징벌하는 자들로 뽑혀야만 했다. 무죄한 자들에게 더 효과적인 경고가 되게 하여 이 후에라도 그러한 죄를 저지르지 않도록 하기 위함이었던 것이다. 또한 자신들의 이웃을 죽이는 내키지 않고 감당하고 싶지 않은 사역이 죄가 없는 자들에게 주어진 것은 그들에 대한 하나의 형벌이기도 했던 것이다. 즉, 그들은 그러한 죄를 방지하기 위해서 좀 더 일찍이 나타나지도 않았고, 그 죄를 대항하여 저지하지도 않은 죄에 대한 형벌이었던 것이다. 레위인들만이 특별히 이 형벌의 집행에 참여하게 되었다. 이것은 그 죄의 오염으로부터 자신들을 지킬 수 있었던 사람들은 다른 족속들보다는 레위 족속 가운데 더 많았음에 틀림없다. 이것은 더욱 칭찬을 받을 만한 일이었다. 레위 족의 수장인 아론이 그 죄악에 그렇게 깊이 관련되어 있었기 때문이었다. 이 본문에서 우리는 다음과 같은 내용들을 보게 된다.

[1] 레위인들이 이 일에 부름을 받은 방법: 모세가 심판의 장소인 진 문에 섰다. 거기서 모세는 군기를 세웠다. 말하자면 진리를 위해 싸울 하나님의 군사들을 모집한 것이다. 모세는 여호와의 편에 있는 자가 누구인가? 라고 선포했다. 우상 숭배자들은 금송아지를 그들의 군기로 세웠다. 모세는 그들을 대항해서 자신의 군기를 세운 것이다. 이제 모세는 열심을 자신의 겉옷으로 삼아 입었고 금송

아지를 반대해서 하나님의 편에 있었던 모든 자들을 앞으로 나오라고 부른 것이었다. 모세는, "나에게 행해진 모욕을 되갚기 위해서 내 편이 될 자가 누구냐?"라고 말한 예후(왕하 9:32)와 같이 선포하지 않았고, 여호와의 편에 있는 자가 누구인가? 라고 선포했다. 모세가 행악자들을 대항해서 치기 위해 내세운 것(시 94:16)은 하나님의 명분이었던 것이다. 첫째, 세상에는 두 개의 커다란 사업이 있다. 사람의 모든 자손들은 한 편에, 혹은 다른 편에 기대어 있는 것이다. 죄와 사악함이 경영하는 사업은 악마의 것이며 모든 악한 사람들은 바로 그 편에 속한다. 진리와 거룩함이 경영하는 사업은 하나님의 것이며 모든 경건한 백성들이 속해 있는 편인 것이다. 중립적인 입장은 허용되지 않는다. 둘째로, 우리가 여호와의 편에 있을 것인지 그렇지 않을 것인지를 묻는 것은 우리 모두의 관심 사항인 것이다. 셋째로, 하나님의 편에 있는 사람들은 상대적으로 얼마 되지 않는다. 때로는 실제보다 더 적게 보이기도 하는 것 같다. 넷째로, 하나님께서는 종종 그분 편에 있는 것 같은 자들을 그분을 위한 증인으로서, 군사로서, 그리고 중재자로서 부르신다.

[2] 레위인들에게 이 사역을 감당하도록 주어진 방법(27절): 각 사람이 그 형제를 죽이라. 즉, "너희들이 알고 있는 금송아지를 만들고 숭배하는 일에 동참한 모든 사람들을 죽이라. 비록 그들이 너희들의 가장 가까운 친척들이고 가장 사랑하는 자들이라 할지라도 죽이라!" 이 죄악은 공공연히 저질러졌고 레위인들은 그들의 친척들 중에 누가 이 일에 관련이 되어 있었는지를 알고 있었다. 그러므로 그들이 알고 있는 자들을 죽이라고 하는 것 외에는 다른 지침이 필요치 않았던 것이다. 아마도 그 처형을 감당하는 일에 쓰임을 받은 레위인들은 죄인들의 대다수를 알고 있었을 것이고, 또한 누군가가 레위인들에게 그들을 알려 주었을 것이다. 그러나 레위인들은 그들이 진의 거리에서 발견하는 문 밖에 있는 자들만을 죽이도록 되어 있었던 것 같다. 자신들의 장막 안으로 들어간 자들은 자신들이 행한 일에 대해서 부끄러워하며 무릎을 꿇고 회개하고 있었을 것이라고 생각할 수 있기 때문이다. 죄 가운데 계속해서 있는 자들, 그리고 그들이 지은 가증한 짓을 부끄러워하지 않는 자들에게는 멸망의 징표가 찍혀져 있는 것이다(렘 8:12). 그러나 그 무리의 금송아지를 태운 것으로 인해서 극도로 분노하고 있는 그 많은 무리를 레위인들은 어떻게 감히 대결할 수 있었을까? 이에 대한 설명은 쉽다. 죄의식은 죄를 지은 자들의 마음을 낙담케 했을 것

이고, 하나님의 위임은 그 죄인들을 처형하는 자들에게 힘이 넘치는 용기를 불어넣어 주었을 것이다. 레위인들에게 생기 넘치는 활기를 준 한 가지 것은 모세가 그들에게 **"오늘 여호와께 헌신하게 되었느니라 그가 오늘 너희에게 복을 내리시리라"** 라고 말한 것이었다. 이것은 레위인들에게 그들은 이제 자신들의 지위가 오르게 될 좋은 위치에 서 있는 것이라는 것을 암시해 주는 말이었다. 또한 만약에 그들이 이 일에 있어서 자신들을 드러내어 적극적으로 행동하게 된다면 그들 지파 위에 주어지는 영원한 영예로서 그들 자신들이 하나님과 그분의 사역을 위해 성별될 것이라는 것을 암시하는 말이었던 것이다. 하나님께서는 스스로 여호와께 성별하는 자들을 하나님 자신을 위해서 구별하실 것이다. 의무를 이행하는 자들은 존귀를 얻게 될 것이다. 우리가 하나님을 위해 두드러진 훌륭한 사역을 감당한다면, 하나님께서는 우리들에게 특별한 축복을 해주실 것이다. 레위 지파를 위해서 주시는 축복이 있었다. 모세는 **"너희 자신들을 여호와께 헌신하라.** 그러면 너희들은 스스로 축복을 받을 자격을 갖추게 될 것이다" 라고 말한다. 레위인들은 하나님께 희생제물을 드리는 일을 도와야만 했었다. 이제 그들은 하나님의 정의의 영예를 위한 이 희생제물을 드리는 일로 사역을 시작해야만 하는 것이다. 거룩한 일들을 감당할 사역자들은 신실하고 성실해야 할 뿐만 아니라 하나님과 신앙을 위한 열정과 담대함, 그리고 용기가 있어야만 한다. 그러므로 모든 그리스도인들 특별히 사역자들은 자신들의 가장 가까운 사랑하는 친척들보다도 훨씬 그리스도의 사역과 그분의 일을 우선해야만 하며, 심지어 부모조차도 버릴 수 있어야만 하는 것이다. 우리가 그리스도보다 우리들의 친척들을 더 사랑한다면 우리들은 그분에게 합당치 않기 때문이다. 레위인들이 보여준 열심이 얼마나 칭찬을 받았는지 보라(신 33:9).

(2) 징벌을 받은 자들: **이 날에 백성 중에 삼천 명 가량이 죽임을 당하니라**(28절). 아마도 이들은 죄를 지은 사람들과 비교했을 때 아주 적은 소수에 불과했을 것이다. 그러나 이들은 반역에 앞장을 섰던 사람들이었다. 그러므로 이들은 다른 모든 사람들에게 경각심을 주기 위한 본보기로 삼기 위해 가려내졌던 사람들이었다. 아침에는 소리치며 노래를 부르고 춤을 추던 자들이 밤이 되기 전에 자신들의 동족의 손에 죽임을 당했던 것이다. 이러한 갑작스러운 변화를 통해서 때때로 자신들의 죄 가운데 평안히 즐거워하는 죄인들에게 하나님의 심판이 내려지게 된다. 손으로 벽에 쓰인 글에 의해서 벨사살 왕이 받은 심판과

같은 것이다. 이것은 우리들에게 경고하시기 위해서 고전 10:7에 기록되었다: 그들 가운데 어떤 사람들과 같이 너희는 우상 숭배하는 자가 되지 말라.

[30]이튿날 모세가 백성에게 이르되 너희가 큰 죄를 범하였도다 내가 이제 여호와께
로 올라가노니 혹 너희를 위하여 속죄가 될까 하노라 하고 [31]모세가 여호와께로 다
시 나아가 여짜오되 슬프도소이다 이 백성이 자기들을 위하여 금 신을 만들었사오
니 큰 죄를 범하였나이다 [32]그러나 이제 그들의 죄를 사하시옵소서 그렇지 아니하
시오면 원하건대 주께서 기록하신 책에서 내 이름을 지워 버려 주옵소서 [33]여호와
께서 모세에게 이르시되 누구든지 내게 범죄하면 내가 내 책에서 그를 지워 버리
리라 [34]이제 가서 내가 네게 말한 곳으로 백성을 인도하라 내 사자가 네 앞서 가리
라 그러나 내가 보응할 날에는 그들의 죄를 보응하리라 [35]여호와께서 백성을 치시
니 이는 그들이 아론이 만든 바 그 송아지를 만들었음이더라

주요 범죄자들에게 정의를 수행한 모세는 이제 이 본문에서 백성들에게는 회개를, 그리고 하나님께는 자비를 구하고 있다.

I. **백성들에게 회개를 명함**(30절).

1. 죄를 범한 사람들 가운데 일부가 죽임을 당했을 때, 나머지 사람들이 자신들은 그 중징벌에서 제외되었기 때문에 그 지은 죄로부터 자유로운 것으로 생각하지 못하도록 하기 위해서 모세는 남은 생존자들에게 "너희가 큰 죄를 범하였도다"라고 이 본문에서 말하고 있다. 이것은 비록 너희들이 이번에는 징벌로부터 모면했을지라도, 너희들이 회개하지 않는다면, 너희도 마찬가지로 모두 멸망할 것이다 라고 말하고 있는 것이다. 모세는 그들이 그 죄를 가볍게 생각하지 않도록 하기 위해서 그 죄를 큰 죄라고 했다. 그리고 그들 자신들은 아마도 죽임을 당한 자들과 같이 모두가 죄에 깊이 관여한 것은 아니기 때문에 그들은 그 죄 자체를 심각하게 생각하지 않을 수도 있었을 것이다. 그래서 모세는 그들 모두에게 "너희가 큰 죄를 범하였도다"라고 말하고 있다. 사역자들이 감당해야 할 일은 사람들에게 자신들의 죄와 그들의 죄가 얼마나 큰 것인가를 보여주는 것이다. "너희가 죄를 지었다. 그러므로 너희들의 죄가 용서받지 못한다면 너희들은 파멸되는 것이다. 구세주 없이는 영원히 파멸될 뿐이기 때문이다. 그것은 큰 죄이다. 그러므로 크게 슬퍼하라. 그 죄가 너희를 큰 위험에 빠뜨렸기

때문이다." 그들에게 그들의 죄가 얼마나 큰 것인가를 알려 주기 위해서 모세는 하나님께서 그들이 지은 죄 때문에 그들과 불화한 것을 회복시키는 것이 얼마나 어려운 일인가를 암시해 주고 있다.

(1) 모세 자신이 일부러 여호와께 올라가서, 율법을 받기 위해서 엄숙히 기다렸던 것처럼 그와 같이 오랜 기간 머물지 않는다면 회복은 이루어질 수 없을 것이라고 말했다. 그러나 (2) 그렇게 한다고 하더라도 하나님께서 그들을 위해 용서해 주실 것인지에 대해서는 확실히 말할 수 없는 일이었다. 용서받는 일은 매우 힘든, 전적으로 하나님의 뜻에 맡겨야만 하는 일이었다. 이것은 우리들에게 이 죄에 커다란 악이 있음을 깨닫게 해주는 것이다. 그러므로 속죄를 감당하려고 했던 모세는 그것이 쉬운 일이 아니라고 하는 것을 알고 있었다. 모세는 속죄를 위해서 그 자신의 피를 가지고 여호와께 올라가야만 했던 것이다. 죄가 얼마나 악한 것인지는 그 용서에 드는 대가에서 나타나는 것이다.

2. 그러나 (그들이 큰 죄를 지었다고 들었을 때) 하늘에 밀접한 관계를 가지고 있고 그들을 진정으로 사랑하는 모세가 그들의 속죄를 위해서 여호와께 올라갈 것이라고 하는 소리를 듣게 된 것은 백성들에게 어느 정도 격려가 되었던 것이다. 위로는 회개를 통해서만 오는 것이다: 먼저 상처를 입고 다음에 치료가 있는 것이다. 먼저 백성들에게 그들의 죄가 얼마나 큰 것인지를 보여주고 난 뒤에 그들에게 속죄를 일러 주고 그들에게 자비에 대한 희망을 준 것이다. 하나님께서 속죄해 주신다는 것은 기대하기가 극히 어려운, 전적으로 하나님의 뜻에 달린 일이라 할지라도, 모세는 여호와께 올라갈 것이다. 대중보자 되신 그리스도께서는 이보다 더 큰 확신을 가지고 올라가셨다. 그분께서는 전에 하나님 아버지의 품에 계셨고, 그분의 모든 뜻을 완전히 알고 계셨기 때문이다. 그러나 비록 우리는 절대적인 약속을 가지고 있지는 않다 할지라도 우리가 기도 가운데 특별한 자비를 얻을 수 있다고 하는 가능성만으로도 가련한 간구자들인 우리들에게는 충분한 위로가 되는 것이다. 너희가 혹시 숨김을 얻으리라(습 2:3). 우리가 다른 사람들을 위해서 기도할 때, 우리는 비록 혹 하나님이 그들에게 회개함을 주실는지(딤후 2:25) 확신할 수는 없을지라도, 우리는 겸손하게 열심히 하나님께 간구해야만 하는 것이다.

Ⅱ. 모세는 자비를 구하기 위해서 하나님과 중재한다. 다음과 같은 것을 관찰할 수 있다.

1. 모세의 청원은 얼마나 감동적이었는가? 모세가 여호와께로 다시 나아갔다. 성막에 대한 지침들을 더 받기 위한 것이 아니었다. 이제 그 문제에 관해서는 더 이상의 논의가 없다. 그러므로 사람들의 죄와 어리석은 행위들은 그들의 친구들과 사역자들에게 문젯거리를 만들어주는데 그것은 번번이 불쾌한 일이 된다. 그리고 그러한 죄와 어리석은 행위들은 그들이 기쁨을 가지고 해야 될 일들에 커다란 훼방을 주게 된다. 모세는 이 청원에서 다음과 같은 것들을 나타낸다.

(1) 백성들의 죄에 대한 그의 커다란 증오심을 나타낸다(31절). 모세는 그 죄에 대한 두려움으로 압도당한 사람처럼 말한다: 이 백성이 큰 죄를 범하였나이다. 하나님께서는 먼저 모세에게 그 죄에 대해서 말씀하셨다(7절). 이제 모세는 애통함으로 그 죄에 대해서 하나님께 말씀드리고 있는 것이다. 모세는 그들을 하나님의 백성이라고 부르지 않는다. 모세는 그들이 그렇게 불릴 자격이 없다는 것을 알고 있었던 것이다. 이 백성, 이 불충하고 배은망덕한 백성들, 바로 그들이 자신들을 위해서 금 신상을 만든 것이다. 금이 우리의 신이 되게 하는 것은, 금을 자신들의 희망으로 삼고 마음을 두는 자들과 마찬가지로 정말로 커다란 죄를 짓는 것이다. 모세는 죄를 변명하거나 가볍게 하려고 하지 않았다. 백성들에게 판결로 말했던 것을 이제 하나님께 죄의 고백으로 말씀드리고 있는 것이다. 그들이 큰 죄를 범하였나이다. 모세는 변명을 하려고 온 것이 아니라 속죄를 구하기 위해서 온 것이었다. "여호와여! 죄를 사하소서! 죄악이 크니이다!"(시 25:11).

(2) 백성들의 안녕과 행복에 대한 모세의 커다란 바람이 나타난다(32절): 그러나 아직 그 죄는 무한하신 자비가 용서하지 못할 정도로 커다란 죄는 아닙니다. 그러므로 하나님께서 원하시면 그들의 죄를 사해 주소서! 그렇다면 모세는 무슨 말을 한 것인가? 이것은 뜻밖의 표현이다. "하나님께서 원하시면, 나는 더 이상 바라지 않을 것이며, 하나님께서 원하시면 하나님께서는 찬양을 받으실 것이며, 저는 기뻐할 것이며 저의 중재에 대한 충분한 보상을 받게 될 것입니다." 이것은 포도원지기의 말과 같은 표현이다(눅 13:9): 만일 열매가 열면. 혹은 하나님께서 원하시면 사해 주소서! 라고 하는 말은 오! 하나님께서 사해 주시기를 원하나이다! 라는 말이다. 이것은 마치 눅 19:42의 너도 알았더라면 이라는 말이오! 너는 알고 있다 라는 뜻과 같은 것이다. "그렇지 아니하시오면, 만약에 판결이

이미 내려져서 치유할 방책이 없고 그들이 멸망당해야 한다면, 이미 많은 사람들에게 벌을 내린 이 징벌이 충분하지 않아서(고후 2:6) 그들이 모두 죽어야만 한다면, 원하건대 주께서 기록하신 책에서 내 이름을 지워 버려 주옵소서." 즉, "그들이 멸망당해야만 한다면, 저도 그들과 함께 멸망당하게 하셔서 가나안에 들어가지 못하게 하소서. 그들이 모두 죽어야만 한다면, 저도 그들과 함께 죽기를 원합니다. 저 혼자 살아남아서 그 약속의 땅을 받지 말게 하소서." 이 표현은 겔 13:9에 비추어 설명될 수 있다. 이 말은 거짓 선지자들을 위협하는 말로 쓰인다: 이스라엘 족속의 호적에도 기록되지 못하게 하며 이스라엘 땅에도 들어가지 못하게 하리니. 하나님께서는 모세가 끼어들지 않는다면 그로 하여금 큰 나라가 되게 하시겠다고 말씀하셨다(10절). 그러나 모세는 "아닙니다! 저는 저의 이름과 가족이 이스라엘의 멸망 위에 세워지기를 결코 원하지 않으며 차라리 그들과 함께 멸망되는 것을 택할 것입니다. 만약 제가 그들의 멸망을 막을 수 없는 것이라면, 제가 그들이 멸망당하는 것을 보지 말도록 해주소서!(민 11:15). 저를 생존한 자 중에 기록되지 않게 하소서(사 4:3). 생명을 보존하기로 구별된 자 중에 있지 말게 하소서. 끝까지 버티다 쓰러지게 하소서!" 모세는 백성들을 향한 애틋한 애정을 표현한 것이다. 모세는 양들을 위해 목숨을 버리며(요 10:11), 내 백성의 허물로 인하여 살아 있는 자들의 땅에서 끊어져야만 했던(사 53:8; 단 9:26) 선한 목자의 모형이었던 것이다. 또한 모세는 모든 사람에게, 특별히 공적인 지위에 있는 사람들에게 공인의 자세를 보여준 모범이었다. 모든 사사로운 이해는 공동체의 유익과 안녕에 종속되어야만 하는 것이다. 세상에 있는 우리와 우리의 가족이 어떻게 되는가 하는 것이 중요한 것이 아니라 하나님의 교회에 유익이 되고 이스라엘에 평화가 있는 것이 중요한 일이다. 그러므로 모세는 하나님과 씨름하며 용서를 간절히 구하고 있는 것이다. 그는 "만약에 하나님께서 용서해 주시지 않는다면, 하나님께서는 불의하시고 사랑이 없으신 것입니다"라고 단정지어 말하지 않았다. 그렇게 단정짓지 않았다! 모세는 결코 그렇게 하지 않았다. 그러나 "만약에 용서해 주시지 않는다면, 제가 이스라엘 백성들과 함께 죽도록 해주소서! 그렇게 하심으로 여호와의 뜻을 이루소서!"라고 말했던 것이다.

2. 모세의 간구가 얼마나 유효했는가를 보라. 하나님께서는 모세의 말대로 모세를 처리하지 않으셨다. 그렇게 하지 않으셨다! 하나님께서는 자신들의 악

의적인 불순종으로 하나님의 책에 기록되는 영예를 빼앗기는 자들 외에는(33절) 어느 누구의 이름도 그분의 책에서 지우지 않으신다. 죄를 범한 영혼은 죽게 될 것이고 결백한 자는 죽지 않을 것이다. 이것은 백성들이 모두 한꺼번에 죽지는 않을 것이고 다만 죄악 가운데 있는 자들만이 죽을 것이라는, 백성들에 대한 자비를 암시해 주고 있는 것이다. 이러한 과정을 통해서 모세는 점차적으로 간구의 토대를 놓는 은총을 얻어 나갔다. 하나님께서는 처음에 모세에게 자신이 백성들과 화해하시려고 한다는 온전한 확신을 주시지 않으려고 하셨다. 만약에 용서의 위안을 너무나 쉽게 얻어버리면, 그들은 다시금 같은 일을 저지르는데 대담해지고, 죄가 주는 악함에 충분히 민감해지지 않을 수 있기 때문이었다. 그렇게 되지 않도록 하셨던 것이다. 회개가 좀 더 깊이 새겨지도록 위로가 보류되었던 것이다. 또한 이렇게 하심으로써 하나님께서는 백성들의 위대한 중재자인 모세의 신앙과 열정을 단련시키시려고 했던 것이다. 모세의 간청에 대한 응답은 다음과 같은 내용들을 담고 있다.

(1) 이러한 백성들의 죄에도 불구하고 하나님께서는 그들에게 말씀하신 땅(34절), 곧 가나안 땅을 그들에게 주시려고 하신 그분의 의도를 계속해서 지키시겠다고 약속하신다. 그러므로 비록 백성들이 하나님께 합당치 않을지라도 하나님께서는 백성들을 인도하도록 모세를 그들에게 다시 보내시며, 그분의 천사가 백성들 앞서 가게 하시겠다고 약속하신다. 이 천사들은 하나님의 섭리가 이루어지는 나라의 일반적인 사역들을 감당하는 몇몇 피조된 천사들이다. 이것은, 백성들은 섭리의 일반적인 과정을 벗어나는 어떠한 특별한 일도 그들을 위해서 미래에 이루어질 것이라고 하는 것을 기대해서는 안 된다고 하는 것을 암시해 주는 것이다. 모세는 나중에 하나님께서 특별히 그들과 함께 하시겠다고 하는 약속을 받는다(출 33:14, 17). 그러나 지금은 이것이 모세가 약속을 받은 전부였다.

(2) 그러나 하나님께서는 이후에 백성들의 다른 죄를 벌하시려는 이유를 가지실 때에 그들에 대해서 이 죄를 기억하실 것이라고 경고하신다. "내가 보응할 날에는 그들의 죄를 보응하리라. 다음에 내가 막대기를 들 때에는 그들은 이로 인해서 한 대를 더 맞을 것이다." 유대인들은 이 일을 근거로 해서, 이후로는 징벌로 금송아지 가루를 마셨던 것 외에는 이스라엘에 징벌이 내리지 않았다고 말한다. 어떤 사람들은 이스라엘 백성들이 금송아지를 경배함으로써 하나

님을 진노케 하지 않았다면 하나님께서 그들에게 많은 희생제물과 다른 의식적인 제도들로 짐을 지우지는 않으셨을 것이라고 말한다. 그러나 나는 이러한 견해를 지지하는 어떠한 근거도 성경에서 보지 못한다. 이와는 반대로 스데반은, 그 때에 그들이 송아지를 만들어 그 우상 앞에 제사하며 자기 손으로 만든 것을 기뻐하더니 하나님이 외면하사 그들을 그 하늘의 군대 섬기는 일에 버려 두셨으니라고 말한다(행 7:41-42). 그러므로 이 백성이 우상 숭배의 죄에 이상스러울 정도로 중독이 된 것은 그들이 금송아지를 만들고 경배한 것에 대한 정당한 심판이었던 것이다. 그리고 그 심판은 바벨론 포로기까지 결코 벗어날 수 없었던 것이었다. 롬 1:23-25를 보라. 자신들의 죄 가운데 당장 죽지 않은 많은 사람들은 언젠가는 계산할 날을 위해 잠시 보류된 것이다. 징벌은 서서히 다가오나 반드시 임하게 되는 것이다. 지금 여호와께서 백성을 치셨다(35절). 아마도 역병이나 다른 전염성이 있는 질병으로 치셨을 것인데, 이 질병은 하나님의 진노의 사자이며, 장차 나타날 더 큰 진노에 대한 미리 보여주시는 징조였던 것이다. 아론이 송아지를 만들었지만 백성들이 송아지를 만들었나고 말한다. 백성들이 그 송아지를 숭배했기 때문이다. 신들을 요구한 자가 그 신들을 만드는 것이다. 아론은 역병에 걸리지 않았지만 백성들은 걸렸다. 아론의 죄는 의지가 약한 탓으로 지은 죄였지만, 그들의 죄는 파렴치한 행동에서 나온 죄였기 때문이다. 이 둘 사이는 커다란 차이가 있는 것이다. 이 차이가 우리들에게는 항상 분별이 되는 것은 아니지만 하나님께는 언제나 분명히 분별이 되는 것이다. 그러므로 우리는 하나님의 심판은 진리에 따라 내려진다고 하는 것을 확신할 수 있는 것이다. 이리하여 모세는 집행유예와 징벌이 완화되는 것을 얻을 수 있었다. 그러나 하나님의 진노를 완전히 거둘 수는 없었던 것이다. 이것은 (어떤 사람들은 생각하기를) 사람들을 하나님께 화해시키고 우리의 하나님과의 완전한 평화를 이루게 하기 위한 모세의 율법의 무능력을 보여주는 것이라고 말한다. 이 온전한 화해와 평화는 그리스도께서 하실 일로 보류된 것이다. 오직 그리스도 안에서만 하나님께서는 다시는 기억하지 아니하시고 죄를 용서해 주시는 것이다.

제 — 33 — 장

개요

본 장에서 우리는 하나님과 이스라엘 사이를 중재하는 모세에 대한 이야기를 좀 더 대하게 된다. 모세는 죄가 하나님과 이스라엘 사이에 낸 불화를 회복시키려고 했다. 다음과 같은 내용들이 있다. I. 모세는 하나님으로부터 이스라엘 백성들의 교만한 콧대를 꺾는 메시지를 그들에게 전달한다(1-3, 5절). 이 메시지는 백성들에게 큰 영향을 끼쳤고 그들은 하나님의 자비를 얻기 위해 자신들을 준비하도록 만들어주었다(4, 6절). II. 모세는 하나님과 백성들 사이에 오가는 연락책의 역할을 담당했다. 하나님과 백성들 모두 모세의 그러한 역할을 인준해 주었다. 하나님께서는 구름 기둥을 내려주심으로써, 그리고 백성들은 모두 장막 문에 서서 예배함으로써 인정해 주는 표시를 나타내 주었던 것이다(7-11절). III. 모세는 하나님께 열심히 기도하고, 설득하였다. 1. 백성들과 함께 해주실 하나님의 임재에 대한 약속을 얻기 위해서(12-17절), 2. 모세 자신을 위해 하나님의 영광을 보여주심을 얻기 위해서 (18절 이하).

1여호와께서 모세에게 이르시되 너는 네가 애굽 땅에서 인도하여 낸 백성과 함께
여기를 떠나서 내가 아브라함과 이삭과 야곱에게 맹세하여 네 자손에게 주기로 한
그 땅으로 올라가라 2내가 사자를 너보다 앞서 보내어 가나안 사람과 아모리 사람
과 헷 사람과 브리스 사람과 히위 사람과 여부스 사람을 쫓아내고 3너희를 젖과 꿀
이 흐르는 땅에 이르게 하려니와 나는 너희와 함께 올라가지 아니하리니 너희는
목이 곧은 백성인즉 내가 길에서 너희를 진멸할까 염려함이니라 하시니 4백성이 이
준엄한 말씀을 듣고 슬퍼하여 한 사람도 자기의 몸을 단장하지 아니하니 5여호와께
서 모세에게 이르시기를 이스라엘 자손에게 이르라 너희는 목이 곧은 백성인즉 내
가 한 순간이라도 너희 가운데에 이르면 너희를 진멸하리니 너희는 장신구를 떼어
내라 그리하면 내가 너희에게 어떻게 할 것인지 정하겠노라 하셨음이라 6이스라엘
자손이 호렙 산에서부터 그들의 장신구를 떼어 내니라

이 본문에는 다음과 같은 내용들이 있다.

I. 하나님께서 모세를 통해 이스라엘 자손들에게 전한 메시지가 있다. 이 메시지는 그들에 대한 하나님의 진노가 계속되고 있다는 것과 그들이 아직도 하나님과 좋지 못한 입장에 서 있다고 하는 것을 나타내 주고 있다. 모세는 이스라엘 백성들이 좀 더 겪어야 할 굴욕을 피하기 위해서 이러한 사실을 그들에게 알려야만 했다.

1. 모세는 그들에게 바로 그들이 가지고 있는 성품, 즉 목이 곧은 백성이라고 하는 말을 함으로써 그들에게 굴욕적인 이름을 붙여준다(3, 5절). 하나님께서는 "가라. 가서 그들에게 그들이 그렇게 목이 곧다고 말하라"라고 말씀하셨다. 그들이 그들 자신을 알고 있는 것보다 그들을 더 잘 알고 계신 하나님께서 그들이 그렇게 목이 곧은 것이라고 말씀하신 것이다. 하나님께서는 그들을 그분 자신의 율법의 멍에 아래로 인도하시고 자신의 언약의 약정을 맺으려고 하셨지만 그들의 목은 너무 곧아서 그것들에 복종할 수가 없었던 것이다. 하나님께서는 그들의 타락과 굽은 기질을 치료하셔서 그들을 바로 세우시려고 하셨나. 그러나 그들은 고집불통이었고 완고했으며 고치기를 싫어했고, 하나님께서 자신들을 다스리지 못하도록 했던 것이다. 하나님께서는 사람들을 그들 마음의 기질에 따라서 심판하시는 것이다. 우리는 사람이 행하는 것을 보고 알지만 하나님께서는 사람의 됨됨이를 보고 아신다. 즉, 우리는 사람으로부터 나오는 행실을 보고 알지만, 하나님께서는 그 사람의 속에 있는 것을 보고 아시는 것이다. 아이들의 어떠한 행위도 고집부리는 것만큼 부모님들이나 선생님들에게 화나게 하는 것이 없듯이, 완고함보다 더 하나님을 진노하게 만드는 것도 없는 것이다.

2. 모세는 백성들에게 그들이 마땅히 받을 벌을 말해준다: 내가 한순간이라도 너희 가운데에 이르면 너희를 진멸하리니(5절). 하나님께서 그들의 죄에 따라 그들을 다루셨더라면, 하나님께서는 그들을 한순간에 진멸해 버리셨을 것이다. 하나님의 용서를 받은 자들은 그들의 죄가 얼마나 징벌을 받아야만 하는 것인지를 알아야만 하며, 만약에 그들이 용서받지 못했다고 한다면 그들이 얼마나 비참하게 되었을 것인지에 대해서 알아야만 하는 것이다. 그렇게 되면 하나님의 자비가 더욱 크게 드러나게 될 것이다.

3. 하나님께서는 그들에게, 떠나서 가나안 땅으로 올라가라고 명하셨다(1

절). 그들이 지금 있는 이 시내 산은 하나님의 성막을 세우며 그들 가운데 엄숙한 경배를 드리기로 지정된 장소였다. 그러나 이러한 일은 아직 이루어지지 않았다. 이 곳으로부터 떠나라고 명하심으로 하나님께서는 그러한 일이 이루어져서는 안 되겠다고 말씀하시는 것이다. 즉, "그들의 기질대로 앞으로 가도록 하라!"는 것이다. 그러므로 이것은 하나님의 진노를 매우 잘 나타내 주는 말씀이었던 것이다.

4. 하나님께서는 마치 모세가 애굽 땅에서부터 인도해 낸 백성들인 것처럼 그들을 모세에게 맡기신다. 그들을 모세가 가나안으로 인도하도록 하시는 것이다.

5. 하나님께서는 가나안 땅을 그들에게 주시겠다고 하는 아브라함과 맺은 자신의 언약을 실행하시겠다고 약속하신다. 그러나 아직은 지금까지 그들이 축복으로 받아왔던 하나님의 임재하심에 대한 특별한 표시를 그들에게 주시지 않으신다. 오히려 그들을 그들의 지도자인 모세의 지도 아래, 그리고 수호천사의 호위 가운데 이루어지는 인도 아래 맡기신다: "내가 사자를 너의 보호자로 너보다 앞서 보낼 것이다. 그렇지 않으면 악한 영들이 너를 곧 멸할 것이다. 그러나 나는 너희와 함께 올라가지 아니하리니 내가 길에서 너희를 진멸할까 염려함이니라(2-3절)." 천사가 하나님보다 더 인내가 많고 자비심이 많아서가 아니라, 천사에게 행해지는 그들의 무례함은 셰키나(Shechinah) 곧 하나님의 영광 혹은 하나님의 권위에 행해지는 그들의 무례함만큼 하나님을 진노하시게 만들지는 않을 것이기 때문이다. 만약에 우리가 누리는 특권을 활용하고 더 나아지게 하지 않으며 그에 맞게 살아가지 않는다면, 우리들이 누리는 특권들이 크면 클수록, 우리들에게 위험도 더 크게 따라오게 되는 것이다.

6. 하나님께서는 그들을 어떻게 처리해야 될지 모르는 사람처럼 말씀하신다. 정의는 "그들을 처단하고 진멸시켜라"라고 말한다. 그러나 자비는 "에브라임이여! 내가 어찌 너를 놓겠느냐?"(호 11:8)라고 말한다. 자, 이제 하나님께서 말씀하신다. 너희는 장신구를 떼어 내라. 그리하면 내가 너희에게 어떻게 할 것인지 정하겠노라. 즉, "너희 스스로 참회의 자세를 가져라. 그러면 이 논쟁은 너희에게 유리하도록 결정될 수도 있을 것이며 자비가 심판을 이길 수도 있을 것이다."(5절). 회개로 부르심은 예정된 자비에 대한 분명한 표지인 것이다. 만일 여호와께서 우리를 죽이기를 원하신 것이라면, 정의는 목이 곧은 백성들에게 어떻

게 행해야 할지 알고 있는 것이다. 그러나 하나님께서는 죽어야 할 사람들의 죽음도 기뻐하시지 않으신다. 그들로 하여금 돌아서서 회개하게 하라. 그러면 자비가 해야 할 바를 알 것이다. 그렇지 않으면 자비도 어쩌지 못하는 것이다.

Ⅱ. 이 메시지를 받고 슬픔 속에 잠긴 백성들. 백성들은 하나님께서 그들과 특별히 함께 하시는 은총을 받지 못한다고 하는 불행한 소식을 들은 것이다. 그러므로

1. 그들은 슬퍼했다(4절). 하나님을 진노하시게 하여 그들로부터 떠나시도록 한 그들의 죄를 슬퍼했다. 또한 그들의 죄에 대한 가장 극심한 징벌인 하나님께서 함께해 주시지 않겠다고 하는 사실에 대해서 슬퍼한 것이었다. 그들 중에 3천명이 한꺼번에 그 자리에서 레위 족속의 칼로 죽임을 당했을 때에도 우리는 그들이 이 사실을 슬퍼했다고 하는 것(이 많은 죽음이 그 죄를 사해 주실 것이라고 하는 기대를 가지고서)을 찾아볼 수 없다. 그러나 하나님께서 그들에게 친히 함께하시겠다고 하는 은총을 거두셨을 때, 그들은 슬퍼했고 괴로움 가운데 있었다. 죄의 모든 쓴 열매와 결과들 중에서 회개하는 사람들이 가장 슬퍼하고 가장 두려워해야 하는 것은 하나님께서 그들을 떠나가신다고 하는 사실이다. 하나님께서는 그들의 죄에도 불구하고 그들에게 젖과 꿀이 흐르는 땅을 주시겠다고 약속하셨다. 그러나 그들은 자신들과 함께하시는 하나님의 임재하심을 가지지 못한다면, 그에 대해서 적은 기쁨만을 가질 수 있었을 것이다. 하나님의 함께하심이 없는 가나안 자체만으로는 결코 기쁨의 땅이 될 수 없었을 것이다. 그러므로 그들이 하나님의 함께하심을 원한다면, 그들은 슬퍼해야 하는 것이다.

2. 커다란 수치와 굴욕의 표시로서 옷을 입지 않은 자들은 몸을 단장하지 아니했고(4절), 옷을 입고 있었던 자들은 그 산에서부터 혹은 어떤 사람들이 읽는 것처럼 산에서 멀리 떨어져서 그들의 장신구를 떼어 내었다(6절). 아마 세리와 같이 멀리 서서(눅 18:13) 장신구를 떼어 냈을 것이다. 하나님께서는 그들의 장신구를 떼어 내도록 명하셨다(5절). 그들은 그렇게 했다. 자신들이 깊이 슬퍼하고 있다고 하는 것을 보여주기 위해서, 그리고 특별히 금송아지를 만들도록 자신들의 귀고리를 준 자신들 스스로에 대해 거룩한 징벌을 내리기 위해서 그렇게 했던 것이다. 자신들의 죄를 위한 비용으로 자신들의 장신구를 내어놓은 자들은 그 죄에 대한 자신들의 슬픔과 수치스러움을 나타내는 표시로 자신들

의 장신구를 떼어 버릴 수밖에 없었던 것이다. 여호와 하나님께서 통곡하며 애곡하라고 명하실 때, 우리는 그 부름에 응해야만 하는 것이다. 맛있는 떡을 먹지 않아야 할 뿐만 아니라(단 10:3) 우리들의 장신구를 내려놓아야만 하는 것이다. 다른 때에 매우 품위 있는 것들조차도 굴욕의 날들, 혹은 공적인 재난의 시기에는 어울리지 않게 되는 것이다(사 3:18).

[7]모세가 항상 장막을 취하여 진 밖에 쳐서 진과 멀리 떠나게 하고 회막이라 이름하
니 여호와를 앙모하는 자는 다 진 바깥 회막으로 나아가며 [8]모세가 회막으로 나아
갈 때에는 백성이 다 일어나 자기 장막 문에 서서 모세가 회막에 들어가기까지 바
라보며 [9]모세가 회막에 들어갈 때에 구름 기둥이 내려 회막 문에 서며 여호와께서
모세와 말씀하시니 [10]모든 백성이 회막 문에 구름 기둥이 서 있는 것을 보고 다 일
어나 각기 장막 문에 서서 예배하며 [11]사람이 자기의 친구와 이야기함 같이 여호와
께서는 모세와 대면하여 말씀하시며 모세는 진으로 돌아오나 눈의 아들 젊은 수종
자 여호수아는 회막을 떠나지 아니하니라

이 본문에는 다음과 같은 내용들이 있다.

I. 이스라엘 백성들의 또 다른 굴욕으로 인해서 그들에게 놓인 하나님의 진노의 표시가 있다. 모세가 항상 장막을 취하여. 그러나 그 장막은 모세 자신의 가족을 위해 모세가 소유한 장막이 아니었다. 그 안에서 백성들을 만나고 소송 사건들을 듣고 하나님께 물어보는 곳, 말하자면 그들 진의 회의소였던 것이다. 모세는 진 밖에 쳐서 진과 멀리 떠나게 했다(7절). 이것은 이제는 이스라엘 백성들이 자신들 스스로를 장막에 합당치 않은 자들로 만들었으며, 하나님과 화해가 이루어지지 않는 한 그 장막은 이제 더 이상 그들에게 돌아가지 않는다는 것을 이스라엘 백성들에게 말해주는 것이었다. 하나님께서는 이렇게 자신이 그들과 불화하시다고 하는 것을 그들이 알도록 하신 것이었다: 여호와께서는 악한 자들을 멀리하신다. 그러므로 성전이 죄로 더럽혀졌을 때 여호와의 영광이 성전을 떠나셨던 것이다(겔 10:4; 11:23). 하나님께서 자신의 장막을 옮기시는 것은 하나님께서 진노하시는 것이라는 표시이다. 하나님의 규례들은 그분의 은혜의 열매들이며, 그분의 임재의 표시들이기 때문이다. 반면에 우리가 그 규례들을 가지고 있는 것은 그분께서 우리와 함께 하심을 우리가 누리고 있는 것

이다. 아마도 이 장막은 후에 세워지게 될 장막의 설계도이거나 모형이었을 것이다. 산에서 모세에게 보여주신 형태로부터 서둘러 그린 초안이고, 장막을 세우는 작업자들에게 지시를 내리기 위해서 그려진 것이며, 당분간 공적인 일들의 처리를 위해서 하나님과 모세가 만나는 장막으로 사용되었던 것이다. 이 장막은 진에서 멀리 떨어진 곳에 세워졌는데 이것은 백성들에게 이 영광스러운 집을 이제 잃어버리게 되었다고 하는 것을 깨우쳐 주기 위한 것이었다. 그 영광스러운 집은 만약에 그들이 거짓된 망상을 위해서 그들 자신의 은혜를 버리지 않았더라면 그들 가운데 세워졌을 그러한 집이었던 것이다. 그들이 무엇을 빼앗긴 것인지 스스로 알도록 하기 위한 것이었다.

Ⅱ. 그럼에도 불구하고 하나님께서는 아직 그들과 화해하실 수 있다고 하는 희망을 그들이 가질 수 있도록 많은 격려가 주어진다.

1. 비록 장막은 옮겨졌을지라도, 아직도 여호와를 찾으려고 하는 모든 사람들은 그 장막을 따르는 것이 허용되었다(7절). 모세뿐만 아니라 각 개인들도 이 일에 대한 중재자들로서 하나님께 청원하도록 초대되었고 그렇게 하도록 격려를 받았다. 백성들이 진 밖으로 나가서 자신들에게 하나님께서 돌아오심을 간청할 수 있는 장소가 지정된 것이었다. 그러므로 에스라(제2의 모세)가 이스라엘을 위해서 중재할 때 말씀으로 인하여 떠는 많은 사람들이 그에게 몰려왔던 것이다(스 9:4). 하나님께서 자비를 베풀고자 하실 때에는 기도하도록 재촉하신다. 하나님을 찾아야 하는 것이다(겔 36:37). 그분의 이름에 감사하면, 그분을 만날 것이고, 그분께서는 가장 초라한 사람들의 중재도 거절하지 않으실 것이다. 하나님의 사람 모세뿐만 아니라 여호와를 찾은 모든 이스라엘 사람들은 이 장막에 환영되었다.

2. 모세는 하나님과 이스라엘 사이의 중재 역할을 담당했다. 모세는 협상의 장소인 장막 곧 회막으로 나갔다. 그 회막은 아마도 이스라엘 백성들과 산 사이에 세워졌을 것이다(8절). 모세는 회막으로 들어갔다(9절). 그렇게나 훌륭한 중재인이 있었기 때문에 그 일은 매우 빠르게 진행될 수밖에 없었다. (하나님 밑에 있는) 그들의 재판관이 그들의 중재자가 되고, 그들의 율법 수여자로 지목되었던 사람이 그들을 위한 중재자가 될 때 이 문제에 관한 한 이스라엘에게는 희망이 있었던 것이다.

3. 백성들은 매우 선한 생각을 가지고 있었고 화해를 바라고 있었던 것으로

보였다.

(1) 모세가 회막으로 나갔을 때 백성들은 그를 바라보고 있었다(8절). 이것은 이전에 경시했던 모세를 이제는 그들이 존경한다고 하는 것과 모세의 중재에 전적으로 의지하고 있다고 하는 표시였던 것이다. 이러한 백성들의 태도는 그들이 이 일에 대해서 매우 염려하고 있으며, 하나님과 화해되기를 바라고 있고, 문제의 결말을 알게 되기를 원하고 있음을 드러낸 것이었다. 따라서 제자들도 우리 주 예수께서 손으로 만들지 않은 거룩한 장소로 들어가시기 위해서 하늘로 승천하실 때 본문의 모세와 같이 구름이 그를 둘러싸 보이지 않을 때까지 바라보았던 것이었다. 그러므로 우리도 이와 마찬가지로 그분께서 우리를 위해 하나님의 존전에 알현하고 계시는 곳에 이르기까지 믿음의 눈을 가지고 그분을 따라야만 하는 것이다. 그럴 때에 우리는 그분의 중재하심의 혜택을 받게 될 것이다.

(2) 하나님의 임재의 상징이며 모세가 만남을 가지고 있다고 하는 것을 알려 주는 구름 기둥을 백성들이 보았을 때 백성들 모두는 각기 장막 문에 서서 예배했다(10절). 이러한 행동으로 백성들은 다음과 같은 것들을 의미하고자 했던 것이었다.

[1] 하나님의 위엄에 대한 자신들의 겸손한 경배를 나타냈던 것이다. 이 하나님의 위엄은 앞으로 그들이 영원히 경배할 것이라는 것과 더 이상 금으로 만든 신들은 경배하지 않겠다고 하는 것을 말하는 것이었다.

[2] 하나님께 대한 자신들의 기쁨에 넘치는 감사함을 나타내었던 것이다. 하나님께서는 그들에게 이러한 자비의 표시를 기꺼이 보여주셨고 화해의 희망을 주셨기 때문이다. 만약에 하나님께서 그들을 죽이려고 하셨다면, 하나님께서는 이러한 것들을 그들에게 보여주지 않으셨을 것이고, 그들에게 그러한 중재자를 일으키지도 않으셨을 것이고, 그 중재자에게 그러한 마음을 주지도 않으셨을 것이다.

[3] 하나님께서 그들을 위해서 약속하신 모든 일에 자신들의 중보자인 모세와 그들의 마음이 함께 한다는 것과 그들이 이 협상의 좋은 결말을 기대하고 있다는 것을 나타내었던 것이다. 그러므로 우리들도 중보자 되시는 그리스도께 우리의 눈을 두고 우리의 장막에서 하나님을 경배해야만 하는 것이다. 그들의 장막문 안에서 그들이 경배하는 것은, 그들이 금송아지를 공공연하게 숭배

했던 것과 동일하게 하나님과 모세를 그들이 경배하는 것을 공공연하게 부끄럽게 여기지 않는다고 하는 것을 분명히 선언한 것이었다.

4. 하나님께서는 모세를 통해서 이스라엘을 자신에게로 받아들이며 화해하고 계셨고 자신이 화해하는 것을 기꺼이 바라고 계시다고 하는 것을 나타내셨다.

(1) 하나님께서는 협상의 장소에서 모세를 만나셨다(9절). 이스라엘 진이 우상 숭배로 더럽혀졌을 때 진에서 떠났던 구름 기둥은 이제 약간 떨어져 있는 회막에 돌아왔다. 점차적으로 돌아오고 있었던 것이다. 우리의 마음이 하나님을 만나기 위해 그분께 나아간다면, 하나님께서는 우리를 만나기 위해 친히 내려오실 것이다.

(2) 하나님께서는 모세와 말씀하셨다(9절). 사람이 자기의 친구와 이야기함 같이 여호와께서는 모세와 대면하여 말씀하셨다(11절). 이것은 하나님께서 다른 어떤 선지자들에게보다도 더 분명하고 더욱 풍성한 하나님의 빛의 증거로 친히 모세에게 나타내셨을 뿐만 아니라 더욱 커다란 특별한 자비와 은총으로 나타내셨다고 하는 것을 말해주는 것이다. 하나님께서는 백성에 대한 주권자로서가 아니라 자기가 사랑하고 친밀하게 의논하는 친구에게 말하는 사람 같이 말씀하셨다. 이것은 이스라엘 백성들에게 커다란 격려가 되었다. 자신들의 대변자가 커다란 은혜를 받고 있음을 보았기 때문이었다. 또한 모세가 진으로 돌아왔다는 것에 의해서도 격려가 되고 용기를 얻었을 것이다. 모세는 이 일이 좋은 결말을 맺을 것이라고 하는 희망을 백성들에게 말해주기 위해, 그리고 자신이 오랫동안 없으면 그들이 실망할 수도 있기 때문에 돌아온 것이다. 그러나 모세는 회막으로 속히 되돌아가기 위해 여호수아를 그 곳에 있도록 했던 것이다. 영광의 구름이 문에 서 있는 동안(9절) 그 장소를 비워둘 수는 없었기 때문이었다. 모세가 없는 동안에 하나님께서 그 구름으로부터 무엇인가를 말씀하시게 되면, 그것을 듣기 위해서 여호수아가 그 곳에 대기하고 있었던 것이다.

12 모세가 여호와께 아뢰되 보시옵소서 주께서 내게 이 백성을 인도하여 올라가라
하시면서 나와 함께 보낼 자를 내게 지시하지 아니하시나이다 주께서 전에 말씀하
시기를 나는 이름으로도 너를 알고 너도 내 앞에 은총을 입었다 하셨사온즉 13 내가
참으로 주의 목전에 은총을 입었사오면 원하건대 주의 길을 내게 보이사 내게 주

를 알리시고 나로 주의 목전에 은총을 입게 하시며 이 족속을 주의 백성으로 여기
소서 14여호와께서 이르시되 내가 친히 가리라 내가 너를 쉬게 하리라 15모세가 여
호와께 아뢰되 주께서 친히 가지 아니하시려거든 우리를 이 곳에서 올려 보내지
마옵소서 16나와 주의 백성이 주의 목전에 은총 입은 줄을 무엇으로 알리이까 주께
서 우리와 함께 행하심으로 나와 주의 백성을 천하 만민 중에 구별하심이 아니니
이까 17여호와께서 모세에게 이르시되 네가 말하는 이 일도 내가 하리니 너는 내 목
전에 은총을 입었고 내가 이름으로도 너를 앎이니라 18모세가 이르되 원하건대 주
의 영광을 내게 보이소서 19여호와께서 이르시되 내가 내 모든 선한 것을 네 앞으로
지나가게 하고 여호와의 이름을 네 앞에 선포하리라 나는 은혜 베풀 자에게 은혜
를 베풀고 긍휼히 여길 자에게 긍휼을 베푸느니라 20또 이르시되 네가 내 얼굴을 보
지 못하리니 나를 보고 살 자가 없음이니라 21여호와께서 또 이르시기를 보라 내 곁
에 한 장소가 있으니 너는 그 반석 위에 서라 22내 영광이 지나갈 때에 내가 너를 반
석 틈에 두고 내가 지나도록 내 손으로 너를 덮었다가 23손을 거두리니 네가 내 등
을 볼 것이요 얼굴은 보지 못하리라

장막 문으로 돌아온 뒤에 모세는 그 곳에서 두 가지 커다란 은혜를 겸손히 그리고 집요하게 간청하게 된다. 모세는 주권자로서 하나님과 담판을 지어 그 두 가지 은혜를 모두 얻게 된다. 이 곳에 나타나는 모세의 모습은 아버지께서 언제나 들어주시는 위대한 중보자 되시는 그리스도의 모형이었다.

I. 모세는 이스라엘 백성들이 하나님을 진노하시게 했음에도 불구하고 그들이 가나안으로 행진해 가는 나머지 일정에도 하나님께서 함께해주시기를 간절히 간구했다. 백성들은 자신들의 죄로 인해서 하나님의 진노를 받아 마땅했다. 그러나 모세가 이미 그 진노를 돌이키시도록 했던 것이다(출 32:14). 그렇지만 이스라엘 백성들은 하나님의 은혜로운 함께하심과 그로 인해서 얻게 되는 유익과 위안을 상실했던 것이다. 모세는 지금 이러한 은혜를 다시 얻기 위해서 하나님께 간구하고 있는 것이다. 그러므로 우리들은 그리스도의 중보에 의해서 저주가 물리가는 것뿐만 아니라 축복의 보승도 얻게 된 것이다. 우리는 멸망으로부터 구원받았을 뿐만 아니라 영원한 행복을 누릴 자격도 얻게 된 것이다. 모세가 하나님 앞에서 얼마나 놀랍게 이러한 것을 간구했는지, 그리고 그의 입을 논쟁으로 가득히 채웠는지 살펴보라. 또한 하나님의 은혜를 간구하기

위해 얼마나 요긴하고 적절한 말을 하고 있으며, 하나님의 영광과 이스라엘의 안녕을 위해서 마음을 쓰고 있는가! 모세는 어떻게 간구하며 그 간구한 것을 얻게 되는가?

1. 모세가 간구한 방법.

(1) 모세는 하나님께서 자신에게 이 백성을 인도하여 올라가라고 하신 위임을 강조하여 주장한다(12절). 모세는 이렇게 시작한다: "여호와여! 이 일을 위해서 저를 사용하신 분은 바로 당신이십니다. 주께서 저를 인정하지 않으시는 것입니까? 저는 저의 임무를 수행하고 있는 중입니다. 그런데 주께서 그 길에 저와 함께 하지 않으시려는 것입니까?" 하나님께서 어떠한 사역으로 부르신 사람은 필요한 도움들로 채워 주실 것이라고 하는 것을 확신하게 될 것이다. "여호와여! 당신께서 저에게 큰 일을 명하셨습니다. 어떻게 그 일을 해야 할지 어떻게 그 일을 이루어야 할지 몰라 당황하고 있는데 그대로 놓아두시렵니까?" 신실하게 자신들의 의무를 계획하고 이행하기 위해서 노력하는 자들은 그 일을 이루기 위한 하나님의 지시하심과 능력을 간구하는 믿음이 있어야만 하는 것이다.

(2) 모세는 자신이 하나님과 맺고 있는 친밀한 관계의 이점을 활용하여 자신에게 사랑으로 대하시는 하나님의 은혜로우심을 간구한다: 특별한 친구와 총애하는 종으로 여기셔서 주께서 전에 말씀하시기를 나는 이름으로도 너를 안다고 하셨습니다. 그리고 다른 무엇보다도 너도 내 앞에 은총을 입었다고 하셨습니다. 모세는 말한다. 정말 제가 주의 목전에 은총을 입었다고 한다면 주의 길을 저에게 보여주십시오(13절). 은혜의 유익을 상실한 백성들에게 하나님께서 어떠한 은혜를 주실 것인지에 대해서는 강조하여 말하지 않았다. 모세는 하나님께서 자신에게 말씀하신 것에 대한 자신의 간구에 강조점을 두었다. 이것은 비록 모세가 그러한 은혜를 받을 자격이 없음을 고백할지라도 그 은혜의 유익 밖으로 자신을 던져내신 것은 아니기를 바란 것이었다. 그러므로 모세는 하나님께 이렇게 간구했다. "여호와여! 만약에 당신께서 저를 위해 무엇인가를 행하실 것이면, 백성들을 위해서 그것을 행하여 주십시오." 이와 같이 우리 주 예수께서도 자신의 중보를 통하여 자신을 하나님께서 항상 기뻐하시는 자로서 아버지께 항상 드리신다. 그렇게 하심으로써 하나님께서 불쾌하게 여기시는 것이 마땅한 우리를 위해서 자비를 얻어내신다. 그러므로 우리들은 사랑받는 자 안에

서 받아들여진 것이다. 또한 공공의 유익을 위하는 마음을 가진 사람들은 공익을 위해 하나님과 사람으로부터 받는 친밀한 관계를 활용하기를 좋아하는 것이다. 모세가 이렇게 진지하게 구한 것은 무엇이었는지 보라. 주의 길을 제게 보여주십시오. 그러면 저는 제가 주의 목전에 은총을 입게 된 것을 알게 될 것입니다. 하나님의 지시하심은 하나님의 은혜에 대한 가장 훌륭한 증거들 중의 하나인 것이다. 만약에 우리가, 우리를 우리의 의무의 길에 있도록 인도하시고 채근하시는 은혜를 우리의 마음속에서 발견하게 된다면, 이로써 우리는 우리가 하나님의 목전에서 은총을 입은 것을 알게 될 것이다. 우리 속에 있는 하나님의 선하신 역사는 우리를 향하신 그분의 선하신 뜻에 대한 가장 확실한 발견이 되는 것이다.

(3) 모세는 비록 백성들이 무가치하기는 할지라도 여전히 하나님과 어떤 관계가 있음을 넌지시 말하고 있다. "이 족속을 주의 백성으로 여기소서. 주께서 위대한 일을 행하신 백성이며, 주께서 구속하신 백성이며, 주와 언약을 맺은 백성입니다. 여호와여 그들은 주의 것입니다. 그들을 버리지 마소서!" 진노한 아버지께서는 이렇게 말씀하신다. "내 자식은 어리석고 고집스럽다. 그러나 그는 내 자식이다. 나는 그를 버릴 수 없다."

(4) 모세는 하나님의 임재에 대해서 매우 귀중하게 생각한다고 말했다. 하나님께서 내가 친히 가리라 라고 말씀하셨을 때, 모세는 그 말씀을 잡았던 것이다. 마치 하나님의 임재하심이 없이는 살 수도 움직일 수도 없는 것으로 말씀드렸던 것이다: "주께서 친히 가지 아니하시려거든 우리를 이 곳에서 올려 보내지 마옵소서"(15절). 모세는 하나님의 임재하심 없이 앞으로 나아간다고 하는 생각을 두려워하는 자처럼 말한다. 만약에 그들 자신들과 함께하시는 하나님이 계시지 않는다면, 그들의 행진은 안전하지 않을 것이며 그들의 야영도 순조롭지 않을 것임을 알기 때문이었다. "하나님의 임재하심 없이 가나안으로 올라가는 것보다 광야 이 곳에서 누워 죽는 것이 낫습니다." 하나님의 은혜가 얼마나 소중한 것인지를 아는 사람들이 그 은혜를 받기 위해서 자신들을 가장 잘 준비되게 하는 것이다. 모세가 이 문제에 대해서 얼마나 열심이었는가를 관찰하라. 모세는 부정적인 응답을 받을 수 없다고 하는 사람처럼 간청한다. 당신이 나를 축복하지 않으면 당신을 보내지 않을 것입니다 라고 말한 야곱의 모습과 같은 것이다. 모세가 어떻게 하나님의 양보를 얻어냈는지 관찰하라. 모세에게

주어진 자비로운 암시들은 모세로 하여금 더욱 집요하게 간구하도록 했다. 마찬가지로 하나님의 은혜로운 약속들과 우리를 향하신 자비에 대한 약속은 우리의 믿음을 격려할 뿐만 아니라 기도에 대한 우리의 열정을 일으켜주는 것이다.

(5) 모세는 하나님의 영광에 대한 주장으로 결론을 맺는다(16절): "저와 주의 백성(저의 모든 이해관계가 얽혀 있는)이 주의 목전에 은총 입은 것, 즉 저와 주의 백성을 천하 만민 중에 구별하시는 은혜를 우리를 주목하고 있는 민족들에게 어떻게 알게 하실 것입니까? 우리가 정말로 그렇게 존귀하게 되었다는 것이 어떻게 나타날 것입니까? 그것은 바로 주께서 우리와 함께 동행하시는 것이 아닙니까? 주께서 함께하심이 없이는 다른 어떠한 것도 이 문제들에 대한 대답이 될 수 없습니다. 우리가 특별한 백성이며 많은 은혜를 받은 백성이라고 결코 말하지 말게 하소서. 주께서 우리와 함께 가시지 않는다면 우리는 우리 이웃의 다른 민족들과 같은 수준에 머물게 되기 때문입니다. 우리와 함께하는 천사를 보내시는 것으로는 부족할 것입니다." 모세는 상소에 내해서 강조를 한다. "주께서 지금까지 우리를 인도해 오신 곳이며, 주께서 우리를 버려두시면 우리가 분명히 길을 잃게 될 곳인 광야 이 곳에서." 우리를 인도하시고 보호하시고 위로하시기 위하여 그분의 영과 은혜로 이 광야에서 우리와 함께하시는 하나님의 특별하신 임재하심은 우리에 대한 그분의 특별하신 사랑에 대한 가장 확실한 약속이며, 우리에게 유익이 될 뿐만 아니라 그분에게 영광이 되는 것이다.

2. 모세가 간구한 것을 얻게 되는 방법을 관찰하라. 모세는 하나님의 은혜에 대한 확신을 얻었다.

(1) 자신에 대한 은혜의 확신을 얻었다(14절): "내가 너를 쉬게 하리라. 내가 너로 하여금 이 문제에 대해서 안심하도록 돌볼 것이다. 그것이 어떻게 되든 너는 만족하게 될 것이다." 모세는 결코 가나안에 들어갈 수 없었다. 그러나 하나님께서는 친히 모세에게 안식을 주실 것이라고 하는 귀한 말씀을 주셨다(단 12:13).

(2) 모세 자신을 위한 백성들에 대한 은혜의 확신을 얻었다. 모세는 단지 자신에게만 은혜를 말씀하시는 그러한 대답에 만족하지 않았다. 그는 백성들을 위한 약속, 분명한 약속 역시 얻어야만 했다. 그렇지 않고는 그는 안식할 수 없었던 것이다. 자애롭고 마음이 넓은 사람들은 자신들만 하늘나라에 가는 것으

로 만족하지 않고 자신의 모든 친구들이 그 곳에 함께 가기를 원하는 것이다. 모세는 이 문제 또한 응답을 받게 된다: **네가 말하는 이 일도 내가 하리니**(17절). 모세의 말은 아무것도 들을 필요가 없는 터무니없이 간구하는 자로 취급되지 않았다. 오히려 그는 격려를 받았다. 하나님께서는 모세가 구한 것을 모두 주셨다. 넉넉히 주시고 꾸짖지 않으셨다. 기도의 능력을 보라. 그러므로 구하고 찾고 두드리고 쉬지 말고 기도하며 항상 기도하고 낙망하지 말라고 촉구되고 있는 것이다. 하나님의 선하심의 풍성함을 보라. 하나님께서는 이미 많은 것을 시행해 오셨다. 그러나 그분께서는 기꺼이 더 많은 것을 행하실 것이다: **네가 말하는 이 일도 내가 하리니**. 우리가 구하고 생각할 수 있는 것 이상으로 행하시는 것이다. 이러한 모형 속에서 그리스도의 중보의 승리를 보라. 그리스도께서는 자신으로 말미암아 하나님께로 오는 모든 사람들을 위해 중보하시기 위해서 영원히 살아 계시며 그러한 승리의 토대가 되시는 것이다. 중재의 성공은 순전히 모세 자신의 공로다. 모세가 중재하는 사람들의 어떠한 공로도 아닌 것이다. **네가 내 앞에 은총을 입었다** 라고 말씀하시기 때문이다. 이제 문제는 해결되었다. 하나님께서는 완전히 이스라엘 백성들과 화해를 하셨고, 구름 기둥으로 함께하신 그분의 임재하심이 백성들에게 돌아왔고, 그들과 계속적으로 함께 할 것이다. 모든 것이 다시금 잘 회복되었다. 우리는 이제 이후로 금송아지에 대한 이야기를 더 이상 듣지 못한다. 여호와여! 주와 같은 신이 어디 있나이까? 주께서는 죄악을 사유하시나이다.

Ⅱ. 이렇게 응답을 얻은 뒤에 모세는 다음으로 하나님의 영광을 보기를 간청한다. 그리고 이 문제에 있어서도 역시 응답을 얻는다. 다음과 같은 사실들을 관찰하라.

1. 모세는 겸손하게 요청한다: **원하건대 주의 영광을 내게 보이소서**(18절). 모세는 최근에 하나님과 함께 산에 있었으며, 상당한 기간 동안 그 곳에 계속해서 있었다. 그리고 하늘 이편에 있는 어느 누구보다도 친근하게 하나님과의 교제를 가졌었다. 그러나 모세는 여전히 좀 더 알기를 원하고 있는 것이다. 하나님을 아는 지식과 하나님과의 교제로 완전히 부름을 받은 자들은 비록 그들이 하나님 외에는 다른 어떤 것도 알기를 원치 않는다 할지라도 여전히 하나님에 대해서 좀 더 알기를 원해야 하는 것이다. 그들이 자신들을 아는 것같이 알게 될 때까지 하나님에 대해서 알기를 원해야 하는 것이다. 모세는 하나님으로부

터 하나씩 놀라울 정도로 응답을 얻어나갔다. 그의 기도들에 대한 응답들로 인해서 모세는 하나님을 찾을 수 있는 용기를 얻게 되었다. 모세가 얻으면 얻을수록 그는 더 많은 것을 구했던 것이다. 우리가 은혜의 보좌 앞에서 은혜를 얻을 때, 우리는 그 은혜를 보존하고 더 나아지게 하기 위해서 노력해야만 한다. 쇠는 달았을 때 쳐야 하는 것이다: "주의 영광을 제게 보이소서. 제가 그 영광을 보게 하소서"(문자대로 읽으면 그렇다). "어떤 방법으로든 그 영광을 보게 해주시고 제가 그 영광을 보고 견디어 내게 하소서!" 모세는 너무나 어리석어서 하나님의 본체를 육안으로 볼 수 있다고 생각하고 있는 것은 아니다. 지금까지 단지 구름 기둥이나 불 기둥에서 나오는 소리만 들어왔기 때문에 모세는 하나님께서 자신의 영광을 나타내시기에 합당한 어떠한 신적인 영광의 현상을 보기를 원했던 것이다. 여호와께서 이스라엘 백성들에게 말씀하실 때 그들은 어떠한 모습도 보아서는 안 되었던 것이다. 그들이 스스로를 부패하지 않도록 하기 위해서였다. 그러나 모세는 그가 어떠한 모습을 볼 때 그러한 위험이 없기를 바랐던 것이다. 그러나 모세가 원했던 것은 그가 지금까지 보았던 것 이상의 무엇이었다. 만약에 그것이 순수하게 그의 믿음과 헌신을 돕기 위한 것이었다면, 그러한 바람은 칭찬할 만한 것이다. 그러나 아마도 그 바람 속에는 인간적인 결점이 혼합되어 있었을 것이다. 하나님께서는 우리가 이 세상에서 눈으로 보는 것에 의해서가 아니라 믿음으로 걸어가기를 원하신다. 그리고 믿음은 들음에서 나온다. 어떤 사람들은 모세가 하나님께서 그들에게 약속하셨던 그 임재의 표시와 그분의 화해의 표지로서 하나님의 영광을 보기를 원했다고 생각한다. 그러나 모세는 그가 지금 요청한 것이 무엇인지를 몰랐던 것이다.

2. 이 요구에 대해서 하나님께서 주신 자비로운 응답.

(1) 하나님께서는 허락할 만한 것이 못되며 모세가 견디지 못할 만한 것은 거절하셨다: 네가 내 얼굴을 보지 못하리니(20절). 하나님의 영광을 완전히 보는 것은 현재 상태에 있는 유한한 인간의 능력으로는 감당할 수 없는 것이며 모세 자신조차도 견디지 못하는 것이다. 인간은 비천해서 그 영광에 합당하지 못하다. 인간은 너무나 약해서 그 영광을 견디지 못한다. 인간은 죄인이라서 그 영광을 두려워할 수밖에 없는 것이다. 하나님께서 자신의 보좌의 앞을 가리시고 그 위에 구름으로 덮으시는 것은 우리의 죄에 대한 사랑이시다(욥 26:9). 하나님께서는 이 곳에서는(즉, 이 세상에서는) 하나님의 얼굴을 보지 못할 것이라고 말씀

하셨다(23절). 그것은 성도들의 영원한 축복이 되는 미래의 상태를 위해서 유보된 영예인 것이다. 이 세상에 있는 사람들이 그것이 무엇인지 안다면, 그러한 영예 없이 사는 것에 대해서 만족하지 못하게 될 것이다. 다른 세상에서 기대해야만 하는 하나님에 대한 지식과 기쁨이 있는 것이다. 그 때에 우리는 그분의 참 모습 그대로를 보게 될 것이다(요일 3:2). 그 때에 이르기까지 당분간 우리는 우리가 하나님에 대해서 알고 있는 분량의 높이와 우리가 알지 못하는 그 깊이에 대해서 찬미하도록 하자. 이보다 오래 전에 야곱은 하나님의 얼굴을 보는 것에 대해서 **내가 하나님과 대면하여 보았으나 내 생명이 보전되었다** 라고 경이감에 차서 말했다(창 32:30). 죄인은 자신의 재판관이 되시는 하나님 보기를 두려워한다. 그러나 성도들은 **주의 영으로 말미암아 다 수건을 벗은 얼굴로 거울을 보는 것 같이 주의 영광을 보매 그와 같은 형상으로 변화하여 영광에서 영광에 이르게 될 것이다**(고후 3:18).

(2) 하나님께서는 충분히 만족하게 될 것을 허락하셨다.

[1] 모세는 기쁜 소리를 듣게 되었다(19절): **내가 내 모든 선한 것을 네 앞으로 지나가게 하고.** 하나님께서는 이스라엘과 화해하신 그분의 선한 형상에 대한 놀라운 예를 모세에게 주셨다. 그러나 그것은 단지 스쳐지나가는 과정 속에서 보이는 선한 형상이었던 것이다. 하나님께서는 모세에게 근원적인 선한 형상, 즉 그분의 모든 선한 것을 보여주시려고 하셨다. 그렇지만 스쳐지나가는 선한 형상만으로도 모세의 요청에 대한 충분한 대답이 되었던 것이다. 모세는 "주의 영광을 내게 보이소서"라고 말했다. 하나님께서는 "내가 네게 나의 선한 것을 보이리라"라고 말씀하셨다. 하나님의 선하심은 그분의 영광이다. 하나님께서는 그분의 위엄의 영광에 의해서보다는 그분의 자비의 영광으로 우리가 그분을 알도록 하실 것이다. 우리는 여호와와 그분의 선하심조차도 두려워해야 하기 때문이다(호 3:5). 특별히 하나님의 선하심의 영광이라고 하는 것은 하나님의 선하심의 주권을 말하는 것이다. **그분께서 은혜를 주시고자 하는 자에게 은혜를 주시는 것이다.** 절대 주권자로서 하나님께서는 자신의 은사들을 주심에 있어서 그분께서 기뻐하시는 대로 다르게 주실 수 있는 것이다. 하나님께서는 어느 누구에게도 빚진 분이 아니시며 어느 누구에게도 계산의 책임을 지고 있지 않으신 것이다(하나님께서 자신의 것을 가지고 그분의 뜻하시는 것을 하실 수 없겠는가?). 또한 하나님께서 자비를 베푸시는 모든 이유들은 그분 자신에

게서부터 나오는 것이지 그분의 어떠한 피조물들의 공로에 의해서 나오는 것이 아닌 것이다. 그분께서 원하시는 자에게 자비를 베푸시는 것은 바로 그분께서 그렇게 하시기를 원하시기 때문인 것이다. 아버지께서조차도 그렇게 하셨다. 그분 보시기에 선한 것이었기 때문이었다. 그러나 "내가 진노하고 싶은 자에게 진노할 것이다"라고는 결코 말씀하지 않으신다. 그분의 진노하심은 항상 공정하고 거룩하기 때문이다. 그러나 "내가 자비를 베풀고자 하는 자에게 자비를 베풀 것이다"라고 말씀하신다. 하나님의 자비는 언제나 자유롭기 때문이다. 하나님께서는 결코 특권으로 저주하시지 않으신다. 그러나 하나님께서는 특권으로 구원하시는 것이다. 하나님께서 어떤 사람들에게 정당하게 주지 않으시는 은혜를 어떤 다른 사람들에게는 주시는 것을 보고 하나님이 불의하다고 비난하는 자들에게 주는 대답으로 사도는 이 구절의 내용을 인용하고 있다(롬 9:15).

[2] 모세는 자신이 견딜 수 있으면서 자신을 만족시켜줄 수 있는 것을 보아야만 했다. 모세가 안전하면서도 만족할 수 있도록 하기 위해서 일이 조정되었다. 첫째, 반석 틈에서 보존하시겠다고 하셨다(21-22절). 그 반석 틈에서 모세는 하나님의 영광의 현란한 빛과 삼키는 불에서 보호되어야만 했던 것이다. 이 반석은 물이 터져 나온 호렙에 있는 반석이었다. 그 반석은 그리스도였다고 말한다(고전 10:4). 하나님의 진노로부터 우리가 보호받는 것은 바로 이 반석의 틈인 것이다. 그렇지 않으면 하나님의 진노가 우리를 삼킬 것이다. 하나님께서는 친히 이렇게 숨긴 자들을 보호하실 것이다. 그리고 우리가 하나님의 영광에 대해서 아는 지식을 가지게 되는 것은 오직 그리스도를 통해서 뿐인 것이다. 이 반석 위에 서서 그 안에서 피난처를 가진 자 외에는 어느 누구도 하나님의 영광을 자신들의 위로가 되도록 보지 못할 것이다. 둘째, 모세는 하나님의 등을 보는 것으로 만족했다(23절). 모세는 이 땅의 그 누가 보았던 것보다 하나님에 대해서 더 많은 것을 보았음에 틀림없지만 하늘에 있는 사람들만큼 많은 것을 본 것은 아니다. 사람의 얼굴에 위엄이 있으며 사람들은 그 얼굴에 의해서 알려지는 것이다. 그 얼굴로 우리는 사람들에 대한 전체적인 모습을 알게 되는 것이다. 모세는 하나님의 전체의 얼굴을 볼 수는 없었을 것이다. 다만 우리가 우리를 지나가는 사람의 등을 보고, 그를 (우리가 말하듯이) 힐끗 본 것이다. 우리는 하나님을 주목하여 보았다는 말을 듣지 못하며 다만 바라보았다고만

듣는다(창 16:13). 우리는 단지 거울을 통해서 희미하게만 보기 때문이다. 우리가 그분의 사역에서 행하신 일을 보며 우리의 왕 되신 우리 하나님의 행하심들을 보는 것은 (말하자면) 그분의 등 부분들을 보는 것이다. 그러므로 우리는 기껏해야 부분적으로만 아는 것이다. 우리는 희미한 이성을 가지고서 하나님에 관한 우리의 말들을 조리 있게 기술할 수 없는 것이다. 우리가 하나님에 대해서 말한다고 하는 것은 우리가 결코 보지 못했던 사람의 얼굴을 그려보는 것과 같이 어설픈 것이 될 수밖에 없는 것이다. 이제 모세는 등만을 볼 수 있도록 허락되었다. 그러나 오랜 세월 뒤에 모세가 그리스도의 변화되심에 대한 증인이 되었을 때에 그는 해같이 빛나는 그의 얼굴을 보았던 것이다. 만약에 우리가 이곳에 있는 동안에 하나님께서 그분 자신에 대해서 우리에게 보여주신 것들을 신실하게 활용한다면, 좀 더 밝고 더 영광스러운 광경이 얼마 지나지 않아서 곧 우리들에게 열리게 될 것이다. 가진 자에게 더 주어질 것이기 때문이다.

제 — 34 — 장

개요

앞 장에서 하나님께서는 자신이 이스라엘과 화해하심을 모세에게 알려 주셨다. 본 장에서는 이스라엘 백성들과 하나님 자신이 언약을 맺으시면서 그들과 교제하심으로 그 화해에 대한 증거를 주신다. 우리는 본 장에서 그분의 은혜가 돌아온 것에 대한 다음과 같은 네 가지 예들을 보게 된다. I. 하나님께서 모세에게 다음 날 아침에 산으로 올라오라고 하신 것과 두 개의 돌판들을 가져오라고 하신 명령들이 있다(1-4절). II. 하나님께서 그 곳에서 모세를 만나심과 그분의 이름을 선포하심에 대한 내용이 있다(5-9절). III. 하나님께서 그 곳에서 모세에게 주신 지침들과 중단 없이 40일 간 계속된 하나님과 모세의 대화가 있다(10-28절). IV. 하나님께서 모세를 얼굴에 나는 광채를 지니고 내려가도록 하셨을 때, 하나님께서 모세에게 주셨던 영예가 있다(29-35절). 하나님께서는 이러한 모든 것을 통해서 모세를 공인으로서, 하나님과 이스라엘 사이의 중재자로서, 그리고 위대한 중보자의 모형으로서 대하신 것이었다.

**1여호와께서 모세에게 이르시되 너는 돌판 둘을 처음 것과 같이 다듬어 만들라 네
가 깨뜨린 처음 판에 있던 말을 내가 그 판에 쓰리니 2아침까지 준비하고 아침에 시
내 산에 올라와 산 꼭대기에서 내게 보이되 3아무도 너와 함께 오르지 말며 온 산에
아무도 나타나지 못하게 하고 양과 소도 산 앞에서 먹지 못하게 하라 4모세가 돌판
둘을 처음 것과 같이 깎아 만들고 아침에 일찍이 일어나 그 두 돌판을 손에 들고
여호와의 명령대로 시내 산에 올라가니**

하나님과 이스라엘 사이에 맺어졌던 계약은 이스라엘 백성들의 금송아지 숭배로 산산이 부수어졌다. 화해가 이루어졌을 때 모든 것이 새로이 시작되어야만 했던 것이다. 그들이 실족한 부분에서가 아니라 처음부터 다시 시작되어야만 하는 것이었다. 그러므로 신앙의 타락자들은 회개하여 처음 행위를 가져야만 하는 것이다(계 2:5).

I. 모세는 돌판을 다시 새롭게 준비해야만 한다(1절). 이전에는 하나님께서 친히 돌판들을 준비하셨고 그 위에 쓰셨다. 그러나 이제는 모세가 다듬어 만들어야만 하며 하나님께서는 그 위에 쓰시기만 하시려는 것이다. 순결한 인간의 마음에 율법을 처음 쓰셨을 때에는 그 판도, 쓰신 것도 모두 하나님의 작품이었다. 그러나 죄로 인해서 깨지고 부패되었을 때, 하나님의 율법이 성경에 보존되었을 때에는, 하나님께서 사람의 사역자들을 사용하신다. 모세가 바로 그 첫 번째 사람이었다. 말하자면 선지자들과 사도들은 그 돌판들을 다듬기만 한 사람들이었던 것이다. 쓰는 것은 여전히 하나님의 일이었던 것이다. 모든 성경은 하나님의 영감으로 기록되었기 때문이었다. 하나님께서 이스라엘 백성들과 화해하셨을 때 하나님께서는 돌판들이 새로이 준비되도록 명하시고 그 위에 자신의 율법을 기록하셨다. 이것은 우리들에게 다음과 같은 사실들을 분명히 말해주고 있는 것이다.

1. 그리스도의 평화와 화해의 복음 아래 있다 할지라도(모세의 중재는 이것을 상징한 것이다) 도덕법은 계속적으로 믿는 자들에게 적용된다는 것이다. 비록 그리스도께서 우리를 율법의 저주에서 구속하셨다 할지라도, 그 율법의 명령에서 해방된 것은 아니다. 우리는 여전히 그리스도의 법 아래 있는 것이다. 우리 구세주께서 산상설교에서 도덕법을 설명하셨을 때 잘못된 해석들로부터 도덕법을 변호하신 것이다. 서기관들과 바리새인들은 그러한 잘못된 해석으로 도덕법을 범했던 것이다(마 5:19). 그리스도께서는 사실상 그 율법들을 새롭게 하신 것이며 처음 것과 같이 회복하신 것이다. 즉, 율법을 그 원래적인 의미와 의도로 단순화시켜 바꾸어 놓은 것이다.

2. 죄의 용서와 하나님과의 화해에 대한 가장 좋은 증거는 마음에 율법을 기록하는 것이다. 하나님께서 이스라엘에게 주신 자신의 화해하심에 대한 표지는 율법판의 갱신이었다. 따라서 새언약의 첫 조항은 내 법을 그들의 마음에 기록하리라(히 8:10)이며, 내가 그들의 불의를 긍휼히 여기고(히 8:12)라는 말씀이 따라나오는 것이다.

3. 만약에 우리가 하나님께서 우리의 마음에 율법을 기록해 주시기를 바란다면, 우리는 그 율법을 받을 마음의 준비를 해야만 하는 것이다. 돌 같은 마음은 죄에 대한 고백과 수치감으로 깎여져야만 하고(호 6:5), 넘치는 악을 내버려야만 한다(약 1:21). 부드럽고 기경된 마음 안에 말씀은 자리를 잡을 수 있을

것이다. 모세는 알맞게 돌판을 깎았다. 그 돌판들은 얇고 가늘어서 양손으로 가지고 갈 수 있었다. 그 돌판들은 그 돌판들이 놓일 법궤보다 약간 작았을 것임에 틀림없다. 법궤는 길이가 1.25야드(114cm)였으며 폭은 0.75야드(69cm)였다. 돌판의 모양새는 특별히 신기한 것이 없었을 것임에 틀림없다. 깎아 만드는데 시간이 별로 들지 않았기 때문이다. 모세는 다음날 자신이 가지고 올라가기 위해서 당장 그 돌판들을 만들어야만 했다. 그 돌판들의 아름다움은 인간의 솜씨에서가 아니라 하나님의 손가락에서 나온 것이었다.

Ⅱ. 모세는 다시 시내 산 꼭대기에 가서 그 곳에서 하나님을 알현해야만 했다(2절). 비록 모세가 산 위에서 오랫동안 머무는 그의 부재로 인해서 바로 얼마 전에 이스라엘 백성들이 금송아지를 만들도록 했을지라도 하나님께서는 자신의 방법들을 변경하시지 않으셨다. 모세는 이스라엘 백성들이 기다리는 것을 배웠는지 시험해보기 위해서 올라와서 자신이 이전에 머물렀던 만큼 오랫동안 머무를 것이다. 그 백성들에게 경외감을 불러일으키기 위해서 그들은 멀리 떨어져 있으라는 지시를 받았다. 아마도 모세와 함께 올라와서는 안 되었을 것이다(3절). 백성들은 이전에, 우리는 이 사람이 어찌되었는지 알지 못한다라고 말했었다(출 32:1). 하나님께서는 그들이 알지 못하도록 하실 것이다. 따라서 모세는 지정된 장소로 가기 위해서 아침에 일찍이 일어났다(4절). 모세는 그가 하나님을 알현하는 것을 얼마나 기대하고 있는지, 그리고 시간을 지체하는 것을 얼마나 싫어하는지를 보여주기 위해 그렇게 일찍이 일어났던 것이다. 예배를 드리는데 이를수록 좋은 것이다. 아침은 명상에 좋은 친구가 되는 것처럼 은혜에게도 좋은 친구가 되는 것이다.

5여호와께서 구름 가운데에 강림하사 그와 함께 거기 서서 여호와의 이름을 선포하
실새 6여호와께서 그의 앞으로 지나시며 선포하시되 여호와라 여호와라 자비롭고
은혜롭고 노하기를 더디하고 인자와 진실이 많은 하나님이라 7인자를 천대까지 베
풀며 악과 과실과 죄를 용서하리라 그러나 벌을 면제하지는 아니하고 아버지의 악
행을 자손 삼사 대까지 보응하리라 8모세가 급히 땅에 엎드려 경배하며 9이르되 주
여 내가 주께 은총을 입었거든 원하건대 주는 우리와 동행하옵소서 이는 목이 뻣
뻣한 백성이니이다 우리의 악과 죄를 사하시고 우리를 주의 기업으로 삼으소서

모세가 산꼭대기에 도달하자마자 하나님께서는 그를 만나주셨다(5절). 그분의 임재의 감각적인 표지와 그분의 영광의 현현으로써 **여호와께서 강림하셨다.** 하나님의 강림하심은 그분의 낮아지심을 나타내는 것이다. 하나님께서는 하나님과 함께 걷기 위해서 자신을 겸손히 낮추는 자들을 살펴보시기 위해서 친히 낮추시는 것이다. **여호와여! 사람이 무엇이기에 주께서 이렇게 찾아오시나이까**(시 113:6). 하나님께서는 구름 가운데 강림하셨다. 아마도 지금까지 이스라엘을 앞서 갔던 구름 기둥이었을 것이고, 모세가 그 전날 장막 문에서 만났던 구름 기둥이었을 것이다. 이 구름은 모세에게 경외감을 불러일으켰다. 모세에게 허용된 친숙성으로 인하여 경멸하지 못하도록 하기 위함이었다. 제자들도 **그들이 구름 속으로 들어갔을 때 두려워했다.** 하나님께서 구름을 자신의 처소로 삼으신 것은 비록 하나님께서 자신에 대해서 많은 것을 알려 주셨지만, 아직도 더욱 많은 부분이 감추어져 있다고 하는 것을 암시하는 것이었다. 다음과 같은 사항들을 관찰해보라.

I. **하나님께서 자신의 이름을 선포하신 방법**(6-7절). 하나님께서 그의 앞을 **지나시면서** 선포하셨다. 하나님을 고정된 시각으로 보는 것은 장차 이루어질 상태로 유보되었다. 우리가 이 세상에서 가질 수 있는 가장 좋은 것도 지나가는 덧없는 것이다. 이제 하나님께서는 그 전날 모세에게 약속하셨던 것, 즉 자신의 영광이 지나가게 하시겠다고 하는 것(출 33:22)을 실행하고 계신 것이었다. 하나님께서는 **여호와의 이름을 선포하셨다.** 하나님께서는 이것으로 자신을 알리려고 하신 것이었다. 하나님께서 **나는 스스로 있는 자**라는 이름을 선포하셨을 때는 자신의 자존성과 자족성의 영광 속에서 자신을 모세에게 알리신 것이었다. 이제 하나님께서는 자신의 은혜와 선하심과 모든 충족하심의 영광 속에서 자신을 우리들에게 알리시는 것이다. 이제 율법의 제2판을 반포하시려고 하는 하나님께서는 이 선포를 그 서문으로 삼으셨다. 율법, 특별히 구제하는 율법을 주시는 것은 하나님의 은혜 혹은 선하심을 보여주는 것이기 때문이다. 금송아지를 숭배한 이스라엘의 죄에 대한 용서가 이제 승인된 것이었다. 이 선언으로 하나님께서는 그분 자신의 선의로만 용서하는 것, 즉 인간들의 선행으로 용서하는 것이 아니라 하나님 자신의 용서하시려고 하는 성향에 의한 것이라고 하는 것을 이스라엘 백성들에게 알려 주려고 하신 것이다. 이 이름의 선포는 하나님의 자비의 우주적인 크기를 나타내 준다. 하나님께서는 이스라엘에

게 선하실 뿐만 아니라 모두에게 선하신 것이다. 모든 사람들이 이것을 알도록 하자. 귀 있는 모든 자가 듣고 알고 믿도록 하자.

1. 우리가 관계를 맺고 있는 하나님은 위대한 하나님이시다. 그분은 주 여호와이시다. 그분은 스스로 존재하시고 모든 존재의 근원이 되는 분이시다. 그분은 여호와 엘, 주, 능력의 하나님, 전능하신 하나님, 모든 능력의 근원이 되는 분이시다. 이러한 말들은 그분의 자비를 나타내는 말 앞에 수식어로 붙는 말들로 우리들에게 매우 진지함과 거룩한 경외심으로 하나님의 은혜와 자비를 생각하고 말하라고 가르쳐 주는 말들이다. 또한 우리들로 하여금 이러한 자비에 의존하도록 격려해 주는 말들인 것이다. 하나님의 자비는 약하고 힘이 없고 거짓되고 변하기 쉬운 인간의 자비가 아니라, 여호와, 여호와 하나님의 자비인 것이다. 그러므로 확실하고 탁월한 자비로, 의심스러운 것이 아닌 믿을 만한 자비인 것이다.

2. 그분은 선하신 하나님이시다. 그분의 위대하심과 선하심은 서로를 드러내며 돋보이게 해준다. 그분의 위대하심에 대한 두려움이 우리로 하여금 두려워하지 않도록 하기 위해서 우리는 그분께서는 얼마나 선하신가 하는 것에 대해서 듣게 된다. 이 본문에는 우리들이 하나님의 선하심을 알고 그에 대한 확신을 가지게 하기 위해서, 그리고 그분의 선하심은 얼마나 그분의 영광과 즐거움이 되는 것인가를 보여주기 위한 많은 말들이 쌓여 있다. 그러나 같은 말이 반복되지는 않는다. (1) 그분은 **자비로우시다**. 이것은 그분의 애틋한 사랑을 말하는 것이다. 아버지가 자녀들에 대해서 가지는 것과 같은 사랑이다. 이것이 처음에 놓였다. 타락한 인간을 향하신 하나님의 선하신 뜻에 대한 모든 예들 중에서 첫 번째 바퀴에 해당하기 때문이다. 타락한 인간의 비참함은 인간을 긍휼히 여김의 대상이 되도록 하는 것이다(삿 10:16; 사 63:9). 그러므로 우리들은 하나님에 대해서 완고한 생각들을 가지거나 우리들의 형제들을 향해서 완악한 마음들을 가지지 않도록 하자. (2) 그분은 **은혜로우시다**. 이것은 값없음과 친절하심을 말하는 것이다. 즉, 하나님께서는 자신의 피조물들에 대한 애정을 가지고 계실 뿐만 아니라 그들을 기뻐하시고 그들에게 선한 일을 하시는 것을 즐거워하신다는 것을 나타내는 것이다. 또한 이렇게 하시는 것은 그들 속에 있는 어떤 것으로 인해서가 아니라 그분 자신의 선한 의지로 인해서 하시는 것이라는 것을 나타내는 것이다. 그분의 자비는 은혜, 즉 값없는 은혜이다. 이러한

사실은 우리들에게 우리가 불쌍히 여기며 겸손할 것을 가르쳐 준다(벧전 3:8). (3) **그분은 오래 참으신다.** 이것은 죄인들의 사악함이 죄를 저지를 기회를 주시는 하나님의 선하심의 한 지류인 것이다. 이스라엘의 악함이 그러했다. 그들은 하나님의 인내하심을 시험했고 그것을 경험했다. 그분은 오래 참으신다. 즉, 그분께서는 노하기를 더디하시며 그분의 정의의 집행을 연기하신다. 그분은 은혜롭게 기다리시며 그분의 자비 베푸심을 연장하신다. (4) **그분은 인자하심과 진실하심이 풍성하시다.** 이것은 풍성한 인자하심, 즉 우리가 받기에 과분할 정도로 풍성한 인자하심을 말하는 것이다. 긍휼의 샘물은 언제나 차고 넘치며 긍휼의 하수는 언제나 흐르고 있는 것이다. 하나님에게는 모든 사람에게 넉넉하며 각 사람에게 넉넉하며 영원히 넉넉할 정도로 긍휼이 풍성하시다. 이것은 약속된 인자하심, 즉 인자하심과 진리가 함께 있는 것을 말해 준다. 약속에 의해서 보증된 인자하심과 그것의 확실성을 보증하는 그분의 신실하심을 말하는 것이다. 그분께서는 인자하실 뿐만 아니라 그분의 약속으로 우리들로 하여금 그 인자하심을 기대하게 만들어 주신다. 하나님께서는 긍휼을 친히 보여주실 수밖에 없기조차 한 것이다. (5) **그분께서는 수천에게 긍휼을 베푸신다.** 이것은 다음과 같은 의미를 나타낸다. [1] 긍휼은 수천 명에게 확대되었다. 그분께서 몇몇 사람에게 긍휼을 주실 때에도 여전히 그분께서는 다른 사람들에게도 베푸신다. 그 긍휼은 결코 다함이 없는 것이다. 이스라엘 백성들이 모래와 같이 많아져도 그분께서는 이스라엘의 수천의 모든 사람들에게 베푸시기에 충분한 긍휼을 가지고 계신 것이다. [2] 긍휼은 수천의 세대, 즉 세상의 끝날에 오는 사람들에게조차도 이르게 되었던 것이다. 긍휼은 영원 자체와 그 궤를 같이하는 것이다. (6) **그분께서는 악과 과실과 죄를 용서하신다.** 용서하는 긍휼이 구체적으로 묘사되고 있다. 이 용서하는 긍휼 안에서 하나님의 은혜가 가장 확대되어 나타났기 때문이며, 그분의 신적인 은혜의 다른 모든 은사들의 문이 열리는 곳이 바로 이 용서하는 긍휼이기 때문이다. 그분께서는 이 용서하는 긍휼로 바로 얼마 전에 매우 풍성한 증거를 주셨다. 그분께서는 악과 과실과 죄와 같은 모든 종류의 죄악을 용서하신다. 그분의 용서하심도 다양하나. 그분에게는 풍성한 구속(救贖)이 있다.

3. 그분은 공의롭고 거룩한 하나님이시다. (1) **그분께서는 반드시 죄를 청산하실 것이기 때문이다.** 어떤 사람들은 이것을 그분께서 징계하실 때에라도 그 진

노를 완화시키시는 표현으로서 읽는다: 그분께서 공허하게 하실 때에도 그분께서는 완전히 황폐하게 하지는 않으실 것이다. 즉, “그분께서는 구제할 방법이 없을 때까지 극단적으로 몰고 가시지는 않는다는 것이다.” 우리가 이것을 읽을 때, 우리는 그분께서는 마치 그들의 죄를 알아차리지 못한 것처럼 결코 죄악을 묵과하지는 않으신다는 것을 알아야만 한다. 혹은 그분께서는 여전히 자신들의 과실을 자행하는 참회하지 않는 죄는 용서하지 않으신다고 하는 것이다. 그분께서는 그분의 공의에 어느 정도 만족함이 없이는, 그리고 그분의 통치의 영예를 존중하는 필요한 입증이 없이는 죄를 용서하지 않으실 것이다. (2) 그분께서는 아버지의 죄를 자녀들에게 보응하신다. 그분께서는 모든 영혼들이 자신의 것이기 때문에 공정하게 처리하실 것이다. 피를 더럽히는 죄에는 악함이 있다. 그분께서는 때때로 그렇게 행하실 것인데 특별히 우상 숭배자들에 대한 징벌의 경우에 그렇게 하실 것이다. 그렇게 하심으로 그분께서는 그분의 죄에 대한 증오와 죄에 대한 진노를 보여주신다. 그러나 그분께서는 영원히 진노하시지는 않으신다. 단지 삼사 대까지만 보응하신다. 반면에 그분께서는 수천 세대에 이르기까지 긍휼을 베푸신다. 이것은 영원히 하나님의 이름이 될 것이며 그분은 모든 세대에 그렇게 기억될 것이다.

Ⅱ. 하나님께서 자신에 대해서 그분의 은혜와 자비에 대해서 하신 이 선언을 모세가 받아들인 방법. 모세는 이것을 하나님께서 자신에게 그분의 영광을 보여주실 것을 요구한 그의 요청에 대한 충분한 응답으로 받아들였던 것 같다. 우리는 모세가 하나님의 등 부분을 보기 위해서 바위 틈 사이로 갔다고 하는 것을 읽을 수 없기 때문이다. 아마도 이 선언은 모세를 만족하게 했을 것이다. 모세는 더 이상 원하지 않았다. 마치 우리는 그리스도께서 도마에게 손을 넣어보라고 하셨을 때 그가 그의 손을 그리스도의 옆구리에 넣었다고 하는 것을 읽어보지 못한 것과 같은 것이다. 하나님께서 이와 같이 자신의 이름을 선포하시자 모세는 “족합니다. 저는 하늘나라에 갈 때까지 더 이상 원하는 것이 없습니다” 라고 말한다. 적어도 모세는 그가 본 것을 말로 기술하기에는 합당하지 않다고 생각했다. 우리는 이 본문에서 다음과 같은 것들을 보게 된다.

1. 이 사건이 모세에게 준 감명: 모세가 급히 땅에 엎드려 경배하며(8절). 모세는 (1) 하나님께서 선포하신 그 이름에 합당한 영예를 그분에게 드리며 하나님의 영광에 대한 그의 겸손한 경외와 찬미를 나타내었다. 우리는 하나님의 인자

하심도 깊은 존경과 거룩한 두려움을 가지고 높이며 보아야만 하는 것이다. (2) 하나님께서 자신을 드러내신 것에 대한 모세 자신의 기쁨과 그에 대한 모세의 감사를 표현했다. 우리는 우리에 대한 하나님의 인자하심에 대해서 감사함으로 인정할 이유를 가지고 있다. 즉, 그 인자하심의 실제적인 예뿐만 아니라 하나님께서 그분의 말씀으로 그 인자하심에 대한 선포에 대해서 합당한 감사를 해야 하는 것이다. 하나님께서는 우리들에게 은혜로우시고 앞으로도 은혜로우실 뿐만 아니라 그분께서는 우리가 그러한 것을 알도록 해주시기를 기뻐하시기 때문이다. (3) 이 선언에서 알려진 하나님의 뜻에 대한 모세의 거룩한 복종을 표현한 것이다. 하나님의 자비뿐만 아니라 그분의 공의에 찬성하며, 여호와가 지금 자신을 선포하신 그러한 하나님의 통치와 지도 아래 자신과 그의 백성 이스라엘을 놓겠다고 하는 표현인 것이다. 이러한 하나님을 우리의 영원한 하나님이 되시도록 하자.

2. 모세가 이것을 활용한 방법. 모세는 즉시 이것을 기도의 터전으로 삼았다(9절). 그것은 더욱 진지한 애정이 깃든 기도가 되었다. (1) 광야에서 그의 백성 이스라엘과 함께 하시는 하나님의 임재를 구했다: "제가 주께 구하오니 우리와 동행하소서! 주의 임재하심만이 우리의 안전과 성공의 모든 것입니다." (2) 죄의 용서를 구했다: "우리의 악과 죄를 사하소서! 그렇지 않으면 우리는 주께서 우리와 함께 가시는 것을 기대할 수 없습니다." 그리고 (3) 선민의 특권을 구했다: "우리를 주의 기업으로 삼으소서! 주께서 특별히 보살피시고 돌아보시고 기뻐하시는 기업으로 삼으소서!" 이러한 것들은 하나님께서 이미 약속하신 것이며 모세에게 확신을 주신 것이지만 모세는 그러한 것들을 위해서 기도했다. 하나님께서 허락하시는 그 신실성을 의심해서가 아니라 그러한 것들에 대한 인증을 위해서 간절히 기도한 것이다. 하나님의 약속은 기도를 폐지시키려고 하시는 것이 아니라 기도를 지도하시고 격려하시기 위한 것이다. 은혜를 통해서 자신들의 죄가 용서되는 어떤 좋은 소망을 가지게 된 자들은 용서를 위해서 기도하고, 그들의 용서의 새로워짐을 위해서, 그리고 자신들의 영혼에 그 용서가 더욱더 분명해지기 위해서 계속적으로 기도해야만 하는 것이다. 우리가 하나님의 인자하심을 보면 볼수록, 우리는 우리가 죄 가운데 있는 것을 부끄러워해야만 하고 죄에 대한 관심은 더욱 진지해지는 것이다. 하나님께서는 그 선포의 마지막에서 그 죄를 자손에게 보응하시겠다고 하셨다. 모세는 본문에서 그 징

벌이 면제되기를 위해서 탄원한다. “여호와여! 그들에게만 용서해 주지 마시고 그들의 자녀들에게도 용서하소서! 우리가 주와 맺은 언약의 관계가 유업으로서 우리의 후손에게도 미치게 하소서!” 참으로 공인으로서의 마음을 가진 모세는 이와 같이 태어나게 될 자녀들을 위해서조차도 중재를 하고 있다. 그러나 모세는 이상한 탄원을 드린다: 이는 목이 뻣뻣한 백성이니이다. 하나님께서는 이것을 그분께서 왜 이스라엘 백성들과 동행할 수 없는지에 대한 이유로 말씀하셨다(출 33:3). 모세는 말씀을 드린다. “그렇습니다! 그렇기 때문에 우리와 함께 가셔야 합니다. 그들이 더 악할수록 그들을 더 훌륭한 백성이 되게 하기 위해서 주의 임재와 은혜가 필요합니다.” 모세는 그들이 너무 목이 곧아서 자신으로서는 그들을 통제할 인내와 능력이 없음을 알고 있다. “그러므로 여호와여! 주께서 우리 가운데 계셔서 함께 가소서! 그렇지 않으면 그들은 결코 경외심을 가지지 않을 것입니다. 주께서는 사람이 아니시고 하나님이시니 그들을 용서하시고 참으실 수 있나이다”(호 11:9).

[10]여호와께서 이르시되 보라 내가 언약을 세우나니 곧 내가 아직 온 땅 아무 국민에
게도 행하지 아니한 이적을 너희 전체 백성 앞에 행할 것이라 네가 머무는 나라 백
성이 다 여호와의 행하심을 보리니 내가 너를 위하여 행할 일이 두려운 것임이니
라 [11]너는 내가 오늘 네게 명령하는 것을 삼가 지키라 보라 내가 네 앞에서 아모리
사람과 가나안 사람과 헷 사람과 브리스 사람과 히위 사람과 여부스 사람을 쫓아
내리니 [12]너는 스스로 삼가 네가 들어가는 땅의 주민과 언약을 세우지 말라 그것이
너희에게 올무가 될까 하노라 [13]너희는 도리어 그들의 제단들을 헐고 그들의 주상
을 깨뜨리고 그들의 아세라 상을 찍을지어다 [14]너는 다른 신에게 절하지 말라 여호
와는 질투라 이름하는 질투의 하나님임이니라 [15]너는 삼가 그 땅의 주민과 언약을
세우지 말지니 이는 그들이 모든 신을 음란하게 섬기며 그들의 신들에게 제물을
드리고 너를 청하면 네가 그 제물을 먹을까 함이며 [16]또 네가 그들의 딸들을 네 아
들들의 아내로 삼음으로 그들의 딸들이 그들의 신들을 음란하게 섬기며 네 아들에
게 그들의 신들을 음란하게 섬기게 할까 함이니라 [17]너는 신상들을 부어 만들지 말
지니라

화해가 이루어졌으므로 이제 하나님과 이스라엘 사이에 우호적인 언

약이 성립된다. 반역자들이 용서를 받았을 뿐만 아니라 다시금 총애를 받았다. 이 말에 대한 확증은 주의를 집중케 하고 찬미하게 하는 단어인 보라 라고 하는 말 속에 나타나 있다: 보라 내가 언약을 세우나니. 언약을 파기한 것은 이스라엘이었다. 이제 언약이 새롭게 갱신되는데 그 주체는 하나님이시다. 만약에 분쟁이 있다면 우리가 모든 비난을 받아야만 한다. 만약에 평화가 있다면 하나님께서 모든 영광을 가지셔야만 한다. 이 본문에는 다음과 같은 내용들이 있다.

I. 언약에 있어서 하나님께서 담당하시는 일로서 그분께서 이스라엘 백성들을 위해서 하시려는 일(10-11절).

1. 일반적으로는 내가 이적을 너희 전체 백성 앞에 행할 것이라고 말씀하신 것이다. 언약의 축복들은 기이한 일들, 즉 은혜의 왕국에 있는 기이한 일들이다(시 98:1). 여기서 언급된 기이한 일들은 요단 강이 마르고 태양이 멈추는 것과 같은 자연 왕국에 있어서의 기인한 일들이다. 기이한 일들은 정말로 아직 온 땅 아무 국민에게도 행하지 아니한 것들이었다. 그 기이한 일들은 이전에는 행해진 전례가 없는 것들이었기 때문이다. 그것들은 이스라엘의 기쁨이었고 그들의 신앙에 대한 확증이었다: 네가 머무는 나라 백성이 다 여호와의 행하심을 보리니. 그것들은 이스라엘 백성들의 원수들에게는 두려움이 되었다: 내가 너를 위하여 행할 일이 두려운 것임이니라. 아니 하나님 자신의 백성들조차도 경이로움을 가지고 그 기이한 일들을 볼 것이다.

2. 특별하게는 내가 네 앞에서 아모리 사람과 가나안 사람과 헷 사람과 브리스 사람과 히위 사람과 여부스 사람을 쫓아내리니 라고 한 것이다. 열방의 왕으로서 하나님께서는 어떤 민족을 뽑으시고 그분에게 기쁨이 되는 다른 민족을 심으시는 것이다. 성도들의 왕으로서 하나님께서는 자신이 애굽에서 가져오신 포도나무를 위한 공간을 만드셨던 것이다(시 80:8-9). 열방들이 이스라엘의 유익을 위해서 희생제물이 된 것이다(사 43:3-4).

II. 언약에 있어서 이스라엘 백성들이 담당해야 할 일. 너는 내가 오늘 네게 명령하는 것을 삼가 지키라. 우리가 이 언약의 가르침을 마음에 두지 않는다면, 우리는 그 약속이 가져다 주는 유익을 기대할 수 없다.

1. 두 가지 커다란 가르침들은 다음과 같은 것들이다. (1) 너는 다른 신에게 절하지 말라(14절). 어떠한 피조물, 어떠한 이름, 공상적인 피조물에게도 신적인 영예를 돌리지 말라는 것이다. 이에 합당한 이유가 첨부되어 있다. 그렇게

하면 위험이 닥친다고 하는 것이다: 여호와는 질투라 이름하는 질투의 하나님임이니라. 하나님께서는 남편이 결혼한 부부의 침대를 귀하게 여기듯이 그분을 예배하는 일에 대해서 애정을 가지신다고 하는 것이다. 질투는 한 남자의 분노라고 불린다(잠 6:34). 그러나 이것은 하나님의 거룩하시고 공평하신 분노다. 하나님만을 예배하지 않는 자들은 하나님을 올바로 예배할 수 없는 것이다. (2) "너는 신상들을 부어 만들지 말지니라(17절): 너는 형상으로 참 하나님을 예배하지 못할 것이다." 이것이 바로 그들이 최근에 지었던 죄였다. 그러므로 이에 대해서 특별히 경고를 받고 있다.

2. 두 가지 다른 가르침들에 의해서 이 두 가지 가르침들 둘레에 울타리가 세워진다: (1) 이스라엘 백성들은 다른 신들을 섬길 유혹을 받지 않기 위하여 다른 신들을 섬기는 자들과 인척관계나 우호적인 관계를 가져서는 안 된다는 것이다(12절): "너는 스스로 삼가라. 너희는 너희의 선한 행위를 지켜야만 한다. 너희가 하기 쉽고 좇기 쉬운 것이 죄다. 그러므로 매우 조심하고 모든 죄의 모양에서 주의 깊게 떠나며 죄에 접근하는 것을 삼가야 한다. 그 땅의 주민과 언약을 세우지 말라." 하나님께서 그들에 대한 호의로 가나안 주민들을 쫓아내신다면, 이스라엘 백성들은 하나님께 대한 의무로 가나안 주민들이 머물게 해서는 안 될 것이다. 이것보다 더 합리적인 주장이 있을 수 있는 것인가? 하나님께서 가나안 족속들과 싸우신다면, 이스라엘 백성들은 그들과 화평해서는 안 되는 것이다. 하나님께서 가나안 족속들이 이스라엘 백성들의 주가 되지 못하게 하신다면, 이스라엘 백성들은 가나안 족속들이 자신들의 올무가 되지 않도록 해야만 하는 것이다. 그 땅을 완전히 정복하는 것은 이스라엘 백성들의 민족적인 과제였다. 하나님께서는 우리들에게 주시는 율법에서 우리들의 유익을 그렇게나 많이 생각하셨다. 이스라엘 백성들은 특별히 가나안 족속들과 결혼관계를 맺는 것에 주의를 해야만 했다(15-16절). 이스라엘 백성들이 가나안 족속들의 자녀들과 결혼한다면, 그들은 가나안 족속들의 신들과 결혼하게 될 위험에 빠지게 될 것이다. 선한 것이 악한 것을 개혁하기보다는 악한 것이 선한 것을 훨씬 더 많이 타락시키게 되는데, 이것은 바로 인간 본성의 타락성을 보여주는 것이다. 죄의 길은 내리막길이다. 우상 숭배자들과 동맹을 맺는 자들은 점차적으로 우상 숭배를 좋아하게 될 것이다. 우상에게 드렸던 제물을 먹게 되는 자들은 결국 우상에게 제물을 드리게 될 것이다. 악은 싹이 날 때 잘라 버려라. (2)

이스라엘 백성들은 부어 만든 신들을 만들지 않기 위하여 그들이 발견하는 것들과 가나안 족속들에게 속한 모든 것들, 즉 제단들과 아세라 상들을 철저히 파괴해야만 했다(13절). 만약에 이러한 것들이 남겨진다면 이스라엘 백성들은 시간이 지남에 따라서 그것들을 사용하게 되거나, 그들의 모형을 본따거나, 혹은 우상 숭배에 대한 혐오감이나 두려움이 점차로 감소할 것이기 때문이다. 우상 숭배의 유물들은 거룩하신 하나님에 대해서 모욕이 되는 것이고, 인간 본성에 대해서 커다란 치욕이 되는 것이기 때문에 철폐되어야만 하는 것이다. 이성을 가졌다고 하는 사람들은 자신들의 소유물을 신으로 삼고 그것들을 경배하는, 그렇게 불합리한 죄를 지었다고 하는 소리를 듣지 않도록 하라.

18 너는 무교절을 지키되 내가 네게 명령한 대로 아빕월 그 절기에 이레 동안 무교병
을 먹으라 이는 네가 아빕월에 애굽에서 나왔음이니라 19 모든 첫 태생은 다 내 것이
며 네 가축의 모든 처음 난 수컷인 소와 양도 다 그러하며 20 나귀의 첫 새끼는 어린
양으로 대속할 것이요 그렇게 하지 아니하려면 그 목을 꺾을 것이며 네 아들 중 장
자는 다 대속할지며 빈 손으로 내 얼굴을 보지 말지니라 21 너는 엿새 동안 일하고
일곱째 날에는 쉴지니 밭 갈 때에나 거둘 때에도 쉴지며 22 칠칠절 곧 맥추의 초실절
을 지키고 세말에는 수장절을 지키라 23 너희의 모든 남자는 매년 세 번씩 주 여호와
이스라엘의 하나님 앞에 보일지라 24 내가 이방 나라들을 네 앞에서 쫓아내고 네 지
경을 넓히리니 네가 매년 세 번씩 여호와 네 하나님을 뵈려고 올 때에 아무도 네
땅을 탐내지 못하리라 25 너는 내 제물의 피를 유교병과 함께 드리지 말며 유월절 제
물을 아침까지 두지 말지며 26 네 토지 소산의 처음 익은 것을 가져다가 네 하나님
여호와의 전에 드릴지며 너는 염소 새끼를 그 어미의 젖으로 삶지 말지니라 27 여호
와께서 모세에게 이르시되 너는 이 말들을 기록하라 내가 이 말들의 뜻대로 너와
이스라엘과 언약을 세웠음이니라 하시니라

이 본문에는 이전에 언급된 지시사항들 특별히 이스라엘 백성들의 엄숙한 절기들과 관련된 몇 가지 지시사항들이 반복되고 있다. 그들이 금송아지를 만들었을 때, 그들은 그것을 기념하는 절기를 선포했다. 이제 그들이 다시는 결코 그렇게 하지 말라고 여기서 하나님께서 세워 주신 절기들을 지키라고 하는 의무를 부여받고 있는 것이다. 사람들은 환락의 유혹에 의해서 자신들의

신앙을 떠날 필요가 없는 것이다. 우리는 자신의 종들의 기쁨을 위해서 풍성히 제공해 주시는 그러한 주인을 섬기고 있기 때문이다. 진지한 신앙심은 계속적인 축제이며 항상 하나님 안에서 즐거워하는 것이다.

I. 이스라엘 백성들은 일주일에 한 번은 일 년 중 가장 바쁠 때인 밭 갈 때에나 거둘 때에도 쉬어야만 한다(21절). 모든 세상적인 일들은 거룩한 안식을 위해서 양보되어야만 한다. 수확은 수확기에 안식일을 경건하게 지킴으로 인해서 더욱더 번성하게 될 것이다. 이렇게 함으로써 우리는 일이나 수확의 즐거움 이전에 우리가 가지는 하나님과의 교제와 그분에 대한 우리의 의무를 더 좋아한다고 하는 것을 보여주어야만 하는 것이다.

II. 이스라엘 백성들은 일 년에 세 차례 절기를 지켜야만 한다(23절). 그들은 주 여호와 이스라엘의 하나님 앞에 보여야만 한다. 하나님께 나아가는 모든 종교적인 예식에서 우리는 그분을 여호와 하나님 곧 무한히 복되시고 위대하시고 영화로우신 분으로서 보아야만 한다. 그래야 우리는 그분을 이스라엘의 하나님, 즉 우리와 언약을 맺으신 하나님으로서 존경하고 경외하는 마음으로 예배를 드릴 수 있을 것이다. 또한 그분을 신뢰하며 기쁨으로 그분을 섬기도록 격려를 얻게 될 것이다. 우리는 항상 하나님 앞에 있는 것이다. 우리는 거룩한 의무를 이행하는 가운데 명령을 받는 종으로서, 은혜를 구하는 청원자로서 그분에게 우리 자신을 보여야만 한다. 우리는 이 두 가지를 기쁨으로 해야 하는 이유를 가지고 있다. 그러나 나라 전역에서 모든 남자들이 하나님께서 선정해 주시는 곳에서 예배를 드리기 위해서 올라갔을 때 나라가 그 이웃나라들의 침입에 노출되어 있을 수도 있는 것이라고 생각될 수도 있다. 집에 남겨진 가엾은 여인들과 아이들, 그리고 병자들과 노인들은 어떻게 되는 것인가? 그들을 하나님께 맡겨라!(24절): 아무도 네 땅을 탐내지 못하리라. 그들은 너희 나라를 침략하지 못할 뿐만 아니라 침략할 생각도 하지 못할 것이다. 1. 모든 마음은 하나님의 손 안에 있는 것이며 그분의 다스림 안에 있는 것이다. 하나님께서는 인간들의 행위뿐만 아니라 그들의 욕망까지도 억제할 수 있는 것이다. 가나안은 탐스러운 땅이었고 이웃 나라들은 매우 탐욕스러웠다. 그러나 하나님께서는 "그들은 그 땅을 탐내지 못할 것이다"라고 말씀하신다. 하나님과 그분의 영광을 거스르는 우리 마음에 있는 모든 죄악된 욕망들을 억제하여 제거하도록 하자. 그런 뒤에 우리들과 우리들의 유익을 거스르는 다른 사람들의 마음에 있는 모든 죄악된 욕망들을 제거해 주시도록 그분께 신뢰하며 맡기도록 하자. 2. 의무를 다하는 길이 안전한 길이다. 우리가 하나님을 섬긴다면, 그분께서 우리를 보존해 주실 것이다. 하나님을 위해서 모험을 감수하는 자들은 그분으로 인해서 결코 손해를 보지 않게 될 것이다. 우리가 하나님의 사역에 쓰임을 받으며 그분을 섬기고 있는 동안에는 우리는 마치 귀족이나 국회의원이 회기 중에는 구속되지 않는 것처럼 특별한 보호를 받게 되는 것이다.

Ⅲ. 세 가지 절기들이 그 부수적인 사항들과 더불어서 본문에 언급된다.

1. 이스라엘 백성들이 애굽에서 구원된 것을 기념하는 유월절과 무교절. 이 절기에 초태생의 대속법이 첨가되어 있다(18-20절). 이 절기는 출 12:13에서 세워졌고 출 23:15에서 다시금 촉구되었다.

2. 칠칠절, 즉 유월절 이후 7주가 지난 다음에 지키는 오순절 절기. 이 절기에 초실절에 관한 법이 첨가되어 있다.

3. 매년 끝에 있는 수장절, 즉 초막절(22절). 하나님께서는 이 절기에 대해서도 역시 이전에 언급했다(출 23:16). 그러한 율법들이 본문에 반복되고 있다(25-26절). 즉, 유월절에는 누룩을 삼가고, 오순절에는 첫 소산을 드리며, 아마도 수장절과 관련이 되어 있는 듯한 것으로 어미의 젖으로 새끼를 삶지 말라고 하는 것 등이다. 어미의 젖으로 새끼를 삶지 말라고 하는 것은 하나님께서 이스라엘 백성들이 미신적인 예식을 사용하지 못하도록 하시려고 하는 것이었을 것이다. 이러한 풍습은 아마도 이스라엘 백성들이 애굽인들이나 이웃 나라들의 어떤 사람들이 추수의 축복을 위해서 하는 것을 본 것일 것이다.

Ⅳ. 본문에서 반복된 이러한 율법들과 함께, 이전에 모세가 산에 올라갔을 때 그에게 이야기된 모든 것이 아마도 마찬가지로 반복되었을 것이고, 그에게 보인 성막 모형이 다시 반복되었을 것이다. 금송아지가 모세에게 끼친 동요와 당황스러움으로 인해서 모세가 듣고 본 것을 그의 마음에서 잃어버리지 않도록 하기 위한 것이었다. 또한 완전한 화해의 표시로서 그리고 율법의 일점일획이라도 없어지지 않고 모든 것은 위대한 중보자에 의해서 조심스럽게 보존된다고 하는 것을 보여주기 위한 것이었다. 그 중보자는 율법을 파괴하기 위해서가 아니라 완성하기 위해서 오신 것이다(마 5:17-18). 그리고 끝부분에는 1. 모세가 이러한 말씀들을 기록하라고 하는 명령을 받는다(27절). 백성들이 자주 읽어 그 율법들을 잘 익힐 것이고 그들이 오는 세대에 전해주기 위함이다. 우

리는 기록된 말씀에 대해서 아무리 감사를 드려도 부족할 것이다. 2. 모세는 하나님께서 이 말씀의 취지에 따라 모세 및 이스라엘과 언약을 맺으실 것이라고 하는 말씀을 듣게 된다. 이스라엘과 직접적으로 언약을 맺는 것이 아니고 중재자 모세가 있는 가운데 이스라엘 백성들과 언약을 맺으신다는 것이다. 마찬가지로 은혜의 언약은 백성들에 대한 언약을 위해서 오신(사 49:8) 그리스도를 통해서 믿는 자들에게 맺어졌다. 본문의 언약이 명령의 취지에 따라 맺어진 것처럼 지금도 여전히 그렇게 맺어진다. 그리스도가 우리에게 분부한 모든 것을 가르쳐 지키게 하기 위해서(마 28:19-20) 우리는 세례를 받고 언약 관계에 들어가기 때문이다.

28모세가 여호와와 함께 사십 일 사십 야를 거기 있으면서 떡도 먹지 아니하였고 물
도 마시지 아니하였으며 여호와께서는 언약의 말씀 곧 십계명을 그 판들에 기록하
셨더라 29모세가 그 증거의 두 판을 모세의 손에 들고 시내 산에서 내려오니 그 산
에서 내려올 때에 모세는 자기가 여호와와 말하였음으로 말미암아 얼굴 피부에 광
채가 나나 깨닫지 못하였더라 30아론과 온 이스라엘 자손이 모세를 볼 때에 모세의
얼굴 피부에 광채가 남을 보고 그에게 가까이 하기를 두려워하더니 31모세가 그들
을 부르매 아론과 회중의 모든 어른이 모세에게로 오고 모세가 그들과 말하니 32그
후에야 온 이스라엘 자손이 가까이 오는지라 모세가 여호와께서 시내 산에서 자기
에게 이르신 말씀을 다 그들에게 명령하고 33모세가 그들에게 말하기를 마치고 수
건으로 자기 얼굴을 가렸더라 34그러나 모세가 여호와 앞에 들어가서 함께 말할 때
에는 나오기까지 수건을 벗고 있다가 나와서는 그 명령하신 일을 이스라엘 자손에
게 전하며 35이스라엘 자손이 모세의 얼굴의 광채를 보므로 모세가 여호와께 말하
러 들어가기까지 다시 수건으로 자기 얼굴을 가렸더라

이 본문에는 다음과 같은 내용들이 있다.

I. 모세는 산에서 오랫동안 있었다. 그는 그 곳에서 기적적으로 견디어 냈다(28절). 모세는 그 곳에서 끊임없이 하나님과 매우 친밀한 교제를 가졌다. 오랜 시간 가진 교제였지만 모세는 길다고 생각하지 않았다. 우리가 하나님 앞에 나와서 그분을 경배하며 한두 시간 보내는 것이 지루하게 생각될 때면, 우리는 모세가 얼마나 많은 낮과 밤을 하나님과 지냈는지를 생각해 보아야만 하

며, 우리가 그분을 찬양하면서 보내기를 희망하는 영원한 시간을 생각해야만 한다. 모세는 산 위에 머무는 그 모든 시간 동안 먹지도 않았고 마시지도 않았다. 모세는 이전에도 그렇게 오랫동안 금식했었다. 그러나 모세는 이 두 번째에도 많은 날들의 식량을 가지고 올라가지 않았다. 그는 사람이 떡으로만 사는 것이 아니라고 하는 것을 믿었고, 그것이 진리라고 하는 것을 체험을 통해 용기를 얻었기 때문이다. 모세는 다음과 같은 이유로 그렇게나 오랫동안 먹을 것과 마실 것 없이(아마도 잠도 자지 않고) 견디었던 것이다.

1. 하나님의 권능이 모세를 지원해 주었기 때문에 그는 음식이 필요 없었다. 몸을 지으신 자는 일상적인 방법이 아니라도 몸에 양분을 공급해 주실 수 있는 것이다. 그분께서는 일상적인 방법을 사용하시지만 그것에 얽매여 있는 것은 아니다. 생명이 양식보다 더 중요한 것이다.

2. 모세가 하나님과 가진 교제가 그를 기쁘게 했기 때문이다. 그래서 그는 음식을 갈망하지 않았던 것이다. 모세는 세상이 알지 못한 먹을 양식을 가졌던 것이었다. 하나님의 말씀을 듣고 기도하는 것이 모세의 양식이었고 음료였던 것이다. 하나님의 말씀과 전능자를 보는 환상 가운데 그의 영혼이 가진 충만한 만족은 모세로 하여금 몸과 그 몸의 쾌락을 잊어버리게 했던 것이다. 하나님께서 자신의 총애하는 모세를 대접하실 때, 양식과 음료로 하지 않으시고 그분의 빛과 율법과 사랑으로, 그리고 그분과 그분의 뜻에 대한 지식으로 대접하셨던 것이다. 이 때에 모세는 사람으로서 정말로 천사의 음식을 먹었던 것이다. 우리가 가장 참된 기쁨으로 평가하는 것이 무엇인지 보라. 하나님 나라는 먹고 마시는 것이 아니며 양식의 풍부함과 감미로운 맛에 있는 것이 아니다. 그것은 성령 안에 있는 의와 평강과 기쁨인 것이다. 모세와 같이 엘리야와 그리스도께서도 40일 주야를 금식하셨다. 우리가 감각적인 즐거움을 죽이면 죽일수록, 우리는 하늘의 기쁨을 누리기 위해서 더욱더 준비가 되는 것이다.

Ⅱ. 크게 부요해지고 기적적으로 단장되어 모세가 산에서 내려옴.

1. 모세는 가장 좋은 보물로 풍부해져서 내려왔다. 그는 자신의 양손에 하나님께서 친히 손가락으로 쓰신 두 개의 율법 돌판을 가져왔기 때문이다(28-29절). 우리들에게 주어진 율법을 가진다고 하는 것은 커다란 은혜이다. 이 은총이 이스라엘에게 나타났다(시 147:19-20). 하나님의 율법을 다른 사람들에게 전해 주는 사역에 쓰임을 받는다는 것은 매우 커다란 영예인 것이다. 이러한

영예가 바로 모세에게 주어진 것이다.

2. 모세는 가장 아름다운 것으로 장식되어 내려왔다. 얼굴 피부에 광채가 나나(29절). 모세가 산에 있었던 이번에도 그는 단지 그가 이전에 들었던 것을 들었다. 그러나 그는 더 많은 하나님의 영광을 본 것이었다. 얼굴과 얼굴을 대하고 본 것이었다. 모세는 어느 정도 그와 같은 형상으로 변화하여 영광에서 영광에 이르게 되었던 것이다(고후 3:18). 지난번에 모세는 통치자의 영광을 가지고 산에서 내려왔다. 이스라엘의 우상 숭배에 대해서 분개하고 책망하기 위함이었다. 이제는 평화와 화해의 소식을 가진 천사의 영광을 가지고 내려왔다. 지난번에는 채찍을 가지고 내려왔으나, 이제는 온유한 마음을 가지고 내려왔던 것이다.

(1) 이것은 다음과 같이 여겨질 수 있다. [1] 모세에게 이루어진 커다란 영광이었다. 백성들은 다시는 결코 모세의 사명에 대해서 의문을 가지거나 그에 대해서 경시하는 태도로 생각하거나 말할 수 없게 되었다. 모세는 바로 자신의 얼굴에 신임장을 가지게 되었던 것이다. 어떤 사람들은 모세가 사는 동안 이 영광의 일부가 남아 있어서 그가 노년에 이르러서도 원기를 왕성하게 해주었다고 생각한다. 하나님을 보았던 눈은 침침해질 수 없었으며, 그분의 영광으로 빛난 얼굴은 주름살이 지지 않았다고 생각하는 것이다. 이스라엘 백성들은 모세의 얼굴을 볼 수는 없었다. 그러나 그들은 거기서 모세의 사명을 읽어야만 했던 것이다. 만왕의 왕께서 영예를 주기를 기뻐하시는 자에게 이루어주신 것이다. 그러나 이후에도 그들은 모세에게 불평을 했다. 그들 자신이 가진 가장 감각적인 증거들도 완고한 불신앙을 이기지 못할 것이었기 때문이다. 모세 얼굴의 광채는 그에게 커다란 영예였다. 그러나 그것은 뛰어난 영광과 비교하면 진정한 영광이 되지 못하는 것이었다. 우리는 우리 주 예수께서는 그의 얼굴이 해같이 빛났을 뿐만 아니라 그의 몸 전체가 빛나게 되어 그 옷이 희어져 광채가 나더라(눅 9:29)고 한 것을 성경에서 읽는다. 그러나 모세가 산에서 내려왔을 때, 하나님께서는 그 영광을 완전히 제거하셨다. 우리가 봄으로써가 아니라 믿음으로 행하는 것이 그분의 뜻이기 때문이다. [2] 하나님께서 백성들의 중보자인 모세에게 그러한 영광을 두신 것은 백성들에게 커다란 은총과 격려가 되었다. 모세의 얼굴에 있는 이 영광은 백성들에게 확신을 주었다. 즉, 백성들은 모세가 하나님께 인정을 받았고, 자신들도 모세를 통해서 인정받게 되었다고 하는

사실을 확신할 수 있게 된 것이었다. 그러므로 아버지에게 우리들의 변호자가 되시는 그리스도의 나아가심은 우리의 믿음에 대한 커다란 지원이 되는 것이다. [3] 이것은 모세가 하나님을 뵌 결과였다. 하나님과의 교제는 다음과 같은 결과들을 낳는다. 첫째, 얼굴을 참된 영광으로 빛나게 만들어준다. 진지한 신앙은 사람의 용모에 광채가 나게 한다. 예를 들어, 존경과 사랑을 받게 해주는 것이다. 둘째, 얼굴을 보편적인 거룩함으로 빛나게 만들어준다. 우리가 하나님과 함께 산상에 있었다고 한다면, 우리는 겸손과 온유함, 그리고 하늘 대화의 모든 본보기들을 가지고 우리들의 빛을 사람들 앞에 비추게 해야만 한다. 이와 같이 우리들의 하나님이신 여호와의 아름다움이 우리들에게 나타나야만 하며 성결의 아름다움도 나타나야만 하는 것이다. 그래서 우리와 교제하는 모든 사람들이 우리가 그리스도와 함께 있다고 하는 것을 알게 해야 할 것이다(행 4:13).

(2) 모세의 얼굴에 빛나는 광채에 대해서 살펴보자. [1] 모세 자신은 그 광채를 알지 못했다. 모세는 얼굴 피부에 광채가 나나 깨닫지 못하였더라(29절). 첫째, 자신의 얼굴이 참된 은혜 가운데 빛난다 할지라도, 그들이 그 위로를 얻는 것을 모르는 것은 좀 불운한 것이다. 자신들에게서 그 친구들은 하나님에 대해서 많은 것을 보는데 그들은 스스로가 자신들이 은혜가 없다고 생각해 버리는 것이다. 둘째, 자신들의 얼굴이 특별한 은사들과 유용함 속에서 빛난다 할지라도, 그들이 그것을 가지고 자만하지 않는 것은 타인에 대한 겸손인 것이다. 하나님께서 우리들에게 주신 좋은 것이 무엇이든지 간에, 우리는 우리 자신이 무가치하고 많은 약점을 가지고 있다고 하는 겸손한 마음으로 가득 차야만 한다. 그리고 우리 얼굴을 빛나게 한 것을 간과하고 잊어버려야만 하는 것이다. [2] 아론과 이스라엘 백성들은 그 광채를 보고 두려워했다(30절). 이것이 진실이었다고 하는 것은 수많은 증인에 의해서 입증된다. 그 증인들 역시도 그 광채를 보았다. 그 광채는 그들의 눈을 어지럽게 했을 뿐만 아니라 그들이 뒤로 물러가도록 하는 두려움을 그들에게 끼쳤던 것이다. 아마도 그들은 그 광채가 하나님의 은혜의 표시인지, 아니면 진노의 표시인지 잘 구분을 하지 못했을 것이다. 비록 그것이 좋은 징조와 같이 여겨졌을지라도 그들은 죄의식이 있었기 때문에 그들은 최악의 경우를 두려워했던 것이다. 특별히 지난번 모세가 산에서 내려왔을 때 그들에게 보여준 모세의 태도를 기억하면서 더욱 두려워했던 것이다. 성결함은 경외감을 불러일으킨다. 그러나 죄의식은 사람들로 하여금 자신

의 친구들을 두려워하게 만들고, 심지어 자신들에게 정말로 은혜가 되는 것에 조차도 두려움을 가지게 만드는 것이다. [3] 모세는 광채가 비치는 것을 알았을 때 자신의 얼굴을 수건으로 둘렀다(33, 35절). 첫째, 이것은 우리 모두에게 온유와 겸손의 교훈을 가르쳐 주는 것이다. 우리는 육체를 자랑하려고 하지 말고 가려진 장점들과 그 장점들 위에 드리워진 베일에 만족해야만 한다. 하나님에게 진정으로 인정받고 열납되기를 바라는 사람은 사람에게 알려지거나 박수를 받으려고 하지 않을 것이다. 칭찬할 만한 숨김도 있는 것이다. 둘째, 이것은 교역자들에게 사람들의 능력에 맞게 자신들을 조정하고 그들이 감당할 수 있을 정도로 그들에게 설교하라고 하는 것을 가르쳐 주는 것이다. 인격수양보다는 환락으로 흐르는 모든 예술과 배움들은 수건에 가리도록 하자. 강한 자들은 약한 자들의 약점에 맞추도록 양보하도록 하자. 셋째, 이 수건은 율법 시대의 어둠을 나타낸 것이다. 예식적인 제도들은 그 안에 그리스도와 복음의 은혜에 대해서 많은 내용이 담겨져 있다. 그러나 수건이 그 위에 놓여 있어서 이스라엘 자손들은 율법의 그림자로 가려진 징차 을 좋은 것들을 분명하게 그리고 확실하게 볼 수 없었던 것이다. 그것은 가려진 아름다움이며 광산의 금이요 조개 속에 있는 진주였던 것이다. 그러나 복음에 의해서 생명과 영생이 빛으로 드러났고 구약에서 수건이 벗겨졌으니 하나님께 감사하리로다. 그러나 빛에 대해서 눈을 감고 있는 사람들의 마음에는 여전히 수건이 남아 있는 것이다. 그러므로 사도는 이 본문을 고후 3:13-15에서 설명해주고 있는 것이다. [4] 모세가 여호와 앞에 들어가서 회막에서 함께 말할 때에는 나오기까지 수건을 벗고 있었다(34절). 그 때는 그럴 이유가 없었다. 하나님 앞에서 모든 사람들은 드러나게 되며 또한 드러나야만 하는 것이다. 우리가 관련을 맺고 있는 그분의 눈 앞에는 모든 것이 벌거벗겨지고 드러나게 되기 때문이다. 우리가 어떤 것이든지 숨기고 위장하려고 생각하는 것은 어리석은 것이다. 우리가 여호와 앞에 나아갈 때에는 모든 수건을 벗어야만 한다. 이것은 성경에 설명된 것처럼(고후 3:16) 한 영혼이 여호와께 나아갈 때 수건은 벗겨질 것과 벗은 얼굴로 그분의 영광을 볼 수 있게 되는 것을 의미한 것이었다. 그리고 우리가 하나님과 영원히 이야기하기 위해서 하늘에 계신 주님 앞에 나아갈 때 수건은 하나님의 영광으로부터 뿐만 아니라 우리들의 마음과 눈에서도 벗겨질 것이다. 그래서 우리는 우리에게 보인 대로 볼 수 있을 것이고, 우리에게 알려진 대로 알게 될 것이다.

제 35 장

개요

만약에 금송아지가 규례를 깨뜨리지 않았고 모든 것을 혼란 가운데로 몰아넣지 않았더라면 모세가 처음에 산에서 내려왔을 때 전해지고 이루어졌을 것이 이제 커다란 어려움을 치르고 난 뒤에 다시 화해가 이루어지고 나서야 비로소 전해지고 이루어지기 시작했다. 그것은 바로 하나님을 경배하는 처소를 세우는 일이 다시금 이전 궤도를 찾아들어간 것이고 이제 방해됨이 없이 진행되고 있는 것이다. I. 모세는 이스라엘에게 하나님으로부터 받은 즉각적인 순종이 요구되는 다음과 같은 제도들에 대한 지침들을 전해준다. 1. 안식일에 관한 지침들(1-3절). 2. 성막을 세우기 위해서 드려져야만 할 헌물들에 관한 지침들(4-9절). 3. 성막의 틀과 그 곳에서 사용되는 기구들(10-19절). II. 백성들이 자신들의 헌물들을 가져온다(20-29절). III. 일의 총 책임자들이 지명된다(30절 이하).

1모세가 이스라엘 자손의 온 회중을 모으고 그들에게 이르되 여호와께서 너희에게
명령하사 행하게 하신 말씀이 이러하니라 2엿새 동안은 일하고 일곱째 날은 너희를
위한 거룩한 날이니 여호와께 엄숙한 안식일이라 누구든지 이 날에 일하는 자는
죽일지니 3안식일에는 너희의 모든 처소에서 불도 피우지 말지니라 4모세가 이스라
엘 자손의 온 회중에게 말하여 이르되 여호와께서 명령하신 일이 이러하니라 이르
시기를 5너희의 소유 중에서 너희는 여호와께 드릴 것을 택하되 마음에 원하는 자
는 누구든지 그것을 가져다가 여호와께 드릴지니 곧 금과 은과 놋과 6청색 자색 홍
색 실과 가는 베 실과 염소 털과 7붉은 물 들인 숫양의 가죽과 해달의 가죽과 조각
목과 8등유와 및 관유에 드는 향품과 분향할 향을 만드는 향품과 9호마노며 에봇과
흉패에 물릴 보석이니라 10무릇 너희 중 마음이 지혜로운 자는 와서 여호와께서 명
령하신 것을 다 만들지니 11곧 성막과 천막과 그 덮개와 그 갈고리와 그 널판과 그
띠와 그 기둥과 그 받침과 12증거궤와 그 채와 속죄소와 그 가리는 휘장과 13상과 그
채와 그 모든 기구와 진설병과 14불 켜는 등잔대와 그 기구와 그 등잔과 등유와 15분
향단과 그 채와 관유와 분향할 향품과 성막 문의 휘장과 16번제단과 그 놋 그물과

그 채와 그 모든 기구와 물두멍과 그 받침과 17뜰의 포장과 그 기둥과 그 받침과 뜰
문의 휘장과 18장막 말뚝과 뜰의 말뚝과 그 줄과 19성소에서 섬기기 위하여 정교하
게 만든 옷 곧 제사 직분을 행할 때에 입는 제사장 아론의 거룩한 옷과 그의 아들
들의 옷이니라

모세가 여호와께서 시내 산에서 자기에게 이르신 말씀을 다 그들에게 명령했다고 총괄적으로 전해졌다(출 34:32). 그러나 성막을 세우고 그 시설물을 구비하는 일은 그들이 즉시 시작해야 하는 일이었기 때문에 그것에 대해서 주어진 명령들에 대한 특별한 언급이 있다.

I. 모든 회중이 참석하도록 소집되었다(1절). 즉, 회중의 우두머리들과 지도자들, 그리고 여러 지파들의 대표들이 소집되었는데 그들은 모세가 하나님께로부터 지침들을 받은 것과 같이 모세로부터 지침들을 받아야만 했고, 그 지침들을 백성들에게 전해 주어야만 했다. 이와 같이 요한은 자신에게 계시된 것을 일곱 교회들에게 쓰라고 명령을 받았기 때문에 그 교회들의 사자들과 사역자들에게 받은 계시에 대해서 쓴 것이다.

II. 모세는 하나님께서 자신에게 명령하신 모든 것(오직 그것만)을 백성들에게 전했다. 이렇게 해서 모세는 자신이 사신이며 중보자로서 위치해 있는 하나님과 이스라엘 모두에게 자신의 신실성을 입증했다. 만약에 모세가 그 내용을 더했거나 변경했거나 혹은 줄였다면, 그는 양편 모두에게 거짓말을 하는 사람이 되었을 것이다. 그러나 양편 모두 모세에게 신뢰를 두었고, 모세는 그 신뢰에 진실했던 것이다. 그러나 모세는 종으로서 신실했던 것이고, 그리스도께서는 아들로서 신실하셨던 것이다(히 3:5-6).

III. 모세는 안식일 율법으로 시작한다. 이것이 그가 받은 지침들 중에서 가장 많이 강조되었기 때문이다(2-3절): 엿새 동안은 일하고. 이것은 성막을 만드는 일에 대한 것으로 그 날에 해야 할 그 날의 일을 말하는 것이다. 광야에서는 그들이 해야 할 다른 일이 거의 없었다. 그들은 광야에서 농사일이나 장을 보는 일이나 양식을 얻는 일이나 옷을 만드는 일이나 어느 것도 하지 않았다. 그러나 일곱째 날에는 망치를 단 한 번 쳐서도 안 된다. 정말 안 되는 것이다! 성막을 짓는 일이라도 안 되는 것이다. 안식일의 영광은 성막의 영광 이상이었고, 더 오래 되었고 더 오래 지속되는 것이었다. 그 날은 너희들에게 거룩한 날이며 하나님께 드려진 날로 일상적인 일로 사용되어서는 안 되는 것이었다. 그것은 휴식의 안식일이다. 그것은 안식일들 중의 안식일(sabbath of sabbaths)이다(어떤 사람들은 안식일을 이렇게 읽는다). 다른 어떤 절기들보다 더 영화롭고 우월한 날이며 더 오래 지속되어야만 하는 날이다. 다른 사람들이 읽듯이 안식의 안식일(sabbath of sabbatism)은 하나님의 백성들에게 남아 있는 영적이고 영원한 휴식과 안식을 상징하는 것이다(히 4:9). 그것은 휴식의 안식일이다. 즉, 이 날에는 모든 세속적인 노동에서 벗어나 휴식이 매우 주의 깊게 엄격하게 지켜져야만 하는 것이다. 그것은 안식일 혹은 작은 안식일이다. 유대인들의 어떤 사람들은 그 날을 그렇게 읽는다. 하루 전체를 안식일로 지킬 뿐만 아니라 안식일이 시작되기 전 한 시간과 안식일이 끝난 뒤에 한 시간을 더 지킨다. 그들은 자기 자신들의 시간 중에 더 많은 시간을 들이며 그 시간들을 작은 안식일이라고 부른 것이다. 이것은 그들이 안식일이 다가오는 것을 얼마나 기뻐하며 안식일이 지나는 것을 얼마나 싫어한 것인지를 보여주려는 것이었다. 그것은 휴식의 안식일이다. 그러나 그것은 여호와께 대한 휴식이며, 그분의 영광에 드려져야만 하는 휴식인 것이다. 이 안식일을 범하는 것에 대한 징벌이 첨부되어 있다: 누구든지 이 날에 일하는 자는 죽일지니. 또한 대장간일이나 배관공의 일 등과 같은 어떤 천한 일을 위해서 안식일에 불을 피우는 것에 대한 특별한 금지가 기록되어 있다.

Ⅳ. 모세는 성막을 세우기 위해 이루어져야 할 준비 사항들을 명령한다. 두 가지 일들이 이루어졌다.

1. 가능했던 모든 것들을 바쳐야만 했다: 너희의 소유 중에서 너희는 여호와께 드릴 것을 택하되(5절). 성막은 하나님의 영광에 드려져야만 했고 그분을 예배하는 것에 쓰여야만 했다. 그러므로 그 성막을 세우고 그 성막을 위한 물품을 구비하는 것은 바로 여호와께 드리는 것이었다. 우리의 선행이 하나님에게까지 이르지는 못한다. 그러나 인간들 속에서 하나님 나라와 그분의 일들에 도움이 되기 위해서 드려지는 것을 하나님께서는 바로 자신에게 드려지는 것으로 여기시며 기뻐 받으시는 것이다. 하나님께서는 우리가 그분께로부터 받은 모든 것에 대해서 감사하는 것과, 우리가 가진 모든 것을 그분께 드리는 것을 요구하신다. 규칙은, 마음에 원하는 자는 누구든지 그것을 가져다가 여호와께 드릴지니라고 하는 것이었다. 그것은 그들에게 부과된 세금이 아니었으며 자비심과 자

발적으로 드려진 헌물이었다. 이것은 우리들에게 다음과 같은 것들을 알려 준다. (1) 하나님께서는 우리들의 멍에를 무겁게 만들지 않으신다. 하나님은 자신의 백성들을 세금으로 무겁게 하지 않으시며, 그들에게 드릴 것을 가지고 섬기도록 하지도 않으신다. 그분께서는 사람을 인도하시며 우리들에게 옳은 것을 판단하도록 맡기신다. 하나님의 나라는 불평을 낳지 않는 나라이다. 그분께서는 우리를 가혹하게 통치하지 않으시기 때문이다. (2) 하나님께서는 기쁨으로 내는 자를 사랑하시고 자유의지로 드리는 것을 가장 기쁘게 받으신다. 자원하는 백성들이 자원하는 마음으로 드리는 예배를 하나님께서는 기쁘게 받으시는 것이다(시 110:3).

2. 좋은 솜씨를 가지고 있는 자들은 일을 해야만 한다: 무릇 너희 중 마음이 지혜로운 자는 와서 만들지니(10절). 하나님께서 그분 자신의 은사들을 얼마나 다양하게 나누어주시는지를 보라. 각각 은사를 받은 대로 서로 봉사하라(벧전 4:10). 부유한 자들은 일할 수 있는 물질을 가져와야만 하고, 창의력이 풍부한 자들은 그들의 재능으로 성막에 봉사해야만 하는 것이다. 그들은 서로를 필요로 하듯이 성막은 그 모두를 필요로 한다(고전 12:7-21). 어떤 사람들은 자신들이 가진 돈으로 돕고, 다른 사람들은 그들이 가진 재능으로 돕되 모두 자원하는 마음으로 일을 할 때 일은 잘 진행되었던 것이다. 모세는 그들에게 무엇을 드려야 하는지를 말했듯이(5-9절), 이제 그는 그들에게 무엇을 만들어야 하는지 일반적인 목록을 주고 있다(11-19절). 그들은 자신들 앞에 얼마나 많은 일들이 놓였는지를 보면서 더욱 열심히 그 일에 전념했을 것이다. 모든 사람들은 매우 바빴을 것이다. 이러한 열심 때문에 그들은 얼마 지나지 않아서 계획된 성막이 완성되는 것을 볼 수 있을 것이라는 생각을 가질 수 있었다.

20이스라엘 자손의 온 회중이 모세 앞에서 물러갔더니 21마음이 감동된 모든 자와
자원하는 모든 자가 와서 회막을 짓기 위하여 그 속에서 쓸 모든 것을 위하여, 거
룩한 옷을 위하여 예물을 가져다가 여호와께 드렸으니 22곧 마음에 원하는 남녀가
와서 팔찌와 귀고리와 가락지와 목걸이와 여러 가지 금품을 가져다가 사람마다 여
호와께 금 예물을 드렸으며 23무릇 청색 자색 홍색 실과 가는 베 실과 염소 털과 붉
은 물 들인 숫양의 가죽과 해달의 가죽이 있는 자도 가져왔으며 24은과 놋으로 예물
을 삼는 모든 자가 가져다가 여호와께 드렸으며 섬기는 일에 소용되는 조각목이

있는 모든 자는 가져왔으며 [25]마음이 슬기로운 모든 여인은 손수 실을 빼고 그 뺀
청색 자색 홍색 실과 가는 베 실을 가져왔으며 [26]마음에 감동을 받아 슬기로운 모든
여인은 염소 털로 실을 뽑았으며 [27]모든 족장은 호마노와 및 에봇과 흉패에 물릴 보
석을 가져왔으며 [28]등불과 관유와 분향할 향에 소용되는 기름과 향품을 가져왔으니
[29]마음에 자원하는 남녀는 누구나 여호와께서 모세의 손을 빌어 명령하신 모든 것
을 만들기 위하여 물품을 드렸으니 이것이 이스라엘 자손이 여호와께 자원하여 드
린 예물이니라

모세가 백성들에게 하나님의 뜻을 알리자 그들은 집으로 가서 즉시 그들이 들은 바를 실행에 옮겼다(20절). 모든 회중이 하나님의 말씀을 듣고 떠나 굳은 결심으로 하나 같이 행하는 자들이 되었던 것이다! 이 본문에서 다음과 같은 것들을 관찰하라.

I. 성막의 사역을 위해서 드려진 헌물들(21절 이하). 이 헌물들 중 많은 것들을 주목해야 한다.

1. 백성들이 그들의 헌물들을 즉시로 가져왔다고 하는 것이 암시되어 있다. 그들은 자신들의 헌물을 가져오기 위해서 즉시 그들의 장막으로 떠났으며 그것에 대해서 고려할 시간을 가지지 않으려고 했다. 그들이 가지고 있는 열심이 지체됨으로 인해서 식어지지 않도록 하기 위함이었다. 하나님께서 우리들에게 확신을 주시고 우리들을 부르시는 어떠한 의무가 있다면 우리는 신속하게 시작해야만 한다. 현재보다 더 용이한 시기는 없을 것이다.

2. 자원하는 자들(21절)과 마음에 자원하는 자들(29절)이라고 말하고 있다. 백성들은 자신들이 행한 것을 기쁨으로 했고 선한 원칙을 가지고 했다. 그들은 자원했다. 백성들이 그렇게 하도록 만든 것은 어떤 외적인 유인책이 아니라 바로 그들의 심령이었다. 백성들이 즐거운 마음으로 헌물을 드린 것은 하나님과 그분의 사역에 대한 사랑, 그분의 계율 가운데 그들과 함께 하시는 그분의 임재를 바라는 마음, 하나님께서 그들을 위해서 행하신 위대한 일들에 대한 감사, 그분께서 더 행하실 그분의 약속(혹은 최소한 이러한 일들에 대한 현재의 고려로부터)을 믿는 믿음에서 나온 것이었다. 우리가 하나님을 위해서 드리고 행하는 것은 마음과 심령으로부터 우러나온 선한 원리에서 나온 것일 때 받아들여질 수 있는 것이 되는 것이다.

3. 많은 사람들이 자원하는 마음으로 그들의 헌물을 가져왔다고 하는 것(22절)은 그렇지 않은 사람들이 있었다고 하는 것을 말하는 것인 것 같다. 그들은 하나님보다 금을 더 사랑했던 자들이고, 성막을 짓는 일에 참여하지 않는 사람들이었던 것 같다. 이스라엘 백성들이라고 불리기를 원하지만, 형평법과 그들에게 하나님께서 기대하시는 것, 그리고 그들에 관한 선한 본보기들에 의해서 하나님 나라의 사역을 위한 어떠한 일들에 참여하도록 마음이 움직여지지 않는 사람들이 있다. 만약에 값싸고 그들에게 아무런 비용도 들지 않게 한다면 그 때서야 그들은 참된 종교를 위하게 되는 것이다.

4. 그 헌물들은 백성들이 가지고 있는 것에 따라 다양한 종류였다. 금과 보석들을 가지고 있었던 사람들은 어떤 것도 하나님의 영광을 위하여 참여하는 것보다 더 중요한 것이 없다고 생각을 하면서 그 금과 보석들을 가져왔다. 보석을 가지고 있지 않았던 사람들은 염소 털과 숫양의 가죽을 가지고 왔다. 우리가 다른 사람들만큼 할 수 없다고 해서 가만히 앉아 있거나 아무것도 하지 않아서는 안 되는 것이다. 우리의 능력에 따라 드린 헌물이 비천한 것이라서 사람들에게는 좋은 평가를 받지 못한다 할지라도 하나님께는 열납되는 것이다. 하나님께서는 사람이 가진 대로 요구하시지 사람이 가지지 않는 것을 요구하지 않으신다(고후 8:12; 왕하 5:23). 가난한 자의 동전 두 닢을 부자의 천금보다 더 기뻐 받으시는 것이다. 하나님께서는 헌물의 가치보다는 바치는 자의 마음을 더 보시는 눈을 가지고 계신다.

5. 백성들이 드린 물건들 중에 많은 것들이 팔찌, 귀고리, 가락지, 목걸이 등 장식품들이었다(22절). 여자들조차도 이 일에 참여했던 것이다. 처녀가 자신의 장식품들을 잊을 수 있겠는가? 그들은 자신들을 장식하기 전에 성소의 아름다움을 더 귀히 여길 정도로 그 장식품들을 잊었던 것이다. 이것은 우리들에게 다음과 같은 교훈을 준다. 우리들에게 가치 있고, 우리가 귀하게 여기고, 그것으로 인해서 우리 자신이 가치 있게 되는 것을 하나님께서 요구하실 때에는 하나님을 위해서 그것을 드릴 수 있어야 한다는 것이다. 구체적으로 그 장식품들이 다른 사람들의 감정을 상하게 하거나, 우리들의 교만심을 조장시킬 때에는 우리들의 장식품들을 제쳐놓거나 그것들에게 마음을 두지 말아야 하는 것이다. 만약에 우리가 우리의 의복에 대한 복음의 규칙들이 너무 엄격한 것이라고 생각한다면(딤전 2:9-10; 벧전 3:3-4), 나는 우리가 이스라엘 백성들이 한 것만큼

하지 못한 것이라고 하는 염려를 가지게 된다. 만약에 이스라엘 백성들이 그들의 장식품들을 성막에 잘 바친 것이라고 생각했다면, 우리는 장식품들의 부족함이 성령의 은총에 의해서 잘 채워질 것이라 생각해야 하지 않겠는가?(잠 1:9).

6. 우리는 이스라엘 백성들이 바친 풍성한 물건들은 대부분 애굽인들로부터 얻은 전리품이라고 생각할 수 있다. 애굽에 있었던 이스라엘 백성들은 그들이 애굽을 떠나면서 물품을 빌릴 때까지는 가난했었기 때문이다. 지도자들은 좀 더 나은 물건들을 가지고 있었을 것이라고 우리는 생각해 볼 수 있다(27절). 그들은 애굽인들에게 좀 더 영향력을 끼칠 수 있었으므로 좀 더 많은 양을 빌릴 수 있었을 것이기 때문이다. 애굽의 재물이 이렇게 훌륭하게 사용되리라고 누가 생각했겠는가? 하나님께서는 이와 같이 종종 **땅이 여자를 돕도록** 만드시는 것이다(계 12:16). 이스라엘 백성들이 그 모든 전리품들을 얻었던 것은 바로 하나님의 특별하신 섭리와 약속에 의한 것이었다. 그러므로 그들이 가진 모든 것을 드려야 할 그 하나님의 사역을 위해 그 전리품의 일부를 드리는 것은 지극히 당연한 것이다. 모든 사람은 **하나님께서 자신을 번성케 해주신 것에 따라서** 드리도록 하자(고전 16:2). 특별한 성공은 특별한 드림을 통해서 감사를 드려야만 한다. 말하자면 애굽인들로부터 빌려온 인간의 학문, 예술, 그리고 과학에도 이것을 적용하도록 하라. 이러한 것들로 부유하게 된 사람들은 그것들을 하나님과 그분의 성막의 사역에 드려야만 하는 것이다. 그러한 것들은 성경을 이해하는 도움이 되는 방편들로 신성에 대한 장식물이나 하녀로서 사용되어야만 한다. 그러나 이 때에 애굽의 신들이 애굽의 황금에 섞이지 않도록 매우 조심해야만 한다. 그러므로 모세는 애굽인들의 모든 학문을 배웠을지라도 산에서 그에게 보인 양식을 조금도 수정하려고 하지 않았다. 애굽의 재물로 성막을 장식한 것은 아마도 정한 때가 되면 자신들의 은과 금을 가지고 복음의 성막 안으로 인도되어야만 하는 이방인들(사 60:9)에게 좋은 징조가 되었을 것이다. 그러므로 **내 백성 애굽이여 복이 있을지어다**(사 19:25)라고 말할 수밖에 없는 것이다.

7. 우리는 금송아지를 위해 드렸던 기억이 그들로 하여금 이러한 헌물을 더욱더 내도록 했을 것이라고 생각해 볼 수 있다. 이전에 자신들의 귀고리들을 바쳤던 자들은 그들의 남은 보석을 하나님 사역에 드림으로써 자신들의 회개

를 입증하려고 했다. 거룩한 근심은 그러한 의분을 낳는 것이다(고후 7:11). 그리고 우상 숭배로부터 자신을 순결하게 지켰던 자들도 이렇게 말하면서 자신들을 재촉했다. "그들은 우상에게 바치는 일에 그렇게나 열심이지 않았던가! 그런데 우리가 여호와께 우리의 헌물을 바치는데 있어서 뒤로 물러서거나 소극적일 수 있는 것인가!" 그러므로 그러한 악에서조차도 어떤 선이 나왔던 것이다.

Ⅱ. 성막 사역을 위해서 이루어진 일. 모든 여인은 손수 실을 빼고(25절). 어떤 여인들은 청색 자색으로 가는 베실을 짜고, 다른 여인들은 염소 털로 굵게 짜기도 했다. 그러나 그들의 일은 모두 지혜롭게 이루어진 일이라고 말하고 있다(26절). 하나님께서는 값비싼 예물뿐만 아니라 정교한 작품도 받으신다. 하나님께서는 브살렐과 오홀리압뿐만 아니라 착한 여인들의 작품도 받으셨다는 것에 주목해야만 한다. 하나님의 영광을 위한 가장 보잘것없는 손이라 할지라도 영광스러운 보상을 받게 될 것이다. 그리스도의 머리에 기름을 부은 마리아의 행위는 기념되어 전해질 것이다(마 26:13). 복음의 성막 안에서 수고한 여인들에 대한 기록이 남아 있으며(빌 4:3), 그리스도 예수 안에서 바울의 동역자들에 대한 기록도 남아 있다(롬 16:3). 손으로 물레를 잡는 것은 덕스러운 여인의 한 품성이다(잠 31:19). 이 일은 경건한 관습으로 바뀌었다. (비록 우리가 성막을 짓는 일을 하지는 않는다 할지라도) 가난한 과부들을 위해서 속옷과 겉옷을 지어준 도르가(행 9:39)의 자비를 본받음으로써 여전히 행해야 할 일인 것이다. 자선을 베풀 능력이 없는 사람일지라도 자선의 일을 할 수는 있다. 그러므로 가난한 사람들도 가난한 사람들을 도와줄 수 있는 것이다. 자신의 몸과 마음밖에 없는 사람들은 사랑의 수고로 큰 자비를 베풀 수 있는 것이다.

30 모세가 이스라엘 자손에게 이르되 볼지어다 여호와께서 유다 지파 훌의 손자요
우리의 아들인 브살렐을 지명하여 부르시고 31 하나님의 영을 그에게 충만하게 하여
지혜와 총명과 지식으로 여러 가지 일을 하게 하시되 32 금과 은과 놋으로 제작하는
기술을 고안하게 하시며 33 보석을 깎아 물리며 나무를 새기는 여러 가지 정교한 일
을 하게 하셨고 34 또 그와 단 지파 아히사막의 아들 오홀리압을 감동시키사 가르치
게 하시며 35 지혜로운 마음을 그들에게 충만하게 하사 여러 가지 일을 하게 하시되
조각하는 일과 세공하는 일과 청색 자색 홍색 실과 가는 베 실로 수 놓는 일과 짜

는 일과 그 외에 여러 가지 일을 하게 하시고 정교한 일을 고안하게 하셨느니라

수석 장인들에 대한 하나님의 지명하심이 있다. 일에 대한 분쟁이 없게 하고, 이 전반적인 감독관들로부터 일에 고용된 모든 사람들이 지시를 받게 하고 보고를 하게도 하기 위함이었다. 하나님은 혼돈의 하나님이 아니시고 질서의 하나님이시기 때문이다. 다음과 같은 사항들을 관찰해보라.

1. 하나님께서 이 일을 감당케 하시기 위해서 이름을 지명하여 부른 사람들은 그 일을 감당할 수 있도록 그분께서 하나님의 영을 충만하게 하셨다(30-31절). 세상의 일을 감당하는 기술은 하나님의 은사로서 위로부터 오는 것이다(약 1:17). 재능도 재능의 발전도 하나님께로부터 오는 것이다. 그러므로 모든 지식은 그분의 영광을 위해서 드려져야만 한다. 우리는 그 지식을 가지고 하나님을 섬기는 방법을 연구해야만 한다. 브살렐이 임명받은 일은 특별한 일이었다. 그러므로 그는 그 일을 위해 특별한 방법으로 자질이 구비되어야만 했다. 따라서 사도들이 복음 성막을 세우는 일에 수석 건축자들로 임명을 받았을 때, 그들은 신령한 지혜와 총명으로 채워졌던 것이다.

2. 그들은 고안해 내기 위해서 뿐만 아니라 일을 하기 위해서(32절) 그리고 여러 가지 일을 하기 위해(35절) 임명되었다. 다른 사람들을 지도할 수 있는 탁월한 은사들을 가진 사람들은 그 은사들로 인해서 자신들이 게으름을 피우는 것을 용인해 줄 것이라고 여겨서는 안 된다. 많은 사람들이, 다른 사람들에게 일을 맡기거나, 이 사람은 무엇을 해야만 하고 저 사람은 무엇을 해야만 하는지 말해주는 데는 천재적이다. 그러나 그들이 다른 사람들에게 지운 짐을 그들 자신은 그들의 손가락 하나라도 대지 않으려고 한다. 이러한 사람들은 게으른 종의 성품에 빠지게 될 것이다.

3. 그들은 고안해 내고 스스로 일을 할 뿐만 아니라 다른 사람들을 가르쳐야만 한다(34절). 브살렐은 명령할 수 있는 권한을 가졌을 뿐만 아니라 가르치는 수고도 감당해야만 했던 것이다. 다스리는 자들은 가르쳐야만 하는 것이다. 하나님께서 지식을 주신 사람들은 전적으로 자기만 독점하려고 해서는 안 되며 다른 사람들의 유익을 위해서 그것을 기꺼이 나누어야만 하는 것이다.

제 36 장

개요

본 장에는 다음과 같은 내용들이 있다. I. 성막의 일이 시작되었다(1-4절). II. 백성들이 만들어 드리는 헌물이 넘쳐 그만 드리라고 했다(5-7절). III. 성막 자체를 만드는데 특별한 설명이 주어진다: 성막의 안쪽 휘장(8-13절), 성막의 덮개(14-19절), 성막의 널판(20-30절), 성막 조각목 띠(31-34절), 성막 칸막이 휘장(35-36절), 성막 문을 위한 휘장(37절 이하).

1 브살렐과 오홀리압과 및 마음이 지혜로운 사람 곧 여호와께서 지혜와 총명을 부으
사 성소에 쓸 모든 일을 할 줄 알게 하신 자들은 모두 여호와께서 명령하신 대로
할 것이니라 2 모세가 브살렐과 오홀리압과 및 마음이 지혜로운 사람 곧 그 마음에
여호와께로부터 지혜를 얻고 와서 그 일을 하려고 마음에 원하는 모든 자를 부르
매 3 그들이 이스라엘 자손의 성소의 모든 것을 만들기 위하여 가져온 예물을 모세
에게서 받으니라 그러나 백성이 아침마다 자원하는 예물을 연하여 가져왔으므로 4
성소의 모든 일을 하는 지혜로운 자들이 각기 하는 일을 중지하고 와서 5 모세에게
말하여 이르되 백성이 너무 많이 가져오므로 여호와께서 명령하신 일에 쓰기에 남
음이 있나이다 6 모세가 명령을 내리매 그들이 진중에 공포하여 이르되 남녀를 막론
하고 성소에 드릴 예물을 다시 만들지 말라 하매 백성이 가져오기를 그치니 7 있는
재료가 모든 일을 하기에 넉넉하여 남음이 있었더라

I. 지체 없이 일꾼들이 정해졌다. 그러고 나서 그들은 일을 시작했다(1절). 하나님께서 그들에게 그 일을 감당할 수 있는 자질을 부여하시자 그들은 그 일에 전념했다. 우리가 부여받은 재능들을 사용하지 않고 놓아 두어서는 안 되며 사용해야만 하는 것이다. 수건 안에 감추어 놓을 것이 아니라 사용해야 하는 것이다. 우리는 우리들의 모든 은사들을 무엇을 위해 간직하고 있는 것인가? 왜 그 은사들을 선용하지 않는 것인가? 모세가 그들을 불렀을 때 그들은 시작

했다(2절). 하나님께서 성막을 짓는 일을 감당할 능력을 주시고 그러한 마음이 있는 자들이라 할지라도 그 일에 대한 정식 소명이 있을 때까지 기다려야만 한다. 선지자들과 사도들처럼 특별하게 부르시거나 목사들과 교사들과 같이 일반적인 부르심이 있을 때까지 기다려야만 하는 것이다. 모세가 부른 자들이 어떠한 자들이었는지 관찰해 보라: 하나님께서 이 일을 위해서 그들의 마음에 그들의 타고난 능력 이상으로 지혜를 주셨고 그들의 마음은 선한 열심으로 이 일을 하려고 하는 사람들이었다. 하나님께서 은혜로 어느 정도 복음 성막에 적합하게 하시고 그 일에 기꺼이 임하려고 하는 마음이 있는 사람들이 복음 성막을 짓는 일에 부름을 받게 될 것이다. 능력과 (결단성 있는) 자발성은 사역자의 부름에서 고려되어야 할 중요한 두 가지 일들이다. 하나님께서는 그들에게 지식뿐만 아니라 지혜도 주시지 않았는가? (영혼들을 얻으려고 하는 사람들은 지혜로워야만 한다. 명예만을 위해서가 아니라 그 일을 감당하기 위한 마음을 가져야 하며, 말로만이 아니라 그 일을 해야만 하는 것이다). 그들로 하여금 그 일을 온전히 감당하기 위한 마음의 온전한 목적을 가지고 그 일을 감당하도록 하자. 백성들이 봉헌한 물건들은 모세에 의해서 작업자들에게 전해졌다(3절). 일을 감당하는 자들이 가지고 일할 무엇인가가 없었다면, 그들은 성막을 만들어낼 수 없었을 것이다. 즉, 아무것도 만들 수 없었을 것이고, 일을 할 수도 없었을 것이다. 그러므로 백성들은 필요한 재료들을 가져왔던 것이고, 모세는 그 재료들을 그들에게 주었던 것이다. 귀중한 영혼들은 복음 성막을 짓는 재료들이다. 그 영혼들은 신령한 집으로 세워진다(벧전 2:5). 이 목적을 위해 그들은 스스로 주님께 그분의 사역을 위해서 자발적인 예물을 드려야만 하는 것이다(롬 15:16). 그러고 나서 그들은 건축자들인 그분의 사역자들의 돌봄에 맡겨지게 되는 것이다. 그 교역자들의 목양으로 뼈대가 형성되고 지어져가서 날로 성화되는 것이다. 성막의 휘장과 같이 그들 모두가 믿음의 통일성 안에서 거룩한 성전으로 지어져 가기까지 그러한 성화를 위한 교육을 받아가는 것이다(엡 2:21-22; 4:12-13).

II. 헌물들을 그만 드리도록 했다. 백성들이 아침마다 자원하는 예물을 연하여 가져왔다(3절). 우리는 항상 여호와께 우리의 예물을 가져오는 것을 우리들의 아침 사역으로 삼아야만 한다. 그 예물은 기도와 찬양이라고 하는 영적인 예물과 하나님께 온전히 복종된 상한 심령인 것이다. 이러한 것이 바로 매일 요구되는 의무인 것이다. 하나님의 자비는 아침마다 새롭다. 그러므로 하나님에 대한 우리들의 의무도 그러해야만 하는 것이다. 아마도 처음에는 예물을 드리는 것을 망설이는 사람들이 있었을 것이다. 그러나 그 이웃들의 열심은 그들로 하여금 분발시켰을 것이고, 그들을 부끄럽게 만들기도 했을 것이다. 몇몇 사람들의 열심은 여러 사람들을 자극했던 것이다. 선한 일에 앞장서지 않고 다만 따르는 것으로 만족해하는 사람들이 있는 것이다. 앞장서서 하는 것이 가장 좋은 것이다. 그러나 전혀 하지 않는 것보다는 늦게라도 하는 것이 더 나은 것이다. 또는 아마도 먼저 바친 사람들은 그 일을 생각하며 기쁨을 가지게 되어서 더 많이 바치기도 했을 것이다. 이제까지 그들이 드린 것은 마지못해 드린 것이 아니라서 그들은 헌물을 두 배로 드렸던 것이다. 이와 같이 자선을 행할 때는 일곱에게나 여덟에게 나눠 줄지어다 라고 하는 것이다. 많이 받은 자가 더 많이 주는 것이다. 이제 다음과 같은 사항들을 관찰해보라.

1. 일꾼들의 정직. 그들이 맡겨진 일을 해나갈 때 그들은 자신들이 가지고 있는 재료들이 산석해 가는 것과 백성들은 여전히 더욱 많은 것을 가져오고 있다는 것을 알았다. 이 때에 그들은 더 이상의 헌물이 필요하지 않음을 말하기 위해 모세에게 직접 갔다(4-5절). 만약에 그들이 그들 자신의 것들을 챙겼다면, 그들은 이제 백성들의 헌물로 자신들을 부유하게 만들 절호의 기회를 가졌을 것이다. 그들은 그들에게 맡겨진 일들을 다하고 남겨진 것을 그들에게 주어진 부수입으로 여겨서 그들 자신들의 것으로 여겼을 수도 있었기 때문이다. 그러나 그들은 정직한 사람들이었다. 그래서 그들은 백성들에게 피해를 주는 것과 여호와께 드려진 것으로 자신들을 부유케 하는 것은 비열한 일이라고 여겼던 것이다. 대중을 속이는 사람들이 바로 가장 큰 사기꾼들인 것이다. 여러 사람을 죽이는 것이 한 사람을 죽이는 것보다 더 악한 것이라고 한다면, 동일한 원리로 공동체를 속이고 교회나 나라를 강탈하는 것은 한 사람의 주머니에서 훔쳐가는 것보다 훨씬 더 큰 범죄인 것이다. 그러나 성막의 일을 맡은 사람들은 그들이 받은 모든 것을 말했을 뿐만 아니라 그들이 필요한 것 이상 받지 않으려고 했던 것이다. 그들이 유혹에 빠지지 않으며 그것을 스스로 챙겼다고 하는 의혹을 받지 않기 위해서였다. 이 사람들은 자신들이 넉넉히 가진 때를 아는 그러한 사람들이었다.

2. 인색하지 않았던 백성들. 비록 그들이 충분한 양이 드려진 것을 보았다

할지라도, 그들은 그만 가져오라고 하는 이야기를 들을 때까지 계속해서 드렸다(6-7절). 매우 드문 경우이다! 대부분의 경우 사람들의 자선을 재촉하는 자극이 필요하지만, 그 자선을 그만두게 하는 제재는 거의 필요하지 않는 것이다. 그러나 이들의 경우는 그렇게 했던 것이다. 만약에 모세가 치부하려고 했다면, 그는 백성들이 헌물을 계속해서 가져오는 것을 허용했었을 수도 있다. 그리고 일이 마쳐졌을 때 남은 것을 자신에게로 돌릴 수도 있었을 것이다. 그러나 모세는 자신의 사사로운 이득보다는 대중들의 이익을 우선시했다. 바로 여기에 모든 공적인 일들을 맡은 자들의 좋은 모범이 있는 것이다. **백성이 가져오기를 그쳤다(가져오는 것이 제지되었다)**(6절)라고 말하고 있다. 백성들은 성막을 위해서 더 많은 것을 드리는 것이 허락되지 않는 것을 그들에 대한 제재로 보았던 것이다. 이것은 **그들이 힘대로 할 뿐 아니라 힘에 지나도록 자원하여 이 은혜와 성도 섬기는 일에 참여함에 대하여 우리에게 간절히 구하니라**(고후 8:3-4)라고 했던 사람들의 열심이었던 것이다. 이러한 것들은 첫 사랑의 결실들이었다. 그러나 이 끝날에는 우리들에게 자선의 마음이 너무나 식어져서 그러한 결실들을 기대하지 못하는 것이다.

**8 일하는 사람 중에 마음이 지혜로운 모든 사람이 열 폭 휘장으로 성막을 지었으니
곧 가늘게 꼰 베 실과 청색 자색 홍색 실로 그룹들을 무늬 놓아 짜서 지은 것이라 9
매 폭의 길이는 스물여덟 규빗, 너비는 네 규빗으로 각 폭의 장단을 같게 하여 10 그
다섯 폭을 서로 연결하며 또 그 다섯 폭을 서로 연결하고 11 연결할 끝폭 가에 청색
고를 만들며 다른 연결할 끝폭 가에도 고를 만들되 12 그 연결할 한 폭에 고리 쉰 개
를 달고 다른 연결할 한 폭의 가에도 고리 쉰 개를 달아 그 고들이 서로 대하게 하
고 13 금 갈고리 쉰 개를 만들어 그 갈고리로 두 휘장을 연결하여 한 막을 이루었더
라**

일을 맡은 자들이 먼저 시작한 일은 집의 구조를 세우는 일이었다. 이것은 그 집에 필요한 가구들이 준비되기 전에 이루어져야만 했던 것이다. 이 집은 목재나 돌로 지어진 것이 아니라 오묘하게 수가 놓아진 서로 연결된 휘장으로 만들어진 것이었다. 이것은 사람들 가운데 있는 하나님 왕궁인 이 세상에 있는 교회의 당당한 모습을 상징하는 것이었다.

1. 비록 이 집이 땅 위에 있지만 그 토대는 일반 집의 토대와 같이 땅에 있는 것이 아니었다. 정말 땅에 있는 것이 아니다! 그리스도의 왕국은 이 세상에 속하거나 이 세상에 토대를 두고 있는 것이 아니다.

2. 그것은 보잘것없었고, 가변적이며, 전투 상태에 있는 것이었다. 목자들은 장막에 거주했다. 하나님께서는 이스라엘의 목자이시다. 군인들은 장막에 거한다. 여호와께서는 전쟁의 용사이시다. 그분의 교회는 대적의 나라를 통과하여 행진해 나가며 그 길을 헤쳐 나가야만 하는 것이다. 세상의 왕들은 백향목 가운데 거하고 있지만(렘 22:15) 하나님의 법궤는 단지 장막에 둘려 있을 뿐이다.

3. 그러나 성결의 아름다움이 있었다. 휘장은 수놓아졌다. 그러므로 교회도 수 놓은 옷(시 45:14)인 성령의 은사들과 은혜들로 장식되어 있는 것이다.

4. 믿는 자들의 여러 사회들은 하나로 통일되어 있다. 마치 본문에 나타난 대로 모든 휘장이 하나의 성막을 이룬 것과 같은 것이다. 주도 한 분이시요 믿음도 하나요 세례도 하나이기 때문이다.

[14]그 성막을 덮는 막 곧 휘장을 염소 털로 만들되 열한 폭을 만들었으니 [15]각 폭의
길이는 서른 규빗, 너비는 네 규빗으로 열한 폭의 장단을 같게 하여 [16]그 휘장 다섯
폭을 서로 연결하며 또 여섯 폭을 서로 연결하고 [17]휘장을 연결할 끝폭 가에 고리
쉰 개를 달며 다른 연결할 끝폭 가에도 고리 쉰 개를 달고 [18]놋 갈고리 쉰 개를 만들
어 그 휘장을 연결하여 한 막이 되게 하고 [19]붉은 물 들인 숫양의 가죽으로 막의 덮
개를 만들고 해달의 가죽으로 그 웃덮개를 만들었더라 [20]그가 또 조각목으로 성막
에 세울 널판들을 만들었으니 [21]각 판의 길이는 열 규빗, 너비는 한 규빗 반이며 [22]
각 판에 두 촉이 있어 서로 연결하게 하였으니 성막의 모든 판이 그러하며 [23]성막을
위하여 널판을 만들었으되 남으로는 남쪽에 널판이 스무 개라 [24]그 스무 개 널판 밑
에 은 받침 마흔 개를 만들었으되 곧 이 널판 밑에도 두 받침이 그 두 촉을 받게 하
였고 저 널판 밑에도 두 받침이 그 두 촉을 받게 하였으며 [25]성막 다른 쪽 곧 북쪽을
위하여도 널판 스무 개를 만들고 [26]또 은 받침 마흔 개를 만들었으니 곧 이 판 밑에
도 받침이 둘이요 저 판 밑에도 받침이 둘이며 [27]장막 뒤 곧 서쪽을 위하여는 널판
여섯 개를 만들었고 [28]장막 뒤 두 모퉁이 편을 위하여는 널판 두 개를 만들되 [29]아래
에서부터 위까지 각기 두 겹 두께로 하여 윗고리에 이르게 하고 두 모퉁이 쪽을 다

그리하며 30그 널판은 여덟 개요 그 받침은 은 받침 열여섯 개라 각 널판 밑에 두 개
씩이었더라 31그가 또 조각목으로 띠를 만들었으니 곧 성막 이쪽 널판을 위하여 다
섯 개요 32성막 저쪽 널판을 위하여 다섯 개요 성막 뒤 곧 서쪽 널판을 위하여 다섯
개며 33그 중간 띠를 만들되 널판 중간 이 끝에서 저 끝에 미치게 하였으며 34그 널
판들을 금으로 싸고 그 널판에 띠를 꿸 금 고리를 만들고 그 띠도 금으로 쌌더라

이 본문에는 다음과 같은 내용들이 있다.

1. 털로 짠 휘장은 교회가 보호와 특별한 엄호 아래 있다고 하는 것을 나타내고 있다. 털로 짠 휘장은 성막 위에 펼쳐져 있는 것으로 숫양의 가죽과 염소의 가죽이 휘장 위에 덮여 있었다(14-19절). 하나님께서는 자신의 백성들을 위해서 낮에는 더위를 피하는 그늘을 지으며 또 풍우를 피하여 숨는 곳을 마련해 주셨다(사 4:6). 그 막들은 모든 날씨로부터 보호해 주도록 되어 있었다. 해와 달빛이 그 막들을 뚫을 수 없을 것이다. 하나님의 진노의 폭풍으로부터 보호될 것이며 거짓의 피난처를 소탕하는 우박(사 28:17)으로부터 보호될 것이다. 하나님의 집에 거하는 자들은 아무리 거센 폭풍우가 몰아치고 계속되는 비가 온다 할지라도 빗물이 새어들지 않음을 보게 될 것이다.

2. 비록 하나의 성막일지라도, 휘장들이 드리워 있는 널판들과 띠들이 있다고 하는 것에 의해서 교회의 힘과 안정성을 상징해 준다(20-34절). 널판들은 서로 연결되어 있었고 널판들을 연결해 주는 띠들에 의해서 연접되어 있었다. 이것은 교회의 연합과, 교회의 힘과 체제에 많은 기여를 하는 교회에 있는 지지하는 자들의 마음에서 우러나오는 일치감을 나타내 주는 것이다.

35그가 또 청색 자색 홍색 실과 가늘게 꼰 베 실로 휘장을 짜고 그 위에 그룹들을 정
교하게 수 놓고 36조각목으로 네 기둥을 만들어 금으로 쌌으며 그 갈고리는 금으로
기둥의 네 받침은 은으로 부어 만들었으며 37청색 자색 홍색 실과 가늘게 꼰 베 실
로 수 놓아 장막 문을 위하여 휘장을 만들고 38휘장 문의 기둥 다섯과 그 갈고리를
만들고 기둥 머리와 그 가름대를 금으로 쌌으며 그 다섯 받침은 놋이었더라

집을 세우는데 있어서 문들과 칸막이들을 만드는 것은 상당히 많은 일거리들이 있다. 성막에 있어서 문과 칸막이는 다른 구조물들과 조화를 이루

었다. 문들을 위한 막이 있었고, 칸막이를 위한 휘장이 있었다.

1. 성소와 지성소 사이를 나누는 휘장이 있었다(35-36절). 이것은 신약과 비교할 때 율법 시대의 어둠과 거리감을 나타냈던 것이다. 신약은 우리들에게 하나님의 영광을 좀 더 분명하게 보여주고 있으며 그 영광으로 우리를 가까이 초대하고 있다. 이것은 또한 하늘나라와 비교해 볼 때 우리의 현재 상태의 어둠과 거리감을 나타낸 것이다. 우리는 그 하늘나라에서 주님과 늘 함께 있을 것이고 그분의 모습을 있는 그대로 보게 될 것이다.

2. 성막 문을 위해서 만들어진 휘장이 있었다(37-38절). 이 문을 들어가는 것은 금지되었을지라도 백성들은 이 문에서 모였다. 우리가 현재의 상태에 있는 동안이라 할지라도, 우리는 우리가 할 수 있는 한 하나님께 가까이 가야만 하는 것이다.

제 37 장

개요

브살렐과 그가 이끄는 일을 맡은 사람들은 여전히 다음과 같은 것들을 만드느라 분주했다. I. 속죄소 (시은좌)와 그룹을 만들었다(1-9절). II. 상(床)과 그릇들을 만들었다(10-16절). III. 등잔대와 그에 딸린 부속품들을 만들었다(17-24절). IV. 금으로 만든 분향단을 만들었다(25-28절). V. 관유와 향품을 만들었다(29절). 우리들이 이전 25장과 30장에서 보았던 기구들에 대한 특별한 지시사항이 있다.

[1]브살렐이 조각목으로 궤를 만들었으니 길이가 두 규빗 반, 너비가 한 규빗 반, 높
이가 한 규빗 반이며 [2]순금으로 안팎을 싸고 위쪽 가장자리로 돌아가며 금 테를 만
들었으며 [3]금 고리 넷을 부어 만들어 네 발에 달았으니 곧 이쪽에 두 고리요 저쪽에
두 고리이며 [4]조각목으로 채를 만들어 금으로 싸고 [5]그 채를 궤 양쪽 고리에 꿰어
궤를 메게 하였으며 [6]순금으로 속죄소를 만들었으니 길이가 두 규빗 반, 너비가 한
규빗 반이며 [7]금으로 그룹 둘을 속죄소 양쪽에 쳐서 만들었으되 [8]한 그룹은 이쪽 끝
에, 한 그룹은 저쪽 끝에 곧 속죄소와 한 덩이로 그 양쪽에 만들었으니 [9]그룹들이
그 날개를 높이 펴서 그 날개로 속죄소를 덮었으며 그 얼굴은 서로 대하여 속죄소
를 향하였더라

I. 이러한 모든 것들을 만들기 위해서 모세가 산상에서 그에게 주어진 지시사항들을 온전하게 기록했다. 그런데 그가 이 곳에서 그러한 것들을 만드는 것에 대해서 특별하게 다시 기록해야만 했던 것은 다소 납득이 어려운 것으로 생각될 수 있다. 단지 몇 마디로, "이러한 모든 것들 각각에 관한 지시사항들은 이미 상술한 지시사항들에 따라서 정확하게 만들어졌다"라고 말하는 것만으로도 충분했을 것이다. 그러나 우리는 모세가 하나님의 영감으로 기록했을 때 필요 없는 반복은 하지 않았을 것이라는 것을 확신한다. 성경에는 괜히 필요 없는 말이 쓰이지 않은 것이다. 그렇다면 왜 우리가 필요 없게 생각되고 지루한

것이라고 생각될 수 있는 이러한 기사(내러티브)가 그렇게나 많은 장들을 차지하고 있는 것인가? 우리는 다음과 같은 사실들을 고려해야만 하는 것이다.

1. 모세는 일차적으로 이스라엘 백성들을 위해서 기록한 것이다. 그들에게 맡겨진 이 하나님의 신성한 보물들을 자주 읽고 듣는 것은 그 백성들에게 매우 커다란 유용성이 있는 것이다. 이스라엘 백성들은 성막에 구비된 이러한 여러 가지 장식품들을 보는 것이 허용되지 않았다. 오직 제사장들만이 볼 수 있었던 것이다. 그러니 백성들에게 이 물품들에 대해서 매우 상세히 기록하는 것은 당연히 필요한 일이었던 것이다. 백성들이 다시금 읽어야만 하는 것(그들이 그것을 읽지 못하는 일이 없도록 하기 위해)이 거듭해서 기록된 것이다. 이와 마찬가지로 그리스도의 역사에 대한 많은 동일한 본문들이 신약에 두 번 혹은 세 번 이야기되고 있는 것이다. 4복음서 기자들에 의해서 어떤 부분들은 동일한 이유로 반복되고 있는 것이다. 우리는 하나님의 율법과 복음에 대한 위대한 사실들을 우리 마음에 거듭 반복해서 새길 필요가 있는 것이다. (바울 사도는 말한다) 너희에게 같은 말을 쓰는 것이 내게는 수고로움이 없고 너희에게는 안전하니라(빌 3:1).

2. 이렇게 함으로써 모세는 자신과 일을 맡은 사람들이 산에서 그에게 보인 양식에 따라 모든 것을 정확하게 만들려고 하는 매우 신중하고 조심스러운 모습을 보여주려고 한 것이었다. 앞에서는 원본을 보여주었고 이 본문에서는 우리들에게 사본을 보여주고 있기 때문에 우리는 그 둘을 비교해 볼 수 있고, 그 두 본문이 얼마나 정확하게 일치하고 있는지를 관찰해 볼 수 있는 것이다. 그러므로 모세는 모든 독자들에게 자신을 지명하여 세우신 분에게 그분의 온 집에서, 그리고 그 집의 세부사항들까지 그가 얼마나 충성되게 감당하고 있는 것인가를 말해주고 있는 것이다(히 3:5). 모세는 우리들에게 하나님의 모든 계명들은 일점일획까지도 존중해야만 하는 것이라고 하는 것을 가르쳐 주고 있는 것이다.

3. 하나님께서는 자신의 백성들의 신실한 복종을 기뻐하시며, 의인의 부활 시에 그들에게 영광을 주게 될 그 순종에 대한 정확한 계산을 간직하고 계시는 것이라고 하는 것을 여기서 암시해 주고 있는 것이다. 그 어느 누구도 자신들이 감당해야 할 의무를 그렇게 정확하게 준수할 사람은 없다. 그러나 하나님께서는 그 일을 감당하는 일을 관찰하시는 일에 있어서 매우 정확하실 것이다.

하나님께서는 불의하지 아니하사 사랑의 행위와 수고를 잊어버리지 않으신다(히 6:10).

4. 이로써 우리는 복음 성막의 영적인 풍성함과 아름다움을 자주 그리고 진지하게 생각해야 함을 알게 되었다. 이 시온의 주위를 걸어보라. 그것을 보고 다시 보라. 당신이 교회의 영광을 생각하면 할수록, 당신은 그 영광을 찬양할 것이고, 그 영광을 사랑하게 될 것이다. 성막의 특권이 되는 헌장과 그 구조에 대한 설명은 두 번째 본문에 잘 나타나 있을 것이다.

Ⅱ. 이 구절들에서 우리는 법궤와, 법궤의 영광스럽고 가장 중요한 부속물들인 속죄소와 그룹을 만드는 방법에 대한 설명을 대하게 된다. 이 세 가지를 함께 고려해보라. 그러면 이 세 가지는 거룩하신 하나님의 영광과 거룩한 마음의 신실성과 한 분 중보자 안에서 그분에 의해서 이들 사이에 이루어지는 교제를 나타내고 있는 것을 보게 될 것이다.

1. 하나님께서 그룹들 사이에 거하신다고 하는 것은 거룩하신 하나님의 영광을 나타낸다. 즉, 축복받은 천사들에 의해서 지속적으로 섬김을 받으시며 경배를 받으신다고 하는 것을 나타내는 것이다. 천사들의 얼굴이 서로를 향하고 있다고 하는 것은 그들의 일이 일치되고 조화됨을 의미한다. 또한 그룹들의 날개는 그들의 신속성을 의미한다.

2. 증거의 법궤와 같이 법궤가 그 안에 간직되어 있는 하나님의 율법을 가지고 있다고 하는 것은 정직한 마음의 특성을 나타내는 것이다.

3. 위대한 화목제물이 되시는 예수 그리스도에 의해서 우리와 하나님 사이에 화해가 이루어졌고 교제가 이루어지게 되었다. 예수 그리스도께서는 우리와 하나님의 진노를 중재하신다. 그렇게 하실 뿐만 아니라 그분을 통해서 우리는 하나님의 은혜를 받게 되었다. 만약에 하나님께서 우리의 마음에 그분의 율법을 쓰신다면, 그분은 우리에게 하나님이 되실 것이고 우리는 그분의 백성이 될 것이다. 속죄소에서 하나님께서는 우리를 가르치실 것이다. 하나님께서는 그 곳에서 우리를 받아주실 것이고, 친히 우리들의 불의함에 자비를 보여주실 것이다. 그분의 날개 그늘 아래에서 우리는 안전하고 쉼을 얻게 될 것이다.

10그가 또 조각목으로 상을 만들었으니 길이가 두 규빗, 너비가 한 규빗, 높이가 한
규빗 반이며 11순금으로 싸고 위쪽 가장자리로 돌아가며 금 테를 둘렀으며 12그 주

위에 손바닥 넓이만한 턱을 만들고 그 턱 주위에 금으로 테를 만들었고 13상을 위하
여 금 고리 넷을 부어 만들어 네 발 위, 네 모퉁이에 달았으니 14그 고리가 턱 곁에
있어서 상을 메는 채를 꿰게 하였으며 15또 조각목으로 상 멜 채를 만들어 금으로
쌌으며 16상 위의 기구 곧 대접과 숟가락과 잔과 따르는 병을 순금으로 만들었더라
17그가 또 순금으로 등잔대를 만들되 그것을 쳐서 만들었으니 그 밑판과 줄기와 잔
과 꽃받침과 꽃이 그것과 한 덩이로 되었고 18가지 여섯이 그 곁에서 나왔으니 곧
등잔대의 세 가지는 저쪽으로 나왔고 등잔대의 세 가지는 이쪽으로 나왔으며 19이
쪽 가지에 살구꽃 형상의 잔 셋과 꽃받침과 꽃이 있고 저쪽 가지에 살구꽃 형상의
잔 셋과 꽃받침과 꽃이 있어 등잔대에서 나온 가지 여섯이 그러하며 20등잔대 줄기
에는 살구꽃 형상의 잔 넷과 꽃받침과 꽃이 있고 21등잔대에서 나온 가지 여섯을 위
하여는 꽃받침이 있게 하였으되 두 가지 아래에 한 꽃받침이 있어 줄기와 연결하
였고 또 두 가지 아래에 한 꽃받침이 있어 줄기와 연결하였고 또 다시 두 가지 아
래에 한 꽃받침이 있어 줄기와 연결되게 하였으니 22이 꽃받침과 가지들을 줄기와
연결하여 전부를 순금으로 쳐서 만들었으며 23등잔 일곱과 그 불 집게와 불 똥 그릇
을 순금으로 만들었으니 24등잔대와 그 모든 기구는 순금 한 달란트로 만들었더라

이 본문에는 다음과 같은 내용들이 있다.

1. 진설병이 항상 놓여 있어야 할 상을 만들었다. 하나님께서는 훌륭한 가장이시므로 항상 풍성한 식탁을 준비하신다. 세상은 그분의 성막이 아닌가? 이 세상에 대한 그분의 섭리는 모든 피조물들을 위해서 식탁을 베푸신다. 하나님께서는 모든 생물에게 양식을 제공하신다. 교회는 하나님의 성막이지 않는가? 교회 안에 있는 하나님의 은혜는 모든 믿는 사람들을 위해서 생명의 양식이 진열된 식탁을 베푸신다. 복음 시대가 율법 시대보다 얼마나 많은 부분을 넘어서고 있는 것인지를 관찰해 보라. 본문에 음식이 놓인 상이 있을지라도, 그 음식은 먹기 위한 것이 아니고 보이기 위한 것인 진설병만이 놓여 있었다. 진설병은 상에 있다가 나중에 제사장들만이 먹을 수 있었다. 그러나 그리스도께서 새언약 속에서 베푸신 식탁에는 모든 참된 그리스도인들이 손님으로 초대를 받고 있다. 그리고 그들에게 오 형제여! 먹으라. 와서 나의 떡을 먹으라 라고 말씀하신다. 율법이 준 것은 멀리서 보는 것이지만, 복음이 주는 것은 즐길 수 있는 것이고 마음으로 환영된 것이다.

2. 등잔대를 만들었다. 이것은 금을 입힌 나무로 만든 것이 아니라 전체가 순금으로만 쳐서 만든 것이었다(17, 22절). 이것은 이 땅 위에 있는 하나님의 교회(사람들 가운데 있는 하나님의 성막이다)가 좋은 감람나무인 그리스도로부터 순전한 기름을 항상 공급받아 항상 빛을 발하고 있는 하나님의 계시의 빛을 나타내는 것이었다(슥 4:2-3). 하나님께서 이 세상에 자신을 나타내심은 장차 올 대낮과 같은 빛에 비추어 볼 때 촛불에 지나지 않는 것이다. 성경은 금촛대이다. 그것은 순금으로 만들어진 것이다(시 19:10). 이 촛대로부터 나오는 빛은 하나님의 성막의 모든 구석을 비추며, 이 빛에 의해서 영적인 사제들이 여호와를 섬기는 방법을 알 수 있으며, 그분의 성소의 사역을 행할 수 있는 것이다. 이 촛대는 필요한 용도를 위한 잔과 장식을 위한 꽃받침과 꽃을 가지고 있었다. 우리는 촛대의 꽃받침과 꽃이 왜 있는지 이유를 말할 수 없듯이, 역시 이유는 모르지만 하나님께서 보시기에 그분의 말씀을 아름답게 하시기에 적합한 많은 것들이 있다. 그러나 우리는 그것들이 선한 목적을 위해서 더해진 것이라는 확신을 가지고 있다. 이 촛대를 주신 하나님을 찬양하고 계속해서 그 촛대를 보도록 하자. 그리고 그 촛대가 그 자리에서 옮겨지는 것을 두려워하도록 하자.

25 그가 또 조각목으로 분향할 제단을 만들었으니 길이는 한 규빗이요 너비도 한 규
빗이라 네모가 반듯하고 높이는 두 규빗이며 그 뿔들이 제단과 연결되었으며 26 제
단 상면과 전후 좌우면과 그 뿔을 순금으로 싸고 주위에 금 테를 둘렀고 27 그 테 아
래 양쪽에 금 고리 둘을 만들었으되 곧 그 양쪽에 만들어 제단을 메는 채를 꿰게
하였으며 28 조각목으로 그 채를 만들어 금으로 쌌으며 29 거룩한 관유와 향품으로 정
결한 향을 만들었으되 향을 만드는 법대로 하였더라

이 본문에는 다음과 같은 내용들이 있다.

1. 금 향단을 만들었다. 이 향단 위에 매일 향이 분향되어야만 했다. 이것은 성도들의 기도와, 그 기도하는 사람들의 기도를 받아주시고 응답해 주시는 그리스도의 중보기도를 상징한 것이었다. 고리들과 테, 그리고 이 향단의 모든 부속물들은 상의 모든 용기들과 촛대가 금으로 만들어졌듯이 금박이 입혀졌다. 이 모든 것들은 거룩한 장소에서 사용되는 기구들이었기 때문이다. 하나님

은 최고가 되는 분이시다. 그러므로 우리들은 우리가 가진 최고의 것으로 그분을 섬겨야만 하는 것이다. 그러나 우리들이 지상에 있는 그분의 궁정에서 그분을 섬길 수 있는 최선의 것은, 하늘의 거룩한 곳에서 모든 성도들이 그분을 섬기게 될 죄 없고 흠 없는 완전한 황금에 비하면 놋에 불과한 것일 뿐이다.

2. 이 향단에서 분향할 향과 거룩한 관유(29절)를 그 만드는 법에 따라(출 30:22 이하) 준비했다. 하나님께서는 브살렐에게 이 기술 또한 가르쳐 주셨다. 그래서 비록 그가 이전에 이것에 대해서 알지 못했을지라도, 마치 그가 이것을 위해서 자라난 것처럼 능숙하게 그리고 정확하게 그 제조법에 따라 향과 관유를 만들었다. 하나님께서 지혜와 은혜를 주시는 곳에서 하나님의 사람은 완벽하게 되고 모든 선행을 수행할 수 있도록 철저하게 구비되는 것이다.

제 38 장

개요

이 본문에는 다음과 같은 것들에 대한 설명이 있다. I. 놋 제단을 만드는 것(1-7절)과 물두멍을 만드는 것(8절)에 대한 설명이 있다. II. 성막이 세워지게 될 뜰을 둘러싸는 포장을 준비하는 것에 대한 설명이 있다(9-20절). III. 성막을 만드는데 쓰이고 사용된 금과 은, 그리고 놋에 대한 내용이 요약 기술되어 있다(21절 이하).

1그가 또 조각목으로 번제단을 만들었으니 길이는 다섯 규빗이요 너비도 다섯 규빗
이라 네모가 반듯하고 높이는 세 규빗이며 2그 네 모퉁이 위에 그 뿔을 만들되 그
뿔을 제단과 연결하게 하고 제단을 놋으로 쌌으며 3제단의 모든 기구 곧 통과 부삽
과 대야와 고기 갈고리와 불 옮기는 그릇을 다 놋으로 만들고 4제단을 위하여 놋 그
물을 만들어 제단 주위 가장자리 아래에 두되 제단 절반에 오르게 하고 5그 놋 그물
네 모퉁이에 채를 꿸 고리 넷을 부어 만들었으며 6채를 조각목으로 만들어 놋으로
싸고 7제단 양쪽 고리에 그 채를 꿰어 메게 하였으며 제단은 널판으로 속이 비게 만
들었더라 8그가 놋으로 물두멍을 만들고 그 받침도 놋으로 하였으니 곧 회막 문에
서 수종드는 여인들의 거울로 만들었더라

브살렐은 금으로 만드는 작업을 마쳤다. 이 금으로 만든 작업은 가장 화려한 것들이었지만 성막에서 눈에 보이지 않는 곳에 놓도록 명령되었다. 이 본문에서는 뜰을 준비하는 작업을 하게 된다. 이 뜰은 모든 사람들이 보이도록 했다. 이 뜰은 두 가지 시설물이 있는데 모두 놋으로 만들었다.

I. 번제단(1-7절). 이 제단 위에 그들의 모든 희생제물이 드려졌다. 이 목적을 위해서 하나님의 지시하심으로 그 자체가 성별된 것이 바로 이 제단이며, 믿음으로 그 위에 드려진 제물을 신성하게 한 것이 바로 이 제단이다. 그리스도께서는 그 자신이 속죄의 제물이 되신 제단이었다. 그분께서는 우리들의 모든 감사 제사의 제단이시기도 하다. 하나님께서 희생제물을 받으실 때 그들에

게 눈을 향하듯이, 우리도 희생제물을 드림에 있어서 하나님을 바라보아야만 하는 것이다.

Ⅱ. 제사장들이 사역을 감당하기 위해서 들어갈 때 손을 씻는 물을 담아 두는 물두멍(8절). 이 물두멍은 그리스도의 복음 안에서 이루어지는 준비를 상징한 것이었다. 즉, 그리스도의 공로와 은혜로 죄로 인한 도덕적인 오염으로부터 우리들의 영혼을 씻기 위한 준비를 나타내는 것이었다. 이렇게 함으로써 우리는 거룩한 의무를 다하는 중에 거룩하신 하나님을 섬기기에 합당하게 되는 것이다. 본문에서 물두멍은 성막 문에서 수종드는 여인들의 놋, 거울로 만들어진 것이라고 말하고 있다.

1. 이 여인들은 공공예배의 장소에 다른 사람들보다 더 자주 그리고 진지하게 참석한 뛰어난 헌신의 모범을 보였던 사람들인 것 같다. 이 곳에 그들의 영예에 대해서 특별히 기록하고 있는 것이다. 오랜 세월 뒤 후세대의 사람인 안나는 그러한 헌신의 모범을 보인 사람이었다. 안나는 성전을 떠나지 아니하고 주야로 금식하며 기도함으로 하나님을 섬겼디(누 2:37). 교회의 어느 시대나 진지하고 열렬한 경건의 사람들이 있었던 것 같다. 그들은 그 경건으로 인해서 그들 스스로가 훌륭하고 뛰어난 사람들이 되었던 것이다. 경건한 여인들은 사실 귀부인들이었기 때문이다(행 13:50). 그렇지 못한 여인들은 훗날 조롱자들에 의해서 어리석은 여인들이라고 불리게 된다. 아마도 이 여인들은 성막 사역을 위해서 지금 진행되고 있는 일을 도움으로써 이 기회에 그들의 열심을 보여주었던 그러한 여인들이었을 것이다. 그들은 무리를 지어 모였다. 쓰인 단어의 의미가 그렇다. 이러한 선한 사역에 그렇게 열심이고 그렇게 한 마음이 된 많은 사람들을 보는 것은 복된 광경이다.

2. 이 여인들은 성막에서 사용되도록 자신들의 거울(이 거울들은 가장 좋은 놋으로 만들었으며 거울로 사용하기 위해서 빛이 나도록 닦여 있었음)을 드렸다. 자신의 아름다움을 찬양하며 그들 자신의 그림자를 사랑하며 자신들을 소중히 여기고 자랑하는 의복을 입음으로써 자신들의 몸단장을 하는 그러한 여인들은 그들의 보는 거울을 잘못 아끼고 있는 것이라고 말할 수밖에 없는 것이다. 그러나 이 여인들은 다음과 같은 표시로 하나님께 그 거울들을 바쳤다.

(1) 자신들의 오만과 허영심을 위해서 이전에 그 거울들을 남용한 것에 대한 그들의 회개의 표시로 바친 것이다. 이제 그들은 자신들의 어리석음을 확실

히 깨닫게 되었고 성막 문에서 자신들 스스로를 하나님의 사역에 헌신했던 것이다. 그러므로 거울 자체는 합법적이고 유용할지라도 그들에게 죄악의 기회가 되었을 때 그들은 그것을 버렸던 것이다. 이와 마찬가지로 죄인이었던 막달라 마리아는 그가 회개했을 때 그녀의 머리카락으로 그리스도의 발을 씻었던 것이다.

(2) 성막 사역을 위한 그들의 커다란 열심을 나타내는 표시로 바친 것이다. 작업자들이 놋이 부족하거나 가장 좋은 것을 가지지 못해서라기보다는 비록 그들이 거울이 없이는 불편했을 것임에도 불구하고 그들은 단지 그들의 거울들을 드리기를 원했던 것이다. 우리는 항상 우리 자신의 만족이나 편의보다는 하나님의 사역과 영광을 우선시해야만 한다. 우리는 드려서 하나님을 영화롭게 하는 것으로 인해서 초래되는 부족함을 결코 불평하지 말도록 하자.

3. 이 거울들은 물두멍을 만드는데 사용되었다. 그 거울들이 기술적으로 함께 연결되었든지 아니면 녹여 새로이 부어 만들었을 것이다. 그러나 그 물두멍은 매우 맑게 닦여져서 그 내면은 여전히 거울로서 역할을 했을 것이다. 그래서 제사장들이 씻으러 왔을 때 그 곳에서 자신들의 얼굴을 볼 수 있었을 것이고, 얼굴에 묻은 것을 발견하여 깨끗이 씻어낼 수 있었을 것이다. 회개함으로 씻어낼 때는 자기 성찰이라고 하는 거울이 필요한 것이다. 하나님의 말씀은 거울이다. 그 말씀 안에서 우리는 우리 자신의 얼굴을 볼 수 있는 것이다(약 1:23을 보라). 우리는 하나님의 말씀으로 우리 자신의 마음과 삶을 비추어보아야만 한다. 그래서 우리의 결점들을 발견하게 되면, 우리는 구체적인 애통함과 우리 영혼을 위한 그리스도의 피를 통해 그 결점들을 씻어낼 수 있을 것이다. 대개 우리가 죄에 대해서 좀 더 세부적으로 고백하면 할수록, 우리는 용서를 받았다고 하는 데서 오는 위안을 더욱더 크게 받게 된다.

9그가 또 뜰을 만들었으니 남으로 뜰의 남쪽에는 세마포 포장이 백 규빗이라 10그
기둥이 스물이며 그 받침이 스물이니 놋이요 기둥의 갈고리와 가름대는 은이며 11
그 북쪽에도 백 규빗이라 그 기둥이 스물이며 그 받침이 스물이니 놋이요 기둥의
갈고리와 가름대는 은이며 12서쪽에 포장은 쉰 규빗이라 그 기둥이 열이요 받침이
열이며 기둥의 갈고리와 가름대는 은이며 13동으로 동쪽에도 쉰 규빗이라 14문 이쪽
의 포장이 열다섯 규빗이요 그 기둥이 셋이요 받침이 셋이며 15문 저쪽도 그와 같으

니 뜰 문 이쪽, 저쪽의 포장이 열다섯 규빗씩이요 그 기둥이 셋씩, 받침이 셋씩이
라 [16]뜰 주위의 포장은 세마포요 [17]기둥 받침은 놋이요 기둥의 갈고리와 가름대는
은이요 기둥 머리 싸개는 은이며 뜰의 모든 기둥에 은 가름대를 꿰었으며 [18]뜰의 휘
장 문을 청색 자색 홍색 실과 가늘게 꼰 베 실로 수 놓아 짰으니 길이는 스무 규빗
이요 너비와 높이는 뜰의 포장과 같이 다섯 규빗이며 [19]그 기둥은 넷인데 그 받침
넷은 놋이요 그 갈고리는 은이요 그 머리 싸개와 가름대도 은이며 [20]성막 말뚝과 뜰
주위의 말뚝은 모두 놋이더라

뜰 혹은 교회 마당의 벽은 다른 막이나 휘장과 같이 지시에 따라 만들어졌다(출 27:9 이하). 이것은 구약 교회의 상태를 나타내는 것이었다. 그것은 울타리로 둘러싸인 정원이었다. 예배자들은 작은 둘레에 제한되게 들어갔던 것이다. 그러나 포장으로 둘러져 있다고 하는 것은 한 특별한 나라 속에 있는 교회의 제한이 영원히 지속되지는 않는다는 것을 암시해 주는 것이었다. 율법 시대 자체는 움직일 수 있고 가변적인 성막 시대였다. 그리고 사 54:2-3에 예언된 대로 이방 세계를 위한 여지를 만들기 위해서 그 장막의 장소가 확장되어야만 하고, 그 장막 줄이 연장되어야만 할 때 바로 그 시기가 되면 거두어 접어두어야만 하는 성막 시대였던 것이다. 지상에 있는 교회는 하나님 집의 뜰일 뿐이다. 이 뜰을 밟고 그 안에서 번창하는 자들은 복된 자들이다. 우리는 위에 있는 거룩한 곳을 향하여 이 뜰을 통과하여 지나가고 있는 것이다. 하나님의 집에 거하는 자들은 복되도다. 그들은 여전히 그분을 찬양할 것이다. 성막 앞에 뜰을 둘러막았다고 하는 것은 하나님께 점차로 나아가는 것을 우리들에게 가르쳐 준다. 사역을 감당했던 제사장들은 거룩한 집에 들어가기 전에 거룩한 뜰을 지나가야만 했다. 그러므로 엄숙한 의식이 있기 전에 뜰을 분리하고 둘러막는 엄숙한 준비가 있어야만 한다. 그 속에서 우리는 우리의 손을 씻어야만 하고, 진실한 마음을 가지고 가까이 나아가야만 하는 것이다.

[21]성막 곧 증거막을 위하여 레위 사람이 쓴 재료의 물목은 제사장 아론의 아들 이다
말이 모세의 명령대로 계산하였으며 [22]유다 지파 훌의 손자요 우리의 아들인 브살
렐은 여호와께서 모세에게 명령하신 모든 것을 만들었고 [23]단 지파 아히사막의 아
들 오홀리압이 그와 함께 하였으니 오홀리압은 재능이 있어서 조각하며 또 청색

자색 홍색 실과 가는 베 실로 수 놓은 자더라 [24]성소 건축 비용으로 들인 금은 성소
의 세겔로 스물아홉 달란트와 칠백삼십 세겔이며 [25]계수된 회중이 드린 은은 성소
의 세겔로 백 달란트와 천칠백칠십오 세겔이니 [26]계수된 자가 이십 세 이상으로 육
십만 삼천오백오십 명인즉 성소의 세겔로 각 사람에게 은 한 베가 곧 반 세겔씩이
라 [27]은 백 달란트로 성소의 받침과 휘장 문의 기둥 받침을 모두 백 개를 부어 만들
었으니 각 받침마다 한 달란트씩 모두 백 달란트요 [28]천칠백칠십오 세겔로 기둥 갈
고리를 만들고 기둥 머리를 싸고 기둥 가름대를 만들었으며 [29]드린 놋은 칠십 달란
트와 이천사백 세겔이라 [30]이것으로 회막 문 기둥 받침과 놋 제단과 놋 그물과 제단
의 모든 기구를 만들었으며 [31]뜰 주위의 기둥 받침과 그 휘장 문의 기둥 받침이며
성막의 모든 말뚝과 뜰 주위의 모든 말뚝을 만들었더라

우리는 본문에서 간략한 계산서를 보게 된다. 이것은 모세의 지시에 의해서 레위인들이 받았고 보관했던 금, 은, 놋에 대한 계산서이다. 이 재료들은 성막을 짓는데 사용하기 위해 가져왔던 것들이었다. 그 재료가 쓰인 용도가 기록되어 있다. 아론의 아들 이다말이 이 계산서를 작성하도록 임명되었다. 그는 작은 일로 훈련을 받고 더 큰 일에 적합한 인물이 되었다(21절). 브살렐과 오홀리압은 모든 것을 만들고 계산서에 보고했고(22-23절), 이다말은 그에 대한 회계감사를 해야만 했고 그 결과를 모세에게 주어야만 했다. 그 내역은 다음과 같았다.

1. 모든 금은 자원해서 드리는 것이었다. 모든 사람들은 각자가 할 수 있는, 그리고 드리기를 원했던 만큼 가져왔다. 그 양은 29달란트 730세겔이 넘었다. 이 양은 오늘날의 단위로 환산을 하면 약 15만 파운드 무게의 금에 해당하는 양이었다. 이것으로 모든 기구와 용기(容器)를 만들었다.

2. 은은 세금의 방법으로 징수되었다. 모든 사람들에게 각자 인두세(人頭稅) 명목으로 반 세겔이 징수되었다. 그 총액수는 100달란트 1775세겔이 넘었다(25-26절). 이것으로 그들은 성소의 받침과 휘장 문의 기둥 받침을 만들었다. 이것들은 성막의 토대가 되었던 것이다(27절). 은은 우리 돈으로 약 3만 4천 파운드에 해당하는 액수였다. 자발적으로 금을 모은 것과 세금의 방법으로 은을 모은 것은 어느 방법이 되었든지 불공평하게 시행되지 않는다면 공적인 비용을 충당하는 방법이 될 수 있다고 하는 것을 보여주는 것이다.

3. 놋은 비록 가치가 좀 떨어지는 것이기는 하지만 놋제단을 만드는데 뿐만 아니라 뜰의 모든 받침을 만드는데 사용되었다. 아마도 다른 장막들은 이러한 받침을 나무로 만들었을 것이다. 그러나 이것은 "내가 놋으로 나무를 대신하며"라고 약속된 것이었다(사 60:17). 백성들이 얼마나 아낌없이 바쳤으며, 일을 맡은 사람들이 얼마나 신실했는가를 보라. 이들 양편의 좋은 모범을 존경하여 따라야만 하는 것이다.

제 — 39 — 장

개요

본 장은 우리들에게 성막 일을 마친 것에 대한 이야기를 전해주고 있다. I. 준비된 마지막 품목들은 다음과 같은 거룩한 예복들이었다. 에봇과 그 정교한 어깨받이(1-5절), 어깨받이에 달린 호마노(6-7절), 보석들이 달린 흉패(8-21절), 에봇 받침 긴 옷(22-26절), 하급 제사장들을 위한 속옷과 세마포 빛난 관, 그리고 속바지(27-29절), 거룩한 관 패(30-31절) 등이다. II. 전체적인 일에 대한 요약 보고서가 있는데 모든 일이 마쳐지고 작성되었을 때 모세에게 드려진 것이었다(32절 이하).

1그들은 여호와께서 모세에게 명령하신 대로 청색 자색 홍색 실로 성소에서 섬길
때 입을 정교한 옷을 만들고 또 아론을 위해 거룩한 옷을 만들었더라 2그는 또 금
실과 청색 자색 홍색 실과 가늘게 꼰 베 실로 에봇을 만들었으되 3금을 얇게 쳐서
오려서 실을 만들어 청색 자색 홍색 실과 가는 베 실에 섞어 정교하게 짜고 4에봇에
는 어깨받이를 만들어 그 두 끝에 달아 서로 연결되게 하고 5에봇 위에 에봇을 매는
띠를 에봇과 같은 모양으로 금 실과 청색 자색 홍색 실과 가늘게 꼰 베 실로 에봇
에 붙여 짰으니 여호와께서 모세에게 명령하신 대로 하였더라 6그들은 또 호마노를
깎아 금 테에 물려 도장을 새김 같이 이스라엘의 아들들의 이름을 그것에 새겨 7에
봇 어깨받이에 달아 이스라엘의 아들들을 기념하는 보석을 삼았으니 여호와께서
모세에게 명령하신 대로 하였더라 8그가 또 흉패를 정교하게 짜되 에봇과 같은 모
양으로 금 실과 청색 자색 홍색 실과 가늘게 꼰 베 실로 하였으니 9그것의 길이가
한 뼘, 너비가 한 뼘으로 네 모가 반듯하고 두 겹이며 10그것에 네 줄 보석을 물렸으
니 곧 홍보석 황옥 녹주옥이 첫 줄이요 11둘째 줄은 석류석 남보석 홍마노요 12셋째
줄은 호박 백마노 자수정이요 13넷째 줄은 녹보석 호마노 벽옥이라 다 금 테에 물렸
으니 14이 보석들은 이스라엘의 아들들의 이름 곧 그들의 이름대로 열둘이라 도장
을 새김 같이 그 열두 지파의 각 이름을 새겼으며 15그들이 또 순금으로 노끈처럼
사슬을 땋아 흉패에 붙이고 16또 금 테 둘과 금 고리 둘을 만들어 그 두 고리를 흉패

두 끝에 달고 [17]그 땋은 두 금 사슬을 흉패 끝 두 고리에 꿰매었으며 [18]그 땋은 두 사
슬의 다른 두 끝을 에봇 앞 두 어깨받이의 금 테에 매고 [19]또 금 고리 둘을 만들어
흉패 두 끝에 달았으니 곧 그 에봇을 마주한 안쪽 가장자리에 달았으며 [20]또 금 고
리 둘을 만들어 에봇 앞 두 어깨받이 아래 매는 자리 가까운 쪽 곧 정교하게 짠 에
봇 띠 위쪽에 달고 [21]청색 끈으로 흉패 고리와 에봇 고리에 꿰어 흉패로 정교하게
짠 에봇 띠 위에 붙여서 에봇에서 벗어지지 않게 하였으니 여호와께서 모세에게
명령하신 대로 하였더라 [22]그가 에봇 받침 긴 옷을 전부 청색으로 짜서 만들되 [23]그
옷의 두 어깨 사이에 구멍을 내고 갑옷 깃 같이 그 구멍 주위에 깃을 짜서 찢어지
지 않게 하고 [24]청색 자색 홍색 실과 가는 베 실로 그 옷 가장자리에 석류를 수 놓고
[25]순금으로 방울을 만들어 그 옷 가장자리로 돌아가며 석류 사이사이에 달되 [26]방울
과 석류를 서로 간격을 두고 번갈아 그 옷 가장자리로 돌아가며 달았으니 여호와
께서 모세에게 명령하신 대로 하였더라 [27]그들이 또 직조한 가는 베로 아론과 그의
아들들을 위하여 속옷을 짓고 [28]세마포로 두건을 짓고 세마포로 빛난 관을 만들고
가는 베 실로 짜서 세마포 속바지들을 만들고 [29]가는 베 실과 청색 자색 홍색 실로
수 놓아 띠를 만들었으니 여호와께서 모세에게 명령하신 대로 하였더라 [30]그들이
또 순금으로 거룩한 패를 만들고 도장을 새김 같이 그 위에 '여호와께 성결'이라 새
기고 [31]그 패를 청색 끈으로 관 전면에 달았으니 여호와께서 모세에게 명령하신 대
로 하였더라

이미 주어진 지침들에 따라(출 28장) 제사장들의 예복을 만드는 것에 대한 이 이야기에서 우리는 다음과 같은 사항들을 관찰할 수 있다.

1. 본문에서 제사장들의 옷은 섬길 때 입을 옷이라고 했다(1절). 영광의 옷을 입은 사람들은 그 옷을 섬기기 위한 옷이라고 보아야만 하는 것이다. 영광이 놓인 사람들에게서 섬김이 기대되기 때문이다. 흰 옷을 입은 자들에 대해서 "그들이 하나님의 보좌 앞에 있고 또 그의 성전에서 밤낮 하나님을 섬기매"라고 말하고 있다(계 7: 13, 15). 거룩한 옷들은 사람들이 잠을 자기 위해서나 자랑하며 걸으라고 만들어진 것이 아니라 그것을 입고 섬기라고 만들어진 것이다. 그때에 그 옷들은 정말로 영광스러운 것이 되고 아름다운 것이 되는 것이다. 인자는 섬김을 받기 위해 온 것이 아니라 섬기러 온 것이다.

2. 본문에 나타나는 6개의 문단은 모두 이러한 거룩한 옷들을 만드는 것에

대한 분명한 설명을 하고 있는데, 여호와께서 모세에게 명하신 대로(5, 7, 21, 26, 29, 31절)라고 하는 어구로 결론을 맺고 있다. 앞에서 주어진 어떠한 설명들과도 같지 않다. 이 옷들은 성막의 다른 어떤 부속물들보다도 더욱 하나님의 특별하신 지시하심을 받고 있는 것처럼 말하고 있다. 하나님께서 보증하시고 지침을 내리셨다고 하는 면에서 더욱 그러한 것처럼 보인다. 이것은 모든 주의 사역자들에게 그들의 모든 사역에 있어서 하나님의 말씀을 그들의 규칙으로 삼아야 하며, 하나님의 명령을 지키고 그에 순종하며 행동해야 한다고 하는 것을 암시해 주는 것이다.

3. 이 옷들은 성막의 다른 설비물들과 조화를 이루도록 하는 매우 값비싸고 화려한 것들이었다. 유아기의 교회도 이 세상의 기초적인 원리로 가르침을 받고 기뻐했다. 그러나 이제 복음 아래 있으며 성령의 인도하심을 받는 교회가, 고상함과 교훈의 구실 아래에서 로마 교회가 행했던 것과 같이 오만한 관습들을 즐겨 사용하고 가장하는 것은, 그리스도께서 우리를 자유케 하신 그 자유를 저버리는 것이며, 종교개혁의 시기까지 강요된 그 육적인 규례들의 속박 아래로 교회를 다시금 얽매이게 하는 것이 되는 것이다.

4. 이 옷들은 장차 올 아름다운 것들의 모든 그림자들이었다. 그러나 실체는 그리스도이시며 복음의 은혜이다. 그러므로 실체가 왔을 때 그림자를 좋아한 것은 웃음거리가 되는 것이다.

(1) 그리스도께서는 우리들의 대제사장이시다. 그분께서는 우리를 구원하시는 사역을 감당하실 때 섬김의 옷을 입으셨다. 그분은 성령의 은사들과 은혜들로 단장을 하셨다. 이것은 치수를 재어서 받으신 것이 아니었다. 맡겨진 과업을 이루시기 위해서 단호한 결심의 기묘한 허리띠로 두르셨다. 모든 하나님의 영적인 이스라엘을 담당하사 그들을 친히 어깨에 메시고, 그들을 가슴에 안으시고, 그들을 자신의 마음 가까운 곳에 두셨고, 그들을 손바닥에 새기시고, 판결의 흉패 안에서 그들을 아버지께 드리셨던 것이다. 그리고(마지막으로) 그분께서는 자신의 아버지의 거룩함이 가지는 영광에 자신의 모든 과업을 봉헌하시기 위해 친히 여호와께 성결이라고 하는 왕관을 쓰셨다. 자! 이제 이분이 얼마나 위대한 분인지 생각해보라.

(2) 참된 신자들은 영적인 제사장들이다. 그들의 모든 섬김의 옷들을 만들어야만 하는 세마포는 성도들의 옳은 행실이다(계 19:8). 여호와께 성결이라고 하

는 말은 그들의 이마에 쓰여야만 한다. 그래서 그들과 교제를 나누는 모든 사람들이 그들은 하나님의 거룩함의 형상을 가지고 있다는 것과, 그 형상을 찬양하는 데에 헌신되어 있다고 하는 것을 볼 수 있어야 하고 그렇게 말할 수 있어야 하는 것이다.

32이스라엘 자손이 이와 같이 성막 곧 회막의 모든 역사를 마치되 여호와께서 모세
에게 명령하신 대로 다 행하고 33그들이 성막을 모세에게로 가져왔으니 곧 막과 그
모든 기구와 그 갈고리들과 그 널판들과 그 띠들과 그 기둥들과 그 받침들과 34붉은
물을 들인 숫양의 가죽 덮개와 해달의 가죽 덮개와 가리는 휘장과 35증거궤와 그 채
들과 속죄소와 36상과 그 모든 기구와 진설병과 37순금 등잔대와 그 잔 곧 벌여놓는
등잔대와 그 모든 기구와 등유와 38금 제단과 관유와 향기로운 향과 장막 휘장 문과
39놋 제단과 그 놋 그물과 그 채들과 그 모든 기구와 물두멍과 그 받침과 40뜰의 포
장들과 그 기둥들과 그 받침들과 뜰 문의 휘장과 그 줄들과 그 말뚝들과 성막 곧
회막에서 사용할 모든 기구와 41성소에서 섬기기 위한 정교한 옷 곧 제사 직분을 행
할 때에 입는 제사장 아론의 거룩한 옷과 그의 아들들의 옷이라 42여호와께서 모세
에게 명령하신 대로 이스라엘 자손이 모든 역사를 마치매 43모세가 그 마친 모든 것
을 본즉 여호와께서 명령하신 대로 되었으므로 모세가 그들에게 축복하였더라

이 본문에서 다음과 같은 것들을 관찰해보자.

I. 성막 건축자들은 일을 매우 신속하게 처리했다. 성막 건축의 시작으로부터 마치기까지 다섯 달 정도밖에 안 걸렸다. 성막을 건축하는 일에 관련된 엄청나게 많은 정교한 일들이 있었음에도 불구하고 그들은 짧은 시간 내에 그 일을 해냈던 것이다. 그 정교한 일들은 일반적으로 시간이 드는 일들로, 수를 놓으며 금뿐만 아니라 보석들을 세공하는 일들이었다. 교회 일은 대개 천천히 진행되는 일들이다. 그러나 그들은 이 일을 빠르게 끝마쳤다. 그러면서도 가장 정확하게 그 일을 해냈다. 그 이유는 다음과 같다.

1. 많은 사람들이 고용이 되었고 모두가 한 마음으로 서로가 다투지 않았다. 바로 이러한 모습이 있었기 때문에 일을 신속하게 처리하게 되었고 그 일을 쉽게 감당했던 것이다.

2. 일을 감당하는 사람들은 하나님의 지시를 받았기 때문에 일들을 지연시

킬 만한 실수들을 범하지 않도록 했던 것이다.

3. 백성들은 그 일에 마음을 기울였고 열심을 냈으며 그 일이 마무리되기를 몹시 바랐던 것이다. 하나님께서 그들의 마음을 준비시키셨고 바로 그 때에 일이 갑자기 되었던 것이다(대하 29:36). 결심과 근면, 그리고 자발적인 마음은 하나님이 도우시는 은혜 가운데 예상했던 것보다 적은 시간에 매우 커다란 선한 사역을 이루었던 것이다.

Ⅱ. 그들은 받은 명령을 철저하게 지켰고 조금도 변경하지 않았다. 그들은 여호와께서 모세에게 명령하신 대로 행했다(32, 42절). 하나님의 사역은 모든 것이 그분 자신의 뜻에 따라 이루어져야만 하는 것이다. 하나님의 제도들은 그것들을 좀 더 아름답게 하거나, 그 제도들의 의도에 좀 더 그럴듯한 대답을 만들기 위해 인간의 창안을 필요로 하거나 허용하지 않는다. 너희는 그의 말씀에 무엇을 더하지 말라. 하나님께서는 기뻐 자원하는 마음으로 드리는 예배를 기쁘게 받으시지만 우리의 뜻대로 의도적으로 드리는 예배를 기뻐하지 않으신다.

Ⅲ. 그들은 그들의 모든 작품들을 모세에게 가져왔고 그의 검사와 인준을 받았다(33절). 모세는 자신이 그들에게 만들도록 명령한 것을 알고 있었다. 그는 그 구체적인 품목들을 알려 주었고, 이제 모든 것들이 만들어졌다. 모세는 그들이 하나도 빠짐없이 모든 것을 만들었는지, 그리고 그들에게 주어진 지침들에 따라서 그들이 모든 것을 만들었는지를 점검했을 것이다. 만약에 그들이 어떤 것을 만드는데 실수를 했다면 바로 고쳤을 것이다. 그러므로 그들은 여호와 안에서 그들 위에 있는 모세에게 존경을 표했다. 모세가 그러한 일을 모르기 때문에 그의 판단에 맡기지 않아도 된다고 하는 이의를 달지 않았다. 결코 그렇게 하지 않았다. 그들이 그 일을 감당하도록 그렇게나 많은 지식을 주신 하나님께서는 또한 그들에게 그들이 만든 물건을 기꺼이 원형과 비교해 보고 점검해 보도록 하는 겸손함도 주셨던 것이다. 모세는 권위가 있었고 그들은 모세의 지위에 경의를 표했던 것이다. 예언자들의 영은 예언자들에게 복종한다. 이 외에도 비록 그들이 모세보다 이 일을 수행하는 방법을 더 잘 알고 있었을지라도, 모세는 그들이 가졌던 것보다 더 낫고 더 정확한 원형에 대한 개념을 가지고 있었던 것이다. 그러므로 그들은 모세의 인허가 없이는 그들 자신의 일에 만족할 수 없었던 것이다. 그러므로 우리는 모든 경건의 사역에 있어서 주님께 열납되기 위해 노력해야만 하는 것이다.

Ⅳ. 살펴본 모세는 모든 것이 규칙에 따라 이루어졌다는 것을 알았다(43절). 모세는 그들과 자기 자신의 만족을 위해서 모든 작품들을 낱낱이 살펴보았다. 그리고 그들이 모세에게 보여진 양식에 따라서 일을 했다고 하는 것을 알게 되었다. 모세에게 양식을 보여주신 바로 그분께서 그 일을 감당하는 그들의 손을 지도해 주셨기 때문이다. 하나님의 은혜 가운데 이루어진 모든 모형들은 그분이 계획하신 원형과 정확하게 일치하는 것이다. 하나님께서 우리 안에서 우리를 통하여 일하시는 것은 그분 자신의 선하심의 선한 기쁨을 성취하시는 것이다. 하나님의 신비가 완성되어 그분의 모든 행하심이 그분의 목적과 비교될 때에 모든 것이 그분 자신의 뜻에 따라서 이루어졌음이 드러나게 될 것이다. 일점일획도 땅에 떨어지거나 변형되지 않을 것이다.

Ⅴ. 모세는 그들을 축복했다.

1. 모세는 그들을 칭찬했고 그들이 행한 모든 것에 대해서 그의 승인을 표시했다. 모세는 잘못이 없는 곳에서 결점을 찾아내지 않았다. 가장 훌륭하고 최선으로 이루어진 일에서 잘못된 무엇인가를 발견해 내지 못한다면 사람들이 그들 자신의 판단을 깔볼 것이라고 생각하는 사람들과 같이 하지 않은 것이다. 지나친 호기심과 탈을 잡으려고 하는 마음으로 비판을 했다면 이 모든 일들에서 아마도 미세한 흠이나 결함을 발견했을 것이다. 그러나 모세는 너무나 순수해서 큰 잘못이 없는 곳에서 일부러 자그마한 결점들을 찾아내지 않았다. 모든 통치자들은 행악을 자행하는 자들에게는 두려움이 되어야 할 뿐만 아니라 잘하는 자들에게는 상급이 되어야만 한다. 기뻐할 줄 모르는 것에 대해서 왜 자부심을 가져야만 하는 것인가?

2. 모세는 그들을 칭찬했을 뿐만 아니라 그들을 위해서 기도했다. 모세는 권위를 가진 사람으로서 그들을 축복했다. 권위를 적게 가진 사람이 많이 가진 사람의 축복을 받는 것이기 때문이다. 우리는 모세가 그들에게 그 일에 대해서 어떠한 보수를 지불했다고 하는 것을 읽어보지 못한다. 그러나 모세는 그들에게 축복해 주었다. 대개 노동자들이 자신의 노동의 대가를 받는 것은 당연하다. 그러나 이 경우는 달랐다.

(1) 그들은 자신들을 위해서 일을 한 것이었다. 그들 가운데 있는 하나님의 성막의 영광과 위안은 충분한 보상이 되었을 것이다. 당신이 지혜롭다면 당신은 당신 자신을 위해서 지혜로워야 할 것이다.

(2) 그들은 그들 자신과 그들의 가족을 위해서 그들의 양식을 하늘로부터 값없이 받았고, 그들의 옷은 낡아지지 않았다. 그러므로 그들은 보수가 필요하지도 않았고 어떤 것을 기대할 이유도 없었던 것이다. 너희는 거저 받았으니 거저 주어라. 하나님을 섬기기 위한 의무와 관계에 있어서 우리들이 지고 있는 의무들은 비록 우리가 보상을 기대하지 못한다 할지라도 우리로 하여금 우리의 일을 감당하도록 채근하기에 충분한 것이다.

(3) 여호와의 이름으로 주어진 이 축복들은 그들의 모든 일들에 대한 충분한 보수가 되었다. 하나님께서 사용하시는 사람들은 하나님께서 축복해 주실 것이다. 그분께서 축복하시는 자들은 정말로 축복을 받는 것이다. 그분께서 베푸시는 축복은 영원한 생명인 것이다.

제 40 장

개요

본 장에는 다음과 같은 내용들이 있다. I. 성막을 세우고 성막의 모든 부속물들을 그 적당한 자리에 놓는 것에 대한 명령들이 주어지고 있으며(1-8절), 성막을 거룩하게 하고 (9-11절), 제사장들을 거룩하게 한다(12-15절). II. 이 모든 것을 행하기 위해서 주의가 요망되고 있다. 지시된 대로 일이 되도록 하기 위함이다(16-33절). III. 하나님께서 구름 가운데에서 성막을 받으신다(34절 이하).

1여호와께서 모세에게 말씀하여 이르시되 2너는 첫째 달 초하루에 성막 곧 회막을
세우고 3또 증거궤를 들여놓고 또 휘장으로 그 궤를 가리고 4또 상을 들여놓고 그
위에 물품을 진설하고 등잔대를 들여놓아 불을 켜고 5또 금 향단을 증거궤 앞에 두
고 성막 문에 휘장을 달고 6또 번제단을 회막의 성막 문 앞에 놓고 7또 물두멍을 회
막과 제단 사이에 놓고 그 속에 물을 담고 8또 뜰 주위에 포장을 치고 뜰 문에 휘장
을 달고 9또 관유를 가져다가 성막과 그 안에 있는 모든 것에 발라 그것과 그 모든
기구를 거룩하게 하라 그것이 거룩하리라 10너는 또 번제단과 그 모든 기구에 발라
그 안을 거룩하게 하라 그 제단이 지극히 거룩하리라 11너는 또 물두멍과 그 받침에
발라 거룩하게 하고 12너는 또 아론과 그 아들들을 회막 문으로 데려다가 물로 씻기
고 13아론에게 거룩한 옷을 입히고 그에게 기름을 부어 거룩하게 하여 그가 내게 제
사장의 직분을 행하게 하라 14너는 또 그 아들들을 데려다가 그들에게 겉옷을 입히
고 15그 아버지에게 기름을 부음 같이 그들에게도 부어서 그들이 내게 제사장의 직
분을 행하게 하라 그들이 기름 부음을 받았은즉 대대로 영영히 제사장이 되리라
하시매

성막과 기구들이 각각 검사를 받았고 인준을 받았다. 이제 함께 놓여야만 했다.

1. 본문에서 하나님은 모세에게 성막을 세우고 성막의 기구들을 제자리에

놓으라고 지시하신다. 성막 일은 끝났고 세우기 위해 모든 것이 준비되었기 때문에 백성들은 성막이 세워지는 것을 보기를 정말 원하고 있었을 것임에 틀림없다. 그러나 모세는 하나님께서 그렇게 하라고 명령하실 때까지 성막을 세우려고 하지 않았다. 모든 면에서 우리 앞서 가시는 하나님을 보는 것은 귀한 것이다(시 37:23). 성막을 세우는 일은 **첫째 달 초하루**로 정해졌다(2절). 이 날은 그들이 애굽에서 나온 이래로 1년에서 14일이 모자라는 날이었다. 한 해 동안 해야 할 일이 그 기간 안에 이루어졌다. 아마도 이 일은 그 해의 마지막에 이르러서야 준비가 끝났을 것이다. 그러므로 이 날을 정하는 것은 이 선한 일을 지연시키는 것은 아니었다. 우리는 어떤 특별한 날을 기다린다고 하는 핑계로 어떤 필요한 의무를 연기해서는 안 된다. 지금이 바로 가장 편리하고 형편이 좋은 시간인 것이다. 그러나 성막이 **첫째 달 초하루**에 세워졌다고 하는 것은 한 해의 시작을 어떤 선한 일로 시작하는 것이 좋은 것이라고 하는 것을 암시해주는 것이다. 첫째가 되시는 분이 제일 첫 번째 것을 가지시도록 해드리자. 그리고 하나님 나라의 일들을 제일 먼저 구하도록 하자. 우리는 히스기야 시대에 **첫째 달 초하루**에 성전을 정화하기 시작한 것을 발견하게 된다(대하 29:17). 백성들은 새로운 달(moon:그들의 계산에 의하면 매월(月) 첫째 날이었다)을 엄숙하게 지켰다. 그러므로 한 해의 이 첫 새로운 달은 더욱 특별한 달로 주목을 받았던 것이다. 새로운 해가 시작될 때 우리는 지난 해보다 더 많이 그리고 더욱더 잘 하나님을 섬기겠다고 하는 생각을 가져야만 하는 것이다. 특별히 모세는 먼저 성막을 세우라고 하는 명령을 받았다. 그 성막은 하나님께서 거하시고 섬김을 받으실 장소인 것이다(2절). 그러고 나서 법궤를 제자리에 두고 그 앞에 휘장을 치라는 명령을 받았다(3절). 그 뒤에 상을 놓고 등잔대와 향단을 놓되 휘장을 가리지는 말라는 명령을 받았다(4-5절). 그리고 성막 문에 휘장을 달라는 명령을 받았다. 그 후에 모세는 성막 뜰에 번제단과 물두멍을 놓아야만 했고(6-7절), 마지막으로, 모세는 뜰 주위에 포장을 치고 뜰 문에 휘장을 달아야만 했다. 이 모든 일은 하루 만에 쉽게 이루어졌을 것이다. 분명히 모세의 지시 아래 많은 사람들의 손길이 이 일에 동원되었을 것이다.

2. 모세가 성막을 세우고 성막에 필요한 모든 기구들을 구비했을 때 하나님께서는 모세에게 그 모든 것들 위에 기름을 부음으로 성막과 그 모든 기구들을 거룩하게 하라고 명하셨다. 이 기름은 이 목적을 위해서 준비된 것이었다(출

30:25 이하). 이것이 앞에서 명령되었고, 이제 이 곳에서 명령된 것이다(9-11절). 모든 것이 그 적당한 자리에 놓였을 때 성화되었다. 그 때까지는 성화되지 않았기 때문에 사용되기에 합당하지 않았다. 모든 것이 제 때에 아름답듯이 모든 것은 그 적당한 장소에 있을 때 보기 좋은 것이다.

3. 하나님께서는 모세에게 아론과 그 아들들을 성결케 하라고 지시하셨다. 물품들이 하나님의 집으로 들어왔을 때 먼저 그 물품들은 표시가 되었다. 그런 후에 여호와의 기구들을 맡을 종들이 고용되었다. 이 일이 맡겨질 사람들을 정결케 해야만 하는 것이다(12-15절). 우리는 이제 실행될 것이 명령된 이 율법을 출 29장에서 보았다. 그러므로 사람들 가운데 있는 하나님의 성막인 가시적인 교회에는 성소를 책임 맡아 관리할 사역자들이 있어야만 하는 것이며, 그들은 기름 부음을 받아야만 하는 것이다.

16 모세가 그같이 행하되 곧 여호와께서 자기에게 명령하신 대로 다 행하였더라 17 둘
째 해 첫째 달 곧 그 달 초하루에 성막을 세우니라 18 모세가 성막을 세우되 그 받침
들을 놓고 그 널판들을 세우고 그 띠를 띠우고 그 기둥들을 세우고 19 또 성막 위에
막을 펴고 그 위에 덮개를 덮으니 여호와께서 모세에게 명령하신 대로 되니라 20 그
는 또 증거판을 궤 속에 넣고 채를 궤에 꿰고 속죄소를 궤 위에 두고 21 또 그 궤를
성막에 들여놓고 가리개 휘장을 늘어뜨려 그 증거궤를 가리니 여호와께서 모세에
게 명령하신 대로 되니라 22 그는 또 회막 안 곧 성막 북쪽으로 휘장 밖에 상을 놓고
23 또 여호와 앞 그 상 위에 떡을 진설하니 여호와께서 모세에게 명령하신 대로 되니
라 24 그는 또 회막 안 곧 성막 남쪽에 등잔대를 놓아 상과 마주하게 하고 25 또 여호
와 앞에 등잔대에 불을 켜니 여호와께서 모세에게 명령하신 대로 되니라 26 그가 또
금 향단을 회막 안 휘장 앞에 두고 27 그 위에 향기로운 향을 사르니 여호와께서 모
세에게 명령하신 대로 되니라 28 그는 또 성막 문에 휘장을 달고 29 또 회막의 성막 문
앞에 번제단을 두고 번제와 소제를 그 위에 드리니 여호와께서 모세에게 명령하신
대로 되니라 30 그는 또 물두멍을 회막과 제단 사이에 두고 거기 씻을 물을 담으니라
31 모세와 아론과 그 아들들이 거기서 수족을 씻되 32 그들이 회막에 들어갈 때와 제
단에 가까이 갈 때에 씻었으니 여호와께서 모세에게 명령하신 대로 되니라 33 그는
또 성막과 제단 주위 뜰에 포장을 치고 뜰 문에 휘장을 다니라 모세가 이같이 역사
를 마치니

성막과 그것에 필요한 비품들이 준비되었을 때 백성들은 이제 광야에 매우 짧은 기간만 있게 될 것이라고 하는 희망을 가지고 있었을 것이다. 그러나 그들은 자신들이 가나안에 도착할 때까지 그 성막을 세우는 일을 연기하지 않았다. 그들은 하나님의 뜻에 순종함으로 광야에 있는 동안 그들의 진 가운데에 성막을 세웠다. 이 세상에서 안정을 얻지 못하는 자들은 그러한 상황이 자신들에게 그들의 계속되는 불신앙을 변명해 줄 것이라고 생각해서는 안 된다. 이것은 마치 그들이 이 세상에서 안정을 얻기 시작할 때 하나님을 섬기는 것을 시작해도 충분하다고 생각하는 것과 같은 것이다. 결코 그렇지 않다! 하나님을 위한 성막은 광야에서조차도 매우 필요하고 유용한 동반자인 것이다. 특별히 우리들의 육체가 바로 그 광야에 묻힐 수도 있다는 것과, 우리가 이 세상에 정착되기 전에 또 다른 세상에 정착될 수도 있다고 하는 것을 생각해보면 더욱더 성막은 필요하고 유용한 동반자인 것이다.

성막을 세우는 것은 하루 작업으로 충분한 것이었다. 성막과 제사장들을 거룩하게 하는 일은 며칠 뒤에 이루어졌다. 본문에서 우리는 단지 새해 첫 날의 일에 대한 이야기만 보게 된다.

1. 모세는 하나님께서 그에게 하라고 하신 모든 것을 했을 뿐만 아니라 하나님께서 지정해 주신 순서에 따라 행했다. 하나님께서는 합당한 질서 속에서 찾아질 것이기 때문이다.

2. 각 비품들마다 하나님께서 지시하신 내용에 대한 구절이 첨가되어 있다. 이것은 모세가 일을 담당한 자들이 했던 것처럼 주의 깊고 양심적으로 자신을 통제했다고 하는 것을 보여주는 것이다. 그러므로 이전과 같이 이 곳 본문에서도 14구절에서 7번이나 여호와께서 모세에게 명하신 대로 라고 하는 어구가 반복되고 있다. 가장 위대한 사람이었을지라도 모세 자신은 그 제도를 변형시키려고 하지 않았다. 미세한 작은 점 하나라도 더하거나 제하지 않았던 것이다. 다른 사람들에게 명령을 하는 자들은 그들의 주인이 하늘에 계시다고 하는 것과 그들이 명령을 받은 대로 행해야만 한다고 하는 것을 기억해야만 한다.

3. 휘장으로 가려져야만 하는 것은 가려졌고(21절) 사용되어야만 하는 것을 모세는 즉시 사용했다. 제사장들을 가르치기 위해서 그렇게 했던 것이다. 제사장들은 모세가 여러 가지 일들을 하는 것을 봄으로써 그 일들을 더욱 능숙하게 처리하는 것을 배웠을 것이다. 비록 모세는 제사장이 아니었을지라도 제사장

들 중에 있는 사람으로 계수되었다(시 99:6). 유대 저자들은 모세를 제사장들 중의 제사장이라고 부른다. 모세는 자신이 행한 것을 하나님으로부터 오는 특별한 보장과 지시에 따라 제사장보다는 선지자요 율법 수여자로서 행한 것이다. 하나님께서는 수레바퀴를 돌게 하고 난 뒤에 일을 임명된 사역자의 손에 맡겼던 것이다. (1) 모세는 상을 놓고 그 위에 진설병을 차례로 놓았다(23절). 하나님께서는 차려지지 않은 자신의 식탁을 결코 받지 않으실 것이기 때문이다. (2) 등잔대를 놓자마자 모세는 여호와 앞에 등잔대에 불을 켰다(25절). 어두운 율법 시대조차도 불이 켜져 있지 않는 초를 허용하지 않았던 것이다. (3) 금제단이 제자리에 놓이자 모세는 즉시 그 위에 향기로운 향을 살랐다(27절). 하나님의 제단은 연기를 내는 제단이어야 하기 때문이다. (4) 번제단이 성막 뜰에 세워지자마자 모세는 그 제단 위에 드려지기 위해 준비된 번제와 소제를 드렸다(29절). 어떤 사람들은 비록 이것이 이 본문에 언급되었다 할지라도 얼마 후에 이르기까지는 시행되지 않았다고 생각한다. 그러나 비록 일주일이 지난 뒤에 끝났을지라도 모세는 즉시 그 성결 예식을 시작한 것으로 생각된다. (5) 물두멍도 마찬가지이다. 모세는 물두멍을 설치하고 손수 자신의 손과 발을 씻었다. 이러한 모든 예들을 통해서 모세는 제사장들에게 어떻게 그들의 의무를 이행하는지 가르쳐 주었을 뿐만 아니라 우리들에게 하나님의 은사들은 단지 보기 위한 것이 아니고 사용하기 위한 것이라는 것을 가르쳐 주고 있는 것이다. 비록 제단과 상과 등잔대들이 깨끗하고 새것이었을지라도 모세는 그것들이 때가 타서 더러워지는 것이 애석하다고 말하지 않았다. 결코 그렇게 말하거나 생각하지 않았다! 모세는 그것들을 즉시로 사용해 보았다. 달란트는 묻으라고 주신 것이 아니라 사용하라고 주신 것이다.

34구름이 회막에 덮이고 여호와의 영광이 성막에 충만하매 35모세가 회막에 들어갈
수 없었으니 이는 구름이 회막 위에 덮이고 여호와의 영광이 성막에 충만함이었으
며 36구름이 성막 위에서 떠오를 때에는 이스라엘 자손이 그 모든 행진하는 길에 앞
으로 나아갔고 37구름이 떠오르지 않을 때에는 떠오르는 날까지 나아가지 아니하였
으며 38낮에는 여호와의 구름이 성막 위에 있고 밤에는 불이 그 구름 가운데에 있음
을 이스라엘의 온 족속이 그 모든 행진하는 길에서 그들의 눈으로 보았더라

창조시에 하나님께서 인간의 거주지로 이 땅을 모두 완성하시고 난 뒤에 인간을 만드셨고, 인간이 이 땅을 소유하도록 하셨다. 이와 마찬가지로 모세가 인간들 가운데 하나님께서 거하시는 성막을 완성했을 때 하나님께서 임하셔서 그 성막을 소유하셨다. 하나님의 영원한 말씀인 셰키나(shechinah)가 아직 육신이 되지는 않았지만 그 성육신 사건의 전주곡으로서 인간들 가운데 오셨고 거주하셨다(요 1:14). 이후로 이 장소는 그분의 보좌의 처소이며 그분의 발을 두는 처소가 되었던 것이다(겔 43:7). 그분께서는 이 곳에 거하시고, 이 곳에서 다스리셨다. 성막을 받으시기 위해서 그들 가운데 하나님께서 임하신다고 하는 눈에 보이는 표시를 통해서 하나님께서는 두 가지를 증거하셨던 것이다. 하나는 금송아지 사건(출 33:7)으로 인해서 빼앗겼던 하나님의 은혜가 다시 그들에게 회복되었다고 하는 것이며, 또 다른 하나는 백성들이 지금까지 들인 모든 비용들과 그들이 성막에 바친 모든 관심과 수고를 그분께서 기쁘게 받으셨다고 하는 표지였던 것이다. 이리하여 하나님께서는 그들을 인정하셨고 친히 그들이 행한 것을 기쁘게 받으셨다고 하는 것을 보이셨으며 그들에게 충분하게 상급을 주셨던 것이다. 하나님께서는 그분에게 처소를 마련해 주는 자들과 함께 거하실 것이다. 하나님의 사역을 위해서 드려지고 그분의 영광에 헌신된, 상하고 참회하는 심령과 밝고 거룩한 심령은 그분의 영원한 안식을 얻게 될 것이다. 믿음으로 말미암아 그리스도께서는 그 곳에 거하시게 될 것이다(엡 3:17). 하나님께서 우리 영혼에 보좌와 제단을 가지신다면 바로 그 곳이 살아 있는 성전이 되는 것이다. 하나님께서는 그분 자신의 은혜의 역사와 그분 자신의 지시하심을 준수한 것에 대해서 인정해 주시고 면류관을 씌워 주실 것이 분명하다.

하나님께서 친히 시내 산 위에서 보이셨던 것처럼 그분께서는 이제 이 새로 세워진 성막에서 보이셨다. 우리는 맹렬한 불 같은(출 26:17) 여호와의 영광이 시내 산 위에 머물렀다(출 24:16)라고 하는 구절을 읽고 있다. 더욱이 구름이 바깥에서 성막을 덮었고 여호와의 영광이 성막 안을 채웠다. 아마도 이것은 슥 2:5에 잘 나타나 있는 내용일 것이다. 이 구절에서 하나님께서는 불로(곧 구름 기둥이며 밤에는 불 기둥이다) 예루살렘 주변을 둘러싼 성곽이 되시며 그 가운데에서 영광이 되리라 라고 약속하고 계시는 것이다.

I. 구름이 회막에 덮였다. 애굽에서 나오는 이스라엘 백성 앞에서 그들을

이 곳까지 인도한 같은 구름이 셰키나(shechinah)의 병거 혹은 누각으로서, 이제 성막 위에 임하셨고 그 위를 맴도는 것이었다. 가장 뜨겁고 맑은 날씨에도 그 구름이 있었다. 그 구름은 태양이 흩어버릴 수 있는 그러한 구름이 아니었기 때문이다. 이 구름은 다음과 같은 몇 가지 의도를 가지고 있었다.

1. 모든 이스라엘 백성들에게, 심지어 진의 가장 구석에 있는 사람들에게도 낮이나 밤에 계속해서 보이는 하나님의 임재의 표시였다(38절). 여호와가 우리 가운데 계시는가? 그렇지 않는 것인가? 라고 결코 다시는 질문을 하지 못하게 하시기 위함이었다. 이미 홍해와 시내 산에서 그렇게나 많은 기사를 보여 그 가운데 계시는 하나님의 진실성을 증거하기에 충분했던 바로 그 구름이 이스라엘 백성들의 모든 여정을 통하여 모든 이스라엘 가문이 계속해서 보게 되었던 것이다. 그러므로 만약에 그들이 자신들의 눈으로 보는 것을 믿지 않는다면 그들은 용서받을 수 없는 것이다.

2. 성막을 감춘 것이고 그 안에 하나님의 영광이 있음을 나타낸 것이다. 하나님께서는 정말 그들 가운데 거하셨지만 구름 가운데 거하셨다. 진실로 당신은 자신을 숨기시는 하나님이십니다. 그리스도의 복음을 인하여 하나님을 찬양하라! 그리스도 안에서 우리 모두는 여호와의 영광을 구름 속에서와 같지 않고 거울로 얼굴을 마주 대하고 보게 된다.

3. 성막을 보호하시는 것이다. 백성들은 성막을 두 겹으로 덮어 보호했다. 그러나 결국 성막을 덮었던 구름이 가장 나은 보호막이었던 것이다. 여호와의 집에 거하는 자들은 숨겨지고 하나님의 보호하심 아래서 안전하게 된다(시 27:4-5). 그러나 이것은 그 당시에는 성막에만 주는 특별한 은혜였지만 시온 산의 모든 거처에 약속된 것이다(사 4:5). 그 모든 영광 위에 덮개를 두시기 때문이다.

4. 광야를 통과해 가는 이스라엘 백성들의 행진에 있어서 이스라엘의 진영을 인도했다(36-37절). 구름이 성막 위에 계속해서 머물러 있는 동안에 그들은 휴식을 가졌다. 구름이 움직일 때 그들은 다시 움직였고 그 구름을 따라갔다. 마치 온전한 하나님의 지시하심 아래 있는 것 같았다. 이 사실은 더욱 자세히 언급된다(민 9:19; 시 78:14; 105:39). 성막이 세워지기 전에도 이스라엘 백성들은 때로는 한 곳에, 때로는 또 다른 곳에 나타났던 그들을 인도했던 구름이 있었다. 그러나 이후로는 구름이 성막 위에 머물렀고 오직 그 곳에서만 발견될

수 있었다. 이와 마찬가지로 성경이 기록되기 전에도 교회는 처음부터 그 안내자로 하나님의 계시를 가지고 있었다. 그러나 성경의 정경이 확정된 이래로 하나님의 계시는 그 계시의 성막인 성경에 머물게 되었고, 그 곳에서만 발견되게 되었다. 이것은 창조시에 첫째 날에 만들어진 빛이 넷째 날에 만들어진 태양에 중심을 이루어 모였던 것과 같은 것이다. 율법과 성경을 주신 하나님을 찬양하라!

Ⅱ. **여호와의 영광이 성막에 충만했다**(34-35절). 이제 셰키나(shechinah)는 엄위하고 영광스럽게 성막 안으로 들어가셨다. 성막의 바깥 부분을 통과해서 지성소인 알현실로 들어가셔서 그 곳에 있는 그룹들 사이에 좌정하셨다. 그 셰키나는 빛과 구름 속에 계셨다. (우리가 아는 한) 언제나 그렇게 하셨다. 셰키나(shechinah)는 스스로를 보이도록 하셨다. 하나님께서는 빛이시며 우리의 하나님께서는 소멸하는 불이시기 때문이다. 성막은 이제 이러한 것들로 가득하게 되었다. 이전에 떨기나무 숲이 불타 없어지지 않았던 것처럼 이제 휘장도 이 불에 의해서 불타 없어지지 않았다. 하나님의 두려운 위엄은 기름 부음을 받은 것들을 파멸하지 않기 때문이다. 그러나 빛이 너무나 눈부시게 빛났고 불은 너무나 두려워서 모세는 회막에 들어갈 수 없었다. 그 광채가 조금 감소되고 여호와의 영광이 휘장 뒤로 들어가기까지 모세는 입구에 머물고 있었다(35절).

이것은 하나님의 영광과 위엄이 얼마나 두려운 것이고 사람들 중에 가장 위대하고 뛰어난 자도 그분 앞에 설 수 없음을 보여주는 것이다. 하나님의 빛과 불은 그 온전한 세기로 비추게 되면 아무리 강한 사람의 의지와 아무리 순수한 사람의 마음이라 할지라도 그 하나님의 빛과 불에 압도당하고 말 것이다. 모세가 육신이 약함으로 인해서 할 수 없었던 것을 우리 주 예수께서 이루셨다. 하나님께서 모세를 더 가까이 이끄시고 오게 하신다. 예수께서는 선구자로서 우리를 위해 들어가셨고 우리를 속죄소에까지도 담대히 오도록 초대하셨다. 예수께서는 손으로 만들지 않은 성소에 들어가실 수 있었다(히 9:24). 아니, 그분께서는 자신이 하나님의 영광으로 가득 찬(요 1:14) 참된 성막이시다. 또 이 불과 빛으로 예표된 하나님의 은혜와 진리로 충만한 참된 성막이신 것이다. 그분 안에서 셰키나는 영원히 안식하신다. 그 안에는 신성의 모든 충만이 육체로 거하시기 때문이다. 예수 그리스도로 인하여 하나님을 찬양하라!

레위기

서론

이 레위기에는 다음과 같은 몇몇 사건들에 대한 기록을 제외하고는 역사적인 내용들은 거의 없다. 레위기에 등장하는 역사적인 성격을 띠고 있는 사건들은 제사장직을 성별한 일(8-9장), 다른 불을 드림으로 인해서 하나님의 손이 나답과 아비후를 치신 일(10장), 그리고 치안과 행정을 맡은 사람에 의해서 하나님의 이름을 저주함으로 징벌을 받은 슬로밋의 아들에 관한 기록(24장) 등이 있다. 이 책의 나머지 모든 부분들은 율법들, 특별히 교회법들에 관한 내용들로 이루어져 있다. 이 율법들은 하나님께서 모세를 통해서 이스라엘에게 주신 것으로서 이스라엘 백성들이 드리는 희생제사와 헌물들, 그리고 음식들과 마시는 것들과 다양한 정결례들, 그리고 다른 독특한 법들에 대해서 규정하고 있다. 하나님께서는 이 율법들을 통해서 이스라엘 백성들을 하나님 자신을 위해서 따로 구별하신 것이며, 다른 민족들과도 구별하신 것이다. 이 모든 것들은 장차 올 좋은 일들에 대한 그림자로서 그리스도의 복음에 의해서 실현되고 대치된 것들이었다.

우리는 칠십인경을 따라서 이 책을 레위기라고 부른다. 이 책이 레위 계통의 제사장직(히 7:11이 말하고 있는 대로)에 대한 율법들과 규례들, 그리고 그 사역에 관한 내용들을 포함하고 있기 때문이다. 레위인들은 이러한 제도들에 대해서 자신들이 참여하고, 백성들을 가르치는 주된 책임을 지고 있었다. 우리는 레위기 바로 전에 있는 기록을 통해서 예배의 장소가 될 성막이 세워지는 것에 대해서 보았다. 그 성막은 예배를 위한 양식에 따라 지어졌기 때문에 그 곳에서 시행될 예배에 관한 규례들이 있어야만 하는 것이다. 이러한 규례들은 이전과 마찬가지로 특별하게 하나님의 지명하심이 있었고, 하나도 틀림이 없이 정확하게 지켜져야만 했던 것들이었다. 이 폐지된 율법들에 대한 나머지 기록은, 세상으로부터 죽임을 당하신 어린 양이신 그리스도 예수 안에서 우리들의 믿음을 굳건하게 하는데, 그리고 하나님에게 우리들의 더욱 큰 감사를 드리게 하는 유용한 면이 있다. 그리스도 되신 예수님으로 인해서 우리는 예식법의 멍에로부터 자유롭게 되었고, 개혁의 시기에 살고 있는 것이다.

제 1 장

개요

이 책은 희생제사들에 관한 율법들로 시작을 한다. 희생제사들 중에 가장 오래된 것은 번제였다. 이 번제에 대해서 하나님께서는 본 장에서 모세에게 지침들을 주신다. 번제가 어떻게 준비되고 드려져야만 하는지에 대한 명령들이 본 장에 주어지고 있다. I. 번제물이 소인 경우(3-9절). II. 번제물이 양 혹은 염소, 새끼 양 혹은 새끼 염소인 경우(10-13절). III.번제물이 산비둘기나 집비둘기인 경우(14-17절). 이 율법에 의하면 드려지는 제물이 값이 많이 나가는 것이든 그렇지 못한 것이든 제물이 바른 마음으로 드려진다면 하나님께서 받으신다는 것을 말하고 있다.

**1여호와께서 회막에서 모세를 부르시고 그에게 말씀하여 이르시되 2이스라엘 자손
에게 말하여 이르라 너희 중에 누구든지 여호와께 예물을 드리려거든 가축 중에서
소나 양으로 예물을 드릴지니라**

본문에서 다음과 같은 것들을 관찰하라.

1. 백성들이 여호와께 제물을 가져와 드리려고 하는 것은 당연한 일이다. 본성 자체는 인간에게 어떠한 방법으로든 자신을 지으신 이에게 영광을 돌리도록, 그리고 그분에게 자신의 주인으로서 영예를 돌리도록 인도한다. 계시종교는 자연종교를 고대의 초기 제도라고 생각한다. 타락함으로 인해서 인간은 희생제사를 드림으로 하나님을 영화롭게 하도록 했기 때문이다. 이것은 인간들이 피조물로서, 모든 것을 하나님께로부터 받는다는 것과 죄인들로서 모든 것을 하나님께 빼앗겼다고 하는 것을 고백하는 것이다. 의존성과 죄책성을 깨닫는 양심은 천천의 수양을 가지고 하나님 앞에 기꺼이 나아가고자 할 것이다(미 6:6-7).

2. 인간들은 자신들의 희생제사들에 관해서 그들 자신의 공상에 빠져들어서는 안 되는 것이며, 그들의 상상물이나 고안물들로 헛되게 되어서는 안 된다

는 것을 말해주고 있다. 그들이 하나님을 영화롭게 하는 척하면서 사실은 그분을 불명예스럽게 하지 않도록 하기 위함이다. 그러므로 모든 것은 어떤 규칙에 의해서 마땅한 법칙들로 행해져야만 하도록 지시되어야만 하는 것이다. 그렇게 함으로써 희생제사가 두 가지 가장 중요한 의미를 가지게 하기 위함이다. 즉, 그리스도께서 때가 차매 드리실 속죄의 위대한 희생제사와 믿는 자들이 매일 드려야 할 감사의 영적인 희생제사의 중요한 의미를 가지게 하는 것이다.

3. 하나님께서는 모세를 통해서 이 율법들을 이스라엘에게 주셨다. 그러므로 **여호와께서 모세에게 말씀하여 이르시되 이스라엘 자손에게 말하여 이르라** 라고 하는 말보다 더 자주 반복되는 말은 없다. 하나님께서는 십계명을 말씀하셨던 것 같이 친히 이스라엘 자손들에게 이 율법을 말씀하셨을 수도 있었을 것이다. 그러나 하나님께서는 모세를 통해서 그들에게 율법을 전달하는 방법을 택하셨다. 이스라엘 자손들이 더 이상 하나님께서 친히 그들에게 말씀하시는 것을 원하지 않았고, 하나님께서도 모세가 모든 선지자들 위에 그리스도의 예표(모형)가 되도록 계획하셨기 때문이다. 하나님께서는 이 그리스도를 통해서 마지막 때에 우리들에게 말씀하시려고 하시는 것이다(히 1:2). 하나님께서는 다른 선지자들을 통해서는 자신의 백성들에게 메시지를 전하셨다. 그러나 하나님께서는 모세를 통해서는 그 백성들에게 율법을 주셨다. 그러므로 모세는 아버지께서 모든 심판을 맡기신 그리스도를 상징하기에 적합하였던 것이다. 게다가 하나님의 계시의 보화는 항상 질그릇에 담겨져 있는데, 이는 우리의 믿음이 연단을 받게 되고 하나님의 권능의 우월성이 드러나게 하기 위함이었다.

4. 하나님께서는 회막에서 모세에게 말씀하셨다. 이루어진 것을 받으심에 대한 표시로서 셰키나(shechinah)가 그 새로운 거처에 자리하시자마자 하나님께서는 속죄소에서 모세와 말씀하셨다. 모세는 휘장 밖에 혹은 문에 있으면서 목소리만 들었을 것이다. 아마도 모세는 그가 들었던 것을 바로 그 때에 기록했을 것이다. 그 들은 것을 다시 되새길 때 어떤 실수나 기억의 감퇴를 방지하기 위함이었던 것이다. 회막은 하나님과 이스라엘 사이의 교제의 장소로 세운 것이었다. 바로 그 곳에서 이스라엘 백성들은 하나님께 그들의 예식을 거행했고, 하나님께서는 그들에게 자신의 뜻을 계시하셨던 것이다. 이와 마찬가지로 이제 우리들은 말씀과 기도로 아버지와 그분의 아들 예수 그리스도와 교제를 가지는 것이다(행 6:4). 우리가 하나님께 말씀을 드릴 때 우리는 그분으로부터

들으려고 해야만 하는 것이며, 그분께서 우리에게 말씀하시는 것을 기쁘게 여기신다고 하는 것을 커다란 은혜로 여겨야만 하는 것이다. 여호와께서는 모세에게 가까이 오지 말라고 명하셨다(율법 시대 아래에서는 모세조차도 일정한 거리를 유지해야만 했던 것이다). 그러나 전해지는 것에 주의를 기울이고 들으라고 명하셨다. 유대 비평가들은 우리들에게 다음과 같이 말한다. 명하셨다(called)는 말을 나타내는 히브리어 단어에서 일상적으로 좀 덜 쓰이는 글자가 쓰인 것은 하나님께서 고요하고 작은 음성으로 말씀하셨다고 하는 것을 암시해 주는 것이다. 도덕법은 천둥과 번개 속에 불타는 산에서 두려움 가운데 주어졌다. 그러나 제사의 치료하는 율법은 속죄소에서 좀 더 평온한 분위기 가운데 주어졌다. 이것은 복음의 은총을 상징하는 것이었기 때문이다. 복음의 은총이란 생명과 평화를 주는 은총을 말한다.

3그 예물이 소의 번제이면 흠 없는 수컷으로 회막 문에서 여호와 앞에 기쁘게 받으
시도록 드릴지니라 4그는 번제물의 머리에 안수할지니 그를 위하여 기쁘게 받으심
이 되어 그를 위하여 속죄가 될 것이라 5그는 여호와 앞에서 그 수송아지를 잡을 것
이요 아론의 자손 제사장들은 그 피를 가져다가 회막 문 앞 제단 사방에 뿌릴 것이
며 6그는 또 그 번제물의 가죽을 벗기고 각을 뜰 것이요 7제사장 아론의 자손들은
제단 위에 불을 붙이고 불 위에 나무를 벌여 놓고 8아론의 자손 제사장들은 그 뜬
각과 머리와 기름을 제단 위의 불 위에 있는 나무에 벌여 놓을 것이며 9그 내장과
정강이를 물로 씻을 것이요 제사장은 그 전부를 제단 위에서 불살라 번제를 드릴
지니 이는 화제라 여호와께 향기로운 냄새니라

만약에 어떤 사람이 부자이고 번제를 드릴 수 있다면, 그는 그의 많은 가축 떼로부터 그가 하나님의 영광을 위한 그의 번제물을 가져올 수 있다고 한다. 하나님께서 최고의 존재이시라고 하는 것을 아는 사람은 그분께 그가 가진 최상의 것을 드리려고 마음먹을 것이다. 그렇지 않으면 그는 그분의 이름에 합당한 영광을 드리는 것이 아닌 것이다. 한편 어떤 사람이 그의 가족이나 친구들과 즐기기 위해서가 아니라 자신의 하나님께 희생제물을 드리기 위해서 소를 잡으려고 한다면, 다음과 같은 규칙들이 엄숙히 준수되어야만 하는 것이다.

1. 바쳐질 짐승은 수컷으로 흠이 없는 것이어야 하며, 그가 가지고 있는 그

의 목장에서 가장 좋은 것으로 드려야만 하는 것이다. 무한히 완벽하신 분의 영광을 위해서 순전하게 드리기로 한 제물이라면 소로서 가장 완전한 것이어야만 하는 것이다. 이것은 죽으심으로 희생제물이 되신 그리스도 안에 있는 완벽한 그 효력과 순결성을 상징한 것이었고, 하나님께 산 제물로서 드려진 그리스도인들 안에 있어야 하는 마음의 신실성과 삶의 무흠성을 상징한 것이었다. 그러나 사실상 그리스도 예수 안에는 남성도 여성도 없는 것이다. 신체적으로 선천적인 어떠한 결함으로 인해서 우리가 그리스도께 받아들여지는데 장애가 되는 것도 아니다. 단지 죄로 인해서 우리의 영혼에 유입되는 도덕적인 결함과 불구만이 우리의 열납됨에 장애가 되는 것이다.

2. 그 주인은 자발적으로 그 소를 드려야만 한다. 하나님을 기쁘시게 해드리기 위해서 신앙 안에서 행해지는 일은 사랑 이외에 그 어떤 강제적인 수단에 의해서 이루어져서는 안 되는 것이다. 하나님께서는 자원하는 사람들과 기쁘게 드리는 자를 받으시는 것이다. 에인즈워스(Ainsworth)나 다른 학자들은 이 율법을 제물의 원리가 아니라 제물의 목적으로 해석한다. "여호와 앞에 그의 은혜로운 열납됨을 위하여 그로 하여금 제물을 드리도록 하라. 이것이 그가 희생제물을 가져오는 그의 목적이 됨을 알도록 하자. 그의 눈이 지속적으로 그 목적에 맞추어지도록 해서 그가 여호와께 열납되도록 하자." 자신들의 모든 신앙적인 사역에 있어서 이러한 목적을 신실하게 갈망하고 계획하는 자들만이 열납됨을 발견하게 될 것이다(고후 5:9).

3. 그 제물은 다른 어느 곳이 아닌 바로 회막문에서 드려져야만 한다. 제물을 성결케 하는 놋으로 만든 번제단이 놓여 있는 곳이다. 제물을 드리는 자는 성막 안으로 들어갈 자격이 없는 자로서 문에서 제물을 드려야만 하는 것이다. 희생제사가 아니고서는 죄인이 언약에, 그리고 하나님과의 교제에 들어갈 수 없음을 고백하면서 드리는 것이다. 그러나 그는 제물을 이러한 개인적인 예식에 있어서조차도 그가 전체 이스라엘 교회와 교제를 나누는 표시로 삼으며 회막에서 드려야만 했다.

4. 제물을 드리는 자는 그의 손을 그의 제물의 머리 위에 얹어야만 한다(4절). 유대인 학자들은 "그는 자신의 온 힘을 다해 그 짐승의 뿔 사이에 자신의 양 손을 놓아야만 한다"라고 말한다. 이러한 행위는 다음과 같은 의미들을 나타내는 것이다. (1) 그의 모든 권한과 권리를 짐승에게, 실제로는 하나님에게

이양한다는 것을 나타내는 것이다. 그러한 손으로 이양하는 과정을 통해서 하나님을 섬기는 사역에 모든 것을 맡긴다는 의미를 나타내는 것이다. (2) 그는 죽어 마땅한 자이며 하나님의 영광을 위해서 하나님께서 죽는 것을 요구하신다면 기꺼이 죽을 수도 있다는 것과 그렇게 함으로써 그분의 은혜를 얻는다는 것을 고백하는 것이다. (3) 희생제사에 대한 의존성을 나타낸다. 그 희생제사는 우리 모두의 죄악이 내려놓여야만 하는 커다란 희생제사의 제도화된 모형인 것이다. 어떤 사람들은 희생제사 특별히 이 예식의 신비스러운 의미를 사도가 안수의 교리를 의미한 것(히 6:2)이라고 생각한다. 이것은 복음적인 믿음을 상징한 것이었다. 제물을 드리는 자가 제물의 머리 위에 자신의 손을 얹는 것은 드리는 자의 속죄함을 위해 하나님께 받아들여짐을 그가 바라고 희망하는 것을 나타내는 것이었다. 비록 번제는 속죄제처럼 어떤 특별한 죄에 관련된 것은 아니었다. 그러나 번제는 일반적으로 죄를 속해 주었다. 그리고 번제물에 손을 얹은 사람은 그가 마땅히 해야 할 일을 하지 않고 마땅히 하지 말아야 될 일을 했다고 하는 것을 고백하는 것이며, 그가 죽어 마땅하지만 자신의 죄사함을 위해 자신의 희생제물의 죽음이 받아들여지게 되기를 위해서 기도하는 것이었다.

5. 희생제물은 여호와 앞에서 레위 지파 제사장들에 의해서 죽어야만 했다 (매튜 헨리는 제사장들이 희생제물을 잡는 것으로 말하고 있다. 그러나 히브리어 원문에는 제물을 드리러 온 사람이 지은 죄를 참회하는 마음으로 희생제물을 직접 잡는 것으로 되어 있다. 제물을 드리러 온 죄인 된 자가 희생제물에 자신의 손을 얹어 안수하고 그 제물을 직접 잡는다고 하는 것은 신학적으로 매우 중요한 의미가 담겨 있는 것이다 — 역주). 즉, 헌신된 경건한 태도로 하나님과 그분의 영광을 염두에 두고 잡으라는 것이었다. 이것은 우리 주 예수께서 자신의 영혼 혹은 목숨을 죄를 위한 제물로 드려야 했음을 상징하는 것이었다. 주권자 메시야는 희생제물로서 끊어져야만 했지만 자신을 위한 것이 아니었다(단 9:26). 이것은 또한 산 제물인 그리스도인들은 자신 속에 있는 동물적인 면을 억제하고 죽여야만 하며, 육신은 그 부패한 정욕과 탐욕, 그리고 단순히 동물적인 삶의 모든 욕망과 함께 십자가에 못 박혀 죽어야만 한다고 하는 것을 나타내는 것이다.

6. 제사장들은 그 피를 제단 사방에 뿌려야만 했다(5절). 피에 생명이 있는 것이기 때문에 영혼을 속죄하는 것은 바로 이 피인 것이다. 이것은 우리 주 예수께서 그의 피를 흘리심으로 아버지의 공의를 만족시키시고 그분의 훼손된 영

광을 회복하신 것에 대한 직접적이고 실제적인 상징이었던 것이다. 예수께서는 흠 없는 자기를 하나님께 드리셨던 것이다. 이것은 또한 예수 그리스도의 피를 믿고 그 피를 우리들의 양심에 뿌림으로 그 양심이 평강을 얻고 정결케 된다고 하는 것을 나타내는 것이었다(벧전 1:2; 히 10:22).

7. 짐승은 도살자의 기술에 따라 가죽이 벗겨져야만 했으며 정중하게 잘라져야만 했고, 여러 개의 조각과 부분으로 나뉘어야만 했다. 그런 다음 머리와 기름과 함께 모든 부분들은(다리와 내장은 먼저 씻겼다) 제단 위에서 함께 불태워져야만 했다(6-9절). 그러나 이것이 무슨 목적으로 이렇게 낭비되어야 하는가? 라고 말하는 사람이 있을 것이다. 가난한 사람들에게 주면 한동안 그들의 배고픈 가족들의 음식이 될 수 있는 이 좋은 고기를 왜 함께 불태워 재로 만들어야만 하는 것인가? 그것은 그렇게 하는 것이 하나님의 뜻이기 때문이었다. 그러므로 우리는 그것에 이의를 제기하거나 잘못을 찾아서는 안 되는 것이다. 그 제물이 정말로 더 복되고 그 창조된 목적에 더 잘 부응하게 되는 것은 바로 그 제물이 인간을 위한 음식으로 사용될 때보다 하나님의 명령에 순종해서 영적인 축복을 나타내기 위해서 하나님의 영광을 위해 그 제물이 불태워질 때인 것이다. 우리는 하나님을 위해 드려진 것을 결코 손실이라고 생각해서는 안 되는 것이다. 희생제물이 불태워지는 것은 그리스도의 극심한 고통을 나타낸 것이며, 그리스도인들이 자신들을 그들의 온 영혼과 몸을 하나님께 바쳐야만 하는 거룩한 불로서의 헌신된 사랑을 나타내는 것이었다.

8. 이것은 여호와께 향기로운 냄새 혹은 안식의 향기가 되는 것이라고 말하고 있다. 고기를 불태우는 것 그 자체는 결코 좋은 냄새가 아니다. 그러나 하나님의 명령에 대한 순종의 행위로서 이것은 그리스도의 모형으로서 하나님께서 매우 기뻐하시는 것이다. 하나님께서는 제물을 드리는 자와 화해하셨고 그 화해됨을 만족해하셨다. 하나님께서는 먼저 창조의 역사를 마치시고 안식하셨듯이(출 31:17) 이러한 그분의 은혜를 나타내는 제도들을 통해서 안식하셨고 즐거워하셨다(시 104:31). 그리스도께서 자신을 하나님께 드리신 것은 향기로운 제물이 되었다고 말하고 있다(엡 5:2). 그리고 그리스도인들의 영적인 희생제사들은 예수 그리스도로 말미암아 하나님께서 기뻐 받으시는 것이라고 말하고 있다(벧전 2:5).

10만일 그 예물이 가축 떼의 양이나 염소의 번제이면 흠 없는 수컷으로 드릴지니 11
그가 제단 북쪽 여호와 앞에서 그것을 잡을 것이요 아론의 자손 제사장들은 그것
의 피를 제단 사방에 뿌릴 것이며 12그는 그것의 각을 뜨고 그것의 머리와 그것의
기름을 베어낼 것이요 제사장은 그것을 다 제단 위의 불 위에 있는 나무 위에 벌여
놓을 것이며 13그 내장과 그 정강이를 물로 씻을 것이요 제사장은 그 전부를 가져다
가 제단 위에서 불살라 번제를 드릴지니 이는 화제라 여호와께 향기로운 냄새니라
14만일 여호와께 드리는 예물이 새의 번제이면 산비둘기나 집비둘기 새끼로 예물을
드릴 것이요 15제사장은 그것을 제단으로 가져다가 그것의 머리를 비틀어 끊고 제
단 위에서 불사르고 피는 제단 곁에 흘릴 것이며 16그것의 모이주머니와 속죄소 위
곧 그 더러운 것은 제거하여 제단 동쪽 재 버리는 곳에 던지고 17또 그 날개 자리에
서 그 몸을 찢되 아주 찢지 말고 제사장이 그것을 제단 위의 불 위에 있는 나무 위
에서 불살라 번제를 드릴지니 이는 화제라 여호와께 향기로운 냄새니라

우리는 본문에서 양이나 염소 혹은 새 종류로 이루어지는 번제에 관한 율법을 보게 된다. 소를 제물로 드릴 수 없는 중간 계층의 사람들은 양이나 염소를 가져올 수 있었다. 양이나 염소를 드릴 수 없었던 사람들은 만약에 그들이 산비둘기나 집비둘기를 가져온다면 하나님께 열납될 수 있었다. 하나님께서는 그분의 섭리하심뿐만 아니라 그분의 율법과 복음에서도 가난한 자들을 고려하고 계시기 때문이다. 온유하고 유순하며 해가 없고 악의 없는 피조물들이 제물로서 선택되었다고 하는 것은 주목해 볼 만한 사실이다. 앞에 열거한 성격들은 그리스도 안에 있는 순결함과 온유함을 상징하는 것이며, 그리스도인들이 가져야만 하는 순결함과 온유함을 가르쳐 주는 것이다. 이 본문에는 다음과 같은 사항들에 대한 지침들이 주어지고 있다.

1. 양이나 염소의 번제에 관한 지침(10절). 이러한 제물들을 다루는 방법은 수소를 다루는 방법과 매우 유사하다. 단지 제단 북쪽에서 희생제물을 잡으라고 하는 명령이 더 주어지고 있다. 비록 제단 북쪽에서 라고 하는 어구가 이 곳에서만 언급되어 있다 할지라도, 이 어구는 아마도 이전 희생제물과 다른 희생제물에 관해서도 적용이 되어 준수되었을 것이다. 아마도 제단 북쪽에는 커다란 공간이 있어서 제사장들이 제물들을 그 곳으로 끌고 들어갈 수 있었을 것이다. 좋은 날씨는 북쪽에서부터 온다 라거나 북풍은 비를 거두어 간다 라고 하는 말은 오

래 전부터 있었던 말들이다. 이러한 희생제사들에 의해서 하나님의 진노의 폭풍은 사라지며, 하나님의 얼굴의 광채를 다시 얻게 되는 것이다. 이것은 가장 청명한 날씨보다 더 유쾌한 것이다.

2. 새 종류를 번제로 드리는 경우에 관한 지침. 그 새들은 산비둘기(유대인들은 산비둘기라면 그것들은 다 큰 비둘기여야만 한다고 말한다)나 집비둘기 둘 중에 하나여야만 한다. 집비둘기라면 그것들은 어린 비둘기들이어야만 한다. 인간의 식탁에서 가장 선호하는 것들이 하나님의 제단에 드려져야만 하는 것이다. 이러한 새들을 드릴 때 다음과 같은 일들을 해야만 한다.

(1) 어떤 사람들은 머리는 비틀어 꺾어버려야 한다고 말한다. 다른 사람들은 새를 죽이기 위해서 목을 조이되 목은 몸에 붙여 놓았다고 말한다. 그러나 목은 완전히 잘라냈던 것 같다. 머리를 먼저 불태웠기 때문이다. (2) 피는 제단 곁에 흘릴 것이라고 말한다. (3) 깃털과 찌꺼기는 쓰레기통에 버려야만 했다. (4) 몸은 쪼개서 소금을 치고 제단에서 불태웠다.

유대인들은 "이 새의 희생제사는 제사장들이 수행했던 가장 어려운 사역들 중의 하나였다"라고 말한다. 이것은 거룩한 일들을 감당하는 사람들에게 부자들의 구원만큼 가난한 사람들의 구원에도 간절히 신경을 써야 한다는 것과, 가난한 사람들의 예배도 만약에 그들이 정직한 마음으로 와서 드린다면 부자들의 예배처럼 하나님께 열납된다는 것을 가르쳐 주는 것이다. 하나님께서는 있는 대로 받으실 터이요 없는 것은 받지 아니하시기 때문이다(고후 8:12). 가난한 사람들의 산비둘기들이나 어린 집비둘기들은 본문에서 뿔과 발굽을 가진 소나 송아지의 번제와 같이 화제로 여호와께 향기로운 냄새가 된다고 말하고 있다. 그렇지만 결국은 마음을 다하고 지혜를 다하고 힘을 다하여 하나님을 사랑하는 것과 또 이웃을 자기 자신과 같이 사랑하는 것이 전체로 드리는 모든 번제물과 기타 제물보다 나은 것이다(막 12:33).

제 2 장

개요

본 장에서 우리는 소제에 관한 율법을 보게 된다. I. 소제의 재료: 기름과 향이 섞인 밀가루(1절), 화덕에 구운 것(4절), 철판에 부친 것(5-6절), 솥에 삶은 것(7절) 등이 있다. II. 소제를 만드는 것: 밀가루로 만든 것(2-3절), 떡으로 만든 것(8-10절) 등이 있다. III. 소제에 관한 다음과 같은 특별한 규칙들이 있다. 누룩과 꿀을 절대로 섞어서는 안 되며(11-12절) 소제에 소금을 결코 빼서는 안 된다(13절). IV. 한 해의 첫 수확물을 드림에 관한 율법이 있다(14절 이하).

1누구든지 소제의 예물을 여호와께 드리려거든 고운 가루로 예물을 삼아 그 위에
기름을 붓고 또 그 위에 유향을 놓아 2아론의 자손 제사장들에게로 가져갈 것이요
제사장은 그 고운 가루 한 움큼과 기름과 그 모든 유향을 가져다가 기념물로 제단
위에서 불사를지니 이는 화제라 여호와께 향기로운 냄새니라 3그 소제물의 남은 것
은 아론과 그의 자손에게 돌릴지니 이는 여호와의 화제물 중에 지극히 거룩한 것
이니라 4네가 화덕에 구운 것으로 소제의 예물을 드리려거든 고운 가루에 기름을
섞어 만든 무교병이나 기름을 바른 무교전병을 드릴 것이요 5철판에 부친 것으로
소제의 예물을 드리려거든 고운 가루에 누룩을 넣지 말고 기름을 섞어 6조각으로
나누고 그 위에 기름을 부을지니 이는 소제니라 7네가 냄비의 것으로 소제를 드리
려거든 고운 가루와 기름을 섞어 만들지니라 8너는 이것들로 만든 소제물을 여호와
께로 가져다가 제사장에게 줄 것이요 제사장은 그것을 제단으로 가져가서 9그 소제
물 중에서 기념할 것을 가져다가 제단 위에서 불사를지니 이는 화제라 여호와께
향기로운 냄새니라 10소제물의 남은 것은 아론과 그의 아들들에게 돌릴지니 이는
여호와의 화제물 중에 지극히 거룩한 것이니라

번제물에 부가적인 성격만을 가진 몇 가지 소제들이 있었다. 소제는 매일 드리는 제사(출 29:38-41)와 화목제와 함께 드려졌기 때문이다. 또한 이

소제들은 전제와 함께 드려졌으며(민 15:4, 7, 9-10을 보라) 이들 제물에 들어가는 양이 정해져 있었다. 그러나 본 장의 율법은 누군가가 자신의 헌신을 표현해야 할 이유를 발견했을 때 그들 자신들에 의해서 드려지는 소제에 관한 것이다. 우리가 성경에서 읽게 되는 첫 드림은 바로 이러한 종류의 제사였다(창 4:3). 가인은 땅의 소산으로 제물을 삼아 드렸다.

I. 이러한 종류의 제물은 다음과 같은 여건들 속에서 지정되었다.

1. 가난한 사람들과 그들의 능력을 고려해서 정해진 것이다. 고기를 먹지 못하고 빵과 과자류만을 먹고 사는 사람들도 그들 자신의 거칠고 보잘것없는 상태의 것을 드린다 할지라도 하나님께 열납되는 제물을 드릴 수 있게 하기 위함이었다. 또한 사렙다 과부가 그녀의 선지자에게 했듯이 먼저 적은 양의 과자를 하나님의 제단에 가져오게 함으로써 통에 있는 한 줌의 식량과 항아리에 든 기름을 축복하셔서 결코 그것이 떨어지지 않게 하시기 위함이었다.

2. 그들이 음식을 먹으면서도 그들을 향한 하나님의 자비에 대한 합당한 감사를 나타내게 하기 위해 정해진 것이다. 이것은 마치 부역을 면해주는 봉건시대의 면역지대(免役地代)와 같은 것이었다. 이것을 통해서 그들은 자신들이 하나님을 의존하고 있다고 하는 것과, 그분에게 자신들의 감사함을 드린다고 하는 것, 그리고 그분을 자신들의 주인이자 풍성하신 은인으로 자신들이 기대하고 있다고 하는 것을 입증했던 것이다. 하나님께서는 모든 사람들에게 생명과 호흡과 알맞은 음식을 제공하신다. 그러므로 그들은 자신들의 생계수단을 가지고 여호와를 영화롭게 해야만 했고, 그분의 영광을 위해서 그들이 먹고 마신다고 하는 표시로 그들이 먹고 마시는 것의 얼마를 그분의 현재 사역을 위해서 성별해야만 했던 것이다. 그러므로 하나님께 열납되는 소제를 드리려고 하는 자들은 감사함과 자비의 마음을 가지고 자신들의 빵을 배고픈 자들에게 나누어 주어야 하고, 일용할 양식이 없는 자들의 필요를 위해 제공해 주어야만 한다. 그들이 기름진 것을 먹고 맛있는 것을 마실 때 아무것도 준비되어 있지 않은 사람들을 위해서 스스로 일정 부분을 보내주는 것은 하나님께 열납되는 소제를 드리는 것이다. 선지자는 소제와 전제가 여호와의 성전에서 끊어진 것을 가뭄의 무서운 영향 가운데 하나라고 슬퍼했으며(욜 1:9) 소제와 전제가 회복되는 것이 풍년의 가장 큰 축복이라고 생각했다(욜 2:14).

Ⅱ. 소제의 율법들은 다음과 같은 것들이다.

1. 재료는 항상 고운 밀가루와 기름이어야만 했는데 이 둘은 모두 가나안 땅의 주요 소산물들이었다(신 8:8). 그 당시에 그들이 그들의 음식에 기름을 사용했던 것은 오늘날 우리가 우리의 음식에 버터를 사용하는 것과 같은 것이다. 제물이 요리되지 않는 경우에는 기름을 밀가루에 부어야만 했다(1절). 제물이 요리가 되는 경우에는 기름을 밀가루에 섞어야만 했다(4절 이하).

2. 제물이 구워지지 않은 밀가루라면 기름 이외에도 제물 위에 유향을 넣고 불태워야만 했다(1-2절). 제단에 향기를 피우기 위해서였다. 이것은 복음 사역자들이 하나님 앞에서 향기가 되어야만 한다고 말하는 것을 암시하는 것이다(고후 2:15).

3. 제물이 준비되었다면 여러 가지 방법으로 처리되었을 것이다. 제물을 드리는 자는 그 제물을 굽든지 튀기든지 철판 위에서 밀가루와 기름을 섞든지 했을 것이다. 그렇게 하는 것은 성막으로 가져오기에 편리하게 하기 위함이었다. 이 율법은 결코 값비싸지 않은 제물들에 이르기까지도 매우 세밀하게 지시되었다. 이것은 신실한 마음으로 행해지는 경건한 예배는 비록 그분의 백성들 중에 가난한 자들에 의해서 드려지는 것이라 할지라도 하나님께서는 알고 계신다고 하는 것을 암시해 주고 있는 것이다.

4. 제물을 드리는 자는 그 제물을 제사장에게 가져다 주어야만 했다: **소제물을 여호와께로 가져다가**(8절). 제사장들은 하나님의 수납원들이며 예물을 드리기 위해 임명된 자들이었기 때문이다.

5. 소제물의 일부분은 기념물로서 제단 위에서 불태워져야만 했다. 즉, 하나님께서 그들에게 풍성하게 주신 것, 모든 것을 풍성하게 향유하도록 주신 것에 대한 표시로서 불태워 드렸던 것이다. 그것은 화제였다(2, 9절). 제물을 불로 태우는 것은 그들이 가지고 있는 이 땅의 모든 열매들이 마땅히 불태워져야 했지만 여호와의 은혜로 불태워지지 않았음을 그들에게 상기시켜 주는 것이었다. 또한 그들이 음식은 배를 위하여 있고 배는 음식을 위하여 있으나 하나님은 이것저것을 다 폐하시리라 함(고전 6:13)과 사람이 떡으로만 살지 않는 것임을 배우도록 하기 위함이었다. 본문에서 불로 태워드리는 이 제물은 여호와께 향기로운 냄새라고 말하고 있다. 거룩한 사랑의 불, 특별히 구제행위의 불로 드려지는 우리들의 영적인 제물들은 여호와께 향기로운 냄새가 되는 것이

다. 이것은 받으실 만한 향기로운 제물이요 하나님을 기쁘시게 한 것이요(빌 4:18) 하나님께서는 이 같은 제사를 기뻐하신다(히 13:16).

6. 소제의 나머지는 제사장들에게 주어졌다(3, 10절). 이것은 화목제(이것도 거룩하기는 하지만 지극히 거룩한 것은 아니었다)와 같이 제물을 드리는 자가 먹는 것이 아니라 오직 제사장들과 그들의 가족들만이 먹어야만 하는 지극히 거룩한 것이었다. 이와 같이 하나님께서는 제단을 섬기는 자들이 제단에서 먹고 살 수 있도록 하셨고 편안하게 살도록 하셨다.

[11]너희가 여호와께 드리는 모든 소제물에는 누룩을 넣지 말지니 너희가 누룩이나
꿀을 여호와께 화제로 드려 사르지 못할지니라 [12]처음 익은 것으로는 그것을 여호
와께 드릴지나 향기로운 냄새를 위하여는 제단에 올리지 말지며 [13]네 모든 소제물
에 소금을 치라 네 하나님의 언약의 소금을 네 소제에 빼지 못할지니 네 모든 예물
에 소금을 드릴지니라 [14]너는 첫 이삭의 소제를 여호와께 드리거든 첫 이삭을 볶아
찧은 것으로 네 소제를 삼되 [15]그 위에 기름을 붓고 그 위에 유향을 더할지니 이는
소제니라 [16]제사장은 찧은 곡식과 기름을 모든 유향과 함께 기념물로 불사를지니
이는 여호와께 드리는 화제니라

본문에는 다음과 같은 규정들이 있다.

I. 누룩과 꿀은 그들의 소제물과 함께 드려지는 것이 금지되었다. 누룩이나 꿀을 화제로 드려 사르지 못할지니라(11절).

1. 누룩은 그들이 애굽에서 나올 때 그들이 먹었던 누룩 없는 떡을 기념하기 위하여 금지되었다. 그들이 드리는 제물은 매우 급히 서둘러 드려져야 했기 때문에 제물의 누룩이 익기까지 그들이 기다려야만 하는 것은 그들에게 그리 용이한 일이 아니었던 것이다. 신약은 교만과 위선을 누룩에 비유하고 있다. 그것들은 누룩과 같이 부풀기 때문이다. 또한 악과 사악함도 누룩에 비유된다. 그것들은 누룩과 같이 시고 괴롭게 하기 때문이다. 우리는 이 비유를 우리의 영적인 희생제사가 열납되는 것을 분명히 망치게 하는 그러한 죄악들에 대한 주의를 주는 경고로서 이해하고 활용해야만 하는 것이다. 순수한 손은 분명히 진노를 받지 않고 높여지게 되는 것이며, 우리의 모든 복음적인 절기들은 신실과 진리의 누룩 없는 떡으로 지켜져야만 하는 것이다.

2. 비록 가나안은 꿀이 흐르는 곳이라 할지라도 꿀이 금지되었다. 꿀을 많이 먹는 것은 좋지 않기 때문이다(잠 25:16, 27). 맛은 감미로울지라도 배에는 담즙과 같이 쓰게 되는 것이다. 어떤 사람들은 이 두 가지 누룩과 꿀이 금지된 주된 이유는 이방인들이 그것들을 그들의 희생제사에 매우 많이 사용하기 때문이라고 생각한다. 그러므로 하나님의 백성들은 그런 이교적인 방법들을 배우거나 사용해서는 안 되는 것이며, 하나님의 예배는 그들의 우상 숭배적인 경배를 거스르는 것이 되어야만 하는 것이기 때문이라고 생각한다. 신 12:30-31을 보라. 어떤 사람들은 이 이중 금지를 이렇게 적용하기도 한다. 누룩은 영의 비탄과 슬픔을 상징한다(시 73:21): **내 마음이 산란하며.** 꿀은 육욕적인 환락과 쾌락을 상징한다. 우리가 하나님을 섬기는데 있어서 이러한 것들은 피해야만 하는 것들이다. 이 양극단의 중용이 지켜져야만 하는 것이다. 세상의 슬픔은 죽음을 낳고, 감각적인 쾌락을 사랑하는 것은 거룩한 사랑에 큰 적이 되기 때문이다.

Ⅱ. 소금은 그들이 드리는 모든 제물에 넣어야만 했다(13절). 제단은 여호와의 식탁이었다. 그러므로 소금이 우리들의 식탁에 항상 놓여 있듯이 하나님께서도 그분의 식탁에 소금을 항상 사용하셨을 것이다. 그것은 **언약의 소금**이라고 일컬었다. 인간들이 함께 먹고 마심으로 서로 간에 그들의 언약을 확인할 때 항상 소금이 쓰였듯이, 하나님께서도 그 백성들의 예물을 열납하시고, 그분의 희생제물에 대해서 그들과 함께 참여하시고, 하나님은 그들과 그리고 그들은 하나님과 함께 먹음으로써(계 3:20) 그 백성들과 자신의 언약을 확증하셨던 것이다. 고대에는 소금이 우정의 상징이었다. 희생제를 위한 소금은 제물을 드리는 자가 가져온 것이 아니라 불을 땔 장작과 마찬가지로 공동 부담으로 마련되었다(스 7:20-22). 성전 뜰에는 소금의 방이라고 불리는 방이 있었고 그 곳에 소금을 쌓아 두었다. **싱거운 것이 소금 없이 먹히겠느냐?** 이것으로써 하나님께서는 백성들에게 그들의 제물 자체는 맛이 없는 것임을 암시해 주려는 것이었을 것이다. 하나님께 산 제사를 드리는 성도들은 그 제물에 소금을 쳐야만 한다. 모든 제물은 소금으로 짜게 되어야 하기 때문이다(막 9:49-50). 우리의 말을 항상 은혜 가운데서 소금으로 맛을 냄과 같이 해야만 한다(골 4:6). 그러므로 우리의 모든 경건한 행위들은 바로 그 소금으로 간을 맞추어 맛을 내야만 하는 것이다. 기독교는 이 세상의 소금이다.

Ⅲ. 첫 소산물에 대한 지침들이 있다.

1. 우리는 신 26:2에서 백성들의 첫 수확물에 대한 의무를 보게 된다. 이 첫 소산물들은 여호와께 드려졌지만 제단 위에서 불태워지지는 않았고 제사장들에게 그들의 직무상 수입으로 주게 되어 있었다(12절). 비록 누룩과 꿀은 다른 소제물에는 금지되었을지라도 처음 익은 것으로는 그것(즉, 누룩과 꿀)을 여호와께 드릴지라고 했다. 비록 누룩과 꿀은 제단 위에서 불태워질 수는 없었을지라도 제사장들이 먹기에는 충분히 적절한 음식물들이었기 때문이다. 첫 수확물의 떡은 특별히 누룩을 넣어 구우라고 명령되어있다(레 23:17). 그리고 우리는 하나님의 집에 바친 꿀의 첫 소산에 대한 기록을 보게 된다(대하 31:5).

2. 백성들의 첫 소산물의 소제. 이전 것은 율법이 요구하는 것이었지만 이것은 자유의사에 따라 드리는 제물이었다(14-16절). 만약에 풍성한 수확에 대한 소망을 주신 자신에 대한 하나님의 선하심을 생각하며 감사한 마음으로 자신의 밭에서 즉시 제물을 가져오기를 원하는 사람이 있다고 한다면, 그리고 그 제물로 하나님에 대한 자신의 의존성과 그분에 대한 의무를 고백하기를 원하는 사람이 있다면 그로 하여금 다음과 같이 행하도록 하라.

(1) 그는 작고 시든 것이 아니라 반드시 처음 익은 것으로 하되 충실히 익은 것으로 드리도록 해야만 한다. 하나님께 드리기 위해 바쳐지는 것은 무엇이나 비록 그것이 완전히 익은 것이 아닌 날 이삭이라 하더라도 제일 좋은 것으로 드려야만 하는 것이다. 만약에 우리가 우리의 양 떼 중에 숫양이 있음에도 불구하고 좋지 못한 것으로 하나님께 드리려고 생각한다면 그것은 하나님을 조롱하는 것이며 우리 자신을 기만하는 것이다(말 1:14).

(2) 이러한 날 이삭들은 불에 말려져야만 했다. 곡식은 날 이삭에서 찧어졌을 것이다. 날 이삭에서는 완전히 익도록 남겨진 곡식으로부터 기대하는 그러한 것을 기대하지는 않았다. 젊은 사람들이 하나님의 일을 할 수 있을 뿐만 아니라 실제로 하나님의 일을 한다고 한다면, 비록 그들이 나이가 들고 경험이 많은 사람들과 같이 그 일을 잘 해내지는 못한다 하더라도 그들은 열납될 것이다. 하나님께서는 곡식의 날 이삭들을 최선의 것이 되도록 하신다. 우리도 그렇게 해야만 하는 것이다.

(3) 기름과 향유를 그 위에 부어야만 한다. 이와 같이(어떤 사람들이 이것에 비유하는 것처럼) 지혜와 겸손은 젊은 사람들의 영과 봉사를 아름답고 부드럽

게 한다. 그런 뒤에 그들의 곡식 날 이삭들은 열납될 것이다. 하나님께서는 처음 익은 영의 열매들과 이른 시기의 경건과 헌신의 표현들을 특별히 기뻐하신다. 어린아이들과 같이 생각하고 말하는 사람들이지만 그들이 잘 생각하고 말한다면, 하나님께서는 그들의 꽃봉오리와 피어난 꽃들을 매우 기뻐하실 것이며 그들의 젊은 시절의 호의를 결코 잊지 않으실 것이다.

(4) 유향은 다른 소제처럼 사용되어야만 한다(16절; 9절과 비교하라). 그는 모든 유향을 드릴지니 그것은 화제니라. 불과 유향은 특별한 의미를 지니고 있는 듯하다. [1] 불은 우리의 모든 경건한 사역에 있어야만 하는 영의 열성을 나타낸다. 모든 선행에 우리는 열성적으로 심취해야만 한다. 하나님에 대한 거룩한 사랑은 우리의 모든 제물을 태우는 불이다. 그렇지 않으면 그 제물들은 하나님께 향기로운 냄새가 되지 못한다. [2] 유향은 그리스도의 중보와 중재를 의미한다. 그 중보와 중재를 통해서 우리의 모든 사역은 향기롭게 되고 하나님께서 은혜로 받으시게 된다. 이 모든 예식들은 단지 그림자요, 이 나뭇잎들 안에 감추어진 열매의 본질적인 것을 우리가 가지도록 하신 하나님을 찬양할지어다!

제 3 장

개요

우리는 본 장에서 화목제물에 관한 율법을 대하게 된다. 그 화목제물들은 다음과 같은 것들이었다. I. 가축 떼 중에서 수소나 암소로 드린다(1-5절). II. 무리 중에서 양(6-11절)이나 염소(12-17절)로 드린다. 이들 제물 각각에 대한 규례들은 많은 내용이 동일하다. 이러한 동일한 내용들이 반복되고 있는 것은 우리가 드리는 모든 사역들이 지시된 지침에 따라 이루어지도록 조심해야 한다는 것과 그렇게 규정대로 시행되는 사역들을 하나님께서 열납하신다고 하는 것을 보여주기 위한 것이다. 또한 우리는 거듭되는 교훈과 가르침을 받을 필요가 있다고 하는 것을 암시해주고 있는 것이다.

1 사람이 만일 화목제의 제물을 예물로 드리되 소로 드리려면 수컷이나 암컷이나 흠
없는 것으로 여호와 앞에 드릴지니 2 그 예물의 머리에 안수하고 회막 문에서 잡을
것이요 아론의 자손 제사장들은 그 피를 제단 사방에 뿌릴 것이며 3 그는 또 그 화목
제의 제물 중에서 여호와께 화제를 드릴지니 곧 내장에 덮인 기름과 내장에 붙은
모든 기름과 4 두 콩팥과 그 위의 기름 곧 허리 쪽에 있는 것과 간에 덮인 꺼풀을 콩
팥과 함께 떼어낼 것이요 5 아론의 자손은 그것을 제단 위의 불 위에 있는 나무 위의
번제물 위에서 사를지니 이는 화제라 여호와께 향기로운 냄새니라

번제는 하나님 자신을 존재들의 가장 지고하신 분이시며 가장 완벽하고 뛰어난 분으로 여기는 것이다. 번제는 하나님을 찬미하고 경배하는 것을 온전히 순수하게 표현하는 것이므로 그 제물을 모두 불태웠다. 그러나 화목제는 하나님을 그분의 피조물들에게 은혜를 베푸시는 분으로, 그리고 우리들에게 모든 좋은 것을 주시는 분으로 여기는 것이다. 그러므로 이 화목제물은 제단과 제사장, 그리고 제물을 드리는 자 사이에 나누어졌다. 화목(평화)은 다음과 같은 것들을 나타낸다.

1. 화목은 화해와 일치와 교제를 뜻한다. 그래서 이 제물을 화목제(peace-

offerings)라고 부른다. 이 제물을 통하여 하나님과 그분의 백성들이 화목을 이루었기 때문이다. 즉, 교제와 우정의 표시로 함께 향연을 가지는 것이다. 하나님에 관한 것들에 있어서 사람을 위하여 기름 부음을 받은 제사장은 이 화목제의 일부를 하나님의 제단 위에서 불태워 하나님께 드렸다(이것은 하나님께서 요구하신 부분이다. 그분께서 먼저 받으시는 것은 당연하다). 또한 제사장은 화목제물의 일부를 제물을 드리는 자에게 주어 그가 그의 가족과 친구들과 함께 먹도록 했다. 그리고 제사장은 양쪽에 자신의 손을 놓은 중재자로서 자신의 몫을 취했다. 마음이 일치되지 않으면 함께 먹을 수 없었을 것이다. 그러므로 화목제는 하나님과 인간 사이의 우정과 교제의 상징이었고, 평화의 언약에 대한 확증이었던 것이다.

2. 화목은 번영과 모든 행복을 뜻한다. **당신에게 평화가 있을 것입니다** 라고 하는 것은 **당신에게 모든 좋은 것이 있을 것입니다** 라고 하는 것과 같은 것이다. 그러므로 화목제는 다음과 같은 두 가지 방법으로 드려졌다.

(1) 결핍되었거나 갈망하는 어떠한 선에 대한 기원이나 요구로서 드려진다. 만약에 어떤 자비를 바라거나 기대하는 사람이 있다면 그는 화목제물과 함께 그것을 위해 기도했을 것이고, 아마도 그의 제물의 머리 위에 손을 얹고 기도했을 것이다. 그리스도께서는 우리의 평화가 되시며 우리의 화목제가 되신다. 오직 그분을 통해서만 우리는 자비와 우리의 기도에 대한 평화의 응답을 얻을 수 있기 때문이다. 비록 우리가 화목제물을 가져오지 않는다 할지라도 그분 안에서 드리는 바른 기도는 상달될 것이고 응답을 받게 될 것이다. 오늘날 드리는 우리의 예배가 비용이 더 적게 들면 들수록 우리의 예배는 더욱더 생동감 있고 진지하게 드려져야만 한다.

(2) 어떠한 특별한 자비에 대한 감사로서 드려진다. 이것은 **감사의 화목제**(a peace-offering of thanksgiving)라고 불린다. 화목제가 다른 경우에 서원(a vow)이 되었듯이(레 7:15-16) 때로는 감사가 되었기 때문이다. 어떤 사람은 원래의 단어가 보응을 뜻한다고 생각한다. 이스라엘 백성들이 어떤 특별한 자비를 받고 무엇으로 보답해야 할지 물었을 때, 그들은 그들의 자비의 하나님께 이 감사의 화목제로 보답할 것을 지시받았다. 그들에게 이루어진 은혜에 대한 감사의 고백으로 드린 것이었다(시 116:12). 우리는 우리의 평화가 되시는 그리스도를 통해서 하나님께 끊임없이 찬미의 제사를 드려야만 한다. 이것은 수

소나 암소보다 여호와를 더욱 기쁘시게 할 것이다. 다음의 내용들을 살펴보자.

I. 화목제물이 소인 경우 그 제물은 흠이 없는 것이어야만 했다. 제물이 흠이 없는 것이라면 수컷이나 암컷이나 상관이 없었다(1절). 우리들의 영적인 예배에서 하나님께서 보시는 것은 성별(性別)이 아니라 그 마음이다(갈 3:28).

II. 그 제물을 처리하는 방법.

1. 신성한 해방을 받았음으로 제물을 드리는 자는 자신의 관심을 제물에서 하나님에게 옮겨야만 했다(2절). 그리고 제물의 머리 위에 안수함으로 자신이 이 감사제를 드리는 것을 위해서 특별한 자비를 구해야만 했다. 만약에 그 제사가 서원제라면 기도를 해야만 했다.

2. 제물은 죽여야만 했다. 제물을 죽이는 일은 성전 뜰 안에서 이루어져야 하는데 바로 회막 문에서 잡아야만 한다고 말하고 있다. 이것은, 받거나 기대하는 자비들은 하나님께로부터 오는 것으로 고백되어야 하고, 기도와 찬양이 하나님께로 드려져야 하기 때문이다. 말하자면 두 가지 모두 그 문을 통해서 이루어져야만 하는 것이기 때문이다. 우리의 주 되신 예수께서는 내가 문이다 라고 말씀하셨다. 그분께서는 정말 회막의 문이기 때문이다.

3. 제사장은 그 피를 제단 위에 뿌려야만 한다. 사람을 속죄하는 것은 피이기 때문이었다. 비록 이 제사는 속죄제는 아니었을지라도 우리는 우리의 모든 제사에 있어서 우리의 눈을 죄를 위한 속제물이 되시는 그리스도께 두어야만 한다는 것을 배워야만 한다. 우리는 그리스도를 통해서 자신들의 죄가 용서되지 않으면 그 제사가 열납되지 않는다는 것을 아는 사람들인 것이다. 회개의 고백은 항상 우리의 감사의 고백과 동반되어야 한다. 우리가 어떠한 자비를 구한다 하더라도 그 자비를 위해서 우리는 죄책을 제거하기 위한 기도를 해야만 한다. 그 죄책은 우리에게서 선한 것을 제거하기 때문이다. 먼저 모든 불의를 제거하소서 라고 한 뒤에 우리를 은혜로 받으소서 혹은 복을 주소서 라고 해야 한다(호 14:2).

4. 모든 내장의 기름은 떼어낸 뒤에 불태워 드리는 제물로서 제단 위에서 불태워져야만 한다. 우리는 그 기름을 수지(獸脂)와 소나 양 기름이라고 부른다. 내장을 둘러싸고 있는 대망막(大網膜)과 내장 가운데 있는 콩팥을 화제로 불태워 드리는 것이다(3-5절). 그리고 이것은 화목제 중에서 여호와께 드려지는 모든 것이었다. 제물의 나머지가 어떻게 처분되었는지에 대해서는 레 7:11 이

하에서 볼 수 있다. 그 나머지는 번제, 즉 매일 드려지는 번제로 다른 제사가 드려지기 전에 드려진 양 위에서 불태우라고 명령되었다. 그러므로 화목제의 기름은 매일 드리는 번제에 첨가된 것이고 그 번제의 연속이었던 것이다. 위대한 화목 제물 되신 세상의 죄를 담당하신 하나님의 어린 양이라고 하는 제물은 우리의 찬미의 제사를 위한 제단을 준비하셨다. 우리의 찬미의 제사는 우리가 화해되고 나서야 열납되는 것이다. 이 기름을 태우는 것은 다음과 같은 의미를 가지는 것이라고 생각할 수 있다.

(1) 우리의 모든 기도와 찬미 속에 있는 하나님에 대한 우리의 아름다운 사랑을 올려드리는 것이다. 하나님은 우리의 내심을 받으시기를 원하신다. 우리는 기도를 통해서 우리의 영혼을 쏟아넣고 우리의 심령을 드려야만 하며, 우리들의 내면에 있는 모든 것으로 그분의 이름을 찬양해야만 하는 것이다. 우리는 하나님과 관계하는 모든 것에 있어서 본질적으로 하나님과 함께 있는 것이 요청된다. 기름은 우리들에게 기름진 것으로 향연을 베풀어 주신 하나님께 항상 드려져야만 하는 최상의 것이며 최우선으로 선택된 것을 뜻한다.

(2) 우리의 타락한 욕정과 탐욕을 억제하는 것과 하나님의 은혜의 불로 그것들을 태우는 것을 의미한다(골 3:5). 이렇게 하고 난 뒤에 우리는 진실로 이전에 받은 자비에 감사하게 되고 더욱 큰 자비를 받을 준비가 되는 것이다. 이때에 우리는 우리의 죄를 단절하게 되고 심판하는 영과 소멸하는 영으로 모든 정욕에서 깨끗해진 마음을 가지게 되는 것이다(사 4:4).

6 만일 여호와께 예물로 드리는 화목제의 제물이 양이면 수컷이나 암컷이나 흠 없는
것으로 드릴지며 7 만일 그의 예물로 드리는 것이 어린 양이면 그것을 여호와 앞으
로 끌어다가 8 그 예물의 머리에 안수하고 회막 앞에서 잡을 것이요 아론의 자손은
그 피를 제단 사방에 뿌릴 것이며 9 그는 그 화목제의 제물 중에서 여호와께 화제를
드릴지니 그 기름 곧 미골에서 벤 기름진 꼬리와 내장에 덮인 기름과 내장에 붙은
모든 기름과 10 두 콩팥과 그 위의 기름 곧 허리쪽에 있는 것과 간에 덮인 꺼풀을 콩
팥과 함께 떼어낼 것이요 11 제사장은 그것을 제단 위에서 불사를지니 이는 화제로
여호와께 드리는 음식이니라 12 만일 그의 예물이 염소면 그것을 여호와 앞으로 끌
어다가 13 그것의 머리에 안수하고 회막 앞에서 잡을 것이요 아론의 자손은 그 피를
제단 사방에 뿌릴 것이며 14 그는 그 중에서 예물을 가져다가 여호와께 화제를 드릴

지니 곧 내장에 덮인 기름과 내장에 붙은 모든 기름과 [15]두 콩팥과 그 위의 기름 곧 허리 쪽에 있는 것과 간에 덮인 꺼풀을 콩팥과 함께 떼어낼 것이요 [16]제사장은 그것을 제단 위에서 불사를지니 이는 화제로 드리는 음식이요 향기로운 냄새라 모든 기름은 여호와의 것이니라 [17]너희는 기름과 피를 먹지 말라 이는 너희의 모든 처소에서 너희 대대로 지킬 영원한 규례니라

화목제물이 양과 염소인 경우에 대한 지침들이 주어지고 있다. 산비둘기나 어린 비둘기는 전체를 드리는 번제물로서 가져올 수 있었으나 화목제로서는 허락되지 않았다. 그것들은 제단 위에서 불태워지기에 충분한 기름이 없었기 때문이었다. 또한 화목제 율법에 따라 나누어지면 별로 남는 것이 없었기 때문이었다. 화목제로 드려진 양과 염소에 관한 율법은 소에 관한 율법과 거의 비슷해서 본문에는 다른 것이 거의 나타나지 않는다. 그러나

1. 양의 기름진 꼬리는 그 전체를 내장과 함께 제단 위에서 불태워져야만 했다(9절). 그 인접한 부근에서 그 부분은 매우 기름지고 컸기 때문이다. 어떤 사람들은 이 사실로부터, 비록 경멸을 받는 것이라 할지라도 하나님께서 그것을 그분의 사역에 쓰심으로 그것을 영화롭게 하실 수 있는 것이라고 생각하기도 한다. 그러므로 하나님께서는 부족한 지체에게 귀중함을 더하셨다고 하신다(고전 12:23-24).

2. 제단 위에서 불태워지는 것은 화제로 드리는 음식이라고 한다(11, 16절). 그것은 거룩한 불에 삼켜졌다. 그것은 우리의 음식이 우리에게 섭취되듯이 하나님께 열납되었다. 말하자면 솔로몬이 그의 궁정에서 한 것처럼(왕상 4:22 이하) 하나님께서는 그들 가운데 집을 삼으신 회막에서 제단 위에 드려진 제물로 훌륭한 식탁을 삼으신 것이었다.

3. 본문에는 일반적인 규례가 있다. 즉, 모든 기름은 여호와의 것이니라(16절). 이에 대한 율법이 너희는 기름과 피를 먹지 말라 라고 제정되었다. 먹어서는 안 된다! 이스라엘 백성들 개인 처소에서도 먹어서는 안 되는 것이다(17절).

(1) 여기서 말하고 있는 기름은 고기에 섞여 있는 기름을 말하는 것은 아니라(고기에 섞여 있는 것은 먹을 수 있었다. 느 8:10) 내장의 기름을 말하는 것이었다. 내장의 기름은 제물로 드려지는 짐승들 중에서 항상 하나님의 것이었다. 그러므로 이스라엘 백성들은 그것을 먹어서는 안 되었다. 정말로 먹어서는

안 되었던 것이다. 그들이 제물용이 아니라 일반적으로 사용하려고 죽인 짐승에서 나온 것도 먹어서는 안 되었던 것이다. 따라서 하나님께서는 자신에게 성별된 것에 대한 존귀함을 보존하시려고 하신 것이다. 그들은 제사의 음식이 될 기름을 먹어서는 안 될 뿐만 아니라 제단에 드려지는 것과 같은 어떤 것도 먹어서는 안 되었던 것이다. 만약에 어떤 것이 제단에 대해서 특별한 것으로 보존되지 않으면 여호와의 식탁(제단을 말하는 것임)이 경멸을 당하게 되고 그렇게 되면 그 위에 있는 과일과 심지어 고기조차도 경멸을 당하기 때문에 그렇게 되지 않게 하기 위함이었다(말 1:7, 12).

(2) 마찬가지로 피는 기름을 금지한 이유와 같은 이유로 보편적으로 금지되었다. 피는 모든 희생제물 가운데 하나님의 몫이기 때문이다. 이교도들은 그들이 드리는 희생제물의 피를 마셨다. 그러므로 우리는 이교도들의 피의 전제에 대해서 읽을 수 있다(시 16:4). 그러나 하나님께서는 속죄를 이루는 피를 보통 사물처럼 사용하는 것을 허락하지 않으셨다(히 10:29). 뿐만 아니라 하나님께서는 우리가 이루어진 속죄의 안위를 누린다 할지라도 그 속죄를 이루는 영광에 우리들 스스로가 어떠한 분깃을 주장하려고 하는 것을 허락하지 않으실 것이다. 자랑하는 자는 여호와 안에서 자랑하라! 그리고 그분에게 찬미를 드리기 위해서만 모든 피가 쏟아지도록 하라!

제 4 장

개요

본 장은 속죄제에 관한 내용을 담고 있다. 속죄제는 부지중에 지은 죄를 속하기 위한 목적에 잘 부합되게 만들어진 것이다. 다음과 같은 경우들을 규정하고 있다. I. 제사장 자신이 죄를 지은 경우(1-12절), II. 이스라엘 전체 회중이 죄를 지은 경우(13-21절), III. 지도자가 죄를 지은 경우(22-26절), IV. 평민이 죄를 지은 경우(27절 이하) 등에 대해서 규정하고 있다.

1여호와께서 모세에게 말씀하여 이르시되 2이스라엘 자손에게 말하여 이르라 누구
든지 여호와의 계명 중 하나라도 그릇 범하였으되 3만일 기름 부음을 받은 제사장
이 범죄하여 백성의 허물이 되었으면 그가 범한 죄로 말미암아 흠 없는 수송아지
로 속죄제물을 삼아 여호와께 드릴지니 4그 수송아지를 회막 문 여호와 앞으로 끌
어다가 그 수송아지의 머리에 안수하고 그것을 여호와 앞에서 잡을 것이요 5기름
부음을 받은 제사장은 그 수송아지의 피를 가지고 회막에 들어가서 6그 제사장이
손가락에 그 피를 찍어 여호와 앞 곧 성소의 휘장 앞에 일곱 번 뿌릴 것이며 7제사
장은 또 그 피를 여호와 앞 곧 회막 안 향단 뿔들에 바르고 그 송아지의 피 전부를
회막 문 앞 번제단 밑에 쏟을 것이며 8또 그 속죄제물이 된 수송아지의 모든 기름을
떼어낼지니 곧 내장에 덮인 기름과 내장에 붙은 모든 기름과 9두 콩팥과 그 위의 기
름 곧 허리쪽에 있는 것과 간에 덮인 꺼풀을 콩팥과 함께 떼어내되 10화목제 제물의
소에게서 떼어냄 같이 할 것이요 제사장은 그것을 번제단 위에서 불사를 것이며 11
그 수송아지의 가죽과 그 모든 고기와 그것의 머리와 정강이와 내장과 12똥 곧 그
송아지의 전체를 진영 바깥 재 버리는 곳인 정결한 곳으로 가져다가 불로 나무 위
에서 사르되 곧 재 버리는 곳에서 불사를지니라

첫 세 장에 포함되어 있는 율법들은 모세에게 한 번에 전달된 듯하다. 본문에서는 다른 날 다른 회기에 주어진 다른 법령이 시작되고 있다. 하나님께

서는 천사들 사이의 영광의 보좌에서 이러한 법령들을 전달하셨다. 이제 하나님께서는 이전의 것들과는 완전히 다른 새로운 주제에 대해서 말씀하기 시작하신다. 번제, 소제, 화목제는 시내산에서 율법이 주어지기 이전에도 드려왔던 것임에 틀림없다. 족장들은 그러한 희생제사에 대해서 모르고 있지는 않았다(창 8:20; 출 20:24). 그러한 제사들을 드리면서 그들은 죄를 염두에 두고 있었고 죄 용서 받음을 기대하고 있었다(욥 1:5). 율법은 범법함으로 더해진 것이며(갈 3:19) 그 율법은 결과적으로 범죄가 더해지도록 했다(롬 5:20). 그래서 이스라엘 백성들은 희생제사를 통해서 좀 더 특별하게 죄를 속하게 되었다. 그 희생제사(의식적인 제도 이상이었음)는 장차 올 좋은 일의 그림자였다. 그러나 그 본체는 그리스도이시다. 더욱이 그 제사는 자신의 몸을 드리신 제사로 그리스도께서 죄를 없이하셨고 거룩하게 된 자들을 영원히 온전하게 하셨다.

I. **속죄제를 드리는 일반적인 이유가 있다**(2절). 다음과 같은 것들을 관찰할 수 있다.

1. 죄는 여호와의 계명 중 하나라도 그릇 범한 것이라고 서술되어 있다. 죄란 율법 곧 하나님의 율법을 범한 것이기 때문이다. 인간들의 지혜나 의지 혹은 그들의 창안물이나 명령들은 하나님의 율법이 죄를 지었다고 말하지 않는 것을 죄를 지은 것이라고 할 수 없다. 마찬가지로 누구든지(영혼이) 그릇 범하였으면 이라고 말하고 있다. 이런저런 사람(영혼)의 행위가 아니면 죄가 아니기 때문이다. 그러므로 영혼의 죄라고 일컬어지며(미 6:7) 그에 의해서 피해를 입는 것도 영혼이다(잠 8:36).

2. 그러한 제사를 드리라고 지정된 죄들은 다음과 같은 것들이 있다.

(1) 그 죄들은 명백한 행위들을 말하고 있다. 만약에 모든 죄악된 말이나 생각에 대해서 희생제물을 가져오도록 했다면 제사가 끊임없었기 때문이다. 죄를 지은 사람들을 위한 속죄는 일 년에 한 번씩 속죄일에 총체적으로 이루어졌다. 그러나 여기서 말하는 죄들이란 계명들을 어긴 것이라고 말하고 있다.

(2) 그 죄들은 해서는 안 될 일들을 저지른 죄들을 말하고 있다. 하지 않은 것도 죄이며 심판을 받게 된다. 그러나 한 번 빠뜨린 것은 언젠가 다시 할 수 있다. 그러므로 순종이 제사보다 나은 것이다. 그러나 지은 죄는 지나간 일에 대한 회상이다.

(3) 그 죄들은 부지중에 지은 죄들이라고 말하고 있다. 만약에 그 죄들이 율

법과 율법을 만든 분에 대한 공공연한 경멸적인 의도를 가지고 고의적으로 지어진 것들이라면 그 범법자는 죽어야만 했고 그 죄를 위한 희생제사는 없는 것이다(히 10:26-27; 민 15:30). 그러나 죄를 범한 자가 우리들이 생각할 수 있는 다양한 경우들과 같이 많은 경우들에 있어서(수많은 금령들이 있다) 율법을 몰라서 죄를 지은 경우나 무의식중에 죄에 빠져 놀라는 경우가 있을 수 있다. 죄에 대한 그의 결심이 단호했지만 죄에 빠졌다고 하는 경우들이 분명하기만 하다면 성경에 기록된 대로(갈 6:1) 이러한 경우에는 속죄제라고 하는 치유법에 의해서 구제책이 마련되었던 것이다. 그러므로 유대인들은 "부지중에 지은 죄만 희생제사에 의해서 용서될 수 있었다. 고의로 지은 죄들의 경우에는 그 범죄자들이 처형되었기 때문이다"라고 말한다.

II. 율법은 기름 부음을 받은 제사장의 경우로 시작한다. 즉, 그 제사장이 부지중에 죄를 지은 경우이다. 율법은 흠이 없는 사람들을 제사장들로 삼았기 때문이다. 비록 모든 일들에 대해서 제사장이 모르고 있었다고 하는 것은 변명의 여지가 없는 일이기는 할지라도 그는 그의 제물을 가져오도록 허용을 받았다. 그의 직책이 희생제사 없이도 그가 용서를 받을 정도로 그렇게 그의 범죄를 용서해줄 수 있는 것은 아니었다. 그의 직책은 그 죄를 경감시키지도 않았다. 그가 자신의 희생제물을 가져왔을 때 그는 용서되었던 것이다. 만약에 제사장이 백성들의 죄를 따라 죄를 지었다면(3절의 경우), 이것은 그가 다른 이스라엘 백성들과 같은 수준에 서 있다고 하는 것이며 그의 성직이 전혀 아무런 유익이 되지 못하는 경우를 말하는 것이다. 대제사장을 위해서 드려지는 속죄제에 관한 율법은 다음과 같다.

1. 그는 흠 없는 수송아지를 속죄제로 드려야만 한다(3절). 이것은 전체 회중이 드리는 것과 같은 가치를 가진 제물이다(14절). 반면에 어떤 지도자나 보통 사람은 숫염소를 드려야만 한다(23, 28절). 이러한 여러 종류의 제물은 대제사장이 지은 죄에 연관된 죄악의 막중함을 나타내는 것이다. 대제사장의 지위의 고귀함과, 하나님과 백성들에 대한 그의 관계는 그가 지은 죄를 더욱 무겁게 하는 것이다. 롬 2:21을 보라.

2. 제물을 드리는 자의 손은 제물의 머리 위에 놓아야만 한다(4절). 그가 지은 죄에 대한 진지한 고백과 함께 속죄제 제물의 머리 위에 손을 얹는 것이다(레 16:21). 죄의 고백이 없이는 죄에 대한 속함도 없는 것이다(시 32:5; 잠

28:13). 또한 손을 얹는 것은 죄를 용서하는 이러한 제도화된 방식에 대한 신뢰를 나타낸 것이었다. 그 방식은 그들이 확고하게 식별할 수 없었던 장차 올 더 나은 어떤 것에 대한 상징이었다. 짐승의 머리 위에 손을 얹는 자는 그렇게 함으로써 그 자신이 죽어 마땅한 사람인 것과, 자신을 위해서 죽은 이 짐승의 제물을 하나님께서 기뻐 받으시는 것은 하나님의 크신 자비로 인함이라고 하는 것을 고백하는 것이었다. 유대인 저자들은 속죄제나 속건제도 오로지 회개하고 자신들의 속죄됨을 믿는 자들에게만 속죄가 이루어졌다고 말한다.

3. 수송아지는 죽임을 당해야만 했고 그 피를 매우 엄숙하게 처분했다. 속죄하는 것은 피였고 피 흘림이 없이는 죄사함도 없었기 때문이다(5-7절). 대제사장의 속죄제의 일부분의 피는 휘장 앞에서 일곱 번 뿌려져야만 했다. 이 때 휘장으로 비록 가려져 있지만 속죄소를 향해 뿌려야 한다. 또한 그 피의 일부분은 황금 제단의 뿔에 발라져야만 했다. 제사장이 그 제단에서 사역을 감당했기 때문이다. 이와 같이 해서 그의 사역에 달라붙어 있던 죄로부터 온 오염을 떨어낸다고 하는 의미가 되었다. 또한 그리스도의 배상이 그분의 중재의 능력에 미친 효력을 보여주는 것이기도 하다. 제사장의 희생제물의 피는 그의 분향 제단 위에 바르고 여호와 앞에 뿌렸다. 이것을 마쳤을 때 나머지 피는 놋 제단 밑에 쏟았다. 이 의식을 통해서 죄인은 자신의 피가 물처럼 쏟아져야 마땅한 것이라고 고백하는 것이었다. 마찬가지로 이것은 참된 회개 가운데 영혼을 하나님 앞에 쏟아놓는 것을 의미했고 우리 구주께서 자기 영혼을 버려 사망에 이르게 하셨다고 하는 것을 상징한 것이었다.

4. 내장의 기름은 번제단 위에서 불태워졌다(8-10절). 이것을 통해서 속죄제와 속죄제를 통해서 이루어지는 속죄함의 목적은 바로 하나님의 영광에 있음을 알게 되는 것이다. 그 하나님께서는 죄로 인해서 불명예를 입었던 분이시기 때문에 희생제사에 의해서 영광을 받으시게 되는 것이다. 또한 이것은 우리 주 예수께서 우리를 위해서 죄를 담당하셨을 때(속죄제물) 특별히 그분의 영혼의 고통과 그분의 내적인 고통을 당하실 때 받으셨던 통렬한 고난을 의미한다. 이것은 우리들에게 그리스도의 죽으심을 따라 육체를 십자가에 못 박아야 한다는 것을 가르쳐 주는 것이다.

5. 짐승의 머리와 몸 가죽과 모든 것은 이러한 것들을 처리하도록 지정된 진 밖의 어떤 장소로 가지고 가서 그 곳에서 태워 재로 만들었다(11-12절). 이

것은 다음과 같은 매우 중요한 의미가 있는 것이었다.

(1) 회개의 의무를 나타낸다. 회개는 우리 영혼이 미워하는 혐오스러운 것인 죄를 제거하는 것이다. 참된 회개자들은 그들의 우상들에게 "너는 나가라! 우리는 이제 더 이상 우상들과 아무런 상관이 없다!"라고 말한다. 속죄제는 죄라는 의미를 가지고 있다. 속죄제들이 죄와 관련이 있는 것은 우리가 우리 죄들에 대해서 행하는 것과 같은 것이다. 죄된 몸은 멸망되어야만 한다(롬 6:6).

(2) 사면(赦免)의 특권을 나타낸다. 하나님께서 죄를 용서하실 때 그분께서는 죄를 완전히 도말하시고 죄를 등 뒤로 던져버리신다. 유다의 죄를 찾을지라도 찾아내지 못하리니. 사도는 이 예식에 대해서 특별히 유의하였고 그리스도께 적용했다(히 13:11-13). 그리스도는 영문 밖 해골의 곳에서 고난을 당하셨다. 그 곳에는 제단의 재처럼 죽은 사람들의 재들이 쏟아진 곳이었다.

13만일 이스라엘 온 회중이 여호와의 계명 중 하나라도 부지중에 범하여 허물이 있
으나 스스로 깨닫지 못하다가 14그 범한 죄를 깨달으면 회중은 수송아지를 속죄제
로 드릴지니 그것을 회막 앞으로 끌어다가 15회중의 장로들이 여호와 앞에서 그 수
송아지 머리에 안수하고 그것을 여호와 앞에서 잡을 것이요 16기름 부음을 받은 제
사장은 그 수송아지의 피를 가지고 회막에 들어가서 17그 제사장이 손가락으로 그
피를 찍어 여호와 앞, 휘장 앞에 일곱 번 뿌릴 것이며 18또 그 피로 회막 안 여호와
앞에 있는 제단 뿔들에 바르고 그 피 전부는 회막 문 앞 번제단 밑에 쏟을 것이며 19
그것의 기름은 다 떼어 제단 위에서 불사르되 20그 송아지를 속죄제의 수송아지에
게 한 것 같이 할지며 제사장이 그것으로 회중을 위하여 속죄한즉 그들이 사함을
받으리라 21그는 그 수송아지를 진영 밖으로 가져다가 첫번 수송아지를 사름 같이
불사를지니 이는 회중의 속죄제니라

이것은 속죄제를 통해서 민족적인 죄의 허물을 속해주는 율법에 대해서 말하고 있는 것이다. 만약에 백성의 지도자들이 율법에 관하여 실수를 함으로 백성들이 잘못에 빠지게 했다면 그 잘못이 발견되었을 때 제물이 드려져야만 한다. 그러면 진노가 전체의 백성들에게 임하지 않을 것이다. 다음과 같은 사실들을 관찰해보라.

1. 교회는 잘못할 수 있다. 교회의 지도자도 교회를 잘못 인도할 수 있다.

본문에는 전체 회중이 죄를 지을 수 있고, 모르고 죄를 짓는 경우가 있다고 가정하고 있다. 하나님께서는 항상 지상의 교회를 소유하고 계실 것이다. 그러나 그분께서는 그 교회가 결코 무오하다거나 지상에 있는 타락으로부터 완전하게 순수한 것이라고 말씀하지 않으셨다.

2. 희생제사가 전체 회중을 위해서 드려져야만 했을 때 장로들(최소한 그들 중의 세 명)은 백성들의 대표나 백성들을 위한 대리자들로서 그 제물의 머리 위에 손을 얹어야만 했다. 백성들 대다수가 합법적이라고 하는 전제 속에서 받아들이고 사용해온 어떤 공통적인 관습으로 생각한 죄는 나중에 연구해보니 그렇지 않은 것으로 드러났다. 이러한 경우 아마도 그들의 조상들로부터 전통적으로 물려받은 관습의 보편성과 그 관습이 합법적이라고 하는 통속적인 견해는 죄의식으로부터 그들을 완전히 벗어나게 해주지는 않았을 것이다. 그러면 그 죄를 속하기 위해서 그들은 희생제물을 가져와야만 하는 것이다. 그들에게 해를 끼치지 않는 것이라고 생각되는, 그러나 그 땅에 죄책과 하나님의 진노를 초래하는 많은 나쁜 관습들과 언어의 형태들이 있는 것이다. 그러므로 그것을 시정하고 그 용서를 위해서 하나님께 중재를 하는 것이 장로들의 관심사였다(욜 2:16).

3. 이 속죄제의 피는 이전 것과 같이 여호와 앞에 일곱 번 뿌려졌다(17절). 쏟아 부어서는 안 되었고 다만 뿌려야만 했다. 그 당시에는 뿌리는 것으로 그리스도의 피의 깨끗게 하는 효력을 상징하는 것이었고 나타낸 것이었으며 지금도 여전히 충분하게 그러한 의미를 나타내고 있는 것이다(사 52:15). 그 피는 일곱 번 뿌려졌다. 7은 완전수이다. 하나님께서 6일 만에 세상을 만드시고 7일째 되는 날에 안식하셨기 때문이다. 그러므로 이것은 그리스도께서 이루신 완전한 속죄와 그 속죄로 인해서 신실한 사람들의 영혼을 완전히 깨끗게 하심을 나타내는 것이었다. 히 10:14를 보라. 피를 동일하게 향단 뿔에 발라야만 했다. 이것에 대해서는 렘 17:1에 암시되어 있는 것 같은데 그 구절에, 유다의 죄는 그들의 제단 뿔에 새겨져 있다고 기록되어 있다. 그들이 자신들의 죄를 버리지 않는다면 그들의 제단 뿔에 있는 그들의 속죄제의 피는 그들의 죄를 제거해 주는 대신에 그 죄를 확고한 토대 위에 결속시켜 분명히 드러나게 하고 그 죄를 영구적으로 기억나게 해서 그들을 대항하는 증인으로 남았을 것이다. 계 9:13에 암시되어 있는 것과 같은 것이다. 이 구절에는 금 제단 네 뿔에서 한 소리가

났다고 기록하고 있다. 즉, 성도들의 기도에 평화의 응답이 주어진 것이다. 성도의 기도는 제단 뿔에 바른 속죄제 피로 인해서 열납되고 유효해지는 것이다. 계 8:3과 비교해보라.

4. 제사가 완료되었을 때 속죄한즉 그들이 사함을 받으리라라고 말하고 있다(20절). 사면(赦免)에 대한 약속은 죄 속함에 대한 토대가 되고 있는 것이다. 본문에는 전체 회중의 죄에 대한 용서가 언급되고 있다. 즉, 죄로 인해서 마땅히 받아야 할 민족적인 심판이 돌이켜졌다는 것이다. 파멸로부터 교회들과 나라들을 구해 주는 것은 그리스도의 속죄와 중재의 덕분인 것이다.

[22]만일 족장이 그의 하나님 여호와의 계명 중 하나라도 부지중에 범하여 허물이 있었는데 [23]그가 범한 죄를 누가 그에게 깨우쳐 주면 그는 흠 없는 숫염소를 예물로 가져다가 [24]그 숫염소의 머리에 안수하고 여호와 앞 번제물을 잡는 곳에서 잡을지니 이는 속죄제라 [25]제사장은 그 속죄 제물의 피를 손가락에 찍어 번제단 뿔들에 바르고 그 피는 번제단 밑에 쏟고 [26]그 모든 기름은 화목제 제물의 기름 같이 제단 위에서 불사를지니 이같이 제사장이 그 범한 죄에 대하여 그를 위하여 속죄한즉 그가 사함을 얻으리라

본문에서 다음과 같은 사항들을 관찰하라.

1. 하나님께서는 지도자들의 죄들을 주목하시고 노여워하신다. 다른 사람들의 책임을 묻는 권력을 가진 사람들은 지도자들의 지도자가 되시는 분에게 자신들에 대해서 해명할 책임이 있는 것이다. 그들이 아무리 높을지라도 그들보다 더 높으신 분이 계시기 때문이다. 이것은 본문에서 범한 계명이 바로 그의 하나님 여호와의 계명이라고 말하는 것에 암시되어 있는 것이다(22절). 그는 다른 사람들에 대한 주권자이다. 그러나 그는 여호와께서 그의 하나님이심을 알아야 하는 것이다.

2. 부지중에 지은 지도자의 죄는 나중에 자신이 알게 될 수도 있는 것이다(23절). 자기 자신의 양심의 가책이나 자기 친구들의 책망으로 인해서 알게 되는 것이다. 그러므로 우리 모두는 아무리 선하거나 위대한 사람이라 할지라도 그러한 양심의 가책과 친구들의 책망에 귀를 기울여야 하며 감사해야만 하는 것이다. 우리가 잘못한 일이 있다면 그것을 깨달으려고 노력해야만 한다. 주께

서 제가 보지 못한 것을 저에게 가르쳐 주시고 제가 잘못한 것을 저에게 보여주소서 라고 하는 기도는 바로 우리가 매일 하나님께 드려야만 하는 기도인 것이다. 비록 우리가 부지중에 죄를 지었다 할지라도 우리는 모르는 채로 계속 그 죄 가운데 머물러서는 안 되는 것이다.

3. 지도자들을 위한 속죄 제물은 제사장이나 전체 회중과 같이 수송아지가 아니라 숫염소 새끼여야만 했다. 다른 두 경우와 같이 그의 속죄제의 피는 회막으로 가져오지 않았다. 그 피는 모두 번제단 위에 쏟았다(25절). 그 제물의 고기도 다른 두 제물의 경우처럼 진 밖에서 불태우지도 않았다. 이것은 지도자의 죄는 비록 일반 백성들의 죄보다 더욱 악할지라도 대제사장이나 전체 회중의 죄만큼 흉악하거나 치명적인 결과를 주지는 않는다는 것을 의미하는 것이었다. 숫염소 새끼는 지도자를 위해 드려지는 제물로 족했다. 그러나 한 지파를 위해서는 수송아지를 드려야만 한다. 이것은 지도자는 개인보다는 위대할지라도 전체 회중보다 위대한 것은 아니라고 하는 것을 보여주는 것이다. 위대한 사람들이 나쁜 예를 보여주는 것은 나쁜 것이다. 그러나 모든 사람들이 그들을 따르는 것은 더욱 나쁜 것이다.

4. 지도자가 회개하고 돌이키면 속죄가 열납되어 죄가 용서될 것이라는 것이 약속된다(26절). 그렇지 않으면 하나님께서 이스라엘의 재판관이었던 제사장 엘리에 관하여 그의 가문의 죄악은 희생제사나 제물로도 영원히 제거되지 않을 것이라고 엄중히 말씀하셨기 때문이다(삼상 3:14).

27만일 평민의 한 사람이 여호와의 계명 중 하나라도 부지중에 범하여 허물이 있었
는데 28그가 범한 죄를 누가 그에게 깨우쳐 주면 그는 흠 없는 암염소를 끌고 와서
그 범한 죄로 말미암아 그것을 예물로 삼아 29그 속죄제물의 머리에 안수하고 그 제
물을 번제물을 잡는 곳에서 잡을 것이요 30제사장은 손가락으로 그 피를 찍어 번제
단 뿔들에 바르고 그 피 전부를 제단 밑에 쏟고 31그 모든 기름을 화목제물의 기름
을 떼어낸 것 같이 떼어내 제단 위에서 불살라 여호와께 향기롭게 할지니 제사장
이 그를 위하여 속죄한즉 그가 사함을 받으리라 32그가 만일 어린 양을 속죄제물로
가져오려거든 흠 없는 암컷을 끌어다가 33그 속죄제 제물의 머리에 안수하고 번제
물을 잡는 곳에서 속죄제물로 잡을 것이요 34제사장은 그 속죄제물의 피를 손가락
으로 찍어 번제단 뿔들에 바르고 그 피는 전부 제단 밑에 쏟고 35그 모든 기름을 화

목제 어린 양의 기름을 떼낸 것 같이 떼내어 제단 위 여호와의 화제물 위에서 불사를지니 이같이 제사장이 그가 범한 죄에 대하여 그를 위하여 속죄한즉 그가 사함을 받으리라

I. 본문에는 한 평민을 위한 속죄제에 관련된 율법이 있다. 이 율법은 지도자에 대한 율법과 다음과 같은 점만이 다를 뿐이다. 한 사람의 개인은 염소나 양을 가져올 수 있었지만 지도자는 오직 염소만 가져올 수 있었다는 것과, 지도자는 수컷을 가져와야 했지만 평민은 암컷을 가져와야만 했다. 제물을 드리는 다른 모든 절차는 일치하고 있다. 다음 사항들을 관찰하도록 하라.

1. 가정된 경우: 만일 평민의 한 사람이 부지중에 범하여 허물이 있었는데(27절). 선지자는 평민들이 여호와의 길, 자기 하나님의 법을 아는 위대한 사람들과 같지는 않은 사람들이라고 생각한다(렘 5:4). 그러나 만약에 그들이 부지중에 죄를 지었다면 그들도 속죄제를 가져와야만 하는 것이다. 부지중에 지은 죄라 하더라도 제사로 속죄를 받아야만 하는 것이다. 우리가 부지중에 그리고 갑작스러운 유혹으로 인한 것이라 할지라도 지은 죄에 대한 책임이 있을 때 우리가 그리스도께서 죽으셨다고 하는 위대한 변명의 구실과 그의 공로를 힘입지 않고서는 어떠한 호소도 우리를 죄에서 벗어나게 하지 못하는 것이다. 우리들 모두는 숨은 허물들, 즉 우리 자신들이 깨닫지 못하고 알지 못하는 잘못들로부터 정결케 되기 위해서 다윗과 같이 기도할 필요가 있는 것이다(시 19:12).

2. 한 사람, 즉 평범하고 비천한 사람이 부지중에 지은 죄들도 희생제사가 요구된다. 아무리 위대한 사람이라 할지라도 비난에서 제외되지 않듯이 아무리 비천한 사람일지라도 하나님의 정의의 관할 기준 아래로 벗어날 수 없기 때문이다. 범죄자라면 일반 백성들의 어느 한 사람도 군중 속에서 간과될 수 없는 것이다.

3. 일반 백성들 중의 한 사람으로부터라도 속죄제는 허용될 뿐만 아니라 받아들여지며 그 속죄제로 인해서 속죄가 이루어진다(31, 35절). 그러므로 여기서는 부자와 가난한 자, 지도자와 백성이 함께 어울리며 동일한 취급을 받는 것이다. 그들은 모두 동일하게 그리스도께 영접되며 그분의 희생제사에 있어서 동일한 조건으로 대접을 받게 된다. 욥 34:19를 보라.

II. 우리는 속죄제에 대한 이러한 모든 율법들로부터 다음과 같은 것을 배울

수 있다.

1. 죄를 미워하며 경계하라는 것이다. 속죄를 위해서 그렇게나 많은 무죄하고 유용한 짐승들이 죽어야만 하고 토막으로 잘려야만 한다는 것은 매우 좋지 않은 일임에 틀림이 없다.

2. 위대하고 참된 속죄제이신 그리스도를 소중히 하라는 것이다. 그분의 피는 모든 죄를 깨끗하게 했다. 황소나 염소의 피가 죄를 제거할 수는 없는 것이다. 이제 만일 누가 죄를 범하여도 유대인만을 위한 것이 아니라 모든 이방인들을 위해서 그리스도께서 화목 제물이 되신 것이다(요일 2:1-2). 그리고 그리스도의 기도 가운데 부지중에 지은 죄들을 위한 희생제사에 관한 이 율법에 대해 어떤 암시가 있었던 것 같다. 그리스도께서 자신을 희생제물로 드리실 때, 아버지 저들을 사하여 주옵소서 자기들이 하는 것을 알지 못함이니이다라고 하신 기도 속에서 나타난다.

제 — 5 — 장

개요

본 장과 다음 장의 일부분은 속건제에 관해서 말하고 있다. 속건제와 속죄제 사이의 차이는 희생제물 자체나 그것을 다루는 데 있는 것이라기보다는 속죄제와 속건제를 드리는 경우들에 있는 것이다. 속죄제와 속건제는 모두 죄를 속하기 위한 의도를 가지고 있다. 그러나 속죄제는 좀 더 일반적인 경우이고, 속건제는 어떤 특별한 경우들에 적용이 되었다. 본 장에서 무엇이 이야기되고 있는지 관찰해보자. I. 범죄에 관하여. 어떤 사람이 다음과 같은 경우로 인하여 죄를 지은 경우, 즉 1. 증인이 되었을 때 자신이 알고 있는 것을 숨기는 경우(1절), 2. 부정한 것을 만졌을 경우(2-3절), 3. 맹세하는 경우(4절), 4. 성물을 횡령한 경우(14-16절), 5. 다른 허물의 죄를 지은 경우(17-19절) 등에 대해서 서술하고 있다. 속건제를 드려야 하는 다른 몇 가지 경우들이 있다(레 6:2-4; 14:12; 19:21; 민 6:12). II. 속건제물에 관해서는 1. 양이나 염소 떼 중에서 드리는 제물(5-6절), 2. 새 종류 중에서 드리는 제물(7-10절), 3. 밀가루로 드리는 제물(11-13절) 등이 있다. 그러나 주로 흠 없는 양으로 드렸다(15절 이하).

1만일 누구든지 저주하는 소리를 듣고서도 증인이 되어 그가 본 것이나 알고 있는
것을 알리지 아니하면 그는 자기의 죄를 져야 할 것이요 그 허물이 그에게로 돌아
갈 것이며 2만일 누구든지 부정한 것들 곧 부정한 들짐승의 사체나 부정한 가축의
사체나 부정한 곤충의 사체를 만졌으면 부지중이라고 할지라도 그 몸이 더러워져
서 허물이 있을 것이요 3만일 부지중에 어떤 사람의 부정에 닿았는데 그 사람의 부
정이 어떠한 부정이든지 그것을 깨달았을 때에는 허물이 있을 것이요 4만일 누구든
지 입술로 맹세하여 악한 일이든지 선한 일이든지 하리라고 함부로 말하면 그 사
람이 함부로 말하여 맹세한 것이 무엇이든지 그가 깨닫지 못하다가 그것을 깨닫게
되었을 때에는 그 중 하나에 그에게 허물이 있을 것이니 5이 중 하나에 허물이 있을
때에는 아무 일에 잘못하였노라 자복하고 6그 잘못으로 말미암아 여호와께 속죄제
를 드리되 양 떼의 암컷 어린 양이나 염소를 끌어다가 속죄제를 드릴 것이요 제사

장은 그의 허물을 위하여 속죄할지니라

I. 본문에서 가정하고 있는 죄들을 다음과 같은 것들이다.

1. 어떤 사람이 증인으로서 사실 곧 전체적인 진실 단지 진실만을 이야기하기로 맹세를 했을 경우 진실을 감추는 것은 죄이다. 유대 법관들은 우리의 법과 마찬가지로 증인에게 뿐만 아니라 용의자에게도(이것은 우리의 법의 규칙과 반대되는 것으로 어느 누구도 자신을 비난하여 죄를 씌우지는 않아야 하는 것이다) 맹세를 하게 할 권력을 가지고 있었다. 대제사장이 앞에서 침묵하고 서 있는 우리 구세주께 대답할 것을 강요한 것과 같은 것이다(마 26:63-64). 어떤 영혼이 죄를 지은 경우(즉, 어떤 사람, 영혼은 사람이기 때문이다), 만약에 그가 맹세하라고 하는 소리를 들었다면(즉, 그가 알고 있는 것을 여호와에 대해서 맹세함으로 증언하도록 강요를 받았다면, 왕상 8:31), 이러한 경우에 자신의 친구나 적의 감정을 상하게 하는 것이 두려워서 증언하기를 거부하거나 일부만 증언하면, 그는 자기의 죄를 져야만 한다(1절). 그것은 무거운 짐이어서 그것을 제거하려는 어떠한 과정이 시도되지 않는다면 그 사람을 가장 깊은 지옥에 떨어지게 할 것이다. 저주하는 소리를 듣고서도(즉, 진술을 요청받고도) 진술을 하지 않으면(즉, 자신의 증언을 짓누르고 말하지 않는 것) 그는 죄인과 한 짝이며 자기 자신의 영혼을 미워하는 것이다. 잠 29:24를 보라. 언제고 증언하기 위해 부름을 받은 모든 사람은 이 율법을 생각하도록 해서 그들의 증언을 숨김없이 드러내도록 하며 얼버무려 넘기려는 것을 주의하도록 하라. 여호와께 대한 맹세는 거룩한 것이므로 가지고 장난을 치는 것이 되게 해서는 안 되는 것이다.

2. 어떤 사람이 의식적으로 부정한 어떤 것을 만지는 경우(2-3절). 만약에 어떤 사람이 그러한 접촉에 의해서 부정하게 되고 무심코 성소에 들어오거나 그가 율법에 따라 자신을 씻지 않았다면, 그는 자신을 죄책을 가지고 있는 자로 여겨 자신을 위한 제물을 가져와야만 한다. 단지 의식법상으로 부정한 것에 관련된 부정한 것을 만졌을지라도 그가 율법에 따라 자신을 씻지 않는다면 도덕적 죄에 관련된 부주의함이나 모욕적인 죄를 지은 것이다. 처음에는 몰랐다 하더라도 그가 그것을 알게 되었을 때 그는 허물이 있게 되는 것이다. 적용. 하나님께서 성령을 통해서 어떤 죄나 의무에 대해서 우리의 양심으로 깨닫게 하시면 우리는 즉시 회개하고 그것을 주 앞에 고발해야만 하는 것이다. 우리의 이

전 잘못을 고백하는 것을 부끄럽게 여기지 않는 자로서 행하는 것이다.

3. 경솔한 맹세. 만약에 어떤 사람이 어떠한 일을 하겠다거나 하지 않겠다는 맹세를 함으로 자신을 얽매었지만 후에 그의 맹세의 시행이 부당하고 실천되지 않은 것으로 드러나고 따라서 그 의무를 책임지지 않는다면, 그렇게 성급하게 맹세한 그의 어리석음으로 인해서 속죄하는 제물을 가져와야만 한다. 나발을 죽이려고 한 다윗과 같은 것이다. 그 때 그는 천사 앞에서 그것을 실수였다고 말해야만 하는 것이다(전 5:6). 그 중 하나에 그에게 허물이 있을 것이다(4절). 맹세를 하고 행하지 않으면 죄이며, 맹세가 악한 것이면 행했다고 하더라도 죄를 짓는 것이다. 어떤 사람들은 자신들의 경솔함과 어리석음으로 인해서 자신들 스스로를 이러한 불행한 난관에 빠지도록 한다. 그들이 어디로 가든지 그들의 양심이 상처를 입으며 죄가 그들을 응시함으로 그들은 자신들의 입의 말로 자신들이 잡혀 매우 서글프게 된 것이다. 이것은 "우리가 가만히 있어도 죽고 움직여도 죽는다"라고 말하는 나병환자들의 딜레마보다 더 괴로운 딜레마인 것이다. 지혜와 조심스러운 경계심은 사전에 이러한 고통을 막아줄 것이다.

Ⅱ. 이러한 경우들에는 다음과 같은 일들을 해야 한다.

1. 이러한 죄를 지은 자는 자신의 죄를 고백하고 자신의 제물을 가져와야만 한다(5-6절). 그 제물은 참회하는 고백과 용서를 구하는 겸비한 기도가 없이는 열납되지 않았다. 관찰. 그 죄의 고백은 아무 일에 잘못하였노라고 구체적으로 이루어져야만 한다. 내가 이 악을 범하였나이다라고 한 다윗의 고백과 같은 것이며(시 51:4), 나는 이러이러하게 행하였나이다라고 한 아간의 고백과 같은 것이다(수 7:20). 구체적이지 않는 말에는 속임수가 있는 것이다. 많은 사람들이 구체적이지 않는 일반적인 말로 그들이 죄를 지었다고 고백할 것이다. 모두가 죄를 지었다고 인정해야만 하기 때문이다. 그래서 어떤 구체적인 비난이 그들에게 돌아가지 않게 되는 것이다. 그러나 그들은 그들이 자신들의 영예에 너무 집착하여 고백하지 못하게 되는 그러한 일에 있어서 죄를 짓게 되는 것이다. 그러나 용서를 확신하고 앞으로 죄에 대해서 잘 무장하게 되는 길은 우리들이 회개의 고백을 할 때 구체적으로 하는 것이다.

2. 제사장들은 그를 위해서 속죄해야만 한다. 회개가 없이는 속죄물은 열납되지 않았듯이 회개는 속죄물을 지불하지 않고는 그를 의롭다하지 못했던 것이다. 그러므로 우리가 하나님과 화해하는 데는 그리스도의 몫과 우리의 몫이 모

두 필요한 것이다.

7만일 그의 힘이 어린 양을 바치는 데에 미치지 못하면 그가 지은 죄를 속죄하기 위
하여 산비둘기 두 마리나 집비둘기 새끼 두 마리를 여호와께로 가져가되 하나는
속죄제물을 삼고 하나는 번제물을 삼아 8제사장에게로 가져갈 것이요 제사장은 그
속죄제물을 먼저 드리되 그 머리를 목에서 비틀어 끊고 몸은 아주 쪼개지 말며 9그
속죄제물의 피를 제단 곁에 뿌리고 그 남은 피는 제단 밑에 흘릴지니 이는 속죄제
요 10그 다음 것은 규례대로 번제를 드릴지니 제사장이 그의 잘못을 위하여 속죄한
즉 그가 사함을 받으리라 11만일 그의 손이 산비둘기 두 마리나 집비둘기 두 마리에
도 미치지 못하면 그의 범죄로 말미암아 고운 가루 십분의 일 에바를 예물로 가져
다가 속죄제물로 드리되 이는 속죄제인즉 그 위에 기름을 붓지 말며 유향을 놓지
말고 12그것을 제사장에게로 가져갈 것이요 제사장은 그것을 기념물로 한 움큼을
가져다가 제단 위 여호와의 화제물 위에서 불사를지니 이는 속죄제라 13제사장이
그가 이 중에서 하나를 범하여 얻은 허물을 위하여 속죄한즉 그가 사함을 받으리
라 그 나머지는 소제물 같이 제사장에게 돌릴지니라

본문에는 하나님의 백성들 중에 가난한 사람들을 위한 규정을 말하고 있다. 죄책감 아래 있는 그들의 양심을 달래주는 규정이다. 어린 양을 가져올 수 없는 사람들은 속죄제를 위해서 산비둘기 2마리나 집비둘기 새끼 2마리를 가져올 수 있었다. 아니 누구든지 너무나 가난해서 그들이 필요할 때마다 이러한 제물들을 얻을 수 없는 자들은 고운 밀가루 반 갤런을 가져올 수 있었고 그것은 열납되리라고 했던 것이다. 그러므로 다른 제물의 비용보다 속죄제의 비용이 더 적게 들게 한 것은 우리들에게 어떠한 사람의 가난도 그가 용서받는 길에 있어서 장애가 될 수 없다고 하는 것을 가르쳐 주시려는 것이었다. 가장 가난한 사람들이라 할지라도 그 죄가 고의로 저질러진 것이 아니라면 그들을 위해 이루어진 속죄함을 받을 수 있었던 것이다. 가난한 사람들에게도 복음이 전해지는 것이다. 그러므로 어떤 사람도 천국으로 여행하는 비용을 지불할 돈이 없다고 말할 수 없는 것이다.

I. 죄인이 비둘기 두 마리를 가져왔다면 하나는 속죄제로 드려져야만 했고 다른 것은 번제로 드려져야만 했다(7절). 다음과 같은 사항들을 관찰해보자.

1. 그는 하나님을 영화롭게 하고 찬미하는 번제를 드리기 전에 속죄하는 속죄제를 드려야만 한다. 우리는 먼저 우리의 평화가 하나님과 이루어지는 것을 보아야만 하고 그 후에 그분의 영광을 위한 우리의 예배가 열납되는 것을 기대할 수 있는 것이다. 속죄제로 번제를 위한 길을 만들어야만 하는 것이다.

2. 속죄를 이루는 속죄제를 드린 뒤에, 속죄를 지시하시고 받아주신 하나님의 크신 자비에 대한 감사의 표시로서 드렸다.

Ⅱ. 만약에 그가 고운 밀가루를 가져왔다면 밀가루 중에 한 줌이 드려졌다. 그러나 기름도 유향도 없이 드렸다(11절). 이것은 이 제사가 가난한 사람들의 위로를 위해서 지정된 것인데 기름과 유향으로 인해서 제물이 가난한 사람들에게 너무 값비싸게 될 수도 있기 때문이었다. 뿐만 아니라 이 제사는 속죄제였다. 그러므로 죄를 위해서 드려지는 그 죄의 역겨움을 보여주기 위해서 기름과 유향을 넣지 않았던 것이다. 기름에 의해서 맛이 나고 유향에 의해서 냄새가 기분 좋게 나서는 안 되었던 것이다. 이 제물에 향료가 없는 것은 죄인이 이전에 지었던 것처럼 다시는 그의 죄를 즐겨서는 안 된다는 것을 암시해주는 것이었다. 이러한 희생제사들을 통해서 하나님께서는 다음과 같은 것들을 말씀하신다.

1. 죄를 범한 자들에게 위로하셔서 그들이 절망하지 않게 하시고 그들의 죄 가운데에서 탄식하며 지내지 않게 하셨다. 이렇게 그들을 위해서 하나님과 이루어진 평화로 인해서, 그들은 그분 안에서 평화를 누리게 된 것이었다.

2. 또한 속죄를 위해서 얼마나 값비싸고 어려운 대가를 지불한다고 하는 것을 기억하여 더 이상 죄를 짓지 말라고 하는 경고를 주시는 것이었다.

[14]여호와께서 모세에게 말씀하여 이르시되 [15]누구든지 여호와의 성물에 대하여 부지중에 범죄하였으면 여호와께 속건제를 드리되 네가 지정한 가치를 따라 성소의 세겔로 몇 세겔 은에 상당한 흠 없는 숫양을 양 떼 중에서 끌어다가 속건제로 드려서 [16]성물에 대한 잘못을 보상하되 그것에 오분의 일을 더하여 제사장에게 줄 것이요 제사장은 그 속건제의 숫양으로 그를 위하여 속죄한즉 그가 사함을 받으리라 [17]만일 누구든지 여호와의 계명 중 하나를 부지중에 범하여도 허물이라 벌을 당할 것이니 [18]그는 네가 지정한 가치대로 양 떼 중 흠 없는 숫양을 속건제물로 제사장에게로 가져갈 것이요 제사장은 그가 부지중에 범죄한 허물을 위하여 속죄한즉 그가

사함을 받으리라
19 이는 속건제니 그가 여호와 앞에 참으로 잘못을 저질렀음이니라

본 장에서 지금까지는 속죄제와 동시에 속건제 희생제사들에 관한 명령들이 주어졌다. 지금까지 보아온 희생제사들은 두 가지 이름이 혼용되고 있기 때문이다(6절; King James Version 레 5:6에는 속건제를 말하는 trespass offering이 표기되고 있기 때문이다 - 역주). 그러나 우리는 이 본문에서 본래 고유의 속건제, 즉 이웃에 대해서 행해진 죄를 속하기 위해서 드려진 제사에 관한 율법을 보게 된다. 우리는 그러한 죄들을 (타인의 재산이나 권리를) 침해한 죄라고 부른다. 거룩한 물건이나 일반적인 물건에 있어서 다른 사람들에게 가해진 침해를 말하는 것이다. 성물에 대한 것은 본문의 구절들에서 보게 되고, 일반 물건에 대한 것은 다음 장 초반부에 나타난다. 만약에 어떤 사람이 여호와의 거룩한 성물에 대하여 해를 끼치면(16절과 같이) 그는 여호와의 사역자들인 제사장들에 대하여 죄를 지은 것이다. 제사장들은 이러한 성물들을 간수하는 책임을 받았고 그 성물의 혜택으로 살아가는 사람들이었다. 만약에 어떤 사람이 하나님께 드려진 어떤 물건을 자기가 사용하기 위해서 부지중에 떼어놓거나 유용했다면 그는 속건제를 드려야만 했다. 생각하건대 그는 부지중에 십일조나 첫 소산물 혹은 가축의 첫 태생을 사용했거나 또는 (레 22:14-16에서 보이는 대로 이것은 그 곳에서 주로 의미하는 것인데) 제사장들에게 주기로 정해진 희생제물의 부분들 중 어떤 부분을 먹은 경우들을 말하는 것이다. 이것은 침해한 죄였다. 그런 죄는 조심성이나 열심이 부족하기 때문에 실수로 혹은 잊어버려서 저질러진 것으로 여겨지고 있는 것이다. 만약에 그런 죄가 고의적으로 율법을 무시하고 이루어진 것이라면 범죄자는 불쌍히 여김을 받지 못하고 죽었기 때문이다(히 10:28). 그러나 부주의하거나 모르고 죄를 지은 경우에는 이 속건제를 드리도록 지정되었다. 모세는 다음과 같은 지시를 받았다.

1. 침해의 죄가 확실히 드러났을 경우에 어떻게 해야 하는지에 대해서 지시를 받았다. 죄를 지은 자는 여호와께 제물을 가져와야만 한다. 그 모든 제물은 순전히 속건제물로 유대인 학자들은 일 년 된 흠 없는 숫양을 가져와야만 한다고 말한다. 또한 그 침해를 범한 죄인은 제사장에게 배상을 해야만 하는데 그가 유용한 물건에 대한 정확한 계산에 따라 그것에 5분의 1을 더해서 드려야만 했다. 그가 하나님께 드려진 것을 다음 번에 횡령하려고 할 때 더욱 조심하게

되며, 횡령해서는 아무것도 남지 않는다고 하는 것을 알게 하고, 자기의 실수에 대해서 많은 비용을 지불했다고 하는 것을 알도록 하기 위함이었다.

2. 침해하는 죄를 저질렀는지 그렇지 않은지 의심스러운 경우에 해야 할 일에 대해서 지시를 받았다. 그가 죄를 지은 혐의가 있으나 그가 그것을 알지 못할 경우이다(17절). 즉, 그가 분명히 확신하지 못하는 경우이다. 이 경우에는 확실히 하는 것이 유익한 것이므로 그는 그의 속건제를 가져와야만 한다. 그가 횡령하지 않았을까 하는 가치에 해당되는 것만 바치면 된다. 그는 그것에 5분의 1을 더하지 않아도 된다. 이것은 신성한 것을 더럽히는 것에 매우 커다란 악이 있음을 보여주려고 하는 것이다. 그러한 죄를 뻔뻔스럽게 저지른 아간은 그 죄로 인해서 죽었다. 아나니아와 삽비라도 그랬던 것이다. 이것은 성물절도죄의 사악성을 보여주기 위한 것이었다. 만약에 어떤 사람이 단순히 모르고 부지중에 성물을 유용했다면, 아니 그가 그렇게 했을 것이라고 하는 혐의만 있어도, 그는 대가를 부담해야만 하는 것이다. 이자와 함께 온전한 배상을 해야 할 뿐만 아니라 제물을 가져오는 수고를 해야 하면서 제물을 드려야만 하는 것이다. 그리고 그는 그러한 죄를 고백해야 하는 수치를 감수해야만 하는 것이다. 하나님의 재산을 침해하는 것은 이렇게 악한 것이다. 우리는 이러한 악의 어떠한 모양도 따라하지 않도록 조심해야만 하는 것이다. 또한 본문에서 우리는 경건한 질투심을 가지고 우리들 자신에게 질투를 해야 하며, 죄에 대한 용서를 구해야 하며, 우리가 스스로 죄의식에 대한 혐의만 있어도 배상을 해야 한다는 교훈을 받게 된다. 의심스러운 경우에 우리는 안전한 편을 택하고 유지해야만 하는 것이다.

제 6 장

개요

본 장의 처음 일곱 절은 앞 장에 적절하게 첨가되었어야 했다. 속건제에 관한 율법의 연속이기 때문이며 속건제가 드려져야 할 다른 경우들을 열거하고 있기 때문이다. 드려져야만 하는 여러 가지 희생제사에 관해서 하나님께서 주신 지침들이 이 구절들로 끝나게 된다. 그런 뒤에 8절(원문은 율법의 새로운 단락이 시작된다)에서 하나님께서는 이러한 희생제사에 관해서 이전에 언급하시지 않은 여러 가지 예전들과 의식들을 지시하기 시작하신다. 즉, I. 번제(8-13절). II. 소제(14-18절), 특별히 제사장의 위임식에서 드리는 소제(19-23절). III. 속죄제(24절 이하).

1 여호와께서 모세에게 말씀하여 이르시되 2 누구든지 여호와께 신실하지 못하여 범
죄하되 곧 이웃이 맡긴 물건이나 전당물을 속이거나 도둑질하거나 착취하고도 사
실을 부인하거나 3 남의 잃은 물건을 줍고도 사실을 부인하여 거짓 맹세하는 등 사
람이 이 모든 일 중의 하나라도 행하여 범죄하면 4 이는 죄를 범하였고 죄가 있는 자
니 그 훔친 것이나 착취한 것이나 맡은 것이나 잃은 물건을 주운 것이나 5 그 거짓
맹세한 모든 물건을 돌려보내되 곧 그 본래 물건에 오분의 일을 더하여 돌려보낼
것이니 그 죄가 드러나는 날에 그 임자에게 줄 것이요 6 그는 또 그 속건제물을 여호
와께 가져갈지니 곧 네가 지정한 가치대로 양 떼 중 흠 없는 숫양을 속건제물을 위
하여 제사장에게로 끌고 갈 것이요 7 제사장은 여호와 앞에서 그를 위하여 속죄한즉
그는 무슨 허물이든지 사함을 받으리라

이것은 속건제의 후반부이다. 전반부는 성물에 관하여 죄를 지은 경우로 우리는 앞 장의 끝부분에서 보았다. 후반부에 나타나는 것은 일상적인 물건들에 대해서 죄를 지은 것에 관한 내용을 담고 있다. 본문에서 다음과 같은 것들을 관찰해보자.

I. 가정된 범죄의 경우들(2-3절). 비록 모든 사례들이 우리 이웃과 관련된

것이라 할지라도 그 범죄들은 여호와께 범죄한 것이라고 일컬어진다. 그 상해가 직접적으로 우리 이웃들에게 가해진 것이라 할지라도 그로 인한 모욕은 그를 만드신 분인 우리의 주님께 돌아가기 때문이다. 자기 형제에 대해서 비방하는 자는 율법에 대해서 비방하는 것이며, 결과적으로 그 율법을 만드신 분을 비방하는 것이라고 말하고 있다(약 4:11). 비록 상해를 당한 사람이 아무리 보잘것없고 비천하다 할지라도, 그리고 모든 면에서 우리보다 열등하다 할지라도 그 상해는 하나님 사랑에 이어서 우리들이 이웃을 사랑할 것을 명하신 하나님에게 돌아가는 것이다. 그 구체적인 죄의 목록은 다음과 같다.

1. 위탁 사실을 부인하는 것: 이웃이 맡긴 물건을 속이거나. 혹은 그에게 세를 놓은 물건인 경우에는 더욱 악한 것이다. 만약에 우리가 단지 빌린 것이나 저당 잡거나 위탁 맡은 물건을 우리 자신의 것으로 주장한다면, 이러한 행위는 여호와께 대하여 범죄하는 것이다. 그 하나님은 인간 사회의 유익을 위하여 재산과 진실을 계속해서 간수하시고자 하시는 분이시다.

2. 친구의 물건을 속여 빼앗는 것: 도둑질하거나. 공동의 이익을 가진 부분에서 독자적인 이익이라고 주장하면서 속이는 경우이다.

3. 명백한 잘못을 부인하는 것: 폭력으로 물건을 빼앗고 거짓말하는 것. 이와 같이 폭력으로 빼앗는 경우는 일반적으로 숨길 수 없다.

4. 거래를 속이거나, 혹은 어떤 사람이 생각하듯이, 거짓된 고발(무고)로 거래를 속이는 것이다. 어떤 사람이 이 어구를 읽는 것과 같이, 자신의 이웃을 거짓되게 압제하는 경우를 말한다. 만기가 된 것을 억류하거나 기한이 되지 않은 것을 강탈하는 경우이다.

5. 물건을 줍고도 사실을 부인하는 것(3절). 만약에 어떤 사람이 잃은 것을 발견했다면, 그는 그것을 자기 자신의 것이라고 해서는 절대 안 되며 그것을 돌려주어야 할 그 물건의 주인을 찾아야만 하는 것이다. 이것은 우리가 다른 사람에 의해서 대접을 받고자 하는 대로 행동을 하는 것이다. 그러나 그것에 관해서 거짓말을 하는 자, 즉 그것에 대해서 아무것도 모른다고 거짓으로 말하는 자, 특별히 그가 거짓 맹세로 거짓말하며 이것을 숨긴다고 한다면, 그는 여호와께 범죄하는 것이다. 여호와는 이야기되는 모든 것에 대한 증인이시다. 맹세의 경우에 있어서 여호와는 호소의 대상이 되시기 때문에 그분께서 거짓에 대한 증인으로 요청받으실 때 그것은 커다란 모독이 되는 것이다.

Ⅱ. 지정된 속건 제물.

1. 그의 죄가 드러나는 날에 그는 그의 형제에게 배상을 해야만 한다. 네 형제에게 원망들을 만한 일이 있으면 이것은 먼저 이루어져야만 한다. 그는 죄를 범하였고 죄가 있는 자이기 때문이다(4-5절). 즉, 자기 자신의 양심에 의해서 죄를 깨닫게 되고 그에 대한 가책을 느끼게 될 때이다. 하나님 앞에서 스스로 죄책감을 느끼게 될 때는 자신이 사기나 압제에 의해 탈취한 모든 것에 5분의 1을 더해서 신실하게 배상해야 한다. 그 주인이 그동안 겪었던 손실과 어려움에 대한 배상을 하기 위한 것이다. 그로 하여금 빚과 손해를 모두 갚아주도록 해야 한다. 적용. 잘못이 저질러진 곳에는 항상 배상이 이루어져야만 하는 것이다. 배상이 우리의 능력껏 혹은 손해를 입은 사람이 받아들이는 정도까지 이루어지기까지는 우리는 죄에 대한 용서를 받았다고 하는 안위를 가질 수 없는 것이다. 부당하게 얻어진 것을 보관하고 있는 것은 탈취한 것임을 공언하는 것이다. 이 두 가지는 함께 이어지는 하나의 불의한 행동을 이루게 되는 것이다. 회개하는 것은 우리가 잘못한 것을 원상태로 돌려놓는 것이다. 이것은 (우리가 아무리 가장을 한다고 해도) 삭개오처럼(눅 19:8) 우리가 잘못한 것에 의해서 얻은 것을 되돌려주고, 그 잘못 행한 것에 대해서 배상을 해줄 때까지는 회개했다는 말을 들을 수 없는 것이다.

2. 그리고 나서 그는 와서 그의 제물을 드려야만 한다. 그가 죄를 범한 여호와께 자신의 속건제를 가져와야만 한다. 그리고 제사장은 그를 위해 속죄해야만 한다(6-7절). 이 속건제 자체가 죄를 대속하거나 하나님과 죄인 사이를 화해시켜 줄 수는 없었다. 그러나 그것은 우리 주 예수님에 의해서 이루어질 대속을 상징한 것이었다. 예수님께서는 자신의 영혼을 죄를 위한 제물 곧 속건제물로 바치셔야만 했던 것이다. 사 53:10에는 본문에 사용된 것과 동일한 어구가 사용되고 있다. 본문에서 언급되고 있는 범죄는 여전히 그리스도의 율법에 대해서도 죄를 짓는 것이다. 그리스도의 율법은 자연법 혹은 모세의 율법이 정의와 진리에 대해서 말하고 있는 것만큼 주장하고 있다. 비록 우리는 이제 속건제물 없이도 그 죄들에 대해서 용서를 받을지라도 진정한 회개, 배상, 개심, 그리고 그리스도의 의를 믿는 겸손한 믿음이 없이는 용서되지 않는 것이다. 만약에 누군가가 지금 속건제 비용을 치르지 않기 때문에 이러한 죄들을 더욱 담대하게 저지른다면, 그들은 그리스도의 은혜를 헛된 것으로 만드는 것이며, 스스로에게

신속한 파멸을 불러오는 것이다. 여호와께서는 모든 일들에 대해서 신원해 주시는 분이시다(살전 4:6).

**8여호와께서 모세에게 말씀하여 이르시되 9아론과 그의 자손에게 명령하여 이르라
번제의 규례는 이러하니라 번제물은 아침까지 제단 위에 있는 석쇠 위에 두고 제
단의 불이 그 위에서 꺼지지 않게 할 것이요 10제사장은 세마포 긴 옷을 입고 세마
포 속바지로 하체를 가리고 제단 위에서 불태운 번제의 재를 가져다가 제단 곁에
두고 11그 옷을 벗고 다른 옷을 입고 그 재를 진영 바깥 정결한 곳으로 가져갈 것이
요 12제단 위의 불은 항상 피워 꺼지지 않게 할지니 제사장은 아침마다 나무를 그
위에서 태우고 번제물을 그 위에 벌여 놓고 화목제의 기름을 그 위에서 불사를지
며 13불은 끊임이 없이 제단 위에 피워 꺼지지 않게 할지니라**

지금까지 우리는 희생제사들에 관해서 백성들에게 전해 주라고 모세가 지시를 받은 지침들을 보아왔다. 그러나 본문에서는 모세가 제사장들에게 전해 줄 지침들에 대해서 시작을 하고 있다. 모세는 아론과 그의 자손에게 명령해야만 했다(9절). 제사장들은 하나님 나라의 지도자들이다. 그러나 이 지도자들은 지도를 받아야만 한다. 다른 사람들에 대한 명령권을 가진 사람들은 그들 자신들도 명령을 받아야만 하는 것이다. 교역자들은 아론과 그의 아들들에게 그들이 복종해야만 할 사명들과 명령들이 주어졌다고 하는 것을 기억하도록 하자.

우리는 본문의 구절들에서 제사장들에 대해서 특별한 주의를 요구하는 번제에 관한 율법을 대하게 된다. 전체 회중을 위해서 아침저녁으로 매일 드려진 어린 양 희생제사는 주로 다음과 같은 사항들과 관련되어 있다.

I. 제사장은 번제 제물을 태우고 난 뒤에 남는 재에 특별한 주의를 해야만 했는데 그 재는 정중하게 처리되어야만 했다(10-11절). 제사장은 매일 아침 재가 있는 제단을 깨끗이 해야만 했고 재는 제단 동쪽에 놓아야만 했다. 제단 동쪽은 성소에서 가장 먼 곳이다. 제사장은 이 일을 세마포 옷을 입고서 해야만 했다. 이 세마포는 제사장이 제단에서 어떤 사역을 감당할 때 항상 입었던 옷이다. 그러고 나서 자신의 일상복이나 (어떤 사람들이 생각하듯이) 좀 덜 영예로운 다른 제사장 옷과 같은 다른 옷으로 갈아입어야만 했다. 그리고 그는

그 재를 진영 바깥 정결한 곳으로 가져가야만 했다.

1. 하나님께서는 자신의 제단과 그 위에서 드려지는 희생제물들을 존귀하게 하시고자 이러한 일들을 하라고 하셨을 것이다. 하나님께서 희생제물의 재까지도 귀중히 여기신다고 하는 것을 입증하기 위해서 그 재는 보관되어야만 했다. 하나님께서는 번제를 통해서 영광을 얻으셨다. 그러므로 그 번제도 영화롭게 되었던 것이다. 어떤 사람들은 제물의 재를 이처럼 주의해서 처리하는 것은 우리 구주의 장사지냄을 상징한 것이었다고 생각한다. 그분의 죽은 몸(그분의 희생제물의 재)은 정원에 있는 무덤에 조심스럽게 안치되었다. 이 곳은 정결한 장소였다. 또한 제단은 항상 깨끗이 유지되도록 하는 것이 요구되었다. 그래야 제단 위에 있는 불이 더욱더 잘 탈 수 있었기 때문이다. 또한 깨끗한 화로를 가지고 있는 것이 집에서는 품위가 있는 것이기 때문이다.

2. 하나님께서는 제사장들 스스로가 그 재를 그렇게 간수하기를 원하셨을 것이다. 제사장들과 우리들에게 하나님과 그분의 제단의 영예를 위한 사역은 아무리 사소한 것이라도 겸손히 감당해야 한다고 하는 것을 가르쳐 주시기 위한 것이다. 제사장이 친히 불을 피워야 했을 뿐만 아니라 화덕을 깨끗이 해야만 했고 재를 날라야만 했다. 하나님의 종들은 죄 외에는 어느 것 하나도 하찮게 생각해서는 안 되는 것이다.

Ⅱ. 제사장은 제단 위에 있는 불을 관리해야만 했다. 그래서 항상 타오르도록 해야만 했던 것이다. 이것은 본문에서 많이 강조되고 있다(9, 12절). 이 특별한 율법은 아래와 같이 주어지고 있다: 불은 끊임이 없이 제단 위에 피워 꺼지지 않게 할지니라(13절). 어떠한 특별한 제사 없이는 단 하루도 지나지 않았음을 우리는 생각해 볼 수 있다. 그 특별한 제사는 언제나 아침과 저녁에 드리는 어린 양 제사 사이에 드려졌다. 그러므로 아침부터 저녁까지 제단 위에 있는 불은 당연히 꺼지지 않고 켜져 있어야만 했던 것이다. 그러나 아침까지 밤새도록(9절) 불을 꺼지지 않게 하기 위해서는 몇 가지 필요한 일들이 있었다. 훌륭한 집을 가지고 유지하는 자들은 결코 그들의 부엌의 불이 꺼지도록 하지 않는다. 그러므로 하나님께서는 자신의 훌륭한 집의 관리에 대한 한 예를 전해주고자 하셨던 것이다. 제단 위에 처음으로 지펴진 불은 하늘에서 내려왔다(레 9:24). 제사장들은 지속적인 연료의 공급으로 계속해서 그 불을 꺼지지 않도록 했다. 따라서 대대로 이어지는 그들의 세대를 통해서 드려지는 그들의 제사 제

물들은 하늘로부터 내려온 불로 태워진 것이라고 말할 수 있는 것이다. 하늘로부터 내려온 불은 하나님께서 받으시는 것에 대한 표시가 되는 것이다. 만약에 제사장들이 부주의로 그 불을 꺼뜨렸다면, 그들은 그 불이 다시 하늘로부터 내려와 붙는다고 하는 것을 기대할 수 없었을 것이다. 그러므로 유대인들은 우리들에게 그 제단의 불은 바벨론 포로기까지는 결코 꺼진 적이 없다고 말한다. 이것은 사 31:9에도 언급되어 있는 것으로 하나님께서는 여호와의 불은 시온에 있고 여호와의 풀무는 예루살렘에 있느니라라고 말씀하신다. 이 율법을 통해서 우리는 다음과 같은 교훈을 받는다. 항상 모든 선한 언행에 준비되기 위해서 우리 마음에 경건과 헌신의 모든 행위들에 대해서 지속적으로 마음을 두고 있어야 한다고 하는 것이다. 우리는 성령을 소멸하지 말아야 할 뿐만 아니라 우리 안에 있는 은사를 불일 듯 일어나게 해야만 하는 것이다. 비록 우리가 항상 제사를 드리지는 못한다 할지라도 우리는 항상 거룩한 사랑이 불타도록 유지해야만 한다. 마찬가지로 우리는 항상 기도해야만 하는 것이다.

14소제의 규례는 이러하니라 아론의 자손은 그것을 제단 앞 여호와 앞에 드리되 15그
소제의 고운 가루 한 움큼과 기름과 소제물 위의 유향을 다 가져다가 기념물로 제
단 위에서 불살라 여호와 앞에 향기로운 냄새가 되게 하고 16그 나머지는 아론과 그
의 자손이 먹되 누룩을 넣지 말고 거룩한 곳 회막 뜰에서 먹을지니라 17그것에 누룩
을 넣어 굽지 말라 이는 나의 화제물 중에서 내가 그들에게 주어 그들의 소득이 되
게 하는 것이라 속죄제와 속건제 같이 지극히 거룩한즉 18아론 자손의 남자는 모두
이를 먹을지니 이는 여호와의 화제물 중에서 대대로 그들의 영원한 소득이 됨이라
이를 만지는 자마다 거룩하리라 19여호와께서 모세에게 말씀하여 이르시되 20아론과
그의 자손이 기름 부음을 받는 날에 여호와께 드릴 예물은 이러하니라 고운 가루
십분의 일 에바를 항상 드리는 소제물로 삼아 그 절반은 아침에, 절반은 저녁에 드
리되 21그것을 기름으로 반죽하여 철판에 굽고 기름에 적셔 썰어서 소제로 여호와
께 드려 향기로운 냄새가 되게 하라 22이 소제는 아론의 자손 중 기름 부음을 받고
그를 이어 제사장 된 자가 드릴 것이요 영원한 규례로 여호와께 온전히 불사를 것
이니 23제사장의 모든 소제물은 온전히 불사르고 먹지 말지니라

소제는 백성들에 의해서 드려졌고 제사장들이 자신들의 위임식 때 드

렸다.

I. 일반인이 드리는 소제에 관하여.

1. 소제물 중에서 단지 한 줌만이 제단 위에서 불태워 드려졌다. 나머지 모든 소제물은 제사장들의 음식으로 주어졌다. 번제에 관한 율법은 제사장들이 많이 신경을 쓰게 하고 일도 많았지만 제사장들이 차지하는 몫은 거의 없었다. 번제물의 고기는 모두 불태워졌기 때문이다. 그러므로 제사장들은 단지 가죽만을 가졌던 것이다. 그러나 제사장들에게 보충해주기 위해서 소제물의 대부분은 제사장들의 몫이 되었던 것이다. 제단 위에서 한 줌의 소제물을 불태우는 것(15절)은 이전에 레 2:2, 9에서 명령되었던 내용이다. 본문에서 그 나머지는 하나님 집의 종들인 제사장들에게 할당된 것이다: **나의 화제물 중에서 내가 그들에게 주어 그들의 소득이 되게 하는 것이라**(17절).

(1) 하나님의 사역자들에게 양식이 넉넉히 공급되도록 하는 것은 하나님께서 원하시는 뜻이다. 성심을 다해서 드려진 것이라면 하나님께서는 그 사역자들에게 주어진 것을 마치 자신에게 드려진 것처럼 열납하시는 것이다.

(2) 영적인 제사장들인 모든 그리스도인들은 자신들이 드리는 영적인 제사의 제물에 자신들 스스로가 참여하여 함께 나누는 것이다. 소제로 이득을 보는 것은 하나님이 아니시다. 제단 위에서 불태워지는 한 줌은 제사장들에게 주어진 몫과 비교해 볼 때 말할 수 없이 작은 분량이다. 우리들 자신들이 바로 우리가 드리는 신앙적인 예배를 통해서 유익을 얻는 자들이 되는 것이다. 하나님께서 모든 유향을 가지시도록 하자. 그러면 제사장들은 가루와 기름을 가지게 될 것이다. 우리가 하나님께 드리는 찬미와 영광으로 우리는 스스로가 위로와 혜택을 얻게 되는 것이다.

2. 그 소제물을 먹는 것에 관한 율법은 다음과 같다.

(1) **누룩을 넣지 말고 먹어야만 했다**(16절). 하나님께 바쳐진 것에는 그 안에 누룩이 있어서는 안 된다. 그러므로 제사장들도 제단에 드려진 대로 그것을 먹어야만 했다. 다른 방법으로는 먹을 수 없었던 것이다. 그러므로 우리도 신실과 진리라고 하는 무교병으로 여호와의 절기를 지켜야만 하는 것이다.

(2) **회막 뜰에서 먹어야만 했다**(거룩한 곳이라고 불린다). 이 목적을 위해서 뜰의 옆에 마련된 어떤 장소에서 먹어야만 했던 것이다. 소제물 중에 조금이라도 뜰 바깥으로 가져가는 것은 큰 죄를 짓는 것이었다. 소제물을 먹는 것 자체

가 하나의 신성한 의식이었다. 그들은 이 의식을 통해서 하나님께 영광을 돌려야만 했던 것이다. 그러므로 소제물을 먹는 것은 거룩한 태도로 그리고 거룩한 경외심을 가지고 이루어져야만 했던 것이다. 거룩한 장소 안에서 이루어지는 행위로 제한함으로써만 이루어졌던 것이다.

(3) 남자들만 그 소제물을 먹을 수 있었다(18절). 좀 덜 거룩한 것들인 첫 소산물과 십일조, 그리고 화목제의 어깨와 가슴 고기는 제사장들의 딸들도 먹을 수 있었다. 그러한 것들은 뜰 밖으로 가져갈 수 있었기 때문이었다. 그러나 이 소제물은 가장 거룩한 것으로 성막 안에서만 먹을 수 있었던 것이라서 아론의 아들들만 먹을 수 있었던 것이다.

(4) 깨끗한 제사장들만이 그 소제물을 먹을 수 있었다: **이를 만지는 자마다 거룩하리라**(18절). 거룩한 것들은 거룩한 사람들을 위한 것이다. 어떤 사람들은 이 구절을, **그것에 닿는 모든 것은 거룩해질 것이다**라고 읽는다. 이러한 거룩한 것들을 먹는데 사용된 식탁에 딸린 모든 기구들은 오로지 그 목적을 위해서만 사용되어야 했고, 사용된 뒤에는 결코 다른 일상적인 일들을 위해서 사용되지 않았기 때문이다.

Ⅱ. 제사장들 자신들을 위해 드려진 위임식 소제는 온전히 불사르고 먹지 말지니라라고 했다(23절). 이것은 앞서 말한 율법의 한 예외적인 조항으로서 본문에 들어있는 것이다. 위임식 소제에 관한 이 율법은 대제사장이 소제를 드리도록 했을 뿐만 아니라 대제사장이 기름 부음을 받는 날과 그의 후계자들이 기름 부음을 받는 날에만 드리라고 했던 것으로 여겨진다. 그러나 유대인 학자들은 이 율법에 의해서 모든 제사장은 자신의 사역을 첫 번째로 감당하는 날에 이 소제를 드려야만 했다고 말하고 있다. 그리고 대제사장은 그가 기름을 부음 받은 날로부터 그의 일생 동안 매일 이 소제를 드려야만 했다고 말하고 있다. 그리고 대제사장의 소제는 아침저녁 제사에 겸해서 드리는 소제와는 달리 드려졌다고 말한다. 그 소제는 본문에서 **항상 드리는 소제**라고 말하고 있기 때문이다(20절). 요세푸스는 "대제사장은 자신의 비용으로 하루에 두 번씩 제사를 드렸다. 그리고 그것은 그의 제사였다"라고 말한다. 적용. 하나님께서 다른 사람들 위에 존엄과 권세를 더 주신 사람들은 하나님께서 다른 사람들보다 그들에게 더 많은 것을 기대하신다고 하는 것을 생각해야 하며, 하나님을 위해서 드려지는 예배에 대한 모든 공고에 주의를 기울여야만 하는 것이다. 제사장의

소제는 먹을 수 있는 것처럼 모두 구워져야만 했다. 그러나 그것은 모두 불태워져야만 했다. 비록 사역을 감당하는 제사장은 백성들을 섬기는 것으로 인해서 소득을 받았을지라도, 대제사장을 섬기는 일에는 소득이 주어져야만 할 이유가 없었다. 대제사장은 제사장들 가족의 가장이었기 때문이다. 그러므로 다른 제사장도 기쁘게 무료 봉사를 해야만 하는 것이다. 제사장들은 다른 제사장이 드린 제물을 먹는 것도 부적합한 것이었다. 백성들의 죄들은 상징적으로 제사장들에게 옮겨졌고, 이 옮겨진 것은 백성들이 드린 제물을 제사장들이 먹음으로써 그 의미를 가지게 되었듯이(호 4:8), 제사장들의 죄들은 상징적으로 제단으로 옮겨졌고 제단이 그 모든 제물을 불태워 버려야(먹어야) 했기 때문이다. 우리가 우리 자신의 죄를 담당해야만 했다면, 사역자들이든 일반 사람들이든 우리는 모두 죽어야만 한다. 또한 하나님께서 우리 모두의 죄를 자신의 사랑하는 아들에게 담당시키지 않으셨다면, 우리는 어떠한 위안도 희망도 가질 수 없는 것이다. 그 아들은 제사장이시며 제단이신 것이다.

24여호와께서 모세에게 말씀하여 이르시되 25아론과 그의 아들들에게 말하여 이르라
속죄제의 규례는 이러하니라 속죄제 제물은 지극히 거룩하니 여호와 앞 번제물을
잡는 곳에서 그 속죄제 제물을 잡을 것이요 26죄를 위하여 제사 드리는 제사장이 그
것을 먹되 곧 회막 뜰 거룩한 곳에서 먹을 것이며 27그 고기에 접촉하는 모든 자는
거룩할 것이며 그 피가 어떤 옷에든지 묻었으면 묻은 그것을 거룩한 곳에서 빨 것
이요 28그 고기를 토기에 삶았으면 그 그릇을 깨뜨릴 것이요 유기에 삶았으면 그 그
릇을 닦고 물에 씻을 것이며 29제사장인 남자는 모두 그것을 먹을지니 그것은 지극
히 거룩하니라 30그러나 피를 가지고 회막에 들어가 성소에서 속죄하게 한 속죄제
제물의 고기는 먹지 못할지니 불사를지니라

우리는 본문에서 속죄제에 대한 율법과 특별히 그 속죄제를 드리는 제사장들에 관한 율법을 대하게 된다.

1. 속죄제 제물은 번제물을 잡는 곳에서 잡아야만 했다(25절). 즉, 제단의 북쪽이다(레 1:11). 어떤 사람들은 이 곳을 골고다 언덕에서 그리스도께서 십자가에 달리신 것을 나타내는 것이라고 생각한다. 골고다는 예루살렘 북쪽에 위치하고 있기 때문이다.

2. 죄인을 위해서 속죄제를 드린 제사장은(그의 아들들이나 다른 제사장들과 함께, 29절) 하나님께 피와 기름을 드리고 남은 제물을 회막 뜰에서 먹어야만 했다(26절). 이렇게 함으로써 레 10:17에 설명된 대로 그들은 회중의 죄를 담당하게 되었던 것이다.

3. 속죄제의 피가 옷에 묻었으면 지극히 경건한 마음으로 물로 빨아서 깨끗하게 하라고 했다(27절). 이것은 우리가 그리스도의 피를 일반 피와 같이 여기지 말고 지극히 경외해야 한다는 것을 나타내는 것이었다. 그리스도의 피는 옷 위가 아니라 양심에 뿌려져야만 하는 것이다.

4. 속죄제물을 끓인 용기는 그것이 토기라면 깨뜨려야만 했고, 놋으로 만든 것이라면 잘 씻어야만 했다(28절). 이것은 죄악의 더러움이 제사를 통해서 완전히 제거되지는 않는 것이며 오히려 그릇에 달라붙어 있다고 하는 것을 말해주는 것이다. 이러한 것은 짐승으로 드리는 제사의 약점이요 결함이었다. 그러나 그리스도의 피는 모든 죄를 철저히 깨끗하게 해주신다. 그 후에는 다시 씻을 필요가 없는 것이다.

5. 이 모든 것은 일반적인 속죄제로 이해되어야만 하는 것이다. 즉, 제사장들을 위한 속죄제나 회중을 위한 속죄제, 혹은 속죄일에 드려지는 속죄제가 아닌 것이다. 특별한 경우들에 했던 것처럼, 제물의 피를 거룩한 곳으로 가져왔을 때는, 고기는 먹지 않으며 진 밖에서 불태우라고 했던 율법(30절)은 이미 이전에 명령된 것이고 이 곳에서 재확인된 것이기 때문이다. 그러므로 사도는 그들이 율법 아래에서 가지고 있는 것보다 우리가 복음 아래서 더 나은 이점을 가지고 있다고 말하고 있는 것이다. 비록 그리스도의 피가 거룩한 장소 안에서 화해하기 위해 성막 안으로 들여졌을지라도, 우리는 믿음으로 제단 위에서 먹고 그로 인해서 위대한 화해의 위안을 얻을 수 있는 권한을 가지고 있기 때문이다(히 13:10-12).

제 7 장

개요

본 장에는 다음과 같은 내용들이 있다. I. 번제와 소제에 관한 부연적인 지침들(8-10절)과 더불어 속건제에 대한 율법이 있다(1-7절). II. 화목제에 대한 율법이 있다. 화목제물을 먹는 것에 대한 내용(11-21절)과 기름 혹은 피를 먹지 못하게 하는 경우가 반복되고 있으며(22-27절), 화목제물의 제사장 몫에 대해서 말하고 있다(28-34절). III. 이러한 제도들에 대한 결론이 있다(35절 이하).

1속건제의 규례는 이러하니라 이는 지극히 거룩하니 2번제물을 잡는 곳에서 속건제
의 번제물을 잡을 것이요 제사장은 그 피를 제단 사방에 뿌릴 것이며 3그 기름을 모
두 드리되 곧 그 기름진 꼬리와 내장에 덮인 기름과 4두 콩팥과 그 위의 기름 곧 허
리 쪽에 있는 것과 간에 덮인 꺼풀을 콩팥과 함께 떼어내고 5제사장은 그것을 다 제
단 위에서 불살라 여호와께 화제로 드릴 것이니 이는 속건제니라 6제사장인 남자는
모두 그것을 먹되 거룩한 곳에서 먹을지니라 그것은 지극히 거룩하니라 7속죄제와
속건제는 규례가 같으니 그 제물은 속죄하는 제사장에게로 돌아갈 것이요 8사람을
위하여 번제를 드리는 제사장 곧 그 제사장은 그 드린 번제물의 가죽을 자기가 가
질 것이며 9화덕에 구운 소제물과 냄비에나 철판에서 만든 소제물은 모두 그 드린
제사장에게로 돌아갈 것이니 10소제물은 기름 섞은 것이나 마른 것이나 모두 아론
의 모든 자손이 균등하게 분배할 것이니라

본문에서 다음과 같은 내용들을 관찰하라.

1. 속건제에 관하여. 이 제사는 속죄제와 성격이 거의 동일하기 때문에 같은 규칙들에 의해서 통제되어야만 한다(6절). 속죄를 위해서 피와 기름이 하나님께 드려질 때, 제사장들은 그 고기를 속죄제의 고기처럼 거룩한 곳에서 먹어야만 한다. 유대인들은 제단 사방에 속건제의 피를 뿌리는 것과 관련하여 다음과 같은 전통을 가지고 있다(우리는 이것을 박식한 패트릭[Patrick] 주교로부터 들

을 수 있다): "정확하게 가운데 있는 제단 주위에 붉은 선이 있었다. 번제의 피는 그 선 위 주변에 뿌려졌다. 그러나 속건제와 화목제의 피는 그 선 아래 주변에 뿌려졌다." 속건제 고기에 대한 권한은 그것을 드린 제사장이 가지고 있었다(7절). 그 일을 행한 사람이 품삯을 받아야만 하는 것이다. 이것은 제사장들로 하여금 제단에 열심히 나아가도록 하는 격려가 되었다. 더 많이 준비되고 분주한 사람들이 더 많이 얻었던 것이다. 적용. 우리가 신앙의 사역에 더욱더 부지런하면 그에 대한 유익을 더욱 많이 얻게 되는 것이다. 그러나 모든 제사장들과 그들 가족의 남자들은 고기의 권한을 가진 제사장에 의해서 초대될 수 있었다. **제사장인 남자는 모두 그것을 먹되 거룩한 곳에서 먹을지니라**(6절). 그리고 그들의 직무상의 그러한 수입들을 서로가 나누는 것은 하나의 관례였음이 분명하다. 이것을 통해서 제사장들 사이에 우정과 친교가 유지되었던 것이다. 거저 받은 자들은 거저 주어야만 하는 것이다. 화목제와는 달리 제물을 드리는 자는 속건제의 일부를 먹을 수 없었던 것 같다. 속건제의 제물은 제단과 제사장에게만 나누어졌던 것이다. 그들은 은혜에 감사해서 화목제를 드렸다. 이 때 이 제사는 잔치에 적합하다. 그러나 그들은 죄를 애통해하면서 속건제물을 드렸다. 이 때는 거룩한 애통의 표시와 죄를 삼가겠다고 하는 결심으로 금식하는 것이 더욱 적당한 것이다.

2. **번제에 관하여.** 본문에는 번제를 드리는 제사장이 그 가죽을 가져야만 한다고 지정되어 있다(8절). 그는 이것으로 돈을 벌었을 수도 있다. (유대인들은 말한다) "이것은 특별한 사람들이 드린 번제만을 의미하는 것이다. 회중을 위해서 매일 드려지는 번제의 가죽들을 통한 이익은 성소의 수리를 위해 쓰였기 때문이다." 어떤 사람들은 이러한 지침은 하나님께서 우리의 시조인 아담과 하와를 가죽 옷으로 입히신 것(창 3:21)을 우리들이 이해하는데 도움을 줄 것이라고 말하기도 한다. 아마도 아담과 하와가 입고 있었던 가죽의 짐승들은 온전한 번제 제물로 드려졌던 것일 것이고, 아담은 그 번제물들을 드린 제사장이었을 것이다. 그러고 나서 하나님께서는 아담에게 그 자신과 그의 아내를 위한 옷을 만들기 위한 그의 품삯으로 그것을 주었을 것이다. 이러한 것을 기념하면서 그 후에도 가죽은 영원히 제사장들에게 돌아갔을 것이라고 본다. 창 27:16을 보라.

3. **소제에 관하여.** 소제물을 요리해서 드렸다면 즉시 먹기에 적합했을 것이

다. 그러므로 그것을 드리는 제사장은 그것을 가졌던 것이다(9절). 소제물이 마른 것이었다면 그것을 성급하게 사용하는 경우가 그렇게 많지 않았다. 그러므로 그 소제물은 그 당시 대기하고 있었던 모든 제사장들 사이에 균등하게 분배되어야만 했다(10절).

11여호와께 드릴 화목제물의 규례는 이러하니라 12만일 그것을 감사함으로 드리려면
기름 섞은 무교병과 기름 바른 무교전병과 고운 가루에 기름 섞어 구운 과자를 그
감사제물과 함께 드리고 13또 유교병을 화목제의 감사제물과 함께 그 예물로 드리
되 14그 전체의 예물 중에서 하나씩 여호와께 거제로 드리고 그것을 화목제의 피를
뿌린 제사장들에게로 돌릴지니라 15감사함으로 드리는 화목제물의 고기는 드리는
그 날에 먹을 것이요 조금이라도 이튿날 아침까지 두지 말 것이니라 16그러나 그의
예물의 제물이 서원이나 자원하는 것이면 그 제물을 드린 날에 먹을 것이요 그 남
은 것은 이튿날에도 먹되 17그 제물의 고기가 셋째 날까지 남았으면 불사를지니 18만
일 그 화목제물의 고기를 셋째 날에 조금이라도 먹으면 그 제사는 기쁘게 받아들
여지지 않을 것이라 드린 자에게도 예물답게 되지 못하고 도리어 가증한 것이 될
것이며 그것을 먹는 자는 그 죄를 짊어지리라 19그 고기가 부정한 물건에 접촉되었
으면 먹지 말고 불사를 것이라 그 고기는 깨끗한 자만 먹을 것이니 20만일 몸이 부
정한 자가 여호와께 속한 화목제물의 고기를 먹으면 그 사람은 자기 백성 중에서
끊어질 것이요 21만일 누구든지 부정한 것 곧 사람의 부정이나 부정한 짐승이나 부
정하고 가증한 무슨 물건을 만지고 여호와께 속한 화목제물의 고기를 먹으면 그
사람도 자기 백성 중에서 끊어지리라 22여호와께서 모세에게 말씀하여 이르시되 23
이스라엘 자손에게 말하여 이르라 너희는 소나 양이나 염소의 기름을 먹지 말 것
이요 24스스로 죽은 것의 기름이나 짐승에게 찢긴 것의 기름은 다른 데는 쓰려니와
결단코 먹지는 말지니라 25사람이 여호와께 화제로 드리는 제물의 기름을 먹으면
그 먹는 자는 자기 백성 중에서 끊어지리라 26너희가 사는 모든 곳에서 새나 짐승의
피나 무슨 피든지 먹지 말라 27무슨 피든지 먹는 사람이 있으면 그 사람은 다 자기
백성 중에서 끊어지리라 28여호와께서 모세에게 말씀하여 이르시되 29이스라엘 자손
에게 말하여 이르라 화목제물을 여호와께 드리려는 자는 그 화목제물 중에서 그의
예물을 여호와께 가져오되 30여호와의 화제물은 그 사람이 자기 손으로 가져올지니
곧 그 제물의 기름과 가슴을 가져올 것이요 제사장은 그 가슴을 여호와 앞에 흔들

어 요제를 삼고 31그 기름은 제단 위에서 불사를 것이며 가슴은 아론과 그의 자손에
게 돌릴 것이며 32또 너희는 그 화목제물의 오른쪽 뒷다리를 제사장에게 주어 거제
를 삼을지니 33아론의 자손 중에서 화목제물의 피와 기름을 드리는 자는 그 오른쪽
뒷다리를 자기의 소득으로 삼을 것이니라 34내가 이스라엘 자손의 화목제물 중에서
그 흔든 가슴과 든 뒷다리를 가져다가 제사장 아론과 그의 자손에게 주었나니 이
는 이스라엘 자손에게서 받을 영원한 소득이니라

이 모든 것은 화목제에 관련된 것이다. 이것은 이전에 우리가 보았던 것에 대한 반복과 설명인데 다양한 부가적인 내용들이 곁들여 있다.

I. 화목제의 본질과 의도가 본문에서는 더욱 분명하게 드러나고 있다. 다음과 같은 경우에 화목제를 드린다.

1. 특별하게 받은 은혜에 감사로 드린다. 병에서 고침을 받든지, 여행에서 안전하게 돌아왔든지, 바다에서 구원을 받았든지, 포로에서 놓임을 받았든지, 시편 107편에서 구체적으로 명시된 모든 경우 등에 대해서 감사제를 드리라고 한 것이다(12절).

2. 어떤 사람이 곤경에 처해 있을 때 서원을 나타내기 위해서 드린다(16절). 이것은 첫 번째 경우보다는 좀 덜 영예로운 경우이다. 그렇다 하더라도 이것을 이행하지 못하는 것은 더 큰 죄를 짓는 것일 것이다.

3. 누군가가 추구하거나 기대하는 어떤 특별한 자비를 간구하는 경우에 드린다. 본문에서는 자원 제물이라고 한다. 감사제가 찬양을 동반한 것 같이 이 자원제는 기도를 동반한다. 사람들이 죄를 지은 경우에는 그들의 희생제물을 가져와야만 했다. 그러나 어떠한 경우들에 대해서 사람들이 서원으로 스스로를 속박하지 않는다면 이 율법에 구애를 받게 되지는 않는 것이다. 기도와 찬미는 회개만큼 중요한 우리들의 의무이다. 본문에서 하나님께서는 그들에게 죄에 대한 그들의 마음의 표현보다는 자비에 대한 그들의 마음의 표현에 있어서 더 자유를 주셨다. 두루 마음을 쓰는 그들 신앙심의 관대함을 시험하시기 위함이었다. 그러므로 자유 의지로 드리는 제사들은 더욱 칭찬을 받을 만한 것이고 열납되는 것이다. 또한 하나님께서는 그들에게 속죄 희생제물을 반드시 가져오라고 하는 것을 통해서 위대한 대속의 필요성을 보여주려고 하신 것이었다.

Ⅱ. 화목제에 관한 의식과 예식들이 자세히 설명되어 있다.

1. 감사를 위한 화목제를 드릴 경우에는 소제가 함께 드려져야만 한다. 여러 종류의 과자와 전병(12절) 그리고 (화목제에만 쓰이는 특이한 것인) 유교병이 드려져야만 한다. 제단 위에서 불태워서는 안 되었다. 누룩을 제단에서 태우는 것이 금지되었기 때문이다(레 2:11). 그러므로 희생제물의 고기와 함께 먹어야만 했다. 이것은 화목제가 완전하고 즐거운 잔치가 되기에 부족함이 없도록 하기 위함이었다. 무교병은 맛이 별로 좋지 않기 때문이다. 그러므로 특별한 이유로 인해서 유월절에는 무교병을 먹었을지라도 다른 절기들에서는 좀 더 맛있고, 좀 더 먹기 좋은 유교병을 먹도록 지정되었던 것이다. 사람들이 자신들의 식탁에서 뿐만 아니라 하나님의 식탁에서도 잔치를 즐길 수 있도록 하기 위함이었다. 어떤 사람은 소제는 감사의 화목제뿐만 아니라 모든 화목제와 함께 드려질 것이 요구되었다고 말한다. 화목제에 예물을 더해서 드리도록 한 율법을 통해서(29절) 제단과 같이 식탁 또한 잘 갖추어지도록 하기 위함이었던 것이다.

2. 제사장 몫이나 제물을 드리는 자의 몫으로 주어진 화목제물의 고기는 빨리 먹어야만 했다. 날것이나 요리해서나 찬 곳에 보관해서 오랫동안 두어서는 안 되었다. 감사를 위한 화목제였다면 제물을 드리는 바로 그 날에 모두 먹어야만 했다(15절). 서원제나 자원제라면 제물을 드리는 바로 그 날이나 그 다음 날에는 모두 먹어야만 했다(16절). 만약에 정해진 시간을 지나서 남겨진 것이 있다면 그것은 불태워야만 했다(17절). 만약에 누군가가 그렇게 남겨진 것을 먹었다면, 그들의 행위는 매우 커다란 중죄를 지은 것으로서 비난을 받아야만 했다(18절). 지극히 거룩한 것이라고 불리는 제사들과 같이 그들은 화목제물을 거룩한 곳에서 먹도록 강제되지는 않았다. 그들은 그 화목제물을 그들의 장막으로 가져가서 그 곳에서 축연을 베풀며 먹으라고 했다. 하나님께서는 이 율법을 통해서 그들에게 이 화목제 식사와 다른 식사 사이의 차이점을 알도록 하시며 그것을 거룩하게 잘 준수하도록 하려고 하신 것이었다. 그들은 다른 고기는 자신들이 적절하다고 생각하는 만큼 오랫동안 집에 차갑게 보관했다가 필요하면 다시 데워서 3-4일 뒤에도 먹을 수 있었다. 그러나 그들은 자신들의 화목제 고기를 그렇게 할 수는 없었고 즉시로 먹어야만 했던 것이다.

(1) 하나님께서는 그 거룩한 고기가 썩거나 날파리가 꼬이는 지경에 처하지

않게 하시며 그것을 보관하기 위해서 불로 소금치는 것(막 9:49에 있는 표현대로)을 방지하기 원하셨기 때문이다. 만약에 그렇게 사용되었다면 소금으로 절여 놓아야만 했을 것이다.

(2) 하나님께서는 자신의 백성들이 인색하거나 구두쇠가 되어 하나님의 섭리를 불신하는 자들이 되는 것을 원치 않으셨기 때문이며, 하나님께서 그들에게 주신 것을 즐겁게 향유하기를 원하셨기 때문이다(전 8:15). 그리고 그것을 가지고 만족할 것이지 내일 일을 위해서 불안하게 걱정하는 것을 원치 않으셨기 때문이다.

(3) 화목제 고기는 하나님께서 음식을 베푸시는 것이었다. 그러므로 하나님께서 그 고기가 처리되는 것을 원하셨던 것이다. 하나님께서는 그것을 그들의 친구들의 즐거움을 위해서 관대하게 사용되도록, 그리고 가난한 자들의 구제를 위해서 너그럽게 사용되도록 명하셨다. 이것은 하나님께서는 매일의 양식을 주시며 우리에게 모든 것을 후히 주사 누리게 하시는 은혜를 풍성히 베푸시는 분이라는 것을 보여주기 위한 것이었다. 그 제사가 감사제였다면 그들은 자신들의 거룩한 잔치를 가짐을 통해서 하나님의 선하심 안에서 누리는 그들의 거룩한 기쁨을 특별히 증거해야만 했었던 것이다. 이 율법은 매우 엄격했다(18절). 만약에 제물을 드리는 자가 그의 모든 제물이 자신이나 그의 가족, 그의 친구들이나 가난한 사람들에 의해서 율법이 정해준 기간 안에 먹도록 주의를 기울이지 않으면, 혹은 남은 것을 불태우지 않으면(제단 위의 희생제물들은 불태워졌다. 태우는 것은 그것을 처분하는 가장 정중한 방법이기 때문이다), 그의 제물은 열납되지 않았으며 그에게 아무런 의미도 없게 되었던 것이다.

우리가 드리는 모든 경건한 예배의 유익은 우리가 잘 활용하지 않고 후에 우리 자신들이 바르게 처신하지 않는다면 상실되는 것이다. 그 예배가 우리들 스스로에게 마땅한 영향을 끼치지 못한다면, 그 예배는 하나님께 열납되지 않는 것이다. 누군가가 화목제물을 후한 마음으로 가져온 것 같았으나 후에 그것을 사용하는데 있어서 몰래 빼돌리거나 인색하게 한 것이 드러났다면, 그것은 제사를 전혀 드리지 않은 것과 같은 것이었던 것이다. 오히려 그것은 가증스러운 것이 되는 것이다. 하나님께서 열납하시는 예물과 싫어하시는 예물 사이에 중간을 차지하는 예물은 없는 것이다. 우리의 인격과 행실이 신실하고 옳으면 그 제물들은 열납되는 것이고, 그렇지 못하면 가증한 것이 되는 것이다(잠

15:8). 정해진 시간이 지난 뒤에 제물을 먹는 자는 죄를 짓는 것이다. 즉, 그는 상술되어 있는 대로(레 19:8) 그의 백성 중에서 끊어지게 되는 것이다. 레 19:8에는 이 율법이 반복되고 있다. 부패되는 일이 없도록 하기 위해서 제3일이 되기 전에 화목제물을 먹으라고 하는 이 율법은 이틀이 지난 뒤에 그리스도께서 부활하신 날짜에 적용될 수 있는 것이다. 즉, 그리스도께서는 하나님의 거룩한 자이시므로 부패될 수 없었던 것이다(시 16:10). 어떤 사람들은 이것은 우리들에게 신속하게 지체함이 없이 그리스도와 그분의 은혜에 참여하라는 것을 가르쳐 주는 것이라고 생각한다. 즉, 오늘이라고 일컫는 동안(히 3:13-14)인 오늘 믿음으로 먹고 잔치를 즐기라고 하는 것이라고 보는 것이다. 곧 너무 늦어질 것이기 때문이다.

3. 그러나 그 고기와 그것을 먹는 자들은 정결해야만 한다.

(1) 그 고기는 부정한 것에 접촉되어서는 안 되었다. 만약에 그렇게 되었다면 먹지 말고 불사르라고 했다(19절). 만약에 그 고기를 제단에서 먹을 장소로 옮기는 도중에 개가 그것을 건드린다든지 혹은 주검이나 다른 부정한 것에 닿는다면, 그것은 경건한 잔치에 사용되기에는 부적합한 것이 되는 것이다. 우리가 거룩한 하나님께 영광을 돌리기 위해 사용하는 모든 것은 정결해야 하며, 어떤 것에도 오염되지 않도록 조심을 해야 하는 것이다. 거룩한 고기가 접촉에 의해서 거룩함을 평범한 것에 전달할 수 없다고 하는 것은 이미 판결이 난 경우이다(학 2:12). 그러나 이 율법은 부정한 것의 접촉에 의해서 고기는 오염된다고 규정하고 있다. 이것은 죄의 전염은 은혜의 향기보다 더욱 쉽게 더욱 빈번히 전달된다고 하는 것을 나타내는 것이다.

(2) 부정한 사람은 그 고기를 먹을 수 없었다. 어떤 사람이 의식적으로 부정한 어떤 이유가 있을 때 화목제의 고기를 먹었다면 그 생명에 위험이 따른다(20-21절). 거룩한 것은 거룩한 사람만을 위한 것이다. 그 음식은 의식적으로 거룩한 것이기 때문에 의식적으로 어떤 부정함 아래 있는 사람들은 그 음식을 함께 나누어 먹을 수 없었던 것이다. 이것으로 인해서 우리는 우리 자신을 모든 죄악의 오염에서 순수하게 지켜야만 한다고 하는 교훈을 받게 되는 것이다. 우리가 그리스도의 희생의 유익과 위안을 받을 수 있게 하기 위함이다(벧전 2:1-2). 우리의 양심은 죽은 행실에서 떠나 정결케 되어야만 한다. 우리가 살아계신 하나님을 섬기기에 합당하게 되기 위함이다(히 9:14). 그러나 누구든지 회

개하지 않은 죄의 오염 아래서 주의 만찬에 감히 참여하여 먹음으로 거룩한 성물을 더럽힌다면 그들은 자신의 심판(죄)을 먹고 마시는 것이다. 마치 그들은 여호와께 속한 화목제물을 몸이 부정한 채로 먹어 백성 중에서 끊어졌던 사람들이 행했던 것과 같은 일을 행하는 것이다(20-21절). 여호와께 속한 것은 무엇이나 거룩한 것이므로 깊은 경외심과 더럽혀지지 않은 손을 가지고 대해야만 하는 것이다. "너희는 거룩하라. 하나님께서 거룩하시고 너희는 그에게 속했기 때문이다."

4. 피와, 내장의 기름을 먹는 것은 본문에서 다시금 금지된다. 이 금지는 이전 화목제 율법에서처럼 첨가되어 있다(레 3:17).

(1) 기름을 먹는 것을 금지하는 것은 희생제에 쓰인 소와 양과 염소 등과 같은 짐승들에 한정되어 있었던 것 같다. 그러나 그들은 수노루와 수사슴과 다른 짐승들의 기름은 먹을 수 있었던 것 같다. 본문에는 제물로 드려진 것들만이 언급되기 때문이다(23-25절). 이것은 그들의 마음에 내장의 기름을 불태웠던 제단에 대한 경외감을 가지게 하려는 것이었다. 유대인들은 다음과 같이 말한다. "만약에 어떤 사람이 금지된 기름 중에 감람유처럼 먹는다면, 그리고 그가 알면서도 뻔뻔스럽게 그 기름을 먹었을 경우에는 하나님의 손에 의해서 처형될 위험에 빠지게 되는 것이다. 만약에 모르고 먹었다면 그는 속죄제물을 가져와서 자신의 부주의했음에 대해서 값비싼 대가를 치러야만 한다." 스스로 죽은 것이나 찢겨죽은 것을 먹는 것도 불법적인 것이었다. 그러나 그러한 고기의 기름을 먹는 것은 이중적으로 불법이었다(24절).

(2) 피를 금지하는 것은 좀 더 일반적이었다(26-27절). 기름은 하나님께 감사의 표시로만 드려졌지만 피는 영혼을 위한 속죄를 이루는 것으로 기름을 태우는 것보다 그리스도의 희생을 더욱더 많이 상징하는 것이었기 때문이다. 그러므로 이러한 상징들이 그리스도의 모든 것을 위한 단 한 번의 드림에서 완성되기까지는 피에 커다란 경외심이 주어져야만 하는 것이다. 유대인들은 이 율법이 오로지 생명체의 피만 금지되는 것으로 보고 있는데 이것은 바른 해석이다. 그들이 말하는 것에 따라서 우리는 육즙(gravy)이라고 부르는 것은 먹을 수 있는 것이라고 생각했던 것이다.

5. 본문은 제사장이 화목제를 차지하는 몫에 대해서 기술하고 있다. 화목제를 드린 제사장은 화목제물로 드려진 모든 짐승들 중에서 가슴과 오른쪽 넓적

다리를 취했다(30-34절). 본문에서 다음과 같은 사실들을 관찰해보라.

(1) 희생제물을 드리는 자는 제물을 잡은 뒤에 자신의 손으로 희생제물 중에서 하나님의 몫을 드려야만 했다. 이렇게 함으로써 그는 하나님께 자신이 기쁨으로 제물을 드리는 것과 하나님께 그 제물이 열납되기를 바라는 것을 나타내려는 것이었다. 제물을 바치는 자는 자신의 손으로 제물을 들어 올려야만 했다. 이것은 그가 하나님을 하늘의 하나님으로 여긴다고 하는 표시였다. 그런 뒤에 제물을 앞뒤로 흔들었다. 이것은 그가 하나님을 온 땅의 주로 여기며 그가 사는 동안 기꺼이 그분을 영화롭게 하기를 원한다고 하는 것을 보여주면서 그분에게 제물을 바친다고 하는 표시였다. 그러고 나서 그는 기름을 제단에, 그리고 가슴과 뒷다리는 제사장에게 드렸다. 둘은 자신의 제물의 수납자들이 되기 때문이다.

(2) 기름이 불태워졌을 때 제물을 드리는 자와 제사장은 자신들의 몫을 받아 가족들과 함께 잔치를 즐길 수 있었다. 거룩한 기쁨과 감사에는 우리들의 사역자들이 우리 앞서 나아가며, 하나님께 우리의 입이 되는 것이 좋다. 씨를 뿌리는 자와 거두는 자들이 함께 기뻐할 때 노래는 감미로운 것이다. 어떤 사람들은 제사장들에게 할당된 몫에서 중대한 의미를 찾는다. 즉, 가슴과 뒷다리는 사랑과 행함을 나타내는 것이라는 것이다. 그 사랑과 행함은 하나님의 모든 백성들에 의해서 하나님의 영광에 드려져야만 하는 것들이며, 모든 하나님의 제사장들에 의해서 이루어지는 교회의 예배에 드려져야만 하는 것들이다. 우리의 위대한 화목제물이 되신 그리스도께서는 그분의 모든 영적인 제사장들에게 가슴과 뒷다리, 즉 가장 애틋한 사랑과 가장 풍성한 양식으로 잔치를 베풀어주신다. 그분이 가지신 것은 바로 하나님의 지혜와 권능이기 때문이다. 사울이 왕으로 지명되었을 때 사무엘은 화목제물의 뒷다리를 사울 앞에 놓으라고 명령했다(삼상 9:24). 이것은 사울에게 그를 위한 무엇인가 위대하고 신성한 일에 대한 암시를 주는 것이었다. 예수 그리스도께서는 우리들의 위대한 화목제물이시다. 그분께서는 죄를 속하여 우리를 저주에서 구원하시기 위해서 뿐만 아니라 우리를 위한 축복과 모든 선한 것을 베풀어 주시기 위해서 자신을 희생제물로 드리셨기 때문이다. 우리는 구속의 은혜에 기쁨으로 참여함으로써 그 제물을 먹는 즐거움에 참여하게 되는 것이다. 이것은 주의 만찬이 제정된 의미를 나타내는 것이다.

**[35]이는 여호와의 화제물 중에서 아론에게 돌릴 것과 그의 아들들에게 돌릴 것이니
그들을 세워 여호와의 제사장의 직분을 행하게 한 날 [36]곧 그들에게 기름 부은 날에
여호와께서 명령하사 이스라엘 자손 중에서 그들에게 돌리게 하신 것이라 대대로
영원히 받을 소득이니라 [37]이는 번제와 소제와 속죄제와 속건제와 위임식과 화목제
의 규례라 [38]여호와께서 시내 광야에서 이스라엘 자손에게 그 예물을 여호와께 드
리라 명령하신 날에 시내 산에서 이같이 모세에게 명령하셨더라**

본문에는 희생제물에 관한 내용의 일부분이 후에 반복되어 설명되기는 하지만 그 희생제물에 대한 율법들의 결론이 나타나고 있다. 그 제물들은 다음과 같이 여겨지고 있다.

1. 제사장들에게 할당될 몫이다(35-36절). 그들이 그 일과 직책에 임명되던 날에 이 양식은 그들의 평안한 생계를 위해서 마련된 것이었다. 하나님께서는 자신을 위해서 고용되는 사람들이 충분한 보수를 받게 하시고 넉넉히 공급받도록 해주시며 보호하신다. 주를 섬기기 위한 성령의 기름 부음을 받은 자들은 그들의 몫을 받게 될 것이다. 그것은 주께 드려진 것 중에서 값어치 있는 부분일 것이다. 하나님의 일은 그 자체가 임금이며, 순종에 대한 현재적인 상급이 있기 때문이다.

2. 백성들에게 영원한 규례가 되었다. 그들은 기술된 규칙에 따라 이러한 제물들을 가져와야 하며, 그것들 중에서 제사장들에게 그들의 몫을 기쁜 마음으로 주어야 한다는 것이다. **여호와께서 이스라엘 자손에게 그 예물을 여호와께 드리라 명령하셨다**(38절). 경건한 예배라고 하는 엄격한 행위들은 명령된 것이다. 그 예배는 우리의 자유에 맡겨진 그러한 것들이 아니다. 우리의 마음대로 할 수도 있고 하지 않을 수도 있는 그러한 것이 아니다. 우리는 예배를 때에 맞게 드려야 할 피할 수 없는 의무 아래 있는 것이다. 우리가 예배를 빼먹는 것은 우리의 생명에 위협이 되는 일이다. 그리스도의 법을 준수하는 것은 모세의 율법을 준수하는 것보다 더욱더 중요하고 필요한 일인 것이다.

제 8 장

개요

본 장은 우리들에게 아론과 그의 아들들의 제사장직을 위한 엄숙한 위임식에 대한 이야기를 보여주고 있다. I. 이 의식은 공적으로 이루어졌고 회중은 이에 대한 증인으로서 함께 불러 모아졌다(1-4절). II. 이 의식은 정확히 하나님의 지시하심에 따라 이루어졌다(5절). 1. 아론과 그의 아들들을 씻겼고 그들에게 옷을 입혀 주었다(6-9, 13절). 2. 성막과 성막의 기구들이 기름 부음을 받았고 그런 뒤에 제사장들이 기름 부음을 받았다(10-12절). 3. 그들을 위한 속죄제가 드려졌다(14-17절). 4. 번제가 드려졌다(18-21절). 5. 위임식 양이 드려졌다(22-30절). 6. 7일 동안 이 엄숙한 위임식이 계속되었다(31절 이하).

1 여호와께서 모세에게 말씀하여 이르시되 2 너는 아론과 그의 아들들과 함께 그 의
복과 관유와 속죄제의 수송아지와 숫양 두 마리와 무교병 한 광주리를 가지고 3 온
회중을 회막 문에 모으라 4 모세가 여호와께서 자기에게 명령하신 대로 하매 회중이
회막 문에 모인지라 5 모세가 회중에게 이르되 여호와께서 행하라고 명령하신 것이
이러하니라 하고 6 모세가 아론과 그의 아들들을 데려다가 물로 그들을 씻기고 7 아
론에게 속옷을 입히며 띠를 띠우고 겉옷을 입히며 에봇을 걸쳐 입히고 에봇의 장
식 띠를 띠워서 에봇을 몸에 매고 8 흉패를 붙이고 흉패에 우림과 둠밈을 넣고 9 그의
머리에 관을 씌우고 그 관 위 전면에 금 패를 붙이니 곧 거룩한 관이라 여호와께서
모세에게 명령하신 것과 같았더라 10 모세가 관유를 가져다가 성막과 그 안에 있는
모든 것에 발라 거룩하게 하고 11 또 제단에 일곱 번 뿌리고 또 그 제단과 그 모든 기
구와 물두멍과 그 받침에 발라 거룩하게 하고 12 또 관유를 아론의 머리에 붓고 그에
게 발라 거룩하게 하고 13 모세가 또 아론의 아들들을 데려다가 그들에게 속옷을 입
히고 띠를 띠우며 관을 씌웠으니 여호와께서 모세에게 명령하신 것과 같았더라

하나님께서는 모세가 시내 산에서 하나님과 함께 있었을 때 그에게 아론과 그의 아들들을 제사장 직에 위임하라고 하는 명령을 하셨다(출 28-29

장). 우리는 출 28장과 29장에서 모세가 위임식을 이행하는 방법에 대한 특별한 지침들을 보게 된다. 위의 본문에는 다음과 같은 내용들이 있다.

I. **그 명령들이 반복되었다.** 그 곳에서 이루어지도록 명령된 것이 지금 본문에서 이루어져야 할 것으로 명령되고 있다(2-3절). 성막은 새롭게 세워졌다. 그 성막은 제사장들이 없다고 한다면 초가 없는 촛대와 같았을 것이다. 제사들에 관한 율법이 새롭게 주어졌지만 제사장들 없이는 지켜질 수 없었던 것이다. 비록 아론과 그의 아들들이 그 제사장직에 지명이 되었을지라도, 그들이 위임되기까지는 직무를 수행할 수 없었던 것이다. 그러나 위임식은 그들의 사역의 장소가 준비되기까지는 거행되어서는 안 되었다. 규례들은 제정되었고 그들은 그들이 위임되자마자 일을 감당할 수 있었을 것이다. 그들은 제사장직의 영예와 은총뿐만 아니라 그 사역을 위해서 기름 부음을 받았다고 하는 것을 알게 되었을 것이다. 아론과 그의 아들들은 모세에게 가까운 친척들이었다. 그러므로 모세는 너무 앞서가서 영예를 자신의 가족에게 돌리는 것이 되지 않도록 하기 위해서 그가 좀 더 상세한 명령들을 받을 때까지 그들을 위임하려고 하지 않았던 것이다.

II. **회중은 성막 뜰에 있는 문으로 함께 불러 모아졌다**(4절). 백성 전체를 대표한 회중의 장로들과 주요 인물들이 참석하도록 부름을 받았다. 뜰은 수많은 이스라엘 사람들 중에서 불과 소수의 사람들만을 수용할 수 있었기 때문이었다. 이 예식은 공식적으로 거행되었다.

1. 이 예식은 하나님과 이스라엘 사이의 엄숙한 계약이었기 때문이다. 제사장들은 하나님께 속한 일들에 있어서 사람들을 위해 임명된 자들이었다. 그들은 개설된 교통을 유지하고 사람들과 하나님 사이의 모든 일들을 교섭하는 일을 맡았던 것이다. 그러므로 그 위임을 고백하기 위해서 양편이 모두 만남의 성막 문에 나타나야만 하는 것은 당연한 일이었다.

2. 이 장엄한 의식을 보는 사람들은 그 광경에 의해서 제사장들과 그들의 직분에 대해 커다란 경외감에 사로잡힐 수밖에 없었다. 제사장들과 그들의 직분들에 대해서 시기심이 일어나거나 불만족스러울 때 쉽사리 비열하게 천박해지는 백성들 사이에 이것은 필요한 일이었다. 여기서 이루어진 일에 대한 증인이었던 사람들 중에 어떤 사람들이 나중에 이스라엘 사람들 중에 몇몇이 이야기하는 대로 너희 레위 자손들이여! 그대들은 스스로 너무 존귀케 했다라고 말한

것은 이상한 일이었다. 그러나 만약에 그 의식이 비밀리에 이루어졌다면 그들은 무엇이라고 말했겠는가? 사역자들은 원시 교회의 관례에 따라서 일반 백성들의 목전에서 공적으로 기름 부음을 받아야 하는 것은 지극히 당연한 일이고 유용한 것이다.

Ⅲ. 주신 명령을 전한다(5절). 이 위임식에 있어서 하나님의 대표자인 모세는 회중 앞에서 하나님의 명령들을 선포한다: **여호와께서 행하라고 명령하신 것이 이러하니라.** 비록 하나님께서 모세를 여수룬(이스라엘)의 왕으로 세우시고 하나님께서 그의 얼굴을 모든 백성들 앞에서 빛이 나게 하셨을지라도, 모세는 하나님을 예배하는데 있어서 어떠한 것을 제정하거나 지시하지 않고 하나님께서 친히 명하신 것을 행했다. 모세가 백성들에게 전한 제사장직은 그가 여호와께로부터 받은 것이었다. 거룩한 일들을 감당하는 모든 사역자들은 하나님의 명령을 자신들의 규칙과 정당한 근거로 삼도록 유의해야만 한다. 하나님께 인정받고 열납되는 것은 바로 하나님의 명령에 복종할 때뿐인 것이다. 그러므로 우리들은 모든 경건한 예배 행위에 있어서 **이것은 바로 여호와께서 명하신 것이다**라고 말할 수 있어야만 하는 것이다.

Ⅳ. 그 의식은 하나님의 예법에 따라 시행되었다.

1. **아론과 그의 아들들은 물로 씻김을 받았다**(6절). 이것은 이제 그들은 자신들 스스로를 모든 죄악된 기질과 성향으로부터 정결케 해야만 하며 후로도 자신들을 순결하게 지켜야만 한다고 하는 것을 나타내는 것이었다. 그리스도께서는 사람들을 그들의 죄로부터 자신의 피로 씻어주시어 우리의 하나님께 왕과 제사장으로 삼아주신다(계 1:5-6). 하나님께 가까이 다가가는 자들은 맑은 물로 씻겨야만 하는 것이다(히 10:22). 그들이 이전에 그렇게나 깨끗했고 아무런 흠이 그들에게서 보이지 않았다고 하더라도 그들은 씻겨야만 하는 것이다. 이것은 그들의 몸은 아무리 깨끗하다 하더라도 그들의 영혼이 오염된 죄로부터 그들이 정결하게 되는 것을 나타내는 것이다.

2. 그들은 거룩한 옷을 입었다. 아론은 우리들의 위대한 대제사장이신 그리스도의 위엄을 상징하는 그의 옷을 입었고(7-9절), 아론의 아들들은 영적인 제사장들인 그리스도인들의 품위를 상징하는 그들의 옷을 입었다(13절). 그리스도께서는 판결의 흉패와 거룩한 왕관을 지니고 계신다. 교회의 대제사장은 교회의 예언자이며 왕이기 때문이다. 모든 믿는 자들은 의의 옷을 입고 있으며,

진실과 결의 그리고 열심의 띠를 띠고 있다. 그리고 그들의 머리는 본문에 있는 대로 보넷트(챙이 없는 모자), 혹은 아름다움의 머리띠, 성결의 아름다움으로 매여져 있다.

3. 대제사장은 기름 부음을 받았다. 거룩한 물건들도 동시에 기름 부음을 받았던 것 같다. 어떤 사람들은 그 거룩한 물건들은 먼저 기름 부음을 받았으나 기름 부음 받은 것이 본문에 언급되고 있는 것은 그 성물들이 동일한 기름으로 기름 부음을 받았기 때문이라고 생각한다. 그러나 본문에서 서로 관련시키는 표현법은 동시에 이루어진 것으로 보는 것이 더 타당한 듯이 보인다. 또한 제단을 성별하는데 걸린 7일의 기간은 제사장을 성별하는데 걸린 7일과 일치한다. 모세는 손가락으로 성막과 그에 딸린 모든 부속 성물들 위에 관유의 일부분을 뿌렸다(10절). 제단도 그렇게 했다(11절). 이렇게 하는 것은 금과 예물을 거룩하게 하는 것이었다(마 23:17-19). 그러므로 그러한 것들 자체가 이렇게 거룩하게 되어야만 하는 것이다. 그러나 모세는 아론의 머리 위에 더 많은 관유를 부었다(12절). 그래서 그 관유는 옷자락에까지 흘러내렸던 것이다. 아론이 기름 부음을 받은 것은 그리스도께서 성령으로 기름 부음을 받은 것을 상징하는 것이었다. 그 성령의 기름 부음은 어떤 매개물을 통해서 전해진 것이 아니었다. 그러나 모든 믿는 자들 또한 기름 부음을 받은 것이다. 그 기름 부음은 믿는 자들에게 아무도 지울 수 없는 특성을 주는 것이다(요일 2:27).

14모세가 또 속죄제의 수송아지를 끌어오니 아론과 그의 아들들이 그 속죄제의 수
송아지 머리에 안수하매 15모세가 잡고 그 피를 가져다가 손가락으로 그 피를 제단
의 네 귀퉁이 뿔에 발라 제단을 깨끗하게 하고 그 피는 제단 밑에 쏟아 제단을 속
하여 거룩하게 하고 16또 내장에 덮인 모든 기름과 간 꺼풀과 두 콩팥과 그 기름을
가져다가 모세가 제단 위에 불사르고 17그 수송아지 곧 그 가죽과 고기와 똥은 진영
밖에서 불살랐으니 여호와께서 모세에게 명령하심과 같았더라 18또 번제의 숫양을
드릴새 아론과 그의 아들들이 그 숫양의 머리에 안수하매 19모세가 잡아 그 피를 제
단 사방에 뿌리고 20그 숫양의 각을 뜨고 모세가 그 머리와 각 뜬 것과 기름을 불사
르고 21물로 내장과 정강이들을 씻고 모세가 그 숫양의 전부를 제단 위에서 불사르
니 이는 향기로운 냄새를 위하여 드리는 번제로 여호와께 드리는 화제라 여호와께
서 모세에게 명령하심과 같았더라 22또 다른 숫양 곧 위임식의 숫양을 드릴새 아론

과 그의 아들들이 그 숫양의 머리에 안수하매 23모세가 잡고 그 피를 가져다가 아론
의 오른쪽 귓부리와 그의 오른쪽 엄지 손가락과 그의 오른쪽 엄지 발가락에 바르
고 24아론의 아들들을 데려다가 모세가 그 오른쪽 귓부리와 그들의 손의 오른쪽 엄
지 손가락과 그들의 발의 오른쪽 엄지 발가락에 그 피를 바르고 또 모세가 그 피를
제단 사방에 뿌리고 25그가 또 그 기름과 기름진 꼬리와 내장에 덮인 모든 기름과
간 꺼풀과 두 콩팥과 그 기름과 오른쪽 뒷다리를 떼어내고 26여호와 앞 무교병 광주
리에서 무교병 한 개와 기름 섞은 떡 한 개와 전병 한 개를 가져다가 그 기름 위에
와 오른쪽 뒷다리 위에 놓아 27그 전부를 아론의 손과 그의 아들들의 손에 두어 여
호와 앞에 흔들어 요제를 삼게 하고 28모세가 그것을 그들의 손에서 가져다가 제단
위에 있는 번제물 위에 불사르니 이는 향기로운 냄새를 위하여 드리는 위임식 제
사로 여호와께 드리는 화제라 29이에 모세가 그 가슴을 가져다가 여호와 앞에 흔들
어 요제를 삼았으니 이는 위임식에서 잡은 숫양 중 모세의 몫이라 여호와께서 모
세에게 명령하심과 같았더라 30모세가 관유와 제단 위의 피를 가져다가 아론과 그
의 옷과 그의 아들들과 그의 아들들의 옷에 뿌려서 아론과 그의 옷과 그의 아들들
과 그의 아들들의 옷을 거룩하게 하고

다른 언약들뿐만 아니라 제사장직에 대한 언약은 희생제사에 의해서 이루어져야만 한다(시 50:5). 이와 같이 그리스도께서도 단 한 번 자신의 희생제사를 드림으로 성별되셨던 것이다. 제사장들을 위해서도 각종 희생제사들이 드려져야만 했다. 그들은 그들 자신들도 자신들을 위한 희생제사들을 드렸다고 하는 것과 연약함으로 둘러싸여 있다고 하는 것을 기억하면서 백성들의 예물과 희생제사들을 좀 더 사랑과 관심을 가지고 드릴 수 있었을 것이다. 그리고 희생제사가 드려지는 자들을 무시하지 않고 무식한 자들과 미혹된 자들에 대한 사랑을 가지고 제사장의 직분을 감당할 수 있었을 것이다.

1. 가장 큰 제물인 수송아지가 속죄제를 위해서 드려졌다(14절). 이 속죄제로 인해서 속죄가 이루어지기 위함이었으며 지금 그들에게 주어진 새로운 성품에 그들의 이전 상태의 죄에 대한 어떠한 죄의식도 가져오지 못하도록 하기 위함이었다. 이사야가 선지자로 보냄을 받았을 때 그도, 네 죄가 사하여졌느니라라고 하는 위안을 받았던 것이다(사 6:7). 다른 사람들에게 죄의 용서를 선포해야만 하는 교역자들은 먼저 그들 자신의 죄들이 용서함을 받았다고 하는 사

실에 대해서 스스로 확신을 가지도록 노력해야만 하는 것이다. 화목케 하는 직책을 맡은 자들은 먼저 자신들 스스로가 하나님과 화목해야만 하는 것이다. 그렇게 해야 그들은 다른 사람들의 영혼을 자신들의 영혼과 같이 다룰 수 있는 것이다.

2. 번제를 위해서 숫양이 드려졌다(18-21절). 이 번제를 통해서 그들은 지금 자신들에게 주어진 이 커다란 영예의 영광을 하나님께 드리며 그것으로 인해서 하나님께 찬양을 돌렸던 것이다. 이것은 바울이 그에게 직분을 맡기신 그리스도 예수께 감사했던 것(딤전 1:12)과 같은 것이다. 또한 그들은 하나님의 영광을 위해 자신들과 그들의 모든 사역들을 헌신하겠다고 하는 것을 나타낸 것이었다.

3. 위임식 숫양이라고 불리는 다른 숫양은 화목제를 위해서 드려졌다(22절 이하). 그 숫양의 피의 일부는 제사장들의 귀와 엄지손가락과 엄지발가락에 바르고 다른 일부는 제단 위에 뿌려졌다. 이와 같이 해서 (말하자면) 하나님께서는 제단에서 그들과 결혼을 하신 것이고, 제사장들은 평생 동안 제단에 참여해야만 했던 것이다. 이 제사에 대한 모든 예식은 이전의 다른 제사들과 마찬가지로 하나님의 명령에 의해서 지시되었다. 그리고 우리가 본 장을 출 29장과 비교해 보면 우리는 그 엄숙한 의식이 서로 정확히 일치된다고 하는 것을 발견하게 될 것이다. 그러므로 우리가 성막과 그 그릇들에 대해서 가지고 있는 기록에서처럼 여호와께서 모세에게 명하사라고 하는 어구가 계속해서 반복되고 있는 것이다. 마찬가지로 그리스도께서 자신의 피로 자신을 거룩하게 하셨을 때 그 안에서 아버지의 뜻에 유의하고 계셨던 것이다. 나는 아버지께서 나에게 명하신 대로 행하노라(요 14:31; 10:18; 6:38).

31모세가 아론과 그의 아들들에게 이르되 내게 이미 명령하시기를 아론과 그의 아
들들은 먹으라 하셨은즉 너희는 회막 문에서 그 고기를 삶아 위임식 광주리 안의
떡과 아울러 그 곳에서 먹고 32고기와 떡의 나머지는 불사를지며 33위임식은 이레 동
안 행하나니 위임식이 끝나는 날까지 이레 동안은 회막 문에 나가지 말라 34오늘 행
한 것은 여호와께서 너희를 위하여 속죄하게 하시려고 명령하신 것이니 35너희는
칠 주야를 회막 문에 머물면서 여호와께서 지키라고 하신 것을 지키라 그리하면
사망을 면하리라 내가 이같이 명령을 받았느니라 36아론과 그의 아들들이 여호와께

서 모세를 통하여 명령하신 모든 일을 준행하니라

예식에서 자신이 감당하는 역할을 마친 뒤 이제 모세는 아론과 그의 아들들에게 그들의 직분들을 감당하도록 맡겨준다.

I. 그들은 그들에게 주어진 화목제물의 고기를 삶아야만 했고 그것을 성막 뜰에서 먹어야만 했다. 그들은 남은 것을 불에 태워야만 했다(31-32절). 이것은 그 위임에 감사함으로 동의하는 것을 나타내는 것이다. 하나님께서 에스겔에게 사명을 맡기실 때 그에게 두루마리를 먹으라고 말씀하셨다(겔 3:1-2).

II. 그들은 7일 동안 성막 뜰 밖으로 나갈 수 없었다(33절). 제사장직은 선한 싸움을 감당하는 것이다. 그러므로 제사장들은 고난을 견디는 법과 이 세상 생활에 얽매이지 않는 법을 배워야만 하는 것이다(딤후 2:3-4). 그들의 일에 성별되었기 때문에 그들은 그 일에 전심전력하며 오직 이 일만을 계속해서 감당해야만 하는 것이다. 이와 같이 그리스도의 사도들도 아버지께서 약속하신 것을 기다리라고 하는 지시를 받았다(행 1:4). 그들의 위임식을 위해서 지정된 이 시간 동안 그들은 첫 날 드려진 동일한 희생제사를 매일 반복해서 드려야만 했다(34절). 이것은 율법적 희생제사의 불완전성을 보여주는 것이다. 그 제사들은 죄를 제거할 수 없었기 때문에 자주 반복되었다(히 10:1-2). 그러나 본문에서는 7번(완전수) 반복되었다. 그것은 거룩하게 된 자들을 영원히 온전하게 해주는 한 제물을 상징해 주는 것이었다. 그 일은 7일 동안 계속되었다. 그것은 일종의 창조였기 때문이다. 이 시간은 안식일의 영예를 생각하며 지정된 것이다. 안식일은 아마도 7일의 마지막 날이었을 것이다. 이 안식일을 위해서 그들은 6일 동안 준비해야만 했던 것이다. 그러므로 우리들의 삶의 시간은 6일과 같이 영원한 안식 속에서 하나님께 드리는 우리의 완벽한 성별식을 위해서 우리가 준비하는 시간이 되어야만 하는 것이다. 아론과 그의 아들들은 주야로 대기했다(35절). 그러므로 우리는 하나님의 율법을 지속적으로 묵상해야만 하는 것이다(시 1:2).

또한 그들은 여호와의 명령을 지키기 위해서 대기했다. 우리들 각자는 지켜야 할 명령을 가지고 있고, 영광을 돌려야 할 영원하신 하나님을 모시고 있으며, 준비해야 할 영원한 영혼이 있으며, 이루어져야 할 긴요한 의무가 있으며, 섬겨야 할 우리의 세대가 있는 것이다. 이 명령을 지키기 위해서 우리는 매일 주의를 기울여야만 한다. 그것은 우리들의 주인 되시는 여호와의 명령이기 때문이다. 우리의 주인께서는 곧 우리들에게 그 명령에 대해서 계산을 할 것이며, 우리가 그 명령을 소홀히 했다면 그것은 우리의 가장 커다란 위험이 될 것이기 때문이다. 그 명령을 지키면 **사망을 면하게 될 것이다.** 우리에게 맡겨진 신뢰를 배신한다고 하는 것은 죽음 곧 영원한 죽음인 것이다. 이것을 생각하면서 우리는 두려운 마음으로 그 명령을 준행해야만 한다.

마지막으로, 우리는 **아론과 그의 아들들이 여호와께서 모세를 통하여 명령하신 모든 일을 준행하니라**라고 하는 구절을 보게 된다(36절). 이렇게 해서 그들의 위임식은 완성되었다. 그러므로 그들은 백성들 앞에서 이제 새롭게 주어진 희생제사들에 대한 율법을 정확히 순종한 모범을 보인 것이다. 그러고 나서 그들은 한층 큰 은혜로 백성들을 가르칠 수 있었다. 그러므로 **평화의 언약**(민 25:12) 즉 **생명과 평강의 언약**(말 2:5)이 아론과 그의 아들들과 맺어졌다. 그러나 그들의 위임식에 거행된 모든 예식들 이후에 비준의 한 시점이 있는 바, 그 비준의 시점은 그리스도의 제사장직의 영광과 설립(제정)을 위해서 유보되었던 것이다. 즉, 그들은 **맹세 없이 제사장들이 되었으나 그리스도께서는 맹세로 제사장이 되신 것이다**(히 7:21). 그러한 제사장들이나 그들의 제사장직은 계속될 수 없었기 때문이다. 그러나 그리스도의 제사장직은 영원하고 변하지 않는 제사장직인 것이다.

복음 사역자들은 제단에서 일을 하고 있는 자들과 비교된다. 복음 사역자들은 **거룩한 일들에 관하여 사역하기 때문이다**(고전 9:13). 그들은 백성들에 대한 하나님의 입이며, 하나님께 대한 백성들의 입이기 때문이다. 세상 끝날까지 교회 안에서 계속되도록 그리스도께서 지정하신 목사들이며 선생들인 것이다. **나는 그 가운데에서 택하여 제사장과 레위인을 삼으리라**(사 66:21)라고 하는 말씀은 복음 시대를 가리키는 약속을 의미하는 것 같다. 어떠한 사람도 이러한 영예를 차지할 수 없다. 다만 하나님의 영의 은사들과 은혜로 옷 입고 기름 부음을 받아 그에 대한 자격을 구비한 자, 온전히 그 일에 헌신할 마음을 가지며 말씀과 기도로 준비된 자(모든 것은 말씀과 기도로 거룩해지기 때문임), **말씀과 기도에 전념하는** 자들이 안수하여 그 직분에 맞게 따로 불러 세운 자, 그리고 그리스도에게는 종으로, 교회에는 청지기이며 인도자로 추천을 받은 자들이 바로 그러한 영예를 받을 수 있는 것이다. 이렇게 하나님께 엄숙하게 헌신된 자들은 자신의 직무로부터 떠나서는 안 되는 것이며, 자신들의 평생 동안 그 일에 신실하게 머물러 있어야만 하는 것이다. 그렇게 하되 계속하여 말씀과 가르치는 일에 수고하는 자들은 배나 존경을 받을 자들이 되는 것이다. 구약 제사장들의 영광의 갑절을 받기에 합당한 자들인 것이다.

제 9 장

개요

아론과 그의 아들들은 제사장직에 엄숙하게 성별 받은 뒤에 본 장에서 그들의 직무 수행에 들어가고 있다. 그들의 위임식이 끝난 바로 다음 날이었다. I. 모세는(하나님으로부터 받은 지침들에 의한 것임이 틀림없으며 이에 대한 의심의 여지가 없음) 하나님과 백성들의 대표인 그분의 제사장들 사이에 만남을 주선한다. 제사장들에게 하나님께 나오라고 명하면서 하나님께서 그들에게 나타나실 것이라고 확신을 주고 있다(1-7절). II. 만남은 약속에 의해서 이루어진다. 1. 아론은 자신을 위해서 속죄제와 번제를 드리면서 제사를 드림으로 하나님께 나아간다(8-14절). 그런 뒤에 백성들을 위한 제물을 드리고 여호와의 이름으로 백성들을 축복했다(15-22절). 2. 하나님께서는 친히 (1) 그들을 받으셨음을 그들에게 자신의 영광을 보이심으로 나타내시며(23절) (2) 그들의 희생제사를 받으셨음을 하늘에서 불을 내려 그 제물을 태우심으로써 보여주신다(24절).

1여덟째 날에 모세가 아론과 그의 아들들과 이스라엘 장로들을 불러다가 2아론에게
이르되 속죄제를 위하여 흠 없는 송아지를 가져오고 번제를 위하여 흠 없는 숫양
을 여호와 앞에 가져다 드리고 3이스라엘 자손에게 말하여 이르기를 너희는 속죄제
를 위하여 숫염소를 가져오고 또 번제를 위하여 일 년 되고 흠 없는 송아지와 어린
양을 가져오고 4또 화목제를 위하여 여호와 앞에 드릴 수소와 숫양을 가져오고 또
기름 섞은 소제물을 가져오라 하라 오늘 여호와께서 너희에게 나타나실 것임이니
라 하매 5그들이 모세가 명령한 모든 것을 회막 앞으로 가져오고 온 회중이 나아와
여호와 앞에 선지라 6모세가 이르되 이는 여호와께서 너희에게 하라고 명령하신 것
이니 여호와의 영광이 너희에게 나타나리라 7모세가 또 아론에게 이르되 너는 제단
에 나아가 네 속죄제와 네 번제를 드려서 너를 위하여, 백성을 위하여 속죄하고 또
백성의 예물을 드려서 그들을 위하여 속죄하되 여호와의 명령대로 하라

여덟째 날에 또 다른 예전을 위한 명령들이 본문에서 주어지고 있다.

새롭게 임직된 제사장들이 그들의 위임식이 끝난 뒤에 즉시 일을 시작해야만 했기 때문이다. 그들에게 그들은 게으른 자들이 되라고 임직된 것이 아니라고 하는 것을 알도록 해주기 위함이었다. 감독의 직분을 얻으려고 하는 자는 선한 일을 사모한다. 영예나 특혜보다는 선한 일을 사모하는 마음으로 바라보아야만 하는 것이다. 제사장들이 휴식을 즐기고 그들의 승진에 대해서 친구들의 축하를 받을 수 있는 단 하루의 휴가조차도 그들에게는 허락되지 않았다. 바로 다음 날 바쁜 일정이 주어졌다. 그들의 위임식은 그들의 손을 채우는 것이었다. 하나님의 영적인 제사장들은 계속되는 일들을 자신들을 위해서 적절히 나누어야만 한다. 이는 매일 감당해야 하는 의무이다. 기쁨으로 자신들의 책임을 다하려고 하는 자들은 때를 놓치지 말아야만 한다. 겔 43:26-27을 보라.

1. 모세는 오늘 하나님의 영광스러운 모습이 그들에게 나타날 것을 기대하라고 말했다(4절): "오늘 여호와께서 제사장들인 너희에게 나타나실 것임이니라." 모든 회중이 함께 불러 모아졌고 여호와 앞에 섰다. 모세는 그들에게 여호와의 영광이 너희에게 나타나리라라고 말했다(6절). 그들은 자신들이 하나님께서 지시하심에 따라 행한 모든 것을 하나님께서 열납하신다고 하는 것을 충분히 믿을 수 있었다. 이것은 우리가 하나님께서는 자신을 열심히 찾는 자들에게 상주는 이심(비록 하나님께서는 그들에게 그에 대한 어떤 가시적인 표시를 주시지는 않을지라도)에 대한 일반적인 믿음에 근거한 것이다. 그러나 그들과 그들의 자손들이 정말로 하나님을 섬기고 예배하는 일에 헌신하고 결코 우상들에게로 돌아가지 않는다면 하나님의 영광이 그들에게 나타날 것이고 그들이 행한 일은 눈에 보이는 인정을 받게 될 것이다. 우리는 이제 그러한 나타나심을 기대할 수는 없다. 우리 그리스도인들은 그들이 행했던 것보다 더욱 믿음으로 걸으며 살아가야 하는 것이지 그들처럼 눈으로 봄으로써 살아가서는 안 되기 때문이다. 그러나 우리는 다음과 같은 것을 확신할 수 있다. 하나님께서는 자신에게 가까이 나아가는 자들에게 가까이 다가오시며, 믿음으로 드리는 제물은 그분에게 정말로 열납되며, 마찬가지로 영적인 제물들의 그 열납됨의 표시는 그에 적합하게 영적이라고 하는 것 등을 확신할 수 있는 것이다. 하나님께 정식으로 성별된 자들에게 하나님께서는 틀림없이 자신을 현현해 주실 것이다.

2. 모세는 하나님께서 제사장들과 백성들에게 주시려고 계획하신 이 은혜를 받게 하려고 준비시켰다. 아론과 그의 아들들과 이스라엘의 장로들은 대기하

라고 모두 불러 모아졌다(1절). 적용. 하나님께서는 자신의 백성들과 사역자들의 엄숙한 모임에 친히 나타나실 것이다. 그리고 하나님의 나타나심으로 인한 은혜와 위안을 얻기를 원하는 사람들은 그 안에 자신들이 참여해야만 하는 것이다.

(1) 아론은 자신이 드릴 제물을 준비하라고 하는 명령을 받는다: 속죄제를 위한 송아지(2절). 유대인 저자들은 아론에게 금송아지를 만든 그의 죄를 되새겨 주기 위해서 속죄제를 위해 송아지가 지정되었다고 말한다. 금송아지를 만든 죄로 인해서 아론은 자신을 제사장직의 영예를 감당하기에 영원히 합당하지 않은 자로 만들었던 것이다. 그리고 아론은 그가 감당하는 모든 속죄사역에 있어서 슬픔과 부끄러움으로 감당해야만 했던 것이다.

(2) 아론은 백성들에게 그들의 제물을 준비하라고 지시해야만 했다. 지금까지 모세는 백성들에게 그들이 해야 할 것을 말해왔다. 그러나 이제는 아론이 하나님의 집을 관리하는 대제사장으로서 하나님께 속한 일들에 있어서 그들의 선생이 되어야만 했다: 이스라엘 자손에게 말하여 이르기를(3절). 희생제사들을 드림으로써 아론은 백성들의 말을 들어 하나님께 고했지만, 희생제사들에 관한 율법들에 대해서 아론은 하나님께로부터 지침들을 받아 백성들에게 말해주어야만 했다. 이렇게 해서 모세는 아론을 주 안에서 그들을 가르치고 권고하는 자로서 백성들이 그를 존경하고 그에게 순종하도록 만들려고 했던 것이다.

(3) 아론은 자신의 제사를 먼저 드려야만 했고 그 뒤에 백성들의 제사를 드려야만 했다(7절). 모세가 이미 아론에게 제단으로 나아가는 방식을 보여주었기 때문에 이제 아론은 제단으로 나아가야만 했다.

[1] 아론은 그 제단에서 자신을 위해서 속죄해야만 했다. 연약함으로 둘러싸여 있는 대제사장은 백성들을 위해서와 같이 자신을 위해서도 속죄의 제물을 드려야만 했기 때문이다(히 5:2-3). 그 자신을 위해서 먼저 드렸다. 만약에 우리 자신이 하나님과 화목을 회복하지 못했다면 다른 사람들을 위한 우리의 기도 속에서 우리가 어떻게 열납될 수 있겠는가? 위대한 화목제물로 인해서 죄의식이 제거되기까지는 어떠한 예배도 하나님을 기쁘시게 할 수 없는 것이다. 또한 이러한 사실을 통해서, 다른 사람들의 영혼에 관심을 가지는 자들은 먼저 자신들의 영혼을 돌보아야만 한다고 하는 가르침을 받게 되는 것이다. 이러한 사랑은 집에서 끝나서는 안 되지만 집에서 시작되어야만 하는 것이다. 자신을 구원하기 위

한 관심을 먼저 가지고 난 뒤에 자신의 말을 듣는 자들을 구원하라고 하는 것이 디모데에게 주어진 지침이었다(딤전 4:16). 대제사장은 죄인들과 마찬가지인 사람으로서 자신을 위해서 속죄했다. 그러나 우리들에게는 죄인들과는 성별되시고 속죄가 필요치 않으신 대제사장이 계신다. 왕 되신 메시야가 희생제물로서 죽임을 당하셨을 때 그것은 자신을 위한 것이 아니었다. 그분께서는 죄를 알지도 못하셨기 때문이다.

[2] 아론은 백성들의 희생제사를 드림으로써 백성들을 위한 속죄를 해야만 했다. 아론은 이제 대제사장으로 임명되었기 때문에 백성들의 일에 마음을 쏟아야만 했던 것이다. 백성들이 제일 마음 쓰는 일을 아론이 해주어야 하는데 그것은 바로 그들을 하나님께 화해시키는 것이고, 백성들과 하나님 사이를 갈라놓은 죄를 멀리 떼어놓는 일이었던 것이다. 아론은 여호와께서 명하신 대로 속죄를 해야만 했다. 본문에서 하나님의 자비에서 나오는 놀라운 겸비하심을 보라. 그 하나님의 자비는 속죄가 이루어지도록 허락하신 것뿐만 아니라 그것을 명하신 것이다. 즉, 허락하셨을 뿐만 아니라 우리가 그분과 화해되도록 요구하신 것이다. 그러므로 명령된 속죄는 열납될 것이라고 하는 것을 조금도 의심할 여지가 없는 것이다.

8이에 아론이 제단에 나아가 자기를 위한 속죄제 송아지를 잡으매 9아론의 아들들
이 그 피를 아론에게 가져오니 아론이 손가락으로 그 피를 찍어 제단 뿔들에 바르
고 그 피는 제단 밑에 쏟고 10그 속죄제물의 기름과 콩팥과 간 꺼풀을 제단 위에서
불사르니 여호와께서 모세에게 명령하심과 같았고 11그 고기와 가죽은 진영 밖에서
불사르니라 12아론이 또 번제물을 잡으매 아론의 아들들이 그 피를 그에게로 가져
오니 그가 그 피를 제단 사방에 뿌리고 13그들이 또 번제의 제물 곧 그의 각과 머리
를 그에게로 가져오매 그가 제단 위에서 불사르고 14또 내장과 정강이는 씻어서 단
위에 있는 번제물 위에서 불사르니라 15그가 또 백성의 예물을 드리되 곧 백성을 위
한 속죄제의 염소를 가져다가 잡아 전과 같이 죄를 위하여 드리고 16또 번제물을 드
리되 규례대로 드리고 17또 소제를 드리되 그 중에서 그의 손에 한 움큼을 채워서
아침 번제물에 더하여 제단 위에서 불사르고 18또 백성을 위하는 화목제물의 수소
와 숫양을 잡으매 아론의 아들들이 그 피를 그에게로 가져오니 그가 제단 사방에
뿌리고 19그들이 또 수소와 숫양의 기름과 기름진 꼬리와 내장에 덮인 것과 콩팥과

간 꺼풀을 아론에게로 가져다가 [20]그 기름을 가슴들 위에 놓으매 아론이 그 기름을
제단 위에서 불사르고 [21]가슴들과 오른쪽 뒷다리를 그가 여호와 앞에 요제로 흔드
니 모세가 명령한 것과 같았더라 [22]아론이 백성을 향하여 손을 들어 축복함으로 속
죄제와 번제와 화목제를 마치고 내려오니라

위에 기록된 내용들은 희생제사들에 관해서 새롭게 제정된 율법에 따라 레위 제사장직에 의해서 드려진 첫 제사들이었다. 그 희생제사들을 드리는 것이 상세히 설명되어있다. 그것은 그들이 드린 제사가 하나님께서 정해주신 제도와 얼마나 정확하게 들어맞는 것인가를 보여주기 위함이었다.

1. 아론은 손수 희생제물을 잡았고(8절) 하급 제사장들의 일을 감당했다. 비록 아론은 그가 대제사장이었을지라도 그가 하나님의 영광을 위해서 감당할 수 있는 어떠한 사역도 자신의 지위보다 아래에 있는 것이라고 생각해서는 안 되었다. 모세가 그에게 어떻게 이 사역을 예법에 맞게 그리고 능숙하게 감당해야 하는지를 보여주었듯이 아론은 자신의 아들들에게 보여주어 그 아들들도 동일하게 일을 감당하게 하기 위함이었을 것이다. 이러한 교육방법이 가장 좋은 방법이기 때문이다. 이와 같이 부모는 자신들의 자녀를 자신들이 보여주는 좋은 모범으로 가르치고 훈계해야만 하는 것이다. 그러므로 이전에 모세가 보여주었듯이 이제 아론은 의식절차가 다른 지정된 각종 제사를 드려서 그들이 모든 선한 일을 행하기에 온전케 하려 함이었던 것이다.

2. 아론은 매일 첫 번째로 드리는 아침 번제물에 더하여 이 제사들을 드렸다(17절). 우리가 혼자서나 가족으로 아침저녁에 언제나 드리는 기도는 어떠한 여건 하에서도 빠뜨려서는 안 되는 것이다. 결코 그래서는 안 된다. 어떠한 특별한 예배들이 드려지는 경우에도 아침저녁 기도를 생략해서는 안 되는 것이다.

3. 아론이 희생제물들의 이런저런 부분들을 제단 위에서 불태웠다고 했을 때(10-20절) 다음의 여러 가지 경우들 중 어떠한 것이었는지 분명하지는 않다. 그 의미가 아론이 이전과 같이 그 제물들을 일상적인 불로 즉시 태웠다는 것인지 아니면 아론이 그들이 기대했던 하늘로부터 내려온 불로 태워지도록 제단 위에 그 제물들을 준비해 놓았다고 하는 것인지(24절) 분명하지 않다. 혹은 패트릭(Patrick) 주교가 생각하듯이, 아론은 자신을 위해서는 일상적인 불로 제물

들을 태웠고 그가 제단 위에 놓은 백성들의 제물은 여호와의 불로 삼켜진 것이었는지 그 의미가 분명하지 않는 것이다. 그러나 나는 오히려 이렇게 생각한다. 이 모든 제물들에 대해서 그가 그것들을 불태웠다(백성들을 위한 번제는 예외적인데 아론은 규례대로 그것을 드렸다(16절)라고 이야기하고 있다. 그러나 동일하게 드려진 것으로 여겨진다)라고 이야기하고 있기 때문에 아론은 그 제물들을 불태우기 위해서 불을 붙이지 않은 것이다. 그러나 아론이 불을 켰을지라도 여호와께로부터 내려온 불이 제물들 위에 내렸을 때 아론이 켰던 불을 끄고(큰 불은 좀 더 작은 불을 꺼버리는 것을 우리는 알고 있다) 순식간에 남은 제물을 삼켜버렸을 것이다. 아론이 켠 불은 아마도 천천히 태워버리려고 했을 것이다.

4. 아론은 그 희생제물들에 대해서 해야 할 자신의 역할을 모두 감당한 뒤에 백성을 향하여 손을 들어 축복했다(22절). 이것은 제사장이 감당해야 할 일의 한 부분이었다. 이 축복을 하는 제사장은 우리들을 축복하기 위해서 세상에 오신 그리스도를 상징하는 것이었다. 그리스도께서 승천시에 자신의 제자들을 떠나실 때 손을 들어 그들을 축복하셨다. 그 제자들 속에서 자신의 모든 교회를 축복하신 것이다. 제자들은 그 모든 교회의 장로들이요 대표자들이다. 그리스도께서는 우리의 신앙고백의 위대한 대제사장으로서 축복하신 것이다. 아론은 그들을 축복할 때 그의 손을 들었다. 이것은 아론이 장차 올 축복 곧 하나님의 보좌인 하늘에서 오는 축복을 바라고 기대했다고 하는 것을 암시해 주는 것이다. 아론은 축복을 간절히 기원할 뿐이었다. 축복을 내리는 것은 하나님의 특권이기 때문이다. 아론은 축복을 하고 내려왔다. 그러나 그리스도께서는 축복을 하시고 올라가셨다.

23 모세와 아론이 회막에 들어갔다가 나와서 백성에게 축복하매 여호와의 영광이 온 백성에게 나타나며 24 불이 여호와 앞에서 나와 제단 위의 번제물과 기름을 사른지라 온 백성이 이를 보고 소리 지르며 엎드렸더라

모세와 아론이 무엇을 하기 위해서 성막에 들어갔는지 알 수는 없다(23절). 몇몇 유대인 저자들은 "그들은 하나님의 영광을 보여 달라고 기도하기 위해 들어갔다"라고 말한다. 그러나 그들은 다음과 같은 일을 위해서 성막에

들어갔을 가능성이 더욱 큰 것이다. 즉, 모세는 성막에서 해야 할 일들인 향을 피우고, 촛대에 불을 켜고, 진설병을 놓는 일 등등에 대한 방법을 아론에게 가르쳐 주기 위해, 그리고 아론은 성막 안에서 그의 아들들에게 가르쳐 주기 위해 들어갔을 것이다. 그러나 그들이 나왔을 때 그들은 함께 하나님의 영광의 약속된 나타남을 기대하며 서 있는 백성들을 축복했다. 이제(모세와 아론이 기도할 때에 동시에) 그 백성들은 그들이 기다렸던 것을 얻게 되었다. 하나님께서 친히 나타나시고 자신의 영광과 은혜를 보여주시는 것은 일반적으로 기도에 대한 응답으로 주어지는 것이다. 그리스도께서 기도하셨을 때 하늘이 열렸다(눅 3:21). 하나님의 영광은 희생제물들이 드려지는 동안 나타난 것이 아니라 제사장들이 기도할 때(역대하 5:13에서처럼), 그리고 백성들이 하나님을 찬양할 때 나타났다. 이것은 하나님의 영적인 제사장들의 기도와 찬양들이 모든 번제물들과 희생제물들보다 더 하나님을 기쁘시게 한다고 하는 것을 암시해 주는 것이다.

엄숙한 예식이 끝났을 때 축복이 선포되었다. 회중이 흩어지려고 하려는 차였던 그 날이 마감되는 순간에 하나님께서는 친히 열납하셨음을 증거해 주셨는데 이것은 백성들에게 기다린 보람뿐만 아니라 만족을 주었던 것이다.

I. 여호와의 영광이 온 백성에게 나타나며(23절). 그 모양이 어떠했는지 우리에게 전해지지는 않고 있다. 그러나 그 모양으로 하나님의 영광을 증거하기에 충분한 그런 것이었을 것임이 분명하다. 성막에 충만했던 영광이(출 40:34) 이제 성막 문에서 대기하고 있던 사람들에게 보였던 것이다. 마치 왕이 기다리고 있는 군중들에게 그들을 축복하기 위해서 친히 모습을 드러낸 것과 같은 것이다. 이렇게 하심으로써 하나님께서는 그들의 예물을 인정하신 것이며, 그들에게 하나님께서는 그들이 이 모든 것을 행하여 드리기에 합당하신 분이라고 하는 것을 보여주신 것이다. 하나님께서 지정하신 방법대로 하나님을 열심을 다해 섬기는 자들은 그들에게 충만한 만족을 줄 하나님의 영광을 보게 될 것이다. 믿음의 눈을 가지고 하나님의 집에 거하는 자들은 여호와의 아름다움을 볼 수 있을 것이다.

II. 불이 여호와 앞에서 나와 제단 위의 번제물과 기름을 사른지라(24절). 이에 대해서 박식한 주교 패트릭(Patrick)은 다음과 같은 매우 그럴듯한 추측을 한다. 모세와 아론은 저녁 제사를 드릴 때까지 성막 안에 머물러 있었다. 아론은 저녁 제사를 드렸다. 그러나 이러한 사실은 언급되지 않고 있다. 저녁 제사는 물론 드려졌다. 여호와 앞에서 나온 불이 사른 것이란 바로 이 제사였던 것이다. 이 불이 하늘에서 나왔든지 지성소에서 나왔든지 모든 백성들이 목격한 하나님의 영광의 눈에 보이는 모습에서 나온 것이든지 그것은 후에 솔로몬의 제사(대하 7:1)와 엘리야의 제사(왕상 18:38)와 같이 그들의 예배를 하나님께서 받으신 것에 대한 가시적인 표시였던 것이다.

1. 이 불은 놓여 있는 제물을 불태워버렸다(혹은 단어의 의미대로 먹어버렸다). 이것은 제물을 받으셨다고 하는 증거를 두 가지로 보여주는 것이다.

(1) 그것은 하나님의 진노가 그들로부터 돌이켜졌다고 하는 것을 나타내 주는 것이었다. 하나님의 진노는 삼키는 불이다. 이 불은 백성들에게 덮치어 그들의 죄로 인해서 마땅히 그들을 삼켜버렸을 것이다. 그러나 그 불이 제물을 덮쳤고 그것을 삼켜버렸다고 하는 것은 그 죄인을 속죄해주는 것으로서 그 제물을 받으셨다고 하는 것을 나타내는 것이었다.

(2) 그것은 하나님께서 그들과 언약관계에 들어가시고 그들과 교제하신다고 하는 것을 나타내는 것이었다. 백성들은 희생제물 중에서 그들의 몫을 먹었고 여호와의 불은 여호와의 몫을 먹은 것이다. 이렇게 함으로써 하나님께서는 말하자면 그들과 더불어 먹고 그들은 그와 더불어 먹은 것이다(계 3:20).

2. 말하자면 그 불은 제단을 소유한 것이다. 이와 같이 그 불은 하나님의 집에 불을 밝혔고, 우리가 이전 레 6:13에서 읽은 대로 하나님의 집이 서 있는 이상 계속해서 그 불로 밝혀질 것이다. 이것은 또한 다가올 좋은 일들에 대한 하나의 상징이었다. 성령이 사도들 위에 불로 강림하셨다(행 2:3). 그래서 본문에 이야기된 것이 제사장들의 사명을 승인해 주었듯이 사도들의 사명을 승인해 주셨던 것이다. 우리의 심령 속에서 하나님을 향한 경건하고 헌신적인 사랑을 불붙게 하는 이러한 거룩한 불이 우리 심령 가운데 임재하는 것과, 육체와 육체의 소욕을 불태우는 그러한 거룩한 열심은 바로 하나님께서 우리의 인격과 행실들을 받으셨다고 하는 분명한 표시가 되는 것이다. 우리 안에 있는 하나님 자신의 은혜의 역사는 하나님의 영광을 더욱 드높이는 것이다. 그의 성령을 우리에게 주시므로 우리가 그 안에 거하고 그가 우리 안에 거하시는 줄을 아느니라(요일 4:13). 이제 후로는

(1) 그들의 모든 희생제사들과 분향은 이 불로 드려졌음이 분명하다. 하나

님께로부터 온 것이 아니면 아무것도 하나님께 돌아가지 못하는 것이다. 우리는 은총의 하나님으로부터 나오는 은혜를 받아야만 한다. 그렇지 않으면 우리는 기쁘게 그를 섬길 수 없는 것이다(히 12:28).

(2) 제사장들은 계속적으로 연료를 공급함으로써 그 불이 타오르도록 해야만 한다. 그 연료는 가장 깨끗한 연료인 나무였을 것이다. 그러므로 하나님께서 은총을 베푸시는 자들은 성령을 소멸하지 않도록 주의를 해야만 한다.

Ⅲ. 본문에서 우리는 백성들이 하나님의 영광과 은총에 대한 이러한 발견으로 인해서 얼마나 커다란 감명을 받았는지 보게 된다.

1. 백성들은 가장 큰 기쁨으로 그 감명을 받았다: 온 백성들이 소리를 질렀다. 그들은 자신들에게 가까이 계시는 하나님이 있다고 하는 확신 속에서 감동을 하며 서로 거룩한 승리감으로 기뻐했던 것이다. 하나님께서 그들과 가까이 하신다고 하는 것은 그 민족이 가진 위엄으로 이야기되었다(신 4:7).

2. 백성들은 지극히 겸손한 경외감으로 그 감명을 받았다: 엎드렸더라. 친히 자신의 영광의 모습을 백성들에게 나타내주신 하나님의 위엄을 겸손히 경모하는 것이다. 죄로 인하여 하나님을 두려워함은 우리로 하여금 하나님을 떠나게 한다. 은혜로 인한 두려움은 우리로 하여금 그분 앞에 경배하도록 한다. 매우 아름다운 감명이 그들의 마음에 당분간 이루어진 것이었다. 그러나 감각적인 것에 의해서 이루어지는 감명들이 으레 그렇듯이 그들은 곧 그 감명을 잊어버렸다. 그러나 신앙에서 오는 감명은 영속적인 것이다.

제 10 장

개요

본 장의 이야기는 성막을 세우는 이야기에서 금송아지가 장애물이었던 것과 같이 레위기 율법을 제정하는데 있어서 장애물이 되었던 안타까운 이야기이다. 본 장에는 다음과 같은 내용들이 있다. I. 아론의 아들들인 나답과 아비후의 죄와 죽음(1-2절). II. 이러한 괴로운 슬픔 아래 있는 아론의 침묵(3절). III. 장례와 애도함에 관해서 주어지고 지켜진 명령들(4-7절). IV. 제사장들이 사역을 감당하려고 들어갈 때 술을 마시지 말라고 하는 명령이 주어짐(8-11절). V. 이 사건으로 인한 동요에도 불구하고 제사장들은 자신들의 사역을 감당해야만 한다고 하는 모세가 준 주의(12절 이하).

[1]아론의 아들 나답과 아비후가 각기 향로를 가져다가 여호와께서 명령하시지 아니
하신 다른 불을 담아 여호와 앞에 분향하였더니 [2]불이 여호와 앞에서 나와 그들을
삼키매 그들이 여호와 앞에서 죽은지라

이 본문에는 다음과 같은 내용들이 있다.

I. 나답과 아비후가 범한 중대한 죄. 비록 우리들의 눈에는 하찮은 것과 같이 보일지라도 우리는 그것을 중대한 죄라고 보아야만 한다. 그 죄에 대한 징벌을 볼 때에 중대한 죄였음이 분명하기 때문이다. 그것은 하늘에 계신 하나님을 매우 격노하게 만들었던 것이다. 하나님의 심판은 사실에 따라서 이루어진다는 것을 우리는 확신하기 때문이다. 그렇지만 도대체 그들이 지은 죄는 무엇이었나? 본문에 기록되어 있는 모든 내용은 그들이 여호와께서 명령하시지 아니하신 다른 불을 담아 여호와 앞에 분향하였더니라고 말하고 있을 뿐이다(1절). 그리고 동일한 내용이 민 3:4에도 나타난다.

1. 나답과 아비후는 향을 드릴 때에 분향하라고 하는 어떠한 명령을 받고 분향한 것 같지는 않다. 그들의 위임식이 그 전 날 끝났기 때문에 제사장들로서 분향단에서 사역을 감당하는 것은 그들의 사역의 일부분이었음이 분명하

다. 그러나 제사장 취임식이 있는 이 엄숙한 날의 모든 예식은 아론 자신에 의해서 거행되어야만 했던 것으로 여겨진다. 아론은 희생제물들을 잡았고(레 9:8, 15, 18) 그의 아들들은 단지 아론을 시중들었기 때문이다(9, 12, 18절). 그러므로 모세와 아론만이 회막에 들어갔던 것이다(레 9:23). 그러나 나답과 아비후는 그들이 새로이 지위가 상승된 명예를 너무 자랑스럽게 생각했고 자신들의 사역에서 가장 영예로운 부분을 즉시 감당해보려고 하는 야망이 너무나 컸던 것이다. 이 날의 사역은 특별한 것이었고 모세로부터 특별한 지침을 받아 이루어져야 했던 것이다. 그러나 어떠한 명령도 받음이 없이 혹은 모세로부터 많은 것을 물어보지도 않고 그들은 자신들의 향로를 잡았고 문에서 성막 안으로 들어갔던 것이다. 아마도 그들은 문에서 충분히 오랫동안 기다렸다고 생각했던 것 같고 이어서 분향을 했던 것이다. 그리고 그 때에 그들이 다른 불을 드렸다고 하는 것은 명백히 금지된 다른 향을 드린 것과 같은 것이다(출 30:9). 우리는 다음과 같이 생각해볼 수 있다. 아마도 모세는 하나님께 향을 드리기 위해 준비된 향(출 39:38)을 보관하고 있었을 것이다. 그리고 나답과 아비후는 모세의 허락 없이 이 일을 했기 때문에 드려졌어야만 했던 향을 가지고 있지 않았고 다만 일반 향을 가지고 있었을 것이다. 그러므로 그들의 향에서 나온 연기는 다른 불에서 나온 것이었던 것이다. 하나님께서는 제사장들이 향을 사르는 것을 정말로 그들에게 요구하신 일이었다. 그러나 이번에 드려진 것은 제사장들에게 명하신 것이 아니었던 것이다. 그러므로 나답과 아비후가 저지른 죄는 웃시야 왕의 범죄와 같은 죄였던 것이다(대하 26:16). 제사장들은 제비를 뽑아 자신들의 차례가 되었을 때만 분향할 수 있었다(눅 1:9). 그러나 이번은 나답과 아비후의 차례가 아니었던 것이다.

2. 따라서 명령 없이 나답과 아비후가 그들 자신의 향을 분향했다고 하는 것을 가정해 볼 때 그들이 또 다른 잘못을 저지른 것은 그리 놀라운 일이 아닌 것이다. 그들은 제단의 불을 가져오는 것 대신에 보통의 불을 가져왔던 것이다. 제단의 불은 여호와 앞에서 나온 불이 새로이 붙인 불로서 그 이후로 희생제물과 향을 사를 때 사용되어야만 했던 불이었다(계 8:5). 나답과 아비후는 아마도 화목제물의 고기를 삶을 때 사용하던 불을 가져왔을 것이다. 그들은 이 불을 가지고 향을 살랐던 것이다. 그것은 거룩한 불이 아니었기 때문에 다른 불이라고 부르는 것이다. 그 불이 명백히 금지된 것은 아니지만 하나님께서 명하

시지 않은 것을 행하는 것은 충분한 범죄인 것이다. (홀[Hall] 주교가 이 본문에서 잘 관찰한 것처럼) "하나님을 섬기는데 있어서 그분 자신이 세우신 제도들을 벗어난다고 하는 것은 위험한 일이다. 우리는 하나님과 관련을 맺고 일을 하는 것이다. 그 하나님께서는 자신의 예배를 규정해 주시기에 충분히 지혜로우시고, 그분이 규정하신 것을 요구하시기에 정당하시며, 그분께서 규정하지 않으신 것에 대해서는 징벌을 내리실 능력을 가지고 계신 분이다."

3. 분향은 항상 한 번에 한 명의 제사장이 하게 되어있다. 그런데 본문에서 나답과 아비후는 분향을 하기 위해서 둘이 함께 들어갔던 것이다.

4. 나답과 아비후는 성급하고 경솔하게 분향을 했다. 그들은 그들의 향로를 조심성 없이 경외감이나 진지함 없이 와락 움켜잡았다(혹자는 그렇게 읽는다). 모든 백성들이 여호와의 영광 앞에서 얼굴을 땅에 대고 엎드려 있었을 때 그들은 자신들의 직책의 위엄으로 인해서 자신들은 그렇게 스스로 낮추는 일을 하지 않아도 되는 것이라고 생각했던 것이다. 그들에게 허용된 친근성이 하나님의 위엄을 경멸하는 결과를 낳았던 것이다. 이제 그들은 제사장이 되었으니 그들은 자신들이 마음대로 해도 되는 것이라고 생각했던 것이다.

5. 나답과 아비후가 분향을 할 때 그들은 술에 취했었다고 생각해볼 수 있는 이유가 있다. 이 사건으로 인해서 주어진 율법이 있기 때문이다(8절). 그들은 화목제물을 나누는 잔치를 가졌고 전제를 마셨을 것이다. 그러므로 그들의 머리는 경솔해졌거나 최소한 그들의 마음은 술로 즐거워하는 자들이었던 것이다. 그들은 술을 마셨고 율법을 잊어버렸던 것이다(잠 31:5). 그래서 이 치명적인 실수를 범하고 말았던 것이다.

6. 이 죄는 고의적으로 저질러졌음이 분명하다. 그 죄가 부지중에 저질러진 것이라면 바로 얼마 전에 만들어진 율법의 혜택이 주어졌을 것이다. 즉, 제사장이라도 속죄제물을 가져올 수 있었기 때문이다(레 4:2-3). 그러나 하나님의 위엄과 권위와 공의에 대해서 무릇 고의로 무엇을 행하는 죄를 저지른 사람은 백성 중에서 끊어질 것이기 때문이다(민 15:30).

Ⅱ. 이 죄에 대한 두려운 징벌. 불이 여호와 앞에서 나와 그들을 삼키매(2절). 희생제물들을 살랐던 이 불은 희생제물들을 살랐던 것과 같은 방법으로 나왔다(레 9:24). 이것은 하나님의 무한하신 긍휼하심이 대속물을 발견하지 못하고 열납하지 않았더라면 죄지은 모든 사람들에게 행해졌을 두려운 공의의 심판을

보여주는 것이다. 그 불이 백성들에게 그러한 두려움을 가지게 했다면 앞으로 올 심판은 더욱더 커다란 두려움을 가지게 할 것이다.

1. 나답과 아비후에 대한 징벌의 가혹성을 관찰해 보라.

(1) 그들은 죽었다. 웃시야처럼 문둥병자가 되거나 스가랴처럼 벙어리가 되거나 혹은 분향단 곁에서 그러한 두 가지의 징벌을 받는 것으로는 충분할 수 없었던 것인가? 그럴 수 없었다. 그들은 모두 죽었다. 죄의 삯은 사망이었던 것이다.

(2) 그들은 죄를 짓는 그 순간 갑자기 죽었다. "주여! 우리를 불쌍히 여겨주소서!"라고 말할 시간도 없었던 것이다. 하나님께서는 우리를 향해서 오래 참으시지만 때로는 죄인들을 이렇게 빠르게 징벌하시기도 하신다. 판결이 신속하게 집행된 것이다. 고의로 죄를 짓는 죄인들은 스스로에게 신속한 파멸을 초래하며 회개할 시간도 마땅히 거부되는 것이다.

(3) 그들은 여호와 앞에서 죽었다. 즉, 속죄소(시은소)를 가리고 있는 휘장 앞에서 죽은 것이다. 자비 자체는 그 자체의 영광이 모독되는 것을 허용하지 않기 때문이다. 여호와 앞에서 죄를 지은 사람들은 여호와 앞에서 죽었다. 저주 받은 죄인들은 어린 양 앞에서 고통을 받는다고 했는데, 이것은 어린 양이 그들을 위해서 중재하시지 않는다고 하는 것을 나타내는 것이다(계 14:10).

(4) 그들은 불로 죄를 지었기 때문에 불로 죽음을 당했다. 그들은 희생제물들을 불태우기 위해서 여호와 앞에서 나온 불을 경홀히 여겼으며 또한 다른 불도 괜찮을 것이라고 생각했던 것이다. 그러므로 하나님께서 그들이 경외하지 않는 불의 능력을 그들이 느끼도록 해주신 것은 마땅한 일인 것이다. 따라서 하나님의 은혜의 불에 의해서 정화되는 것을 싫어하는 자들은 하나님의 진노의 불에 의해서 파멸될 것임이 분명하다. 그 불은 희생제물들을 사를 때와 같이 그들을 재로 만들어버린 것은 아니며 그들의 옷을 태워버린 것도 아니다(5절). 번갯불처럼 그들이 즉시 죽도록 쳤던 것이다. 하나님께서는 같은 불이 보여준 이러한 다른 효과를 통해서 그 불은 일반적인 보통 불이 아니었고 전능자의 호흡에 의해서 불붙여진 불이었음을 보여주시려고 하신 것이었다(사 30:33).

(5) 그들이 자식이 없이 죽었다고 하는 것이 성경에 두 번씩이나 기록되어 있다(민 3:4; 대상 24:2). 그들은 그들의 주제넘은 일로 인해서 하나님의 이름을 불명예스럽게 만들었던 것이다. 그러므로 하나님께서도 그들의 이름을 지

워버리신 것이고 그들이 자랑스럽게 생각했던 그 명예를 티끌 속에 묻히게 만드신 것이었다.

2. 그렇지만 여호와께서는 왜 그들을 그렇게 엄중하게 다루셨던 것인가? 그들은 아론의 아들들이며 여호와의 성도이며 모세의 조카들이며 하늘의 커다란 은총을 입은 자들이 아니었던가? 그들은 하나님께서 자신을 위해서 구별하신 사람들로서 그들 위에 거룩한 기름 부음이 있었던 사람들이지 않았는가? 그들은 자신들의 위임을 위해서 7일 동안 열심히 참석했고 여호와의 명령을 지켰으니 이러한 성급함은 용서될 수도 있지 않았는가? 그들은 아직 이러한 사역에 경험이 없는 젊은이들로 이것이 첫 번째 범죄이고 자신들의 승진의 기쁨으로 인해서 저질러진 것이므로 그들을 용서해 주실 수는 없었던 것인가? 게다가 사람이 매우 필요한 시기였다. 얼마 전에 매우 많은 일들이 제사장들에게 주어졌고 제사장들은 아론과 그의 아들들로 한정이 되었다. 아론은 단지 4명의 아들들이 있었다. 만약에 그 중에 두 명이 죽는다면 성막의 사역을 감당하기에 손이 모자라게 되는 것이었다. 그리고 그들이 자식이 없이 죽게 된다면 아론의 가문은 약해지고 수가 적어지게 되는 것이다. 그러면 제사장직은 후손의 부족으로 상실될 위험에 처해지게 되는 것이었다. 그러나 이러한 모든 생각들 중의 어떤 것도 그 범죄를 용서해 주거나 그 범죄자들을 구해줄 수는 없었다. 그 이유는 다음과 같다.

(1) 그 죄는 매우 무거웠다. 그것은 모세와 모세에 의해서 주어진 하나님의 율법에 대한 명백한 모독이었다. 지금까지 이루어진 모든 일은 여호와께서 모세에게 명하신 대로 그들이 행해서 분명하게 준수되었다. 이와는 반대로 본문은 그들이 여호와께서 그들에게 명하시지 않은 것을 행했다고 말하고 있다. 그들은 자신들의 생각대로 행한 것이다. 하나님께서는 이제 자신의 백성들에게 순종하는 것과, 종과 같이 모든 것을 규칙에 따라 행하라고 하는 것을 가르치고 계셨던 것이다. 그러므로 제사장들이 규칙을 깨고 불순종하는 것은 징벌을 받지 않고 지나가서는 결코 안 되는 불법이었던 것이다. 그들의 신분은 그들의 죄를 더욱 깊게 만들었다. 하나님께서 자신을 즉시로 시중들도록 선택하신 아론의 아들들, 특별히 그의 큰 아들들이 그와 같이 고의적으로 죄를 지은 것은 용서될 수 없었던 것이다. 그들이 지은 죄에는 하나님의 영광을 모독함이 있었다. 그 하나님의 영광은 그 불 가운데에 새롭게 나타났었던 것이다. 그런데 그들은

그 불이 필요 없는 것인 양 그 앞에서 그들 자신이 준비한 불을 이용했던 것이다.

(2) 그들에 대한 징벌은 이제 처음 의식에 대한 제도들을 설정해가는 단계에서 필요했던 공의의 한 부분이었다. 이러저러한 범죄자들이 백성 중에서 끊어질 것이라고 하는 것이 율법에 종종 위협적으로 나타나 있다. 본문에서 하나님께서는 그 경고를 하나의 증거를 가지고 설명하신 것이다. 희생제사들에 관한 율법이 이제 새로이 만들어졌다. 이 율법들은 매우 사소한 것 같이 여겨지는 여러 가지 상황들을 규정하고 있었는데, 이는 어느 누구도 그것을 가볍게 생각하지 못하도록 하시기 위함이었다. 그러므로 첫 번 범죄자들은 징벌을 받은 것이다. 다른 사람들에게 경고하시기 위함이며, 하나님께서 자신에 대한 예배의 문제에 있어서 얼마나 질투하시기까지 철저하신 것인가 하는 것을 보여주기 위한 것이었다. 그리하여 하나님께서는 율법을 크게 하시고 존귀케 하셨다. 하나님께서는 자신의 제사장들이 율법에 종종 나타나는 그들에 대한 경고, 즉 그들이 죽지 않기 위해서 그들이 그렇게 해야만 한다는 경고는 이유 없는 단순한 경고가 아니라 그들이 여호와의 사역을 게으르게 감당한다면 그들에게 주어지게 되는 위험에 대한 공정한 경고임을 알도록 하셨던 것이다. 무엇보다도 이러한 공의에 대한 예는 이후에 있게 될 많은 규칙을 범하는 일들을 막아 주었을 것이 분명하다. 이와 마찬가지로 아나니아와 삽비라는 새로이 강림한 불인 성령을 고의적으로 속이려 했을 때 징벌을 받았던 것이다.

(3) 도덕법이 주어진지 얼마 안 되어서 사람들이 우상 숭배에 빠졌다고 하는 것은 약점과 죄를 제거하기에는 충분하지 않은 율법이 가지고 있는 성격을 보여주는 것이다. 이와 마찬가지로 이 제사장들의 죄와 죽음은 처음부터 그 제사장직은 불완전한 것이며, 하나님의 진노의 불에서 누구도 보호해 주지 못하는 무능력한 것임을 보여주는 것이다. 그것은 다만 그리스도의 제사장직의 예표였을 뿐이다. 그리스도의 제사장직은 그 직분의 감당에 있어서 규칙을 어기거나 거짓된 절차들이 결코 없었고 그러한 일들이 있을 수도 없었던 것이다.

3모세가 아론에게 이르되 이는 여호와의 말씀이라 이르시기를 나는 나를 가까이 하는 자 중에서 내 거룩함을 나타내겠고 온 백성 앞에서 내 영광을 나타내리라 하셨느니라 아론이 잠잠하니 4모세가 아론의 삼촌 웃시엘의 아들 미사엘과 엘사반을 불

러 그들에게 이르되 나아와 너희 형제들을 성소 앞에서 진영 밖으로 메고 나가라
하매 5그들이 나와 모세가 말한 대로 그들을 옷 입은 채 진영 밖으로 메어 내니 6모
세가 아론과 그의 아들 엘르아살과 이다말에게 이르되 너희는 머리를 풀거나 옷을
찢지 말라 그리하여 너희가 죽음을 면하고 여호와의 진노가 온 회중에게 미침을
면하게 하라 오직 너희 형제 이스라엘 온 족속은 여호와께서 치신 불로 말미암아
슬퍼할 것이니라 7여호와의 관유가 너희에게 있은즉 너희는 회막 문에 나가지 말라
그리하면 죽음을 면하리라 그들이 모세의 말대로 하니라

우리는 나답과 아비후가 죽음으로 쓰러졌을 때 모든 사람들이 공포에 휩싸이고 그들뿐만 아니라 모든 사람의 얼굴에 검은 그림자가 감돌았을 것이라고 하는 것을 능히 생각해 볼 수 있을 것이다. 그들은 엄청난 놀라움에 휩싸여 완전히 당황했을 것임에 틀림없다. 나머지 사람들이야 어떠했건 간에 모세는 태연했고 자신이 말할 것과 행동할 것을 알고 있었다. 그와 비슷한 경우를 당했던 다윗이 행했던 것처럼 분노하지 않았다(삼하 6:8). 이 사건은 모세에게 매우 커다란 충격을 주었고, 그가 지금까지 알고 있었던 것 중에 가장 컸던 즐거움에 두렵고 망연자실한 좌절을 안겨주었다. 그러나 그는 정신을 차리고 성소에서 정당한 질서와 마땅한 법도를 지키려고 애를 썼다.

I. 모세는 아론을 진정시키며 이 슬픈 섭리 아래서 아론이 선한 마음을 유지하도록 하기 위해 노력했다(3절). 모세는 역경을 위해서 태어난 사람이었다. 그는 자신의 모범으로 우리를 교훈하고 있다. 즉, 시의적절한 충고와 위로를 통해서 마음이 약한 자들을 격려하고 힘이 없는 자들을 붙들어 주었던 것이다. 본문에서 다음과 같은 사항들을 관찰하라.

1. 모세가 이 경우에 대해서 자신의 가련한 형제에게 제안했던 것은 무엇이었는가? 이는 여호와의 말씀이라. 고통 가운데 있을 때 마음을 진정시킬 수 있는 가장 좋은 생각들은 하나님의 말씀으로부터 가져오는 것들이다. 이러저러한 것들을 여호와께서 말씀하셨다면 우리들은 그것을 거부해서는 안 되는 것이다. 또한 하나님의 모든 섭리 속에는 하나님의 말씀의 성취가 있음을 관찰하는 것과, 하나님의 말씀과 그 성취를 비교해보는 것은 좋은 것이다. 만약에 이와 같은 관찰과 비교를 해본다면 우리는 하나님의 말씀과 그 성취 사이에 놀라운 조화와 일치가 있음과 그 상호간에 서로 설명하며 예증하고 있다고 하는 것을 발

견하게 될 것이다.

(1) 그러나 하나님께서는 어느 곳에서 이러한 사건을 말씀하셨다는 것인가? 우리는 그와 똑같은 말씀을 발견하지는 못하지만 이 사건의 의도를 위해서 하나님께서는 다음과 같이 말씀하셨다. **여호와에게 가까이 하는 제사장들에게 그 몸을 성결히 하게 하라 나 여호와가 그들을 칠까 하노라**(출 19:22). 하나님의 율법의 전체적인 취지는 이것을 말씀하고 있음이 분명하다. 거룩하신 하나님이시고 주권적인 여호와이시기 때문에 하나님께서는 항상 거룩함과 경외감으로, 그리고 그분께서 정해 주신 법칙에 따라 경배를 받으셔야만 하는 것이다. 누군가가 하나님을 희롱한다면 그것은 목숨을 거는 일이다. 이러한 생각을 뒷받침해 주는 많은 말씀들이 있다(출 29:43-44; 34:14; 레 8:35).

(2) 하나님께서는(여호와께서는 자신의 은혜로 이것을 우리들 모두의 마음에 말씀하신다) **나는 나를 가까이 하는 자**(그들이 누구이든지 간에) **중에서 내 거룩함을 나타내겠고 온 백성 앞에서 내 영광을 나타내리라**라고 말씀하셨다. **첫째로**, 우리가 하나님을 경배할 때마다 영적인 제사장들로서 우리는 그분께 가까이 나아가는 것이다. 이러한 생각은 모든 경배의 행위에 있어서 우리가 매우 경건하고 성실하도록 만들어준다. 그 모든 예배의 행위를 통해서 우리는 하나님께 다가가는 것이고 우리 자신들을 하나님께 드리는 것이다. **둘째로**, 그것은 우리 모두를 위한 것이다. 우리가 하나님께 가까이 나아갈 때 그분을 거룩하게 하는 것이다. 즉, 그분의 거룩함에 대해서 그분께 찬양을 드리는 것이다. 그리고 우리가 관계를 맺고 있는 하나님은 거룩하신 하나님이며 흠이 없으신 순결함과 초월적인 완전함을 가지신 하나님이라고 하는 것(사 8:13)을 믿는 사람들로서 모든 경건한 행위를 하는 것이다. **셋째로**, 우리가 하나님을 거룩하게 할 때 우리는 그분을 영화롭게 하는 것이다. 그분의 거룩함은 그분의 영광이기 때문이다. 우리가 우리의 엄숙한 모임에서 그분을 거룩하게 할 때 우리는 그분의 영광에 대한 우리의 믿음을 고백하면서, 그리고 다른 사람들 또한 그것을 통해서 영향을 받기를 원하는 마음으로 **만백성 앞에서** 그분을 영화롭게 하는 것이다. **넷째로**, 우리가 하나님을 거룩하게 하지 못하고 영화롭게 하지 못한다면, 그분께서는 친히 우리들에 대해서 거룩하게 되실 것이며 영화롭게 되실 것이다. 하나님께서는 그분을 경홀히 여겨 그분의 거룩한 이름을 모독하는 자들에게 보복하실 것이다. 그분의 세(貰)가 지불되지 않으면 그 세를 위해서 압류될 것이

다.

(3) 그러나 이 말은 이 당면한 사건과 무슨 관계가 있는 것인가? 아론을 침묵하게 한 이 말에는 무슨 의미가 들어 있는 것인가? 두 가지 의미가 있다. [1] 아론의 아들들은 죽어 마땅하다고 했기 때문에 아론은 잠잠했다. 그들은 하나님을 거룩하게 하고 영화롭게 하지 않았기에 그 백성들에게서 끊어진 것이기 때문이다. 필연적인 정의의 행동들이 비록 당사자들에게는 아무리 가혹하게 여겨진다 할지라도 그에 대해서 불평하기보다는 순복해야만 하는 것이다. [2] 이것은 아론에게 자신의 아들들의 죽음이 하나님의 영광을 드높였으며 이 사건에 대한 그분의 편견 없는 공의가 모든 세대를 통하여 추앙받게 되었다는 것을 납득시켰음에 틀림없다.

2. 이 말씀은 아론에게 좋은 영향을 주었다. **아론이 잠잠하니.** 아론은 이 슬픈 섭리 속에 있는 하나님의 거룩하신 뜻에 인내심을 가지고 순복했던 것이다. 아론은 하나님께서 하신 일이기 때문에 잠잠하고 입을 열지 않았다. 아론은 무엇인가 불평을 늘어놓을 수도 있었지만(손해를 본 자들은 무엇인가 해야 할 말이 있다고 생각하듯이) 지혜롭게 그 불평을 억누르며 참았다. 아론은 자신의 입에 자신의 손을 가져다 대고 아무 말도 하지 않았다. 그의 마음이 그 속에서 뜨거웠기 때문에 그는 자신의 혀로 범죄하지 않을까 두려워했기 때문이다.

(1) 하나님께서 우리나 우리들의 죄를 돌이켜 주실 때 그 돌이켜 주시는 섭리 아래에서 잠잠하게 있는 것이 우리들의 의무인 것이다. 하나님과 다투어서는 안 되며, 그분의 공의에 대해서 시시비비를 가려서는 안 되며, 어리석게 하나님을 비난해서도 안 되며, 다만 하나님이 행하시는 모든 것 안에서 잠잠해야 하는 것이다. 죄악에 대한 징벌은 참아야 할 뿐만 아니라 받아들여야만 하는 것이다. 그리고 이러한 사건과 매우 동일한 일을 당한 엘리가 **이는 여호와이시니 선하신 대로 하실 것이니라**(삼상 3:18)라고 말한 것처럼 말해야 하는 것이다. (빌닷이 말한 대로, 욥 8:4) **네 자녀들이 주께 죄를 지었으므로 주께서 그들을 그 죄에 버려두셨나니.** 우리의 사랑하는 자녀들이 하나님의 진노를 받는 자녀들이 되어야만 하는 것을 생각하는 것은 슬픔인 것이 분명하지만, 우리는 하나님의 공의를 두려운 마음으로 경모하며, 그 심판의 진행을 방해하는 예외적인 상황을 만들어서는 안 되는 것이다.

(2) 고통 가운데 있는 가엾은 심령을 잠잠케 하는 가장 효과적인 주장들은

하나님의 영광으로부터 가져온 것들이다. 바로 이것이 아론을 잠잠케 했다. 아론은 위로의 관점에서 보면 이 가혹한 처벌로 인해서 잃은 자가 된 것이 분명하다. 그러나 모세는 아론에게 하나님께서는 자신의 영광의 측면에서 얻은 자가 되셨음을 보여주었다. 그러므로 아론은 그에 대해서 할 말이 없었던 것이다. 하나님께서 만족하시다면 그것으로 아론도 만족한 것이었다. 아론은 하나님보다 자신의 아들들을 결코 더 영화롭게 하려고 하지 않았다. 그리고 자신의 가문의 명성을 보존하기 위해서 하나님의 이름이나 집이나 율법이 결코 비난을 받거나 경멸을 받도록 하지 않았다. 전혀 그렇게 하지 않았다! 금송아지 사건에서 뿐만 아니라 이번에도 레위인은 **그의 형제들을 인정하지 아니하며 그의 자녀를 알지 아니했다. 그러므로 그들은 주의 법도를 야곱에게 주의 율법을 이스라엘에게 가르칠 것이다**(신 33:9-10). 사역자들과 그들의 가족들은 때때로 괴로운 시련들을 경험하게 된다. 그들이 믿는 자들에게 하나님께 대한 인종(忍從)의 모범을 보여주기 위함이다. 그들은 자신들이 받은 위로를 통해서 다른 사람들을 위로할 수 있는 것이다.

Ⅱ. 모세는 시체들에 대한 명령을 내렸다. 그들이 쓰러진 곳에 그대로 누워 있도록 놓아두는 것은 적절치 못했기 때문이다. 그러나 그들의 아버지나 형제들, 그리고 이 참극을 목격하고 놀란 자들은 감히 그들을 일으켜 세우거나 그들에게 목숨이 붙어 있는 것인지 알아볼 수도 없었다. 그들은 이제 자신들에게 맡겨진 제사장 직분이라고 하는 그 큰 사역으로부터 외면할 수도 없었고, 그 일을 감당하기에 바로 적격인 자들이었기 때문이다. **죽은 자들이 그들의 죽은 자들을 장사하게 하라**. 그들은 그들의 사역을 계속해서 감당해야만 했던 것이다. 즉, "만약에 그 일을 처리할 사람이 없다면, 하나님께서 하나님을 위한 사역을 하도록 부르신 자들이 하나님을 위한 일을 하지 않도록 내버려 두기보다는 차라리 죽은 자들이 묻히지 않도록 버려 두라는 것이다." 그러나 모세는 이 일을 관심을 가지고 처리했다. 비록 그들이 죄를 짓는 그들의 행동으로 인해서 공의의 손길에 의해 죽었을지라도 그들이 정중하게 묻히도록 했고, 그렇게 되었던 것이다(4-5절).

1. 그들의 가장 가까운 친척들 중에서 몇 명이 이 일을 위해 수고했다. 그들은 죽은 자의 아버지의 친사촌들이었고 그들의 이름이 본문에 기록되었다. 그들은 사랑과 존경의 마음을 가지고 이 일을 담당했을 것이다. 그들은 레위인들

이었을 뿐이지 성소에 들어갈 수는 없었다. 그들이 그 일을 위해서 특별한 명령을 받지 않았다면, 그리고 이번과 같은 경우가 아니었다면 결코 성소에 들어갈 수 없었던 것이다.

2. 그들은 죽은 자들을 묻기 위해 진 밖으로 끌어내었다. 그들은 죽은 자들을 예배의 장소나 그 뜰에서 상당히 먼 곳에 묻은 것이다. 그들이 비록 성소에서 죽었지만, 오늘날 우리들의 관습에 따라 그들도 자신들의 진 안에 그 죽은 자들을, 그리고 다른 어떠한 죽은 사람도 묻지 않았던 것이다. 나중에 그들의 매장지는 그들 성읍 밖에 있었다. 성막은 그 진영 한가운데에 쳐져 있었다. 그러므로 그들은 진영에 있는 집단들의 하나를 지나지 않고는 이 죽은 제사장들을 운반할 수 없었을 것이다. 그것은 백성들에게 매우 두려운 광경이었을 것임에 틀림이 없다. 나답과 아비후라고 하는 이름들은 그들 사이에 매우 존귀했었을 것이다. 그러나 아무도 더 이상 그들을 부르지 않았고, 그들의 위임식 날 이후에 떠오르는 태양을 찬미하는 듯한 군중들의 존경과 관심을 받기 위해서 더 이상 밖으로 나오게 될 것이라고 기대할 수도 없었던 것이다. 나답과 아비후(이들은 산에서 하나님과 함께 있었던 자들이다. 출 24:1)는 이제 나이가 많고 쇠약해진 모세와 아론 다음으로 하늘의 커다란 은총을 입은 자들로 존경을 받았고 백성들의 희망이었다. 그러나 그 위임식의 소식이 채 그들의 귀에 전해지기도 전에 갑자기 그들이 죽어 실려 나가는 것을 보았으니 그들은 하나님의 공의에 대한 희생제물로서 그들에게 임한 하나님의 눈에 보이는 징벌의 표시를 보면서 이렇게 외칠 수밖에 없었던 것이다: **이 거룩하신 하나님 여호와 앞에 누가 능히 서리요**(삼상 6:20).

3. 그들은 죽은 자들을 옷을 입은 채로 메고 나갔다(아마도 그대로 묻었을 것이다). 그 옷은 제사장직을 위한 옷이었고 얼마 전에 입혔던 것으로 아마도 그들이 매우 자랑스러워했을 바로 그 옷이었다. 이렇게 하여 하나님의 공의의 공평성이 선포되었다. 모든 백성들은 제사장들의 옷조차도 하나님의 진노로부터 죄인을 보호해 주지 못한다고 하는 것을 알게 되었던 것이다. 그러므로 '만약에 제사장들이 죄를 지었을 때 징벌을 피하지 못했다면, 우리가 징벌을 받지 않을 것이라고 누가 기대할 수 있겠는가?' 라는 생각을 즉시로 가지게 되었던 것이다. 그리고 제사장들의 옷이 바로 장례시에 사용되는 수의가 되었다고 하는 것은 다음과 같은 두 가지를 암시해 주는 것이다. 즉, 율법은 죽음을 낳는다

는 것과, 때가 되면 제사장 제도 자체는 주 예수의 무덤에서 묻혀 폐기되어야만 한다고 하는 것을 나타내주는 것이다.

III. 모세는 애곡에 관한 지시사항들을 주었다.

1. 제사장들을 슬퍼해서는 안 된다. 아론과 그의 남은 두 아들들은 비록 심령에 애통함이 있을지라도 이 슬픈 사건에 대해서 슬픔의 기색을 전혀 나타내어서는 안 되었던 것이다. 그리고 죽은 자들을 따라 성막 문에서 한 발자국도 나가서는 안 되었던 것이다(7절). 후에는 대제사장은 어떠한 가까운 사람, 심지어 부모가 돌아가셔도 애도의 예식을 가지는 것이 금지되었던 것이다(레 21:11). 그러나 하급 제사장들에게는 그들의 가까운 친척들을 위해서 애도하는 것이 허락되었다(레 21:2-3). 그렇지만 본문에서는 아론과 그의 아들들 모두에게 그러한 애도 행위가 금지되었다.

(1) 지금 그들은 결코 중단해서는 안 되는 매우 중대한 일(느 6:3)을 해야 하는데 바로 그 일을 기다리고 있었기 때문이다. 그들이 하나님을 시중드는 일이 그들의 가장 가까운 친척들에 대한 경의를 표하는 일보다 앞서며, 모든 일들은 그들의 사역에 관련된 일들에 양보해야만 한다고 하는 것은 하나님의 영예를 위해서 매우 중요한 일인 것이다. 이렇게 함으로써 그들은 자신들이 가지고 있는 이 세상의 가장 가까운 사람들보다도 그들의 하나님과 사역에 더 커다란 가치와 애정을 가지고 있다고 하는 것을 보여야만 했던 것이다. 그리스도께서 하신 것과 같은 것이다(마 12:47-48). 우리는 이러한 것을 통해서 다음과 같은 교훈을 받게 된다. 즉, 우리가 거룩한 의무를 감당함으로 하나님을 섬길 때, 가능한 한 우리의 마음을 집중하고 빈틈없이 해야 하며, 세상적인 생각들이나 염려들 혹은 격정(激情) 등으로 인해 마음이 유혹받지 않도록 조심해야만 하는 것이다. 마음의 방해를 받음이 없이 우리는 항상 주 하나님만을 섬기도록 하자!

(2) 그들의 형제들은 범죄함으로 인해서 하나님의 즉각적인 심판으로 죽임을 당한 것이었다. 그러므로 그들은 그 죽은 형제들을 위해서 슬퍼해서는 안 되는 것이었다. 그들이 그 죄를 두둔하거나, 징벌을 내린 하나님의 공의를 비난하는 것 같이 보이지 않게 하기 위함이었던 것이다. 그들은 잃게 됨을 슬퍼하는 대신에 그 선고를 성원하며, 그 선고의 공정성에 동의를 해야만 했던 것이다. 하나님의 영광에 대한 공적인 관심들은 우리 자신의 다른 사적인 애정들보다 우리 마음에 더 가까이 있어야만 하는 것이다. 모세가 어떻게 그들이 두

려움 가운데 복종하도록 했으며, 그들이 울음을 멈추도록 엄하게 다루었는가를 관찰해 보라(6절): "너희들도 마찬가지로 죽지 않도록 하라. 여호와의 진노가 온 회중에게 임하지 않게 하라. 그 백성들은 너희들의 불경과 불순종, 그리고 통제하지 못한 격정으로 인해 고통의 위험에 처해 있다." 그리고 또다시 너희들도 죽지 않도록 하라(7절)라고 말했다. 여기에서 우리는 하나님의 심판을 다른 사람들에 대해서 어떻게 사용하는지를 보아야만 한다. 우리는 우리가 그와 같이 죽지 않도록 하기 위해서 갑절의 경계를 해야만 하는 것이다. 다른 사람들의 죽음, 특별히 갑작스러운 죽음을 보고 우리는 격한 감정을 드러내기보다는 하나님에 대한 거룩한 경외심과 모든 죄로부터 떠나는 조심성과 우리 자신의 죽음에 대한 진지한 성찰이 있어야만 하는 것이다. 그들에게 주어진 이유는 여호와의 관유가 너희에게 있다는 것이었다(7절). 그 관유의 영광은 너희들의 직분의 의무를 기쁜 마음으로 감당함으로써 주의 깊게 보존되어야만 하는 것이다라고 말하고 있는 것이다. 은혜로 기름 부음을 받은 자들은 죽음을 낳는 세상의 슬픔으로 자신들을 방해받도록 해서는 안 된다는 것이다. 아론과 그의 아들들이 그러한 특별한 경우를 당하여 엄청난 슬픔을 스스로 억제한다고 하는 것은 매우 어려운 일이었음에 틀림없다. 그러나 이성과 은총이 격정을 통제해주었고, 그들은 복종하는 인내심으로 그 고통을 견뎌 내었다. 그들이 모세의 말대로 하니라라고 했다. 그들은 그것이 하나님의 말씀이었음을 알았기 때문이다. 하나님의 통치 아래 있으며 그들 자신의 감정을 통제하는 자들은 복된 것이다!

2. 백성들은 애도하라고 했다: 이스라엘 온 족속은 여호와께서 치신 불로 말미암아 슬퍼할 것이니라. 회중들은 그들의 제사장들을 잃었을 뿐만 아니라 특별히 그 사건 속에 나타난 하나님의 진노를 슬퍼해야만 했던 것이다. 그들은 불사른 불을 슬퍼해야만 했다. 그 불이 더 이상 불태우지 않도록 하기 위함이었다. 아론과 그 아들들은 그 섭리에 너무나 많은 충격을 받을 위험에 처해 있었다. 그러므로 그들은 슬퍼하지 못하도록 했던 것이다. 그러나 이스라엘 백성들은 이 일에 너무 냉담할 위험이 있었다. 그러므로 그들은 슬퍼하라고 하는 명령을 받은 것이다. 이와 같이 본성은 항상 은총의 통제를 받아야만 하는 것이다. 필요에 따라 억제되기도 하고 강요되기도 해야 하는 것이다.

[8]여호와께서 아론에게 말씀하여 이르시되 [9]너와 네 자손들이 회막에 들어갈 때에는

포도주나 독주를 마시지 말라 그리하여 너희 죽음을 면하라 이는 너희 대대로 지킬 영영한 규례라 [10]그리하여야 너희가 거룩하고 속된 것을 분별하며 부정하고 정한 것을 분별하고 [11]또 나 여호와가 모세를 통하여 모든 규례를 이스라엘 자손에게 가르치리라

아론은 하나님께서 모세를 통해서 그에게 주신 모든 말씀을 성실히 준행했다. 이제는 하나님께서 그에게 직접 말씀하시는 영광을 베풀어주셨다(8절): **여호와께서 아론에게 말씀하여 이르시되.** 더욱이 지금 아론에게 전해지는 말씀은 모세에게 오해를 불러일으킬 수도 있었기 때문이었다. 모세는 아론을 탐식가와 주정뱅이였다고 의심했었을 수도 있었던 것이다. 우리는 비난을 들을 때처럼 주의를 들으면 분개하기 쉬운 것이다. 그러므로 하나님께서는 친히 아론에게 말씀하셨던 것이다. **너와 네 자손들이 회막에 들어갈 때에는 포도주나 독주를 마시지 말라 그리하여 너희 죽음을 면하라**(9절). 술을 마시는 것은 그들의 생명이 위험한 일이었던 것이다. 그들은 아마도 나답과 아비후의 경우를 통해서 술 마시는 것의 나쁜 결과를 보았을 것이다. 그러므로 그들에게는 이러한 경고가 필요했던 것이다. 본문에서 다음과 같은 것들을 관찰할 수 있다.

1. 금지된 것: **포도주나 독주를 마시지 말라.** 다른 경우들에는 그들은 술을 마실 수 있었다(모든 제사장들이 나실인이 되어야만 하는 것으로 기대되지는 않았던 것이다). 그러나 그들의 사역을 감당하는 시간 동안에는 술 마시는 것이 금지되었다. 이것은 에스겔 성전의 율법 중에 하나였다(겔 44:21). 마찬가지로 복음 사역자들에게도 **술을 즐기지 말라**라고 요청되었다(딤전 3:3). 술 취한다고 하는 것은 언제나 나쁜 것이다. 술 취하는 것은 특별히 사역자들에게는 수치스러운 일이며 악한 일인 것이다. 그들은 누구보다도 맑은 머리와 마음을 가지고 있어야만 하기 때문이다.

2. 금령에 부가된 형벌: **죽음을 면하라.** 네가 술 취했을 때 죽지 않도록 하라. **그 날이 덫과 같이 너희에게 임하리라**(눅 21:34). 혹은 "하나님의 손에 의해서 죽임을 당하는 일을 하지 않도록 하라." 우리가 부단히 죽음의 위험에 처해 있는 것을 **정신을 차리고** 조심해야만 하는 것이다(벧전 4:7). **우리가 내일 죽을 터이니 먹고 마시자**라고 말하는 사람들에 의해서 술이 사용되는 것과 같이 방종함을 지지하는 것으로 사용되는 것은 안타까운 것이다.

3. 이 금령이 주어진 이유들. 제사장들은 정신을 차리고 있어야만 한다. 그렇지 않으면 그들은 자신들의 직무를 온전히 바르게 감당할 수 없었기 때문이다. 그들은 포도주로 말미암아 잘못을 저지를 위험에 빠지게 될 것이기 때문이다(사 28:7). 그들은 맑은 정신을 가지고 있어야만 한다.

(1) 그들 스스로가 자신들의 사역을 감당하면서 거룩한 것과 속된 것을 구별할 수 있으며 그것들을 혼동하지 않기 위함이다(10절). 여호와의 사역자들은 사람이든 물건이든 거룩한 것과 속된 것 사이를 구별하는 것이 그 주요 임무이다. 그들이 귀한 것과 헛된 것을 구별하기 위함이다(렘 15:19).

(2) 백성들을 가르칠 수 있도록 하기 위함이다(11절). 가르치는 것은 제사장들이 감당해야 하는 사역의 일부분이었기 때문이다(신 33:10). 술 취하는 것을 탐닉하는 자들은 백성들에게 하나님의 법령들을 가르치는 일에 매우 부적합하다. 육을 따라 사는 자들은 영적인 것들과 친밀한 교제를 나눌 수 없기 때문이며, 그러한 선생들은 그들이 한 손으로 쌓은 것을 또 다른 손으로 무너뜨리는 자들이기 때문이다.

12 모세가 아론과 그 남은 아들 엘르아살에게와 이다말에게 이르되 여호와께 드린
화제물 중 소제의 남은 것은 지극히 거룩하니 너희는 그것을 취하여 누룩을 넣지
말고 제단 곁에서 먹되 13 이는 여호와의 화제물 중 네 소득과 네 아들들의 소득인즉
너희는 그것을 거룩한 곳에서 먹으라 내가 명령을 받았느니라 14 흔든 가슴과 들어
올린 뒷다리는 너와 네 자녀가 너와 함께 정결한 곳에서 먹을지니 이는 이스라엘
자손의 화목제물 중에서 네 소득과 네 아들들의 소득으로 주신 것임이니라 15 그 들
어올린 뒷다리와 흔든 가슴을 화제물의 기름과 함께 가져다가 여호와 앞에 흔들어
요제를 삼을지니 이는 여호와의 명령대로 너와 네 자손의 영원한 소득이니라 16 모
세가 속죄제 드린 염소를 찾은즉 이미 불살랐는지라 그가 아론의 남은 아들 엘르
아살과 이다말에게 노하여 이르되 17 이 속죄제물은 지극히 거룩하거늘 너희가 어찌
하여 거룩한 곳에서 먹지 아니하였느냐 이는 너희로 회중의 죄를 담당하여 그들을
위하여 여호와 앞에 속죄하게 하려고 너희에게 주신 것이니라 18 그 피는 성소에 들
여오지 아니하는 것이었으니 그 제물은 너희가 내가 명령한 대로 거룩한 곳에서
먹었어야 했을 것이니라 19 아론이 모세에게 이르되 오늘 그들이 그 속죄제와 번제
를 여호와께 드렸어도 이런 일이 내게 임하였거늘 오늘 내가 속죄제물을 먹었더라

면 여호와께서 어찌 좋게 여기셨으리요 [20]모세가 그 말을 듣고 좋게 여겼더라

모세는 본문에서 이러한 충격적 사고 뒤에 아론에게 그의 사역을 계속하라고 지시하고 있다. 우리들은 고통으로 인해서 우리의 의무로부터 떠나기보다는 더욱더 그 의무를 감당해야만 하는 것이다. 관찰(12절). 모세는 아론과 남겨진 그의 아들들에게 말했다. 그들의 생존을 부각시키고 있는 것은 다음과 같은 것을 암시하고 있는 것이다.

1. 아론은 비록 그의 두 아들을 잃었지만 하나님께서 은혜로 그에게 다른 두 아들을 남겨 놓으셨다는 것을 생각하면서 위로를 받아야만 했다. 아론은 그의 모든 아들들이 죽지 않고 남겨진 자들이 있다는 것으로 인해서 감사해야만 하는 이유가 있는 것이다. 그리고 하나님에 대한 감사의 표시로 그는 자신의 사역을 기쁨으로 감당해야만 하는 것이다.

2. 하나님께서 그들을 남겨 놓으셨다고 하는 것은 그들에게 그분의 사역을 계속해서 감당하게 하시겠다고 하는 약속이지 그 사역을 떠나라고 하는 의미가 아닌 것이다. 네 명의 제사장들이 함께 위임 받았지만 둘은 데려감을 당하고 둘은 남겨졌다. 그러므로 남겨진 두 명은 떠난 자들의 자리를 채우기 위해서 노력해야만 하는 것이다. 제사장직의 사역을 감당함에 있어서 갑절의 관심과 성실함으로 감당해야만 하는 것이다.

I. 모세는 아론과 그의 아들들에게 희생제물에서 그들의 몫을 먹는 것에 관해서 이전에 주었던 지침들을 반복해서 말한다(12-14, 15절). 제사장들은 가르침을 받은 대로(10절) 거룩한 것과 속된 것 사이의 차이를 분별하는 것을 배워야 했을 뿐만 아니라 가장 거룩한 것과 먹을 수 있을 만큼 거룩한 것 사이를 구분하는 것을 배워야만 했던 것이다. 제사장들에게 돌려진 소제의 부분은 지극히 거룩한 것이었다. 그러므로 성막 뜰에서 먹되 아론의 아들들만 먹어야만 했다(12-13절). 그러나 화목제물의 가슴과 넓적다리는 성막 밖의 적당한 곳에서 먹을 수 있었고 제사장 가족들의 딸들도 먹을 수 있었다. 번제에 첨가해서 드리는 소제는 전적으로 하나님의 영광을 위해서 드려진 것이었다. 그러나 화목제물은 사람들의 기쁨과 위안을 더하기 위해서 제정된 것이었다. 그러므로 소제는 더욱 거룩한 것이었고 좀 더 경외하는 마음으로 드려야만 했던 것이다. 제사장들은 이러한 차이점들을 주의 깊게 살펴 지켜야만 했고 어떠한 실수도 저

지르기 않기 위해 조심해야만 했던 것이다. 모세는 이 차이점에 대해서 어떠한 이유를 주려고 하지 않았다. 다만 지침들을 말했을 뿐이다: **내가 명령을 받았느니라**(13절). 이것은 충분한 이유가 되었던 것이다. **내가 너희에게 전한 것은 주께 받은 것이니**(고전 11:23).

Ⅱ. 모세는 한 가지 이 지시를 어긴 것에 관해서 묻는다. 이것은 아마도 아론의 두 아들이 죽었을 때 발생한 사건이었던 것 같다. 그것은 다음과 같은 일이었다. **백성들의 속죄제로** 드려진 한 염소가 있었다(레 9:15). 속죄제의 법은 이러했다. 속죄제물의 피는 제사장들의 속죄제와 마찬가지로 거룩한 곳으로 가져 갔고, 그 때에 그 고기는 진 밖에서 불태워야만 했다(레 6:30). 그렇지 않으면 그 고기는 거룩한 곳에서 제사장들이 먹어야만 했던 것이다. 이에 대한 의미가 본문에 다음과 같이 설명되었다(17절). 제사장들은 이로 인해서 **회중의 죄를 담당했던** 것이다. 즉, 그들은 하나님께서 **우리 모두의 죄를 담당시키신** 우리를 위해서 속죄제물이 되신 분을 나타내는 것이었다. 그런데 이 때에 이 염소의 피는 거룩한 곳으로 가져가지 않았고 진 밖에서 불태워졌던 것 같다. 본문에서는 다음과 같은 것들을 관찰해 보아야만 한다.

1. 모세는 이렇게 규칙을 어긴 것에 대해서 아론과 그의 아들들을 점잖게 책망했다. 본문에서 아론의 아들들은 **남은 아들들**이라고 말하고 있다(16절). 그러므로 그들은 경고를 들어야만 했던 것이다. 모세는 그들에게 **노했다**. 비록 모세는 세상에서 가장 온유한 사람이었을지라도 그는 화를 낼 수밖에 없었던 것 같다. 모세는 하나님께서 순종을 받지 못하시고 영광을 받지 못하시며 제사장직이 위험에 처해 있다고 생각했을 때 화를 냈던 것이다. 그러나 모세가 아론과 그 아들들의 현재 고통을 고려하면서 얼마나 온유하게 그들을 대했는가를 관찰해 보라. 모세는 단지 그들에게, 그들은 **거룩한 곳에서 그것을 먹었어야만 했다**라고 말하고 있다. 모세는 하나님께서 상처를 입혀 슬픔을 가지고 있는 자들에게 말하기가 싫었지만, 그들이 자신들에 대해서 하는 변명을 듣기를 원했던 것이다.

2. 아론이 이 실수에 대해서 말한 그럴듯한 변명. 모세는 엘르아살과 이다말에게 그 잘못을 추궁했다(16절). 그러나 그들이 한 일은 아마도 아론의 지시를 따른 것이었을 것이다. 그러므로 아론이 이에 대해서 변명을 한 것이다. 아론은 다음과 같이 변명을 했었을 수도 있다. 즉, 이것은 회중을 위한 속죄제였

고 그 제물이 소였다면 그것은 전체가 불태워졌어야만 하는 것이다(레 4:21). 그러므로 염소인 경우는 왜 그렇게 하지 못하는 것이냐고 변명할 수도 있었을 것이다. 그러나 이 경우에 소가 아니었으면 아마도 달리 지침이 내려졌을 것이다. 그러므로 아론은 자신의 고통스러운 역경을 변명의 구실로 삼았던 것이다(19절). 다음과 같은 내용들을 관찰해 보자.

(1) 아론이 자신의 고통에 대해서 이야기한 방법: 이런 일이 내게 임하였거늘. 아론의 마음을 찌르는 그러한 슬픔이었다는 것이다. 이러한 대답은 매우 만족한 것이었다. 아론은 사람들 가운데서 취해진 대제사장이었다. 그가 비록 거룩한 옷을 입고 있을 때에라도 그는 자연적인 감정에서 벗어날 수는 없었던 것이다. 아론은 잠잠했으나(3절) 그의 내면은 슬픔으로 요동쳤던 것이다. 마치 다윗의 마음과 같았던 것이다(시 39:2). 고통 속에서 하나님의 뜻에 신실하게 인종(忍從)해 나가는 가운데에도 깊은 내면의 고통이 있을 수 있는 것이다. "그러한 일들은 제가 전에는 결코 겪어보지 못한 일들이며 제가 전혀 예상하지 못했던 일들입니다. 제가 저의 가족이 죽는 것을 볼 때 저의 영혼은 낙심할 수밖에 없었습니다. 하나님께서 진노하실 때 저는 감당치 못할 무게를 느낍니다." 이러한 경우에 말을 많이 하는 것은 고통을 가중시키는 것이다. 그러므로 말을 거의 하지 않는 것이 더 나은 것이다.

(2) 아론이 속죄제물에 관한 지침을 변경한 것에 대해서 이 변명을 사용한 방법. 아론은 자신의 슬픔과 고통스러운 마음을 가지고서는 그 고기를 먹을 수 없었다고 했다. 이러한 마음으로 먹는다면 그 제사가 받아들여졌겠는가? 아론은 자신의 마음이 슬픔으로 가득 차서 그 고기를 먹을 식욕이 없었다고 변명한 것이 아니라 그는 그 제사가 열납되지 않는 것을 두려워했다고 말했던 것이다. [1] 하나님께 열납되는 것은 우리들의 모든 경건한 예배에서 우리들이 바라고 목표로 해야만 하는 중요한 일이다. 특별히 우리가 속죄제물을 먹는 성만찬에서 더욱 그러한 것이다. [2] 이 세상의 슬픔은 우리들의 거룩한 임무들이 열납되도록 수행하는데 커다란 방해가 되는 것이다. 슬픔은 우리를 낙심케 하여 우리의 수레바퀴를 빼버려 우리가 매우 천천히 움직이도록 하고(삼상 1:7-8), 우리가 기쁨으로 하나님을 섬기도록 하는 것이 하나님의 뜻(신 12:7)인데 바로 그 하나님을 기쁘게 해드리지 못하게 만드는 것이기 때문이다. 애도자의 빵은 더럽게 오염된 것이다(호 9:4). 말 3:14를 보라.

3. 이 변명에 대한 모세의 묵인: **모세가 좋게 여겼더라**(20절). 아마도 모세는 그들이 행한 것이 정당화될 수 있다고 생각했던 것 같다. 하나님께서는 먹을 수 없는 것은 불태울 수 있다고 하셨다. 죄 때문이 아니라 자연스러운 경우에 우리가 의무를 이행하기에 부적합한 것은 얼마든지 용납될 수 있는 것이다. 하나님께서는 긍휼을 베푸실 것이고 징벌을 내리지 않으실 것이다. 적어도 모세는 그 변명으로 인해서 그 실수의 정도가 매우 경감되었다고 생각했던 것 같다: **마음에는 원이로되 육신이 약하도다.** 모세를 통해서 하나님께서는 친히 아론의 마음을 고려하고 계셨다고 하는 것을 보여주셨다. 아론은 하나님께서 열납하시기를 간절히 바랐던 것 같다. 정직한 마음으로 하나님께서 열납하시기를 바라는 자들은 하나님께서는 그들이 범하는 실수를 엄격하게 평가하시지는 않는다는 것을 발견하게 될 것이다. 우리는 우리 자신을 살펴보아 우리도 시험을 받을까 두려워하며, 다른 사람들의 모든 실수들에 대해서 가혹한 비난을 하지 않도록 해야 하는 것이다.

제 11 장

개요

사도는 의식법에 대해서 기술했는데(히 9:9-10) 그 의식법에는 레위기에서 지금까지 다루어온 "예물과 제사"뿐만 아니라 의식적인 부정함으로부터 "먹고 마시는 것과 여러 가지 씻는 것"에 대한 내용들로 구성되어 있다. 이 의식법적인 부정함에 관한 율법들은 본 장에서 시작하고 있다. 본 장은 어떤 종류의 고기와 다른 종류들 사이의 차이점을 말하고 있는데, 어떤 것은 깨끗한 것으로 먹을 수 있고 다른 것은 부정한 것으로 먹지 못하도록 하고 있다. "어떤 사람 고기가 있다." 본성은 이것을 먹는다는 것을 생각하면 소스라치게 놀라는 것이다. 아무도 사람 고기를 먹지 않는다. 사람 고기를 먹는 것은 가장 야만스러운 것이며 짐승과 거의 다를 바가 없는 것이다. 그러므로 그것에 대해서 반대하는 다른 법이 있을 필요는 없었다. 그러나 "어떤 짐승들의 고기가 있다." 본 장은 이 짐승들의 고기에 대해서 말하고 있으며(1-8절), "물고기들의 고기들"(9-12절), "새들의 고기들"(13-19절)에 대해서 말하고 있다. "기는 것들"에 관해서는 두 가지 종류로 나누어 말하고 있는데, 날개가 있으면서 네 발로 기어 다니는 것(20-28절)과 땅 위를 기어 다니는 길짐승(29-43절)으로 구분하고 있다. 그리고 율법은 거룩함에 대한 일반적인 규칙과 그에 대한 이유를 말하면서 끝을 맺고 있다(44절 이하).

1여호와께서 모세와 아론에게 말씀하여 이르시되 2이스라엘 자손에게 말하여 이르
라 육지의 모든 짐승 중 너희가 먹을 만한 생물은 이러하니 3모든 짐승 중 굽이 갈
라져 쪽발이 되고 새김질하는 것은 너희가 먹되 4새김질하는 것이나 굽이 갈라진
짐승 중에도 너희가 먹지 못할 것은 이러하니 낙타는 새김질은 하되 굽이 갈라지
지 아니하였으므로 너희에게 부정하고 5사반도 새김질은 하되 굽이 갈라지지 아니
하였으므로 너희에게 부정하고 6토끼도 새김질은 하되 굽이 갈라지지 아니하였으
므로 너희에게 부정하고 7돼지는 굽이 갈라져 쪽발이로되 새김질을 못하므로 너희
에게 부정하니 8너희는 이러한 고기를 먹지 말고 그 주검도 만지지 말라 이것들은
너희에게 부정하니라

이제 아론은 하나님의 집을 관리하는 대제사장으로 위임되었다. 그러므로 하나님께서는 모세와 더불어 아론에게 말씀하셨다. 하나님께서는 모세와 아론을 백성들에게 자신의 뜻을 전하는 공동 최고 책임자로 임명하셨다. 하나님께서는 그 사역에 대해서 모세와 아론 모두에게 말씀하셨다. 제사장들은 정하고 부정한 것 사이를 구분해야 했고, 백성들에게 그렇게 구분하는 것을 가르쳐야만 하는 것이 특별히 요청되었기 때문이다. 홍수 뒤에 하나님께서 노아와 그의 아들들과 언약을 맺으셨을 때 하나님께서는 그들에게 고기를 먹도록 허락하셨다(창 9:3). 그러나 그 이전에는 그들은 땅에서 나는 소산물만 먹을 수 있었다. 그러나 노아의 자손들에게 허락되었던 자유가 본문에서는 이스라엘 자손들에게 제한되고 있다. 이스라엘 자손들을 고기를 먹을 수도 있었다. 그러나 모든 종류의 고기를 먹을 수 있었던 것은 아니다. 그들은 어떤 종류의 고기는 부정한 것으로 여겨야만 했고 그들에게 금지되었다. 다른 것들은 정한 것으로 여겨져 그들에게 허락되었다. 이 문제에 관한 율법은 매우 상세했고 매우 엄격했다. 그러나 이떠한 이유로 이 율법이 주어진 것인가? 왜 하나님의 백성들은 다른 민족들처럼 모든 종류의 피조물을 자유롭게 이용해서는 안 되는 것인가?

1. 하나님께서 그것을 그렇게 원하신다고 하는 것만으로 충분한 이유가 되는 것이다. 그분의 뜻이 율법이 되기에 충분하듯이 그분의 뜻은 충분한 이유가 되는 것이다. 하나님의 뜻은 그분의 지혜이기 때문이다. 하나님께서는 그분의 제단의 엄숙한 예식에 있어서 뿐만 아니라 그 백성들 식탁에서 매일 일어나는 일들에 있어서도 자신의 백성들의 순종을 시험하기를 원하시는 것이다. 그들이 권위 아래 있다고 하는 것을 기억하도록 하시기 위함이다. 이와 동일하게 하나님께서는 죄 없고 순전한 인간에게 한 특정한 나무의 열매를 먹지 말라고 하심으로써 그의 순종을 시험하셨던 것이다.

2. 부정한 것으로 금지된 대부분의 음식들은 정말로 건강에 좋지 않은 것들이며 먹기에 부적합한 것들이었다. 이렇게 금지된 것들 중에 우리들이 충분히 건강에 좋은 것들이라고 생각한 것들, 즉 예를 들면 집토끼, 산토끼, 그리고 돼지와 같은 것들은 아마도 그 나라들에서 그들의 몸에 해로운 것들이었을 수도 있는 것이다. 이 율법에서 하나님께서는 현명하고 사랑하는 아버지가 그 자녀들에게 부탁한 것처럼 이스라엘 백성들에게 말씀하신 것이다. 즉, 그런 아버지

는 자신의 자녀들을 병들게 할 것이라고 알고 있는 그러한 음식들을 자식들에게 먹지 말라고 한 것이다. 여호와께서는 몸의 주인이시다. 육체적인 욕망을 만족시키기 위해 우리의 건강을 해치는 것은 어리석을 뿐만 아니라 하나님께 대해서 죄를 짓는 것이다.

3. 이와 같이 해서 하나님께서는 자신의 백성들에게 신앙적 예배에서 뿐만 아니라 삶의 일상적인 활동에서도 자신들을 다른 백성들과 구분하는 것을 가르쳐 주려고 하셨던 것이다. 이렇게 하나님께서는 이스라엘 백성들에게 그들은 다른 민족들 중의 하나로 여겨져서는 안 된다고 하는 것을 보여주려고 하셨던 것이다. 이러한 율법이 있기 전에도 음식에 있어서 히브리인들과 다른 민족들 사이에 전통적으로 지켜 내려져 온 어떠한 차이점들은 분명히 있었을 것이다. 애굽인들과 이스라엘 백성들은 함께 먹지 않았기 때문이다(창 43:32). 홍수 이전에조차도 정한 짐승과 부정한 짐승 사이에 구분이 있었다(창 7:2). 이러한 구분은 이방인들 가운데서 신앙의 많은 다른 면들과 더불어 완전히 사라진 것이다. 그러나 이 율법에 의해서 그것은 환원된 것이 분명하고 유대인들 가운데서 지켜져야만 한다고 명령된 것이다. 이렇게 그들만의 독특한 음식법을 가짐으로써 이스라엘 백성들은 우상을 숭배하는 이웃 민족들과 가까워지지 않을 수 있었고, 이러한 사소한 일들에 있어서가 아니라 그들의 영적인 기질에 있어서 하나님의 영적인 이스라엘의 예표가 될 수 있었던 것이다. 영적 이스라엘 백성들의 삶의 과정은 맑은 정신의 단일성에 의해서 통제되어야 하며, 이 세상에 동화되어서는 안 되는 것이다. 학자들은 다음과 같은 면들에 대해서 좀 더 주목한다. 즉, 이 율법이 부정한 것으로 혐오하도록 하고 있는 대부분의 피조물들은 이방인들 가운데서 음식으로서보다는 점을 치거나, 그들의 신들에게 드리는 희생제물로서 매우 귀하게 여기던 그러한 것들이었다고 하는 것이다. 그러므로 그러한 것들이 본문에서 부정하며 혐오스러운 것으로 언급된 것이다. 이스라엘 백성들이 어떤 먹는 유혹에 빠지지는 않았을 것이다. 다만 그들이 이방인들이 미신적으로 소중하게 생각하고 있는 것들에 대해서 경건한 마음으로 싫어하도록 하게 하기 위함이었던 것이다. 후대의 이방인들은 돼지를 베누스(Venus)에게, 부엉이는 미네르바(Minerva)에게, 독수리는 유피테르(Jupiter)에게, 개는 헤카테(Hecate)에게 드려진 것으로 신성하게 여겨 바쳤다. 짐승들에 관해서는 정해진 일반적인 법칙이 있다. 굽이 갈라지고 되새김질하

는 것이 정결한 것이었다. 그런 조건이 갖추어진 것만이 정결했다. 이러한 짐승들은 이 율법이 반복될 때에 상세하게 언급된다(신 14:4-5). 이 열거된 목록을 보면 이스라엘 백성들은 그들에게 허락된 충분히 다양한 종류의 짐승들의 목록을 가지고 있었던 것으로 보인다. 그러므로 그들은 그들이 제한받고 있는 것에 대해서 불평할 필요가 없었던 것이다.

새김질하지 않고 굽이 갈라지지 않은 짐승들은 부정한 것들이었다. 이 규칙에 의해서 돼지와 산토끼와 집토끼의 고기는 비록 우리들 사이에는 일반적으로 사용될지라도 이스라엘 백성들에게는 금지되었던 것이다. 그러므로 우리는 특별히 이러한 것들의 어느 것이라도 먹을 수 있기 때문에 복음에 의해서 이러한 문제에 있어서 그러한 자유를 우리에게 허락해 주신 것에 대해서 감사해야만 하는 것이다. 복음은 우리에게, 하나님이 지으신 모든 것이 선하며 우리는 아무도 속되다 하거나 깨끗하지 않다고 말하지 않아야 된다고 가르쳐 주고 있다. 어떤 사람들은 본문의 법에 놓인 중요성, 즉 이스라엘 백성들을 그 법에 의해서 구별하기 위한 것이라고 보며, 최소한 그러한 것이 암시되어 있다고 생각한다. 마음의 속사람에 의해서 이루어지는 명상과 기도의 다른 행동들은 우리 영혼의 양식을 소화시키는 것이기 때문에 새김질로 상징될 수 있다. 사람들에 대한 공의와 자선, 그리고 좋은 교제의 행위들은 갈라진 굽으로 상징될 수 있다. 이러한 것들 중 다른 하나 없이 어느 한 편만 가지고서는 우리가 하나님 앞에 나아가도록 천거될 수 없는 것이다. 이 두 가지가 병행되어야만 한다. 즉, 마음속에 선한 사랑과, 삶 속에 선한 행실이 함께 가야만 하는 것이다. 만약에 한 쪽이 부족하다면 우리는 깨끗하지 않은 것이다. 그러면 우리는 정말로 정결하지 못한 것이다. 본문에서 부정한 것으로서 금지된 모든 피조물들 중에서 경건한 유대인들이 가장 두려워하고 혐오스럽게 여긴 것은 돼지고기였다. 많은 사람들이 안티오쿠스(Antiochus)에 의해서 죽임을 당했다. 그들은 돼지고기를 먹지 않으려고 했기 때문이었다. 돼지고기는 아마도 그들이 가장 유혹에 빠지기 쉬운 것이었을 것이다. 그러므로 그들과 그들의 자손들은 돼지고기에 대한 특별한 반감을 가졌던 것이다. 그들은 돼지고기를 그 이름으로 부르지 않고 기이한 것(a strange thing)이라고 불렀다. 아마도 이방인들이 돼지고기를 미신적으로 사용했을 것이다: 그들이 돼지고기를 먹으며(사 65:4). 그러므로 하나님께서는 자신의 백성들에게 돼지고기의 사용을 전적으로 금하셨던 것이다. 그 백성들이 그들의 이웃 이방민족들로부터 돼지고기를 잘못 사용하는 것을 배우지 못하도록 하시기 위함이었던 것이다. 어떤 사람들은 이러한 짐승들을 부정한 것으로서 금하신 것은 이 피조물들의 악한 성질을 조심하라고 하는 의도가 있었던 것이라고 생각한다. 우리는 돼지처럼 흙탕물에 뒹굴고 더러워져서는 안 되며, 산토끼처럼 겁쟁이고 소심한 마음을 가져서도 안 되며, 집토끼처럼 땅바닥에 붙어살아도 안 되는 것이다. 영예로운 인간이라면 멸망할 이러한 짐승들처럼 자신을 만들지 않도록 하자! 율법은 그러한 짐승들을 먹지 말라고 했을 뿐만 아니라 만지지도 말라고 했다. 죄에서 떠나고자 하는 자들은 죄에 대한 모든 유혹들에서 떠나도록 주의해야만 하며, 죄로 향하는 것이나 죄로 이끄는 모든 것에서 피해야만 하는 것이다.

9물에 있는 모든 것 중에서 너희가 먹을 만한 것은 이것이니 강과 바다와 다른 물에
있는 모든 것 중에서 지느러미와 비늘 있는 것은 너희가 먹되 10물에서 움직이는 모
든 것과 물에서 사는 모든 것 곧 강과 바다에 있는 것으로서 지느러미와 비늘 없는
모든 것은 너희에게 가증한 것이라 11이들은 너희에게 가증한 것이니 너희는 그 고
기를 먹지 말고 그 주검을 가증히 여기라 12수중 생물에 지느러미와 비늘 없는 것은
너희가 혐오할 것이니라 13새 중에 너희가 가증히 여길 것은 이것이라 이것들이 가
증한즉 먹지 말지니 곧 독수리와 솔개와 물수리와 14말똥가리와 말똥가리 종류와 15
까마귀 종류와 16타조와 타흐마스와 갈매기와 새매 종류와 17올빼미와 가마우지와
부엉이와 18흰 올빼미와 사다새와 너새와 19황새와 백로 종류와 오디새와 박쥐니라

본문에는 다음과 같은 내용들이 있다.

1. 정하고 부정한 물고기들에 대한 일반적인 법칙이 있다. 이스라엘 백성들은 지느러미와 비늘이 있는 물고기를 먹을 수 있었다. 그러한 것들을 가지지 않은 물고기들은 금지되었다(9-10절). 고대 사람들은 물고기를 가장 맛있는 음식으로 여겼다(그래서 그들은 금식일에는 결코 물고기를 먹지 못했으며 물고기를 먹는 것을 결코 고행의 한 예로 삼지 않았다). 그러므로 하나님께서는 자신의 백성들에게 물고기에 대해서는 많은 제한을 두지 않았던 것이다. 그분께서는 자신의 종들에게 필요한 것뿐만 아니라 즐거움까지 주시는 주인이시기 때문이다. 금지된 물고기들에 대해서는 다음과 같이 말씀하신다: 그것들은 너

희에게 가증한 것이라(10-12절). 즉, "너희들은 그것들을 부정한 것으로 여겨야 하며 그것들을 먹지 말아야 할 뿐만 아니라 그것들을 가까이 하지 말아야 한다." 부정한 것은 무엇이든지 간에 우리들에게 가증한 것이다: 부정한 것은 만지지도 말라. 그러나 다음과 같은 것을 관찰해보라. 그것은 유대인들에게만 가증스러운 것이었던 것이다. 이웃 민족들은 이러한 의무들 중 어떤 것에도 종속되지 않았다. 또한 그러한 고기들은 우리 그리스도인들에게도 역시 가증한 것이 될 수 없는 것이다. 유대인들은 독특한 특권들과 더불어 존귀를 받았다. 그러므로 그들이 그 특권들을 자랑하지 못하도록 하기 위하여, 그들은 마찬가지로 특별한 제한들 아래 놓였던 것이다. 하나님의 영적 이스라엘도 마찬가지이다. 그들은 양자가 되고 그리스도의 친구가 되는 복음 언약에 의해서 다른 사람들보다 더 존귀하게 되었다. 그러므로 그들은 자기를 부인하고 십자가를 지라고 하는 복음 명령에 의해서 다른 사람들보다도 더 고행정화(苦行淨化)되어야 하는 것이다.

2. 본문에는 새들에 관해서 일반적으로 주어진 법칙은 없다. 단지 이스라엘 백성들이 부정한 것으로서 피해야 하는 새들의 특별한 목록이 있을 뿐이다. 이것은 다른 모든 종류의 새들은 먹을 수 있다고 하는 것을 암시하는 것이다. 이 본문에 대해서 비평가들은 이 곳에 사용된 히브리어 단어들의 참 의미가 무엇인지 찾아내기 위해 많은 노력을 했다. 그러나 이러한 목록 중 어떤 것들은 여전히 그 의미가 확실하지 않다. 어떤 종류의 새들은 어떤 지방에만 특이한 것들이기 때문이다. 이제 이 율법을 강제적으로 적용하려고 한다면 우리는 그 율법에 의해서 금지된 것이 무엇인지 확실하게 알아야만 한다. 만약에 우리가 그러한 것을 안다면 우리는 여기에 언급된 새들의 본성에 대해서 더 잘 알게 되는 것이고, 우리는 새들의 성질을 나타내 주는 이름들을 새들에게 지어준 아담의 지식(창 2:20)에 감탄하게 될 것이다. 그러나 그 율법은 폐지되었고 그 교훈은 상당한 정도로 상실되었기 때문에 우리들은 본문에서 금지된 새들을 관찰하는 것으로 충분하다. (1) 금지된 새들 중 어떤 것들은 독수리와 매와 같은 맹금(猛禽)들이다. 하나님께서는 자신의 백성들이 야만적이고 잔인한 것을 혐오하며 피를 흘리며 강탈하며 살지 않기를 바라셨던 것이다. 맹금의 밥이 되는 비둘기들은 사람을 위한 양식이 되며 하나님께 드려지는 제물이 되기에 합당했다. 그러나 그러한 것들을 잡아먹고 사는 매나 솔개는 하나님과 사람에게 가

증한 것으로 여겨져야만 했다. 의를 위하여 핍박을 당하는 자들의 여건은 신앙의 눈으로 보기에는 어느 면으로 보아도 핍박자들보다 훨씬 나은 것이기 때문이다. (2) 금지된 다른 새들은 고독한 새들이다. 올빼미와 펠리컨(시 102:6), 그리고 가마우지와 까마귀(사 34:11)와 같이 어둡고 한적한 곳에 사는 새들이다. 하나님의 이스라엘은 우울한 백성이 되거나 슬픔이나 지속적인 고독에 빠져 있어서는 안 되기 때문이다. (3) 금지된 다른 새들은 불결한 것을 먹고 사는 것들이다. 즉, 뱀을 먹고 사는 황새나 벌레를 먹고 사는 다른 새들이다. 우리들은 스스로 모든 부정함에서 삼가야 할 뿐만 아니라 그 부정함에 빠져 있는 자들과의 교제도 삼가야만 하는 것이다. (4) 금지된 다른 새들은 애굽인들이나 다른 이방인들에 의해서 그들이 점을 칠 때 사용되는 것들이다. 어떤 새들은 길조(吉鳥)로, 어떤 새들은 흉조(凶鳥)로 여겨졌다. 그들의 예언자들은 이러한 새들이 높이 나는 것을 중요하게 여겼다. 그러므로 이러한 모든 새들은 하나님의 백성들에게 가증스러운 것이 분명하며, 하나님의 백성들은 이교도들의 방법을 배워서는 안 되는 것이다.

20날개가 있고 네 발로 기어 다니는 곤충은 너희가 혐오할 것이로되 21다만 날개가
있고 네 발로 기어 다니는 모든 곤충 중에 그 발에 뛰는 다리가 있어서 땅에서 뛰
는 것은 너희가 먹을지니 22곧 그 중에 메뚜기 종류와 베짱이 종류와 귀뚜라미 종류
와 팥중이 종류는 너희가 먹으려니와 23오직 날개가 있고 기어다니는 곤충은 다 너
희가 혐오할 것이니라 24이런 것은 너희를 부정하게 하나니 누구든지 이것들의 주
검을 만지면 저녁까지 부정할 것이며 25그 주검을 옮기는 모든 자는 그 옷을 빨지니
저녁까지 부정하리라 26굽이 갈라진 모든 짐승 중에 쪽발이 아닌 것이나 새김질 아
니하는 것의 주검은 다 네게 부정하니 만지는 자는 부정할 것이요 27네 발로 다니는
모든 짐승 중 발바닥으로 다니는 것은 다 네게 부정하니 그 주검을 만지는 자는 저
녁까지 부정할 것이며 28그 주검을 옮기는 자는 그 옷을 빨지니 저녁까지 부정하리
라 그것들이 네게 부정하니라 29땅에 기는 길짐승 중에 네게 부정한 것은 이러하니
곧 두더지와 쥐와 큰 도마뱀 종류와 30도마뱀붙이와 육지 악어와 도마뱀과 사막 도
마뱀과 카멜레온이라 31모든 기는 것 중 이것들은 네게 부정하니 그 주검을 만지는
모든 자는 저녁까지 부정할 것이며 32이런 것 중 어떤 것의 주검이 나무 그릇에든지
의복에든지 가죽에든지 자루에든지 무엇에 쓰는 그릇에든지 떨어지면 부정하여지

리니 물에 담그라 저녁까지 부정하다가 정할 것이며 33그것 중 어떤 것이 어느 질그
릇에 떨어지면 그 속에 있는 것이 다 부정하여지나니 너는 그 그릇을 깨뜨리라 34먹
을 만한 축축한 식물이 거기 담겼으면 부정하여질 것이요 그같은 그릇에 담긴 마
실 것도 부정할 것이며 35이런 것의 주검이 물건 위에 떨어지면 그것이 모두 부정하
여지리니 화덕이든지 화로이든지 깨뜨려버리라 이것이 부정하여져서 너희에게 부
정한 것이 되리라 36샘물이나 물이 고인 웅덩이는 부정하여지지 아니하되 그 주검
에 닿는 것은 모두 부정하여질 것이요 37이것들의 주검이 심을 종자에 떨어지면 그
것이 정하거니와 38만일 종자에 물이 묻었을 때에 그것이 그 위에 떨어지면 너희에
게 부정하리라 39너희가 먹을 만한 짐승이 죽은 때에 그 주검을 만지는 자는 저녁까
지 부정할 것이며 40그것을 먹는 자는 그 옷을 빨 것이요 저녁까지 부정할 것이며
그 주검을 옮기는 자도 그의 옷을 빨 것이요 저녁까지 부정하리라 41땅에 기어 다니
는 모든 길짐승은 가증한즉 먹지 못할지니 42곧 땅에 기어다니는 모든 기는 것 중에
배로 밀어 다니는 것이나 네 발로 걷는 것이나 여러 발을 가진 것이라 너희가 먹지
말지니 이것들은 가증함이니라

본문에는 다음과 같은 사항들에 관한 율법이 있다.

1. 파리, 말벌, 꿀벌 등과 같은 날아다니는 곤충들에 관한 율법이 있다. 이스라엘 백성들은 이러한 것들을 먹을 수 없었다(20절). 사실상 그러한 것들은 먹기에 적합하지도 않았다. 그러나 그러한 지역들에서는 매우 먹기에 좋은 음식으로 널리 사용되던 몇 가지 종류의 메뚜기들이 있었다. 세례 요한도 사막에서 그러한 것들을 먹고 살았다. 그러한 메뚜기들은 본문에서도 이스라엘 백성들에게 허락되었다(21-22절).

2. 땅에 기어 다니는 것들에 관한 율법이 있다. 이러한 것들은 모두가 금지되었다(29-30절, 그리고 다시 41-42절). 배로 기어다니는 것은 뱀이 받은 저주이며 뱀과 인간 사이에 적대적인 관계가 만들어졌기 때문이다(창 3:15). 이러한 관계가 이 율법에 남아 있는 것이었다. 땅의 티끌은 기어다니는 것들의 먹이이다. 그러므로 그러한 것들은 인간의 음식이 되기에 부적합한 것이다.

3. 이러한 모든 부정한 동물들의 주검에 관한 율법이 있다. (1) 그러한 것들에 접촉된 사람은 누구든지 저녁까지 부정하게 된다(24-28절). 이 율법은 종종 반복되고 있다. 금지된 모든 것에 대해서 이스라엘 백성들이 두려움을 가지도

록 하기 위함이다. 이러한 금지에 대한 특별한 이유가 나타나 있지는 않다. 다만 율법을 만드신 이의 뜻만이 나타나 있다. 그러나 이 율법을 무시하여 고의로 범하는 것이 아니라면 양심을 더럽히는 것으로 여겨지거나 하나님께 대한 죄로 여겨지지는 않았다. 많은 경우에 누군가는 그러한 것들을 치우기 위해서 만지는 것이 불가피하기 때문이다. 그러나 그들이 접촉한 것은 의식법적으로 부정한 것이었다. 그러므로 당분간 그들이 성막 안으로 들어오는 것이 금지되었고, 어떤 거룩한 성물을 먹는 것이 금지되었고, 그들의 이웃들과 친근하게 이야기하는 것이 금지되었던 것이다. 그 부정함은 저녁때까지만 계속되었다. 이것은 모든 의식법상의 오염들은 세상의 저녁에 이루어진 그리스도의 죽음에 의해서 끝나게 된다고 하는 것을 상징해주는 것이었다. 그러므로 우리들은 매일 밤 그 날의 죄를 회개하는 우리의 회개를 새롭게 함으로써 우리가 죄에 접촉하여 오염된 것으로부터 우리 자신들을 깨끗하게 하는 것을 배워야만 하는 것이다. 우리들이 우리들의 부정함 가운데 머물러 있지 않기 위함이다. 이스라엘 백성들은 말과 개와 같은 부정한 동물들을 그것들이 살아있는 동안에는 의식법상 부정해짐이 없이 만질 수 있었다. 그러나 그들은 그러한 것들이 죽었을 때에는 만질 수 없었다. 이스라엘 백성들은 그러한 것들의 고기를 먹을 수 없었기 때문이다. 먹을 수 없는 것은 만질 수 없기 때문이다(창 3:3). (2) 그러한 주검들이 떨어진 그릇들이나 다른 물건들은 그 닿음을 인해서 저녁까지 부정하게 되었다(32절). 그 그릇들이 토기 그릇들이라면 깨뜨려버려야만 했다(33절). 이것은 이스라엘 백성들에게 그들의 일상생활에서도 오염시키는 모든 것을 주의 깊게 피해야만 한다고 하는 것을 가르쳐준 것이었다. 성소의 그릇들뿐만 아니라 예루살렘과 유다의 모든 솥까지도 여호와께 성결해야만 했던 것이다(슥 14:20-21). 이러한 경우들의 율법은 매우 철저하므로 지키기가 어려웠을 것이다. 예를 들어, 만약에 죽은 쥐나 이가 떨어진 것은 무엇이든지 부정해진 것이라고 생각할 수 있기 때문이다. 그것이 화덕이나 질탕관이었다면 그 모든 것들은 깨뜨려버려야만 했다(35절). 예외적인 사항들도 또한 매우 까다로웠다(36절 이하). 이러한 모든 것들은 이스라엘 백성들에게 그들의 순종에 있어서 계속적인 관심을 가지고 정확히 이행해야함을 훈련시키기 위해서 계획된 것이었다. 그리고 그리스도에 의해서 이러한 모든 짐스러운 순종으로부터 구원해주신 우리들에게 율법의 더 중요한 일들에 대해서 좀 더 신중해지라고 하는 것을 가르쳐 주시기 위함이었던 것이다. 이스라엘 백성들이 자신들의 몸과 집안 살림살이를 의식법상의 오염으로부터 깨끗하게 하고 지켰듯이, 우리는 죄의 오염으로부터 우리들의 소중한 영혼들을 지키기에 열심을 내야 하며 우리의 영혼들이 오염되었을 때 신속히 깨끗하게 해야만 하는 것이다.

43너희는 기는 바 기어다니는 것 때문에 자기를 가증하게 되게 하지 말며 또한 그것
때문에 스스로 더럽혀 부정하게 되게 하지 말라 44나는 여호와 너희의 하나님이라
내가 거룩하니 너희도 몸을 구별하여 거룩하게 하고 땅에 기는 길짐승으로 말미암
아 스스로 더럽히지 말라 45나는 너희의 하나님이 되려고 너희를 애굽 땅에서 인도
하여 낸 여호와라 내가 거룩하니 너희도 거룩할지어다 46이는 짐승과 새와 물에서
움직이는 모든 생물과 땅에 기는 모든 길짐승에 대한 규례니 47부정하고 정한 것과
먹을 생물과 먹지 못할 생물을 분별한 것이니라

본문에는 다음과 같은 내용들이 있다.

I. **우리들이 이 율법의 의미를 이해할 수 있도록 하는 이 율법에 대한 설명 혹은 열쇠가 있다.** 이 율법은 단순히 식단표나 다이어트에 대한 의사의 지침과 같은 것으로서 의도된 것이 아니다. 하나님께서는 이 율법에 의해서 이스라엘 백성들에게 자신들을 성결하게 하고 거룩하게 되는 것을 가르치려고 하신 것이었다(44절). 즉, 1. 이스라엘 백성들은 이 율법을 통해서 선과 악을 구분하는 법을 배워야만 하는 것이고, 그들이 먹는 모든 것이 동일한 것이 아니듯이 그들이 행하는 모든 것도 같지 않을 수 있음을 생각해야만 하는 것이다. 2. 그들은 하나님의 법을 계속적으로 지키는 것을 배워야 하며 그들의 모든 행동들, 심지어 일상적인 행동들에 있어서조차도 하나님의 율법에 의해서 하나님께 합당하게(요삼 1:6) 자신들을 통제하는 것을 배워야만 하는 것이다. 먹고 마시는 일조차도 하나님의 영광을 위해(고전 10:31) 규칙에 따라 이루어져야만 한다. 3. 그들은 하나님을 위해서 구별된 민족으로서 자신들을 그들의 모든 이웃 민족들로부터 구별해야만 하는 것과 이방인들과 같이 행해서는 안 된다는 것을 배워야만 하는 것이다. 이 모든 것은 거룩함을 위한 것이다. 이와 같이 세상의 초등 학문은 그들의 가정교사이며 지도자였던 것이다(갈 4:2-3). 이스라엘 백성들을 아담 안에서 있었던 우리들의 처음 상태와 그리스도와 함께 하는 우리들

의 가장 좋은 상태인 거룩함으로 되돌아가게 하려고 하는 것이었다. 이 거룩함이 없이는 누구도 주님을 만나볼 수 없게 될 것이다. 이러한 것이 모든 규례들의 진정하고 위대한 뜻이며, 이러한 것을 통해서 우리는 우리 자신들을 성화시키며 거룩하게 되는 것을 배우게 되는 것이다. 하찮게 보이는 듯한 이러한 음식에 관한 율법조차도 이러한 높은 뜻이 있었던 것이다. 거룩함이 없이는 아무도 주를 보지 못한다라고 하는 것은 신약에서 뿐만 아니라 구약에서도 하늘의 율례였기 때문이다. 그렇기 때문에 너희는 자기를 가증하게 되게 하지 말라라고 경고하고 있는 것이다(43절). 가증스러운 죄와 더불어 사는 것은 우리가 스스로를 가증하게 만드는 것이다. 하나님의 눈에 가증스럽게 보이는 자는 정말로 불쌍한 사람이다. 스스로를 가증스럽게 만드는 사람이 아니고서는 아무도 가증스럽게 되지 않는 것이다. 유대인 저자들은 이 율법의 의미는 이스라엘 백성들이 결혼이나 다른 방법에 의해서 이방인들과 교제하는 것을 전적으로 금하게 하려는 것이었다고 말한다(신 7:2-3). 그러므로 이 율법의 도덕 정신은 우리들도 준행해야만 하는 것이다. 우리들이 열매 없는 어둠의 일에 참예하지 말라고 하고 있는 것이다. 마음과 삶에 이러한 진정한 거룩함이 없이는 예물을 드리는 자가 돼지의 피를 드리는 것과 다름이 없는 것이다(사 66:3). 사람이 돼지고기를 먹는 것이 하나님을 그렇게 진노하시게 했다면, 하나님의 제단에 돼지 피를 드리는 것은 훨씬 더 하나님을 진노하시게 하는 것이다(잠 15:8).

Ⅱ. 이러한 율법을 주신 이유. 그 율법들은 모두 율법을 만드신 분에게서 연유된 것이다. 우리는 전적인 순종의 행동으로 그분을 경외해야만 하는 것이다. 1. 나는 여호와 너희의 하나님이라(44절). "그러므로 너희들은 온전한 복종을 통해서 이행해야만 하는 것이다." 우리에 대한 하나님의 주권성과 우리 안에 있는 예의범절은 우리로 하여금 하나님께서 우리에게 명하신 것은 무엇이나 행하도록 만든다. 그 명령이 우리의 마음에 아무리 거슬린다 하더라도 지켜야만 하는 것이다. 2. 나는 거룩하다(44-45절). 하나님께서 거룩하시다면 우리는 거룩해야만 한다. 그렇지 않으면 우리는 하나님께 열납되기를 기대할 수 없는 것이다. 하나님의 거룩하심은 그분의 영광이다(출 15:11). 그러므로 하나님의 거룩하심은 영원히 그분의 집이 되는 것이다(시 93:5). 이렇게 강조된 이 위대한 계율은 비록 폐기된 율법 가운데 나타나 있지만 복음의 계율에서도 인용되고 나타나고 있는 것이다(벧전 1:16). 신약의 인용 부분은 이러한 모든 의식법

상의 규제들은 우리가 전에 알지 못할 때에 따르던 우리의 사욕을 본받아서는 안 된다(벧전 1:14)고 하는 것을 우리에게 가르쳐 주려는 의도를 가지고 있는 것이다. 3. 나는 너희를 애굽 땅에서 인도하여 낸 여호와라(45절). 이것이 바로 그들이 이 특징적인 율법들에 대해서 순종해야만 하는 이유인 것이다. 그들은 지금까지도 이 특별한 은혜들로 인해서 놀라울 정도로 존귀하게 되었기 때문이다. 다른 어떤 민족들보다 이스라엘 백성들을 위해서 더 많은 것을 해주신 분께서는 당연히 그들에게서 더 많은 것을 기대하실 수 있는 것이다.

Ⅲ. 이 율례의 결론. 이는 짐승과 새와 물에서 움직이는 모든 생물과 땅에 기는 모든 길짐승에 대한 규례니 부정하고 정한 것과 먹을 생물과 먹지 못할 생물을 분별한 것이니라(46-47절). 이 율법은 이스라엘 나라가 지속되는 한 이스라엘 백성들에게 영원한 율례로 주어진 것이다. 그러나 우리는 복음 아래서 하늘에서 베드로에게 들려진 소리에 의해서 이 율법이 분명히 폐기된 것을 알고 있다(행 10:15). 한때 사용되고 없어진 다른 규례들과 더불어 이 율법은 이미 그리스도의 죽으심으로 실제적으로 폐기된 것이기 때문이다: 붙잡지도 말고 맛보지도 말고 만지지도 말라(골 2:21-22). 이제 우리는 다음과 같은 것을 확신하게 된다. 음식은 우리를 하나님 앞에 내세우지 못하며(고전 8:8), 무엇이든지 스스로 속된 것은 없으며(롬 14:14), 입으로 들어가는 것이 사람을 더럽게 하는 것이 아니라 입에서 나오는 그것이 사람을 더럽게 하는 것(마 15:11)이라고 하는 것을 확신하는 것이다. 그러므로 우리는 1. 우리가 이러한 멍에 아래 있지 않고 우리들에게 하나님의 모든 피조물이 좋은 것으로 허락되었으며 어느 것도 거부되지 않도록 해주신 하나님께 감사하도록 하자. 2. 그리스도께서 우리를 자유롭게 하려고 자유를 주셨으니 굳건하게 서자. 그리고 음식물을 먹지 말라고 명하면서 모세를 다시 복귀시키려고 하는 자들의 교훈(딤전 4:3-4)을 조심하도록 하자. 3. 하나님께서 우리들에게 허락해 주신 선한 피조물들을 사용함에 있어서 삼가 성실하게 사용하도록 하자. 하나님의 법이 우리들에게 자유를 주셨더라도 우리는 스스로 절제하도록 하자. 우리의 식탁이 덫이 되는 일이 없도록 음식을 함부로 먹지 말자. 네가 만일 음식을 탐하는 자이거든 네 목에 칼을 둘 것이니라. 그리고 맛있는 혹은 여러 가지 음식을 탐하지 말라(잠 23:2-3). 자연은 적은 것으로 만족하며 은총은 더욱 적은 것으로 만족한다. 그러나 탐욕은 어떠한 것으로도 만족하지 못하는 것이다.

제 12 장

개요

정하고 부정한 음식에 관한 율법이 주어진 뒤에 이제는 정하고 부정한 사람들에 관한 율법을 말하고 있다. 본 장의 첫 부분은 아이를 낳은 여인들의 의식법적인 부정함에 관해서 말하고 있다(1-5절). 그리고 그 부정함에서 그들이 정결케 되는 방법에 관해서 말하고 있다(6절 이하).

[1]여호와께서 모세에게 말씀하여 이르시되 [2]이스라엘 자손에게 말하여 이르라 여인
이 임신하여 남자를 낳으면 그는 이레 동안 부정하리니 곧 월경할 때와 같이 부정
할 것이며 [3]여덟째 날에는 그 아이의 포피를 벨 것이요 [4]그 여인은 아직도 삼십삼
일을 지내야 산혈이 깨끗하리니 정결하게 되는 기한이 차기 전에는 성물을 만지지
도 말며 성소에 들어가지도 말 것이며 [5]여자를 낳으면 그는 두 이레 동안 부정하리
니 월경할 때와 같을 것이며 산혈이 깨끗하게 됨은 육십육 일을 지내야 하리라

본문의 율법은 해산한 여인들을 의식법상으로 부정하다고 선언하고 있다. 유대인들은 "아이가 성(性)의 구별이 될 정도로 형성이 되었다고 한다면 이 율법은 낙태한 아이에게까지도 적용이 된다"라고 말하고 있다.

1. 출산 직후에 얼마간의 엄격한 구별의 시간이 있었다. 이 구별의 시간은 남자 아이일 경우에는 7일이었고, 여자 아이일 경우에는 14일이었다(2, 5절). 이 기간 동안에 그 여인은 남편과 친구들과 떨어져 있어야만 했다. 그리고 불가피하게 그 여인을 시중들어야 하는 사람들은 역시 의식법상으로 부정하게 되었다. 바로 이러한 이유로 인해서 남자 아이들은 8일째가 되기까지 할례를 받을 수 없었던 것이다. 남자 아이들은 어머니가 구별되어 있는 그 기간 동안 어머니를 부정하게 하는 그 오염에 함께 참여하고 있었기 때문이다.

2. 또한 그 여인들을 정결케 하는 데에는 좀 더 긴 시간들이 지정되었다. 남자 아이일 경우에는 33일(모두 40일)이 더 필요했고, 여자 아이일 경우에는 남

자 아이의 두 배의 시간이 필요했다(4-5절). 이 기간 동안 그 여인들은 성소에 들어갈 수 없었으며 유월절 음식을 먹거나 화목제물을 먹는 것이 금지되었다. 만약에 그 여인이 제사장의 아내라면 여호와께 드려진 거룩한 것은 어느 것이나 먹을 수 없었다. 왜 여자 아이의 경우에는 남자 아이의 경우보다 두 배의 시간이 걸려야 하는지는 나는 율법을 만드신 분의 뜻이라고 하는 것 외에는 다른 이유를 알 수 없다. 그리스도 예수 안에서는 남자나 여자가 차이가 없다(갈 3:28; 골 3:11). 그러나 율법이 해산한 여인들에게 부여한 이 의식법상의 부정함은 우리가 모두 죄악 중에 잉태되었고 죄악 중에서 태어난다고 하는 것을 나타내려고 하는 것이었다(시 51:5). 뿌리가 불결하면 가지도 불결하기 때문이다. 누가 깨끗한 것을 더러운 것 가운데에서 낼 수 있으리이까. 만약에 죄가 들어오지 않았더라면, 생육하고 번성하라고 하는 이 위대한 축복의 모든 산물들에는 정결과 존귀만이 따라왔을 것이다. 그러나 이제는 인간의 본성은 치욕의 징표가 찍혀 있는 본성의 유전으로 퇴보되었다. 본성과 더불어 유전되는 죄와 부패 때문이며 첫 여인이 지은 죄에 대한 저주 때문이다. 여인은 고통 속에서(본문에는 수치가 덧붙여졌다) 자녀를 낳으리라고 했다. 여인이 그렇게나 오랜 시간 동안 성소의 출입이 금지되고 성물에 대한 모든 참여가 금지된 것은, 만약에 하나님께서 우리들에게 은혜 가운데 우리가 정결케 되게 하지 않으셨다면 우리들의 원죄(이것은 우리가 세상에 가지고 들어온, 죄를 짓게 하는 죄를 말하는 것이다)가 우리들도 영원히 하나님과 그분의 은총과 더불어 누리는 즐거움에서 제외되게 했을 것이라고 하는 것을 나타내주는 것이다.

6아들이나 딸이나 정결하게 되는 기한이 차면 그 여인은 번제를 위하여 일 년 된
어린 양을 가져가고 속죄제를 위하여 집비둘기 새끼나 산비둘기를 회막 문 제사장
에게로 가져갈 것이요 7제사장은 그것을 여호와 앞에 드려서 그 여인을 위하여 속
죄할지니 그리하면 산혈이 깨끗하리라 이는 아들이나 딸을 생산한 여인에게 대한
규례니라 8그 여인이 어린 양을 바치기에 힘이 미치지 못하면 산비둘기 두 마리나
집비둘기 새끼 두 마리를 가져다가 하나는 번제물로, 하나는 속죄제물로 삼을 것
이요 제사장은 그를 위하여 속죄할지니 그가 정결하리라

출산한 여인이 성소에 되돌아갈 수 있도록 정해진 시간이 다가오면

빈손으로 성소에 가서는 안 되었고 자신의 예물을 가져가야만 했다(6절).

1. 번제. 그 여인이 감당할 수 있다면 어린 양을 드려야 되고, 가난하다면 비둘기를 드릴 수 있었다. 산모는 이 제물을 출산의 고통과 출산시에 따르는 모든 위험들 속에서 아이를 안전하게 낳을 수 있도록 자신에게 은혜를 주신 하나님께 감사하는 마음으로, 그리고 자신과 아이에게 더 많은 하나님의 은혜를 주시기를 바라는 마음으로 드렸던 것이다. 아이가 태어나면 기쁨과 희망이 있는 것이다. 그러므로 이러한 제물을 가져와 드리는 것은 당연한 것으로 자연스러운 것이다. 우리가 기뻐하는 것에 대해서 우리는 감사를 드려야 하고, 우리가 바라는 것에 대해서 우리는 기도를 해야 하는 것이기 때문이다. 이 제물 외에도

2. 산모는 속죄제를 드려야만 했다. 이것은 부자나 가난한 자나 동일한 제물을 드려야만 했다. 즉, 산비둘기나 집비둘기 새끼였다. 감사의 희생제물들은 부자와 가난한 자 사이에 어떠한 차이가 있을 수 있을지라도 속죄제물은 모두에게 동일했기 때문이다. 이 속죄제는 다음과 같은 것 중의 한 의미를 가지고 있었던 것이다.

(1) 의식법상의 부정함에서 산모를 완전히 깨끗하게 하려는 의도를 가지고 있었을 것이다. 비록 출산 자체는 죄는 아니었을지라도 도덕적인 오염의 상징이었던 것이다. 혹은

(2) 자녀 축복에 대한 터무니없는 욕심을 내거나 출산의 고통 아래 가지게 되는 못마땅함과 인내하지 못하는 것과 같은 실제적인 죄를 속죄하기 위한 의미를 가지고 있었을 것이다. 우리들의 본성이 부패함으로 인해서 이루어진 일을 제거하는 것은 대속죄물 되시는 그리스도를 통해서뿐이다. 그리스도로 인해서 우리는 성소로부터 영원히 쫓겨나지 않게 되었고, 성물을 먹는 것이 금지되지 않은 것이다. 이 율법에 따라서 우리는 다음과 같은 사실을 발견하게 된다. 즉, 우리의 축복된 주님의 어머니께서는 비록 주님은 다른 사람들과 같이 죄악 중에 잉태되지 않으셨을지라도 정결예식의 날을 채웠다. 그런 뒤에 자신의 아들을 하나님께 드렸다. 맏아들이었기 때문이다. 그리고 자신의 예물인 산비둘기 한 쌍을 바쳤다(눅 2:22-24). 그리스도의 부모는 너무나 가난하여서 번제로 어린 양을 가져와 드릴 수 없었던 것이다. 이렇게 일찍이 그리스도께서는 율법 아래 있는 자들을 구원하시려고 율법 아래 나셨던 것이다. 이 율법의 도덕성

은 자녀를 낳을 때 하나님께로부터 은혜를 입은 여인들에게, 자신들은 그 은혜를 받을 자격이 없음을 고백하면서, 자신들에게 베풀어주신 하나님의 은혜를 고백하며 감사하도록 해주며, 정숙함으로써 믿음과 사랑과 거룩함에 계속해서 거하도록 해준다(이것은 출산에서 구원된 여인들을 가장 정결케 하는 것이다, 딤전 2:15). 이것은 산비둘기나 집비둘기 새끼들보다도 더 주님을 기쁘시게 해드리는 것이기 때문이다.

제 13 장

개요

다음으로 다루고 있는 의식법상 부정함은 나병으로 인한 부정함이다. 이 나병(매튜 헨리를 비롯해서 많은 사람들이 원문에 나타난 '짜라아트'를 나병으로 보고 있다. 그러나 기술된 병의 징후와 특성을 고려해볼 때 나병보다는 악성 피부병 혹은 악성 곰팡이로 보는 것이 더 정확한 번역으로 여겨진다 – 역주)으로 인한 부정함에 관한 율법은 매우 방대하며 세부적이다. 우리는 본 장에서 나병으로 인한 부정함에 대한 다양한 예들과 이어서 그에 대한 치료법을 보게 된다. 레위기 법의 그 어떤 것도 이와 같이 많은 분량을 차지하고 있는 것은 없다. I. 판단 기준들이 본문에 주어지고 있다. 제사장들은 이 기준들에 의거해서 나타난 징조를 판단하여 그가 나병에 걸렸는지 그렇지 않는지를 판단해 주어야만 한다. 그 병의 징후들은 다음과 같다. 1. 무엇이 돋거나 뾰루지가 나거나 색점이 생기는 경우(1-17절), 2. 피부에 종기가 난 경우(18-23절), 3. 피부를 불에 덴 경우(24-28절), 4. 머리나 수염에 환부가 있는 경우(29-37절), 5. 피부에 흰 색점이 발생한 경우(38-39절), 6. 대머리에 희고 불그스름한 색점이 발생한 경우(40-44절) 등이 기술되어 있다. II. 나병환자가 어떻게 처신해야 되며 어디에 머물러야 하는지에 대한 지침들이 주어지고 있다(45-46절). III. 의복에 발생한 나병의 색점에 관하여 기술하고 있다(47절 이하).

1여호와께서 모세와 아론에게 말씀하여 이르시되 2만일 사람이 그의 피부에 무엇이
돋거나 뾰루지가 나거나 색점이 생겨서 그의 피부에 나병 같은 것이 생기거든 그
를 곧 제사장 아론에게나 그의 아들 중 한 제사장에게로 데리고 갈 것이요 3제사장
은 그 피부의 병을 진찰할지니 환부의 털이 희어졌고 환부가 피부보다 우묵하여졌
으면 이는 나병의 환부라 제사장이 그를 진찰하여 그를 부정하다 할 것이요 4피부
에 색점이 희나 우묵하지 아니하고 그 털이 희지 아니하면 제사장은 그 환자를 이
레 동안 가두어둘 것이며 5이레 만에 제사장이 그를 진찰할지니 그가 보기에 그 환
부가 변하지 아니하고 병색이 피부에 퍼지지 아니하였으면 제사장이 그를 또 이레
동안을 가두어둘 것이며 6이레 만에 제사장이 또 진찰할지니 그 환부가 엷어졌고

병색이 피부에 퍼지지 아니하였으면 피부병이라 제사장이 그를 정하다 할 것이요
그의 옷을 빨 것이라 그리하면 정하리라 7그러나 그가 정결한지를 제사장에게 보인
후에 병이 피부에 퍼지면 제사장에게 다시 보일 것이요 8제사장은 진찰할지니 그
병이 피부에 퍼졌으면 그를 부정하다 할지니라 이는 나병임이니라 9사람에게 나병
이 들었거든 그를 제사장에게로 데려갈 것이요 10제사장은 진찰할지니 피부에 흰
점이 돋고 털이 희어지고 거기 생살이 생겼으면 11이는 그의 피부의 오랜 나병이라
제사장이 부정하다 할 것이요 그가 이미 부정하였은즉 가두어두지는 않을 것이며
12제사장이 보기에 나병이 그 피부에 크게 발생하였으되 그 환자의 머리부터 발끝
까지 퍼졌으면 13그가 진찰할 것이요 나병이 과연 그의 전신에 퍼졌으면 그 환자를
정하다 할지니 다 희어진 자인즉 정하거니와 14아무 때든지 그에게 생살이 보이면
그는 부정한즉 15제사장이 생살을 진찰하고 그를 부정하다 할지니 그 생살은 부정
한 것인즉 이는 나병이며 16그 생살이 변하여 다시 희어지면 제사장에게로 갈 것이
요 17제사장은 그를 진찰하여서 그 환부가 희어졌으면 환자를 정하다 할지니 그는
성하니라

I. 우리는 나병에 대해서 일반적으로 다음과 같은 것들을 관찰할 수 있다.

1. 나병은 일종의 질병이라고 하기보다는 부정함으로 여겨졌다. 율법은 최소한 그렇게 보고 있다. 그러므로 나병에 관해서는 의사들보다는 제사장이 일을 맡게 되었던 것이다. 그리스도께서도 나병을 치료하신 것이 아니라 깨끗하게 하셨다고 했다. 우리는 나병으로 죽었다고 하는 것을 읽어보지 못했다. 오히려 그들은 자신들과 같이 감염된 자들 이외에는 그 어느 누구와도 대화를 나눌 수 없도록 함으로써 그들을 산 채로 매장하였던 것이다. 그러나 전해지는 한 전설이 있는데 그것은 모세를 죽이려고 했던 바로가 이 나병에 걸린 첫 번째 사람이었고 그는 이 나병으로 인해서 죽었다고 하는 것이다. 이 병은 처음에 애굽에서 시작되어 아람(시리아)으로 퍼졌다고 한다. 나병은 모세가 자신의 손을 가슴에 넣었다가 빼었을 때 나병이 되는 체험을 했다. 그러므로 모세는 나병을 매우 잘 알고 있었던 것이다.

2. 나병은 다른 병들처럼 자연적인 원인에 의해서 발생한 질병이 아니라 하나님의 손에 의해서 직접적으로 형벌이 내려진 병이었다. 그러므로 하나님의 율법에 따라 다스려져야만 하는 것이다. 미리암과 게하시, 그리고 웃시야 왕의

나병은 모두 특별한 죄들에 대한 징벌들이었다. 나병이 일반적으로 그렇게 여겨졌다면 일반 질병들과 나병을 구별하는데 그렇게나 많은 주의가 기울여졌다고 하는 것은 놀랄 일이 아닌 것이다. 정말로 하나님의 징벌을 받은 자들 외에 하나님의 징벌을 나타내는 이러한 엄청난 표지를 받고 있는 것이라고 여겨지지 않게 하기 위함이었던 것이다.

3. 본문에 나타나는 나병은 오늘날 세상에 알려지지 않은 역병이었다. 일반적으로 나병이라고 알려진 것은 매우 다른 성질을 가지고 있다. 본문에 나타나는 나병은 아마도 그 당시 그 지역의 죄인들에 대한 특별한 천벌로만 국한되어 생각되었던 것 같다. 유대인들은 그들이 애굽에서 배운 우상 숭배의 관습들을 가지고 있었다. 그러므로 하나님께서는 당연히 애굽의 다른 몇 가지 질병들과 더불어 이 나병이 그들을 따라 다니게 하셨던 것이다. 우리는 아람 사람 나아만도 나병환자였다는 것을 성경을 통해서 보게 된다(왕하 5:1).

4. 나병은 아니지만 나병과 매우 흡사한 것이 몸에 발생했다. 이 병은 사람을 괴롭고 매우 아프고 지긋지긋하게 불쾌하게 했지만 의식법상으로 부정한 것은 아니었다. 우리들의 몸이 천한 몸이라고 불리는 것은 당연하다. 우리의 몸 안에는 수많은 질병의 씨앗들이 깃들어 있고 이로 인해서 그렇게나 많은 사람들의 생명이 괴롭게 되기 때문이다.

5. 나병에 대한 판단은 제사장들에게 맡겨졌다. 나병은 하나님의 심판으로 소인(燒印)이 찍힌 것으로 여겨졌다. 그러므로 누가 나병환자이고, 누가 나병환자가 아닌지를 선언하는 것은 하나님의 종들인 제사장들에게 맡겨졌던 것이다. 제사장들은 하나님께서 징벌하여 치신 소인(燒印)을 가장 잘 알고 있으리라고 생각되었던 것이다. 모든 유대인들은 이렇게 말한다. "비록 흠이 있어서 성소의 일을 하지 못할지라도 어떠한 제사장도 자신의 눈에 흠이 있는 것이 아니기만 하면 나병을 판단했을 것이다. 그는 그 검사를 하는 데에 도와주는 일반인을 가질 수는 있었을지라도 오직 제사장만이 그 판결을 선언해야 했다."

6. 나병은 죄로 인해서 인간의 마음이 도덕적으로 오염된 것을 나타내는 상징이었다. 죄는 양심을 더럽게 하는 영혼의 나병이다. 그리스도만이 우리를 이 영혼의 나병에서 깨끗하게 하실 수 있다. 바로 이 면에서 그리스도의 은총의 권능이 율법의 제사장들의 권능을 무한히 능가하는 것이다. 제사장은 나병을 선언할 수 있을 뿐이지만(율법에 의해서 죄에 대한 지식을 얻기 때문이다) 그

리스도께서는 나병을 치유하실 수 있는 것이다. 그리스도께서는 죄를 용서해 주실 수 있는 것이다. **주여 원하시면 저를 깨끗하게 하실 수 있나이다**(마 8:2). 이것은 제사장들이 할 수 있는 그 이상의 일이었던 것이다. 어떤 사람들은 나병은 일반적인 죄를 나타내 주는 것이라기보다는 죄의 상태와 수치스러운 죄를 나타내는 것이라고 말한다. 죄로 인해서 하나님으로부터 인간이 분리되며(그들의 반점은 하나님의 자녀의 반점이 아니다) 수치스러운 죄로 인해서 신실한 사람들과의 교제가 차단되기 때문이다. 우리의 영적인 상태를 판단하는 것은 매우 중요한 일이지만 매우 어려운 일인 것이다. 우리는 우리 자신들의 상처와 오점을 인식하고 있기 때문에 우리 자신들이 나병환자가 아닌지 의심해 볼 충분한 이유가 있는 것이다. 그러나 중요한 것은 정결한 것인가 아니면 부정한 것인가 하는 것이다. 어떤 사람이 딱지를 가지고 있지만(6절) 아직은 정결할 수 있을 것이다. 고작해야 피부병을 가지고 있는 것이기 때문이다. 그러나 나병이라고 하는 것을 알 수 있는 분명한 표시가 있었듯이, 심한 고통 가운데 있다고 하는 것을 나타내주는 그러한 특성들이 있는 것이다. 사역자들이 감당해야 하는 일은 나병에 대한 판정을 선언하는 일이며, 자신들의 영적인 상태가 죄를 용서받은 것인지 아직 죄를 가지고 있는 것인지 모르는 상태 속에서 시련을 겪으며 자신들에 대해서 회의를 하고 있는 사람들을 도와주는 것이다. 그러므로 하늘나라의 열쇠가 그들에게 맡겨졌다고 하는 것이다. 그들은 존귀한 자들과 비천한 자들을 구분해야 하며, 누가 성찬에 참여할 수 있을 만큼 정하며, 누가 그러한 성찬에 참여가 금지될 정도로 부정한 것인지를 판단해야 하기 때문이다.

Ⅱ. 본문에는 제사장들이 자신들의 판단을 위해서 토대를 두어야 할 몇 가지 규칙들이 진술되어 있다.

1. 만약에 환부가 피부보다 우묵하지 않으면 그것은 나병이 아니라고 볼 수 있었다(4절). 그러나 환부가 피부보다 우묵해졌으면 그 사람은 부정하다고 선언해야만 했다(3절). 하나님의 은혜와 함께 있는 약함과 질병들은 영혼 깊숙이 침투하지 못하는 것이다. 그러한 질병 가운데 있다 하더라도 그 마음은 오히려 여전히 하나님의 법을 섬기며 속사람은 하나님의 법을 즐거워하는 것이다(롬 7:22, 25). 그러나 일이 보기보다는 정말로 더 악화되어 속사람까지 감염되었다면 위험스러운 것이다.

2. 만약에 환부가 변하지 않고 퍼지지 않았으면 나병은 아닌 것이다(4-5절). 그러나 환부가 넓게 퍼졌고 몇 번 검사를 한 뒤에도 계속해서 그렇다면 그것은 악성이다(7-8절). 만약에 사람들이 더욱 악해지지 않고 그들의 죄악의 길을 중단하고 그들이 부패하게 되는 것을 점검한다면 그들은 좀 더 좋아질 수 있다고 하는 희망을 가질 수 있는 것이다. 그러나 죄악이 자리를 잡아 매일 그들이 더 악해진다면 그들은 내리막길로 내려가고 있는 것이다.

3. 만약에 환부에 생살이 생기면 더 이상 기다릴 필요가 없었다. 그것은 틀림없는 나병이었다(10-11절). 인간이 자기기만 속에서 마음이 교만해지고 육체를 신뢰하고, 성령의 말씀과 역사하심의 견책을 거부하는 것보다 더 확실하게 인간의 영적인 악함을 보여주는 표시는 없는 것이다.

4. 무엇이든지 부스럼이 머리부터 발까지 전신에 퍼졌으면 그것은 나병이 아니다(12-13절). 그것은 몸의 각 기관들이 건전하며 왕성히 움직이고 있으며 무엇인가 좋지 못하고 해로운 것을 밖으로 내보내며 각 기관들 스스로가 돕고 있다고 하는 것을 보여주는 한 증거였기 때문이다. 밖으로 잘 드러났을 때 그것은 천연두일 가능성이 있는 것이다. 사람들도 자신들의 죄를 남김없이 고백하고 숨기지 않는다면 자신들의 죄를 숨기는 자들에 비해서 위험하지 않은 것이기 때문이다. 어떤 사람들은 이러한 사실로부터 위선보다는 불경건한 것이 오히려 더 희망이 있다고 생각한다. 세리(稅吏)들과 창녀들이 서기관들과 바리새인들보다 먼저 하늘나라에 들어갔던 것이다. 어떤 점에서 보면 감정의 폭발은 정말 나쁜 것이기는 하지만 은밀하게 숨긴 악의만큼 악한 것은 아니다. 어떤 사람들은 여기서 다음과 같은 교훈을 얻기도 한다. 즉, 만약에 우리가 우리 스스로를 판단한다면 우리는 판단을 받지 않을 것이며, 우리가 죄로 말미암아 우리 안에 온전한 데가 없으며 우리 몸에 성한 곳이 없다고 하는 것을 보고 고백하면 우리는 여호와의 목전에서 은총을 입게 될 것이라는 것을 알게 되는 것이다.

5. 제사장들은 판결을 내리는데 충분한 시간을 가져야만 하며 결코 서둘러서는 안 된다. 의심스러울 경우에 제사장은 환자를 7일 동안 가두어 두어야만 하며, 그래도 의심스러우면 7일을 다시 가두어 두어야만 한다. 그의 판결이 사실에 따라 이루어지게 하기 위함이다. 이것은 사역자들과 일반 사람들 모두에게 서둘러 판단과 비난을 해서는 안 되며 때가 되기 전에 무엇이든지 판단해서는 안 된다고 하는 것을 교훈해주는 것이다. 어떤 사람들의 죄는 밝히 드러나 먼

저 심판에 나아가고 어떤 사람들의 죄는 그 뒤를 따르나니 이와 같이 선행도 밝히 드러나고 그렇지 아니한 것도 숨길 수 없느니라. 그러므로 아무 일이나 경솔하게 이루어지지 않도록 하자(딤전 5: 22, 24-25).

6. 의심스러웠던 사람이 깨끗해진 것으로 판정된다 하더라도 그는 그의 옷을 빨아야만 했다(6절). 그는 의심을 받아왔고 그에게 의심받을 만한 이유가 있었기 때문이다. 방면된 죄인이라 할지라도 그의 무릎을 꿇어야만 하는 것이다. 우리들의 오점이 비록 나병의 색점은 아니라 할지라도 우리는 우리들의 오점들을 위해서 그리스도의 피로 씻김을 받아야만 할 필요가 있다. 비록 은총을 받아 큰 죄과에서 벗어나게 된 자들이라 할지라도, 나는 죄로부터 정결하노라라고 말할 수 있는 사람이 없기 때문이다.

18피부에 종기가 생겼다가 나았고 19그 종처에 흰 점이 돋거나 희고 불그스름한 색점
이 생겼으면 제사장에게 보일 것이요 20그는 진찰하여 피부보다 얕고 그 털이 희면
그를 부정하다 할지니 이는 종기로 된 나병의 환부임이니라 21그러나 제사장이 진
찰하여 거기 흰 털이 없고 피부보다 얕지 아니하고 빛이 엷으면 제사장은 그를 이
레 동안 가두어둘 것이며 22그 병이 크게 피부에 퍼졌으면 제사장은 그를 부정하다
할지니 이는 환부임이니라 23그러나 그 색점이 여전하고 퍼지지 아니하였으면 이는
종기 흔적이니 제사장은 그를 정하다 할지니라 24피부가 불에 데었는데 그 덴 곳에
불그스름하고 희거나 순전히 흰 색점이 생기면 25제사장은 진찰할지니 그 색점의
털이 희고 그 자리가 피부보다 우묵하면 이는 화상에서 생긴 나병인즉 제사장이
그를 부정하다 할 것은 나병의 환부가 됨이니라 26그러나 제사장이 보기에 그 색점
에 흰 털이 없으며 그 자리가 피부보다 얕지 아니하고 빛이 엷으면 그는 그를 이레
동안 가두어둘 것이며 27이레 만에 제사장이 그를 진찰할지니 만일 병이 크게 피부
에 퍼졌으면 그가 그를 부정하다 할 것은 나병의 환부임이니라 28만일 색점이 여전
하여 피부에 퍼지지 아니하고 빛이 엷으면 화상으로 부은 것이니 제사장이 그를
정하다 할 것은 이는 화상의 흔적임이니라 29남자나 여자의 머리에나 수염에 환부
가 있으면 30제사장은 진찰할지니 환부가 피부보다 우묵하고 그 자리에 누르스름하
고 가는 털이 있으면 그가 그를 부정하다 할 것은 이는 옴이니라 머리에나 수염에
발생한 나병임이니라 31만일 제사장이 보기에 그 옴의 환부가 피부보다 우묵하지
아니하고 그 자리에 검은 털이 없으면 제사장은 그 옴 환자를 이레 동안 가두어둘

것이며 32이레 만에 제사장은 그 환부를 진찰할지니 그 옴이 퍼지지 아니하고 그 자
리에 누르스름한 털이 없고 피부보다 우묵하지 아니하면 33그는 모발을 밀되 환부
는 밀지 말 것이요 제사장은 옴 환자를 또 이레 동안 가두어둘 것이며 34이레 만에
제사장은 그 옴을 또 진찰할지니 그 옴이 피부에 퍼지지 아니하고 피부보다 우묵
하지 아니하면 그는 그를 정하다 할 것이요 그는 자기의 옷을 빨아서 정하게 되려
니와 35깨끗한 후에라도 옴이 크게 피부에 퍼지면 36제사장은 그를 진찰할지니 과연
옴이 피부에 퍼졌으면 누른 털을 찾을 것 없이 그는 부정하니라 37그러나 제사장이
보기에 옴이 여전하고 그 자리에 검은 털이 났으면 그 옴은 나았고 그 사람은 정하
니 제사장은 그를 정하다 할지니라

본문에서 제사장은 다음과 같은 나병에 관련된 어떠한 징조가 있을 경우에 그에 대한 판정을 내리게 되는 지침을 받고 있다. 1. 상처가 나은 오래된 종기의 경우(18절 이하). 이미 치료된 듯이 보이는 오래된 상처가 다시 재발했을 때 그 상처에 나병이 있지는 않은지 살펴보아야만 한다. 세상의 오염에서 벗어난 자들은 다시금 그 오염에 얽매이고 정복될 그러한 위험이 있는 것이다. 2. 또는 우연히 화상을 입었을 경우. 이 경우에도 나병이 걸릴 수 있을 듯이 보이기 때문이다(24절 이하). 다툼과 경쟁의 불꽃은 종종 죄악을 유발시키는 원인이 되며 이 죄악은 사람들이 부정하다고 하는 것을 그들의 얼굴에 증거해주는 것이다. 3. 머리에 옴이 있을 경우. 이렇게 일반적으로 매우 작은 일들에조차도 판결이 이루어졌다. 옴이 있는 부분의 머리카락이 검으면 그것은 아무 이상이 없다고 하는 표시이다. 만약 머리카락이 누렇다고 한다면 그것은 나병의 표시인 것이다(30-37절). 이러한 경우들의 다른 규칙들은 앞에서 언급한 규칙들과 같은 것이다. 이러한 다양한 질병들에 관해서 읽으면서 우리는 다음과 같은 일들을 하는 것이 유익할 것이다. 1. 우리는 인생의 비참한 상태를 슬퍼하는 것이 유익할 것이다. 이러한 인생의 비참한 상태는 여러 가지 수많은 슬픔을 주고 있다. 질병의 군단들이 우리를 사면에서 에워싸고 있는 것이다! 그 모든 질병은 죄로 인해서 우리들에게 들어온 것이다. 2. 하나님께서 우리를 이러한 질병들을 통해서 결코 괴로워하지 않도록 해주셨다면 우리는 그 하나님께 마땅히 감사해야 하는 것이다. 몸의 각 기관이 건강하고 몸이 생기 있고 평안하다면 우리는 우리의 몸으로 하나님을 영화롭게 해야만 하는 것이다.

38남자나 여자의 피부에 색점 곧 흰 색점이 있으면 39제사장은 진찰할지니 그 피부의
색점이 부유스름하면 이는 피부에 발생한 어루러기라 그는 정하니라 40누구든지 그
머리털이 빠지면 그는 대머리니 정하고 41앞머리가 빠져도 그는 이마 대머리니 정
하니라 42그러나 대머리나 이마 대머리에 희고 불그스름한 색점이 있으면 이는 나
병이 대머리에나 이마 대머리에 발생함이라 43제사장은 그를 진찰할지니 그 대머리
에나 이마 대머리에 돋은 색점이 희고 불그스름하여 피부에 발생한 나병과 같으면
44이는 나병 환자라 부정하니 제사장이 그를 확실히 부정하다고 할 것은 그 환부가
그 머리에 있음이니라 45나병 환자는 옷을 찢고 머리를 풀며 윗입술을 가리고 외치
기를 부정하다 부정하다 할 것이요 46병 있는 날 동안은 늘 부정할 것이라 그가 부
정한즉 혼자 살되 진영 밖에서 살지니라

우리는 본문에서 다음과 같은 내용들을 볼 수 있다.

I. 어루러기(주근깨)나 대머리를 나병으로 오해해서는 안 된다고 하는 규정들(38-41절). 모든 기형이 곧 의식법상으로 부정한 것이라고 여겨져서는 안 된다. 엘리사는 자신이 대머리라고 하는 사실로 인해서 조롱을 받았다(왕하 2:23). 그러나 하나님의 심판을 알지 못했던 것은 그 아이들이었다. 하나님께서는 그 조롱을 하나님 자신에 대한 비난으로 여기셨던 것이다.

II. 언제든지 나병이 대머리에 발생하면 그 나병환자에게 특별한 낙인이 찍힌다. 그를 확실히 부정하다고 할 것은 그 환부가 그 머리에 있음이니라(44절). 만약에 죄의 나병이 머리를 사로잡고 있는데 판결이 잘못되면, 사람들은 악한 습관들을 조장하고 지지하는 사악한 윤리를 신봉하게 된다. 이것은 전적으로 부정한 것이다. 이러한 전적인 부정함으로부터 깨끗한 사람은 거의 없는 것이다. 신앙으로 굳건히 서는 것은 머리에 나병이 걸리지 않게 해주고 양심이 파선되는 것을 지켜주게 되는 것이다.

III. 나병환자로 판정을 받은 자가 지켜야만 하는 지침들. 제사장이 심사숙고한 뒤에 부정하다고 엄숙하게 선언하게 되면, 그 부정하다고 하는 판정을 받은 자는 다음과 같은 일들을 해야만 한다.

1. 제사장으로부터 부정하다고 하는 판결을 받은 자는 자신이 부정하다고 하는 것을 스스로 선언해야만 한다(45절). 그는 애곡하는 자의 태도로 부정하다 부정하다라고 외쳐야만 한다. 나병 자체는 죄는 아니었다. 그러나 나병은 하

나님의 진노를 받았다고 하는 서글픈 증거였으며 그러한 진노 아래 있다고 하는 것은 그에게 아픈 고통이었던 것이다. 나병은 그 병에 걸린 자의 이름에 대한 비난이었고, 이 세상에서 그의 모든 일을 중단하도록 만들었으며, 그의 친구들과 친척들과의 대화를 중단하도록 만들었으며, 그가 성소에 출입하지 못하도록 만들었다. 사실상 나병은 나병에 걸린 환자가 이 세상에서 얻을 수 있는 모든 위안을 파괴하는 것이었다. 아마도 헤만(Heman)은 나병환자였던지 아니면 나병환자의 우울한 상태에 대해서 말을 하고 있던 것 같다(시 88:8 이하). 그러므로 (1) 제사장으로부터 부정하다고 하는 판결을 받은 자는 전능하신 하나님의 손길 아래 스스로 겸비해야만 하는 것이다. 그는 제사장이 그를 부정하다고 선언했을 때 자신이 깨끗하다고 주장해서는 안 되며 하나님을 의롭게 여겨야 하고 그의 죄악에 대한 징벌을 달게 받아들여야만 하는 것이다. 이러한 수납의 태도를 그는 옷을 찢고 머리를 풀고 윗입술을 가리고 나타내야만 하는 것이다. 이러한 행동은 모든 수치와 얼굴의 당혹감, 그리고 자기 증오와 자기 비하의 표시였던 것이다. 이러한 마음들이 그 환자의 마음에 가득해야만 하는 것이다. 이러한 모든 언어는 자기비판적인 것이다. 이와 마찬가지로 우리들은 우리에게 있는 수치를 스스로 받아들여야만 하고 찢어진 마음을 가지고 우리 자신의 이름을 부르며 부정하다! 부정하다!라고 외쳐야만 하는 것이다. 우리는 마음이 부정하고 삶이 부정하고 원죄에 의해서 부정하고 실제적인 죄과로 인해서 부정하다. 그러므로 우리는 하나님과 나누는 교제와 그분 안에 있는 모든 희망에서 영원히 배제됨이 마땅한 것이다. 무릇 우리는 다 부정한 자이다(사 64:6). 그러므로 무한하신 자비가 중재하지 않으시면 우리는 파멸할 수밖에 없는 것이다. (2) 제사장으로부터 부정하다고 하는 판결을 받은 자는 그에게 가까이 다가오는 자에게 주의를 주어야만 한다. 그는 어디를 가든지 어느 정도 떨어진 곳에 있는 사람에게 "나는 부정합니다 부정합니다 내게 접근하지 마십시오!"라고 외쳐야만 하는 것이다. 나병의 감염이 아니라 나병환자의 접촉으로 인해서 의식법상으로 부정함이 접촉으로 전염되기 때문이다. 그러므로 모든 사람들이 그것을 피하려고 주의를 기울였던 것이며, 나병환자 자신도 그 위험에 대한 경고를 주어야만 했던 것이다. 이것은 율법이 할 수 있었던 모든 것이었다. 육체를 통한 연약함이 그 안에 깃들어 있는 것이다. 율법은 나병환자에게 부정하다 부정하다라고 외치도록 했다. 그러나 복음은 나병환자들의 입에 다른 외침을 넣어 주었다(눅 17:12-13). 누가복음에서 우리는 큰 소리로 예수 선생님이여 우리를 불쌍히 여기소서라고 외치는 열 명의 나병환자들을 발견하게 된다. 율법은 우리들에게 우리의 질병을 보여줄 뿐이다. 그러나 복음은 우리들에게 그리스도 안에 있는 우리의 구원의 손길을 보여준다.

2. 그런 뒤에 제사장으로부터 부정하다고 하는 판결을 받은 자는 진 밖으로 쫓겨나야만 했다. 나중에 이스라엘 백성들이 가나안에 이르렀을 때는 그가 살고 있는 도시나 성읍 혹은 마을 밖으로 쫓겨나서 자신과 같이 나병에 걸린 사람 외에는 아무도 접촉하지 못하고 혼자 살아야만 했던 것이다(46절). 웃시야 왕이 나병환자가 되었을 때 그도 궁전에서 물러나 별궁에서 살아야만 했다(대하 26:21). 왕하 7:3을 보라. 이것은 회개하기를 싫어하는 수치스러운 죄인들을 엄숙한 권위를 가지고 성도의 교제에서 출교시킴으로써 복음 교회 안에 유지해야만 하는 순결함을 상징해주는 것이다. 이 악한 사람은 너희 중에서 내쫓으라(고전 5:13).

47만일 의복에 나병 색점이 발생하여 털옷에나 베옷에나 48베나 털의 날에나 씨에나
혹 가죽에나 가죽으로 만든 모든 것에 있으되 49그 의복에나 가죽에나 그 날에나 씨
에나 가죽으로 만든 모든 것에 병색이 푸르거나 붉으면 이는 나병의 색점이라 제
사장에게 보일 것이요 50제사장은 그 색점을 진찰하고 그것을 이레 동안 간직하였
다가 51이레 만에 그 색점을 살필지니 그 색점이 그 의복의 날에나 씨에나 가죽에나
가죽으로 만든 것에 퍼졌으면 이는 악성 나병이라 그것이 부정하므로 52그는 그 색
점 있는 의복이나 털이나 베의 날이나 씨나 모든 가죽으로 만든 것을 불사를지니
이는 악성 나병인즉 그것을 불사를지니라 53그러나 제사장이 보기에 그 색점이 그
의복의 날에나 씨에나 모든 가죽으로 만든 것에 퍼지지 아니하였으면 54제사장은
명령하여 그 색점 있는 것을 빨게 하고 또 이레 동안 간직하였다가 55그 빤 곳을 볼
지니 그 색점의 빛이 변하지 아니하고 그 색점이 퍼지지 아니하였으면 부정하니
너는 그것을 불사르라 이는 거죽에 있든지 속에 있든지 악성 나병이니라 56빤 후에
제사장이 보기에 그 색점이 엷으면 그 의복에서나 가죽에서나 그 날에서나 씨에서
나 그 색점을 찢어 버릴 것이요 57그 의복의 날에나 씨에나 가죽으로 만든 모든 것
에 색점이 여전히 보이면 재발하는 것이니 너는 그 색점 있는 것을 불사를지니라 58
네가 빤 의복의 날에나 씨에나 가죽으로 만든 모든 것에 그 색점이 벗겨졌으면 그

것을 다시 빨아야 정하리라 [59]이는 털옷에나 베옷에나 그 날에나 씨에나 가죽으로 만든 모든 것에 발생한 나병 색점의 정하고 부정한 것을 진단하는 규례니라

이것은 베나 모로 만든 옷에 생긴 나병에 관한 율법이다. 옷에 생긴 나병은 분별할 수 있는 표시들이 있는데 나병에 의해서 색깔이 변하거나 옷이 벌레가 먹은 것같이 무늬가 생기거나 보풀이 낡아 없어지게 만든다. 옷의 어떤 특정한 부분에 있는 이러한 증세는 보관해 두면 그 부분이 커질 것이고 빨아도 빠지지 않는 것이다. 이러한 모든 것은 오늘날 우리들에게는 설명될 수 없는 이해할 수 없는 것들이다. 학자들은 이것은 이스라엘에서 있었던 어떤 개인이나 가족에게 하나님께서 크게 진노하신 표시로서 그분의 권능에 의해서 내려진 특별한 징벌에 대한 표시이며 이적이었다고 생각한다.

1. 그 처리 과정은 나병환자의 경우와 매우 비슷하다. 감염이 된 것으로 여겨지는 의심스러운 옷은 즉시 불태워져서는 안 되었다. 즉시 불태워진다고 할지라도 별로 큰 손실은 없었을 것이다. 어떠한 경우라도 단순한 추측으로 판결이 내려져서는 안 되었기 때문에 제사장에게 그 옷을 보여야만 했던 것이다. 조사해보고 나병의 색점이 발견된다면(유대인들은 그 색점이 콩보다 크지 않았다고 말한다), 그 옷은 불태워져야만 했고 최소한 그 색점이 있는 옷의 부분은 불태워야만 했던 것이다(52, 57절). 만약에 의심스러운 징후가 사라지면 옷을 빨아야만 했다. 그런 다음에는 그 옷을 다시 사용할 수도 있었다(58절).

2. 그 의미도 또한 매우 비슷하다. 죄에는 커다란 악이 있음을 나타내주기 위한 것이다. 죄는 죄인의 양심을 더럽게 할 뿐만 아니라 그의 모든 사업과 그가 누리는 기쁨, 그리고 그가 가지고 있는 모든 소유물과 그가 행하는 모든 것에 오점을 가져와 남기는 것이다. 더럽고 믿지 아니하는 자들에게는 아무것도 깨끗한 것이 없다(딛 1:15). 이것을 통해서 우리는 육체로 더럽힌 옷까지도 미워하라고 하는 것을 교훈 받는 것이다(유 1:23). 자신들의 옷을 자신들의 교만과 탐욕의 종으로 삼는 자들은 그 옷이 나병에 감염되며 불태워지는 것을 보게 될 수도 있는 것이다(사 3:18-24). 그러나 속사람의 마음을 단장하는 단장물들은 썩지 않을 것이다(벧전 3:4). 의의 옷은 해어지거나 좀이 슬지 않는 것이다.

제 14 장

개요

이전 장은 제사장들에게 의식법상으로 부정한 나병을 판정하는 방법에 대해서 알려주었다. 나병환자의 치료에 대한 처방은 어떠한 것도 주어지지는 않았다. 그러나 본 장은 하나님께서 나병환자를 치료해 주셨을 때 제사장들이 그를 정결케 하는 방법을 말해주고 있다. 본 장에 있는 구제책은 단지 나병환자의 질병에 대한 의식법상으로 관련된 부분에만 적용되는 것이다. 그러나 그리스도께서 자신의 사역자들에게 주신 권세는 나병환자들을 근본적으로 치료하는 것이며 그들을 정결케 하는 것이다. 우리는 본 장에서 다음과 같은 내용들을 대하게 된다. I. 깨끗하게 된 나병환자에 대한 엄숙한 선언과 그에 따르는 의미 있는 예식들(1-9절). II. 여덟 번째 되는 날에 하나님께 드려야 되는 희생제물들(10-32절). III. 나병의 징조가 보이는 집을 관리하는 방법(33-53절). 그리고 이러한 모든 사항들에 대한 전체적인 결론과 요약이 있다(54절 이하).

1여호와께서 모세에게 말씀하여 이르시되 2나병 환자가 정결하게 되는 날의 규례는
이러하니 곧 그 사람을 제사장에게로 데려갈 것이요 3제사장은 진영에서 나가 진찰
할지니 그 환자에게 있던 나병 환부가 나았으면 4제사장은 그 정결함을 받을 자를
위하여 명령하여 살아 있는 정결한 새 두 마리와 백향목과 홍색 실과 우슬초를 가
져오게 하고 5제사장은 또 명령하여 그 새 하나는 흐르는 물 위 질그릇 안에서 잡게
하고 6다른 새는 산 채로 가져다가 백향목과 홍색 실과 우슬초와 함께 가져다가 흐
르는 물 위에서 잡은 새의 피를 찍어 7나병에서 정결함을 받을 자에게 일곱 번 뿌려
정하다 하고 그 살아 있는 새는 들에 놓을지며 8정결함을 받는 자는 그의 옷을 빨고
모든 털을 밀고 물로 몸을 씻을 것이라 그리하면 정하리니 그 후에 진영에 들어올
것이나 자기 장막 밖에 이레를 머물 것이요 9일곱째 날에 그는 모든 털을 밀되 머리
털과 수염과 눈썹을 다 밀고 그의 옷을 빨고 몸을 물에 씻을 것이라 그리하면 정하
리라

본문에는 다음과 같은 내용들이 있다.

I. 나병은 치료할 수 없는 질병은 아니었던 것으로 생각된다. 웃시야의 나병은 그가 죽을 때까지 지속되었고 게하시의 나병은 그의 자손에 이르기까지 계속되었다. 그러나 미리암의 나병은 단지 7일 동안만 계속되었다. 우리는 나병은 종종 시간이 지남에 따라 치료될 수 있었던 것으로 생각할 수 있다. 하나님께서는 오랫동안 다투시나 영원히 다투지는 아니하실 것이다.

II. 제사장은 병에 대한 판결뿐만 아니라 치료에 대한 판결도 해야만 했다. 제사장은 나병환자의 병이 치료되었는지를 알아보기 위해 진 밖에 있는 나병환자에게 가야만 했다(3절). 제사장들은 다른 사람들과는 달리 나병환자에게 가까이 다가가는 것으로 인해서 의식법상의 부정함에 감염되지는 않았다고 생각할 수 있다. 제사장들이 특별히 나병환자들에게 나아가도록 하는 명령을 받은 것은 불쌍한 나병환자들에게는 하나의 자비였던 것이다. 제사장의 입술은 아는 사실을 퍼뜨리지 말고 지식을 지켜야 했기 때문이다. 그리고 고통 가운데 있는 사람들은 자신들의 고통을 견디는 방법과 그 고통들로 인해서 은혜를 얻는 법을 배울 필요가 있으며, 징계와 더불어 그들을 회개시킬 말씀이 필요한 것이다. 그러므로 병든 자들에게 만군의 여호와의 사자들이 있고 그 해석자들이 하나님의 정당하심을 그들에게 보인다면(욥 33:23) 그들에게 매우 다행스러운 것이다. 나병환자가 격리되어 제사장들에게 갈 수 없을 때 제사장들이 그에게 갈 수 있었다고 하는 것은 매우 다행스러운 일이었다. 누가 병든 자가 있느냐? 그는 교회의 장로들 곧 교역자들을 청할 것이요(약 5:14). 우리가 이러한 사실을 죄의 영적인 나병에 적용을 한다면 다음과 같은 의미를 나타내는 것으로 볼 수 있다. 즉, 우리가 무법으로 행하는 자들을 떠나 그들이 부끄러움을 느끼도록 할 때 우리는 그들을 원수와 같이 여겨서는 안 되며 그들을 형제들로서 권면해야만 하는 것이다(살후 3:15). 또한 하나님께서 은총을 베푸셔서 불명예로 인해서 성도의 교제가 차단된 자들을 회개하도록 하셨다면, 그들은 친절과 기쁨과 신실한 사랑으로 다시금 받아들여져야만 하는 것이다. 마찬가지로 바울은 출교당한 고린도인에 대해서 다음과 같이 명한다. 그가 자신이 회개한 증거를 보이면 그를 용서해야만 하고 위로해야만 하며, 그에 대한 그들의 사랑을 확증해야만 한다(고후 2:7-8)고 명하고 있는 것이다. 그리고 우리 주님께서는 교역자들에게 맬 수 있을 뿐만 아니라 풀 수도 있는 선포의 권세를 주셨다. 이러한 두 가지의 권능은 매우 조심스럽게, 심사숙고하고, 공평하게, 사람의 외모를 고려하지 않고, 하나님의 인도하심을 진지하게 간구하며, 그리스도의 몸을 교화시킨다고 하는 신실함으로, 너무 지나친 자비로 인해서 죄인들이 자만해지지 않도록, 가혹함이 지나쳐서 회개하는 사람들이 낙심하지 않도록 신중하게 사용해야만 한다. 이러한 문제를 지도할 때에는 지혜와 성실함이 매우 유용하게 필요한 것이다.

Ⅲ. 만약에 나병이 치료된 것이 밝혀지면 제사장은 그 사실을 특별한 의식을 통해서 선포해야만 한다. 나병환자와 그의 친구들은 이 선포식을 위해서 잡은 두 마리의 새(어떤 종류이든 정결한 들새들)와 백향목과 홍색실과 우슬초를 준비해야만 했다. 이 모든 것들은 이 예식에 사용될 것들이었다.

1. 준비해야 하는 것들은 바로 나병환자에게 뿌려져야만 하는 피와 물이었다. 새들 중에 한 마리(만약에 두 마리의 새의 크기에 차이가 있다면 두 마리 중에서 좀 더 크고 나은 것으로 드려져야만 했다고 유대인들은 말한다)는 깨끗한 물을 담은 질그릇 위에서 잡아야만 했다. 그러면 새의 피가 물의 색을 변하게 했을 것이다. 이것은 (다른 상징들과 마찬가지로) 그리스도께서 창으로 찔린 옆구리에서 물과 피가 나왔다(요 19:34)고 했을 때 바로 그 그리스도의 죽음 안에서 온전히 성취되었다. 마찬가지로 그리스도께서는 영혼을 치료하시고 깨끗하게 하시려고 오시되 물로만이 아니라 물과 피로써 깨끗게 하시려고 오신 것이다(요일 5:6).

2. 살아 있는 새는 우슬초 한 다발과 함께 백향목 나무에 홍색 털실로 단단히 묶어야만 했다. 그리고 그것을 물과 피에 담가서 정결함을 받아야만 하는 사람에게 뿌려야만 했다(6-7절). 백향목은 나병환자가 그의 건강이 온전히 회복되었음을 상징해주는 것이었다. 백향목은 쉽게 썩지 않는 단단한 종류의 나무였기 때문이다. 홍색 실은 나병환자의 혈색이 다시금 회복되는 것을 상징해주는 것이었다. 나병은 나병환자를 눈과 같이 희게 만들었기 때문이다. 그리고 우슬초는 나병환자에게서 일반적으로 나는 불쾌한 냄새를 제거해주는 것을 암시해주는 것이었다. 가장 품위 있는 백향목과 가장 초라한 우슬초가 본문에서 이 사역을 위해서 함께 사용된 것이다(왕상 4:33을 보라). 교회에서 가장 뛰어나고 높은 계층에 있는 사람들뿐만 아니라 가장 낮은 계층에 있는 사람들도 각각 그들의 위치에서 쓰임을 받을 수 있기 때문이다(고전 12:2). 어떤 사람들은

죽임당한 새는 우리의 죄를 위해 죽으신 그리스도를 상징하며, 살아 있는 새는 우리의 의를 위하여 다시 살아나신 그리스도를 상징하는 것으로 말한다. 살아 있는 새를 죽임당한 새의 피에 담그는 것은 그리스도의 죽으심의 공로는 그분의 부활하심이 우리의 의가 되도록 효험을 준 것이라고 하는 것을 말해주는 것이다. 그리스도께서는 자신의 피를 친히 성소로 가지고 들어가셔서 그 곳에서 죽임당한 것과 같은 어린 양으로 나타나셨다. 백향목과 홍색 실, 그리고 우슬초는 모두 피에 담겨져야만 했다. 말씀과 규례들과 성령의 모든 역사들은 우리를 깨끗하게 하는 효력을 그리스도의 피로부터 받는 것이기 때문이다. 나병환자에게 7번 뿌렸다고 하는 것은 나를 말갛게 씻으소서!(시 51:2)라고 기도한 다윗을 암암리에 가리키는 것으로서 완전하게 성결케 됨을 나타내주는 것이다. 나아만도 7번 씻으라고 하는 지시를 받았다(왕하 5:10).

3. 그런 뒤에 살아 있는 새는 들판에 놓아주어야만 했다. 이것은 나병환자는 이제 깨끗함을 받았기 때문에 더 이상 규제와 감금 아래 있지 않는 것이며 그가 원하는 곳으로 갈 자유를 가졌다고 하는 것을 상징해주는 것이었다. 그러나 새가 하늘을 향해서 날아갔다고 하는 것으로 상징해주는 것은 이제 후로는 그가 위에 있는 것을 찾아야 하는 것을 나타내주는 것이다. 하나님께서 그에게 회복시켜주신 이 새로운 삶은 단순히 땅에 있는 것을 좇는데 사용해서는 안 된다고 하는 의미를 주는 것이다. 이것은 또한 은총으로 말미암아 악한 양심으로부터 구해지도록 피뿌림을 받고 하나님 앞에 나아간 하나님의 자녀들의 영광스러운 자유를 상징해주는 것이었다. 전에는 진토 속에 파묻혀서(시 44:25) 슬픔과 두려움 속에 있었던 자들이 이제는 열린 창공을 날며 믿음과 소망 그리고 거룩한 사랑과 기쁨의 날개를 가지고 높이 치솟아 오를 수 있게 된 것이다.

4. 이 모든 절차를 마친 뒤에 제사장은 그 나병환자가 깨끗해졌다고 선포해야만 했다. 이것은 엄숙한 의식을 가지고 거행되어야만 했다. 나병환자 자신이 그의 회복됨에 있어서 그에 대한 하나님의 긍휼하심에 더욱더 크게 감명을 받도록 하기 위함이었으며, 다른 사람들도 그 나병환자와 마음 놓고 대화를 할 수 있도록 하기 위함이었다. 그리스도께서는 아버지께서 모든 심판을, 특별히 나병에 대한 심판을 위임하신 우리의 제사장이시다. 회개하지 않은 죄인들은 그분의 결정적인 심판을 통해서 거룩한 도성 밖으로 쫓겨나 부정한 자의 몫을 영원한 몫으로 받게 될 것이다(욥 36:14). 그리고 그분의 은혜로 인해서 치유

되고 깨끗하게 된 자들은 모두 성도들의 진에 받아들여질 것이다. 어떤 것이든 부정한 것은 성도들의 진에 들어가지 못할 것이다. 그리스도께서 정결하다고 선언하는 자들은 정말로 깨끗한 것이다. 그들은 사람들이 그들에 대해서 무엇이라고 이야기하는가에 귀를 기울일 필요가 없는 것이다. 그러나 그리스도께서 의를 위하여 이 율법의 마침이 되셨을지라도 육체로 계시는 동안에는 율법 아래 계셨기 때문에 그분께서 기적 가운데 치료해주신 나병환자들에게 제사장들에게 가서 보이고 율법에 따라서 그들이 정결케 됨에 대한 예물을 드리라고 명하셨던 것이다(마 8:4; 눅 17:14). 모형은 그 원형이 나타날 때까지 보존되어야만 하는 것이다.

5. 나병환자는 깨끗해졌다고 하는 선언을 들었을 때 그의 몸과 그의 옷을 빨아야만 했고 그의 모든 털을 밀고(8절) 진 밖에서 7일 동안 머물러야만 했고 7일째 되는 날에 다시 그와 같은 일을 하라고 했다(9절). 제사장이 나병환자를 병에서 정결케 되었다고 선언했기 때문에, 그는 스스로 그 병의 나머지 모든 것으로부터 자신이 깨끗하게 할 수 있는 대로 깨끗하게 해야만 했고 다른 모든 부정함으로부터도 깨끗하게 해야만 했던 것이다. 그는 이 모든 것을 하기 위한 시간을 가져야만 했던 것이다. 이와 마찬가지로 그리스도의 피가 자신들의 양심에 뿌려져 죄로부터 속함 받은 위로를 가진 자들은 최선의 관심과 주의를 기울여 육과 영의 온갖 더러운 것에서 자신을 깨끗하게 하고 철저하게 옛 죄악들을 버려야만 하는 것이다. 그분 안에서 이 소망을 가진 자마다 자기를 깨끗하게 하는데 관심을 가지게 되기 때문이다.

[10]여덟째 날에 그는 흠 없는 어린 숫양 두 마리와 일 년 된 흠 없는 어린 암양 한 마
리와 또 고운 가루 십분의 삼 에바에 기름 섞은 소제물과 기름 한 록을 취할 것이
요 [11]정결하게 하는 제사장은 정결함을 받을 자와 그 물건들을 회막 문 여호와 앞에
두고 [12]어린 숫양 한 마리를 가져다가 기름 한 록과 아울러 속건제로 드리되 여호와
앞에 흔들어 요제를 삼고 [13]그 어린 숫양은 거룩한 장소 곧 속죄제와 번제물 잡는
곳에서 잡을 것이며 속건제물은 속죄제물과 마찬가지로 제사장에게 돌릴지니 이
는 지극히 거룩한 것이니라 [14]제사장은 그 속건제물의 피를 취하여 정결함을 받을
자의 오른쪽 귓부리와 오른쪽 엄지 손가락과 오른쪽 엄지 발가락에 바를 것이요 [15]
제사장은 또 그 한 록의 기름을 취하여 자기 왼쪽 손바닥에 따르고 [16]오른쪽 손가락

으로 왼쪽 손의 기름을 찍어 그 손가락으로 그것을 여호와 앞에 일곱 번 뿌릴 것이요 [17]손에 남은 기름은 제사장이 정결함을 받을 자의 오른쪽 귓부리와 오른쪽 엄지 손가락과 오른쪽 엄지 발가락 곧 속건제물의 피 위에 바를 것이며 [18]아직도 그 손에 남은 기름은 제사장이 그 정결함을 받는 자의 머리에 바르고 제사장은 여호와 앞에서 그를 위하여 속죄하고 [19]또 제사장은 속죄제를 드려 그 부정함으로 말미암아 정결함을 받을 자를 위하여 속죄하고 그 후에 번제물을 잡을 것이요 [20]제사장은 그 번제와 소제를 제단에 드려 그를 위하여 속죄할 것이라 그리하면 그가 정결하리라

I. **나병환자의 정결케 됨을 완결하기 위해서 진 밖에서 행해진 이전의 엄숙한 예식 후 8일째 되는 날에 그는 자신의 집으로 돌아가기 전에 회막 문으로 가야만 했고, 그 곳에서 예물과 함께 자신을 여호와께 드려야만 했다**(11절). 본문에서는 다음과 같은 내용들을 관찰할 수 있다.

1. 하나님의 자비는 우리들로 하여금 우리 자신들을 그분에게 드리도록 만든다(롬 12:1).

2. 하나님께서 질병이나 신분상의 차이나 다른 여러 가지 이유들로 인해서 규례들에 참여하는 것을 제한하셨다가 우리들에게 다시금 그 참여의 자유를 회복하셨을 때에, 먼저 우리는 하나님께 우리의 경외심과 그분의 성소에 대한 우리의 애정을 입증할 기회를 가져야만 하는 것이다. 우리에게 회복된 자유를 부지런히 선용함으로써 그렇게 할 수 있는 것이다. 그리스도께서 병들어 무기력한 자를 치료해주시고 난 뒤에 곧 그를 성전에서 만나실 수 있었다(요 5:14). 히스기야가 내가 여호와의 집에 올라갈 표지가 무엇입니까?라고 물었을 때 그는 내가 회복될 표지가 무엇입니까?라고 물었던 것이다. 이것은 하나님께서 그를 건강하게 회복시켜 주신다면, 그래서 그가 자유로이 밖으로 다닐 수 있게 된다면, 그는 여호와의 집을 제일 먼저 올라가고 싶다고 하는 것을 의미하는 것이었다.

3. 우리가 우리 자신을 여호와 앞에 드릴 때 우리는 우리 자신과 더불어 우리가 가진 모든 것과 우리가 할 수 있는 모든 것을 바치면서 우리의 예물을 드려야만 한다.

4. 우리와 우리의 예물들은 우리를 깨끗하게 한 제사장, 즉 우리 주 예수님에 의해서 여호와 앞에 드려져야만 한다. 그렇지 않으면 우리도 우리의 제물들

도 열납될 수 없게 되는 것이다.

Ⅱ. 깨끗함을 받은 나병환자는 소제물과 약 반 파인트 정도 되는 기름 한 록(0.3 리터)과 더불어 양 세 마리를 가져와야만 했다.

1. 이 경우와 관련해서 가장 특이한 예식은 제일 먼저 드려진 양인 속건제물에 관한 것이었다(12절). 속건제물을 드리는 일반적인 의식들 이외에도 그 피의 얼마를 깨끗해짐을 받아야 할 나병환자의 귀와 엄지 손가락과 엄지 발가락에 묻혀야만 했다(14절). 매우 비슷한 예식이 제사장의 위임식에서도 사용되었다(레 8:23-24). 제사장들은 나병환자를 위한 정결 예식이 바로 자신들을 위한 정결 예식과 동일한 것이라고 하는 것을 보는 것은 매우 굴욕적인 일이었을 것이다. 유대인들은 다음과 같이 말한다. 나병환자들은 회막 문 밖에 서 있었고 제사장은 회막 문 안에 서 있었다. 그리고 의식은 문을 통해서 이루어졌다. 이것은 이제 그 나병환자는 다른 이스라엘 백성들과 같이 다시 여호와의 집 뜰에 출입하는 것이 허락되었다고 하는 것과, 이전과 같이 환영받았다고 하는 것을 나타내주는 것이었다. 그는 나병환자였었고 아마도 그가 사는 동안 그 이름이 그를 따라 다녔을 것이다(우리는 아마도 우리 주 예수께서 치료해주셨던 사람이 여전히 나병환자 시므온이라고 불리는 것을 읽어볼 수 있다 [마 26:6]). 그러나 그는 하나님과 사람과 이전과 같이 자유롭게 교제하는 것이 허락된 것이었다. 제사장의 손가락으로 제물의 피를 찍어 몸의 전체를 포괄하고 있는 몸의 끝부분에 발랐다. 그런 뒤에 그가 가지고 온 기름을 번저는 흔들어 바치고 난 다음에 여호와 앞에 뿌리고, 동일한 방법으로 피를 발랐던 동일한 부분에 발랐다. (박식한 주교 패트릭[Patrick]은 말한다) "피는 용서함의 표시였고 기름은 고쳐주심의 표시였던 것 같다." 하나님께서는 먼저 우리의 죄악을 용서해주신 다음에 우리의 질병을 고쳐주시기 때문이다(시 103:3). 사 38:17을 보라. 그리스도의 피가 의를 위해 뿌려지는 곳마다 성령의 기름이 성결하게 됨을 위해 발라지는 것이다. 이 두 가지는 나뉠 수 없으며 우리가 하나님께 열납되기 위해서 모두 필요한 것이다. 회개함으로써 나병이 치료되었다면 우리들이 이전에 걸렸던 어떠한 나병도 이러한 영광스러운 특권들에 대해 더 이상의 장애가 되지 못하는 것이다. 깨끗함을 받은 나병환자들은 성별된 제사장들처럼 기꺼이 피와 기름을 바르는데 환영받았던 것이다. 너희 중에 이와 같은 자들이 있었으나 너희들은 씻음을 받았느니라. 나병환자에게 물이 뿌려졌을 때 그 물에는

피가 있었으며(5절), 그가 기름 부음을 받을 때에도 그 기름 아래에는 피가 있었던 것이다. 이것은 성령의 모든 은총과 위안, 즉 그를 정결케 하고 존귀케 하는 모든 효험은 바로 그리스도의 죽으심 덕분이라고 하는 것을 나타내주는 것이다. 우리가 성화되는 것은 바로 그리스도의 피에 의해서만 이루어지는 것이다.

2. 이 속건제물 외에도 속죄제와 번제가 있었는데 각각 양 한 마리를 드렸다(19-20절). 이 각각의 제물들을 통해서 제사장들은 그를 속죄할 것이라고 말하고 있다.

(1) 그의 도덕적인 죄책이 사라질 것이다. 나병을 얻게 한 죄와 그가 병중에 지었던 모든 죄들이 용서될 것이다. 어떤 외적인 고통이 사라진다고 하는 것은 우리들에게 이중적인 위안을 주는 것이다. 그 고통이 사라지는 것과 동시에 하나님께서는 우리들에게 우리 죄의 용서에 대한 어떤 확신을 주시는 것이기 때문이다. 우리가 용서함을 받았다면 우리는 즐거워해야 할 이유가 있는 것이다(롬 5:11).

(2) 그의 의식법상의 오염은 제거될 것이다. 이 오염으로 인해서 그는 성물에 대한 참여가 금지되었던 것이다. 이것은 그를 위해 속죄를 이루는 것이라고 말하고 있다. 이로 인해서 (상징적으로 나타나 있는) 우리가 하나님의 자녀의 특권으로 회복된다고 하는 것은 순전히 그리스도의 위대하신 대속의 은혜를 입고 있기 때문이다. 그를 위한 속죄가 이루어질 때 그는 깨끗하게 되어 자신에게 기쁨을 주게 되며, 그 이웃들 사이에서도 그의 평판을 회복시켜 주게 될 것이다. 그는 자신의 신임과 위안을 모두 되찾게 될 것이기 때문이다. 또한 진실로 회개한 사람들은 이 모두를 차지할 자격을 가지게 되며, 속죄 받음 속에서 얻는 유익으로 인해서 평안과 영예도 얻게 되는 것이기 때문이다. 속죄제에 의해서 이루어지는 속죄함 이외에도 번제는 그에게 베풀어주신 하나님의 자비에 대한 감사의 고백을 나타내는 것이었다. 하나님의 손이 병이 나는 것과 병이 낫는 것에 더욱더 직접적으로 역사할수록 그 나병환자는 하나님께 영광을 돌려야 할 더 많은 이유를 가지게 되는 것이다. 우리 구주께서 네가 깨끗하게 되었으니 모세가 명한 것을 드려 그들에게 입증하라(막 1:44)라고 말씀하신 것과 같은 것이다.

[21]만일 그가 가난하여 그의 힘이 미치지 못하면 그는 흔들어 자기를 속죄할 속건제
를 위하여 어린 숫양 한 마리와 소제를 위하여 고운 가루 십분의 일 에바에 기름
섞은 것과 기름 한 록을 취하고 [22]그의 힘이 미치는 대로 산비둘기 둘이나 집비둘기
새끼 둘을 가져다가 하나는 속죄제물로, 하나는 번제물로 삼아 [23]여덟째 날에 그 결
례를 위하여 그것들을 회막 문 여호와 앞 제사장에게로 가져갈 것이요 [24]제사장은
속건제의 어린 양과 기름 한 록을 가져다가 여호와 앞에 흔들어 요제를 삼고 [25]속건
제의 어린 양을 잡아서 제사장은 그 속건제물의 피를 가져다가 정결함을 받을 자
의 오른쪽 귓부리와 오른쪽 엄지 손가락과 오른쪽 엄지 발가락에 바를 것이요 [26]제
사장은 그 기름을 자기 왼쪽 손바닥에 따르고 [27]오른쪽 손가락으로 왼쪽 손의 기름
을 조금 찍어 여호와 앞에 일곱 번 뿌릴 것이요 [28]그 손의 기름은 제사장이 정결함
을 받을 자의 오른쪽 귓부리와 오른쪽 엄지 손가락과 오른쪽 엄지 발가락 곧 속건
제물의 피를 바른 곳에 바를 것이며 [29]또 그 손에 남은 기름은 제사장이 그 정결함
을 받는 자의 머리에 발라 여호와 앞에서 그를 위하여 속죄할 것이며 [30]그는 힘이
미치는 대로 산비둘기 한 마리나 집비둘기 새끼 한 마리를 드리되 [31]곧 그의 힘이
미치는 대로 한 마리는 속죄제로, 한 마리는 소제와 함께 번제로 드릴 것이요 제사
장은 정결함을 받을 자를 위하여 여호와 앞에 속죄할지니 [32]나병 환자로서 그 정결
예식에 그의 힘이 미치지 못한 자의 규례가 그러하니라

우리는 본문에서 가난한 나병환자들의 정결케 됨을 위해서 율법이 규정하고 있는 은혜로운 조항들을 보게 된다. 그들이 어린 양 세 마리와 밀가루 10분의 3에바를 가져올 수 없다면, 그들은 어린 양 한 마리와 밀가루 10분의 1에바와 두 마리의 어린 양 대신에 산비둘기 두 마리나 집비둘기 새끼 두 마리를 바쳐야만 했다(21-22절). 본문을 통해서 다음과 같은 것을 볼 수 있다.

1. 거론되고 있는 사람의 가난함으로 인해서 깨끗함을 받은 나병환자가 아무런 제물을 가지고 오지 않는다는 것은 허용될 수 없다는 것이다. 어떤 사람도 그들이 가난하기 때문에 하나님께서는 그들에게 아무런 사역도 요구하시지 않는다고 생각하지 못하도록 하자. 하나님께서는 그러한 자들을 고려하셔서 아무리 가난한 사람들이라 할지라도 그들이 바칠 수 있는 그러한 것을 요구하시기 때문이다. "내 아들아! 네 마음을 내게 주라. 그리하면 네 입술의 송아지가 외양간의 송아지를 대신해서 열납될 것이다!"

2. 하나님께서는 가난한 자들에게 단지 그들의 능력에 따라 요구하셨다는 것이다. 그분의 계명들은 무거운 것이 아니다. 뿐만 아니라 그분께서는 우리가 예물을 가지고 섬기도록 만들지도 않으셨다. 가난한 자들은 부자들과 마찬가지로 하나님의 제단에 영접된다. 그리고 기꺼이 드리는 마음과 정직한 마음이 먼저 준비되었다면, 두 마리의 비둘기가 가지고 올 수 있는 최선의 것들이었다면, 두 마리의 비둘기도 두 마리의 어린 양과 같이 하나님께 열납되는 것이다. 하나님께서는 있는 대로 받으실 터이요 없는 것은 받지 아니하시기 때문이다. 비록 가난한 사람들로부터 하찮은 제물을 받으셨을지라도 그 예식은 부자와 동일하게 가난한 자들에게도 적용되었다고 하는 사실을 주목해 보아야만 한다. 부자나 가난한 자나 모두 그들의 영혼은 소중한 것이며 그리스도와 그분의 복음은 그들 모두에게 동일하기 때문이다. 그러므로 우리는 우리 주 예수 그리스도에 대한 믿음을 너희가 가졌으니 사람을 차별하여 대하지 말자(약 2:1).

33여호와께서 모세와 아론에게 말씀하여 이르시되 34내가 네게 기업으로 주는 가나
안 땅에 너희가 이를 때에 너희 기업의 땅에서 어떤 집에 나병 색점을 발생하게 하
거든 35그 집 주인은 제사장에게 가서 말하여 알리기를 무슨 색점이 집에 생겼다 할
것이요 36제사장은 그 색점을 살펴보러 가기 전에 그 집안에 있는 모든 것이 부정을
면하게 하기 위하여 그 집을 비우도록 명령한 후에 들어가서 그 집을 볼지니 37그
색점을 볼 때에 그 집 벽에 푸르거나 붉은 무늬의 색점이 있어 벽보다 우묵하면 38
제사장은 그 집 문으로 나와 그 집을 이레 동안 폐쇄하였다가 39이레 만에 또 가서
살펴볼 것이요 그 색점이 벽에 퍼졌으면 40그는 명령하여 색점 있는 돌을 빼내어 성
밖 부정한 곳에 버리게 하고 41또 집 안 사방을 긁게 하고 그 긁은 흙을 성 밖 부정
한 곳에 쏟아버리게 할 것이요 42그들은 다른 돌로 그 돌을 대신하며 다른 흙으로
집에 바를지니라 43돌을 빼내며 집을 긁고 고쳐 바른 후에 색점이 집에 재발하면 44
제사장은 또 가서 살펴볼 것이요 그 색점이 만일 집에 퍼졌으면 악성 나병인즉 이
는 부정하니 45그는 그 집을 헐고 돌과 그 재목과 그 집의 모든 흙을 성 밖 부정한
곳으로 내어 갈 것이며 46그 집을 폐쇄한 날 동안에 들어가는 자는 저녁까지 부정할
것이요 47그 집에서 자는 자는 그의 옷을 빨 것이요 그 집에서 먹는 자도 그의 옷을
빨 것이니라 48그 집을 고쳐 바른 후에 제사장이 들어가 살펴보아서 색점이 집에 퍼
지지 아니하였으면 이는 색점이 나은 것이니 제사장은 그 집을 정하다 하고 49그는

그 집을 정결하게 하기 위하여 새 두 마리와 백향목과 홍색 실과 우슬초를 가져다
가 50그 새 하나를 흐르는 물 위 질그릇 안에서 잡고 51백향목과 우슬초와 홍색 실과
살아 있는 새를 가져다가 잡은 새의 피와 흐르는 물을 찍어 그 집에 일곱 번 뿌릴
것이요 52그는 새의 피와 흐르는 물과 살아 있는 새와 백향목과 우슬초와 홍색 실로
집을 정결하게 하고 53그 살아 있는 새는 성 밖 들에 놓아 주고 그 집을 위하여 속죄
할 것이라 그러면 정결하리라

이것은 집에 발생한 나병(이것은 나병으로 보기보다는 악성 곰팡이로 보는 것이 더 좋을 듯하다 — 역주)에 관한 율법이다. 이스라엘 백성들은 광야에 있었기 때문에 그들은 장막에 거했고 집이 없었다. 그러므로 이 율법은 나병에 관한 이전 율법들에 부록으로서만 주어졌다. 이 율법은 이스라엘 백성들의 현재의 상태가 아니라 그들이 장차 정착할 때의 상태에 관한 것이기 때문이다. 집 안에 발생한 나병은 옷에 발생한 나병처럼 그 까닭을 알 수 없다. 그러나 만약에 우리가 나병이 생긴 자연적인 발생의 원인을 알지 못한다고 하더라도 자연을 주관하시는 하나님의 권능으로 볼 수 있는 것이다. 본문에서 하나님께서는 **내가 어떤 집에 나병 색점을 발생하게 하거든**(34절)이라고 말씀하셨다. 마치 그분의 저주가 **집에도 들어가서 그의 집에 머무르며 그 집을 나무와 돌과 아울러 사르리라**(슥 5:4)라고 말하는 것과 같은 것이다.

1. 약속의 땅인 가나안에서조차도 이스라엘 백성들의 집들이 나병에 감염될 수도 있을 것이라고 여겨지고 있는 것이다. 그 땅의 거주민들 중에 많은 사람들이 그렇게나 부정하다고 한다면 비록 그 땅이 거룩한 땅이라 할지라도 이 역병으로부터 그들의 집들을 안전하게 해주지는 못할 것이다. 마찬가지로 가시적인 교회가 가지고 있는 어떤 지위나 명성이 하나님의 심판으로부터 사악한 자들을 보호해주지는 못할 것이다.

2. 집주인은 자기 집에 조금이라도 나병으로 보이는 징조를 발견하자마자 제사장에게 그것을 알리는 것이 당연한 일로 간주되고 있다: **무슨 색점이 집에 생겼다 할 것이요**(35절). 나병이 집안에 붙어있듯이 죄는 마음에 붙어있는 역병이다. 각 가정의 가장들은 자신들의 가정에 커다란 죄의 모습이 나타나기 시작하지 않나 두려워하며 주의 깊게 살펴야 한다. 그리고 불의는 그것이 무엇이 되었든지 그들의 장막 밖으로 멀리 던져버려야 한다(욥 22:23). 그들은 자신들

이 맡은 일들을 거룩한 질투심을 가지고 열심히 감당해야만 한다. 그래서 자기 집안 식구들이 죄에 빠지지 않도록 해야 하는 것이다. 만약에 집에 역병이 있는 듯이 보이면 그 전염이 퍼지지 않도록 해서 그 역병의 전염으로 인해서 더러워지고 파멸되지 않도록 해야만 하는 것이다.

3. 만약에 제사장이 조사를 해보고서 나병이 이미 집에 감염된 것을 알았다면 제사장은 집의 감염된 부분을 제거함으로써 나병을 치료하도록 노력해야만 한다(40-41절). 이것은 몸의 다른 부분들을 보존하기 위해서 썩어 들어가는 팔다리를 자르는 것과 같은 것이다. 부패한 것은 퍼지기 전에 미리 잘라내야만 하는 것이다. 적은 누룩이 온 덩이에 퍼지는 것이기 때문이다. **만일 네 손이 너를 범죄하게 하거든 찍어버리라.**

4. 고치고 나서도 여전히 나병이 집에 남아있다면, 집 전체를 헐어버려야만 하고 모든 재료들은 쓰레기를 버리는 곳으로 옮겨져야만 한다(44-45절). 집 주인은 감염된 곳에서 사는 것보다는 거처가 없이 지내는 것이 더 나은 것이다. 죄의 나병이 치유책 아래서도 완고하게 저항하게 된다면 마침내 가정과 교회를 파괴하게 될 것이다. 바벨론도 고침을 받지 못하게 된다면 그것은 버림을 받게 될 것이고(나병이 퍼진 집에 대한 율법에 따라) **사람들이 그에게서 집 모퉁잇돌이나 기촛돌을 취하지 아니할 것이다**(렘 51:9, 26). 우리의 죽을 수밖에 없는 몸에 남아 있는 죄와 부패함의 찌꺼기들은 집에 있는 이 나병과 같은 것이다. 벽을 긁어내고 바르는 우리의 모든 수고를 다한 뒤에도 이 땅의 장막 집이 무너지고 헐리기 전까지 우리는 결코 나병을 깨끗하게 없애지는 못할 것이다. 우리는 죽을 때에야 비로소 죄로부터 자유로워질 것이다. 죽기 전에는 죄에서 자유롭지 못한 것이다(롬 6:7).

5. 감염된 돌들을 빼어버려 집을 고친 후에 나병이 더 이상 퍼지지 않는다면 그 때에 그 집은 깨끗해진 것이다. 건강에 좋도록 통풍이 잘 될 뿐만 아니라 의식법상의 오염으로부터 정결케 되어야만 이스라엘 사람의 거주지로 적합한 집이 되는 것이다. 그 집을 정결케 하는 의식은 나병환자를 정결케 하는 의식과 거의 같다(49절 이하). 이것은 (패트릭[Patrick] 주교가 말한 대로) 그 집이 사람을 대신해서 나병으로 침을 당했다는 것과, 그 사람은 자신이 하나님의 자비로 보존되었다고 하는 것으로 보아야만 한다는 것을 의미하는 것이다. 이스라엘 백성들의 집들은 봉헌된 것이라고 말하고 있다(신 20:5). 그들은 거룩한

민족이었기 때문이다. 그러므로 그들은 자신들의 집들을 모든 의식법상의 오염들로부터 지켜야만 했던 것이다. 이스라엘 백성들이 헌신된 하나님의 사역을 위해서 그 집들이 합당하도록 하기 위함이었다. 그리고 우리는 우리 가족들 중에 있는 실수가 무엇이든지 간에 그것들을 고치기 위해 동일한 배려를 해야만 하는 것이다. 우리와 우리 가정이 여호와를 섬기기 위함이다. 창 35:2를 보라. 어떤 사람들은 집에 있는 나병은 유대 교회의 우상 숭배를 상징하는 것이라고 보는 사람들도 있다. 유대 교회는 이상스럽게도 우상 숭배와 긴밀한 연관이 되어 있었다. 몇몇 개혁적인 왕들이 감염된 돌들을 빼어버렸지만, 바벨론 포로를 통해서 하나님께서 그 집을 헐어버리고 부정한 땅으로 그것을 가져갈 때까지 여전히 나병은 계속적으로 재발되었기 때문이다. 이것은 그들의 우상과 우상 숭배에 대한 경향을 적절하고도 효과적으로 치료한 것을 나타내주는 것이었다.

[54]이는 각종 나병 환부에 대한 규례니 곧 옴과 [55]의복과 가옥의 나병과 [56]돋는 것과
뾰루지와 색점이 [57]어느 때는 부정하고 어느 때는 정함을 가르치는 것이니 나병의
규례가 이러하니라

이것은 나병에 관한 율법의 결론이다. 신명기에는 단지 나병에 대해서 삼가라(신 24:8)라고 하는 일반적인 규약만이 주어질 뿐 이 율법을 반복하지는 않는다. 우리는 이 율법 속에서 다음과 같은 내용들을 보게 된다.

1. 하나님께서 자신의 백성 이스라엘을 위해서 보이신 은혜로운 배려가 있다. 이 율법은 이방인들이 아니라 단지 이스라엘 백성들에게만 관계되는 것이기 때문이다. 아람 사람 나아만이 그의 나병을 치료받았을 때 비록 그는 요단강에서 고침을 받았지만 그는 제사장에게 가서 보이라고 하는 명령을 받지는 않았다. 그러나 우리 구주께 고침을 받은 유대인들은 제사장에게 가서 보였던 것이다. 마찬가지로 교회의 심판에 있어서 징계를 받는 자들은 교회 안에 있는 자들이다. 교회 밖에 있는 자들은 하나님께서 심판하시는 것이다(고전 5:12-13).

2. 우리는 우리 자신들에 대해서 신앙적인 배려를 가져야만 한다. 마음의 병이며 더러움인 모든 죄악된 애착들과 기질들의 지배로부터 우리들의 마음을 지키기 위함이다. 그래서 우리가 하나님의 사역을 감당하기에 합당하게 되기

위함이다. 또한 우리는 모든 나쁜 친구들을 피해야만 하며, 가능한 한 그 나쁜 친구들에 의해서 영향을 받게 될 것과 같은 위험들조차도 피해야만 하는 것이다. 부정한 것을 만지지 말라. 내가 너희를 영접하리라고 주께서 말씀하셨다(고후 6:17).

제 15 장

개요

본 장에서 우리는 다른 의식법상의 부정함에 관한 율법들을 보게 된다. 이 부정함은 나병과 같은 신체적인 질병이나 어떤 자연적으로 발생한 것에 의해서 감염되는 것이다. 이 부정함은 I. 남자에게서 발견되는 것(1-18절)과 II. 여자에게서 발견되는 것(19-33절)이 있다. 우리는 이러한 고대의 율법들을 면밀하게 설명할 필요는 없다. 단지 그 일반적인 의도를 관찰하는 것으로 충분한 것이다. 그러나 우리는 율법을 통해서 죄가 더욱 극도로 악해지는 여건을 가지지 않도록 매우 주의할 필요가 있는 것이다. 강한 욕망이 하나님의 제단에서 나온 불꽃으로 태워지게 되는 때는 바로 극도로 악해진 것이다. 영혼을 깨끗하게 할 것에 의해서 영혼이 썩고 부패하게 되는 것은 영혼에게 매우 좋지 못한 경우이다.

1여호와께서 모세와 아론에게 말씀하여 이르시되 2이스라엘 자손에게 말하여 이르
라 누구든지 그의 몸에 유출병이 있으면 그 유출병으로 말미암아 부정한 자라 3그
의 유출병으로 말미암아 부정함이 이러하니 곧 그의 몸에서 흘러 나오든지 그의
몸에서 흘러 나오는 것이 막혔든지 부정한즉 4유출병 있는 자가 눕는 침상은 다 부
정하고 그가 앉았던 자리도 다 부정하니 5그의 침상에 접촉하는 자는 그의 옷을 빨
고 물로 몸을 씻을 것이며 저녁까지 부정하리라 6유출병이 있는 자가 앉았던 자리
에 앉는 자는 그의 옷을 빨고 물로 씻을 것이요 저녁까지 부정하리라 7유출병이 있
는 자의 몸에 접촉하는 자는 그의 옷을 빨고 물로 몸을 씻을 것이며 저녁까지 부정
하리라 8유출병이 있는 자가 정한 자에게 침을 뱉으면 정한 자는 그의 옷을 빨고 물
로 몸을 씻을 것이며 저녁까지 부정하리라 9유출병이 있는 자가 탔던 안장은 다 부
정하며 10그의 몸 아래에 닿았던 것에 접촉한 자는 다 저녁까지 부정하며 그런 것을
옮기는 자는 그의 옷을 빨고 물로 몸을 씻을 것이며 저녁까지 부정하리라 11유출병
이 있는 자가 물로 그의 손을 씻지 아니하고 아무든지 만지면 그 자는 그의 옷을
빨고 물로 몸을 씻을 것이며 저녁까지 부정하리라 12유출병이 있는 자가 만진 질그

릇은 깨뜨리고 나무 그릇은 다 물로 씻을지니라 [13]유출병이 있는 자는 그의 유출이
깨끗해지거든 그가 정결하게 되기 위하여 이레를 센 후에 옷을 빨고 흐르는 물에
그의 몸을 씻을 것이라 그러면 그가 정하리니 [14]여덟째 날에 산비둘기 두 마리나 집
비둘기 새끼 두 마리를 자기를 위하여 가져다가 회막 문 여호와 앞으로 가서 제사
장에게 줄 것이요 [15]제사장은 그 한 마리는 속죄제로, 다른 한 마리는 번제로 드려
그의 유출병으로 말미암아 여호와 앞에서 속죄할지니라 [16]설정한 자는 전신을 물로
씻을 것이며 저녁까지 부정하리라 [17]정수가 묻은 모든 옷과 가죽은 물에 빨 것이며
저녁까지 부정하리라 [18]남녀가 동침하여 설정하였거든 둘 다 물로 몸을 씻을 것이
며 저녁까지 부정하리라

우리는 본문에서 남자에게서 유출되는 것에 의해서 생기게 되는 의식법상의 부정함에 관한 율법을 보게 된다. 이것은 성경 난외(欄外)에는 신장(腎臟)의 유출(running of reins)이라고 했다(2절). 이것은 고통스럽고 지긋지긋한 질병이었다. 이것은 주로 방탕하고 부정하며 난봉꾼과 같은 삶의 결과로 오는 병이었다. 이것은 남자들의 뼛속 깊숙이 그들의 젊음을 죄악들로 채우는 것이며, 결국에는 애통하게 만드는 것이다. 사악함에서 나오는 모든 쾌락이 사라지게 되면 마침내 썩은 육신과 상처 입은 양심에서 나오는 고통과 번민 이외에는 아무것도 남지 않는 것이다. 그렇다면 죄인이 마땅히 부끄러워해야 할 그러한 일들의 결과는 무엇이겠는가(롬 6:21). 겸손이 머리의 아름다운 관이요 목의 금사슬이듯이 순결은 몸에 양약이며 골수를 윤택하게 하는 것이다. 그러나 부정함은 상함과 능욕을 주는 것이며 육체를 갉아먹는 것이며, 종종 다른 어떤 것보다도 더 스스로를 징벌하는 죄악인 것이다. 또한 이 병은 때때로 다른 죄들에 대한 하나님의 의로운 손이 징벌을 내려 발생했다. 즉, 아브넬을 죽인 살인죄를 저지른 요압 가문에 대해서 다윗이 저주함으로써 생겼던 것과 같은 것이다(삼하 3:29): 요압의 집에서 백탁병자나 나병 환자가 끊어지지 아니할지로다. 악한 행위에는 악한 질병이 보응되는 것이다. 이런 질병을 가지고 있는 자는 누구든지

1. 부정한 자였다(2절). 그는 감히 성소 가까이에 접근해서는 안 되었다. 만약에 성소에 가까이 간다면 목숨이 위태롭게 되는 위험에 처하게 되는 것이다. 또한 성물을 먹을 수도 없었던 것이다. 이것은 죄와 우리의 부패한 본성의 모

든 산물들에서 나오는 불결성을 상징해주는 것이었다. 죄와 우리의 부패한 본성의 모든 산물들은 우리를 하나님의 거룩하심에 대한 가증한 것으로 만들며 그분과의 교제를 나누기에 전적으로 부적합하게 만든다. 잘 지켜진 정결한 마음에서는 생명의 근원이 나오지만(잠 4:23) 부정한 마음에서는 더러운 것이 나오는 것이다(마 12:34-35).

2. 그는 그가 닿거나 그에게 닿는 모든 사람과 물건을 부정하게 만들었다(4-12절). 그의 침대와 그의 의자, 그리고 그에게 속한 모든 것은 닿으면 의식법상으로 부정하게 만든다. 저녁때까지 부정하다고 하는 것을 의식하고 있어야만 하며, 물로 그의 옷을 빨고 몸을 씻지 않으면 그 부정함으로부터 정결해질 수 없었다. 이것은 죄의 전염성을 나타내주는 것이며, 우리가 타락한 자들과 교제를 나눔으로 인해서 타락하게 될 위험성을 보여주는 것이며, 우리는 이 패역한 세대에서 우리 자신들을 구원하기 위해서 매우 조심해야 할 필요가 있다는 것을 말해주는 것이다.

3. 그가 그 병으로부터 치료되었을 때 희생제사를 드리지 않고서는 그 더러움으로부터 깨끗해질 수 없었다. 그 희생제사를 위해서 그는 그 질병에서 완전히 깨끗해진 후에 7일 동안 스스로 준비하고 흐르는 물에 목욕을 해야만 했었다(13-15절). 이것은 믿음과 회개라고 하는 위대한 복음의 의무들과, 우리의 의롭다하심을 위한 우리의 영혼에 대한 그리스도의 보혈과 우리의 성화를 위해서 그분의 은총을 적용한 위대한 복음의 특권을 나타내주는 것이다. 하나님께서는 우리에게 깨끗한 물을 뿌려 주시겠다는 것과 우리의 불결함을 깨끗하게 해주시겠다고 약속하셨다. 그리고 하나님께서는 우리에게 회개함으로써 우리 자신을 정결케 하고 깨끗하게 하라고 지시하신다. 또한 그분께서는 속죄의 제물을 준비하시고서 우리들이 신앙으로써 스스로 그 제물에 참여하라고 요구하신다. 그 아들 예수의 피가 우리를 모든 죄에서 깨끗하게 하실 것이기 때문이다. 이것으로 인해서 우리를 위해서 속죄가 이루어지는 것이다. 그리하여 우리는 하나님의 존전에 나아갈 수 있게 되었고 그분의 은총을 입을 수 있게 된 것이다.

19어떤 여인이 유출을 하되 그의 몸에 그의 유출이 피이면 이레 동안 불결하니 그를
만지는 자마다 저녁까지 부정할 것이요 20그가 불결할 동안에는 그가 누웠던 자리

도 다 부정하며 그가 앉았던 자리도 다 부정한즉 21그의 침상을 만지는 자는 다 그
의 옷을 빨고 물로 몸을 씻을 것이요 저녁까지 부정할 것이며 22그가 앉은 자리를
만지는 자도 다 그들의 옷을 빨고 물로 몸을 씻을 것이요 저녁까지 부정할 것이며
23그의 침상 위에나 그가 앉은 자리 위에 있는 것을 만지는 모든 자도 저녁까지 부
정할 것이며 24누구든지 이 여인과 동침하여 그의 불결함에 전염되면 이레 동안 부
정할 것이라 그가 눕는 침상은 다 부정하니라 25만일 여인의 피의 유출이 그의 불결
기가 아닌데도 여러 날이 간다든지 그 유출이 그의 불결기를 지나도 계속되면 그
부정을 유출하는 모든 날 동안은 그 불결한 때와 같이 부정한즉 26그의 유출이 있는
모든 날 동안에 그가 눕는 침상은 그에게 불결한 때의 침상과 같고 그가 앉는 모든
자리도 부정함이 불결한 때의 부정과 같으니 27그것들을 만지는 자는 다 부정한즉
그의 옷을 빨고 물로 몸을 씻을 것이며 저녁까지 부정할 것이요 28그의 유출이 그치
면 이레를 센 후에야 정하리니 29그는 여덟째 날에 산비둘기 두 마리나 집비둘기 새
끼 두 마리를 자기를 위하여 가져다가 회막 문 앞 제사장에게로 가져갈 것이요 30제
사장은 그 한 마리는 속죄제로, 다른 한 마리는 번제로 드려 유출로 부정한 여인을
위하여 여호와 앞에서 속죄할지니라 31너희는 이와 같이 이스라엘 자손이 그들의
부정에서 떠나게 하여 그들 가운데에 있는 내 성막을 그들이 더럽히고 그들이 부
정한 중에서 죽지 않도록 할지니라 32이 규례는 유출병이 있는 자와 설정함으로 부
정하게 된 자와 33불결기의 앓는 여인과 유출병이 있는 남녀와 그리고 불결한 여인
과 동침한 자에 대한 것이니라

본문은 여자들이 그들의 유출로 인해서 의식법상으로 부정해진 것에 관해서 말하고 있다. 정상적이고 건강하며 자연적 과정에 따른 유출의 경우들(19-24절)과 시기에 맞지 않거나 과다하거나 몸에 생긴 병으로 인한 유출의 경우들이 있다. 그리스도의 옷가를 만짐으로 갑자기 병이 치료된 가엾은 여인의 혈루병이 그러한 병이었다. 그녀는 열두 해 동안 유출병으로 고생했으며, 그녀의 모든 재산을 의사들을 찾아가고 약을 구하는데 헛되이 사용했던 것이다. 이 율법은 그러한 혈루병으로 고생하는 여인을 부정한 것으로 만들었고(25절) 그녀가 닿는 모든 것을 부정한 것으로 만들었던 것이다(26-27절). 그 여자가 치료되었으면, 즉 그녀가 유출병으로부터 완전히 나았음이 7일 간의 시험기간을 통해서 확인되면, 그 여자는 산비둘기 두 마리나 집비둘기 새끼 두 마리를 바

쳐서 깨끗해질 수 있었다. 이 제사는 그녀를 속죄하는 것이다(28-29절). 모든 사악한 행동들, 특별히 우상 숭배는 월경 중에 있는 여인의 부정함에 비유된다(겔 36:17). 예루살렘에 대해서 그의 더러운 것이 그의 옷깃에 묻어 있으나(애 1:9)라고 말한 것은 바로 월경 중에 있는 여인의 부정함을 두고 한 말이다. 그러므로 (17절에 나오는 것과 같이) 사람들은 월경 중에 있는 여인을 피하듯이 그러한 여인과의 접촉을 피했던 것이다.

I. **우리는 이러한 모든 율법들이 주어진 이유들을 보게 된다**(31절). 이 이유들은 우리가 바로 생각해 볼 수 있는 것들로서 자비가 베풀어졌음을 잘 볼 수 있는 것이다.

1. 너희는 이와 같이 이스라엘 자손(이 율법들은 그들과 그들의 종들 그리고 개종자들에게만 국한되는 법이므로)이 그들의 부정에서 떠나게 하여. 즉, (1) 이 율법들을 통해서 그들은 자신들이 가진 특권과 영예를 알게 되었다. 그들은 하나님의 특별한 백성으로 깨끗하게 되었으며 거룩하신 하나님에 의해서 제사장의 나라요 거룩한 민족이 되도록 하셨던 것이다. 그러므로 다른 민족들에게는 그렇게 부정한 것이 아닌 것도 그들에게는 불결한 것이었다. (2) 또한 그들은 자신들의 의무를 배우게 되었다. 그 의무는 그들의 순결함의 영예를 보존해야만 하는 것이며, 모든 죄악된 더러움들로부터 자신들 스스로를 지켜야만 하는 것이었다. 그들은 당연하게 다음과 같이 말하게 되었다. 즉, 만약에 자연스러운 것이고, 피할 수 없는 것이고, 의도적인 것이 아니고, 그들도 고통을 받고 있는 것이며, 그들의 죄도 아닌 그러한 더러움들로 인해서 그들이 그렇게나 가증스럽게 되어 하나님과 사람들과 교제를 나누기에 합당치 않게 되었다고 한다면, 그들이 술 취하거나 음행을 저질렀거나 속이거나 마음과 양심을 더럽히는 다른 죄들을 지음으로써 하나님의 율법에 저촉되는 죄를 지었다면, 그들은 훨씬 더 가증스러운 것이고 더럽게 되는 것이라고 하는 것이다. 그리고 만약에 이러한 의식법상의 더러움들이 제사와 제물에 의해서만 제거될 수 있었다면, 죄의 부정함으로부터 영혼을 정화하기 위해서는 좀 더 크고 훨씬 가치 있는 무엇인가가 기대되어야만 하고 그것에 의지해야만 하는 것은 당연한 것이다.

2. 그러므로 그들이 이러한 부정함 가운데 있는 동안에 성소에 가까이 접근하게 되면 하나님의 정의의 손에 의해서 그들의 부정함 가운데서 죽을 수밖에 없으므로 성소에 접근하는 것이 금지되었던 것이다. 우리가 부정함 가운데서

죽는다는 것은 매우 위태로운 일이다. 만약에 우리가 그렇게 한다면 그것은 우리 자신의 잘못인 것이다. 우리는 우리를 더럽힐 그러한 일들에 대해서 하나님의 율법을 통해서 우리들에게 주어진 정당한 경고들을 가지고 있을 뿐만 아니라, 언제고 우리가 더러워진다면 우리의 깨끗해짐을 위해 하나님의 은혜를 통해서 만들어진 은혜로운 규정들을 가지고 있기 때문이다.

3. 이 모든 율법 속에는 성막의 영예에 대한 특별한 관심이 나타나 있는 듯하다. 어느 누구도 부정한 가운데서 성막에 접근해서는 안 되었던 것이다. **그들이 내 성막을 더럽히지 않도록 하기 위함이다.** 무한하신 지혜자께서는 그분의 성소에서 그들 가운데 함께 하시는 하나님의 영광과 임재의 나타나심에 대한 계속적인 두려움과 경외감을 부주의한 백성들의 마음에 유지하려고 하셨던 것이다. 하나님의 성막이 사람들과 가까이 있는 연유로 인해서 생기는 친밀성은 쉽게 성막에 대한 경멸감을 낳을 수 있었던 것이다. 그러므로 율법은 빈번하게 발생하는 그렇게나 많은 일들을 의식법상으로 불결한 것으로 규정하고 있는 것이며, 성소에 가까이 접근할 수 없는 경우(범하는 경우에는 죽음의 징벌을 받아야 했다)를 말하고 있는 것이다. 그래서 그들은 커다란 조심성과 경외감과 철저한 준비, 그리고 적합하지 못함이 발견될까 두려워하는 마음으로 성소에 다가가도록 하기 위함이었다. 이와 같이 그들은 자신들이 안전하고 열납되기 위해서는, 하나님과 자신들 사이에 존재하는 거리감과 그에 따른 위험성에 대한 철저한 겸비함과 요구된 모든 것에 대한 정확한 순종의 마음을 가지고 하나님께 가까이 나아가는 것을 배웠던 것이다.

Ⅱ. 우리는 이러한 모든 것으로부터 무엇을 배울 수 있는가?

1. 우리가 이러한 육적인 규례들의 멍에를 메고 있지 않음을 생각하면서 하나님을 찬양하도록 하자! 죄 외에는 어떤 것도 우리를 멸할 수 없듯이, 죄 외에는 그 어느 것도 우리를 더럽게 할 수 없는 것이다. 그 당시에는 화목제물을 먹을 수 없었던 자들이 이제는 주의 만찬에 참여할 수 있게 된 것이다. 그리고 우리가 매일 연약하여 짓는 죄로 인해서 감염된 모든 더러움은, 우리가 목욕을 하거나 성막 문 앞으로 제물을 가져오지 않아도, 회개와 믿음의 새롭게 되는 행위들에 의해서 신비스럽게 깨끗하게 될 수 있게 된 것이다.

2. 온갖 죄악들을 삼가도록 주의하자! 양심을 더럽게 하며 특별히 모든 육체적인 정욕들로부터 떠나도록 하자. 우리의 그릇들을 거룩함과 존귀함으로 취하고

부정한 육욕으로 취해서는 안 된다. 이러한 육욕들은 영혼을 더럽게 할 뿐만 아니라 영혼과 더불어 전쟁을 하고 있는 것이며, 영혼이 파멸되도록 위협하는 것들이다.

3. 우리 모두는 우리 앞날의 행복을 위해서 참된 거룩함이 얼마나 절실하게 필요한 것인지를 깨달아 믿음으로 우리 마음이 정결케 되도록 하자! 그러면 우리는 하나님을 볼 수 있을 것이다. 누가 하나님의 성소에 서리요?라고 물으면서, 부정한 자가 성소에 접근하는 것을 금한 것은 아마도 바로 이러한 율법을 두고 한 말일 것이다. 그에 대한 대답은 손이 깨끗하고 마음이 정결한 자라야 나아갈 수 있다는 것이다(시 24:3-4). 거룩함이 없이는 아무도 주를 볼 수 없기 때문이다.

제 16 장

개요

우리는 본 장에서 1년에 한 차례 있는 대속죄일의 의식에 관한 제도를 보게 된다. 이 대속죄일 제도는 사도가 이 제도를 가지고 복음을 진술하고 있는 바(히 9:7 이하)와 같이 다른 의식법상의 율법에 대한 지시사항들과 마찬가지로 많은 복음을 담고 있다. 이전 장들에서 우리는 특정한 개인들을 위해서 특별한 경우들에 드려진 속죄제에 대한 다양한 율법들을 보았다. 그러나 이 제도는 전체 민족이 관계된 공식적으로 규정된 희생제사였다. 이 날의 전체 사역은 대제사장에게 맡겨졌다. I. 대제사장은 이 대속죄일 외에는 지성소에 결코 들어와서는 안 되었다(1-2절). II. 대제사장은 세마포를 입고 들어와야만 했다(4절). III. 대제사장은 자신을 위해서 속죄제물과 번제물을 가져와야만 했고(3절), 자신의 속죄제물을 드려야만 했다(6-11절). 그런 뒤에 그는 자신의 속죄제물의 피 얼마를 가지고 휘장 안으로 들어가 분향해야만 했으며 속죄소 앞에 그 피를 뿌려야만 했다(12-14절). IV. 백성들을 위해서 두 마리의 염소가 드려져야만 했고 그 염소들을 놓고 제비를 뽑아야만 했다. 1. 두 마리의 염소 중에 한 마리는 백성들을 위한 속죄제물이 되어야만 했고(5, 7-9절), 그 피는 속죄소 앞에 뿌려져야만 했다(15-17절). 그런 뒤에 두 가지 속죄제물 피의 일부는 제단 위에 뿌려져야만 했다(18-19절). 2. 나머지 다른 염소는 속죄염소가 되어야만 했고(10절) 이스라엘의 죄들이 그 위에 고백되어야만 했다. 그러고 나서 그 염소는 광야로 보내져야만 했다(20-22절). 그 속죄염소를 이끌고 갔던 사람은 의식법상으로 부정하게 되었다(26절). V. 그 후에 번제가 드려졌다. 속죄제물의 기름은 제단 위에서 불태워졌고 그 고기는 진 밖에서 불태워졌다(23-25, 27-28절). VI. 백성들은 거룩하게 안식하며 죄에 대한 거룩한 슬픔을 가지고 경건하게 이 대속죄일을 지켜야만 했었다. 이 제도는 영원한 규례가 되어야만 했다(29절 이하).

**[1]아론의 두 아들이 여호와 앞에 나아가다가 죽은 후에 여호와께서 모세에게 말씀하
시니라 [2]여호와께서 모세에게 이르시되 네 형 아론에게 이르라 성소의 휘장 안 법
궤 위 속죄소 앞에 아무 때나 들어오지 말라 그리하여 죽지 않도록 하라 이는 내가**

구름 가운데에서 속죄소 위에 나타남이니라 [3]아론이 성소에 들어오려면 수송아지
를 속죄제물로 삼고 숫양을 번제물로 삼고 [4]거룩한 세마포 속옷을 입으며 세마포
속바지를 몸에 입고 세마포 띠를 띠며 세마포 관을 쓸지니 이것들은 거룩한 옷이
라 물로 그의 몸을 씻고 입을 것이며

본문에는 다음과 같은 내용들이 있다.

I. 대속죄일에 관한 율법의 날짜가 있다. 아론의 두 아들이 죽은 후였다(1절). 우리는 아론의 두 아들의 죽음에 대한 이야기를 레 10:1에서 보았다.

1. 아론이 죽은 두 아들로 인한 죄가 그의 가족에 아직도 남아 있을 것이라고 하는 죄의식으로 인해서 두려워하지 않도록 하기 위해 혹은 (제사장들은 잘못을 저지르기가 그렇게나 쉬운 것을 보았기 때문에) 그 후에 그의 다른 아들들이 지은 어떤 죄가 자신의 가족을 파멸시키지는 않을까 하고 두려워하지 않도록 하기 위해서, 하나님께서는 아론에게 그의 집안을 위한 속죄를 어떻게 하는지 지시해주셨다. 그의 집안이 하나님께서 함께 해주심 안에 머무르도록 해주기 위함이었던 것이다. 죄를 속하는 것이 그 집안을 굳건히 세우는 일이며 그에 대한 축복을 유지하는 길이었기 때문이다.

2. 제사장들은 나답과 아비후의 죽음으로 인해서 하나님께 나아가기 위해서는 경외감과 경건한 두려움(이러한 것이 없다면 그들은 목숨이 위험했던 것이다)을 가지고 나아가야만 한다고 하는 경고를 받았다. 그러므로 본문에 하나님께 가장 가까이 나아가는 방법에 대한 지침들이 주어지고 있다. 그 지침들이 지켜지기만 하면 목숨을 잃는 위험이 없을 뿐만 아니라 말할 수 없는 유익과 위안을 얻게 되었던 것이다. 제사장들이 부당하게 나아가다가 죽임을 당한 사실을 대하면서 다른 사람들은 "그렇다면 우리는 결코 가까이 가지 않을 것이다"라고 말해서는 안 되며, "그렇다면 우리는 정해진 규칙에 따라 가까이 나아갈 것이다"라고 해야만 하는 것이다. 그들은 자신들의 죄로 인해서 죽은 것이므로 하나님께서는 은혜를 베푸셔서 나머지 사람들이 죽지 않도록 하신 것이다. 이와 같이 어떤 사람들에게 내린 하나님의 심판은 다른 사람들에게 교훈이 되는 것이다.

II. 이 율법에 대한 의도가 나타나 있다. 이 율법의 한 가지 의도는 휘장 안에 있는 지성소에 대한 경외감을 간직하게 하려는 것이었다. 이 지성소는 세키

나(Shechinah) 혹은 하나님의 영광이 그룹들 사이에 거하시기를 흔쾌히 여기시는 곳이었다: **아론에게 이르라 성소의 휘장 안 법궤 위 속죄소 앞에 아무 때나 들어오지 말라**(2절). 지성소를 가리고 있는 휘장 앞에는 제사장들 중의 누군가가 황금 제단 위에 향을 사르기 위해서 매일 들어왔다. 그러나 휘장 안에는 대제사장 외에는 어느 누구도 들어와서는 안 되었다. 대제사장도 1년에 단 하루 중요한 의식과 더불어 매우 사려 깊은 마음으로 살피며 들어갈 수 있었다. 하나님의 특별하신 임재를 나타내시는 장소가 속되게 되어서는 안 되었던 것이다. 어느 누구도 이 세상의 왕이 부르지 않으면 그의 알현실(謁見室)에 들어갈 수 없는 것이다. 결코 들어갈 수 없는 것이다! 심지어 왕비조차도 죽음을 각오하지 않으면 들어갈 수 없었다(에 4:11). 그렇다면 왕 중의 왕 되신 하나님께 그와 동일한 경의를 드리는 것이 합당하지 않았겠는가? 그러나 그리스도의 복음에 의해서 이루어진 축복된 변화가 무엇인지 보라! 모든 신실한 그리스도인들은 이제 휘장을 통과하여 매일 **지성소에 담대히 나아갈 수 있게 되었다**(히 10:19-20). 우리는 **담대히**(아론이 두려움과 떨림으로 나아가야만 했던 것과는 다르게) **은혜의 보좌** 혹은 속죄소 **앞에 나아간다**(히 4:16). 하나님의 임재와 은혜의 나타남이 느껴지는 동안에는 그 임재와 은혜들이 규제되고 제한되는 것이 요구되었다. 감각의 대상물들이 그들에게 더욱 친근해질수록 경외감이나 기쁨이 더욱더 줄어들게 되기 때문이다. 그러나 이제 그 임재와 은혜는 순전히 영적인 것이 되었기 때문에 달라진 것이다. 신앙의 대상물들과 더욱더 교제를 나누면 나눌수록 그 위대함과 선함이 더욱더 나타나게 되는 것이다. 그러므로 이제 우리들은 손으로 짓지 않은 성소에 무시로 들어오도록 환영받고 있다. 우리는 신앙으로 **그리스도 예수 안에서 함께 하늘에 앉히게 되었기** 때문이다(엡 2:6). 그 당시에 아론은 죽지 않기 위해서는 무시로 가까이 가서는 안 되었다. 이제 우리는 살기 위해서 무시로 가까이 가야만 하는 것이다. 우리가 죽게 되는 것은 오로지 하나님의 전과 너무 멀리 떨어져 있기 때문인 것이다. 그 당시에 하나님께서는 시은소인 속죄소 위에 구름 가운데 나타나셨다. 그러나 이제 우리는 어두운 구름 속에서가 아니라 벗은 얼굴로 거울을 보는 것 같이 주의 영광을 보게 된 것이다(고후 3:18).

Ⅲ. 이 날의 사역은 대제사장에게만 맡겨졌다. 그러므로 **아론이 성소에 들어오도록 하라**(3절). 대제사장은 혼자서 대속죄일의 모든 사역을 감당해야만 했

다. 오직 그를 대신하거나 도와줄 사람인 두 번째 사람이 있었을 뿐이다. 그것은 아론이 병이 나거나 의식법상으로 부정하게 되는 일이 발생하여 대속죄일의 사역을 감당할 수 없게 되었을 경우를 위해서였다. 모든 그리스도인들은 영적인 제사장들이다. 그러나 그리스도께서만 대제사장이 되신다. 속죄를 이루시는 것은 바로 그리스도이시다. 그분께서는 조력자도 대신할 자도 필요치 않으시다.

Ⅳ. 이 사역을 감당함에 있어서 대제사장이 입는 옷. 대제사장은 자신을 위해 특별히 만들어진 값비싼 옷을 입어서는 안 되었다. 그는 보석들이 달린 에봇을 입어서는 안 되었다. 그는 세마포 옷만 입어야 했는데 하급 제사장들과 같이 동일하게 입어야만 했던 것이다(4절). 보잘것없는 옷을 입는 것은 이 수치의 날에 가장 잘 어울리는 것이었다. 좀 더 얇고 가벼웠기 때문에 자신의 손을 통해서 모든 일들을 감당해야 하는 그 날의 사역이 좀 더 용이했을 것이다. 우리의 대제사장이신 그리스도께서는 우리 본성의 죄를 속량해 주셨다. 그리스도께서는 그분 자신의 특별한 영광의 옷이 아니라 우리의 죽을 수밖에 없는 세마포 옷을 입으시고 그 사역을 감당하셨던 것이다. 그 옷은 정결했지만 보잘것없는 것이었다.

[5]이스라엘 자손의 회중에게서 속죄제물로 삼기 위하여 숫염소 두 마리와 번제물로
삼기 위하여 숫양 한 마리를 가져갈지니라 [6]아론은 자기를 위한 속죄제의 수송아지
를 드리되 자기와 집안을 위하여 속죄하고 [7]또 그 두 염소를 가지고 회막 문 여호와
앞에 두고 [8]두 염소를 위하여 제비 뽑되 한 제비는 여호와를 위하고 한 제비는 아사
셀을 위하여 할지며 [9]아론은 여호와를 위하여 제비 뽑은 염소를 속죄제로 드리고 [10]
아사셀을 위하여 제비 뽑은 염소는 산 채로 여호와 앞에 두었다가 그것으로 속죄
하고 아사셀을 위하여 광야로 보낼지니라 [11]아론은 자기를 위한 속죄제의 수송아지
를 드리되 자기와 집안을 위하여 속죄하고 자기를 위한 그 속죄제 수송아지를 잡
고 [12]향로를 가져다가 여호와 앞 제단 위에서 피운 불을 그것에 채우고 또 곱게 간
향기로운 향을 두 손에 채워 가지고 휘장 안에 들어가서 [13]여호와 앞에서 분향하여
향연으로 증거궤 위 속죄소를 가리게 할지니 그리하면 그가 죽지 아니할 것이며 [14]
그는 또 수송아지의 피를 가져다가 손가락으로 속죄소 동쪽에 뿌리고 또 손가락으
로 그 피를 속죄소 앞에 일곱 번 뿌릴 것이며

유대인 저자들은 대제사장은 대속죄일 전에 7일 동안 자신의 집에서 떠나 성전의 방에서 지내야만 했다고 말한다. 그가 이 큰 날의 사역을 위해서 자신을 준비하기 위함이었다. 대제사장은 이 7일 동안 스스로가 희생제사와 분향 등과 같은 하급 제사장들의 일을 감당했다. 그가 이 날의 사역에 익숙해지기 위함이었다. 대제사장은 그 제도에 관한 율법을 거듭 읽어서 그 예식법 전체를 온전히 알고 있기 위함이었다.

1. 대제사장은 평상시에 드리는 아침 제사와 더불어 매우 일찍 대속죄일의 사역을 시작해야만 했었다. 그는 옷을 갈아입기 전에 먼저 물로 온 몸을 씻은 뒤에 나중에 그의 손발을 다시 씻어야만 했다. 그러고 나서 그는 매일 드리는 향을 살랐고 등잔을 정리했으며 대속죄일을 위해서 지정된 특별한 제사를 드렸다(본문에는 없지만 민 29:8을 보라). 즉, 수송아지와 숫양과 일곱 마리의 어린 양들을 모두 번제로 드렸다. 그는 이것을 자신의 대제사장의 옷을 입고 수행했을 것이다.

2. 이제 대제사장은 자신의 화려하고 값진 옷을 벗어버리고 목욕을 한 뒤에 세마포 옷을 입고 여호와께 자기 자신의 수송아지를 드려야만 한다. 이것은 자신과 자신의 가족을 위한 속죄제물이었다(6절). 그 수송아지는 성전과 제단 사이에 놓였다. 본 절에서 언급된 수송아지를 드리는 것은 자신이 지은 죄들과 그의 가족이 지은 죄들에 대한 엄숙한 고백을 하는 것을 의미했다. 용서를 진지하게 구하는 기도를 하면서 자신의 손을 그 수송아지의 머리 위에 얹었다.

3. 그런 뒤에 대제사장은 두 염소를 놓고 제비를 뽑아야만 했다. 이 염소들은(둘 모두) 회중을 위한 속죄제물이었다. 이 두 염소 중에 하나는 죄에 대한 하나님의 공의를 만족시키기 위한 표시로 죽임을 당해야만 했다. 다른 한 마리는 하나님의 자비로 인해서 죄가 용서되고 제거되는 표시로 멀리 보내져야만 했다. 두 마리의 염소는 제비를 뽑기 전에 하나님께 드려져야만(보여야만) 했고(7절) 그런 뒤에 속죄염소는 그대로 두라고 했다(10절). 어떤 사람들은 염소들은 불쾌감을 주는 그들의 냄새들로 인해서 죄의 불쾌감을 나타내주기 때문에 속죄제물로 선택이 된 것이라고 말한다. 또한 다른 사람들은 이교도들이 경배를 드리는 마귀들이 종종 그 경배자들에게 염소의 모습으로 나타나기 때문에 하나님께서는 자신의 백성들이 염소를 희생제물로 잡도록 하셨다고 생각하기도 한다. 그렇게 함으로써 하나님의 백성들은 염소에게 희생제물을 드리는

유혹을 결코 받지 않게 하시기 위함이었다고 하는 것이다.

4. 다음으로 해야 할 일은 자신과 자기 가족을 위한 속죄제물로 드린 수송아지를 죽이는 것이었다(11절). 유대인들은 다음과 같이 말한다. "이제 대제사장은 다시 자신의 손을 수송아지의 머리 위에 얹고 자신이 이전에 했던 고백과 기도를 반복한다. 그리고 대제사장 자신의 손으로 친히 그 수송아지를 죽인다. 먼저 자신이 속죄 받음을 위해서(대제사장 자신이 먼저 화목을 회복하기 전에 어떻게 백성들의 죄를 위해서 화목함을 회복할 수 있겠는가?), 그리고 그의 가족이 속죄 받음을 위해서였는데 자기 자신의 가족뿐만 아니라 모든 제사장들을 위해서였던 것이다. 이 모든 제사장들은 아론의 족속이라고 부른다(시 135:19)." 이러한 자애로운 사랑은 가정에서 시작해야만 하는 것이다. 그러나 그 사랑은 가정에서 끝나서는 안 되는 것이다. 대제사장은 수송아지를 죽인 뒤에 피가 굳지 않도록 제사장들 중의 한 사람에게 저으라고 했다.

5. 그런 뒤에 대제사장은 한 손에 불이 붙은(연기는 나지 않았을 것이다) 향로를 가지고, 다른 한 손에는 좋은 향을 가득히 담은 접시를 가지고 휘장을 통해서 지성소로 들어갔다. 그리고 법궤를 향해 가서 바닥에 향불을 놓고 그 위에 향을 뿌렸고 방은 곧 연기로 가득해졌다. 유대인들은 다음과 같이 말한다. 대제사장은 하나님의 영광이 임재해 있는 법궤를 정면으로 바라보지 않기 위해서 지성소가 연기로 가득할 때까지 옆길(옆걸음)로 들어가야만 했고 하나님의 위엄에 대한 경외감을 나타내기 위해서 뒷걸음으로 나와야만 했다고 한다. 그리고 그는 간단하게 기도를 한 뒤에 급히 성소에서 나와 백성들에게 자신의 모습을 보여야만 했던 것이다. 자신이 성소에서 잘못하여 여호와 앞에서 죽지 않았다는 것을 보여주기 위함이었던 것이라고 유대인들은 말한다.

6. 그런 뒤에 대제사장은 수송아지의 피를 젓도록 맡긴 제사장에게서 수송아지의 피를 가지고 두 번째 지성소에 들어갔다. 이제는 지성소가 향연으로 가득 찼을 때 자신의 손가락으로 피를 찍어 시은소 곧 속죄소 위에 뿌렸다. 한 번은 속죄소를 향하여 위에, 그리고 일곱 번은 속죄소의 아래쪽을 향하여 뿌렸다(14절). 그러나 (유대인들이 설명하는 대로) 핏방울은 모두 땅 바닥에 떨어졌고 속죄소에 묻지 않았다. 이 모든 의식을 마친 뒤에 대제사장은 지성소에서 나와 피를 담은 대야를 성소에 내려놓고 나왔다.

15또 백성을 위한 속죄제 염소를 잡아 그 피를 가지고 휘장 안에 들어가서 그 수송
아지 피로 행함 같이 그 피로 행하여 속죄소 위와 속죄소 앞에 뿌릴지니 16곧 이스
라엘 자손의 부정과 그들이 범한 모든 죄로 말미암아 지성소를 위하여 속죄하고
또 그들의 부정한 중에 있는 회막을 위하여 그같이 할 것이요 17그가 지성소에 속죄
하러 들어가서 자기와 그의 집안과 이스라엘 온 회중을 위하여 속죄하고 나오기까
지는 누구든지 회막에 있지 못할 것이며 18그는 여호와 앞 제단으로 나와서 그것을
위하여 속죄할지니 곧 그 수송아지의 피와 염소의 피를 가져다가 제단 귀퉁이 뿔
들에 바르고 19또 손가락으로 그 피를 그 위에 일곱 번 뿌려 이스라엘 자손의 부정
에서 제단을 성결하게 할 것이요

대제사장은 속죄소 앞에 수송아지의 피를 뿌리고 나온 뒤에 다음과 같은 일들을 했다.

1. 대제사장은 다음으로 백성들을 위한 속죄제물이었던 염소를 잡았다(15절). 그리고 수송아지의 피를 뿌렸던 것과 같이 염소의 피를 뿌리기 위해서 세 번째 지성소에 들어갔다. 이와 같이 하여 그는 지성소를 속죄하는 것이었다(16절). 즉, 백성들은 자신들이 지은 죄로 인해서 하나님을 격노하시게 만들어 그들과 함께 하시는 하나님의 은혜로운 임재의 표시들을 거두어 가시도록 했던 것이다. 그러므로 그 지성소조차도 거룩하신 하나님께서 계시기에 부적합하게 되었던 것이다. 이로 인해서 죄를 속하는 절차가 시행되었던 것이다. 백성들과 화해를 이루신 하나님께서 그들과 계속 함께 하시도록 하기 위함이었던 것이다.

2. 그런 뒤에 대제사장은 성막의 외소를 위해서도 내소를 위해서 한 것과 동일하게 행해야만 했다. 먼저 수송아지의 피를 뿌리고, 이어서 염소의 피를 뿌렸다. 외소에는 휘장이 없고 진설병 식탁과 분향단이 서 있었다. 그 곳에 이전과 같이 8번 피를 뿌렸다. 이렇게 회막을 속죄해야만 했던 이유는 그들의 부정한 중에 있는 회막이었기 때문이다(16절). 하나님께서는 이를 통해서 백성들에게 그들의 마음이 얼마나 성결하게 되어야 하는지를 보여주시려고 했던 것이다. 하나님께서는 그렇게 부정하고 죄악된 사람들 가운데 서 있기만 한 성소조차도 이러한 속죄함이 필요하다고 말씀하신 것이다. 또한 그들의 헌신과 경건한 의식들조차도 많은 잘못들이 있을 수 있기 때문에 이를 위해서 속죄가 이

루어지는 것이 필요했던 것이다. 이러한 의식이 진행되는 동안에는 어떠한 하급 제사장들도 회막에 들어올 수 없었다(17절). 다만 밖에 서서 자신들이 회막에서 사역을 감당하기에는 자격이 없고 부적합하다고 하는 것을 고백해야만 했다. 그들의 잘못들과 결점들, 그리고 그들의 사역에 있어서 여러 가지 부정함들로 인해서 이러한 회막의 속죄가 필요하게 되었기 때문이었다.

3. 그런 뒤에 대제사장은 수송아지와 염소의 피 얼마를 함께 섞어 여호와 앞에 있는 제단의 뿔에 발라야만 했다(18-19절). 분향단에도 이 피를 발랐음이 분명하다. 그것이 분명하게 명령되었기 때문이다(출 30:10). 그러나 어떤 사람들은 이러한 지시는 대제사장이 번제단 앞으로 가라고 하는 것으로 본다. 본문에서 그것은 여호와 앞 제단이라고 불리고 있기 때문이다(12절). 대제사장은 그 앞으로 나아가라고 명령을 받았고 그 번제단도 속죄가 필요했던 것이라고 생각할 수 있기 때문이라는 것이다. 이스라엘 자손들의 예물들과 제물들은 모두 그 번제단으로 드려졌고, 그들의 부정함으로부터 번제단은 거룩해져야만 한다고 본문은 말하고 있는 것이기 때문이다.

[20]그 지성소와 회막과 제단을 위하여 속죄하기를 마친 후에 살아 있는 염소를 드리
되 [21]아론은 그의 두 손으로 살아 있는 염소의 머리에 안수하여 이스라엘 자손의 모
든 불의와 그 범한 모든 죄를 아뢰고 그 죄를 염소의 머리에 두어 미리 정한 사람
에게 맡겨 광야로 보낼지니 [22]염소가 그들의 모든 불의를 지고 접근하기 어려운 땅
에 이르거든 그는 그 염소를 광야에 놓을지니라 [23]아론은 회막에 들어가서 지성소
에 들어갈 때에 입었던 세마포 옷을 벗어 거기 두고 [24]거룩한 곳에서 물로 그의 몸
을 씻고 자기 옷을 입고 나와서 자기의 번제와 백성의 번제를 드려 자기와 백성을
위하여 속죄하고 [25]속죄제물의 기름을 제단에서 불사를 것이요 [26]염소를 아사셀에게
보낸 자는 그의 옷을 빨고 물로 그의 몸을 씻은 후에 진영에 들어갈 것이며 [27]속죄
제 수송아지와 속죄제 염소의 피를 성소로 들여다가 속죄하였은즉 그 가죽과 고기
와 똥을 밖으로 내다가 불사를 것이요 [28]불사른 자는 그의 옷을 빨고 물로 그의 몸
을 씻은 후에 진영에 들어갈지니라

대제사장은 희생제물의 피를 뿌림으로써 속죄제물을 여호와께 드렸다. 아마도 그 나머지 피는 놋제단 아래 뿌렸을 것이다.

1. 대제사장은 다음으로 자신의 손을 속죄염소의 머리에 손을 얹고 이스라엘의 죄를 고백해야만 했다(20-21절). 어떤 제물의 머리에 손을 얹는다고 하는 것은 희생제사의 본성에 따라 언제나 죄에 대한 고백과 더불어 이루어지는 것이었다. 그리고 이것은 속죄제이었으므로 죄의 고백이 있어야만 하는 것이다. 유대 교회의 후기 타락한 시대에는 백성들이 대제사장을 위해서 마련된 일정한 형식의 고백문을 가지고 있었다. 그러나 하나님께서는 본문에서 그러한 고백문에 대한 아무런 지침도 주시지 않았다. 대제사장은 그의 백성들의 상태를 너무나 잘 알고 있었고 그들에 대한 애틋한 마음을 가지고 있었기 때문에 어떠한 형식문도 필요하지 않았던 것이다. 죄에 대한 고백은 할 수 있는 대로 낱낱이 해야만 한다. 이스라엘 자손들의 모든 죄들뿐만 아니라 그들이 범한 모든 죄들을 고백해야만 하는 것이다. 여러 가지 상황들을 악화시키는 여건들로 인해서 한 가지 죄에는 여러 가지 범죄가 있을 수 있는 것이다. 우리의 고백에서도 이러한 사실에 주의하여 단순히 내가 죄를 지었습니다 하고 말할 것이 아니라 아간과 같이 "내가 여차여차한 죄를 지었나이다" 라고 말해야만 하는 것이다. 이렇게 고백함으로써 대제사장은 이스라엘의 죄를 그 염소의 머리 위에 두어야만 했던 것이다. 즉, 그러한 죄의 이행을 제정한 하나님의 지시하심에 대해서 신뢰함으로써 대제사장은 죄인들이 받아야 할 징벌을 죄인들에게서 희생제물로 옮겨야만 했던 것이다. 하나님께서 친히 그 제도를 정하지 않으셨다면, 희생제사는 하나의 농담거리였을 것이고, 더 나아가 하나님을 모독하는 것이 되었을 것이다.

2. 그런 뒤에 그 염소는 이 일을 위해서 선별된 적합한 사람에 의해서 즉시로 사람이 살지 않는 광야로 내보내졌다. 하나님께서는 이스라엘 백성들에게, 염소를 내보내는 것은 그들의 죄를 값없이 완전히 용서해 주신다고 하는 의미를 가진 이러한 제도를 만들도록 허락하셨던 것이다: 염소가 그들의 모든 불의를 지고(22절). 그 염소를 풀어주는 것은 이스라엘 백성들에게 이스라엘의 죄악을 찾을지라도 찾아내지 못할 것이라고 하는 표시였다(렘 50:20). 후기의 유대인들은 붉은 천 한 조각을 그 염소의 뿔에 매고, 다른 한 조각을 성전의 문이나 그 염소를 놓아주었던 바위에 묶어 놓는 관습을 가지고 있었다. 그들은 그 붉은 천이 희게 바래지면 이스라엘의 죄가 용서를 받은 것이라고 말했다고 한다. 이것은 마치, 너희의 죄가 주홍 같을지라도 눈과 같이 희어질 것이요 진홍 같이 붉을지

라도 양털 같이 희게 되리라라고 함과 같은 것이었다. 그들은 덧붙여 말하기를, 로마 군사들에 의해서 예루살렘이 멸망하기 전 40년 동안은 그 붉은 천이 전혀 색이 바뀌지 않았다고 한다. 이것은 실체(그리스도)를 거부함으로 인해서 그림자(제사)는 그들에게 아무런 도움이 되지 못했다고 하는 것을 말해주는 훌륭한 고백이다.

3. 그런 뒤에 대제사장은 그의 세마포 옷을 회막에서 벗어서 그 곳에 놓아두어야만 했다. 유대인들은, 대제사장이나 다른 제사장들은 결코 그 옷을 다시 입지 않았다고 말한다. 이스라엘 백성들은 매년 새로운 옷을 만들었기 때문이라고 전한다. 그리고 대제사장은 목욕을 하고 나서 화려한 옷으로 갈아입고 그 자신과 백성들의 번제를 드렸다(23-24절). 우리가 죄용서의 위로를 얻을 때 하나님께서는 그 영광을 거두시는 것이다. 우리가 속죄 제사의 은혜를 입으면, 우리는 기꺼이 감사의 제사를 드려야만 하는 것이다. 아마도 속죄제물의 기름을 태우는 것은 이 때까지 연기되었던 것 같다(25절). 그 기름은 번제의 기름과 함께 태워지도록 하기 위함이었던 것이다.

4. 피를 휘장 안으로 가져간 속죄제물들의 고기는 모두 불태워져야만 했다. 제단 위에서가 아니라 멀리 떨어진 진 밖에서 불태워져야만 했다. 이것은 참된 회개와 뜨거운 영성으로 우리의 죄가 제거된다는 것과 하나님께서 완전히 용서해주심으로써 그 죄가 깨끗하게 되었음을 상징해주는 것이었다. 그러므로 우리는 다시는 그 죄의 정죄를 받지 않게 될 것임을 나타내주는 것이었다.

5. 속죄 염소를 광야로 데리고 갔던 사람과 속죄제물을 불태웠던 사람들은 의식법상으로 부정한 자들로 여겨져서 그들이 자신들의 옷을 빨고 물로 목욕을 하기 전에는 진에 들어와서는 안 되었다. 이것은 죄의 추악한 본성을 상징해주는 것이었다. 죄속함을 위해서 드려진 제물조차도 더럽히는 것이라고 하는 것은 율법적인 희생제사의 불완전성을 상징해주는 것이었다. 그 율법적인 제사들은 죄를 결코 완전히 제거할 수 없었기 때문에 그 제사들은 그 제물을 만진 자들에게 어떠한 오점을 남겼던 것이다.

6. 이 모든 일들을 마쳤을 때 대제사장은 자신의 향로를 가지러 가기 위해서 다시 지성소로 갔다. 그리고 기쁨을 가지고 자신의 집으로 돌아갔다. 그는 이 직임을 모두 감당하고서도 죽지 않았기 때문이었다.

[29]너희는 영원히 이 규례를 지킬지니라 일곱째 달 곧 그 달 십일에 너희는 스스로
괴롭게 하고 아무 일도 하지 말되 본토인이든지 너희 중에 거류하는 거류민이든지
그리하라 [30]이 날에 너희를 위하여 속죄하여 너희를 정결하게 하리니 너희의 모든
죄에서 너희가 여호와 앞에 정결하리라 [31]이는 너희에게 안식일 중의 안식일인즉
너희는 스스로 괴롭게 할지니 영원히 지킬 규례라 [32]기름 부음을 받고 위임되어 자
기의 아버지를 대신하여 제사장의 직분을 행하는 제사장은 속죄하되 세마포 옷 곧
거룩한 옷을 입고 [33]지성소를 속죄하며 회막과 제단을 속죄하고 또 제사장들과 백
성의 회중을 위하여 속죄할지니 [34]이는 너희가 영원히 지킬 규례라 이스라엘 자손
의 모든 죄를 위하여 일 년에 한 번 속죄할 것이니라 아론이 여호와께서 모세에게
명령하신 대로 행하니라

I. 본문에서 우리는 이 장엄한 제전을 묘사한 글에 몇 가지 부가된 지침들을 보게 된다. 구체적으로 다음과 같은 것들이다.

1. 이 제전을 지키라고 지정된 날짜. 매년 일곱째 달 곧 그 달 십일에 이 대속죄일의 제전을 지켜야만 했다(29절). 하나님께서 이스라엘 자손들이 애굽에서 나온 달이 그 이후로 첫째 달로 계산되도록 그리고 첫째 달로 불리도록 지정하실 때까지 일곱째 달은 첫 달로 계산되었다. 어떤 사람들은 7월 10일은 인류의 첫 시조들이 타락한 날이었기 때문에 그들의 타락을 생각하면서 금식일로서 지켜졌다고 생각한다. 라이트푸트(Lightfoot) 박사는 이 날은 모세가 산에서 내려온 마지막 날이며, 그 때에 모세는 새로 써주신 증거판을 가져온 날로서 하나님께서 이스라엘과 화해를 이루셨고 모세의 얼굴이 빛났던 날이라고 추정한다. 그러므로 그 날은 이스라엘 백성들이 온 세대를 거쳐서 지킬 속죄일이 되었을 것이라는 것이다. 금송아지에 대한 그들의 죄를 하나님께서 용서해주신 것을 기억하면서 그들이 회개하면 하나님께서 그들의 모든 죄악들을 사해주실 것이라고 하는 희망을 가질 수 있었기 때문이다.

2. 이 날에 백성들이 감당해야 할 의무. (1) 백성들은 그들의 모든 노동을 놓고 쉬어야만 한다: 이는 너희에게 안식일 중의 안식일인즉(31절). 대속죄일의 일 그 자체만 해도 일이 많았으며 그 일을 잘 감당하면 하루 일거리로는 충분한 일이었던 것이다. 그러므로 그들은 다른 일을 전혀 해서는 안 되었던 것이다. 죄를 위해서 고행하며 스스로 괴롭게 하는 일은 그러한 정도의 마음의 집중과

온 몸의 참여를 요구하는 일이었기 때문에 우리가 다른 일을 돌아볼 수 없을 정도로 정성이 필요한 것이다. 대속죄일은 선지자가 말한 바로 그 안식일인 것 같다(사 58:13). 이전 구절에서 언급된 동일한 금식의 날이기 때문이다. (2) 백성들은 자신들의 영혼을 괴롭게 하며 근신해야만 했다. 그들은 자신들의 죄에 대한 영혼의 내적인 근신과 참회의 표시로 모든 육체적인 오락이나 환락들을 피해야만 했다. 그들은 이 날에 모두 금식을 했으며(병자들과 어린아이들을 제외하고), 그들의 장신구를 내려놓았고, 다니엘처럼 자신들에게 기름을 바르지 않았다(단 10:3, 12). **다윗도 금식으로 자신의 영혼을 괴롭게 했다**(시 35:13). 그리고 이것은 죄를 억제하고 죄에서 돌아서는 것을 나타내주는 것이었으며, 흉악의 결박을 풀어주는 것(사 58:6-7)을 의미했던 것이다. 유대 학자들은 이스라엘 백성들은 그 날에 그들에게 기쁨과 즐거움을 주는 성경 구절 부분조차도 읽어서는 안 되었다고 말해준다. 그 날은 그들의 영혼을 괴롭게 하는 날이었기 때문이다.

3. 이 제도의 영속성: **이는 영원히 지킬 규례라**(29, 34절). 대속죄일은 율법이 없어지든지 모형이 원형에 의해서 대치될 때까지 어느 해에도 중단되거나 멈추어서는 안 되었던 것이다. 우리가 계속해서 죄를 짓는 한 우리는 계속해서 죄를 회개해야만 하고 속죄를 받아야만 하는 것이다. 죄로 인해서 우리의 영혼을 괴롭게 하는 율법은 영원한 율례이다. 이 율법은 모든 눈물, 심지어 회개의 눈물조차도 우리의 눈에서 사라지는 곳에 우리가 도달할 때까지 계속해서 그 효력이 있을 것이다. 사도는 이것을 죄를 제거하고 죄로부터 양심을 깨끗하게 하는 율법적인 제사들의 불완전성에 대한 증거로 말하고 있다. 율법적인 제사들은 대속죄일에 **해마다 죄를 생각나게 하는** 면이 있다고 하는 것이다(히 10:1-3). 희생제사를 매년 반복해서 드렸다고 하는 것은 그 제사들에는 속죄를 이루는 미약한 효력밖에 없다고 하는 것을 보여주는 것이었다. 속죄는 사실상 그리스도께서 단번에 자신을 드린 제사에 의해서만 가능한 것이다. 그리스도의 제사는 한 번으로 충분한 것이어서 결코 반복할 필요가 없는 것이다.

Ⅱ. 이 모든 율법 속에 어떠한 복음이 들어 있는지 보도록 하자.

1. 여기에는 죄의 용서와 하나님께 나아가는 두 가지 커다란 복음적인 특권들이 상징적으로 나타나 있다. 우리는 이 두 가지 특권을 우리 주 예수님의 중보하심을 통해서 은혜를 입고 있는 것이다. 그러면 다음과 같은 사실들을 살펴

보도록 하자.

(1) 그리스도께서 우리를 위해서 이루신 죄의 용서. 그리스도께서는 친히 속죄를 이루셨고 그 제물이 되셨다.

[1] 그리스도께서는 백성의 죄를 속량하시는 제사장 곧 대제사장이시기 때문이다(히 2:17). 오직 그리스도께서만이 그 일에 합당하시고 영광을 받으실 만한 분이신 것이다. 그분은 아버지께서 그 일을 담당하도록 지명하신 분이시다. 아버지께서는 그를 거룩하게 하셨고 이 일을 위해서 세상에 보내신 분이시다. 하나님께서 그리스도 안에서 세상을 자기에게로 화해하시기 위함이었다. 그리스도께서는 그 일을 감당하셨으며, 우리를 위해서 자신을 성결케 하셨고, 그 일을 위해서 자신을 구별하셨다(요 17:19). 대제사장이 이 날 자주 목욕을 하는 것과 깨끗하고 흰 세마포 옷을 입고 이 날의 사역을 감당하는 것은 주 그리스도의 거룩하심과 모든 죄에서 깨끗하신 그분의 완전한 자유하심, 그리고 모든 영광으로 영화롭게 되신 그리스도의 아름다움을 상징해주는 것이었다. 어느 누구도 대제사장이 속죄사역을 감당하고 있을 때 그와 함께 있을 수 없었다(17절). 우리 주 예수께서 홀로 포도주 틀을 밟고 아무도 그와 함께 있어서는 안 되었기 때문이다(사 63:3). 그러므로 그리스도께서 고난에 들어가셨을 때 그의 모든 제자들은 그를 버리고 도망갔던 것이다. 제자들 중의 누군가가 그리스도와 함께 가서 죽었다면 마치 그들이 속죄사역을 이루는데 도움을 주었던 것처럼 여겨질 수 있었기 때문이다. 강도들 외에는 어느 누구도 그리스도와 함께 고난을 당하지 않았는데 그 강도들은 그러한 의심을 받을 자들이 아니었기 때문이다. 그리고 대제사장이 이룬 구속의 범위는 어떠했는지 살펴보도록 하자. 그 속죄의 범위는 다음과 같았다: 지성소를 속죄하며 회막과 제단을 속죄하고 또 제사장들과 백성의 회중을 위하여 속죄할지니(33절). 그리스도의 속죄는 사역자들과 백성들의 죄와 우리의 거룩한 것들(그리고 우리의 거룩하지 않은 것들)의 죄악들을 속죄해주는 것이다. 우리가 규례들의 특권에 대해서 가지는 칭호와 그 안에서 얻는 위로, 그리고 그로 인한 은혜는 모두 그리스도께서 이루신 속죄의 덕분인 것이다. 그러나 대제사장이 이룬 속죄는 오직 이스라엘 회중에게만 국한되는 반면에, 그리스도께서는 유대인들의 죄악들뿐만 아니라 전체 이방 세계의 죄악들을 위한 속죄제물이 되신 것이다. 그리스도께서는 아론보다 무한히 뛰어난 분이시다. 아론은 먼저 자기 자신을 위한 제사를 드렸다. 그는 속죄제물의 머리

에 손을 얹고 죄에 대한 고백을 해야만 했던 것이다. 그러나 우리 주 예수께서는 그렇게 고백할 자신의 죄가 없으셨던 것이다. 이러한 대제사장은 우리에게 합당한 것이다(히 7:26). 그러므로 예수께서 요단 강에서 세례를 받으셨을 때 다른 사람들은 물 속에 서서 그들의 죄를 고백했지만(마 3:6) 예수께서는 고백하실 죄가 없으셨기 때문에 곧장 물에서 나오셨던 것이다(마 3:16).

[2] 그리스도께서 대제사장이듯이, 그리스도께서는 속죄를 이루는 희생제물이신 것이다. 그분께서는 우리가 하나님과 화해되는데 있어서 모든 것을 감당하시고 모든 것이 되시기 때문이다. 그분은 한 제물을 이루는 두 마리의 염소로 예표되셨다. 죽임을 당한 염소는 우리의 죄를 위해서 죽으신 그리스도를 상징하는 것이었고, 아사셀 염소인 속죄염소는 우리의 의롭다 하심을 위해서 다시 살아나신 그리스도를 상징하는 것이었다. 어느 염소를 죽일 것인지는 여호와의 뜻을 알기위해 제비를 뽑아 결정되었다. 그리스도께서도 하나님께서 정하신 뜻과 미리 아신 대로 내준 바 되었던 것이기 때문이다. 첫째, 속죄는 이스라엘의 죄를 염소의 머리 위에 놓음으로써 완성되었다고 말하고 있다. 그 죄들은 망각의 땅으로 보내져 버려지는 것이 마땅했다. 그러나 본문에서는 그러한 징벌은 이스라엘 백성들의 죄를 지고 가는 염소에게 전가되었다. 이와 관련해서 우리는 하나님께서 우리 모두의 죄악을 우리 주 예수(이 모든 그림자들의 실체가 되심)께 담당시키셨다고 듣고 있다(사 53:6). 예수께서는 친히 나무에 달려 그 몸으로 우리 죄, 그 죄의 징벌조차도 담당하셨다고 한다(벧전 2:24). 이와 같이 그리스도께서는 우리를 위해서 죄를 담당하셨다. 즉, 우리의 죄를 위한 제물이 되신 것이다(고후 5:21). 그리스도께서는 고난을 받으시고 죽으셨다. 우리의 유익을 위해서 뿐만 아니라 우리를 대신해서 그렇게 하신 것이다. 그리스도께서는 버림을 받으시고 잠시 동안 잊혀버리는 듯이 보였다. 우리가 영원토록 버려지고 잊히지 않도록 하기 위함이었던 것이다. 어떤 학자들은 우리 주 예수께서 요단 강에서 요한의 세례를 받으신 것은 바로 대속죄일인 7월 10일이었다고 추정한다. 그런 뒤에 그분께서는 중보자로서의 자신의 사역에 임하셨고, 세례를 받으신 후에 즉시로 성령에 이끌리어 광야로 가셨다. 무인지경으로 끌려가신 것이다. 둘째, 이 의식의 결과로 이스라엘의 모든 죄악들은 망각의 땅으로 옮겨졌다. 이와 같이 하나님의 어린 양이신 그리스도께서는 죄악을 친히 담당하심으로 세상의 죄를 지고 가셨다(요 1:29). 그리고 하나님께서 죄를 용

서하실 때 하나님께서는 그 죄를 더 이상 기억하지 않으시고(히 8:12), 하나님의 등 뒤로 던져버리시고(사 38:17), 깊은 바다에 던져버리시고(미 7:19), 동이 서에서 먼 것과 같이 죄를 멀리해주신다(시 103:12)고 하신다.

(2) 그리스도께서 우리를 위해 하늘나라로 들어가신 것은 본문에서 대제사장이 지성소에 들어간 것으로 상징되어 나타나고 있다. 사도는 이것에 대해서 설명을 하고 있으며 다음과 같은 것들을 보여준다(히 9:7 이하).

[1] 하늘나라는 가장 거룩한 곳으로 사람이 지은 건물이 아니다. 그 곳에 들어가는 길은 믿음과 소망과 기도에 의하여 중보자를 통하여 갈 수 있다. 지금 복음에 의해서 우리에게 분명하게 나타난 것 같이 그 당시에는 그렇게 분명하게 드러나지 않았던 것이다.

[2] 우리의 대제사장이신 그리스도께서는 단 한 번 승천하셔서 하늘나라에 들어가셨다. 자신의 모든 영적인 이스라엘의 이름으로 하나의 공적인 대표성을 띤 사람으로서 자신의 육체의 휘장을 통해서 들어가셨던 것이다. 그리스도의 몸은 바로 이러한 목적을 위해서 찢기신 것이다(히 10:20).

[3] 그리스도께서는 자기의 피로 들어가셨다(히 9:12). 그분께서는 자신이 지상에서 드린 희생제물의 공로를 가지시고 하늘나라에 들어가셨다. 그렇게 함으로써 말하자면 자신의 피를 속죄소 앞에 뿌리신 것이다. 이 피는 그 속죄소에서 수송아지와 염소의 피가 할 수 있었던 것보다 더 나은 일을 이루신 것이다. 그러므로 그분께서는 죽임 당한 어린 양으로서 하나님의 보좌 한가운데에 계신다고 말하고 있는 것이다(계 5:6). 비록 그분께서는 용서받으실 자신의 죄를 가지고 계시지 않았을지라도, 그분께서 우리를 위한 영원한 구원뿐만 아니라(히 9:12) 그분 자신의 옛 영광을 회복하신 것은(요 17:4-5) 바로 그분 자신의 공로에 의한 것이었다.

[4] 대제사장은 성소에서 분향을 올렸다. 이것은 그리스도의 대속의 은혜를 통해서 그분께서 휘장 안에서 우리를 위해서 영원히 살아 계시면서 드리는 중재를 상징해주는 것이었다. 속죄소가 이 분향의 연기로 덮여 있지 않다면, 우리는 속죄소 앞에서 살아남게 되는 것을 전혀 기대할 수 없었다. 중보자의 중재가 없다면 자비 자체만으로는 우리를 구원할 수 없게 되는 것이다. 그 곳에는 그리스도의 중재가 이 향처럼 향기로서 하나님 앞에 드려져 있는 것이다. 대제사장은 먼저 자신을 위해서 중재하고, 그 뒤에 자신의 가족을 위해서 중재

하고, 그 뒤에 모든 이스라엘을 위해서 중재했다. 이와 마찬가지로 우리 주 예수께서도 요한복음 17장에서(이것은 그리스도께서 하늘에서 드릴 중재의 한 예이다) 먼저 자신을 아버지께 맡기시고, 그 뒤에 자신의 가족이라고 할 수 있는 제자들을 맡기시고, 그 뒤에 제자들의 말씀을 통해서 이스라엘로서 그리스도를 믿게 될 모든 사람들을 맡기신다. 이와 같이 자신이 드리는 제물의 용도와 의도를 알리신 뒤에 이러한 의도들에 따라서 곧바로 잡히시고 십자가에 달리셨다.

[5] 여기에서 그리스도께서 이루어 놓으신 출입구도 아론의 것을 훨씬 뛰어넘는 것이었다. 아론은 자신의 아들들을 위한 허락도 얻을 수 없었다. 그러나 우리 주 예수께서는 우리를 위해서 지성소로 들어가는 새로운 살 길을 마련하셨다. 그래서 우리는 들어갈 담력을 얻게 된 것이다(히 10:19-20).

[6] 대제사장은 다시 나와야만 했었다. 그러나 우리 주 예수께서는 그 곳에서 중재를 하시면서 영원히 사시며 우리를 위해서 하나님의 존전에 언제나 알현(謁見)하고 계신다. 그리스도께서는 우리 앞에 먼저 가신 분으로서 우리를 위해서 그 곳에 들어가셨고 우리를 위한 대표자로서 계속해서 거주하신다.

2. 또한 여기에는 믿음과 회개라고 하는 두 개의 커다란 복음적인 의무들이 상징적으로 나타난다. 이 믿음과 회개에 의해서 우리는 속죄를 얻을 수 있는 것이고 그 속죄의 은혜를 받을 권리를 가지게 되는 것이다.

(1) 우리는 제물의 머리 위에 우리의 손을 믿음으로 얹어야만 한다. 우리를 의롭게 해주시는 주로서 그리스도를 의지하면서, 그리고 우리의 죄를 용서해 주시고 그 사하심을 얻게 해주시는 것은 그분의 대속하심밖에 없다는 것을 탄원하면서 믿음으로 손을 얹는 것이다. "여호와여 내게 응답하옵소서! 그리스도께서 죽으셨다가 다시 살아나셨나이다. 이것이 제가 저를 위해서 할 수 있는 모든 말입니다. 그러므로 그분의 은혜와 다스리심에 제가 전적으로 스스로 순복합니다. 저는 그분 안에서 구속함을 입었나이다(롬 5:11)."

(2) 우리는 회개함으로써 우리의 영혼을 괴롭게 해야만 한다. 잠시 동안 육체의 환락을 끊을 뿐만 아니라, 내적으로는 우리의 죄를 위해서 슬퍼해야만 하며 자기부인(否認)과 극기의 삶을 살아야만 하는 것이다. 또한 우리는 죄를 참회해야만 한다. 우리는 그리스도를 똑바로 바라보면서 그분으로 인해서 통회를 해야만 하는 것이다. 그리고 속죄 제물에 손을 얹고, 만일 우리가 우리 죄를

자백하면 그는 미쁘시고 의로우사 우리 죄를 사하시며 우리를 모든 불의에서 깨끗하게 하실 것이요라고 하는 확신을 가져야 하는 것이다.

마지막으로, 희년(禧年)에는 자유를 선포하는 나팔 소리가 대속죄일이 끝날 때에 울려퍼지게 하라고 했다(레 25:9). 우리의 빚이 탕감되고, 우리의 속박이 풀어졌고, 우리의 유업으로 돌아가는 이 모든 것은 바로 예수 그리스도의 중보와 중재의 덕분인 것이다. 그 속죄를 통해서 우리의 영혼은 안식을 얻으며, 하나님의 자녀의 모든 영광스러운 자유를 얻게 되는 것이다.

제 17 장

개요

대제사장이 성막에서 수송아지와 숫양의 제물을 드림을 통해 모든 백성들을 위한 대속죄일에 관한 율법이 제정되었다. 이제 본 장에서는 그 대속죄일의 영광을 보존하기 위해 필요한 두 가지 금지 조항들을 보게 된다. I. 제사장들 이외에 어떠한 사람들도, 그리고 성막 문 이외의 그 어느 곳에서도 결코 희생제물을 드려서는 안 된다. 이것을 어길 경우에는 백성 중에서 끊어지는 죽음의 고통을 당하게 된다(1-9절). II. 어떠한 피도 먹어서는 안 된다. 이것을 어길 경우에도 역시 같은 죽음의 징벌을 당하게 된다(10절 이하).

1여호와께서 모세에게 말씀하여 이르시되 2아론과 그의 아들들과 이스라엘의 모든
자손에게 말하여 그들에게 이르기를 여호와의 명령이 이러하시다 하라 3이스라엘
집의 모든 사람이 소나 어린 양이나 염소를 진영 안에서 잡든지 진영 밖에서 잡든
지 4먼저 회막 문으로 끌고 가서 여호와의 성막 앞에서 여호와께 예물로 드리지 아
니하는 자는 피 흘린 자로 여길 것이라 그가 피를 흘렸은즉 자기 백성 중에서 끊어
지리라 5그런즉 이스라엘 자손이 들에서 잡던 그들의 제물을 회막 문 여호와께로
끌고 가서 제사장에게 주어 화목제로 여호와께 드려야 할 것이요 6제사장은 그 피
를 회막 문 여호와의 제단에 뿌리고 그 기름을 불살라 여호와께 향기로운 냄새가
되게 할 것이라 7그들은 전에 음란하게 섬기던 숫염소에게 다시 제사하지 말 것이
니라 이는 그들이 대대로 지킬 영원한 규례니라 8너는 또 그들에게 이르라 이스라
엘 집 사람이나 혹은 그들 중에 거류하는 거류민이 번제나 제물을 드리되 9회막 문
으로 가져다가 여호와께 드리지 아니하면 그는 백성 중에서 끊어지리라

이 법령은 모든 이스라엘 백성들에게 그들의 모든 제물들을 하나님의 제단에서 드려지도록 그 제단으로 가져오라고 명령하고 있다. 이 규례에 관해서 우리는 다음과 같은 사실들을 고려해야만 하는 것이다.

I. 이 법령이 있기 전에 시행된 방법.

1. 모든 백성들은 그들이 원하는 곳에 제단을 쌓을 수 있었고 하나님께 희생제물을 드릴 수 있도록 허용되었다. 아브라함은 장막을 치는 곳마다 제단을 쌓았고 가족의 모든 가장은 욥 1:5에서처럼 자기 가족의 제사장이었다.

2. 이러한 허용은 우상 숭배의 한 계기가 되었다. 모든 사람들이 각자 제사장이었고 점차로 자신들의 제단을 가지게 되었다. 그들이 그들의 상상 가운데 허황되게 됨에 따라 그들은 그들 자신들의 신(神)을 만들어내게 되었고 악마에게 희생제사들을 드리게 되었던 것이다(7절). 악마라고 하는 말은 거치른 혹은 털이 많은 숫염소를 의미하는 것이었다. 이것은 아마도 악한 영들이 종종 그러한 모습으로 그들에게 나타났고, 그러한 모습에 희생제사를 요구했고, 그들이 그 희생제물들을 받은 것을 나타내는 것이기 때문이었을 것이다. 악마는 하나님께 반기를 든 반역자가 된 이래로 하나님의 대적자로서 활동해왔고 하나님께 드려진 하나님의 영광을 가로채려고 해왔다. 그는 뻔뻔스럽게도 은총을 입으신 우리의 구세주께 그에게 절하고 경배하라고 유혹했다. 이스라엘 백성들은 자신들 스스로가 애굽에서 악마에게 희생제사를 드리는 법을 배웠다. 이스라엘 백성들 중에 몇몇은 이스라엘의 하나님께서 그들에게 그렇게나 영광스럽게 나타나시고 함께 계셨음에도 불구하고 계속해서 마귀를 숭배하는 일을 했었던 것 같다. 그래서 그들이 이 악마들을 음란히 섬겼다라고 하는 말을 들은 것이다. 간음이 결혼 계약을 파괴하는 것같이 이러한 행동은 하나님과 맺은 그들의 언약을 깨는 것이었다. 그들은 그들의 우상 숭배에 너무나 강하게 중독되어 있었다. 그러므로 그들은 모든 더러운 것을 욕심으로 행하는 자들처럼 자신들을 음란함에 내어주어서 우상들에게서 돌이키기 어려운 사람들처럼 되었다. 그러므로 하나님께서 자신을 질투하는 하나님이라고 부르신 것은 바로 이러한 구절들에 대한 말씀이셨던 것이다.

Ⅱ. 이 율법이 규정하고 있는 방법.

1. 어떤 사람들은 이스라엘 자손들은 그들이 광야에 있는 동안에는 이 율법에 의해서 회막 문 이외의 다른 어떤 곳에서도 어떤 소나 양이나 송아지나 어린 양이나 염소를 죽이는 것이 금지되었다고 생각한다. 심지어 그들의 일상적인 식용을 위해서 죽이는 것조차도 금지되었다고 본다. 회막 문은 피와 기름이 제단 위에서 하나님께 드려졌던 곳이고, 고기는 이 율법에 따라서 드리는 자에게 화목제물로서 먹을 수 있도록 다시 돌려졌다고 보는 것이다. 이 법령은 이러한

견해를 자구적으로 지지해주고 있는 듯하다(3-4절). 본문은 소나 양이나 염소를 죽이는 일에 대해서 일반적으로 말하고 있기 때문이다. 학식이 풍부한 커드워스(Cudworth) 박사는 이 문제에 대해서 이렇게 생각한다. 이스라엘 백성들이 자신들의 진 가운데에 그렇게나 자신들에게 가까이에 회막이 있었을 동안에는 그들은 먼저 하나님께 드려진 것 이외에는 어떠한 고기도 먹을 수 없었다는 것이다. 그러나 그들이 가나안에 들어갔을 때에는 이 제도가 변경되었고(신 12:21) 그들은 집에서도 노루나 사슴뿐만 아니라 양과 염소 그리고 소와 같은 가축들을 잡을 수 있도록 허용되었다고 말한다. 그래서 그들은 일 년에 세 차례만 하나님의 회막에서 하나님을 뵈어야만 했고, 그 곳에서 하나님 앞에서 먹고 마셨다고 한다. 가나안에 들어가기 전인 광야에서 그들은 화목제물의 고기 외에는 많은 고기를 먹지 못했을 것이라고 본다. 그들이 가지고 있었던 가축들을 번성케 하기 위함이었다는 것이다. 그러므로 그들이 만나에 싫증났을 때 고기에 대해서 불평을 했던 것이며 모세는 이 문제에 대해서 양 떼와 소 떼도 부족한 것처럼 말했던 것(민 11:4, 22)이라고 본다는 것이다. 그러나 이 율법이 영원한 규례(7절)가 될 것이라고 분명히 말하고 있는 것으로 보아서 이 율법을 일시적인 율법으로 보기는 어려운 것이다.

2. 그러므로 이 율법은 하나님의 제단 이외의 그 어느 곳에서도 희생제물을 위한 가축을 잡는 것만을 금하는 것이라고 보아야만 하는 것이다. 그들은 이전에 들에서(5절) 행했던 것과 같이 희생제물을 드려서는 안 되었던 것이다. 그렇게 드려서는 안 되었다! 그것은 참되신 하나님께 드리는 제물이 되지 못했던 것이다. 희생제물은 제사장에게 가져와야만 했고 여호와의 제단 위에 드려져야만 했던 것이다. 그들이 나중에 제사장들과 제단 모두를 성별하는 것에 대해서 증언했던 엄숙한 예식은 왜 그들이 하나님께서 그렇게나 두드러지게 지시하시고 말씀하신 제사장과 제단에 자신들 스스로를 제한해야만 했는지에 대한 좋은 이유를 말해주고 있는 것이다. 이 율법은 이스라엘 백성들뿐만 아니라 할례를 받고 그들 가운데 함께 살고 있는 개종자들이나 이방인들에게도 적용되었다. 개종자들이나 이방인들은 자신들의 이전 예배의 방식들을 유지하려고 하는 위험을 가지고 있는 자들이기 때문이다. 만약에 누군가가 이 율법을 어기고 회막 이외의 어느 다른 곳에서 희생제사를 드린다면,

(1) 그 죄는 매우 크다: 그가 피를 흘렸은즉 자기 백성 중에서 끊어지리라(4절).

비록 그가 단지 한 마리의 가축을 죽였다 할지라도 하나님께서 지정하시지 않은 곳에서 죽였기 때문에 그는 살인자와 같이 여겨졌다는 것이다. 우리가 하등 피조물들을 죽일 자유를 가지게 된 것은 바로 하나님의 허락에 의한 것이다. 그러나 만약에 우리가 그 자유의 제한을 받아들이지 않는다면 우리는 그 혜택을 누릴 수 없는 것이다. 그 자유는 잔인하거나 미신적으로 행해질 수 없는 바로 그러한 자유인 것이다(창 9:3-4). 하등 피조물들이 거짓 우상들이 되거나, 거짓 신들에게 희생제물이 되는 것보다 더 커다란 학대와 악용은 없는 것이다. 사도가 피조물이 허무와 부패의 굴레에 종속되었다고 특별히 말하는 경우는 바로 이러한 경우를 말하는 것이다(롬 8:20-21; 롬 1:23, 25과 비교하라). 우상 숭배로 드리는 희생제물들은 간음뿐만 아니라 살인으로 여겨졌다: 우상 숭배를 위해 희생제물을 드리는 자는 살인함과 다름이 없는 것이다(사 66:3).

(2) 그 징벌은 가혹했다: 그는 백성 중에서 끊어지리라. 그러한 범죄가 분명하고 악명이 높으면 재판관은 징벌을 내려야만 한다. 만약에 그렇게 하지 않는다면 하나님께서 친히 자신의 손으로 그 일을 다루실 것이다. 그러면 하나님의 공의의 즉각적인 치심에 의해서 범죄자는 끊어지게 되는 것이다. 하나님께서 이스라엘 백성들의 모든 희생제물들이 한 장소에서 드려지도록 그렇게나 엄격하게 명하고 계신 이유들은 다음과 같은 것들이다. [1] 우상과 미신 숭배를 막기 위함이었다. 희생제물들이 그들이 새로이 만들어낸 법에 의해서 드려지지 않고 정해진 규칙에 의해서 하나님께 드려지기 위해서는 그 제물들은 항상 하나님의 집의 종들인 제사장들에 의해서 드려져야만 했다. 그 제사장들은 하나님 집의 지도자가 되며 모든 일들이 하나님의 규례에 따라서 이루어지는지를 주의 깊게 살펴보고 있는 대제사장의 통제 아래에 있었기 때문이다. [2] 하나님 성전과 제단의 영예를 보존하기 위함이었다. 만약에 이스라엘 백성들이 그들의 희생제물들을 그 제단뿐만 아니라 다른 곳에서 드린다면 그 성전과 제단의 특별한 존엄성은 손상을 입을 위험성이 있기 때문이었다. [3] 이스라엘 백성들 서로 간에 통일성과 형제애를 보존하기 위함이었다. 가족의 모든 형제들이 매일 한 식탁에서 만나듯이 이스라엘 백성들이 한 제단에서 모두 만나 형제처럼 사랑하며 살며 여호와 안에서 같은 마음을 가진 사람이 되도록 하기 위함이었던 것이다.

III. 이 율법이 준수된 방법.

1. 이스라엘 백성들이 자신들의 온전성을 유지했을 동안에는 이 율법에 대해서 매우 존중했고 열심을 내었다. 이것은 두 지파 반이 세운 제단을 반대하는 그들의 열심에서 나타나는 것과 같은 것이었다. 이스라엘 백성들은 만약에 그 제단이 결코 제사와 제물을 위해서 계획된 것이 아니고 그러한 목적으로 사용되지도 않았다고 하는 사실에 대한 만족할 만한 대답을 얻지 못한다면 결코 그대로 내버려 두지 않겠다고 했던 것이다(수 22:12 이하).

2. 이 율법을 범한 것은 수세기 동안 유대 교회의 수치요 치유할 수 없는 부패함이 되었다. 훌륭한 왕들의 역사에서조차도 "산당들이 제거되지 않았으므로 …"라고 하는 증언이 종종 보인다. 이 율법을 범하는 것은 엄청난 우상 숭배를 낳게 하는 하나의 시발점이 되는 입구였던 것이다.

3. 그러나 이 율법은 특별한 경우들에 있어서는 적용에서 제외되었다. 기드온의 제사(삿 6:26), 마노아의 제사(삿 13:19), 사무엘의 제사(삼상 7:9; 9:13; 11:15), 다윗의 제사(삼하 24:18), 그리고 엘리야의 제사(왕상 18:23) 등등은 비록 정해진 일상적인 장소에서 드려지지 않았지만 열납되었다. 그러나 이 모든 제사들은 천사들에 의해서 명령이 되었든지 아니면 선지자들에 의해서 드려진 것들이다. 어떤 사람들은 실로가 폐허가 되고 성전이 건축되기 전 사이의 기간인 법궤와 제단이 안치되기 전에는 다른 곳에서 희생제물을 드리는 것이 더욱 더 허용되있다고 생각한다.

IV. 지금 이러한 문제가 적용되는 방법과 우리가 이 율법을 사용할 수 있는 것.

1. 우리가 지금 드리고 있는 영적인 제사들은 어떤 한 지역에만 제한된 것이 아니라고 하는 것은 분명하다. 우리의 구세주와 사도께서는 각처에서 분향할 것이다(말 1:11)라고 한 예언에 따라서 이 문제에 대해서 분명하게 말씀하셨다(요 4:21; 딤전 2:8). 이제 우리는 예물을 정결하게 해주는 성전이나 제단을 가지고 있지 않다. 또한 복음적인 통일성은 한 장소에 매여 있지도 않으며 바로 하나의 마음, 즉 영의 통일성에 있는 것이다.

2. 그리스도께서는 우리의 제단이시며 참 장막이 되신다(히 8:2; 13:10). 그분 안에서 하나님께서는 우리 가운데 계신다. 우리의 제사가 하나님께 열납되는 것은 바로 그분 안에서, 오로지 그분 안에서인 것이다(벧전 2:5). 다른 중보자들이나 다른 제단들 혹은 다른 속제물들을 세우는 것은 사실상 다른 신들을

세우는 것이다. 그리스도께서는 통일성을 이루는 중심이 되신다. 그분 안에서 모든 하나님의 이스라엘이 만나는 것이다.

3. 그러나 우리는 하나님에 대한 공적인 예배를 존중해야만 하며 하나님의 백성들의 회중을 저버려서는 안 된다(히 10:25). 여호와께서는 야곱의 모든 거처보다도 시온의 문들을 더욱 사랑하신다. 우리도 그렇게 해야만 한다. 겔 20:40을 보라. 비록 하나님께서는 우리의 가족이 드리는 제물을 기쁘게 받으실지라도, 우리는 회막 문을 결코 무시해서는 안 되는 것이다.

10 이스라엘 집 사람이나 그들 중에 거류하는 거류민 중에 무슨 피든지 먹는 자가 있
으면 내가 그 피를 먹는 그 사람에게는 내 얼굴을 대하여 그를 백성 중에서 끊으리
니 11 육체의 생명은 피에 있음이라 내가 이 피를 너희에게 주어 제단에 뿌려 너희의
생명을 위하여 속죄하게 하였나니 생명이 피에 있으므로 피가 죄를 속하느니라 12
그러므로 내가 이스라엘 자손에게 말하기를 너희 중에 아무도 피를 먹지 말며 너
희 중에 거류하는 거류민이라도 피를 먹지 말라 하였나니 13 모든 이스라엘 자손이
나 그들 중에 거류하는 거류민이 먹을 만한 짐승이나 새를 사냥하여 잡거든 그것
의 피를 흘리고 흙으로 덮을지니라 14 모든 생물은 그 피가 생명과 일체라 그러므로
내가 이스라엘 자손에게 이르기를 너희는 어떤 육체의 피든지 먹지 말라 하였나니
모든 육체의 생명은 그것의 피인즉 그 피를 먹는 모든 자는 끊어지리라 15 또 스스로
죽은 것이나 들짐승에게 찢겨 죽은 것을 먹은 모든 자는 본토인이거나 거류민이거
나 그의 옷을 빨고 물로 몸을 씻을 것이며 저녁까지 부정하고 그 후에는 정하려니
와 16 그가 빨지 아니하거나 그의 몸을 물로 씻지 아니하면 그가 죄를 담당하리라

우리는 본문에서 다음과 같은 내용들을 보게 된다.

I. 피를 먹는 것을 금하는 율법의 반복과 확인. 우리는 이러한 금령을 노아의 계율(창 9:4) 이외에도 이 레위기에서 이미 두 번이나 보았다(레 3:17; 7:26). 그러나 본문에는

1. 금령이 거듭 반복되고 있다. 각 구절은 이러한 의도를 가진 이전 율법들을 되새겨주고 있다(12절): 내가 이스라엘 자손에게 말하기를 너희 중에 아무도 피를 먹지 말며. 그리고 또다시 반복한다(14절): 너희는 어떤 육체의 피든지 먹지 말라. 이 율법은 강조되어 있다. 언뜻 보기보다는 이 율법 안에는 더 많은 내용이

들어있는 것을 알 수 있을 것이다.

2. 이 율법은 이스라엘 집 사람들뿐만 아니라 그들 중에 거류하는 거류민들에게도 적용된다(10절). 이러한 사실은 아마도 그 당시 이방인 개종자들에게 피를 금하는 것이 타당하다고 생각하게 되었던 이유가 되는 것이다(행 15:29).

3. 이 율법에 부가된 형벌은 매우 가혹했다(10절): 만약에 고의적으로 피를 먹었다면, 내가 그 피를 먹는 그 사람에게는 내 얼굴을 대하여 그를 백성 중에서 끊을 것이다. 그리고 또다시 말씀하시기를 그 피를 먹는 모든 자는 끊어지리라라고 한다(14절). 하나님의 진노는 죄인들의 파멸이 될 것이다. 하나님의 진노의 얼굴을 향하는 자들은 멸망하는 자이며 영원히 멸망한다고 하는 것을 새기도록 하라. 이 세상의 어느 피조물이 창조주와 대결할 수 있겠는가?

4. 이 율법에 대한 한 가지 이유가 주어지고 있다(11절): 이 피를 너희에게 주어 제단에 뿌려 너희의 생명을 위하여 속죄하게 하였나니. 그러므로 이 피로 속죄하라고 지시되었다. 육체의 생명은 피이기 때문이다. 죄인은 죽어 마땅하다. 그러므로 희생제물은 죽어야만 하는 것이다. 피가 생명이기 때문에 일반적으로 짐승들이 그들의 모든 피를 흘림으로 사람 대신에 죽었다. 하나님께서는 희생제물의 피를 제단 위에 뿌리거나 쏟으라고 지시하셨다. 이것은 희생제물의 생명이 죄인의 생명 대신에 하나님께 속전으로서 혹은 죄인의 생명을 대신하는 대불금으로서 바쳐진 것을 나타내는 것이었다. 그러므로 피흘림이 없은즉 사함이 없느니라고 했던 것이다(히 9:22). 이러한 이유로 인해서 이스라엘 백성들은 피를 먹어서는 안 되었다.

(1) 그 당시에 이것은 매우 타당한 이유가 되었다. 하나님께서는 이러한 방식으로 친히 제정하신 속죄의 방법에 대한 명예를 지키시고 백성들의 마음 가운데에 그에 대한 경외감을 간직하도록 하셨기 때문이다. 그 당시에 언약의 피는 만질 수 있는 것이었기 때문에 어떠한 피도 일상적인 물건과 같이 먹어서도 안 되었고 발로 밟아서도 안 되었다. 그들이 하나님께서 자신을 위해서 만들라고 지시하신 관유와 향유를 가져서는 안 되었던 것과 같은 것이다. 그러나

(2) 이제 그러한 이유는 소용이 없게 되었다. 이것은 율법 자체는 의식적인 것이었고 이제는 더 이상 효력이 없다고 하는 것을 나타내주는 것이다. 이미 오신 그리스도의 피만(우리는 다른 것을 찾거나 기다릴 필요가 없다)이 영혼을 위한 속죄를 이루시는 것이다. 희생제물의 피는 불완전한 상징에 불과했던 것

이다. 실체가 오면 그림자는 물러가는 것이다. 짐승의 피는 더 이상 대속의 능력을 상실했으며 오직 그리스도의 피만이 대속할 수 있는 것이다. 그러므로 이제는 그 당시에 있었던 피를 금해야 하는 이유가 없는 것이다. 우리는 이 율법이 금령의 근거가 되어야 하는 것이 바로 하나님의 뜻이라고 생각할 수 없는 것이다. 피가 몸에 해롭지만 않다면, 피는 이제 우리 몸의 양식을 위해서 사용될 수 있는 것이다. 피는 이제 더 이상 영혼의 속죄를 위한 수단으로 지정되지 않았기 때문이다.

(3) 그러나 이 금령은 아직도 유용한 의미를 가지고 있다. 생명은 피에 있는 것이다. 피는 동물들의 혼이 들어있는 매개체이다. 하나님께서는 자신의 백성들이 짐승들의 생명조차도 존중하기를 원하셨다. 하나님께서는 자신의 백성들이 짐승들의 피에 대해서 잔인하거나 냉정하게 되지 않기를 바라셨으며, 야만적인 어떠한 일을 즐겨하지 않기를 원하셨던 것이다. 그들은 피에 굶주린 사람들이 되어서는 안 되는 것이었다. 그 당시에는 피가 상징적으로 속죄를 이루었으나, 지금은 그리스도의 피가 실제적으로 효과적으로 속죄를 이룬다. 그러므로 우리는 이 피를 존중해야만 하며, 하찮은 것으로 사용해서는 안 된다. 그렇게 하지 않는 자들에게 하나님께서는 진노하실 것이고 그들은 생명을 잃게 될 것이기 때문이다(히 10:29).

Ⅱ. 몇 가지 다른 계율들이 이 율법에 대해 부가되어 있어서 이 율법에 대한 울타리 역할을 하고 있다.

1. 그들은 사냥하여 잡은 짐승의 피는 덮어야만 한다(13절). 그들은 피를 먹지 못할 뿐만 아니라 피를 정중하게 묻어야만 했던 것이다. 그들이 이 제도에 숨겨져 있는 어떠한 비밀스러운 뜻을 믿는다고 하는 표시였던 것이다. 유대인들은 이것을 매우 엄중한 계율로 여겼고, 피를 묻을 때에는 다음과 같은 말을 하면서 묻으라고 한다. "그분의 계율에 의해서 우리를 거룩하게 하시고, 우리로 그 피를 덮으라고 명하신 분을 찬양할지어다!"

2. 그들은 스스로 죽은 것이나 찢겨죽은 짐승을 먹어서는 안 되었다(15절). 그러한 짐승들에게서는 피가 전혀 나지 않거나 정상적으로 나오지 않았기 때문이다. 하나님께서는 자신의 백성들이 그들의 음식물에 사려 깊게 되기를 바라셨을 것이다. 육적인 식욕을 만족시키는 호기심을 가지라는 것이 아니라 그러한 육적인 식욕을 억제하고 제한하는 관심을 가지라고 하신 것이다. 하나님

께서는 자신의 백성들이 그들의 방식대로 탐욕스럽게 모든 것을 먹지 않기를 바라시며, 그들 앞에 있는 것을 신중하게 살펴서 양심에 꺼리는 것이 있는지 살펴보기를 원하신 것이다. 탈취한 물건에 달려간 자들은 죄를 지었다(삼상 14:32-33). 만약에 모르거나 부주의하게 정당한 절차를 밟아 죽이지 않은 짐승의 고기를 먹은 자는 그의 옷을 빨고 물로 몸을 씻어야만 한다. 그렇지 않으면 그는 자신의 죄를 담당해야만 하는 것이다(15-16절). 더러움은 의식법상의 더러움이었다. 그러므로 그 더러움에서 정결케 되는 것도 의식법상의 일이었다. 그러나 만약에 어떤 사람이 지정된 정결케 되는 방법을 경시하거나 그에 복종하려고 하지 않을 때에는 그로 인해서 그는 도덕적인 죄를 짓는 것이다. 치료의 율법의 성격을 파악하도록 하라! 그 율법에 복종하는 자는 그 율법의 혜택을 얻는다. 복종하지 않는 자는 자신의 의식법상의 죄의식 아래 남아 있을 뿐만 아니라, 그의 평안을 위해서 하나님의 은총으로 만드신 처방을 모욕한 죄가 더해지는 것이며 그 구제책에 대해서 죄를 짓게 되는 것이다.

제 18 장

개요

본 장에는 다음과 같은 내용들이 있다. I. 이교도들의 모든 부패한 풍습들에 대한 일반적인 율법(1-5절). II. 특별한 율법들. 1. 근친상간에 대한 율법들(6-18절). 2. 짐승 같은 탐욕과 야만적인 우상 숭배에 대한 율법들(19-23절). III. 가나안 족들의 파멸의 예를 통한 이 율법들의 강조(24-30절).

1여호와께서 모세에게 말씀하여 이르시되 2너는 이스라엘 자손에게 말하여 이르라
나는 여호와 너희의 하나님이니라 3너희는 너희가 거주하던 애굽 땅의 풍속을 따르
지 말며 내가 너희를 인도할 가나안 땅의 풍속과 규례도 행하지 말고 4너희는 내 법
도를 따르며 내 규례를 지켜 그대로 행하라 나는 너희의 하나님 여호와이니라 5너
희는 내 규례와 법도를 지키라 사람이 이를 행하면 그로 말미암아 살리라 나는 여
호와이니라

하나님께서는 여러 가지 의식법적인 제도들을 주신 뒤에 본문에서 도덕적인 교훈들을 강조하여 말씀하시고 계신다. 전자의 율법들은 모형들로서 여전히 우리들에게 유용하며, 후자의 율법들은 법으로서 여전히 구속력(拘束力)을 가지고 있는 것이다. 우리는 본문에서 다음과 같은 내용들을 대하게 된다.

1. 이러한 율법들을 제정하신 신성한 권위가 나타나있다: 나는 너희의 하나님 여호와이니라(1, 4, 30절). 그리고 나는 여호와이니라(5, 6, 21절). "만물을 다스릴 권리를 가지고 계시는 여호와이시며, 너희들을 다스릴 특별한 권리를 가지고 계시는 하나님이시라는 것이다." 여호와는 존재의 근원이 되신다. 그러므로 권세의 근원이 되시는 것이다. 우리는 그분의 것이며, 우리는 그분을 섬겨야만 하며, 그분께서는 불순종하는 모든 자들을 벌하실 수 있으신 분이다. "너희들은 너희들의 하나님께 동의하였고, 그분 안에서 행복하며, 너희들은 생각

할 수 있는 최고의 의무를 그분에게 이행해야 하며, 너희들은 그분에게 드려야 할 책임이 있는 것이다."

2. 이스라엘 백성들이 살았던 애굽에서 이루어지는 우상 숭배의 유풍(遺風)을 버리지 못하고 있는 것에 대해서, 그리고 이스라엘 백성들이 이제 들어가고 있는 가나안 땅에서 우상 숭배의 영향을 받는 것에 대한 엄중한 경고가 있다(3절). 이제 하나님께서 모세를 통해서 이스라엘 백성들에게 자신의 규례들을 가르쳐 주셨으므로 무엇인가 잊어버려야만 하는 것이 있었다. 그들이 우상 숭배로 유명한 나라인 애굽에서 젖을 빨았던 바로 그러한 것들을 잊어버려야만 하는 것이다: **너희는 애굽 땅의 풍속을 따르지 말라.** 이스라엘 백성들이 종살이 하던 집에 대해서 그러한 애정을 가지고 있다고 한다면, 그것에 의해서 그들이 신앙적으로 지배를 받는 것이다. 그러므로 애굽 땅의 풍속을 따르지 말라고 말하는 것 자체가 은혜로 애굽에서 구원받은 자들에게 주어서는 안 될 지극히 부조리한 말인 것이다. 애굽 땅의 풍속을 따르는 것은 놀라운 기적으로 그들을 구원해주신 하나님에 대해서 지극히 큰 배신행위를 하는 것이다. 뿐만 아니라 모순의 영에 지배를 받는 사람들처럼 그들은 이러한 하나님의 규례들을 받은 뒤에도 가나안 사람들의 사악한 관습들을 받아들이며 그들의 땅의 악습들을 물려받을 위험에 처할 수 있었던 것이다. 이러한 위험에 대해서 그들은 본문에서 경고를 받고 있는 것이다: **너희들은 그들의 규례들을 행하지 말라.** 그러한 악행이 관행이 되어 그들의 관습들이 규례들로 불리게 되었다. 그들의 관행들은 하나님의 규례들과 적수가 되는 것으로 하나님에 대한 신앙고백을 한 백성들조차도 그들의 관행들로부터 지켜야 할 일종의 법을 전수받을 위험에 처하게 되었던 것이다.

3. 이스라엘 백성들에게 **하나님의 법도와 규례를 지키라는** 엄중한 책임이 나타나 있다(4-5절). 다윗은 시 119편에서 하나님의 율법과 관련시키며 드리는 많은 기도와 고백들 속에서 이러한 책임과 많은 유사한 말씀들을 생각하고 있었던 것 같다. 다음과 같은 사실들을 관찰해보자.

(1) 우리의 순종에 대한 위대한 법칙, 즉 하나님의 법도와 판결들이 나타나 있다. 우리들은 이러한 **하나님의 법도와 판결들 안에서 행해야만** 하는 것이다. 우리는 그러한 것들을 우리의 책과 손에 간직하여 우리들의 마음과 삶 속에서 실천할 수 있도록 해야만 한다. **그의 법도를 기억하여 행하라**(시 103:18). 우리는

우리가 따라가야 할 길로 그 법도들을 간직해야만 하며, 우리의 보화와 같이 지켜야만 하며, 우리의 눈처럼 지극히 아끼고 소중하게 생각해야만 하는 것이다.

(2) 우리의 순종에 대한 커다란 유익이 나타나 있다: **사람이 이를 행하면 그것으로 인하여 살리라고** 했다. 즉, "그는 이제 이후로 복된 삶을 살게 될 것이다"라는 것이다. 우리는 하나님께 감사해야 할 다음과 같은 이유들이 있다. [1] 이것은 그 조건의 구성이 은혜로운 약속으로서 여전히 효력이 있기 때문이다. 비록 우리가 죄 없는 완벽함에는 이르지 못한다 할지라도, 우리가 신실하게 하나님의 명령들을 지킨다면, 우리는 의무의 길이 곧 위안의 길이며 행복의 길이 될 것이라고 하는 것을 발견하게 될 것이다. 경건은 금생과 내생에 약속이 있는 것이다(딤전 4:8). 지혜는 말씀한다. **내 계명을 지키라. 그리하면 살리라. 영으로써 육신의 행실을 죽이면**(이것과 우리의 관계는 애굽의 관습과 이스라엘의 관계와 같은 것이다) **살리라.** [2] 아무리 작은 죄라 할지라도 이생에서 우리를 영원히 제해 버릴 것이라고 하는 것과 같은 언약의 본질이 이제 더 이상 효력이 없다고 하기 때문이다. 사도는 이것을 복음이 계시하는 믿음과 반대가 되는 것으로 인용한다. **율법으로 말미암는 의를 행하는 사람은 그 의로 살리라**고 설명한 것이다(롬 10:5). **그러한 율법은 믿음에서 난 것이 아니다**라고 말했다(갈 3:12). 복음이 이룬 변경 사항은 마지막 말에 있는 것이다: **율법으로 말미암는 의를 행하는 자들을 여전히 살 것이지만** 그 의로 사는 것은 아니라는 것이다. 율법은 생명을 줄 수 없기 때문이며 우리는 율법을 완벽하게 지킬 수 없기 때문이다. 그것은 **육신이 연약하기 때문이지** 율법 자체가 나쁜 것이라서가 아니다. 그러나 이제는 **율법을 행하는 자는 하나님의 아들을 믿는 믿음으로 사는 것이다.** 그는 자신의 삶을 그리스도의 은혜의 덕을 입어 사는 것이지 자신의 행위의 공로의 덕을 입어 사는 것은 아니다. 갈 3:21-22를 보라. **의인들은 살 것이다.** 그러나 그들은 그들의 삶이신 그리스도와의 연합의 덕에 의한 믿음으로써 살 것이다.

[6]각 사람은 자기의 살붙이를 가까이 하여 그의 하체를 범하지 말라 나는 여호와이
니라 [7]네 어머니의 하체는 곧 네 아버지의 하체이니 너는 범하지 말라 그는 네 어머
니인즉 너는 그의 하체를 범하지 말지니라 [8]너는 네 아버지의 아내의 하체를 범하
지 말라 이는 네 아버지의 하체니라 [9]너는 네 자매 곧 네 아버지의 딸이나 네 어머

니의 딸이나 집에서나 다른 곳에서 출생하였음을 막론하고 그들의 하체를 범하지
말지니라 10네 손녀나 네 외손녀의 하체를 범하지 말라 이는 네 하체니라 11네 아버
지의 아내가 네 아버지에게 낳은 딸은 네 누이니 너는 그의 하체를 범하지 말지니
라 12너는 네 고모의 하체를 범하지 말라 그는 네 아버지의 살붙이니라 13너는 네 이
모의 하체를 범하지 말라 그는 네 어머니의 살붙이니라 14너는 네 아버지 형제의 아
내를 가까이 하여 그의 하체를 범하지 말라 그는 네 숙모니라 15너는 네 며느리의
하체를 범하지 말라 그는 네 아들의 아내이니 그의 하체를 범하지 말지니라 16너는
네 형제의 아내의 하체를 범하지 말라 이는 네 형제의 하체니라 17너는 여인과 그
여인의 딸의 하체를 아울러 범하지 말며 또 그 여인의 손녀나 외손녀를 아울러 데
려다가 그의 하체를 범하지 말라 그들은 그의 살붙이이니 이는 악행이니라 18너는
아내가 생존할 동안에 그의 자매를 데려다가 그의 하체를 범하여 그로 질투하게
하지 말지니라

이 율법들은 7계명과 관련이 있으며 복음 아래에 있는 우리들에게도 의무적인 것임에 틀림이 없다. 이 율법들은 본성 바로 그 자체의 빛과 법에 일치하기 때문이다. 그 조항 중의 하나인 자신의 아버지의 아내와 상관하는 사람의 행위는 사도가 이방인 중에서도 없는 것(고전 5:1)이라고 말했던 그러한 죄이다. 비록 이방인들 중의 어떤 사람들은 본문에서 금하고 있는 근친상간들 중의 어떤 것들을 습관처럼 행해왔다 하더라도, 야만적이고 천박한 감정에 사로잡힌 그러한 민족들 외에는 그러한 것들은 허락되지 않았고 증오되는 행위였다.

I. 본문에 구체적으로 명시된 관계에 대한 금지된 사항은 그의 하체를 범하지 말라는 것이다(6절).

1. 이것은 주로 친족간의 결혼을 금하려고 하는 것이었다. 결혼은 하나님께서 정하신 제도이다. 결혼과 안식일은 가장 오래된 제도이며 이 땅 위에 있는 모든 사람들에게 항상 지속되는 제도인 것이다. 결혼은 인생의 위안과 인종(人種)의 품위 있고 존귀한 번식을 위한 목적으로 제정되었다. 바로 이러한 면이 인간 본성의 존엄성이 짐승의 존엄성보다 뛰어난 것을 나타내주는 것이다. 인간은 만물의 영장이며 이러한 율법들은 그러한 인간의 존엄성을 뒷받침해주는 것이다. 하나님의 규례는 하나님의 규칙들과 제한들에 예속되어야만 하는 것이 요청되는 것이다. 특별히 이러한 규례는 인간의 타락한 본성에 관련된 것으

로서 그 욕망의 의도와 충동적인 어떤 것, 그리고 법의 견제를 쉽사리 넘어서는 것이 되기 때문이다. 그러나 이러한 금령들은 명백한 권위에 의해서 시행된 것 이외에 그 자체로 매우 높은 타당성과 공정성이 있는 것이다.

(1) 결혼에 의해서 둘이 한 몸이 되었다. 그러므로 이전에 본성적으로 어떤 의미에서 한 몸이었던 사람들은 결혼에 의해서 한 몸이 될 수 없는 것이다. 그러한 방법으로 한 몸이 되는 것은 가장 불합리한 것이다. 결혼은 이전에 연합되지 않았던 사람들을 연합시키려고 계획된 것이기 때문이다.

(2) 결혼은 남편과 아내 사이에 평등성을 부여한다. "그 여자는 너의 갈빗대에서 취한 너의 돕는 자가 아니냐?" 그러므로 이전에 우열의 차이가 있던 자들이 서로 결혼을 한다면(본문에 언급된 관계는 바로 이러한 관계이다), 이러한 자연적인 우열의 질서는 하나의 긍정적인 제도에 의해서 사라지게 되는 것이다. 그러한 차등의 질서는 결코 허용되어서는 안 되는 것이다. 주인과 종, 고귀한 자와 비천한 자 사이의 불평등은 사회적인 동의와 관습에 토대를 두고 있는 것이다. 그러한 것은 결혼의 평등성에 의해서 없어진다고 해도 아무런 해가 되지 않는 것이다. 그러나 혈통적으로든 결혼에 의해서든 부모와 자식, 삼촌과 여자 조카, 숙모와 남자 조카 사이의 관계는 본성에 토대를 두고 있는 것이다. 그러므로 이러한 관계는 영속적인 것이며 결혼의 평등성에 의해서 제거되면 커다란 혼란을 초래하게 되는 것이다. 비록 결혼 제도가 태고로부터 내려온 제도이기는 할지라도 본성의 질서에는 종속되어야만 하는 것이다.

(3) 형제자매를 제외하고는 순수 혈통이나 절반 혈통 혹은 결혼에 의해서 이루어진 평등한 친족의 관계는 금지되지 않았다. 여기에는 앞에서의 경우와 같은 동일한 본성적인 부조리함은 없는 것이다. 아담의 아들들은 그들의 친누이들과 결혼을 해야만 했었다. 그러나 그것은 실정법에 의해서 비합법적이고 혐오스러운 것으로 여겨져야만 했다고 하는 것은 불가피했던 것이다. 그 허용은 그들의 젊은 시절에 같은 집에서 함께 살아야 하는 자들 사이에 죄악적인 성적 관계가 발생하는 것을 방지하기 위함이었다. 그렇지만 아담의 아들들은 결혼의 어느 한 의도를 깨지 않고는 서로 결혼할 수 없었던 자들이었던 것이나. 이것은 우정과 관심을 확대한 그러한 관계였던 것이다. 만약에 모든 남자가 자신의 친누이와 결혼한다면(만약에 이것이 합법적인 것이었다면 세대를 거치는 동안에 그들은 그렇게 하기 쉬웠을 것이다), 각 가정은 나름대로 한 세

계를 이룰 것이고 우리가 서로 한 지체니라는 사실은 잊히고 말 것이다. 이러한 근친상간은 좀 더 건전한 의식을 가지고 있는 이방인들에게는 늘 가장 파렴치하고 혐오스러운 일로 여겨졌음이 틀림없다. 또 이러한 율법을 가지고 있지 않았던 자들도 스스로 이러한 종류의 법을 지키고 있었던 것이다. 근친상간적인 혼합을 장려하기 위해서 결혼의 규례를 사용하는 것은 결코 그들을 정당화해주지 않는 것이며 그들의 죄의식을 경감시켜주지 않는 것이다. 오히려 그것은 하나님의 규례를 모독하는 죄를 더하는 것이며, 가장 고상한 목적을 위해서 제정된 것을 가장 비열한 목적에 이용하는 죄를 저지르게 되는 것이다.

2. 그러나 결혼 이외의 이러한 관계들에 의해서 이루어지는 부정함은 본문에서 금지되고 있는 것이 분명하다. 친족간의 결혼을 금지하는 전자의 경우와 동일하게 그러한 관계로 인해서 일어나는 부정함을 금지하고 있는 것이다. 마찬가지로 모든 음탕한 몸가짐이나 방탕한 희롱과 이러한 악마적인 모양을 한 모든 행동을 금지하고 있는 것이다. 관계들을 서로 사랑을 해야만 하는 것이고 서로 간에 자유롭고 친밀한 대화를 가져야만 하는 것이다. 그러나 그것은 반드시 온전히 순결해야만 하는 것이다. 그 관계가 나쁜 사람들에 의해서 악한 것으로 더욱더 의심을 받지 않을수록, 그들이 사탄에게 속아 넘어가지 않도록 그 사람들 스스로가 더욱더 조심을 해야만 하는 것이다. 사탄은 매우 교묘한 원수이며 할 수만 있으면 우리를 넘어뜨리려고 하는 모든 기회를 찾는 자이기 때문이다.

Ⅱ. 금지된 관계들의 대부분이 분명하게 기술되어 있다. 남자의 친족과의 결혼이 금지되어 있듯이 여자의 친족과의 결혼도 금지되어 있다. 그들 두 사람은 하나이기 때문이다. 형제의 아내와 결혼하는 것을 금한 이 율법은(16절) 유대 나라에만 있는 특별한 예외를 규정하고 있다. 즉, 만약에 어떤 사람이 자녀 없이 죽게 되면, 그의 형제나 가까운 친척 중에 하나가 그 과부와 결혼해야만 했고 죽은 자의 대를 이어주었던 것이다(신 25:5). 다른 곳이 아닌 바로 그 사회에서만 유익이 된다고 하는 이유들로 인해서 허락이 되었던 것이다. 그러나 이제는 그 예외적인 경우들이 사라졌다. 그러므로 한 남자는 어떠한 경우에도 그의 형제의 과부와 결혼해서는 안 된다고 하는 율법은 효력을 가지고 있는 것이다. 한 남자가 자신의 아내의 자매를 데려다가 취하지 못하게 하는 조항(18절)은 그 당시의 다른 율법들이 했던 것처럼(출 21:10; 신 21:15) 일부다처제를 묵인

하는 것으로(다른 여자라면) 생각될 수 있다. 그러나 야곱이 두 자매와 결혼했던 것과 같은 누군가의 두 자매와의 결혼은 금하고 있는 것이다. 이전에 동등한 위치에 있었던 사람들 사이에는, 그렇게 가까운 관계가 아니었던 자들이 아내가 된 경우보다 더 커다란 질투와 적대감이 일어나기 쉽기 때문이다. 아내의 자매가 첩이나 두 번째 아내가 된다면 아내가 살아 있는 한 그 어느 일보다도 더 애태우며 속을 썩이는 일이 될 수 있는 것이다.

19너는 여인이 월경으로 불결한 동안에 그에게 가까이 하여 그의 하체를 범하지 말
지니라 20너는 네 이웃의 아내와 동침하여 설정하므로 그 여자와 함께 자기를 더럽
히지 말지니라 21너는 결단코 자녀를 몰렉에게 주어 불로 통과하게 함으로 네 하나
님의 이름을 욕되게 하지 말라 나는 여호와이니라 22너는 여자와 동침함 같이 남자
와 동침하지 말라 이는 가증한 일이니라 23너는 짐승과 교합하여 자기를 더럽히지
말며 여자는 짐승 앞에 서서 그것과 교접하지 말라 이는 문란한 일이니라 24너희는
이 모든 일로 스스로 더럽히지 말라 내가 너희 앞에서 쫓아내는 족속들이 이 모든
일로 말미암아 더러워졌고 25그 땅도 더러워졌으므로 내가 그 악으로 말미암아 벌
하고 그 땅도 스스로 그 주민을 토하여 내느니라 26그러므로 너희 곧 너희의 동족이
나 혹은 너희 중에 거류하는 거류민이나 내 규례와 내 법도를 지키고 이런 가증한
일의 하나라도 행하지 말라 27너희가 전에 있던 그 땅 주민이 이 모든 가증한 일을
행하였고 그 땅도 더러워졌느니라 28너희도 더럽히면 그 땅이 너희가 있기 전 주민
을 토함 같이 너희를 토할까 하노라 29이 가증한 모든 일을 행하는 자는 그 백성 중
에서 끊어지리라 30그러므로 너희는 내 명령을 지키고 너희가 들어가기 전에 행하
던 가증한 풍속을 하나라도 따름으로 스스로 더럽히지 말라 나는 너희의 하나님
여호와이니라

본문에는 다음과 같은 내용들이 있다.

I. **부부생활의 존귀성을 보존하려는 율법이 나타나 있다.** 부부생활은 때에 맞지 않게 남용되어서는 안 되는 것이며(19절) 간음하는 자에 의해서 침해를 받아서도 안 되는 것이다(20절).

II. **가장 잔혹한 우상 숭배를 금지하는 율법이 있다.** 이 우상 숭배는 그들의 자녀를 몰렉에게 주어 불로 통과하게 하는 그러한 우상 숭배였다(21절). 몰렉

은 (어떤 사람들이 생각하듯이) 세상에서 가장 커다란 불인 태양을 숭배하기 위한 우상이다. 그러므로 몰렉을 숭배하는데 있어서 그들은 몰렉 앞에 자녀들을 불태워 죽임으로써 이 우상에게 희생제물로 드리거나, 그 자녀들을 불 사이로 지나게 함으로써 몰렉에게 광신적인 신봉자로 만들었던 것이다. 혹은 어떤 사람들이 생각하듯이 자녀들 중의 하나를 이 거짓된 신의 영광을 위해서 불 가운데로 던져버렸다. 그들은 자신들의 자녀들 중의 하나를 이런 식으로 몰렉에게 성별하여 드리면 나머지 자녀들 모두에게 행운이 온다고 생각하면서 그러한 일을 했던 것이다. 우상 숭배자들은 그렇게 자신의 자녀들을 거짓 신들에게 바쳤는데 우리가 참된 하나님께 너무나 귀해서 바칠 수 없거나 내어드릴 수 없는 것이 있겠는가? 이스라엘의 이러한 죄악(이러한 율법이 있음에도 불구하고 나중에 그들은 그러한 죄를 짓는다)이 하나님 앞에 서야 할 자신들과 자신들의 자녀들에 의해서 어떻게 자행되고 악화되었는지를 보라! **네가 나를 위하여 낳은 네 자녀를 그들에게 데리고 가서 드려 제물로 삼아 불살랐느니라**(겔 16:20). 그러므로 본문에서는 그러한 행위를 **네 하나님의 이름을 욕되게 하는 것**이라고 말하고 있는 것이다. 마치 그들은 자신들이 여호와에게보다는 몰렉에게 더 갚아야 할 의무들이 있는 것으로 생각하고 있는 것처럼 보였기 때문이다. 그것은 그들이 여호와에게는 단지 자신들의 가축만을 드렸지만 몰렉에게는 자신들의 자녀들을 바쳤기 때문이다.

Ⅲ. 변태적인 성욕들인 남색(男色: sodomy)**과 수간**(獸姦)**을 금하는 율법이 나타나 있다.** 상상할 수조차 없이 치욕스러운 명목들의 죄들이다(22-23절). 다른 죄들은 인간을 짐승의 수준으로 떨어뜨리지만 이러한 죄악들은 인간을 짐승 이하의 수준으로 떨어뜨리는 것이다. 이러한 율법들을 만들어야 할 경우들이 있었다고 하는 사실과 이 율법들이 공포된 이후로 그 율법들이 범해진 일이 있다고 하는 사실들은 인간 본성이 가지고 있는 영원한 치욕이며 수치스러운 면인 것이다. 인간들을 이러한 천하고 수치스러운 욕정에 이르도록 놓아두는 것은 흔히 그들의 우상 숭배에 대한 처벌이었던 것이다. 사도도 롬 1:24에서 그렇게 말하고 있다.

Ⅳ. 이러한 죄악들과 그 밖에 혐오스러운 사악함들을 금하는 율법이 나타나 있다. 우리에게 명령하실 명백한 권한을 가지고 계신 분께서 우리와 변론하신다. 그러나 그분께서는 우리를 사람으로서 대접하시고, 사람의 줄 곧 사랑의

줄로 이끌려고 하시기 때문에 그 변론을 겸손하게 하신다.

1. 죄인들은 이러한 혐오스러운 일들로 자신들을 더럽힌다: **너희는 이 모든 일로 스스로 더럽히지 말라**(24절). 모든 죄는 양심을 더럽힌다. 그러나 이러한 것들은 그 안에 비열함과 배덕(背德)함이 있는 그러한 죄들이다. 우리들에게 인자하신 하늘에 계신 아버지께서는 우리들에게 우리 자신을 깨끗하게 하라고 하시며 더러움에 빠지지 말라고 말씀하고 계신다.

2. **이 가증한 모든 일을 행하는 자는 그 백성 중에서 끊어지리라**(29절). 그렇게 되는 것은 당연하다. **누구든지 하나님의 성전을 더럽히면 하나님이 그 사람을 멸하실 것**(고전 3:17)이기 때문이다. 육체의 정욕은 영혼과 싸운다. 만약에 하나님의 자비와 은혜가 막아주시지 않으면 영혼은 파멸되고 말 것이 분명하다.

3. **땅이 더러워졌다**(25절). 만약에 이와 같은 사악함이 자행되고 묵인되면 그로 인해서 그 땅은 하나님의 성막이 들어서기에 부적합한 곳이 되어버리는 것이다. 순결하시고 거룩하신 하나님께서는 그 땅으로부터 자신의 은혜로운 임재하심의 표시를 거두어 가실 것이다. 또한 그 땅에 사는 주민들에게까지도 나쁜 영향을 미치게 될 것이다. 이로 인해서 그 주민들은 죄의 영향을 받게 되며 재앙에 직면하게 될 것이다. 그것은 그 땅에 살고 있는 모든 선한 사람들에게는 정말로 역겹고 혐오스러운 것이다. 마치 소돔의 사악함이 의로운 롯의 영혼에 미친 영향과 같은 것이다.

4. 이러한 죄악들은 이전 거주자들에 대한 혐오스러움이 되었던 것이다(24, 27절). 그러므로 이러한 율법들은 만들어져야 할 필요가 있는 것이다. 우리가 오염지역에 들어갈 때에 전염에 대한 예방제나 해독제가 필요한 것과 마찬가지인 것이다. 그러므로 이스라엘 백성들은 그러한 일들을 행해서는 안 되는 것이다. 그러한 일들을 행하는 자들은 이제 하나님의 저주 아래 놓여 있으며 곧 이스라엘의 칼에 의해서 멸망당할 것이기 때문이었다. 이스라엘 백성들은, 이러한 진창에서 뒹굴었던 사람들이 자신을 얼마나 가증스럽게 만든 것이며 그러한 것들은 모든 선한 자들의 콧구멍에서 얼마나 냄새가 나게 하는지 알게 되지 않을 수 없었던 것이다. 이스라엘과 같이 성화되고 존귀하게 된 민족이 자신들을 그렇게 천하고 수치스럽게 만들 수 있겠는가? 우리가 다른 사람들에게서 나쁜 죄악을 보았을 때, 우리는 그것을 매우 조심스러움과 경계심을 가지고 우리의 순결성을 지키기 위한 논거(논증)로 사용해야만 하는 것이다.

5. 이러한 죄악들과 그와 유사한 죄악들로 인해서 가나안 족속들은 멸망할 수밖에 없었던 것이다. 이러한 죄악들이 아모리인들의 죄악의 분량을 채웠고(창 15:16) 그렇게나 많은 인구를 가진 나라들의 파멸을 낳았던 것이다. 이스라엘 백성들은 이제 곧 그것을 목격하는 자들이 될 것일 뿐더러 그 파멸을 이루는 수단으로 쓰임 받게 될 것이다: **그러므로 내가 그 악으로 말미암아 벌하고**(25절). 대범하게 신성을 모독하는 자들과 무신론자들에게 내려진 하나님의 무시무시한 심판들은, 신앙을 고백하는 자들에게 아무리 작은 것이라도 신성모독과 무신론에 대해서는 세심한 주의를 하라고 하는 경고로서 주어진 것이다. 가나안 사람들의 파멸조차도 이스라엘 백성들이 그들과 같이 행하지 말라고 하는 경고였던 것이다. 아니 그것보다도 창조주께서 그러한 일들로 인해서 분노하시게 되었다고 하는 것과 이와 같은 혐오스러운 일들로 인해서 창조계가 고통을 당하고 있다고 하는 것을 보여주려는 것이었다. 다음과 같은 말씀이 더해졌다: **그 땅도 스스로 그 주민을 토하여 내느니라**(25절). 말하자면 그들이 밟았던 바로 그 땅이 그들 아래에서 신음하고 있으며 그들을 싫어하고 있었던 것이다. 그 땅은 이러한 여호와의 대적들이 그 땅에서 쫓겨나갈 때까지 평안을 얻지 못하게 되었던 것이다(사 1:24). 이것은 죄가 지니고 있는 극도의 역겨움을 웅변적으로 나타내주는 것이다. 죄악의 사람은 정말로 **악을 저지르기를 물 마심과 같이 한다.** 해악이 없는 피조물조차도 그러한 죄악에 대해서 파도치듯이 대항하는 것이다. 말하자면 많은 집들과 성읍들이 혐오하면서 그들을 토해내었던 것이다(계 3:16). 그러므로 하나님께서는 **그 땅이 너희가 있기 전 주민을 토함 같이 너희를 토할까 하노라**라고 말씀하시면서 경고하셨던 것이다(28절). 그 땅은 그들에게 보장되고 권리가 양도된 것이었다. 그러나 만약에 이스라엘 백성들 자신들이 가나안 사람들의 악습을 답습한다면, 그들은 그 땅이 자신들에게 동일한 운명을 가져다줄 것이라고 하는 것을 생각해야만 하는 것이다. 사악한 이스라엘 백성들은 사악한 가나안 사람들처럼 하나님께 가증스러운 것이다. 오히려 더욱 가증스럽게 보시며 곧 토해낼 것이며, 더 빠르게 토해낼 것이다. 사도는 본문에서 이방인들에게 주어졌던 것과 같은 경고를, 거부당한 유대인들의 자리를 대신 차지했던 개종한 이방인들에게 해주고 있다(롬 11:19 이하). 그 개종한 이방인들은 **저 순종하지 아니하는 본에 빠지지 말라**(히 4:11)라고 하는 경고를 들어야만 했던 것이다. 이러한 것을 더욱 일반적으로 적용하라.

얼마나 많은 사람들이 죄악으로 인해서 멸망되었는가 하는 것을 생각하는 것은 우리로 하여금 모든 죄의 과정에서 떠나도록 해주게 되는 것이다. 믿음의 귀를 무저갱의 문에 기울여 저주받은 죄인들의 슬픔에 찬 비명과 부르짖음을 들어보자. 그들은 땅이 토해내고 지옥이 삼켜버린 자들이며 죄로 인해서 멸망된 자신들, 즉 영원히 멸망된 자신들의 모습을 깨닫게 된 자들이다. 이러한 운명이 결국 당신들의 운명이 되지 않도록 두려움 가운데 조심하도록 하자. 하나님의 심판과 경고들을 통해서 우리는 죄로부터 두려움 마음으로 달아나게 되는 것이다.

V. 본 장은 이러한 죄악의 전염에 대해서 강력한 대책을 주는 것으로 결론을 맺고 있다. 그러므로 너희는 내 명령을 지키고 너희가 들어가기 전에 행하던 가증한 풍속을 하나라도 따름으로 스스로 더럽히지 말라(30절). 이것이 처방책이다.

1. 죄악된 풍속들은 가증스러운 풍속들이다. 그러한 죄악된 풍속들이 일반적인 것이 되고 유행을 탄다고 해도, 결코 덜 혐오스러운 것이 되는 것이 아니며 우리들은 그러한 것들을 덜 가증스럽게 여겨서도 안 되는 것이다. 오히려 그러한 죄악들을 더욱 가증스럽고 혐오스러운 것으로 여겨야만 하는 것이다. 죄악들이 더욱 일반적인 관습들이 될수록 그것은 더욱더 위험스러운 것들이 되기 때문이다.

2. 죄악된 관습을 하나라도 받아들이고 용납하는 것은 치명적인 결과를 초래하게 된다. 하나는 많은 것을 불러들이는 길을 만들기 때문이다. 단지 한 가지의 죄악을 용인하게 된다면 당신은 수천을 불러들이게 되는 것이다. 죄악의 길은 내리막길이다.

3. 하나님의 규례에 언제나 굳게 서는 것이 거대한 죄악의 오염을 막을 수 있는 가장 유용한 길이 되는 것이다. 우리가 거룩한 규례들이 가지고 있는 권능의 감미로운 맛과 느낌을 더욱 많이 맛보면 볼수록, 우리는 죄인들의 가증스러운 관습들이 주는 금지된 쾌락으로 더욱 적게 끌리게 될 것이다. 우리를 안전하게 해주는 것은 오로지 하나님의 은총이며, 그 은총은 은총의 방편들을 사용하는 데에서만 기대될 수 있는 것이다. 우리가 먼저 하나님과 그분의 제도들을 버리지 않는 한 하나님께서는 결코 어느 누구도 그들 자신들의 마음의 욕정에 버려두지 않으신다.

제 19 장

개요

본 장에는 몇 가지 의식법적인 계율들이 있다. 그 계율들의 대부분은 도덕적인 것들이다. 좀 더 가볍게 여겨지는 율법의 어떤 규례들은 매우 상세하게 확대되어 있고(나병에 관한 두 장에 걸친 긴 증언), 좀 더 중요하게 여겨지는 율법의 많은 사안들은 매우 적은 분량으로 기록되어 있는 것을 보고 다소 의아하게 생각할 수도 있다. 본 장의 각 구절들이 규정하고 있는 다양한 사항들은 심판과 자비에 관한 전체적인 율법들을 포함하고 있다. 이러한 사항들은 모든 사람들의 양심이 분명히 인지할 수 있는 것들이기 때문에, 사람들 각자의 지각은 이러한 것들에 대해서 설명할 수 있고 그러한 경우들에 대해서 평가하고 설명할 수 있는 것들이다. I. 유대인들에게 특별한 것들이었던 본 장에 있는 율법들은 다음과 같은 것들이다. 1. 유대인들의 화목제물에 관한 것(5-8절), 2. 유대인들의 밭에서 이삭을 줍는 것에 관한 것(9-10절), 3. 유대인들의 가축과 씨앗과 의복의 혼합을 금하는 것(19절), 4. 유대인들의 과목에 관한 것(23-25절), 5. 어떤 미신적인 관습들을 반대하는 것(26-28절) 등이다. II. 그러나 이러한 계율들의 대부분은 우리들에게 구속력이 있는 것들이다. 그러한 계율들은 십계명의 대부분에 대한 설명들이기 때문이다. 1. 본문에는 "나는 여호와이다"라고 하는 십계명의 서언이 15번이나 반복되고 있다. 2. 십계명의 개요. 본문에 나타나는 십계명의 첫 번째 항목에 대한 모든 요약은, 너희는 거룩하라(2절)이다. 본문에 나타나는 십계명의 두 번째 항목에 대한 모든 요약은, 네 이웃 사랑하기를 네 자신과 같이 사랑하라(18절)이다. 그리고 "누가 내 이웃입니까?"라고 하는 질문에 대한 대답이 있다(33-34절). 3. 각각의 계명에 관한 것들. (1) 첫 번째 계명은 본문에서 자주 반복되는 어구인 "나는 너희의 하나님이다"라고 하는 말씀 속에 내포되어 있다. 그리고 본문에는 마술(26절)과 주술(31절)을 금하고 있다. 이러한 행위들은 마귀를 신으로 만드는 것이다. (2) 두 번째 계명을 거역하는 우상 숭배가 금지되고 있다(4절). (3) 세 번째 계명을 거역하는 하나님의 이름을 모욕하는 것(12절)이 있다. (4) 안식일을 거룩히 여기는 것이 강조되어 있다(3, 30절). (5) 자녀들은 자신들의 부모(3절)와 노인들(32절)을 공경할 것이 요구되고 있다. (6) 여섯 번째 계명을 거역하는 것이 되는 미움과 보복을 금지하고 있다(17-18절). (7) 간음(20-22절)과 매춘행위(29절)를 금지하고 있다. (8) 재판을 할 때 공의가 요청되고 있으며(15절), 도둑질(11절)과 속이는 것과 품삯을 주지 않는 것(13절), 그리고 거짓된 저울 사용(35-36절)을 금지하고 있다. (9) 거짓말(11절)과 중상하는 것(14절), 그리고 비방하는 것과 거짓 증거하는 것(16절)을 금지하고 있다. (10) 열 번째 계명은 마음에 엄격한 제한을 두고 있는데 이러한 내용이 본문에 나타난다(17절): "너는 네 형제를 마음으로 미워하지 말며." 그리고 본문에는 이 모든 규례들을 엄격히 준수하도록 하는 명령이 있다(37절). 이러한 모든 계율들은 그것들을 이해하도록 하는데 많은 도움이 필요하지 않는 명백한 내용들이다. 그러나 그 계율들을 준수하기 위해 계속적인 관심과 주의가 요구되고 있다. "이 계명들을 행하는 사람들 모두는 이러한 계명들을 잘 이해하고 있는 것이다."

1여호와께서 모세에게 말씀하여 이르시되 2너는 이스라엘 자손의 온 회중에게 말하
여 이르라 너희는 거룩하라 이는 나 여호와 너희 하나님이 거룩함이니라 3너희 각
사람은 부모를 경외하고 나의 안식일을 지키라 나는 너희의 하나님 여호와이니라 4
너희는 헛된 것들에게로 향하지 말며 너희를 위하여 신상들을 부어 만들지 말라
나는 너희의 하나님 여호와이니라 5너희는 화목제물을 여호와께 드릴 때에 기쁘게
받으시도록 드리고 6그 제물은 드리는 날과 이튿날에 먹고 셋째 날까지 남았거든
불사르라 7셋째 날에 조금이라도 먹으면 가증한 것이 되어 기쁘게 받으심이 되지
못하고 8그것을 먹는 자는 여호와의 성물을 더럽힘으로 말미암아 죄를 담당하리니
그가 그의 백성 중에서 끊어지리라 9너희가 너희의 땅에서 곡식을 거둘 때에 너는
밭 모퉁이까지 다 거두지 말고 네 떨어진 이삭도 줍지 말며 10네 포도원의 열매를
다 따지 말며 네 포도원에 떨어진 열매도 줍지 말고 가난한 사람과 거류민을 위하
여 버려두라 나는 너희의 하나님 여호와이니라

모세는 이스라엘 자손의 온 회중에게 이 율법의 요약을 정리하여 전달하라고 하는 명령을 받고 있다(2절). 아론과 그의 아들들에게만이 아니라 모든 백성들에게 전하라고 하는 것이다. 그들은 모두가 자신들의 의무를 알아야만 하기 때문이다. 율법의 어두운 시기에서조차도 무지를 신앙의 모체로 자랑하는 그러한 종교는 하나님의 종교가 될 수 없었던 것이다. 모세는 하나님의 규례들을 모든 백성들에게 알려야만 했고 온 진중에 선포해야만 했다. 아마도 모

세는 이 율법들을 한 번에 들을 수 있는, 가능한 많은 사람들에게 친히 전달했을 것이다. 점차적으로 여러 차례에 걸쳐서 결국 모든 사람들에게 전달했을 것이다. 본문에 주어진 많은 계율들은 그들이 이전에 받은 것들이다. 그러나 그 율법들은 이스라엘 백성들이 암기할 수 있도록 반복되어야만 할 것을 요구하고 있는 것이다. 계율은 계율에 의존해야만 한다. 한 줄 한 줄 아무리 사소한 것이라도 모두 충분하게 의존되어야만 하는 것이다. 이 구절들에는 다음과 같은 내용들이 있다.

I. 이스라엘은 거룩한 백성이 되어야만 한다고 한다. 이스라엘의 하나님께서 거룩한 하나님이시기 때문이다(2절). 이스라엘 백성들이 특별한 율법과 관습으로 다른 모든 민족으로부터 구별된 것은 그들에게 세상과 육체적인 것으로부터 정말로 분리되는 것과 하나님께 전적으로 헌신하는 것을 가르쳐 주기 위함이었다. 이것은 오늘날 그리스도의 율법이기도 하다(주님께서는 우리들의 모든 생각을 이 율법에 복종하도록 이끄신다). **내가 거룩하니 너희도 거룩할지어다**(벧전 1:15-16). 우리는 거룩하신 주님을 따르는 자들이다. 그러므로 우리는 우리의 힘닿는 대로 하나님의 영광을 위해 성별되어야만 하고, 그분의 성품과 뜻에 따르도록 해야만 하는 것이다. 이스라엘은 모형과 그림자들에 의해서 성별되었다(레 20:8). 그러나 우리는 진리 혹은 모든 그러한 그림자들의 실체에 의해서 거룩하게 되었다(요 17:17; 딛 2:14).

II. 자녀들은 그들의 부모에게 복종해야만 한다고 한다. 너희 각 사람은 부모를 경외하라(3절).

1. 본문에서 요청된 경외는 제5계명에 의해서 명령된 공경과 동일한 것이다. 말 1:6을 보라. 이것은 내적인 경의와 공경, 외적인 존경의 표현, 부모님의 정당한 명령들에 대한 복종, 부모님을 기쁘게 해드리며 평안하게 해드리려고 하는 노력을 포함하는 것이며, 부모님의 마음을 아프게 하거나 슬프게 하는 것, 그리고 불쾌하게 해드리는 것들을 피하는 것을 포함하고 있는 것이다. 유대인 학자들은 "아버지에게 바쳐야 할 경외심은 무엇인가?"라고 묻는다. 그리고 그들은 "그것은 아버지의 뜻을 거역하지 않는 것이고, 아버지의 자리에 앉지 않으며, 아버지께서 말씀하시는 것을 반대하지 않으며, 아버지께서 말씀하시는 것에 대해서 불평하지 않으며, 생존해 계시거나 돌아가셨거나 아버지의 이름을 부르지 않으며 '나의 아버님' 혹은 '어르신네' 라고 부르는 것이다. 그

것은 또한 아버지께서 가난해지시거나 그와 같은 곤경에 처하셨을 때 그 필요를 채워드리는 것이다."

2. 자녀들은 그들이 자라서 어른이 되었을 때 그들은 이제 이러한 의무들에서 놓임을 받았다고 생각해서는 안 된다. 비록 학식이 많은 사람들이나 아무리 위대한 사람들이라 할지라도 모든 사람들은 자신의 부모를 공경해야만 한다. 그들은 자신의 부모님이기 때문이다.

3. 어머니가 먼저 나오는데 이것은 흔하지 않는 경우이다. 본문은 어머니와 아버지에 대한 의무가 동일한 것임을 나타내고 있는 것이다. 어머니가 아버지보다 더 오래 생존해 계신다면 여전히 어머니께서는 존경과 순종을 받으셔야만 하는 것이다.

4. 나의 안식일을 지키라고 덧붙이고 있다. 하나님께서 그분의 율법에 의해서 부모의 영예를 지켜주셨다면, 부모는 그들의 자녀들에 대해서 가지게 된 자신들의 권위를 하나님의 영광을 위해서 사용해야만 하는 것이다. 특별히 그분의 안식일의 영광을 지켜 드리기 위해서 사용해야만 하는 것이다. 이 안식일을 지키는 것은 제4계명에 의해서 부모들에게 매우 중요하게 위탁된 것이다. 제4계명은 너나 네 아들이나 네 딸이나 …라고 말하고 있다. 젊은이들이 자신들의 삶을 망치는 것은 부모를 모욕하거나 안식일을 남용(濫用)하는 것으로부터 시작하게 되는 것을 종종 관찰할 수 있게 된다. 그러므로 이 두 가지 계율이 법도를 요약한 서두에 함께 적절하게 놓인 것이다: 너희 각 사람은 부모를 경외하고 나의 안식일을 지키라. 자신들의 부모를 공경하고 안식일을 거룩하게 지키는 자들은 소망이 있는 자녀들이고 삶을 잘 영위해 나갈 것이다.

5. 이 두 가지 계율에 대한 이유가 덧붙여져 있다: "나는 너희의 하나님 여호와이니라. 안식일의 여호와이며 네 부모의 하나님이시라고 하는 것이다."

Ⅲ. 하나님만 경배를 하되 형상에 의해서 경배를 하지 말라고 한다(4절).

"너희는 우상들에게 향하지 말라. 곧 헛된 것들이며 힘도 없고 가치도 없는 신들이 아닌 신들에게 향하지 말라. 참된 하나님에게서 거짓 신들에게로, 전능하신 하나님에게서 무력한 신들에게로, 너희를 거룩하게 하시고 복되게 해주실 하나님에게서 너희를 속이고 타락시키고 망하게 하고 영원히 비참하게 만드는 신들에게로 향하지 말라! 너희들의 마음은 물론이거니와 너희들의 눈도 돌리지 말라. 너희를 위하여 너희들 자신의 공상의 산물들인 신상들을 부어 만들지 말라. 만들어진 신상들로 창조주를 경배하려고 생각하지 말라. 너희들은 하나님의 손으로 만든 작품이다. 그러므로 네 자신의 손으로 만든 작품들인 신상들을 경배하는 것만큼 불합리한 것은 없다." 만들어진 신상들은 만들어진 금송아지로 인해서 구체적으로 명시된 것이다.

IV. 이스라엘 백성들의 화목제물은 언제나 율법에 따라 드려져야만 하고 먹어야만 한다고 한다(5-8절). 희생제사들에 관련된 다른 율법보다도 이 율법이 반복된 것은 아마도 어떤 특별한 이유가 있는 것 같다. 화목제물을 먹는 것은 백성들의 몫이었고 제사장이 보는 가운데서 먹어야만 했던 것이다. 아마도 그들 중에 어떤 사람들은 만나를 보관했던 것(출 16:20)과 같이 그들의 화목제물을 지정된 기간보다 더 오랫동안 보관하려고 했던 것 같다. 따라서 이러한 경우를 경고하려고 했던 것이었다. 이 율법 자체에 대해서는 이전 성경 구절 레 7:16-18을 보라. 하나님께서는 그분 자신의 때에 이루어진 그분 자신의 일을 소유하게 되실 것이다. 비록 제물이 율법에 따라 드려졌다고 하더라도, 율법에 따라 제물을 먹지 않았다고 한다면, 그 제물은 열납되지 않았던 것이다. 사역자들이 자신의 사역을 감당한다고 하더라도, 사람들이 자신의 역할을 감당하지 않는다면 무슨 소용이 있겠는가? 우리의 신령한 제사를 드린 뒤에도 그 제사들의 마땅한 은혜를 누리기 위해서는 해야 할 일이 남아 있는 것이다. 만약에 이 남아 있는 해야 할 일이 무시된다면 모든 것은 헛된 것이 되는 것이다.

V. 이스라엘 백성들은 자신들의 수확물의 이삭과 포도송이를 가난한 자들을 위해서 남겨 놓아야만 한다고 한다(9-10절). 경건의 사역들을 감당함에 있어서 우리들의 능력에 따라 언제나 자선의 일들을 염두에 두고 있어야만 하는 것이다. 이스라엘 백성들이 자신들의 곡식을 수확할 때 그들은 밭의 구석에서 있는 곡물의 얼마를 남겨 놓아야만 했다. 유대인 학자들은 "그것은 밭의 60분의 1에 해당하는 부분을 남겨 놓아야만 했었다"라고 말한다. 그리고 그들은 또한 이삭들과 그들의 포도송이의 얼마를 남겨 놓아야만 했었다. 이러한 것들은 처음에는 간과되었던 것들이다. 비록 이러한 율법의 문자가 이제 우리를 얽매지는 못한다고 할지라도 우리들에게 다음과 같은 것들을 가르쳐 주고 있는 것이다. 1. 우리는 우리가 권리를 주장할 수 있는 모든 것에 대해서 탐욕적이거나 움켜쥐거나 욕심을 과도히 부려서는 안 되는 것이다. 또한 하찮고 사소한 것들에 대해서 권리를 과도히 주장해서도 안 되는 것이다. 2. 우리는 우리가

수고한 열매로 인해서 가난한 사람들이 양식을 얻게 되고 다시 새 힘을 얻게 되는 것을 보게 되는 것을 매우 기뻐해야만 하는 것이다. 우리는 우리들 이외의 곳으로 흘러가는 것을 잃어버린 것이라거나, 가난한 사람들에게 돌아간 것을 우리들에게 주어진 것을 낭비한 것이라고 생각해서도 안 된다. 3. 추수기와 같이 즐거운 시간은 자선을 하기 위한 적절한 시기인 것이다. 우리가 기뻐할 때에 가난한 자들은 우리와 더불어 기뻐할 수 있을 것이다. 우리의 심령이 하나님을 찬양할 때, 우리의 골육지친들도 우리를 축복할 것이다.

11너희는 도둑질하지 말며 속이지 말며 서로 거짓말하지 말며 12너희는 내 이름으로
거짓 맹세함으로 네 하나님의 이름을 욕되게 하지 말라 나는 여호와이니라 13너는
네 이웃을 억압하지 말며 착취하지 말며 품꾼의 삯을 아침까지 밤새도록 네게 두
지 말며 14너는 귀먹은 자를 저주하지 말며 맹인 앞에 장애물을 놓지 말고 네 하나
님을 경외하라 나는 여호와이니라 15너희는 재판할 때에 불의를 행하지 말며 가난
한 자의 편을 들지 말며 세력 있는 자라고 두둔하지 말고 공의로 사람을 재판할지
며 16너는 네 백성 중에 돌아다니며 사람을 비방하지 말며 네 이웃의 피를 흘려 이
익을 도모하지 말라 나는 여호와이니라 17너는 네 형제를 마음으로 미워하지 말며
네 이웃을 반드시 견책하라 그러면 네가 그에 대하여 죄를 담당하지 아니하리라 18
원수를 갚지 말며 동포를 원망하지 말며 네 이웃 사랑하기를 네 자신과 같이 사랑
하라 나는 여호와이니라

우리는 본문에서 다음과 같은 것들에 대해서 배우게 된다.

I. 우리가 관계하는 모든 일들에 있어서 정직하고 진실하라고 하는 것이다 (11절). 섭리 가운데 각 사람의 재물을 지정하여 주신 하나님께서는 그분의 율법으로 그 정해주신 재물을 침범하는 것을 금하셨다. 즉, 너희는 도둑질하지 말며라고 말씀하시면서 명백한 도둑질을 금하셨고, 속이지 말며 서로 거짓말하지 말며라고 말씀하시면서 거짓으로 속이는 행위를 금하셨던 것이다. 세상에서 우리가 가지고 있는 것이 무엇이든지 우리는 그것이 정직하게 얻은 것인지 그렇지 않은 것인지를 분별해야만 한다. 부정직하게 얻은 것으로 우리는 참된 부자가 될 수 없을 뿐더러 그러한 부는 오래가지도 못하기 때문이다. 우리의 중심이 진실함을 원하시는 하나님께서는(시 51:6) 또한 혀의 진실도 원하시는 것

이다. 거래에 있어서나 일상적인 대화에 있어서 **서로 거짓말하지 말라**. 이것은 기독교의 율법들 중의 하나이기도 하다(골 3:9): **서로 거짓말을 하지 말라**. 진실을 말하지 않는 자들은 진실을 들을 자격도 없는 것이다. 거짓말로 죄를 짓는 자들은 그 거짓말로 인해서 고통을 받는 것이 당연하다. 그러므로 **서로 거짓말하는 것이** 우리들에게 금지된 것이다. 우리가 다른 사람들에게 거짓말을 한다면 그것은 우리가 그들로 하여금 우리들에게 거짓말하도록 가르쳐 주는 것과 같은 것이기 때문이다.

Ⅱ. 하나님의 신성한 이름에 대해서 지극히 존중하라고 하는 것이다(12절). 그리고 다음과 같은 일들에 대해서 그분이 증인이 되도록 부르지 말라고 말하고 있다. 1. 그분의 이름으로 거짓 맹세하지 말라고 한다: **너희는 거짓 맹세하지 말라**. 거짓말하는 것은 나쁜 것이다. 그러나 거짓으로 맹세하는 것은 더욱더 나쁜 것이다. 2. 그분의 이름으로 농담을 하거나 무례한 말을 하지 말라고 한다: 경건하게 사용되어야 할 하나님의 이름을 다른 목적으로 사용함으로 **너희는 네 하나님의 이름을 욕되게 하지 말라**.

Ⅲ. 다른 사람의 권리를 빼앗거나 착취하지 말라고 말한다(13절). 우리는 우리의 것이 아닌 것을 속임수나 강탈에 의해서 빼앗아서는 안 되며 다른 사람들의 것을 압류해서도 안 되는 것이다. 특별히 품꾼의 삯을 주지 않고 가지고 있어서는 안 되는 것이다. **품꾼의 삯을 밤새도록 네게 두지 말라**. 품꾼이 원한다면 그가 하루의 일을 마치지마자 그의 삯을 받도록 하지. 삯을 주지 않은 것과 삯을 지불하는 것을 미루어 그에게 피해를 주는 것은 하늘의 복수를 부르는 커다란 죄인 것이다(약 5:4).

Ⅳ. 자신들 스스로를 도울 수 없는 사람들의 품위와 안전에 특별한 관심을 기울이라고 말하고 있다(14절).

1. 귀먹은 자를 위하라: **너는 귀먹은 자를 저주하지 말며**. 즉, 자연적으로 귀가 먹어 전혀 듣지 못하는 사람들뿐만 아니라 그 자리에 없는 사람들에게 저주하지 말라는 것이다. 이들은 그 자리에서 이루어지는 저주를 들을 수가 없어서 그들이 분개함을 보여주지 못하며 맞서지 못하며 자신들의 권리를 지키지 못하는 자들인 것이다. 또한 다윗과 같이(시 38:13) 그들이 듣지 않은 것 같이 일부러 그 저주를 인식하지 않으려고 하는 듯이 인내하는 자들에게도 저주하지 말라고 하는 것이다. 자신들이 복수를 하려고 하지 않거나 그러한 능력이 없는

자들 그 어느 누구에게도 피해를 입히지 말라. 비록 그들은 어찌하지 못한다 할지라도 하나님께서는 보고 들으시기 때문이다.

2. 우리는 맹인의 안전에 대해서 동일하게 관심을 기울여야만 하며 그들 앞에 장애물을 놓아서는 안 된다. 이것은 고통을 받고 있는 자들에게 고통을 더하는 것이며, 하나님의 섭리를 악용하는 것이기 때문이다. 이 금령은 맹인을 도와주라고 하는 것과 그들이 가는 길에 놓인 장애물을 치우라고 하는 계율을 내포하고 있는 것이다. 유대인 학자들은 어떤 사람도 맹인 앞에 장애물을 놓는 것과 같이 그렇게 야만적일 수는 없는 것이라고 생각하면서 이 율법을 비유적으로 해석한다. 즉, 간단하고 쉽게 속임수에 넘어가 손해를 보는 일을 하게 되는 그러한 사람들에 대해서 나쁜 말을 하지 말라고 하는 것이다. 우리는 우리의 약한 형제를 넘어지게 하는 어떠한 일을 하는 것에 주의를 기울여야만 하는 것이다(롬 14:13; 고전 8:9). 이러한 죄악들을 방지하기 위해서 네 하나님을 경외하라라고 하는 말이 첨부되었다. "너희들은 귀먹은 자들이나 맹인들을 두려워하지 않는다. 그들은 변명할 수 없기 때문이다. 그러나 힘이 없는 자들을 도우시는 것이 바로 하나님의 영광이 된다고 하는 사실을 기억하라! 그분께서는 그들의 일을 변호해 주실 것이다." 하나님을 경외하게 되면 우리는 사람의 분노를 살 만한 일들을 하지 않게 되는 것이다.

V. 본문은 재판관들이나 권력을 가지고 있는 모든 자들에게 편파성 없이 공정하게 재판을 하라고 명령하고 있다(15절). 위임에 의해서 그들이 재판관들이 되었든지 혹은 양측의 합의에 의해서 어떤 특별한 소송의 심판관들이나 중재인들이 되었든지, 그들은 어느 한 편에 잘못을 범해서는 안 되는 것이다. 그들은 자신들이 가진 최선의 능력으로 형평의 규칙에 따라 그 소송의 시시비비에만 온전히 관심을 가지되 소송에 연루된 사람의 신분에는 결코 관심을 가져서는 안 되는 것이다. 어떠한 경우에도 공의는 왜곡되어서는 안 되는 것이다.

1. 가난한 자들을 동정해서도 안 된다: 가난한 자의 송사라고 해서 편벽되이 두둔하지 말지니라(출 23:3). 가난한 자들에게 자선의 시혜(施惠)로서 그 어떤 것들이 주어질 수는 있다. 그러나 그 가난한 자에게 합법적으로 주어진 것 이외에는 그 어느 것도 그에게 그의 것으로 주어서는 안 되는 것이다. 또한 그가 가난하다고 해서 잘못에 대한 어떠한 정당한 징벌을 면제해 주어서는 안 되는 것이다. 또한

2. 권력자들을 존경하고 두려워함으로써 그들에 대한 호의로 재판관들은 매우 빈번히 편파적으로 될 수 있다. 유대인들은 "이 율법에 의해서 소송 중인 상대방들 가운데 한 편은 서 있으라고 하며 다른 편은 앉아 있으라고 한다거나, 한 편은 그가 원하는 대로 마음껏 이야기하게 하고 다른 편은 짧게 이야기하도록 해서는 안 되는 것이다"라고 말한다. 약 2:1-4를 보라.

VI. 우리 모두는 우리 이웃의 이름에 해를 끼치는 어떠한 일도 해서는 안 된다고 말하고 있다(16절).

1. 일상적인 대화에서 그러한 일을 해서는 안 된다: 너는 돌아다니며 사람을 비방하지 말며. 이것은 어떤 사람이 남의 명성을 훼손하며 이웃들 사이에 불화의 씨앗을 뿌리기 위해서 비밀을 누설하며, 죄를 가중시키며, 형편이 좋지 못한 모든 일을 더욱 악화시켜서 사람들의 잘못을 퍼뜨리는 사람이 하는 일과 같이 나쁜 일인 것이다. 비방하는 자를 위해서 쓰인 단어는 행상인 혹은 거래의 무역업을 하는 작은 상인을 의미한다. 비방하는 자는 어떤 집에서 나쁜 이야기를 가져다가 다른 집에 그 이야기들을 전해주고 흔히 교역을 통해서 중상들을 물물교환하기 때문이다. 이 죄악에 대한 비난을 보라(잠 11:13; 20:19; 렘 9:4-5; 겔 22:9). 또한

2. 증인을 하는데 있어서도 그러한 일을 해서는 안 된다: 이웃이 무죄한데 너는 네 이웃의 피를 흘리게 하는 증인으로서 서서는 안 되는 것이며, 잠 1:11-12에 기술된 사람들과 같은 잔혹한 사람들의 도모에 가담해서도 안 되는 것이다. 유대인 학자들은 여기에 다음과 같이 한 걸음 더 나아가는 견해를 더한다: "너는 위험에 빠진 네 형제를 서서 보지만 말고, 비록 네 자신의 생명이나 신체의 한 부분이 위험에 빠지는 한이 있더라도 그를 구해 주어야 한다." 또한 그들은 "고소당한 자를 결백하다고 증언해 줄 수 있는 사람은 이 율법에 의해서 그렇게 해야만 한다"라고 덧붙인다. 잠 24:11-12를 보라.

VII. 우리의 이웃에게 사랑으로 견책하라고 명령을 하고 있다. 너는 네 이웃을 반드시 견책하라(17절).

1. 네 자신에게 주어진 상처로 인해서 그를 미워하지 말고 견책하라(타이르라). 우리의 이웃이 우리들에게 어떤 잘못을 한 것을 알게 되었을 때, 우리는 그에게 보이지 않는 원한을 내면에 품어서는 안 된다. 또한 온전히 복수할 기회를 찾을 때까지 싫어하는 감정을 숨기고 지내는 사람들과 같이(삼하 13:22)

그에게 좋고 나쁜 것을 말하지 않으며 그를 외면해서도 안 되는 것이다. 오히려 지혜롭고 온유한 마음으로 우리들의 분개를 제어하며, 우리의 형제에게 자신이 어떠한 상처를 받았는지 알게 해주며, 그와 함께 공정하게 사리를 분별하도록 노력하여 마음에 품었던 혐오감을 풀어야만 하는 것이다. 이것이 우리 구세주께서 이러한 경우에 대해서 주신 법칙인 것이다(눅 17:3).

2. 그러므로 당신이 그를 사랑한다면 그를 책망하라. 그의 죄는 하나님께 대해서 지은 것이기 때문이다. 그가 회개하도록 노력하라. 그러면 그의 죄가 용서될 것이고, 그 죄에서 돌아설 것이고, 그가 벌을 받지 않게 될 것이다. 우리는 서로 간에 우정어린 견책을 해줄 의무가 있는 것이다. 우리는 사랑으로 견책을 주고받아야만 하는 것이다. 의인이 나를 칠지라도 은혜로 여기며(시 141:5). 친구의 아픈 책망은 신실하고 유익한 것이다(잠 27:5-6). 본문에 다음과 같은 것이 엄격히 명령되어 있는 것이다. 즉, "너희는 지혜롭게 책망하라. 어떤 구실 아래 그 책망을 빼먹지 말도록 하라." 다음과 같은 것들을 고려하라. (1) 견책하지 않음으로 우리가 짓는 죄가 있다. 본문에서 그것은 형제를 미워하는 것으로 해석되고 있다. 우리는 즉각 이렇게 주장할 수 있을 것이다. "그 사람은 내가 사랑하는 친구야. 그러므로 나는 그의 잘못들을 그에게 이야기해줌으로써 그를 불편하게 만들고 싶지 않아!" 그러나 우리는 오히려 이렇게 말해야만 하는 것이다. "그러므로 나는 그에게 그의 잘못들을 이야기해주는 친절을 베풀고 싶어!" 사랑은 다른 사람들로부터 죄를 덮어준다. 그러나 죄인 자신을 덮어주고 두둔해 주는 것은 아니다. (2) 우리가 견책하지 않음으로 당하는 해악이 있다: 우리가 그로 인해서 죄를 당하게 되는 것이다. 짐이 무거워 쓰러져버린 원수의 나귀를 우리가 도와주어야만 한다면, 우리는 친구의 영혼을 더욱 도와주어야 하지 않겠는가?(출 23:5). 그로 인하여 죄를 당하게 되면(난외주가 이 구절을 해석하듯이) 우리는 그의 죄를 담당하게 되는 위험에 처하게 되는 것이다. 우리가 열매 없는 어둠의 일을 견책하지 않는다면, 우리는 그러한 일들과 교제를 나누게 되는 것이고, 사후(事後)에는 그러한 일에 종범(從犯)이 되게 되는 것이다(엡 5:11). 우리가 염려해 주는 자는 바로 당신의 형제이고 당신의 이웃이다. 내가 내 아우를 지키는 자니이까라고 말하는 사람은 바로 가인인 것이다.

Ⅷ. 본문에는 우리가 모든 악의를 벗어버리고 형제애를 옷 입으라고 요청하고 있다(18절).

1. 우리는 아무에게도 악한 감정을 품어서는 안 된다: **너희는 원수를 갚지 말며 원망하지 말라. 너는 네 형제를 마음으로 미워하지 말며**라는 말도 이와 같은 목적을 지지해주는 것이다(17절). 악의를 품는 것은 이미 살인이 시작된 것이기 때문이다. 우리의 형제가 우리에게 해를 끼쳤더라도 우리는 그에게 복수하는 것으로 되갚아서는 안 된다. 우리는 기회가 있을 때마다 원한을 품은 마음으로 그를 비난해서는 안 된다. 우리는 그것을 용서하고 잊어버려야만 한다. 하나님께서도 우리를 그렇게 용서해주시기 때문이다. 모욕과 침해에 대한 분개심을 가지고 있으며 **말로 영원히 상하게 하는** 것은 가장 나쁜 것이며 우정을 파괴하는 것이다.

2. 우리는 모든 사람들에게 좋은 감정을 지녀야만 한다: **네 이웃을 네 자신과 같이 사랑하라.** 우리는 종종 우리 자신에게 잘못하는 경우가 있다. 그러나 우리는 곧 우리 자신에게 그러한 잘못들을 용서한다. 그리고 결코 그러한 잘못들로 인해서 우리 자신에 대한 사랑이 줄어들지 않는다. 우리는 이와 같이 우리 이웃을 사랑해야만 한다. 우리 구세주께서는 이것을 율법의 두 번째 커다란 계명으로 삼으셨고(마 22:39), 사도도 이것이 어떻게 두 번째 율법판의 모든 율법들의 요약이 되는 것인지를 보여주었다(롬 13:9-10; 갈 5:14). 우리는 우리가 우리 자신들을 진정으로 사랑하는 것 같이 가식됨이 없이 우리 이웃을 사랑해야만 한다. 우리는 우리가 우리 자신을 사랑하는 방식 그대로 최선을 다해 우리 이웃의 아픔을 막아주고 그의 유익을 도모하여 우리 이웃에 대한 우리의 사랑을 입증해 보여주어야만 한다. 우리는 우리가 남에게 대접을 받고자 하는 대로 우리 이웃에게 행해야만 한다(마 7:12). **우리 마음을 그의 마음자리에 두어 보아야 하는 것이다**(욥 16:4-5). 오히려 우리는 많은 경우에 사도 바울과 같이 우리 이웃의 유익을 위해서 우리 자신을 부인해야만 하는 것이다(고전 9:19 이하). 바로 이러한 면에서 복음은 율법의 가장 뛰어난 계율까지도 능가하는 것이다. 그리스도께서는 자신의 생명을 우리를 위해서 내어놓으심으로 우리들에게, 경우에 따라서는 형제를 위해서 우리의 생명을 내어놓으라고 하는 교훈을 주셨으며 (요일 3:16), 우리 자신들보다 우리 이웃을 더욱더 사랑하라고 하는 교훈을 주셨기 때문이다.

19 **너희는 내 규례를 지킬지어다 네 가축을 다른 종류와 교미시키지 말며 네 밭에 두**

종자를 섞어 뿌리지 말며 두 재료로 직조한 옷을 입지 말지며 [20]만일 어떤 사람이
다른 사람과 정혼한 여종 곧 아직 속량되거나 해방되지 못한 여인과 동침하여 설
정하면 그것은 책망을 받을 일이니라 그러나 그들은 죽임을 당하지는 아니하리니
그 여인이 해방되지 못하였기 때문이니라 [21]그 남자는 그 속건제물 곧 속건제 숫양
을 회막 문 여호와께로 끌고 올 것이요 [22]제사장은 그가 범한 죄를 위하여 그 속건
제의 숫양으로 여호와 앞에 속죄할 것이요 그리하면 그가 범한 죄를 사함 받으리
라 [23]너희가 그 땅에 들어가 각종 과목을 심거든 그 열매는 아직 할례 받지 못한 것
으로 여기되 곧 삼 년 동안 너희는 그것을 할례 받지 못한 것으로 여겨 먹지 말 것
이요 [24]넷째 해에는 그 모든 과실이 거룩하니 여호와께 드려 찬송할 것이며 [25]다섯째
해에는 그 열매를 먹을지니 그리하면 너희에게 그 소산이 풍성하리라 나는 너희의
하나님 여호와이니라 [26]너희는 무엇이든지 피째 먹지 말며 점을 치지 말며 술법을
행하지 말며 [27]머리 가를 둥글게 깎지 말며 수염 끝을 손상하지 말며 [28]죽은 자 때문
에 너희의 살에 문신을 하지 말며 무늬를 놓지 말라 나는 여호와이니라 [29]네 딸을
더럽혀 창녀가 되게 하지 말라 음행이 전국에 퍼져 죄악이 가득할까 하노라

본문에는 다음과 같은 내용들이 있다.

I. 혼합을 금하는 율법이 있다(19절). 태초에 하나님께서는 가축을 그 종류대로 지으셨다(창 1:25). 우리는 하나님께서 만드신 질서가 최선의 것이며 족한 것이라고 하는 것을 알고 기기묘묘한 것들을 추구해서는 안 되는 것이다. 너는 그가 지으신 것에 더하지 말라. 그가 너를 책망할까 하노라. 하나님께서 지으신 것의 탁월함 때문이다. 하나님께서 지으신 것에 어떤 것을 더하거나 뺀다고 하는 것은 분명히 더 나빠질 것이기 때문이다(전 3:14). 하나님께서 결합하신 것을 우리가 나누어서는 결코 안 되듯이, 하나님께서 나누어 놓으신 것은 우리가 결코 결합해서는 안 되는 것이다. 곡식의 씨앗을 섞어서 뿌리는 것이나 면과 모를 섞어 짠 옷을 입는 것을 금했다. 이러한 것은 이교도의 미신적인 습관으로서 여겨서 금한 것이거나, 이스라엘 백성들이 이방인들과 혼합되지 않도록 하고 이방인들의 관습들이 하나님의 규례들에 섞이지 않도록 하기 위해서 금지되었던 것이다. 에인즈워스(Ainsworth)는 이렇게 주장한다. 이 율법은 이스라엘을 단순하고 신실한 종교로 인도해주었고, 율법과 복음의 모든 내용들과 원리들이 섞이지 않고 그 특별한 종류로 유지되도록 해주었다. 믿음이 필수

적이듯이 선행도 필수적이다. 그러나 하나님 앞에서 우리를 의롭게 한다고 하는 명분으로 이러한 것을 함께 혼합하지 말라고 한다(갈 2:16).

Ⅱ. 정혼한 여자 노예와 저지른 간음죄에 대해서 징벌하는 율법이 있다(20-22절). 그 여인이 정혼하지 않은 경우에는 율법이 아무런 처벌을 규정하고 있지 않다. 그러나 정혼했고 여자 노예가 아닌 경우에는 죽음에 해당하는 처벌을 받았다. 그렇지만 정혼은 했지만 여자 노예인 경우에는(비록 결혼 전에 그 여인은 자유의 몸이 되어야 했을지라도) 사형은 면제되었다. 그러나 그 둘은 모두 징벌을 받아야만 했다. 혹은 어떤 사람들은 여자만 벌을 받았고 남자는 희생제물을 가져와 드렸다고 생각한다. 비록 약혼만 한 것일지라도 그 죄가 처벌을 받은 것은 결혼의 신성한 영예를 위한 것이었다. 노예인 여인을 더럽혔을 때에는 자유의 몸인 여인을 더럽혔을 때와 같은 처벌을 받지 않았다고 하는 것은 자유의 가치와 영예를 존중한 것이었다. 그 당시에는 노예와 자유인 사이에 그렇게나 커다란 차이가 있었다(갈 4:30). 그러나 그리스도의 복음은 그러한 차이를 인정하지 않는다(골 3:11).

Ⅲ. 과일 나무에 관한 율법이 있다. 그 나무들이 심겨진지 3년 동안은 비록 그 나무들이 일찍 자라서 그 기간에 열매를 맺는다 하더라도 그 열매를 사용하지 말라고 했다(23-25절). 그러므로 유대인들은 정원사들이 종종 그러듯이 그들의 어린 나무에서 열매를 맺는 것을 보면 즉시 그 열매들을 따버리는 관습이 있었다. 일찍이 열매를 맺는 것은 과일 나무의 성장을 방해하는 것이기 때문이다. 그동안에는 어떤 열매가 완전하게 익는다 하더라도 하나님께나 사람에게 사용되어서는 안 되었다. 그러나 네 번째 해에 맺는 열매는 여호와께 거룩한 것이기 때문에 그들이 두 번째 십일조로서 제사장들에게 드리거나 여호와 앞에서 기쁨으로 먹으라고 했다. 그리고 그 이후에 열매를 맺는 것은 모두 그들의 것이 되었다.

1. 어떤 사람들은 이 율법은 이스라엘 백성들에게 이교도들의 관습을 따르지 말라고 가르쳤던 것이라고 생각한다. 이교도들은 그들 과일 나무의 첫 열매를 그들의 우상에게 구별하여 바치지 않으면 모든 과일들이 떨어질 것이라고 말하면서 우상들에게 바쳤다고 한다.

2. 과일 나무에 관한 이 율법은 동물에 관한 율법과 비교될 수 있는 것으로 보인다. 어떠한 동물도 8일이 되기 전에 제물로 열납되지 않았고 어린 아이들

도 8일이 되기까지는 할례를 받지 못했던 것이다(레 22:27). 하나님께서는 그들 과일 나무의 첫 소산물을 원하셨을 것이다. 그러나 첫 3년 동안의 소산물들은 8일이 채 되지 못한 양이나 송아지와 같이 보잘것없는 것이었기 때문에 하나님께서는 그러한 과일들을 취하시지 않으셨던 것이다. 하나님께서는 모든 것의 최상의 것을 가지시는 것이 합당하기 때문이다. 하나님께서는 첫 3년 동안 맺는 열매들을 사용하는 것을 허락하지 않으셨다. 하나님의 첫 소산의 예물이 아직 바쳐지지 않았기 때문이다. 그러므로 그러한 과일들은 할례 받지 못한 것으로 여겨져야만 했던 것이다. 즉, 8일이 채 되지 못한 동물들이 어느 용도에도 적합하지 않았던 것과 같은 것이다.

3. 이로써 우리들은 생활의 안락함을 잡기 위해서 너무 서둘러서는 안 된다고 하는 것과 그것을 향유할 시간이 될 때까지 기꺼이 기다릴 줄 알아야 한다고 하는 것을 깨닫게 된다. 그리고 특별히 우리 자신들은 땅의 소산물들을 차지하기에는 합당치 못한 자들이라고 하는 것을 배우게 된다. 우리의 첫 조상이 금지된 열매를 먹음으로 인해서 상실된 열매에 대한 우리의 권리는 하나님의 말씀과 기도에 의해서만 회복될 수 있는 것이다(딤전 4:5).

Ⅳ. 이교도의 미신적인 풍습들을 금하는 율법이 있다(26-28절).

1. 그들의 신들이 마시도록(그들은 그렇게 생각했다) 희생제물의 피를 모아 놓았던 이방인들이 했던 것처럼 피를 먹고 그 주위에 둘러 앉아 고기를 먹는 것은 이교도들이 우상들과 축제를 함으로써 마귀들과 교제하는 것을 나타내는 것이었다. 그러므로 이러한 풍습이 행해지지 못하도록 하라고 하는 것이었다. 하나님께 드려진 희생제물의 피는 제단에 뿌려져야만 했고 제단 밑에 뿌려졌고 밖으로 내가야 했기 때문이다.

2. 어떤 때와 날이 길하고 흉한지를 점치는 마술과 복술과 같은 미신적인 행위들을 금했다. 이러한 호기심을 끄는 기술들은 애굽의 제사장들이 백성들을 기만하고 자신들의 위신을 세우기 위해서 고안해낸 것 같다. 이스라엘 백성들은 그러한 마술과 복술들이 행해지는 것을 보았다. 그러나 결코 그러한 것들을 모방해서는 안 되었던 것이다. 하나님의 말씀이 맡겨진 자들이 마귀에게 뜻을 묻는다는 것은 용서할 수 없는 짓이었던 것이다. 마귀의 일을 멸하신 하나님의 아들이 나타나신 바 된 자들인 그리스도인들에게는 더욱더 악한 일인 것이다. 그리스도인들이 점을 친다든지, 운수를 물어본다든지, 병을 고치거나 악한 영

을 몰아내기 위해서 주문(呪文)을 사용하거나 무당을 이용한다든지, 별똥별이 떨어지는 것을 보거나 산토끼가 길을 가로질러 가는 것을 보고 영향을 받는 것 등과 같은 것들은 주 예수를 참을 수 없이 모독하는 것이며, 이방종교와 우상 숭배를 지지하는 것이며, 자신들과 자신들의 고귀한 이름을 모욕하는 것이다. 그리고 "이런 일들이 무엇이 나쁜가?"라고 묻는 자들은 율법과 복음을 매우 무시하는 것임에 틀림없다. 마귀와 교제하거나 그러한 방법을 배우는 것이 그리스도와 교제하는 자들에게 해가 되지 않는다는 말인가? 분명히 우리는 그리스도를 그같이 배우지 아니하였다.

3. 몸을 단장하는 것에조차도 이교도에 의해서 사용된 미신이 있었다. 하나님의 백성들은 이것 역시도 따라해서는 안 되는 것이었다: 머리 가를 둥글게 깎지 말며. 하늘의 성좌를 숭배하는 자들은 그 성좌를 기념하기 위해서 그들의 머리를 둥글게 깎아서 그들의 머리가 천체를 닮도록 하려고 했다. 그러나 그러한 풍속은 어리석은 것이었기 때문에 그들의 거짓된 신들을 존경하는 마음으로 그렇게 한 것은 우상 숭배였던 것이다.

4. 이교도들이 그들의 장례식에서 슬픔을 표현하는 의식들이나 예식들도 모방해서는 안 되었다(28절). 이스라엘 백성들은 죽은 자를 위해서 자신들 몸의 살을 베거나 문신을 새겨서는 안 되었다. 이교도들은 그들이 상상하는 지옥의 신들을 달래기 위해서 그들의 죽은 동료들의 명복을 빌기 위해서 그렇게 했던 것이기 때문이다. 그리스도께서는 수난을 받으심으로 죽음의 본질을 변화시키셨고 모든 진정한 이스라엘 사람들에게 그 죽음이 참된 친구가 되게 하셨다. 그러므로 죽은 자들을 위하여 명복을 빌 필요가 없듯이(하나님께서 우리에게 복을 주신다면, 죽음 또한 우리들에게 복이 되는 것이기 때문이다) 우리는 희망이 없는 자들과 같이 슬퍼하지 않는 것이다. 이스라엘 하나님께서 그분 자신을 위해서 구별해 놓으신 자들은 이러한 비천한 신들의 형상이나 미신을 받아들여서는 안 되는 것이다. 마지막으로 본문에서 금하고 있는 자신들의 딸들이 부정하게 매음을 하는 행위(29절)는 이교도들이 그들의 우상 숭배를 하는 예식에서 이루어졌던 일들이었던 것 같다. 그러한 가증스러운 일들을 이교도들이 숭배하는 더러운 영들이 매우 기뻐했을 것이기 때문이다. 음행이 종교적인 의식이 되어 그들의 신전에서 저질러졌을 때 그 땅이 그 사악함으로 가득하게 된 것은 그리 놀라운 일이 아니다. 그러한 음행이 성전 문에 들어섰을 때 그

것은 도도한 격류(激流)처럼 그 땅에 퍼졌고 모든 도덕과 정결의 울타리를 허물어버렸던 것이다. 마귀가 먼저 그러한 가증스러운 짓들을 그들의 예배에 끌어들이지 않는다면, 마귀 자신은 그 가증스러운 짓들을 그들의 삶에 끌어들일 수 없었을 것이다. 거룩하신 하나님을 버리고 하나님의 영광을 부정한 영들에게 넘겨준 자들은 헛된 욕망에 사로잡히게 되는 것이다. 하나님을 영화롭게 하지 못하는 자들은, 자신들과 자신들의 가족들이 불명예로 고통을 받게 되는 것이다.

30내 안식일을 지키고 내 성소를 귀히 여기라 나는 여호와이니라 31너희는 신접한 자
와 박수를 믿지 말며 그들을 추종하여 스스로 더럽히지 말라 나는 너희 하나님 여
호와이니라 32너는 센 머리 앞에서 일어서고 노인의 얼굴을 공경하며 네 하나님을
경외하라 나는 여호와이니라 33거류민이 너희의 땅에 거류하여 함께 있거든 너희는
그를 학대하지 말고 34너희와 함께 있는 거류민을 너희 중에서 낳은 자 같이 여기며
자기 같이 사랑하라 너희도 애굽 땅에서 거류민이 되었었느니라 나는 너희의 하나
님 여호와이니라 35너희는 재판할 때나 길이나 무게나 양을 잴 때 불의를 행하지 말
고 36공평한 저울과 공평한 추와 공평한 에바와 공평한 힌을 사용하라 나는 너희를
인도하여 애굽 땅에서 나오게 한 너희의 하나님 여호와이니라 37너희는 내 모든 규
례와 내 모든 법도를 지켜 행하라 나는 여호와이니라

본문에는 다음과 같은 내용들이 있다.

I. 하나님을 섬기기 위해 지정된 시간과 장소의 영예를 보존하기 위한 율법이 있다(30절). 이 율법에는 이교도의 우상 숭배와 미신, 그리고 대화의 모든 부정함으로부터 그러한 시간과 장소를 보존하려고 하는 의도가 있었을 것이다. 1. 안식일은 경건하게 지켜져야만 하고, 이교도들이 미신적으로 정한 그러한 시간들은 결코 지켜서는 안 되는 것이다(26절). 2. 성소는 경외해야만 한다. 율법이 요구한 정결함을 가지고 준비를 해서 매우 조심스럽게 성막에 다가가야만 하는 것이다. 그리고 지엄하신 분의 존전에 겸손과 정중함과 친밀함을 가지고 나아가야만 하는 것이다. 지금은 그 때처럼 성막과 성전과 같은 하나님의 제도에 의한 거룩한 장소는 없다. 그러나 이 율법은 우리들에게 경건한 예배를 위해서 모인 그리스도인들의 엄숙한 모임을 존중해야만 한다고 하는 것을 말

해주고 있는 것이다. 그리스도인들의 모임은 그리스도께서 그들 가운데 특별히 함께 하시겠다고 하는 약속 아래서 이루어지는 것이기 때문에 그러한 모임들에 우리는 마땅한 예절을 가지고 나아가서 거룩한 규례의 시행에 참여해야만 하는 것이다(전 5:1).

Ⅱ. 신접한 자들과 그와 유사한 영들에 관련된 것들과 나누는 모든 교제를 경고하는 율법이 있다. "그들을 믿지 말며 추종하지 말라. 그들에게서 나오는 어떠한 악의 세력도 두려워하지 말며 그들에게서 어떠한 행복도 기대하지 말라. 그들의 위협이나 약속이나 예언들을 염두에 두지 말라. 그들에게 어떠한 무엇을 얻으려고, 혹은 조언을 들으려고 찾아가지 말라. 만약에 그렇게 하면 너희들은 그에 의해서 더럽혀질 것이며 하나님과 너 자신의 양심에 가증스러움만 줄 것이다." 신접한 자를 찾는 것은 사울의 사악함을 절정에 이르게 한 바로 그러한 죄였던 것이다. 이 죄로 인해서 사울은 하나님께로부터 버림을 받았다(대상 10:13).

Ⅲ. 젊은 사람들은 나이든 사람들을 존경하라고 하는 명령이 있다. 너는 센 머리 앞에서 일어서고(32절). 연륜은 영예로운 것이다. 최고의 연로자이신 하나님께서 그 연륜에 영예를 돌리라고 요청하고 계신 것이다. 백발은 영화의 면류관이라. 하나님께서 장수(長壽)라고 하는 일반 축복으로 영예롭게 한 사람들에게 우리는 정중한 예의를 바쳐 존경해야만 하는 것이다. 연세가 들어 지혜롭고 선량한 사람들은 갑절의 존중을 받을 만한 자격이 있는 것이다. 그러한 분들에게는 그분들 앞에서 단순히 일어서는 것보다 더 많은 존경을 드려야만 하는 것이다. 그분들이 가지고 계신 신망과 안위함은 우리가 주의 깊게 상담을 받아야 하는 경륜들이고, 우리는 그분들의 경험과 통찰력의 도움을 받아야 하며, 우리는 그분들의 지혜와 모략에 조언을 받아야 하며 귀를 기울여야만 하는 것이다(욥 32:6-7). 어떤 사람들은 체면과 풍채에 의해서 존중을 받는 노인이란 직무상의 연장자로 이해하려고도 한다. 백발이 연령상의 연장자를 말하는 것과 같은 것이다. 두 가지 경우 모두 아버지로서 존경을 받아야만 한다. 두 가지 경우의 연장자들 모두에게 하나님의 영예를 두신 하나님을 두려워하는 마음으로 존경을 표해야만 하는 것이다. 신앙은 훌륭한 예의범절을 가르쳐 주고 있으며, 우리들에게 마땅히 존경해야 할 분들을 존경하도록 하고 있다. 아이가 노인에게, 비천한 자가 존귀한 자에게 교만할 때는 바로 그 나라에 큰 타락과 무질서가

있다고 하는 하나의 증거를 보여주는 것이다(사 3:5; 욥 30:1, 12). 연로한 자는 이러한 존중을 받아야만 하며, 연소자는 존중을 드려야만 하는 것이다. 장로들에게 순복하고 겸손히 대하는 것은 젊은이들의 의무일 뿐만 아니라 아름다운 미덕이기 때문이다.

Ⅳ. **이스라엘 백성들은 거류민들에게 친절하게 대해야만 한다고 하는 명령이 있다**(33-34절). 하나님의 율법과 그분의 섭리는 이스라엘을 다른 어떤 민족들보다도 매우 존귀케 만들어 주었다. 그러나 이스라엘 백성들은 그로 인해서 자신들이 모든 인류를 짓밟을 수 있도록, 그리고 그들의 목전에서 다른 모든 민족들을 모욕해도 되는 것으로 인정을 받은 것이라고 결코 생각해서는 안되는 것이다. 결코 그렇지 않은 것이다! "**너희는 거류민을 학대하지 말며 자기 같이 그리고 네 자신의 민족처럼 사랑하라!**" 이 거류민은 비록 할례는 받지 않았을지라도 우상 숭배자는 아니며 이스라엘의 하나님을 경배하는 사람인 것으로, 그리고 의의 개종자는 아니라 할지라도 최소한 신앙의 문턱에 들어선 개종자라고 생각된다. 그러한 자가 이스라엘 백성들 가운데 체류한다면, 그를 괴롭히거나 압제하거나 거래에서 그를 속이거나 이스라엘 백성들의 율법과 관습을 모른다는 약점을 이용해서 이득을 취해서는 안 되는 것이다. 이스라엘 백성들은 그러한 자를 속이는 것을 이스라엘 사람을 속이는 것과 같이 커다란 죄로 여겨야만 했던 것이다. (유대인 학자들은 말한다) "오히려 그들은 그가 이방 거류민이었고 이전에 우상 숭배자였다고 하는 것으로 인해서 비난을 받아서는 안 된다." 거류민은 과부와 고아와 같이 하나님의 특별한 보호 아래 있었다. 힘이 없는 자들을 돕는 것이 하나님의 영예가 되기 때문이다(시 146:9). 그러므로 우리가 그들에게 어떠한 해를 끼치거나 어떤 어려움을 주게 되면 우리의 생명이 위태롭게 되는 것이다. 거류민들도 하나님의 은혜에 기꺼이 초대되고 환영받을 것이다. 그러므로 우리는 우리가 최선을 다해 그들을 하나님의 은혜에 초대해야 하며, 그들이 좋은 생각을 가지고 있을 때 우리의 종교를 천거해야만 하는 것이다. 거류민들에게 친절한 것은 인류 공통의 아버지이신 하나님에 대한 경건한 행동이며 관대한 일인 것이다. 다른 국민들이며 다른 관습들을 가지고 있고 다른 언어를 사용하는 사람들이라도 모두 한 혈통으로 지음을 받은 것이기 때문이다. 그러나 본문에는 유대인들에게 특별하게 첨부된 하나의 이유가 있다: "**너희도 애굽 땅에서 거류민이 되었었느니라.** 그 때에 하나님께서는

너희들에게 은혜를 베푸셨다. 그러므로 너희들은 이제 거류민들에게 은혜를 베풀어야만 한다. 그 때에 너희들이 대접을 받고 싶어했던 대로 그들에게 대접을 해주어야만 한다. 너희들은 거류민들이었다. 그러나 이제 이렇게 존귀하게 되었다. 그러므로 너희들은 너희들이 업신여기기 쉬운 이 거류민들이 나중에 어떠한 존재가 될지 알지 못하는 것이다."

V. **본문에는 저울질을 할 때 공정하게 하라고 명령하고 있다.** 그 저울질에는 결코 속임수가 없어야만 된다고 말하고 있다(35절). 그 저울질은 매우 정확해야만 하는 것이다(36절). 우리는 무게를 잴 때나 측량을 할 때 공정하게 하는 척을 한다. 그러나 만약에 그 무게나 측량이 거짓이라면 그것은 부정한 재판을 하는 것과 같은 것이다. 그렇게 하는 것은 공의롭게 하는 척하면서 속이는 것이다. 그러므로 그렇게 어떤 사람을 속이는 것은 소매치기나 노상강도보다 더 악한 것이다. 물건을 파는 자는 충분한 양의 상품을 주어야만 하며, 물건을 사는 자는 그에 맞는 충분한 가격을 주어야만 하는 것이다. 이러한 공정한 거래는 공정한 저울과 추와 도량형기가 없이는 이루어질 수 없는 것이다. 아무도 분수를 넘어서 형제를 해하지 말라. 비록 그것이 사람에게는 숨겨질 수 있으나 이 모든 일에 주께서 신원하여 주시기 때문이다.

VI. **본 장은 일반적인 명령으로 결론을 맺고 있다.** 너희는 내 모든 규례와 내 모든 법도를 지켜 행하라(37절).

1. 우리가 염두에 두고 매우 신중한 조심을 하지 않으면 우리는 하나님의 법도를 좇아 행하지 못하게 되기 쉽다.

2. 하나님의 계율들을 아는 것으로는 충분하지 않다. 우리는 그 계율들에 순종하려는 의식을 가져야만 하는 것이다. 우리가 일상생활에서 양심적이지 못하다면 우리의 생각에 날카로운 비판적인 안목이 있다고 한들 그것이 우리에게 무슨 소용이 있겠는가?

3. 정직한 마음은 하나님의 모든 계명에 유의하게 되는 것이다(시 119:6). 비록 많은 경우에 손은 마땅히 해야 할 일을 하는데 실패한다 할지라도, 눈은 하나님의 모든 법도를 항상 주목하고 있어야만 하는 것이다. 우리는 우리의 의무를 선택하도록 허락되어지지 않았다. 우리는 하나님의 모든 뜻 안에서 온전히 서 있으며 의무를 완수하는 것을 목적으로 해야만 하는 것이다.

제 — 20 — 장

개요

이전에 언급되었던 율법들이 본 장에서 되풀이되고 있으며 그 율법들에 징벌들이 첨가되어 있다. 하나님을 두려워함으로 죄에서 떠나지 않는 자들은 징벌에 대한 두려움으로 인해서는 죄에서 떠날 수도 있을 것이다. 율법이 그러한 관습들을 죄라고 했기 때문이라면(우리가 신앙의 원리에 준해서 행할 때 가장 훌륭하다) 우리가 그러한 관습들을 버리지 않을 수 있다. 그러나 율법이 자기 보존의 원리에 준해서 그러한 자들을 죽음에 이르게 한다면 우리는 그러한 관습들을 반드시 피하게 될 것이다. 본 장에서 우리는 다음과 같은 내용들을 보게 된다. I. 사형에 처할 만한 중죄를 짓는 많은 특별한 범죄들이 있다. 1. 자녀들을 몰렉에게 주는 행위(1-5절), 2. 신접한 무당에게 묻는 것(6, 27절), 3. 부모를 모독하는 것(9절), 4. 간음(10절), 5. 근친상간(11-12, 14, 17, 19-21절), 6. 비정상적인 탐욕들(13, 15-16, 18절)에 대해서 기록하고 있다. 또한 II. 거룩하게 되기 위해서 주어진 일반적인 명령들(7-8, 22-26절)이 나타나 있다.

1여호와께서 모세에게 말씀하여 이르시되 2너는 이스라엘 자손에게 또 이르라 그가
이스라엘 자손이든지 이스라엘에 거류하는 거류민이든지 그의 자식을 몰렉에게
주면 반드시 죽이되 그 지방 사람이 돌로 칠 것이요 3나도 그 사람에게 진노하여 그
를 그의 백성 중에서 끊으리니 이는 그가 그의 자식을 몰렉에게 주어서 내 성소를
더럽히고 내 성호를 욕되게 하였음이라 4그가 그의 자식을 몰렉에게 주는 것을 그
지방 사람이 못 본 체하고 그를 죽이지 아니하면 5내가 그 사람과 그의 권속에게
진노하여 그와 그를 본받아 몰렉을 음란하게 섬기는 모든 사람을 그들의 백성 중
에서 끊으리라 6접신한 자와 박수무당을 음란하게 따르는 자에게는 내가 진노하여
그를 그의 백성 중에서 끊으리니 7너희는 스스로 깨끗하게 하여 거룩할지어다 나는
너희의 하나님 여호와이니라 8너희는 내 규례를 지켜 행하라 나는 너희를 거룩하게
하는 여호와이니라 9만일 누구든지 자기의 아버지나 어머니를 저주하는 자는 반드
시 죽일지니 그가 자기의 아버지나 어머니를 저주하였은즉 그의 피가 자기에게로

돌아가리라

모세는 본문에서 그가 이전에 이스라엘 자손들에게 말했던 것을 다시 말하도록 지시를 받은 것이다(2절). 우리는 그러한 반복이 헛된 일이 아니었고 매우 필요한 일이었을 것이라는 것을 분명히 알 수 있다. 그들은 들은 것에 더욱 유념할 것이며, 그렇게 자주 가르쳐짐으로 인해서 그 율법들이 정말 중요한 것이라고 하는 것을 믿게 될 것이기 때문이다. 하나님은 한 번 말씀하시고 다시 말씀하신다. 우리는 하나님께서 다시 말하도록 명하시는 것을 기꺼이 다시금 들어야만 한다. 그것이 우리들에게 안전하기 때문이다(빌 3:1).

I. 본문에는 죽음에 처해야 한다고 하는 세 가지 죄들이 기록되어 있다.

1. 몰렉에게 자녀를 바침으로 자녀들을 능욕하며 잘못 대하는 부모들(2-3절). 이것은 우상 숭배의 모든 의식 중에서도 가장 불합리한 행위이다. 그러한 것들은 인간 이성을 크게 모독하는 행위들이다. 어떠한 것도 쓰레기 같은 신의 영예를 위해서 불로 자녀를 태우는 행위와 같이 인간 본성의 모든 영예를 짓밟는 것은 없다. 이것은 그들의 신들은 악마들임을 분명하게 보여주는 증거였다. 그들의 신들은 인간의 비극과 파멸을 원하고 즐거워했기 때문이다. 또한 그 숭배자들은 이성뿐만 아니라 자연적인 애정까지도 송두리째 빼앗겨 멸망할 짐승보다도 더욱 악한 상태가 되었기 때문이다. 아브라함이 이삭을 드린 행위는 이러한 야만적인 관습을 지지해주는 것이 아니며 결코 그러한 행위를 조장해주는 것이 될 수 없는 것이다. 비록 그것이 명령에 의해서 이루어진 일일지라도 곧바로 반대의 명령이 내려졌기 때문이다. 이러한 비인간적인 괴상한 일이 일반적으로 실행되었던 것은 바로 불순종의 자식들을 장악하고 있는 이 세상 신의 힘에 의한 것이었던 것이다. 이스라엘 백성들조차도 그러한 일에 빠질 위험에 처해 있었다. 그러므로 그러한 행위를 금하는 엄격한 율법이 주어져야 할 필요가 있었던 것이다. 이스라엘 백성들에게 그들은 자신들의 자녀들을 소중히 여겨야만 한다고 하는 것을 말하는 것만으로는 부족했던 것이다(그들이 영혼의 죄를 지었기 때문에 그들 자신들의 몸의 분신들인 자녀들도 하나님께 결코 열납될 수 없었던 것이다). 이스라엘 백성들은 다음과 같은 엄격한 말을 들어야만 했다.

(1) 그러한 죄를 저지르는 자는 살인자로서 죽임을 당해야만 한다: 그 지방

사람이 돌로 칠 것이요(2절). 돌로 쳐서 죽이는 것은 유대인들 가운데서 중대한 범죄에 대한 가장 커다란 징벌로 여겨졌다. 자녀들이 악마의 악의에 희생된다면, 부모는 하나님의 공의에 희생되어야만 하는 것이다. 만약에 사안이 입증이 될 수 없었다거나 재판관들이 자신들의 의무를 다하지 못한다면, 하나님께서 친히 그 일을 처리하셨을 것이다: **나도 그를 끊으리니**(3절). 사람의 징벌을 피한 자들이라 할지라도 하나님의 공의의 심판을 피하지 못할 것이다. 죄 가운데 있어도 처벌받지 않을 것이라고 스스로에게 확언하여 말하는 사람들은 스스로를 비참하게 속이는 것이다. 어떻게 그들이, 자신들을 적으로서 만나 대항해 싸우기 위해 정면으로 바라보며 불쾌한 얼굴을 하고 계시는 하나님을 피할 수 있겠는가? 범죄의 가증함이 그러한 파멸을 정당화해 주는 구절이 본문에 나타나 있다: **내 성소를 더럽히고 내 성호를 욕되게 하였음이라.** 하나님께서는 그분의 성소와 성호의 영예를 질투하기까지 지키기 위해 열심을 내는 분이시기 때문이다. 관찰. 죄에 대한 증오심은 이스라엘 사람들에게 유달리 특별했다. 이방인들이 자신들의 자녀들을 희생제물로 드렸을 때 그들은 살인과 우상 숭배의 죄만 지은 것이었다. 그러나 마치 하나님께서 자신을 경배하는 자들에게 그러한 일을 하도록 허용한 것처럼 이스라엘 백성들이 그와 같은 일을 했다면, 그들은 성소를 더럽힌 죄(마치 하나님의 성전과 이방 신들의 신전 사이에 동일한 일치점들이 있는 것처럼 여기며 그들이 죄의식을 느끼면서도 그러한 죄를 짓는다면)와, 그들이 하나님의 백성이라 불리는 바로 그 하나님의 거룩한 이름을 더럽히는 죄를 더불어 짓게 되는 것이었다(롬 2:23-24).

(2) 그러한 일을 도와주는 자들이나 선동하는 자들은 하나님의 정의의 손에 의해서 끊어질 것이라고 말했다. 만약에 그의 이웃들이 그를 감추어 주거나, 재판관들이 그를 눈감아 주거나 그에게 형을 집행하려고 하지 않고 그의 불신앙을 미워하기보다는 그의 어리석음을 불쌍히 여긴다면, 하나님께서 그러한 방조자들을 친히 헤아리실 것이다(4-5절). 우상 숭배를 놓아주는 것은 하늘의 재판정에서 밝히 드러나게 되는 범죄인 것이다. 그것은 반드시 처벌을 받게 되는 것이다: **내가 그 사람**(그 재판관)**과 그의 권속에게 진노하여**(참고 렘 5:1). [1] 한 가정에서 한 가장의 사악함은 종종 그 가정의 파멸을 가져온다. 가정을 보호해야만 할 자가 가정을 파괴하는 자가 되고 마는 것이다. [2] 만약에 재판관들이 범죄자들에 대해서 공의를 행치 않는다면 하나님께서 그 재판관들에게

공의를 시행하실 것이다. 그러한 죄에 대해서 눈길을 보내며 지지하는 많은 사람들이 그들을 추종할 위험이 있기 때문이다. 지도자들의 죄들이 죄들을 몰고 온다면 그들은 본보기로 벌을 받아 마땅하기 때문이다.

2. 자신의 부모를 저주함으로 부모에게 못되게 하는 자녀들(9절). 만약에 자녀들이 자신들의 부모에게 악한 말을 하거나 부모가 병들기를 바란다거나 부모를 조소하거나 멸시한다면, 그것은 재판관들에 의해서 처벌을 받아야만 하는 죄를 지은 것이다. 재판관들은 하나님의 영예와 공공의 평화를 지키는 자들로서 임명을 받은 자들이다. 하나님의 영예와 공공의 평화는 이러한 비인도적인 오만에 의해서 침해를 받게 된다. 잠 30:17을 보라: 아비를 조롱하는 자의 눈은 골짜기의 까마귀에게 쪼이고. 이것은 그렇게 사악한 자녀들은 목이 매달렸을 뿐만 아니라 쇠사슬로 매달렸음을 의미하는 것이다. 그리스도께서도 모세의 이 율법을 인용하셨을 뿐만 아니라 확증하셨다(마 15:4). 고의적인 살인이 제6계명을 어긴 것이듯이, 이것은 제5계명을 직접적으로 어기는 것이기 때문이다. 부모들이 그들의 자녀들에게 사랑으로 대해야만 한다고 명하는 동일한 율법이 자녀들에게도 그들의 부모들을 공경할 것을 요구하고 있는 것이다. 자신의 존재의 매개체가 되는 자신의 부모를 못되게 대하는 사람은 자신의 존재를 만드신 분인 하나님에게 정면으로 대항하는 자인 것이다. 하나님께서는 부모의 권위와 존엄성이 모욕당하고 짓밟히는 것을 결코 보지 않을 분이시다.

3. 신접한 자들과 같은 자들을 추종함으로써 자신들을 더럽힌 자들(6절). 다른 무엇보다도 이러한 일을 통해서 사람은 자신을 격하시키고 명예를 추락시키며 속이게 되고 또한 자신을 능욕하게 되는 것이다. 무엇인가를 알기 위해서 거짓말쟁이에게 가고, 충고를 얻기 위해서 적에게 가는 사람보다 더 정신없는 사람들이 있겠는가? 마술을 쓰고 사탄의 내막을 아는 자들을 좇는 자들이 바로 그렇게 하는 자들이다. 이것은 우상 숭배와 동일한 영적인 간음이다. 하나님께만 돌려야 할 영예를 마귀에게 돌리기 때문이다. 질투하시는 하나님께서는 박수를 좇아가는 자들에게 이혼증서를 써주실 것이고, 그들이 먼저 자신들을 하나님에게서 스스로 끊었기 때문에 그들을 끊으실 것이다.

Ⅱ. 이러한 구체적인 율법 한가운데에 일반적인 책임을 말하고 있는 구절들이 있다(7-8절). 이 구절들에서 우리는 다음과 같은 내용들을 볼 수 있다.

1. 요구된 의무들. 두 가지의 의무가 있다. (1) 우리의 원리와 관심과 목적에

있어서 우리는 거룩해야만 한다: **너희는 스스로 깨끗하게 하여 거룩할지어다.** 우리는 우리 자신을 죄의 온갖 더러움에서 깨끗하게 해야만 하며, 하나님의 사역과 영예를 위해서 우리 스스로를 성결케 해야만 하며, 매사에 하나님의 거룩한 뜻과 형상을 따라야만 하는 것이다. 이것이 **우리 자신을 거룩하게 하는 것이다.** (2) 우리의 모든 행동들과 우리의 모든 대화에서 우리는 하나님의 율법에 복종해야만 하는 것이다: **너희는 내 규례를 지켜 행하라.** 이렇게 함으로써만이 우리는 우리가 우리 스스로를 성결케 하고 거룩하게 되었다고 하는 것을 나타내 보일 수 있는 것이다. 하나님의 명령들을 지킨다고 하더라도 우리 자신을 거룩하게 해야만 하는 것이다: **나무는 그 열매로 안다.** 우리가 먼저 우리 자신을 성결케 하고 거룩하게 하지 않으면 우리는 하나님의 법도를 지킬 수 없다. 나무를 좋게 하라. 그러면 열매가 좋아질 것이다.

2. 이러한 의무들을 강력히 말하는 이유들. (1) "**나는 너희의 하나님 여호와이니라.** 그러므로 거룩하라! 그러면 하나님의 백성들인 너희는 그분을 닮게 될 것이며 그분을 기쁘시게 해 드릴 것이다. 거룩함이 나의 집이 되고 나의 가족이 된다." (2) **나는 너희를 거룩하게 하는 여호와이니라.** 하나님께서는 특별한 특권들과 율법들과 은혜들로 이스라엘 백성들을 성결케 하셨다. 그 특권과 율법과 은혜는 이스라엘 백성들을 다른 모든 민족들로부터 구별했고, 하나님을 위해서 성별해 놓은 백성으로서 그들을 존귀케 하셨다. 하나님께서는 그들을 거룩하게 하시려고 자신의 말씀과 율례들을 주셨고, 그들을 가르치기 위해 자신의 좋으신 성령을 주셨다. 그러므로 그들은 거룩해야만 하는 것이다. 그렇지 않으면 그들은 하나님의 은총을 헛되이 받은 것이다. [1] 하나님의 백성들은 성별된 사람들이며 또한 성별된 사람들이어야만 한다. 하나님께서는 자신의 거룩한 언약으로 하나님의 백성들을 구별하셨다. 그러므로 그들은 자신들의 거룩한 교제로 스스로를 구별해야만 하는 것이다. [2] 하나님께서 우리를 성결케 하심은, 우리가 하나님의 은혜의 계획에 따르고 그 은혜를 거슬러 생활하지 않기 위해서 우리가 스스로를 성결케 해야만 하는 훌륭한 이유가 되는 것이다. 우리를 성결케 하시는 분이 주님이시라면 우리는 우리가 감당하는 일들이 어려울지라도 이루어질 것이라는 희망을 가질 수 있는 것이다. 이러한 표현의 방식은 고후 5:5와 같은 것이다: **이것을 우리에게 이루게 하시는 이는 하나님이시니라.** 하나님의 은혜는 우리의 근심과 노력을 능가하시며, 그 근심과 노력에 강

력하게 개입하시며 격려하신다. 너희 구원을 이루라 너희 안에서 행하시는 이는 하나님이시니.

10누구든지 남의 아내와 간음하는 자 곧 그의 이웃의 아내와 간음하는 자는 그 간부
와 음부를 반드시 죽일지니라 11누구든지 그의 아버지의 아내와 동침하는 자는 그
의 아버지의 하체를 범하였은즉 둘 다 반드시 죽일지니 그들의 피가 자기들에게로
돌아가리라 12누구든지 그의 며느리와 동침하거든 둘 다 반드시 죽일지니 그들이
가증한 일을 행하였음이라 그들의 피가 자기들에게로 돌아가리라 13누구든지 여인
과 동침하듯 남자와 동침하면 둘 다 가증한 일을 행함인즉 반드시 죽일지니 자기
의 피가 자기에게로 돌아가리라 14누구든지 아내와 자기의 장모를 함께 데리고 살
면 악행인즉 그와 그들을 함께 불사를지니 이는 너희 중에 악행이 없게 하려 함이
니라 15남자가 짐승과 교합하면 반드시 죽이고 너희는 그 짐승도 죽일 것이며 16여자
가 짐승에게 가까이 하여 교합하면 너는 여자와 짐승을 죽이되 그들을 반드시 죽
일지니 그들의 피가 자기들에게로 돌아가리라 17누구든지 그의 자매 곧 그의 아버
지의 딸이나 그의 어머니의 딸을 데려다가 그 여자의 하체를 보고 여자는 그 남자
의 하체를 보면 부끄러운 일이라 그들의 민족 앞에서 그들이 끊어질지니 그가 자
기의 자매의 하체를 범하였은즉 그가 그의 죄를 담당하리라 18누구든지 월경 중의
여인과 동침하여 그의 하체를 범하면 남자는 그 여인의 근원을 드러냈고 여인은
자기의 피 근원을 드러내었음인즉 둘 다 백성 중에서 끊어지리라 19네 이모나 고모
의 하체를 범하지 말지니 이는 살붙이의 하체인즉 그들이 그들의 죄를 담당하리라
20누구든지 그의 숙모와 동침하면 그의 숙부의 하체를 범함이니 그들은 그들의 죄
를 담당하여 자식이 없이 죽으리라 21누구든지 그의 형제의 아내를 데리고 살면 더
러운 일이라 그가 그의 형제의 하체를 범함이니 그들에게 자식이 없으리라

본문에는 제7계명을 범하는 죄들에 대해서는 가혹한 벌을 주라고 명령되어 있다. 다른 모든 사람들 중에서 바보들조차도 조롱하기 쉬운 그러한 죄들이 열거되어 있다. 하나님께서는 엄중한 징벌이 아니면 가르칠 수 없는 사람들을 엄중한 벌을 내리심으로 이 죄에 대한 증오심을 가르치려고 하셨다.

I. 다른 사람의 아내와 동침하는 것은 사형에 해당하는 죄를 지은 것이다. 간음죄를 지은 남녀는 똑같은 벌을 받아야만 했다: 그 간부와 음부를 반드시 죽

일지니라(10절). 이 율법이 주어지기 오래 전 심지어 욥의 시대에 있어서조차도 이러한 죄는 음란한 일이며 재판에 회부할 일이었다(욥 31:11). 그러한 죄는 하나님의 율례를 고의로 경멸하는 것이며 하나님의 언약을 범하는 것이다(잠 2:17). 이 죄는 상처를 입은 남편에게는 회복할 수 없는 잘못을 저지르는 것이었고, 어떤 범죄보다도 두 범죄자들의 마음과 양심을 황폐화시키는 그러한 범죄였다. 방자하고 고삐 풀린 탐욕은 사람으로 하여금 대범하게 죄를 짓게 만드는 그러한 죄인 것이다. 그러므로 본문과 같은 강력한 제재가 필요한 것이다. 땅을 더럽히고 하나님의 심판을 불러들이는 이러한 죄는 가정을 완전히 파괴하고, 모든 미덕과 경건을 파멸시키는 것이다. 그러므로 공공의 평화를 지키려고 하는 사람들에 의해서 비난을 받아 마땅한 것이다. 요 8:3-11을 보라.

Ⅱ. 결혼을 했든지 안했든지 근친상간에 연관된 관계들에 대한 내용.

1. 이러한 죄를 저지르는 사람들 중에 **아버지의 아내와 동침하는 자**와 같은 사람들은 죽임을 당해야만 했다(11절). 만약에 이 율법이 르우벤 당시에 만들어졌다면, 그는 죽임을 당했을 것이다(창 35:22). 이것은 근친상간을 한 고린도 사람들이 지었던 죄였다. 그들은 이 죄로 인해서 **사탄에게 넘겨진 자**가 되었다(고전 5:1, 5). 며느리나 시어머니나 누이와 음행을 저지르는 자는 똑같이 죽임을 당해야만 했다(12, 14, 17절).

2. 근친상간을 하는 자들 중에서 고모나 이모 혹은 형제의 아내를 범한 사람에게는 하나님께서 불임의 저주를 내리시기도 했다(19-21절): **그들은 자식이 없이 죽으리라.** 결혼에 대한 신성한 법도를 지키지 않는 자들은 결혼의 축복을 빼앗기고 만다: **그들이 음행하여도 수효가 늘지 못하니**(호 4:10). 게다가 그들은 **부정을 낳으리라**고 말했다. 비록 그들이 이 죄로 인해서 하나님이나 사람의 손에 의해서 처벌을 받지 않을지라도 언젠가는 그 죄책이 그들에게 놓여 헤아림을 받게 된다는 것이다. 이런 죄는 제사나 제물에 의해서도 속죄를 받지 못하는 것이다.

Ⅲ. 남색(男色)이나 수간(獸姦)과 같은 비정상적인 탐욕들(전율하지 않고는 언급할 수 없는 죄들)은 오늘날 우리(영국)의 법률에 의해서 처벌되듯이 죽음의 징벌을 받아야만 했다(13, 15-16절). 그러한 짓에 사용된 짐승조차도 죄인과 함께 죽임을 당해야만 했다. 이로 인해서 죄인은 공개적으로 더욱 커다란 부끄러움을 당하게 되었다. 이러한 악행은 가장 저주할 만하고 가장 혐오스러

운 죄로 간주되는 것으로서 그에 대한 어떠한 기억도 언급도 제거되어야만 하는 것이다. 결혼 생활을 때에 맞지 않게 남용하는 것조차도 만약에 고의적으로 율법을 경멸하면서 행해진 일이라고 한다면 그러한 일을 저지른 사람들은 하나님의 공의의 심판을 받아야만 하는 것이다: 둘 다 백성 중에서 끊어지리라(18절). 모든 남자들은 성도들로서 각각 거룩함과 존귀함으로 자기의 아내 대할 줄을 아는 것이 바로 하나님의 뜻이다.

22너희는 나의 모든 규례와 법도를 지켜 행하라 그리하여야 내가 너희를 인도하여
거주하게 하는 땅이 너희를 토하지 아니하리라 23너희는 내가 너희 앞에서 쫓아내
는 족속의 풍속을 따르지 말라 그들이 이 모든 일을 행하므로 내가 그들을 가증히
여기노라 24내가 전에 너희에게 이르기를 너희가 그들의 땅을 기업으로 받을 것이
라 내가 그 땅 곧 젖과 꿀이 흐르는 땅을 너희에게 주어 유업을 삼게 하리라 하였
노라 나는 너희를 만민 중에서 구별한 너희의 하나님 여호와이니라 25너희는 짐승
이 정하고 부정함과 새가 정하고 부정함을 구별하고 내가 너희를 위하여 부정한
것으로 구별한 짐승이나 새나 땅에 기는 것들로 너희의 몸을 더럽히지 말라 26너희
는 나에게 거룩할지어다 이는 나 여호와가 거룩하고 내가 또 너희를 나의 소유로
삼으려고 너희를 만민 중에서 구별하였음이니라 27남자나 여자가 접신하거나 박수
무당이 되거든 반드시 죽일지니 곧 돌로 그를 치라 그들의 피가 자기들에게로 돌
아가리라

마지막 구절은 한 특별한 율법을 말하고 있다. 이 율법은 마치 그 적절한 위치에서 생략된 것과 같이 일반적인 결론 다음에 나오고 있다. 접신한 자들은 죽게 되리라고 하는 것이다(27절). 접신한 자가 된다고 하는 것은 하나님과 그분의 살아있는 신탁에 모독적인 것이며, 그 나라에 치욕이 되는 것이다. 그리고 그러한 자가 있다는 것이 알려지고 그들 가운데 살도록 허용이 된다면, 무지하고 악한 사람들에게는 유혹이 될 것이다. 마귀와 결탁하는 자들은 사실상 죽음과 언약을 맺는 것이고 지옥과 결탁되는 것이기 때문에 그들의 운명은 그러한 모습이 될 것이다.

이 구절들의 나머지 부분들은 이미 이전에 이야기되었던 것을 반복하며 깨우쳐 주는 것이다. 생각이 깊지 않고 잊어버리기 쉬운 백성들에게는 하나하나

반복해서 알려 주는 것이 정말 필요한 것이다. 그리고 총괄적인 규칙들은 종종 강조되는 것이 필요한 것이다. 특별하고 구체적인 율법들의 강조와 좀 더 효과적인 결과들을 얻기 위함인 것이다. 우리는 본문에서 다음과 같은 세 가지 사항들을 되새겨보게 된다.

I. 그들의 존엄성. 1. 그들은 그들의 하나님이신 여호와를 모시고 있다(24절). 그들은 하나님 여호와의 것이었고, 그분의 관심사였고, 그분의 선택이었고, 그분의 보물이었고, 그분의 장신구였으며, 그분 나라의 제사장들이었던 것이다(26절): 너희를 나의 소유로 삼으려고. 이러한 백성들은 복되고 참으로 위대한 사람들인 것이다. 2. 그들의 하나님은 다른 모든 것들보다도 무한히 뛰어난 거룩하신 하나님이다(26절). 그분의 거룩하심은 그분의 영광이었다. 그분에게 연관된 것은 그들의 영예였던 것이다. 반면에 그들의 이웃 민족들은 불순하고 불결한 영들을 불명예스럽게 경배하는 자들이었던 것이다. 3. 그 위대하신 하나님께서는 그들을 다른 민족들로부터 구별하셨다(24, 26절). 다른 민족들은 평범했다. 그러나 이스라엘 백성들은 구별되어 따로 분류되었고, 아름답게 장식되었고, 특별한 특권들로 부유하게 되었고, 특별한 영예들을 위해서 계획되었던 것이다. 그러므로 그들은 자신들을 그러한 것들에 걸맞게 존귀케 해야 하며, 그들의 영예를 보존해야 하며, 이교도의 길을 답습함으로써 그러한 영예를 흙먼지 속에 놓아 두어서는 안 되는 것이다.

II. 그들의 의무. 이것은 그들의 존엄성에서 연유된 것이다. 하나님께서는 다른 민족들을 위해서보다 그들을 위해서 더욱더 많은 것을 행하셨다. 그러므로 다른 민족들에게서보다 그들에게서 더욱더 많은 것을 기대하시는 것이다. 그러면 이루어지고 계획된 위대한 일들을 생각하시면서 그들의 하나님 여호와께서 요구하시는 것은 무엇이란 말인가? 1. 너희는 나의 모든 규례와 법도를 지키라(22절). 그들이 그 법도를 지켜야만 하는 충분한 이유들이 있었다. 그 법도들은 그들의 영예였으며 그 법도들에 복종하는 것은 그들의 영원한 위안이 될 것이기 때문이었다. 2. 너희는 내가 너희 앞에서 쫓아내는 족속의 풍속을 따르지 말라(23절). 그들은 이방 민족들과 구별되었기 때문에 그들과 연합해서도 안 되고 그들의 풍속들을 배워서도 안 되는 것이었다. 이방 민족들의 풍속들은 그들 자신들에게 매우 나빴다. 그러니 하나님의 백성들에게는 훨씬 더 나빴을 것이다. 3. 너희는 정하고 부정함을 구별하고(25절). 이것은 거룩함인 것이다. 그 거룩함은, 마치 우리가 어떠한 것을 말하고 행해도 괜찮은 것처럼 자유롭게 살지 않고, 조심스럽게 말하고 행동하는 것의 차이를 구별하는 것이다. 4. **너희의 몸을 더럽히지 말라**(25절). 우리가 지속적으로 관심을 가지고 조심해야 할 것은 우리 자신의 영혼의 순결성을 지킴으로써 영예를 보존하는 것이며, 우리 영혼이, 하나님과 우리 자신의 양심에 혐오스러운 것이 되도록 하는 그 어떤 것도 결코 하지 않는 것이다.

Ⅲ. 그들의 위험성. 1. 그들은 죄악이 감염된 땅으로 들어가고 있었다(24절): **너희가 젖과 꿀이 흐르는 땅인 그들의 땅을 기업으로 받을 것이라.** 만약에 그들이 순수함을 지킨다면, 그들은 그 땅이 주는 위로를 얻게 될 것이다. 그러나 또 다른 한편으로는 그 땅은 우상들과 우상 숭배들과 미신적인 술수가 가득한 땅이었다. 그들은 그러한 것들에 빠지기 쉬웠을 것이다. 그들은 그러한 영향을 받아들이는 이상한 기질을 애굽에서부터 가져왔던 것이다.

2. 만약에 그들이 그러한 풍속에 감염이 된다면, 그것은 그들에게 치명적인 결과를 낳게 될 것이다. 가나안 족속들은 바로 이러한 죄악들로 인해서 쫓겨났던 것이다: **그들이 이 모든 일을 행하므로 내가 그들을 가증히 여기노라**(23절). 죄가 얼마나 악한 것인가를 보라. 죄는 하나님께서 친히 지으신 피조물들을 가증히 여기시도록 하나님을 격노케 하는 것이다. 그렇지 않았더라면 하나님께서는 친히 지으신 것들을 기뻐하셨을 것이다. 만약에 이스라엘 백성들이 이방 민족들의 불경건한 발자취를 따라간다면, 이스라엘 백성들은 하나님께서 이전에 그들에게 말씀하셨듯이(레 18:28) 그 땅이 그들을 토해낼 것이라고 하는 것을 생각해야만 하는 것이다(22절). 하나님께서 원가지들을 아끼시지 않고 꺾어버리셨다면, 그 가지들에 접붙임을 한 가지들이 타락했을 경우에는 더더욱 아끼지 않으실 것이다. 따라서 유대인들이 거부됨은 교회된 모든 그리스도인들에게 하나님의 나라가 그들에게서 빼앗기지 않도록 조심해야 한다고 하는 것을 나타내는 것이다. 다른 사람들처럼 죄를 짓는 그리스도인들은 그들과 같은 고통을 받을 것을 각오해야만 하는 것이다. 하나님과 관련이 된 것에 대한 그들의 신앙 고백이 결코 그들에게 더 이상 보호가 되지 못할 것이다.

제 21 장

개요

아마도 본 장은 그 제목을 "너희 제사장들아 이제 너희에게 이같이 명령하노라"라고 말하고 있는 말 2:1에서 빌려온 것이라고 볼 수도 있을 것이다. 이것은 제사장들에게 자신들의 제사장직의 위엄을 보존하기 위해서 극도의 관심과 경계심을 가져야 할 것을 규정하고 있는 율법이다. I. 본문에서, 애도하는 것은 하급 제사장들의 일로 위탁되고 있으며, 또한 그들의 결혼과 자녀들에 대해서 규정하고 있다(1-9절). II. 대제사장들은 이러한 모든 일들에 있어서 제사장들 중에 그 어느 누구보다도 더 제한이 많다(10-15절). III. 하급 제사장들이나 대제사장 모두 어떠한 흠도 있어서는 안 된다(16절 이하).

1여호와께서 모세에게 이르시되 아론의 자손 제사장들에게 말하여 이르라 그의 백
성 중에서 죽은 자를 만짐으로 말미암아 스스로를 더럽히지 말려니와 2그의 살붙이
인 그의 어머니나 그의 아버지나 그의 아들이나 그의 딸이나 그의 형제나 3출가하
지 아니한 처녀인 그의 자매로 말미암아서는 몸을 더럽힐 수 있느니라 4제사장은
그의 백성의 어른인즉 자신을 더럽혀 속되게 하지 말지니라 5제사장들은 머리털을
깎아 대머리 같게 하지 말며 자기의 수염 양쪽을 깎지 말며 살을 베지 말고 6그들의
하나님께 대하여 거룩하고 그들의 하나님의 이름을 욕되게 하지 말 것이며 그들은
여호와의 화제 곧 그들의 하나님의 음식을 드리는 자인즉 거룩할 것이라 7그들은
부정한 창녀나 이혼 당한 여인을 취하지 말지니 이는 그가 여호와 하나님께 거룩
함이니라 8너는 그를 거룩히 여기라 그는 네 하나님의 음식을 드림이니라 너는 그
를 거룩히 여기라 너희를 거룩하게 하는 나 여호와는 거룩함이니라 9어떤 제사장의
딸이든지 행음하여 자신을 속되게 하면 그의 아버지를 속되게 함이니 그를 불사를
지니라

제사장들은 하나님께서 부정하고 정한 것 사이의 차이점에 대해서 말씀하신 법령들을 백성들에게 가르쳐야만 한다고 하는 것은 이전에 규정되었던

것이다(레 10:10-11). 한편 본문에는 그 제사장들이 백성들에게 가르쳤던 바로 그것을 제사장 자신들도 지켜야만 한다고 말하고 있다. 교훈을 주는 직책을 가지고 있는 사람은 훈계는 물론 모범도 보여주어야만 하는 것이다(딤전 4:12). 제사장들은 다른 어떤 백성들보다도 하나님께 더 가까이 나아가야만 했고 성물(聖物)들과 더욱더 친숙해야만 했다. 그러므로 제사장들은 자신들의 제사장 직의 영예를 훼손시키는 것들로부터 다른 어떤 사람들보다도 더 철저히 경계하고 멀리해서 그 영예를 지켜야만 하는 것이다.

I. 제사장들은 죽은 자들을 위해 애곡함으로 인해서 그들 자신을 더럽히지 않도록 주의를 해야만 한다. 죽은 자들을 위해서 애곡하는 자들은 비록 시체에 닿지는 않는다 할지라도 가까이 다가갔을 것이다. 유대인들은 "죽은 시체에 2미터 정도 안으로 접근하는 것은 의식법상 부정한 것이다"라고 말한다. 뿐만 아니라 죽은 시체가 있는 장막에 들어간 자들은 모두 7일 동안 부정할 것이다라고 되어 있다(민 19:14). 그러므로 장례식에 참석하여 곡하는 자들은 모두 자신들의 몸을 부정하게 만들지 않을 수 없었던 것이다. 따라서 7일 동안 성소에 들어가기에는 접합하지 못했던 것이다. 이러한 이유로 인해서 다음과 같은 명령이 주어졌던 것이다.

1. 제사장들은 자신의 골육지친인 경우가 아니고서는 결코 자신들을 이렇게 성소에 들어오지 못하게 하는 여건에 처하도록 해서는 안 되었다(1-3절). 부모나 자녀 혹은 형제나 결혼하지 않은 자매를 위해서는 상(喪)을 치르는 것이 제사장들에게 허용되었다. 그러므로 (본문에는 언급되어 있지 않지만) 사랑하는 아내를 위해서도 허용되었음이 분명하다. 제사장 에스겔은 아마도 특별히 금하지 않으셨다면 자신의 아내를 위해서 곡을 했을 것이다(겔 24:17). 이러한 일을 허용하심으로써 하나님께서는 인간의 자연스러운 애정을 존귀하게 여겨 주신 것이다. 또한 하나님께서는 제사장들이 자신들의 사랑하는 친척들의 죽음에 충분히 애도를 표하는 동안인 7일 동안 그들의 사역을 면제해 주시는 은혜를 주셨던 것이다. 그러나 이 기간이 지난 뒤에는 곡하는 것이 씨를 뿌리는 것을 방해해서는 안 되었던 것이다. 즉, 제사장들은 그들의 친척에 대한 애도로 인해서 성소에서의 그들의 사역을 감당하지 못하게 되어서는 안 되었던 것이다. 그러나 다른 어떤 사람이 죽었을 때에는 이러한 일이 절대로 허용되지 않았다. 본문에서 읽어볼 수 있듯이 백성들 중에 주요 인물이 죽었을 때에

도 안 되었던 것이다(4절). 제사장들은 자신들의 친족이 아니라면 그러한 일로 자신들을 더럽혀서는 안 되었다. 대제사장이라 할지라도 그러한 일로 자신을 더럽힐 수 없었던 것이다. 형제보다 더 친밀한 친구가 있다. 그러나 제사장들은 친척이 아니라면 그들의 가장 친한 친구에게도 이러한 존경의 예를 표해서는 안 되었다. 만약에 한 친구를 위해서 허용이 된다면, 다른 친구들도 그렇게 해 주기를 기대할 것이기 때문이다. 그렇게 되면 제사장들은 종종 자신들의 사역을 감당하지 못하고 빼먹어야만 하게 될 것이기 때문이다. 이와 같은 규례를 통해서 우리들에게 가까운 친족들에게는 표해야만 하는 특별한 애정이 있다고 하는 것을 나타내주고 있는 것이다. 그렇게 가까운 친족이 죽음으로 우리 곁을 떠나게 되었을 때, 우리는 그로 인해서 영향을 받지 않을 수 없는 것이다. 또한 우리 자신에게도 죽음이 가까이 다가오고 있는 것이며, 우리들도 그들을 따라 갈 준비를 하라고 하는 경고로 우리들의 마음에 받아들여야 하는 것이다.

2. 제사장들은 너무 도가 지나치게 슬픔을 표현해서도 안 되었다. 가장 가까운 친척이 죽었을 때에라도 지나친 슬픔의 표현을 해서는 안 되는 것이다(5절). 제사장들의 슬픔의 표시는 다음과 같은 모습들은 가져서는 안 되었던 것이다. (1) 이방인들의 풍습을 따라서 미신적인 것을 행해서는 안 되었다. 이방인들은 그들의 머리를 자르고 피를 흘리는 관습을 가지고 있었다. 이것은 (그들이 생각하고 있는 것처럼) 죽은 자들을 관장하고 있는 상상의 신들을 찬양하기 위한 것이다. 이렇게 함으로써 이방인들은 그들이 자신들의 죽은 친구들에게 호의를 표하기 위한 것이었다. 고대(古代)에 장례식에서 사용된 미신적인 예식들은 영혼불멸과 그 영혼이 다른 세계에 존재하고 있다고 하는 것에 대한 고대인들의 믿음을 보여주는 표시였던 것이다. 그러나 그러한 의식 자체들은 하나님의 율법에 의해서 금지되었다. 그러한 의식들은 거짓 신들에 대해서 행해지는 것이었기 때문이다. 그러나 우리들의 죽은 친구들에 대한 고상한 존경심은 본성이 가르쳐 주고 있는 것이며 율법이 허용하고 있는 것이다. 이러한 존경심은 우리가 죽은 자들을 잃어버린 것으로 간주하지 않는다고 하는 것을 나타내는 것이다. (2) 그 슬픔의 표시는 격정적인 것이거나 무절제한 애곡이 되어서도 안 되는 것이었다. 하나님의 사역자들은 고통 가운데 인내하고 있는 다른 사람들의 모범이 되어야만 하는 것이다. 특별히 매우 가까운 친척들의 죽음으로 인해서 매우 안타까워하고 있는 자들의 모범이 되어야만 하는 것이다.

하나님의 사역자들은 왜 우리가 소망 없는 다른 이와 같이 슬퍼하지 않아야 하는지(살전 4:13)에 대한 이유들을 다른 사람들보다 더 잘 알고 있으리라고 생각되기 때문이다. 그러므로 하나님의 사역자들은 탁월하게 두드러지도록 평온한 가운데 침착해야만 하는 것이다. 그래서 그들 자신들이 하나님의 위로를 받은 바로 그 위로로써 다른 사람들을 위로할 수 있어야만 하는 것이다. 이스라엘 백성들은 미신적인 의식을 사용함으로써 죽은 자를 위해 슬퍼하는 것이 금지되었다(레 19:27-28). 그 백성들에게 반(反)율법적이었던 것은 제사장들에게는 더욱더 허용이 되지 않는 반(反)율법적인 것이었다. 우리는 그들이 자신들을 더럽혀서는 안 되는 특별한 이유들을 알고 있다(6절): 그들은 여호와의 화제 곧 그들의 하나님의 음식을 드리는 자들이기 때문인 것이다. 이러한 것들은 하나님의 집과 식탁의 양식들이었던 것이다. 제사장들은 매우 존중을 받은 자들이었다. 그러므로 그들은 정욕의 노예가 되어서 그들의 영예에 흠집을 내서는 안 되었던 것이다. 그들은 끊임없이 거룩한 사역에 쓰임을 받고 있는 것이다. 그러므로 그들은 그들이 부름을 받은 바로 그 사역에서 벗어나거나 그 일을 맡기에 부적합한 자들이 되어서는 안 되었던 것이다. 만약에 그들이 자신들을 더럽히게 된다면 그들은 그들이 섬기고 있는 자신들의 하나님의 이름을 욕되게 하는 것이다. 종들이 무례하고 잘못 행동하게 된다면, 주인이 집을 잘 다스리지 못하고 질서 없이 만는 것처럼 되어 바로 그 주인이 욕을 얻어먹게 되는 것이다. 우리 하나님의 빵을 드리거나 먹는 자들은 누구든지 대화의 모든 태도에 있어서도 거룩해야만 하는 것이다. 그렇지 않으면 그들은 자신들이 거룩히 여기고 있다고 하는 바로 그분의 이름을 욕되게 만드는 것이다.

Ⅱ. 제사장들은 자신들의 결혼에 있어서도 자신들의 품위를 떨어뜨리지 않기 위해서 조심을 해야만 한다(7절). 제사장은 평판이 나쁘거나 죄를 짓거나 부정한 죄를 지은 것으로 의심을 받고 있는 여자와 결혼해서는 안 된다. 제사장은 창녀와 결혼할 수 없다. 비록 그 여자가 이전에 행했던 매춘의 행위에 대해서 회개를 했다고 하더라도 제사장은 그러한 여자와는 결혼해서는 안 되었던 것이다. 또한 가볍게 처신하고 음란하게 행동해서 자신을 더럽힌 여자와도 결혼해서는 안 되었다. 더욱이 이혼한 여자와도 결혼해서는 안 되었다. 그 여자가 이혼을 당하게 된 어떠한 결점이 있었을 것이라고 생각할 이유가 있었기 때문이다. 제사장들은 이러한 여자들과의 결혼으로 인해서 자신들의 품위와

권위를 떨어뜨리는 일을 해서는 안 되었던 것이다. 다른 사람들에게는 이러한 여자들과의 결혼이 허용되었다.

1. 그들 사역에 대해서 비난을 가져오지 않도록 하기 위함이다. 또한 불경건한 자들을 더욱 불경건하게 만들지 않도록 하기 위함이며, 경건한 사람들의 마음에 슬픔을 주지 않도록 하기 위함이다. 신약성경은 사역자들의 아내들에 대해서 정숙하고 절제함으로써 집무에 책망할 것이 없도록 해야 한다(딤전 3:11)고 말하고 있다.

2. 가족에 대해서 비난을 끼치지 않도록 하기 위함이다. 제사장직의 사역과 영예가 제사장 자신들의 자손들에게 유업으로서 전해지기 때문이다. 좋은 평판과 인격을 가지고 있는 자들과 결혼하도록 주의하지 않는 자들은 그들이 마땅히 해야 할 그들 후손을 위한 덕을 염두에 두고 있지 않는 자들이다. 경건한 자손(말 2:15에 있는 표현대로)을 얻고자 하는 자들은 먼저 경건한 아내를 얻어야만 하는 것이며 혈통이 오염되는 것에 주의를 기울여야만 하는 것이다. 본문에는 다음과 같은 어구들이 첨가되어 있다: 너는 그를 거룩히 여기라 너는 그를 거룩히 여기라(8절). "오! 모세여! 이 율법이 지켜지도록 삼가 조심하고, 오! 이스라엘이여! 너희들도 제사장직의 명예를 지키기 위해서 가능한 한 모든 노력을 기울이라! 제사장들은 스스로 제사장직을 웃음거리로 만들거나 박탈당하게 만드는 그 어떠한 일도 해서는 안 되는 것이다. 제사장은 그의 하나님께 거룩하다(7절). 그러므로 그는 너에게 대해서 거룩할 것이다." 우리는 우리의 하나님께서 존귀케 해주신 자들을 존귀하게 여겨야만 하는 것이다. 이러한 법칙에 의해서 복음 사역자들은 그들의 역사로 말미암아 사랑 안에서 가장 귀히 여겨져야만 하는 것이다(살전 5:13). 모든 그리스도인들은 자신들 스스로를 자신들의 영예를 지키는 자들로서 보아야만 한다.

Ⅲ. 제사장들의 자녀들은 자신들의 명예를 해치는 어떠한 일을 하게 되는 것을 두려워해야만 한다(9절). 어떤 제사장의 딸이든지 행음하면 그는 중죄를 저지른 것이다. 그것은 그녀 자신을 욕되게 했을 뿐만 아니라 모독한 것이기 때문이다. 다른 여인들은 제사장의 딸이 가진 그러한 잃어버릴 만한 영예를 가지고 있지 않다. 제사장 가족의 한 일원으로서 제사장의 딸은 거룩한 음식을 먹고 다른 사람들보다는 더 나은 교육을 받은 것이라고 생각되기 때문에 더더욱 커다란 책임이 따르는 것이다. 더욱이 제사장 딸의 그러한 행위는 그의 아버

지를 속되게 하는 것이 되기 때문이다. 딸의 그러한 행위는 아버지에게까지 영향을 미치게 될 것이고, 모든 사람들이 "왜 그는 자기 딸을 더 잘 교육시키지 못한 것이지?"라고 비난하게 되는 것이다. 시온에 있는 죄인들은 "여기에 당신들 제사장의 딸이 있다!"라고 모욕하며 말할 것이다. 그러므로 그러한 죄를 저지른 제사장의 딸은 중한 벌을 받아야만 했던 것이다: **그를 불사를지니라.** 모든 제사장들의 딸들에게 두려운 경고를 주기 위함이었다. 다른 모든 사람들 중에서도 사역자들의 자녀들은 비방거리가 되는 어떠한 일들을 하는데 주의를 기울여야만 하는 것이다. 그들이 지은 죄를 통해서 그들은 이중의 비방거리를 만드는 죄를 짓는 것이기 때문이며, 질투하는 자는 이름을 가지신 분에 의해서 심판을 받게 될 것이기 때문이다.

10자기의 형제 중 관유로 부음을 받고 위임되어 그 예복을 입은 대제사장은 그의 머
리를 풀지 말며 그의 옷을 찢지 말며 11어떤 시체에든지 가까이 하지 말지니 그의
부모로 말미암아서도 더러워지게 하지 말며 12그 성소에서 나오지 말며 그의 하나
님의 성소를 속되게 하지 말라 이는 하나님께서 성별하신 관유가 그 위에 있음이
니라 나는 여호와이니라 13그는 처녀를 데려다가 아내를 삼을지니 14과부나 이혼 당
한 여자나 창녀 짓을 하는 더러운 여인을 취하지 말고 자기 백성 중에서 처녀를 취
하여 아내를 삼아 15그의 자손이 그의 백성 중에서 속되게 하지 말지니 나는 그를
거룩하게 하는 여호와임이니라

다른 사람들보다 제사장에게 더 많은 것이 기대되었다. 그러나 다른 일반 제사장들보다는 대제사장에게 더욱더 많은 것이 기대되었다. 그의 머리 위에는 **관유로 부음을 받았고** 그는 **예복을 입기 위해 성별되었기** 때문이다(10절). 이것은 주 예수의 기름 부음 받으심과 단장(端裝)하심에 대한 상징이었다. 주께서는 성령의 모든 은사들과 은총들을 한량없이 받으셨던 것이다. 본문은 이것을 **하나님께서 성별하신 관유가 그 위에 있음이니라**라고 말하고 있다(12절). 성령의 기름 부으심은 그것을 받는 모든 자들에게 영화로운 면류관이며 아름다운 화관이 되는 것이기 때문이다. 따라서 대제사장은 존귀함으로 옷을 입었던 것이다.

I. 대제사장은 죽은 사람으로 인해서 자신을 결코 더럽혀서는 안 되었다.

가장 가까운 그의 아버지나 어머니로 인해서도, 그리고 그의 자녀나 형제들을 위해서는 더더구나 자신을 더럽혀서는 안 되었던 것이다(11절).

1. 대제사장은 그러한 경우들에 대해서 머리를 푼다든지 옷을 찢는 것과 같이 슬픔을 나타내는 일반적인 표현을 결코 해서는 안 되었다(10절). 그러므로 대제사장은 스스로가 이생의 모든 십자가와 위안들에 대해서 완전히 초연하게 보여야만 하는 것이다. 대제사장은 자신의 자연스러운 감정을, 무지한 자들에 대한 애정과 그들의 죄악에 대해서 아파하는 마음과 하나님 집의 관리자로 그 집에 대한 애정어린 배려 속에 묻어버려야만 하는 것이다. 우림과 둠밈이 위탁된 거룩한 자이기 때문에 대제사장은 그의 부모도 몰라야만 하는 것이다(신 33:8-9).

2. 대제사장은 어떠한 시체에도 가까이 가서는 안 된다(11절). 만약에 하급 제사장들 중에서 누군가가 의식법상으로 부정한 상태 아래 있다면 그의 자리를 대신해 줄 다른 제사장들이 있었다. 그러나 만약에 대제사장이 부정해진다면, 그를 대신할 사람이 없게 되는 것이다. 대제사장이 초상을 당한 집에 가거나 장례식에 참석하는 것이 금지되었다고 하는 것은 그가 뛰어나게 가진 존엄성의 위대함을 백성들에게 나타내 보여주는 표지가 되는 것이다. 우리의 신앙고백을 받으시는 위대한 대제사장이신 우리 주 예수께서는 야이로의 딸의 주검과 과부의 아들의 관과 나사로의 무덤을 만지셨다. 이것은 예수께서 죽음의 제단에 다가가셔서 죽음의 권세를 깨뜨리심으로 그 죽음의 두려움을 거두어 내신 것을 보여주는 것이다. 그러나 죽음을 깨뜨릴 수 없는 자는 그 죽음으로 인해서 더럽혀져서는 안 되는 것이다.

3. 대제사장은 성소 밖으로 나가서는 안 되었다(12절). 즉, 그가 성소에 참여해서 일을 돌보고 있는 동안에는 언제나 어떠한 경우라 하더라도 밖으로 나가서는 안 되었던 것이다. 성소에서 일을 하는 동안 그는 대개 하루 종일 자신의 숙소에 머물러 있었다. 결코 나갈 수 없었다. 죽어가는 친척에게 그의 마지막 말도 전해줄 수가 없었던 것이다. 그가 성소에 머물러 있어야 하는 동안에 어떠한 경우에도 성소를 떠나는 것은 성소의 신성함을 모독하는 것이다. 그렇게 함으로써 그는 하나님을 위한 사역과 그의 전문적인 사역보다는 다른 어떤 일을 더 우선시하는 것이 되기 때문이다. 그는 바로 그 하나님을 위한 사역을 위해서 다른 모든 것의 자리를 내놓아야만 하는 것이다. 그러므로 우리 주 예수

께서는 자신의 어머니와 동생들과 말씀하시기 위해서 설교를 중단하지 않으셨던 것이다(마 12:48).

Ⅱ. 대제사장은 과부와 결혼할 수 없었다(다른 제사장들은 결혼할 수도 있었을 것이다). 이혼한 여인과 창녀와는 더더욱 결혼할 수 없었다(13-14절). 이것은 결혼 문제에 있어서 대제사장과 다른 제사장들 사이에 차이를 두기 위함이었다. (어떤 사람들이 말하는 것처럼) 대제사장은 그리스도의 모형이었기 때문이다. 교회는 정결한 처녀로서 그리스도에게 바쳐졌어야만 했던 것이다(고후 11:2). 겔 44:22를 보라. 그리스도께서는 우리의 첫 사랑과 우리의 순결한 사랑과 우리의 온전한 사랑을 받으시는 것이 마땅하다. 따라서 처녀들이 주를 사랑하고(아 1:3) 그러한 자들만이 어린 양을 따르기에 합당한 것이다(계 14:4).

Ⅲ. 대제사장은 백성들 가운데서 자신의 자녀들을 부정하게 해서는 안 된다(15절). 어떤 사람들은 이것을 대제사장은 자신의 가족의 품위를 떨어뜨릴 수 있는 지위가 낮은 계급의 사람과 결혼하지 말라고 하는 것으로 이해한다. 여호야다는 자신의 족속 안에서 결혼했다. 그러나 이것은 왕실과의 결혼이었던 것이다(대하 22:11). 이것은 대제사장에게 교만하라고 가르쳐 주는 것이 아니라 순결하라고 가르쳐 주는 것이며, 그의 직책이나 그의 이름에 합당치 않은 어떠한 일도 하지 말라고 하는 것을 가르쳐 주는 것이다. 혹은 이것은 그에게 그의 자녀들을 가르치는 것에 주의하도록 하라고 하는 것이기도 하다. 대제사장은 자신의 자녀들을 합당치 않게 결혼시킴으로 인해서 그들을 부정하게 해서는 결코 안 되는 것이다. 사역자들의 자녀들이 믿지 않는 자들과 부당하게 멍에를 같이 멘다면 그것은 자신들을 부정하게 만드는 것이다.

16여호와께서 모세에게 말씀하여 이르시되 17아론에게 말하여 이르라 누구든지 너의
자손 중 대대로 육체에 흠이 있는 자는 그 하나님의 음식을 드리려고 가까이 오지
못할 것이니라 18누구든지 흠이 있는 자는 가까이 하지 못할지니 곧 맹인이나 다리
저는 자나 코가 불완전한 자나 지체가 더한 자나 19발 부러진 자나 손 부러진 자나 20
등 굽은 자나 키 못 자란 자나 눈에 백막이 있는 자나 습진이나 버짐이 있는 자나
고환 상한 자나 21제사장 아론의 자손 중에 흠이 있는 자는 나와 여호와께 화제를
드리지 못할지니 그는 흠이 있은즉 나와서 그의 하나님께 음식을 드리지 못하느니
라 22그는 그의 하나님의 음식이 지성물이든지 성물이든지 먹을 것이나 23휘장 안에

들어가지 못할 것이요 제단에 가까이 하지 못할지니 이는 그가 흠이 있음이니라 이와 같이 그가 내 성소를 더럽히지 못할 것은 나는 그들을 거룩하게 하는 여호와임이니라 [24]이와 같이 모세가 아론과 그의 아들들과 온 이스라엘 자손에게 말하였더라

제사장직은 특별한 가문에게 주어진 것이며 그들 자손 대대로 그 가문의 모든 남자들에게 세습이 된다. 그런데 세대가 지나면서 제사장직을 맡도록 태어나는 사람들 중에서 선천적으로 흠이 있거나 불구자로 태어나는 사람들이 있을 수 있는 확률은 매우 높은 것이다. 제사장직의 영예가 인간들에게 흔히 있을 수 있는 그러한 불행을 막아주지는 못하는 것이다. 본문에는 여러 가지 그러한 흠들이 구체적으로 기록되어 있다. 어떤 흠들은 맹인과 같이 대개는 일생 동안 겪는 것들이다. 다른 것들은 비듬이나 옴과 같은 것들로 잠정적인 것들이다. 그러한 잠정적인 흠들은 그 현상들이 사라졌을 때 그로 인한 무능력함이 끝나게 되는 그러한 것들이다.

I. 흠이 있는 제사장들에 관한 율법의 내용은 다음과 같은 것들이다.

1. 그들도 제단의 음식을 먹을 수 있었다(22절): 그는 다른 제사장들과 함께 희생제물들을 먹을 수 있었는데, 십일조와 첫 열매와 화목제의 제사장의 몫과 같은 거룩한 것들뿐만 아니라 진설병과 속죄제물과 같은 가장 거룩한 것들조차도 먹을 수 있었던 것이다. 신체적 결함은 그들도 어찌할 수 없는 선천적인 것이다. 그러므로 비록 그들이 일을 할 수 없을지라도 그들이 굶어죽어서는 안 되는 것이다. 어느 누구도 선천적인 신체적 결함으로 인해서 욕을 당해서는 안 되는 것이다. 가족 가운데서 불구의 자녀가 있을지라도 그는 자녀의 몫을 받아야만 하는 것이다.

2. 그러나 그들은 제단에서 일해서는 안 되었다. 또한 희생제물이나 분향할 때 참석하거나 다른 제사장들을 도와주는 것도 허용되지 않았다(17, 21, 23절). 세상의 유력자들도 그들의 종들을 외관상 흠이 없는 보기 좋은 그러한 자들을 선택한다. 그러므로 하나님께서 자신의 집에서 일하도록 그렇게 흠이 없는 자들을 선택하는 것은 지당한 것이다. 하나님께서는 자신의 영광을 그 외관적인 면에서도 나타내기를 기뻐하시는 것이다. 외관적으로 흠이 없는 말쑥한 사람들이 백성들을 위한 거룩한 일들을 감당하는 사역자로 선택되어야만 하는 것

은 특별히 필요한 것이다. 백성들은 외관의 모습에 따라 판난하기가 쉽다. 그리고 하나님의 제도에 의해서 이루어지는 정말로 영화로운 의식일지라도 비천하게 보이는 사람이 그 의식을 수행하거나 어색하게 의식이 진행된다면, 백성들은 그 사역을 촌스럽고 비속하다고 생각하기 쉽기 때문이다. 하나님께서 자신의 제단이 언제나 멸시를 받지 않도록 하시기 위해서 만드신 이 규정은 그분 자신의 제단이 가지고 있는 평판을 보존하게 해주었던 것이다. 성소에 들어가는 자들은 누구든지 선천적으로나 후천적으로 결함을 가지지 않아야 하는 것은 바로 성소의 영예를 위해서인 것이었다.

Ⅱ. 그러나 복음 아래서는 다음과 같은 일들이 가능하게 되었다.

1. 본문에서 언급된 결함들을 가지고 일하는 자들도 그 결함으로 인해서 하나님께 영적인 예배를 드리는데서 제외되지 않았다는 사실로 인해서 하나님께 감사해야만 할 이유가 있는 것이다. 그 사역을 위해서 자격을 갖추고 있지 않다하더라도, 사역의 직책에서 제외되지는 않는 것이다. 심하게 불구가 된 사람일지라도 건강하고 아름다운 영혼을 가진 사람들이 많은 것이다.

2. 그러나 우리는 어떤 사악함에 의해서 마음이 결함이 있고 불구가 된 자들은 하나님께 열납되는 섬김을 드리지 못한다고 하는 것을 생각해야만 한다. 그러한 자들은 그리스도인들이라고 할 수 없는 자들이며, 사역자로서 쓰임을 받기에 합당하지 않는 자들이다. 그들은 영적으로 눈이 멀었고 절름발이이며 곱사등이인 것이다. 그들의 죄악이 그들을 비방거리로 만들고 추악하게 만들었기 때문에, 여호와께 드리는 제물은 그들로 인해서 몹시 혐오스러운 것이 되는 것이다. 홉니(Hophni)와 비느하스(Phinehas)의 결함들은 본문에 언급된 그 어떤 흠들보다도 더 흉악한 것들이었다. 그러므로 공공연하게 타락한 자들은 더러운 자들이므로 제사장직에 쓰임 받지 못하도록 하자! 그리고 우리 하나님 앞에 영적인 제사장들이 된 자는 누구든지 그분 앞에서 거룩하고 흠이 없도록 하자! 그리고 다음과 같은 사실을 가지고 위안을 삼도록 하자! 즉, 비록 그 영적인 제사장들이 부족함을 가지고 있는 그러한 불완전한 상태에 살고 있어서 하나님의 자녀로서 부족함이 있을지라도, 그들은 곧 하나님의 보좌 앞에서 흠도 없고 주름도 없고 그런 어떠한 것들도 없는 자로 드러나게 될 것이라고 하는 위안을 가져야만 하는 것이다.

제 22 장

개요:

본 장에서 우리는 제사장들과 희생제사들에 관한 다음과 같은 다양한 율법들을 대하게 된다. 이 다양한 율법들은 모두 성소의 영예를 보존하기 위한 것들이다. I. 제사장들은 자신들이 부정한 상태에서 결코 성물을 먹어서는 안 된다(1-9절). II. 제사장들의 가족에 속하지 않은 어떠한 사람도 성물을 먹어서는 안 된다(10-13절). 만약에 그가 부지중에 먹었다면, 그는 배상해야만 한다(14-16절). III. 드려지는 희생제물들은 흠이 없는 것들이어야만 한다(17-25절). IV. 희생제물들은 8일 이상 된 것들이어야만 하며(26-28절), 감사제로 드려지는 희생제물들은 제물이 드려진 바로 그 날 먹어야만 한다(29절 이하).

1여호와께서 모세에게 말씀하여 이르시되 2아론과 그의 아들들에게 말하여 그들로
이스라엘 자손이 내게 드리는 그 성물에 대하여 스스로 구별하여 내 성호를 욕되
게 함이 없게 하라 나는 여호와이니라 3그들에게 이르라 누구든지 네 자손 중에 대
대로 그의 몸이 부정하면서도 이스라엘 자손이 구별하여 여호와께 드리는 성물에
가까이 하는 자는 내 앞에서 끊어지리라 나는 여호와이니라 4아론의 자손 중 나병
환자나 유출병자는 그가 정결하기 전에는 그 성물을 먹지 말 것이요 시체의 부정
에 접촉된 자나 설정한 자나 5무릇 사람을 부정하게 하는 벌레에 접촉된 모든 사람
과 무슨 부정이든지 사람을 더럽힐 만한 것에게 접촉된 자 6곧 이런 것에 접촉된 자
는 저녁까지 부정하니 그의 몸을 물로 씻지 아니하면 그 성물을 먹지 못할지며 7해
질 때에야 정하리니 그 후에야 그 성물을 먹을 것이니라 이는 자기의 음식이 됨이
니라 8시체나 찢겨 죽은 짐승을 먹음으로 자기를 더럽히지 말라 나는 여호와이니라
9그들은 내 명령을 지킬 것이니라 그것을 속되게 하면 그로 말미암아 죄를 짓고 그
가운데에서 죽을까 하노라 나는 그들을 거룩하게 하는 여호와이니라

태어날 때부터 흠이 있었던 자들은 제사장의 사역을 감당하는 것이 금지되었다. 그러나 그들에게도 성물을 먹는 것은 허용되었다. 유대 저자들은

다음과 같이 말한다: "그들이 게을러지는 것을 방시하기 위해서 그들은 나무로 만든 방에서 벌레 먹은 제물을 가려내는 일을 감당하도록 했다. 벌레 먹은 제물이 제단불로 바쳐지지 않도록 하기 위함이었다. 또한 그들은 나병환자를 판단하는데 쓰임을 받기도 했었다." 그러나 다음과 같은 경우에는 성물을 먹는 것이 금지되었다.

I. 자신들의 실수로 인해서 병에 걸려 의식법상 부정함 가운데 있는 자들은 그들이 그 부정함 가운데 계속해서 있는 동안에는 성물을 먹을 수 없었다.

1. 나병이나 유출병과 같은 것은 영구적인 것이었다(4절). 이러한 병들은 백성들을 성소로부터 격리시켰다. 하나님께서는 이러한 병들이 제사장에게는 더욱 혐오스러운 것으로서 결코 용납될 수 없는 질병들이라고 하는 것을 보여주려고 하셨던 것이다.

2. 다른 질병들은 일시적으로 부정하게 되는 것들이었다. 시체나 부정한 무엇을 만짐으로써 부정하게 되는 경우들이다. 그러한 부정은 어느 정도 시간이 지난 뒤에 물로 씻음으로 깨끗하게 될 수 있었다(6절). 그러나 그렇게 부정하게 된 자는 누구든지 성물을 먹을 수가 없었다. 하나님께서 몹시 불쾌하게 여기시기 때문이었다. 그 하나님께서는 그러한 자는 내 앞에서 끊어지리라(3절)라고 말씀하시면서 그 말씀을 확증하셨다. 만약에 우리가 우리의 부정함 가운데서 감히 하나님께 가까이 나아간다면, 하나님 앞에 우리가 있는 것과 그분에게 나아가는 것은 결코 우리를 안전하게 해주지 못하게 되는 것이다. 오히려 그러한 부정한 경우에 하나님께 나아감은 우리로 하여금 하나님의 진노에 더욱 노출되게 만들고 마는 것이다. 여호와께로부터 불이 나와서 나답과 아비후가 죽은 것처럼 멸망이 주의 존전으로부터 임하게 될 것이다(살후 1:9). 그러므로 하나님의 거룩한 말씀을 모독한 자들은 그들이 그렇게나 경홀히 여긴 바로 그 말씀으로 인해서 멸망을 당하게 되는 것이다. 그 말씀이 그들을 징벌할 것이다. 그러므로 그들이 자신들의 부정함 가운데서 성물을 먹으면 그들은 위험하게 될 것이라고 다시금 경고를 받고 있는 것이다(9절): 그로 말미암아 죄를 짓고 그 가운데에서 죽을까 하노라.

(1) 부정한 손으로 성물을 만짐으로써 성물을 더럽히는 자들은 중죄를 짓는 것이다. 성물을 먹는다는 것은 속죄의 혜택을 입는 것을 나타내는 것이었다. 그러나 만약에 그들이 자신들의 부정함 가운데서 성물을 먹는다면, 그들은 결

코 자신들의 죄를 가볍게 할 수 없는 것이고 오히려 무겁게 만드는 것이다. 그러한 자들은 죄를 짓는 것이다.

(2) 만약에 무한하신 자비가 막아주지 않는다면 죄는 분명히 그 죄를 지고 있는 자를 멸망하게 할 것이다. 그러므로 그들은 죽게 될 것이다. 제사장이라 할지라도 그들의 죄와 주제넘은 행동으로 인해서 파멸될 수 있는 것이다.

Ⅱ. 우리가 관찰할 수 있는 이 율법의 목적.

1. 이 율법은 제사장들이 자신들의 순수성을 주의 깊게 보존하도록 해주며 자신들을 더럽힐 수 있는 모든 것들에 대해서 두려워하도록 만들어준다. 성물은 그들의 생계 수단이었다. 만약에 그들이 성물을 먹지 않는다면, 어떻게 그들이 생존할 수 있었겠는가? 우리를 더럽힘으로써 우리가 위안과 명예를 잃게 되면 될수록, 우리는 우리의 순수성을 지키기 위해 더욱더 주의를 기울여야만 하는 것이다.

2. 이 율법은 백성들이 성물에 대해서 경외감을 가지고 대하게 만들어주었던 것이다. 즉, 제사장들조차도 자신들이 부정함 가운데 있는 동안에는 자신들 스스로를 성물로부터 구별되도록 분리하는 것(2절의 표현대로)을 백성들이 보았을 때, 백성들은 성물에 대해서 그러한 경외감을 가지게 되는 것이었다. 자신 가까이에서 수종을 드는 사람들을 그토록 엄격한 계율 아래 있도록 하신 그분은 무한한 순수성을 가지신 하나님이심이 분명한 것이다.

3. 이 율법은 모든 도덕적인 타락들을 주의 깊게 경계해야 함을 우리들에게 가르쳐준다. 바로 그 도덕적인 타락들로 인해서 우리들은 하나님의 성소의 위로를 받을 수 없게 되기 때문이다. 비록 우리가 습관적으로 죄를 저지르지는 않는다 할지라도, 실제적으로 죄를 지어 더럽히는 것은 우리들에게서 하나님과 나누는 교제의 기쁨을 빼앗아버린다. 그러므로 목욕한 자는 발을 씻어야하며(요 13:10) 손을 씻고 주의 제단에 두루 다녀야 하는 것이다(시 26:6). 여기에서 우리는 우리가 하나님께 거룩히 구별하여 드리는 그 성물에 대하여 하나님의 성호를 욕되게 함이 없도록 하기 위해서 각별히 조심해야 할 필요가 있음(2절)을 알게 되는 것이다(본문에 분명하게 표현되어 있는 내용이다). 만약에 우리가 하나님을 영화롭게 하는 체하는 행위들 속에서 하나님을 모독하고, 하나님을 기쁘시게 해드리는 대신에 그분을 격노케 한다면, 우리는 곧 형벌을 받게 될 것이다. 우리는 그분을 영화롭게 하는 척하는 바로 그러한 우리의 부정함 가운데서 하나님

의 이름을 모독하는 죄를 저지르게 되는 것이다.

10일반인은 성물을 먹지 못할 것이며 제사장의 객이나 품꾼도 다 성물을 먹지 못할
것이니라 11그러나 제사장이 그의 돈으로 어떤 사람을 샀으면 그는 그것을 먹을 것
이며 그의 집에서 출생한 자도 그렇게 하여 그들이 제사장의 음식을 먹을 것이며 12
제사장의 딸이 일반인에게 출가하였으면 거제의 성물을 먹지 못하되 13만일 그가
과부가 되든지 이혼을 당하든지 자식이 없이 그의 친정에 돌아와서 젊었을 때와
같으면 그는 그의 아버지 몫의 음식을 먹을 것이나 일반인은 먹지 못할 것이니라 14
만일 누가 부지중에 성물을 먹으면 그 성물에 그것의 오분의 일을 더하여 제사장
에게 줄지니라 15이스라엘 자손이 여호와께 드리는 성물을 그들은 속되게 하지 말
지니 16그들이 성물을 먹으면 그 죄로 인하여 형벌을 받게 할 것이니라 나는 그 음
식을 거룩하게 하는 여호와이니라

성물은 제사장들과 그들의 가족만이 먹을 수 있었다.

I. 본문에는 어떠한 이방인들도 성물을 먹을 수 없다고 하는 율법이 있다. 즉, 제사장들과 그들에게 속한 사람들 외에는 그 어떠한 사람도 성물을 먹을 수 없었던 것이다(10절). 제사장들은 이방인들이 성물을 먹도록 허용함으로써 성물을 더럽히는 일이 없도록 해야 했으며(15절) 그것으로 인해서 죄를 짓도록 버려두어서는 안 되는 책임을 지고 있었다(16절). 즉, 제사장들은 이방인들이 권리가 없는 것들에 대해서 간섭함으로써 그들 자신들에게 죄를 짓지 않도록 했던 것이다. 이러한 사실은 보편적으로 알려져 있었다. 우리는 우리가 자신들에게 죄를 짓지 않도록 주의해야 할 뿐만 아니라 다른 사람들이 죄를 짓지 않도록 우리가 할 수 있는 일을 해야만 하는 것이다. 우리는 죄가 우리 형제들에게 가까이 놓이지 않도록 해야만 할 뿐만 아니라, 할 수만 있다면 죄가 우리 형제들에게 임하지 않도록 해야만 하는 것이다. 그러나 이 말들에는 아마도 다른 의미가 있는 것 같다. 제사장들이 속죄 제물을 먹는 것은 제사장들이 회중의 죄를 담당하여 그들을 위하여 여호와 앞에 속죄하게 하려는 것(레 10:17)이라고 말하고 있다. 그러므로 특별히 이방인들이 성물을 먹는 것을 금해야 하는 것이다. 그래서 주제넘게 죄를 짓지 않도록 해야만 하는 것이다. 성물을 먹도록 지정된 사람 이외에 성물을 먹는 것은 큰 죄를 짓는 것이다. 우리의 제사장 되시는

그리스도 외에 다른 중보자를 두는 자들은 죄를 짓는 것이며 그리스도에게서 그분의 영예를 모독적으로 찬탈하는 것이며 그분의 권리를 침해하는 것이다. 우리는 사람들이 그들 자신의 의를 의지하지 말고, 그 자신들의 의를 가지고 하나님 앞에 감히 나아가지 말고, 오직 평강과 용서를 위한 그리스도의 의만 의지하라고 경고한다. 이렇게 하는 것이 바로 우리가 그들로 하여금 죄를 짓지 않도록 해주는 일이 되기 때문이다. 우리는 그러한 죄가 그들이 견디기에는 너무나 무겁다고 하는 것을 알고 있다.

Ⅱ. 본문에는 누가 제사장의 가문에 속하고 그렇지 못한지를 보여주는 설명이 있다.

1. 거류자들이나 고용된 일꾼들은 제사장의 가문에 영원히 속하지 못했다. 그들은 가족 안에 있을지라도 가족의 구성원들은 아니었다. 그러므로 그들은 성물을 먹을 수 없었다(10절). 그러나 제사장의 집에서 태어난 종들과 돈을 주고 사온 종들은 제사장 가족에 속한 법정 상속 동산(動産)이었으므로 비록 종들이라 할지라도 성물을 먹을 수 있었다(11절). 하나님의 집으로 자신들의 영원한 안식처를 삼고 일생 동안 그 안에서 살기로 결심한 자들만이 하나님의 집의 위안과 평안을 누릴 자격이 있는 것이다. 잠시 동안만 믿고 당분간만 봉사하는 사람들은 거류자들이며 고용된 자들이기 때문에 그 일에는 관계도 없고 분깃될 것도 없는 것이다.

2. 제사장 가족의 어린 아이들에 대해서 말하고 있다. 아들들에 관해서는 논쟁의 여지가 없다. 아들들 자신들은 바로 제사장들이 될 것이기 때문이었다. 그러나 딸들에게는 구분이 있었다. 딸들이 자신들의 아버지 집에 계속 머무는 동안에는 성물을 먹을 수 있었다. 그러나 그들이 제사장이 아닌 자들과 결혼을 하게 되면 그 권리를 잃게 되었던 것이다(12절). 그들이 그 결혼으로 인해서 제사장의 가문에서 끊어지게 되었기 때문이다. 그러나 만약에 제사장의 딸이 과부가 되었고 따로 가정을 가질 자녀도 없게 되어 이제는 아내도 아니고 어머니도 아니어서 다시 아버지의 집으로 돌아왔다면, 그녀는 다시금 딸로 간주되어 성물을 먹을 수 있었다. 하나님께서 비참한 과부로 만드셔서 안식처였던 남편의 집에서 쫓겨난 과부들이 다시 아버지의 집에서 안식을 얻게 되었다면, 그 과부들은 과부들을 쓸쓸하게 놓아두시지 않는 과부 자신들의 하나님께 마땅히 감사하게 되었던 것이다.

3. 본문에는 성물을 먹을 권한이 없으면서 부지중에 성물을 먹은 자들은 배상해야만 한다고 말하고 있다(14절). 만약에 그가 주제넘게 하나님께서 제정하신 제도를 경멸하면서 성물을 먹었다면, 그는 하나님의 손에 의해서 끊어질 것이고 관원에 의해서 징벌을 받게 될 것이다. 그러나 만약에 그가 연약하여 부지중에 성물을 먹었다면, 그는 자신이 지은 죄를 용서받기 위해 속건제를 드리는 것 외에 그가 먹은 것에 5분의 1을 더해서 배상해야만 했다(레 5:15-16).

Ⅲ. 이 율법은 다윗과 그의 부하들이 진설병을 먹었을 때(삼상 21:6)**와 같이 필요한 경우에는 적용이 면제되기도 했었다.** 그리고 우리 구주께서도 그들을 정당하게 보셨고 그에 대한 이유를 말씀해주기도 하셨다. 이것은 우리들에게 하나님께서는 자비를 원하고 제사를 원치 아니한다(마 12:3-4, 7)고 하는 모든 경우들에 일관적으로 지속되는 하나의 규칙을 제공해주는 것이다. 의식(儀式)은 도덕에 그 길을 양보해야만 하는 것이다.

Ⅳ. 이 율법은 하나님의 비밀을 맡은 일꾼인 복음 사역자들에게 다음과 같은 것들을 가르쳐준다. 즉, 복음 사역자들은 모든 자들에게 분별없이 성물을 먹도록 하지 말 것과 속된 것에서 귀중한 것을 구별할 것을 가르쳐 주는 지침인 것이다. 수치스러울 정도로 무지한 자들과 모독하는 자들은 주님의 제사장의 가문에서 떨어져 나간 이방인들이며 나그네들인 것이다. 자녀들의 떡을 취하여 그러한 자들에게 던져주는 것은 합당하지 않는 것이다. 거룩한 것들은 거룩한 사람들을 위한 것이다. 최소한 신앙적으로 거룩한 자들을 위한 것이다(마 7:6).

17여호와께서 모세에게 말씀하여 이르시되 18아론과 그의 아들들과 이스라엘 온 족
속에게 말하여 이르라 이스라엘 자손이나 그 중에 거류하는 자가 서원제물이나 자
원제물로 번제와 더불어 여호와께 예물로 드리려거든 19기쁘게 받으심이 되도록 소
나 양이나 염소의 흠 없는 수컷으로 드릴지니 20흠 있는 것은 무엇이나 너희가 드리
지 말 것은 그것이 기쁘게 받으심이 되지 못할 것임이니라 21만일 누구든지 서원한
것을 갚으려 하든지 자의로 예물을 드리려 하여 소나 양으로 화목제물을 여호와께
드리는 자는 기쁘게 받으심이 되도록 아무 흠이 없는 온전한 것으로 할지니 22너희
는 눈 먼 것이나 상한 것이나 지체에 베임을 당한 것이나 종기 있는 것이나 습진
있는 것이나 비루먹은 것을 여호와께 드리지 말며 이런 것들은 제단 위에 화제물

로 여호와께 드리지 말라 [23]소나 양의 지체가 더하거나 덜하거나 한 것은 너희가 자
원제물로는 쓰려니와 서원제물로 드리면 기쁘게 받으심이 되지 못하리라 [24]너희는
고환이 상하였거나 치었거나 터졌거나 베임을 당한 것은 여호와께 드리지 말며 너
희의 땅에서는 이런 일을 행하지도 말지며 [25]너희는 외국인에게서도 이런 것을 받
아 너희의 하나님의 음식으로 드리지 말라 이는 결점이 있고 흠이 있는 것인즉 너
희를 위하여 기쁘게 받으심이 되지 못할 것임이니라 [26]여호와께서 모세에게 말씀하
여 이르시되 [27]수소나 양이나 염소가 나거든 이레 동안 그것의 어미와 같이 있게 하
라 여덟째 날 이후로는 여호와께 화제로 예물을 드리면 기쁘게 받으심이 되리라 [28]
암소나 암양을 막론하고 어미와 새끼를 같은 날에 잡지 말지니라 [29]너희가 여호와
께 감사제물을 드리려거든 너희가 기쁘게 받으심이 되도록 드릴지며 [30]그 제물은
그 날에 먹고 이튿날까지 두지 말라 나는 여호와이니라 [31]너희는 내 계명을 지키며
행하라 나는 여호와이니라 [32]너희는 내 성호를 속되게 하지 말라 나는 이스라엘 자
손 중에서 거룩하게 함을 받을 것이니라 나는 너희를 거룩하게 하는 여호와요 [33]너
희의 하나님이 되려고 너희를 애굽 땅에서 인도하여 낸 자니 나는 여호와이니라

본문에는 희생제물에 대한 4가지 율법들이 있다.

I. 하나님께 드려지는 제사에서 바쳐지는 것은 무엇이든지 흠이 없는 것이어야만 한다. 그렇지 않으면 하나님께서 받지 않으신다. 이것은 여러 가지 종류의 제물들에 대한 세부적인 제도들에서 종종 언급되었던 것이다. 본문에서 백성들은 희생제사에 적합하지 않는 흠이 있는 것으로 여겨지는 것에 대해서 듣게 된다. 즉, 눈 먼 것, 다리를 저는 것, 종기가 있는 것, 습진이 있는 것들(22절)과 상한 것, 치인 것, 터진 것, 베임을 당한 것들(24절)이다. 유대 저자들은 이 여러 가지 경우들에서 베임을 당한 것을 거세당한 것이라고 이해를 하고 있다. 만약에 황소나 숫양이 거세되었다면 그것들은 제물로 드려질 수 없었던 것이다. 더욱이 자원하여 드리는 제물과 서원하여 드리는 제물 사이에는 차이가 있었다(23절). 앞에서 언급된 흠들 중 어떠한 흠도 가지고 있지 않는 것은 자원제나 서원제를 위해서 드려질 수 있었다. 그러나 제물로 바치려고 하는 짐승의 지체가 더하거나 덜한 것(유대인들은 다음과 같이 이해를 하고 있다. 짝을 이루고 있는 지체 중에서 균형을 이루고 있지 못하거나 동일하지 않는 경우이다. 즉, 한 쪽 눈이나 한 쪽 귀 혹은 한 쪽 다리가 정상적인 것보다 좀 더 크든

지 좀 더 작든지 하는 경우이다)으로 다른 흠이 없는 것은 자원제물로는 받아들여질 수 있었다. 이 자원제물은 어떤 사람이 어떠한 특별한 의무 가운데 이전에 스스로 이행하려고 했던 것이 아니었어야 했고, 하나님의 율법이 그에게 요구하지도 않는 것이어야만 했다. 그러나 그러한 제물은 서원제를 위해서는 받아들여질 수 없었던 것이다. 이것을 통해서 하나님께서는 우리가 그분에게 약속한 것을 매우 정확하게 이행할 것을 우리들에게 가르쳐 주시려고 한 것이었다. 우리가 엄숙하게 하나님께 드리기로 약속한 것에 대해서 나중에 분량을 줄이거나 가치가 덜한 것을 드려서는 안 되는 것이다. 자원제물과 같이 서약하기 전에는 우리의 권한 안에 있었지만, 서약한 뒤에는 우리의 권한 안에 있는 것이 아닌 것이다(행 5:4). 희생제물이 흠이 있는 것이면 받아들여지지 않는다고 거듭 선언되고 있다(20-21절). 이 율법에 따라서 제물로 드려지는 모든 짐승들이 흠이 없는 것인지 확실히 하기 위해서 주의 깊게 살피게 되었다. 이방인들은 이스라엘의 하나님께 영예를 돌려드리도록 받을 수 있는 모든 가능한 격려들 받았다(25절). 그러나 흠이 있는 제물은 이방인의 손에서 나온 것이라 할지라도 받지 않으신다. 이 구절을 통해서 볼 때 이방인들이 먼 지방에서 하나님의 집인 성전으로 올 것이 기대되었던 것 같다(왕상 8:41-42). 그리고 그들은 환영받았고 다리우스의 제물처럼 그들의 제물은 받아들여졌을 것이다(스 6:9-10; 사 56:6-7). 이교도의 제사장들은 대부분 이 문제에 대해서 그렇게 엄격하지 않았다. 그들은 자신들의 신들을 위해서 그렇게 좋지 못한 희생제물을 받았을 것이다. 그러나 이방인들에게도 이스라엘의 하나님은 그렇게 섬김을 받으시지 않는다고 하는 것을 알려 주어야 하는 것이다.

1. 이 율법은 성소와 그 곳에서 경배되는 하나님의 영예를 위해서 필요한 것이다. 하나님의 영예를 위해서 쓰이는 모든 것들은 가장 좋은 것들이어야만 한다고 하는 것은 당연한 것이다. 그분은 가장 위대하시고 뛰어난 분이시며 모든 존재 중에 최고의 존재이시다. 가장 존귀한 분께서는 가장 좋은 것을 가지셔야만 하는 것이다. 이 율법을 위반하는 것은 거룩하신 하나님을 얼마나 노엽게 해드리는 것인지를 알아야만 한다(말 1:8, 13-14).

2. 이 율법은 모든 합법적인 희생제사들을 위대한 제사인 그리스도의 모형에 더욱더 합당하게 만들어준다. 이 그리스도의 위대한 제사로부터 이러한 모든 제사의 효력이 나오게 되는 것이다. 이 율법에 비추어서 그리스도께서는 흠

없고 점 없는 어린 양이라고 일컬어진다(벧전 1:19). 제사장과 제물이 이렇듯 흠이 없고 점도 없으므로 우리도 순결하고 깨끗하게 되는 것이다. 빌라도가 나는 그에게서 아무 죄도 찾지 못하였노라라고 말했을 때, 그는 이 선언으로 사실상 흠이 없는 제물되심을 선언했던 것이다. 유대인들은 제물을 보고 흠이 있는지 없는지를 구별해 내는 일은 현자나 대제사장 혹은 대제사장 바로 밑의 직책을 가지고 있는 사람이 하는 일이었다고 말하고 있다. 그리스도께서 고난을 당하실 때 안나스(Annas)가 그러한 직책을 담당하고 있었다. 그리스도를 먼저 안나스에게 데려온 자들은 아무런 흠을 찾지 못했다. 이들에 의해서 마침내 그리스도께서는 드려지기에 합당한 희생제물로서 가야바(Caiaphas)에게 보내졌다(요 18:13, 24). 이렇게 그리스도를 인계한 자들은 이 율법의 모형에 대한 응답의 역할을 감당한 것이다.

3. 이 율법은 우리들에게 우리가 드리는 영적인 희생제사에서 우리가 가진 가장 좋은 것을 하나님께 드려야만 한다고 하는 것을 가르쳐 주는 지침이 되는 것이다. 만약에 우리가 드리는 예배가 예의가 없고 냉담하며 쓸모없는 것이고 온통 산만한 것이라면, 우리는 눈 멀고 절름발이이며 병든 제물을 드리는 것이다. 그렇게 함으로써 하나님을 속이는 자는 저주를 받을 것이다. 그는 하나님을 속인다고 생각하나 실상은 그 자신의 영혼에 저주를 쌓고 있는 것이다.

Ⅱ. 모든 짐승들은 난 지 8일이 지나기 전에는 희생제물로 드려져서는 안 되었다(26-27절). 하나님께 바쳐져야 하는 첫 태생은 8일이 지난 뒤에야 하나님께 드려져야만 한다. 이것은 이전에도 언급되었던 것이다(출 22:30). 어떠한 짐승도 8일이 온전히 지나기 전까지는 드려져서는 안 된다고 본문에서도 말하고 있다. 사람의 식탁에 사용되기에 너무 이른 것들은 하나님의 제단에도 적절치 않은 것이다. 유대인들은 다음과 같이 이야기한다: "안식일은 모든 것을 정결케 성화하기 때문이다. 그러므로 최소한 한 번의 안식일을 지나기 전에는 어떠한 것도 하나님께 드려져서는 안 되는 것이다." 이것은 어린이들이 난 지 8일 만에 받아야만 하는 할례의 율법과도 일치하는 것이었다. 그리스도께서는 헤롯이 그분을 죽이려고 찾으시던 그분의 유년기에 우리들을 위해서 희생제물로 드려지지 않으셨다. 그분께서는 인생의 황금기에 우리를 위해서 희생제물이 되셨던 것이다.

Ⅲ. 희생제물을 위해서건 일반적인 용도를 위해서건 어미와 새끼를 같은 날

에 잡아서는 안 되었다(28절). 이와 같은 율법은 새들에 관해서도 있다(신 22:6). 이것은 그 일 자체가 악한 것이어서라기보다는 동물들에게 야만적이고 잔인한 것이었기 때문이었다. 마치 바벨론의 폭군 왕이 행한 일과 같은 것이었기 때문이다. 그 폭군은 시드기야가 보는 앞에서 그 자식들을 죽였고 시드기야의 두 눈을 뽑았다. 한 번에 두 세대를 죽이는 것은 마치 그 종을 멸종시키려고 하는 것과 같이 그 피조물에 대해서 매우 잘못 행하는 것이다.

Ⅳ. 감사제물의 고기는 제사를 드린 바로 그 날에 먹어야만 했다(29-30절). 이것은 우리가 전에 보았던 율법의 반복이다(레 7:15; 19:6-7).

본 장은 우리가 종종 보았던 다음과 같은 일반적인 명령으로 결론을 맺는다: 하나님의 명령을 지키고 그분의 성호를 속되게 하지 말라(31-32절). 하나님의 이름을 고백한 자들이 만약에 그분의 명령을 지키지 않는다면 그것은 바로 그분의 이름을 욕되게 하는 것이다. 일반적인 이유들이 몇 가지 추가되어 있다. 그들에 대한 하나님의 권위를 나타내는 나는 여호와이니라라는 말씀과, 그들에 대한 하나님의 관심을 나타내는 나는 너희의 하나님이라고 하는 말씀이 있다. 하나님께서 구속하심으로 그들에 대해서 가지고 있는 칭호인 "나는 너희의 하나님이 되려고 너희를 애굽 땅에서 인도하여 낸 자"라고 하는 말씀도 기술되어 있다. 또한 그들에 대해서 하나님의 은총을 보이시려고 하는 말씀인 나는 너희를 거룩하게 하는 여호와 라는 말씀이 있다. 그리고 만약에 하나님께서 그들에게서 영광을 거두시지 못한다면, 친히 그들에게서 영광을 거두시겠다고 하는 그분의 정의에 대한 결의를 나타내는 나는 이스라엘 자손 중에서 거룩하게 함을 받을 것이니라라고 하는 말씀이 있다. 하나님께서는 자신의 영광을 그 누구에게도 빼앗기지 않으실 것이다. 하나님께서는 죄인들의 회개를 통해서건 그들의 멸망을 통해서건 조만간 그분 자신의 권리를 회복하실 것이기 때문이다.

제 23 장

개요

지금까지 레위기 율법은 주로 거룩한 사람들과 거룩한 물건들과 거룩한 장소들에 관련이 되어 있었다. 이제 우리는 본 장에서 거룩한 절기의 제도들을 대하게 된다. 이 제도들 중에 많은 것들은 이전에 때때로 언급되었다. 그러나 본 장에는 그러한 제도들이 모두 함께 모아져 있다. 단지 월삭만이 언급되어 있지 않다. 여호와의 모든 절기들에는 다음과 같은 것들이 있다. I. 매주 맞이하는 안식일 절기가 있다(3절). II. 매년 맞이하는 절기들이 있다. 1. 유월절과 무교절이 있는데(4-8절) 여기에 첫 수확물인 곡식의 첫 이삭을 드리는 규정이 첨가되어 있다(9-14절). 2. 오순절이 있다(15-22절). 3. 일곱 번째 달에 맞이하는 제전(의식)들이 있는데, 일곱 번째 달 첫째 날에 있는 나팔절(23-25절)과 열 번째 날에 있는 대속죄일(26-32절)과 열다섯 번째 날에 있는 초막절(33절 이하)이 있다.

[1]여호와께서 모세에게 말씀하여 이르시되 [2]이스라엘 자손에게 말하여 이르라 이것
이 나의 절기들이니 너희가 성회로 공포할 여호와의 절기들이니라 [3]엿새 동안은 일
할 것이요 일곱째 날은 쉴 안식일이니 성회의 날이라 너희는 아무 일도 하지 말라
이는 너희가 거주하는 각처에서 지킬 여호와의 안식일이니라

본문에는 다음과 같은 내용들이 있다.

I. 하나님께서 정하신 거룩한 시간들에 대한 일반적인 설명이 있다(2절).

시간을 거룩하게 만들 수 있는 것은 오직 하나님께서 명하여 정하시는 것이다. 하나님께서 시간의 주인이 되시기 때문이다. 하나님께서 시간의 수레바퀴가 돌아가도록 설정하신 뒤에 한 날을 다른 날보다 거룩하게 하시고 축복하신 분은 바로 하나님 그분이시다(창 2:3). 인간은 하나님께서 정하여 명해 주시는 것에 따라서 좋은 날을 누릴 수 있다(에 9:19). 그러나 거룩한 날을 만드는 것은 바로 하나님의 특권이다. 어떤 것도 그분의 제도에 의해서 날인되지 않고는 거룩해질 수 없는 것이다. 모든 본질적인 거룩함이 그분의 특별한 은총에서 나

오듯이, 모든 부차적인 거룩함도 그분의 특별한 지정하심에서 나오는 것이다. 이제 본문에 지정되어 있는 거룩한 시간들에 관해서 관찰해 보도록 하자!

1. 이 시간들을 절기들이라고 부른다. 이 절기들 중에 하나인 대속죄일은 금식의 날이었다. 그러나 절기들의 대부분은 기쁨과 즐거움이 약속된 날들이었으므로 일반적으로 이 날들을 절기들이라고 부른다. 어떤 사람들은 이것들은 나의 회중들이다라고 읽는다. 그러나 그것은 집회와 일치하는 말이다. 나는 이것을 이것들은 나의 제전(의식)들이다라고 읽고 싶다. 이 곳에 사용된 어휘가 그렇게 해석된 경우가 있다(사 33:20). 사 33:20에서 시온은 우리 절기의 성이라고 불린다. 이 본문에서도 그렇게 읽는다면 대속죄일은 다른 제전들과 같이 커다란 제전이었던 것이다.

2. 이 시간들은 여호와의 절기들(나의 절기들)이다. 그분 이름의 영예를 위해서 그분 명령에 복종해서 지켜지는 것이기 때문이다.

3. 그 절기들은 공포되었다. 그 절기들은 성소에 출입하는 제사장들만 지키는 것이 아니라 모든 백성들이 지켜야만 하는 것이기 때문이었다. 이 선포는 기쁨의 소리였다. 우리는 이러한 기쁨의 소리에 대해서 즐겁게 소리칠 줄 아는 백성은 복이 있나니라고 말하는 시 89:15에서 읽어볼 수 있다.

4. 절기들은 거룩한 집회들과 더불어서 신성시되고 엄숙하게 지켜져야만 한다. 이 절기들의 예식이 더욱 영예롭고 존엄하게 지켜지면 질수록, 백성들은 그 절기를 수행하면서 더욱더 하나가 되었던 것이다. 이것은 하나님의 영예와 그분의 제도를 위한 것이었다. 그러므로 한구석에서 이루어지는 것이 아니라 그 절기들을 공공연하게 거행함으로써 그 순수성이 더욱 잘 보존될 수 있었던 것이다. 또한 절기들이 거룩한 집회로 지켜졌는데 이는 백성들을 사랑으로 교화시키기 위한 것이었다.

Ⅱ. 먼저 안식일에 대한 율법이 반복되고 있다. 모든 사람들이 성소에 참여함으로 매년 맞이하는 절기들이 더욱 중요하게 여겨지게 되었다. 그러나 이러한 절기들이 안식일의 영광을 조금이라도 흐리게 할 수는 없었다(3절). 백성들은 다음과 같은 말씀을 듣게 된다. 1. 안식일에 백성들은 모든 세상적인 일들에서 물러나야만 한다. 그것은 안식의 날로서 죄로부터의 영적인 안식과 하나님 안에서 안식을 누리는 것을 상징하는 것이다: 너희는 아무 일도 하지 말라. 다른 모든 성일에도 그들에게는 모든 일들이 금지되기는 했었다(7절). 그러나 안

식일과 대속죄일(이 날도 안식일이라 불려졌다)에는 백성들이 전혀 일을 할 수 없었다. 심지어 고기에 양념을 치는 일조차도 할 수 없었다. 2. 안식일에 백성들은 오직 하나님을 예배하는 일에 전념해야만 했다. (1) 그 날은 성회로 모이는 날이다. 즉, "그 날이 다가오면 너희들은 경건한 집회를 열어 그 날을 거룩하게 하라. 많은 사람들이 성소의 문으로 오도록 하라. 다른 사람들은 다른 곳에서 기도하고 찬양하며 율법을 읽기 위해서 모이도록 하라." 예언이 계속되는 동안에는 예언자의 학교에서 모였던 것과 같이 후에는 회당에서 모였던 것과 같은 집회이다. 그리스도께서도 신약의 안식일이 거룩한 집회가 되도록 명하셨다. 한 주의 첫째 날에 그분 자신의 제자들이 계속해서 (자주) 모이도록 하심으로 신약의 안식일이 거룩한 집회가 되게 하셨던 것이다. (2) "너희들이 거룩한 집회에서 안식일을 거룩하게 하는 기회를 가지든지 그렇지 못하든지, 너희들이 거하는 모든 처소에서 안식일이 여호와의 안식일이 되도록 하라! 너희 가족 안에서 그 날과 다른 날들을 구별하도록 하라. 그 날은 창조의 역사에서 하나님께서 안식하신 날이며 그분께서 우리들이 안식하도록 지정하여 명하신 날이다. 너희들이 거하는 모든 곳에서 심지어 장막에 거하는 지금에도 안식일을 지키도록 하라." 하나님의 안식일들은 각 가족이 별도로 혹은 많은 가족들이 함께 거룩한 성회로 모여 경건하게 지켜야만 하는 것이다. 우리의 거처에서 여호와의 안식은 우리의 아름다움과 힘과 안전이 될 것이다. 안식일은 그들을 거룩하게 할 것이며, 교화할 것이며, 영화롭게 해줄 것이다.

4이것이 너희가 그 정한 때에 성회로 공포할 여호와의 절기들이니라 5첫째 달 열나
흗날 저녁은 여호와의 유월절이요 6이 달 열닷샛날은 여호와의 무교절이니 이레 동
안 너희는 무교병을 먹을 것이요 7그 첫 날에는 너희가 성회로 모이고 아무 노동도
하지 말지며 8너희는 이레 동안 여호와께 화제를 드릴 것이요 일곱째 날에도 성회
로 모이고 아무 노동도 하지 말지니라 9여호와께서 모세에게 말씀하여 이르시되 10
이스라엘 자손에게 말하여 이르라 너희는 내가 너희에게 주는 땅에 들어가서 너희
의 곡물을 거둘 때에 너희의 곡물의 첫 이삭 한 단을 제사장에게로 가져갈 것이요
11제사장은 너희를 위하여 그 단을 여호와 앞에 기쁘게 받으심이 되도록 흔들되 안
식일 이튿날에 흔들 것이며 12너희가 그 단을 흔드는 날에 일 년 되고 흠 없는 숫양
을 여호와께 번제로 드리고 13그 소제로는 기름 섞은 고운 가루 십분의 이 에바를

여호와께 드려 화제로 삼아 향기로운 냄새가 되게 하고 전제로는 포도주 사분의 일 힌을 쓸 것이며 [14]너희는 너희 하나님께 예물을 가져오는 그 날까지 떡이든지 볶은 곡식이든지 생 이삭이든지 먹지 말지니 이는 너희가 거주하는 각처에서 대대로 지킬 영원한 규례니라

본문에서 절기들은 다시 한 번 여호와의 절기들로 불려진다. 여호와께서 그 절기들을 지정하여 명하셨기 때문이다. 여로보암이 자기 마음대로 정한(왕상 12:33) 여로보암의 절기는 하나님께 대한 모독이었고 그 백성들에 대한 치욕이었다. 이 절기들은 각각 그 계절에 맞게 선포되었다(4절). 하나님께서 그 절기들을 위해서 선택하신 계절들은 (우리들의 현재 계산에 따라서) 3월과 5월 그리고 9월 중에 있었다. 절기들이 겨울에 있지는 않았다. 겨울에는 여행이 불편하고 날이 짧고 길이 나빠지기 때문이었다. 절기들이 한여름에 있지도 않았다. 한여름에 그 지역에서 백성들은 곡물 수확과 포도 수확으로 비빠시 그들의 생업에서 손을 뗄 수가 없었기 때문이었다. 그러므로 하나님께서는 그분 자신이 지정하여 명하시는 절기에서도 자비롭게 우리들의 편의를 생각하셨던 것이다. 이로 인해서 우리로 하여금 그 절기들을 지킴에 있어서 부담이 되어 불평하지 않고 그분의 영광을 경건하게 지키도록 하셨던 것이다. 백성들에게 지정되어 명령된 제전(祭典)들은 다음과 같았다.

1. 여러 가지가 있어서 자주 돌아왔다. 이것은 백성들의 마음에 하나님과 신앙에 대한 깊은 의식을 보존해 두시려고 하는 의도가 있었던 것이며, 이교도의 미신적인 행위들에 백성들의 마음이 기울어지는 것을 방지하려고 하는 뜻이 있었던 것이다. 하나님께서는 그분 자신에게 드리는 예배에 백성들이 전심으로 참여하게 하셨다. 그렇게 함으로써 백성들이 자신들이 살고 있는 주변 우상을 섬기는 이웃 민족들의 유혹에 마음을 빼앗기는 시간을 가지지 못하게 하시려고 하는 것이었다.

2. 그 절기의 대부분의 시간들은 즐거움과 기쁨의 시간들이었다. 대속죄일만을 제외하고는 매주 맞이하는 안식일과 매년 맞이하는 제전들이 모두 즐거움과 기쁨의 시간들이었다. 그러므로 하나님께서는 백성들에게 지혜의 길은 기쁜 것이라는 것을 가르쳐 주시려고 했던 것이었다. 또한 하나님께서는 백성들이 그 제전 안에서 기뻐하도록 격려하셨고, 그들이 사역을 감당할 때 노래하

도록 하셨던 것이다. 철저한 안식과 거룩한 모임을 위한 7일이 있었다. 무교절의 첫째 날과 일곱째 날, 오순절 날, 나팔절 날, 초막절의 첫째 날과 여덟째 날, 그리고 대속죄일 등이었다. 그 중에 거룩한 기쁨을 위한 날이 6일이 있었고, 거룩한 슬픔을 위한 날이 하루가 있다. 우리는 영원히 슬퍼하라고 명령을 받은 것이 아니고 영원히 기뻐하라고 명령을 받은 것이다. 본문에는 다음과 같은 내용들이 있다.

Ⅰ. 유월절에 대한 율법이 반복되고 있다. 이 유월절은 첫째 달 14일에 애굽에서 자신들이 구출된 것과 자신들의 장자들이 죽지 않고 보존된 것에 대한 결코 잊어버릴 수 없는 자비를 기억하면서 지켜야만 했다. 이 유월절 절기는 유월절 양을 잡음으로써 시작되었다(5절). 유월절은 7일 동안 계속되었으며 이 기간 동안 백성들은 슬픔의 빵인 무교병을 먹어야 했으며(6절), 7일의 첫째 날과 마지막 날은 거룩한 안식과 거룩한 모임인 성회의 날로 지켜야만 했다(7-8절). 이 날들은 (그리스도인이라고 불리는 많은 사람들이 자신들의 거룩한 날들을 보내듯이) 오락과 스포츠로 허비하는 게으른 날들이 아니었고, 제물들이 화제로 여호와의 제단 위에서 여호와께 드려져야 하는 날들이었다. 그리고 우리들은 백성들이 자신들의 시간을 기도와 찬양과 거룩한 묵상으로 보내도록 가르침 받았을 것이라고 충분히 미루어 생각해 볼 수 있다.

Ⅱ. 무교절의 둘째 날에 첫 곡식단을 바치라고 하는 명령이 있다. 첫째 날은 안식일이라고 불린다. 그 날은 안식하는 날로 지켜졌기 때문이다(11절). 그리고 안식 후 첫 아침에 백성들은 이 제전을 거행했다. 새곡식의 한 줌이나 한 단을 제사장에 가져다 주었다. 그러면 제사장은 하늘에 계신 하나님께 그것을 드리는 표시로서 그 제물을 하늘로 들어올려 온 땅의 주인 되신 여호와 앞에서 그 단을 앞뒤로 흔들었다. 이것은 하나님의 자비에 대한 그들의 감사제물로서 받아들여졌다. 하나님께서 그 백성들의 땅을 곡식으로 덮어주신 것에 대한 감사제였고, 하나님께 그들이 의존하고 있다고 하는 것에 대한 감사제였던 것이다. 그리고 그분에게 가까이 다가가기를 염원하고 있으며 그 곡물을 그들이 사용할 수 있도록 보존해 주신 것에 대한 감사제였던 것이다. 그러한 제사는 기도와 찬양의 표시였기 때문이다(11절). 이 제물과 함께 번제로 드리는 양이 함께 바쳐져야만 했다(12절). 동물의 희생제물은 일반적으로 소제물과 함께 바쳐진 것과 같이 이 곡물의 제물은 번제물과 함께 드려졌던 것이다. 그렇게 함

으로써 하나님의 식탁에 떡과 고기가 함께 놓일 수 있었던 것이다. 이 한 줌의 곡물이 하나님께 바쳐질 때까지 백성들은 자신들이 새로이 수확한 곡물을 먹을 수가 없었다. 하나님과 이스라엘이 함께 잔치를 벌였다면 그분께서 먼저 공궤를 받는 것이 당연한 것이기 때문이었다. 말하자면 온 회중의 이름으로 드려진 이 한 단의 곡식은 백성들의 전체 수확물을 거룩하게 해주었고, 그들이 그 나머지 곡물들을 평안한 마음으로 사용할 수 있도록 해주었던 것이다. 어느 정도 우리가 하나님께 대한 우리의 의무를 이행하고 하나님께서 우리의 사역을 받아주셨을 때 바로 그 때에 우리는 기쁨으로 우리의 식물을 먹을 수 있는 것이다. 이렇게 함으로써 우리의 모든 즐거움들은 우리들에게 정결한 것이 되기 때문이다.

1. 이 율법은 비록 이스라엘 백성들이 가나안 땅에 이르러서야 시행될 수 있는 율법이었다 할지라도 광야에서 주어졌다. 그들은 광야에서 곡물을 심지 않았다. 하나님께서는 광야에서 그들에게 하늘의 빵을 먹여주셨다. 이것은 그 백성들이 이후로 땅에서 나는 소산물에서 하나님의 몫을 그분에게 드리기에 인색해서는 안 된다고 하는 것을 말해 주는 것이었다. 우리는 이스라엘 백성들이 가나안에 이르러 그들이 첫 곡식단을 드렸을 때 하늘의 만나가 그쳤음을 알고 있다. 그 백성들은 이전 날의 묵은 곡식을 먹었고(수 5:11) 그 날에 그들은 첫 곡식 소산물을 드렸다. 이 드림으로 인해서 그들은 새곡물을 먹을 자격을 얻었던 것이다(12절). 그러므로 더 이상 만나가 필요하지 않았던 것이다.

2. 이 첫 소산의 곡식단은 우리 주 예수의 모형이었다. 예수께서는 잠자는 자들의 첫 열매로서 죽은 자 가운데서 부활하셨던 것이다(고전 15:20). 바로 그 때에 여호와의 싹(사 4:2)이 하나님께 드려졌고, 하나님의 어린 양이신 그분의 희생의 덕으로 우리는 구원을 얻게 된 것이다. 우리 구주께서 첫 소산물을 드리는 바로 그 날에 죽음에서 부활하셨다고 하는 것은 매우 주목할 만한 사실이다. 이것은 바로 그분께서 이 그림자의 본체가 되신다고 하는 것을 분명히 보여주는 것이다.

3. 이 율법으로 우리는 우리의 재물과 우리 소산물의 처음 익은 열매로 여호와를 공경해야 한다고 하는 것(잠 3:9)을 배우게 된다. 그들은 그들의 소산물에서 하나님께 드리는 것을 먼저 바칠 때까지는 그들의 새 곡물을 먹을 수 없었다(14절). 우리는 항상 하나님과 함께 시작해야만 하기 때문이다. 즉, 하나님과

함께 우리의 삶을 시작해야만 하며, 하나님과 함께 매일 시작해야만 하며, 하나님과 함께 모든 식사를 시작해야만 하며, 하나님께 함께 모든 일과 사업을 시작해야만 하는 것이다. 먼저 하나님의 나라를 구하라.

[15]안식일 이튿날 곧 너희가 요제로 곡식단을 가져온 날부터 세어서 일곱 안식일의
수효를 채우고 [16]일곱 안식일 이튿날까지 합하여 오십 일을 계수하여 새 소제를 여
호와께 드리되 [17]너희의 처소에서 십분의 이 에바로 만든 떡 두 개를 가져다가 흔들
지니 이는 고운 가루에 누룩을 넣어서 구운 것이요 이는 첫 요제로 여호와께 드리
는 것이며 [18]너희는 또 이 떡과 함께 일 년 된 흠 없는 어린 양 일곱 마리와 어린 수
소 한 마리와 숫양 두 마리를 드리되 이것들을 그 소제와 그 전제제물과 함께 여호
와께 드려서 번제로 삼을지니 이는 화제라 여호와께 향기로운 냄새며 [19]또 숫염소
하나로 속죄제를 드리며 일 년 된 어린 숫양 두 마리를 화목제물로 드릴 것이요 [20]
제사장은 그 첫 이삭의 떡과 함께 그 두 마리 어린 양을 여호와 앞에 흔들어서 요
제를 삼을 것이요 이것들은 여호와께 드리는 성물이니 제사장에게 돌릴 것이며 [21]
이 날에 너희는 너희 중에 성회를 공포하고 어떤 노동도 하지 말지니 이는 너희가
그 거주하는 각처에서 대대로 지킬 영원한 규례니라 [22]너희 땅의 곡물을 벨 때에 밭
모퉁이까지 다 베지 말며 떨어진 것을 줍지 말고 그것을 가난한 자와 거류민을 위
하여 남겨두라 나는 너희의 하나님 여호와이니라

본문에는 오순절 혹은 칠칠절(신 16:9에서 이야기하는 대로)에 대한 제도가 나타나 있다. 이것은 유월절이 지난 뒤 50일째 되는 날 혹은 7주가 지난 뒤에 지켜졌기 때문이다. 이것은 또한 맥추절이라고 불려졌다(출 23:16). 첫 소산의 곡식단을 드리는 것은 수확의 시작으로서 백성들에게 곡물에 낫을 대라고 하는 허락을 주었던 것이다. 마찬가지로 백성들은 자신들의 곡물 수확의 마침을 이 절기를 지킴으로써 엄숙히 거행하였던 것이다.

1. 그 때(유월절)에 백성들은 보리 이삭 한 움큼을 드렸지만, 이제(오순절)는 밀가루로 만든 떡 두 덩이를 바쳤다(17절). 이것은 유교병이었다. 백성들은 유월절에 무교병을 먹었다. 이것은 그들이 출애굽 할 때 먹었던 떡인 무교병을 기념하면서 먹었던 것이다. 이제 오순절에 백성들은 유교병을 먹었다. 백성들은 자신들의 일상적인 음식이었던 유교병에 베풀어 주신 하나님의 은총에 감

사하는 마음으로 먹었던 것이다.

2. 첫 소산의 곡식단을 드릴 때에 백성들은 한 마리의 양을 번제물로 바쳤다. 그러나 이 첫 곡식의 떡을 드릴 때에 백성들은 7마리의 어린 양과 2마리의 숫양과 1마리의 소를 모두 번제물로 바쳤다. 이렇게 함으로써 그들 땅의 주인이시며 그들 수확의 주가 되시는 하나님께 영광을 돌렸던 것이다. 그 하나님의 은혜로 그들은 살고 있기 때문에 그들은 마땅히 하나님께 찬양을 드리는 삶을 살아야만 하는 것이다. 마찬가지로 그들은 속죄제물로 어린 염소 한 마리를 드렸다. 이 속죄 염소를 드림으로 그들은 자신들이 떡을 먹을 자격이 없는 부끄러움이 있으며 자신들이 지은 죄를 용서해 달라고 하는 의미를 가졌던 것이다. 이 죄로 인해서 그들은 자신들이 누리고 있는 수확의 은총을 박탈당할 수 있기 때문이었다. 이 죄로 인해서 그들은 자신들이 받고 있는 축복에 대한 죄책감을 느꼈기 때문이었다. 마지막으로 백성들은 자신들이 거두어들인 곡물에 대한 축복을 비는 마음으로 두 마리의 양을 화목제 희생제물로 드렸다. 그러한 축복 없이는 안전함도 누림도 없을 것이기 때문이었다(학 1:9). 이것들은 전체 회중을 위해서 드려진 유일한 화목제물이었다. 다른 화목제물들은 단지 거룩한 것으로 여겨진 반면에, 이 제물들은 매우 거룩한 제물로 여겨졌다. 본문에는 이러한 모든 제물들에 대해서 명령되어 있다(18-20절).

3. 하루는 성회로 지켜져야만 했다(21절). 그 절기 중 하루는 모든 이스라엘 백성들이 여호와께서 선택하는 장소에서 하나님을 만나며 그 백성들 서로가 만나는 날이었다. 어떤 사람들은 무교절을 위해서 7일이 주어진 반면에 오순절을 위해서는 단지 하루만 지정된 것이라고 보았다. 일 년 중에 이 시기는 백성들에게 가장 분주한 시기였기 때문에 하나님께서는 백성들이 자신들의 일을 위해서 고향으로 빨리 돌아가도록 하셨을 것이라고 보았던 것이다. 이 연례적인 절기는 이스라엘 백성들이 애굽에서 나온지 50일 되는 날에 시내 산에서 율법이 주어진 것을 기념하면서 제정되었다. 애굽에서 백성들에게 전해진 이 절기는 그들이 이 절기를 지키게 된 이후로 그 기념으로서 광야에서 하나님께 지켜져야만 했던 것이다. 그러나 이 절기의 기간과 온전성은 이 절기를 지키는 날에 사도들 위에 임한 성령의 강림하심에서 온전히 이루어졌다(행 2:1). 우리의 유월절 양 되신 그리스도께서 우리를 위해서 죽으신 뒤 50일 만에 믿음의 법이 주어졌던 것이다. 바로 그 날에 (패트릭 주교가 잘 표현했듯이) 성령의 첫

열매를 받은 사도들은 진리의 말씀을 통해서 3천 명의 영혼을 얻어 그들을 그리스도 교회의 첫 열매들로서 하나님과 어린 양에게 바쳤던 것이다.

이전에 보았던 율법(레 19:9)이 오순절 절기 제도에 첨부되어 있다. 백성들은 가난한 자들을 위해서 자신들 밭의 이삭들을 남겨놓으며 모퉁이에서 자라난 곡식을 남겨두라고 하는 명령을 받고 있다(22절). 아마도 이 구절은 제사장들이 백성들에게 다음과 같은 사실들을 깨우쳐 주도록 하기 위해서 이 곳에 놓인 것 같다. 즉, 백성이 자신들의 첫 소산물을 가져올 때, 제사장들은 그들에게 이 작은 일에 순종하는 것이 희생제사를 드리는 것보다 더 나은 것이며, 그들이 순종하지 않으면 그들이 드리는 제물은 열납되지 않는다는 것을 가르쳐 주기 위해서 이 곳에 놓인 것일 수 있는 것이다. 또한 백성들에게 수확의 기쁨은 가난한 자들에게 자선의 기쁨으로 표현되어야 함을 가르쳐 주는 것이었다. 가난한 자들은 우리가 가진 것과 하나님의 것에서 그들의 몫을 받아야만 하는 사람들이다. 하나님으로부터 받은 자비에 대해서 참으로 인식하고 있는 사람들은 가난한 사람들에게 자비를 베푸는데 결코 인색하지 않을 것이다.

23여호와께서 모세에게 말씀하여 이르시되 24이스라엘 자손에게 말하여 이르라 일곱째 달 곧 그 달 첫 날은 너희에게 쉬는 날이 될지니 이는 나팔을 불어 기념할 날이요 성회라 25어떤 노동도 하지 말고 여호와께 화제를 드릴지니라 26여호와께서 모세에게 말씀하여 이르시되 27일곱째 달 열흘날은 속죄일이니 너희는 성회를 열고 스스로 괴롭게 하며 여호와께 화제를 드리고 28이 날에는 어떤 일도 하지 말 것은 너희를 위하여 너희 하나님 여호와 앞에 속죄할 속죄일이 됨이니라 29이 날에 스스로 괴롭게 하지 아니하는 자는 그 백성 중에서 끊어질 것이라 30이 날에 누구든지 어떤 일이라도 하는 자는 내가 그의 백성 중에서 멸절시키리니 31너희는 아무 일도 하지 말라 이는 너희가 거주하는 각처에서 대대로 지킬 영원한 규례니라 32이는 너희가 쉴 안식일이라 너희는 스스로 괴롭게 하고 이 달 아흐렛날 저녁 곧 그 저녁부터 이튿날 저녁까지 안식을 지킬지니라

본문에는 다음과 같은 내용들이 있다.

I. 7월 첫째 날에 있었던 나팔절 절기에 대한 제도가 있다(24-25절). 지금 7번 째 달은 첫 번째 달로 계산되었고 희년도 여전히 이 달로부터 시작되었다

(레 25:8). 그러므로 이 날은 이스라엘 백성들의 새해 첫 날이었던 것이다. 이 날은 그들이 다른 연례적으로 지키는 안식일들과 같이 거룩한 안식의 날이었다: **너희들은 그 날에 어떤 노동도 하지 말라.** 거룩한 사역의 날이므로 **여호와께 예물을 드릴지니라.** 이것에 대한 특별한 지침들은 나중에 주어진다(민 29:1). 본문에서 이 절기에 대해서 특별하게 주어진 것은 바로 나팔을 불어 기념하는 것이었다. 그들은 매달 새로이 맞이하는 달에 나팔을 불었다(시 81:3). 그러나 7월의 새 달에는 다른 달보다 더욱 엄숙하게 나팔을 불며 그 날을 지켰다. 그들은 동이 틀 때부터 불기 시작해서 해가 질 때까지 계속해서 나팔을 불었던 것이다.

1. 본문에서 이 날은 **기념일**이라고 했다. 아마도 율법이 주어질 때 시내 산에서 들려졌던 잊어서는 안 되는 나팔 소리를 기념했던 것 같다. 어떤 사람들은 세상을 창조하신 것을 기념하는 것이라고 생각한다. 세상의 창조가 가을에 있었을 것이라고 생각하기 때문이다. 이러한 이유로 인해서 이 달은 지금까지 첫째 달이 되었다. 하나님께서 천지를 창조하신 전능한 말씀은 주의 우렛소리라고 불린다(시 104:7). 그러므로 나팔을 불어 혹은 시리아 역본에 있는 대로, 외치는 소리를 내어 기념하는 것이 마땅한 것이다. 땅의 기초가 놓였을 때 하나님의 아들들이 기뻐 소리쳤기 때문이다(욥 38:6-7).

2. 유대 저자들은 이것에 어떤 영적인 의미가 있다고 생각한다. 한 해의 첫 시간에 이스라엘 백성들은 이 나팔 소리를 통해서 그들의 영적인 졸음 상태에서 떨치고 일어나서 그들이 갈 길을 다시금 정비하라고 하는 것이었다는 것이다. 이 날 9일 뒤에 대속죄일이 있었다. 그러므로 그들은 신실하고 철저하게 회개함으로 그 대속죄일을 준비하기 위해서 일깨워져야만 했던 것이다. 그들에게 진정한 대속죄일이 되게 하려고 하는 것이었다. 그들은 다음과 같이 말한다: "경건한 유대인들은 일 년 중 다른 어느 때보다도 이 나팔절과 대속죄일 사이에 선행을 많이 행했다."

3. 이 날은 복음의 전파를 예표하는 것이었다. 기쁘고 건강한 영혼들은 이 복음 전파에 의해서 하나님을 섬기며 하나님께 영적인 잔치를 드리라고 하는 요청을 받게 되는 것이다. 민족들이 그리스도를 믿는 믿음으로 회심하게 되는 것은 큰 나팔 소리가 울리는 것으로 기록되고 있다(사 27:13).

Ⅱ. 대속죄일에 대한 율법이 반복되고 있다. 백성들은 그 날에 대해서 많은

관심을 가지고 있기 때문이다.

1. 백성들은 다른 연례적인 절기와 마찬가지로 대속죄일에도 모든 종류의 일을 쉬어야만 한다. 그 날은 매주 맞이하는 안식일과 같이 매우 철저하게 쉬어야만 하는 것이다(28, 30, 31절). 이유가 있는데 그것은 바로 그 날은 속죄일이기 때문이다. 우리의 영혼이 죄로 인해서 겸비해지고 우리가 하나님과 평화를 이루는 것은 몸 전체를 드리고 우리 마음 전체를 드려도 오히려 부족할 만큼 중대한 일이다. 대속죄일에 대속죄일의 사역을 그것이 마땅히 이루어져야 하는 대로 감당하기를 원하는 자는 다른 모든 것들에 대한 생각을 접어두어야만 한다. 그 날에 하나님께서는 자신의 백성들과 성도들에게 화평을 말씀하신다. 그러므로 그들은 자신들의 모든 세속적인 일들을 제쳐놓아야만 한다. 그들이 그 기쁨과 즐거움의 소리를 더욱 분명하며 더욱 주의 깊게 듣도록 하기 위함이다. 금식일도 안식의 날이 되어야만 하는 것이다.

2. 그들은 자신들의 영혼을 괴롭게 해야만 했다. 이것은 하나님의 손에 의해서 빚어지는 단절됨의 아픔에서 기인된 것이다(27, 29, 32절). 그들은 몸에 고행을 해야만 하며 육체의 식욕도 거부해야만 한다. 이것은 자신들이 지은 죄악들에 대해서 슬퍼하는 표시이며, 자신들이 죄악 가운데 거함에 대해서 괴로워하는 표시인 것이다. 모든 영혼은 괴로움을 받아야만 한다. 모든 영혼이 하나님 앞에서 타락했고 죄를 지었기 때문이다. 아무도 순결의 율법을 온전히 이루지 못했고, 아무도 회개의 율법에서 제외되지 않는다. 또한 모든 사람들은 그 땅의 가증스러움 때문에 한탄하고 울어야만 했던 것이다.

3. 하루 종일 지켜야만 했다: 그 저녁부터 이튿날 저녁까지 너희들은 스스로를 괴롭게 하라(32절). 즉, "너희들은 그 달의 제 9일 저녁부터 금식을 시작하며 너희들의 부끄러움을 표현하라." 그들은 모든 세상적인 일들을 중단해야만 했으며 9일 저녁 해지기 얼마 전부터 다가오는 날의 일을 위해서 스스로 준비해야만 했다. 그리고서 10일 째 되는 날 해가 질 때까지 어떤 음식도 먹어서는 안 되었다(어린이들과 아픈 사람들은 제외됨). 제전이 있는 날들 바로 전 날 저녁(이브)에는 제전을 위한 준비를 해야만 하는 것이다. 하나님이나 우리 영혼을 위한 일을 해야만 할 때에는 우리는 그 일을 하는데 있어서 우리 자신을 시간에 쫓기게 해서는 안 된다. 우리는 우리의 시간을 어떻게 더 잘 사용할 수 있겠는가? 본문에 주어진 안식일에 대한 규칙은 이렇게 이해될 수 있다: 너희는 저

녁부터 (다음 날) 저녁까지 너희들의 안식일을 경축하라!

[33]여호와께서 모세에게 말씀하여 이르시되 [34]이스라엘 자손에게 말하여 이르라 일곱
째 달 열닷샛날은 초막절이니 여호와를 위하여 이레 동안 지킬 것이라 [35]첫 날에는
성회로 모일지니 너희는 아무 노동도 하지 말지며 [36]이레 동안에 너희는 여호와께
화제를 드릴 것이요 여덟째 날에도 너희는 성회로 모여서 여호와께 화제를 드릴지
니 이는 거룩한 대회라 너희는 어떤 노동도 하지 말지니라 [37]이것들은 여호와의 절
기라 너희는 공포하여 성회를 열고 여호와께 화제를 드릴지니 번제와 소제와 희생
제물과 전제를 각각 그 날에 드릴지니 [38]이는 여호와의 안식일 외에, 너희의 헌물
외에, 너희의 모든 서원제물 외에 또 너희의 모든 자원제물 외에 너희가 여호와께
드리는 것이니라 [39]너희가 토지 소산 거두기를 마치거든 일곱째 달 열닷샛날부터
이레 동안 여호와의 절기를 지키되 첫 날에도 안식하고 여덟째 날에도 안식할 것
이요 [40]첫 날에는 너희가 아름다운 나무 실과와 종려나무 가지와 무성한 나무 가지
와 시내 버들을 취하여 너희의 하나님 여호와 앞에서 이레 동안 즐거워할 것이라 [41]
너희는 매년 이레 동안 여호와께 이 절기를 지킬지니 너희 대대의 영원한 규례라
너희는 일곱째 달에 이를 지킬지니라 [42]너희는 이레 동안 초막에 거주하되 이스라
엘에서 난 자는 다 초막에 거주할지니 [43]이는 내가 이스라엘 자손을 애굽 땅에서 인
도하여 내던 때에 초막에 거주하게 한 줄을 너희 대대로 알게 함이니라 나는 너희
의 하나님 여호와이니라 [44]모세는 이와 같이 여호와의 절기를 이스라엘 자손에게
공포하였더라

우리는 본문에서 다음과 같은 내용들을 대하게 된다.

I. 먼저 초막절 제도를 대하게 된다. 이 초막절은 모든 남자들이 참석해야 하는 3대 절기 중의 하나로서 다른 절기보다 더욱 큰 기쁨을 가지고 경축했다.

1. 이 절기를 규정한 지침들에 대해서 다음과 같은 사실들을 관찰해 볼 수 있다. (1) 초막절은 7월 15일에 지켜져야만 했다(34절). 대속죄일이 지난 뒤 5일 후에 지켜졌던 것이다. 우리는 다음과 같이 생각해 볼 수 있다. 즉, 이스라엘 백성들은 다른 3대 절기와 같이 대속죄일에는 모두 참석할 필요는 없었으므로 많은 경건한 유대인들만이 대속죄일에 참석하는 기회를 누리기 위해 초막절 수일 전에 올라왔을 것이라고 생각해 볼 수 있는 것이다. [1] 대속죄일에

그들의 영혼을 괴롭게 하는 것은 그들에게 초막절의 기쁨을 예비하도록 해주었던 것이다. 우리가 죄에 대해서 더욱더 슬퍼하고 겸비해질수록, 우리는 성령의 위로하심을 위해서 더욱더 잘 준비되는 것이다. [2] 이 절기의 기쁨은 그들에게 그 금식의 슬픔을 보상해주는 것이었다. **울며 씨를 뿌리는 자는 기쁨으로 거두게 되기 때문이다.** (2) 초막절은 8일 동안 계속되었다. 첫째 날과 마지막 날은 안식일로 지켰다. 거룩한 안식과 성회로 모이는 날이었다(35-36, 39절). 우리는 이 8일 동안 드려진 희생제물에 대해서는 민 29:12에서 매우 많은 수가 지정되고 있음을 볼 수 있다(민 29:12 이하). (3) 이 절기의 첫 7일 동안에 모든 백성들은 자신들의 집을 떠나야만 했었다. 그들 가운데 여자들과 어린 아이들도 울창한 나뭇가지로 만든, 특별히 종려나무 가지로 만든 초막에 거하기 위해서 집을 떠나야만 했던 것이다(40, 42절). 유대인들은 초막을 짓는 나뭇가지를 가지고 특별한 의식을 치렀다. **그들은 나뭇가지들로 자신들의 초막을 지었다**라고 정말로 기록되어 있다(느 8:15). 그들은 그렇게 했을 것이다. 그리고 그들의 손에 종려나무 가지를 가지고 있는 것으로 기쁨의 표시를 좀 더 나타내고 있는 것이다. 종려나무를 손에 가지고 있다고 하는 것은 다른 경우들에서 종종 승리의 상징으로 나타나고 있다(요 12:13). 계시록에도 그러한 암시가 나타나 있다(계 7:9). 8일째 되는 날은 그 자체가 독특한 절기였다. 그 날은 **명절의 큰 날**이라고 칭해져 있다(요 7:37). 그 날에 백성들은 그들이 머물렀던 초막에서 돌아와 다시 자신들의 집으로 돌아가는 날이었다. (4) 백성들은 이 절기의 모든 시간 동안 **여호와 하나님 앞에서 즐거워해야만** 했다(40절). 유대인들의 전승에 의하면 그들은 악기에 맞추어 춤을 추고 하나님께 찬양을 드리는 노래를 부르면서 자신들의 기쁨을 나타냈다고 한다. 일반 백성들뿐만 아니라 이스라엘의 현자(賢者)들과 장로들도 성소의 뜰에서 그렇게 해야만 했던 것이다. (그들은 다음과 같이 말한다) 계명을 행함으로 즐거움을 삼는 사람들의 기쁨은 정말로 중요한 예배 행위이기 때문이다.

2. 이 절기가 가지고 있는 목적.

(1) 이스라엘 백성들이 광야에서 천막에 살았던 것을 기념하면서 지켜져야만 했다. 그러므로 본문에 설명이 되어 있다(43절): **기록된 역사에 의해서 뿐만 아니라 이러한 시각적인 전통에 의해서 내가 이스라엘 자손들을 초막에 거주하게 한 줄을 너희 대대로 알게 함이니라.** 이렇게 해서 이 절기는 다음과 같은 영원한 기억 속

에서 기념되었던 것이다. [1] 그들의 시작은 미약하고 비천하고 보잘것없는 상태였었다. 하나님께서는 이러한 상태에서 그 백성들을 이끌어내시어 존귀케 해주셨던 것이다. 안락하게 안정을 이룬 자들은 종종 지금은 그렇지 않지만 자신들이 처해 있었던 이전의 불안정한 상태를 되돌아보아야만 하는 것이다. [2] 그들이 장막에 거했을 때 하나님께서는 그들에게 자비를 보여주셨다. 하나님께서는 그들 가운데 친히 성막을 세우셨을 뿐만 아니라 초유의 관심과 사랑으로 그들 위에 지붕을 드리워주셨다. 태양의 열기로부터 그들을 보호해 줄 구름까지도 주셨던 것이다. 우리들과 우리 조상들에 대해서 하나님께서 보여주신 자비는 영원한 기억 속에 보존되어야만 하는 것이다. 8일째 되는 날은 이 절기의 큰 날이었다. 그 날에 그들은 자신들의 집으로 다시 돌아갔기 때문이다. 돌아와서 그들은 자신들이 광야의 장막에서 오랫동안 지낸 뒤에 마침내 약속의 땅에서 행복하게 정착하게 되어 좋은 집에서 살게 되었음을 되새길 수 있는 날이었기 때문이다. 그들은 자신들이 7일 동안 초막에서 지내고 난 뒤에 자신들의 집이 주는 안락함과 편리함에 대해서 더욱더 소중함을 느끼고 감사할 수 있었을 것이다. 평안하고 풍요로운 가운데 사는 사람들은 때때로 고생을 체험하고 견디는 법을 배우는 것이 좋은 것이다.

(2) 그것은 맥추절이었다. 출 23:16에서도 그렇게 불렸다. 그들이 그들 땅의 토지소산(39절), 즉 곡물뿐만 아니라 포도를 수확할 때, 그들은 그 해의 온갖 수확물들을 얻게 해주신 하나님께 감사하는 마음으로 이 절기를 지켰던 것이다. 어떤 사람들은 이 절기의 8일째 되는 날은 이 제도의 특별한 토대가 되는 것이라고 생각한다. 수확의 기쁨은 하나님 안에서 누리는 우리 기쁨의 계기로 활용해야만 하는 것이다. 땅은 여호와의 것이며 그 땅의 풍성함도 여호와의 것이다. 그러므로 우리가 이 땅에서 얻는 위안은 무엇이든지 여호와께 영광을 돌려야만 하는 것이다. 특별히 그분께서 베풀어 주시는 자비가 온전히 이루어졌을 때는 더욱 영광을 돌려야만 하는 것이다.

(3) 그것은 예표적인 절기였다. 많은 사람들이 우리의 복되신 구주께서는 이 절기에 매우 가까운 시기에 태어나셨다고 생각한다. 그 때에 그분께서는 우리 가운데 계시기 위해서(요 1:14) 하늘에 있는 광명의 대저택을 버리신 것이다. 그분께서는 초막에 거하셨던 것이다. 신약 시대의 하나님의 예배는 초막절을 지킴으로써 이루어질 것이라고 예언되었다(슥 14:16). [1] 그리스도의 복음은

우리들에게 이 세상과 교제를 끊기 위해서는 장막에 거하라고 가르쳐 주기 때문이다. 이 땅에 영원한 도성이 없다는 것을 알고 믿음과 소망과 이 현세의 것들에 대해서 거룩한 경멸감을 가지고 영문 밖에 계신 그리스도께로 가는 자(히 13:13-14)와 같이 살라고 가르쳐 주는 것이다. [2] 그리스도의 복음은 우리들에게 우리의 하나님 여호와 앞에서 기뻐할 것을 가르쳐 주기 때문이다. 그리스도 예수 안에서 항상 기뻐하는 자들이 바로 참 할례자들이며 참 이스라엘들인 것이다(빌 3:3). 우리가 이 세상에서 더 멀리 떠나면 떠날수록 우리의 기쁨의 단절은 그만큼 더 줄어드는 것이다.

Ⅱ. 이 제도들에 대한 요약과 결론.

1. 하나님께서는 안식일과 자원제물 외에 이러한 절기들을 지정하여 명령하셨다(37-38절). 이것은 우리들에게 다음과 같은 것들을 가르쳐준다. (1) 어떤 특별한 예식들로 부르심은 우리들에게 우리가 지속적으로 수행해야 할 일들을 면제해 주지는 않는다는 것이다. 초막절 절기를 지내는 날 동안에 적어도 한 번의 안식일이 있는데, 이 안식일은 다른 때와 마찬가지로 엄숙하게 지켜져야만 하는 것이다. (2) 하나님의 제도들은 자유의사로 드리는 자원제물을 위한 여지를 남겨 준다고 하는 사실이다. 하나님께서 제정하여 주시지 않은 것을 우리가 마음대로 고안해 낼 수는 없는 것이다. 단지 그분께서 정하여 주신 것을 우리는 반복해서 지켜야 하는 것이다. 자주 드릴수록 더욱 좋은 것이다. 하나님께서는 자원해서 드리는 사람들을 매우 기뻐하신다.

2. 모세는 그 모든 절기들을 이스라엘 백성들에게 선포했다(44절). 모세는 하나님께서 정하여 명하신 것들만을 백성들에게 알려 주었다. 마찬가지로 바울도 더하지도 덜하지도 않고 주께로부터 받은 것만을 백성들에게 알려 주었다. 우리는 주께 감사해야만 한다. 우리에게 선포된 주님의 절기들이 그렇게 많지도 않고, 그 절기들을 지키는 것이 이전 이스라엘 백성들과 같이 부담이 되거나 비용이 많이 들지도 않기 때문이다. 우리의 절기들은 더욱 영적이며 의미심장하며, 마지막 맥추절에 있을 영원한 잔치에 대한 한층 확실하고 은혜로운 확신이 있기 때문이다. 우리는 영원토록 그 마지막 맥추절 잔치에 참여하게 되기를 희망하고 있는 것이다. 이 모든 것들로 인해서 우리는 주께 감사할 수밖에 없는 것이다.

제 24 장

개요

우리는 본 장에서 다음과 같은 내용들을 대하게 된다. I. 등잔과 진설병에 대한 반복되는 율법들이 있다(1-9절). II. 신성모독을 금하는 율법을 어긴 경우에 대한 처벌이 나오는데 신성모독자를 감옥에 가두고 재판하고 정죄하며 처형하라고 말씀하고 있다(10-14, 23절). III. 여러 가지 다른 율법들과 함께(17절 이하) 신성모독을 금하는 강화된 율법이 있다(15-16절).

1여호와께서 모세에게 말씀하여 이르시되 2이스라엘 자손에게 명령하여 불을 켜기
위하여 감람을 찧어낸 순결한 기름을 네게로 가져오게 하여 계속해서 등잔불을 켜
둘지며 3아론은 회막안 증거궤 휘장 밖에서 저녁부터 아침까지 여호와 앞에 항상
등잔불을 정리할지니 이는 너희 대대로 지킬 영원한 규례라 4그는 여호와 앞에서
순결한 등잔대 위의 등잔들을 항상 정리할지니라 5너는 고운 가루를 가져다가 떡
열두 개를 굽되 각 덩이를 십분의 이 에바로 하여 6여호와 앞 순결한 상 위에 두 줄
로 한 줄에 여섯씩 진설하고 7너는 또 정결한 유향을 그 각 줄 위에 두어 기념물로
여호와께 화제를 삼을 것이며 8안식일마다 이 떡을 여호와 앞에 항상 진설할지니
이는 이스라엘 자손을 위한 것이요 영원한 언약이니라 9이 떡은 아론과 그의 자손
에게 돌리고 그들은 그것을 거룩한 곳에서 먹을지니 이는 여호와의 화제 중 그에
게 돌리는 것으로서 지극히 거룩함이니라 이는 영원한 규례니라

본문에는 하나님의 집 안에 놓이는 등잔대와 상을 정중히 마련하기 위한 명령들이 주어져 있으며 이를 조심해서 감당하라고 하는 명령이 있다.

I. 등잔에는 항상 불이 켜져 있어야만 한다. 우리는 이에 대한 율법을 이전에 이미 본 적이 있다(출 27:20-21). 그 율법이 본문에 반복되고 있는 것이다. 이것은 아마도 다른 것들이 준비되어서 이제 등잔이 사용되기 시작했기 때문일 것이다.

1. 백성들은 기름을 제공해야만 했다(2절). 하나님을 섬기는 사역에 쓰이는 다른 모든 것들처럼 이것도 가장 좋은 것이어야만 했다. 즉, 감람을 찧어낸 순결한 기름이어야만 했다. 그것은 아마도 두 번 걸러진 기름이었을 것이다. 이 기름은 등불을 켜기 위한 것이었다. 모든 영어 번역본들은 이것을 등잔들이라고 번역하여 읽고 있다. 그러나 원문에는 단수로 되어 있다(2절). 즉, 등불을 켜기 위한 것이다. 그러나 4절에는 그는 등잔들을 항상 정리할지니라라고 되어 있다. 일곱 개의 등잔들이 모두 하나의 등잔을 이루고 있다. 이것은 은총의 복된 성령이 보좌 앞에 켠 등불 일곱 개로 대변되기 때문이다(계 4:5). 은사는 여러 가지나 성령은 같기 때문이다(고전 12:4). 사역자들은 그리스도의 교회 안에서 불타고 빛나고 있는 불과 같은 자들이다. 그러나 그 사역자들을 위해서 안정되게 공양해 주는 것은 바로 사람들이 감당해야 할 의무인 것이다. 이스라엘이 등잔에 기름을 공급해 준 것과 같은 것이다. 명예롭지 못하고 부끄러운 생계는 그리 명예롭지 못한 사역을 낳게 되는 것이다.

2. 제사장들은 등불을 잘 살펴야만 했다. 그들은 아침저녁으로 심지를 끄고 깨끗이 하고 기름을 공급해 주어야만 했다(3-4절). 그러므로 생명의 말씀을 밝히는 것은 복음 사역자들이 감당해야 할 일인 것이다. 새로운 등불을 세우는 것이 아니라, 말씀을 연구하고 전함으로써 말씀의 빛을 더욱 분명하게 하고 널리 전하는 것이다. 이렇게 하는 것은 등잔들이 계속해서 타오르도록 하는 일상적인 방법이다. 그러나 교회가 가난하고 곤경에 처해 있을 때에는 교회의 등잔들은 제사장들이나 사람들의 사역을 통해서가 아니라 좋은 감람나무에서 기름이 끊임없이 공급된다고 하는 것(슥 4:2-3)을 우리는 알고 있다. 비록 하나님께서는 우리들이 어떠한 방편에 매이도록 하셨을지라도, 그분 자신께서는 그 어떠한 방편들에도 매이지 않으시는 것이다. 그러므로 그분께서는 자신의 등불이 기름이 없이 세상에 나가지 않도록 여러 가지 적절한 조치를 취하실 것이다.

Ⅱ. 상은 항상 차려져 있어야만 했다. 이 율법도 이전에 이미 지시되었던 것인데(출 25:30) 본문에 다시 반복되고 있다.

1. 상에는 떡이 차려져 있었다. 그 떡은 사치스러운 미각을 만족시키는, 우아하지도 다양하지도 않은 것이었다. 단지 12개의 떡 덩이였던 것이다(5-6절). 떡이 풍부한 곳에는 기근이 없는 것이다. 떡이 없는 곳에는 잔치도 없는 것이다. 각 지파를 위한 떡 덩이가 있었다. 우리 아버지의 집에는 양식이 풍부하기 때

문이다. 이스라엘 모든 백성들은 하나님의 풍부하심으로 공급을 받았고 그들 모두는 하나님의 은총에 초대되어 환영을 받았던 것이다. 10지파가 반역을 한 뒤에도 이 떡 덩이의 숫자는 계속해서 유지되었다(대하 13:11). 성전에 대한 애착을 가지고 있고 계속해서 성전에 참여하는 각 지파의 소수의 사람들을 위한 것이었다.

2. 한 줌의 유향을 금 대접에 담아서 진열된 떡의 각 줄 위에나 곁에 놓아 두라고 했다(7절). 떡이 상에서 물려지고 제사장들에게 주어졌을 때 이 유향은 (내가 생각하기에는) 매일 드려지는 향과 더불어 황금 제단 위에서 불태워졌을 것이다. 이것은 떡 대신에 드려지는 기념물로서 화제로 드려졌던 것이다. 이것은 마치 제단 위에서 불태워지는 한 줌의 소제물이 그에 대한 기념물로 불린 것(레 2:2)과 같은 것이다. 이렇게 해서 매우 작은 양이 극진한 감사제로서 열납되었고, 모든 떡들은 제사장들에게 돌려졌던 것이다. 열두 덩이의 떡으로 상징되는 모든 하나님의 영적인 이스라엘은 그리스도를 통해서 하나님께 아름다운 향기로 드려지며, 그들의 기도는 기념물로 하나님께 상달된다고 한다(행 10:4). 그 어휘는 의식법에서 빌려온 것이다.

3. 매 안식일마다 새롭게 진설했다. 떡들은 일주일 동안 진설된 뒤에 제사장들은 그 떡들을 거룩한 곳에서 먹어야 하는 다른 성물들과 함께 먹어야만 했다(9절). 그리고 공공의 부담으로 준비된 새로운 떡들을 제자리에 진설해야만 했다(8절). 유대인들은 다음과 같이 말하고 있다. "떡을 올려놓는 제사장들의 손에는 동시에 물려내는 떡이 들려져 있었다. 그렇게 함으로써 상이 결코 비어 있지 않도록 했고 떡이 계속해서 여호와 앞에 진열되도록 했던 것이다." 사람들과는 달리 하나님께서는 결코 자신을 찾아오는 자들을 빈 손으로 돌려보내지 않으신다(눅 11:5). 모든 떡들은 각각 2/10 에바, 즉 고운가루 2오멜의 분량으로 만들어졌다. 이것은 모든 이스라엘 백성들이 안식일을 위해서 6일째 거두어들였던 만나의 분량과 같은 것이다(출 16:22). 그러므로 안식일에 상 위에 차려지는 이 진설병은 이스라엘 백성들이 광야에서 공급받았던 바로 그 만나를 기념하는 것이라고 추론하는 사람들이 있다. 그리스도의 사역자들은 매 안식일마다 그리스도의 집에 새로운 떡을 공급하여 모든 사람들 앞에서 그들의 진보를 나타내야만 하는 것이다(딤전 4:1, 5).

10이스라엘 자손 중에 그의 어머니가 이스라엘 여인이요 그의 아버지는 애굽 사람
인 어떤 사람이 나가서 한 이스라엘 사람과 진영 중에서 싸우다가 11그 이스라엘 여
인의 아들이 여호와의 이름을 모독하며 저주하므로 무리가 끌고 모세에게로 가니
라 그의 어머니의 이름은 슬로밋이요 단 지파 디브리의 딸이었더라 12그들이 그를
가두고 여호와의 명령을 기다리더니 13여호와께서 모세에게 말씀하여 이르시되 14그
저주한 사람을 진영 밖으로 끌어내어 그것을 들은 모든 사람이 그들의 손을 그의
머리에 얹게 하고 온 회중이 돌로 그를 칠지니라 15너는 이스라엘 자손에게 말하여
이르라 누구든지 그의 하나님을 저주하면 죄를 담당할 것이요 16여호와의 이름을
모독하면 그를 반드시 죽일지니 온 회중이 돌로 그를 칠 것이니라 거류민이든지
본토인이든지 여호와의 이름을 모독하면 그를 죽일지니라 17사람을 쳐죽인 자는 반
드시 죽일 것이요 18짐승을 쳐죽인 자는 짐승으로 짐승을 갚을 것이며 19사람이 만일
그의 이웃에게 상해를 입혔으면 그가 행한 대로 그에게 행할 것이니 20상처에는 상
처로, 눈에는 눈으로, 이에는 이로 갚을지라 남에게 상해를 입힌 그대로 그에게 그
렇게 할 것이며 21짐승을 죽인 자는 그것을 물어 줄 것이요 사람을 죽인 자는 죽일
지니 22거류민에게든지 본토인에게든지 그 법을 동일하게 할 것은 나는 너희의 하
나님 여호와임이니라 23모세가 이스라엘 자손에게 말하니 그들이 그 저주한 자를
진영 밖으로 끌어내어 돌로 쳤더라 이스라엘 자손이 여호와께서 모세에게 명령하
신 대로 행하였더라

악한 행실들은 좋은 율법들을 낳는다고 말한다. 우리는 본문에서 어떤 이름 없는 혼혈 이스라엘 사람이 저지른 악한 행동들에 대한 이야기와, 그로 인해서 좋은 율법이 생긴 이야기를 대하게 된다.

I. 그 범행자는 애굽인인 아버지와 이스라엘인인 어머니의 아들이었다(10절). 그의 어머니는 단 지파 사람이었다(11절). 그 범행자와 그의 아버지의 이름은 언급되지 않고 이스라엘 사람인 그의 어머니의 이름만 언급되고 있다. 다음과 같은 목적을 위해 그의 부모가 언급이 되고 있다.

1. 그 아들이 휘말려들게 된 싸움이 일어난 원인을 암시해주기 위한 것이다. 유대인들은 이렇게 말한다. "그는 그의 어머니의 권리가 있는 단 지파 가운데 자신의 장막을 세우려고 했다. 그러나 단 지파의 다른 어떤 사람들이 엄정하게 반대를 했다. 그의 아버지가 애굽인이었기 때문에 그는 장막을 지을 분깃이 없

음을 말해 주었던 것이다."

2. 그렇지 않으면 그러한 잡혼의 부정적인 결과를 보여주기 위한 것이었다. 이스라엘의 딸이 우상 숭배의 악의에 가득한 결혼을 한다면, 신성모독자를 낳은 결과 외에 어떠한 열매를 낳겠는가? 아이들은 더 악한 쪽을 닮기 쉬운 경향이 있기 때문에, 기도와 찬양을 하는 어머니보다는 신성을 모독하는 애굽인 아버지를 더 닮기 쉬웠을 것이다.

Ⅱ. 범죄의 원인은 다툼이었다. 그는 한 이스라엘 사람과 싸웠다. 이스라엘과 함께 나온 애굽의 중다한 잡족은(출 12:38) 여러 면에서 이스라엘 백성들을 괴롭히며 해를 끼쳤다. 이번 일도 그러한 일들 중의 하나였다. 그 잡족들은 싸움의 장본인들이었다. 교회의 평안을 유지하는 길은 교회의 순수성을 보존하는 것이다. 이 싸움에서 그는 악한 말을 늘어놓았다. 싸움이 시작될 때 그 싸움들이 끝나기 전에 어떠한 불행들을 초래하게 될지, 또한 작은 불꽃이 어떻게 큰 불을 일으키게 될 것인지 우리는 모르는 것이다. 사람의 감정이 격화되면, 사람들은 자신들의 이성과 경건심을 잃어버리기 쉽다. 이것이 바로, 우리들이 쉽게 남을 화내게 하거나 우리 자신들이 분을 내지 말아야 하며, 싸움은 시작되기 전에 그만두어야만 하는 이유가 되는 것이다. 싸움의 시작은 제방에 물구멍이 나는 것이기 때문이다.

Ⅲ. 그 범죄는 신성모독과 저주였다(11절). 그의 주장은 재판관들에게까지 들렸던 것 같다. 그 재판관들은, 그의 아버지가 애굽인이었기 때문에 이스라엘인으로서의 특권이 없다고 결정했던 것 같다. 그래서 그는 그 판결에 화를 내었던 것 같다.

1. 그는 여호와의 이름을 모독했다. 그는 그분의 이름을 모독했던 것이다. 즉, 그는 어떤 성품이나 모양으로 알려지신 것이 아니라 이름에 의해서만 알려지시는 하나님을 모독했던 것이다. 하나님의 이름은 단순한 이름이 아니라 모든 것 위에 뛰어나신 이름이었다. 번역자들은 여호와의라고 하는 어구를 첨가한다. 이 어구는 암시는 되어있지만, 원문에는 하나님의 위엄에 대한 더 큰 경외감을 나타내기 위해서 표현되어 있지 않는 어구이다. 여호와의 이름이 모독되었다고 하는 기록이 성경에서 발견되는 것은 수치스러운 일이다. 그래서 이 일을 가드에도 고하지 말라(삼하 1:20)고 했다. 그의 신성모독은, 유대인들 자신들은 입에 올릴 수 없었던 여호와의 이름을 부르는 것이었다라고 하는 것은 유대

인들의 미신이 반영된 생각이다. 자신을 그 이름으로 알리신 그분께서는 그 이름으로 자신이 불리는 것을 결코 금하지 않으셨기 때문이다. 오히려 그는 이스라엘 사람들과 이방인들 사이를 나눈 하나님의 명령에 불만을 품고 파렴치하게 율법과 율법을 만드신 분을 비난하고 그분에게 반항했던 것 같다.

2. 그는 하나님 자신을 저주했거나(이 때에 그의 저주는 신성을 모독하는 것과 같은 것이다), 자신이 싸우고 있는 바로 그 사람을 저주했을 것이다. 해악(害惡)을 끼치는 저주들은 그 근본이 악의에 찬 것일 뿐만 아니라 성급한 격정에서 나오는 소름끼치는 언어들이다. 아마도 그는 자신에게 불리한 판결을 내린 재판관들에게 저주했을 수도 있다. 그는 법정 앞으로 달려가서 그 판결의 일체를 비웃었을 것이다. 그러므로 그는 죄에 죄를 더했던 것이다.

Ⅳ. 이러한 죄에 대해서 소송을 받게 되는 그에게 주어진 경고. 증인들 혹은 하급 재판관들이 그를 모세에게 끌고 가서 고소했다(이것은 다소 특별한 데가 있다 [11절]). 이렇게 하는 것은 정해진 규칙에 따른 것이었다(출 18:22). 모세는 자신이 서둘러서 판결을 내리려고 하지 않았고 그 일에 대해서 하나님의 신탁(信託)이 있을 때까지 그 범죄자를 가두어 두었다. 재판관들은 신중해야만 한다. 판단을 내리는 사람들이나 형을 선고하는 사람들 모두 그들이 하는 일을 신중히 생각해야만 하며 어떤 것도 서둘러서는 안 되는 것이다. 재판은 하나님께 속한 것이기 때문이다(신 1:17). 그리고 앞으로 하나님 앞에서 재심(再審)도 있을 것이기 때문이다. 그들은 여호와의 생각이 무엇인지 알기 위해 기다렸다. 그가 재판관들에 의해서 처형되어야만 하는 것인지, 하나님의 심판을 받도록 놓아두어야 하는 것인지 알기 원했던 것이다. 또한 그들은, 자신의 부모를 저주한 자들만이 받아야만 했던 대로 돌에 맞아 죽게 해야만 하는 것인지(레 20:9), 혹은 그 지은 죄가 더 중대함으로 더 가혹한 형벌을 내려야 하는 것인지 알기를 원했던 것이다. 재판정에 앉은 사람들은 하나님의 뜻을 진심으로 갈망해야만 하며 기도와 모든 선한 수단들을 통해서 여호와의 생각을 알기 위해 노력해야만 하는 것이다. 그들은 하나님을 위해 재판하는 것이며(대하 19:6) 하나님 앞에서 책임을 져야만 하기 때문이다.

Ⅴ. 하늘과 땅의 의로우신 재판장께서 친히 그 범죄자에게 형을 선고하셨다. 온 회중이 돌로 그를 칠지니라(14절). 하나님께서는 하늘에서 즉각적인 치심으로 그를 없애버릴 수도 있으셨을 것이다. 그러나 하나님께서는 이 세상에서 자신

의 영광을 지지해주고 변호하기 위해서 재판 제도를 사용하셨고, 그 위에 이러한 영예를 두셨던 것이다.

1. 지정된 처형 장소: 진영 밖으로 끌어내어. 그 범죄를 그들이 매우 혐오한다는 것을 나타내기 위해서 그들은 그 범죄자를 혐오스러운 나뭇가지처럼 던져 버려야만 했다. 또한 그들은 자신들에게서 그를 부정한 물건으로 간주해 이스라엘 진영에 있을 수 없는 것처럼 분리해야만 했던 것이다.

2. 처형자들: 하나님의 이름의 영예를 위한 그들의 열심을 보여주기 위해서 모든 회중이 그를 처형하는 일을 담당하도록 했다. 하나님에게 던져진 비방들을 자신들이 함께 받고 있다고 생각하는 모든 사람들은(시 69:9) 그 범죄자에게 돌을 던져야만 했던 것이다. 그러므로 더 큰 두려움이 회중들에게 임했던 것이다. 한 번 신성모독자에게 돌을 던졌던 사람들은 신성모독으로 여겨지는 모든 일들, 즉 신성모독처럼 여겨지는 것이나 그럴 염려가 있는 모든 것들에 대해서 두려움을 가지게 되었을 것이다.

3. 처형의 엄숙성. 회중이 그에게 돌을 던지기 전에 증인들이 그들의 손을 그의 머리에 얹어야만 했다. 유대인들은 이러한 형의 집행은 오직 신성모독을 하는 자들에게만 이루어졌다고 말하고 있다. 이러한 목적을 위해서 다음과 같은 말을 하면서 형이 집행되었다. "너의 피는 네 머리로 돌아갈 것이다. 네 자신이 그 일을 자초했기 때문이다. 율법과 재판관들과 배심원들과 증인들에게는 어떠한 비난도 돌리지 말라. 네가 만일 거만하면 너 홀로 해를 당하리라."

Ⅵ. 이 사건으로 인해서 신성모독자들을 돌로 치라고 하는 것이 영원한 율법이 됨(15-16절). 재판관들은 두 개의 율법 판들을 지키는 사람들이므로 하나님의 존재와 통치에 대해서 경멸적으로 말하는 자들을 대항해서 하나님의 영예를 위한 열심이 있어야만 하는 것이다. 이것은 마치 공공의 평화와 안전을 교란시키는 자들을 대항해서 그 평화와 안전을 지키는 것과 같은 것이다.

1. 결코 예외가 있을 수 없을 정도로 이 율법은 크게 강조되었다: 그를 반드시 죽일지니 돌로 그를 칠 것이니라. 하나님의 영예를 경솔하게 여기는 자들은 말 한 마디(바람과 다를 바 없는 말들)를 통해서 사람을 범죄자로 만든다고 하는 것은 있을 수 없는, 생각하기 어려운 일이라고 말할지 모른다. 그러나 하나님께서는 그들이 이와 같은 말들을 가볍게 여겨서는 안 된다고 하는 것을 그들에게 알려 주시기를 원하셨던 것이다. 즉, 그러한 말은 그 말을 하는 사람의 마음

에 하나님을 대항하는 악으로부터 나온 것으로서 그것은 큰 죄이거나, 그 말을 듣는 사람들에게 큰 슬픔을 주는 그러한 것들이다.

2. 이 율법은 그 땅에서 출생한 자들에게 뿐만 아니라 그들 가운데 머무는 이방인들에게도 적용되는 것이다. 하나님께서는 이방인들이 할례를 받아야만 한다고 하거나, 유대 종교를 받아들여야만 한다고 하는 내용의 어떠한 율법도 결코 만들지 않으셨다(강요에 의해서 이루어진 개종자들은 이스라엘의 하나님에게 결코 영광이 되지 않는 것이다). 그러나 하나님께서는 이방인들이 이스라엘의 하나님을 훼방하는 말을 하지 못하도록 하는 율법을 주신 것이다.

3. 신성모독으로 죽임을 당하는 자는 그에 대한 징벌을 받음으로 자기 죄를 담당하게 되는 것이라고 말했다. 그 죄를 전가할 어떠한 희생제물도 정해지지 않았다. 그는 그 자신의 머리를 하나님의 공의를 위한 희생제물로 삼아 그 죄를 담당해야만 했던 것이다. 그 자신의 혀가 그를 해한 것이다(시 64:8). 신성모독자의 혀는 가혹한 형벌을 가져온다.

Ⅶ. 이 새로운 율법에 첨부된 몇 가지 다른 율법들의 반복.

1. 살인자는 죽음의 형벌을 받아야만 한다(17절과 21절). 이것은 노아 시대의 옛 법과 일치하는 것이며(창 9:6), 자연법의 본질과도 일치하는 것이다(창 4:10).

2. 남의 신체에 피해를 입힌 자는 보복법에 의해서 같은 부분에 징벌을 받아야만 한다(19-20절). 이런 경우들을 당할 때에 사람들은 자신들이 직접 보복을 할 것이 아니라 법관들에게 호소하라고 했다. 이들 법관들은 입은 상처에 적당하다고 생각되는 대로 가해자들에게 고통으로 갚아 주어야 하며, 피해자들에게 보상을 해주어야만 한다. 이 율법은 이전 출 22:4-5에서 이미 보았던 것이다. 이 율법은, 우리가 지금 처해 있는 복음의 은혜가 나타나 죄 사함을 받는 시대보다는, 율법의 엄격성과 죄가 마땅히 받아야 할 것이 무엇인지 드러났던 그 율법 시대에 더욱 적당한 것이었다. 그러므로 우리의 구세주께서는 이 율법을 폐기했었다(마 5:38-39). 예수께서는 법관들이 공공의 정의를 수행하지 말라고 한 것이 아니라 우리들이 개인적인 피해를 보복하지 말라고 하신 것이었다. 또한 예수께서는 우리가 용서받고 용서받을 희망을 가진 것처럼 용서하도록 하려고 하신 것이었다.

3. 이웃의 가축에게 고의적으로 해를 입힌 것은 그 피해를 보상해줌으로써

징벌을 받아야만 했다(18, 21절). 이렇게 해서 하나님의 율법은 사람들의 생명뿐만 아니라 그들의 재물까지도 보호해 주었던 것이다. 어느 특정한 개인에 속하지 않고 우리(영국)의 법률이 말하는 대로 야생의 짐승에 속하는 것들을 죽이는 것은 합법적인 것이었다. 그러나 어떤 사람의 소유에 속하는 것들을 죽여서는 안 되는 것이다. 하나님께서는 소들도 돌보고 계신 것인가? 그렇다! 하나님께서는 우리를 위해서 돌보고 계시는 것이다.

4. 이스라엘 백성들뿐만 아니라 이방인들에게도 이 율법의 혜택이 적용되어야만 한다. 잘못으로 고통을 받지 않도록 하기 위해서, 그리고 그들이 잘못을 저질렀을 경우에는 이 율법의 징벌을 받도록 하기 위함이다. 그리고 이스라엘 백성들뿐만 아니라 이방인들도 신성모독을 인해서는 동일하게 징벌을 받아야만 한다고 하는 것을 보여주기 위해 이러한 율법을 이 곳에 가져온 것 같다. 이스라엘 백성들뿐만 아니라 이방인들도 다른 죄들에 대해서 징벌을 받을 수 있었기 때문이다. 여기에서 이러한 율법들에 대해서 재인식해야만 할 또 다른 이유가 있었던 것 같다. 이러한 율법을 통해서 하나님께서는 사람에게 손상을 입힌 자들을 처벌하심으로써 인간의 안전을 위해서 친히 어떠한 조항들을 만드셨는지를 보여주기 원하셨던 것이다. 그러한 조항은 바로 하나님의 영광을 위해서 실투하기까지 해야 하며, 하나님의 이름을 모독한 자들을 징벌해야 하는 관원들의 핵심 논지가 되어야만 하는 것이다. 하나님께서 인간의 안위를 염려하고 계신다면, 인간들은 마땅히 그분의 영광을 염려해야만 하는 것이다.

Ⅷ. 신성모독자의 처형. 말하자면 모세는 신성모독자를 처형하는 정당한 근거를 얻은 것이다: 모세는 이스라엘 자손들에게 신성모독자를 처형하도록 말했다. 이스라엘 자손들은 여호와께서 모세에게 명령하신 대로 행했다(23절). 이것은 죄의 삯은 사망이며, 특별히 신성모독은 재판관들에 의해서 처벌을 받아야 할 죄라고 하는 것을 가르쳐 주는 것이다. 하나님의 이름을 저주하는 자들이 사람의 처벌을 피한다 할지라도, 우리 하나님 여호와께서는 그들이 하나님 자신의 의로우신 심판을 피하도록 놓아두지 않으실 것이다. 이 신성모독자는 모세의 율법에 의해서 죽은 첫 번째 사람이었다. 그러나 복음을 위해서 처음 죽은 스데반은 이 율법의 오용에 의해서 죽었던 것이다. 순교자와 악인이 동일한 죽음을 당했던 것이다. 그러나 그들 사이의 차이점은 얼마나 커다란 것인가!

제 — 25 — 장

개요

본 장의 율법은 가나안에서 이스라엘 백성들의 땅과 재산에 관한 것이다. 이 땅과 재산들을 소유하고 넘겨주는 것은 경건한 예배 행위와 마찬가지로 하나님의 지침 아래에 있어야만 하는 것이다. 성막이 거룩한 집인 것처럼 가나안은 거룩한 땅이기 때문이다. 이러한 이유로 인해서 성막의 다른 어떤 것만큼이나 가나안은 온 땅의 영광이 되었던 것이다. 하나님께서 이 땅에 대해서 가지시는 특별한 권한과 그 땅에 대한 주권을 나타내는 표시로서 다음과 같은 제도들을 지정하셨다. I. 일곱 번째 되는 해는 그 땅이 안식을 누리는 안식년이 되어야만 한다(1-7절). 이 안식년에 하나님께서는 이스라엘 백성들이 특별한 믿음과 순종의 모습을 보일 것을 기대하셨고, 이스라엘 백성들은 하나님에게서 그들을 먹이시는 특별한 권능과 선하심을 기대할 수 있었던 것이다(18-22절). II. 50번째 되는 해는 희년으로 지켜야만 했다. 즉, 1. 부채와 저당 잡힌 것들을 탕감해주며, 물려받은 땅에 대한 소유권을 되찾는 해였던 것이다(8-17절). 이에 대한 특별한 지침들이 주어지고 있다. (1) 땅을 팔고 되찾는 것에 관한 규례들(23-28절). (2) 레위인들을 위한 특별한 조건을 동반한, 성읍이나 촌락에 있는 집에 관한 규례들(29-34절). 2. 종들과 사온 종들을 놓아주는 해였던 것이다. (1) 본문에는 가난한 채무자들에 대한 친절한 용례가 포함되어 있다(35-38절). (2) 그런 뒤에 만약에 그 종들이 놓임을 받지 못한다면 희년에는 종으로 팔린 모든 이스라엘 사람들을 풀어주라고 하는 율법이 나온다. [1] 그들이 이스라엘 백성들에게 팔린 경우(39-46절)와 [2] 개종자들에게 팔린 경우(47-55절)들이 있다. 이러한 모든 규정들에는 도덕적인 무엇인가가 있으며 그 내용들 가운데 영속적인 의무감 같은 것들이 깃들어 있는 것이다. 비록 이러한 규례들을 기록한 문자적인 의미로는 유대인들에게 특별한 의미를 가지며, 그들이 가나안에 있을 때에만 적용되는 것이었을지라도 이러한 영속적인 도덕성과 의무감 같은 것을 포함하고 있는 것이다.

1여호와께서 시내 산에서 모세에게 말씀하여 이르시되 2이스라엘 자손에게 말하여
이르라 너희는 내가 너희에게 주는 땅에 들어간 후에 그 땅으로 여호와 앞에 안식

하게 하라 3너는 육 년 동안 그 밭에 파종하며 육 년 동안 그 포도원을 가꾸어 그 소
출을 거둘 것이나 4일곱째 해에는 그 땅이 쉬어 안식하게 할지니 여호와께 대한 안
식이라 너는 그 밭에 파종하거나 포도원을 가꾸지 말며 5네가 거둔 후에 자라난 것
을 거두지 말고 가꾸지 아니한 포도나무가 맺은 열매를 거두지 말라 이는 땅의 안
식년임이니라 6안식년의 소출은 너희가 먹을 것이니 너와 네 남종과 네 여종과 네
품군과 너와 함께 거류하는 자들과 7네 가축과 네 땅에 있는 들짐승들이 다 그 소출
로 먹을 것을 삼을지니라

모세의 율법은 안식일에 매우 커다란 강조를 두고 있다. 안식일을 거룩하게 해야 하는 이유는 하나님의 모든 제도들 중에서 제일 먼저 그리고 가장 오래된 것으로서 사람들 가운데서 창조자에 대한 지식과 예배를 보존하기 위해서 계획된 것이었기 때문이다. 이 율법은 매주 안식일을 준수함으로써 새롭게 되었을 뿐만 아니라 그 안식일의 영예를 좀 더 발전시키기 위해서 안식년 제도를 부가했던 것이다: 일곱째 해에는 그 땅이 쉬어 안식하게 할지니(4절). 이러한 사실로부터 유대인들은 다음과 같이 통속적으로 널리 유포된 전승을 가지게 되었다. 즉, 세상은 6천 년 동안 존속된 뒤에(천 년이 하나님께는 하루이기 때문에) 끝이 날 것이며, 그 뒤에 영원한 안식이 이어질 것이라고 보는 전승이다. 그러나 그것은 근거가 희박하다. 그 날과 시를 정하여 세운 것을 아는 것은 바로 하나님의 대권인 것이다. 이 안식년은 추수가 끝난 뒤인 9월에 시작되는데 그들의 교회력으로는 7월이 되는 것이다. 이 안식년에 관한 율법은 다음과 같은 것들이 있다.

1. 안식년에 이스라엘 백성들은 그들의 수확기 끝에 바로 이어지는 파종기에 그들의 땅에 곡식을 뿌려서는 안 되었다. 그리고 그들은 봄에 그들의 포도원을 손질해서도 안 되었다. 결과적으로 이스라엘 백성들은 다음 해에 곡식이나 포도를 수확할 것을 기대해서는 안 되는 것이었다.

2. 이스라엘 백성들은 그들의 토지가 저절로 산물을 낸 것에 대해서 소유권을 주장하거나 이용해서는 안 되었다. 그것을 하루 벌어 하루 사는 가난한 자들, 종들, 이방인들, 그리고 가축들을 위해서 남겨 놓아야만 했다(5-7절). 안식년은 그 땅이 쉬는 안식일이 되어야만 하는 것이다. 이스라엘 백성들은 땅에서 어떠한 일을 하기를 기대하거나, 땅에서 어떠한 소산물들을 기대해서는 안 되

는 것이었다. 매일 고용되어 일하는 노동자들이 안식일에는 쉬는 것과 마찬가지로, 해마다 고용되어 일을 하는 모든 노동자들은 안식년에는 쉬어야만 하는 것이다. 유대인들은 다음과 같이 말한다. "그들은 가나안을 완전히 정복하고 나서야 안식년을 계산하기 시작했다. 가나안 정복의 완성은 여호수아 8년에 있었던 일이다. 그로부터 7년 뒤에 첫 안식년을 지켰다. 그러므로 50년째가 희년이었다." 이 안식년에는 부채의 일반적인 탕감이 있었고(신 15:1-2), 안식년을 더욱 엄숙하게 하기 위해서 축제 때에는 율법의 낭독이 있었다(신 31:10-11).

(1) 하나님께서는 이 율법을 주심으로 이스라엘 백성들에게 하나님께서 그 땅의 주인이시며 그들은 그분 아래 있는 소작농들이라고 하는 사실을 보여주시려고 했던 것이다. 지주들은 자신들의 소작농들과, 언제 소작농들이 지주 자신들의 땅을 기경할 것이며, 얼마나 오랫동안 그 땅을 경작할 것인지, 그리고 언제 소작농들이 그 땅을 쉬게 할 것인지 등에 대해서 약정을 맺곤 한다. 마찬가지로 하나님께서도 그러한 조건과 한계들 아래서 이스라엘 백성들에게 땅을 허락해 넘겨주셨던 것이다. 이스라엘 백성들이 자신들은 소유주가 아니고 바로 그들의 주인에게 의존되어 있는 존재들이라는 것을 알도록 하기 위함이셨던 것이다.

(2) 때때로 경작지를 쉬게 해주는 것은 그들의 땅에 대한 친절함의 표시였고 그 땅이 풍요롭게 되기를 마음으로 (우리의 농부들이 말하듯이) 비는 것이었을 것이다. 하나님께서는 이스라엘 백성들이 땅의 풍요를 위해 의논하는 것을 원하셨고, 그 땅을 마치 한 세대만을 위해서 계획된 것처럼 사용하지 않기를 원하셨던 것이다.

(3) 이렇게 이스라엘 백성들이 1년 동안 온전히 모든 나라의 일을 놓게 되었을 때, 그들은 종교적인 일들에 참여하며 하나님과 그분의 율법에 대한 지식을 얻을 수 있는 더 많은 여가를 가질 수 있었을 것이다.

(4) 이렇게 안식년을 지킴으로써 그들은 자비롭고 관대한 마음을 가져야 한다는 교훈을 받았을 것이다. 그들은 모든 것을 자신들만을 위해서 모아들이는 것이 아니라 다른 사람들이 땅이 저절로 낸 하나님의 풍성한 은혜의 선물을 자신들과 함께 기꺼이 나누도록 해야만 한다고 하는 것을 배웠을 것이다.

(5) 그들은 끊임없이 하나님의 섭리에 의존해서 살아가야만 한다고 하는 것

을 배운 것이다. 인간은 떡으로만 사는 것이 아니듯이, 인간은 그 자신이 만든 떡에 의해서가 아니라 하나님께서 기뻐하시면 하나님의 입으로부터 나오는 축복의 말씀으로 인간적인 염려나 고통 없이 살아가야 한다고 하는 것(마 4:4)을 알게 된 것이다.

(6) 이스라엘 백성들은 인간이 낙원에 살았던 안락한 삶을 되새겨 보게 되었다. 낙원에서 살 때 인간은 얼굴에 땀을 흘리지 않고 모든 좋은 것을 먹었던 것이다. 노동과 수고는 죄와 더불어 생겨난 것이다.

(7) 이스라엘 백성들은, 뿌리지도 못하고 거두지도 못하며 하나님의 축복조차도 거의 받지 못하는 가난한 사람들이 어떻게 사는지를 생각해 보라고 하는 가르침을 받은 것이었다.

(8) 이 안식년은 모든 믿는 자들이 우리의 진정한 노아(Noah)이신 그리스도를 통해서 들어갈 영적인 안식을 상징하는 것이었다. 노아가 되시는 그리스도께서는 여호와께서 땅을 저주하시므로 수고롭게 일하는 우리들에게 위안과 안식을 주는 분이시다(창 5:29). 이 그리스도를 통해서 우리는 세상적인 근심과 수고의 짐을 떨쳐버리게 되었다. 우리가 거룩하게 되었고 우리에게 안위가 되었기 때문이다. 우리는 신앙으로 살아갈 수 있게 되었으며 그러한 용기를 얻게 된 것이다. 그리고 땅의 안식으로 인한 소산물들을 공동으로 누렸듯이, 그리스도의 사역을 통해서 얻게 된 구원도 공동으로 누릴 수 있는 구원인 것이다. 믿는 자들이 모든 물건을 통용할 때(행 2:44), 이 안식년은 그리스도 교회에 다시금 지켜지게 되었던 것 같다.

**8너는 일곱 안식년을 계수할지니 이는 칠 년이 일곱 번인즉 안식년 일곱 번 동안 곧
사십구 년이라 9일곱째 달 열흘날은 속죄일이니 너는 뿔나팔 소리를 내되 전국에서
뿔나팔을 크게 불지며 10너희는 오십 년째 해를 거룩하게 하여 그 땅에 있는 모든
주민을 위하여 자유를 공포하라 이 해는 너희에게 희년이니 너희는 각각 자기의
소유지로 돌아가며 각각 자기의 가족에게로 돌아갈지며 11그 오십 년째 해는 너희
의 희년이니 너희는 파종하지 말며 스스로 난 것을 거두지 말며 가꾸지 아니한 포
도를 거두지 말라 12이는 희년이니 너희에게 거룩함이니라 너희는 밭의 소출을 먹
으리라 13이 희년에는 너희가 각기 자기의 소유지로 돌아갈지라 14네 이웃에게 팔든
지 네 이웃의 손에서 사거든 너희 각 사람은 그의 형제를 속이지 말라 15그 희년 후**

의 연수를 따라서 너는 이웃에게서 살 것이요 그도 소출을 얻을 연수를 따라서 네
게 팔 것인즉 [16]연수가 많으면 너는 그것의 값을 많이 매기고 연수가 적으면 너는
그것의 값을 적게 매길지니 곧 그가 소출의 다소를 따라서 네게 팔 것이라 [17]너희
각 사람은 자기 이웃을 속이지 말고 네 하나님을 경외하라 나는 너희의 하나님 여
호와이니라 [18]너희는 내 규례를 행하며 내 법도를 지켜 행하라 그리하면 너희가 그
땅에 안전하게 거주할 것이라 [19]땅은 그것의 열매를 내리니 너희가 배불리 먹고 거
기 안전하게 거주하리라 [20]만일 너희가 말하기를 우리가 만일 일곱째 해에 심지도
못하고 소출을 거두지도 못하면 우리가 무엇을 먹으리요 하겠으나 [21]내가 명령하여
여섯째 해에 내 복을 너희에게 주어 그 소출이 삼 년 동안 쓰기에 족하게 하리라 [22]
너희가 여덟째 해에는 파종하려니와 묵은 소출을 먹을 것이며 아홉째 해에 그 땅
에 소출이 들어오기까지 너희는 묵은 것을 먹으리라

I. 본문에는 희년에 대한 일반적인 제도가 나타나 있다(8절 이하).

1. 희년이 지켜진 때: 학자들 사이에 49년째인지 50년째인지 많은 논쟁이 있지만 일곱 안식년 뒤라고 했다(8절). 나는 일곱 번째 안식년, 즉 49년째 되는 해(이것은 50번째를 부르는 매우 일반적인 형태이다)가 더욱 적절한 견해인 것 같이 생각된다. 연대기 학자 칼비시우스(Calvisius)에 의해서 매우 명확해졌고 다른 반대 의견들이 사라진 것으로 나는 생각한다. 그러나 이 곳은 그러한 문제에 대한 논쟁을 벌이는 장소가 아니다. 유월절에서 오순절 절기(혹은 50번째 되는 날. 그러므로 오순절은 50번째 되는 날이라고 하는 의미를 나타내는 것이다)까지 일곱 안식일 주간을 계산하듯이, 한 희년에서 다른 희년까지는 일곱 안식년을 계산하는 것이며, 7년이 일곱 번째 돌아오는 해를 50번째 되는 것으로 부르는 것이다. 창조의 사역으로부터 일곱 번째 날을 쉬신 하나님을 위해서 이러한 모든 영예는 일곱 번째 날과 일곱 번째 해에 돌아가는 것이다.

2. 희년이 선포되는 방법. 나라 전역에서 나팔 소리를 불어 희년을 선포하되(5절) 나라의 모든 백성들이 듣도록, 그리고 그 나팔소리에서 그들의 기쁨과 승리를 표현하도록 하라고 했다. 요벨(Jobel) 혹은 희년(Jubilee)이라고 하는 말은 다른 나팔들과는 구분이 되는 어떤 특별한 소리를 내는 나팔을 의미하는 것으로 생각된다. 나팔이 분명하지 못한 소리를 내면 쓸모가 없기 때문이다(고전 14:8). 그 나팔은 대속죄일이 가까이 다가왔을 때 울렸다. 이 때부터 희년은

시작되는 것인데 이것은 매우 타당한 것이었다. 이스라엘 백성들이 죄로 인해서 겸비하게 되고 자신들의 영혼이 고통을 받을 때, 그들은 이 기쁨과 즐거움의 소리를 듣게 되었던 것이다(시 51:8). 하나님과 그들의 평화가 이루어졌을 때 자유가 선포되었다. 죄를 제거하는 것이 모든 참된 위안으로 들어가는 길을 만드는데 필요한 것이기 때문이다(롬 5:1-2). 이렇게 희년을 엄숙하게 선포하는 것은 다음과 같은 것을 암시해주는 것인데, 곧 여호와의 은혜의 해를 선포하라고 한 것(사 61:2)은 바로 우리 주 예수에 관하여 예언된 것이라고 하는 것이다. 예수께서는 자신의 사도들을 영원한 복음의 나팔을 가지고 복음을 선포하기 위해서 보내셨다. 그들은 그 복음을 모든 족속들에게 선포해야만 했던 것이다. 마지막 날에도 그 나팔은 울릴 것이라고 여전히 예언되고 있다. 그 나팔 소리는 죽은 자들을 무덤의 속박에서 풀려나게 할 것이고 우리들에게 우리의 기업들을 회복시켜 줄 것이다.

3. 특별한 그 해에 행해져야 할 것. 매 안식년마다 순수된 땅의 전반적인 휴식(11-12절)과 개인적인 부채의 탕감(신 15:2-3) 이외에 모든 이스라엘 사람들은 합법적으로 모든 재산과 자유를 회복해야만 했었다. 그러한 재산과 자유는 지난 희년 이래로 그에게서 다른 사람들에게로 양도되었던 것이있다. 어떤 민족도 이스라엘이 보장을 받았던 것과 같이 그들의 자유와 재산에서 보호를 받았던 민족(한 민족의 영광)은 결코 없었다. 이스라엘 백성들이 하나님께 가까이 있는 한 효과적인 보호를 받게 되는 것이다. 그 재산과 자유는 다른 사람들이 폭력에 의해서 이스라엘 백성들로부터 빼앗아갈 수 없을 뿐만 아니라 그들 자신의 어리석음으로 인해서 버려지지도 않는 것이다.

(1) 각 사람이 가나안 땅을 자신의 몫으로 분배받아 소유한 땅은 희년이 지나도록 다른 사람에게 양도될 수 없었던 것이다. 희년이 되면 각 사람과 그 가족들은 그 땅으로 돌아가야만 했고 그 땅에 대한 논쟁의 여지가 없는 권한을 가졌던 것이다. 그리고 그 땅의 소유권은 언제나 누구의 방해도 받지 않는 것이었다(10, 13절): 너희는 각각 자기의 소유지로 돌아가며. 그러므로 어떤 사람이 자신의 토지나 그 일부를 팔거나 저당 잡혔다면, 그것은 희년이 되었을 때 아무 비용이나 장애 없이 그 사람이나 그의 상속자들에게 돌려져야만 하는 것이다. 한편 이 율법은 부동산 매입자에게 손해를 끼치지는 않았다. 희년이 고정되어 있어서 모든 사람들은 희년이 언제 오게 되는 것을 알고 있었고 그 다가

오는 희년까지 남은 해에 따라서 거래를 했기 때문이다. 사실 우리(영국)의 법에 의하면, 어떤 사람이 땅을 결코 팔지 않으며 양도하지 않는다고 하는 조건으로 땅이 그와 그의 상속자들에게 주어진다고 한다면, 그렇게 주는 것은 정당하지만, 그 조건은 무효한 것이고 모순된 것이다. 법률가들은 사람들이 자신의 재산을 양도하지 못하도록 하는 것은 불합리한 것이라고 말한다. 그러나 만약에 왕이 봉토를 어떤 사람에게 그가 그 땅을 양도하지 않을 것이라고 하는 조건으로 준다면 그 조건은 유효한 것이라고 하는 데에 모두 동의한다. 하나님께서는 자신의 백성인 이스라엘에게 그들의 땅은 하나님의 것이고 이스라엘 백성들은 하나님의 소작인들이라고 하는 것을 보여주시려고 하셨다. 그러므로 하나님께서는 이스라엘 백성들이 땅을 팔 수 있는 권한을 가지지 못할 것이라고 하는 단서를 붙이신 것이다. 그들은 단지 어느 기간 동안 땅을 빌려줄 수는 있었다. 그러나 그것도 다음 돌아오는 희년까지만 빌려줄 수 있었던 것이다. 희년의 규례에 관한 이러한 정황들을 볼 때 그 규례들에는 다음과 같은 사항들이 내포되어 있는 것이다.

[1] 그들의 족보는 주의 깊게 보존되어야만 한다. 이 족보는 우리 구주의 족보를 밝혀주는 데에도 유용했을 것이다.

[2] 지파들 사이의 구분은 보존되어야만 한다. 비록 어떤 사람이 다른 지파의 땅을 산다고 할지라도, 그는 그 땅을 희년이 넘어서까지 소유할 수 없었던 것이다. 희년이 되면 그 땅들은 당연히 되돌려져야만 했던 것이다.

[3] 어느 누구도 가옥에 가옥을 이으며 전토에 전토를 더하여(사 5:8) 부당하게 부자가 되어서는 안 되는 것이었다. 오히려 어느 누구도 자신들이 가지고 있는 소유지를 더 증식하기보다는 자신들이 가지고 있는 토지를 잘 경작하기 위해서 스스로에게 이 희년의 규례를 적용해야만 했다. 로마 제국의 지혜 문서는 어느 누구도 5백 에이커 이상 되는 땅의 주인이 되어서는 안 된다고 하는 사실을 종종 말해주고 있다.

[4] 어느 가족도 절망적으로 끝나거나 패망되거나 영원히 가난하게 되어서는 안 되었던 것이다. 하나님께서는 그 백성의 영예를 유지하시기 위해서 이러한 특별한 배려를 하셨던 것이다. 이 특별한 배려는 일반적으로 보아서 그 민족에게 좋은 땅을 보존해 주려고 하신 것이고, 특별하게는 영원한 유업을 위해서 각 사람이 그의 가족과 함께 누리고 있는 땅을 보존해 주려고 하신 것이었

다. 이것은 좋은 것을 가지고 있는 자들은 그 좋은 것을 결코 빼앗기지 않을 것이라고 하는 것을 보여주는 좋은 상징이 되는 것이다.

(2) 모든 사람들은 나면서부터 자유를 가지고 있다. 그런데 만약에 그 자유가 팔리거나 빼앗기게 된다면, 마찬가지로 희년에 되돌려 주어야만 하는 것이다: 너희는 각각 자기의 가족에게로 돌아갈지며(10절). 다른 가족에게 팔린 자들은 그들에게 이방인이 되는 것인데, 그들은 이 구속의 해에는 되돌아갔던 것이다. 이것은 그리스도께서 우리를 죄와 사탄의 노예 신분에서 구속해 주신 것과 하나님의 자녀로서의 영광스러운 자유로 회복시켜 주신 것에 대한 예표였다. 어떤 사람들은 그리스도께서 죽으신 것은 희년이었으며 그것은 바로 희년이 마지막으로 지켜진 것이라고 생각한다. 어찌되었든지 우리를 자유하게 하사 우리가 참으로 자유하게 하신 분은 바로 하나님의 아들이심을 우리는 확신한다.

Ⅱ. 땅을 사고 팔 때에 압제하지 말라고 주어진 율법. 사는 자나 파는 자 모두 속여서는 안 된다(14-17절). 간단히 말해서 희년에 반드시 되돌려주어야 할 것으로 여겨지는 물건의 정당한 가치보다 사는 자는 더 적게 주어서는 안 되며 파는 자는 더 많이 받아서도 안 되는 것이다. 분명한 땅의 연차 가격이 얼마인지 정해져야만 한다. 그런 뒤에 희년 때까지 몇 년의 기격이 남았는지를 결정해서 그것이 그 땅의 가격이 되었던 것이다. 그들은 소출을 얻을 연수만을 계산해야 하는 것이다(15절). 그러므로 안식년은 빼야만 하는 것이다. 희년이 가까울수록 땅 값은 더 적게 되었음을 쉽게 파악할 수 있는 일이다. 연수가 적으면 너는 그것의 값을 적게 매길지니. 그러나 세상의 종말이 가까이 올수록 우리는 세상의 물건들의 가격이 떨어지는 것으로 평가를 해야 하는 것인데 실제적으로 그렇게 하는 것이 쉽지 않은 것임을 우리는 알게 된다. 때가 짧고 이 세상의 외형은 지나가는 것이기 때문에 땅을 산 자들도 소유하지 못한 자들처럼 되도록 하자! 사람들은 곧 무너질 오래된 집에 대해서는 가격을 높게 치려고 하지 않는다. 모든 거래는 다음과 같은 조건을 토대로 이루어져야만 한다. 너희 각 사람은 속이지 말고, 상대방의 무지나 빈곤을 악용하지 말고 네 하나님을 경외하라. 우리의 마음을 다스리시는 하나님을 두려워하게 되면 이러한 마음은 사실상 우리들이 우리의 이웃에게 말로나 행동으로 해치지 않게 해준다. 분수를 넘어서 형제를 해하는 자들에 대해서 복수자가 되는 것은 사람이 아니라 바로 하나님이시기 때문이다(살전 4:6). 아마도 느헤미야는 바로 이 율법을 가리키는 것

이었을 것이다(느 5:15). 느 5:15에서 느헤미야는 하나님을 경외하므로 그의 권위 아래에 있는 자들을 압제하지 않았다고 우리들에게 말해주고 있다.

Ⅲ. 이스라엘 백성들이 희년을 지킴으로써 손해를 보는 자들이 되는 것이 아니라 더 큰 이득을 얻는 자들이 될 것이라고 하는 확신들이 주어짐. 다음과 같은 내용들이 약속되었다.

1. 그들은 안전할 것이다: 거기 안전하게 거주하리라(18절, 19절에서 반복됨). 이 말씀은 외부적인 안전과 내부적인 안전, 그리고 영적인 확신을 모두 이야기 해주는 것이다. 그들은 악으로부터, 그리고 악에 대한 두려움으로부터 안전하게 되는 것이다.

2. 그들은 부유해질 것이다: 너희가 배불리 먹고. 우리가 우리의 의무를 다하기 위해 주의 깊게 노력한다면, 우리는 하나님의 위안을 받고 그분을 기쁜 마음으로 신뢰할 수 있게 될 것이다.

3. 그들이 희년에 파종하고 거두지 못했을지라도 그들은 그 해에 필요한 양식이 부족하지 않을 것이다: 내가 명령하여 여섯째 해에 내 복을 너희에게 주어 그 소출이 삼 년 동안 쓰기에 족하게 하리라(21절). (1) 이것은 하나의 분명한 기적이었다. 다른 때에는 한 해의 소출이 다른 해에 쓰기에 족할 뿐인데, 6년째의 소출은 9년까지도 쓸 수 있을 것이라고 했기 때문이다. 우리의 소산물에 대한 하나님의 축복은 적은 것을 크게 사용할 수 있게 해주시며 빈민들조차도 떡으로 만족하게 해주신다(시 131:15). (2) 이것은 여섯째 날에 이틀 분량을 위해 두 배로 내렸던 만나를 영원히 기억하게 하는 것이었다. (3) 이것은 모든 세대의 모든 하나님의 백성들에게 그들의 의무를 감당하는데 있어서 하나님을 신뢰하고 그들의 모든 염려를 그분께 맡겨 버리라고 격려하기 위한 것이었다. 우리의 순종에 있어서 믿음과 자기부인을 통해 우리가 잃어버릴 것은 아무것도 없는 것이다.

23토지를 영구히 팔지 말 것은 토지는 다 내 것임이니라 너희는 거류민이요 동거하
는 자로서 나와 함께 있느니라 24너희 기업의 온 땅에서 그 토지 무르기를 허락할지
니 25만일 네 형제가 가난하여 그의 기업 중에서 얼마를 팔았으면 그에게 가까운 기
업 무를 자가 와서 그의 형제가 판 것을 무를 것이요 26만일 그것을 무를 사람이 없
고 자기가 부유하게 되어 무를 힘이 있으면 27그 판 해를 계수하여 그 남은 값을 산
자에게 주고 자기의 소유지로 돌릴 것이니라 28그러나 자기가 무를 힘이 없으면 그

판 것이 희년에 이르기까지 산 자의 손에 있다가 희년에 이르러 돌아올지니 그것
이 곧 그의 기업으로 돌아갈 것이니라 29성벽 있는 성 내의 가옥을 팔았으면 판 지
만 일 년 안에는 무를 수 있나니 곧 그 기한 안에 무르려니와 30일 년 안에 무르지
못하면 그 성 안의 가옥은 산 자의 소유로 확정되어 대대로 영구히 그에게 속하고
희년에라도 돌려보내지 아니할 것이니라 31그러나 성벽이 둘리지 아니한 촌락의 가
옥은 나라의 전토와 같이 물러 주기도 할 것이요 희년에 돌려보내기도 할 것이니
라 32레위 족속의 성읍 곧 그들의 소유의 성읍의 가옥은 레위 사람이 언제든지 무를
수 있으나 33만일 레위 사람이 무르지 아니하면 그의 소유 성읍의 판 가옥은 희년에
돌려 보낼지니 이는 레위 사람의 성읍의 가옥은 이스라엘 자손 중에서 받은 그들
의 기업이 됨이니라 34그러나 그들의 성읍 주위에 있는 들판은 그들의 영원한 소유
지이니 팔지 못할지니라 35네 형제가 가난하게 되어 빈 손으로 네 곁에 있거든 너는
그를 도와 거류민이나 동거인처럼 너와 함께 생활하게 하되 36너는 그에게 이자를
받지 말고 네 하나님을 경외하여 네 형제로 너와 함께 생활하게 할 것인즉 37너는
그에게 이자를 위하여 돈을 꾸어 주지 말고 이익을 위하여 네 양식을 꾸어 주지 말
라 38나는 너희의 하나님이 되며 또 가나안 땅을 너희에게 주려고 애굽 땅에서 너희
를 인도하여 낸 너희의 하나님 여호와이니라

본문에는 다음과 같은 내용들이 있다.

I. 가나안 땅에 있는 이스라엘 백성들의 부동산들과 그것들을 양도하는 것들에 관련된 율법이 있다.

1. 어떠한 땅도 그 땅을 나눌 당시에 제비 뽑힌 가족에게서 영원히 팔려서는 안 되었다. 이에 대한 이유가 다음과 같이 주어지고 있다: 토지는 다 내 것임이니라 너희는 거류민이요 동거하는 자로서 나와 함께 있느니라(23절).

(1) 하나님께서는 이 땅에 대한 특별한 권리를 가지고 계신다. 그러므로 하나님께서는 이러한 규제를 통해서 이스라엘 백성들이 그 땅에 대한 그러한 의미를 지속적으로 깨닫도록 하셨던 것이다. 하나님께 자신들을 바친 선한 사람들의 소유물들은 그들이 가지고 있는 모든 것들을 하나님께 바친 것이다. 그러한 것들은 특별한 방식으로 하나님의 뜻에 달려 있는 것이므로 그것들에 대한 하나님의 처분을 받아들여야만 하는 것이다.

(2) 그들은 거류민이요 동거하는 자로서 그 땅에서 그분과 함께 있었고 그들 가

운데에 그분의 성막을 가지고 있었던 자들이었다. 그러므로 그 땅 중에서 그들의 몫을 남에게 양도한다고 하는 것은 사실상 하나님과 나누는 그들의 교제와 나눔을 끊는다는 상징이었다. 이것이 바로 나봇이 자신의 조상들의 유업을 버리느니 차라리 왕의 진노를 받기로 한 연유였던 것이다(왕상 21:3).

2. 만약에 어떤 사람이 가난으로 인해서 자신의 가족을 부양하기 위해 소유하고 있는 땅을 팔지 않을 수 없게 되었는데 그가 나중에 능력이 되면 그는 희년이 되기 전이라도 그 땅을 회복할 수가 있었다(24, 26, 27절). 그 때 그 땅값은 땅을 판 이후로부터 희년까지 남아 있는 연수에 따라 결정되어야만 했다.

3. 만약에 그 사람 스스로가 팔린 땅을 되찾을 수 없다면, 그의 친족이 땅값을 지불하고 다시 찾을 수 있었다(25절): 그의 근족인 값을 무를 자가 와서 대신 값을 무를 것이다라고 읽을 수 있을 것이다. 그 가까운 친족은 값을 지불하는 자로 고엘이라고 불렸다(민 5:8; 룻 3:9). 그 땅을 되찾을 권리가 있는 자이다. 이 고엘은 그리스도를 상징하는 것이었다. 그리스도께서는 우리의 모습을 입고 오셨다. 그러므로 그분께서는 우리의 뼈 중의 뼈가 되시고 우리의 살 중의 살이 되시는 우리의 친족이 되시는 것이다. 그분께서는 친족의 사역을 감당하실 수 있는 우리가 가진 유일한 친족이시기 때문에 구속의 권리는 그분께 속한 것이다. 우리의 다른 모든 친족들은 그들의 신발이 벗겨져야만 한다(룻 4:6-7). 그들은 구속할 수가 없기 때문이다. 그러나 그리스도께서는 우리가 죄로 인해서 강탈당하고 빼앗긴 유업을 속량시켜 주실 수 있으시고, 또한 그 유업을 속량시켜 주셨다. 그리고 믿음으로 그분께 연합된 모든 사람들에게 그 유산을 새로이 돌려주게 되었던 것이다. 우리는 이 대속자께서 살아계심을 알고 있다(욥 19:25). 어떤 사람들은 이 친족의 의무를 그리스도인들 사이에서 있어야만 하는 형제애를 상징하는 것이라고 본다. 즉, 넘어진 자들을 회복시켜주고, 그들에게 영적인 연약함을 회복시켜 주는 일을 하는 형제애를 나타내는 것이라고 보는 것이다.

4. 땅이 희년 전에 원주인에게로 회복되지 않았다면, 희년에는 그 땅을 팔거나 저당 잡힌 사람에게로 되돌려져야만 하는 것이다: 희년에 이르러 돌아올지니(28절). 이것은 그리스도 안에서 우리를 향하신 하나님의 값없는 은총의 모습이었다. 우리는 우리 자신이 치른 어떠한 값이나 우리 자신의 공로에 의해서가 아니라 바로 하나님의 값없는 은총으로 인해서 하나님의 사랑에 회복되었고,

우리의 첫 조상들이 불순종으로 추방된 낙원에 들어가서 살게 된 것이다.

5. 성벽으로 둘러싸인 성읍들에 있는 가옥들과 촌락에 있는 땅 혹은 시골 마을에 있는 가옥들 사이에는 차별이 있었다. 성벽으로 둘러싸인 성읍들에 있는 가옥들은 시골에 있는 땅보다 더욱 그들 자신의 노력에 의한 산물이었던 것이다. 그에 비하면 시골에 있는 땅은 하나님께서 주시는 직접적인 선물이었던 것이다. 그러므로 어떤 사람이 어떤 성읍에 있는 집을 팔면, 그는 판 뒤로 1년 안에는 언제든지 그 집을 되찾을 수 있었으나, 그렇게 하지 못했을 경우에는 그 집을 산 사람에게 영원히 귀속된 것으로 확정되고 되돌려지지 않았다. 희년이 된다 하더라도 그 집은 원주인에게 되돌려지지 않았던 것이다(29-30절). 이러한 규정은 이방인들과 개종자들이 이스라엘에 와서 이스라엘 백성들 가운데 정착하도록 격려해주게 되었던 것이다. 비록 그들은 가나안에 있는 땅을 그들 자신과 그들의 후손들을 위해서 살 수는 없었을지라도, 그들은 성벽으로 둘러싸인 성읍들에 있는 가옥들은 살 수 있었던 것이다. 부역을 해서 먹고 살았을 것으로 생각되는 그들에게는 가옥을 얻는 것만으로도 모든 생활이 용이하고 여건이 충분했을 것이다. 그러나 시골의 가옥들은 땅과 마찬가지로 다른 사람들에게 넘겨질 수 없었던 것이다.

6. 레위인들을 위한 한 가지 조항이 첨가되었다. 이 조항은 이러한 규칙들로부터 예외적인 것이었다. (1) 레위인들이 사는 성읍들에 있는 거주할 가옥들은 언제든지 되찾을 수 있었다. 만약에 원주인이 되찾지 못한다면, 희년에는 되돌려주어야만 했다(32-33절). 레위인들은 성읍들과 그 주변 외곽지대 외에는 다른 소유물들이 없었기 때문이다. 하나님께서는 레위인들이 하나님 자신의 특별한 보호 아래 있다고 하는 것을 보여주시고자 하셨던 것이다. 레위인들이 가난해지지 않고 그들 자신의 유업을 잃지 않게 하는 것은 바로 이스라엘 공동의 관심사이기도 했던 것이다. (2) 레위인들의 성읍에 인접해 있는 들판은 언제든지 팔 수 없었다(민 35:4-5). 그 들판들은 어떤 특정한 레위인에게 속한 것이 아니고 레위인들의 성읍에 공동으로 속한 것이기 때문이다. 그들 지파에 해를 끼치지 않고서 그 들판을 다른 사람에게 양도할 수 없었던 것이다. 그러므로 그러한 들판의 어떤 부분이 팔렸다면 그 거래는 무효가 되는 것이다(34절). 애굽인들조차도 제사장들의 토지는 보존하기 위해 배려를 했던 것이다(창 47:22). 기독교 정부의 특별한 보호 아래 복음 사역을 지속해 나가는 것은 타

당한 이유가 있는 것이다.

Ⅱ. 가난한 자들을 위로하고 가난한 채무자들을 잘 대해 주라고 하는 율법. 이러한 율법은 앞에 나온 율법보다 더 일반적이고 영속적인 구속력을 가지는 것이다.

1. 가난한 자들은 도움을 받아야만 한다(35절). 본문에는 다음과 같은 내용들이 있다. (1) 우리의 형제들이 가난하거나 곤경에 처해 있다고 가정되어 있다: **네 형제가 가난하게 되면…** 여기서 형제는 유대인으로서 민족인 네 형제를 의미할 뿐만 아니라 한 사람으로서의 네 형제를 의미하기도 하는 것이다. **거류민이나 동거인처럼** 이라고 하는 어구가 이어서 나오기 때문이다. 모든 사람들은 형제로서 여겨져야만 하고 형제로서 취급되어야만 한다. **우리 모두는 한 아버지를 가졌기 때문이다**(말 2:10). 비록 그가 가난할지라도, 그는 여전히 당신의 형제이다. 그리고 그는 형제로서 사랑을 받아야만 하며 형제로서 인정을 받아야만 하는 것이다. 가난이 그러한 관계를 파괴하지 못하는 것이다. 아브라함의 자손이라 할지라도, 가난해질 수 있는 것이며 쇠락해질 수 있는 것이다. 가난과 쇠락해지는 것은 큰 불평거리이기는 하지만 동시에 매우 보편적인 것이다: **가난한 자들은 항상 너희와 함께 있거니와.** (2) 우리에게 부과된 의무가 있다: **너는 그를 도우라.** 동정심을 가지고 가난한 자들을 불쌍히 여기고 그들을 위해서 섬김으로 무엇인가를 행하라. 그리고 그들의 필요와 당신의 능력에 따라서 그들에게 먹을 것을 주도록 하라.

2. 가난한 채무자들을 압제해서는 안 된다: **네 형제가 가난하게 되어** 그의 가족을 부양하기 위해 너에게서 돈을 빌리게 되었을 경우에 너는 네가 빌려주는 돈이나 양식을 위해 **그에게 이자를 받지 말라고** 했다(36-37절). 이 율법은 지금도 구속력(拘束力)을 가지고 있다. 그러나 땅을 사거나 장사를 하거나 다른 어떤 사업을 위해서 빌린 돈에 적용해서는 안 되는 것이다. 돈을 빌려준 자는 돈을 빌려간 자에게서 이윤을 나누어 받는 것이 합당하기 때문이다. 본문의 율법은 다른 것이 아닌 가난한 자들을 구제해 주는 것에 그 의도가 있는 것이다. 가난한 자들에게 돈을 빌려주는 것은 때때로 값없이 주는 큰 자선과 같은 것이다. 가난한 자를 착취하지 말라고 하는 말을 지지해주는 근거들을 관찰해보자.

(1) 하나님께서는 가난한 자들을 돌보시고 후원해주신다: **"네 하나님을 경외하라.** 하나님께서는 네가 가난한 자들에게 행한 모든 해악들을 계산하실 것이

다. 너희들은 가난한 자들을 두려워하지 않을지라도 하나님은 두려워해야만 하는 것이다."

(2) 가난한 자들이 너희들과 함께 살 수 있도록 그들을 구제하라. 가난한 자들은 이러저러한 방법으로 너희들을 섬길 수도 있다. 부자들은 가난한 자들의 도움 없이는 못 살듯이, 가난한 자들은 부자들의 지갑 없이는 못 사는 것이다.

(3) 십계명의 서두에 나오는 동일한 근거가 이 계율을 강화하는데 사용되고 있다: 나는 애굽 땅에서 너희를 인도하여 낸 너희의 하나님 여호와이니라(38절). 자비를 받은 자들이 자비를 베풀게 되는 것이다. 하나님께서 우리들에게 은총을 베푸셨다면, 우리는 우리의 형제들에게 가혹하게 해서는 안 되는 것이다.

39너와 함께 있는 네 형제가 가난하게 되어 네게 몸이 팔리거든 너는 그를 종으로
부리지 말고 40품꾼이나 동거인과 같이 함께 있게 하여 희년까지 너를 섬기게 하라
41그 때에는 그와 그의 자녀가 함께 네게서 떠나 그의 가족과 그의 조상의 기업으로
돌아가게 하라 42그들은 내가 애굽 땅에서 인도하여 낸 내 종들이니 종으로 팔지 말
것이라 43너는 그를 엄하게 부리지 말고 네 하나님을 경외하라 44네 종은 남녀를 막
론하고 네 사방 이방인 중에서 취할지니 남녀 종은 이런 자 중에서 사올 것이며 45
또 너희 중에 거류하는 동거인들의 자녀 중에서도 너희가 사올 수 있고 또 그들이
너희와 함께 있어서 너희 땅에서 가정을 이룬 자들 중에서도 그리 할 수 있은즉 그
들이 너희의 소유가 될지니라 46너희는 그들을 너희 후손에게 기업으로 주어 소유
가 되게 할 것이라 이방인 중에서는 너희가 영원한 종을 삼으려니와 너희 동족 이
스라엘 자손은 너희가 피차 엄하게 부리지 말지니라 47만일 너와 함께 있는 거류민
이나 동거인은 부유하게 되고 그와 함께 있는 네 형제는 가난하게 되므로 그가 너
와 함께 있는 거류민이나 동거인 또는 거류민의 가족의 후손에게 팔리면 48그가 팔
린 후에 그에게는 속량 받을 권리가 있나니 그의 형제 중 하나가 그를 속량하거나
49또는 그의 삼촌이나 그의 삼촌의 아들이 그를 속량하거나 그의 가족 중 그의 살붙
이 중에서 그를 속량할 것이요 그가 부유하게 되면 스스로 속량하되 50자기 몸이 팔
린 해로부터 희년까지를 그 산 자와 계산하여 그 연수를 따라서 그 몸의 값을 정할
때에 그 사람을 섬긴 날을 그 사람에게 고용된 날로 여길 것이라 51만일 남은 해가
많으면 그 연수대로 팔린 값에서 속량하는 값을 그 사람에게 도로 주고 52만일 희년
까지 남은 해가 적으면 그 사람과 계산하여 그 연수대로 속량하는 그 값을 그에게

도로 줄지며 [53]주인은 그를 매년의 삯꾼과 같이 여기고 네 목전에서 엄하게 부리지
말지니라 [54]그가 이같이 속량되지 못하면 희년에 이르러는 그와 그의 자녀가 자유
하리니 [55]이스라엘 자손은 나의 종들이 됨이라 그들은 내가 애굽 땅에서 인도하여
낸 내 종이요 나는 너희의 하나님 여호와이니라

우리는 본문에서 노역에 관한 율법들을 대하게 되는데 이 율법은 자유민으로서 유대 민족의 영예를 보존하기 위한 것이다. 유대 민족은 하나님의 권능으로 노예살이 하던 집에서 하나님의 아들들이 누리는 영광스러운 자유로 구원을 받은 하나님의 장자들이다. 이 율법에는 다음과 같은 내용들이 있다.

I. 나면서부터 이스라엘인인 사람은 영원히 노예가 되어서는 안 된다. 만약에 그가 부채나 범죄로 인해서 재판을 받아 팔렸다면, 그는 6년 동안 노역을 감당해야 하지만 7년째에는 풀려나야만 하는 것이다. 이러한 조항은 출 21:2에서 이미 정해진 규례이다. 그러나 만약에 그가 극도로 가난해 자신의 생명을 유지할 그 어떠한 것도 가지고 있지 않아서 스스로를 파는 경우, 그리고 그가 자신을 그 자신의 민족 가운데 한 사람에게 자기 스스로를 파는 경우에 대해서 본문은 다음과 같이 말하고 있다.

1. 그는 종으로서 섬겨서는 안 된다(39절). 또한 그는 종의 가격으로서 팔려서도 안 되는 것이다(42절). 즉, "그를 산 주인은 그를 전쟁에서 사로잡은 포로와 같이 그 주인에게 속한 절대 소유물로 여겨져서는 안 된다. 어떤 사람이 가지고 있는 가축처럼 이용하고 팔고 유증(遺贈)할 수 없다. 결코 그렇게 취급해서는 안 된다. 그는 고용된 일꾼으로서 너를 섬길 것이다. 주인은 단지 그의 노동력을 사용할 수 있을 뿐이지 그를 지배하는 어떤 전제적인 권력을 가지고 있는 것이 아니다." 그 이유는 그들은 내 종들이기 때문이다(42절). 하나님께서는 자신의 종들을 노예로 삼지 않으셨다. 그러므로 그들의 형제들도 그들을 노예로 취급해서는 안 되었던 것이다. 하나님께서는 그들을 애굽에서 구출해내셨다. 그러므로 그들은 결코 노예로서 팔려서는 안 되었던 것이다. 사도는 이것을 영적으로 적용했다(고전 7:23): 너희는 값으로 사신 것이니 사람들의 종이 되지 말라. 즉, "사람들의 탐욕의 종이 되어서도 안 되고, 자기 자신의 탐욕의 종이 되어서도 안 되는 것이다." 우리는 하나님의 종들이 되었기 때문에 죄가 우리의 죽을 몸을 지배하도록 해서는 안 되는 것이다(롬 6:12, 22).

2. 그가 섬기는 동안 그는 **이스라엘 백성들이 애굽에서 당했던 것처럼 엄하게 부림을 당해서는 안 된다**(43절). 그는 아브라함의 아들이라고 하는 자격에 합당한 그러한 사역을 감당해야만 하며, 그렇게 쓰임을 받아야만 한다. 주인들은 그 종들에게 의와 공평을 베풀어야만 한다(골 4:1). 그들은 사용될 수는 있지만 학대되고 악용되어서는 안 되는 것이다. 자신의 종들에게 늘 허세를 부리고 권세를 휘두르고 욕설을 퍼붓고 압제하며, 일을 시키거나 책망하는데 있어서 부조리하고 가혹하게 다루는 그러한 주인들은 그들의 주인이 하늘에 계심을 잊어버린 자들이다. 경건한 욥이 스스로에게 물었듯이(욥 31:13-14) 하나님께서 일어나시면 그들은 어떻게 하겠는가?

3. 그는 **희년이 되면 풀려나야만 하고 그와 그의 자녀들은 그 자신의 가족들에게 돌아가야만 했다**(41절). 이것은 우리가 그리스도 안에 있는 하나님의 은총으로 말미암아 죄와 사탄의 종살이로부터 구속된 것을 상징해주는 것이었다. 그리스도의 진리는 **우리를 자유롭게 한다**(요 8:32). 유대 저자들은, 희년의 나팔이 울리기 10일 전에 희년이 되어 풀려날 종들은 잔치를 벌이며 그들의 머리에 화관(花冠)을 씀으로써 그들의 큰 기쁨을 나타냈다고 말하고 있다. 그러므로 이 소리는 즐거운 소리라고 했다(시 89:15). 이와 같이 우리들도 그리스도로 인해서 우리가 소유하게 된 자유 안에서 기뻐해야만 하는 것이다.

Ⅱ. 이스라엘 백성들은 그들 주변에 있는 이방인들 중에서 혹은 그들 가운데 머물고 있는 이방인들 중에서(멸망되어야만 했던 7족속들은 제외하고) 노예를 돈을 주고 살 수 있었다. 그들에 대해서는 지배권을 행사할 수 있었고 자신들의 가족들에게 유산으로서 상속해줄 수도 있었다. 그러한 종들은 희년이 되어서도 해방되지 않았기 때문이다(44, 46절). 이와 같이 영국의 농장에서는 흑인들만을 노예로 부렸던 것이다. 기독교의 장점이 얼마나 많은 것인지 나는 새삼스럽게 말하지는 않을 것이다.

1. 이스라엘 백성들이 이웃 민족에게서 사들인 종들에 대해서 가지는 이러한 권위는 야곱의 축복에 따른 것이었다: **만민이 너를 섬기고**(창 27:29).

2. 이것은 그리스도와 그분의 교회를 섬기는 일에 이방인들이 참여하게 되리라고 하는 것을 예시해주는 것이었다. **내게 구하라 내가 이방 나라를 네 유업으로 주리니**(시 2:8). 그리고 다음과 같이 약속되었다: **외인은 서서 너희 양 떼를 칠 것이요** 이방 사람은 너희 농부와 포도원지기가 될 것이나(사 61:5). 계 2:26-27을

보라. 정직한 자들이 아침에 그들을 다스리리니(시 49:14).

3. 이것은 진정한 이스라엘인들과 믿음으로 아브라함의 자손들이 된 자들 이외에 그 어느 누구도 복음 희년의 혜택을 받지 못할 것이라고 하는 것을 나타내주는 것이다. 계속적으로 이방인으로 남아있는 자들은 계속해서 노예로 남아있는 것이다. 이러한 것이 믿지 않는 유대인 자신들에게도 적용되고 있음을 보라. 갈 4:25에서 예루살렘이 그리스도를 배척했을 때 그 자녀들과 더불어 종노릇하고 있다고 말하고 있다. 한 가지만 더 첨언하면, 비록 유대인들이 자신들의 종들을 가혹하게 다루는 것이 금지되지는 않았다 할지라도, 유대 학자들은 다음과 같이 말하고 있다는 것이다. 즉, "사람은 자신이 소유하고 있는 종에게 동정심을 가져야만 하며 그의 멍에를 무겁게 하지 않아야만 한다. 이렇게 하는 것이 곧 자비의 속성이며 지혜의 도(道)인 것이다."

Ⅲ. 만약에 어떤 이스라엘 사람이 이스라엘 사람들 가운데 머무는 부자 개종자에게 자신을 팔았다면, 그 팔린 이스라엘 사람은 그가 자신을 이스라엘 사람에게 팔았을 때 받는 동일한 혜택 혹은 어떤 면에서는 더 나은 혜택들을 누릴 수 있어야만 한다. 그렇게 되도록 배려가 필요한 것이다.

1. 그러한 이스라엘 사람은 종이 아니라 고용된 일꾼으로서 일을 해야만 하며 그의 목전에서 엄하게 부려서는 안 되는 것이다(53절). 이것은 유대 법관들이 그러한 이스라엘 사람을 특별히 주시하고 있어야만 하며, 그가 학대받는 일이 생긴다면 그것을 인지해야 하고, 비록 그 상해를 받은 종이 자신을 하소연하지 않는다 할지라도, 그의 불평을 제거해 주어야만 한다고 하는 것이다. 또한 그는 희년이 되면 자유의 몸이 되어야만 한다(54절). 이방인들의 자녀들은 이스라엘 백성들을 영원히 섬길 수 있었을지라도, 이스라엘의 자녀들은 이방인들을 영원히 섬길 수 없었던 것이다. 그러나 본문에 언급되고 있는 종, 즉 자기 자신의 행동에 의해서 자원하여 종이 된 자는 안식년에는 해방되지 못하고 오직 희년에만 해방되었다.

2. 그는 희년 전이라도 속전을 내고 해방될 수 있는 또 다른 특권을 가지고 있었다(48-49절). 이스라엘 사람에게 자신을 판 사람은 만약에 자신이 능력이 생기게 되면 자신을 속량(贖良)할 수 있었다. 그러나 그의 친척들은 그를 속량할 권한이 없었다. 그러나 유대인들은 "어떤 이스라엘 사람이 자신을 이방인들에게 팔았으면, 그의 친척들은 급히 그를 속량해 주어야만 한다. 만약에 그 친척

들이 속량하지 못한다면 그는 공동체의 돈으로라도 속량되어야만 하는 것이 마땅하다" 라고 말한다. 우리는 이러한 사례를 느 5:8에서 발견하게 된다. 그를 속량하는 액수는 땅을 되찾을 때와 같이(15-16절) 희년까지 남은 연수에 따라 계산되어야만 한다(50-52절). 박식한 주교 패트릭(Patrick)은 그의 형제 중 하나가 그를 속량하거나(48절)라고 하는 어구에 대한 복음적인 주해를 위해서 한 유대 랍비의 생각을 인용한다. 랍비는 "이 구속자는 다윗의 자손 메시야이다" 라고 말하고 있다고 인용한다. 이스라엘 백성들은 이 메시야가 그들을 포로상태에서 구속해주고, 그들을 그들 자신의 땅으로 회복시켜 줄 분이 되시기를 기대했던 것이다. 그러나 우리는 그분을 시온에 와서 야곱에게서 경건치 않은 것을 돌이키실 구속자로서 환영하는 것이다. 그분께서는 자기 백성을 그들의 죄에서 구원할 자이시기 때문이다. 그리고 이러한 생각을 가지고 예루살렘의 속량을 바라는 사람들이 있었다.

제 26 장

개요

본 장은 레위기 율법의 주요 본문에 대한 장엄한 결론이다. 이 책과 이어 나오는 책의 가르침들은 앞에서 언급한 제도들의 어떤 특정한 일들에 관련되어 있거나, 그 제도들에 대한 반복과 해설들이다. 본 장은 그러한 모든 율법들을 두 가지의 약속들을 가지고 전반적으로 강화시키고 있는 내용을 포함하고 있다. 즉, 한편으로는 순종에 대한 상급을 약속하고, 다른 한편으로는 불순종에 대한 징벌의 위협을 함으로써 그러한 율법들을 강화시켜주고 있는 것이다. 순종에 대한 상급은 희망을 주는 것이며 불순종에 대한 징벌은 두려움을 주는 것이다. 이 희망과 두려움은 영혼의 두 가지 손잡이와 같은 것으로 이것을 잡고 원하는 방향으로 주관해 갈 수 있는 것이다. 본 장에는 다음과 같은 내용들이 있다. I. 두 가지 혹은 세 가지 계명들의 원리들이 반복되어 나오고 있다(1-2절). II. 이스라엘 백성들이 하나님의 계명들을 지키려고 노력할 경우에 그들에게 주는 모든 좋은 것들에 대한 약속들이 나타나 있다(3-13절). III. 이스라엘 백성들이 완고하고 불순종하게 될 경우에 그들에게 임할 이어지는 심판들의 무서운 경고들이 서술되고 있다(14-39절). IV. 이스라엘 백성들 중에서 회개하고 돌이키는 자들에게 은총이 회복될 것이라고 하는 은혜로운 약속이 나타난다(40절 이하). 신명기 28장은 이러한 내용들과 병행을 이루는 것이다.

1너희는 자기를 위하여 우상을 만들지 말지니 조각한 것이나 주상을 세우지 말며
너희 땅에 조각한 석상을 세우고 그에게 경배하지 말라 나는 너희의 하나님 여호
와임이니라 2너희는 내 안식일을 지키며 내 성소를 경외하라 나는 여호와이니라 3
너희가 내 규례와 계명을 준행하면 4내가 너희에게 철따라 비를 주리니 땅은 그 산
물을 내고 밭의 나무는 열매를 맺으리라 5너희의 타작은 포도 딸 때까지 미치며 너
희의 포도 따는 것은 파종할 때까지 미치리니 너희가 음식을 배불리 먹고 너희의
땅에 안전하게 거주하리라 6내가 그 땅에 평화를 줄 것인즉 너희가 누울 때 너희를
두렵게 할 자가 없을 것이며 내가 사나운 짐승을 그 땅에서 제할 것이요 칼이 너희

의 땅에 두루 행하지 아니할 것이며 7너희의 원수들을 쫓으리니 그들이 너희 앞에
서 칼에 엎드러질 것이라 8또 너희 다섯이 백을 쫓고 너희 백이 만을 쫓으리니 너희
대적들이 너희 앞에서 칼에 엎드러질 것이며 9내가 너희를 돌보아 너희를 번성하게
하고 너희를 창대하게 할 것이며 내가 너희와 함께 한 내 언약을 이행하리라 10너희
는 오래 두었던 묵은 곡식을 먹다가 새 곡식으로 말미암아 묵은 곡식을 치우게 될
것이며 11내가 내 성막을 너희 중에 세우리니 내 마음이 너희를 싫어하지 아니할 것
이며 12나는 너희 중에 행하여 너희의 하나님이 되고 너희는 내 백성이 될 것이니라
13나는 너희를 애굽 땅에서 인도해 내어 그들에게 종된 것을 면하게 한 너희의 하나
님 여호와이니라 내가 너희의 멍에의 빗장을 부수고 너희를 바로 서서 걷게 하였
느니라

본문에는 다음과 같은 내용들이 있다.

I. 율법의 가르침들을 반복해서 가르치고 있다. 이 율법은 가장 중요한 것이며, 특별히 이 율법에 의해서 이스라엘 백성들의 순종 여부가 시험되는 그러한 율법이었다(1-2절). 이 율법들은 두 번째와 네 번째 계명들에 대한 요약이다. 이 두 계명들은 십계명들 중에서 가장 큰 계명들로서 율법의 다른 부분에서도 자주 강조되는 계명들이기도 하다. 주인이 자신의 종에게 많은 일들을 맡길 때 가장 중요한 것들이라고 생각되는 것들임에도 불구하고 그 종이 잊어버릴 위험이 있는 것들에 대해서는 반복해서 말하게 된다. 그 종이 어떠한 일을 하든지 간에 그런 중요한 일들을 잊어버리지 말라고 명령하게 되는 것이다. 이와 마찬가지로 본문에서 하나님께서는 여러 가지 많은 가르침들을 주시고 난 뒤에 모세를 통해서 이 두 가지 커다란 계명들을 지킬 것을 당부하는 특별한 명령을 주시면서 모든 것을 마무리하고 계시는 것이다.

1. "너는 결코 우상들을 경배하지 않도록 하라. 또한 종교적인 경배를 목적으로 어떤 종류의 우상이나 그림들도 만들지 말라"(1절). 어떠한 죄도 우상을 만들어 경배하는 것보다 하나님을 분노케 만든 것은 없었다. 그리고 이러한 죄는 이스라엘 백성들이 가장 쉽게 빠지는 죄이기도 했으며, 그들에게 더욱더 치명적인 결과를 가져다 주었던 죄로 후에 증명되기도 한 죄였던 것이다. 우리는 하나님의 존재, 통일성, 우주적인 권능과 더불어 하나님께서는 무한한 영이시라고 하는 것을 알아야만 하고 믿어야만 하는 것이다. 그러므로 형상을 만들어

그분을 나타내거나, 형상을 신성시하여 그 형상에 하나님을 제한시키거나, 형상에게 절을 하여 형상을 통해 그분을 경배하는 것은 다른 무엇보다도 하나님의 진리를 거짓 것으로 바꾸는 것이며 하나님의 영광을 부끄러운 것으로 바꾸는 것이다.

2. **너희는 내 안식일을 지키며 내 성소를 경외하라**(2절). 기도를 드리는데 있어서 우상을 사용하는 것보다 신앙을 더 타락시키는 것이 없듯이, 안식일을 지키고 성소를 경외하는 것보다 신앙을 더 높여주는 것도 없는 것이다. 안식일을 지키고 성소를 경외하는 행위들은 신앙의 기능적인 국면들을 잘 보존해 주는 것인데, 이를 통해서 신앙의 본질적인 부분들이 잘 보존되는 것이다. 그러므로 우리는 예언자들의 말씀 속에서 우상 숭배의 죄 이외에 유대인들이 매우 빈번하게 비난을 받고 위협을 받은 것은 바로 안식일을 불경스럽게 하는 것이었음을 발견하게 되는 것이다.

Ⅱ. 하나님의 모든 계명들에 지속적으로 순종하면서 살라고 이스라엘 백성들에게 주어진 커다란 격려가 있다. 만약에 이스라엘 백성들이 계명에 순종하여 산다고 한다면, 그들은 복된 민족이 될 것이고, 그들이 원하는 모든 좋은 것으로 복을 받게 될 것이라고 그들에게 강력히 확신을 시켜주고 있는 것이다. 세상의 정부들은 법을 어기면 고통이 되는 징벌을 받게 될 것이라고 말함으로써 그 법을 강화한다. 그러나 하나님께서는 하나님 자신을 찾고 섬기는 자들에게 상급을 주시는 분으로서 알려지셨다. 이 위대하고 귀중한 약속을 살펴보자. 이 약속은 현세의 삶과 깊은 관계가 있는 것이고, 이스라엘 민족의 공통적인 국가적 관심사들과 관련된 것이기는 하다. 그러나 이 약속은 예수 그리스도를 통해서 모든 믿는 자들에게 주신 은혜의 언약으로 상속된 영적인 축복들에 대한 모형인 것이다.

1. 땅의 풍성한 소산물들에 대한 약속이 있다. 이스라엘 백성들은 철따라 비를 얻게 될 것인데, 너무 적은 비도 아니고 너무 많은 비도 아닌 그들의 땅에 필요 적절하고 알맞게 내리는 비를 얻게 될 것이다. 그들의 땅은 하늘의 이슬들로 적셔져서(신 11:10-11) **산물을 낼 것이다**(4절). 아래에 있는 땅의 산물들이 위에 있는 하늘에 의존되어 있다고 하는 것은 우리들에게 다음과 같은 중요한 의미를 암시해 주는 것이다. 즉, 모든 자비롭고 완전한 선물들은 위로부터 빛들의 아버지께로부터 기대해야만 한다고 하는 것을 말해주는 것이다. 또한 땅은

그 소산물을 매우 풍성하게 낼 것이기 때문에 그들은 그 땅에서 곡물과 포도의 수확물을 거두어들이는 동안 온전히 일하게 될 것이라고 약속되었다(5절). 그들이 그들의 곡물을 거두어들이고 타작하기 전에 포도가 익어 수확을 기다리게 된다고 하는 것이다. 그리고 그들이 그들의 포도 수확을 끝내기 전에 이미 또다시 파종할 시기를 맞이하게 된다는 것이다. 우리들이 긴 수확기를 가지는 것은 종종 좋지 못한 날씨 때문이다. 그러나 이스라엘 백성들은 수확량이 그만큼 많았기 때문에 긴 수확기를 가지게 된다는 것이다. 이것은 복음 시대에 퍼부어지게 될 충만한 은혜를 상징해주는 것이었다. 이 복음 시대는 파종하는 자가 곡식 추수하는 자의 뒤를 잇는 시기인 것이다(암 9:13). 수많은 영혼들이 그리스도께로 거두어들여지는 그러한 시기이다. 추수한 것이 너무나 많아서 그들은 가난한 자들에게 주기 위해서 묵은 곡식을 꺼내야만 할 것이다. 그들의 곳간에 새 곡식을 쌓을 자리를 마련하기 위해서인 것이다. 그러나 그들은 어리석은 부자처럼 더 큰 곳간을 짓기 위해 곳간을 헐어버리지는 않을 것이다(눅 12:18). 하나님께서는 다음 해 먹을 것을 저장하지 않더라도 먹고 살 늘 풍성한 곡식을 주시기 때문이다. 곡식을 내놓지 아니하는 자는 백성에게 저주를 받을 것이나(잠 11:26). 내가 하늘 문을 열고 너희에게 복을 쌓을 곳이 없도록 붓지 아니하나 보라(말 3:10)는 말씀은 이것을 의미하는 것이다(10절). 이 풍요한 축복에 존귀의 관을 씌워 주는 것은 너희가 음식을 배불리 먹을 것이다(5절)라는 말이다. 즉, 그들은 풍족하게 얻을 뿐만 아니라 그 소산으로 영육의 만족을 얻으리라고 하는 것을 암시해 주고 있는 것이다. 그들은 충분히 먹게 될 것이고, 그들이 충분히 먹게 되었을 때 그 약속의 축복을 알게 될 것이라는 것이다. 그러므로 겸손한 자는 먹고 배부를 것이다(시 22:26).

2. 하나님의 보호 아래 주시는 평화가 약속되어 있다: "너희의 땅에 안전하게 거주하리라(5절). 진정으로 안전하고, 너희들 자신의 불안에서 안정을 찾을 것이다. 너희는 하나님의 약속과 능력 안에서 편히 쉼을 얻고 아무도 너희를 해하지 못할 것이고 아무도 너희를 두렵게 하지 못할 것이다"(6절). 시 4:8을 보라. 그들은 어떠한 짐승들의 해도 받지 않을 것이다. 그 짐승들은 그 땅에서 제거되든지 혹은 약속된 대로 그 들짐승들이 그들과 화목하게 될 것이다(욥 5:23). 그리고 그들은 전쟁의 두려움으로 인하여 두려워하지도 않을 것이다: 칼이 너희의 땅에 두루 행하지 아니할 것이다. 이러한 거룩한 안전이 모든 신실한 자들에게

약속되어 있다(시 91:1이하). 하나님 안에 거하는 자들은 반드시 안전하게 거할 것이다(욥 9:18-19).

3. 그들은 집안에서 평안과 안정을 누리면서, 밖에서는 전쟁에서 승리와 성공을 거두리라고 약속되어 있다(7-8절). 하나님의 손길이 그들의 정복을 알리는 군호처럼 그들을 따를 것이고, 수적으로 약하나 결코 패배하지 않으리라는 확신을 그들은 얻게 되었던 것이다. 즉, 마치 요나단이 행했던 것과 같이(삼상 14:12) 너희들 중에 다섯이 백을 공격하여 쫓고 쳐부수리라는 용기를 가지게 될 것이라는 것이다. 그리하여 그들은 여호와의 구원은 사람의 많고 적음에 달리지 않았다(삼상 14:6)는 하나님 자신의 원리를 경험하게 될 것이다(6절).

4. 백성들의 수효가 늘어날 것을 약속하고 있다: 내가 너희를 번성하게 하고 너희를 창대하게 할 것이며(9절). 아브라함의 자손들이 땅의 티끌처럼 많아지리라고 했던 그 약속이 성취되어야만 하는 것이다. 그러므로 그들이 죄악으로 인하여 멸망당하지 않는 한 그들의 수효는 계속 증가할 것이다. 이와 같이 복음의 교회가 열매를 맺어 풍성해질 것이라고 하는 것이 복음의 교회에 약속되었던 것이다(요 15:16).

5. 모든 자비의 원천이 되는 하나님의 은혜가 약속되어 있다: 내가 너희를 돌보아(9절). 우리의 믿음의 눈이 하나님께로 향하면, 하나님의 은총의 눈이 우리에게 머물게 될 것이다. 내 마음이 그를 기뻐하지 아니하리라(히 10:38)는 경고에 들어 있는 것처럼, 내 마음이 너희를 싫어하지 아니할 것이다(11절)라는 말씀에는 암시되어 있는 말이 더욱 많은 것이다. 비록 그들로부터 하나님을 분리시키는 것이 그들 가운데 있다 할지라도, 만약에 그들이 하나님께서 세우신 제도들에 가까이 붙어 있다고 한다면, 그분께서는 그들을 싫어하지 않으실 것이라고 하는 것이다.

6. 하나님은 하나님의 규례를 통해서, 그리고 그 규례 안에서 그들 가운데 임재하시겠다고 약속하셨다: 내가 내 성막을 너희 중에 세우리니(11절). 그들 가운데 최근에 세워진 하나님의 성막은 그들의 영예이며, 그들이 받은 유익한 혜택이었다. 그러나 본문에서 하나님께서는 그 성막이 그들 가운데 계속해서 서 있게 되는 것은 그들의 좋은 행실에 달려 있는 것임을 그들에게 가르쳐 주셨다. 지금 세워진 그 성막은 그들이 순종을 하면 유지될 것이지만, 그렇지 못할 때에는 사라지리라는 것이었다. 마치 단단한 곳에 박힌 못과 같이 하나님의 계

명을 우리의 마음 가운데에 고정시키는 방법은 하나님의 계명들을 말하고 있는 제도에 가까이 붙어 있는 것이다. 자신의 정원을 거니는 사람처럼, 하나님께서는 기쁨과 만족하심으로 "나는 너희 중에 행하리라"(12절)는 말씀을 덧붙이고 계신다. "사람이 자기 친구와 동행하듯이 나는 너희들과 교제를 나눌 것이다." 그리스도께서 금 촛대 사이를 거니신다고 하는 말씀은 이것을 가리키는 말씀인 것 같다(계 2:1).

7. 모든 축복의 근원이고 기초이며 즐거움이며 안전이 되는, 언약의 은총이 약속되어 있다. 내가 너희와 함께 한 내 언약을 이행하리라(9절). 그들로 하여금 언약의 조건 중에서 그들이 감당할 부분을 이행하도록 하라. 하나님께서는 자신의 몫을 이행하는데 실패하지 않으실 것이다. 모든 계명의 축복들은 언약 관계 속에 요약되어 있다. 즉 나는 너희 중에 행하여 너희의 하나님이 되고 너희는 내 백성이 될 것이니라(12절). 이 관계는 모두 그들의 구원 위에 토대를 두고 있는 것이다: 나는 너희의 하나님이다. 나는 너희를 애굽 땅에서 인도해 내었기 때문이다(13절). 하나님께서 그들을 값을 치르고 사셨으므로 하나님께서 그들을 소유하신 것이다. 그들이 먼저 하나님을 버리기 전에는 하나님께서 결코 그들을 버리지 않으실 것이다. 그분께서 그들의 멍에를 꺾으시고 그들을 곧은 길로 인도하셨다. 즉, 그들을 애굽에서 구원하심으로 그들을 평안하고 명예롭게 하셨다. 그들을 적의 손에서 구하셨음으로 그들 각자는 하나님의 공의 안에서 걸으며 두려움 없이 하나님을 섬기게 되었던 것이다. 이스라엘이 그리스도를 거부함으로 그리스도께서도 그들을 거부했을 때, 그들은 애굽에서 그들의 속박의 멍에보다 더 무거운 그들의 죄의 짐 아래 그들의 등은 항상 굽게 되었다고 말하고 있다(롬 11:10).

14그러나 너희가 내게 청종하지 아니하여 이 모든 명령을 준행하지 아니하며 15내 규
례를 멸시하며 마음에 내 법도를 싫어하여 내 모든 계명을 준행하지 아니하며 내
언약을 배반할진대 16내가 이같이 너희에게 행하리니 곧 내가 너희에게 놀라운 재
앙을 내려 폐병과 열병으로 눈이 어둡고 생명이 쇠약하게 할 것이요 너희가 파종
한 것은 헛되리니 너희의 대적이 그것을 먹을 것임이며 17내가 너희를 치리니 너희
가 너희의 대적에게 패할 것이요 너희를 미워하는 자가 너희를 다스릴 것이며 너
희는 쫓는 자가 없어도 도망하리라 18또 만일 너희가 그렇게까지 되어도 내게 청종

하지 아니하면 너희의 죄로 말미암아 내가 너희를 일곱 배나 더 징벌하리라 [19]내가
너희의 세력으로 말미암은 교만을 꺾고 너희의 하늘을 철과 같게 하며 너희 땅을
놋과 같게 하리니 [20]너희의 수고가 헛될지라 땅은 그 산물을 내지 아니하고 땅의 나
무는 그 열매를 맺지 아니하리라 [21]너희가 나를 거슬러 내게 청종하지 아니할진대
내가 너희의 죄대로 너희에게 일곱 배나 더 재앙을 내릴 것이라 [22]내가 들짐승을 너
희 중에 보내리니 그것들이 너희의 자녀를 움키고 너희 가축을 멸하며 너희의 수
효를 줄이리니 너희의 길들이 황폐하리라 [23]이런 일을 당하여도 너희가 내게로 돌
아오지 아니하고 내게 대항할진대 [24]나 곧 나도 너희에게 대항하여 너희 죄로 말미
암아 너희를 칠 배나 더 치리라 [25]내가 칼을 너희에게로 가져다가 언약을 어긴 원수
를 갚을 것이며 너희가 성읍에 모일지라도 너희 중에 염병을 보내고 너희를 대적
의 손에 넘길 것이며 [26]내가 너희가 의뢰하는 양식을 끊을 때에 열 여인이 한 화덕
에서 너희 떡을 구워 저울에 달아 주리니 너희가 먹어도 배부르지 아니하리라 [27]너
희가 이같이 될지라도 내게 청종하지 아니하고 내게 대항할진대 [28]내가 진노로 너
희에게 대항하되 너희의 죄로 말미암아 칠 배나 더 징벌하리니 [29]너희가 아들의 살
을 먹을 것이요 딸의 살을 먹을 것이며 [30]내가 너희의 산당들을 헐며 너희의 분향단
들을 부수고 너희의 시체들을 부숴진 우상들 위에 던지고 내 마음이 너희를 싫어
할 것이며 [31]내가 너희의 성읍을 황폐하게 하고 너희의 성소들을 황량하게 할 것이
요 너희의 향기로운 냄새를 내가 흠향하지 아니하고 [32]그 땅을 황무하게 하리니 거
기 거주하는 너희의 원수들이 그것으로 말미암아 놀랄 것이며 [33]내가 너희를 여러
민족 중에 흩을 것이요 내가 칼을 빼어 너희를 따르게 하리니 너희의 땅이 황무하
며 너희의 성읍이 황폐하리라 [34]너희가 원수의 땅에 살 동안에 너희의 본토가 황무
할 것이므로 땅이 안식을 누릴 것이라 그 때에 땅이 안식을 누리리니 [35]너희가 그
땅에 거주하는 동안 너희가 안식할 때에 땅은 쉬지 못하였으나 그 땅이 황무할 동
안에는 쉬게 되리라 [36]너희 남은 자에게는 그 원수들의 땅에서 내가 그들의 마음을
약하게 하리니 그들은 바람에 불린 잎사귀 소리에도 놀라 도망하기를 칼을 피하여
도망하듯 할 것이요 쫓는 자가 없어도 엎드러질 것이라 [37]그들은 쫓는 자가 없어도
칼 앞에 있음 같이 서로 짓밟혀 넘어지리니 너희가 원수들을 맞설 힘이 없을 것이
요 [38]너희가 여러 민족 중에서 망하리니 너희의 원수들의 땅이 너희를 삼킬 것이라
[39]너희 남은 자가 너희의 원수들의 땅에서 자기의 죄로 말미암아 쇠잔하며 그 조상
의 죄로 말미암아 그 조상 같이 쇠잔하리라

하나님께서는 그들 앞에 축복을 놓아 두셨다(그들이 순종하면 그들을 복된 민족이 되게 할 생명과 자비를 놓아 두신 것이다). 그러나 하나님께서는 본문에서 그와 동시에 저주를 놓아 두셨다. 즉, 그들이 불순종하면 그들을 불행하게 만들어버리는 죽음과 재앙을 놓아 두신 것이다. 그들 자신들이 하나님과 너무나 깊은 관계를 맺고 있으므로 하나님의 권능이 그들을 멸망시킬 수 없을 것이라고 그들이 생각하지 않도록 하기 위함이었다. 그리고 그들이 하나님의 은총을 너무 크게 받고 있으므로 그들이 하나님을 대항하여 모반하며 반역한다고 할지라도 하나님의 공의가 그들을 멸할 수 없을 것이라고 생각하지 않도록 하기 위함이었던 것이다. 결코 그렇지 않다! **내가 땅의 모든 족속 가운데 너희만을 알았나니 그러므로 내가 너희 모든 죄악을 너희에게 보응하리라**(암 3:2).

I. 그들에게 이러한 모든 불행을 가져올 그들의 죄가 어떻게 묘사되고 있는가. 그 죄는 부지중에 혹은 의지가 약해서 짓는 죄가 아니다. 하나님은 그러한 죄들을 용서해 주시기 위해서 희생 제사라는 제도를 마련해 주셨다. 또한 회개하면 용서받는 그런 죄도 아니다. 고의적으로 저지르고도 뻔뻔스럽게 주장하는 그러한 죄악을 말하고 있는 것이다. 그들에게 멸망을 초래할 두 가지 죄는 다음과 같은 것들이다.

1. 하나님의 계명을 무시하는 일이다: "**너희가 율법으로 너희들에게 말하고 있는 내게 청종하지 아니하여 이 모든 명령을 준행하지 아니한다**(14절). 즉, 계명을 지키고자 하는 마음이나 뜻이 없으며 혹 잘못하여 계명을 범했을지라도 그 율법이 처방해 준 구제책을 사용하지도 않는다." 이와 같이 그들의 죄는 단순한 부주의와 무지와 태만으로 인해서 시작된 것으로 생각되고 있다. 이런 죄들도 충분히 나쁜 것들이다. 이러한 죄들은 더욱 악한 죄를 유발하는 계기가 되는 것이다. 왜냐하면 사람들이 다음과 같이 되어버리고 말기 때문이다(15절).

(1) **하나님의 규례를 경멸하게 된다.** 율법과 율법을 주신 분을 무시하면서 하나님의 규례에 들어있는 의무들과 그 규례들에 들어있는 권위를 무시하게 되는 것이다. 하나님의 규례를 경건하게 생각하지 않는 자들은 자신의 멸망을 재촉하는 자들인 것이다.

(2) **하나님의 법도를 싫어하게 된다.** 그들의 영혼 자체가 그 법도를 싫어하게 되는 것이다. 신앙을 무시하는 자들은 점차적으로 그 신앙을 싫어하게 될 것이다. 신앙을 별것 아닌 것으로 생각하는 것은 신앙에 대해서 나쁜 생각을 하게

만드는 것이다. 신앙에서 돌아서는 자들은 신앙을 대항하는 자들이 되는 것이며, 그 신앙에 대해서 그들의 마음이 대적하게 되는 것이다.

(3) **하나님의 언약을 배반하게 된다.** 계명을 어기는 모든 것이 언약을 파괴하는 것에 이르게 하지는 않는다(언약이 파괴되면 우리는 모두 멸망한다). 그러나 사람들이 계명을 멸시하고 싫어하는 지경에 이르다 보면, 그 다음 단계는 하나님을 부인하고 그 하나님과 맺은 모든 관계까지도 부인하게 되는 것이다. 계율을 거절하는 자들은 결국 계약을 부인하게 된다. 관찰. 그들이 어긴 것은 바로 하나님이 세우신 언약인 것이다. 하나님께서 언약을 세우셨으나 사람들은 그 언약을 파기하는 것이다. 만약에 인간과 하나님 사이에 언약이 맺어지고 잘 지켜진다면, 하나님께서 그 모든 영광을 거두셔야만 한다. 그러나 만약에 그 언약이 파괴되는 경우가 있다면, 인간은 그 모든 책임을 져야만 하는 것이다. 그런 사람에게 하나님과의 절교가 선고될 것이다.

2. 하나님의 징계를 멸시하는 것이다. 하나님께서 그들을 개선시키려는 방도를 취하실 때 그들이 불순종 가운데 고집을 피우지 않거나 회개를 한다면, 그들이 불복종했다고 하더라도 그들이 멸망을 당하지는 않는다. 즉, 만약에 그들이 하나님의 말씀을 무시하는 것에 그분의 채찍을 무시하는 죄를 더불어 범하지 않는다면, 하나님의 말씀을 경멸한 것으로 인해서 그들에게 멸망이 임하지는 않을 것이라는 말이다. 하나님의 채찍은 그들을 회개시키려는 것이다. 이러한 죄악이 3가지 방법으로 설명되어 있다.

(1) "**너희가 내게 청종하지 아니하면**(18, 21, 27절). 즉, 만약에 너희들이 고통을 당하는 일들로 인하여 순종을 배우지 않고 하나님께서 내리시는 심판의 큰 경고들을 못들은 척한다면 너희들은 참으로 강퍅한 자들인 것이다. 이는 마치 너희들이 그분의 말씀과 자신의 양심에 은밀하게 속삭이는 소리에 귀를 기울이지 않은 것과 같은 것이다."

(2) "**너희가 나를 거슬러**(21, 23, 27절). 모든 죄인들은 하나님과 그분의 진리와 율법과 계율을 대항하여 걷고 있는 것이다. 하나님의 심판으로도 교정(矯正)할 수 없는 자들은 더욱 그러한 것이다. 징계의 목적은 그들을 겸손하게 하고 마음을 온유하게 하여 그들을 회개시키려는 데에 있는 것이다. 그러나 이렇게 회개에 이르는 대신에 그들의 마음이 더욱 굳어지고 하나님을 대항해서 더욱 분을 내게 되고, 그들은 자신들이 곤고할 때에 더욱 여호와께 범죄하게 된다(대

하 28:22). 이러한 행위가 바로 하나님을 거스르는 것이다." 어떤 사람들은 이것을 다음과 같이 해석한다. 즉, "마치 너희들이 하는 일이 옳은 것이든 잘못된 것이든, 혹은 하나님이 너희들과 함께 무엇을 하시든 그것이 너희들에게 유익이 되는 것이든 해가 되는 것이든 상관치 않는다는 듯이 부주의하며 방자하게 굴면서 고의적으로 내게 대하여 모험을 감행하는 경우와 같은 것이다."

(3) 이런 일을 당하여도 너희가 내게로 돌아오지 아니하고. 하나님께서 형벌을 주시는 목적은 인간에게 죄에 대한 깊은 뉘우침을 주어 그들이 구원을 위해서 하나님을 찾게 하려는 것이다. 이것이 징계의 일차적인 의도이다. 그러나 하나님의 심판으로도 돌아서지 않는 자들은 그 심판으로 멸망할 것을 각오해야만 하는 것이다. 하나님의 징계의 채찍을 맞은 자들은 수많은 변명의 이유들이 있을 것이다. 그래서 그들은 계속해서 죄악의 길로 행하는 것이다. 그들은 질병과 고통을 당하나 회개하지 않는다. 십자가를 지고 빈궁에 처하게 된다 할지라도 회개하지 않는다. 계속하여 고통을 당하여도 그들은 여호와께로 돌아오지 않는다(암 4:6 이하).

Ⅱ. 그들의 죄가 그들에게 가져올 불행은 어떻게 묘사되고 있는가. 다음과 같은 두 가지 주요한 주제 아래 묘사되고 있다.

1. 하나님 자신이 그들을 대항하실 것이다. 이것은 그들이 당하는 불행한 비극의 근원이며 원인이다.

(1) 내가 너희를 치리니(17절). 즉, "내가 친히 너희들을 대항할 것이며 너희들을 멸망시킬 것이니라." 하나님께서는 이렇게 교만한 죄인들을 물리치실 것이며 그분 자신의 권위에 대항하는 자들을 거꾸러뜨릴 것이라는 것이다. 혹은 그들의 얼굴에 하나님의 진노를 쏟으실 것이라는 것이다: "내가 친히 너희들에 대해서 진노하고 있음을 보이리라."

(2) 내가 너희에게 대항하리라(24, 28절). 사악한 자들과 주께서 싸우실 것이다(시 18:26). 하나님 자신의 섭리 가운데 하나님께서는 사람들이 잘 되어 가고 있는 것이라고 생각했던 그들의 계획을 좌절시키시며, 그들의 목적을 방해하시고, 그들의 방책을 깨뜨리시며, 그들의 노력을 무위로 돌리시고, 그들의 기대를 꺾으실 때가 있다. 바로 그러할 때 하나님께서 사람들을 대항하시는 것이다. 전능하신 하나님과 싸워서 얻을 유익함은 아무것도 없는 것이다. 하나님께서는 하나님 자신과 다투시는 자들의 마음과 목을 꺾으실 것이고 그들을 회개

나 멸망으로 이끌어 가실 것이기 때문이다. 그러므로 어떤 사람들은 다음과 같이 해석한다. 즉, "나는 어떠한 모험이 닥친다 하더라도 너희들을 대항할 것이다. 모든 언약적 사랑과 친절은 잊힐 것이다. 나는 너희들을 일반적인 섭리 가운데 둘 것이다." 하나님을 저버린 자들은 하나님께로부터 버림을 당해 마땅한 것이다.

(3) 그들이 계속해서 완고하게 고집을 피운다면 하나님의 심판은 더욱 가중될 것이라고 했다. 그들을 겸손하게 하고 돌이키기 위한 하나님의 진노의 첫 시도들이 실패한다면, 그 때에는 본문에서 하나님께서 다음과 같이 말씀하시고 계신다. **내가 너희를 일곱 배나 더 징벌하리라**(18절); **내가 너희의 죄대로 너희에게 일곱 배나 더 재앙을 내릴 것이라**(21절); **내가 너희를 칠 배나 더 치리라**(24절); **내가 칠 배나 더 징벌하리라**(28절). 만약에 작은 심판들이 열매를 거두지 못한다면, 하나님께서는 더 큰 심판들을 보내실 것이다. 하나님께서 심판하실 때는 하나님께서 이기실 것이기 때문이다. 만약에 참된 회개가 뒤따르지 않는다면, 마침내 처형될 때까지 심판은 계속 될 것이다. 완악하고 교정이 불가능한 자들은 한 폭풍이 지나간 뒤에는 또 다른 더 큰 폭풍이 오리라는 것을 각오해야만 한다. 그들이 이전에 어떤 가혹한 심판을 받았든지 회개하지 않는다면, "아직 더 두려운 심판이 남아있다"는 말을 들을 것이며, 마침내 지옥에 이를 때까지 그 심판은 계속 될 것이다. 만약에 창조자가 지금까지 헛되이 녹였다면(렘 6:29), 용광로의 불은 7배나 더 뜨거워질 것이고(단 3:19에서 사용된 잠언적인 표현) 계속해서 7배씩 더 뜨거워질 것이다. 우리들 가운데 누가 그렇게 격렬한 불 가운데서 살아남을 수 있겠는가? 하나님은 처음부터 가장 괴로운 심판으로 시작하지 않으신다. 하나님께서는 하나님 자신이 참고 인내하심을 보여주시며, 죄인이 죽는 것을 기뻐하지 않으신다고 하는 것을 보여주시기 위함인 것이다. 그러나 만약에 죄인이 회개하지 않으면, 하나님께서는 가장 괴로운 심판을 향해 진행해 나아가실 것이다. 하나님께서 의로우신 분임과 그분 자신은 아무에게도 조롱을 받거나 멸시를 당하지 않는 분이심을 보이시기 위함이다.

(4) 그들의 불행은 그 경고대로 이루어진다: **내 마음이 너희를 싫어할 것이다**(30절). 하나님의 미움을 받는 자는 참으로 가장 불행한 사람이 된다. 그분의 진노는 공정하고 실효성 있는 것이기 때문이다. 이러한 사람들이 행하게 되는 행동과 같이, 사람이 뒤로 물러나면 하나님의 마음이 그를 기뻐하지 아니하리라(히

10:38)고 했으며, 하나님은 자신의 입에서 그들을 토하여 낼 것이라(계 3:16)고 했다. 주의 심령이 시온을 싫어하시나이까?라는 말씀은 이상하게 들릴지 모르나 사실이다(렘 14:19).

2. 모든 피조물들이 그들을 대적하리라고 했다. 하나님의 모든 고통스러운 심판들이 그들을 대항해서 보내질 것이다. 하나님께서는 하나님 자신의 전통에 많은 화살들을 가지고 계시기 때문이다. 본문에 나타나 있는 경고들은 매우 특별한 것들이다. 이 경고들은 실제로 예언처럼 이루어졌기 때문이다. 그들의 모든 반역을 예견하신 분께서는 그들이 그렇게 반역하리라고 하는 것을 이미 알고 있었기 때문이다. 신 31:16, 29를 보라. 본문에 길게 나열된 이 경고문은 죄인들에게는 재앙이 임한다고 하는 것을 보여주는 것이다. 우리는 본문에서 다음과 같은 내용들을 볼 수 있다.

(1) 잠정적인 심판들이 경고되었다.

[1] 몸에 질병이 발생한다. 그 질병이 유행하게 될 것이라고 했다. 노역 감독들과 같이 너희들을 가혹하게 다스리기 위해서 나는 너희에게 공포와 폐병과 뜨거운 열병을 내리리라(16절). 우리가 공포라고 해석한 단어를 어떤 사람들은 특별한 질병을 지칭하는 것으로 보기도 한다. 즉, (박식한 패트릭[Patrick] 주교가 말하고 있는 대로) 아마도 간질병과 같은 것으로 정말 공포스러운 것이다. 모든 만성적인 질병들은 폐병이라고 하는 표현에 속해 있는 것이고, 모든 괴로운 병들은 열병이라고 하는 표현에 속해 있는 것이다. 이러한 질병들은 모든 보는 사람들을 괴롭게 하여 그런 병에 걸린 환자를 문병하는 자들과 친구들과 친척들에게도 슬픔을 안겨주게 된다. 모든 질병들은 하나님의 일을 수행하는 일꾼들인 것이다. 질병들은 하나님께서 지시하신 일을 수행한다. 때로는 하나님을 진노케 한 자들을 징벌하는 하늘의 응징으로써 사용되기도 한다. 또한 그들이 적군의 칼이 두려워 그들의 성읍에 집결해 있을 때 그들에게 염병이 임하리라고 경고되어 있다(25절). 사람이 많이 집결되면 될수록 염병이 주는 타격은 그만큼 커지는 것이다. 그러므로 그 염병이 일정한 곳을 방어하려고 모인 군사들 가운데 임하게 되면, 그 염병은 가장 치명적인 결과를 낳게 되는 것이다.

[2] 기근과 식량난이 여러 가지 경로로 그들에게 임할 것이다. 첫째, 약탈로 인하여 기근과 식량난을 당할 것이다. 너희의 대적이 그것을 먹을 것이다(16절). 미디안 군사가 행했듯이 모든 곡식을 빼앗아갈 것이다(삿 6:5-6). 둘째, 불순한

기후, 특별히 비가 부족함으로 인하여 기근과 식량난을 당할 것이다(19절). 한 방울의 비도 내리지 않게 하며 뜨거운 열기만 내뿜게 하여 내가 너희의 하늘을 철과 같게 할 것이다. 그리고 온 땅은 놋과 같이 건조해지고 굳어져 버리게 할 것이다. 그러면 경작하고 씨를 뿌리는 그들의 수고가 헛되게 될 것이라(20절)는 것이다. 땅의 소출의 증산은 인간의 부지런한 노력보다는 하나님의 자비로운 섭리에 더욱 의존되어 있기 때문이다. 이러한 재앙의 결과로 인해서 그들의 생명을 유지하는 양식이 끊어지게 되는 것이다(26절). 이 양식은 아마도 그들이 하나님의 축복보다도 더욱 많이 의지했을 그러한 것이다. 그 땅의 기근이 극심해질 것이다. 그리하여 옛날에는 각 가정이 자기들의 화덕에 떡을 구워 먹었으나, 이제는 열 가정이 겨우 한 화덕을 이용하게 될 만큼 기근이 극심해질 것이다. 그들과 그들의 자녀들과 종들은 식량이 모자라 먹어도 배부르지 않게 될 것이다. 그들의 양식이 부족하면 부족할수록 먹고 싶어하는 그들의 욕구는 더욱 커지는 것이다. 셋째, 그들의 성읍들이 적군에게 포위됨으로 인해서 식량난은 극에 달하게 되어 그들은 마침내 아들의 살을 먹을 것이며 딸의 살을 먹을 것이다(29절).

[3] 전쟁이 일어나고 패배를 맛보게 된다. "너희가 너희의 대적에게 패할 것이요(17절). 너희들이 뽑은 자들이 전장에서 죽을 것이며 너희를 미워하는 자가 너희를 다스릴 것이다. 너희를 사랑하는 하나님께서 너희를 다스리는 것을 싫어하였으니 그것은 마땅한 것이다"(대하 12:8). 적들이 그들을 다스리는 통치자들이 되며, 그 적들의 지배를 받는 백성들은 불행한 자들인 것이다. 그리고 그들(백성)의 통치자들이 그들의 대적이 되며 은밀한 중에 그들의 세력을 패망시키려고 하는 그러한 백성들은 정말로 불행한 백성들인 것이다. 이와 같이 하나님께서는 그들의 세력으로 말미암은 교만을 꺾을 것이다(19절). 하나님께서는 그들에게 열방을 다스릴 권세를 주셨다. 그러나 그들이 그 권세에 대해서 감사하며 그것으로 하나님의 나라 사업에 이바지하는 대신에 그 권세를 자랑하거나 그 권세를 주신 목적들을 곡해하게 되면 하나님께서 그 권세를 꺾어버리시는 것은 당연한 일이다. 그리하여 하나님께서는 칼을 그들에게로 가져다가 언약을 어긴 원수를 갚으실 것이다(25절). 하나님께서는 하나님과 맺은 언약을 파괴하는 자들과 싸우실 것이다. 하나님께서는 결코 배반하는 인간들의 반역으로 인하여 조롱당할 분이 아니시기 때문이다. 하나님께서는 하나님과 당겼

다 늦추었다 하며 조롱하는 자들을 대항해서 이러저러한 방법으로 보복을 하실 것이다.

[4] 사나운 짐승들인 사자나 곰이나 늑대들의 숫자가 늘어나서 그들의 길에 있는 모든 것을 갈기갈기 찢어버릴 것이다(22절). 이것은 2마리의 곰이 순식간에 42명의 어린 아이들을 물어 죽였다고 하는 기사와 같은 것이다(왕하 2:24). 이것은 에스겔서에 예고되어 있는 네 가지의 고통스러운 심판 중의 하나이다(겔 14:21). 그 예고는 본 장에 나타난 경고와 관계가 있는 것이 분명하다. 인간은 모든 피조물을 지배하도록 만들어졌다. 비록 피조물 중에 많은 것들이 인간보다 힘이 강할지라도, 인간이 먼저 하나님의 지배를 벗어나서 자기의 주권을 잃어버리지 않는 한, 모든 피조물은 결코 인간을 해치지 못할 것이며 모두가 인간을 위해 봉사했을 것이다. 그러나 이제 그 피조물들은 조물주를 배반한 그 인간을 배반하고 있는 것이다. 만군의 주 여호와께서 워하시면 언제든지 그 피조물들은 하나님의 진노의 수행자들이 되며 하나님의 정의의 일꾼들이 되는 것이다.

[5] 포로가 되고 민족이 분산될 것이라고 했다: **내가 너희를 여러 민족 중에 흩을 것이요**(33절), **원수의 땅에 흩을 것이라**(34절). 어떤 민족도 이스라엘 민족처럼 그렇게 결속되고 결합되지는 않았다. 그러나 그들의 죄로 인하여 하나님은 그 백성들을 분산시키셨다. 하나님께서는 그 백성들을 은혜로 이방 땅에서 구별하셨지만, 이제는 그들이 악해짐으로 말미암아 스스로 저들과 혼합되게 되었다. 그들은 분산되었을지라도, 하나님의 정의의 심판은 그것으로 끝나지 않을 것이다. 하나님의 공의는 그들이 어디를 가든지 그들을 찾아내어 뒤쫓을 칼을 뽑으실 것이다. 그들이 하나님의 심판에 대항할 수 없듯이, 그들은 하나님의 심판을 피할 수 없을 것이다.

[6] 그들의 땅이 완전히 황폐해질 것이다. 그 땅의 황폐가 너무나 현저하여 앞으로 그 땅을 황폐화시킬 그들의 원수들도 그 사실을 보고 놀랄 것이다(32절). 첫째, 그들의 성읍들은 황폐해지고 버려지고 주민이 없어지며 모든 건물들도 파괴될 것이다. 전쟁의 황폐를 모면한 자들도 결국은 스스로 퇴락해질 것이다. 둘째, 그들의 성소가 파괴될 것이다. 그들이 1년에 3번씩 모이는 그들의 성막은 물론이며, 그들이 매 안식일 때마다 예배를 위하여 모이는 회당까지도 파괴될 것이다. 셋째, 그 땅 자체가 황폐해져서 기경도 없을 것이다(34-35절).

그 때에 그 땅은 안식을 누리게 된다. 그 백성들이 하나님께서 그들에게 정해주신 안식년을 경건히 준행하지 않았으므로 그 때에 가서야 비로소 그 땅은 안식을 누린다는 것이다. 그들은 하나님께서 그 땅을 쉬게 하라고 명령하신 때에도 그 땅을 경작했다. 그러므로 그들이 그 땅에서 쫓겨난 것은 지극히 합당한 일이다. 이러한 묘사는 땅 자체가 그와 같은 죄인들을 거하게 하는 짐을 벗게 되면 기뻐하고 편히 쉬리라고 하는 것을 말해주는 것이다. 땅은 죄인들 때문에 무거운 짐을 지고 신음하고 있는 것이다(롬 8:20 이하). 바벨론에서의 그들의 포로 생활은 70년 동안 계속되었고 그 땅은 그렇게 오랫동안 그 안식년을 누렸다는 말씀(대하 36:21)은 이 사실을 말해 주는 것이다.

[7] 그들의 우상들이 파괴된다. 이것은 심판이라기보다는 오히려 자비를 베푸는 일이다. 그러나 하나님의 정의의 한 필연적 부분으로 여기에 언급되어 있는 것이다. 그들 위에 이러한 모든 비극을 가져온 것이 어떤 죄인가를 보여주기 위함이다: **내가 너희의 산당들을 헐며**(30절). 하나님의 명령을 받고도 죄에서 떠나지 아니하려는 자들은 하나님의 심판을 받고야 그 죄에서 떠나게 되는 것이다. 그들이 자신들의 산당들을 부수려고 하지 않았기 때문에 하나님께서 파괴하려고 하였던 것이다. 그들이 자신들의 우상에 대하여 보여준 부당한 애정을 책망하기 위하여, **너희들의 시체가 파손된 우상 위에 던져질 것이다** 라는 것이 예고되고 있다. 정욕에 빠진 자들은 조만간 보응을 받을 것이다. 그들의 우상들은 자기 자신들은 물론이요, 자기들을 예배하는 자들을 결코 구제하지 못할 것이다. 그러나 그 우상들을 만든 자들은 우상들과 함께 멸망해 버릴 것이며 함께 맹인처럼 구렁텅이에 빠지고 말 것이다.

(2) 본문에는 영적 심판이 경고되어 있다. 이 심판들은 사람의 마음에 미칠 것이다. 사람의 마음을 지으신 분께서는 원하시기만 하면 그 마음에 그분 자신의 칼을 꽂을 수 있기 때문이다. 본문에 묘사된 경고의 내용은 다음과 같다.

[1] 그들은 하나님의 인정을 받지 못하게 된다: **너희의 향기로운 냄새를 내가 흠향하지 아니하고**(31절). 그들에게 임한 하나님의 심판이 그들과 그들의 죄악을 나누지 못할 수는 있다. 그러나 그 심판들로 인해서 그들이 드리는 분향을 하나님께서는 받지 않으시는 것이다. 분향을 하는 것도 헛된 것이 되는 것이다. 하나님께서는 그들의 분향조차도 가증스럽게 여기시기 때문이다(사 1:13).

[2] 그들은 전쟁에서 완전히 사기를 잃게 되어 온전히 좌절되고 낙담하게 될

것이다. 그들은 그들을 쫓는 자가 없어도 무서워 도망하게 될 것이고(17절), 쫓는 자가 없어도 엎드러질 것이다(36절). 죄책을 지닌 양심은 그 자체가 스스로 끊임없는 공포심을 자아내어, 나팔 소리뿐만 아니라 잎사귀 소리에도 놀라 도망치게 된다(36절). 하나님을 두려워하지 않는 자들은 온갖 사물이 다 그들의 공포의 대상이 되고 마는 것이다(잠 28:1). 그들의 두려움으로 인해서 그들은 서로 짓밟혀 넘어질 것이다(37-38절). 죄를 더하는 자들은 두려움도 더하게 될 것이다.

[3] 그들은 그들의 죄가 용서되리라는 희망조차 가지게 못하게 되는 것이다: 자기의 죄로 말미암아 쇠잔하며(39절). 그들이 어찌 능히 살리요(겔 33:10). 죄를 짓는 데에 대담한 자들을 죄의 용서를 바랄 수 없는 절망에 처하도록 버려두시는 것은 하나님에게는 지극히 합당한 일인 것이다. 우리가 죄 속에서 나서 죄 속에서 살아가면서도 죄 속에서 하나님의 비리심을 반지 않는 것은 값없이 주시는 하나님의 은총 덕분인 것이다.

40그들이 나를 거스른 잘못으로 자기의 죄악과 그들의 조상의 죄악을 자복하고 또
그들이 내게 대항하므로 41나도 그들에게 대항하여 내가 그들을 그들의 원수들의
땅으로 끌어 갔음을 깨닫고 그 할례 받지 아니한 그들의 마음이 낮아져서 그들의
죄악의 형벌을 기쁘게 받으면 42내가 야곱과 맺은 내 언약과 이삭과 맺은 내 언약을
기억하며 아브라함과 맺은 내 언약을 기억하고 그 땅을 기억하리라 43그들이 내 법
도를 싫어하며 내 규례를 멸시하였으므로 그 땅을 떠나서 사람이 없을 때에 그 땅
은 황폐하여 안식을 누릴 것이요 그들은 자기 죄악의 형벌을 기쁘게 받으리라 44그
런즉 그들이 그들의 원수들의 땅에 있을 때에 내가 그들을 내버리지 아니하며 미
워하지 아니하며 아주 멸하지 아니하고 그들과 맺은 내 언약을 폐하지 아니하리니
나는 여호와 그들의 하나님이 됨이니라 45내가 그들의 하나님이 되기 위하여 민족
들이 보는 앞에서 애굽 땅으로부터 그들을 인도하여 낸 그들의 조상과의 언약을
그들을 위하여 기억하리라 나는 여호와이니라 46이것은 여호와께서 시내 산에서 자
기와 이스라엘 자손 사이에 모세를 통하여 세우신 규례와 법도와 율법이니라

본 장은 그들이 회개하고 돌아오면 하나님의 은혜가 다시 그들에게 임하게 되리라고 하는 은혜로운 약속으로 결론을 맺고 있다. 그들은 (그들이

자기 자신들의 과실로 인하지 않는 한) 그들의 죄로 말미암아 쇠잔해지지 않을 것이라는 것이다. 하나님의 심판에 대하여 고집스럽게도 외면하면서 자신들이 극한 상황에 놓이기까지는 결코 그 심판에 복종하려고 생각하지 않는 그런 자들에게도 주시는 하나님의 풍성한 자비를 어찌 경탄하지 않을 수 있겠는가! 갇혀 있으나 소망을 품은 자들아 너희는 요새로 돌아올지니라(슥 9:12). 사태가 아무리 악화되었을지라도 그들이 변화될 개선책은 있는 것이다. 여전히 이스라엘에게는 희망이 있도다! 다음의 내용들을 관찰해 보자.

I. 이러한 자비를 그들이 받을 수 있도록 해주는 회개가 기술되어 있다(40-41절). 그 회개의 실례가 3가지로 서술되어 있다.

1. 고백. 이 고백을 통해서 그들은 하나님께 영광을 돌려야만 하고 자신들은 부끄러움을 느껴야만 하는 것이다. 자신들의 죄와 자기 조상들의 죄까지 뉘우치는 고백이 있어야만 한다. 그들은 그 죄를 슬퍼해야만 한다. 그들은 그 죄의 아픔을 이미 경험했기 때문이다. 그렇게 함으로써 그들은 진노의 대상에서 제외될 수 있는 것이다. 그들은 자신들의 죄를 고백할 때 자신들의 죄가 하나님을 대항하는 가장 악한 죄였다는 것을 아뢰어야만 한다. 이것은 죄 중에서 가장 악질적인 죄이다. 이런 죄를 고백할 때는 특별히 비통해하지 않을 수 없는 것이다. 또한 그들은 하나님의 진노도 고백해야만 한다. 그들은 자신들이 고통을 당하게 되었던 수단들인 2차적인 요인들을 중요하게 볼 것이 아니라 하나님께서 그들을 대항하셨다고 하는 사실과 그래서 하나님께서는 그들의 죄에 따라서 그들을 다루셨다고 하는 사실을 고백해야 하는 것이다. 우리는 이러한 고백의 실례를 다니엘의 고백에서 엿볼 수 있다. 다니엘은 그 민족의 구원의 날 새벽 바로 직전에 그러한 고백을 했었던 것이다(단 9장). 에스라와 느헤미야 9장도 같은 내용이다.

2. 죄에 대한 가책과 경건한 애통: 그 할례 받지 아니한 그들의 마음이 낮아져서. 뉘우칠 줄 모르고 신앙이 없으며 겸손하지 못한 마음을 할례 받지 못한 마음이라고 불렀다. 즉 하나님과 계약을 맺은 이스라엘 백성의 마음이 아니라 하나님께 대하여 낯선 자들인 이방인들의 마음이라는 뜻이다. 참된 할례는 마음의 할례이다(롬 2:29). 마음의 할례가 없는 육체의 할례는 아무런 효용이 없는 것이다(렘 9:26). 그러나 이제 회개를 통해서 그들의 할례 받지 못한 마음이 겸손해진 것이다. 즉, 그 마음이 죄로 인하여 진정으로 찢겨지고 뉘우침으로 가득

하게 된 것이다. 그러므로 겸비한(낮아진) 섭리 아래에 있는 겸손한 마음은 구원과 참된 위로를 받을 준비가 된 것이다.

3. 하나님께서 행하신 모든 일들 속에 나타난 하나님의 정의에 순복해야 한다. 그런 다음에 그들이 그들의 죄악의 형벌을 기쁘게 받으면(41, 43절), 즉 그들이 하나님의 공의로우심을 인정하고 자신들을 정죄한다면 그들은 회개한 자들인 것이다. 특별히 그 징벌을, 그들이 받아 마땅하다고 그들이 인내하는 마음으로 감수하며, 하나님의 진노의 뜻을 주의 깊게 관찰하여 거기에 응답하며, 그 진노를 하나님께서 베푸시는 자비로서 하나의 치료약이라고 생각하고 그 징벌을 선용한다면, 그들은 정말로 회개한 자들인 것이다.

Ⅱ. 그들이 회개하고 나면 얻을 수 있는 하나님의 자비는 어떻게 묘사되고 있는가.

1. 그들은 결코 버림을 당하지 않는다: 비록 그들이 내 법도를 싫어하며 내 규례를 멸시하였을지라도 내가 그들을 내버리지 아니하며(43-44절). 하나님께서는 마치 자신을 분노하게 만들었던 아들에 대해서 부자(父子)의 관계를 의절하고 싶어하지 않으시는 자애로운 아버지처럼 말씀하신다. 내가 어찌 그리하겠느냐!(호 11:8-9) 하나님께서 친히 이방 세계에다 교회의 기초를 건립하시기까지는 실로 유대 교회는 완전히 버림을 당하거나 던져버림을 당하지 않았던 것이다.

2. 하나님께서 그들을 기억하시리라 하셨다. 이미 세웠던 약속에 근거하여 내가 은혜로 그 땅을 기억하고, 내가 내 언약을 기억할 것이다(42절). 이 말씀은 다시 반복된다(45절). 하나님께서 언약의 약속을 이행하실 때에 언약을 기억하리라고 말씀하신다고 말하고 있다. 이것은 진실로 하나님의 신실하심을 위하신 것이다. 우리가 하나님의 은혜를 받을 수 있도록 하는 어떤 것이 우리 속에 있기 때문이 아니라 하나님께서 그분의 말씀에 신실하시기 때문인 것이다. 이것이 바로 교회가 하나님께 간구하는 것이다. 즉, 교회는 그 언약을 눈여겨 보소서(시 74:20)라고 간구해야만 하는 것이다. 하나님께서는 언약으로 세우신 조문을 기억하실 것이다. 그 언약에는 인간의 회개를 위한 여지도 남겨 두셨고, 회개하는 자를 용서하시겠다고 약속하셨고, 언약의 중보자도 약속하셨다. 그 언약의 중보자는 아브라함과 이삭과 야곱에게 약속하셨던 분으로 그 거룩한 언약을 기억하셔서 때가 찼을 때 보내주셨던 것이다. 본문에 언약이라고 하는

어휘가 세 번 나온다. 이것은 하나님께서 그 계약을 영원토록 마음에 두고 계신다는 것과 우리도 그렇게 해주기를 원하신다고 하는 것을 나타내는 것이다. 또한 그 언약을 맺은 사람들이 특별한 방식으로 언급되고 있다. 즉, 야곱으로부터 시작해서 점차적으로 가장 오래된 약속인 믿음의 조상과 맺어진 언약을 오름차순으로 기술하고 있는 것이다. 이와 마찬가지로 미가서에도 하나님께서는 야곱에게 성실을 베푸시며 아브라함에게 인애를 더하신다고 말하고 있다(미 7:20). 하나님께서는 그들을 위해서 기억하실 것이다(45절). 그들의 공적을 기억하는 것이 아니라 그들이 언약의 상대자라는 사실로 인해서 그들의 조상들의 언약을 기억하실 것이다. 그 조상들에게 맺어진 언약으로 인해서 비록 가장 합당치 못한 자들이라 할지라도 그 후손들에게 자비를 보이실 것이라는 것이다. 그러므로 그들을 택하심으로 하면 조상들로 말미암아 사랑을 입은 자라고 말하고 있는 것이다(롬 11:28). 하나님을 대적하여 죄악의 길을 걷던 자들이 진실로 회개하고 하나님께로 돌아오면, 비록 하나님께서는 그들을 대적하여 심판하셨을지라도, 구원과 은혜의 계약을 기억하셔서, 특별한 자비의 길을 통해서 다시금 그들에게 향하시는 것이다.

마지막으로, 여호와께서 자기와 이스라엘 자손 사이에 세우신 율법이라고 하는 말씀이 있다(46절). 하나님과 그분의 교회의 교제는 하나님의 율법에 의해서 지속된다. 하나님께서는 그들에게 하나님 자신의 율법을 주심으로써 하나님께서 그들을 다스리고 계신다고 하는 하나님의 주권뿐만 아니라 그들에 대한 사랑을 나타내신 것이다. 그들은 그 율법을 준행함으로써 그들의 거룩한 경외심뿐만 아니라 거룩한 사랑을 표현하게 되는 것이다. 그러므로 그 율법은 하나님과 그들 사이에 하나의 법으로서보다는 언약으로 세워진 것이다. 하나님께서는 율법을 통해서 인간과 연결을 맺고 계시기 때문이다.

제 27 장

개요

앞 장의 마지막 절은 법령을 기술하고 있는 책을 마무리하고 있는 듯이 보였다. 그러나 앞 장으로 끝나지 않고 본 장은 일종의 부록으로서 첨부된 것이다. 제도화되어 세워진 사역에 관한 율법들을 주신 뒤에 하나님께서는 본 장에서 백성들이 자신들의 입으로 하는 서원과 자발적으로 감당하는 일들과 이스라엘 백성들이 드리는 자원제물에 관해서 지침들을 주고 계신다. 아마도 이스라엘 백성들 중에 몇몇 매우 경건하게 헌신된 사람들은 앞 장에서 모세가 그들에게 전해준 것에 매우 큰 감동을 받았던 것 같다. 그래서 그들은 모세가 전해준 것을 듣고 자신들과 그들의 자녀들, 그리고 그들이 가지고 있는 재산들을 구별하여 드리는데 매우 열심을 내게 되었던 것 같다. 매우 진실한 마음으로 의도된 것이기 때문에 하나님께서는 이것을 받으셨을 것이다. 그러나 인간은 그러한 마음으로 한 맹세에 대해서 쉽게 후회를 하곤 하기 때문에, 하나님께서는 그렇게 구별되어 드려진 것을 일정한 비율로 배상함으로 속량할 수 있는 여지를 남겨주셨다. 본문에는 다음과 같은 내용들이 있다. I. 하나님께 거룩히 구별되어 바쳐진 것들에 대한 율법이 있다. 사람(2-8절)과 정하고 부정한 가축(9-13절)과 집과 토지(14-25절)와 첫 태생에 대한 예외 조항(26-27절) 등에 대해서 규정하고 있다. II. 바쳐진 것에 관한 율법이 있다(28-29절). III. 십일조에 관한 율법이 있다(30절 이하).

1여호와께서 모세에게 말씀하여 이르시되 2이스라엘 자손에게 말하여 이르라 만일
어떤 사람이 사람의 값을 여호와께 드리기로 분명히 서원하였으면 너는 그 값을
정할지니 3네가 정한 값은 스무 살로부터 예순 살까지는 남자면 성소의 세겔로 은
오십 세겔로 하고 4여자면 그 값을 삼십 세겔로 하며 5다섯 살로부터 스무 살까지는
남자면 그 값을 이십 세겔로 하고 여자면 열 세겔로 하며 6일 개월로부터 다섯 살까
지는 남자면 그 값을 은 다섯 세겔로 하고 여자면 그 값을 은 삼 세겔로 하며 7예순
살 이상은 남자면 그 값을 십오 세겔로 하고 여자는 열 세겔로 하라 8그러나 서원자
가 가난하여 네가 정한 값을 감당하지 못하겠으면 그를 제사장 앞으로 데리고 갈

것이요 제사장은 그 값을 정하되 그 서원자의 형편대로 값을 정할지니라 9사람이
서원하는 예물로 여호와께 드리는 것이 가축이면 여호와께 드릴 때는 다 거룩하니
10그것을 변경하여 우열간 바꾸지 못할 것이요 혹 가축으로 가축을 바꾸면 둘 다 거
룩할 것이며 11부정하여 여호와께 예물로 드리지 못할 가축이면 그 가축을 제사장
앞으로 끌어갈 것이요 12제사장은 우열간에 값을 정할지니 그 값이 제사장의 정한
대로 될 것이며 13만일 그가 그것을 무르려면 네가 정한 값에 그 오분의 일을 더할
지니라

이것은 독특한 서원(誓願)들, 즉 특별한 서원들에 관한 율법의 지침들이다. 하나님께서는 명백하게 그러한 율법을 말씀하지는 않으셨다. 하지만 만약에 그러한 서원들이 하나님의 일반 계율에 어긋나지 않고 조화될 수 있는 것들이라면, 하나님께서는 그러한 서원들을 기쁘게 받으려고 하셨던 것이다. 우리는 '우리가 하나님의 영광과 영예를 위해서 꼭 해야 할 일뿐만 아니라 해도 좋은 일이 무엇인가?' 라고 여쭈어보아야만 하는 것이다. 존귀한 자는 존귀한 일을 계획하듯이(사 32:8), 경건한 자는 경건한 일을 계획하는 것이다. 넓은 마음을 가진 자는 하나님과 같이 선한 주인을 섬기는데 있어서 특별한 무엇인가를 기꺼이 하려고 한다. 우리가 하나님께 어떤 특별한 자비를 받든지 혹은 그러한 특별한 자비를 기대할 때에는 어떤 특별한 서원을 함으로써 하나님을 영화롭게 하는 것이 좋은 것이다.

I. 본문에는 어떤 특별한 서원으로 하나님께 드려진 사람들의 경우를 언급하고 있다(2절). 만약에 어떤 사람이 자기 자신이나 자녀를 성막의 사역을 위하여 성별하여 그 성막에서 마루를 닦는다거나 재를 날라 버린다거나 심부름을 하는 일과 같은 어떤 하급의 일들을 감당하는 데에 쓰임을 받도록 했다면, 그렇게 성별된 사람은 여호와께 드려지는 것이다. 즉, "하나님께서 그 좋은 의도를 기쁘게 받으실 것이다". 이 마음이 네게 있는 것이 좋도다(대하 6:8). 그러나 하나님께서는 성막의 일과 관련해서 그들의 사역을 사용하셨다고 하는 경우들이 없었던 것 같다. 성막의 사역을 위해서 한 지파 전체가 배정이 되어 있었으므로 서원된 자들은 속량되어야만 했다. 그 서원된 자들의 속량을 위해서 지불된 돈은 성소의 수리를 위해서나 왕상 12:14에 보이는 성소의 다른 용도들을 위해서 사용되었던 것이다. 왕상 12:14의 난외에는 그 돈은 바로 그의 영혼을 계

산한 돈이라고 말하고 있다. 그러므로 비율에 대해서 기록한 책이 마련되었고 제사장들은 그들의 값을 계산할 때 그 책의 비율을 따랐던 것이다. 본문에는 다음과 같은 내용들이 있다.

1. 20세에서 60세까지의 중간 나이의 비율은 가장 비쌌다. 그들은 사역에 있어서 가장 유용성이 있고 가능성이 많은 사람들이었기 때문이다. 그러므로 남자는 50세겔, 여자는 30세겔을 내야만 했다(3-4절). 그 당시에는 여성이 남성보다 값이 비싸지 않게 평가되었으나 그리스도 안에서는 결코 그렇지 않다. 남자나 여자나 다 그리스도 예수 안에서 하나이기 때문이다(갈 3:28). 자신들 생애의 황금기를 지나고 있는 사람들은, 아직 충분히 역량이 자라지 못한 어린 사람들이나 이미 나이가 들어버린 노인들보다는 자신들을 하나님과 그들의 세대에게 주어진 사역을 위해서 더 많은 일을 해야 하는 자들로 생각해야만 하는 것이다.

2. 5세 이상 20세 미만의 젊은이들의 값의 비율은 좀 더 적었다. 그 나이 대에 있는 사람들은 사역을 감당하는 능력이 좀 떨어졌기 때문이다(5절).

3. 5세 미만의 유아들도 자신들의 부모들에 의해서 하나님께 바쳐질 수 있었다. 심지어는 사무엘처럼 그 유아들이 출생하기 전에도 서원될 수 있었다. 그러나 출생 후 1개월이 되기 전에는 드려지거나 값으로 속량될 수 없었다. 남자 아이들이 생후 첫 안식일이 지난 후에야 할례를 받을 수 있었듯이, 유아들이 속량되기 위해서는 한 번의 새로운 달이 지나야만 했던 것이다. 그러나 그들의 값은 적었다(6절). 그렇지만 하나님께 서원되었던 사무엘은 속량되지 않았다. 그는 레위인이었기 때문이며 하나님의 특별한 총애를 받는 자였기 때문이었다. 그러므로 그는 어려서부터 성막의 사역을 위해서 쓰임을 받았던 것이다.

4. 노인들은 젊은이보다 가치가 적었으나 어린아이들보다는 많았다(7절). 히브리인들은 다음과 같은 사실에 주목한다. 즉, 나이든 여자들의 값이 나이든 남자 값의 2/3로서 노인이 되면 여자의 값이 남자의 값에 좀 더 근접하게 된다고 하는 것이다. 이러한 연유로 인해서 유대인들 가운데에(패트릭[Patrick] 주교가 인용하고 있는 대로) 다음과 같은 속담이 회자되곤 했던 것이다. 즉, 늙은 여인은 그 집안의 보물이다 라고 했던 것이다. 바울이 늙은 여자들을 선한 것을 가르치는 자들로 삼으라고 말했을 때(딛 2:3), 그는 나이든 여인들을 지극히 높이

평가했던 것이다.

5. 가난한 자들은 그들의 형편에 따라서 평가되었다(8절). 가난한 자들도 무엇인가 하나님께 드려야만 했다. 그렇지만 그들은 하나님께 성급히 서원해서는 안 된다는 것을 배웠을 것이다. 하나님은 우매한 자들을 기뻐하지 아니하시기 때문이다(전 5:4). 그들은 자신들의 형편 이상 서원하는 것이 아니라 그들의 소유에 따라서 서원해야 하는 것이다. 그들의 열심으로 인해서 그들 자신이나 그들의 가족을 망하게 해서는 안 되었던 것이다. 하나님께서는 사람들이 가진 능력에 따라서 그들에게 요구하고 기대하시는 것이지 그들이 가지고 있지 않는 것을 요구하고 기대하시지는 않는 것이다(눅 21:4).

Ⅱ. 하나님께 서원된 짐승들에 관한 경우가 있다.

1. 서원한 것이 하나님께 희생제물로 드려진 것과 같은 정결한 짐승이었다면, 속량되어서도 그와 동등한 어떤 것으로 바꾸어서도 안 되었다: 그것은 거룩하니라(9-10절). 그러한 짐승이 서원된 뒤에는 어떤 일반적인 용도로 사용될 수 없었고, 더 못한 것으로 바꾸어서도 안 되었다. 그 짐승은 반드시 제단에 바쳐야만 했다. 혹은 만약에 어떤 흠이 있어서 제단에 바쳐질 수 없게 된다 할지라도 서원한 자가 그것을 이용해서는 안 되었고 제사장들이 그들 자신의 용도를 위해서 그것을 가져야만 했다(제사장들은 하나님의 수납자들이기 때문이다). 그렇지 않으면 그 서원된 짐승은 성소의 사역을 위해서 팔아야만 했다. 이것은 서원을 할 때는 조심해야 하며, 서원된 것은 끝까지 지켜야 한다는 것을 가르쳐주고 있는 것이다. 함부로 이 물건은 거룩하다 하여 서원하고 그 후에 살피면 그것이 그 사람에게 덫이 되기 때문이다(잠 20:25). 다음과 같은 자선의 법칙은 이러한 서원의 경우를 말하고 있는 것 같다: 각각 그 마음에 정한 대로 할 것이요(고후 9:7).

2. 서원한 짐승이 부정한 것이면 제사장에게로 끌고 가서 정하는 용도에 따라 값을 결정하게 된다. 그러나 서원한 자가 원한다면 그 값을 치르고 그 짐승을 무를 수 있었다. 그 때는 정한 값의 1/5을 더 내야 한다 (11-13절). 사람들이 자신들의 변덕스러움으로 인해서 벌을 받는 것은 당연한 일인 것이다. 하나님께서는 하나님의 사역에 관한 그분 자신의 마음을 우리에게 알려주셨다. 우리가 우리 자신의 마음을 모른다면 하나님께서는 기뻐하지 않으신다. 하나님은 하나님과 관계를 맺고 있는 사람들이 철두철미하고 그들이 서 있어야 될 자리

에 서 있기를 기대하고 계시는 것이다.

[14]만일 어떤 사람이 자기 집을 성별하여 여호와께 드리려하면 제사장이 그 우열간
에 값을 정할지니 그 값은 제사장이 정한 대로 될 것이며 [15]만일 그 사람이 자기 집
을 무르려면 네가 값을 정한 돈에 그 오분의 일을 더할지니 그리하면 자기 소유가
되리라 [16]만일 어떤 사람이 자기 기업된 밭 얼마를 성별하여 여호와께 드리려하면
마지기 수대로 네가 값을 정하되 보리 한 호멜지기에는 은 오십 세겔로 계산할지
며 [17]만일 그가 그 밭을 희년부터 성별하여 드렸으면 그 값을 네가 정한 대로 할 것
이요 [18]만일 그 밭을 희년 후에 성별하여 드렸으면 제사장이 다음 희년까지 남은 연
수를 따라 그 값을 계산하고 정한 값에서 그 값에 상당하게 감할 것이며 [19]만일 밭
을 성별하여 드린 자가 그것을 무르려면 네가 값을 정한 돈에 그 오분의 일을 더할
지니 그리하면 그것이 자기 소유가 될 것이요 [20]만일 그가 그 밭을 무르지 아니하려
거나 타인에게 팔았으면 다시는 무르지 못하고 [21]희년이 되어서 그 밭이 돌아오게
될 때에는 여호와께 바친 성물이 되어 영영히 드린 땅과 같이 제사장의 기업이 될
것이며 [22]만일 사람에게 샀고 자기 기업이 아닌 밭을 여호와께 성별하여 드렸으면 [23]
너는 값을 정하고 제사장은 그를 위하여 희년까지 계산하고 그는 네가 값을 정한
돈을 그 날에 여호와께 드려 성물로 삼을지며 [24]그가 판 밭은 희년에 그 판 사람 곧
그 땅의 원주인에게로 되돌아갈지니라 [25]또 네가 정한 모든 값은 성소의 세겔로 하
되 이십 게라를 한 세겔로 할지니라

본문에는 특별한 서원을 통해서 하나님의 사역을 위해 바쳐진 실물 재산들의 경우에 관한 율법이 있다.

I. 만약에 하나님께 영광 돌리고 싶은 열정 가운데 있는 어떤 사람이 자기 집을 성별하여 하나님께 드렸다면, 제사장은 그 집의 값을 정해야만 했으며 그 집을 팔아 얻은 돈은 성소를 위해서 사용되어야만 했다(14절). 성소는 점차적으로 성별된 것들로 인해서 크게 부유해졌다(왕상 15:15). 그러나 그 집주인이 그 집을 무르기를 원하면, 그는 다른 것과 같이 싼 값을 치르고 가져서는 안 되며 제사장이 정한 값의 1/5을 더해서 내야만 했다(15절). 그는 그것을 서원하기 전에 신중히 생각했어야만 했기 때문이다. 하나님께서 빈궁한 자에게는 그 값을 감해 주셨다(8절). 그러나 변덕이 심하고 기분에 따라 움직이며 처음 생각

보다 이 세상이나 자신의 속된 유익에 더 기울어지는 생각을 품는 자들에게는 하나님께서 그 값을 올리셨다. 하나님을 찬양하라! 우리의 집들을 팔거나 사지 않고 우리 집들을 주님에게 거룩하게 구별하여 바칠 수 있는 길이 있도다! 우리와 우리의 집이 주님을 섬기고 우리의 집안에 신앙의 법칙이 있게 되면, 우리는 온갖 죄악을 우리 집에서 멀리 추방하는 것이고 우리의 집 안에 교회를 가지게 되는 것이다. 우리의 집에는 여호와께 성결이라고 하는 글자가 새겨지고, 우리의 집은 하나님의 것이 되며, 하나님께서는 그 집안에서 우리와 함께 거하시게 될 것이다..

Ⅱ. 만일 어떤 사람이 자신의 땅 중에서 얼마를 경건한 목적에 사용하고자 여호와께 성별했다면, 땅에 따라서 구별(차이점)이 있어야만 한다. 즉, 유업으로 기부자에게 주어진 땅과, 기부자가 돈을 주고 산 경우로 서로 다른 경우들이다.

1. 만약에 그 땅이 조상으로부터 물려받은 유산인 경우, 즉 본문에서는 **자기 기업된 밭**이라고 부르고 있는데, 이러한 땅은 가나안 땅을 분할한 그 때로부터 그 가문에 속해 있는 땅이므로 그는 그 땅 전체를 바칠 수는 없었다. 결코 바칠 수 없는 것이다! 성소를 위해서라 할지라도 바칠 수 없었다. 하나님께서는 한 집안을 파멸시킬 정도의 극심한 열성은 받지 않으려 하셨던 것이다. 그러나 그 유산(토지)의 일부는 성별하거나 헌납할 수 있었다(16절). 그런 경우에 (1) 그 토지는 보리를 경작할 수 있는 분량에 따라서(우리의 시골 농부들이 흔히 땅을 계산하는 대로) 값을 정해야만 했다. 보리 한 호멜(homer) 또는 한 고멜(chomer)을 경작할 수 있는 땅은 50세겔로 값을 정했다(한 호멜은 10에바였다 [겔 45:11]; 어떤 사람들은 이것을 한 오멜로 해석하나 그것은 잘못이다. 한 오멜[omer]은 에바의 십분의 일이다 [출 16:36]). 이 값은 적절한 값이다(16절). 그러나 이 밭 값은 희년이 지난 직후에 곧 거룩히 구별되었을 때의 값이다 (17절). 만약에 희년이 지난 뒤 몇 년 지난 뒤에 드려졌으면, 그 지난 년 수에 따라서 값도 내려가야만 했다(18절). (2) 그리고 값이 정해지고 나서 그 주인이 무르기를 원할 때에는 한 호멜지기에 60세겔을 내야만 했다. 이것은 정해진 값에 1/5을 더한 값이었다. 그럴 경우 그 돈은 성소로 가져가고, 그 토지는 헌납했던 자에게 되돌아가게 되었다(19절). 그러나 그가 무르기를 원치 않을 때에는, 제사장이 그 땅을 다른 사람에게 팔았다. 희년을 넘어서서 팔 수는 없었으므로, 희

년이 되면 제사장에게로 되돌려져서 영원토록 제사장의 몫이 되었다(20-21절). 여호와께 바쳐진 것은 취소될 수 없는 것이다. 여호와께 봉헌된 것은 영원한 언약에 따라서 영원토록 그분의 것이 되어야만 하는 것이다.

2. 만약에 그 땅이 구입한 것으로 조상들로부터 물려받은 것이 아니라면, 그 땅 자체가 아니라 그 땅에 해당하는 돈을 경건한 용도를 위해서 제사장에게 드려야만 했다(22, 24절). 하나님의 축복으로 인해서 다른 사람의 땅을 사들일 정도로 부유하게 된 사람들은 하나님께 대한 감사의 표시로 자신이 사들인 땅의 최소한 얼마를 하나님의 사역을 위해 거룩히 구별하여 바쳐야만 한다고 하는 것이다(본문에는 그들이 제한을 받지 않고 있다. 그들이 원하면 다 바칠 수도 있었던 것이다). 우리는 하나님이 우리를 번성케 한 분량에 따라(수입에 따라) 하나님께 바쳐야 하기 때문이다(고전 16:2). 땅을 사들인 자들은 특별한 방식으로 자선을 베풀 의무가 있는 것이다. 한편 앞에서 나온 율법에 따라서 팔린 토지는 희년이 되면 그것을 팔았던 원 주인에게로 되돌아가야만 했다. 하나님은 토지를 고르반이라고 함으로써 그 율법이나 그 율법의 의도가 파괴되는 것을 원치 않으셨던 것이다(막 7:11). 땅 값은 서원한 때로부터 희년까지 남아 있는 기간에 따라서 정해져야만 했다. 그 기간 동안만 그 땅은 사들인 자의 것이 되었던 것이다. 하나님께서는 불의의 강탈을 미워하시기 때문이다. 우리는 이웃에게 잘못 행한 것을 가지고서는 결코 하나님을 기쁘게 섬길 수 없는 것이다. 많은 돈을 주고 샀을지라도 그 땅은 희년 때까지만 자신의 손 안에 있는 것이다. 희년이 되면 모든 저당권들은 탕감되는 것이다. 그러므로 심지어는 사서 하나님께 헌납되었던 땅이라도 원 주인에게 돌아가게 되는 것이다. 이 모든 계산이 이루어지는 세겔의 값이 확실하게 언급되어 있다(25절). 1세겔은 20게라였으며 1게라는 16바알리 코온(barley-corn)이었다. 이것은 그 이전에 정해진 비율이다(출 30:13). 그 후에 다소간의 변경이 생겼지만, 에스겔이 본 환상의 성전에 관한 율법에서는 세겔이 다시 정해졌다(겔 45:12). 이것은 복음이 모든 것을 그 본래의 측정 표준으로 환원시켜 준다는 것을 나타내주기 위한 것이다.

[26]오직 가축 중의 처음 난 것은 여호와께 드릴 첫 것이라 소나 양은 여호와의 것이니 누구든지 그것으로는 성별하여 드리지 못할 것이며 [27]만일 부정한 짐승이면 네가 정한 값에 그 오분의 일을 더하여 무를 것이요 만일 무르지 아니하려면 네가 정

한 값대로 팔지니라 [28]어떤 사람이 자기 소유 중에서 오직 여호와께 온전히 바친 모
든 것은 사람이든지 가축이든지 기업의 밭이든지 팔지도 못하고 무르지도 못하나
니 바친 것은 다 여호와께 지극히 거룩함이며 [29]온전히 바쳐진 그 사람은 다시 무르
지 못하나니 반드시 죽일지니라 [30]그리고 그 땅의 십분의 일 곧 그 땅의 곡식이나
나무의 열매는 그 십분의 일은 여호와의 것이니 여호와의 성물이라 [31]또 만일 어떤
사람이 그의 십일조를 무르려면 그것에 오분의 일을 더할 것이요 [32]모든 소나 양의
십일조는 목자의 지팡이 아래로 통과하는 것의 열 번째의 것마다 여호와의 성물이
되리라 [33]그 우열을 가리거나 바꾸거나 하지 말라 바꾸면 둘 다 거룩하리니 무르지
못하리라 [34]이것은 여호와께서 시내 산에서 이스라엘 자손을 위하여 모세에게 명령
하신 계명이니라

본문에는 다음과 같은 내용들이 있다.

I. 어느 누구도 짐승의 첫 태생을 하나님께 성별하여 드린다고 함으로써 농담하지 못하도록 주의를 주고 있다. 첫 태생 짐승은 이미 율법에 의하여 하나님의 소유가 되었기 때문이다 (26절). 일반적인 서원의 대상물은 거룩한 언약에 따라서 우리가 이미 꼭 드려야만 할 의무가 있는 것이다. 하지만 특별 서원으로 바칠 예물은 우리가 이미 지켜야 되는 그러한 조건들에 놓여 있는 것을 가지고 드려서는 안 되는 것이다. 부정한 짐승의 첫 태생에 관한 율법(27절)은 앞의 경우와 마찬가지이다(11-12절).

II. 본문에는 바쳐진 물건들이나 사람들은 단지 성별된 것들과는 구별된다고 말하고 있다.

1. 온전히 바쳐진 것들은 여호와께 지극히 거룩하여 무르거나 팔지 못한다고 했다(28절). 그러한 것들은 지극히 거룩한 것이라고 일컬어지는 제물과 마찬가지인 것이다. 그렇게 지극히 거룩한 것들은 제사장들 외에는 그 어느 누구도 만지지도 못하는 것들이다. 이러한 것들과 다른 성별된 것들 사이의 차이점은 서원의 다른 표현 방식으로부터 생겨난 것이다. 만약에 어떤 사람이 어떤 물건을 하나님께 바쳐 그것을 다른 어떤 목적을 위해 결코 팔지 않겠다고 단호한 저주와 더불어 서약하게 되면, 그 물건은 온전히 바쳐진 것이 되었다.

2. 하나님께 온전히 바쳐진 사람들은 죽여야만 했다(29절). 자식이나 종을 죽일 수 있는 권한은 그 부모나 상전에게 있는 것이 아니었다. 그러므로 여기

에서 말하는 온전히 바쳐진 사람들이라고 하는 것은 이스라엘 민족의 공적(公敵)으로 지명된 자들을 의미하는 것이 분명하다. 이들은 이스라엘 백성들이 동맹을 맺어서는 안 되었던 가나안의 7족속처럼 하나님의 명령이나 회중의 선고(宣告)를 받은 자들이었던 것이다. 특별히 여리고 성은 바로 이렇게 온전히 바쳐진 경우이다(수 6:17). 야베스 길르앗 주민들은 사형에 처해졌었다. 미스바에 모이지 않은 사람들 위에 선포된 저주의 맹세를 어겼기 때문이었다(삿 21:9-10). 입다는 자신의 딸을 온전히 바쳐진 사람으로서 속량될 수 없는 희생제물로 드렸는데, 어떤 사람들은 입다의 이와 같은 행위는 이 율법의 진정한 의도와 의미가 바로 알려져 있지 않았기 때문이라고 생각하기도 한다.

Ⅲ. 십일조에 관한 율법이 있다. 아브라함이 십일조를 바쳤고(창 14:20) 야곱이 십일조를 약속했었다(창 28:22). 그러므로 십일조는 앞에 나온 율법이 생기기 이전에 있었던 것으로 하나님의 사역을 위해 바쳐진 것이다. 본문에는 십일조에 대해서 다음과 같이 명령되어 있다.

1. 이스라엘 백성들은 그들의 모든 소산물, 즉 곡물이나 나무의 열매나 가축의 십일조를 바쳐야만 한다(30, 32절). 그들이 어떤 종류의 산물을 얻게 되었든지 그것을 십일조를 드릴 수 있는 것이라면, 십일조로 하나님께 영광을 돌려야만 했다. 이렇게 함으로써 그들은 하나님께서 그들이 가지고 있는 땅의 주인이시며 그 모든 소산을 주신 분이고, 자신들은 단지 소작인이며 그분께 의존되어 있음을 인정했던 것이다. 이로써 그들은 자신들이 누린 그 풍요에 대하여 하나님께 감사를 드리며, 그와 같은 은혜를 계속해서 내려주시기를 기원했던 것이다. 우리도 일반적으로 우리의 제물로 여호와를 공경해야 한다고 배우고 있다(잠 3:9). 특별히 하나님의 사역자들의 생계를 지원해 주어야 하며 그들과 나누어야 한다는 것을 들어 알고 있다(갈 6:6; 고전 9:11). 이러한 것이 하나님께서 오래 전에 친히 명하신 분량인 십일조보다 얼마나 더 적당하고 더 공정한 분량으로 이루어질 수 있을지 나는 알 수 없다.

2. 일단 십일조로 표시가 된 것을 다른 것으로 바꾸어서는 안 되었다. 결코 바꾸어서는 안 된다! 더 좋은 것으로 바꾸어서도 안 되었다(33절). 십일조를 표시하는 지팡이는 하나님의 섭리를 통해서 운행되었기 때문이다(32절). 하나님께서는 십일조가 최상의 것이 아니라 할지라도 십일조로 받으셨을 것이다. 이스라엘 백성들은 십일조를 내더라도 인색하지 말아야만 했다. 그 십일조는 지

팡이 아래로 지나간 것이었기 때문이다.

3. 십일조로 지정된 것은 그 주인이 속전(贖錢)으로 정해진 값의 1/5을 더 내야만 무를 수 있었다(31절). 만약에 사람들이 자신들의 소산 중에서 십일조로 지정된 것을 더 좋아하는 마음을 가지게 된다면, 그들은 자신들이 가지고 있는 더 좋아하는 마음으로 인하여 값을 지불해야만 하는 것은 당연한 것이다.

Ⅳ. 마지막 구절은 본서 전체의 결론에 해당하는 것으로 보인다. 이것은 여호와께서 모세에게 명령하신 계명이니라. 이스라엘 자손들을 위한 계명들이었다. 이 계명들 중에 많은 것들이 도덕적이며 영속적인 구속력(拘束力)을 가지고 있는 것들이었다. 그 나머지의 계명들은 의식(儀式)적인 것이며, 유대의 경륜에만 특별히 해당되었던 것들이었다. 그러한 의식적이며 유대의 경륜에만 해당되는 것들임에도 불구하고 그 계명들에는 영적인 의미가 있고, 우리들이 그 속에 깃들어 있는 심오한 뜻을 이해할 수 있는 열쇠를 가질 수 있도록 해주는 우리들에게 매우 유익한 계명들이다. 그러한 제도들에 의해서 그들과 같이 우리도 복음 전함을 받은 자가 되었기 때문이다(히 4:2). 이 모든 것을 생각해 볼 때 우리는 우리가 이른 곳은 시내 산이 아님으로(히 12:18-19) 인해서 하나님을 찬양할 수 밖에 없는 것이다.

1. 즉, 우리는 율법의 어두운 그림자 아래 있는 것이 아니라 복음의 밝은 빛을 누리게 된 것이다. 이 복음은 우리들에게 그리스도께서는 의를 이루시기 위하여 율법의 마침이 되셨다고 하는 것을 보여주고 있다(롬 10:4). 중보자(그리스도)에 의해서 우리가 하나님과 화목하게 되었다고 하는 교리는, 번제물의 연기로 구름이 낀 듯이 가려져 있지 않고 그리스도와 십자가에 달리신 그분을 아는 지식에 의하여 분명하게 된 것이다.

2. 우리는 율법의 무거운 멍에 아래 있는 것이 아니며 율법의 육체의 예법(사도 바울은 그 규례들을 그렇게 불렀다 [히 9:10])의 멍에 아래 있지도 않는 것이다. 그 멍에는 개혁의 시대가 이르기까지 우리에게 강요된 것이었으며 그들과 그들의 조상들도 감당하지 못하던 멍에였던 것이다(행 15:10). 지금 우리는 쉽고 편안한 복음의 제도들 아래 있는 것이다. 이 복음은, 우리의 제사장이시며 성전이시며 제단이시며 제물이시며 정결케 하는 분이시며 우리의 모든 것 되시는 그리스도와 그분의 이름만을 통해서 영과 진리로 아버지를 예배하는 자들을 참된 예배자들이라고 선포하고 있다. 이제 우리가 의식법상의 정결법들과 절기

들과 의무들에 매여 있지 않다고 해서 적은 정성, 적은 시간, 적은 비용으로도 하나님께 영광을 돌릴 수 있을 것이라고는 생각하지 말도록 하자! 결코 그런 것이 아니다! 오히려 우리는 하나님을 찬양하기 위하여 자발적으로 드리는 자원 예물을 더 드리려고 하는 마음, 거룩한 사랑과 기쁨으로 더 불타는 마음, 더욱 진지한 생각과 신실한 목적을 가진 마음을 가지도록 해야 할 것이다. 예수의 피를 힘입어 성소에 들어갈 담력을 얻었으니 참 마음과 온전한 믿음으로 하나님께 나아가자! 한층 더 기쁘고 겸손한 마음으로 하나님께 예배하며, 예수 그리스도를 인하여 하나님을 찬양하리로다 라고 외치며 하나님께 나아가도록 하자!

"크리스천의 영적 성장을 돕는 고전"
세계기독교고전 목록

1 **데이비드 브레이너드 생애와 일기**
조나단 에드워즈 편집
2 **그리스도를 본받아** | 토마스 아 켐피스
3 **존 웨슬리의 일기** | 존 웨슬리
4 **존 뉴턴 서한집 - 영적 도움을 위하여** | 존 뉴턴
5 **성 프란체스코의 작은 꽃들**
6 **경건한 삶을 위한 부르심** | 윌리엄 로
7 **기도의 삶** | 성 테레사
8 **고백록** | 성 아우구스티누스
9 **하나님의 사랑** | 성 버나드
10 **회개하지 않은 자에게 보내는 경고**
조셉 얼라인
11 **하이델베르크 요리문답 해설** | 우르시누스
12 **죄인의 괴수에게 넘치는 은혜** | 존 번연
13 **하나님께 가까이** | 아브라함 카이퍼
14 **기독교 강요(초판)** | 존 칼빈
15 **천로역정** | 존 번연
16 **거룩한 전쟁** | 존 번연
17 **하나님의 임재 연습** | 로렌스 형제
18 **악인 씨의 삶과 죽음** | 존 번연
19 **참된 목자(참 목자상)** | 리처드 백스터
20 **예수님이라면 어떻게 하실까** | 찰스 쉘던
21 **거룩한 죽음** | 제레미 테일러
22 **웨이크필드의 목사** | 올리버 골드스미스
23 **그리스도인의 완전** | 프랑소아 페넬롱
24 **경건한 열망** | 필립 슈페너
25 **그리스도인의 행복한 삶의 비결** | 한나 스미스
26 **하나님의 도성(신국론)** | 성 아우구스티누스
27 **겸손** | 앤드류 머레이
28 **예수님처럼** | 앤드류 머레이
29 **예수의 보혈의 능력** | 앤드류 머레이
30 **그리스도의 영** | 앤드류 머레이
31 **신학의 정수** | 윌리엄 에임스
32 **실낙원** | 존 밀턴
33 **기독교 교양** | 성 아우구스티누스
34 **삼위일체론** | 성 아우구스티누스
35 **루터 선집** | 마르틴 루터
36 **성령, 위로부터 오는 능력** | 앨버트 심프슨
37 **성도의 영원한 안식** | 리처드 백스터
38 **웨스트민스터 소요리문답 해설** | 토머스 왓슨
39 **신학총론(최종판)** | 필립 멜란히톤
40 **믿음의 확신** | 헤르만 바빙크
41 **루터의 로마서 주석** | 마르틴 루터
42 **놀라운 회심의 이야기** | 조나단 에드워즈
43 **새뮤얼 러더퍼드의 편지** | 새뮤얼 러더퍼드
44-46 **기독교 강요(최종판)상·중·하** | 존 칼빈
47 **인간의 영혼 안에 있는 하나님의 생명**
헨리 스쿠걸
48 **완전의 계단** | 월터 힐턴
49 **루터의 탁상담화** | 마르틴 루터
50-51 **그리스도인의 전신갑주 I, II** | 윌리엄 거널
52 **섭리의 신비** | 존 플라벨
53 **회심으로의 초대** | 리처드 백스터
54 **무릎으로 사는 그리스도인** | 무명의 그리스도인
55 **할레스비의 기도** | 오 할레스비
56 **스펄전의 전도** | 찰스 H. 스펄전
57 **개혁교의학 개요(하나님의 큰 일)**
헤르만 바빙크
58 **순종의 학교** | 앤드류 머레이
59 **완전한 순종** | 앤드류 머레이
60 **그리스도의 기도학교** | 앤드류 머레이
61 **기도의 능력** | E. M. 바운즈
62 **스펄전 구약설교노트** | 찰스 스펄전
63 **스펄전 신약설교노트** | 찰스 스펄전
64 **죄 죽이기** | 존 오웬